1. Auflage

Reiseziele und Routen
Travelinfos von A bis Z
Land und Leute
Teheran
Die Landesmitte
Der Westen
Der Nordosten
Der Südosten
Der Süden
Anhang

Priska Seisenbacher,
Andreas Schörghuber, Tobias Danz

IRAN

STEFAN LOOSE
TRAVEL HANDBÜCHER

بویک قوتلی بوسین

Inhalt

Routenplaner 8

Highlights 8
Reiseziele und Routen 23
Klima und Reisezeit 36
Reisekosten 39

Travelinfos von A bis Z 40

Anreise 41
Botschaften und Konsulate 44
Einkaufen 45
Essen und Trinken 48
Fair reisen 52
Feste und Feiertage 54
Fotografieren 56
Frauen 58
Geld 59
Gepäck und Ausrüstung 61
Gesundheit 63
Informationen 64
Internet 65
Kinder 66
Maße und Elektrizität 67
Medien 67
Öffnungszeiten 68
Post 68
Reisende mit Handicap 69
Schwule und Lesben 69
Sicherheit 69
Sport und Aktivitäten 74
Telefon 76
Transport 77
Übernachtung 83
Verhaltenstipps 86
Versicherungen 88
Visa 88
Zeit und Kalender 90
Zoll 91

Land und Leute 92

Geografie 93
Flora und Fauna 95
Bevölkerung 98
Geschichte 102
Regierung und Politik 127
Wirtschaft 130
Religion 132
Kunst und Kultur 135

Teheran 142

Das Zentrum 146
Kakh-e Golestan 146
Bazar-e Bozorg 148
Rund um den Baharestan Square 149
Museumsviertel 149
Ehemalige Amerikanische Botschaft 154
Muzeh-ye Qasr 154
Der Westen 155
Borj-e Azadi 155
Borj-e Milad 155
Park-e Laleh und Museen 155
Der Norden 156
Pol-e Tabiat und Parks 156
Muzeh-ye Defa'e Moqadas und Muzeh-ye Reza Abbasi 156
Tajrish 157
Kakh-e Saadabad 160
Niavaran 161
Das bergige Umland 163
Südlicher Stadtrand 164
Aramgah-e Imam Khomeini 164
Shahr-e Rey 164

◂ Traditionelle turkmenische Hochzeit in Golestan

Die Landesmitte 186

Provinz Qom 189
Qom 189
Provinz Esfahan 194
Kashan 194
Die Umgebung von Kashan 205
Abyaneh 206
Natanz 208
Ardestan und Zavareh 209
Esfahan 209
Pir Bakran 232
Entlang des Zayandeh-ye Rud nach Varzaneh 233
Varzaneh 233
Nain und Umgebung 236
Dasht-e Kavir 237
Provinz Tschahar Mahal und Bakhtiari 243
Kuhrang-Tal 245
Provinz Yazd 248
Yazd 250
Kharanaq 265
Chak Chak 265
Ardakan 265
Meybod 266
Über Fahraj nach Bafq 267
Saryazd und Mehriz 267
Robat-e Zein-o-Din 268
Pir-e Naraki 268
Taft 268
Trekking zum Shir Kuh 269
Abarkuh 271
Provinz Fars 272
Shiraz 274
Persepolis 289
Naqsh-e Rostam 292
Pasargadae 294
Karawansereien zwischen Shiraz und Esfahan 295
Ghalat 295
Von Sepidan nach Yasuj 296
Nomadengebiete der Qashqais und Khamsehs 297
Bishapur 299
Firuzabad und Umgebung 300
Daryacheh-ye Maharlu und Sarvestan 301
Canyoning im Tang-e Reghez 302
Darab und Umgebung 303

Der Westen 304

Provinz Qazvin 306
Qazvin 306
Alamut-Tal 312
Trekkingtouren im Alamut-Tal 317
Provinz Zanjan 318
Soltaniyeh und Umgebung 319
Zanjan 321
Die Umgebung von Zanjan 323
Provinz Gilan 324
Rasht 324
Muzeh-ye Miras-e Rustaie Gilan 328
Qaleh-ye Rudkhan 328
Masuleh 329
Lahijan und Umgebung 331
Bandar Anzali 333
Provinz Ardabil 335
Von Rasht nach Ardabil 335
Ardabil 336
Sar-e Eyn 340
Von Ardabil nach Westen 343
Wandern im Sabalan-Gebirge 344
Provinz Ost-Aserbaidschan 346
Tabriz 346
Qaleh-ye Babak 354
Kandovan 355
Jolfa und Umgebung 356
Maragheh 358
Provinz West-Aserbaidschan 360
Maku und Umgebung 360
Kloster St. Thaddäus 362

Khoy ... 363
Orumiyeh-See ... 365
Orumiyeh ... 365
Hasanlu ... 369
Takht-e Soleyman ... 370
Provinz Kurdistan ... 373
Sanandaj ... 373
Marivan und der Zarivar-See ... 376
Uraman-Tal ... 376
Palangan ... 377
Provinz Kermanshah ... 378
Kermanshah ... 378
Bisotun ... 383
Kangavar ... 385
Provinz Hamadan ... 385
Hamadan ... 386
Lalejin ... 391
Ganj Nameh ... 391
Ghar-e Ali Sadr ... 392
Provinz Lorestan ... 393
Khorramabad ... 393
Im Zug von Dorud nach Andimeshk ... 399
Tang-e Shirez ... 402
Von Khorramabad nach Pol-e Dokhtar ... 403
Darreh Khazineh ... 404
Provinz Markazi ... 404
Arak ... 404

Der Nordosten ... 406

Provinz Mazandaran ... 408
Über den Elburz ans Kaspische Meer ... 409
Ramsar und Umgebung ... 410
Trekkingtour auf den Damavand ... 412
Sari und Umgebung ... 413
Provinz Semnan ... 416
Semnan und Umgebung ... 416
Garmsar ... 419
Damghan ... 419
Bastam ... 420
Nationalpark Khar Turan ... 421
Robat-e Miyandasht ... 423
Provinzen Razavi- und Nord-Khorasan ... 423
Nishapur ... 424
Die Umgebung von Nishapur ... 426
Mashhad ... 426
Südlich von Mashhad ... 433
Nördlich von Mashhad ... 436
Sarakhs ... 438
Provinz Golestan ... 438
Gorgan ... 439
Die Umgebung von Gorgan ... 442
Gonbad-e Qabus ... 443
Khaled Nabi ... 444
Golestan-Nationalpark ... 445

Der Südosten ... 446

Provinz Kerman ... 448
Kerman ... 448
Westlich von Kerman ... 459
Nördlich von Kerman ... 460
Dasht-e Lut ... 462
Offroad durch die Wüste Lut ... 464
Südöstlich von Kerman ... 465
Bam ... 467
Jiroft ... 471
Provinz Sistan und Balutschistan ... 472
Zahedan ... 472
Die Umgebung von Zahedan ... 476
Zabol ... 477
Die Umgebung von Zabol ... 478
Von Zahedan an die Küste ... 480
Chabahar ... 480
Die Küste um Chabahar ... 482
Provinz Süd-Khorasan ... 484
Birjand ... 484
Die Umgebung von Birjand ... 488
Tabas und Umgebung ... 489
Von Tabas nach Gonabad ... 491

Der Süden 492

Provinz Khuzestan 495
Dezful 497
Die Umgebung von Dezful 500
Shush 500
Haft Tepe 504
Chogha Zanbil 505
Shushtar 506
Izeh und Umgebung 513
Ahvaz 515
Abadan 520
Khorramshar 523
Provinzen Bushehr und Hormozgan 524
Bushehr und Umgebung 525
Bandar Abbas 528
Minab 531
Hormuz 533
Qeshm 535
Rundfahrt durch den Geopark Qeshm 544
Bandar-e Lengeh und Bandar-e Kong 545
Kish 547

Anhang 550

Sprachführer 550
Glossar 557
Reisemedizin zum Nachschlagen 560
Bücher 562
Index 564
Danksagung 572
Bildnachweis 573
Mitarbeiterin dieser Auflage 574
Impressum 575
Kartenverzeichnis 576

Reiseatlas 577

Themen

Bazare – Schmuckkästen orientalischer Städte 27
Nur das Feinste ist gut genug – Safranfäden und Rosenblüten 50
Das persische Neujahr – Nowruz 56
Geschlechtsumwandlungen 69
Trampen und Couchsurfing – ein Erfahrungsbericht 80
Tarof – ein Porzellanladen aus Höflichkeit 87
Im oder in Iran? 93
Ein See trocknet aus 96
Iraner, Perser oder gar Arier? 99
Fremd- und Selbstbestimmung der Frauen in Iran 101
Die Krux mit der Geschichtsschreibung 104
Ein Hoch auf die Wissenschaft 109
Rückbesinnung auf vorislamische Zeiten 117
Ashura – zelebrierte Buße 133
Eintauchen in die Welt der persischen Literatur 139
Die Gebrüder Omidvar 161
Der letzte Schah 162
Im Zentrum des Schiitentums 190
Im Paradies – der persische Garten 200
Schwindendes Nomadentum 244
Tausendundeine Nacht 251
Also sprach Zarathustra 256
Die Wüste als Architekt 270
Aufruhr im Gedenken an Kyros II. 294
Die Assassinen 316
Kleine Teppichkunde 348
Schwarze Wolle gegen Regen 393
Die Transiranische Eisenbahn 403
Die Seidenstraße 423
Die rätselhaften Funde von Shahr-e Sukhteh 478
Auf einen Kaffee ins Schilfhaus 521
Der Erste Golfkrieg und seine tiefen Narben 523
Die Bandaris – Kultur an der Küste 532
Traditioneller Schiffsbau 539
Farsi baladi? – Online-Sprachkurse und Phrasen zum Beeindrucken 556
Wichtige Dynastien 558

IRAN

Die Highlights

Iran hat eine so reiche und vielfältige Kultur und Geschichte, dass sie unzählige Spuren hinterlassen hat. Dazu kommen sagenhaft schöne Landschaften von kargen Wüsten bis zu schneebedeckten Bergen. Heute schlägt man sich durch eine moderne Großstadt, und morgen schon schläft man im Nomadenzelt.

1 **TEHERAN** Mehr als nur Betonwüste: Die Megametropole mit fast 20 Millionen Menschen bietet mächtige Palastanlagen der Schahs und eindrucksvolle Baudenkmäler wie den Freiheitsturm. Mit ihrer Vielzahl an Museen und Galerien ist sie das kulturelle Zentrum des Landes. In der Hauptstadt sind außerdem die hippsten Cafés und besten Restaurants Irans angesiedelt.
S. 142

2 KASHAN Ganz Iran im Kleinformat: herrschaftliche islamische Architektur, prunkvolle Kaufmannshäuser, enge Altstadtgassen, ein berauschender Bazar, ein persischer Garten und vieles mehr. S. 194

3 ESFAHAN Unter den Safawiden die Perle des Orients. Perfektionierte islamische Baukunst: atemberaubende Paläste, Moscheen und sogar Brücken, so weit das Auge reicht. Unvergleichlich: der Meydan-e Naqsh-e Jahan als zentraler Prunkplatz. S. 209

4 SAR AGHA SEYED Durch die spektakuläre Gebirgslandschaft des Zagros gelangt man zum pittoresken Bergdorf und lernt dabei die lebendig gebliebene Nomadenkultur der Bakhtiaren kennen. S. 246

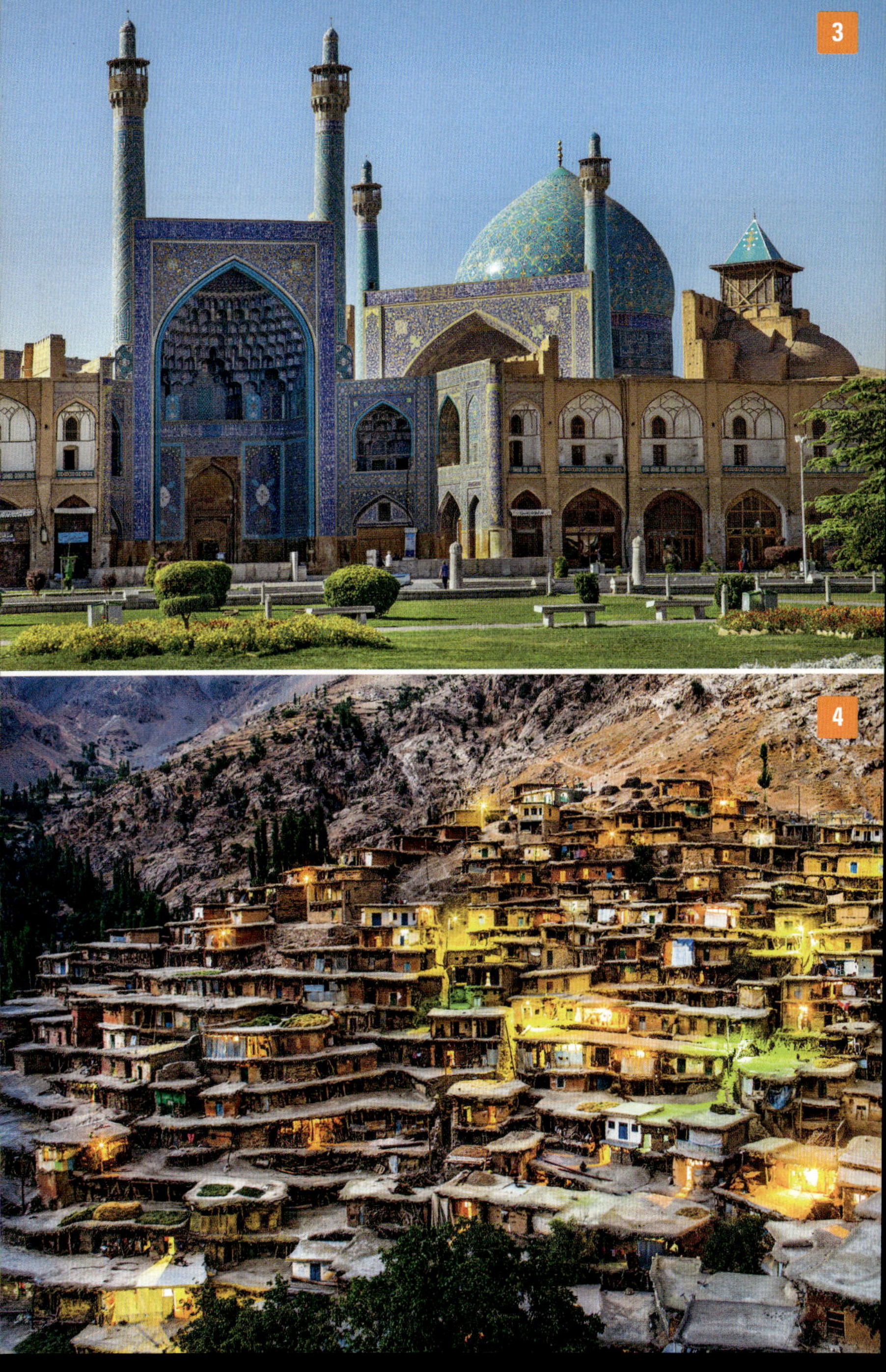
3
4

5

6

5 **YAZD** Auf den Dächern der Altstadt, die völlig aus Lehm erbaut ist, werden mit einem Schlag alle Träume aus 1001 Nacht wahr. S. 250

6 **SHIRAZ** In der Stadt der Liebe, der Literatur und der Rosen kann man zwischen paradiesischen Gärten, dem Lichter- und Farbenspiel der Moscheen und den Grabmälern der großen Poeten Hafez und Saadi wandeln. S. 274

6

7
8

9

7 **PERSEPOLIS** Eine Reise durch die Jahrtausende zu den Überresten der Residenzstadt des ersten Perserreiches unter den Achämeniden. S. 289

8 **ARDABIL** Der Schrein des Sufi-Meisters Scheich Safi ad-Din lockt bis heute Reisende wie Pilger in die Stadt nahe dem erloschenen Vulkan Kuh-e Sabalan. S. 336

9 **TABRIZ** Ein Rundgang durch die ehemalige Residenzstadt des qadjarischen Kronprinzen führt an historischen Anwesen, Moscheen und der alten Stadtfestung vorbei und endet im schönsten Bazar des Landes. S. 346

10

10 KANDOVAN Das Bergdorf mit seinen markanten Felshäusern am Fuße des Kuh-e Sahand steht der Höhlenarchitektur von Kappadokien in nichts nach. S. 355

11 CHRISTLICH-ARMENISCHES ERBE ZWISCHEN MAKU UND KHOY In West-Aserbaidschan wandelt man zwischen Kirchen und Klöstern der Armenier auf den Spuren des Christentums in Iran. S. 361 und S. 362

12 KURDISTAN Die rauen Bergwelten und versteckten Täler Kurdistans beherbergen die schönsten Terrassendörfer und gastfreundlichsten Bewohner der Region. S. 373

11

12

13

14

13 **DAMAVAND** Der ruhende Vulkan ist mit 5671 m auch der höchste Berg Irans und die Krönung des Elburz-Gebirges – ein Muss für begeisterte Bergsteiger. S. 412

14 **BADAB-E SURT** In den Farben und Formen der weltweit seltenen Sinterterrassen kann man sich verlieren. S. 414

15 **KHALED NABI** Ein Schreinkomplex inmitten der surreal schönen Hügel- und Steppenlandschaft der Turkmensahra nahe der turkmenischen Grenze. S. 444

16 **NAYBAND** Mit seinen endlosen Palmenhainen und den verschachtelten Lehmhäusern eine der schönsten Oasen Irans. S. 460

15

16

17
18

17 **DASHT-E LUT** Die „Wüste der Leere" gilt als einer der extremsten Lebensräume der Welt und verspricht spektakuläre Landschaften von riesigen Dünen bis zu skulpturenartigen Felsformationen. S. 462

18 **BAM** Wie ein Phönix aus der Asche ist die Lehmstadt nach der Erdbebenkatastrophe von 2003 wiederauferstanden. S. 467

19 **CHOGHA ZANBIL** Die fünfstufige Zikkurat der alten elamischen Tempelstadt versetzt Reisende heute noch in Staunen. S. 505

20 **RUNDFAHRT DURCH DEN GEOPARK QESHM** (Abb. s. Folgeseite) An nur einem Tag lassen sich Schluchten, Salzhöhlen, Mangrovenwälder und orientalische Altstadtgassen entdecken. S. 544

20

Reiseziele und Routen

Jedes Jahr ernennt die Unesco in Iran neue Weltkulturerbestätten und setzt damit die lange Liste an herausragenden Sehenswürdigkeiten von weltgeschichtlicher Bedeutung fort – ein Indiz dafür, wie unglaublich reich an Kultur und Geschichte dieses Land ist. Und es ist derart vielseitig, dass für jeden etwas dabei ist.

Dass sich bisher noch keine Scharen von Touristen bei den Top-Sehenswürdigkeiten tummeln, so wie man es von anderen Destinationen gewohnt ist, hat mit Politik und Vorbehalten zu tun. Auch wenn Iran ein überaus sicheres Reiseland ist, kommen oft Zweifel auf, ob eine Reise dorthin bedenkenlos möglich ist. Erst in den letzten Jahren öffnen Individualreisende mit ihren Reiseberichten bis hin zu Couchsurfing-Erfahrungen immer mehr Skeptikern und Zweiflern die Augen und machen Mut, das Land zu entdecken. Auch innerhalb des Landes hat sich erst in der jüngsten Vergangenheit merklich etwas getan: So wird jetzt auch der internationale Tourismus gefördert. Es entstehen laufend neue Gästehäuser und Hostels, auch wenn touristischer Komfort sich vor allem auf die Landesmitte und ein paar andere Hotspots wie die Insel Qeshm oder Oasen wie Mesr konzentriert. Gleichzeitig hängt wirtschaftliche und politische Instabilität in der Luft, die trotz des vermehrten Interesses von außen und der inländischen Förderung die Entwicklung des Tourismus hemmt.

Reisende, die einmal in Iran gewesen sind, kommen nur zu oft wieder. Das hat mit der unglaublichen Gastfreundschaft zu tun, die sie im Land erfahren, aber eben auch damit, dass dieses riesige Land so vieles bereithält und Monate nicht ausreichen, um alles zu sehen. Dazu kommt, dass man für die unterschiedlichen Regionen am besten verschiedene Jahreszeiten nutzt, um Iran in seiner ganzen Vielfalt zu erleben.

Reiseziele

Kulturinteressierte Reisende können die unterschiedlichsten Ausformungen islamischer Baukunst studieren oder sich einfach von der Pracht der Moscheen und Heiligtümer verzaubern lassen. Dazu gesellen sich herrschaftliche Paläste, persische Gärten und orientalische Bazare. Nicht zu vergessen die vielen Karawansereien entlang des weitverzweigten Netzes der alten Seidenstraße. Dabei hat jede Region ihre kulturellen Eigen- und Besonderheiten. Doch ist die islamische Baukunst nur das eine – spannend ist es auch, sich auf die Spuren der Zeugen anderer Religionen wie Zoroastrismus, Judentum oder Christentum zu machen.

Nochmals ein ganzes Stück älter sind die Überreste antiker Kultstätten und Residenzen, von den Felsreliefs der Sassaniden über Persepolis bis hin zu Tempelbauten des Reiches von Elam. Auch prähistorische Funde gibt es im Land zur Genüge. Gleichzeitig lässt sich aber auch modernes Großstadtflair erleben und zeitgenössische Kunst und Kultur kennenlernen.

Hinzu kommt die reizvolle Natur: spektakuläre Schluchten, großartige Dünenlandschaften, märchenhaft schöne Oasen und Bergdörfer, dichte Wälder, eindrucksvolle Gebirgszüge und vieles mehr.

Sakral- und Prunkbauten

Jedes Jahrhundert und jedes Herrschaftshaus hat in Iran seine Spuren hinterlassen. So wundert es nicht, dass Moschee nicht gleich Moschee und Palast nicht gleich Palast ist, sondern im ganzen Land unterschiedliche Baustile anzutreffen sind. Der Formen- und Farbenreichtum

? Fragen und Antworten

Priska Seisenbacher und **Tobias Danz** bereisen Iran seit vielen Jahren immer wieder. Dabei dringen sie regelmäßig bis in die entlegensten Winkel des riesigen Landes vor und sind jedes Mal begeistert von der Schönheit, dem kulturellen Reichtum und vor allem der unschlagbaren Herzlichkeit, der sie in Iran auf Schritt und Tritt begegnen.

■ Ist Iran ein sicheres Reiseland?

Ja, ja und nochmals ja! Die Kriminalitätsrate ist sehr niedrig und damit auch die Wahrscheinlichkeit, bestohlen zu werden. Eine Garantie gibt es natürlich nie, aber in der Regel kann man in Iran unbeschwert Einladungen annehmen, bei wildfremden Menschen essen und eine fantastische Zeit erleben, ohne irgendetwas befürchten zu müssen. Bei Autopannen wird schnell geholfen, allein der Verkehr ist nicht ungefährlich. Und wer sich während politischer Unruhen oder Proteste im Land befindet, sollte sich von Demonstrationen fernhalten.

■ Als Frau alleine in den Iran reisen?

Auf jeden Fall – allen hartnäckigen Vorurteilen zum Trotz lässt sich Iran als alleinreisende Frau sehr gut bereisen. Bis auf die leidigen Kleidungsvorschriften, die aber selbst von vielen Iranerinnen nicht so streng genommen werden, gibt es praktisch keine Einschränkungen.

■ Wann ist die beste Reisezeit?

Das Land kann das ganze Jahr über bereist werden. Je nach Region empfiehlt sich aber eine andere Jahreszeit. Wer Schnee und trockene Sommerhitze gänzlich vermeiden will, fährt zwischen Oktober und November bzw. März und Mai. Ins Frühjahr fällt aber auch das persische Neujahr, und über die dazugehörigen Ferien wird es voll, weil Iraner selbst das Land bereisen. In den Winter-

begeistert auch Laien. Zu den pompös gestalteten Palastanlagen und Freiluftpavillons kommen paradiesische Gärten.

Frühislamische Bauten

Noch weit entfernt vom späteren Farbenrausch überzeugen die ältesten erhaltenen frühislamischen Bauten des Landes mit einer betont schlichten Eleganz. In **Damghan** (S. 419) findet sich die älteste noch erhaltene Moschee des Landes, die im Wesentlichen auf die Mitte des 8. Jhs. zurückgeht und an früharabische Moscheen erinnert.

In der kleinen Siedlung **Zavareh** (S. 209) ist wiederum die dokumentiert älteste Vier-Iwan-Moschee (1135) in Iran angesiedelt und das älteste erhaltene Minarett der zerstörten Pamenar-Moschee aus dem Jahr 1068.

Moscheen, Paläste und Kaufmannshäuser

Die unbestrittene Perle unter all den Städten mit herrschaftlichen Moscheen und Palästen ist **Esfahan** (S. 209). Kaum jemand erliegt nicht dem Charme des königlichen Platzes, Meydan-e Naqsh-e Jahan, ein Wahrzeichen des Landes. Die Dynastie der Safawiden (17. und 18. Jh.) übertraf alles bisher Dagewesene und schuf prächtige Palast- und Moscheeanlagen, darunter auch den Palast Tschehel Sotun, ein Sinnbild für das dekadente Hofleben. Auch **Ardabil** im Nordwesten des Landes wartet mit safawidischer Baukunst auf (S. 336).

In Staunen versetzt die Masjed-e Jameh in **Yazd** (S. 250), der prächtige Dreh- und Angelpunkt der historischen Oasenstadt mit ihren charmanten Lehmgassen und vielen Windtürmen.

monaten bieten sich die heißeren Gegenden wie die Inseln entlang des Persischen Golfs, aber auch die Provinz Khuzestan oder die Wüste Dasht-e Lut und generell die Provinz Kerman an.

■ Wie verständige ich mich?

In den großen Städten sprechen viele gutes Englisch und Straßenschilder gibt es nicht nur in arabischer, sondern auch in lateinischer Schrift. Selbst auf dem Land findet sich immer wer, der Englisch spricht und der oder die herbeigeholt oder angerufen wird, um zu helfen. So hilfsbereit und kommunikativ, wie die Iraner sind, klappt die Verständigung immer, notfalls mit Google Translate.

■ Ein Reiseland für die ganze Familie?

Iran ist ein familienfreundliches Land. Kinder sind sehr willkommen, und gerade die Landesmitte bietet viele nette Gästehäuser und Hotels, die sich für die ganze Familie eignen. Allerdings gilt für Mädchen ab neun Jahren offiziell die Kopftuchpflicht.

■ Wie komme ich von A nach B?

Der öffentliche Verkehr ist sehr gut ausgebaut. Es gibt unzählige Busverbindungen, darunter verschiedene Komfortklassen, außerdem Züge, Inlandsflüge und *savaris*, Sammeltaxis. Selbst Auto zu fahren erfordert etwas Erfahrung, denn der Verkehr ist nicht ganz ungefährlich. Mietautos gibt es mit oder ohne Fahrer, und für Offroad-Trips lassen sich Guides mit Jeeps anheuern.

■ Vegetarisches auf der Reise?

Die meisten Gerichte, die in Restaurants angeboten werden, enthalten Fleisch. Aber es gibt so gut wie immer vegetarische Alternativen. Gerichte, die man probiert haben sollte, ganz gleich, ob man Vegetarier ist oder nicht, sind *kashk-e bademdjan*, Auberginenpüree, und *ash-e reshteh*, eine eintopfartige Suppe.

Noch Fragen? **www.stefan-loose.de/globetrotter-forum**

In **Shiraz** (S. 274) sind es vor allem die paradiesischen Gärten und die unverkennbare Architektur der Zand- und Qadjaren-Dynastie, die Aufsehen erregen, ob es nun die Masjed-e Vakil aus dem 18. Jh. oder die Masjed-e Nasir-ol-Molk aus dem 19. Jh. ist. Letztere ist wegen des Lichtspiels im Gebetsraum zum absoluten touristischen Hotspot avanciert.

In **Kashan** (S. 194) zeigt sich dafür am besten, dass die Maßlosigkeit reicher Handelsleute keine Grenzen kannte. So wurden Wohnpaläste mit Wasserbecken, reich verzierten Arkaden, Kuppeln und Spiegelfassaden geschaffen, die ihresgleichen suchen.

Islamische Pilgerstätten

Von den drei wichtigsten schiitischen Pilgerstätten des Landes geht eine besondere Faszination aus, weil sich hier ein Teil des religiösen Lebens erfahren lässt. Die wichtigste und größte Pilgerstätte befindet sich in der zweitgrößten Stadt des Landes: **Mashhad** (S. 426). Schiitische Pilger aus Iran, aber auch aus arabischen Ländern und Zentralasien strömen jedes Jahr zum Heiligtum für den verstorbenen Imam Reza. Auch Nicht-Muslime sind willkommen, auch wenn ihnen nicht alle Bereiche des riesigen Baukomplexes offenstehen.

Die Stadt **Qom** (S. 189) beherbergt die zweitheiligste schiitische Pilgerstätte. Fatemeh Masumeh, die Schwester von Imam Reza, liegt hier begraben.

Die drittheiligste schiitische Pilgerstätte, Shah-e Cheragh, findet sich in **Shiraz** (S. 274). Dort ruht ein Bruder des achten Imams, Seyyed Amir Ahmad.

Christliches, jüdisches und zoroastrisches Erbe

Reisende sind immer wieder überrascht von den vielen christlich-armenischen Kirchen und Klöstern in Esfahan und im Westen des Landes. Tatsächlich gibt es einiges zu entdecken. Im armenischen Stadtviertel Jolfa in **Esfahan** (S. 221) sind etliche Zeugnisse der christlich-apostolischen Gemeinde zu bewundern, die unter Schah Abbas I. in die Stadt gebracht worden war. Vor allem die Kathedrale Vank sollte man sich nicht entgehen lassen.

Im Westen des Landes ist die Dichte an christlichen Kirchen und Kapellen am größten. Die Glaubenshäuser der Armenier findet man in vielen Städten der Region, etwa in **Khoy** (S. 363), **Orumiyeh** (S. 365) und **Tabriz** (S. 346). Die berühmten **Klöster St. Stephanos** bei Jolfa (S. 356) und **St. Thaddäus** bei Maku (S. 362) sind heute noch Ziele armenischer Pilger – und zahlreicher Touristen.

Auch Spuren des Judentums finden sich in Iran. In **Pir Bakran** (S. 232), nahe Esfahan, können ein jüdischer Friedhof und die dazugehörige Synagoge besucht werden. 500 m südwestlich liegt ein weiterer jüdischer Friedhof samt Synagoge bzw. Heiligtum zur Verehrung von Sarah als Tochter Ashers, wohin Juden aus ganz Iran alljährlich im September pilgern.

Yazd (S. 250) eignet sich, um das gegenwärtige Leben der zoroastrischen Glaubensgemeinschaft zu verstehen und alles über die Staatsreligion vor der Islamisierung zu lernen. Ein großer Teil der im Iran verbliebenen Zarathustrier lebt in dieser Provinz, wovon Tempel, Pilgerstätten und traditionelle Bestattungsanlagen zeugen.

Spuren aus der Frühgeschichte und Antike

Reisende, die sich für antike wie prähistorische Funde, die etliche Jahrtausende alt sind, begeistern, kommen in Iran voll auf ihre Kosten. Gleich mehrere Weltreiche entstanden auf iranischem Territorium und alle haben ihre Spuren hinterlassen. Heute können quer durch das ganze Land Ausgrabungsstätten besucht werden.

Siedlungshügel und das Reich von Elam

Im ganzen Land verstreut finden sich jahrtausendealte **Siedlungshügel**, wo teils heute noch Scherben oder Keilspitzen zu sehen sind. Ein paar der bedeutendsten dieser Tepes finden sich in **Kashan** (S. 198), in der Provinz **Golestan** (S. 443) und in **Khuzestan** (S. 504).

Von außerordentlicher Bedeutung ist die freigelegte Stadt in **Jiroft** (S. 471), die wohl auf das 3. Jahrtausend v. Chr. zurückgeht. Dabei könnte es sich sogar um eine eigene Kultur handeln, die als Bindeglied zwischen dem westlichen Elam und der östlichen Induskultur fungierte.

Zeugnisse der elamischen Hochkultur sind die alte Königsstadt **Susa** (S. 500) und die Tempelstadt von **Chogha Zanbil** (S. 505) mit ihrer mächtigen fünfstufigen Zikkurat in der Ebene zwischen Shush und Shushtar.

Erstes Perserreich

Die Stadt Shiraz in der Provinz Fars ist der perfekte Ausgangspunkt, um die nahe gelegenen historischen Stätten des ersten Perserreiches der Achämeniden (550–330 v. Chr.) zu erkunden. Allen voran ist da natürlich die Residenzstadt **Persepolis** (S. 289) zu nennen, die trotz der massiven Zerstörung durch Alexander den Großen bis heute überwältigt. Nicht weit entfernt finden sich die beeindruckenden Felsgräber von **Naqsh-e Rostam** (S. 292), und im etwas weiter nördlich gelegenen **Pasargadae** (S. 294) kann die Grabstätte von Kyros II. besucht werden.

Zweites Perserreich

Die Provinz Fars ist auch die erste Anlaufstelle, um Zeugen des zweiten persischen Weltreiches zu sehen. Eine Reihe eindrucksvoller Relikte aus der Zeit der Sassaniden (224–651 n. Chr.) liegen einem in der antiken Residenzstadt **Bishapur** (S. 299) zu Füßen. **Firuzabad** (S. 300) ist vor allem wegen seiner sassanidischen Rundstadt, der umliegenden Palast- bzw. Festungsruinen und der Felsenreliefs bekannt. Auch in **Naqsh-e Rostam** (S. 292) haben sich die Sassaniden neben den achämenidischen Felsgräbern mit beeindruckenden Reliefs verewigt.

Im Westen nahe Kermanshah finden sich weitere sassanidische Felsbilder zu Ehren der

Großkönige, etwa die Felsreliefs in **Taq-e Bostan** (S. 378) und in der mächtigen Felswand bei **Bisotun** (S. 383).

Zeitgenössische Kunst und Kultur

Wer auf der Suche nach modern-intellektuellem Charme ist und die urbane Kulturszene des Landes kennenlernen möchte, findet in Irans städtischen Zentren genügend Gelegenheit dazu. Oft sind den zeitgenössischen Galerien oder auch Bibliotheken Cafés angeschlossen, oder aber moderne Cafés erweisen sich als überaus kunstsinnig.

Teheran ist das unangefochtene Zentrum der iranischen Kunstszene. Neben den berühmten Museen für zeitgenössische Kunst (S. 156) und islamische Kunst (S. 153) zählt die Stadt Dutzende Galerien. Ein Highlight ist die Galerie Mohsen (S. 174) im nördlichen Teheran – mit ihren wechselnden Ausstellungen und Performances ein Fixstern für alle Kunstinteressierten. Zu den hipsten Cafés der Kunstszene gehören das Café Godo Gole Yas (S. 168), No. 65 Yard (S. 170) sowie das RooBeRoo Mansion (S. 170) im Zentrum von Teheran.

Selbst das beschauliche **Kashan** hat mit der Galerie Sheybani (S. 196) diesbezüglich eine Menge zu bieten. Die Galerie setzt entscheidende Impulse zur Förderung der lokalen Kunst- und Kulturszene. In den Ausstellungsräumen sind zeitgenössische Gemälde des im 20. Jh. wirkenden Malers und Poeten Manuchehr Sheybani zu bewundern. Die angeschlossene Bibliothek wird von Studenten genutzt, auch literarische Lesungen werden regelmäßig veranstaltet.

In **Esfahan** sollte man sich die Galerie Matn (S. 220) nicht entgehen lassen. Sie widmet sich ganz der zeitgenössischen Kunst des Landes und der Förderung junger Talente. Ein Abstecher hierher ist eine erfrischende Abwechslung zum imperialen Prunk der Stadt.

Ein wahres Highlight ist auch die Taropood Art Gallery (S. 284) in **Shiraz**. Die Kunstgalerie mit Wechselausstellungen ist in einer ehemaligen Textilfabrik untergebracht und zugleich ein Café. Auch das Syrah Cafe (S. 286) eignet sich nicht nur bestens für eine Kaffeepause, sondern ist daneben eine kleine, feine Kunstgalerie.

Bazare – Schmuckkästen orientalischer Städte

Orientalische Bazare versprechen oft einen Rausch der Sinne und offenbaren sich nicht selten als wahre Schmuckkästchen mit darin versteckten Hamams, Karawansereien und atemberaubend schönen Kuppelbauten – *timcheh* genannt.

Einige der unzähligen Bazare des Landes sollte man auf keinen Fall verpassen:

In **Kashan** ist die Timcheh Amin al-Dowleh (S. 196) der Höhepunkt eines Bazarbesuchs. Der reich verzierte Kuppelbau war zunächst eine Karawanserei, wurde renoviert und ist heute einer der größten Architekturschätze unter den Bazaren des Landes.

In **Esfahan** schlendert man im Bazar-e Bozorg (S. 216) vom Meydan-e Naqsh-e Jahan rund 1,5 km durch überwiegend überdachte und verzweigte Bazargassen zur Masjed-e Jameh. Auch dort gibt es – neben allerlei Kunsthandwerk – im königlichen Bazar einen reich verzierten Kuppelbau, Timcheh Malek.

Die Dichte an reizvollen Läden mit sagenhaft schönem Kunsthandwerk ist im Bazar-e Vakil (S. 275) in **Shiraz** besonders hoch. Kein Wunder, dass er als einer der schönsten Bazare des Landes gilt. Vieles stammt dabei von den in der Umgebung lebenden Qashqai-Nomaden, und so manches ist längst antik. Da stapeln sich Kelim- und Gabbeh-Teppiche auf der einen Seite und feinste Messingarbeiten oder kunstfertige Schachbretter auf der anderen.

In **Tabriz** verliert man sich in den wunderschönen Arkadengängen und Innenhöfen des Bazar-e Tabriz (S. 349) und feilscht auf dem Teppichmarkt mit den Händlern. Der Bazar gehört zu den ältesten und schönsten des Landes.

Atemberaubende Landschaften

Naturfreunde müssen in Iran auf nichts verzichten. Das Angebot an Outdoor-Aktivitäten reicht von Canyoning, Trekking, Bergsteigen über Ski- und Radfahren bis zu Tauchen, Reiten und Wildtierbeobachtungen. Außerdem wird es Outdoor-Fans freuen, dass wildes Campen im Land erlaubt ist. Auch wenn große Teile des Landes von Wüsten überzogen sind, gibt es darüber hinaus viele unterschiedliche Landschaften zu entdecken – malerische Felsküsten und Mangrovenwälder entlang des Persischen Golfs, hohe Gipfel und liebliche Täler im Elburz-Gebirge oder Reis- und Teeplantagen in der feuchten Provinz Gilan. Das Land umfasst einige Naturschutzgebiete und Nationalparks, für deren Besuch teilweise Permits notwendig sind.

Abenteuer Wüste

Sterne zählen, Dünen erklimmen und Wildtiere beobachten – selten kommen Wüstenliebhaber so auf ihre Kosten wie in Iran. Die großen Wüsten Dasht-e Kavir und Dasht-e Lut bieten spektakuläre und vor allem vielfältige Landschaften. Für jedes Bedürfnis ist etwas dabei – von der Budgetvariante, die in einen Iran-Kurztrip integrierbar ist, bis zur mehrtägigen Offroad-Tour, auf der man keine andere Menschenseele zu Gesicht bekommt.

Ersteres lässt sich leicht mit einer Tour in die Maranjab (S. 205) umsetzen – eine gute Möglichkeit für Einsteiger, die auf ihrer ersten Reise nicht auf Wüstenfeeling verzichten wollen. Schöne und leicht zu erreichende Dünenlandschaften in der **Dasht-e Kavir** bietet auch Varzaneh (S. 233). Die dortige touristische Infrastruktur ermöglicht allerhand Aktivitäten von Sandboarding bis zum Kamelreiten.

Böse Geister sollen die Rig-e Jenn (S. 238) bewohnen. Dieser Teil der Wüste Kavir erstreckt sich zwischen den Provinzen Semnan und Esfahan. Auch die Dünen bei Chupanan gehören zu den letzten Ausläufern der sagenumwobenen Wüste. Zahlreiche Wildtiere Irans haben hier einen geeigneten Rückzugsort gefunden.

Nicht weit entfernt liegt Mesr (S. 239), ein Dorf mit unschlagbarem Angebot an Touren in die umliegende Dünen- und Gebirgslandschaft.

Die Wüste **Dasht-e Lut** im Südosten des Landes könnte nicht extremer, aber auch nicht reizvoller sein: einer der heißesten Orte der Welt,

Einsame Strände und traumhafte Küsten auf der Insel Hormuz

ein Meer aus Sand mit Dünen über 400 m und bizarrste Steinformationen, die skulpturengleich die Landschaft definieren. Ausgangspunkt für Touren in diese lebensfeindliche, aber sagenhaft schöne Wüste ist Kerman bzw. das kleine Oasendorf Shafiabad (S. 462).

Hohe Gebirgszüge, dichte Wälder und fruchtbare Täler

In Iran können Sportfreunde über Skipisten im Zagros-Gebirge brettern oder im Sommer Bergtouren in Angriff nehmen. Die Palette an möglichen Touren ist groß. Es sind die majestätischen Gipfel des **Zagros-Gebirges**, die fruchtbaren Täler, die reißenden Flüsse und eine bis heute lebendig gebliebene Nomadentradition, die die Provinz Tschahar Mahal und Bakhtiari (S. 243) ausmachen.

Ein weiteres Naturparadies findet sich in der Provinz Fars in der Region **Sepidan** mit ihren Tälern, Wäldern und Wasserfällen, wo selbst im Sommer kühle Temperaturen vorzufinden sind und der Winter zum Skifahren einlädt. Dort befindet sich das Schutzgebiet Tang-e Bostanak, auch Behesht-e Gomshode genannt (S. 296).

Hoch hinauf geht es in der Provinz Yazd mit einer Trekkingtour zum **Shir Kuh** (S. 269).

Etliche Möglichkeiten für Trekkingtouren bietet das **Elburz-Gebirge** im Norden des Landes. So kann der mit 5671 m höchste Berg Irans, der Damavand (S. 412), bestiegen werden, aber auch eine Tour zum Alam Kuh (S. 409) und durch das Alamut-Tal (S. 312) sind reizvoll, und die Provinz Gilan überrascht mit ihrem ganzjährigen satten Grün (S. 324). Ein seltenes Naturphänomen sind die Sinterterrassen von Badab-e Surt (S. 414).

In der Provinz **Golestan** (S. 438) findet sich wiederum der älteste Nationalpark Irans mit einer vielfältigen Flora. Die Landschaft reicht von verhältnismäßig flachen Hügeln, die westlich in die Steppenlandschaft übergehen, bis zu den kahlen, hohen Felsen des Beyli-Plateaus im Osten – alles mit dem Rad, auf dem Pferderücken oder zu Fuß erkundbar.

Küsten und Strände

Gerade entlang des Persischen Golfs können Reisende die Seele baumeln lassen und das eine oder andere Wunder der Natur bestaunen. Allein auf der Insel **Qeshm** (S. 535) kann man sich an einem Tag in atemberaubenden Schluchten, Salzhöhlen, Mangrovenwäldern und orientalischen Altstadtgassen verlieren und Delfine und seltene Karettschildkröten beobachten.

Nur ungefähr 20 km entfernt von Bandar Abbas' Hafen liegt die verschlafene Insel **Hormuz** (S. 533). Auf nur 42 km² bietet die hügelige Insel, die beinahe ausschließlich aus Sedimentgesteinen besteht, eine große landschaftliche Vielfalt und wird wegen der vielen Farbnuancen von Stein und Sand auch „Rainbow Island" genannt. Im Winter zieht Hormuz vor allem junge Backpacker aus Teheran an, die das entspannte Inselleben suchen und an abgeschiedenen Stränden campen.

Die Küstenregion um die Hafenstadt **Chabahar** (S. 480) in der wenig besuchten Provinz Balutschistan sucht ihresgleichen, egal ob man Kamele am Meer beobachtet oder sich in den surrealen Naturschauspielen der Schlammvulkane und verwitterten Berge im Sonnenuntergang verliert.

Der bekannteste Küsten- und Badeort der Kaspischen Küste im Norden ist nach wie vor **Ramsar** (S. 410). Vor allem Angehörige der Schah-Familie lebten und feierten hier in Saus und Braus. Am nordöstlichen Ende der Provinz Mazandaran findet sich die Halbinsel **Miankaleh** (S. 413) – ein wahres Paradies für Zugvögel und Reisende, die sie beobachten möchten.

Canyons und Höhlen

Der **Tang-e Haygher** (S. 301) wird manchmal auch als Grand Canyon Irans bezeichnet. Ob es diesen Vergleich braucht, sei dahingestellt.

Beim **Tang-e Reghez** (S. 302) kann man sich in türkise Wasserpools abseilen. Er gilt als einer der schönsten Canyons des Landes mit an die 100 Wasserbecken und 60 Wasserfällen. Sofern man nicht mit voller Ausrüstung und einer Menge Erfahrung kommt, sind Guides notwendig.

Nahe Tabas lohnt die Fahrt in die Oase Ezmighan auch wegen der nahe gelegenen Schlucht **Kal-e Jeni** (S. 490) – eine empfehlenswerte Wanderung in malerisch schöner Landschaft und mit wenig Besucherandrang.

Die Region Rafsanjan sowie die gleichnamige Stadt sind wegen des schönen Canyons **Rageh**

(S. 459) von Interesse. Er zieht sich über eine Länge von 20 km. Über Jahrtausende hat der saisonale Fluss Givdary diese Erosionslandschaft geformt, die sich heute zum Wandern anbietet.

Der Südküste gen Westen folgend, können die größte Salzhöhle der Welt und der dazugehörige **Namakdan-Salzdom** (S. 538) besichtigt werden. Gleich mehrere Erosionslandschaften wie das **Shour Valley** (S. 539) oder der **Canyon Chahkuh** (S. 539) sind auf der Insel Qeshm zu entdecken.

Höhlenfans kommen im Westen des Landes auf ihre Kosten und können die unterirdischen Wasserwelten von **Ali Sadr** (S. 392) und die Tropfsteine von **Katalehkhor** (S. 323) erkunden.

Oasen- und Bergdörfer

Leicht zugänglich, aber auch sehr touristisch sind die pittoresken Bergdörfer **Abyaneh** (S. 206), **Masuleh** (S. 329) und **Kandovan** (S. 355).

Abenteuerlicher wird es im abgelegenen Kuhrang-Tal: **Sar Agha Seyed** (S. 246) zählt zu den reizvollsten und schönsten Bergdörfern des Landes. Wie Bienenwaben fügt sich ein Haus an das andere, die flachen Dächer bilden zugleich die Wege durchs Dorf.

Zwischen Kerman und Tabas in einem Wüstenabschnitt, der kaum öder und trister sein könnte, liegt eine der schönsten Oasen des Landes. **Nayband** (S. 460) ist mit seinen endlosen Palmenhainen und verschachtelten Lehmhäusern eine der bislang weitgehend unentdeckten Perlen.

Die Stadt **Tabas** (S. 489) liegt im äußersten Westen der Provinz Süd-Khorasan und kann als Ausgangspunkt zu den Oasendörfern der Dasht-e Kavir weiter westlich in der Provinz Esfahan oder zu nahe gelegenen kleinen Oasendörfern wie **Esfahak** (S. 490) genutzt werden.

Im äußersten Nordosten lohnt nahe Mashhad das Bergdorf **Kang** (S. 436) einen Besuch. Die mehrstöckigen Häuser samt Holzveranden reichen verschachtelt einen Berghang hinunter und bieten einen traumhaften Anblick.

In den Bergwelten und entlegenen Tälern Kurdistans finden sich einige der schönsten Terrassendörfer des gesamten Landes. Während die Dörfer **Uraman Takht** (S. 377) und **Palangan** (S. 377) bereits deutlich touristisch sind, lassen sich im **Uraman-Tal** (S. 376) entlang der steilen Abhänge durchaus noch einige versteckte Dörfer entdecken.

Auf den Spuren der Nomaden

Auch wenn das Nomadentum schwindet, bietet Iran noch einmalige Gelegenheiten, tief in die nomadische Kultur des Landes abzutauchen. Wer durch den Bazar-e Vakil in Shiraz schlendert (S. 275), sieht nomadisches Kunsthandwerk in Hülle und Fülle, vor allem Salztaschen, Kelim- und Gabbeh-Teppiche bis hin zu Taschen, *mafrash* genannt, der in der Provinz lebenden Qashqai-Nomaden.

Ein- oder mehrtägige Touren und Treks zu nomadischen Familien bieten sich vor allem in der Provinz Fars (S. 297) oder im Kuhrang-Tal inmitten des Zagros-Gebirges an (S. 245).

Reiserouten

Es gibt sie natürlich, die Klassiker, die sich für einen Einstieg in das Land eignen und Großartiges an Architektur, Kultur, Lebensalltag und Landschaften zutage fördern. Angesichts der riesigen Dimensionen des Landes können Reisende mit weniger Zeit im Gepäck von Glück sprechen, dass ein paar der absoluten Highlights kompakt in der Landesmitte liegen. Wenn man Iran als Ganzes begreifen und erleben möchte, ist es damit aber nicht getan.

Gerade das vielfältige Angebot macht es Neulingen schwer, einen Überblick über die im ganzen Land verteilten Schätze zu bekommen. Wer nur zwei oder sogar nur eine Woche Zeit hat, muss sich auf eine Region konzentrieren und kann nicht quer durchs ganze Land fahren. Deswegen stellen wir mehrere kürzere Reiserouten vor, die ganz unterschiedliche Regionen erschließen. Will man mehr oder weniger das ganze Land abdecken, sind tatsächlich an die drei Monate einzukalkulieren – damit wäre die maximal genehmigte Aufenthaltsdauer des Visums ausgereizt.

Iran kompakt

Im Herzen des Landes

■ 10–21 Tage

Einmal ab durch die Mitte – trotz der schier riesigen Ausmaße des Landes liegen viele der absoluten Highlights wie aufgefädelt in der Landesmitte und lassen sich gut miteinander kombinieren.

Die Reise beginnt für viele mit der Ankunft am Imam Khomeini Airport in Teheran. Als sanfterer Einstieg ins Land bietet sich die umgehende Fahrt ins 200 km südlich gelegene **Kashan** (S. 194) an. Die Kleinstadt und ihre Umgebung umfassen beinahe die ganze Bandbreite iranischer Schönheit: vom berauschenden Bazar über herrschaftliche Architektur in Form von Moscheen, Hamams und bürgerlichen Kaufmannshäusern bis zu einem eindrucksvollen persischen Garten. Auch ein Ausflug in die Wüste **Maranjab** (S. 205) ist möglich. Wenn die Zeit es erlaubt, sollte eine Tagestour in das charmante Bergdorf **Abyaneh** (S. 206) Platz in der Reiseplanung finden.

Weiter geht es mit Bus, Zug oder Taxi ins 217 km entfernte **Esfahan** (S. 209), das Herzstück einer jeden ersten Iranreise. In der prachtvollen Residenzstadt der Safawiden-Könige gibt es viel zu entdecken.

Wer sich nach Dünenlandschaften sehnt, unternimmt eine Tour nach **Varzaneh** (S. 233) – eine Alternative zur Wüste Maranjab. Im Westen locken das Zagros-Gebirge und die nomadische Kultur der Bakhtiaren; ein Ausflug nach **Sar Agha Seyed** (S. 246) ist etwas für Abenteurer.

Von Esfahan mit Bus oder Zug leicht erreichbar ist das 480 km entfernte **Shiraz** (S. 274). Die Liebe zur Literatur wird nirgends so deutlich wie in dieser Stadt. Der ungeschlagene „Star" unter den Sehenswürdigkeiten ist allerdings die Masjed-e Nasir-ol-Molk mit dem durch die Glasfenster erzeugten zauberhaften Farbenspiel am Morgen. Darüber hinaus bietet Shiraz die muslimische Pilgerstätte Shah-e Cheragh, traumhafte Gartenanlagen wie Bagh-e Eram und den charmanten Bazar-e Vakil.

Von der Stadt aus lassen sich leicht Tagestouren nach **Persepolis** (S. 289), achämenidische Residenzstadt Persiens, **Naqsh-e Rostam** (S. 292), Stätte der persischen Felsgräber und sassanidischen Reliefs, und **Pasargadae** (S. 294), Residenzstadt von Kyros, unternehmen. Damit wären auf einen Schlag die bedeutendsten archäologischen Stätten des Landes besichtigt.

Rund 120 km südlich von Shiraz liegt **Firuzabad** (S. 300). Von der sassanidischen Residenzstadt sind Überreste und Reliefs zu besichtigen. Auch **Bishapur** (S. 299), 140 km westlich von Shiraz, war einst eine bedeutende sassanidische Residenzstadt.

Wer sich ganz in der Welt von Tausendundeiner Nacht wiederfinden möchte, wird in **Yazd** (S. 250), 450 km nordöstlich von Shiraz, fündig. Das Altstadtbild ist geprägt von zahlreichen Windtürmen, den Lehmhäusern und der alles überragenden Freitagsmoschee. Yazd ist auch für sein zarathustrisches Erbe bekannt, heute noch können die Schweigetürme am Rande der Stadt besucht werden.

Von Yazd aus geht es mit Zug oder Bus (viele nehmen den Nachtzug) 620 km zurück gen Norden nach **Teheran** (S. 142). Um wirklich einzutauchen in die Stadt, braucht es Zeit. Die offensichtlichen Sehenswürdigkeiten sind der Palast Kakh-e Golestan – daran schließt der größte Bazar der Welt an, der mächtige Borj-e Azadi –, die Straße der ehemaligen US-Botschaft mit den bekannten antiamerikanischen Graffiti und, nicht zu vernachlässigen, das Nationalmuseum und das Juwelenmuseum – beide beherbergen Kostbarkeiten von unschätzbarem Wert.

Unterwegs im Westen

■ 10–16 Tage

Wer sattes Grün, pittoreske Bergdörfer und großartige Architektur abseits der Klassiker sehen will, ist im Westen richtig.

Von Teheran aus geht es mit dem Bus ins 155 km entfernte **Qazvin** (S. 306), das ein paar safawidische Architekturschätze bereithält und als perfekter Ausgangspunkt für eine Tour in das **Alamut-Tal** (S. 312) dienen kann. Dieses Tal beherbergt verfallene Assassinen-Festungen, ist landschaftlich reizvoll und bietet ein großes Angebot an Wanderungen.

Von Qazvin geht es weiter in das liebliche Bergdorf **Masuleh** (S. 329). Hier ist es auch im Sommer üppig grün. Die Tee- und Reisplantagen der Provinz Gilan lassen einen schnell vergessen, dass man sich in Iran befindet. Wer sich nach **Lahijan** (S. 331) aufmacht, findet gleich neben dem Heiligtum Bogeh-e Sheikh Zahed Gilani schöne Teeplantagen. Zentraler Dreh- und Angelpunkt ist die Provinzhauptstadt **Rasht** (S. 324). Von dort geht es weiter ins 260 km entfernte **Ardabil** (S. 336), ein Muss für alle, die sich an safawidischer Architektur nicht sattsehen können.

Von Ardabil gelangt man leicht ins 220 km westlich gelegene **Tabriz** (S. 346). Diese Perle des Nordwestens birgt nichts Geringeres als den größten überdachten Bazar der Welt. Viele machen von hier aus Touren zum Höhlendorf **Kandovan** (S. 355) und zu den christlich-armenischen Klöstern der Provinz (s. u.), was sich an einem Tag schaffen lässt, wenn man mit dem Taxi früh losfährt.

Wenn die Zeit nicht drängt, sollte man sich nicht mit Tagestouren von Tabriz aus zufriedengeben, sondern ins 150 km entfernte **Jolfa** (S. 356) fahren, das direkt an der Grenze zur Autonomen Republik Nachitschewan liegt. Das malerische **St.-Stephanos-Kloster** (S. 356) ist nur 16 km von Jolfa entfernt. Die Fahrt dorthin führt entlang der Grenze mit Ausblick auf den schönen Grenzfluss Aras. Wer sich als Nächstes den Weg nach **Maku** (S. 360) bahnt, befindet sich schon nahe der türkischen Grenze. Maku kann als Ausgangspunkt für eine Tour zur Dzordzor-Kapelle und dem umliegenden Stausee Barun dienen. Entweder gleich von Dzordzor mit dem Taxi oder von Maku sollte dann das **St.-Thaddäus-Kloster** (S. 362) angesteuert werden, eine immer noch bedeutende Pilgerstätte für armenische Christen. Wer wenig Zeit hat, fährt anschließend wieder zurück nach Teheran.

Ansonsten setzt man die Reise gen Süden nach **Orumiyeh** (S. 365) fort. Die Stadt lässt sich leicht per Bus erreichen, allerdings sieht man hier wenig von der eigentlichen Attraktion, dem riesigen Salzsee. Dafür ist eine Tour notwendig.

Von Orumiyeh geht es nach Kurdistan, zunächst in die Provinzhauptstadt **Sanandaj** (S. 373). Der Ort bietet außer einem Museum für kurdische Kultur nicht viel, ist aber der beste Ausgangspunkt für eine Reise zu den kurdischen Bergdörfern, die sich an Schönheit schwer übertreffen lassen. Zwei wahre Perlen sind **Uraman Takht** (S. 377) und **Palangan** (S. 377). Der Transport dorthin gestaltet sich allerdings schwierig; wer mit dem (eigenen) Auto unterwegs sein kann, ist hier klar im Vorteil. Wenn man sich für antike Felsenreliefs interessiert, empfiehlt sich auf dem Rückweg nach Teheran ein Halt in **Kermanshah** (S. 378) und/oder **Hamadan** (S. 386).

Unterwegs im Osten

■ 10–14 Tage

Die meisten Reisenden, die ihren Weg in den Nordosten finden, fahren weiter auf dem Landweg durch Turkmenistan nach Usbekistan. Mashhad ist immerhin nur einen Katzensprung von Ashgabat entfernt.

Von Teheran geht es Richtung Osten mit dem Bus nach **Semnan**, um die schöne Altstadt zu besuchen (S. 416), und von dort aus weiter nach **Damghan** (S. 419), das die älteste erhaltene Moschee des Landes beherbergt. Außerdem ist es als Ausgangspunkt für eine Tour zu den Sinterterrassen von **Badab-e Surt** (S. 414) nützlich.

Verfolgt man von Damghan den Weg Richtung Osten, kann man als Nächstes das bedeutende Sufi-Heiligtum in **Bastam** (S. 420) besuchen.

Direkt neben dem Highway nach Mashhad liegt die **Karawanserei Miyandasht** (S. 423), ein eindrucksvolles Erbe der Seidenstraße. Ihre Lage unterstreicht die historische Bedeutung bis heute genutzter Verkehrswege.

Mashhad (S. 426), die zweitgrößte Stadt Irans, beherbergt die allerheiligste Pilgerstätte des Schiitentums in Iran. Nur eine Autostunde entfernt liegt als Kontrast zum Großstadtdschungel das pittoreske Dorf **Kang** (S. 436), das auch mit Bussen erreichbar ist.

Eine ausgeprägte Flora und Fauna hält der **Golestan-Nationalpark** (S. 445) bereit, dessen Erkundung aber im Vorfeld organisiert werden muss. Einfach zu erreichen von Mashhad ist **Gonbad-e Qabus** (S. 443) in der Provinz Golestan. Die Stadt wurde nach dem dort stehenden bedeutenden Grabturm benannt. Sie ist ein nützlicher Ausgangspunkt für eine Tour nach **Khaled Nabi** (S. 444). Tatsächlich tritt der hiesige Schreinkomplex in den Hintergrund angesichts der surreal-schönen Landschaft der Turkmensahra.

Wer dann weiter in die Provinzhauptstadt **Gorgan** (S. 439) fährt, kann von dort eine Tour zum Donnerstagsmarkt nach **Aq Qala** (S. 443) unternehmen. In der Provinz Golestan überwiegt die turkmenische Kultur, die sich nur in diesem Teil Irans kennenlernen lässt.

Von Gorgan geht es abschließend über das 200 km entfernte Amol nach Polur zum **Damavand** (S. 412). Der höchste Berg Irans ist eigentlich ein ruhender Vulkankegel und zieht viele Berg- und Trekkingbegeisterte in seinen Bann.

Unterwegs im Süden

■ 10–16 Tage

Die Provinzen Khuzestan, Hormozgan, Kerman und Balutschistan miteinander zu kombinieren, bietet sich wegen der wesentlich heißeren Temperaturen zwischen Herbst und Frühjahr an – die beste Reisezeit sind auf jeden Fall die kühleren Wintermonate.

Wer von Teheran anreist, kann über Kermanshah Richtung Südwesten vordringen oder direkt in Khuzestans Provinzhauptstadt **Ahvaz** (S. 515) fahren. Von dort lässt sich ohne Probleme mit öffentlichen Verkehrsmitteln **Shushtar** (S. 506) erreichen. Das sehenswerte Bewässerungssystem dort ist eine bautechnische Meisterleistung der Antike. Prinzipiell eignet sich die Provinz Khuzestan perfekt, um in die antike und sogar prähistorische Geschichte des Landes abzutauchen. Als Hauptstadt des antiken Reiches Elam kommt **Susa** bzw. Shush (S. 500) dabei eine besondere Bedeutung zu. Susa ist ebenfalls mit dem Bus erreichbar, die elamische Ausgrabungsstätte **Haft Tepe** (S. 504) und die Zikkurat **Chogha Zanbil** (S. 505) allerdings nicht.

Die Seele baumeln lassen und die Zeit vergessen kann man am besten auf den Inseln des Persischen Golfs. Dafür muss zuerst die Hafenstadt **Bandar Abbas** (S. 528) angesteuert werden. Zwischen Ahvaz und Bandar Abbas bestehen Bus- und Flugverbindungen. Von der Hafenstadt fahren regelmäßig Fähren auf die Inseln **Qeshm** (S. 535) und **Hormuz** (S. 533), wo schöne Küstenabschnitte, Erosionslandschaften, Mangrovenwälder und die faszinierende Kultur der Bandaris auf Besucher warten.

Von Bandar Abbas ist auch **Kerman** (S. 448) leicht öffentlich zu erreichen. Mehr oder weniger am Weg befinden sich die Lehmstädte und -festungen **Rayen** (S. 466) und **Bam** (S. 467). Die Wüste **Dasht-e Lut** (S. 462) bietet nicht nur den heißesten Ort, sondern auch die größten Yardangs der Welt. Die Touren führen von Kerman über Shahdad und weiter in die Oase Shafiabad direkt zu den bizarren Steinformationen. Wer die Zeit hat, besucht von Kerman aus auch noch die Oase **Nayband** (S. 460) und die am Weg liegende **Karawanserei Chah-e Karo** (S. 460). Ansonsten geht es von Kerman wieder zurück nach Teheran.

Iran intensiv

Quer durchs Land

■ 5–6 Wochen

Diese Route ist für Reisende gedacht, die auf dem Landweg einreisen und einiges an Zeit im Gepäck haben.

Die Einreise über die Türkei erfolgt über den Grenzübergang bei **Bazargan** (S. 361). Von dort geht es umgehend in die nahe gelegene Stadt **Maku** (S. 360), die als Ausgangspunkt für einen Teil des christlich-armenischen Erbes im äußersten Nordwesten des Landes genutzt werden kann. Die Kapelle Dzordzor und das Kloster St. Thaddäus sind nicht weit. Das **Kloster St. Stephanos** (S. 356) ist wiederum von der Grenzstadt Jolfa oder als Tagesausflug von Tabriz aus zu erreichen. In **Tabriz** (S. 346) lassen sich gut zwei Tage verbringen, um den Bazar voll auszukosten und vielleicht noch einen Tagesausflug in das Höhlendorf **Kandovan** (S. 355) zu unternehmen.

Die volle Pracht safawidischer Baukunst wartet dann in **Ardabil** (S. 336), das mit dem Bus von Tabriz aus gut zu erreichen ist. Wer dem dortigen Scheich-Safi-Heiligtum einen Besuch abgestattet hat, zieht vielleicht noch einen Ausflug in das umliegende **Sabalan-Gebirge** (S. 344) in Erwägung.

Nicht verpassen!

€ Ein paar besondere Aktivitäten für den kleinen Geldbeutel:

Kochkurse Zu den schon länger etablierten und teuren Kursen gibt es dank der steigenden Nachfrage inzwischen auch preiswerte Alternativen. Eine wunderbare Gelegenheit, nach dem Sightseeing in diesen Teil der persischen Kultur einzutauchen. Zwei gute und preiswerte Optionen sind das Anar Guesthouse und das Nargol Guesthouse in Esfahan (S. 230).

Rosenfest Die Rosensaison liegt zwischen Anfang Mai und Mitte Juni. Das damit verbundene Erntefest Golab Giri findet zwischen dem 5. und 15. Mai in der Gegend um Kashan statt (S. 206) , wobei das Fest in Niasar noch empfehlenswerter ist als das in Qamsar.

Zurkhaneh Als Zurkhaneh, Haus der Stärke, werden die Ausbildungs- und Übungsstätten bezeichnet, wo traditionelle iranische Kampfsportarten praktiziert werden. Die teilnehmenden Männer führen eine Abfolge rhythmischer Bewegungen bzw. Übungen durch und schwingen dabei bis zu 40 kg schwere Holzkeulen, zu sehen beispielsweise in Yazd (S. 255).

Musizieren in Ghalat Wirklich unvergesslich macht den Besuch dieses Dorfes der Musiker Ramin, der mit seinem Art Hostel etwas Einzigartiges geschaffen hat. Nicht viele wissen um diesen Ort, wo Gäste gemeinsam mit Ramin Tag und Nacht musizieren. Es wird gesungen, Saxophon oder Klavier gespielt und vieles mehr (S. 295).

Die öffentliche Anreise in die nächste Provinzhauptstadt, **Rasht** (S. 324), führt ganzjährig in sattes Grün. Von dort geht es vorbei an Tee- und Reisplantagen hinauf zum pittoresken Bergdorf **Masuleh** (S. 329) oder zur **Rudkhan-Festung** (S. 328). Weiter gen Süden führt der Weg zunächst in die zeitweilig safawidische Residenzstadt **Qazvin** (S. 306) und von dort in das landschaftlich reizvolle **Alamut-Tal** (S. 312), das etliche Berg- und Wandertouren verspricht.

Welch ein Kontrast, sich dann in die Megacity **Teheran** (S. 142) vorzuwagen – moderne Galerien, altehrwürdige Museen und Paläste, aber auch phänomenale Ausblicke auf die beeindruckende Betonwüste bieten sich hier.

Nicht weniger kontrastreich ist das konservative **Qom** (S. 189) – die Stadt beherbergt nach Mashhad das bedeutendste schiitische Heiligtum des Landes.

Erst jetzt geht es zu den absoluten Touristenhotspots. Den Anfang macht **Kashan** (S. 194) mit seinem schmucken Bazar und den herrschaftlichen Kaufmannshäusern. Von hier aus werden Touren in die Wüste **Maranjab** (S. 205), zum Bergdorf **Abyaneh** (S. 206), aber auch zur Rosenernte nach **Qamsar** oder **Niasar** (S. 206) angeboten.

Mit **Esfahan** (S. 209) folgt schließlich die absolute Perle Irans. Nichts kann der safawidischen Residenzstadt in Sachen Prunkbauten den Rang ablaufen. Zwei bis vier Tage sollte man schon einplanen, bevor man einen Ausflug in das Zagros-Gebirge zu den Bakhtiari-Nomaden nach **Sar Agha Seyed** (S. 246) oder in die Dünenlandschaft bei **Varzaneh** (S. 233) anstrebt.

Weiter geht es mit Bus oder Zug nach **Shiraz** (S. 274), in die Stadt der Poesie und Liebe. Die nähere Umgebung eignet sich perfekt, um dem Erbe zweier Perserreiche auf den Grund zu gehen – **Persepolis** (S. 289) ist nur einen Katzensprung entfernt, und auch **Naqsh-e Rostam** (S. 292), **Pasargadae** (S. 294) sowie **Bishapur** (S. 299) sind in Reichweite. Aber auch die Qashqai-Nomadenkultur kann in der Provinz Fars im Rahmen einer ein- oder mehrtägigen Tour kennengelernt werden.

Weiter in **Yazd** (S. 250) schlendert man durch schöne Altstadtgassen zwischen kühlenden Lehmbauten und erfährt mehr über die vorislamische Staatsreligion des Zoroastrismus, bevor man weiter gen Osten nach **Kerman** (S. 448) zieht. Etliche Touren führen von dort oder über die kleine Oase **Shafiabad** (S. 462) zu den spektakulären Landschaften der Wüste **Dasht-e Lut** (S. 462). Wer Zeit und das nötige Kleingeld hat, gönnt sich eine mehrtägige Offroad-Tour zu den abgeschiedenen Megadünen **Rig-e Yalan** (S. 464). Von Kerman aus lassen sich in einem Tagesausflug auch die Lehmstadt und -festung **Bam** (S. 467) und ihre ewiglangen Dattelpalmenplantagen entdecken, bevor es schließlich in den äußersten Nordosten nach **Mashhad** (S. 426) geht. Wer selbst fährt oder die Strecke in mehreren Etappen zurücklegt, sollte auf den Zwischenstopp in der Oase **Nayband** (S. 460) nicht verzichten. In Mashhad wartet schließlich die heiligste schiitische Pilgerstätte des Landes. Von dort geht es rund 200 km nördlich zur turkmenischen Grenze bei **Bajgiran** (S. 437), um nach Turkmenistan auszureisen.

In der Oase Nayband hausen inmitten der traditionellen Lehmbauten Ziegen.

Klima und Reisezeit

Die riesigen Ausmaße des Landes und die unterschiedlichsten Landschaften bedingen auch eine klimatische Vielfalt. So liegt die beste Reisezeit für Bergtouren im Sommer, während die Inseln des Persischen Golfs wegen der feuchten Hitze dann unerträglich erscheinen, man aber in der Landesmitte an die 40 °C problemlos aushält, weil es sich um eine trockene Hitze handelt.

Klima

Bestimmt wird das Klima durch die rhythmische Abwechslung von Nordostpassaten im Sommer und den im Winter dominierenden Westwinden. Es besteht ganzjährig ein ausgeprägter thermischer **Nord-Süd-Gegensatz**, ganzjährige Temperaturunterschiede von 40 °C sind keine Seltenheit. Das Wetter wird in der wärmeren Jahreszeit durch ein Hochdruckgebiet, das über dem Kaspischen Meer vorherrscht, und ein im Süden liegendes Tiefdruckgebiet bestimmt.

Hohe **Niederschläge** sind in Iran dort zu verzeichnen, wo feuchte Luftmassen an einem Gebirge zum Abregnen gezwungen werden. Dies ist an der Nordflanke des Elburz-Gebirges und an der Westseite des Zagros-Gebirges der Fall. In allen Teilen Irans außer dem Kaspischen Tiefland fallen zwei Drittel der Niederschläge zwischen Spätwinter und Frühjahrsbeginn.

Die feuchtesten Regionen in Iran befinden sich entlang der **Kaspischen Küste**. Dort fallen durchgehend über das Jahr hohe Niederschläge, das Maximum wird in der Provinz Gilan mit 1600–2000 mm erreicht, wobei der Höhepunkt der Niederschlagsmenge im frühen Herbst liegt. Im Sommer herrscht dort oftmals eine große Schwüle (80 %), in den höheren Lagen sind Nebel und abendliche Regenschauer verbreitet. Das gilt vor allem für die Provinz Mazandaran. Die Niederschläge nehmen von West nach Ost kontinuierlich ab, so verzeichnet Gorgan schon fünf trockene Monate im Jahr bei 600 mm Niederschlag und erreicht im Sommer Temperaturen um die 40 °C. Die höheren Lagen, über 2200 m, weisen feuchte und sehr kalte Winter auf.

Im Winter und Frühjahr stehen das **Zagros-Gebirge** und das **aserbaidschanische Hochland** unter dem Einfluss der Westdrifte, die mediterrane Zyklone mitbringen. Die Niederschläge nehmen im Zagros von Nord nach Süd und von West nach Ost stetig ab. So fallen in Khorramabad über 500 mm, im weiter östlich gelegenen Esfahan hingegen nur mehr 125 mm. Die Winter können sehr streng sein. Die durchschnittlichen Januarwerte betragen beispielsweise in Tabriz -1,7 °C, in Hamadan -2 °C und in Khorramabad 3,5 °C. Temperaturen, die in den zweistelligen Minusbereich fallen, sind keine Seltenheit. In Tabriz gibt es bis zu 32 Tage, an denen Schnee fallen kann, in Mashhad sind es 21 und in Teheran nur noch 12 Tage.

Im Sommer steht das **Zentrale Hochland** in der Landesmitte im Einflussgebiet der Passatwinde, die aus den trockenen Gebieten Zentralasiens aus nordöstlicher Richtung zur äquatorialen Tiefdruckrinne strömen. Vom mediterranen Raum und dem Kaspischen Meer wird feuchte Luft herantransportiert, die an den Außenflanken der Gebirgszüge abregnet. Die Folge ist, dass im Hochland eine äußerste Trockenheit herrscht. Ausnahmen sind reliefbedingt, wie in den Inselgebirgen um Yazd und Kerman, wo Schnee und Regen fallen. Die sommerlichen Maximalwerte liegen über 40 °C. Im Winter kann es relativ kalt werden, vor allem in Kerman, wo Fallwinde tiefe Temperaturen mit sich bringen.

Im **äußersten Osten** des Landes an der Grenze zu Afghanistan weht der „Wind der 120 Tage", der Luftdruckunterschiede zwischen den nördlichen Hochdruckgebieten Turkmenistans und

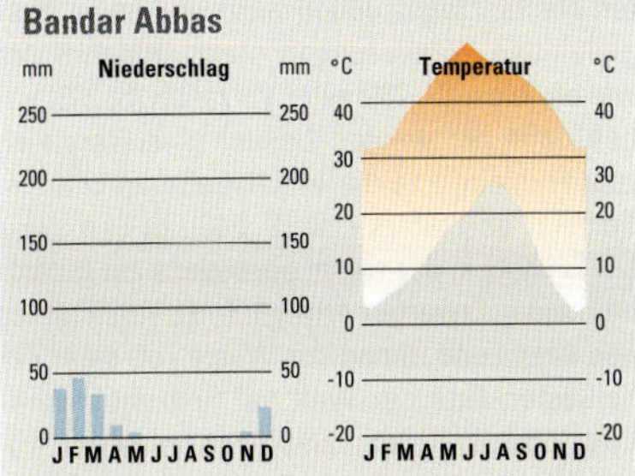

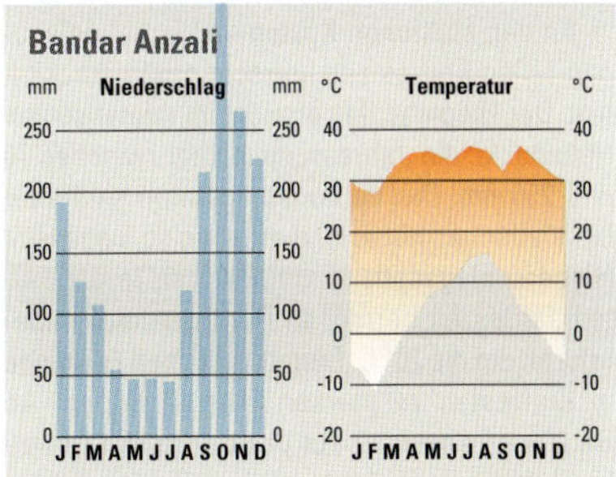

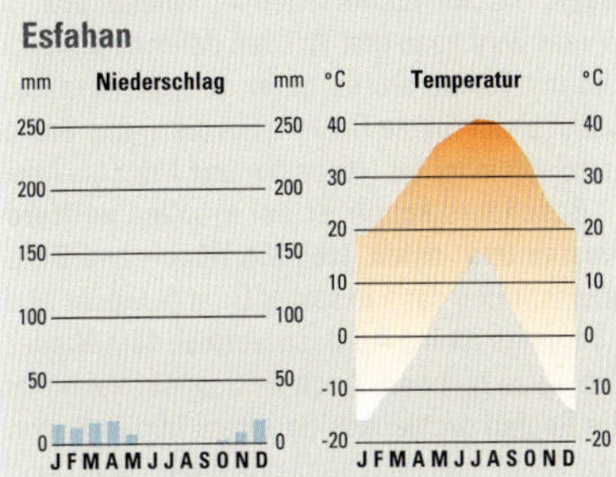

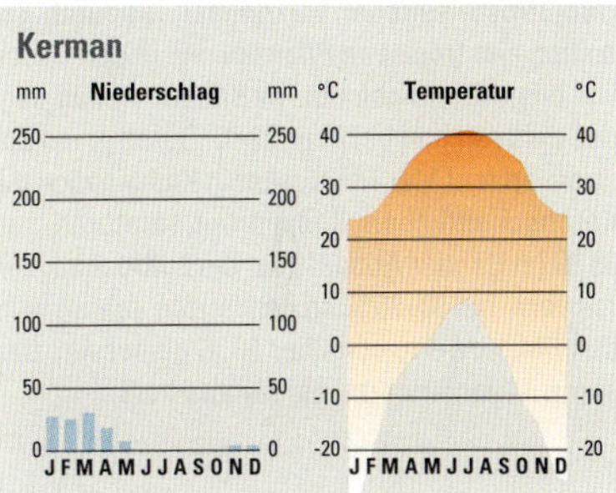

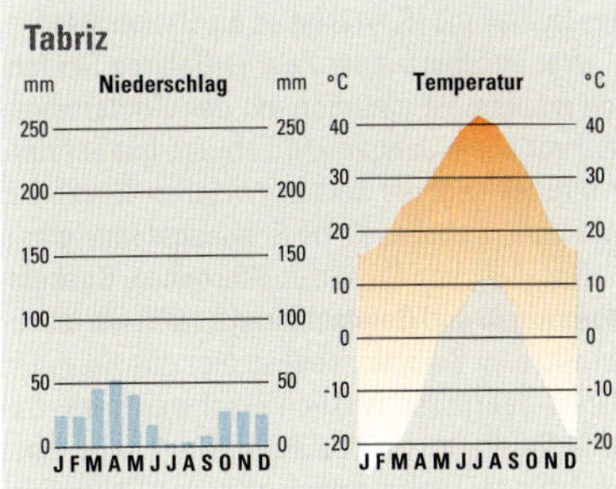

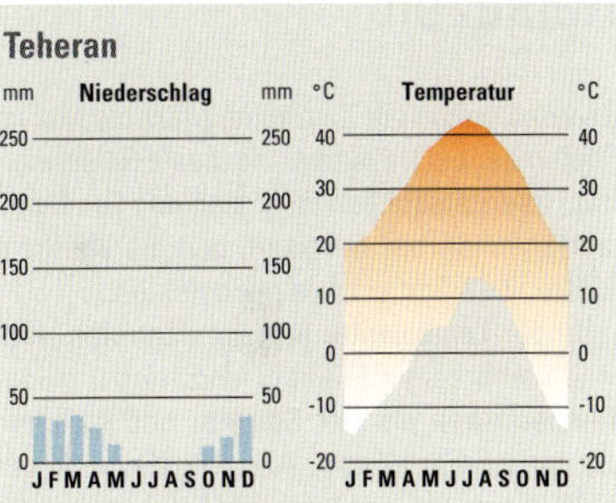

den südlichen Tiefdruckgebieten Sistans ausgleicht. So kommt es, dass der Wind zwischen Mitte Mai und Mitte September von Nordwesten nach Südosten recht konstant bläst. In dieser Zeit wurden in Nashtifan und Nehbandan alte Windmühlen betrieben, die heute noch in Verwendung sind. Im Juli erreicht der Wind eine Geschwindigkeit von 70 km/h, in der restlichen Zeit kommt er auf rund 30 km/h. Er verursacht mitunter extreme **Staubstürme** und führt dazu, dass Zabol unerträglich werden kann.

An den **südlichen Küsten** und in tief gelegenen Teilen Khuzestans herrscht große Trockenheit. Der Niederschlag erreicht im Winter seinen Höhepunkt, die Jahressumme liegt zwischen 70 und 250 mm. Die Verdunstungsraten sind aber ein Vielfaches höher und ergeben so insgesamt Niederschlagsdefizite von 800 mm. In der kalten Jahreszeit herrschen Durchschnittstemperaturen um die 20 °C. Dennoch können Fallwinde in Khuzestan zu starken Frösten führen. Ab Bandar-e Lengeh bis zur pakistanischen Grenze verläuft die Zone der trockenen Subtropen, wo Nachtfröste seltener vorkommen. Dadurch gedeihen hier tropische Pflanzen und in den Oasen vor allem Dattelpalmen. In Bandar Abbas liegt das Jahresmittel bei über 25 °C. Durch einen Zustrom an feuchter Meeresluft in Kombination mit durchschnittlichen Sommertemperaturen von 35 °C (in Bandar Abbas) liegt die Luftfeuchtigkeit teilweise bei 80–90 %. In den letzten Jahren wurden Rekordwerte von über 50 °C gemessen. Das Klima ist winterwarm und sommerheiß.

Reisezeit

Generell gelten die Zeiträume März bis Mai und September bis November als ideale Reisezeit für Iran, aber tatsächlich lässt sich das Land ganzjährig wunderbar bereisen, und die allerbeste Reisezeit variiert stark je nach Region.

In der **Landesmitte** bzw. im Zentralen Hochland versprechen Frühjahr und Herbst mildere Temperaturen als der Sommer und stabileres Wetter als der Winter. Allerdings sind 35 oder 40 °C, die im Juli und August in Esfahan oder Shiraz üblich sind, erträglich, weil es sich um eine trockene Hitze handelt. Der Körper verträgt Temperaturen bis 45 °C unter gewissen Voraussetzungen relativ gut. Durch Schwitzen reguliert sich das System, die extrem trockene Luft im Hochland unterstützt diesen Prozess. Wer sich auf die Spuren der nomadischen Kultur(en) im Land machen möchte und Bergtouren im Zagros- oder Elburz-Gebirge anstrebt, ist mit den Monaten Juli und August sogar am besten beraten.

Auch Ausflügen in die **Wüste** steht der Sommer nicht unbedingt im Weg, wenn man die späten Nachmittagsstunden nutzt und keine ausgedehnten Wanderungen plant. Dünen-Spots wie bei Mesr (S. 239) oder Varzaneh (S. 233) haben dann nur wenige Besucher im Vergleich zum Frühjahr, und die Milchstraße leuchtet im Sommer besonders klar (S. 240). In den Wüsten kühlt es in der Nacht ab, sodass ein Aufenthalt wider Erwarten erträglich ist. Ausflüge zu den *kaluts* und Dünen der Wüste Lut, einer der heißesten Orte der Welt mit Spitzentemperaturen über 60 °C, sind allerdings nur in den frühen Morgenstunden und abends möglich. Mehrtägige Offroad-Touren fallen im Sommer aus. Im Winter wird es in den Wüsten dafür empfindlich kalt mit Temperaturen unter dem Gefrierpunkt. Damit bleibt für die Dasht-e Lut die ideale Reisezeit September bis November und März bis April.

Besonders schön ist der Frühling im **Nordwesten und -osten**, weil die Hügel- und Berglandschaften dann in sattes Grün getaucht sind. Allerdings ist bis April mit vermehrtem Niederschlag zu rechnen. Auch im Sommer kann man die Region problemlos bereisen. In den Provinzen Gilan und Mazandaran findet man auch dann noch sattes Grün, und für die Besteigung des Damavand (S. 412) ist es die Hauptsaison.

Wer im Elburz- oder Zagros-Gebirge **Ski fahren** möchte, ist natürlich mit den Wintermonaten, vor allem Januar und Februar, gut beraten. Prinzipiell liegt die Saison zwischen November und April, wobei es keine Schneegarantie gibt.

Die südlichen Provinzen **Khuzestan**, **Bushehr**, **Hormozgan** und **Balutschistan** quälen mit feuchter Hitze im Sommer, sodass hier das Reisen in dieser Jahreszeit wirklich erschwert wird. Gerade für die Inseln des Persischen Golfs, aber auch für das weiter östlich gelegene Balutschistan bieten sich November bis Februar an, wenn es dort angenehme, für europäische Verhältnisse oft hochsommerliche Temperaturen hat. Für Khuzestan sind auch Frühjahr und Herbst noch zu empfehlen, feuchtheiß ist es vor allem in den südlicheren Teilen der Provinz. Für Taucher und Surfer sind die Wassertemperaturen am Persischen Golf interessant. Diese schwanken zwischen 23 °C im Winter und 32 °C im Sommer.

In den **Nowruz-Ferien** (S. 56) im Frühjahr reisen die Iraner selbst quer durchs Land, sodass es vielerorts ganz schön voll werden kann.

Reisekosten

Iran ist ein günstiges Reiseland, nur bedingt die wirtschaftliche Lage erhebliche Preisschwankungen, und der Währungsverfall macht es schwer, Preisauskünfte zu geben – was heute gilt, kann übermorgen schon wieder ganz anders sein. Es kommt auch darauf an, ob Preise vor Ort in Rial verlangt werden oder in Euro bzw. Dollar. Viele Gästehäuser in touristischen Gegenden bestehen auf Letzteren. Befindet man sich also gerade zu einer Zeit in Iran, wenn der **Wechselkurs** Rial gegen Euro hoch ist, kann das dazu führen, dass an und für sich teure und gute Hotels plötzlich ziemlich preiswert sind, weil sie Rialpreise führen, während ein Bett im Schlafsaal eines Gästehauses plötzlich unverhältnismäßig teuer erscheint, weil es 10 oder 15 € pro Nase verlangt. Zu den Wechselkursschwankungen kommen die **Preisschwankungen**. Heute gängige Taxipreise müssen schon übermorgen nicht mehr stimmen. Dauernde Preiserhöhungen sind ein großes Problem, mit dem Iraner tagtäglich zu kämpfen haben.

Als Untergrenze für **Übernachtung und Verpflegung** muss man mit 10–15 € Tagesbudget rechnen, wenn man in Schlafsälen oder günstigen Unterkünften nächtigt und in einfachen Läden preiswerte Gerichte isst oder selber kocht.

Wer nicht jeden Cent umdreht, aber einfache Gästehäuser mit Privatzimmern und einfache Restaurants wählt, ist mit 15–20 € pro Tag dabei. Für eine Reise mit komfortablen Hotels und den Besuch besserer Restaurants sind 35–50 € pro Tag einzuplanen. Generell sind Unterkünfte auf dem Land günstiger als in den städtischen und touristischen Zentren. In Bergdörfern lassen sich auch ganze Wohnungen und Privathäuser für 1,5 Mio. IRR die Nacht mieten. Oft gelten in Unterkünften und Hotels für ausländische Gäste höhere Preise. Ein einfaches Doppelzimmer mit Privatbad kostet zwischen 1,5 Mio. IRR und 2,5 Mio. IRR. Für einen Platz im Schlafsaal werden in Hostels und Gästehäusern häufig Europreise, meist 10–15 €, verlangt. Außerhalb der Hauptsaison – z. B. im Sommer in der Landesmitte, im Südosten und Süden – sind erhebliche Preisnachlässe möglich.

Hinzu kommen die **Transportkosten**. Der öffentliche Verkehr ist sehr preiswert. Ein Busticket zwischen Teheran und Esfahan, an die 450 km, kostet je nach Komfortklasse zwischen 250 000 IRR und 400 000 IRR. Ein Zugticket für die gleiche Strecke ist für rund 500 000 IRR zu haben. Innerstädtische Taxis kosten meistens 100 000–150 000 IRR, in Teheran auch mal bis zu 300 000 IRR. Auch Inlandsflüge sind sehr günstig (z. B. Teheran–Shiraz für 2–3,5 Mio. IRR). Für Tagesausflüge eignen sich Taxis, normalerweise werden für 100 km 1,5–3 Mio. IRR verlangt. Für einen kleinen Mietwagen zahlt man 25–45 €.

Eintrittspreise sind oft nicht so günstig. Für viele kleine Gärten, Mausoleen oder Häuser werden 150 000–200 000 IRR verlangt, was sich summieren kann. Dafür sind Highlights wie Persepolis mit 200 000 IRR verhältnismäßig günstig.

Was kostet wie viel?

1 Liter Mineralwasser	20 000 IRR
Softdrink	30 000 IRR
Portion Chelo kebab	250 000 IRR
Portion Kashk-e bademdjan	160 000 IRR
Portion Ghorm-e sabzi	180 000 IRR
Frühstück im Gästehaus	150 000–250 000 IRR
Bett im Schlafsaal	10–15 €
DZ mit Privatbad	1,5–2,5 Mio. IRR
1 Liter Benzin	10 000 IRR
Taxifahrt	100 000–150 000 IRR

Die Preise von Gerichten und Getränken beziehen sich auf Restaurants.

Travelinfos von A bis Z

Auf eigene Faust durch Iran? Kein Problem! Die folgenden Seiten geben Antworten auf die wichtigsten Reisefragen: Was gehört in den Rucksack? Muss ich mich impfen lassen? Wie und wo kann ich einreisen? Kann ich in Iran Geld abheben? Welches sind die schönsten Trekkingrouten? Was macht die persische Küche aus? Und wie verhalte ich mich, wenn ich von Iranern eingeladen werde?

BACKGAMMON-SPIELER IM PARK VON HAMADAN; © TOBIAS DANZ

Kurz und knapp

Flugdauer Frankfurt/Main–Teheran 5 Std., Wien–Teheran 4 1/2 Std.

Einreise Deutsche, Österreicher und Schweizer müssen im Vorfeld der Reise ein E-Visum oder Visa on Arrival beantragen.

Geld Währung ist der Iranische Rial (IRR). Geld abheben ist vor Ort nicht möglich.

Smartphones Es lohnt der Kauf einer SIM-Karte vor Ort.

Zeitverschiebung MEZ plus 2 1/2 Std.

Inhalt

Anreise ... 41
Botschaften und Konsulate ... 44
Einkaufen ... 45
Essen und Trinken ... 48
Fair reisen ... 52
Feste und Feiertage ... 54
Fotografieren ... 56
Frauen ... 58
Geld ... 59
Gepäck und Ausrüstung ... 61
Gesundheit ... 63
Informationen ... 64
Internet ... 65
Kinder ... 66
Maße und Elektrizität ... 67
Medien ... 67
Öffnungszeiten ... 68
Post ... 68
Reisende mit Handicap ... 69
Schwule und Lesben ... 69
Sicherheit ... 69
Sport und Aktivitäten ... 74
Telefon ... 76
Transport ... 77
Übernachtung ... 83
Verhaltenstipps ... 86
Versicherungen ... 88
Visa ... 88
Zeit und Kalender ... 90
Zoll ... 91

Anreise

Mit dem Flugzeug

Einige europäische Fluglinien bieten **Direktflüge** von Deutschland und Österreich nach Teheran an: Austrian Airlines ab Wien, Eurowings ab Köln und Lufthansa ab Frankfurt und München. Von der Schweiz gibt es bislang keine Direktflüge. Wie immer gilt bei Iran – nichts ist in Stein gemeißelt. Das Angebot kann je nach politischer Tau- oder Donnerwetterstimmung ausgedehnt oder eingeschränkt werden. Beispielsweise hat AUA die erst Ende 2017 eröffneten Direktflüge nach Shiraz und Esfahan schon 2019 wieder eingestellt. Auch **iranische Fluglinien** bieten internationale Flüge an. Dazu zählen Flugverbindungen der Iran Air ab Wien, Hamburg, Köln und Frankfurt sowie der Mahan Air ab Düsseldorf.

Mitunter am günstigsten fliegt man mit Ukraine Airlines und einem **Zwischenstopp** in Kiew oder mit Pegasus Airlines und einem Zwischenstopp in Istanbul. Auch Turkish Airlines bietet Flüge mit Zwischenstopp in Istanbul an; sie sind etwas teurer, dafür aber auch komfortabler. Turkish Airlines hat außerdem Flüge in diverse iranische Großstädte abseits der Hauptstadt im Programm, darunter Mashhad, Tabriz, Shiraz und Esfahan. Emirates fliegt über Dubai, Etihad Airways über Abu Dhabi und Qatar Airways über Doha nach Teheran.

Die reine **Flugzeit** nach Iran beträgt 4 1/2 Stunden von Wien und 5 Stunden von Frankfurt am Main. Die **Preise** liegen bei Direktflügen zwischen 500 und 1000 € und bei Billigairlines mit Zwischenstopp zwischen 230 und 350 €. Die **Hauptsaison** mit deutlich höheren Flugpreisen liegt im März und April, über die Weihnachtsferien und Ende Juni bis September. Wer etliche Monate im Voraus bucht, kann aber auch hier günstige Flüge ergattern.

Mit Auto oder Motorrad

Von Wien zur iranischen Grenze nahe Maku sind es über Serbien ca. 3100 km. Wer flott ist, schafft das in drei Tagen mit Zwischenstopps in Sofia und Istanbul. Für einige erfüllt sich mit der Anreise im eigenen Gefährt der Traum vom Roadtrip.

Ein Auto oder Motorrad verspricht Freiheit, allerdings kann man sich alternativ auch im Land ein Auto mieten. Die Qualität von Benzin, Öl und Werkstätten entspricht nicht unbedingt europäischen Standards. Außerdem sollte man sich des chaotischen Verkehrs bewusst sein und das Gefahrenpotenzial in Iran nicht unterschätzen (S. 72).

Gleichzeitig ermöglicht die Anreise mit dem eigenen Gefährt wunderbare Möglichkeiten. Wer mit einem Geländewagen unterwegs ist, kann auch mal offroad das Land erkunden. Mit dem eigenen Auto lassen sich bei der Heimreise auch eine ganze Reihe von Souvenirs problemlos mit nach Hause nehmen, von zerbrechlicher Keramik bis zu Perserteppichen.

Die **Kosten** für die Anreise durch Europa und die notwendige **Einreiseerlaubnis** (Carnet) nach Iran sind geringer als eine Automiete vor Ort. Schwierig und kostspielig wird es nur, wenn größere Schäden verursacht und repariert werden müssen – vor allem wenn Werkstätten erst einmal europäische Ersatzteile aus der Türkei bestellen müssen. Nicht allen Auto- und Motorradmodellen ist die Einreise erlaubt. 2018 wurde die Einreise mit Autos eines amerikanischen Herstellers oder mit einem Motor über 2500 ccm verboten. Das Gleiche gilt für **Motorräder** mit über 250 ccm. Praktisch scheint die temporäre Einfuhr für Touristen (Nicht-Iraner) aber trotzdem möglich, Verlass ist auf diese Handhabe aber nicht. Aktuelle Infos u. a. beim ADAC, TCS oder AA. Mehr zu den Verkehrsregeln und zum Fahren in Iran auf S. 77.

Vorbereitungen

Der Fahrzeugführer muss über **18 Jahre** alt sein und einen gültigen **internationalen Führerschein** (nur gemeinsam mit dem Führerschein der eigenen Nationalität gültig) besitzen. Zudem benötigt man ein **Carnet de Passage:** Es ist ein Zoll- und Grenzdokument (der Reisepass fürs Auto sozusagen) und in Iran zwingend für die temporäre zollfreie Einfuhr von Fahrzeugen vorgeschrieben. Das Dokument ist ab dem Tag der Ausstellung 12 Monate gültig. Für die Ausstellung ist der ADAC zuständig, der nach dem postalischen Eingang aller Unterlagen an die drei Wochen für Genehmigung und Versand des Carnets brauchen kann. In der Hochsaison zwischen Mai und Oktober ist es ratsam, das Carnet etwa sechs Wochen im Voraus zu beantragen. **Wichtig**: Wer ein Carnet braucht, muss einen hohen Geldbetrag als Sicherheit hinterlegen (auch als Bankbürgschaft möglich), der sich nach dem Wert des Fahrzeugs richtet. In Deutschland sind das etwa 75 % des Zeitwerts, in der Schweiz 100 %. Das Geld gibt es bei der Rückkehr natürlich zurück. Die Ausstellungsgebühr beträgt 230 € für Mitglieder des ADAC oder der Fia und 330 € für Nichtmitglieder. Das Dokument wird immer auf einen Fahrer und ein Auto ausgestellt und ist nicht übertragbar. Weitere Informationen und Antragsunterlagen online: **ADAC**, ✆ 0049-89-7676 6338, 💻 www.adac.de/cdp, 🕒 telefonisch Mo–Fr 8–14 Uhr, auch für Antragstellung aus Österreich und der Schweiz. Muss das Dokument dorthin verschickt werden, kommen noch Gebühren für den Versand hinzu.

Europäische **Versicherungen** wie Haftpflicht und Kasko gelten in Iran nicht. Versicherungspolicen gibt es am Grenzübergang. Sie kosten je nach Fahrzeugtyp und Dauer der Reise um 150 €.

Anreise durch Europa

Von Wien bietet sich die Route über Ungarn, Serbien, Bulgarien und die Türkei an. Dabei gilt es einiges zu beachten: In Österreich, Ungarn, Serbien, Bulgarien und der Türkei gilt eine **Maut** für Autobahnen. Vignetten sind an der Grenze oder an Tankstellen erhältlich. In Österreich

Ausreise nach Turkmenistan und Pakistan

Ein Visum für **Turkmenistan** zu bekommen, ist alles andere als leicht. Die Ausstellung des Visums nimmt in der Regel 10 Tage in Anspruch, deswegen beantragen die meisten das Visum in Teheran (S. 45) und holen es in Mashhad ab. Es ist nicht unwahrscheinlich, dass der Visumsantrag abgelehnt wird. Lieber beim Konsulat in Teheran anrufen, ✆ 021-2220 6306, und nachfragen, falls die Behörde in Mashhad (S. 432) nach 10 Tagen nichts ausstellt. Prinzipiell werden nur **Transit-Visa**, meist für fünf Tage, ausgestellt, wobei das Visum für das darauffolgende Land, also Usbekistan oder Kasachstan, bereits vorhanden sein muss. Je nach eigener Nationalität variiert der Preis für das Visum, generell zwischen US$55–85. Genaue Geldsumme mitbringen und darauf achten, dass man neue US-Dollar-Scheine bei sich hat, ältere werden nicht angenommen. Man braucht farbige Fotokopien und muss die Grenzübergänge, wo man Turkmenistan betritt und verlässt, und das Ein- und Ausreisedatum verbindlich festlegen (weshalb die meisten es nicht schon zu Hause beantragen). Für Touristen sind zwei Grenzübergänge relevant:

Bajgiran, 🕒 tgl. 7.30–16.30 Uhr
Reisende gelangen über diesen Grenzübergang 55 km südlich der turkmenischen Hauptstadt Ashgabat in die 225 km südöstlich gelegene Großstadt Mashhad. Näheres s. S. 437.

Sarakhs, 🕒 tgl. 8–17 Uhr
Weniger häufig nutzen Reisende den Grenzübergang bei Sarakhs, 185 km nordöstlich von Mashhad und 185 km südwestlich der turkmenischen Stadt Mary. Näheres s. S. 437.

Der Grenzübergang nach **Pakistan** wird vor allem von Weltreisenden genützt, die sich bewusst sind, dass auf der pakistanischen Seite ein Konvoi auf sie wartet, weil die politische Situation für alles andere zu gefährlich ist. Eine Aus- und Weiterreise über Pakistan muss also genauestens durchdacht und geplant werden. Das Visum für Pakistan ist im Vorfeld zu organisieren.

Mirjaveh (IRN) – Taftan (PAK), 🕒 Mo–Fr 8–16.30 Uhr

und Ungarn gibt es 10-Tage-Vignetten, die auch online über 💻 www.asfinag.at/maut-vignette/vignette bzw. 💻 https://ematrica.nemzetiutdij.hu gekauft werden können. In Serbien bezahlt man bar beim Verlassen eines mautpflichtigen Straßenabschnitts. In Bulgarien gibt es eine Wochenvignette auch in Postämtern. Die Türkei unterscheidet zwischen drei Mautkategorien je nach Fahrzeug. Verpasst man den Kauf an der Grenze, lässt sich das innerhalb von sieben Tagen in einem Postamt, nicht aber an Tankstellen, nachholen.

Gerade bei der Grenzüberfahrt in die Türkei und insbesondere im Sommer muss mit erheblichen **Wartezeiten** gerechnet werden. Der am häufigsten genutzte Grenzübergang nach Iran ist Bazargan (S. 360).

Grenzübergänge

Auf die für Reisende theoretisch offenen Grenzübergänge nach/von **Irak** und **Afghanistan** wird aufgrund der prekären Sicherheitslage nicht näher eingegangen. Auch die Weiterreise nach **Pakistan** kann wegen der Sicherheitslage nur in Begleitung pakistanischen Militärs durchgeführt werden. Zu beachten ist, dass bei jeder Einreise auf dem Landweg das Visum für Iran im Vorfeld organisiert werden muss (S. 88).

Türkei

Die meisten Touristen reisen von der Türkei aus ein. Es gibt zwei für Touristen offene Grenzübergänge, wobei Bazargan der üblichere ist. Deutsche und Schweizer brauchen für eine Reise von bis zu 90 Tagen kein Visum, Österreicher müssen im Vorfeld ein E-Visum für die Türkei beantragen: 💻 www.evisa.gov.tr.

Gürbulak (TK) – Bazargan (IRN)
🕒 tgl. 24 Std.
Am besten fahren Reisende auf der iranischen Seite in die nahe gelegene Stadt Maku weiter und übernachten dort. Mehr Infos s. S. 360.

Esendere (TK) – Sero (IRN)
🕒 tgl. 8–18 Uhr
Diesen weiter südlich gelegenen Grenzübergang nutzen weit weniger Menschen. Auf beiden Seiten ist nicht mit Unterkünften zu rechnen.

Reisen und Klimawandel

Der Klimawandel ist vielleicht das dringlichste Thema, mit dem wir uns in Zukunft befassen müssen. Wer reist, erzeugt auch CO_2: Der Flugverkehr trägt mit einem Anteil von bis zu 10 % zur globalen Erwärmung bei. Wir sehen das Reisen dennoch als Bereicherung: Es verbindet Menschen und Kulturen und kann einen wichtigen Beitrag für die wirtschaftliche Entwicklung eines Landes leisten. Reisen bringt aber auch eine Verantwortung mit sich. Dazu gehört darüber nachzudenken, wie oft wir fliegen und was wir tun können, um die Umweltschäden auszugleichen, die wir mit unseren Reisen verursachen. Wir können insgesamt weniger reisen – oder weniger fliegen, länger bleiben und Nachtflüge meiden (da sie mehr Schaden verursachen). Und wir können einen Beitrag an ein Ausgleichsprogramm wie 💻 **www.atmosfair.de** leisten.
Dabei ermittelt ein Emissionsrechner, wie viel CO_2 der Flug produziert und was es kostet, eine vergleichbare Menge Klimagase einzusparen. Mit dem Betrag werden Projekte in Entwicklungsländern unterstützt, die den Ausstoß von Klimagasen verringern helfen.

nachdenken • klimabewusst reisen
atmosfair

Armenien

Agarak (ARM) – Norduz (IRN)
🕒 tgl. 24 Std.
Die Ein- und Ausreise zwischen Armenien und Iran gestaltet sich unkompliziert. Im Falle einer Ausreise von Iran nach Armenien wird das Visum für Armenien direkt an der Grenze ausgestellt. Mehr Infos s. S. 346.

Aserbaidschan

Für Touristen stehen drei Grenzübergänge offen. Das Visum für Aserbaidschan ist im Vorfeld zu organisieren.

Astara
⌚ tgl. 24 Std.
Die Grenzorte liegen so eng beieinander, dass man einfach gemütlich rüberspazieren kann. Mehr Infos s. S. 336.

Culfa (AZE) – Jolfa (IRN)
⌚ tgl. 24 Std.
Besonders am Nachmittag bei kaufwütigen Azeris beliebt, die sich auf iranischer Seite mit billigen Einkäufen eindecken. Mehr Infos s. S. 356.

Bilesuva (AZE) – Bileh Savar (IRN)
⌚ tgl. 24 Std.
Für internationale Reisende offen und deutlich wuseliger als Astara.

Mit der Bahn

Wer viel Zeit im Gepäck hat und ein Zugabenteuer sucht, kann mit der Bahn von Europa nach Iran reisen, sofern die politische Lage es erlaubt. Der **Transasia-Express von Ankara nach Tabriz** verkehrt seit Juni 2018 wieder. Die Website der iranischen Eisenbahn, 💻 www.raja.ir, informiert aktuell und genau, ist aber nur eingeschränkt in Englisch nutzbar.

Wer sich für eine Reise mit dem Zug entscheidet, muss sich in Geduld üben und an die 70 Stunden **Fahrzeit** von Ankara bis Tabriz einkalkulieren. Vor allem im Winter kommt es zu erheblichen Verspätungen. Eine Strecke in der ersten Klasse mit Vier-Bett-Abteilen kostet etwa 50 €. Eigentlich handelt es sich um zwei Züge, also ist **Umsteigen** angesagt. Von Ankara geht es mit dem türkischen *Vangölü Ekspresi* zweimal wöchentlich nach Tatvan in der Osttürkei. Tickets gibt es auf der offiziellen Website der türkischen Eisenbahn, 💻 www.tcdd.gov.tr, bzw. genauer unter 💻 www.rail.shop/tcdd. In Tatvan muss man die vierstündige **Fähre** nach Van nehmen. Fahrpläne und Tickets für die Fähre gibt es vor Ort. Von Van in der Osttürkei geht es einmal wöchentlich nach Tabriz. Tickets sind über die teurere, aber auch zuverlässige Website 💻 www.iranrail.net zu buchen (S. 80). Stand Sommer 2019: Zugabfahrt Van Di 21 Uhr, Ankunft in Tabriz Mi 7.30 Uhr – die Grenzkontrolle findet nachts statt.

Botschaften und Konsulate

Iranische Vertretungen im Ausland

Armenien
Budaghyan St. 1, Yerevan
📞 00374-10-28047 und 00374-10-232920
💻 www.yerevan.mfa.ir
⌚ Mo–Fr 9–18 Uhr

Aserbaidschan
Boniad Sardarov St. 4, Baku
📞 00994-12-492 6143, 💻 www.baku.mfa.ir
⌚ Mo–Fr 9–13 Uhr

Deutschland
Podbielskiallee 67, 14195 Berlin
📞 030-843530, 💻 www.de.berlin.mfa.ir
⌚ Mo–Fr 8.30–12 Uhr, telefonische Sprechzeiten: Mo–Fr 14–16 Uhr

Generalkonsulate
Bebelallee 18, 22299 Hamburg
📞 040-514 4060, 💻 www.de.hamburg.mfa.ir
⌚ Mo–Fr 8.30–12 Uhr, telefonische Sprechzeiten: Mo–Fr 14.30–16.30 Uhr

Raimundstr. 90, 60320 Frankfurt am Main
📞 069-5600 0734,
💻 www.de.frankfurt.mfa.ir
⌚ Mo–Fr 8.30–12 Uhr, telefonische Sprechzeiten: Mo–Fr 14–16.30 Uhr

Mauerkircherstr. 59, 81679 München
📞 089-452 3969-0, 💻 www.de.munich.mfa.ir
Visumsanträge werden nur postalisch angenommen. Telefonische Sprechzeiten: Mo–Fr 14–15 Uhr

Österreich
Jauresgasse 9, 1030 Wien
📞 01-712 2650, 💻 www.vienna.mfa.ir
⌚ Mo–Fr 9–12 Uhr, telefonische Sprechzeiten: Mo–Fr 14–16 Uhr

Schweiz

Thunstr. 68, 3006 Bern
✆ 031-350 1076, 💻 www.iranembassy.ch
🕒 Mo–Fr 9–12 Uhr, telefonische Sprechzeiten: Mo–Fr 14–16 Uhr

Türkei

Gaziosmanpasa Mahallesi, Tahran Cd. No. 10, 06700 Çankaya/Ankara
✆ 0090-312-468 2821
💻 www.iranembassy-tr.ir
🕒 Mo–Fr 8.30–12 Uhr

Generalkonsulat

Hobyar Mahallesi, Ankara Cd. No. 1, 34112 Fatih/İstanbul
✆ 0090-212–513 8230
💻 www.istanbul.mfa.ir
🕒 Mo–Fr 8.30–12 Uhr

Ausländische Vertretungen in Iran

Eine Liste aller Botschaften in Iran gibt es auf der Website des **Iranian Ministry of Foreign Affairs**, 💻 www.mfa.ir.

Armenien

Ostad Shahriar St. 32, Razi St., Teheran
✆ 021-6670 4833, 💻 www.iran.mfa.am
🕒 So–Do 9–18 Uhr

Aserbaidschan

Rastovan St. 16, Teheran
✆ 021-2256 3146, 💻 www.iran.mfa.gov.az
🕒 So–Mi 9–12.30 Uhr

Deutschland

Ferdowsi St. 324, Teheran
✆ 021-399 9000, 💻 www.tehran.diplo.de
🕒 So–Do 7–15.30 Uhr

Österreich

Ahmadi Zamani St., Mirvali St. 6–8, Teheran
✆ 021-2275 0040, 022-750042 und 022-750038
💻 www.bmeia.gv.at/teheran, 💻 www.otrish.ir
🕒 Mo–Do 14–15.30 Uhr

Schweiz

Yasaman St. 2, Sharifi Manesh Ave., Teheran
✆ 041-5846 41821 und 021-2200 8333
💻 www.eda.admin.ch/tehran
🕒 So–Do 8–12 Uhr

Türkei

Ferdowsi Ave. 337, Teheran
✆ 021-3595 1100
💻 www.tehran.emb.mfa.gov.tr
🕒 Sa–Do 9–17 Uhr

Generalkonsulat

Valiasr St., Homafar St. 8, Tabriz
✆ 041-3327 1882, 💻 www.tabriz.cg.mfa.gov.tr
🕒 Sa–Do 9–13, 14–18 Uhr

Turkmenistan

Barati St. 5, Vatanpour St., Teheran
✆ 021-2220 6306
💻 http://iran.tmembassy.gov.tm
🕒 So–Do 9.30–11 Uhr

Einkaufen

Backpacker-Rucksäcke werden nicht selten bis zum Bersten gefüllt, wenn Reisende die Heimreise antreten – kein Wunder! In Iran gibt es eine ganze Fülle an Kunsthandwerk für jedes Budget. Hier schlägt jedes orientverliebte Herz höher angesichts der feinen Textilien, Keramiken und Miniaturarbeiten, aber auch der Gewürze. Viele decken sich mit **Safran und Rosenwasser** ein – mehr dazu auf S. 50.

Edelsteine und Metallarbeiten

Seit über tausend Jahren werden nördlich von Nishapur **Türkise** in Minen abgebaut, die für ihre weltweit beste Qualität bekannt sind. Nach der Gewinnung werden sie in städtischen Werkstätten geschliffen, poliert und in Schmuckstücke eingefasst. Generell lassen sich iranische Türkise in drei Kategorien klassifizieren: Der sogenannte *angushtari* wird nur für die feinsten Schmuckstücke verarbeitet. Bei dieser höchsten Qualitätsstufe leuchtet das Mineral in einem reinen satten Blau. Als *barkhaneh* wird die zweitklassige Qualität bezeichnet. Diese ähnelt der ersten zwar, weist aber eine Matrix und mehr Flecken auf. Steine, die blassblau, grüntönig oder stark mit weißen Adern durchzogen sind, stellen die minderwertigste Form, *arabi* genannt, dar. Beim Kauf sollte man auf diese Merkmale genau achten. Auswahl und Preis sind in Nishapur (S. 424) und Mashhad (S. 431) am besten.

Firoozeh Koobi werden **Metallgefäße** aus Kupfer, Silber, Messing oder Bronze genannt, auf denen dünne Türkisblättchen mittels Mosaiktechnik aufgeklebt werden. Die Fläche mit den Türkisen wird dann poliert und lackiert. *Ghalamzani* nennen sich die Metallgefäße aus Silber, Kupfer, Bronze, aber auch Gold, die, von den Künstlern gekonnt behämmert, mit aufwendigen Mustern versehen werden. Die feinen Metallarbeiten reichen von kleinen Tellern bis hin zu großen Brunnen, die Zigtausende Euro kosten und oft auf Bestellung für teure Hotels hergestellt werden. Hier ist Esfahan mit seinen Bazarläden beim Meydan-e Naqsh-e Jahan zu empfehlen (S. 216).

Emaille- und Einlegearbeiten

Wer auf dem Bazar von Esfahan unterwegs ist, kommt an den prächtigen azurblauen **Minakari**, Emaillearbeiten, nicht vorbei. Sie gehören neben Teppichen zu den herausragenden Kunsthandwerkstraditionen des Landes. Von Weitem schon sticht die Schönheit dieser 3500 Jahre alten Kunst ins Auge, bei der auf mindestens 8 mm dicken Metallvasen, -schüsseln oder -tellern aufwendige und kleinteilige Muster aufgemalt werden. Die Künstler bevorzugen meist traditionelle persische Muster, wie *gol pardazi* (Blumenmuster) oder *gol va morgh* (Rose mit Vogel).

Khatamkari ist ein über 700 Jahre altes Kunsthandwerk, das heute vor allem noch in Esfahan und Shiraz gepflegt wird. Es handelt sich um raffinierte Einlegearbeiten in Zier- oder Gebrauchsgegenständen aus Holz. Die Palette reicht von Bilderrahmen, Dosen und Stifthaltern über Pfeifen und Uhren bis hin zu wunderschönen Schachbrettern. Für die sternförmigen geometrischen Muster werden entweder dünne, dreieckige Hartholzstäbchen oder Messingdrähte bzw. Kamelknochen verwendet. Diese Stäbchen werden zum gewünschten Muster angeordnet und sorgfältig miteinander verklebt. Von den so entstandenen Bündeln werden ca. 1 mm dicke Scheiben geschnitten. Für eine Fläche von 1 cm² können schon mal um die 250 einzelne Stöckchen benötigt werden. Schließlich werden die Scheiben auf den Holzgegenstand aufgeklebt, poliert und lackiert.

Keramik

Einer der bekanntesten Orte für die traditionell farbenfroh und kleinteilig gemusterte Keramik ist **Lalejin**, 20 km nördlich von Hamadan (S. 391). Dort leben heute noch rund 80 % der Bewohner von diesem Gewerbe. In der Stadt reiht sich ein Laden an den anderen. Verkauft werden unglasierte und glasierte Gefäße in allen möglichen Größen und Mustern. Neben kleinen Tellern und Zuckerdosen gibt es auch über 1 m hohe Vasen, Wasserkrüge und vieles mehr. Diese Keramik findet man auch in anderen Städten wie Yazd oder Esfahan, aber nirgends ist die Auswahl größer und der Preis günstiger als in Lalejin.

Ein weiteres Töpfereizentrum ist **Meybod** nahe Yazd. Bekannt sind Tonarbeiten mit dem Motiv *khorschid khantan*, einem Frauengesicht mit einer Sonne. Ansonsten sind auch Blumen-, Vögel- und Fischmotive beliebt. Die Souvenirläden in Yazd sind voll davon.

Auch **Natanz** (S. 208) ist für Keramikarbeiten bekannt. Einige der einst über 200 Töpfereien sind immer noch in Betrieb.

Teppiche

Als Erstes fällt einem dazu natürlich der **Perserteppich** ein. Wobei es den einen Perserteppich nicht gibt, vielmehr unterscheiden sich die Teppiche je nach Region und teils von Ortschaft zu Ortschaft erheblich. Die über Jahrhunderte perfektionierte Teppichknüpftradition stellt sich in den Bazaren des Landes zur Schau. Keiner der

Handeln

Wer nicht handelt, hat schon verloren: Das muss Reisenden bei jedem Einkauf im Bazar klar sein. Nur wer hartnäckig, wenn auch stets höflich und freundlich, den mit absoluter Sicherheit viel zu teuren Erstpreis drückt, wird am Ende nicht das Gefühl haben, betrogen worden zu sein.

Reisende sollten nicht im erstbesten Laden kaufen, sondern verschiedene Geschäfte besuchen, auch um eine Vorstellung von den Preisen zu bekommen. Oft wird bei Touristen mindestens zwei- oder dreimal mehr verlangt – den Wunschpreis also lieber bewusst niedrig ansetzen, um sich eine gute Verhandlungsbasis zu sichern. Dann heißt es: Aussitzen. Das beste Geschäft wird derjenige machen, der nicht übertrieben großes Interesse am Objekt der Begierde zeigt, vielleicht auf die Beliebigkeit und andere Läden verweist und nach zähen Preisverhandlungen gar erst am Abend oder am nächsten Tag wiederkommt, um einen Deal zu machen.

Dreistes Verhalten ist dennoch nicht angesagt. Sich immer wieder zig schwere Perserteppiche ausrollen zu lassen, in dem Wissen, dass man überhaupt kein Kaufinteresse hat, ist ebenfalls fehl am Platz. Ziel sollte ein gutes Geschäft für beide Parteien sein. Es geht nicht darum, den Händler völlig um seinen Gewinn zu bringen.

handgeknüpften Teppiche gleicht dem anderen. Gleichzeitig gibt es mittlerweile auch viele Läden mit maschinell gefertigten Teppichen. Für eine kleine Orientierungshilfe in Sachen Qualität als Preisbarometer bei handgeknüpften Teppichen s. S. 348.

Fein geknüpfte Teppiche aus Nain oder Kashan erfreuten sich noch vor wenigen Jahrzehnten in Europa unglaublicher Beliebtheit. Allerdings sind auch die vielen anderen nomadischen Teppicharten wie *kelim, gabbeh* oder *baluch* nicht zu verachten. Erstgenannte finden sich nicht selten auch in modernen Möbelhäusern wie IKEA wieder, werden von Käufern aber oft nicht als Perserteppiche erkannt. Viele der nomadischen Teppiche wirken mit ihren Mustern sehr modern, auch wenn sie 20 oder auch 50 Jahre alt sind. Aber nicht vergessen: Antikes darf nicht ausgeführt werden (S. 91).

Textilien

Bei den nomadischen Textilerzeugnissen sind neben Teppichen die reizvollen **Taschen** hervorzuheben, die zu den unterschiedlichsten Zwecken hergestellt wurden. So gibt es *namakdan*, Salztaschen; *mafrash*, kleine und große Transporttaschen für die nomadische Migration im Frühjahr und Herbst; *sofreh*, quadratische Tücher, auf denen Essen serviert und in die frisches Brot gepackt wird; aber auch Pferdedecken oder Kornsäcke. Eine besonders schöne Auswahl von derlei Textilerzeugnissen der Qashqai-Nomaden findet sich im Bazar-e Vakil in Shiraz (S. 275).

Daneben ist *termeh* ein wichtiges textiles Kunsthandwerk. Vor allem Yazd und Kerman sind für ihre kunstvoll bestickten und zum Teil mit Perlen verzierten Textilien bekannt. Ursprünglich wurden sie nur aus Seide oder Wollfasern hergestellt. In den Bazaren sind sie in Form von **Tischdecken, Kissenbezügen oder Matten** zu erwerben.

Ein weiterer Klassiker auf den Bazaren sind *ghalamkar,* mit Birnbaumholzstempel **bedruckte bunte Stoffe**. Sie werden unter anderem als Tischtücher, Vorhänge oder Wandteppiche verwendet. Es wird vermutet, dass dieses Kunsthandwerk aus Indien stammt und im Laufe der Zeit den Weg nach Persien fand. Zunächst wurde die Farbe noch mit Pinseln auf die Textilien aufgetragen, aber wegen der gestiegenen Nachfrage entwickelte man schließlich im 16. Jh. dieses Stempeldruckverfahren. Häufig weisen die Stoffe eine gelbe Grundfarbe auf, weil sie mit Granatapfelschalen gefärbt sind. Beim Drucken wird auf den Stempel Farbe aufgetragen, die dann auf das Tuch gedruckt wird. Mit gekonnten Schlägen auf das Holz wird die Farbe gleichmäßig verteilt. In Esfahan lässt sich in den Läden die Herstellung beobachten.

Essen und Trinken

Die persische Küche ist in Europa immer noch wenig bekannt – leider! Durch die geografische Einbettung ist sie von der fernöstlichen, indischen, arabischen und türkischen Küche beeinflusst, jedoch unterscheidet sie sich auch in einigen grundlegenden Dingen. So finden sich in den Gerichten deutlich geringere Mengen an Gewürzen im Vergleich zur indischen Küche, und auch die bei den arabischen Nachbarn so beliebte Schärfe fehlt den persischen Speisen. Dazu hat jede Provinz ihre Spezialitäten und Eigenheiten. Viele andernorts elementare Nahrungsmittel fanden ihren Weg erst in neuerer Zeit nach Iran, z. B. die Kartoffel, Paprika oder auch Tomate. Da in Iran ein striktes Alkoholverbot gilt, sind Getränke wie Wein und Bier offiziell nicht zu bekommen.

Wenn sich die Großfamilie freitags oder zu besonderen Anlässen trifft, wird reich gekocht – mit großen Platten voller Reis, Kebabs, Eintöpfen und anderen Leckereien. Auch Fladenbrot, frische Kräuter und Salate werden aufgetischt, wobei: Traditionell wird in Iran **auf dem Boden** oder einer flachen Sitzgelegenheit mit Kissen im Rücken gegessen. Viele Iraner und auch Restaurants verfügen aber mittlerweile über herkömmliche Esstische.

Auch Messer sucht man beim Essen meist vergeblich. Um die persische Küche zu genießen, sind Löffel und Gabel absolut ausreichend. Manche Gerichte werden auch mit in Stücke gerissenem Fladenbrot zu sich genommen, jedoch immer mit der **rechten Hand**, da die linke traditionell als unrein gilt. Auch wenn man jemandem Speisen reicht, sollte man dies im Hinterkopf haben.

Infos für Foodies

Rezepte, traditionell persische sowie moderne, vegetarische Orientküche, und Wissenswertes über Zutaten und Essenskultur finden sich vor allem in einschlägigen **Kochbüchern** (S. 563). Auf den Geschmack kann man auch bei Matin, der iranischen **Food-/Reisebloggerin** und Gründerin von Persian Food Tours (S. 176), kommen: www.travestyle.com. Allerlei Orientalisches und Persisches zum **Nachkochen** gibt es auch unter www.labsalliebe.com oder www.persianmama.com. Viele Gästehäuser bieten mittlerweile auch preiswerte **Kochkurse** an (S. 34).

Persische Küche

Zum **Frühstück** gibt es meist frisches Brot, das gleich stapelweise von der Lieblingsbäckerei geholt wird. Dazu isst man weißen festen Käse, Walnüsse, aufgeschnittene Tomaten und Gurken, Karottenmarmelade sowie eine Mischung aus Sesammus und Dattelsirup. Weiterhin findet man oft diverse Omeletts zum Frühstück.

Mittags essen Iraner gern Schmortöpfe *(khoresht, abgusht)*, eine dicke Suppe *(ash)* oder Kräuteromeletts *(kuku sabzi)*. Dazu wird meistens Reis *(berenj)* serviert.

Beim **Abendessen** im Restaurant darf es dann gerne ein mächtiger Kebab (Fleischspieß) sein, abends oft mit Brot *(nan)*. Für einige dürfte die späte Essenszeit der Iraner eher ungewohnt sein: Viele Restaurants öffnen ihre Türen erst gegen 19 oder 20 Uhr, und auch ein großes Mahl nach 22 Uhr ist durchaus üblich.

Was auf keinen Fall fehlen darf, ist **Reis** *(berenj)*. Dieser erfuhr zu Zeiten der Safawiden-Dynastie seinen Aufschwung und gilt seither (in Kombination mit Kebab) gewissermaßen als Nationalgericht. Je nach Zubereitung unterscheidet man zwischen *kateh* (das dem Reis beigegebene Wasser wird während des Kochvorgangs komplett vom Reis aufgesogen), *chelo* (zuerst wird der Reis al dente gekocht, das überschüssige Wasser abgegossen und der Reis dann langsam in einem weiteren Schritt mit einem Stück Butter gedämpft) und *polo* (ähnlich wie *chelo*, jedoch unter Beigabe von anderen Zugaben wie Fleisch, Gemüse, Linsen etc.). Außerdem gibt es noch unterschiedliche Varianten für den *tahdig*, eine leckere Reiskruste, die sich langsam während des Garens am Topfboden bildet und entweder mit Safran, Kartoffeln oder sehr dünnem Fladenbrot zubereitet wird. Allen Reisgerichten gemein ist die Beschaffenheit:

© TOBIAS DANZ

Hippe Cafés wie hier in Qazvin gibt es in fast allen Großstädten Irans.

Die einzelnen Reiskörner müssen locker, trocken und weich sein. Klebriger Reis, wie man ihn aus Asien kennt, ist in Iran nicht zu finden.

Neben Reis ist **Fladenbrot** *(nan)* die zweitwichtigste Beilage. Es steht in der Regel auf jedem Tisch, dient mitunter auch als Löffelersatz und kommt in zahlreichen Variationen vor. Grundsätzlich wird zwischen *nan-e barbari*, dickem Fladenbrot mit Kreuzkümmel und Sesam, *nan-e lavash*, hauchdünnem Fladenbrot, *nan-e sangak*, im Steinofen gebackenem Fladenbrot, und *nan-e taftun*, dünnem und weichem Fladenbrot, unterschieden.

Fleisch ist Bestandteil der meisten persischen Gerichte. Verwendete Fleischsorten sind Rind, Lamm oder Huhn (seltener auch Ziege), die fein geschnitten oder gehackt, in speziellen Marinaden mit Limettensaft, Zwiebeln, Safran und Joghurt eingelegt und anschließend am offenen Feuer mit Holzkohle gegrillt werden. Auch *kufteh*, schmackhafte Hackfleischbällchen, sind beliebt. Wie zu erwarten, findet man in einem überwiegend muslimischen Land kein Schweinefleisch, außer eventuell beim armenischen Metzger seines Vertrauens. Wer Lamm nicht mag, wird auf Huhn zurückgreifen können.

Zu den wichtigsten **Gewürzen** zählen Safran und Kurkuma. Als frische **Kräuter** sind immer wieder Petersilie, Koriander, Schnittlauch, Basilikum und Minze im Einsatz.

In Europa weitgehend unbekannt ist das Milchprodukt **Kashk**, eine getrocknete Käsemasse, die es entweder in Form von Bällchen oder als eine mit Wasser gelöste, cremige Masse zu kaufen gibt. Für europäische Gaumen schmeckt *kashk* in seiner Rohform etwas streng und mag gewöhnungsbedürftig sein, ist aber unverzichtbarer Bestandteil herrlicher Gerichte wie *kashk-e bademjan*, Auberginenpüree.

Ansonsten spielt **Käse** *(panir)* in der persischen Küche eine weit weniger große Rolle als in Europa. Das Gleiche gilt für **Milch** *(shir)* und **Joghurt** *(mast)*. Letzterer ist nicht selten Bestandteil von Salaten, die ansonsten nur aus frischen Kräutern bestehen.

Auch wenn die traditionellen Gerichte meistens Fleisch enthalten, müssen **Vegetarier** nicht fürchten, zu verhungern oder die Gaumenfreuden der persischen Küche komplett auslassen zu müssen. Die allseits beliebten Gerichte *ash-e reshteh*, *mirza ghasemi*, *kashk-e bademjan* und *salad-e shirazi* gibt es in so gut wie allen traditionellen Restaurants. Wer im Restaurant auf Nummer sicher gehen will, sagt *bedun-e gusht* (ohne Fleisch) oder *gusht nemikhoram* (ich esse kein Fleisch).

Typische Gerichte

Albaloo polo Sauerkirschreis, der meistens mit Hackfleischbällchen serviert und mit Joghurt gegessen wird.

Ash-e dough dicke Joghurtsuppe

Ash-e reshteh dicke Nudelsuppe mit Kräutern, Erbsen, Bohnen, Linsen, Nudeln und *kashk*

Barg kebab marinierte Fleischspieße aus Filetstücken

Beryan oder **beryuni** Lammhacksteak mit gehackten Walnüssen auf Fladenbrot

Chelo kebab marinierte Fleischspieße mit Reis

Dizi Schmoreintopf mit Lammfleisch, Kichererbsen, Kartoffeln und Bohnen

Nur das Feinste ist gut genug – Safranfäden und Rosenblüten

Iran verspricht Safran- und Rosenprodukte in höchster Qualität und noch dazu zu erschwinglichen Preisen. Reisende kommen sowohl bei einem Besuch der Ernten (S. 204 und S. 431) als auch beim Verzehr der vielen Süßspeisen auf ihre Kosten. Safran, als teuerstes Gewürz der Welt von Einheimischen auch „rotes Gold" genannt, ist ein fester Bestandteil der persischen Küche, findet sich in Kosmetikprodukten, gilt oft als Allheilmittel und wird in Iran nahezu täglich eingesetzt. Kashan (S. 204) ist wiederum der Hauptumschlagplatz für hochwertiges Rosenwasser, das man hier im Vergleich zu den restlichen Teilen des Landes besonders günstig erwerben kann.

Süße Verführungen

Ob Safraneis oder Rosenlimonade oder mit Rosenblüten garnierte Süßwaren – kaum eine Süßspeise verzichtet auf Safran oder Rosenwasser bzw. -blüten, und auch Getränke können damit verfeinert werden. Eine beliebte Leckerei, die es in den zahlreichen Konditoreien zu kaufen gibt, nennt sich *masghati*. Das Konfekt enthält Rosenwasser und wird teilweise auch mit Rosenblättern garniert.
Von den unzähligen Dessertrezepten seien hier zwei besonders hervorgehoben. Der persische **Reismehlpudding** *fereni* ist bis auf die Garnitur völlig weiß. Für die Zubereitung wird Milch, Reismehl, Zucker und eben Rosenwasser vermischt und aufgekocht. Ein anderes Rezept, das die beiden kostbaren Zutaten vereint, ist der **Goldreis**, *sholeh zard*. Der Reispudding, der gerne an Festtagen serviert wird, enthält neben gemahlenem Safran und Rosenwasser auch Mandelstifte und wahlweise Zimt.

Qualitätsmerkmale und Preise

Am günstigsten kauft man hochwertigen **Safran** südlich von Mashhad (S. 434). Pro Gramm muss man mit 1,50–3 € rechnen. Um sich der guten Qualität sicher zu sein, greifen Reisende am besten auf bekannte und offizielle Marken wie *Golestan* zurück. Denn auch in Iran ist minderwertiger Safran erhältlich. Der reinste Safran ist unter dem Namen *dokhtar pich* bekannt. Gute Safranfäden sind tiefrot und der Gelbanteil am Ansatz der Fäden ist gering, aber vorhanden. Wichtig ist das unverkennbare und intensive Aroma. Vermeintliche Schnäppchen, die einem auf Bazaren angeboten werden, sollte man mit Vorsicht genießen.
Das **Rosenwasser** aus Kashan und der näheren Umgebung hat weltweit einen hervorragenden Ruf. Auch **Rosenblüten** können in Massen erworben werden. Gerade beim Rosenwasser gibt es Qualitätsunterschiede, die zu beachten sind. Die reinste Art heißt *gulab dow atisha asel* und zeichnet sich dadurch aus, dass sie absolut keine Farbe oder Partikel aufweist und leicht bitter schmeckt – Preis pro Liter um die 1 Mio. IRR. Daneben gibt es aber viele Flaschen von etwas geringerer Qualität zu einem günstigeren Preis.

Dolmeh Weinblätter, gefüllt mit Lammhack, Reis und Gewürzen

Juje kebab Hühnerfleischspieße mit Reis

Kashk-e bademjan Auberginenmus mit süßen Zwiebeln, Knoblauch, Walnüssen, Minze und *kashk*

Kebab kubideh Hackfleischspieß, serviert mit Reis oder Brot, frischen Kräutern, einer gegrillten Tomate und Joghurt zum Dippen.

Khoresht-e fesenjan Hühner- oder Lammfleischeintopf in süß-säuerlich dicker Walnuss- und Granatapfelsoße

Khoresht-e ghormeh sabzi Lammfleischeintopf mit Bohnen, Kräutern und Spinat

Khoresht-e khalal eine Art Gulasch mit Mandelstücken und Berberitzen

Kufteh tabrizi mit Kräutern, Reis, Linsen, Nüssen und Früchten gefüllte Fleischbällchen

Kuku sabzi Kräuteromelett mit Nüssen, Petersilie, Koriander, Dill, Schnittlauch und oft auch mit Berberitzen

Mirza ghasemi Auberginenmus mit Tomaten und/oder Eiern

Parvadeh Oliven in einer Walnuss-Granatapfel-Paste mit Kräutern und Gewürzen

Salad-e shirazi klein gewürfelter Gurken- und Tomatensalat mit frischen Kräutern und Zwiebeln

Shishlik Lammfleischspieße

Torshi in Essig-Salz-Lake eingelegtes Gemüse

Alkoholfreie Getränke

Als ständiger Begleiter durch den Tag wird **Schwarztee**, *chay,* in zierlichen Gläsern und mit verschiedenen Zuckerarten serviert. Er ist fixer Bestandteil jeder geselligen Zusammenkunft, überall erhältlich und wird gern mit süßem Gebäck serviert. In Gästehäusern steht er oft gratis zur Verfügung.

Auch wenn **Kaffee** bei der jüngeren Generation zunehmend beliebter wird und sich in den größeren Städten nette Cafés häufen – auf guten Kaffee darf in Iran nicht gemeinhin vertraut werden. Kaffee zu trinken ist nicht wirklich üblich, man greift lieber auf den altbewährten Muntermacher Schwarztee zurück.

Immer wieder trifft man auf kleine Saftläden, die frisch gepresste **Säfte** aus Granatäpfeln, Melonen, Bananen usw. ausschenken. Oft werden auch Shakes und Eiscreme verkauft. Besonders beliebt sind Karottensaft und Safraneiscreme – und das gibt es auch gleich kombiniert: ein absolutes Muss.

Dough, ein gesalzenes Joghurt- und Molkegetränk mit Wasser, wird sehr gerne zum Essen getrunken und ist im iranischen Alltag allgegenwärtig.

In allen möglichen Varianten erhältlich und sehr beliebt ist das traditionelle Getränk **Sharbat**. Es handelt sich um eine süße, erfrischende Limonade, wahlweise mit Sirup, Tee, diversen Obstsorten, aber auch Kräutern. So gibt es *sharbat-e rivas* (mit Rhabarber) oder *sharbat-e tokhme sharbati* (mit Chiasamen) und – besonders oft – *sharbat-e gulab* (mit Rosenwasser bzw. -sirup).

In Supermärkten und Restaurants sind auch gewöhnliche **Softdrinks** wie Coca-Cola, 7 Up oder Fanta erhältlich. Kurioserweise werden allerorts **alkoholfreie Malzgetränke** angeboten, oft mit Granatapfel- oder Zitronengeschmack. Mit alkoholfreiem Bier in Europa lässt sich das kaum vergleichen, es gleicht mehr einer süßen, malzhaltigen Limonade.

Leitungswasser ist in Iran trinkbar und gilt durchaus als sauber. Probleme mit Durchfall wie in anderen Ländern gibt es in der Regel keine, aber eine Garantie, dass es keine Verunreinigungen gibt, hat man nicht.

Essen gehen

Traditionelle Restaurants bieten immer eine ganze Palette an Kebabs an, weil Iraner vor allem für die Fleischspießgerichte auswärts essen gehen. Je ländlicher die Gegend, desto eingeschränkter wird die Auswahl an Gerichten abseits verschiedener Kebabs. Größere Städte bieten mit ihren **modernen Restaurants** und **Cafés** eine größere Auswahl an vegetarischen Gerichten. Hier findet sich Traditionelles neu interpretiert, aber auch Internationales wie Mediterranes oder Burger. In den hippen Cafés lassen sich meistens auch gute Pastavariationen und Salate finden, aber keine italienische Pizza, die diese Bezeichnung verdient hätte.

Daneben gibt es etliche einfache **Fast-Food-Läden** mit Sandwiches, Pizza und Pommes. Diese Läden sind wie die einfachen und herkömmlichen Restaurants oft mit Plastiktischen und -tischdecken ausgestattet und überzeugen nicht gerade mit Ambiente. Hübscher wird es in den gehobeneren traditionellen Restaurants mit ihren schönen Innenhöfen und traditionellen Sitzbänken *(takhten)*, auf denen gegessen und gesessen wird. Wer nicht so gern im Schneidersitz isst, kann aber darauf vertrauen, dass es parallel dazu auch Tische und Stühle gibt. Besonders charmant und individuell präsentieren sich die kleinen hippen Cafés der Landesmitte und in Teheran, die vor allem ein jüngeres Publikum anziehen.

Zusätzlich bieten **Bäckereien**, vormittags an der ewig langen Menschenschlange zu erkennen, leckeres, frisches Brot. Auch **Streetfood** ist nicht zu verachten. Unbedingt probieren sollte man die sauren **Trockenfrüchte**, die schüsselweise aufgestellt in Bazaren zu finden sind. In gepresster Form als dünne Platte ist das gemischte Fruchtmus als *lavashak* bekannt. Die Säure ist anfangs vielleicht etwas gewöhnungsbedürftig, aber nach kurzer Zeit sind auch Reisende dem süß-sauren Snack aus Pflaumen, Aprikosen oder Granatäpfeln völlig verfallen.

Fair reisen

Reisen wirkt sich auf die Umwelt und die besuchten Menschen aus. Das reicht von der An- bzw. Abreise über die Arbeitsbedingungen für Angestellte der Tourismusbranche bis zur Nutzung lokaler Ressourcen und dem Entstehen von Abfällen. Touristen verbrauchen durchschnittlich mehr Wasser und Strom und produzieren mehr CO_2 und Müll als die Einheimischen. Natürlich hat der Tourismus auch seine guten Seiten. Er stimuliert lokale Investitionen und verbindet Kulturen.

Tipps für umweltbewusstes und sozial verträgliches Reisen

Beim Reisen ist jeder Einzelne gefordert, auch in Ländern, in denen die Bevölkerung sich selbst nicht immer umweltbewusst verhält. Das Argument „Die Einheimischen machen das doch auch" ist wenig überzeugend. Besser ist es, mit gutem Beispiel voranzugehen und die goldene Regel anzuwenden: Alle Plätze so verlassen, wie man sie selbst gerne vorfinden würde.

Umweltbewusst reisen

- Den durch die An- bzw. Abreise verursachten **CO_2-Ausstoß** (Flug, Bus, Zug) mithilfe des Kompensationsprogramms einer nachweislich korrekt agierenden Klimaagentur neutralisieren (S. 43).
- Keine **Souvenirs** aus bedrohten Pflanzen oder Tieren kaufen (z. B. Korallen vom Persischen Golf)! Das Washingtoner Artenschutzabkommen verbietet deren Import nach Europa.
- **Klimaanlagen** vermeiden bzw. in jedem Fall Licht und AC ausstellen, wenn man das Zimmer verlässt.
- Mit **Wasser** immer sparsam umgehen. Duschen statt baden.
- Eine **Flasche** von zu Hause mitbringen und in Hotels/Restaurants etc. auffüllen lassen.
- Toilettenpapier und andere **Hygieneartikel** nicht in die Toilette, sondern in die daneben stehenden Eimer werfen!
- Von zu Hause biologisch abbaubare **Shampoos und Seifen** mitbringen.
- Für Einkäufe einen **Baumwollbeutel** mitbringen und die Ware nicht in Tüten packen lassen.

Sozial verantwortlich reisen

- Auf **respektvollen Umgang** mit der Bevölkerung und den Angestellten der Tourismusbetriebe achten und ggf. auch Mitreisende darauf hinweisen.
- Kleinen lokalen Hotels, Restaurants, Reiseveranstaltern, Guides etc. gegenüber großen Unternehmen den Vorzug geben – das erhöht die Chance, **zu lokalen Einkommen beizutragen**.

- **Kunsthandwerk** möglichst direkt beim Produzenten bzw. Kleinunternehmer kaufen und große Zwischenhändler umgehen.
- Landwirtschaftliche **Produkte aus der Umgebung** statt importierte Waren kaufen.
- Auf **fair gehandelte und biologisch erzeugte Waren** zurückgreifen bzw. danach fragen.
- Wenn der Service stimmt, an ein **Trinkgeld** denken. Viele Angestellte bekommen einen sehr niedrigen Grundlohn und sind fürs Überleben auf Trinkgelder angewiesen.

Besuch von Naturschutzgebieten

- Darauf achten, dass der ökologische Fußabdruck minimiert wird: Plastikmüll vermeiden, organischen Müll vergraben, nichtorganischen mit in die nächste Stadt nehmen sowie Flora und Fauna ungestört lassen.
- Ehrgeizige Reisende sammeln den herumliegenden **Müll** auf einer Trekkingroute bzw. am Flussufer auf – eine möglicherweise effektive Art, Mitreisende für das Thema zu sensibilisieren.
- Beim **Buchen eines Treks** möglichst darauf achten, dass die Agentur ihren Mitarbeitern Arbeitnehmeransprüche wie ein faires Gehalt, Ausrüstung, Verpflegung etc. garantiert. In ländlichen Gebieten nachfragen, ob die lokale Bevölkerung von dem Besuch profitiert.

Nützliche Adressen

Wer mehr zum Thema „umweltfreundliches und sozial verantwortliches Reisen" wissen möchte, findet bei folgenden Adressen viele Anregungen:

Brot für die Welt – Tourism Watch, Caroline-Michaelis-Str. 1, 10115 Berlin, ✆ 030- 6521 11806, 💻 www.tourism-watch.de. Auf der Website sind Hintergrundberichte zu den Themen Tourismuspolitik, Umwelt, Menschenrechte und Wirtschaft in Englisch und Deutsch verfügbar. Darüber hinaus findet man dort Links, Literaturkritiken und aktuelle Veranstaltungshinweise.

CSR-Tourism-Certified und forum anders reisen, 💻 www.tourcert.org und 💻 www.forumandersreisen.de. Seit 2009 können sich Tourismusunternehmen mit dem Siegel „CSR-Tourism-Certified" auszeichnen lassen. Es bewertet die gesamte Dienstleistungskette einer Reise. Die meisten Reiseveranstalter, die das erste faire Tourismussiegel bislang erhalten haben, sind im forum anders reisen zusammengeschlossen. Sie streben eine nachhaltige Tourismusform an, die laut eigenen Angaben „langfristig ökologisch tragbar, wirtschaftlich machbar sowie ethisch und sozial gerecht für ortsansässige Gemeinschaften sein soll".

Fair einkaufen – aber wie?, 💻 www.faireinkaufenaberwie.blogspot.de. Der Ratgeber für fairen Konsum gibt in seinem Tourismus-Kapitel u. a. einen Überblick über die Schattenseiten des Tourismus und die negativen Auswirkungen des Flugverkehrs. Viele Tipps und Adressen helfen Verbrauchern, fairer und nachhaltiger zu reisen.

Fair unterwegs, arbeitskreis tourismus & entwicklung, Missionsstr. 21, 4003 Basel, ✆ +41-61-2614742, 💻 www.fairunterwegs.org. Sehr umfangreicher Webauftritt mit aktuellen Hintergrundinfos, Themen, die von Menschenrechten über Ethik bis zu Tourismuskritik reichen, Länderprofilen und zahlreichen Tipps zum fairen Reisen. An junge Leute richten sich die Infos und Angebote (z. B. zu Freiwilligenarbeit) im Bereich jung&fair.

Studienkreis für Tourismus und Entwicklung e. V., Bahnhofstr. 8, 82229 Seefeld-Hechendorf, ✆ 08152-999010, 💻 www.studienkreis.org. Der Verein, der sich mit entwicklungsbezogener

Fair und grün – gewusst wo

Einrichtungen, die sich durch besonders umweltfreundliches oder sozial verträgliches Verhalten auszeichnen, sind in diesem Buch mit einem Baumsymbol gekennzeichnet. Sie verwenden zum Beispiel Solarenergie, bieten Bioprodukte an, zahlen faire Löhne, investieren ihre Gewinne in soziale Projekte, propagieren einen nachhaltigen Tourismus oder stellen Besuchern Informationen für umweltverträgliches Verhalten bereit.

Informations- und Bildungsarbeit im Tourismus beschäftigt, ist Herausgeber der Sympathie-Magazine. Die Hefte ermöglichen einen Blick hinter die touristischen Kulissen europäischer und außereuropäischer Reiseziele und schaffen so ein Bewusstsein für die Lebensweisen der Menschen im Gastland.

Traverdo, 🖳 www.traverdo.de. Die Internet-plattform präsentiert touristische Projekte, die auf kreative Weise Bildung und Einkommen für lokale Gemeinschaften gewährleisten und zum Erhalt ihrer Umwelt beitragen. Eine Suchmaschine ermöglicht die Eingrenzung nach Ländern, Reisekategorien oder Reiseterminen. Weitere Webadressen und Buchtipps unter www.stefan-loose.de.

Feste und Feiertage

In Iran gibt es über das ganze Jahr verteilt eine Reihe von Festen. Am allerwichtigsten sind die Feierlichkeiten rund um das persische Neujahr, Nowruz. Vorislamische Feste und Feiertage richten sich nach Jahreszeiten, während muslimische Feste und Feiertage dem Mondkalender folgen. Das bedeutet, dass die Daten sich im gregorianischen Kalender von Jahr zu Jahr um 10 oder 11 Tage zurückverschieben. Daneben gibt es von der Republik festgesetzte Feiertage, die jedes Jahr zum gleichen Datum des iranischen Sonnenkalenders gefeiert werden (S. 90). Viele der Feste und Feiertage sind für Reisende kaum von Interesse, allerdings ist zu beachten, dass Behörden sowie viele Geschäfte und Restaurants dann geschlossen sind. Der öffentliche Transport ist hingegen nicht beeinträchtigt, und kleinere Läden öffnen auch mal an einem Feiertag nach Mittag.

Yalda

Von außerordentlicher Bedeutung ist neben dem persischen Neujahr vor allem Yalda am 21. Dezember. Die längste Nacht des Jahres ist der Anlass, um die Wiedergeburt der Sonne zu feiern, also den Sieg des Lichts über das Dunkel. Auch bei Yalda handelt es sich um eine vorislamische Tradition. Gefeiert wird im Rahmen der Familie, und wie immer gibt es Essen in Hülle und Fülle. Zu einer typischen Yalda-Nacht gehört, dass Kerzen angezündet und Gedichte großer Poeten, allen voran Hafez und Rumi, gelesen werden. Man erzählt Geschichten, musiziert, und alle Familienmitglieder bleiben möglichst lange wach. Auf dem Tisch stehen vor allem Zitrusfrüchte, Granatäpfel, Nüsse und Tee. Oft wird eine Wassermelone, die man über den Sommer gekühlt gelagert hat, dazugestellt. Sie soll an die Wiederkehr des Sommers erinnern. Außerdem wird gern *ash-e reshteh*, eine dicke Nudelsuppe, zubereitet.

Ramadan

Für Unsicherheit in Bezug auf die Reiseorganisation sorgt bei Reisenden häufig der Ramadan, in Iran Ramazan. Der muslimische Fastenmonat verschiebt sich jedes Jahr um 10 oder 11 Tage. Besonders wenn die Fastenperiode in den heißen Sommer fällt, stellt sich die Frage, wie man in der Öffentlichkeit tagsüber gänzlich auf Wasser verzichten soll. Prinzipiell darf vom Sonnenauf- bis zum Sonnenuntergang keine Nahrung oder Flüssigkeit zu sich genommen werden. Doch es gibt Ausnahmen: Nicht-Muslime, alte und kranke Menschen, Frauen während der Regelblutung, Schwangere und Reisende sind von der Pflicht zu fasten befreit. Deswegen wird in Bussen oder Flugzeugen auch tagsüber Essen erhältlich sein und haben Restaurants in Hotels oft auch tagsüber geöffnet. Außerhalb von Unterkünften schließen die Restaurants aber. Viele davon öffnen abends zum Fastenbrechen wieder Tür und Tor. Nur in ländlichen Gegenden kann es für Reisende schwierig werden, tagsüber Essen zu finden. Auch wenn Nicht-Muslime und Reisende vom Fastengebot ausgenommen sind – man isst und trinkt nicht in Anwesenheit von Fastenden, sondern bemüht sich, keine Aufmerksamkeit auf sich zu ziehen.

Der Ramadan endet mit dem Fest **Eid al Fitr**, dem großen Fastenbrechen an den drei ersten Tagen des Monats Shavval. Zu der Zeit finden spezielle Gebetsfeiern statt, an denen Gläubige

Staatliche Feiertage

Muslimische Feiertage

Tasua und Ashura	9./10.9. 2019, 28./29.8.2020, 17./18.8.2021 (9. und 10. Moharram)
Arbaeen (40. Trauertag nach Ashura)	20.10.2019, 8.10.2020, 28.9.2021 (20. Safar)
Mohammeds Todestag	28.10.2019, 16.10.2020, 6.10.2021 (28. Safar)
Imam Rezas Martyrium	29.10.2019, 17.10.2020, 7.10.2021 (29. Safar)
Mohammeds Geburt	15.11.2019, 3.11.2020, 24.10.2021 (17. Rabi'-ol-Avval)
Fatimas Martyrium	29.1.2020, 17.1.2021 (3. Jamadi-l-Okhra)
Imam Alis Geburt	8.3.2020, 25.2.2021 (13. Rajab)
Himmelfahrt Mohammeds	22.3.2020, 11.3.2021 (27. Rajab)
Imam Mahdis Geburt	9.4.2020, 29.3.2021 (15. Shaban)
Imam Alis Martyrium	14.5.2020, 3.5.2021 (21. Ramazan)
Eid al-Fitr (Ende des Fastenmonats Ramadan)	24.5.2020, 13.5.2021 (1. Shavval)
	(Ramadan: 24.4.–23.5.2020, 13.4.–12.5.2021)
Imam Jafar Sadeghs Martyrium	17.6.2020, 6.6.2021 (25. Shavval)
Eid-e Ghorban (Opferfest)	31.7.2020, 20.7.2021 (10. Zu-l-Hejjeh)
Eid-e Ghadir (Mohammads „Ernennung" Alis zu seinem Nachfolger)	8.8.2020, 28.7.2021 (18. Zu-l-Hejjeh)

Die in Klammern genannten Daten beziehen sich auf den islamischen Mondkalender und dessen Monatsbezeichnungen.

Sonstige Feiertage

Siegestag der Revolution	11.2.
Tag der Verstaatlichung des Erdöls	20.3.
Persisches Neujahr	20.–23.3. oder 21.–24.3.
Tag der Islamischen Republik	30.3. oder 1.4.
Sizdah bedar	1. oder 2.4.
Todestag Khomeinis	4.6.

teilnehmen. Schon an den letzten Tagen des Ramadans werden alle notwendigen Zutaten für die Festessen an den Feiertagen gekauft und Iraner legen einen großen Vorrat an Süßigkeiten an.

Tasua und Ashura

Am 10. Tag des Monats Moharram wird Ashura gefeiert. Es handelt sich um eine Trauerfeier zum Gedenken an den in der Schlacht von Kerbala verstorbenen Imam Hussein (S. 133). Schon am Tag davor, Tasua, finden im Gedenken an den letzten Tag Husseins in Kerbala quer durch das gesamte Land Trauerzeremonien statt. An jenem Tag sprach Hussein nachts seine Gefährten von allen Verpflichtungen ihm gegenüber los und erlaubte ihnen, ihn im Zeltlager zurückzulassen, um ihr eigenes Leben zu retten. Die Gefährten erwiesen sich aber als treu und blieben bei ihm, obwohl sie wussten, dass ihnen am nächsten Tag der Tod drohen würde.

Das persische Neujahr – Nowruz

Das neue Jahr beginnt in Iran mit dem ersten Tag des ersten Monats *farvardin* am 20. oder 21. März – und zwar sekundengenau zur zweiten Tagundnachtgleiche (Äquinoktium), die jedes Jahr astronomisch bestimmt wird. Der exakte Zeitpunkt, an dem die Familie zusammensitzt und Neujahr feiert, variiert also. Nowruz heißt nichts anderes als „neuer Tag" und markiert den astronomischen Frühlingsbeginn. Das westliche Neujahr und Silvester werden in Iran hingegen nicht gefeiert. Vielen ist das genaue Datum gar nicht bekannt und manche setzen das Fest auch mit den Weihnachtsfeiertagen gleich.

Der Countdown läuft

Schon gut einen Monat vor Neujahr beginnen die Vorbereitungen, wenn im Zuge eines großen Frühjahrsputzes das Eigenheim in neuem Glanz erstrahlt. Sobald das erledigt ist, wird groß eingekauft. Viele kleiden sich im Vorfeld zu den Feierlichkeiten neu ein.

Am letzten Mittwochabend vor Neujahr wird dann *tschahar shanbeh soori* gefeiert. Vielerorts werden Feuer entzündet. Vor allem die Jüngeren springen über das Feuer und rufen dabei „Sorkhi-e to az man, zardi-e man az to!", was so viel heißt wie „Gib mir deine Röte und nimm mir meinen winterlichen Teint!" Traditionell werden an diesen Tagen im familiären Rahmen viele Geschichten erzählt und Nüsse und Süßes genascht.

Ein paar Tage vor Nowruz trifft man auf den Straßen auf die Figur *haji firuz*. Ganz in rot gekleidet und das Gesicht mit schwarzer Farbe bemalt, spielt *haji firuz* Lieder und Tamburin, um auf das neue Jahr einzustimmen. Die Tradition geht wohl auf die Zeit des Sklavenhandels in Iran zurück, weshalb heute heftig debattiert wird, ob dieser Charakter ein rassistisches Produkt jener Zeit und deshalb abzulehnen ist oder nicht.

Festkalender

Januar

Fajr International Theater Festival und Fajr Music Festival (ab Mitte Januar): Theaterinszenierungen und Musikkonzerte in Irans Hauptstadt. Eine hervorragender Anlass, um die zeitgenössische Kunst- und Kulturszene kennenzulernen.

Jashn-e Sadeh (29./30.1.): Vorislamisches Fest 50 Tage vor Nowruz mit großen Freudenfeuern.

Februar

Fajr Film Festival (ab Anfang Feb): Über 10 Tage lang werden iranische Filmproduktionen in Kinos, vor allem in Teheran, gezeigt und gefeiert.

März

Tschahar Shanbeh Soori (am Mittwochabend vor Nowruz): Es wird über öffentlich aufgestellte Feuer gesprungen.

Nowruz (20./21.3.): Beginn des persischen Neujahrs (s. Kasten) und der 13-tägigen Ferien, die mit dem Feiertag *sizdah bedar* enden.

Mai/Juni

Golab Giri (Mitte Mai bis Mitte Juni): Rosenwasserfestival zur Rosenblütensaison nahe Kashan (S. 206).

Dezember

Yalda (20./21. oder 21./22.12.): In der längsten Nacht des Jahres wird das wiederkehrende Licht gefeiert (S. 54).

Fotografieren

Sofern man gewisse Grundregeln beachtet, ist Fotografieren in Iran eine unkomplizierte Sache. Heikel wird es bei militärischen Anlagen, Häfen, Flughäfen, Radarstationen, Nuklearanlagen, Polizei- bzw Regierungsgebäuden, Straßenblockaden, Grenzverläufen, Botschaften und Polizisten oder Militärs – hier gilt striktes **Fotografierverbot**. Politische Ereignisse wie Demonstrationen sollten ebenfalls nicht fotografiert werden.

Es ist so weit!

Zur zweiten Tagundnachtgleiche in der Stunde, in der das alte Jahr endet und das neue beginnt, *sa'at-i tahvil* genannt, versammelt sich die ganze Familie um ihren *haft-sin*, um sich schließlich mit dem Ausruf „Sal-e no mobarak!" ein schönes neues Jahr zu wünschen und Geschenke an die Liebsten zu verteilen. Beim *haft-sin* handelt es sich um einen liebevoll dekorierten Tisch mit sieben Gegenständen, die alle mit dem Buchstaben „S" beginnen müssen und von Bedeutung für die persische Kultur sind. Dazu gehören: *sabzeh*, gekeimter Weizen, *samanu*, süßer Pudding, *sib*, ein roter Apfel, *senjed*, Mehlbeeren, *sir*, Knoblauch, *sumaq*, ein persisches Gewürz, und *serkeh*, Essig. Darüber hinaus sind oft viele weitere Gegenstände wie ein Spiegel, Kerzen, Münzen, ein Goldfisch im Glas, Hyazinthen, bemalte Eier und etliche Süßigkeiten zu finden. Viele Familien stellen einen Koran oder auch Gedichtbände der in Iran so verehrten Dichter Hafez oder Ferdowsi dazu.

Ab in den Urlaub!

Mit Nowruz, also dem 20. oder 21. März, beginnen die 13-tägigen Ferien. In den zwei Wochen verreisen viele Iraner, touristische Hotspots wie Esfahan sind dann leidlich überfüllt. Auch öffentliche Bus- und Zugverbindungen sind schnell ausverkauft und die Preise für Unterkünfte viel höher. Reisende halten sich zu dieser Zeit noch am besten in Teheran auf, wenn alle der Großstadt entfliehen und das Wetter meist klar und angenehm ist.

Mit dem Feiertag *sizdah bedar* enden die Ferien. Dann strömen alle aus dem Eigenheim, um im Freien zu picknicken, und die Parks sind gesteckt voll. Um die Sorgen und Sünden des vergangenen Jahres loszuwerden, wird *sabzeh*, gekeimter Weizen, in die Erde gepflanzt oder in einen Fluss geworfen.

Fotografiert man derlei trotzdem, kann man sich kurze Zeit später auf dem Polizeirevier oder im Verhörraum wiederfinden. Dann gilt es, Ruhe zu bewahren (S. 70).

Bei besonders wichtigen **Pilgerstätten** wie in Mashhad sind Kameras, vor allem größere Spiegelreflexkameras, oft nicht erlaubt. Allerdings dürfen Fotos mit dem Handy gemacht werden. Das gilt allerdings nicht für den innersten und heiligsten Bereich, wo Touristen sowieso mancherorts gar keinen Zutritt haben. In **Moscheen** kann dafür problemlos fotografiert werden.

Natürlich ist immer **respektvolles Verhalten** angesagt. Die Jagd nach einem Bild darf niemals dazu führen, dass sich Anwesende, ob Betende oder Passanten auf der Straße, unwohl, gestört oder beleidigt fühlen. Viele Iraner haben nichts dagegen, fotografiert zu werden, auch viele Frauen nicht, vorausgesetzt man fragt höflich und begegnet den Menschen mit Respekt. Die Grundregel muss sein: **Kein Portrait ohne Einwilligung** der Person, die man ablichten möchte! Will diese nicht fotografiert werden, ist das zu akzeptieren. Außerdem sollten nie, Einwilligung hin oder her, Fotos von Einheimischen gemacht werden, die diese in Schwierigkeiten bringen könnten, weil beispielsweise zu viel Haut gezeigt oder enger Körperkontakt unverheirateter Paare gezeigt wird.

Immer öfters wird die Mitnahme und Benutzung von **Stativen** untersagt. Bei Pilgerstätten müssen sie genauso wie große Kamerarucksäcke am Eingang abgegeben werden. Das Gleiche gilt für Persepolis. Bei vielen anderen Sehenswürdigkeiten wie dem Palast Chehel Sotun und der Königsmoschee in Esfahan darf man das Stativ zwar mitnehmen, aber nicht benutzen. Die Handhabe ist von Sehenswürdigkeit zu Sehenswürdigkeit sehr unterschiedlich und vom dortigen Personal abhängig.

Das Internet ist in Iran gedrosselt und zu langsam, um hochauflösende Aufnahmen in der Cloud zu speichern. Um einem Verlust vorzubeugen, bleibt also nichts anderes übrig, als zusätzliche **Speicherkarten** oder **externe Festplatten** mitzuführen und diese in einem anderen

© TOBIAS DANZ

Fotografieren erfreut sich auch in Iran großer Beliebtheit.

Gepäckstück aufzubewahren oder im Falle der Speicherkarten gemeinsam mit den wichtigsten Dokumenten bei sich zu tragen.

Ohne ausdrückliche schriftliche Erlaubnis ist es nicht erlaubt, **Drohnen** mitzuführen, geschweige denn zu fliegen. Trotzdem sind immer mehr Drohnenaufnahmen von Reisenden im Netz zu finden. Wer trotzdem eine Drohne im Gepäck hat (wenn er auf dem Landweg einreist) und mit dieser in ländlichen und nicht-militärischen Gegenden Landschaftsaufnahmen macht, muss sich des Risikos bewusst sein, unter Spionageverdacht zu geraten und verhört zu werden.

Frauen

Frauen können problemlos in Iran reisen. Vorbehalte speisen sich aus Nicht- oder Halbwissen und können getrost über Bord geworfen werden. Natürlich sind patriarchale Strukturen in Iran allgegenwärtig, aber die Bedrohung für reisende Frauen ist längst nicht so groß, wie viele in Europa zu glauben scheinen. Das klischeehafte Bild von voll verschleierten, passiven, unterdrückten Frauen, die sich nicht zur Wehr setzen, und aggressiven, unreflektierten Männern, die ihre Macht mit aller Gewalt durchsetzen, ist nur eine Seite von vielen in Iran und wird der iranischen Gesellschaft als Ganzes nicht gerecht (S. 101).

Immer wieder wird Frauen in Europa nahegelegt, dass sie in solch ein Land nicht reisen könnten, weil es zu gefährlich sei. Sie werden unnötigerweise verunsichert oder lassen sich sogar wirklich von einer Reise nach Iran abhalten. Dass Sexismus in Iran allgegenwärtig ist, kann nicht abgestritten werden. Das spricht aber noch lange nicht dafür, als Frau nicht nach Iran zu reisen.

Was sollten Frauen, die in Iran alleine unterwegs sind, beachten?

- Iranerinnen reisen nicht alleine, weswegen unterwegs die üblichen **Fragen** zu erwarten sind: Wo der Partner ist und ob man Kinder hat. Oft ist das pure Neugier (manchmal auch blankes Unverständnis), die mit der Zeit natürlich auch etwas nerven kann. Um sich im Falle eines Falles aufdringliche Männer mit einem fragwürdigen Bild von westlichen

Frauen vom Leibe zu halten, kann frau vorgeben, verheiratet zu sein.

- Im **Kontakt mit Männern** höflich sein, aber lieber auf Mimik und Gestik verzichten, die als Flirten gedeutet werden könnten.
- Auf Nummer sicher gehen und **keine Einladungen von Männern annehmen**, wenn nicht klar ist, dass deren Frau und/oder weibliche Familienmitglieder dabei oder zu Hause sind.
- Wer sich bei längeren Abenteuertrips durch Wüste und Berge unsicher fühlen sollte, kann ausschließlich auf **weibliche Guides** zurückgreifen. Zwei besondere Empfehlungen: Mina Naeemi (S. 457) und Mina Ghorbani (S. 412).
- **Männern wird nicht die Hand gereicht**. Bietet ein Mann einer Frau das an, braucht es etwas Fingerspitzengefühl, um das Angebot richtig einzuschätzen. Es kann in seltenen Fällen eine Art von Übergriffigkeit eines iranischen Mannes sein, der seinerseits Klischees von Westlerinnen im Kopf hat und reisenden Frauen deswegen zu nahe tritt. Viel wahrscheinlicher ist es aber die Geste eines aufgeschlossenen Mannes, der sich gegen die gesellschaftliche Konvention und als lächerlich empfundene Geschlechtertrennung auflehnt – ein Statement also.
- Es kommt leider immer wieder zu **sexuellen Belästigungen**. Sie beschränken sich meistens auf anzügliche Bemerkungen, aber auch Begrapschen kann vorkommen. Gerade halbstarke Jungs können mit ihren Kussmündern und „Hello"-Rufen besonders auf die Nerven gehen. Frau muss und soll das nicht schweigend hinnehmen, sondern kann ruhig mit aller Vehemenz ausdrücken, was sie davon hält. Es spricht nichts dagegen, umstehende Passanten darauf aufmerksam zu machen.
- Hygieneartikel wie **Tampons** sind Mangelware und extrem teuer, also lieber genügend von zu Hause mitnehmen. **Binden** gibt es hingegen oft zu kaufen.
- Die islamischen **Kleidervorschriften** sind einzuhalten (S. 62).
- In **Stadtbussen** ist Geschlechtertrennung vorgesehen. Frau steigt normalerweise mittig ein und setzt sich dann nach hinten. In **Fernbussen** kann man zwar überall sitzen, aber natürlich sollte frau versuchen, einen Platz neben einer anderen Frau zu finden. Auch in den **Metros** gibt es Abteile, die nur für Frauen vorgesehen sind – Männer müssen hier draußen bleiben. Die restlichen Waggons sind zwar auch für Frauen zugänglich, aber besonders in Teheran extrem überfüllt und schon deswegen und wegen des zwangsläufigen Körperkontakts nicht zu empfehlen.
- Befinden sich in **Teehäusern** und Lokalen nur Männer, sind Frauen offenbar keine üblichen Gäste. In so einem Fall lieber einen anderen Ort für die Verschnaufpause wählen.

Geld

Währung

Der **Iranische Rial (IRR)** gilt als die offizielle Währung in Iran. Anstelle von Rial wird im Land aber meist von **Toman** gesprochen und gerechnet, was Reisende zu Beginn oft verwirrt. 10 Rial entsprechen 1 Toman. Zusätzlich werden Beträge abgekürzt, also z. B. statt 10 000 Rial nicht 1000 Toman gefordert, sondern einfach „10 Toman". Von staatlicher Seite wird erwogen, den Rial zukünftig durch den Toman zu ersetzen.

Im Umlauf sind **Banknoten** im Wert von 100, 200, 500, 1000, 2000, 5000, 10 000, 20 000, 50 000, 100 000, 500 000 IRR. Auf der Vorderseite ist bei den neueren größeren Scheinen der Revolutionsführer Ayatollah Khomeini abgebildet, die Aufschrift auf den Rückseiten ist in Englisch, dargestellt sind identitätsstiftende Motive, z. B. der Damavand, die Gräber von Saadi und Hafez, der Meydan-e Imam in Esfahan und der Persische Golf. **Münzen** gibt es mit dem Nennwert 50, 100, 250, 500, 1000, 2000 und 5000 IRR. Vieles funktioniert in den Städten bereits **bargeldlos** mit iranischer Kredit- oder Debitkarte.

Die Währung zählt wegen des hohen Wertverlustes in jüngster Vergangenheit zu den schwächsten der Welt. Aufgrund des **Währungsverfalls** nehmen Unterkünfte und Guides gerne auch **Euro** und **US-Dollar** bzw. bestehen häufig darauf, in Fremdwährung bezahlt zu werden. Wenn Reisende aber unbedingt in Rial zahlen möchten, wird als Grundlage trotzdem der Euro- oder Dollarpreis genommen und mit dem tagesaktuellen inoffiziellen Wechselkurs für den Rial umgerechnet. Heißt: Viele Dienstleister mit dem Fokus auf ausländischen Reisenden haben fixe Euro- oder Dollarpreise und nicht fixe Rialpreise.

Geld wechseln

Es gibt zwei **Wechselkurse**: einen niedrigen staatlichen und einen, der auf dem freien Markt zustande kommt und deutlich höher liegt, weil Euro und US-Dollar als sicherere Währungen begehrt sind. Wer die Möglichkeit dazu hat, sorgt dafür, Geld in diesen Fremdwährungen zu besitzen, um auch übermorgen noch auf den Wert der Ersparnisse vertrauen zu können.

Der **inoffizielle Wechselkurs** ist in Wechselstuben zu haben, etwaige Straßenhändler, die sich meistens in der Nähe befinden, sollten gemieden werden. Häufig finden sich Wechselstuben auch in Juweliergeschäften oder bei Goldhändlern im Bazar. Prinzipiell waren diese zahlreichen und auf der Straße gut erkennbaren Wechselstuben nie erlaubt, wurden jedoch geduldet. Darauf ist aber kein Verlass. Zwischenzeitlich wurden sie im Jahr 2018 zur Schließung gezwungen und Strafen gegen den illegalen Tausch zum inoffiziellen Kurs verhängt. Mittlerweile ist es wieder problemlos möglich, in Wechselstuben Geld zu tauschen. Aber im Hinterkopf muss bleiben, dass sich das aufgrund der politischen Lage jederzeit wieder ändern kann.

Den **offziellen Wechselkurs** gibt es in Banken und auf internationalen Flughäfen. Vorsicht: An den Grenzübergängen wird immer wieder versucht, unwissenden und auf Geld angewiesenen Reisenden den offiziellen Wechselkurs anzupreisen. Wer diesen deutlich niedrigeren Kurs in Anspruch nimmt, wird sich spätestens dann ärgern, wenn er in Unterkünfte kommt, die fixe Euro- oder Dollarpreise haben. Denn sie kalkulieren nur mit dem inoffiziellen Wechselkurs.

Wechselkurse
1 € = 173 600 IRR (offiziell 47 050 IRR)
1 sFr = 152 220 IRR (offiziell 41 220 IRR)
1 US$ = 155 000 IRR (offiziell 42 000 IRR)
100 000 IRR = 0,58 €
100 000 IRR = 0,66 sFr
100 000 IRR = 0,65 US$
Aktuelle inoffizielle Wechselkurse unter www.sanarate.ir und www.bonbast.com.

In politisch und wirtschaftlich unruhigen Zeiten können beide Wechselkurse, der illegale mehr noch als der staatliche, binnen weniger Monate oder Tage erheblich schwanken.

Auch in Hotels und Gästehäusern kann man fragen, ob Geld getauscht wird.

Banken

Das iranische Bankensystem ist durch das US-Embargo vom internationalen Finanzsystem großteils abgekoppelt. Um die aktuellen US-Sanktionen zu umgehen, wurde INSTEX (Instrument in Support of Trade Exchanges) ins Leben gerufen, dieses Instrument ist eine Art Tauschbörse, an der Handelsgeschäfte zwischen der EU und dem Iran verrechnet werden. In den Banken gibt es gegen Vorlage des Reisepasses nur den schlechteren offiziellen Wechselkurs. Meist werden Touristen von Bankangestellten an die nächstgelegene Wechselstube verwiesen. Zu den bekanntesten Banken zählen Bank Melli, Bank Sepah und Bank Mellat, meist sind sie Sa–Mi 8–14, Do 8–12 Uhr geöffnet.

Reisekasse

Bargeld

Über die voraussichtlichen Reisekosten (S. 39) hinaus muss Bargeld auch für etwaige Zwischenfälle, Sondereinkäufe oder Notfälle mitgenommen werden. Internationale Kredit- und Debitkarten funktionieren in Iran nicht. Auch wenn das Land als sicher gilt und es selten zu Diebstählen kommt, sollte man sein Geld gut unter Verschluss halten und mit wertvollen Euro- oder Dollarscheinen nicht hausieren gehen.

Kredit- und Debitkarten

Mit **internationalen Kredit- und Debitkarten** kann in Iran kein Geld abgehoben werden. Aufgrund der anhaltenden Sanktionen sind Überweisungen von und nach Iran nicht möglich. Große Händler und Unternehmen helfen sich meist damit, dass sie über vier Ecken Kontakte ins europäische Ausland und dort ein Konto haben. In teuren Teppichläden gibt es teilweise die Möglichkeit, mit Kreditkarte zu bezahlen, weil die Händler dafür ausländische Konten eingerichtet haben.

Allerdings besteht die Option, im Vorfeld eine **iranische Debitkarte** zu organisieren. Die Kosten für die **Mah Card** liegen bei 19 €, 💻 www.mahcard.com. Reisende registrieren sich auf der Website und entscheiden, wie viel Geld sie zum tagesaktuellen Wechselkurs auf die Karte gebucht haben möchten. Das Geld dafür überweist man dann über Paypal oder übergibt es in bar, wenn die Karte zum Flughafen oder direkt ins Hotel geliefert wird. Geldautomaten gibt es in allen Städten. Das Abhebelimit pro Tag beträgt 2 Mio. IRR. Gebühren fallen bei iranischen Geldautomaten nicht an, es entstehen also keine zusätzlichen Kosten. Schon Kleinigkeiten wie eine Flasche Wasser werden in iranischen Geschäften oft mit Debitkarte bezahlt. Abseits kleiner Bergdörfer stehen einem mit der Karte also alle Möglichkeiten offen.

Am Ende der Reise kann man überschüssige Rial zum tagesaktuellen Wechselkurs in die eigene Währung tauschen, wenn man die Karte wieder abgibt oder abholen lässt. Verliert man die Karte, kann man sie binnen Minuten über 📞 0936-944 0955 **sperren** lassen und bekommt innerhalb weniger Tage eine neue zugeschickt.

Die Problematik dieser Karten liegt darin, dass für Reisende die Flexibilität, im Laufe der Reise zu einem besseren aktuellen Wechselkurs Bargeld in Rial umzutauschen, verloren geht. Wer diese Karte bestellt, sollte daher nicht sein ganzes Reisebudget auf die Karte buchen lassen, sondern immer einen Anteil an Bargeld bei sich tragen.

Trinkgeld

In Iran ist Trinkgeld kein großes Thema und wird nicht automatisch erwartet. Man leistet sich keinen Fehltritt, wenn man im Lokal einfach die ausgewiesene Rechnungssumme bezahlt. Im Falle von etwas teueren Restaurants ist die Service Charge einkalkuliert. Guides und Fahrer erwarten schon eher Trinkgeld, aber auch das ist kein Muss. Wenn einem aber sonst versperrte Türen und Aufgänge zu Gebäuden aufgeschlossen werden, sollte man auf jeden Fall Trinkgeld dafür geben, wenn dafür nicht sowieso ein „Eintrittspreis" abgemacht wird.

Prinzipiell sollte man darauf achten, dass man für etwaige Touren faire Preise bezahlt. Auch bei den Taxidiensten von Snapp und Co. sind die Preise extrem niedrig veranschlagt – also in dem Fall lieber etwas mehr zahlen.

Gepäck und Ausrüstung

Prinzipiell gilt es, die Kleidungsvorschriften zu beachten (S. 62). Leichte **Baumwollsachen** sind bei Hitze am angenehmsten. Außerdem gehören **robuste Hosen**, Wanderschuhe oder **Sneakers** und **Trekkingsandalen** zur Grundausstattung. **Flip-Flops** sind nicht nur beim eiligen Gang zur Gemeinschaftstoilette gut, sondern auch bei Zimmern mit Bad. Die Duschen haben selten eine Duschwanne, sodass die Bäder oft unter Wasser stehen: ein Nährboden für Pilze.

Bei Fahrten in *savaris* und Pick-ups kann ein **Tuch** vor Sonne, Staub und Abgasen schützen. Gut sind auch **Kapuzenjacken oder Hoodies**, die gleichzeitig den Nacken bedecken. In den Bergregionen sind im Winter neben einem **Pullover** und einer **Jacke** auch **Schal und Mütze** sinnvoll, besonders wenn man bei schlechtem Wetter oder in der Dämmerung unterwegs ist.

Wertsachen sowie Pässe und Tickets lassen sich am besten nah am Körper in einem breiten **Bauchgurt** aus Baumwolle aufbewahren. Alle Papiere sollten unbedingt zusätzlich durch eine **Plastikhülle** vor Feuchtigkeit geschützt werden. Kleine **Vorhängeschlösser** an den Reißverschlüssen des Rucksacks schützen vor Dieben.

Dran gedacht?

Kleidung
- ☐ **Feste Schuhe** und **Trekkingsandalen**
- ☐ **Allwetterjacke**, am besten mit Kapuze
- ☐ **Pullover** zur kalten Jahreszeit
- ☐ **Kopftuch** bei Frauen (s. Kleidervorschriften auf S. 62)
- ☐ **Sonnenschutz**

Für einfache Unterkünfte
- ☐ **Handtuch**, das schnell trocknet
- ☐ **kleine Schlösser** fürs Gepäck
- ☐ **Leinenschlafsack** oder Bettbezug
- ☐ **Schlafsack** in höheren Regionen

Dies und das
- ☐ **Reisepass**
- ☐ **Flugtickets**
- ☐ **Geld/Kreditkarten**
- ☐ **Reiseapotheke**, s. S. 64
- ☐ **Impfpass** oder eine Kopie für den Notfall
- ☐ **Taschenlampe** oder **Taschenlampen-App**
- ☐ **Taschenmesser**
- ☐ **Smartphone, Tablet**
- ☐ **USB-Stick, SD-Karten**
- ☐ **Digitalkamera**
- ☐ **Ladekabel**
- ☐ **Reiseführer** und **Lesestoff**

Fast alle Unterkünfte waschen auf Anfrage die **Wäsche** ihrer Gäste oder geben die Sachen an eine nahe Wäscherei weiter. Lieber im Vorfeld nach dem Preis fragen, um böse Überraschungen zu vermeiden!

Kleidungsvorschriften

Frauen und Männer, ob Touristen oder Einheimische, sind verpflichtet, sich an die islamische Kleiderordnung zu halten. Die Kleidungsvorschriften und Verstöße dagegen werden schon lange nicht mehr so streng gehandhabt wie zu Beginn der Islamischen Republik. Dass die Abschaffung des Kopftuchzwangs zwar immer wieder diskutiert, aber letztlich nicht umgesetzt wird, ist auch in dem Zusammenhang zu sehen, dass unter dem Schah der Pahlavi-Dynastie ein Kopftuch- und Tschador-Verbot galt. Über Kleidungsvorschriften Macht auszuüben ist also nicht neu. Für Frauen bedeutet das vor allem **Kopftuchpflicht** und ein **langes Oberteil**, das den Hintern bedeckt. Letzteres kann eine Tunika sein, die deutlich über den Poansatz hinausreichen sollte, ein Mantel oder eine lange Weste. In Kombination mit einem langen Oberteil ist eine engere Hose kein Problem. Im Sommer sind allerdings schon wegen der Hitze weite, dünne Hosen anzuraten. Auf bunte Farben muss nicht verzichtet werden, auf dem Land wird man damit aber auffallen. **Dreiviertelärmel** und **Sandalen**, die zwangsläufig etwas Haut freigeben, sind erlaubt. Allerdings sollte auf **festes Schuhwerk** nicht verzichtet werden, wenn man in die Berge fahren will, und es darf nicht vergessen werden, dass es im Winter auch in Iran empfindlich kalt werden kann.

Touristinnen neigen manchmal dazu, die Kleidervorschriften sehr genau zu nehmen, um sich ja keinen Fehler zu leisten. Vor allem in den größeren Städten wird aber nichts so heiß gegessen, wie es gekocht wird. Wer betont konservativ, z. B. im schwarzen langen Trenchcoat und mit einem streng gebundenen Kopftuch, durch Esfahans oder Teherans Straßen schlendert, wird von den modischen Großstädterinnen verständnislose und verwunderte Blicke ernten. Neue iranische Bekanntschaften zerren Touristinnen dann auch mal in den nächsten Laden, um für eine zeitgemäße Einkleidung zu sorgen. Generell kann man sich vor Ort mit günstiger, modischer und angenehmer Kleidung eindecken, die den Vorschriften entspricht.

Als **Kopftuch** reicht ein dünner Schal, der locker über Kopf und Haare fällt. Auch bei jungen Großstädterinnen ist es durchaus üblich, dass Haare deutlich zu sehen sind. Iranerinnen liefern sich alltägliche Konflikte mit der Sittenpolizei, welche die lockere Handhabe der Kleidervorschriften natürlich nicht gutheißt und Verstöße immer wieder ahndet. Da werden junge Frauen auch mal auf die Polizeistation zitiert, um die Drohung auszusprechen, dass sie bei einem weiteren Verstoß von der Universität fliegen. Dass dieselbe Frau einen Tag darauf mit Sicherheit nicht anders gekleidet sein wird, ist Teil des alltäglichen Widerstands bzw. der ständigen Grenzüberschreitungen der iranischen Zivilgesellschaft. Touristinnen haben im Grunde keine Konsequenzen zu befürchten außer vielleicht einer Ermahnung bei völliger Missachtung der Vorschriften. Allerdings geht es auch weniger darum, ob frau ernsthafte Probleme bekommt, sondern vielmehr um Rücksicht auf die Iranerinnen: Es spricht nichts dagegen, sich am modernen, lockeren Kleidungsstil der Großstädterinnen zu orientieren, aber sich darüber hinaus Freiheiten zu nehmen, von denen Iranerinnen nur träumen können, zeugt von wenig Feingefühl. Reisende Frauen müssen den Iranerinnen nicht unbedingt unter die Nase reiben, dass sie auch in deren Land wesentlich mehr Freiheiten genießen als sie selber.

Auf dem Land oder in konservativeren Kleinstädten tragen die meisten Iranerinnen schwarze **Tschadors**, die den ganzen Körper verhüllen. Das Kopftuch hier als Touristin etwas strenger zu rücken oder auf etwas längere, weniger körperbetonte und farblich dezente Garderobe zurückzugreifen, kann helfen, weniger Blicke auf sich zu ziehen. Möchte man wichtige muslimische Heiligtümer betreten, liegen in der Regel am Eingang **Leih-Tschadors** zur freien Entnahme bereit. Obligatorisch ist dieses lange Stück Stoff – nicht selten ein bunt gemustertes, helles Leintuch – im Innenbereich von wichtigen Pilgerstätten bzw. Heiligtümern. Ein Blick auf Iranerinnen als Orientierungshilfe reicht, um zu wissen, wann man ihn anlegen muss und wann nicht. Oft hilft weibliches Sicherheitspersonal im für Frauen separaten und mit Vorhängen abgeschirmten Eingangsbereich, wenn man selbst nicht mit dem Anlegen des Tschadors zurechtkommt. Ist ein Leih-Tschador notwendig, sollten die Haare komplett verdeckt werden.

Die Kleidervorschriften der Islamischen Republik beziehen sich auch auf **Männer**, denen es untersagt wurde, kurzärmelige T-Shirts und Krawatten (Symbol für den Westen) zu tragen. Auch da hat sich die Gangart mittlerweile gelockert und T-Shirts sind nicht selten, in der Moschee oder im Heiligtum allerdings ein absolutes No-Go. Kurze Hosen müssen Reisende, Frauen wie Männer, zu Hause lassen.

Im gesamten öffentlichen Raum gilt es, die Kleidervorschriften einzuhalten. In vielen **Gästehäusern** wird Touristinnen versichert, dass sie auch schon im Innenhof ihr Kopftuch abnehmen können. Vorausgesetzt werden kann das aber nicht. Es empfiehlt sich also, einen Blick auf andere Gäste zu werfen, bevor Frauen im Gästehaus das Kopftuch abnehmen. In Hotels kann frau sich nur im eigenen Zimmer von diesem Stück Stoff befreien.

Badebekleidung können Frauen nur an geschlechtergetrennten Stränden tragen, ansonsten müssen sie in voller Montur ins Wasser.

Gesundheit

Die hygienischen Bedingungen im Land sind gut, und die medizinische Versorgung in mittleren und größeren Städten ist garantiert. Natürlich gibt es ein großes Stadt-Land-Gefälle: Zwischen den medizinischen Standards der Großstädte und denen auf dem Land in einer abgelegenen Provinz liegen Welten.

Reisemedizin im Internet

Wer sich vor dem Besuch beim Reisemediziner kundig machen möchte, findet im Netz jede Menge Informationen:

Bernhard-Nocht-Institut Hamburg,
www.gesundes-reisen.de
Centers of Disease Control and Prevention,
www.cdc.gov
Centrum für Reisemedizin, www.crm.de
Fit for Travel, www.fit-for-travel.de
International Association for Medical Assistance to Travellers,
www.iamat.org
Öffentliches Gesundheitsportal Österreichs,
www.gesundheit.gv.at
Robert-Koch-Institut, www.rki.de
The International Society of Travel Medicine,
www.istm.org

Die Gefahr, sich mit **Malaria** zu infizieren, besteht bis auf südliche Regionen in den Provinzen Khuzestan, Bushehr, Hormozgan oder Sistan und Balutschistan praktisch nicht. Im Sommer kann aber auch die Kaspische Küste betroffen sein. Vor **Bilharziose** muss bei den stehenden Gewässern in der Provinz Khuzestan gewarnt werden. An **Durchfallerkrankungen** leiden Reisende sehr selten. Wer auf Nummer sicher gehen will, verzichtet auf rohe, ungekochte oder ungeschälte Kost. In den heißen Monaten und in der Wüste ist darauf zu achten, nicht einen **Hitzschlag** zu erleiden oder zu **dehydrieren**: Viel trinken, Kopfbedeckung nicht vergessen und den Körper nicht überanstrengen! Bei Bergbesteigungen in luftigen Höhen, etwa auf den Damavand, ist auf eine ausreichende Akklimatisierung zu achten, um die **Höhenkrankheit** zu vermeiden. Mehr zu sonstigen möglichen Krankheiten s. S. 560.

Impfungen

Generell sind **Impfungen** gegen Tetanus, Diphtherie, Keuchhusten, Kinderlähmung (Polio), Meningokokken-Meningitis und Pneumokokken zu empfehlen. Gerade bei längeren Reisen in ländliche und abgelegene Gebiete empfehlen sich auch die Standardimpfungen gegen Hepatitis A und B, Typhus und Tollwut. Bei der Einreise aus Europa sind keine Impfungen vorgeschrieben, jedoch besteht eine Gelbfieber-Impfpflicht für Reisende, die aus einem Gelbfieber-Infektionsgebiet bzw. über einen Transitflughafen, der in einem Endemiegebiet (Zentral- und Westafrika und bestimmte Gegenden in Lateinamerika) liegt, nach Iran einreisen wollen. Bei der Einreise muss ggf. eine Impfbescheinigung vorgewiesen werden.

Notfallkit

- ☐ **Antibiotikum** gegen bakterielle Infektionen
- ☐ **Antiseptikum** zur Desinfektion von offenen Wunden
- ☐ **Wund- und Heilsalbe**
- ☐ **Ibuprofen** oder **Paracetamol** gegen Schmerzen und Fieber
- ☐ **Augentropfen** gegen Bindehautentzündung
- ☐ **Loperamid** gegen Durchfall
- ☐ **Elotrans** zur Rückführung von Mineralien
- ☐ **Antimykotikum** gegen Pilzinfektionen
- ☐ **Verbandzeug**
- ☐ **Fieberthermometer**

Wer regelmäßig Medikamente nehmen muss, sollte einen Vorrat mitbringen. Nicht geeignet sind Zäpfchen und andere hitzeempfindliche Medikamente.

Medizinische Hilfe vor Ort

In größeren Städten kann man bedenkenlos auf die dortigen Krankenhäuser vertrauen. Darüber hinaus gibt es etliche Arzt- und Zahnarztpraxen in mittelgroßen und großen Städten. Antibiotika sind teilweise auch ohne Rezept in Apotheken erhältlich. Um Verständigungsproblemen oder Missverständnissen vorzubeugen, bittet man am besten neue iranische Bekanntschaften, die Englisch sprechen und übersetzen können, um Hilfe. Die erste Anlaufstelle für die besten und teuersten Krankenhäuser und Ärzte ist natürlich Teheran. Wer auf spezielle Medikamente angewiesen ist, nimmt diese von zu Hause mit. Begibt man sich in ärztliche Behandlung, bezahlt man zunächst bar und achtet auf die notwendige Dokumentation der Kosten und Leistungen für die Versicherung (S. 88).

Informationen

Die Förderung des ausländischen Tourismus steckt in Iran noch in den Kinderschuhen. Die Auswahl an professionellen Tourismusseiten hält sich daher in Grenzen. Allerdings gibt es einige **Websites**, die hervorragend über Land und Leute informieren und laufend hochwertige Artikel zu aktuellen politischen, kulturellen und wissenschaftlichen Themen bringen. Auch private Initiativen von Reiseblogs mit GPS-Kartenmaterial bis hin zu Online-Sprachkursen sind eine nützliche Informationsquelle.

Websites

Diese Auswahl an interessanten Websites kann bei der Reisevorbereitung helfen und die inhaltliche Auseinandersetzung mit Kultur und Politik des Landes vertiefen.

Allgemeines und Reiseplanung

Iranische Tourismusseite, 🖳 www.visitiran.ir
Iran Tourism & Touring Online, 🖳 www.itto.org

Geschichte, Kunst und Kultur

Ajam Media Collective, 🖳 www.ajammc.com
Encyclopaedia Iranica, 🖳 www.iranicaonline.org
Iran Chamber Society, 🖳 www.iranchamber.com
Iranian Film Society, 🖳 www.irfilms.com
Livius. Articles on ancient history, 🖳 www.livius.org
Qantara. Dialogue with the Islamic World, 🖳 www.qantara.de
Unesco, 🖳 https://whc.unesco.org/en/statesparties/ir

Natur und Umwelt

Birds of Iran, 🖳 www.birdsofiran.com
Birding Pal, 🖳 www.birdingpal.org/Iran
Damawand, 🖳 www.damawand.de
Iranian Cheetah Society, 🖳 www.wildlife.ir
Qeshm Geopark, 🖳 www.qeshmgeopark.ir

Politik, Wirtschaft und Gesellschaft

Auswärtiges Amt, 🖳 www.auswaertiges-amt.de
Iran Journal, 🖳 www.iranjournal.org
Nachrichtenportal Farsi Net, 🖳 www.farsinet.com/news

Reiseblogs und Foren

Caravanistan Silk Road Travel Guide 🖳 www.caravanistan.com
Deutschsprachige FB-Gruppe, 🖳 www.facebook.com/groups/iranreisenetzwerk
Englischsprachige FB-Gruppe, 🖳 www.facebook.com/SeeYouinIran
In Extenso Reiseblog, 🖳 www.inextenso.at
Per Anhalter durch den Iran und die Welt, 🖳 https://mortenundrochssare.de
Stefan Loose Forum, 🖳 www.stefan-loose.de/globetrotter-forum

Landkarten und Stadtpläne

Eine der besten **Landkarten** ist die Autokarte *Iran* im Maßstab 1:1 500 000 von Freytag-Berndt und ARTARIA. Zu empfehlen ist auch die Landkarte *Iran* von Reise Know-How im selben Maßstab.

Die Karten-App **Maps.Me** mit kostenlosen Karten zum Herunterladen, Offline-Nutzung, ruckelfreiem Zoomen und Routenplaner ist für iOS, Android, Kindle Fire und Blackberry erhältlich. **Google Maps** ist nur mit VPN (S. 66) abrufbar.

Unter 🖳 www.livius.org gibt es nicht nur 450 Artikel und detaillierte Beschreibungen antiker Ausgrabungsstätten des Landes, sondern auch genaue **Karten von den antiken Stätten** der zwei Perserreiche.

Kostenlose **Stadtpläne** liegen i. d. R. in den Touristeninformationen der jeweiligen Städte.

Internet

Das Internet wird in Iran reglementiert und zensiert. Rund um das Thema Internetzensur wird öffentlich heftig diskutiert, auch weil die iranische Bevölkerung nicht einfach klein beigibt und die Smartphone- und Internetnutzung in Iran eine große Rolle spielt. Irritierend ist auch hier die Widersprüchlichkeit. Einerseits werden Tausende Websites geblockt, darunter auch Facebook, Twitter, BBC und viele andere westliche Nachrichtendienste. Seiten wie GMX werden gefiltert, Google-Dienste sind nur eingeschränkt nutzbar (Gmail wird aber zugelassen), und App-Stores können gesperrt sein. Andererseits ist der Staatspräsident Hassan Rohani eifrig auf Twitter tätig und Außenminister Zarif auf Facebook. Selbst der Oberste Führer Khamenei besitzt einen Online-Auftritt auf Twitter und Facebook.

Seit einigen Jahren gibt es Bestrebungen, die Bevölkerung vom Internet zu isolieren. So wird derzeit versucht, ein eigenes **nationales Intranet** zu entwickeln. Schon lange umgesetzt ist die **Drosselung des Datenverkehrs**, was Internet in Iran zu einer sehr langsamen Angelegenheit macht, und das **Sperren westlicher Websites**. Bei politischen Unruhen, beispielsweise bei den größeren Demonstrationen im Januar 2018, wird auch mal der gesamte Datenverkehr für kurze Zeit lahmgelegt.

Die Angst der Machthaber kommt nicht von ungefähr. Über Social Media werden politische Aktionen geplant oder Bilder von Missständen verbreitet. Zu den äußerst beliebten Plattformen zählte **Telegram**, worüber im Januar 2018 binnen weniger Minuten Kanäle mit Zigtausenden Mitgliedern bzw. Demonstranten geschaffen wurden. Das führte schließlich dazu, dass auch Telegram gesperrt wurde.

Die Kanäle, die von Iranern genutzt werden, können sich also politisch bedingt schnell ändern. Auch wenn **Instagram** bisher noch nicht geblockt ist, kann das übermorgen schon der Fall sein. Allerdings finden Iraner Mittel und Wege, die Zensur zu umgehen, und so wird auch Telegram weiterhin genutzt – eben über VPN (s. u.). Das Internet ist für viele Iraner als Freiraum und Kontakt zur Außenwelt nicht wegzudenken. Auch im Tourismus und der Gastronomie ist es üblich, dass Restaurants, Guides und Unterkünfte einen Online-Auftritt auf Instagram haben und per WhatsApp oder Telegram praktisch immer für Gäste erreichbar sind.

Zur Umgehung der Zensur nutzen Iraner und Touristen Proxyserver oder installieren sich ein **Virtual Private Network (VPN)**. Das sollte schon im Vorfeld der Reise passieren. Auf Nummer sicher geht man, wenn man gleich mehrere VPN-Anbieter ausprobiert und auf dem Smartphone installiert. Die derzeit gängigsten sind ExpressVPN, super vpn, PureVPN, NordVPN, IPVANISH VPN, Psiphon3, Hotspot Shield, Psiphone, Turbo VPN, VPN Master, ThunderVPN. Für Studenten bietet es sich an, den Server der eigenen Universität zu Hause zu benutzen.

In den meisten Hotels und neueren Lokalen ist **WLAN** die Regel und meist kostenlos nutzbar. Praktisch ist eine eigene iranische **Daten-SIM-Card** fürs Tablet und Smartphone (S. 76). Internetcafés gibt es auch, sie erübrigen sich in den Großstädten aber zunehmend angesichts des WLAN-Angebots der moderneren Cafés und Restaurants.

Es kommt vor, dass internationale Banken und Unternehmen **Zugriffe von iranischen Servern abblocken**. So können Paypal, manchmal auch Gmail und Bankonlineportale ganz ohne Zutun Irans unerreichbar bleiben.

Kinder

Iran ist ein kinderfreundliches Land. Kinder werden viel freundliche Aufmerksamkeit auf sich ziehen, was nach einiger Zeit natürlich etwas nerven kann, aber auf jeden Fall für noch mehr Gesprächsstoff und Einladungen von und bei Einheimischen sorgt. Anstrengend können allerdings die langen Fahrten durchs Land sein. Die medizinische Versorgung und hygienischen Zustände in den größeren Städten sind sehr gut, auch Utensilien für Kleinkinder wird man im Supermarkt leicht finden, und im Gegensatz zu vielen anderen Ländern muss man sich im Land bis auf wenige Ausnahmen (S. 560) nicht vor Malaria fürchten.

Wer auf Nummer sicher gehen will, verzichtet auf Abenteuertrips und extrem lange Strecken und beschränkt sich mehr oder weniger auf die Landesmitte – dann steht einer kinderfreundlichen Reise nichts im Weg.

Am bequemsten reist es sich in einem **Mietwagen mit Fahrer**. Kindersitze für kleinere Kinder sind meistens nicht vorhanden. Generell bleibt der Verkehr in Iran eine gefährliche Angelegenheit – ob mit oder ohne Kind. In **Restaurants** gibt es nicht immer, aber doch oft Kinderhochstühle, und das Essen ist in der Regel gut verträglich und vor allem nicht scharf.

Die **Zimmersuche** ist auch zu dritt oder viert kein Problem. In der Regel bieten Gästehäuser und Hotels Familienzimmer an.

Mit **Ermäßigungen** für Kinder bei Eintrittskarten ist nicht zu rechnen.

Die **Kopftuchpflicht** gilt für Mädchen ab neun Jahren. Bis auf die Einreise wird sich aber im

Ob groß oder klein, Reisende werden quer durchs Land herzlich willkommen geheißen.

Land kaum jemand dafür interessieren, wenn ein zehnjähriges Mädchen kein Kopftuch trägt, und generell kann die Kopfbedeckung locker über das Haar fallen. Stillen in der Öffentlichkeit ist selbstredend nicht möglich.

Wer Kinder nicht ständige Moscheen- und Museumsbesuche zumuten möchte, zeigt ihnen lieber sternenklare Wüstennächte, wandert durch Erosionslandschaften auf der Insel Qeshm, unternimmt dort Bootstouren oder fährt mit ihnen eine der schönen Bahnstrecken bei Dorud oder Sari. Auch Erkundungstouren durch Bazare können Kinder begeistern.

Maße und Elektrizität

In Iran gilt das metrische System. Die Stromversorgung beträgt 220 Volt, 50 Hz (mit Schwankungen). Selbst abgelegene Bergdörfer werden rund um die Uhr mit Strom versorgt. Flachstecker können überall problemlos verwendet werden, bei Schukosteckern ist ein Adapter empfehlenswert, weil diese teilweise fehlen können.

Medien

Medien sind in Iran im Besitz des Staates oder unterliegen zumindest **staatlicher Kontrolle**. Sie fungieren indirekt als Sprachrohr für die Islamische Republik und dürfen nicht offen Kritik an dieser üben. Vorab werden alle Werke, die publiziert werden, vom Ministerium für Kultur und islamische Führung auf Konformität geprüft.

Die Leitung der staatlichen **Rundfunk- und Fernsehanstalt** (Islamic Republic of Iran Broadcasting, IRIB) wird vom Staatsoberhaupt Khamenei bestimmt. Die jeweilige Regierung hat kein Mitbestimmungsrecht. Damit unterliegen alle TV-Sender der kompletten Kontrolle durch die reaktionären Kräfte im Land.

Die **Presse** gilt prinzipiell als wichtigstes Instrument der Reformer, ist aber sehr verwundbar. Allein im ersten Amtsjahr Ahmadinedschads 2005 wurden 34 Zeitungen und Magazine verboten. Es verwundert also nicht, dass große Teile der Bevölkerung der Medienlandschaft im Land misstrauen, sich desinformiert fühlen und ausländischen Medien mehr Glauben schenken. Der NGO Reporter ohne Grenzen zufolge rangiert Iran in puncto Pressefreiheit auf Platz 170 von 180 Staaten.

Über die gesellschaftliche Realität zu schreiben oder zu recherchieren, wird streng bestraft. Auch kommt es immer wieder vor, dass Menschen inhaftiert werden, weil sie mit einem ausländischen Medium (z. B. für ausländische Dokumentarfilmproduktionen) über **politisch brisante Themen** und alltägliche Probleme im Land gesprochen haben. Dazu gehören: Homosexualität, Proteste ethnischer Minderheiten, Haftbedingungen politischer Gefangener, Kritik an der Atompolitik, Korruption, die wirtschaftliche Macht der Revolutionsgarde usw.

Zeitungen und Agenturen

Iranische Zeitungen erscheinen in Persisch, werden zum Teil aber auch in Englisch und anderen Sprachen veröffentlicht. Hier eine Auswahl bekannter Zeitungen und Agenturen:

Financial Tribune, 💻 www.financialtribune.com, Blattlinie: progressiv.
Iran Daily, 💻 www.iran-daily.com, von der offiziellen iranischen Nachrichtenagentur IRNA betriebene Online-Tageszeitung.
Islamic Republic News Agency (IRNA), 💻 www.irna.ir, staatliche Nachrichtenagentur.
Kayhan, 💻 www.kayhan.ir, Blattlinie: ultrakonservativ.
Mehr News Agency, 💻 www.mehrnews.com, Organisation für islamische Propaganda.
Tehran Times, 💻 www.tehrantimes.com, Blattlinie: regierungstreue Hardliner.

Fernsehen und Radio

Die staatliche Rundfunkgesellschaft von Iran heißt **Islamic Republic of Iran Broadcasting (IRIB)**. Der ausländische Sender **BBC Persian** ist eines der einflussreichsten iranischen Onlinemedien, er wurde während des Zweiten Weltkriegs gegründet und gilt als vertrauenswürdige Informationsquelle. **Press TV**, 💻 www.presstv.com, ist der iranische Auslandssender, der unter der Kontrolle Khameneis steht und als iranisches Äquivalent zu den russischen Auslandssendern Sputnik und RT gilt.

Der staatliche Radiosender **Pars Today**, 💻 www.parstoday.com/de, wird in 30 verschiedenen Sprachen angeboten und sendet täglich zwischen 17.20–18.20 und 20.50–21.50 Uhr. Im Archiv findet man Beiträge zu volkstümlichen Erzählungen, über den Islam oder die Flora und Fauna des Landes.

Ein beliebter ausländischer Radiosender mit Sitz in Prag ist **Radio Farda**, 💻 www.radiofarda.com.

Öffnungszeiten

Die **Arbeitswoche** geht von Samstag bis Donnerstagmittag. Wochenende ist ab Donnerstagnachmittag und den ganzen Freitag. Die Bazare haben dann geschlossen. Nur vereinzelt haben Shops für Touristen offen.

Restaurants öffnen meist von 12 bis 15 Uhr und zum Abendessen von 18 oder 19 Uhr bis 21 oder 23 Uhr. Während des Ramadans sind Restaurants oft tagsüber geschlossen, haben aber dafür abends länger offen.

In den **südlicheren Regionen**, vor allem entlang des Persischen Golfs, schließen Läden und Restaurants wegen der Hitze zwischen 12 und 16 oder 17 Uhr, um dann in den kühleren Abendstunden bis 20 oder 21 Uhr geöffnet zu bleiben.

Folgende Öffnungszeiten sind üblich, aber nicht garantiert:

Banken, 🕒 Sa–Mi 8–14, Do 8–12 Uhr,
Behörden, 🕒 Sa–Mi 8–16, Do 8–12 Uhr,
Geschäfte und Bazare, 🕒 Sa–Mi 8 oder 9–13, 15 oder 16–20, Do 8 oder 9–13 Uhr,
Museen, 🕒 Di–So 9–16 oder 17 Uhr im Winter, sonst 9–18 Uhr.

Post

Die iranischen **Postämter** haben Sa–Do von 8–14 Uhr geöffnet. **Päckchen und Pakete** können über Land oder per Luftpost *(havayi)* –

schneller, aber auch teurer – verschickt werden. Um ein Paket aufzugeben, muss man eines der Hauptpostämter, *daftar-e amanat-e post*, in einer Provinzhauptstadt aufsuchen. Dort legt man seinen Reisepass vor und lässt die Sendung verpacken.

Das **Porto** für eine Postkarte betrug zum Zeitpunkt der Recherche 40 000 IRR. Die Zustellung von Briefen und Postkarten nach Deutschland, Österreich und in die Schweiz dauert zwischen drei und sechs Wochen. Es kommt aber immer wieder vor, dass Post gar nicht ankommt – von zuverlässig kann also nicht unbedingt die Rede sein.

Reisende mit Handicap

Auch wenn auf die allzeit hilfsbereite Bevölkerung Verlass ist, ändert das nichts daran, dass der öffentliche Raum kaum behindertengerecht ist. Rollstuhlfahrer haben oft das Nachsehen, weil kaum barrierefreie Zugänge in Form von Rampen vorhanden sind, mit Liften kann man nur in teuren Hotels rechnen. Gleichzeitig gibt es viele ebenerdige Gästehäuser, deren Zimmer über den Innenhof zu erreichen sind. Am besten explizit nachfragen, wenn ein Zimmer gebucht wird. Behindertengerechte Toiletten sind praktisch nicht vorhanden.

Schwule und Lesben

Die homosexuelle Szene in Iran ist nicht groß, aber vorhanden, auch wenn es sie überhaupt nicht geben darf. Auf Homosexualität stehen 100 Peitschenhiebe, aber auch die **Todesstrafe** kann verhängt werden. Das ändert aber nichts daran, dass von der Zensur nicht betroffene Dating-Apps wie Grindr oder Scruff im Land verwendet werden. In der Öffentlichkeit sind Mann und Frau aber um **Diskretion** bemüht. Reisende sollten es ihnen gleichtun und sich nicht als homosexuell outen. Da Zärtlichkeiten in der Öffentlichkeit aber auch bei heterosexuellen Pärchen tabu sind, gibt es für homosexuelle Pärchen de facto keine darüber hinaus gehenden Einschränkungen im Reisealltag. Ein Doppelzimmer können homosexuelle Pärchen problemlos buchen.

Geschlechtsumwandlungen

Interessant ist, dass Homosexualität in Iran unter Strafe steht, **Transsexualität** gesetzlich aber anerkannt ist. Ayatollah Khomeini selbst erteilte im Jahr 1987 eine entsprechende Fatwa. Seitdem ist es erlaubt, sich einer Geschlechtsumwandlung zu unterziehen. Die Operation wird sogar staatlich gefördert, weil Transsexualität als eine Art heilbare Krankheit aufgefasst wird. Oft unterziehen sich aber Homosexuelle diesem Eingriff, weil er ihnen nahegelegt wird, um einer Strafverfolgung zu entkommen. Nicht selten beginnt damit ein Teufelskreis. Betroffene, die sich für diesen operativen Eingriff entscheiden, erfahren oftmals gesellschaftliche und familiäre Ausgrenzung und finden keine Arbeit mehr. Ohne den notwendigen sozialen und finanziellen Rückhalt werden sie nicht selten in die illegale Prostitution gedrängt. Nach Thailand werden in Iran weltweit die meisten Geschlechtsumwandlungen durchgeführt. Der Spielfilm *Apricot Groves* (2016) von dem iranisch-armenischen Regisseur Pouria Heidary Oureh und der Dokumentarfilm *Be Like Others* (2008) von der Regisseurin Tanaz Eshagian widmen sich diesem Thema.

Sicherheit

Iran ist ein sicheres Reiseland, für Frauen wie für Männer gleichermaßen, ob allein oder in der Gruppe. Straßenkriminalität gibt es kaum, und meist können Reisende ganz unbeschwert auf Einladungen zum Essen oder Übernachten eingehen, ohne eine böse Überraschung befürchten zu müssen. Die große Hilfsbereit- und Gastfreundschaft der Iraner ist allseits zur Stelle. Trotzdem gilt es, ein paar grundlegende Dinge zu wissen und zu beachten. Aktuelle

Telefonnummern für den Notfall	
Rettung	115
Polizei	110
Feuerwehr	125

Sicherheitshinweise veröffentlicht das Auswärtige Amt unter www.auswaertiges-amt.de.

Vieles steht in Iran unter **Strafe**, Gesetzesverstöße gehören zum Alltag (S. 99). Alkohol- und Drogenschmuggel werden hart bestraft, auch unehelicher Sex und Homosexualität. Die Liste der Strafdelikte ist lang und beginnt bei der kompletten und wiederholten Missachtung der Kopftuchpflicht. Machen sich Reisende strafbar und werden sie dafür belangt, ist es nicht unwahrscheinlich, dass sie einfach des Landes verwiesen werden. Freilich kommt es auf die Anklage an. Wegen Verdachts auf Drogenschmuggel oder Spionage (Hinweise zum Fotografieren im Land beachten, s. S. 56) verhört oder inhaftiert zu werden, möchte man lieber nicht erleben.

Sollte man tatsächlich in eine solche seltene Extremsituation geraten, gilt es, sich ruhig und betont höflich zu verhalten und nicht zu versuchen, in der Landessprache zu antworten oder den Eindruck zu vermitteln, man verstünde etwas Persisch. Wird es ernst und handelt es sich nicht um ein bloßes Missverständnis, sollte immer wieder darauf bestanden werden, die **Botschaft kontaktieren** zu können.

Kriminalität

Die Kriminalitätsrate ist in Iran äußerst niedrig. Trotzdem sollte man, wie sonst überall auch, ein Auge auf seine Wertsachen haben – immerhin macht Gelegenheit Diebe. Raubüberfälle oder Gewaltverbrechen anderer Art haben Reisende nicht zu befürchten, in seltenen Ausnahmefällen wird von Taschendieben und Mopedräubern berichtet.

Am besten trägt man alle **wichtigen Dokumente** wie Pass, Führerschein und Flugtickets immer bei sich. Bessere Hotels haben auch einen Safe. Oft bestehen Hotels in weniger touristischen Gegenden darauf, den Reisepass zu behalten, während Gästehäuser einfach Kopien anfertigen. Gleichzeitig sind Reisende verpflichtet, sich stets ausweisen zu können, also lieber auf die Anfertigung von **Kopien** bestehen, wenn es zur Diskussion kommt.

Wer auf Nummer sicher gehen möchte, hängt **kleine Schlösser** an den Rucksack und achtet darauf, dass Wertsachen nicht „griffbereit“ einsortiert sind.

Polizei und militärische Sperrgebiete

Polizisten sind Touristen gegenüber in der Regel positiv gesinnt, freundlich und korrekt. Das gilt im Prinzip auch für Grenzbeamte, nur dass an den Landesgrenzen auch etliche andere zivile „Helferlein“ auf Touristen warten, die immer wieder versuchen, etwas Geld für ihre „Dienste“ zu bekommen, oder Touristen überzeugen möchten, zu einem schlechten Wechselkurs Euro oder Dollar in Rial zu wechseln.

Begegnungen mit der Polizei können schnell unangenehm werden, wenn man zur falschen Zeit am falschen Ort ist (z. B. in eine Demo gerät) oder heikle Gebäude fotografiert (S. 56).

Der Highway 36 zwischen Semnan und Moalleman ist **militärisches Sperrgebiet**. Dort befindet sich ein Testgelände für die iranische Raketentechnik, deshalb gilt es als einer der sensibelsten Bereiche überhaupt im Land. Es steht seit der einseitigen Aufkündigung des 5+1-Vertrags durch die USA besonders im Fo-

Krisenvorsorgeliste

Eine Registrierung in einer Krisenvorsorgeliste ist nicht zwingend notwendig, beschleunigt aber im Notfall den Rechtsbeistand um mehrere Stunden.

Deutschland Krisenvorsorgeliste „Elefand“, https://elefand.diplo.de
Österreich, www.reiseregistrierung.at
Schweiz EDA Helpline, www.eda.admin.ch

kus der internationalen Politik. Im Dreieck Jandaq-Semnan-Moalleman wird daher auch von Offroad-Touren durch die Dasht-e Kavir abgeraten. Das Areal von Nukleareinrichtungen sollte generell gemieden werden. Solche Anlagen befinden sich in Natanz, Esfahan, Arak und Khondab-Gazran. Erhöhte Vorsicht ist auch in der Nähe der Uran-Mine von Yazd geboten.

Politische Unruhen

Es kommt in unregelmäßigen Abständen zu **Demonstrationen**, die Gründe hierfür sind vielfältig. Auslöser sind unter anderem Unmut über Wassermangel, steigende Preise und Arbeitslosigkeit. Menschenansammlungen, die einen oppositionellen Hintergrund vermuten lassen, sollten von Reisenden gemieden und schon gar nicht fotografiert werden.

Vor allem nahe der Landesgrenzen in Kurdistan, West-Aserbaidschan und in der Provinz Sistan und Balutschistan gibt es **militante Widerstandsbewegungen**. In Teilen der Provinzen Kurdistan und West-Aserbaidschan kommt es immer wieder zu bewaffneten Zusammenstößen zwischen Einheiten der Grenzpolizei und der Basij, einer Sondereinheit der Revolutionsgarde, auf der einen Seite und den kurdischen Widerstandsbewegungen (PDK, PAK, PJAK, Komala) auf der anderen Seite, die 2016 ihren letzten Höhepunkt erreichten.

In Sistan und Balutschistan kämpfen sunnitische Verbände gegen die iranische Staatsmacht. Die vor Ort agierenden militanten Gruppierungen sind mit al-Qaida verbündet und führen immer wieder **Anschläge**, auch gegen die Zivilbevölkerung, durch. Die Gegend ist wegen ihrer Nähe zu Pakistan und Afghanistan ein Hotspot des Drogen- und Benzinschmuggels und gilt als Rückzugsgebiet für pakistanische Kämpfer. Vor einer Reise in die Region wird gewarnt, es besteht ein erhöhtes Überfall-, Entführungs- und Anschlagsrisiko. Attackiert werden vorzugsweise Polizeistationen und Institutionen der Revolutionsgarden. Eine Reise durch Balutschistan ist aber auf jeden Fall erstrebenswert, wenn man gewisse Sicherheitsbestimmungen beachtet (S. 472).

In den Jahren 2017 und 2018 ereigneten sich in Teheran und Ahvaz Terroranschläge, zu denen sich der IS bekannte. Die iranischen Sicherheitsbehörden reagierten unmittelbar danach zum Teil irrational, sodass die Situation für kurze Zeit sehr angespannt war. Besonders die ersten zwei Wochen nach solchen Vorkommnissen gelten als eine sensible Zeit, in der der Sicherheitsapparat verstärkt in der Öffentlichkeit auftritt. Selbst durch Handyfotos, die außerhalb von Heiligtümern gemacht werden, können Touristen dann ins Fadenkreuz der Sicherheitsdienste geraten.

Landminen

Iran weist eine der größten **Minenverseuchungen** der Welt auf. Während des Ersten Golfkriegs wurden um die 40 Mio. Stück, oftmals ohne Lageplan, vergraben, von denen heute noch Millionen unentdeckt im Erdreich liegen. Besonders betroffen sind die **Grenzregionen** zum Irak in den Provinzen Kermanshah, Khuzestan, West-Aserbaidschan, Kurdistan und Ilam. Immer wieder werden Personen verletzt oder getötet, die Opfer sind in den meisten Fällen Bauern und Kinder. Seit Ende des Krieges sollen rund 4000 Menschen durch die Altlasten des Krieges ums Leben gekommen sein. Einige Grenzgebiete in diesen Provinzen sind für Ausländer auch deswegen gesperrt.

Iran hat, so wie auch die USA und Israel, die Ottawa-Konvention, die die Produktion und den Einsatz von Antipersonenminen ächtet, nicht unterzeichnet. Aktuell werden Landminen in den Grenzgebieten gegen Drogenschmuggler und bewaffnete Widerständler vergraben. In der **Wüste Lut** wurden in den letzten Jahren zwei ortsunkundige Guides von Minen getötet. Bei Erkundungen mit einem eigenen Fahrzeug muss man sich des Risikos bewusst sein, wenn man schon ignoriert, dass für den Aufenthalt hier ein Permit notwendig ist. Im näheren Umfeld der *kaluts* direkt neben der asphaltierten Straße zwischen Kerman und Nehbandan besteht ein geringes Risiko. Entdeckungsfahrten tiefer in die Wüste steht allerdings nichts im Weg, solange man erfahrene Guides engagiert.

Verkehr

Das Straßennetz ist gut ausgebaut, dennoch gehört Iran zu den Ländern mit den meisten Verkehrstoten. Jährlich sterben um die 30 000 Menschen und mehrere Hunderttausende werden verletzt, fast jede Familie hat im näheren Umfeld Verkehrsopfer zu beklagen. Die meisten Toten verzeichnen die Provinzen Teheran und Fars.

Unfälle häufen sich vor allem entlang kurvenreicher Strecken, die schlecht ausgebaut sind und viele Fahrzeuglenker zum ständigen Überholen verleiten. Hierzu zählen sämtliche **Passstraßen**, die über den Elburz verlaufen. Ganze Tanklastzüge setzen schon mal bergab zum Überholmanöver an, auch wenn der entgegenkommende Verkehr längst deutlich sichtbar ist oder zumindest hinter der nächsten Kurve vermutet werden kann. Meist folgen ihnen zwei oder drei andere Autos, die nicht selten den Überholvorgang wieder abbrechen müssen. Als gefährlichste Strecke gilt die berüchtigte Tschalus-Straße (S. 409). Eine hohe Verkehrsdichte provoziert hier waghalsige Überholmanöver, die oftmals im Blindflug stattfinden.

Für **Fußgänger** gilt prinzipiell: Zebrastreifen sind meist nur Zierde, Bremsschwellen wirken hingegen, vor ihnen muss abgebremst werden. Wer als Fußgänger zu ängstlich die Straße überquert, ist auch nicht sicher und sorgt eher für gefährliche Verwirrung bei Fahrzeuglenkern. Also am besten sieht man sich mit Bedacht um, überquert dann aber bestimmt und flott die Straße. Wer noch wenig Übung hat, schließt sich anfangs iranischen Fußgängern an.

Drogen

Trotz Verbot und drastischen Strafen: Laut offiziellen Angaben gibt es derzeit in Iran bis zu 6 Mio. Menschen, die Drogen konsumieren, und über 200 000 Alkoholkranke. Zwei bis drei Prozent der Bevölkerung konsumiert regelmäßig harte Drogen, allein in Teheran gibt es 6000 Drogenambulanzen. Denn es wurde erkannt, dass Strafverfolgung allein noch nicht zur Dezimierung des **Drogenkonsums** führt. Mehr als 3000 Menschen sterben jedes Jahr wegen Drogen. Die Zahl der drogenabhängigen Personen wird durch die wirtschaftlich denkbar schlechte Situation und den daraus entstehenden Druck für die Bevölkerung vermutlich auch zukünftig weiter ansteigen.

Die Geschichte des **Opiumkonsums** im Land führt bis ins 17. Jh. zurück. Es wurde lange Zeit als Schmerzmittel verwendet und findet in den ländlichen Gebieten teilweise noch immer großen Anklang als Medizin. Heute ist Opium verboten, wird aber vor allem im Südosten teils weiterhin konsumiert. In den letzten Jahren kam es zu einer Ausweitung des Drogenhandels in Afghanistan. Über die Islamische Republik Iran verläuft die Hauptschmuggelroute für Opium, das dann weiter über die Balkanroute nach Europa gelangt. Im letzten Jahrzehnt wurden über 10 000 reguläre und irreguläre iranische Kräfte im Kampf gegen Drogenschmuggler verletzt und 3000 in Gefechten getötet.

Laut staatlichen Institutionen waren 90 % der 2018 in Iran hingerichteten Personen Drogendealer, bis zu 70 % der Gefängnisinsassen sind Drogenkriminelle. Nachdem in einem Dorf in Balutschistan beinahe alle männlichen Einwohner wegen Dogenvergehen exekutiert wurden, kam es zu einem Umdenken in der iranischen Politik. Bis dahin stand auf den Besitz oder Handel von mehr als 30 g harten Drogen die **Todesstrafe**. Nun wurde die Grenze angehoben, auch weil man für die hohe Anzahl der Exekutionen international heftige Kritik erntet. Die aktuelle Gesetzeslage sieht bei mehrmaligen Vergehen, aber auch bei Besitz von 2 kg harten Drogen oder 50 kg Opium oder Marihuana weiter die Todesstrafe vor.

Wichtig für Reisende: Entlang der Grenze zu Afghanistan und Pakistan werden immer wieder **Drogenkontrollen** durchgeführt. An Checkpoints wird in Bussen das Gepäck kontrolliert. Es ist die Regel, Gepäckstücke für Freunde oder Verwandte mitzunehmen, aber als Tourist ist es ratsam, auf solche Gefälligkeitsdienste zu verzichten, wenn man sich gerade in den besagten Gebieten aufhält.

Seit der Islamischen Revolution sind die Produktion, der Verkauf und der Konsum von **Alkohol** untersagt. Dennoch ist dieser nicht nur in der klassischen persischen Literatur bezeugt, sondern wird Reisenden auch heute immer wieder angeboten. In den meisten Fällen stammt er aus Eigenproduktion oder wird über den Persischen Golf geschmuggelt. Jeder Iraner konsumiert im Durchschnitt 1,25 l Alkohol im Jahr. Bei Verstößen drohen Geldstrafen oder bei mehrmaligen Vergehen 80 Peitschenhiebe, die in der Öffentlichkeit vollzogen werden. Das Verbot gilt aber nicht für religiöse Minderheiten, sondern richtet sich gezielt an alle Muslime im Land. Trotzdem sollten auch nach Iran reisende Nicht-Muslime sich zurückhalten. Beim Konsum von hochprozentigem Alkohol geht eine gewisse Gefahr von Methanol-Verunreinigungen aus, 2018 wurden so über 90 Menschen unabsichtlich vergiftet.

Erdbeben

Iran ist ein **Hochrisikogebiet** für Erbeben, es gibt unzählige Bruchzonen. Die Überschiebungen finden in einer geringen Tiefe (15–30 km) statt und erzeugen **Flachbeben**, die regional besonders stark wirken. In der Provinz Sistan und Balutschistan sind hingegen auch starke **Tiefbeben** bis zu einer Magnitude von 9,2 möglich. In den letzten 500 Jahren haben sich mehr als 30 größere Erdbeben ereignet. Die Erdstöße, die in der letzten Zeit die meisten Opfer forderten, waren in Bam 2003 (S. 467), mit einer Magnitude von 6,5, und das Manjil-Rudbar-Beben von 1990. Letzteres zerstörte Hunderte Orte und forderte rund 40 000 Opfer.

Schuld daran ist, dass sich die Arabische Platte in Richtung Nord bis Nordost mit einer Geschwindigkeit von rund 3,5 cm pro Jahr unter die Iranische Platte schiebt. Diese wird zwischen Eurasischer und Arabischer Platte eingequetscht. Ein Teil der so entstandenen **Spannung** faltet und hebt das Zagros- und das Elburz-Gebirge, der andere Teil wirkt entlang von aktiven Störungslinien und entlädt sich in Form von Beben. Die Folgen können von Infrastrukturschäden bis zu Hangrutschungen und Bergstürzen reichen. Erst das Bam-Beben führte zu einem Umdenken, seitdem gibt es **gesetzliche Bestimmungen**, die die Standfestigkeit von Gebäuden bei Erdbeben erhöhen sollen. Dennoch gibt es noch Millionen Gebäude im Land, die schon bei schwachen Beben Schaden nehmen. So zeigte das letzte Beben in Kermanshah 2017, dass selbst neue staatliche Gebäude nicht nach den gesetzlichen Bestimmungen gebaut wurden.

Viele Städte liegen in der Nähe von **Verwerfungslinien**, und durch die Verstädterung wachsen diese immer weiter an die Erdbebenzonen heran. So liegen Süd- und Nord-Teheran und Karaj direkt auf einer Verwerfung. Die Städte Mashhad, Ahvaz, Tabas, Shahrud, Damghan, Zahedan, Tabriz, Qom, Hamadan und Kerman befinden sich in der Nähe einer aktiven Zone. Auch viele andere größere Städte Irans können von Beben betroffen sein. Khorasan und Nord-Sistan, die Elburz-Gebirgskette, die Zagros-Gebirgszüge bis Bandar Abbas, Makran und Balutschistan gehören zu den erdbebengefährdeten Regionen im Land. Makran-Beben können auch Tsunamis auslösen, die den Persischen Golf treffen können.

Verhaltensregeln bei Erdbeben

Die **drei Grundregeln** lauten: Ducken, Schutz suchen und verharren.

- Unbedingt sollte man sich von **Fenstern** fernhalten, weil es sonst durch zerspringendes Glas zu Verletzungen kommen kann.
- Stabile **Tische oder Betten** können einen Schutz vor herabstürzenden Objekten bieten. Vorsicht vor Mobiliar, das umstürzen (Regale, Schränke) oder herabfallen kann (Kronleuchter, Spiegel, Bilder usw.).
- **Türrahmen** und Plätze in der Nähe von tragenden Wänden gehören zu den stabileren Gebäudeteilen, daher können auch diese Schutz gewähren.
- Beim Verlassen des Gebäudes darauf achten, dass **Gebäudeteile** wie z. B. Dachziegel herunterfallen könnten.
- In den meisten Fällen kommt es zu Nachbeben, deswegen sollten **Freiflächen** aufgesucht werden, die sich fernab von Gebäuden, Brücken, Strommasten, Bäumen und Hängen befinden.

Schlangen und Skorpione

Von den 83 **Schlangenarten** in Iran sind 27 für den Menschen gefährlich. Jährlich werden durchschnittlich 6000 Menschen gebissen, von denen rund sieben sterben. Die meisten Bisse gibt es im Sommer in den Provinzen entlang des Persischen Golfs. Im Winter kommt es hingegen kaum zu Zwischenfällen. Die giftigsten Schlangen Irans sind die Gemeine Sandrasselotter *(Echis carinatus)*, die Levanteotter *(Vipera lebetina)*, die Persische Trughornviper *(Pseudocerastes persicus)* und die Mittelasiatische Kobra *(Naja oxiana)*. Das Razi-Vaccine-Serum Research Institute stellt Gegengifte her. Jeder Schlangenbiss sollte als potentiell gefährlich eingestuft werden. Es wird angeraten, Ruhe zu bewahren, weil nicht bei jedem Biss automatisch Gift injiziert und sofort das nächste Krankenhaus aufgesucht werden muss. Die betroffenen Körperteile sollen nicht bewegt und tief gelagert werden, weil sich das Gift sonst schneller ausbreitet. Die Wunde sollte gereinigt werden. Sind Arme oder Beine betroffen, sollten diese vom Rumpf weg stramm nach unten bandagiert werden. Für eine adäquate Behandlung muss die Schlangenart ermittelt werden.

Viel häufiger als Schlangenbisse kommen **Skorpionstiche** mit 50 000 Fällen pro Jahr vor, hauptsächlich im Südwesten während des Sommers. Ungefähr 20 Todesopfer werden jährlich verzeichnet. Die giftigste Art ist der *Hemiscorpius lepturus*, lokal ist er unter dem Namen *gadim* bekannt. Er lebt in den trockenen und wärmeren Regionen und ist für 95 % der Todesfälle verantwortlich. Die Opfer verspüren in den ersten Tagen keinen Schmerz, weil die Größe des Stachels nur einen Millimeter beträgt.

Sport und Aktivitäten

Das Angebot an Outdoor-Aktivitäten ist vielfältig. Dafür sorgen schon die unterschiedlichen Landschaften. Gerade junge Großstädter interessieren sich selbst sehr für Trekking, Tauchen, Skifahren oder Canyoning. Auch deshalb entwickelte sich in den letzten Jahren eine große einheimische Outdoor-Szene mit professionellen Guides.

Fußball

Iraner sind verrückt nach Fußball. Ein Spiel der **Persian Gulf Pro League** zu besuchen, ist eine Aktivität abseits der klassischen Attraktionen. Viele Fans nehmen sich einen Tag Urlaub, wenn ihr Team in der AFC Champions League spielt, nur um sie im TV zu verfolgen. Bei wichtigen gewonnenen Spielen wird auch mal auf den Stra-

Präventivmaßnahmen gegen Schlangenbisse und Skorpionstiche

- Die meisten Gifttiere sind nachtaktiv, daher im Dunkeln nie ohne Taschenlampe gehen und nachts kräftig auf den Boden treten, weil die Tiere vor Erschütterungen fliehen.
- Kästen, Teppiche oder Decken in Wüstenunterkünften vorsichtig nach Tieren untersuchen.
- Bei einer Übernachtung im Freien nie ohne Unterlage schlafen und den Schlafsack erst ausrollen, wenn man wirklich schlafen geht, denn die Tiere suchen einen Unterschlupf.
- Schuhe und Kleidungsstücke vor dem Anziehen vorsichtig ausschütteln.
- Koffer und Rucksäcke im Zimmer verschlossen halten – Skorpione können sonst reinklettern, sich in der Kleidung festsetzen und erst nach Tagen zubeißen.
- Schuhe, Kleidung und Nahrung nicht auf dem Boden liegen lassen, es werden sonst Tiere angelockt.
- Nicht unbedacht Steine oder Äste umdrehen oder in Erdhöhlen greifen, weil dort Tiere ihren Unterschlupf haben.
- Festes Schuhwerk tragen.
- Generell zu den Tieren Abstand halten und sie nicht reizen.

ßen gejubelt. Die iranische Liga besteht aus insgesamt 16 Teams; die Saison läuft von August bis April/Mai.

Wenn sich im ausverkauften Azadi-Stadion zwei Blöcke mit den Farben der *Abi-ha* (der Blauen) und *Ghermez-ha* (der Roten) bilden, gibt es in der Stadt nur mehr ein Thema: das prestigeträchtige **Teheraner Derby** zwischen Esteghal FC, den Königsblauen, und dem Arbeiterverein Persepolis FC. Mehr Infos unter 💻 www.persianleague.com.

Klettern

Iran bietet passionierten Kletterern jede Menge Felswände und steile Abhänge. Einige, wie die Felswände bei Bisotun (S. 382) in der Provinz Kermanshah, sind mittlerweile sogar Austragungsorte für internationale Wettkämpfe. Weitere Informationen zum Klettern und zu Klettertouren in Iran gibt es unter 💻 www.iranclimbingguide.com. Als Kletter-Ikone gilt Nasim Eshqi, die über 80 Kletterrouten weltweit erschlossen hat. Ihre Kurse können im Frühling und Herbst gebucht werden, ✉ Nasim.eshqi@gmail.com, Instagram nasimeshqi.

Reiten und Pferderennen

In der Provinz Golestan finden im Frühling und Herbst in **Gonbad-e Qabus** (S. 443 an den Wochenenden Pferderennen statt, s. 💻 www.gonbadhorse.ir. Weitere Rennen werden in **Bandar-e Torkaman** (S. 443) veranstaltet. Die Turkmen Ecolodge bietet Ausritte durch den **Golestan-Nationalpark** an (S. 445). Die Shapourkhast Farm (S. 398) bei Khorramabad organisiert Reittouren in die Berge Lorestans.

Skifahren

Die Saison reicht von November bis April, wobei es keine Schneegarantie gibt. Die beste Reisezeit liegt noch im Januar und Februar. Informationen über das aktuelle **Wetter** unter 💻 www.de.snow-forecast.com/maps/dynamic/iran.

Über das Land sind an die 19 **Skigebiete** verteilt, die besten findet man nördlich von Teheran: Dizin, Darbandsar und Shemshak.

Skipisten nördlich von Teheran

Dizin (S. 177), 70 km nördlich von Teheran
💻 www.dizinskiresort.com,
Instagram dizin.ski.raika
Seehöhe: 2700–3600 m, 9 Schlepplifte,
3 Sessellifte, 4 Gondeln
5 grüne Pisten, 7 blaue Pisten, 8 rote Pisten,
3 schwarze Pisten
🕒 Nov–Mai tgl. 8–16 Uhr, Skipass Sa–Do
990 000 IRR, Mi–Fr und Feiertage 1,119 Mio. IRR

Darbandsar (S. 177), 60 km nördlich von Teheran
💻 www.darbandsarski.ir, Instagram darbandsarski
Seehöhe: 2650–3510 m, 2 Vierer-Sessellifte,
1 Zweier-Sessellift, 1 Gondel
2 grüne Pisten, 2 rote Pisten
🕒 Dez–Mai tgl. 8–16 Uhr, Skipass 1,09 Mio. IRR

Shemshak (S. 177), 57 km nördlich von Teheran
💻 www.shemshakskiresort.ir
Instagram Shemshak Ski Resort
Seehöhe: 2550–3050 m, 3 Sessellifte, 2 Skilifte
1 grüne Piste, 2 blaue Pisten, 3 rote Pisten,
2 schwarze Pisten
🕒 Dez–März 8–15.30 Uhr, Nachtski 18–22 Uhr,
Skipass Sa–Do 500 000 IRR, Mi–Fr und
Feiertage 650 000 IRR

Tochal (S. 163), am nördlichen Stadtrand
von Teheran
💻 www.tochal.org, Instagram tochal.bametehran
Seehöhe: 1900–3850 m (fünfthöchstes Skigebiet
der Welt), 1 Skilift, 2 Sessellifte, 1 Gondel
2 blaue Pisten
🕒 Nov–Mai tgl. 8–18 Uhr, Skipass 750 000 IRR

Skipisten entlang des Zagros-Gebirges

Pooladkaf (S. 297), 90 km nördlich von Shiraz
💻 www.pooladkafski.com und
💻 www.pooladkafhotel.com,
Instagram pooladkafskiresort
Seehöhe: 2810–3231 m, 1 Skilift, 1 Gondel
1 rote Piste
🕒 Dez–März tgl., Skipass 350 000 IRR

Chelgerd (S. 245), 90 km westlich von Shar-e Kord
Seehöhe: 2350–2550 m, 2 Schlepplifte
1 blaue Piste
◷ Dez–April Mo, Do, Fr und an Feiertagen, Skipass 120 000 IRR

Skipisten im Westen Irans

Alvand (Tarik Darreh, S. 390), 10 km südlich von Hamadan
Seehöhe: 2600–3150 m, 1 Sessellift, 1 Skilift
2 blaue Pisten, 1 rote Piste
◷ Dez–April tgl. 9–21 Uhr, Skipass 200 000 IRR

Alvares (S. 342), 24 km westlich von Sar-e Eyn in der Provinz Ardabil
Seehöhe: 3055–3195 m, 1 Sessellift, 1 Schlepplift
1 blaue Piste
◷ Nov–April Mi–Sa und an Feiertagen 9–16 Uhr, Skipass 350 000 IRR

Surfen und Tauchen

Auf den Inseln Qeshm (S. 535) und Kish (S. 547) ist Surfen und Tauchen möglich. Südlich der Insel Kish liegen mehrere Korallenriffe in einer Tiefe von 8–10 m, erfahrenere Taucher können bis zu 33 m abtauchen oder das griechische Wrack erkunden. Die Sichtweite beträgt durchschnittlich 10–15 m. Die Wassertemperaturen am Golf variieren zwischen 21,4 °C im Februar und 33 °C im August.

Wandern und Bergsteigen

Das Angebot an Bergbesteigungen und Trekkingtouren ist riesig. Die Saison liegt zwischen Juni und August. Generelle Informationen gibt es unter 🖳 www.mountainzone.ir oder 🖳 www.mountainguide.ir. Beliebte **Gipfeltouren** führen auf den Damavand (S. 412), Alam Kuh (S. 410), Sabalan (S. 344) oder Shir Kuh (S. 269). Als erfahrene Bergführerin sei Mina Ghorbani (S. 412) empfohlen.

Ein besonderes Erlebnis in Iran sind **Wanderungen mit Nomaden** entlang ihrer traditionellen Migrationsrouten – allen voran ist hier die Route der Bakhtiaren im Zagros-Gebirge zu nennen (S. 247), aber auch die Region Sepidan bietet wunderschöne Wanderrouten in Kombination mit Begegnungen mit Qashqai-Nomaden (S. 297).

Wanderungen durch **Canyons** sind bei Einheimischen wie ausländischen Touristen beliebt, schöne Routen finden sich z. B. in der näheren Umgebung von Tabas (S. 490). Anspruchsvoller sind die Schluchten Tang-e Shirez und Darreh Khazineh in Lorestan, Tang-e Shirvan im Sabalan-Gebirge sowie Tang-e Reghez und Tang-e Haygher in Fars.

Dann gibt es natürlich auch noch die Möglichkeit, **Wüstenwanderungen** zu unternehmen, z. B. von Mesr (S. 239) in die Dasht-e Kavir.

Grundsätzlich darf nicht darauf vertraut werden, dass die Wanderwege markiert sind. Während man sich auf einer Tour durch den Canyon bei Tabas nicht verlaufen kann, ist bei anspruchsvolleren Trekkingtouren wie im Zagros-Gebirge oder Bergtouren auf den Alam Kuh oder Damavand von Alleingängen abzusehen. Festes Schuhwerk, Regen- und Sonnenschutz sollte man immer dabeihaben, darüber hinaus sorgen für notwendige Ausrüstung bei anspruchsvolleren Wander- und Bergtouren die gebuchten Guides.

Workshops und Kurse

Wer keine sportliche Ertüchtigung oder den absoluten Adrenalinschub sucht, findet etliche andere Aktivitäten, die es einem ermöglichen, näher in die Kultur des Landes einzutauchen. Dazu gehören Kochkurse (S. 176, 204 und S. 230), Teppichknüpfworkshops (S. 204) oder Handpuppenworkshops (S. 198).

Telefon

Wer viel innerhalb von Iran telefonieren möchte, etwa um mit neuen Bekannten in Kontakt zu bleiben oder mit Guides und Unterkünften zu kommunizieren, kauft sich für sein Smartphone am besten eine **iranische SIM-Karte** mit Guthaben und Datenpaket. Eine eigene iranische Prepaid-

Landesvorwahlen	
Iran	✆ 0098
Deutschland	✆ 0049
Österreich	✆ 0043
Schweiz	✆ 0041
Türkei	✆ 0090

karte stellt eine kostengünstige Möglichkeit dar, um über Kanäle wie WhatsApp, Telegram und Co. mit Familie und Freunden zu Hause Kontakt zu halten. Mittlerweile gehört **WLAN** sowohl in den moderneren Restaurants und Cafés als auch in den Unterkünften zum Standard. Mobiler Datenverkehr ist in der Regel aber schneller als WLAN. Eine iranische SIM-Karte ermöglicht also auch einen praktikablen Internetzugang. Nicht vergessen sollte man, im Vorfeld der Reise ein VPN zu installieren (S. 66).

Es gibt vier Anbieter: **Hamrahe Aval (MCI)**, 💻 www.mci.ir; **Irancell (MTN)**, 💻 www.irancell.ir; **RighTel**, 💻 www.rightel.ir; und **Taliya**, 💻 www.taliya.ir.

Auf allen Flughäfen gibt es einen Verkaufsstand von Irancell, sonst haben die Anbieter in allen Städten eigene Shops oder Verkaufspartner. Auch Unterkünfte helfen beim Kauf einer SIM-Karte.

Die Prepaidkarten müssen registriert werden, dazu muss man einen Reisepass vorlegen. Von Pass und Visum wird eine Fotokopie erstellt. Nach der **Registrierung** dauert es bis zu mehreren Stunden, bis die volle Funktionsfähigkeit der SIM-Karte gegeben ist. Wer länger als einen Monat im Land bleibt, muss sein Smartphone zusätzlich in der Telekommunikationsnutzerdatenbank registrieren lassen oder bringt ein zweites Smartphone mit.

Ist das **Guthaben** einmal aufgebraucht, besorgt man sich einen neuen Auflade-Bon, der an Zeitungsverkaufsständen und in Shops fast an jeder Ecke erhältlich ist. Falls die arabischen Schriftzeichen ein Hindernis beim Aufladen der Prepaidkarte darstellen, helfen die Verkäufer immer gerne.

Außer dem Netzbetreiber Taliya Mobile, der nur über ein GSM-Netz verfügt, bieten die anderen einen **mobilen Internetzugang** von 3G und 4G, das in den größeren Städten bereits vorhanden ist. Die Highways sind auf den Hauptverkehrsrouten flächendeckend versorgt. Infos zur Netzabdeckung unter 💻 www.nperf.com.

Irancell bietet eine spezielle **Touristen-SIM-Karte** an, die eine Gültigkeit von einem Monat besitzt. Sie wird in drei verschiedenen Größen angeboten und inkludiert sowohl Gesprächsguthaben als auch Datenvolumen. Das kleinste Paket mit 1,5 GB Datenvolumen und 20 000 IRR Gesprächsguthaben kostet 200 000 IRR. 5 GB Datenvolumen und 220 000 IRR Gesprächsguthaben gibt es für 500 000 IRR – damit lässt sich locker über einen Monat telefonieren.

Transport

Es gibt viele Möglichkeiten, um von A nach B zu kommen, ob man nun mit Bus, Mietauto, Flugzeug oder Zug unterwegs ist. Der öffentliche Verkehr ist sehr gut ausgebaut und erleichtert mit seinen unzähligen Verbindungen durchs ganze Land das Vorankommen. Das ändert allerdings noch nichts an den ewiglangen Strecken, die zurückgelegt werden müssen. Manche Reisende unterschätzen diese und nehmen sich einfach zu viel vor. Dann kann es schnell passieren, dass sie das Gefühl haben, auf ihrer Reise durch Iran hauptsächlich in Bussen und Zügen gesessen zu haben.

Autos

Immer wieder zieht es (Welt-)Reisende mit dem eigenen Auto, Jeep oder sogar Mini-Lkw in bzw. durch den Iran. Nicht für alle Fahrzeuge ist die Einfuhr erlaubt (S. 41). Prinzipiell genügt ein internationaler Führerschein, um in Iran fahren zu dürfen. Wer sein Auto nicht selbst mitbringt, kann auf Autovermietungen zurückgreifen oder gleich ein Auto mit Fahrer mieten.

Generell ist Fahren in Iran nichts für schwache Nerven. Die hohe Zahl an Verkehrstoten jedes Jahr spricht für sich. Die Überhol- und Schneidemanöver sind zuweilen jenseits von

© PRISKA SEISENBACHER

Mit erfahrenen Guides und guten Geländewagen steht einem Offroad-Abenteuer nichts im Weg.

Gut und Böse, man hält sich oft nicht an Geschwindigkeitsbegrenzungen, Auffahrunfälle sind alltäglich, und prinzipiell gilt das Recht des Stärkeren. Oft ist es wesentlich gefährlicher, wenn man betont defensiv und langsam fährt. Am besten an den Wahnsinn vor Ort anpassen und Teil des Systems werden. Die Polizei kann übrigens Fahrzeuge mit ausländischem Kennzeichen bei Geschwindigkeitsüberschreitungen nicht strafen.

Straßenverkehr

Bis auf kleine Ortschaften sind alle Städte auch auf Englisch ausgeschildert. Auf dem sehr gut ausgebauten Straßennetz herrscht **Rechtsverkehr**. Die Straßen sind bis auf kleine Nebenstraßen asphaltiert und in sehr gutem Zustand, manche Bergstraßen sind im Winter gesperrt.

Die **Geschwindigkeitsbegrenzungen** belaufen sich, falls nicht anders angegeben, innerorts auf 50 km/h und außerorts bzw. auf Autobahnen auf 95 km/h.

Für Autobahnen ist immer eine **Mautgebühr** fällig. Man zahlt je nach Strecke wenige Rial in bar beim Passieren der Mautstellen. In der Mitte der mehrspurigen Autobahnen verläuft meist ein Landstreifen, der vom Gegenverkehr trennt. Das hat den Vorteil, dass man zumindest hier keine Überholmanöver des Gegenverkehrs befürchten muss. Allerdings schützt das noch nicht vor Auffahrunfällen, und immer wieder kommt es vor, dass andere Fahrzeuglenker nicht die Spur halten und andere schneiden. Gerade Busse und die neueren Lkw, darunter oft Gas- und Öltransporter, sind für ihre Rücksichtslosigkeit im Straßenverkehr bekannt.

Benzin und Diesel

Ein Liter **Benzin** kostet 10 000 IRR – mit Vorbehalt, denn die Regierung hat eine Preissteigerung angekündigt. Es gibt keine Rationierung von Treibstoff mehr, nur aufgrund längerer Streiks von Lkw-Fahrern, die Petroleum transportieren, kann es zu Engpässen kommen. Wie immer gilt es, die aktuelle politische Lage im Auge zu behalten. Tankstellen finden sich in allen größeren Siedlungen und mindestens alle 100 km. **Diesel** ist schwer zu bekommen, weil es keine mit Diesel betriebenen Pkw in Iran gibt. Abhilfe leisten normalerweise Lkw-Tankstellen, dort kostet der Liter 3000 IRR, allerdings zahlen Touristen oft das Doppelte (was aber immer noch lächerlich wenig ist).

Pannen und Unfälle

Die **Notrufnummer** für die Polizei lautet ✆ 110 und für die Rettung ✆ 115. Bei **Unfällen** an Ort und Stelle bleiben, die Polizei verständigen und am besten jemanden, der Englisch spricht, organisieren (Telefonnummern neu gewonnener Bekanntschaften helfen).

Autowerkstätten in kleineren Städten lieber meiden, da kann auch mal ein Ölwechsel zum Problem werden. Iranisches Öl kann mangelhafte Qualität aufweisen. In den Großstädten, allen voran in Teheran, gibt es gute Werkstätten. Allerdings sind für europäische bzw. westliche Autos keine Ersatzteile vorhanden. Bei größeren Reparaturen müssen die erst aus der Türkei bestellt werden.

Autovermietungen

Zwei Autovermietungen bieten sich für ausländische Reisende an: Saadat Rent und Europcar.

Saadat Rent, ✆ 091-2800 5848, 💻 www.saadatrent.com, ist mehr als eine zuverlässige und preiswerte Autovermietung. Das junge iranische Team, das dieses Unternehmen auf die Beine gestellt hat, ist engagiert, hilfsbereit und ein stets erreichbarer Ansprechpartner während der Reise – ob Panne, Unfall oder sonstige größere Probleme. Die Auswahl an Autos zu verschiedenen Mietpreisen ist groß und die Kilometeranzahl nicht begrenzt, was sich für Reisende angesichts der langen Strecken im Land rechnet. Das Unternehmen mit Sitz in Teheran bringt das Auto gegen eine kleine Gebühr direkt zum Hotel oder Flughafen oder gegen einen größeren Preisaufschlag auch in jede beliebige Stadt des Landes. Das Gleiche gilt für die Rückgabe bzw. Abholung des Autos. Gebucht wird online; am schnellsten ist Behnam Kazemnia, Gründer der Autovermietung, über die oben genannte Mobilnummer und WhatsApp erreichbar.

Europcar, 💻 www.europcar.com, bietet in den Städten Bandar Abbas, Esfahan, Mashhad, Qeshm, Shiraz, Tabriz, Teheran und Yazd Mietwagen an. Die Konditionen sind vor allem wegen der begrenzten Kilometerzahl denkbar schlecht. Denn angesichts der langen Strecken im Land werden diese in kurzer Zeit überschritten. Auch die Rückzahlung der Kaution lässt auf sich warten, und es sollte kontrolliert werden, ob das Geld drei Monate nach der Rückgabe des Autos auch wirklich eingegangen ist. Der Vorteil von Europcar ist, dass die Firma über mehrere Standorte in Iran verfügt, der Mietwagen also nicht noch von Teheran in den gewünschten Landesteil gebracht werden muss.

Busse

Durch das ganze Land führen etliche Fernbusverbindungen, die von über 20 verschiedenen Unternehmen angeboten werden. Die Frequenz der einzelnen Verbindungen sowie die Abfahrtszeiten ändern sich in regelmäßigen Abständen. Der alljährliche große Fahrplanwechsel über Nowruz kann alles auf den Kopf stellen. Die genaue und tagesaktuelle Abfahrtszeit erfragt man am besten in der Unterkunft, die einem in der Regel auch beim Kauf der Bustickets hilft.

Bei den **Busbahnhöfen** selbst finden sich verschiedene Schalter, wo man Tickets kaufen kann. Dann geht man mit dem Ticket zur angegebenen Abfahrtsstelle. Bustickets sind sehr günstig und die Busse allemal bequem. Die größeren Busbahnhöfe liegen meist etwas abgelegen am Stadtrand. Bustickets können schon eine Woche vor der Abfahrt reserviert werden, das ist vor allem bei Busverbindungen von Vorteil, die nur ein- oder zweimal am Tag bestehen.

Prinzipiell gibt es zwei unterschiedliche Klassen: die günstigeren **regulären Fernbusse**, *mahmooly* genannt, und die als **VIP** bezeichneten Busse, die etwas mehr Komfort bieten. So lassen sich Sitze in den VIP-Bussen weit zurücklehnen, was bei Nachtfahrten angenehm ist. VIP-Busse sind auf den Hauptverkehrsrouten unterwegs. Sie kosten schon mal bis zu 50 % mehr als die anderen Busse. Auf langen Strecken werden in allen Fernbussen kleine Lunchpakete und kleine Wasserflaschen ausgeteilt. Nachtbusse bieten keine Liegeflächen, sondern sind mit normalen Sitzen ausgestattet.

Zusätzlich gibt es für die kürzeren Strecken manchmal **Minibusse**, vor allem entlang des

Trampen und Couchsurfing – ein Erfahrungsbericht

Ein Liter Benzin ist im ölreichen Iran billiger als eine Flasche Wasser. Zudem werden 70 l des Treibstoffs pro Person und Monat vom Staat subventioniert und sind fast gratis. Sprit ist daher so billig, dass Iraner ziellos mit dem Auto in der Gegend herumfahren, um lange Wartezeiten zu überbrücken, und junge Iraner sich abends mit ihren Freunden zum Cruisen verabreden.

Trampen

Man kann sich schon denken, warum in solch einem Land die Idee des Trampens völlig unbekannt ist. Bustickets und die beliebten Sammeltaxis sind unverschämt günstig. Dennoch halten Iraner natürlich reihenweise an, wenn sie Ausländer am Straßenrand sehen. Sie gehen von einer Notsituation aus, bieten Hilfe an und wollen einen ständig zur nächsten Bushaltestelle fahren. Umständliche Erklärungsversuche, dass man in einem Auto mitgenommen werden möchte, ohne dafür zu bezahlen, enden meistens in ungläubigem Kopfschütteln. „Mag mishe?" raunen sich die Iraner dann entsetzt zu – „Ja, ist das denn die Möglichkeit?" – und werfen sich irritierte Blicke zu.
Trampen ist hingegen kinderleicht, wenn man einen **kleinen Trick** anwendet: Man behauptet einfach, dass man grundsätzlich zu Fuß unterwegs sei und lediglich in ein Fahrzeug steige, wenn einem ein Autofahrer Hilfe anbiete. Hilfe ist das Zauberwort, das die Augen der meisten Iraner leuchten lässt. Gästen Hilfe anbieten? Iraner kennen keine bessere Freizeitbeschäftigung. Und schon sitzt man auf der Rückbank eines weißen Khodro Samand, klebrige Süßigkeiten in der einen, einen Becher schwarzen Tee in der anderen Hand, und genießt die iranische Gastfreundschaft auf dem gut ausgebauten Straßennetz des Landes. Damit sich die Gäste bei der iranischen Musik nicht langweilen – „die Armen verstehen den Text ja gar nicht" –, wird händeringend nach englischsprachiger Musik gesucht. Es dauert nicht lange und aus den Lautsprechern ertönt Céline Dions 90er-Jahre-Hit *My Heart Will Go On* aus dem *Titanic*-Film, denn der darf in Iran in keiner Musiksammlung fehlen.
Tipp: Der ausgestreckte Daumen gilt in Iran als unhöfliche Geste, beim Trampen also lieber die Autos herunterwinken.

Couchsurfing

Eines vorweg: Couchsurfing ist in Iran **offiziell verboten**. Aber Iraner sind es gewohnt, die strengen Gesetze ihres Landes augenzwinkernd zu umgehen. So wird Couchsurfing in Iran zum Kinder-

Kaspischen Meeres und des Persischen Golfs. Die Abfahrtszeiten sind hier nicht so genau – die Minibusse fahren ab, wenn sie voll sind.

Eisenbahn

Es gibt einige Zugverbindungen durchs Land, sodass Züge eine bequeme Möglichkeit sind, voranzukommen. Im Wesentlichen führen die Fernstrecken von Teheran nach Tabriz, Ahvaz, Shiraz, Bandar Abbas, Zahedan und Mashhad. Es gibt Komfortklassen, aber nicht alle werden entlang jeder Fernstrecke angeboten. Bei Reisenden sind v. a. die **Nachtzüge** für lange Strecken beliebt. Bei den Liegewagen mit vier bis sechs Liegeflächen können weibliche Reisende ein Abteil nur für Frauen buchen.

Die **Tickets** sind ab einen Monat vor Abfahrt erhältlich und können am Bahnhof gekauft oder über lokale Reisebüros organisiert werden. Länger im Voraus zu reservieren empfiehlt sich v. a. für einen Reiseantritt über das iranische Wochenende oder Feiertage und Ferien. Zuverlässig online buchen kann man über die Website des Österreichers Johannes Heger, 💻 www.iranrail.net. Reisende haben damit gute Erfahrungen gemacht, müssen aber in Kauf nehmen, dass die Tickets über diese Plattform wesentlich teurer sind als vor Ort. Auf der Website finden sich außerdem detaillierte Beschreibungen der Komfortklassen und Zugverbindungen.

spiel. Während meiner zweimonatigen Reise durch das Land habe ich nur eine einzige Nacht in einem Hotelzimmer verbracht, die restlichen Nächte bin ich über die Plattform Couchsurfing untergekommen – Abenteuer, authentische Erlebnisse und die legendäre iranische Gastfreundschaft inklusive.

Da es in Iran bisher zwar viele Couchsurfing-Gastgeber, aber wenig couchsurfende Gäste gibt, ist es am einfachsten, eine sogenannte **Open Request** zu erstellen, indem man der Community mitteilt, in welchem Zeitraum und in welcher Stadt man einen Gastgeber sucht. So habe ich besonders in den großen Städten Dutzende Einladungen von Einheimischen erhalten.

Couchsurfing ist eine unkomplizierte und einfache Art, mit Einheimischen in Kontakt zu treten. Und in einem Land wie Iran, in dem die Diskrepanz zwischen dem offiziellen, gesetzestreuen Leben in der Öffentlichkeit und dem privaten Leben hinter verschlossenen Türen gewaltig ist, ist das eine enorme **Bereicherung**. Nicht nur, dass man die kulturellen Eigenarten des Landes hautnah miterlebt, wenn der Gastgeber zum Beispiel das Schlafgemach auf dem gemütlichen Perserteppich bereitstellt oder man sich für saftige Kebabs mit der Großfamilie im Schneidersitz an den *sofreh* setzt. Man lernt auch die kleinen Eigenarten des Alltags kennen, etwa die Schlafanzughose, in welche die Iraner gleich nach Betreten der Wohnung schlüpfen.

Vielleicht hat man sogar Gelegenheit, auf einer der berühmt-berüchtigten iranischen Privatpartys mit den feierfreudigen Iranern zu tanzen und selbst gebrautes Bier oder hausgemachten Schnaps zu kosten. Hier tauschen die Frauen ihren konservativen Tschador gegen das schwarze Minikleid und man lernt das Land von einer ganz unerwarteten Seite kennen.

Tipp: Wer es vorzieht, die Nächte im Hotelzimmer zu verbringen, kann sich über Couchsurfing auch zu einem Plausch bei Kaffee oder Tee und einem gemeinsamen Mittagessen verabreden oder sich von einem Couchsurfer die Stadt zeigen lassen.

Ein Beitrag von Rochssare Neromand-Soma

Die freie Journalistin, Autorin und Bloggerin ist seit 2011 per Anhalter und mit Couchsurfing in der Welt unterwegs. Gemeinsam mit Morten Hübbe hat sie die beiden Bücher *Per Anhalter durch Südamerika* (2016) und *Per Anhalter nach Indien* (2018, S. 563) veröffentlicht. Über ihre Reisen schreibt sie außerdem auf https://mortenundrochssare.de.

Neben den großen Anbindungen gibt es auch malerisch schöne Eisenbahnstrecken, die ein Erlebnis für sich sind. Dazu zählen eine Fahrt durch das Elburz-Gebirge zwischen Sari und Garmsar im Nordosten (S. 413) sowie eine Fahrt zwischen Dorud und Andimeshk in den südwestlichen Provinzen Khuzestan und Lorestan (S. 399).

Fähren

Die Inseln Kish, Qeshm und Hormuz im Persischen Golf werden regelmäßig mit Fähren vom Festland angesteuert. Tickets für Auto- und Passagierfähren sind in den Häfen erhältlich. Auch internationale Fährverbindungen mit der Arabischen Halbinsel sind vorhanden, variieren aber je nach politischer Lage.

Fahrräder

Immer wieder sind Reisende zu sehen, die die langen Strecken durchs Land mit dem Fahrrad bestreiten. Tatsächlich ist Iran zu einer beliebten Radreisedestination geworden. Hitze, lange menschenleere Strecken und der gefährliche Verkehr machen eine solche Reise zwar alles andere als einfach, doch berichten Reisende immer wieder von der überwältigenden Gastfreundschaft, die vor allem Fahrradfahrer, die in

Iran eher Mitleid erregen, erfahren. Da kann es schon mal vorkommen, dass Autos halten, um einen mit Wasser und Essen zu versorgen. Viele finden über www.warmshowers.org Gastgeber, die gratis Dusch- und Schlafmöglichkeiten für Fahrradfahrer anbieten.

Auch wenn sich die gegenteilige Behauptung hartnäckig hält: Frauen dürfen in Iran Rad fahren, sie müssen dabei nur die Kleidervorschriften beachten. Allerdings kommt es immer wieder vor, dass die Polizei Frauen auf dem Fahrrad ohne Begründung aufhält und befragt – ein Problem, mit dem Iranerinnen, aber in der Regel keine Touristinnen, konfrontiert sind.

Inlandsflüge

Das Flugnetz innerhalb des Landes ist sehr dicht. Zwar sollte man auf Inlandsflüge weitgehend verzichten, um das Klima zu schonen, aber bei großem Zeitdruck können so in kurzer Zeit lange Strecken zurückgelegt werden. Der größte Flughafen ist der Imam Khomeini Airport südlich von Teheran. Flugtickets können ganz leicht online oder über lokale Reisebüros gebucht werden, auch Gästehäuser oder Hotels helfen weiter.

Inländische Flugpreise sind recht günstig und werden vom Staat festgeschrieben, daher macht es keinen Unterschied, welche Fluglinie man nimmt. Verspätungen sind an der Tagesordnung.

Die größte Fluglinie, die so gut wie alle Provinzhauptstädte miteinander verbindet, ist **Iran Air**, www.iranair.com. Weitere wichtige iranische Fluglinien sind: **ATA**, www.ataair.ir, **Iran Aseman**, www.iaa.ir, **Mahan Air**, www.mahan.aero, **Meraj Airlines**, www.merajairlines.ir, sowie **Zagros Airlines**, www.zagrosairlines.com.

Flugpreise

Die Preise gelten für die einfache Strecke und sind als Richtwerte zu verstehen, ebenso wie die Frequenz.

Von/nach Teheran

Ahvaz	3–4x tgl.	1,5 Mio. IRR
Bandar Abbas	2–3x tgl.	2,5 Mio. IRR
Kerman	1x tgl.	2 Mio. IRR
Mashhad	mehrmals tgl.	3 Mio. IRR
Shiraz	5x tgl.	3 Mio. IRR
Tabriz	2–3x tgl.	2,5 Mio. IRR

Nahverkehr

Stadtbusse und U-Bahnen

In größeren Städten gibt es viele **Buslinien**. Die Busse verkehren häufig, bleiben aber auch sehr oft stehen. In den Stadtbussen ist Geschlechtertrennung vorgesehen, der hintere Teil ist für Frauen reserviert. Üblich ist, dass Frauen dann beim Aussteigen nach vorne zum Busfahrer gehen und ihr Ticket kaufen. Eine einfache Fahrt kostet um die 3000–6000 IRR.

U-Bahnen gibt es bisher in Teheran, Esfahan, Shiraz und Mashhad. Besonders in Teheran sind sie eine praktische und kostengünstige Möglichkeit, voranzukommen. Eine einfache Fahrt kostet 10 000 IRR. Wer länger in einer der größeren Städte bleibt, besorgt sich eine Metro-Card und lädt sie mit einem beliebigen Betrag auf. Die Karte gilt auch für Fahrten mit dem Stadtbus. Die letzten und ersten Wagen in der Metro sind für Frauen reserviert; Männern ist der Zutritt nicht gestattet. Frauen können hingegen in alle U-Bahnwagen einsteigen. Allerdings empfehlen sich die Wagen nur für Frauen, weil sie oft nicht so überfüllt sind.

Taxis

Taxis gibt es überall, und praktisch jedes Auto kann ein Taxi sein, weil es in den letzten Jahren üblich geworden ist, sich auf diese Weise etwas dazuzuverdienen. Entweder man hält nach einem Taxistand Ausschau, oder man stellt sich einfach an die Straße und signalisiert vorbeikommenden Autos Interesse, mitfahren zu wollen. Dann wird in Kürze eines der offiziell registrierten Taxis, an der gelben oder grünen Farbe zu erkennen, oder irgendein inoffizielles Taxi stehen bleiben. Jetzt geht es ans Eingemachte, denn praktisch werden Touristen immer übers Ohr gehauen und können damit rechnen, dass der genannte **Preis** mindestens zwei- oder dreimal höher ist, als er es bei Iranern wäre. Es ist also Handeln angesagt, und man sollte sich *vor* der Fahrt auf den Preis einigen.

Unterschieden wird zwischen **privaten Taxis**, *dar baste* (wörtlich: „mit geschlossener Tür"), und **Sammeltaxis**, *savaris* genannt. Erstere bringen einen direkt zum genannten Ziel, sind aber auch die teuerste Variante. Taxameter fehlen in iranischen Taxis, aber als korrekten Richtwert kann man für eine innerstädtische Taxifahrt 150 000 IRR bis 300 000 IRR im Hinterkopf behalten. Die Preise können zukünftig aber wegen höherer Benzinpreise steigen, und Teheran ist sowieso immer teurer als andere Städte.

Savaris nehmen unterwegs weitere Fahrgäste auf. Innerhalb der Stadt ist es für Reisende mit Schwierigkeiten verbunden, ein Sammeltaxi zu organisieren, weil die Fahrer versuchen werden, *dar baste* zu fahren, um mehr Geld zu verdienen. Leichter ist es, wenn man ein Taxi anhält, in dem schon ein Fahrgast sitzt. Man nennt sein Ziel, und der Fahrer entscheidet, ob es zur Route passt oder nicht. Oft sind die Preise auf einem Aufkleber auf der Windschutzscheibe angebracht. Orientieren kann man sich auch daran, wie viel andere Fahrgäste zahlen. Generell sollte man **genug Kleingeld** bei sich haben und den Betrag exakt zahlen können.

Savaris verkehren auch zwischen Städten. Die Taxistände dafür befinden sich meist in der Nähe der Busbahnhöfe oder Hauptkreisverkehre. Preise pro Person und Routen sind fix. Der Sitz vorne ist generell etwas teurer als die Sitze hinten. Abgefahren wird, wenn das Auto voll ist. Fernbusse sind allerdings oft bequemer und immer günstiger. Falls der Fahrer anbietet, einen zu fahren, ohne auf weitere Gäste zu warten, kann man mit *Na dar baste!* (wörtlich: „keine geschlossene Tür!") darauf bestehen, dass gewartet wird.

Eine Alternative zu herkömmlichen Taxis und ein Garant, nicht unverschämt viel für Taxifahrten zu bezahlen, ist die **App Snapp**, die mittlerweile in Teheran, Shiraz, Esfahan und Mashhad gut funktioniert. Wegen der neuerlichen Sanktionen seitens der USA sind alle iranischen iPhone-Apps wie Snapp, Tapsi oder SnappFood gesperrt worden. Die Android-Version ist aber nach wie vor im Google Playstore downloadbar. In Iran lädt man die App aber so oder so über die Website 💻 www.snapp.ir herunter. Dort findet sich auch eine Anleitung, wie die App trotz der Sperre auf iOS funktioniert.

Eine kleine Anleitung für *Snapp*: Man registriert sich auf der Plattform, gibt seinen Standort und die gewünschte Destination ein. Nach kurzer Zeit sollte sich einer der umliegenden Fahrer auf die Anfrage melden, und die Nutzer sehen Infos wie Art des Autos, Name des Fahrers, Nummernschild und Fahrpreis auf dem Display. Alternativ zu *Snapp* gibt es auch **Tap30** und **Carpino**. Das Gefühl, nicht abgezockt zu werden, tut gut. Allerdings sind die Preise extrem günstig, deshalb legt man am Schluss der Fahrt lieber noch etwas Geld drauf, um einen fairen Preis zu bezahlen. Viele Fahrer sind auf die Nebeneinkünfte angewiesen.

Übernachtung

Unterkünfte gibt es praktisch überall – die Frage ist, welche Ansprüche man hat. Während in den sehr touristischen Gegenden, hier vor allem in den Städten der Landesmitte und in Teheran, eine ganze Palette an hübschen traditionellen Gästehäusern und schönen Hotels zur Verfügung steht, muss in weniger touristischen Gegenden mit dem vorliebgenommen werden, was da ist. Das kann ein nettes privates Haus in einem Bergdorf sein, aber auch ein sehr einfaches, abgewohntes iranisches Standardhotel.

Über Nowruz und die damit verbundenen zweiwöchigen Ferien klettern die Hotelpreise deutlich in die Höhe. Als **Hauptsaison** gilt prinzipiell die Zeit vom iranischen Neujahr im März bis Oktober. Im Winter gibt es vielerorts Preisnachlass. Allerdings ist die Saison auch von der Region abhängig. In den heißen Gegenden entlang des Persischen Golfs, aber auch in Yazd und um Kerman ist im Sommer hitzebedingt wenig los und teils werden große Preisnachlässe gewährt. Fragen schadet nicht.

Die **Preise** für Hotels legt übrigens das Kulturministerium fest. Sie werden meistens an der Rezeption als Liste ausgehängt. Ein Blick auf die persisch-arabischen Ziffern genügt, um zu wissen, ob das Hotel bei ausländischen Gästen auf einmal mehr verlangt als festgeschrieben. Dazu kommen erhebliche Preisunterschiede zwischen Städten wie Teheran, Esfahan oder Shiraz und ländlichen oder weniger touristischen Gegenden, wo Hotels und Gästehäuser vielfach günstiger sein können. Gerade die Individualisten unter den Unterkünften wie Hostels und traditionelle Gästehäuser haben oft fixe Euro- und Dollarpreise und möchten vorzugsweise in **Fremdwährung** bezahlt werden.

Über gängige Online-Portale wie beispielsweise booking.com kann aufgrund der Sanktionen nichts gebucht werden. Wer **reservieren** möchte, was während der Zeit über Nowruz dringend anzuraten ist, muss per E-Mail mit der Unterkunft Kontakt aufnehmen. Abseits der Ferien im Frühjahr müssen sich Reisende aber nicht unbedingt um Reservierungen kümmern, sondern können einfach vor Ort die Unterkunft ihrer Wahl aufsuchen.

Je nach Art der Unterkunft gibt es nur iranische **Toiletten** oder westliche und iranische. Letztere sind Hocktoiletten, bei denen die Reinigung traditionell mit Wasser erfolgt und kein Toilettenpapier vorhanden ist. In den meisten Hotels und den neueren bzw. auf westlichen Tourismus ausgerichteten Gästehäusern gibt es beide Toilettenarten. Achtgeben sollte man darauf, kein Toilettenpapier in egal welche Toilettenform zu schmeißen, sonst kommt es schnell zu Verstopfungen.

Preiskategorien

Die Unterkünfte in diesem Buch sind in Preiskategorien eingeteilt. Sie beziehen sich auf das günstigste **Doppelzimmer**. Stehen Schlafsäle zur Verfügung, wird der Preis für eine Nacht pro Person in IRR oder Euro genannt. Verfügen Unterkünfte über Fixpreise in Euro oder Dollar, werden diese angeführt. Bei den Umrechnungen in Euro wurde ein Wechselkurs von 150 000 IRR herangezogen – zu beachten ist, dass Wechselkurse (S. 60) und damit Übernachtungspreise aber erheblich schwanken, sofern fixe Rialpreise verlangt werden.

- ❶ bis 1,5 Mio. IRR
- ❷ bis 2,3 Mio. IRR
- ❸ bis 3 Mio. IRR
- ❹ bis 4 Mio. IRR
- ❺ bis 5 Mio. IRR
- ❻ über 5 Mio. IRR

Gästehäuser und Hostels

Die Auswahl an **traditionellen Gästehäusern**, oft mit idyllischem Innenhof oder Garten, wird v. a. in den touristischen Gegenden immer größer. Oft handelt es sich um kleine Wohlfühloasen, die mit 10 bis 15 € pro Person und Nacht recht preiswert sind. Viele dieser erst jüngst eröffneten Gästehäuser haben Fixpreise in Euro oder Dollar. Das gilt aber nicht für alle. Traditionell heißt auch, dass die meisten dieser Unterkünfte **keine Betten** zur Verfügung stellen. Geschlafen wird auf dem Boden (ausgelegt mit einem Perserteppich) auf einer mehr oder weniger dicken Matratze. Dazu gibt es Decken und Polster. Oft werden Zimmer mit mehreren Gästen belegt, aber auch Privatzimmer stehen zur Auswahl. In den touristischen Städten und Regionen sind fast immer gemischte **Schlafsäle** vorhanden, manchmal gibt es zusätzlich Schlafsäle nur für Frauen.

Gerade in ländlichen Gegenden wird gegen Preisaufschlag eine **Rundumverpflegung** mit hausgemachtem Essen angeboten. Privatzimmer verfügen oft über ein Bad, manchmal muss man es sich aber auch teilen.

Hostels finden sich nur in den größeren Städten wie Teheran oder Esfahan. Nicht überall, wo Hostel draufsteht, ist ein Hostel drin. Manchmal wird ein Apartment mit ein paar Zimmern als solches bezeichnet. Moderne Hostels, die sich als Backpacker-Treffpunkte eignen, finden sich vor allem in Teheran (S. 164). Die Nacht kostet 10–15 € p. P.

Hotels

Die Palette reicht von sehr schlichten Unterkünften mit dunklen, aber sauberen Zimmern bis hin zu luxuriösen Einrichtungen mit geräumigen

Die Innenhöfe traditioneller Hotels entpuppen sich oft als kleine Schmuckkästen.

Suiten und einem professionellen Service. Internationale Hotelketten gibt es aufgrund der Sanktionen in Iran nicht.

Beinahe in jeder etwas größeren Stadt trifft man auf die **staatlichen Tourist Inns** (ITTA). Sie sind eine preiswerte Option und bieten solide, wenn auch gesichtslose und oft abgewohnte Zimmer. Keine unvergessliche Nacht – weder im positiven noch im negativen Sinn –, aber allemal eine passable Unterkunft. Die vom Kulturministerium festgelegten Preise variieren je nach Standard und Service, aber generell sind Doppelzimmer ab 1,8 Mio. IRR zu haben. Daneben gibt es natürlich auch **nicht staatliche Hotels** in derselben Preiskategorie.

Unglaublich hübsch, teils mit charmanten Innenhöfen und restaurierten Spiegelsälen aus der Qadjarenzeit, sind die **Traditional Hotels** oder auch **Boutiquehotels**. Oft sind es historische Villen, die zu Hotels umgebaut bzw. restauriert wurden und vor allem in den touristischen Zentren der Landesmitte zu finden sind. Im Prinzip perfekt für Individualisten, die kleine Unterkünfte großen Hotelanlagen vorziehen, aber gehobenen Hotelstandard suchen. Sofern für ausländische Gäste Rial-Preise veranschlagt werden, bekommt man ein Doppelzimmer für ab 4 Mio. IRR aufwärts.

Daneben gibt es die **hochpreisigen Hotelanlagen**, die viele Zimmer und alle möglichen Serviceeinrichtungen bieten. Auch hier sind Doppelzimmer für ab 4 Mio. IRR zu haben.

Privathäuser, Apartments und Homestays

Vor allem in Bergdörfern, die mittlerweile viele Touristen anziehen, ist es ein Leichtes, ganze **Häuser** oder zumindest Teile davon zu mieten, etwa im Alamut-Tal oder in Abyaneh. Die Preise variieren, aber ein traditionelles Haus ist teils schon ab 1,5 Mio. IRR für eine Nacht zu haben. Geschlafen wird wie in den Gästehäusern auf dem Boden, eine Küche ist mit dabei. In manchen Gegenden werden auch reihenweise mittel- und hochpreisige **Apartments** angeboten – beispielsweise entlang des Kaspischen Meeres. Ein solches Apartment kann sich auch mal im Preissegment der hochpreisigen Hotelanlagen befinden.

Zusätzlich wird man in Iran auf etliche **Homestays** treffen. Meistens handelt es sich um ein Zimmer bei einer Familie, die in ihrem Eigenheim Gäste empfängt. Familiäre Stimmung ist also garantiert und eine günstige Nacht ab 5 € auch.

Ecolodges

Wer beim Kulturministerium angibt, eine Ecolodge zu führen oder die Bewilligung einer solchen beantragt, muss weit weniger Kriterien erfüllen als ein Hotel oder Gästehaus. Darin liegt einer der Gründe, weshalb in jüngster Vergangenheit so viele Ecolodges aufgemacht haben. Über ihre ökologische Nachhaltigkeit sagt das rein gar nichts. Praktisch spielt das „Öko" in der Bezeichnung der Unterkünfte sogar selten eine Rolle. Verwiesen wird oft und gern auf Bio-Zutaten aus der Region, die für die Zubereitung des Essens verwendet werden. Darüber hinaus findet sich nur selten ein Konzept. Gerne werden aber gesalzene Preise um 30 oder 40 € pro Person angesetzt, die nicht im Verhältnis zum einfachen Standard der Unterkunft stehen.

Mosaferkhanehs

Die einfachste und billigste Unterkunftskategorie nennt sich *mosaferkhaneh*, also ein „Haus für Reisende", und wird nicht selten von Gastarbeitern genutzt. Manchmal werden Schlafsäle für Männer oder Privaträume mit geteilten Bädern angeboten – Frauen sieht man hier nur in Ausnahmefällen. Sauberkeit ist nicht immer garantiert, dafür ein günstiger Preis zwischen 500 000 und 750 000 IRR. Für eine Nacht ohne Ansprüche oder wenn sich keine bessere Alternative bietet, kann man sie in Erwägung ziehen. Manche dieser Unterkünfte nehmen allerdings keine ausländischen Gäste auf.

Camping

Iraner lieben es zu campen, und alle Outdoor-Freunde wird es freuen, dass es erlaubt ist, wild zu campen, und man nicht zwangsläufig einen der offiziellen Campingplätze aufsuchen muss. Wer nicht unnötige Aufmerksamkeit auf sich ziehen möchte, wird seinen Platz trotzdem so wählen, dass nicht alle vorbeiziehenden Fahrzeuge auf einen aufmerksam werden. Offizielle Campingplätze sind oft nur notdürftig ausgestattet. Aber es gibt bei den meisten ebene Stellplätze und die Möglichkeit zu duschen. Viele Campingplätze sind allerdings nur während der Nowruz-Ferien geöffnet und den Rest des Jahres unbewacht.

Verhaltenstipps

Iraner sind nachsichtig, wenn Touristen aus Unwissenheit gegen grundlegende Regeln der Höflichkeit verstoßen. Sich aber gleich im Vorhinein etwas zu informieren und somit grobe Fehltritte zu vermeiden, ist eine Frage des Respekts und beugt Missverständnissen vor. Für Trinkgeld siehe S. 61 und Handeln S. 47.

Bei der **Begrüßung** gilt, dass Frauen und Männer einander nicht die Hand geben. Stattdessen wird die Hand aufs Herz gelegt und das Haupt ganz leicht gesenkt. Körperliche Nähe zwischen Frau und Mann, auch wenn sie ein Paar sind, ist zu vermeiden.

Ein richtiger Graus ist es Iranern, wenn jemand sich in der Öffentlichkeit schnäuzt oder niest und das vielleicht auch noch **beim Essen**. Es wird als ausgesprochen unzivilisiertes Verhalten angesehen – von Suppe schlürfen oder rülpsen gar nicht erst zu reden. Die **linke Hand** gilt als unrein, damit also nichts dem Gegenüber anbieten.

Schuhe werden umgehend ausgezogen, wenn man ein Haus betritt. Das gilt auch für den Besuch einer Moschee. Bei **religiösen Stätten** sollten auch die Kleidervorschriften genauer genommen werden (S. 62).

Weniger eine Frage des Verhaltens, aber gut zu wissen: **Toilettenpapier** ist meistens nicht vorhanden, also lieber selber welches mitnehmen, aber es ja nicht die Toilette hinunterspülen und damit den Abfluss verstopfen.

Sollte man von einer Familie nach Hause eingeladen werden, nimmt man am besten **Süßes**

Tarof – ein Porzellanladen aus Höflichkeit

Wenn der Taxifahrer nach der Fahrt erklärt, man wäre sein Gast und müsse nichts bezahlen, oder der Ladenbesitzer einen auf eine Limonade einlädt, dann ist das nicht ernst gemeint, sondern ein Höflichkeitsritus, der Reisende regelmäßig ins Fettnäpfchen treten lässt. Wer nicht dankend dreimal ablehnt und trotzdem zahlt, sondern sich erlaubt, einfach zu gehen, wird fassungslose Gesichter ernten. Denn die Einladung einerseits und deren dankende Ablehnung andererseits sind nur als **Ausdruck der Wertschätzung** des Gegenübers zu verstehen. Wenn beide Parteien sich dessen bewusst sind, ist es selbstverständlich, dass der Taxifahrer für seine Dienste bezahlt wird, aber man hat sich die Zeit genommen, freundlich zueinander zu sein. Diese ritualisierte Höflichkeit erstreckt sich auf alle erdenklichen Lebensbereiche und hat einen Namen: *tarof*.

Tatsächlich kann man oft in **unklare Situationen** geraten. Signalisiert man Interesse an einem Gegenstand oder gibt zu verstehen, dass einem dies oder jenes gut gefällt, könnte die neue iranische Bekanntschaft nur allzu schnell versucht sein, es einem als Geschenk anzubieten – nicht ernsthaft natürlich, sondern nur um Wertschätzung auszudrücken.

Wie sollen Reisende aber unterscheiden, ob es sich bei einer Einladung nach Hause zum Essen um *tarof* handelt oder diese ernst gemeint ist?

Zunächst ist es wichtig, **nicht sofort auf das Angebot einzugehen** und freundlich, aber bestimmt **dreimal abzulehnen**. Am besten nennen Reisende das Kind beim Namen und sagen „Tarof nakon", also „Mach kein tarof". Wenn die Einladung dann immer noch ausgesprochen wird, kann man mit gutem Gewissen darauf eingehen. Vor allem wenn als Antwort „Tarof nemikonam", also „Ich mache kein tarof" kommt.

Abseits von *tarof* gebietet einfach die im Land verankerte **Gastfreundschaft** so manches. Das macht es für Reisende auch so schwierig zu entscheiden, was *tarof* ist und was nicht. So ist es oft selbstverständlich, beim ersten Essen miteinander das Gegenüber einzuladen, und viele lassen sich das auch nicht nehmen. Handelt es sich um neue Bekanntschaften, mit denen man ein paar Tage etwas unternimmt, sollte man sich aber bei der nächsten Gelegenheit revanchieren und selbst einladen.

mit, um sich erkenntlich zu zeigen. Süßes Gebäck wie beispielsweise Plätzchen findet man zur Genüge in einschlägigen Geschäften, auf dem Bazar oder in kleinen Supermärkten. Beim **Essen** gebietet es die Höflichkeit, sich nicht vollzustopfen und nachzufüllen, während andere womöglich das Nachsehen haben. Gleichzeitig sollte man den Gastgebern aber auch nicht das Gefühl geben, dass es einem nicht schmeckt – zu viel Zurückhaltung ist also fehl am Platz, wenn man dazu aufgefordert wird, sich noch etwas aufzutun.

Als absolutes No-Go gelten Störungen zur **Ruhezeit** am frühen Nachmittag, wenn viele Menschen ein Schläfchen halten. Zu dieser Zeit lieber nicht an Türen klopfen oder klingeln.

Es versteht sich von selbst, dass man generell **nicht laut werden** oder schreien sollte. Dies hätte einen Respektverlust zur Folge.

Für Flitterwochen ist Iran denkbar ungeeignet. Der **Austausch von Zärtlichkeiten** ist Paaren in der Öffentlichkeit untersagt – also kein Streicheln, Händchenhalten oder Küssen. Daran haben sich Reisende wie Einheimische zu halten. Dass iranische Pärchen sich in der Wüste, beim Campen, am Stadtrand im Auto, auf unerlaubten Partys oder auch im hippen Großstadtcafé mal die eine oder andere Freiheit nehmen, ist bekannt und geht oft, aber nicht immer gut. Reisende sollten jedenfalls die leidige Situation akzeptieren und nicht die große Sittenrevolte starten – das hilft den Einheimischen herzlich wenig. Denn eines ist klar, auch wenn Reisende unter Umständen gemaßregelt werden: Niemals sind die Konsequenzen für ihre öffentlichen Liebesbekundungen annähernd vergleichbar mit denen, die iranische Pärchen zu befürchten haben.

Versicherungen

Iran besteht auf einer gültigen **Reisekrankenversicherung**. Kontrolliert wird das aber praktisch nur beim Visa on Arrival. Bei der Einreise über Teherans Flughafen findet sich gleich neben der Visa-Stelle eine Einrichtung, um vor Ort eine Versicherung abzuschließen. Die Kosten belaufen sich je nach Aufenthaltsdauer auf 17–48 €, 🖳 www.irantravelinsurance.com. Wer bereits über eine gültige Reiseversicherung verfügt, muss darauf achten, ein Schreiben mitzuführen, in dem Iran explizit genannt wird, oder die Versicherung ggf. um eine Bestätigung bitten, dass Formulierungen wie „weltweit" auch Iran beinhalten. Alles andere wird sonst in Iran nicht akzeptiert.

Angefallene Behandlungskosten vor Ort müssen in der Regel vorgestreckt werden. Die **Rechnung**, die später bei der Versicherung einzureichen ist, sollte, sofern nicht anders festgehalten, folgende Angaben enthalten:

- Name, Vorname, Geburtsdatum, Behandlungsort und -datum
- Diagnose
- Auflistung erbrachter Leistungen
- Unterschrift des behandelnden Arztes
- Stempel

Wer eine teure Reise gebucht und ein höheres Storno-Risiko hat (Familien mit kleinen Kindern, Senioren), kann über eine **Reiserücktrittsversicherung** nachdenken. Sie muss in der Regel bis 30 Tage vor Beginn der Reise abgeschlossen werden und sollte auch den Reiseabbruch abdecken. Die Kosten richten sich nach dem Preis der Reise und der Höhe der Stornogebühren.

Wer mit dem **eigenen Fahrzeug** anreist, braucht auch dafür eine Versicherung (S. 42).

Tipps rund ums Visum

Mit einem entsprechenden Fotobearbeitungsprogramm kann man relativ schnell die Bilder bzw. Scans davon an die Vorgaben für die E-Visa-Beantragung anpassen. Dafür völlig ausreichend ist **Photoshop 2 (CS2)**, das von Adobe gratis zum Download bereitgestellt wird. Schneller zu finden ist die Vollversion bei chip.de: 🖳 www.chip.de/downloads/Photoshop-CS2-kostenlos-Vollversion_59762951.html. Auf YouTube finden sich **Tutorials** wie folgendes, die erklären, wie man Bilder verkleinert, also die Pixelgröße anpasst: 🖳 www.youtube.com/watch?v=fxaqDBL8kQU.

Wer Fotos oder PDFs aller wichtigen **Reisedokumente in der Cloud** speichert oder an die eigene Webmail-Adresse schickt, kann sie im Notfall unterwegs abrufen. Nach der Einreise auch Fotos vom gestempelten Visum machen. Damit gibt es schneller Ersatz, falls der Pass abhandenkommt.

Visa

Österreicher, Deutsche und Schweizer brauchen einen Reisepass und ein **gültiges Visum** für eine Einreise nach Iran. Der Pass muss noch mindestens sechs Monate gültig sein. Seit Mai 2016 wurde ein E-Visa-System eingeführt, wobei die Informationen auf den Websites der Botschaften zum Teil nicht aktualisiert worden sind.

Die Beantragung eines Visums erfolgt **online** unter 🖳 www.evisa.mfa.ir. Dort kann ein im Vorfeld der Reise ausgestelltes E-Visum beantragt werden, aber auch die Anmeldung für ein Visa on Arrival ist dort möglich.

Weitere Visatypen sind Geschäfts-, Transit-, Presse-, Studenten-, Investitions-, Familien-, Behandlungs- und Pilgervisum. Je nach Art variieren die Anforderungen für eine Antragstellung.

Wer über den Seeweg in die **Freihandelszonen von Kish oder Qeshm** einreist, kann auf den jeweiligen Inseln 14 Tage visumsfrei verbringen, für die Weiterreise wird jedoch eine gültige Einreiseerlaubnis benötigt.

Bei einer zukünftigen **USA-Reise** sind Reisende, die vorher nach Iran gereist sind, von der elektronischen ESTA-Einreisegenehmigung für die USA ausgeschlossen. Es muss dann ein reguläres Visum in einer US-amerikanischen Botschaft beantragt werden. Der Vorteil dabei ist, dass es eine mehrjährige Gültigkeit besitzt.

Auch bei einer möglichen **Israel-Reise** kann es zu längeren Befragungen in Bezug auf die Motivation, nach Iran zu reisen, kommen. Um solche Komplikationen zu vermeiden, wurde seitens Iran auf einen Stempelvermerk verzichtet. Ob das reicht, ist aber umstritten. Umgekehrt darf man offiziell nicht schon in Israel gewesen sein, wenn man nach Iran reisen möchte – praktisch interessiert das aber niemanden, und auch hier existiert kein eingeklebtes oder gestempeltes Visum im Pass.

Visa on Arrival

Eine Einreise mit einem Visa on Arrival ist ausschließlich über die internationalen Flughäfen möglich. Wer über eine Landgrenze einreisen will, muss sich im Vorfeld von einer iranischen Vertretung im Ausland ein Visum ausstellen lassen. Neben einer Hotelbuchung für die erste Nacht wird ein Reiseversicherungsnachweis in Englisch verlangt, der explizit Iran auflistet (S. 88). Sonst kann auch eine Versicherung am Flughafen abgeschlossen werden. Das Visa on Arrival kostet 75 €, ist maximal 30 Tage gültig, erlaubt die einfache Einreise und kann nicht verlängert werden. Die Visastelle an den Flughäfen ist rund um die Uhr geöffnet.

E-Visa

Der Visabeantragungsprozess ändert sich alle paar Monate, weshalb der neueste Stand der Dinge immer wieder über die iranische E-Visa-Website im Auge zu behalten ist. Ausgestellt werden E-Visa je nach eigener Präferenz in den iranischen Auslandsvertretungen oder an den internationalen Flughäfen. Die Kosten für das 30-Tage-Visum, das vor Ort verlängert werden kann und eine einfache Einreise vorsieht, betragen 50 €.

Für die **E-Visa-Beantragung** werden jeweils ein biometrisches Passbild (400 x 600 Pixel, max. 240 kB), ein Scan der ersten Seite des Reisepasses (800 x 600 Pixel, max. 500 kB) und ein Lebenslauf (knapper beruflicher Werdegang) sowie die geplante Reiseroute benötigt. Für die erste Nacht im Land muss eine Unterkunft reserviert werden (E-Mail-Reservierung reicht). Die Adresse der Unterkunft wird dann beim Antrag angegeben und von der Visumsbehörde auf ihre Gültigkeit überprüft. Beim Hochladen der beiden erforderlichen Dokumente kommt es immer wieder zu Problemen, meist werden die Anforderungen, die vom System an die Foto- und Passdateien gestellt werden, nicht erfüllt. Für ein erfolgreiches Hochladen der Dateien müssen Format und Größenangaben eingehalten werden. Ein Bild mit Kopftuch ist für das Visum nicht notwendig, allerdings für die Visumsverlängerung innerhalb des Landes.

Zum Schluss der Online-Registrierung erhält man eine **E-Mail** zugesendet, die manchmal im Spamordner landet. Innerhalb von zwölf Stunden muss zur Verifizierung der E-Mail-Adresse auf den darin enthaltenen Link geklickt werden. Dann erhält man eine neuerliche E-Mail, die ein Visumsdokument in PDF-Form enthält. Ab diesem Zeitpunkt kann man den Pass auf eine iranische Vertretung bringen, und nach ein paar Tagen sind die fertigen Dokumente abholbereit. Die Pässe können auch per Einschreiben an die jeweilige Vertretung gesendet werden, dazu muss zum Einschreiben ein ausreichend frankierter Rückumschlag mitgesendet werden.

Sollte das E-Visum mit dem Verweis „apply a host in Iran" **abgelehnt** werden, ist das kein Grund zur Panik. Man benötigt dann nur eine **Referenznummer** (einen vom iranischen Ministerium ausgestellten Code zur Einreiseerlaubnis) von einem lizenzierten iranischen Reiseveranstalter wie z. B. 💻 www.orient-travel-pars.com und übermittelt diese der Visumbehörde bzw. folgt den Anweisungen des Reiseveranstalters. Dabei muss keine Reise bei dem Veranstalter gebucht werden.

Seit 2018 werden keine Visa mehr eingeklebt und die Pässe werden nicht mehr gestempelt. Das zugestellte **PDF-Dokument** gilt als Visum und ist gut aufzubewahren. Das Dokument sollte sicherheitshalber mit dem Smartphone abfotografiert, gescannt oder kopiert werden. Ab dem Ausstellungstag ist es drei Monate gültig, in diesem Zeitraum kann eine Einreise stattfinden. Ab der Einreise beginnt die Gültigkeit je nach genehmigter Aufenthaltsdauer.

Visumsverlängerung

Das Visum kann zweimal verlängert werden, max. bis zu einer Gesamtaufenthaltsdauer von 90 Tagen. Offiziell ist ein Verlängern frühestens drei Tage vor Ablauf des Visums möglich, in der Praxis wird das z. T. lockerer gehandhabt – vor allem, wenn Reisende erklären, dass sich die Reise in die nächste Provinzhauptstadt zeitlich nicht mehr innerhalb der gültigen Aufenthaltsdauer ausgeht oder in der Reiseroute nicht vorgesehen ist. Prinzipiell ist die Verlängerung in jeder Provinzhauptstadt möglich. Die Erfahrungen mit den Visa-Behörden sind allerdings von Provinzhauptstadt zu Provinzhauptstadt unterschiedlich. In abgelegenen und untouristischen Provinzen wie Süd-Khorasan oder auch in Provinzen nahe der Hauptstadt wie Qom ist es denkbar, dass man auf die nächste Provinzhauptstadt verweist und sich der Angelegenheit nicht annehmen will. Unkomplizierter ist es in den Provinzhauptstädten, die schon seit Jahren an ausländischen Tourismus gewöhnt sind (z. B. Esfahan, Shiraz, Yazd, Kerman oder Teheran).

Bei der Antragstellung werden folgende Unterlagen benötigt:

- Reisepass
- 3 Passfotos (bei Frauen: mit Kopftuch)
- 2 Fotokopien der ersten Passseite
- 2 Fotokopien des aktuellen Visums
- ggf. 2 Fotokopien der vorherigen Verlängerung

Die Visumsbehörde erklärt Touristen in der Regel gerne, wo der nächste Fotograf, Copyshop und die nächste Bank für die Überweisung der Gebühr zu finden sind. Meist sind alle benötigten Einrichtungen nur wenige Meter entfernt. Die **Gebühr** für die Verlängerung beträgt 380 000 IRR.

Zeit und Kalender

Iran hat eine **eigene Zeitzone** geschaffen, die der Mitteleuropäischen Zeit (MEZ) um 2 1/2 Stunden voraus ist. Auf **Sommerzeit** wird in Iran über Nowruz am 21. März umgestellt, und sie endet bereits am 21. September. Daraus ergibt sich eine zusätzliche Abweichung zur MEZ: Im Zeitraum vom 21.3. bis Ende März sind es insgesamt +3 1/2 Stunden und vom 21.9. bis Ende Oktober +1 1/2 Stunden.

Für die **Zoroastrier** beginnt die Zeitrechnung mit der Thronbesteigung des letzten persischen Herrschers Yazdegard III. Der altiranische Kalender hat 12 Monate mit je 30 Tagen, wobei am Ende des Jahres 5 bzw. bei Schaltjahren 6 Gatha-Tage hinzugefügt werden.

Die offiziellen Feiertage folgen dem neuen iranischen Kalender, die islamischen Feiertage hingegen dem islamischen Mondkalender. Der Ausgangspunkt der **Jahreszählung** ist bei beiden hingegen gleich: Sie beginnen mit dem Jahr der Hidschra (Flucht) des Propheten von Mekka nach Medina (622 n. Chr.). Dennoch ergeben sich Unterschiede:

Der **neue iranische Staatskalender** (Hidschra-Sonnenkalender) beginnt am Tag des astrologischen Frühlingsanfangs, wenn die Sonne erstmals zur Mittagszeit im Zeichen des Widders steht. Tritt dieses Ereignis vor Mittag ein, fällt das persische Neujahr (Nowruz) auf den 20.3., sonst wird am 21.3. gefeiert. Der Vorläufer des neuen iranischen Kalenders basiert auf Beobachtungen und Berechnungen des Universalgelehrten Omar Chayyam aus dem 11. Jh., dessen Grabmal in Nishapur (S. 424) besucht werden kann. Die ersten sechs Monate haben 31 Tage, der 7. bis 11. Monat hat je 30 Tage und der zwölfte Monat 29 Tage (im Schaltjahr 30). Es handelt sich um einen Sonnenkalender, weswegen er 365 bzw. im Schaltjahr 366 Tage umfasst. Der iranische Kalender hat exakt 622 Jahre weniger als der gregorianische: 2020 wäre damit das Jahr 1398, wobei natürlich zu beachten ist, dass das iranische Kalenderjahr mit dem Frühling beginnt.

Der **islamische Kalender** (Hidschra-Mondkalender) folgt den Mondphasen. Ein neuer Monat beginnt, wenn eine neue dünne Mondsichel am Abendhimmel sichtbar wird, und jeder neue Tag beginnt am Abend. Das erste Gebet des Tages findet statt, wenn die letzten Sonnenstrahlen verschwunden sind. Da die Mondzyklen nur 29 und 30 Tage haben, ist ein Jahr im Vergleich zum persischen Sonnenkalender um 11 Tage kürzer. So ergeben sich die abweichenden Jahreszahlen zwischen dem persischen oder iranischen Sonnenjahr und dem islamischen Mondjahr. Am 1.1.2020 schreibt man dem islamischen Mondkalender zufolge das Jahr 1441, dem iranischen Kalender nach ist es das Jahr 1398. Alle 33 Jahre durchläuft der Kalender ein Sonnenjahr.

Für Geschäftstätigkeiten mit Touristen wird der **westliche Kalender** verwendet, es entstehen also keine Unannehmlichkeiten bei der Buchung von Touren oder Zimmern. Zu beachten sind nur die jährlichen Verschiebungen der islamischen Feiertage (S. 55).

Zoll

Zollfrei **nach Iran** eingeführt werden können 200 Zigaretten oder 50 Zigarren. Die Einfuhr ausländischer Währungen muss theoretisch über einen Wert von US$1000 registriert werden, praktisch kontrolliert das aber niemand. Die Einfuhr von Alkohol ist strikt verboten. Professionelle Kameraausrüstung ist normalerweise kein Problem, kann aber auch mal genauer unter die Lupe genommen werden. Während die Gepäckkontrollen über den Landweg in der Regel nicht so streng sind, scannen Beamte bei der Einreise mit dem Flugzeug das Gepäck normalerweise. Eine Drohne ohne die dazugehörige Erlaubnis sollte man dann nicht im Gepäck haben.

Die **Ausfuhr** der Landeswährung ist auf insgesamt 200 000 IRR beschränkt, auch wenn das praktisch nicht kontrolliert wird. Für Teppiche, die entweder größer als 6 m^2 oder älter als 30 Jahre sind, wird eine Exportgenehmigung benötigt. Auch für Antiquitäten (alles über 30 Jahre) ist eine staatliche **Bewilligung** notwendig, die bei der Iran Cultural Heritage, Handcrafts and Tourism Organisation (ICHHTO), Imam Khomeini St. 30, Teheran, ☏ 021-6670 20614 (Durchwahl 212), ✉ info@ichto.ir, beantragt werden kann. Aktuelle Ausfuhrbestimmungen der iranischen Customs Administration finden sich unter 🖳 www.irica.gov.ir.

Prinzipiell dürfen Waren im Wert von bis zu 430 € zollfrei in die EU eingeführt werden, sofern sie nicht für den Handel bestimmt sind. Viele Teppich- und Kunsthandwerkshändler stellen entsprechend niedrige Rechnungen aus. Wer sich unsicher über die **EU-Einfuhrbestimmungen** ist, kann unter 🖳 www.zoll.de nachschauen.

Land und Leute

Ganz gleich, ob es um Kunst und Kultur, Politik, die jahrtausendealte Geschichte, um Bevölkerung oder Geografie geht, Iran ist vor allem eines: vielfältig und damit immer wieder für Überraschungen gut. Viele werfen ihre vorgefassten Meinungen über Bord, weil sie feststellen, dass Iran neben Wüsten auch schneebedeckte Berggipfel, neben Autokratie auch demokratische Elemente aufweist – und darüber hinaus Reisende überaus herzlich empfangen werden.

DIE LEHMSTADT BAM IN DER PROVINZ KERMAN; © PRISKA SEISENBACHER

Inhalt

Geografie ... 93
Flora und Fauna ... 95
Bevölkerung ... 98
Geschichte ... 102
Regierung und Politik ... 127
Wirtschaft ... 130
Religion ... 132
Kunst und Kultur ... 135

Steckbrief Iran

Offizieller Name Islamische Republik Iran

Staatsform Islamische Republik (mit theokratischen Elementen)

Hauptstadt Teheran

Politisches und religiöses Staatsoberhaupt Ayatollah Ali Khamenei

Regierungschef Staatspräsident Hassan Rohani

Fläche 1,65 Mio. km²

Einwohnerzahl 81,16 Mio. (2017)

Amtssprache Persisch

Religion Islam (98 %)

UN-Glücksindex Platz 117 von 156

BIP pro Kopf (PPP) US$5594 (2017)

Touristen pro Jahr 4,87 Mio. (2017)

Geografie

Fläche: 1 648 195 km^2 (Deutschland 357 104 km^2)

Küstenlänge: 2440 km

Größte Städte: Teheran (8,1 Mio.), Mashhad (2,7 Mio.), Esfahan (1,7 Mio.)

Längster Fluss: Karun (830 km)

Höchster Berg: Damavand (5671 m)

Größte Insel: Qeshm (1500 km^2)

Um sich die riesigen Ausmaße des Landes vor Augen zu führen, helfen Vergleiche: Die Fläche Irans entspricht in etwa den Landesflächen von Frankreich, Spanien, Deutschland, Österreich und der Schweiz zusammen. Die Nord-Süd-Ausdehnung ist mit der Strecke zwischen Hamburg und Ankara und die West-Ost-Ausdehnung mit der zwischen München und Kiew vergleichbar. Im Süden erstreckt sich die Küste des Persischen Golfes und des Golfes von Oman insgesamt über 2440 km, während die Küste entlang des Kaspischen Meers im Norden rund 740 km lang ist.

Der Staat grenzt an insgesamt sieben Länder, den längsten Grenzabschnitt teilt er sich mit **Irak** (1599 km). Die Grenze zieht sich vom Südwesten, wo der Schatt al-Arab in den Persischen Golf mündet, fast bis zum Urmia-See. Dort beginnt ein 534 km langer Grenzabschnitt zur **Türkei**, der am Fuße des Kleinen Ararat endet. Im Nordwesten des Landes fungiert über weite Strecken der Fluss Aras als Grenze zu den Nachbarstaaten **Armenien** (44 km) und **Aserbaidschan** (689 km). Die Grenze zwischen **Turkmenistan** und Iran im Nordosten des Landes zieht sich über 1148 km. Daran schließt die 921 km lange Grenze zu **Afghanistan** an, die im Südosten von der 978 km langen Grenze zu **Pakistan** abgelöst wird.

Iran besteht weitgehend aus Gebirgszügen, Wüstenbecken und Küstentiefländern, die sich in fünf naturräumliche Großlandschaften einteilen lassen: das Südkaspische Tiefland, das Elburz-Kopet-Dag-Gebirge, das Zentrale Hochland, das Zagros-Gebirge und das Tiefland entlang des Persischen Golfs.

Gebirge und Vulkane

Vom kaspischen Flachland zum südlich gelegenen **Elburz-Gebirge** mit dem 4850 m hohen Alam Kuh sind es gerade einmal 40 km. Die höchste Erhebung des Gebirges ist allerdings der **Damavand**, ein ruhender Vulkankegel mit einer Höhe von 5671 m. Dieser Gipfel ist nicht nur der höchste in Iran, sondern auch im gesamten Nahen Osten. Das Elburz-Gebirge erstreckt sich vom Nordwesten beim Talesh-Gebirge über 960 km bis in die nordöstlich gelegene Provinz Nord-Khorasan. Dort geht es in das **Kopet-Dag-Gebirge** über, eine Klimascheide, die das humide Tiefland von dem trockenen iranischen Hochland trennt.

Das **Zagros-Gebirge** besteht aus einer Vielzahl an Faltenketten, die parallel angeordnet von Nordwesten bis Südosten auf einer Länge von 1500 km und einer Breite von 300 km zwischen Kurdistan und der Straße von Hormuz verlaufen. Die höchsten Gipfel erreichen Höhen von über 4000 m, wobei der **Zard Kuh** mit 4547 m das Maximum darstellt. Im Zagros gibt es vier verschiedene Klimata, die von humid über semihumid und mediterran bis zu semiarid reichen. Der Sommer gilt als Trockenperiode, die ab Mitte Juni je nach Region vier bis sechs Monate dauert.

Im oder in Iran?

Auch wenn umgangssprachlich der Ländername oft mit Artikel verwendet wird, ist es sprachlich korrekt, „von Iran" und nicht „vom Iran" zu sprechen – also den Artikel wegzulassen. Nur bei Ländernamen, die auf „-ei" enden wie „Türkei", die im Plural stehen wie „die Niederlande" oder die ursprünglich andere Dinge wie im Falle „vom Libanon" ein Gebirge bezeichneten, ist im Deutschen ein Artikel angebracht.

Der Irrtum beruht vermutlich auf einem Übersetzungsfehler aus dem Französischen, wo nach der Umbenennung des Landes durch Schah Reza (aus „Persien" wurde „Iran") von „l'Iran" die Rede war – aber nur, weil das Französische Ländernamen generell mit Artikel versieht.

Echte **Vulkane** sind die beiden inaktiven Schichtvulkane Kuh-e Bazman und Kuh-e Taftan und das balutschische Vulkanfeld. Alle haben ihren Ursprung in Plattenverschiebungen. Bei der Makran-Subduktionszone schiebt sich die schwerere ozeanische unter die leichtere kontinentale Platte. Die daraus entstehenden Spannungen resultieren in Erdbeben bis zu einer Stärke von 9,2. Die weiter nördlich gelegenen Vulkane Sabalan, Sahand und Damavand sind in den letzten 10 000 Jahren mindestens einmal ausgebrochen.

Schlammvulkane haben nichts mit herkömmlichem Vulkanismus zu tun, nur ihre Erscheinung ähnelt einem Vulkan. Durch Dichteunterschiede im Gestein steigen tonig-mergelige Sedimente an die Oberfläche; Methangase können diese Prozesse unterstützen. Zu besichtigen sind einige Schlammvulkane an der Küste des Persischen Golfs in der Provinz Balutschistan westlich von Chabahar (S. 483) sowie in der Turkmenischen Steppe (S. 443).

Zentrales Hochland und Wüsten

Wer durch das **Zentrale Hochland** fährt, sieht eine weitgehend trockene und vegetationslose Gegend. Das Hochland nimmt über 60 % der Landesfläche ein und zieht sich weit über die Landesgrenzen bis nach Pakistan und Afghanistan. Hier liegen die großen Halbwüsten- und Wüstengebiete, die durch die Gebirgszüge des Zagros und des Elburz begrenzt werden. Dennoch gibt es periodisch oder episodisch Wasser führende Flüsse und Rinnsale, die entweder in Salzseen oder in Ton- und Salztonebenen (Kavire) entwässern.

Mit einer salzkrustenbedeckten Fläche von 19 676 km² ist die Dasht-e Kavir die größte geschlossene Salzwüste der Erde. Weitere **Wüsten** sind die Dasht-e Lut und die viel kleineren Wüsten Jaz Mirian, Hamum-i Mashhkel und Dasht-e Margo. Dünenfelder (Ergs) machen nur einen Bruchteil der gesamten Wüstenfläche aus. Üblicher sind Kies- und Steinflächen. Bekannte Dünenfelder sind bei Maranjab (S. 205), Varzaneh (S. 233), Chupanan (S. 238), Mesr (S. 239) und Bafq (S. 267) zu finden. Das größte Dünenfeld in Iran ist Rig-e Yalan (10 000 km²) im östlichen Teil der Dasht-e Lut. Reisende, die Superlative suchen, sind an diesem Ort der Extreme richtig, denn die Dasht-e Lut ist die trockenste und heißeste Wüste des Globus. Mit ihren 166 000 km² ist sie rund doppelt so groß wie Österreich. Sie ist eine hyperaride Extremwüste. Im Sommer 2017 wurden hier 72,8 °C gemessen. Eine besondere Landschaftsform im Unesco-Weltnaturerbe sind die bis zu 150 m hohen Yardangs, im Persischen auch *kalut* genannt. Diese Steinformationen sind durch konstante, linear wirkende Winde entstanden. Die dafür verantwortlichen geomorphologischen Prozesse sind bis heute aktiv, das ausgeblasene Material häuft sich viele Kilometer östlich davon zu Längs-, Bogen-, Stern- und Sicheldünen auf. Trotz aller Lebensfeindlichkeit sind nur rund 20 % der Dasht-e Lut komplett vegetationslos.

Tiefländer und Küsten

Iran ist ein Land der starken Gegensätze. So verzeichnet das **Südkaspische Tiefland** Niederschläge von bis zu 2000 mm im Jahr. Die Region liegt größtenteils unter dem Meeresniveau (-26 m) und erstreckt sich über einen relativ schmalen hufeisenförmigen Küstenstreifen, der teilweise nur wenige Kilometer breit ist. In den Deltagebieten Sefid-, Haraz-, Babol-, Talar- und Tejan-Rud können die Schwemmflächen hingegen zwischen 30 und 50 km Breite erreichen.

Das **Kaspische Meer** (380 000 km²) ist der größte See des Planeten, 80–90 % des weltweiten Kaviars, der bis zu 25 000 Dollar pro Kilogramm kosten kann, werden hier abgepackt. Nicht nur der Fischfang, sondern auch die starke Ölverschmutzung setzen dem Stör zu. Die Kaspi-Küste ist äußerst fruchtbar. Reis, Tee, Tabak, Oliven und Zitrusfrüchte werden hier kultiviert.

Östlich schließt die **Turkmenische Steppe** an, die den Übergang zu den Tieflandsteppen und Wüstengebieten Zentralasiens bildet.

Die Tiefebenen entlang der **Golfregion** sind hingegen klimatische Ungunsträume, die wegen der Erdgas- und Erdölproduktion zunehmend infrastrukturell ausgebaut werden. Eine geomorphologische Besonderheit sind die **Salzdome** im Süden, etwa bei Bushehr (S. 527).

Das **Tiefland von Khuzestan** ist sehr eben und zieht sich von Dezful bis zum Mündungsgebiet des Euphrat und Tigris auf 300 km.

Der **Persische Golf** erstreckt sich mit einer Breite von 50–300 km auf einer Länge von rund 1000 km bis zur Straße von Hormuz.

Der **Golf von Oman** (Makran-Meer) ist ein Teil des Indischen Ozeans und erreicht bei Chabahar eine Tiefe von 3398 m, seine Küstenlänge beträgt 784 km.

Flora und Fauna

Pflanzenarten: 6000, davon 1800 endemisch
Waldfläche: 6,6 %, davon 1,9 % Urwald
Naturschutzgebiete: 272 Schutzgebiete
Tierarten: 1140

Dank der unterschiedlichsten klimatischen Bedingungen weist Iran eine große Artenvielfalt auf. Die Flora des Landes reicht von karg bewachsenen Wüsten bis zu üppigen Wäldern mit einigen endemischen Arten. Die Vielfalt setzt sich in der Fauna fort, wenngleich einige Tierarten bedroht oder bereits ausgestorben sind. Darunter fällt der in den 1940er-Jahren zuletzt gesichtete Persische Löwe, aber auch der Kaspische Tiger wurde seit den 1970er-Jahren nicht mehr gesehen. Nichtsdestotrotz ist Iran die Heimat vieler Tierarten, vor allem die Zahl an Vogelarten beeindruckt.

Flora

Von den über 6000 Pflanzenarten im Land kommen rund 1800 nur in Iran vor, sind also endemisch. Welcher Bewuchs vorzufinden ist, variiert stark nach Region, Höhenlage und Klima.

Iran ist von **Halbwüsten** dominiert, wo sich vor allem Wermutsträucher, Tragant-Arten, *Prosopis farcta* (ein Mimosengewächs) oder die Gehölzpflanze *Zygophyllum atriplicoides*, aber auch Federgräser finden. Die Vegetation der Halbwüsten wird stark vom Menschen beeinflusst, vor allem die Überweidung verändert ihren ursprünglichen Charakter.

In den **Wüsten**, vor allem in der Dasht-e Lut und Dasht-e Kavir, ist nur vereinzelt Vegetation zu finden. Lediglich Pflanzen wie Saxaul oder Tamariskengewächse können den extremen klimatischen Bedingungen standhalten.

Im Kontrast zu der kargen Vegetation der Halbwüsten und Wüsten stehen die Feuchtwälder, auch **Kaspische Wälder** genannt. Sie finden sich zwischen dem Kaspischen Meer und dem Elburz-Gebirge. Der Laubwald besteht aus über 95 Baum- und 110 Straucharten, darunter Samt-Ahorn, Kaukasische Flügelnuss, Kaukasische Zelkove, Kastanienblättrige Eiche und Eisenbaum.

Etwas weniger üppig zeigt sich die Vegetation der **Waldsteppen**, die weitgehend Gebirgshänge des zentralen Hochlands dominieren. Dabei handelt es sich um Trockenwälder mit verschiedenen Eichenarten, Ahorn, Hainbuchen, Wacholder, Eschen, aber auch Myrten. Zusätzlich kommen Strauchgewächse wie Granatapfel, Weißdorn oder Zwergmispel vor. Je trockener die Berghänge, desto wahrscheinlicher sind Bergmandel-, Pistazien-, Akazien- oder Ziziphuspflanzen anzutreffen.

Die Provinz Khuzestan im Südwesten wird vom dortigen **Schwemmland** geprägt. Es handelt sich um das Überschwemmungsgebiet von Euphrat und Tigris, das verschiedene Sumpfpflanzen wie Rohrkolben oder Schilfrohr aufweist.

Bemerkenswert sind auch die **Mangrovenwälder** in den Provinzen Hormorzgan und in Sistan und Balutschistan. Nördlich der Insel Qeshm liegt der größte Hara-Mangrovenwald mit rund 20 000 ha. Aber auch auf der gegenüberliegenden Festlandküste befindet sich ein 10 000 ha großes Mangrovengebiet.

Fauna

Extrem selten geworden sind Gazellen und die **Asiatischen Halbesel**. Für Letztere läuft vor allem im Nationalpark Khar Turan ein Schutzprogramm (S. 421). Bedroht sind auch das in Balutschistan lebende **Sumpfkrokodil** mit ein paar hundert Exemplaren und die **Kaspische Robbe** mit stark dezimierten 70 000 Stück. Nur 40 bis 100 Exemplare gibt es noch vom **Asiatischen Gepard**, um dessen Schutz vor allem das in Iran gegründete Conservation of the Asiatic Cheetah Project (CACP) bemüht ist, nähere Informationen bei der Iranian Cheetah Society (ICS) unter 💻 www.wildlife.ir. Die Hauptursachen für den Rückgang dieser Säuger liegen in der Einschränkung des Lebensraums, der Vernichtung wichtiger Nahrungsquellen und in Wilderei. Um die 500 bis 900 Exemplare soll es noch vom **Persischen Leoparden** geben. Dazu kommen andere Katzenarten wie Karakal, Manul oder Wildkatzen. Die besten Chancen, diese scheuen Tiere zu Gesicht zu bekommen, haben Reisende bei Chupanan am Rande der Rig-e Jen (S. 238). **Wüstenfüchse** werden hingegen vielerorts und häufig gesichtet.

In den (Feucht-)Wäldern des Landes ist die Säugetiervielfalt noch wesentlich größer. Vielerorts ist das **Indische Stachelschwein** beheimatet. Im Gebirge trifft man auf Wildschafe und -ziegen. Rothirsche machen sich vor allem in den nördlichen Wäldern des Landes breit, ebenso wie Wildschweine.

Vereinzelt kommen in abgeschiedenen Gebieten fernab der Hauptverkehrsverbindungen auch Braunbären, Wölfe, Luchse, Hyänen, Schakale und Füchse vor.

Vor allem Vogelkundlern ist Iran ein Begriff. An die 500 einheimische **Vogelarten** gibt es hier, dazu kommen etliche Zugvögel. Vor allem Wasservögel wie verschiedene Arten von Reihern, Störchen, Pelikanen, Enten und Gänsen sind anzutreffen. Ein wahres Paradies für Vogelbeobachtungen eröffnen die Lagunen des Kaspischen Meeres, Miankaleh (S. 413) und Bandar-e Anzali (S. 333). Auch die Hara-Mangrovenwälder auf der Insel Qeshm bieten gute Möglichkeiten, Vögel zu beobachten (S. 539). In den trockeneren Gebieten fallen immer wieder Fasane und Rebhühner ins Auge. Die Halbwüsten und Steppen sind die Heimat verschiedener Greifvogelarten wie Steinadler oder Adlerbussard.

Nationalparks und Schutzgebiete

Iran zählt insgesamt rund 270 Schutzgebiete unterschiedlichster Kategorien. Etwa 8,6 % der Landesfläche stehen unter Naturschutz. Der älteste Nationalpark geht auf das Jahr 1976 zurück, so lange existiert der Golestan-Nationalpark schon. Die Stadt Ramsar (S. 410) ist dafür

Ein See trocknet aus

Eine Umwelt- und Sozialkatastrophe ist die vom Menschen verursachte Austrocknung des **Orumiyeh-Sees**. Durch den Klimawandel nimmt die Intensität von Dürreperioden in der Region insgesamt zu, in Staudämmen kommt es zu Verdunstungsverlusten, und die Wasserentnahme für Landwirtschaft und Städte trägt ihren Teil zu der verheerenden Situation bei.

Der Seespiegel fiel in den letzten 30 Jahren um 14 m, und der See verlor rund 90 % seines Volumens. Es gingen jährlich 220 km² an Wasserfläche verloren, der Salzgehalt stieg auf ein Niveau an, bei dem nur mehr Bakterien und Kleinstlebewesen existieren können. Selbst der angepasste Salzwasserkrebs *(Artemia urmiana)*, der als Hauptnahrungsmittel für Zugvögel wie Flamingos und Pelikane dient, droht in seinem weltweit größten Habitat auszusterben.

Durch den sinkenden Grundwasserspiegel drohen die Feuchtgebiete im südlichen Teil zu verschwinden. Geschätzte acht Milliarden Tonnen an Salz wurden freigelegt. Diese Salz- und Staubquelle wird durch den Wind in die umliegenden Agrarflächen geweht, die dadurch an Ertrag verlieren. Zusätzlich werden das Grundwasser und die Gesundheit der Menschen belastet. Die Entwicklung raubt der lokalen Bevölkerung ihre Lebensgrundlage. Zur Rettung der Region wurde vor ein paar Jahren angedacht, Wasser vom Aras in den See zu leiten, bislang blieb es aber bei Lippenbekenntnissen.

Kleine Fischerboote an der Küste des Persischen Golfs

bekannt, dass dort 1971 das internationale Übereinkommen zum Schutz der weltweiten Feuchtgebiete getroffen wurde. Naturschutz hat also eine gewisse Tradition, könnte aber weitaus effizienter sein. So irritiert beispielsweise, dass mitten durch den Golestan-Nationalpark eine Hauptverkehrsader führt. Für Besucher gilt bei vielen Nationalparks und Schutzgebieten, dass im Vorfeld ein **Permit** zur Besichtigung eingeholt werden muss.

Insgesamt gibt es in Iran 16 **Nationalparks**, darunter fallen kleine Gebiete wie der Bakhtegan-Nationalpark rund 80 km östlich von Shiraz, aber auch große wie der Kavir-Nationalpark mit einer Fläche von rund 4400 km². Äußerst bekannt und mit etwas Organisationsaufwand auch zu besuchen sind der bereits erwähnte Golestan-Nationalpark (S. 445) sowie der Orumiyeh-Nationalpark (S. 365).

Die in **Ramsar** 1971 beschlossene Konvention, die den Schutz von Feuchtgebieten als Lebensraum für Wasservögel als Ziel hat, ist nicht nur das erste, sondern auch das bis heute einzige internationale Übereinkommen, das sich speziell auf ein Ökosystem bezieht. Es wurde im Verlauf der Jahre erweitert. So stehen heute der Erhalt und die ausgewogene Nutzung im Fokus. Unter Feuchtgebieten versteht man nicht nur Auen, Flüsse, Sümpfe, küstennahe marine Gebiete, Oasen und flache Korallenriffe, sondern auch anthropogene Biotope wie Salinen, Stauseen, Abwasserbecken, Teiche oder Reisfelder. Bisher sind 170 Staaten dem Abkommen beigetreten, Iran war unter den Erstunterzeichnern und weist derzeit über 25 registrierte Gebiete mit einer Gesamtfläche von knapp 1,5 Mio. ha auf. Ein Drittel davon steht unter Druck oder befindet sich in einem kritischen Zustand. Dazu zählt nicht nur der Orumiyeh-See, sondern beispielsweise auch der Bakhtegan-See.

Außerdem gibt es einige **Unesco-Biosphärenparks**, die häufig zugleich Nationalparks sind. Das Konzept des Biosphärenparks beinhaltet ein umfassendes Schutz- und Entwicklungsprogramm. In Iran gibt es derzeit 13 global anerkannte Gebiete: Arasbaran, Arjan, Geno, Golestan, Hara, Kavir, Orumiyeh-See, Miankaleh, Khar Turan, Dena, Tang-e Sayad & Sabz Kuh, Hamun und Kopet Dag. In allen Biosphärenparks werden innovative und regionalspezifische Modelle entwickelt und erprobt, die Naturschutz, Forschung und Bildung und eine nachhaltige Regionalentwicklung kombinieren. Die regionalen Erfahrungen und Ideen werden ständig im Weltnetz der Biosphärenreservate ausgetauscht.

Bevölkerung

Einwohnerzahl: 81,16 Mio. (2017)

Lebenserwartung: Frauen 77,1 Jahre, Männer 74,8 Jahre (2016)

Bevölkerungsdichte: 50,37 Einwohner pro km^2

Geburtenrate: 1,66 Geburten pro Frau (2016)

Iran ist jung. Mehr als die Hälfte der Bevölkerung ist unter 30 Jahre alt. Während die Geburtenrate am Ende der Pahlavi-Dynastie 1979 noch bei 6,4 Geburten pro Frau lag, sank sie bis 2016 auf 1,66. Über zwei Drittel der Gesamtbevölkerung lebt in den Städten.

Oft ist vom Vielvölkerstaat Iran die Rede, und tatsächlich ist die sprachliche und ethnische Vielfalt riesig. Iran gleicht einem unübersichtlichen Flickenteppich. Zurückzuführen ist er auf historische Migrationsbewegungen im Zuge politischer Umwälzungen wie der arabischen Eroberung und Islamisierung oder auf einfallende turksprachige Nomadenstämme aus den zentralasiatischen Steppen. Persisch ist die Amtssprache, daneben existieren aber Azeri, Arabisch, Kurdisch, Lurisch, Turkmenisch und andere Sprachen mit einer sehr kleinen Sprecheranzahl.

Volksgruppen

Genaue Zahlen, wie groß die **ethnischen Minderheiten** des Landes sind, werden von Iran nicht veröffentlicht, weswegen nur Schätzungen vorliegen. Ethnisch betrachtet, beheimatet Iran an die 50–60 % Perser, 20 % Aserbaidschaner (Azeris), 10 % Kurden, 6 % Loren, 2 % Araber, 1 % Turkmenen. Nicht zu vergessen sind die rund fünf Millionen afghanischen Flüchtlinge im Land, die teils schon in zweiter Generation in Iran leben. Die Namen der Provinzen geben nur bedingt Aufschluss über die dort lebende Minderheit. So siedeln Kurden nicht nur in Kurdistan, sondern auch im äußersten Nordosten nahe der turkmenischen Grenze, und Belutschen nicht nur in der gleichnamigen Provinz, sondern auch in der Provinz Razavi-Khorasan.

Auch heute noch sind in Iran **nomadische Volksgruppen** zu Hause. Grobe Schätzungen belaufen sich auf 1,2 Mio. Menschen, Tendenz stark sinkend. Viele geben die nomadische oder halbnomadische Lebensweise auf. Die größte nomadische Volksgruppe sind die Bakhtiari, die vor allem im Zagros-Gebirge beheimatet sind (S. 243). Zur zweitgrößten Gruppe zählen die turksprachigen Qashqai-Nomaden, die überwiegend in der Provinz Fars leben. Andere nomadische Volksgruppen sind die Afsharen in der Provinz Kerman und die Shahsavan in der Provinz Ardabil.

Bildung

In Sachen Bildung erzielt(e) die Islamische Republik große Erfolge. Gerade der Vergleich zur Monarchie ist eindrücklich. Erst nach der Revolution wurden umfangreiche und vor allem flächendeckende Bildungskampagnen ins Leben gerufen, die der Gesamtbevölkerung eine kostenlose Grundbildung ermöglichten. Schon wenige Jahre nach dem Schah-Regime sank so die Zahl an Analphabeten im Land erheblich (S. 122). Heute liegt die **Alphabetisierungsquote** bei rund 85 %. Staatliche Schulen und Universitäten sind kostenfrei zu besuchen, daneben haben sich auch Privatschulen und -universitäten entwickelt. Die Zahl der **Studierenden** stieg in den letzten Jahren enorm an, wobei rund 60 % Frauen sind. Besonders Naturwissenschaften sind auf dem Vormarsch, und das Land muss bei den überaus gut (aus)gebildeten Studenten den internationalen Vergleich nicht scheuen. Staatliche Förderprogramme zeigen ihre Wirkung. So nahm Iran 2017 in der Nanotechnologie Platz 7 der Publikationsweltrangliste ein.

Im Land genießt Bildung bis tief in den ländlichen Raum einen hohen Stellenwert. Junge Menschen, die bei der alljährlichen Aufnahmeprüfung für die Universitäten, Concour genannt,

Iraner, Perser oder gar Arier?

Nicht selten ist noch von Persien die Rede, wenn es um das heutige Land Iran geht. Dabei könnten die Assoziationsketten im Westen bei beiden Begriffen nicht unterschiedlicher sein. Versetzt „Iran" manch einen mit vollbärtigen Mullahs vor Augen in Angst und Schrecken, wohnt „Persien" oft ein romantisch verklärter Zauber des Orients inne. Die Verwirrung ist komplett, wenn Iraner vor Ort deutschsprachigen Reisenden mit großer Freude eröffnen, dass sie ja Arier wären.

Der persische Kulturraum erstreckt sich weit über die Landesgrenzen des heutigen Iran, umfasst Afghanistan, Usbekistan und auch Tadschikistan. Gleichzeitig gilt die heutige Provinz Fars (von Parsa – Land der Perser) des iranischen Hochlands als ursprünglich kleines Kernland der ersten persischen Dynastie der Achämeniden. Das **historische Persien** ist also mehr als das heutige Iran, aber Iran ist wiederum mehr als nur persisch. Viele verschiedene Ethnien nennen Iran ihre Heimat. In dieser Diversität liegt einer der Gründe für die **Umbenennung des Landes** von Persien in Iran unter Reza Schah Pahlavi im Jahr 1935. Der Nationalstaat sollte auch durch seinen Namen den vielen Volksgruppen das Gefühl geben, ein unbestrittener Teil des großen Ganzen zu sein. Aber auch „Iran" passt nicht als Klammer für alle Volksgruppen. Der Begriff leitet sich von „Aryanam" ab und bedeutet nichts anderes als „Land der Arier", womit wir bei dem uns so verhassten Begriff gelandet wären. Es waren **arische Volksstämme**, die einst (bis 4000 v. Chr.) von der zentralasiatischen Steppe nach Westen auswanderten. Einer dieser Stämme, die Perser, schaffte es, über alle anderen arischen Stämme zu herrschen. Die Griechen ignorierten die unterschiedlichen arischen Gruppierungen und sprachen schlicht nur von den Persern.

Mitunter fühlen sich Iraner gerade westlichen Reisenden gegenüber bemüßigt, sich von den für sie nicht selten als kulturlos empfundenen Arabern abzugrenzen. Die vehemente Abwehrhaltung mündet teils in einen regelrechten Rassismus gegenüber **Menschen arabischer Abstammung**. Manch einer sieht in der weit zurückliegenden arabischen (eben nicht-arischen) Eroberung all das Übel des Landes und wird nicht müde, die eigenen Wurzeln, die arischen eben, zu betonen – in der Hoffnung, dass besonders deutschsprachige Reisende die ethnische Verwandtschaft erkennen mögen. Reza Schah aktivierte mit dem Begriff sehr wohl einen Rassemythos in Anlehnung an das nationalsozialistische Deutschland, in dem er einen Partner abseits der verhassten Briten und Russen suchte. Vor dem 20. Jh. spielte der Begriff in Iran kaum eine Rolle, avancierte dann aber zu einem festen Bestandteil des iranischen Nationalismus. Die Kenntnisse über die menschenverachtende Ideologie, ohne die der Begriff im europäischen Kontext schlicht nicht existiert, und ihre Folgen sind in Iran gering. So wie die Kenntnisse in Europa über die Wurzeln des Begriffs gering sind. Die historische Last des Begriffs samt Rassenideologie führte im Europa nach dem Zweiten Weltkrieg zu dessen völliger Streichung. So war stattdessen alsbald von indoeuropäischen oder indogermanischen Sprachen zu lesen.

einen Spitzenplatz in der Rangliste erreichen wollen, stehen häufig unter großem Druck. Viele der allerbesten, rund 150 000 Akademiker im Jahr, verlassen das Land. Die **Abwanderung hochqualifizierter Wissenschaftler** (Brain Drain) zählt zu einer der großen Herausforderungen des Landes. Gründe hierfür sind in den politischen und wirtschaftlichen Lebensbedingungen zu suchen. Oft werden hohe Stipendien renommierter Universitäten in den USA an Iraner vergeben. Allein rund 250 000 iranische Mediziner und Ingenieure unterstützen mit ihrem Know-how die US-amerikanische Wirtschaft und Forschung (Stand 2017). Aufgrund der Abwanderung geht Iran viel Potential verloren.

Gesellschaft

Zwischen dem Leben, wie es die Islamische Republik ihren Bürgern vorschreibt, und dem tatsächlichen Lebenswandel der Zivilgesellschaft liegen oft Welten. Da gibt es einerseits die drohenden Peitschenhiebe bei Alkoholkonsum, andererseits wird angedacht, wegen der zunehmenden Verkehrsunfälle aufgrund von Alkoholkonsum eine offizielle Kampagne gegen Alkohol am Steuer umzusetzen. Da gibt es einerseits das Verbot von außerehelichem Sex und andererseits Paare, die in Großstädten unverheiratet zusammenleben. Da werden, obwohl eigentlich verboten, ausländische Fernsehsender empfangen und auf dem Dach gut sichtbare Satellitenschüsseln angebracht. Die Liste ließe sich endlos fortführen.

Der **Regelverstoß** ist in der Islamischen Republik schon lange Alltag. Tag für Tag werden Grenzen ausgetestet und übertreten. Manches wird auf offener Straße sichtbar, manches passiert im Untergrund. Es geschieht vor allem permanent und flächendeckend, wenn auch in Großstädten mehr als auf dem Land.

Der gelebte **Widerspruch** ist zur politischen Alltagskultur geworden. Dadurch konnte die iranische Zivilgesellschaft in den letzten Jahren viele Freiheiten erringen, die ihr offiziell nicht zustehen. Netzwerke sind entstanden, und im öffentlichen Raum werden in Großstädten halbprivate Rückzugsräume wie Cafés geschaffen, in denen man sicher sein kann, unter sich zu sein. Von staatlicher Seite wird vieles geduldet, auch weil der Staat dadurch seine Macht zu erhalten versucht und größere Unruhen in der Zivilgesellschaft ausbleiben – ein Geben und Nehmen also nach dem Motto: Wir tun euch nichts, ihr tut uns nichts. Verlass ist aber darauf nicht. Eine Garantie, dass Rechtsverstöße nicht geahndet werden, gibt es keine. Dass immer wieder auch drakonische Strafen wegen Ehebruchs und derlei vollzogen werden, ändert aber nichts an der Fortführung der Regelverstöße. Absurderweise kommt hinzu, dass sich die Widersprüchlichkeit bis in die obersten politisch-religiösen Reihen fortsetzt. So haben das politische und religiöse Staatsoberhaupt Khamenei und der Staatspräsident Rohani Social-Media-Fanpages, obwohl Facebook und Co. im Land verboten sind. Und gerade die wohlhabenden Kinder von Geistlichen sind nicht selten für ausufernde Partys bekannt, die so gar nicht mit der konservativ islamischen Staatsdoktrin konform gehen.

Letztlich bestimmt vor allem die **Familie**, wie frei die heranwachsende Generation leben darf. Einmal mehr ist Vorsicht geboten, was vor-

Ausgelassener Familienausflug zum Palast Tschehel Sotun in Esfahan

Fremd- und Selbstbestimmung der Frauen in Iran

Iranerinnen nehmen selbstverständlich am öffentlichen Leben teil und sind häufig berufstätig. Bei vielen politischen Protesten sind sie es, die an vorderster Front für mehr Teilhabe eintreten, und generell studieren mehr Frauen als Männer an den Universitäten des Landes. Dass patriarchale Machtstrukturen aber allgegenwärtig sind, steht außer Frage. Natürlich sind auch in Iran **traditionelle Rollenzuschreibungen** ein alltäglicher Kampf – in welchem Ausmaß, ist von Familie zu Familie unterschiedlich. Die Rechtsbestimmungen sind nach wie vor haarsträubend. So liegt das gesetzlich erlaubte Heiratsalter für Mädchen bei 13 Jahren, mit einer Sondererlaubnis vom Gericht ist eine Heirat sogar noch früher möglich. Zwar machen nur wenige Männer und Familien, vor allem in Randprovinzen wie Balutschistan oder Khuzestan, davon Gebrauch, aber das ändert nichts an der gesetzlich verankerten Unterdrückung der Frau. Immer noch ist die Aussage einer Frau vor Gericht nur halb so viel wert wie die eines Mannes, ein Antrag auf Scheidung darf zwar auch von Frauen eingereicht werden, allerdings muss der Ehemann mit der Scheidung einverstanden sein. Ansonsten drohen lange und teure Gerichtsverfahren.

Die in vielerlei Hinsicht schlimme Lage für Frauen rechtfertigt aber nicht, sie in die passive Opferrolle zu drängen – ein Fehler, der im Westen nur zu gerne gemacht wird. Denn dann werden die politischen Positionen und gesellschaftlichen Ziele, für die Iranerinnen Tag für Tag eintreten, negiert. Gleichzeitig erliegen in der **westlichen Wahrnehmung** manche dem Irrtum, Emanzipation drücke sich in weit zurückfallenden Kopftüchern, stark geschminkten Gesichtern und zuweilen wasserstoffblond gefärbten Haaren aus. Es sind diese Bilder oder auf der anderen Seite die von voll verschleierten Frauen, die bevorzugt Eingang in die westliche Berichterstattung finden.

Konservatismus im Sinne von klassischen Rollenbildern findet sich über alle äußeren Erscheinungsformen hinweg, ebenso wie **Feminismus**, auch wenn eine große Tschador-Dichte in einer Stadt auf stärkeren Konservatismus hindeutet. Es stimmt, dass abseits bestimmter Wohngegenden in den Großstädten Frauen oft von ihrer Familie oder ihrem Ehemann gezwungen werden, einen Tschador zu tragen, und es sich nicht immer um eine freie Entscheidung handelt. Zu den gesellschaftlichen Zwängen kommen schließlich die staatlichen Vorschriften (z. B. Kleidervorschriften, s. S. 62) einschließlich Strafverfolgung von Geld- bis zu Haftstrafen bei ihrer Missachtung. Gleichzeitig wäre es falsch anzunehmen, dass alle *Tschadoris*, also Tschador tragenden Frauen, unterdrückt, apolitisch und passiv wären. Auch sie sind oft bestens ausgebildet, berufstätig und politisch. Dass sie den Tschador tragen, heißt auch nicht unbedingt, dass sie den Verhüllungs- und Kopftuchzwang gutheißen. Viele plädieren für **Wahlfreiheit**. Auch wenn die Mehrheit der Tschador tragenden Frauen keine überzeugten Feministinnen im Kampf für mehr Geschlechtergerechtigkeit sind, zeigen sie einmal mehr, wie komplex und vielschichtig Irans Gesellschaft ist und wie vorsichtig man mit Pauschalisierungen und vorschnellen Urteilen sein sollte.

schnelle Urteile und Kategorisierungen angeht. So sind religiöse Iraner nicht automatisch regimetreu und nicht-religiöse nicht grundsätzlich regimekritisch. In einfachen Verhältnissen auf dem Land herrscht oft viel Offenheit und bei wohlhabenden Familien in der Großstadt auch immer wieder unerbittlicher Konservatismus. Der Stellenwert der Familie ist hoch und der Kontakt zu Eltern, Großeltern, Tanten, aber auch weiter entfernten Verwandten intensiver, als man das von Mittel- und Westeuropa gewohnt ist. Der Einfluss der Familie auf das eigene Leben und richtungweisende Entscheidungen ist allgegenwärtig. Wächst man in einem konservativen Umfeld auf, gibt es praktisch kaum eine Möglichkeit, sich zu emanzipieren – auch mangels ökonomischer Perspektiven mit Blick auf die hohe Arbeitslosenrate. Der familiäre Rückhalt ist angesichts der permanenten ökonomischen Unsicherheit unersetzlich.

Geschichte

Lässt man die Vorgeschichte einmal beiseite, bleiben mit dem Beginn Elams, einer der großen Hochkulturen, immer noch 4500 Jahre Geschichte, auf die Iran zurückblicken kann. Gleich mehrere Weltreiche entstanden auf iranischem Territorium, und immer wieder brachten kulturelle Blüten Wissenschaftler, Künstler und vor allem Literaten von Weltrang hervor. Fortwährend von Eroberungsstürmen heimgesucht, waren für Land und Leute die kolonialen Interessen europäischer Großmächte mitunter am verheerendsten. 1979 war mit der Islamischen Revolution endgültig Schluss mit Iran als Selbstbedienungsladen der USA und Großbritanniens, und es folgte die absolute Isolation eines Gottesstaates, der nach innen viel weniger geeint war, als es nach außen schien.

Vorgeschichte (8000–2500 v. Chr.)

Die neolithische Lebensweise im iranischen Hochland führte zu einem Anstieg von Siedlungen, wobei die ersten dauerhaften Siedlungen bis auf das 8. Jahrtausend v. Chr. zurückgehen. Erste Bewässerungskanäle und ein zunehmender Ackerbau können bis auf das 6. Jahrtausend v. Chr. nachgewiesen werden.

Die Zeitspanne von 5600 bis 3400 v. Chr. zeichnete sich durch die Verarbeitung des neuen Werkstoffs **Kupfer** aus. Das iranische Hochland war federführend bei der Weiterentwicklung der Kupferverarbeitung. Mit Ende der letzten Eiszeit schuf das mildere Klima in Westasien geeignete Bedingungen für die Sesshaftwerdung. Iran hatte Anteil am Gebiet des „Fruchtbaren Halbmonds“, das die Gebirgshänge des Zagros und Taurus sowie die levantinische Mittelmeerküste umfasste.

Die Domestizierung von Wildtieren und wilden Pflanzen über Jahrtausende hinweg machte die Entwicklung des Ackerbaus und der Viehzucht möglich. Zeugen dieser frühen Phase der Frühgeschichte des Landes sind die zahlreichen **Siedlungshügel**, die sich im ganzen Land verstreut finden.

Die Hochkultur von Elam (2600–539 v. Chr.)

Unter Elam versteht man die südwestlichen Regionen des heutigen Iran und die vom 3. Jahrtausend bis zum 1. Jahrtausend v. Chr. dort lebenden Völker. Schon im 4. Jahrtausend v. Chr. entwickelten die Menschen im südlichen Mesopotamien und im Tiefland von Susiana, heute Khuzestan, die ersten Schriftsysteme. Wichtig für die Entzifferung der elamischen Schrift war die **Inschrift von Bisotun**. Ohne diesen Propagandatext (S. 383) wäre die Entzifferung der Keilschrift nicht möglich gewesen. Drei Sprachen sind darauf in Keilschrift zu finden: Akkadisch oder auch Babylonisch, Elamisch und Altpersisch. Durch das Altpersische konnten Akkadisch und Elamisch entziffert werden. Der kulturelle Austausch zwischen Elamern, Sumerern, Babyloniern und Assyrern war wichtig für die Herausbildung der Keilschrift, der Sprache und der Architektur in Elam.

ZEITLEISTE	8. Jtd. v. Chr.	5600–3400 v. Chr.
	Erste Siedlungen im iranischen Hochland	Weiterentwicklung der Kupferverarbeitung im iranischen Hochland

Das Reich von Elam war ein wichtiger Handelsumschlagplatz der damaligen Zeit. Die Handelsbeziehungen reichten bis in das Industal und nach Mesopotamien. Schon früh wurde die Siedlung **Tschogha Mish** zugunsten von **Susa** (heutiges Shush) als städtisches Zentrum aufgegeben.

Altelamische und Mittelelamische Zeit (2600–1100 v. Chr.)

Elam befand sich zeitweilig unter mesopotamischer Vorherrschaft. Schließlich wurde ein Friedensvertrag mit dem akkadischen König Naram-Sin geschlossen. Die größeren Konflikte mit sumerischen Eroberern zogen die elamische Zerstörung der sumerischen Hauptstadt Ur nach sich. Bereits um 2200 drangen die ersten arischen Stämme von Zentralasien gen Südwesten und nannten ihr neues Land Iran (Land der Arier).

Unter der Shutrukiden-Dynastie im 12. Jh. v. Chr. erlebte das Reich von Elam seine größte Blüte. Die erfolgreichen Eroberungszüge des Königs **Shutruk-Nahhunte I.** (1185–1155 v. Chr.) brachten den *Codex von Hammurapi* und die Sieges-Stele von Naram-Sin nach Susa – beides findet sich heute im Louvre in Paris. Auch die wertvolle Marduk-Statue wurde entwendet und nach Susa gebracht. 1100 wurde Susa von dem babylonischen Herrscher Nebukadnezar I. zerstört und die Statue von Marduk zurückgeholt.

Neuelamische Zeit (1100–646 v. Chr.)

Nach der schweren Niederlage folgte erst Mitte des 8. Jhs. v. Chr. eine erneute Blüte trotz Konflikten unter dem bekanntesten Herrscher **Shutruk-Nahhunte II.** (717–669 v. Chr.), der Susiana und Anshan vereinte. Nach dem Ende des 2. Jahrtausends war Elam keine mächtige politische Macht mehr. Assyrer bedrängten das Reich zunehmend, und die Elamer erlagen den Truppen unter König Assurbanipal in der Schlacht 646 v. Chr. schließlich vollständig. Von der prächtigen Hauptstadt Susa blieb nicht viel übrig, und das Reich von Elam neigte sich dem Ende zu. Maßgeblich waren dafür das Erscheinen zweier neuer politischer Kräfte auf der Bildfläche – der indoiranischen Volksstämme der Meder und Perser. Die Meder breiteten sich im Nordwesten Irans aus und wurden zeitweilig von den Skythen beherrscht.

Weltreich der Achämeniden (550–330 v. Chr.)

Seinen Beginn nahm das Perserreich, das erste Weltreich, in Parsa, heute als Provinz Fars bekannt. 559 v. Chr. ernannte sich **Kyros II. (Kyros der Große)** zum sechsten König der Achämeniden. Der Name und die Dynastie gehen auf einen wesentlich früheren Vorfahren namens Achaimenes zurück. Zu Beginn von Kyros' Regentschaft waren die Perser nichts anderes als tributpflichtige Untertanen des Medischen Reiches. Bereits 550 v. Chr. bezwang Kyros jedoch die medische Obermacht und wurde zum König der Perser und Meder. Die Perser verstanden es von Anfang an, von eroberten Völkern zu lernen. Sie tauschten medische Hofbeamte oft gar nicht aus, sondern nutzten sie als Ratgeber für das erstarkende persische Königreich.

Die Toleranzpolitik der Achämeniden lief überaus erfolgreich und machte es schließlich möglich, im Jahr 539 v. Chr. ohne Gegenwehr in die Stadt der Städte, **Babylon**, einzumarschie-

4. Jtd. v. Chr.	3. Jtd. v. Chr.
In Susiana und Mesopotamien werden die ersten Schriften entwickelt.	Die Hochkultur von Elam und das städtische Zentrum Susa (Foto) nehmen ihren Anfang.

Die Krux mit der Geschichtsschreibung

Erst in den letzten Jahren legte die Wissenschaft ein stärkeres Augenmerk auf die großen Errungenschaften der Achämeniden und ist darum bemüht, sich vom einseitigen Blick einer hellenistischen Geschichtsschreibung zu lösen. Das führt zu einem Grundproblem in Sachen Geschichtstradierung: Das Verständnis von den Persern war im europäischen Raum seit jeher von der griechischen Geschichtsschreibung, der Geschichte der Sieger, geprägt. Das hatte, wenig verwunderlich, ein überaus verzerrtes Bild vom Perserreich zur Folge. Viele assoziieren bis heute mit den Persern nicht viel mehr als die verheerenden Niederlagen der Achämeniden in den Schlachten mit Athen oder die Eroberungszüge Alexanders des Großen. Sämtliche Namen persischer Herrscher sind uns in ihrer griechischen Umformung bekannt. So sprechen wir von Kyros und nicht von Kurush oder von Dareios und nicht von Dariyush. Was erschwerend hinzukommt, ist, dass keine achämenidische Geschichtsschreibung existiert. Die Tätigkeit des Schreibens wurde sowohl von der persischen Herrscherklasse als auch von der Priesterklasse der Magi nicht geschätzt. Verwaltungstexte wurden in Aramäisch, der Amtssprache des Reiches, verfasst. Aramäisch hatte gegenüber dem Persischen den einfachen Vorteil, von vielen verstanden zu werden. Diese Haltung der Schrift und dem Schreiben gegenüber lässt einen schnell in die Falle tappen, die Perser als primitiv abzustempeln, was ohne Frage ein fatales Fehlurteil wäre. Heute weiß man, dass viele griechische Gelehrte vom geistigen Leben im persischen Weltreich fasziniert waren und nach dem Untergang der Achämeniden in die weit verstreuten Gebiete des zu Fall gebrachten Reiches reisten, um dort vorhandenes Wissen aufzunehmen.

ren. Zwei Jahre davor war es Kyros bereits gelungen, mit der Expansion in die zentralasiatische Steppe alle iranischen Stammesgebiete einzunehmen. Mit der Eroberung Babylons bzw. dem Vordringen der Perser in das Zweistromland von Euphrat und Tigris konnten diese auf die Erkenntnisse und Fortschritte hochentwickelter Kulturen wie die der Sumerer, Akkader, Assyrer oder Babylonier zurückgreifen und sich selbst vom Status eines einfachen Reiter- und Kriegervolkes emanzipieren. Kyros sollte auch einen Platz in der jüdischen Geschichtsschreibung finden, denn er war es, der den im babylonischen Exil gefangenen Juden erlaubte, in ihre Heimat zurückzukehren.

Pasargadae wurde die Residenzstadt von Kyros II., wo er einst die Meder geschlagen hatte und heute noch sein Grab zu besichtigen ist. Seinem Nachfolger Kambyses sollte es schließlich gelingen, Ägypten einzunehmen.

Die Toleranzpolitik macht sich bezahlt

522 v. Chr. folgte **Dareios I.** dem früh verstorbenen Kambyses auf den Thron und regierte ganze 36 Jahre. Schließlich war unter Dareios dem Großen aus dem einstigen Vasallenvolk der Perser ein Herrschergeschlecht entstanden, das über ein Weltreich von nicht gekannten Ausmaßen regierte. In seiner größten Ausdehnung

2200 v. Chr.	1100 v. Chr.	646 v. Chr.
Arische Stämme drängen aus Zentralasien nach Südwesten und bezeichnen das neue Land als Iran (Land der Arier).	Der babylonische Herrscher Nebukadnezar I. zerstört Susa.	Die erfolgreiche Schlacht des Assyrer-Königs Assurbanipal beendet das elamische Reich.

reichte es von der Westküste Kleinasiens bis ins Industal im heutigen Pakistan, umfasste Ägypten ebenso wie die zentralasiatische Steppe.

Dafür, dass so viele Völker die Achämeniden als Herrscher akzeptierten, waren unter anderem die freie Religionsausübung, eine konsequent weiterentwickelte Rechtsprechung, ein umfassender Ausbau der Straßen sowie eine gut funktionierende Verwaltung samt ausgeklügeltem Nachrichtenwesen verantwortlich. Anstatt andere Völker kompromisslos zu unterwerfen, gelang es den Persern, den ersten **Vielvölkerstaat** aufzubauen, der, vom Toleranzgedanken getragen, einen regen Austausch zwischen den Völkern ermöglichte. Die Perser selbst profitierten als einfaches Reitervolk zuerst maßgeblich von den administrativen Kenntnissen der Meder und später vom zivilisatorischen Fortschritt der Babylonier. Zudem verstanden sich die Achämeniden darauf, wissenschaftlichen und kulturellen Fortschritt zu fördern, indem sie auf Pluralismus statt auf Unterdrückung setzten.

Der Reichtum der Gottkönige

Dareios begann mit dem Bau einer legendären Residenzstadt, die unter dem griechischen Namen **Persepolis**, Stadt der Perser, geläufig ist. Eigentliche Hauptstadt des persischen Reiches war Susa. Es wird vermutet, dass Persepolis vor allem zu Repräsentationszwecken und zur Herrschaftslegitimierung errichtet wurde. Der zur Schau gestellte Reichtum in Form von prächtigen Palastbauten und einem königlichen Leben in nie enden wollendem Überfluss steht wie so oft im Kontrast zu den bitterarmen Lebensverhältnissen der Mehrheitsbevölkerung. Auch wenn Dareios auf seinem Grab gerühmt wird, eine Rechtsprechung im Dienste der Armen und gegen die Willkür der Reichen und Mächtigen durchgesetzt zu haben, und diese Rechtsprechung in der Tat eine zivilisatorische Weiterentwicklung darstellt, muss davor gewarnt werden, die Zeit zu idealisieren. Was Dareios bei der breiten Bevölkerung Legitimität verschaffte, war vor allem sein Status als **Gottkönig**. Dareios gelang es, als Vertreter des größten (noch nicht alleinigen) Gottes Ahura Mazda zu gelten.

Griechische Erfolge und persische Niederlagen

Das Ende von Dareios' Regentschaft wurde von seiner Niederlage gegen die Athener in der **Schlacht bei Marathon** um 490 v. Chr. eingeläutet. Damit war der Mythos von den unbesiegbaren Persern gebrochen. Der Nachfolger **Xerxes I.** trug die schwere Last, diesen Fehlschlag wiedergutzumachen und die Athener für die Unterstützung des Aufstands ionischer Griechen zu bestrafen. Für ein Weltreich wie das der Perser ein leichtes Unterfangen – könnte man meinen. Zunächst nahm er Athen erfolgreich ein und verwüstete es. Doch erlitt seine zahlenmäßig weit überlegene Streitmacht 480 v. Chr. eine verheerende **Niederlage bei Salamis**, und weitere Verluste in den Schlachten bei Platäa und am Mykale-Gebirge folgten. Gründe für die vermeintlich überraschenden Niederlagen könnten darin liegen, dass das persische Heer aufgrund seiner immensen Größe an Beweglichkeit einbüßte, die Achämeniden in dieser Phase dazu übergingen, ihre Gegner leichtfertig zu unterschätzen, und die Kriegsherren sich im Gegensatz zu ihren hartgesottenen Vorfahren zunehmend in Prunk und Luxus verloren.

Erst der **Friede von Kallias** 448 v. Chr. sorgte für zeitweiligen Frieden zwischen den Persern

550 v. Chr.

Kyros II. wird zum König der Perser und Meder und beendet das Medische Reich.

539 v. Chr.

Babylon, die Stadt der Städte, ergibt sich Kyros II. kampflos. Der König stirbt 530 und wird in seiner Residenzstadt Pasargadae begraben (Foto).

und Griechen. Im Laufe der Zeit und auch als Folge der Schwächung alter griechischer Stadtstaaten im Zuge der Peloponnesischen Kriege erstarkte schließlich Makedonien und machte damit den Weg frei für die kriegerischen Erfolge Alexanders des Großen. Die Achämeniden verloren sich nach dem Tod von **Artaxerxes II.** 359 v. Chr. in den Wirren diverser Palastintrigen.

Alexander der Große

Alexander der Große zog 334 v. Chr. nach Kleinasien. Er siegte schon an der Mittelmeerküste in der Schlacht von Issos über **Dareios III.**, eroberte dann aber zuerst Ägypten, bevor er Dareios III. abermals im heutigen Irak in der Schlacht bei Gaugamela schlug. Alexanders Weg führte weiter nach Babylon, Susa und 330 v. Chr. schließlich nach **Persepolis**. Das Niederbrennen der einst so prächtigen persischen Residenzstadt wird heute weitgehend als drastische Symbolpolitik Alexanders erachtet, mit der Botschaft, dass die Zeit der Achämeniden endgültig vorbei wäre. Generell versuchte sich Alexander aber bewusst als Nachfolger der Achämeniden zu etablieren, heiratete persische Prinzessinnen und wollte, dass auch seine Soldaten sich mit persischen Frauen vermählten.

Die Parther (245 v. Chr. – 224 n. Chr.)

Als Alexander der Große 323 v. Chr. starb, fehlte es an einer geregelten Nachfolge. Es gründeten sich mehrere Nachfolgestaaten. Besondere Bedeutung kam den **Seleukiden** (321–245 v. Chr.) in Syrien, Mesopotamien und im iranischen Hochland zu, aber auch dem im heutigen Afghanistan gegründeten Reich der **Parther**. Diese Dynastie der Arsakiden sollte Iran mehrere hundert Jahre regieren, der griechische Einfluss, den Alexander der Große bewirkt hatte, blieb aber schon deswegen erhalten, weil die Parther große Bewunderer der hellenistischen Kunst und Kultur waren und Griechisch als Amtssprache behielten.

Das zweite persische Weltreich unter den Sassaniden (224–651)

Das Reich der Parther endete erst mit dem Aufstieg eines gewissen Ardashirs, der das zweite persische Großreich, nun unter der Führung der Sassaniden, begründen sollte. Die sassanidischen Herrscher ließen nichts unversucht, eine Kontinuität zu den ersten großen Persern, den Achämeniden, herzustellen. So behaupteten sie, direkt von der achämenidischen Königsfamilie abzustammen, und verewigten sich mit riesigen Reliefs direkt neben den alten persischen Felsengräbern von Naqsh-e Rostam. Dort findet sich auch die symbolische Abbildung des persischen Sieges (259/60) über den römischen Kaiser Valerian, der von **Shapur I.** gefangen genommen wurde. Zur offiziellen Amtssprache wurde nun das Pahlavi, auch als Mittelpersisch bekannt. Die Ziele der Sassaniden waren ambitioniert. Sie wollten die einstige Größe und Macht des persischen Weltreichs wiederherstellen. Dafür waren zahlreiche Eroberungsfeldzüge notwendig, und so reichte das Perser-

522–486 v. Chr.	490 v. Chr.	330 v. Chr.
Dareios I. expandiert und errichtet ein Weltreich von der Westküste Kleinasiens bis ins Industal.	Verheerende Niederlage der Perser gegen die Athener bei Marathon	Alexander der Große erobert das Perserreich mit Persepolis (Foto) und brennt die Residenzstadt nieder.

reich unter der Regentschaft von **Shapur II.** schließlich von Anatolien bis nach Indien. Zur Residenzstadt wurde das im heutigen Irak liegende **Ktesiphon**.

Gelehrtentum und Ritterkultur

Der Regent **Khosrow I.** knüpfte an die Tradition des kulturellen Austauschs im ersten großen Perserreich an. Ganz anders als die reaktionäre zoroastrische Priesterklasse, Magi genannt, stand er für Weltoffenheit und rief Gelehrte verschiedenen Glaubens zu seinen Akademien. Damit unterschied er sich grundlegend vom christlichen Römerreich unter Justinian, der „heidnische" Schriften von griechischen Gelehrten wie Aristoteles und Platon aus den Bibliotheken verbannen ließ. Den Persern ist es zu verdanken, dass eine Fülle an Gelehrtentexten ins Persische übersetzt und in Bibliotheken behütet wurden. Damit waren die wissenschaftlichen Erkenntnisse vor der anfänglichen christlichen Zerstörungswut sicher.

Ein Element des Sassanidenreichs fand durch die Araber Jahrhunderte später über Mauretanien Eingang nach Europa: die **Ritterkultur**. Die Sassaniden pflegten bereits Minnedienst, Turniere und einen Ehrenkodex – eben alles, was auch nach europäischem Verständnis zum Rittertum gehört.

Institutionalisierung des Zoroastrismus

Der Zoroastrismus wurde unter den Sassaniden zur Staatsreligion. Die Regenten pflegten mehr noch als ihre achämenidischen Vorbilder den Auftritt als Gottkönige. Mit einer erstarkten zoroastrischen Priesterklasse kam es vermehrt zur Verfolgung von Andersgläubigen und Kritikern (S. 257). Der letzte nennenswerte Sassaniden-Herrscher war **Khosrow II.**, der 628 in einer Schlacht gegen das Byzantinische Reich fiel. Das Perserreich war unter den Sassaniden wieder zu einer Weltmacht aufgestiegen. Ein vordergründiger Gegenspieler war das Römische Reich, doch zu Fall brachten es arabische Beduinenstämme, die den **Islam** als Befreiung für alle Unterdrückten verkündeten. Damit hatten sie ein leichtes Spiel bei der bitterarmen Mehrheitsbevölkerung, die von den geistlichen und weltlichen Herrschern nichts als Gewalt erfuhr. Doch auch die islamischen Kalifen sollten Jahre nach der arabischen Eroberung nicht anders als als Gottkönige über das Land herrschen.

Die Umayyaden (660–749) und der Siegeszug des Islam

Der Siegeszug der arabischen Truppen wurde mit der **Schlacht von Nahavand** um 642 besiegelt. Ab 650 stand mit der Eroberung Khorasans das gesamte sassanidische Reich unter arabischer Vorherrschaft. Ein arabischer Statthalter aus Syrien schaffte es, sich als Führer dieses neugeschaffenen Reiches zu etablieren, und nannte sich ab sofort **Kalif**, also „Nachfolger" des Propheten Mohammed. Die Dynastie der Umayyaden mit Sitz in Damaskus nahm damit ihren Anfang, und nicht einmal hundert Jahre nach ihren Siegeszügen auf iranischem Territorium herrschten sie über eine neue islamische Ordnung von Spanien bis Indien. Als Amtssprache galt nunmehr das Arabische.

Die arabischen Eroberer hatten mitnichten die Möglichkeit, einen eigenen Herrschaftsap-

312–280 v. Chr.	250 v. Chr.–224 n. Chr.
Seleukiden herrschen über den Osten des ehemaligen Weltreichs Alexanders und hellenisieren Persien zunehmend.	Die Parther besiegen die Seleukiden und setzen während ihrer Herrschaft weiterhin auf eine Hellenisierung Persiens.

parat aufzubauen, sondern sie bedienten sich der vorhandenen Strukturen der sassanidischen Reichsverwaltung.

Muslime zweiter Klasse

Entgegen der Überzeugung des Propheten unterschied das umayyadische Herrschaftssystem zwischen Muslimen arabischer und nichtarabischer Herkunft und verstieß damit gegen das Egalitätsprinzip des Islam. Konvertiten, die keine Araber waren, wurden als *mawali* bezeichnet und unterlagen einer Kopfsteuer. So musste es kommen, dass die Bevölkerung die neuen arabischen Herrscher als Unterdrücker wahrnahm und **Aufstände** ausbrachen. Die Rebellionen am äußersten Rand des Kalifats in Khorasan erwiesen sich als nachhaltig, waren sie doch viel zu weit entfernt vom Herrschaftssitz in Damaskus. So bildete sich in der Provinz Khorasan unter **Abu l-Abbas** eine Opposition zu den despotisch herrschenden Kalifen.

Die Abbasiden und das Goldene Zeitalter des Islam (750–1258)

Der Begründer der Abbasiden-Dynastie Abu Dscha'far al-Mansur war wie die Umayyaden Araber und mit dem Propheten verwandt, stand aber in der Provinz zeitlebens maßgeblich unter persischem Einfluss. Er ließ sich zum Kalifen ausrufen, versprach allen Muslimen ungeachtet ihrer Herkunft gleiche Rechte und stürzte die Umayyaden erfolgreich. Bei den Beamten der Abbasiden handelte es sich oft um persische Vertraute aus Khorasan. Letztlich ließ sich die persische Kultur nicht von dem abbasidischen Hof trennen, was auch daran erkennbar ist, dass persische Feste wie Nowruz gefeiert wurden. Nur die Korangelehrten blieben durchweg arabisch.

Hochblüte für Kunst und Wissenschaft

Die Abbasiden leiteten mit ihrer betont weltoffenen Politik das sogenannte „goldene Zeitalter des Islam" ein. In der neu gegründeten Hauptstadt **Bagdad** sammelten sich Scharen von Künstlern und Wissenschaftlern, die Großes vermochten und die glanzvolle Hauptstadt zum kulturellen und wissenschaftlichen Nabel der mittelalterlichen Welt machten. Besonders die medizinischen Kenntnisse gingen weit über alles bisher Bekannte hinaus und sollten auf Umwegen wesentlich später auch ihren Weg nach Europa finden.

Neues Unrecht

Die eingeführte Gleichberechtigung aller Muslime, die zu vermehrten Konversionen zum Islam führte, darf nicht darüber hinwegtäuschen, dass die neuen Kalifen eine eiserne Distanz zu ihrem Volk wahrten. Bagdads Palastmauern erwiesen sich als undurchdringlich für normale Bürger, und auch innerhalb des Palastes konnten nur die allerwenigsten ranghohen Berater den Kalifen persönlich sprechen. Als Schnittstelle zur Bevölkerung wurde schließlich das **Amt des Wesirs** geschaffen. Die Prunkbauten und das luxuriöse Leben am Hof erforderten Geld, das alsbald durch Steuern eingetrieben wurde – mit dem Unterschied, dass nun jeder ungeachtet seiner Herkunft und Religion zahlen musste.

224–651	260
Die Sassaniden begründen das zweite Perserreich nach den Achämeniden mit der Hauptstadt Ktesiphon.	Der Sassaniden-Herrscher Shapur I. nimmt den römischen Kaiser Valerian gefangen. Szene auf Relief von Naqsh-e Rostam (Foto).

Ein Hoch auf die Wissenschaft

Kalif Abdallah al-Mamun (um 786–833) sorgte innerhalb seiner Palastmauern für eine unvergleichliche Weltoffenheit, umgab sich mit den verschiedensten Gelehrten aller Glaubensrichtungen und schuf Akademien, in denen wissenschaftliche Schriften unter Hochdruck ins Arabische übersetzt wurden. Allein die Korangelehrten äußerten ihren zunehmenden Unmut darüber, dass „heidnische" Texte alter griechischer Gelehrter gelesen wurden. Doch der Expansion des Gelehrtenwissens über arabische Übersetzungen war kein Einhalt mehr zu gebieten und über das maurische Spanien erreichte sie schließlich zeitverzögert auch Europa. Mamun ging sogar so weit, sich der Lehrmeinung anzuschließen, das Wort Gottes, der Koran, wäre nicht von Gott selbst, sondern von Mohammed erschaffen worden – eine Provokation. Erst einige Jahre später wurde dieser fortschrittliche Kurs mit der Amtsübernahme des Kalifen **al-Mutawakkil** 847 sukzessive korrigiert, was das Ende der überaus weltoffenen Periode des islamischen Weltreiches einläutete.

Früher Abgang

Die flächendeckende Herrschaft der Abbasiden begann schon früh zu bröckeln. Bereits im 9. Jh. etablierten sich verschiedene Lokaldynastien, die weitab von Bagdad de facto autonom regierten. Zu den wichtigsten dieser Regionalmächte zählten die **Samaniden** (819–1005) mit Sitz in Buchara. Die Stadt im heutigen Usbekistan erlebte eine kulturelle Blüte, wobei trotz des arabischen Amtsschriftverkehrs ein besonderes Augenmerk auf die persische Kultur und Sprache gelegt wurde. Die Dynastie berief sich sogar darauf, mit den sassanidischen Persern verwandt zu sein. Bereits unter den Samaniden begann man, den Kalifen im weit entfernten Bagdad nur noch als religiösen Führer zu betrachten. Doch auch die Samaniden, selbst ursprünglich Turkstämme, mussten sich schließlich türkischen Reitern aus dem Osten geschlagen geben.

Lange vor den Seldschuken und Mongolen gelang es im Jahr 945 der Dynastie der **Buyiden**, Bagdad zu erobern und zeitweilig die Kontrolle zu übernehmen. Im Gegensatz zu den vorherigen sunnitischen Herrscherdynastien handelte es sich hier um eine schiitische Ordnungsmacht, die von 930 bis 1062 regierte. Dann wurde sie wiederum von den Kakuyiden abgelöst, die allerdings bald den weit mächtigeren Seldschuken wichen. Das formale Ende des Abbasidenreichs und des Kalifen wurde erst Jahrhunderte später mit dem Mongolensturm besiegelt.

Die türkische Dynastie der Seldschuken (1040–1194)

Türkischen Reitern der zentralasiatischen Steppe gelang es im 11. Jh., nach Westen vorzudringen und die türkische Dynastie der Seldschuken zu errichten, die ein Herrschaftsgebiet von Indien bis nach Irak und in die Türkei ihr Eigen nennen konnten. Abermals fiel die prächtige Hauptstadt Bagdad 1055, und mit diesem Siegeszug brach das universelle islamische Reich des Kalifen zusammen. Von nun an gab es eine Tren-

642	660–749	749
Die arabische Eroberung wird mit der Schlacht von Nahavand besiegelt.	Muawiya begründet als Kalif die Dynastie der Umayyaden und verlegt die Hauptstadt nach Damaskus.	Die sunnitischen Abbasiden stürzen die Herrschaft der Umayyaden.

nung zwischen weltlicher und geistlicher Herrschaft. Die religiöse Führung des Kalifen blieb unangetastet und konnte von einem Türken wie **Togrul** ohne jede Verwandtschaft zum Propheten auch gar nicht in Frage gestellt werden. Die weltliche Macht gab der Kalif gezwungenermaßen an den türkischen Eroberer ab, das **Amt des Sultans** wurde geschaffen. Herrschaftssitz der weltlichen Macht unter den Seldschuken wurde **Esfahan**. Die neue Ordnungsmacht war der persischen Kultur verfallen. Persisch war die unangefochtene Amtssprache am Hof von Esfahan, und die seldschukischen Herrscher waren darum bemüht, insbesondere die persische Literatur zu fördern. Einem Intermezzo durch die ebenfalls türkischstämmigen Choresm-Schahs (1077–1231) folgten dann die Mongolen.

Erstarrung des Klerus

Als überzeugte Sunniten befeuerten die Seldschuken den bereits herrschenden Glaubensstreit aufs Neue. In Zeiten der religiösen Unruhe kamen auch die Ismailiten auf, und beginnend mit dem 9. Jh. hatte sich eine islamische Mystik (S. 134) entwickelt. Gleichzeitig zeichnete sich ab, dass sich ein starrer und reformunwilliger Klerus, der den wissenschaftlichen, insbesondere den philosophischen Errungenschaften der Zeit ablehnend gegenüberstand, flächendeckend an Macht gewann. Diese Entwicklung der islamischen Welt nahm ihren Beginn bereits nach dem Tod des Kalifen Mamun im 9. Jh. Während das christliche Abendland begann, die Schriften arabisch-persischer und griechischer Gelehrter zu lesen und ins Lateinische zu übersetzen, schafften es Vertreter eines orthodoxen Islam, kritisch-rationale Denkansätze zunehmend zu unterdrücken und als ketzerisch zu verurteilen.

Eroberungsfeldzüge der Mongolen (1221–1335)

Kurz flammte die abbasidische Herrschaft wieder auf, aber dann stellte **Dschingis Khan** die politische Ordnung nachhaltig auf den Kopf. Beutezüge zentralasiatischer Nomaden waren nicht neu, allerdings zogen sich die Truppen immer wieder schnell in ihre Steppe zurück. Das änderte sich mit dem großen Mongolensturm und Dschingis Khan, der mit einer bis dato ungesehenen Brutalität ein Fürstentum nach dem anderen eroberte und alles auf seinem Weg in Schutt und Asche legte. Menschen wurden massenweise abgeschlachtet. Die Mongolen schafften es über die Jahrhunderte schließlich noch besser als die Seldschuken, die Bevölkerungsstruktur massiv zu beeinflussen und dem Nomadentum auf persischem Boden zu neuer Stärke zu verhelfen. Die über die Länder ziehenden Reiter waren zumeist **türkische Nomadenstämme**, die sich dem mongolischen Heeresführer angeschlossen hatten, und gar nicht Mongolen.

Der türkische Einfluss ist heute noch leicht an der Verankerung der türkischen Sprache in manchen Gebieten zu erkennen. Im Gegensatz zu den vielen anderen nicht-persischen Herrschern, die sich in der Vergangenheit auf persischem Boden niedergelassen hatten, zeigten die Mongolen keinerlei Interesse oder Verständnis für die großen kulturellen und wissenschaftlichen Errungenschaften, die sie während ihrer Eroberungsfeldzüge vorfanden. Bibliotheken und Akademien wurden niedergebrannt und ein riesiger Schatz an Wissen wurde für die Nachwelt für immer zerstört.

762	813–833	864–999
Bagdad wird zur neuen Hauptstadt der Abbasiden-Dynastie und des Kalifats.	Unter Mamun erlebt das abbasidische Weltreich die höchste kulturelle und wissenschaftliche Blüte.	Die regionale Macht der Samaniden mit ihrer Hauptstadt Buchara herrscht über den östlichen Teil Irans.

Rechtzeitiger Schutz

Die Emire von Shiraz und Esfahan verkannten die mongolische Bedrohung im Gegensatz zu vielen anderen nicht, ergaben sich rechtzeitig und überhäuften die Mongolen mit Geschenken. Diesem politischen Kalkül ist es zu verdanken, dass die beiden Städte in Zeiten größter Unruhe sogar eine kulturelle Blüte erlebten. Nur so konnte Shiraz zwei der größten Poeten hervorbringen: Saadi und Hafez.

Verkannte Bedrohung

Dschingis Khan war 1224 wieder weit in den Osten zurückgekehrt und kümmerte sich bis auf Khorasan nicht um die eroberten Gebiete. Erst **Hülegü** brach erneut gen Westen auf und gründete das **Reich der Ilkhaniden**.

Der **Mongolensturm auf Bagdad** 1258 beendete die zumindest formal noch bestehende Macht des Kalifats der Abbasiden. Die Weltmetropole, an die keine andere Stadt der Welt heranreichen konnte, wurde dem Erdboden gleichgemacht. Der Kalif, welcher der mongolischen Aufforderung, sich zu ergeben, nicht nachgekommen war, provozierte vermutlich einen Rachefeldzug besonderer Ausmaße. Über eine Zeitspanne von einem Monat sollen die Mongolen rund 500 000 Menschen massakriert haben. Von dem einst so prächtigen Bagdad blieb nichts mehr übrig.

Erst die **Mamluken** boten dem Reich der Ilkhaniden Einhalt. 1335 wurde der letzte Führer der Ilkhaniden, der über das gesamte mongolische Weltreich herrschte, ermordet, und es begann ein altbekanntes Spiel. Verschiedene Clans und Emire versuchten, die Gunst der Stunde zu nützen, und so entstanden verschiedene Regionalmächte.

Die Timuriden (1370–1507)

Am Ende ihrer Herrschaftsperiode gingen auch die mongolischen Ilkhaniden dazu über, die verwüsteten Städte wieder aufzubauen und die persische Kultur zu fördern. Doch all das wurde umgehend von der nächsten Eroberungswelle zunichte gemacht. Wieder waren es nomadische Reiter aus der Steppe, die unter dem türkischstämmigen **Timur** iranischen Boden heimsuchten. Ihren Vorbildern, den Mongolen, standen sie um wenig nach, wenn es darum ging, mit äußerster Brutalität Land zu erobern und Menschen zu massakrieren.

Die vielen Opfer unter den Timuriden sind heute vergessen, während die atemberaubenden Prunkbauten der Residenzstadt **Samarkand** immer noch bewundert werden können. Für eben diese Bauwerke ließ Timur Kunsthandwerker aus Persien kommen. Timur beschränkte sich nicht auf die Unterwerfung Persiens. Sein Weg führte ihn weiter nach Indien, wo er Delhi einnahm und das Mogulreich seinen Anfang nahm.

Die schiitische Weltmacht der Safawiden (1501–1722)

Als sich ein paar nomadische Reiter und Derwische um Ardabil zu einer kriegerischen Einheit formierten, ahnte niemand, dass dies der Anfang einer neuen Zentralmacht sein sollte. Gegen Anfang des 16. Jhs. verfiel Iran einmal mehr in lokale Herrschaften, was den Safawiden schließlich das nötige Machtvakuum bot, selbst zur politischen Ordnungsmacht zu werden.

945	1055	1258
Die schiitischen Buyiden erobern Bagdad.	Eroberung Bagdads durch türkische Seldschuken; Zusammenbruch des universellen islamischen Kalifenreiches	Der Mongolensturm auf Bagdad besiegelt das Ende des Kalifats und zerstört die Stadt vollkommen.

Mit den Safawiden wurde das **Schiitentum** in Form der Zwölfer-Schia (S. 132) zur unumstößlichen Staatsreligion. Dabei begann alles mit einer zunächst sunnitischen Derwischgemeinde, allen voran mit dem Namensgeber der Dynastie **Safi ad-Din** (1252–1334), der in Ardabil den Sufi-Orden Safawiyeh gründete (S. 337). Safis Nachfolger stärkte die Organisation der Bewegung, die Ende des 14. Jhs. bereits schiitisch und davon überzeugt war, den wahren Glauben militärisch durchsetzen zu müssen. Die ersten Eroberungsfeldzüge waren von religiösem Eifer geprägt, erwiesen sich aber als wenig erfolgreich. Doch nur dank dieser militärischen Vorläufer konnten sich in Ardabil starke Truppen aus den Nomadenstämmen zu einer militärischen Einheit formieren, die, als **Derwischkrieger oder Qizilbash** bekannt, dem Safawiden-Herrscher Ismail zur Macht verhalfen. Die kriegerische Ordensgemeinschaft des 16. Jhs. hatte nur noch wenig mit den spirituellen Anfängen gemein.

Erst mit **Ismail** bot sich den Safawiden die Möglichkeit, zu neuen Gottkönigen aufzusteigen und damit ganz bewusst in die Fußstapfen der Sassaniden zu treten. Als Ismail 1501 von der Stadt Ardabil loszog, um die vielen Fürstentümer zu erobern, galt er jedoch noch als Derwischführer, und eigentlich war er Türke, nicht Perser.

Ismail setzte alles daran, das Schiitentum zu festigen und den Konflikt zwischen Sunni und Schia zu befeuern. So ließ er die für Schiiten unrechtmäßig an die Macht gekommenen Imame vor Ali verfluchen. Die Könige (Schahs) traten als Stellvertreter des verborgenen zwölften Imams auf, waren weltliches und geistliches Oberhaupt in einer Person. Begünstigt wurde die Verschärfung der Glaubensfronten von der politischen Feindschaft zwischen sunnitischen Osmanen und schiitischen Safawiden. Auch wenn die safawidischen Herrscher zu überzeugten Schiiten geworden waren, die Mehrheitsbevölkerung Irans war es noch lange nicht. Die flächendeckende Ausbreitung des Schiitentums war ein langer Prozess, der sich über die gesamte safawidische Periode erstreckte. Auch die Zentralisierung des Reiches, das von der Herrschaft verschiedenster nomadischer Stämme geprägt war, wollte erst unter Abbas I. gelingen.

Vergessen waren bald die sufistischen Wurzeln der Ahnherren und die ersten Glaubenskrieger in Form von Derwischreitern. Unter Ismail vollzog sich ein Wechsel der Truppen, die fortan persisch, nicht türkisch und schon gar nicht mehr sufistisch waren. Die Safawiden hatten sich damit militärisch von den Derwischkriegern oder Qizilbash losgelöst. Anstoß war eine verlorene **Schlacht gegen die Osmanen** 1514, welche die Derwischkrieger stark dezimiert hatte. Auch bei der Verwaltung des Safawidenreichs empfahl es sich, auf persische Beamte, Gelehrte und Emire zurückzugreifen.

Längst hatte sich das politische Kalkül zur Machtausweitung und -erhaltung breitgemacht. Sufi-Orden wurden verfolgt und in den Untergrund getrieben. Nur der Safawiden-Orden überlebte. Langsam, aber sicher stieg eine neue geistliche Ordnungsmacht empor, die Irans Geschichte nachhaltig prägen sollte: die schiitischen Gelehrten. Die **schiitische Ulama** sollte fortan darauf achtgeben, dass Herrscher im Sinne des Korans handelten.

Ein neuer Gottkönig – Abbas I.

Nach der verlorenen Schlacht gegen die Osmanen schaffte es **Abbas I.**, die Grenzen des Reiches erneut erfolgreich abzustecken und alle

1370–1507	1501	1514
Die mongolische Dynastie der Timuriden mit ihrer Hauptstadt Samarkand herrscht über Persien.	Der Derwisch-Führer Ismail zieht von Ardabil los und begründet das Safawiden-Reich.	Niederlage der Safawiden gegen die Osmanen bei Tschaldiran. Ein Wandgemälde im Tschehel Sotun (Foto) in Esfahan zeigt die Schlacht.

Kritiker und Aufstände innerhalb des Landes niederzuschlagen. Abbas I. verlegte die Residenzstadt des Safawidenreichs schließlich nach Esfahan, davor hatten Qazvin und Tabriz als Hauptstädte der Dynastie fungiert. Man könnte von der außergewöhnlichen Hochblüte der Kunst und Kultur schwärmen, an die unvergleichlichen Prachtbauten Esfahans denken und dabei vergessen, mit welcher unerbittlichen Unterdrückung dieser imperiale Prunk einherging.

Es entstanden unzählige Moscheen, Karawansereien, Universitäten, Gärten und Paläste. Es scharten sich Gelehrte, Künstler und Händler in Esfahan. Und wie so oft erforderte die Pracht auch das unermessliche Leid derer, die dafür als Arbeitssklaven schufteten und als Steuerpflichtige zahlten. **Christliche Armenier**, die begabte Kunsthandwerker waren, wurden nach Esfahan zwangsumgesiedelt. Viele ließen dabei ihr Leben. Auch gab es für die einfache Bevölkerung keinen Ausweg aus der erdrückenden Steuerlast. Aufständische wurden kurzerhand gnadenlos hingerichtet.

Abbas vereinte ausgeprägten Kunst- und Kultursinn mit militärischem und verwaltungstechnischem Scharfsinn und verfügte über diplomatisches Geschick. Gleichzeitig war er ein kompromissloser Despot, der jede kleinste Kritik an seinem Walten im Keim erstickte. Er galt als eine derart starke Führungspersönlichkeit, dass der schiitische Gelehrtenrat (Ulama) sich davor hütete, seine Machtsphäre auszudehnen. Niemals hätte er es gewagt, die von Abbas propagierte Unfehlbarkeit des Gottkönigs öffentlich anzuprangern, wenngleich ihm dieser Anspruch des Herrschers zutiefst widerstrebte.

Doch Kritik an der postulierten Universalmacht der Könige zeigte sich alsbald unter den schwachen Nachfolgern des großen Abbas. Mit dessen Tod war das Ende des erfolgreichen Safawidenreichs besiegelt, wenn es auch aufgrund einer gut funktionierenden Verwaltung und eifriger Beamter noch lange weiterbestand. Abbas selbst ist dafür als einer der Schuldigen auszumachen: In der ständigen Angst, gestürzt zu werden, ließ er seine Söhne fernab der Staatsgeschäfte im Harem groß werden, sofern er sie nicht blendete oder sogar ermorden ließ. Zwangsläufig folgten Herrscher, die heillos überfordert waren, ein derart großes und komplexes Reich zu regieren, und sich de facto in ihren luxuriösen Mikrokosmos am Hof zurückzogen.

Religiöser Fanatismus und die Institutionalisierung der Schia

Abbas' Toleranz gegenüber anderen Religionen und Glaubensrichtungen war sowohl seinem weltoffenen Interesse an Kunst und Architektur als auch seinem politischem Kalkül geschuldet. Er sah keine Notwendigkeit darin, Armenier in der freien Glaubensausübung und der Errichtung von Kirchen zu beschränken, solange sie ihm halfen, seine vermessenen Baupläne in die Realität umzusetzen.

Doch auch diese Haltung fand mit dem Tod Abbas' ein Ende, wich einem intoleranten Kleingeist, der auf uneingeschränkten Machtausbau und -erhalt aus war. Minderheiten wurden verfolgt und schikaniert – es folgten unter anderem Zwangsbekehrungen und eine Kennzeichnungspflicht für Juden. Unter den Mullahs, rangniedrigen schiitischen Geistlichen, gab es aber auch solche, die sich dem Mob gegen Minderheiten nicht anschlossen und **Juden, Christen und Zarathustrier** sogar dezidiert in Schutz nahmen,

LAND UND LEUTE

1587–1629

Abbas I., der Große, verhilft dem Safawiden-Reich zu einer kulturellen Blüte und verlegt die Hauptstadt nach Esfahan.

1722

Afghanische Truppen nehmen Esfahan ein und beenden das Safawiden-Reich.

während andere schiitische Geistliche auf deren Verfolgung bestanden und diese förderten.

Dabei hatten sich die Schiiten über Jahrhunderte hinweg selbst in der Rolle der unterdrückten Minderheit geübt. Selbst an der Macht, gingen sie aber mit vollster Härte gegen Minderheiten im Land vor und fühlten sich angesichts der weltweit zahlenmäßig überlegenen Sunniten immer noch bedroht. Der Konservatismus hatte überhand genommen und das mit fatalen Folgen. Die Mudschtahids, so nannten sich die besonders begabten Rechtsgelehrten, konnten sich durch die safawidische Befreiung aus dem Minderheitenstatus des Schiitentums zu einem neuen Machtfaktor entwickeln und traten trotz der erfolgreichen **Institutionalisierung der Schia** gleichzeitig in Opposition zu den Königen – eine Opposition, aus der sie schließlich mit der Revolution 1979 herauskamen.

Wirtschaftlich konnte das Safawidenreich gegen Anfang des 18. Jhs. nicht mit dem Rest der Welt mithalten und das in einer Periode, in der europäische Mächte es bereits verstanden, sich solche Schwächen zunutze zu machen. Doch zu Fall brachten das Safawidenreich, noch lange vor der europäischen Einflussnahme, **afghanische Aufstände**.

Die Afshariden und die Zand-Dynastie

1722 konnte Esfahan von afghanischen Truppen unter Mir Mahmud Hotaki eingenommen werden, was die Herrschaft der Safawiden beendete. Etwas mehr als zehn Jahre später etablierte sich der ebenfalls afghanische **Nader Khan** und begründete die Dynastie der Afshariden. Nadir Khans Eroberungszüge führten bis nach Indien, wo er das Mogulreich stürzte. Schließlich kontrollierten die afghanischen Afshariden ein weitläufiges Gebiet, das von Indien bis in den Kaukasus reichte.

Karim Khan, ein General unter den Afshariden, gründete Mitte des 18. Jhs. die kurzlebige Zand-Dynastie mit Hauptsitz in Shiraz. Unter der Zand-Dynastie erlebten die kontrollierten Gebiete Irans zwischenzeitlich einen verhältnismäßig großen Aufschwung und Wohlstand.

Spielball der Großmächte

In den Wirren des Umsturzes der safawidischen Dynastie versuchten einmal mehr etliche Stammesführer, Generäle und andere von Machtfantasien getriebene Männer ihr Glück, eigene Herrschaftssysteme zu etablieren. Iran verfiel nach dem Untergang der Safawiden-Dynastie in bürgerkriegsähnliche Zustände und das Land wurde schließlich zum Spielball zweier europäischer Großmächte: Russland und Großbritannien.

Das 18. Jh. stand insgesamt unter keinem guten Stern für die islamische Welt. Die Osmanen mussten große Gebietsverluste hinnehmen, das Safawidenreich brach in sich zusammen, die von Persien längst unabhängigen Fürstentümer Buchara und Samarkand wurden von den Russen eingenommen, und auch die in Indien lebenden Moguln unterstanden europäischen Kolonialmächten.

Innerhalb des 18. und 19. Jhs. erreichten die Europäer mithilfe einer weltumspannenden Expansionspolitik eine Kehrtwende der Machtverhältnisse: Hatten islamische Dynastien sich

1730–1747	1747	1794–1925
Nadir Khan vertreibt die Afghanen und begründet die Dynastie der Afshariden.	Afghanistan wird zum unabhängigen Königreich und gehört nicht länger zu Persien.	Die Dynastie der Qadjaren wird begründet und baut Teheran zur Hauptstadt aus.

jahrhundertelang den mehrheitlich christlichen Europäern überlegen gefühlt, galt fortan die islamische Welt als barbarisch und unterentwickelt. Diese Wahrnehmung sollte sich in den meisten europäischen Köpfen bis heute festigen – vergessen waren bald die arabisch-persischen Höchstleistungen in Kultur und Wissenschaft.

Der Beginn der Unmündigkeit

Die **Qadjaren** traten 1779 mit dem türkischstämmigen Mohammad Qadjar in Erscheinung und legten den Grundstein für den Ausbau einer damals völlig unbedeutenden Provinzstadt: Teheran. Im Gegensatz zu den vielen anderen rivalisierenden Nomadenstämmen im Land konnten die Qadjaren sich zumindest formal als flächendeckendes Königtum im Land durchsetzen. Auch diese Dynastie ging in voller Härte gegen Kritiker und Aufständische vor und ließ in kürzester Zeit Massen von Menschen hinrichten.

Die **Russen** hatten bereits 1801 Georgien annektiert und zogen weiter gen Süden. 1828 wurde die nordwestliche Grenzziehung mit dem **Vertrag von Turkmantschai** besiegelt. Die Russen waren erfolgreich bis wenige Kilometer vor Ardabil nach Süden vorgerückt, Georgien und Teile Aserbaidschans waren endgültig verloren. Der qadjarische **Naser ad-Din Schah** versuchte auch vergebens, das seit 1747 unabhängige Königreich Afghanistan wieder unter seine Einflusssphäre zu bringen: Mitte des 19. Jhs. musste er dem britischen Druck nachgeben und Afghanistan als eigenen Staat anerkennen.

Iran war dazu verdammt, ein Dasein als unmündiges Kind zu führen, die qadjarischen Könige machten keine Anstalten, durch notwendige Reformen in das Geschehen einzugreifen. Sie vermochten sich nicht aus der Unmündigkeit zu befreien, versanken im Gegenteil in weitere Abhängigkeit aufgrund von gravierenden Finanzproblemen. Die völlige Selbstaufgabe war schließlich auch daran zu erkennen, dass den Großmächten immer mehr Rechte eingeräumt wurden. So durften die Russen längst ohne jede Einschränkung Eigentum erwerben, und 1872 gestand Naser ad-Din den **Briten** zu, Bergwerke und Fabriken zu errichten, deren Gewinne den britischen Staatshaushalt aufbessern sollten. Im Gegenzug sollte die iranische Infrastruktur modernisiert werden.

Der Grund dafür, dass Iran nicht völlig kolonialisiert wurde, liegt darin, dass sich die beiden rivalisierenden Großmächte Großbritannien und Russland darauf einigten, „nur" indirekt in die Regierungsgeschäfte einzugreifen. Die qadjarischen Schahs wurden zu Marionetten im eigenen Land. Könige, aber auch hochrangige Geistliche lebten aufgrund ihres Großgrundbesitzes und der hohen Abgaben der immer ärmer werdenden Bevölkerung in Saus und Braus, während das Land im Chaos versank.

Unmut gegen den Ausverkauf des Landes

1890 wurde einer britischen Firma das **Tabakhandelsmonopol** zugesprochen, was für große Aufstände sorgte. Mittlerweile befanden sich auch die ranghohen Geistlichen in klarer Opposition zu den Qadjaren und sahen sich als Sprachrohr für das unterdrückte Volk. Der Schah war gezwungen, den Vertrag mit der britischen Firma zu kündigen, was hohe Entschädigungszahlungen nach sich zog und den Schuldenberg nur noch weiter ansteigen ließ. 1901 gelang es den Briten dann, sich das **Monopol auf Erdölbohrungen** zu sichern.

1825–28	1856/57	1872
Russland gewinnt den Krieg gegen Persien und besiegelt die Grenzziehung im Nordwesten Irans.	Persien scheitert beim Versuch, Afghanistan zurückzuerobern, und erkennt auf Druck der Briten die Unabhängigkeit des Landes an.	Großbritannien erhält das Recht auf Anteile der Bodenschätze Irans.

Der Ausverkauf des Landes war im vollen Gange und erregte Unmut bei allen Bevölkerungsschichten von linksliberalen Intellektuellen bis zu reaktionären Geistlichen. So gegensätzlich die protestierenden Lager auch waren, ihre Kritik an der qadjarischen Politik und der westlichen Einflussnahme einte sie. Die oppositionellen Kräfte im Land wurden immer lauter und ihr Aufstand im Jahr 1905 führte schließlich ein Jahr später zum Übergang zu einer konstitutionellen Monarchie. Die sogenannte **Konstitutionelle Revolution** erstreckte sich bis 1911.

Die Verfassung sah nun ein Parlament mit einem gewählten Ministerpräsidenten vor. Die Geistlichen sicherten sich ihre erweiterte Einflusssphäre, indem festgeschrieben wurde, dass sie für Entscheidungen zu Rate gezogen werden müssten. In den frühen Jahren des 20. Jhs. festigte sich zudem eine Allianz, die bis heute ihre Wirkung zeigt: jene zwischen der schiitischen Geistlichkeit und den traditionell konservativen Bazaris, den Kaufleuten und Handwerkern der Bazare.

Das Ende der Marionettenkönige

Russland und Großbritannien teilten Iran 1907 in eine nördliche und südliche Einflusssphäre auf und sahen eine großzügige Pufferzone dazwischen vor. 1919 scheiterten die Briten beim Versuch, Iran doch noch zu einem britischen Protektorat zu machen, danach konzentrierten sie sich darauf, die iranische Regierung zu stärken, weil sie eine weitere Expansion der Sowjetunion fürchteten. Der ausdrückliche Wunsch Irans, während des Ersten Weltkriegs Neutralität zu wahren, wurde ignoriert. Russland nutzte iranisches Territorium, um gegen das Osmanische Reich zu kämpfen.

Es folgte ein letztes Aufbäumen der qadjarischen Könige unter **Ali Schah**, der das Parlament auflösen ließ. Abermalige Unruhen zwangen ihn aber ins russische Exil. Das Ende der Qadjaren war damit in Sicht. Der Kavallerie-Offizier **Reza Khan** wusste die Instabilität für sich zu nutzen und wurde dabei von Großbritannien unterstützt. Er ließ sich zunächst vom qadjarischen Schah zum Kriegsminister und dann zum Premierminister ernennen, bevor er sich schließlich 1925 selbst zum neuen Schah ausrufen ließ.

Trügerischer Schein – die Pahlavi-Dynastie und die Revolution (1925–1979)

Reza Schah trat mit dem Versprechen an, das Land in die Moderne zu führen und den Ausverkauf an den Westen zu stoppen. Seinem großen Vorbild und Nachbarn Atatürk folgte er in vielerlei Hinsicht. Unmittelbar nach seiner Krönung setzte er die strikte **Trennung von Staat und Religion** nach französischem Vorbild durch. Sein Ziel war ein durch und durch säkularisierter Nationalstaat. Der Geistlichkeit im Land trat er mit der größten Geringschätzung gegenüber. Die Rache dafür sollte allerdings erst sein Sohn und Nachfolger zu spüren bekommen.

Von den abgesetzten Qadjaren-Königen, die Reformen hinausgezögert hatten, hob sich der neue Schah der selbst ernannten Pahlavi-Dynastie zunächst deutlich ab. In rasendem Tempo wurden Maßnahmen durchgesetzt, die Iran in kürzester Zeit zu einem modernen und

1890–92	1901	1909
Vergabe des Tabakmonopols an Großbritannien und Annullierung dieses Zugeständnisses aufgrund vermehrten Drucks aus der Bevölkerung	Großbritannien sichert sich das Monopol auf Erdölbohrungen in Iran.	Die Anglo-Persian Oil Company wird zur effizienten Ausbeutung der persischen Ölvorkommen ins Leben gerufen.

Rückbesinnung auf vorislamische Zeiten

Für Reza Schah war der über Jahrhunderte währende arabische Einfluss auf Persien der Grund allen Übels, weshalb er Lehnwörter aus dem Arabischen ablehnte. Er gab seiner Dynastie den Namen Pahlavi, die Bezeichnung für ein vorislamisches Mittelpersisch, schaffte die arabisch-islamische Zeitrechnung zugunsten des Gregorianischen Kalenders ab und verkündete 1935 die bis heute gültige Staatsbezeichnung Iran statt Persien. Die Rückbesinnung auf die großen persischen Dynastien der Achämeniden und Sassaniden musste eine muslimische Mehrheit der Bevölkerung, die wenig über Persepolis und die großen vorislamischen Perserkönige wusste, irritieren.

technisch hochentwickelten Land umformen sollten. Nur schlossen die Reformen die sozialen Probleme einer zunehmend verarmenden Mehrheitsbevölkerung nicht ein, sondern verstärkten sie mitunter. Reza Schah stammte zwar als Kind eines Hirten selbst aus bitterarmen Verhältnissen, doch das hinderte ihn nicht daran, zum kompromisslosen Despoten aufzusteigen. Eine notwendige Landreform zur Sicherung eines Existenzminimums für die Bauern war nie angedacht, doch über diesen sozialen Reformunwillen hinaus veranlasste Reza Schah als Großgrundbesitzer auch die **Enteignung** vieler Hunderter Bauern, die ihm fortan wie rechtlose Leibeigene unterstanden.

Zum modernen Gesicht, das der Schah seinem Land geben wollte, gehörte auch die **Durchsetzung westlicher Kleidung**. Das Straßenbild sollte nicht länger von Turban, Kaftan, Pumphose und Kopftüchern oder sogar Tschadors geprägt werden. 1936 folgte schließlich das dezidierte Verbot, einen Gesichtsschleier zu tragen. Während eine kleine Schicht gut situierter und großstädtischer Frauen die Entscheidung begrüßte, stieß das Verbot bei vielen Frauen auf dem Land auf Unverständnis. Die Modernisierungsmaßnahmen des Schahs blieben oberflächlich und erwiesen sich deswegen als wenig nachhaltig. Die grundlegende Modernisierung der iranischen Gesellschaft, die sozialer Reformen und einer Demokratisierung bedurft hätte, blieb aus. Eine kleine gebildete Bevölkerungsschicht klagte über die königlichen Repressionen, die Zerschlagung einer kritischen Presse und die massenhafte Inhaftierung von Kritikern. Der moderne Nationalstaat Iran unter dem Schah wahrte maximal den Schein der Demokratie, de facto war das Parlament machtlos.

Verbannung und Rückkehr der europäischen Großmächte

Dem Versprechen, dem britischen und russischen Einfluss Einhalt zu gebieten, blieb Reza Schah treu. Unmittelbar nach seiner Machtübernahme entließ er russische Militärberater und Techniker und verwies sie des Landes. Um die Modernisierung voranzutreiben, brauchte es allerdings ein neues Bündnis. Mithilfe der Deutschen wurden das Infrastrukturnetz ausgebaut, moderne Industriebetriebe errichtet und Teherans Flughafen fertiggestellt. Die fortwährenden Sympathiebekundungen für Adolf Hitler und der **Zweite Weltkrieg** boten den Briten 1941 schließlich den Anlass, in Iran einzumar-

1905–1911	1921	1923
Aufstände münden in einer konstitutionellen Monarchie mit Parlament und Ministerpräsidenten.	Der Offizier Reza Khan führt einen Militärputsch zum Sturz der Regierung in Teheran an und übernimmt inoffiziell fortan die Regierungsgeschäfte.	Reza Khan wird Premierminister und der qadjarische Schah Ahmad reist nach Europa, um nicht mehr zurückzukehren.

schieren und gemeinsam mit Sowjettruppen den Schah abzusetzen. Reza Schah verließ das Land gen Südafrika und kehrte nie wieder zurück.

Königliche Ignoranz

Sein Sohn **Mohammad Reza Pahlavi** hatte bei Weitem nicht das Führungsprofil seines Vaters, was dem Westen nur recht war. Sie sahen darin die Chance, sich wieder erfolgreich an den Bodenschätzen des Landes, allen voran Erdöl und -gas, zu bereichern, ohne die Pahlavi-Dynastie komplett zu stürzen. Der junge Mohammad Reza war der westlichen Boulevardpresse als schöner König und Lebemann bestens bekannt, machte sich wenig aus dringenden Staatsgeschäften, aber umso mehr aus dekadenten Feiern und europäischen Urlaubsresorts. Das Regieren blieb den Ministern überlassen. Der Ausverkauf an den Westen, von dem es vorübergehend so schien, als wäre er beendet, begann von Neuem. Ab Mitte des 20. Jhs. gewannen vor allem die **USA** an Einfluss, die sich das Geschäft mit dem Öl nicht entgehen lassen wollten.

Verpasste Demokratie und westliche Profitgier

In den 1950er-Jahren erschien zeitweilig ein Hoffnungsschimmer am Firmament. Viele Iraner denken heute noch mit Wehmut an diese Zeit zurück als verpasste Chance für einen stabilen und demokratischen Iran. Der Rechtsanwalt **Mohammad Mossadegh** konnte die Massen für sich gewinnen und erhielt Unterstützung aus den gegensätzlichsten Lagern, von den Mullahs und Ayatollahs bis hin zur kommunistischen Tudeh-Partei. Von 1951 bis 1953 bekleidete er, abgesehen von einer kurzen Unterbrechung im Juli 1952, das Amt des Premierministers und verkündete die **Verstaatlichung der Erdölindustrie**. Sowohl die USA als auch Großbritannien drohten damit, die Wirtschaft Irans zu boykottieren, was wiederum zahlreiche Demonstrationen auf Irans Straßen nach sich zog.

Offiziere planten 1953 einen Putsch gegen Mossadegh, der aber aufflog, bevor er durchgeführt werden konnte. Als der Schah deswegen kurzfristig ins Ausland floh, sah es für einen Moment so aus, als wäre alles gewonnen. Aber nur wenige Tage später war der Schah wieder im Land und Mossadegh saß im Gefängnis.

Iran versank aufgrund der bereits wirkenden Wirtschaftsboykotte zunehmend im Chaos, aber damit gab sich der Westen noch nicht zufrieden. Heute ist aktenkundig, dass die **CIA** ein Sonderkommando für die Unterstützung schahtreuer Militärtruppen bestellte, um gegen Mossadegh zu putschen. Auch der britische **SIS** hatte seine Finger im Spiel. Zu der US-amerikanischen und britischen Intervention kam hinzu, dass die **schiitische Geistlichkeit** Mossadegh ihre Unterstützung entzog, weil dieser ihrer Meinung nach zu nahe an die kommunistische Tudeh-Partei gerückt war und sie lieber einen despotischen Schah als einen atheistischen Demokraten akzeptierte.

Königliche Härte

Der Lebemann Reza Schah nahm nach dem beinahe geglückten Umsturz die Regierungsgeschäfte nun in die Hand. Er versuchte in die Fußstapfen seines Vaters zu treten und setzte auf Modernisierungsschübe. Doch wie sein Vater interessierte er sich nicht für einen tiefgreifenden gesellschaftlichen Fortschritt, eine Demokratisierung des Landes oder soziale Reformen im Sinne einer gerechteren Umvertei-

1925	1935	1936
Reza Khan lässt sich zum neuen Schah ausrufen, begründet die Pahlavi-Dynastie und beendet die Herrschaft der Qadjaren.	Die Staatsbezeichnung Persiens lautet von nun an Iran.	Reza Pahlavi setzt trotz massiven Widerstands der Bevölkerung ein Verschleierungsverbot für Frauen durch, das sein Sohn 1941 zurücknimmt.

lung des vorhandenen Vermögens. Nur in Bezug auf den technischen Fortschritt eiferte er dem Westen nach.

Die **Korruption** im Land erreichte ungeahnte Ausmaße, und eine kleine Führungsriege bereicherte sich – an ihrer Spitze Reza Schah selbst, der unter anderem durch die Veruntreuung von Steuergeldern und Spenden zu einem der weltweit reichsten Männer aufstieg.

Die Erdölindustrie blieb nach dem Zwischenspiel Mossadeghs verstaatlicht, doch das Geld floss in die weiten Taschen einer kleinen politischen und wirtschaftlichen Elite, die ihr Vermögen noch dazu gerne auf Auslandskonten parkte. Die meisten Bevölkerungsschichten nagten trotz des ungeheuren Reichtums, der vor allem im Norden Teherans zur Schau gestellt wurde, nach wie vor am Hungertuch. Das härteste Los hatten die **Bauern und Tagelöhner** gezogen, die es aus Verzweiflung in die großen Städte, allen voran nach Teheran, trieb, in der Hoffnung dort ein menschenwürdigeres Leben führen zu können. Daraus resultierten riesige Slums am Stadtrand. Die sozialen Probleme des Landes spitzten sich damit nur weiter zu.

Um der immer lauter werdenden Kritiker Herr zu werden, gründete Reza Schah 1957 die **Geheimpolizei SAVAK**. Mit diesem modernen Überwachungsorgan wurden Kritiker sofort ausgeschaltet – gefoltert und hingerichtet.

Halbherzige Reformversuche

In den 1960er-Jahren nahmen die öffentlichen Proteste gegen das königliche Regime zu. Insbesondere Lehrer und Studenten waren an den **Demonstrationen** der ersten Stunde beteiligt. Ausländische Beobachter gaben dem Schah zu verstehen, dass eine drohende Revolution nur durch soziale Reformen verhindert werden könnte. Eine umfassende Landreform, die das Leid der Bauern lindern sollte, musste her.

Plötzlich propagierte der Schah sein Reformprogramm für mehr Gerechtigkeit und sprach von der **Weißen Revolution** von oben. Eine Volksabstimmung sollte das Reformprogramm des Schahs legitimieren. In den Reihen der schiitischen Geistlichkeit regte sich Unmut, waren doch viele unter ihnen Großgrundbesitzer und damit direkt von der Landreform bzw. drohenden Enteignung zugunsten der Bauern betroffen. Noch dazu sollte im Rahmen des Reformprogramms das Wahlrecht für Frauen und Nicht-Muslime durchgesetzt werden. Erstmals trat **Ruhollah Khomeini** in Erscheinung und versuchte, gegen den Volksentscheid Stimmung zu machen. Große Demonstrationen wurden losgetreten, doch die Abstimmung brachte das für den Schah erwünschte Ergebnis.

Massenproteste und Khomeinis Verbannung

Am 4. Juni 1963, beinahe ein halbes Jahr nach der Abstimmung, wusste Khomeini die aufgeheizte Volksmenge für sich zu nutzen. Während der Trauerzeremonien zu Ashura (S. 133) sprach der angesehene Hochschullehrer aus Qom zu den versammelten Gläubigen. Geschickt instrumentalisierte Khomeini die Martyriumslegende rund um den ermordeten Hussein, und Abertausende Menschen zogen gegen den Schah auf die Straßen. Khomeini wurde schon am nächsten Tag von der SAVAK verhaftet, aber die eskalierenden Proteste, vor allem seitens der Geschäftsleute und Handwerker der Bazare (Bazaris) und Menschen aus den Armenvierteln, gingen weiter. Der Schah erteilte den Befehl zu

1941	1951–1953	1957
Die Briten und Sowjets marschieren in Iran ein und setzen Reza Schah ab. Es folgt sein Sohn Mohammad Reza Pahlavi auf dem Thron.	Mossadegh verkündet als Premierminister die Verstaatlichung der Erdölindustrie und wird aus dem Amt geputscht.	Die iranische Geheimpolizei SAVAK, vor allem zuständig für die Kontrolle und Festnahme politisch Andersdenkender, wird gegründet.

schießen; Abertausende Menschen ließen ihr Leben. Gleichzeitig war eine neue Heldenfigur geboren: **Ayatollah Khomeini**. Nach einer zwischenzeitlichen Entlassung aus dem Gefängnis wurde er 1964 erneut festgenommen und ins Exil in die Türkei abgeschoben. Der Schah erhoffte sich dadurch, die neue politische Kraft kaltzustellen. 1965 wurde Khomeini erlaubt, in den Irak überzusiedeln.

Politischer Islam

Dass auch Linke und Liberale nichts gegen religiöse Parolen auf den Straßen hatten, lag unter anderem an dem Soziologen **Ali Schariati**. Der Intellektuelle prägte das Verständnis vom Islam als Befreiungstheologie wie kein anderer. Als Student in Paris setzte er sich eingehend mit den Schriften Marx', Sartres und prinzipiell mit revolutionären Bewegungen auseinander. Er trat vehement für einen gerechten Islam ein, dessen Gläubige sich nicht unterwürfig ins Private zurückzogen, sondern protestierten und für ihre Freiheit kämpften. Seine Thesen genossen in kürzester Zeit immense Popularität. Ein demokratischer und gerechter Islam schien eine Alternative zu den als dekadent und bevormundend erlebten westlichen Demokratien. Nach Jahrzehnten, in denen die Pahlavi-Dynastie versucht hatte, dem Volk die westliche Moderne aufzuzwingen, glaubten nun viele an einen selbstbestimmten Weg in die Freiheit.

Die Verelendung nimmt kein Ende

Viele Widerstandsgruppierungen hatten schon im Vorfeld Bedenken geäußert, dem Sinneswandel des Schahs zu trauen. Tatsächlich scheiterte seine Weiße Revolution kläglich. Viele Bauern waren zwar nun Eigentümer der von ihnen bestellten Landwirtschaftsflächen, hatten aber kein Geld für das Nötigste wie Saatgut oder Dünger, was sie wieder in die Abhängigkeit der ehemaligen Großgrundbesitzer trieb. Landarbeiter und Tagelöhner waren zwar keine Leibeigenen mehr, erhielten deswegen aber auch keine Unterstützung seitens ihrer ehemaligen Feudalherren. Weil sich an ihrem Hungerlohn nichts geändert hatte und sich nun überhaupt niemand mehr für sie verantwortlich fühlte, verschlechterte sich ihre Situation sogar noch. Die **Landflucht** hinterließ leere, trostlose Dörfer, während die Slums von Teheran zu explodieren drohten. Das Elend schlug flächendeckend um sich, während der Schah unter anderem 1971 in Persepolis dekadente Feierlichkeiten ausrichten ließ. Genau in dieser ausweglosen Situation vertrauten die Massen ihrem Heilsbringer Khomeini, der im Exil Predigten auf Kassetten aufnahm und diese ins Land schmuggeln ließ.

Die Islamische Revolution gelingt

Immer wieder wird die Islamische Revolution auf Khomeinis Einflussnahme und eine religiös-politisch aufgewiegelte Masse an Demonstranten reduziert. Dabei war die Opposition gegen den Schah unglaublich breit. Linke, Liberale und Geistliche schlossen sich zu einem Bündnis zusammen. Die Slumbewohner aus den Randgebieten Teherans waren genauso auf den Straßen wie gut situierte Universitätsgelehrte. Frauen wie Männer kämpften für ihre Freiheit. Für den Zeitraum der Revolution waren die Unterschiede innerhalb der Oppositionsbewegungen vergessen. Zunächst hatten alle das gleiche Ziel vor Augen: den Sturz des monarchischen Unrechtstaates.

Finanziert wurde der Widerstand der Mullahs und Ayatollahs vor allem durch die Kaufleute

1963

Der Schah Mohammad Reza Pahlavi lässt sich sein Reformprogramm zur Verbesserung der sozialen Situation und Modernisierung des Landes durch ein Referendum vom Volk bestätigen und bezeichnet es als „Weiße Revolution". Vor allem unter den Geistlichen regt sich Widerstand.

1963

Massenproteste während der Ashura-Feierlichkeiten eskalieren, woraufhin Khomeini (Foto) verhaftet wird.

der Bazare, die Bazaris. 1978 kam es zu erneuten **Unruhen in Qom**. Wieder ließen Tausende Menschen ihr Leben. Der Schah bewirkte, dass Saddam Hussein den Unruhestifter Khomeini des Landes verwies. Dieser hörte aber, im französischen Exil angekommen, nicht auf, Predigten nach Iran zu schmuggeln.

Die völlige Eskalation brachte abermals der religiöse Trauertag **Ashura** am 2. Dezember 1978. Im Gedenken an den gefallenen Märtyrer Hussein (S. 132) entzündete sich die angestaute Wut Abertausender Menschen auf den Straßen. Das Martyrium Husseins, dem seine Anhänger einst nicht zu Hilfe geeilt waren und der durch den als unrechtmäßig herrschend empfundenen Kalifen Yazid starb, wurde mit neuen Inhalten gefüllt. Nun galt es, gegen das erlebte Unrecht durch die Pahlavi-Monarchie zu kämpfen, um nicht denselben Fehler wie einst zu begehen.

Am 16. Januar 1979 verließ der Schah das Land, und Anfang Februar reiste **Khomeini** aus dem Exil nach Teheran, wo er feierlich empfangen wurde. Im Exil hatte Khomeini unermüdlich betont, dass er keinerlei Ambitionen hätte, die politische Führung im Land zu übernehmen, dass er für die Gleichberechtigung der Frauen und ein Mehrparteiensystem wäre. Umso größer war die Überraschung vieler, als nach der Revolution alles anders kam.

Die Islamische Republik Iran

Khomeini trat dafür ein, weltliche und religiöse Macht in einer Person zu vereinen, der ranghöchste Geistliche wäre somit gleichzeitig der Vertreter des Verborgenen Imams (S. 132). Diese **Radikalität** missfiel aber auch vielen innerhalb der schiitischen Geistlichkeit. Einige Ayatollahs wollten die Trennung zwischen weltlicher und geistlicher Macht beibehalten, solange der Verborgene Imam nicht auf die Welt zurückgekehrt war.

Khomeini begann mit politischen Säuberungsaktionen und ließ Universitäten schließen, um linke und liberale Lehrende loszuwerden. Erst drei Jahre später wurden sie wieder eröffnet. Der **Umbau des Staates** umfasste alle erdenklichen Ebenen. Juristen wurden gegen islamische Rechtsgelehrte ausgetauscht, das Strafrecht entsprach der Scharia. „Antiislamische" Bücher wurden aus den wiedereröffneten Universitäten verbannt. Die Kopftuchpflicht wurde eingeführt, Alkoholgenuss wurde verboten, auch Musik und Tanz wurden untersagt.

Im August 1979 folgte ein **Proteststurm von Studierenden auf die US-amerikanische Botschaft**, weil sich die Nachricht verbreitete, dass dem krebskranken Schah zur Behandlung die Einreise in die USA erlaubt worden war. 52 US-Diplomaten wurden in Geiselhaft genommen. Präsident Carter versuchte, die Geiseln mit Helikoptern zu befreien, und scheiterte. Nach langen Verhandlungen wurden die Geiseln schließlich 1981 unter der Bedingung freigelassen, dass für die in den USA eingefrorenen iranischen Gelder und das Vermögen des mittlerweile verstorbenen Schahs Schadensersatz in Höhe von knapp acht Milliarden US-Dollar geleistet würde.

Islamischer Sozialismus im Widerstand

Die anderen Widerstandskräfte, die vor der erfolgreichen Revolution noch eine Zweckgemeinschaft mit Khomeini eingegangen waren, muss-

1964

Nach erneuter Festnahme wird Khomeini ins Exil in die Türkei abgeschoben, ab dem darauffolgenden Jahr befindet er sich in Irak.

1978

Wieder kommt es zu Massenprotesten in Qom. Khomeini wird aus Irak vertrieben und lebt im neuen Exil in Paris.

ten einsehen, dass sich ihre Hoffnungen, einen demokratischen Staat aufzubauen, in Luft auflösten. Die schiitische Geistlichkeit verstand es um ein Vielfaches besser als Kommunisten oder Liberale, die Volksmassen von sich zu überzeugen.

Die dezidiert antiwestliche Haltung Khomeinis fand Anklang bei einer Bevölkerung, die den Westen nur in der Rolle der Ausbeuter kennengelernt hatte. Ein ernstzunehmender Gegner außerhalb der geistlichen Reihen blieben die **Volks-Mudschaheddin**. Sie waren massiv am Widerstand gegen den Schah beteiligt und von der Zusammenführung des Sozialismus mit dem Islam überzeugt. Als Khomeini ihre Forderungen nach einer gerechteren Vermögensverteilung zugunsten der Bauern, nach Gleichberechtigung der Frau und Meinungsfreiheit ignorierte, folgten zunächst Attentate und Straßenschlachten. Doch der anfängliche Sturm war schnell wieder vorbei und die Widerstandsgruppierung konnte, erst recht nach ihrem Umzug nach Bagdad, nichts mehr ausrichten.

Uneinigkeit im Klerus

Doch auch innerhalb der Regierung und der Geistlichkeit regte sich Widerstand. Der erste Staatspräsident **Abolhassan Banisadr** trat für einen vehementen Reformkurs ein, musste aber schließlich zwangsläufig an der starren Linie Khomeinis und seiner Gleichgesinnten scheitern. Angesehene Ayatollahs bzw. Groß-Ayatollahs wie Mahmud Taleghani und Kazem Shariat-Madari äußerten scharfe Kritik an Khomeini, der repressiven Politik, dem Reformunwillen und dem Einparteiensystem. Von Beginn an gab es auch in den geistlichen Reihen eine Opposition, die sich gegen Kopftuchzwang, Musikverbot oder die Unterdrückung der Meinungsfreiheit aussprach. Was Iran bis heute auszeichnet, ist die Vielfalt an geistigen Strömungen innerhalb des Klerus, auch wenn sich die liberaleren Kleriker oft nicht durchsetzen.

Der Sieg der Bildung

Doch eine langsame Liberalisierung ließ sich über kurz oder lang nicht mehr aufhalten, und der Grund dafür war hausgemacht. Durch die offensive Bildungspolitik der Islamischen Republik entwickelte sich in der iranischen Gesellschaft eine verhältnismäßig große gebildete Schicht, die es in dieser Form unter dem Schah nicht gegeben hatte und die trotz (teilweise lebensbedrohlichen) Einschüchterungsversuchen nicht müde wurde, für ihre Rechte einzustehen. Bildung gewann für die iranische Bevölkerung einen hohen Stellenwert und wurde für breitere Bevölkerungsschichten zugänglich. Eindrücklich zeigt sich das unter anderem an der Analphabetenquote, die beim Umsturz des Schahs noch bei 63 % gelegen hatte, zehn Jahre später aber schon auf 36 % gefallen war. Die Bildungspolitik trug Früchte – ein Umstand, auf den auch der konservative Klerus gerade in Abgrenzung zu den arabischen Ländern, die nur zu oft als kulturlos abgewertet wurden, stolz war, was aber demselben Klerus auch ungeahnte Probleme bereitete. Denn nicht nur die Autoren wurden zahlreicher, sondern auch die Menschen, die sozialkritische Literatur lasen und vermehrt demokratische Werte einforderten.

Altbekannte Auswüchse

Um Kritiker mundtot zu machen, wurden Geheimdienst und Revolutionsgarde tätig. Die **Sepah oder Pasdaran**, die „Wächter der Revolu-

1979	1979–1981	1980–88
Der Schah verlässt im Januar das Land und kehrt nicht wieder. Im Februar reist Khomeini in den Iran.	Studenten stürmen die US-Botschaft und nehmen US-amerikanische Diplomaten in Geiselhaft. Die Geiselnahme endet erst nach 444 Tagen.	Der Iran-Irak-Krieg oder Erste Golfkrieg fordert schwere Verluste auf beiden Seiten und endet mit einem Waffenstillstand.

tion", setzten sich vor allem aus Studenten und jungen Männern der Slums zusammen. Politische Gegner wurden bald wie unter dem Schah rigoros verfolgt, verhaftet und gefoltert. Für viele Sympathisanten der „Islamischen Revolution" war es frustrierend zu sehen, was aus den Versprechen Khomeinis aus dem Exil und der gesamten revolutionären Bewegung geworden war. Demokratische Werte waren einer totalitären Herrschaft gewichen. Zahlreiche Intellektuelle flohen aus dem Land, und bis heute leben viele der größten iranischen Köpfe außerhalb des Landes.

Der Iran-Irak-Krieg (1980–88)

Dass schon kurze Zeit nach der Etablierung der Islamischen Republik der **Erste Golfkrieg** folgte, half Khomeini, seinen umstrittenen Herrschaftsanspruch zu festigen. Im Fokus stand nunmehr der äußere Feind, und das Leid des Krieges verhinderte größere innere Unruhen. Der erste militärische Schlag folgte seitens Saddam Husseins. Im September 1980 betraten irakische Truppen iranischen Boden, um die Provinz Khuzestan zu annektieren. Zum Teil war die militärische Intervention auch eine Reaktion auf iranische Propaganda, die davon sprach, die Schiiten Iraks zu befreien und die schiitische Revolution auszudehnen. Saddams chemische Kriegsführung wurde vom Westen, von den USA und vielen europäischen Zulieferunternehmen aktiv unterstützt. Iran wandte sich wegen des unrechtmäßigen Giftgaseinsatzes an den UN-Sicherheitsrat, doch eine Reaktion darauf blieb aus. Die westlichen Mächte und Irak waren sich sicher, dass es aufgrund der militärischen Unterlegenheit Irans ein kurzer Krieg würde, tatsächlich wütete er aber acht Jahre (s. auch S. 523). Für die Ausmaße des Leids trägt Khomeini auch deswegen erhebliche Verantwortung, weil er den von Saddam Hussein 1982 angebotenen Waffenstillstand ablehnte.

Das versprochene Paradies wird zur Hölle auf Erden

Doch Iraks Militärmacht erblasste angesichts des religiösen Fundamentalismus auf der anderen Seite, der Abertausende Gläubige voller Eifer in den sicheren Tod schickte. Wie schon in den Jahren vor der Revolution wurde die Martyriumsgeschichte des Schiitentums mit neuen Inhalten gefüllt. Dem Sunniten Sadam Hussein war die Rolle des Märtyrermörders zugedacht, während sich die iranischen Truppen, darunter viele Freiwillige, wie der Märtyrer und Imam Hussein opfern sollten (S. 132). Wieder wurden die Trauerfeierlichkeiten zu Ashura bewusst von Khomeini genutzt, um die Stimmung anzuheizen. Unablässig wurde der **Märtyrertod** der gefallenen Soldaten propagiert. Besonders erschreckende Ausmaße hatte dieses Glaubenskonstrukt auf die rekrutierten Kinder und Jugendlichen, die bereitwillig in die Minenfelder liefen und sich im Glauben, ins Paradies einzuziehen, in den Tod stürzten.

Der Krieg war eine Katastrophe für beide Länder, und doch konnte das iranische Regime ihn für sich nutzen, denn die innenpolitischen Probleme wurden vom Kampf gegen den gemeinsamen äußeren Feind verdrängt. Der Krieg verschärfte die wirtschaftliche Misere. Weiterhin lag das Vermögen in den Händen der Elite, nun waren es vor allem neureiche Mullahs und Ayatollahs. Die Korruption blühte, und das massive Bevölkerungswachstum erhöhte den Druck auf die gesamtwirtschaftliche Lage.

1989	1998	1998
Das politische und religiöse Oberhaupt Khomeini stirbt. Sein Nachfolger wird Ali Khamenei.	Staatspräsident Khatami verkündet öffentlich seine Dialogbereitschaft gegenüber den USA.	Massenproteste nach der Ermordung einiger führender Reformer

Der ständige Kampf um die Freiheit

Im Juni 1989 starb Khomeini. Teilweise waren es einstige Wegbereiter der Revolution, die nun Reformen einleiten und die Ideen Khomeinis neu interpretieren wollten. Als Nachfolger Khomeinis blieb **Ali Khamenei** seit seiner Wahl umstritten. Eigentlich hätte der Groß-Ayatollah Hossein Montazeri das Erbe Khomeinis antreten sollen. Daraus wurde aber nichts, weil dieser sich kurz vor Khomeinis Tod gegen die Todesstrafe für politische Gegner und die überbordende Korruption im Land ausgesprochen hatte. Für diese Kritik wurde er verhaftet und zwischen 1997 und 2003 unter Hausarrest gestellt. Khamenei galt als absolut loyal gegenüber Khomeinis Idealen, besaß aber nicht einmal den Rang eines Ayatollahs – ein Status, der ihm mit der Wahl zum politischen und religiösen Oberhaupt umgehend verliehen wurde.

Mit dem Staatspräsidenten **Akbar H. Rafsandschani** folgte in den 1990er-Jahren eine erste Öffnung Irans gegenüber dem Ausland. Die Zensur wurde gelockert und ausländische Firmen wurden im Sinne einer Liberalisierung der Wirtschaft ermutigt, Geschäfte mit Iran zu machen. Das Ende der Isolation des Landes sollte eingeleitet werden. Um die willkürliche Gewalt der Revolutionsgarde einzudämmen, wurde sie dem Militär unterstellt. Somit konnte sie nicht mehr schalten und walten, wie sie wollte. Doch Rafsandschanis Politik brachte vor allem Verbesserungen für eine kleine wirtschaftliche und städtische Elite und nicht für den armen Großteil der Bevölkerung.

Ende der 1990er-Jahre wurde der Reformer und Geistliche **Mohammad Khatami** zum neuen Staatspräsidenten. Der Wahlerfolg war überraschend eindeutig. Khatami war einer der wenigen Reformer, der vom Wächterrat zur Wahl zugelassen und auch unterschätzt worden war. Vor allem die überwiegend junge Bevölkerung des Landes und die Frauen erhofften sich mit ihrer Stimme für Khatami mehr berufliche Aufstiegschancen, Freiheit und Gleichberechtigung.

Natürlich entsprang auch Khatami der **Einheitspartei Hezbollah**, doch längst gab es innerhalb dieser einen Partei die unterschiedlichsten politischen Lager. Auch wenn die Politik unter Khatami repressiv blieb, erlebte das kulturelle Leben Irans eine verhältnismäßige Blüte mit mehr Spielraum für Journalisten, Künstler und Philosophen. Die Antwort des orthodoxen Lagers rund um Khamenei ließ nicht lange auf sich warten: Redaktionen und Buchhandlungen wurden von Schlägertrupps attackiert. Es entbrannte ein ständiger Kampf zwischen den liberalen und radikal konservativen Strömungen im Land. Blutiger Höhepunkt waren die **Straßenproteste** nach der Ermordung einiger Reformer 1998. Abertausende Demonstranten, darunter viele Studenten, wagten es, gegen das Unrecht durch die Straßen zu ziehen und grundlegende Rechte einzufordern. Der größte Aufstand seit dem revolutionären Umsturz des Schahs wurde von Militär und Polizei brutal niedergeschlagen.

Reformer auf dem Vormarsch

Im Jahr 2000 errangen die Reformer ihren größten Sieg, denn erstmals verloren die Konservativen ihre Mehrheit im Parlament – ein kleiner Trost, auch wenn die überwiegende Macht bei Khamenei blieb und das Parlament samt Staatspräsident nur einen beschränkten Spielraum für Reformen hatte. Khamenei geriet als Oberhaupt zunehmend unter Druck, als der **Groß-Ayatollah**

2000	2002	
Die Reformer erringen erstmals die Mehrheit im Parlament.	US-Präsident George W. Bush spricht das erste Mal von Iran, Irak und Nordkorea als „Achse des Bösen". Es folgen Proteste innerhalb Irans	und die jüngste diplomatische Annäherung gerät ins Stocken.

Montazeri, der ursprünglich geplante Nachfolger Khomeinis, 2003 aus dem Hausarrest entlassen wurde und sich wieder öffentlich gegen die Führung des Landes zu Wort meldete. Doch die Gremien und damit die grundlegenden Strukturen des Herrschaftssystems waren nicht so leicht zu reformieren.

2004 verbot der Wächterrat einfach der Mehrheit der gewählten Abgeordneten, die zu den Reformern zählten, erneut zu kandidieren. Schon mehrere Wochen vor der Wahl machte sich Frust über diesen Rückschlag breit, auch unter den Wählern, die erst gar nicht von ihrem Wahlrecht Gebrauch machten. Der radikal konservative Klerus mobilisierte für die Wahl die autoritätsgläubigen Bevölkerungsschichten und fand diese vor allem auf dem Land.

Die junge Bevölkerung setzte sich vor allem in den großen Städten längst über Verbote hinweg. Der moralisierende Zeigefinger einer konservativen Geistlichkeit tangierte sie nicht. Die oft gut situierten Familien, aus denen die Jugendlichen kamen, ließen ihren Kindern mehr Freiheiten, als das Regime vorsah. Eine **Schattenkultur** voller Partys, Drogen und Sex entwickelte sich im Untergrund. Gleichzeitig folgte mit der konservativen Parlamentsmehrheit 2004 ein Anstieg der Polizeigewalt, die eben diese Abkehr einer jungen Generation von den radikal-konservativen Überzeugungen unterbinden wollte. Und doch konnte dieser leise, aber alltägliche Protest nicht gebrochen werden.

Alles auf Anfang – neue Radikalität unter Ahmadinedschad

Kaum eine andere Persönlichkeit hat sich in die westliche Wahrnehmung von Iran so eingebrannt wie er: **Mahmud Ahmadinedschad**. Ganze acht Jahre bekleidete er das Amt des Staatspräsidenten. Mit seinen Wahlslogans richtete er sich vor allem an die verarmten Bevölkerungsschichten am Rande der Ballungszentren. Er wetterte gegen die ungerechte Verteilung des Vermögens und versprach ein Ende des Elends. Durch diese Mobilisierung der hoffenden Massen konnte Ahmadinedschad die Wahl 2005 schließlich für sich entscheiden, obwohl er im Gegensatz zu den meisten anderen Staatspräsidenten kein Geistlicher, sondern Bauingenieur war. Als religiöser Fundamentalist setzte Ahmadinedschad vermehrt auf die Gewalt der Pasdaran- und Basij-Einheiten (S. 122), mit deren Hilfe er aufkeimende kulturelle Freiräume in den Großstädten kompromisslos zerschlug. Auch beim religiös-politischen Oberhaupt Khamenei hielt sich die Begeisterung über den neuen Staatspräsidenten in Grenzen. Ahmadinedschad war zwar kein unbequemer Reformer, doch stand er unter dem Einfluss des radikalen Ayatollahs **Mesbah Yazdi**, der jedes demokratische Element der Republik Iran vehement ablehnte und ein Kontrahent Khameneis war. Jede Abstimmung des Volkes missfiel diesem Ayatollah genauso wie die Interpretationsvielfalt in Bezug auf den Koran.

Irans Atomprogramm

Bereits 2002 wurden eine heimliche Urananreicherungsanlage in Natanz und ein Schwerwasserreaktor zwischen Arak und Hamadan entdeckt. Hatte Khatami sich noch darum bemüht, die international geäußerten Sorgen zu beschwichtigen, eskalierte die Situation mit Ahmadinedschads aggressiver Rhetorik völlig. Der neue Staatspräsident befürwortete Irans Aufstieg zur Atommacht und sprach noch dazu von

2004	2005–2013	2009
Der Wächterrat gestattet dem Großteil der reformistischen Kandidaten nicht mehr, an der nächsten Wahl teilzunehmen.	Mahmud Ahmadinedschad regiert über zwei Amtsperioden als Staatspräsident Irans.	Die Massenproteste gegen die Wiederwahl Ahmadinedschads werden als „Grüne Revolution“ bekannt.

der Zerstörung Israels. Im Land selbst gab es die unterschiedlichsten Positionen, die von einer rein friedlichen Nutzung von Atomkraft bis hin zur Selbstverteidigung und zu militärischen Einsatzmöglichkeiten reichten. Wenngleich innerhalb des Landes Wert auf religiöse Toleranz gegenüber der jüdischen Bevölkerung gelegt wird, spricht die Islamische Republik Iran Israel das Existenzrecht ab. Ahmadinedschad ging aber einen entschiedenen Schritt weiter – seine Leugnung des Holocausts erregte auch in den geistlichen Reihen Unmut.

Die Grüne Bewegung

Die Massenproteste im Jahr 2009 sollten als die „Grüne Bewegung" in die Geschichte Irans eingehen. Anlass war die Wiederwahl Ahmadinedschads zum Staatspräsidenten. Hunderttausende sprachen von Wahlmanipulation und unterstützten den Reformer **Mir Hossein Mussawi**. Mit grünen Fahnen und Stirnbändern zogen sie auf die Straßen. Grün stand nicht nur für den Islam, sondern war auch die Wahlkampffarbe Mussawis.

Ahmadinedschad konnte die Hoffnungen der ärmeren Bevölkerungsschichten auf ein besseres Leben nicht erfüllen. Die Wirtschaftskrise verschärfte sich zunehmend und gleichzeitig litt vor allem die städtische Bevölkerung an einer radikalen Zensur und an der Einschränkung des kulturellen Lebens. Ahmadinedschads außenpolitisches Auftreten hatte die wirtschaftliche Lage nur noch verschlimmert. Wegen des Atomprogramms wurden von den USA und Europa **Sanktionen** gegen Iran verhängt.

Die Sepah und Basij schlugen die Proteste nieder und brachten mit den vielen Inhaftierten die Gefängnisse zum Überlaufen. Die Massenproteste auf den Straßen fanden 2010 ein Ende, ohne an der Wiederwahl Ahmadinedschads etwas ändern zu können.

Vermeintlicher Weg aus der Isolation

Iran litt weiterhin massiv an der internationalen wirtschaftlichen Isolation. Das Ende der zweiten Amtsperiode Ahmadinedschads bot 2013 die Möglichkeit einer Trendwende. Tatsächlich konnte ein Reformer, dem nur wenige Chancen vorhergesagt worden waren, die Wahl für sich entscheiden. Nach der diplomatischen Katastrophe Ahmadinedschads verschaffte **Hassan Rohani** dem Iran ein neues Gesicht.

Der Tourismus lief an und viele westliche Gäste entdeckten Iran abseits der von Bush heraufbeschworenen und mit Ahmadinedschad verbundenen Bilder der „Achse des Bösen". Andere entgegneten, dass unter Rohani ein Anstieg der Exekutionen folgte – vor allem ein Hinweis darauf, wie eingeschränkt der Spielraum eines Staatspräsidenten im politischen Gefüge Irans bleibt. Rohani distanzierte sich ausdrücklich von Ahmadinedschads Äußerungen in Bezug auf den Holocaust, lehnte aber eine Anerkennung Israels als Staat ab, solange dessen Palästina-Politik fortgeführt würde. Im Zentrum von Rohanis diplomatischen Bemühungen stand die Einigung über ein Atomabkommen, die Verhandlungen dazu wurden 2015 in Wien erfolgreich abgeschlossen. Jedoch kündigten die USA das Abkommen 2018 einseitig auf (S. 128), weshalb die wirtschaftliche Öffnung des Landes bis dato ausgeblieben ist, internationale Unternehmen wieder vor Investitionen zurückschrecken und Iran abermals in der Isolationsfalle zu sitzen scheint.

2013	2015	2018
Wahlsieg des Reformers Hassan Rohani, der sich um bessere diplomatische Beziehungen zu den USA und Europa bemüht	In Wien werden die Verhandlungen über das Atomabkommen erfolgreich abgeschlossen.	Unter Donald Trump steigen die USA aus dem Atomabkommen mit Iran aus.

Regierung und Politik

Staatsform: Islamische Republik (theokratische und republikanische Elemente)

Verwaltungsgliederung: 31 Provinzen

Hauptstadt: Teheran

Staatsoberhaupt: Ayatollah Ali Khamenei

Staatspräsident: Hassan Rohani

Politisches System

Irans Verfassung sieht die Integration (pseudo-) demokratischer Elemente innerhalb des autoritären Gottesstaates vor. Die Verfassung Irans gründet auf dem von Khomeini formulierten Herrschaftssystem Wilajat al-Faqih, das die politische Führung durch den Klerus vorsieht. Die verfassunggebende Gewalt geht nicht vom Volk aus. In der Verfassung wurde **Gott als Souverän** festgeschrieben, weshalb es ihn und nicht das Volk zu vertreten gilt. Der Vertreter Gottes wäre eigentlich der Verborgene Imam, auch Mahdi genannt (S. 132). Während seiner Abwesenheit vertritt ihn der religiös-politische Führer, auch **Oberster Führer** genannt, im Staat. Zuerst bekleidete Khomeini dieses Amt, nach seinem Tod 1989 folgte Ali Khamenei. Er ist als Staatsoberhaupt die höchste religiöse und politische Instanz im Land und wird durch den Expertenrat (s. u.) auf Lebenszeit ernannt. Khamenei obliegt der Oberbefehl über die Streitkräfte, und laut Verfassung steht es ihm zu, den Präsidenten abzusetzen.

Das **Parlament**, bestehend aus 290 Abgeordneten, wird alle vier Jahre durch das Volk gewählt. Es dient als politisches Diskussionsforum und Kontrollorgan der Regierung. Politische Parteien wurden in den 1980er-Jahren verboten, allerdings gibt es eine Vielzahl an unterschiedlichen politischen Kräften von Hardlinern bis zu Reformern. Ethnischen und religiösen Minderheiten stehen Sitze im Parlament zu, auch Frauen sind vertreten. Frauen ist es aber nicht erlaubt, für das **Präsidentenamt** zu kandidieren, worüber auch im Parlament debattiert wird. Alle acht Jahre werden vom Volk die Mitglieder des **Expertenrats** gewählt; ihre Aufgabe ist es, den religiös-politischen Führer der Republik, zur Zeit Ali Khamenei, zu wählen, ihn auf Basis der Verfassung zu kontrollieren und im äußersten Fall mit einer Zweidrittelmehrheit abzusetzen.

Der Staatspräsident, das Parlament und der Expertenrat werden vom Volk gewählt, jedoch durchlaufen die Kandidaten vor der Wahl eine Kontrolle durch den **Wächterrat**, der die Politiker auf ihre Vereinbarkeit mit dem islamischen Recht und der Verfassung der Islamischen Republik überprüft. Für den Expertenrat sind nur Geistliche zur Wahl zugelassen. Dadurch scheiden progressive Kräfte schon vor der Wahl durch das Volk aus. Der Wächterrat besteht aus sechs Geistlichen und sechs nicht-klerikalen Juristen und hat bei allen Beschlüssen des Parlaments ein Vetorecht. Sämtliche Gesetzesbeschlüsse werden vom Wächterrat auf ihre Vereinbarkeit mit den islamischen Grundsätzen des Gottesstaates überprüft. Alle sechs Jahre werden die geistlichen Mitglieder vom Staatsoberhaupt Khamenei gewählt, während die Juristen vom Parlament bestimmt werden. Die Auswahl an juristischen Kandidaten für den Wächterrat wird allerdings vom Justizoberhaupt festgelegt, das wiederum vom Obersten Führer Khamenei bestimmt wird.

Immer wieder gelingt es gemäßigten Reformern, die Vorauswahl durch den Wächterrat zu bestehen, doch selbst nach der Wahl zum Staatspräsidenten oder Parlamentarier bleibt der Handlungsspielraum gering. Als die Reformer erstmals die Mehrheit im Parlament erlangten, wurde den meisten Politikern dieses Lagers die Wiederkandidatur bei der nächsten Wahl verboten (S. 125). Aktueller **Staatspräsident** ist der als liberal geltende Hassan Rohani, der 2017 zum zweiten Mal mit einer absoluten Mehrheit vom Volk gewählt wurde. Die Amtszeit ist auf zwei Perioden und damit acht Jahre begrenzt. Rohani kann zwar Einfluss auf die Sozial-, Wirtschafts- und Kulturpolitik nehmen, aber keine innen- oder außenpolitischen Grundsatzfragen entscheiden.

Darüber hinaus verfügt Iran über einen **Schlichtungsrat**, der für die Einigung zwischen Parlament und Wächterrat zuständig ist. Vor allem berät er den Obersten Führer Khamenei, wenn der Wächterrat ein Veto gegen eine Gesetzesverabschiedung des Parlaments erhebt. Wächterrat und Parlament sind Legislativkräfte im Land. Die Mitglieder des Schlichtungsrats werden vom Obersten Führer auf fünf Jahre bestimmt und sind nicht nur Geistliche.

Für Entscheidungen, die die nationale Sicherheit betreffen, ist der **Nationale Sicherheitsrat** zuständig.

Eine wichtige Rolle in der politischen Ordnung des Landes spielt die **Revolutionsgarde**, *sepah* oder *pasdaran* genannt. Sie bekämpft politische Gegner der Islamischen Revolution und steht auf der Seite der Hardliner des Regimes. Sie wurde nach der Revolution gegründet, weil man der (bis heute parallel existierenden) regulären Armee, *artesh* genannt, misstraute. Eine Untergruppierung der Revolutionsgarde ist die **Basij-Einheit**, auch als al-Quds-Einheit bekannt. Sie wurde ursprünglich zum Export der Revolution ins Ausland gegründet und wird heute vor allem für die Niederschlagung von Protesten eingesetzt.

Innenpolitik

Auch wenn demokratisch gewählte Institutionen letztlich immer der Kontrolle nicht-demokratisch gewählter Organe unterliegen, sollten die republikanischen Elemente in der Islamischen Republik nicht unterschätzt werden. Die verschiedenen politischen Fraktionen – oft als Hardliner, Konservative, Pragmatiker (auch Technokraten) und Reformer betitelt – befinden sich in einem ständigen Austausch über politische Ideen, Reformansätze und Verbotspolitik. Es wird verhandelt, taktiert, aber auch nach Kompromissen gesucht. Ein gutes Beispiel ist der Kopftuchzwang: Dass man daran festhält, ist ein Zugeständnis an die Hardliner; dass man gleichzeitig überaus locker getragene Kopftücher zulässt, kann als Zugeständnis an die Reformer im Land gewertet werden. Gleichzeitig gibt es immer noch die **Sittenpolizei**, die durch die Straßen läuft und ein Auge darauf hat, ob Kleider- und Verhaltensvorschriften eingehalten werden. Wie streng die Handhabe ist und welche Wohngebiete öfters von diesen Kontrollgängen betroffen sind, kann sehr unterschiedlich ausfallen. Trotz dieses Kontrollorgans hat sich aber in den Städten ein wesentlich lockererer Umgang mit den Vorschriften etabliert als noch vor wenigen Jahren.

Der Handlungsspielraum von Parlament und Regierung mag gering sein, aber die demokratischen Elemente des politischen Systems regen **Debatten** an, die der Oberste Führer bei seinen Entscheidungen durchaus berücksichtigt. Es gibt also ein ständiges Abwägen, welche Zugeständnisse man welchen politischen Kräften im Land gewährt – auch um keine Unruhen in der Bevölkerung zu schüren.

Außenpolitik

2015 wurden in Wien die **Atomverhandlungen** zwischen Iran, den fünf UNO-Vetomächten und Deutschland erfolgreich abgeschlossen. Die Sanktionen der UN und EU wurden nur schrittweise aufgehoben, was Rohani trotzdem bei seiner Wiederwahl im Mai 2017 half. Iran ließ fortan eine strenge Überwachung seiner Atomkraftnutzung zu und stimmte zu, das bisherige Atomprogramm massiv zurückzufahren. Viele Teile der iranischen Gesellschaft hofften, nun einen Weg aus der wirtschaftlichen Misere und dem religiösen Fanatismus zu finden. Vor allem in den Großstädten feierten und tanzten die Menschen unerlaubt auf den Straßen und veranstalteten Hupkonzerte, als die Wiederwahl Rohanis feststand.

Besonders die USA zögerten bei der Aufhebung der Sanktionen und setzten die Sanktionen nur aus. Zwei Jahre später sollte sich mit Donald Trump erneut alles auf den Kopf stellen; die diplomatischen Beziehungen zwischen den **USA** und Iran verfielen in alte Muster. Im Mai 2018 verkündete Trump den Ausstieg der USA aus dem Atomabkommen und die Wiederaufnahme und Verschärfung der Sanktionen gegen Iran und alle, die Geschäftsbeziehungen mit Iran unterhielten. Ein schwerer Rückschlag, der vor allem den konservativ-radikalen Kräften zugute kommen wird, so die Befürchtung. Als Reaktion auf den Ausstieg Trumps setzte Iran den anderen europäischen Vertragspartnern eine Frist, innerhalb derer sie sich entscheiden sollen, ob sie sich weiterhin an das Abkommen halten

Im Rausch der Wahlnacht feiert Teheran den Sieg Rohanis auf den Straßen.

werden. Dass Trump androhte, auch Staaten, die mit Iran Geschäfte unterhalten, zu sanktionieren, verschärft die Situation. Seitens der europäischen Partner gab es indessen den noch vagen Vorschlag, ein neues Abkommen zu verhandeln, das auch das Raketenprogramm Irans beinhalten soll. Iran würde dabei im Gegenzug eine wirtschaftliche Finanzspritze von mehreren Milliarden Euro erhalten. Im Januar 2019 wurde seitens der EU verlautbart, dass eine Gesellschaft für die Abhandlung des Zahlungsverkehrs bei Iran-Geschäften gegründet wurde. Man versucht so, die US-Sanktionen zu umgehen.

Besonders seit Trump an der Macht ist, wird Iran wieder vermehrt vorgeworfen, internationalen Terrorismus zu finanzieren. Das steht unweigerlich mit dem Erzrivalen Irans im Zusammenhang, denn **Saudi-Arabien** hat kein Interesse daran, dass Iran seine Machtstellung im Mittleren Osten und der arabischen Welt weiter ausbaut. Der Konflikt zwischen den beiden Ländern wird vor allem im Jemen ausgetragen. Die schiitischen Huthi-Rebellen im Norden werden von Iran unterstützt, während Saudi-Arabien hinter der sunnitischen Mehrheit des Landes steht. Der **Bürgerkrieg im Jemen** ist so zum Stellvertreterkrieg zwischen Iran und Saudi-Arabien geworden.

Eine erbitterte Feindschaft besteht auch mit **Israel**. Vor allem die Kampfrhetorik Ahmadinedschads sorgte für internationale Aufregung. Der von der politisch-religiösen Führung Irans propagierte Antizionismus kann je nach politischer Kraft zwischen Kritik an der israelischen Besatzungspolitik mit dem illegalen Siedlungsbau und ideologisch gefestigtem Antisemitismus schwanken. Auch Israel macht immer wieder deutlich, dass ein Militärschlag gegen Iran, z. B. gegen die dortigen Atomanlagen, durchaus in Erwägung gezogen wird.

In **Syrien** zählen Iran und die vom Regime ins Leben gerufene libanesische Hisbollah zu wichtigen Verbündeten Assads. Die Stationierung iranischer Truppen in Syrien zieht auch den Ärger Israels auf sich. Nachdem Iran im Mai 2018 von Syrien aus die Golanhöhen mit Raketen beschossen haben soll, folgte Israels Raketenattacke auf die iranischen Milizen und deren aufgebaute Infrastruktur in Syrien, bei der über 20 Menschen starben. Iran hat trotz des herben Rückschlags bekannt gegeben, nicht aus Syrien abziehen zu wollen.

Egal ob in Syrien oder am Persischen Golf – Iran möchte sich als **Regionalmacht** behaupten. Der finanzielle Aufwand, der für die militärische Präsenz und das außenpolitische Kräftemessen betrieben wird, stößt in der Bevölkerung angesichts der um sich greifenden Armut auf Kritik.

Wirtschaft

BIP-Wachstumsrate: 3,73 % (2017), -1,48 % (2018)
Arbeitslosenquote: 12,37 %
Inflation: 12,25 % (2017)
BIP pro Kopf: US$5594
Agrarsektor: 21 %
Industriesektor: 31 %
Dienstleistungen: 48 %
Export: 53,7 Mrd. US-Dollar
Import: 49,9 Mrd. US-Dollar

Die Wirtschaft Irans ist von permanenter Unsicherheit geprägt. Die hohe Arbeitslosenquote, Währungsverfall und Inflation sorgen für Unmut und betreffen die breite Masse der Bevölkerung. Die Arbeitslosigkeit junger Menschen unter 30 Jahren liegt bei rund 30 %. Internationale Sanktionen tun ihr Übriges und verstärken die wirtschaftliche Isolation. Dazu kommt das große Problem der Korruption. Es fehlt an einer gerechten Verteilung, die Kluft zwischen Arm und Reich wird immer größer. Die Klassenunterschiede werden Iran zukünftig vor eine Zerreißprobe stellen.

Landwirtschaft

Rund 28,8 % der Landesfläche werden landwirtschaftlich genutzt. Durchschnittlich bewirtschaftet ein Bauer um die 5 ha Land. Die jahrelangen Sanktionen sind mitverantwortlich für eine veraltete Infrastruktur. Wassermangel und Bodenerosion verringern die Produktivität zusätzlich. Nach aktuellen Plänen der Regierung sollen genmanipulierte Pflanzensorten und die vermehrte Nutzung von Gewächshäusern die Ernteerträge erhöhen und Wasserressourcen sparen. Um die internationale Abhängigkeit zu minimieren, wird der Agrarsektor staatlich subventioniert.

Hauptkultivierungsgebiete sind die nördlichen und westlichen Bergregionen und das kaspische Tiefland. Bei vielen landwirtschaftlichen Produkten gilt Iran als weltweit größter Produzent. Das betrifft Safran, Pistazien und Berberitzen. Bei Obstsorten wie Datteln, Melonen, Äpfeln oder Walnüssen und Mandeln rangiert Iran bei den absoluten Produktionsmengen auf den vorderen Plätzen. Ein wichtiges landwirtschaftliches Gut stellt Getreide dar: 14 Mio. t Weizen und 3 Mio. t Gerste werden jährlich geerntet.

Die Provinz West-Aserbaidschan produziert alleine 28,5 % der insgesamt 3,4 Mio. t geernteten Äpfel. Diese werden vor allem in benachbarte Länder und bis nach Indien und Kasachstan exportiert. Die unbestrittene Nummer eins ist Iran bei der **Safran-Produktion** mit 90 % Weltmarktanteil. Die 336 t Safran werden größtenteils in den Provinzen Razavi-Khorasan (76 %) und Süd-Khorasan (15 %) angebaut. In den Export geht davon rund die Hälfte.

Bodenschätze

Iran ist ein rohstoffreiches Land. Unter dem Erdreich lagern annähernd 43 Mrd. Tonnen an Mineralien. Im Jahr 2016/17 förderten die Minen rund 300 Mio. t **Erz**. Davon entfiel rund ein Zehntel auf Eisenerz. Große Erzlagerstätten befinden sich in der Umgebung von Bafq und Sirdjan. Besonders ergiebig sind Buntmetall- und Kohleressourcen, eine große **Kohlemine** befindet sich in der Nähe von Tabas. Die Ausweitung der Bergbaukapazitäten steht weit oben auf der Agenda der Regierung.

Eine der bedeutendsten **Kupferlagerstätten** der Welt ist die Sar-Chesmeh-Mine nordöstlich von Sirdjan, die um die 200 000 t Kupfer pro Jahr fördert. Ein anderes großes Abbaugebiet ist die Miduk-Mine. Damit besitzt das Land rund 10 % des weltweit gesicherten Kupfervorkommens. Des Weiteren findet man **Chromit** in Jiroft und **Titan** in Kahnudj.

Die mit Abstand wichtigsten Ressourcen sind die **Gas- und Erdölvorkommen**. In Iran befinden sich die größten Erdgas- und die viertgrößten Erdölvorkommen weltweit. Bis zur Revolution produzierte das Land fast ausschließlich Erdöl. Die Förderraten sind seitdem zurückgegangen. Dafür wurde die Erdgasproduktion erheblich ausgebaut. Seit der Revolution wurde die Abhängigkeit vom internationalen Energiesektor reduziert. Die Erdölexporte nahmen sowohl absolut als auch relativ ab. Während vor der Revolution noch 90 % der Fördermenge exportiert wurde, liegt die Rate heute unter 50 %. Drei Viertel der gesamten Erdgas- und Erdölproduktion wird im Inland konsumiert. Seit 2002 ist Erdgas der meistverwendete Energieträger im Land.

Der Anteil des **Energiesektors** am BIP nimmt kontinuierlich ab. In den 1970er-Jahren lag er noch bei 45 %, inzwischen macht er nur noch 10 % des BIP aus. Dennoch stammen 80 % der Staatseinnahmen aus dem Erdölsektor.

Tourismus

Die positive Stimmung nach dem Abschluss des Nuklearabkommens führte in vielen Teilen des Landes zu einer Aufbruchstimmung in Sachen Tourismus. Vor allem unter der Regierung Rohani wurden für die Restaurierung historischer Bauten, darunter auch als Unterkünfte genutzte Altstadthäuser und -villen, **staatliche Fördergelder** bereitgestellt. Die Bettenkapazität wurde stark ausgeweitet, in den nächsten Jahren sollen über 4000 neue Unterkünfte entstehen.

Bis 2025 will man die Zahl der ausländischen Touristen auf 20 Mio. im Jahr steigern – ein ambitioniertes Ziel angesichts der derzeit knapp 5 Mio. Besucher. Mit der Förderung des Tourismus soll die Wirtschaft diversifiziert und das Ansehen des Landes im Ausland verbessert werden. Derzeit macht der Tourismus rund 7 % des BIP aus. Im iranischen Kalenderjahr 1396 (2017/18) stammten rund 50 % der Touristen aus Irak und Aserbaidschan), an vierter Stelle kommen die Türken (nach den Afghanen) mit etwa 430 000. Unter den übrigen Europäern liegen die Deutschen vor allen anderen (etwa 60 000).

Außenhandel und Freihandelszonen

Das **Exportvolumen** betrug 2017 rund 53,7 Mrd. US-Dollar. Rund 72 % (38,5 Mrd. US-Dollar) der Exporte fallen auf Erdöl und Erdölerzeugnisse, auf Kunststoffe und Kunststoffartikel 5,1 % (2,75 Mrd. US-Dollar). Weitere Exportprodukte sind Früchte und Nüsse.

Die wichtigsten **Handelspartner** sind China mit 31 % aller Exporte, Indien mit 17 %, die Türkei mit 9,7 %, Südkorea mit 9,6 % und Japan mit 6,9 %. Importiert wird überwiegend aus China, den Vereinigten Arabischen Emiraten, der Türkei, Südkorea und Deutschland.

Freihandelszonen (Free Trade Zones) und **Sonderwirtschaftszonen** (Special Economic Zones) sind von zoll- sowie außenwirtschaftsrechtlichen Bestimmungen befreit. Durch ein Bündel an Maßnahmen wie der Steuerbefreiung für Investitionen soll die gesamtwirtschaftliche Nachfrage gestärkt werden.

Selbst für Touristen ist in den Zonen Kish und Qeshm ein visumsfreier Aufenthalt von bis zu 14 Tagen möglich; für die Weiterreise in das restliche Staatsgebiet muss hingegen ein reguläres Visum vorgelegt werden. Derzeit gibt es insgesamt sieben FTZs: Kish Free Zone, Qeshm Free Zone, Chabahar Free Zone, Arvand Free Zone, Anzali Free Zone, Aras Free Zone und Maku Free Zone.

Eine große Rolle für den Außenhandel spielen die elf **Handelshäfen**, dort werden über 90 % der Im- und Exporte abgewickelt. Die Häfen mit dem größten Volumen sind Bandar Imam Khomeini (nahe Bandar-e Mahshar) und Bandar Shahid Rajaee (30 km westlich von Bandar Abbas). Bei Ersterem steht der Öl- und Getreidehandel im Zentrum, bei Letzterem der Containerverkehr. Der an der Makran-Küste gelegene Hafen von Chabahar wird derzeit mit indischer Hilfe ausgebaut. Das 500 Mio. US-Dollar schwere Projekt ist die indische Antwort auf den chinesisch-pakistanischen Hafen von Gwadar. Vom Ölterminal auf der Insel Kharg werden 80 % des Erdölexports abgewickelt, der zweitwichtigste Hafen für Erdöl ist Assaluyeh nahe dem South-Pars-Gasfeld.

Religion

Die Staatsreligion Irans ist der Islam. Die überwiegende Mehrheit der Bevölkerung, um 90 %, bekennt sich zum Schiitentum. Daneben gibt es Minderheiten von Sunniten, Juden, Christen, Zarathustriern und Bahai.

Islam

Schia und Sunni

Die Ursprünge für die tiefe Spaltung zwischen Schiiten und Sunniten lassen sich auf eine ungeregelte **Nachfolge des Propheten Mohammed** zurückführen. Eine Gemeinde an Gläubigen musste die Entscheidung treffen, wer als Stellvertreter (Kalif) Mohammeds der Glaubensgemeinde vorstehen sollte. Eine verwandtschaftliche Nähe zum Propheten, dessen männliche Nachfahren ihn allerdings nicht überlebten, spielte natürlich eine Rolle, doch beinahe noch wichtiger erschienen frühe Verdienste im Sinne der Glaubensverbreitung und Führungsqualitäten. Schließlich fiel die Wahl 632 auf **Abu Bakr**, den Schwiegervater Mohammeds, und nicht auf **Ali**, den verwandtschaftlich näher stehenden Schwiegersohn und Cousin Mohammeds. Teile der Gläubigen empfanden dieses Urteil als Unrecht und gründeten die **Partei Alis**, später nur Partei, **Schia**, genannt. Für die Schia musste der Nachfolger mit dem Propheten verwandt sein, was für die Sunni nicht unbedingt notwendig war. Die Regierungszeit Abu Bakrs dauerte nur zwei Jahre, doch noch zwei weitere Male überging die Gemeinde der führenden Glaubensmänner Ali. Sie wählte zuerst Umar und dann Uthman zum Kalifen. Nach der Ermordung Uthmans aus der Dynastie der Umayyaden war endlich Ali am Zug, doch auch seine Amtsperiode blieb bei einem Teil der muslimischen Gläubigen umstritten. Niemand sprach Ali seine Frömmigkeit ab, wohl aber seine Führungsqualitäten. So standen sich im Jahr 657 zwei muslimische Heere im Kampf um die rechte Nachfolge des Propheten gegenüber. Ali siegte, wurde aber schließlich in Kufa Opfer eines Attentats aus den eigenen Reihen.

Der Märtyrertod Husseins

Alis ältester Sohn Hasan verzichtete auf den Kampf um die Nachfolge. Dass er das freiwillig tat, bestreiten Schiiten jedoch. Alis jüngerer Sohn **Hussein** wollte sein verwandtschaftliches Recht einfordern und zog aus, sich das Kalifat zu erstreiten. Zuerst wollte er nach Kufa, wo ihn Gläubige als rechtmäßigen Kalifen priesen. Doch Hussein wurde samt seinem Gefolge von den Reitertruppen des Kalifen Yazid noch vor seinem Ziel bei der Stadt **Kerbala** umzingelt. Die Einwohner Kufas eilten Hussein nicht zu Hilfe, wofür Gläubige noch heute Buße tun, und nach zehn Tagen wurde Hussein durch Yazid ermordet. Die Spaltung zwischen Schia und Sunni war damit endgültig besiegelt. Beide Seiten versuchten, zusätzlich zum Wort Gottes, dem Koran, Prophetenworte zu sammeln. Diese Mitteilungen, **Hadith**, sollten unter anderem Mohammeds Standpunkt zu seiner Nachfolge beweisen. Koran und Hadith zusammen nannte sich *Sunna* und blieb als Name der Opposition zur Schia, Alis Partei, erhalten. Schiiten pilgerten fortan nicht nur nach Mekka und Medina, sondern auch zu den für sie ebenso wichtigen Grabstätten Alis und Husseins in Nadschef und Kerbala, beide im heutigen Irak. Dass Ali und Hussein als Imame, religiöse Oberhäupter, für die Schiiten einen derart großen Stellenwert direkt nach dem Propheten einnahmen, empfanden Sunniten als ketzerisch.

Die Zwölfer-Schia und der Verborgene Imam

Der Titel „Imam“ bezeichnet für die Schiiten den unfehlbaren und göttlich Auserkorenen, von dem es in jeder Generation der Nachfahren des Propheten nur einen geben kann. Für die Schia stand Ali von Beginn an die Nachfolge Mohammeds zu, weshalb sie die ersten drei Kalifen nicht anerkennen und der für die Sunniten vierte Kalif Ali für die Schiiten als erster Imam gilt. Das erlittene Unrecht wird für die Schia noch dadurch verstärkt, dass ihnen zufolge alle ihre rechtmäßigen Imame ermordet wurden und damit den Märtyrertod für den wahren Glauben erlitten. Alle schiitischen Imame nach Ali waren keine universell anerkannten Kalifen und damit machtlos. Die Schiiten führten alsbald das Leben einer unterdrückten Minderheit. Die Kinder-

Ashura – zelebrierte Buße

Bis zum heutigen Tag wird des Todestags Husseins und der Gläubigen aus Kufa, die durch die unterlassene Hilfeleistung Schuld auf sich luden, gedacht. Der **Tag von Kerbala** wird auch als Ashura-Tag bezeichnet. Schon neun Tage davor beginnen die Trauerfeierlichkeiten rund um das Martyrium Husseins. An Ashura finden im ganzen Land Prozessionen statt und Gläubige vollziehen Bußrituale für die Schuld der Einwohner Kufas. Die Büßer geißeln sich öffentlich mit Peitschenhieben und Dornenruten. In der Geschichte Irans wurde das Martyrium Husseins mehrmals mit neuen Inhalten besetzt, wenn es darum ging, die Unrechtmäßigkeit eines Herrschers anzuprangern (S. 116, 121 und 123).
Ashura findet am 10. Tag des islamischen Monats Muharram statt (28.8.2020, 18.8.2021, 8.8.2022). Reisende können diese öffentlichen Prozessionen mit ansehen, oft wird es ihnen auch gestattet zu fotografieren. Generell und für Ashura insbesondere gilt: In Zeiten politischer Unruhe lieber fernbleiben.

losigkeit des im 9. Jh. verstorbenen elften Imams der Schia wurde in Abrede gestellt; stattdessen wurde erzählt, dass das Kind des elften Imams der Welt entrückt sei und als zwölfter Imam irgendwann aus dem Verborgenen zurückkehren und das Paradies errichten werde. Solange aber gilt er als **Verborgener Imam**. Damit war die Reihe der Imame geschlossen und nachfolgende religiöse Führer waren nicht mehr unfehlbar.

Nur ungefähr 10–15 % der weltweiten Muslime sind Schiiten, darunter hat Iran den größten Anteil.

Heute werden alle schiitischen Geistlichen unter dem Begriff **Mullahs** zusammengefasst, wobei es für ranghöhere Geistliche mit abgeschlossenem Studium weitere Titel gibt wie Hodschatoleslam, Ayatollah und Groß-Ayatollah. Von Letzteren findet sich kaum mehr als ein Dutzend in ganz Iran.

Während die Zahl der Geistlichen im Land stetig steigt, lockt es gerade einmal 1,4 % der Muslime zum Freitagsgebet. Mit überfüllten Moscheen hat die Islamische Republik Iran also nicht zu kämpfen. Gleichzeitig zeigt sich die schiitisch-religiöse Inbrunst des Landes zu den großen Trauerfeierlichkeiten über Ashura (s.Kasten) und in schiitischen Pilgerstätten wie Mashhad oder Qom, die Gläubige weit über die Landesgrenzen hinaus nach Iran ziehen.

Sunniten

Die Sunniten bilden mit 9 % eine Minderheit im Land und sind vor allem in Randgebieten in Kurdistan, Khuzestan, Turkmenistan oder Balutschistan zu Hause. Sunnitische Muslime gelten den schiitischen Muslimen offiziell als gleichberechtigt, erfahren aber wie andere religiöse Minderheiten regelmäßige Benachteiligung beispielsweise in Bezug auf Stellenangebote im öffentlichen Dienst.

Ismailiten

Für die sogenannten Siebener-Schiiten endet die Abfolge der Imame bereits mit Ismail, dem 760 vor dem Vater verstorbenen Sohn des sechsten Imams. Da Ismail vom Vater auserwählt worden war und es pro Generation nur einen göttlich erwählten Imam geben konnte, hätten die Schiiten fortan eigentlich ohne Imam auf den Tag des Jüngsten Gerichts warten müssen. Doch der sechste Imam wählte nach Ismails Tod einfach einen anderen Sohn aus. Eine weitere Spaltung war die Folge. Denn ein Teil der Gläubigen akzeptierte das nicht. Hundert Jahre später kämpfte der Rebellenführer **Ali ibn Muhammad** im Namen des verborgenen Imams Ismail und begründete die Ismailiten oder Siebener-Schiiten. Auch die nachfolgende Herrschaft der Assassinen unter **Hasan-i Sabbah** berief sich auf Ismail als letzten Imam. In Iran deuten die verfallenen Festungen im Alamut-Tal noch auf die Sekte mit sozialrevolutionärem Anspruch. Wenn ihre Geschichte auch in Iran begann, finden sich Ismailiten heute als Minderheit überwiegend in Indien, Pakistan und Afghanistan. Nur eine kleine Glaubensgemeinschaft ist noch in der iranischen Provinz Khuzestan ansässig.

Sufismus

Die islamische Mystik war im Persien des 8.–12. Jhs. nicht wegzudenken und prägte Kunst und Kultur ebenso wie die Landbevölkerung, die oft erst über wandernde Sufis zum Islam fand. Die Anhänger, Sufis oder Derwische genannt, standen der Bevölkerung oft viel näher als ein zunehmend erstarrter islamischer Klerus.

Immer mehr Sufi-Bruderschaften wurden gegründet und Sufi-Herbergen, Chanaqas, im ganzen Land errichtet. Ziel der Mystiker war es, einen Weg zu finden, mit Gott eins zu werden. Dazu übten sie sich in **Meditation und Ekstase**. Einige der großen persischen Literaten waren Sufis oder standen den Ideen des Sufismus nahe – allen voran Rumi. Sie scheuten sich nicht, Kritik an der islamischen Gemeinde, der Ulama, und ihren Verfehlungen zu üben, brachten ihren persönlichen und liebenden Weg zu Gott zu Papier und beschrieben die Lust an der Ekstase. Doch bis heute ist das Verhältnis von islamischen Gottesstaaten zu Sufi-Dichtern problematisch, verschmähen sie doch die praktizierten Rauschzustände fernab konservativer Verhaltensregeln als Weg zu Gott. Im Zuge der Islamischen Revolution wurden daher Werke von islamischen Mystikern verboten.

Erst Anfang der 1990er-Jahre besserte sich die Situation insofern, als dass heute die Literatur klassischer und damit längst verstorbener Sufis anerkannt wird. Das ändert allerdings nichts daran, dass Sufi-Bruderschaften heute ein Dasein im Untergrund fristen. Sufis finden sich in Iran vor allem in den Randprovinzen und in einigen Großstädten des Landes. Aufgrund ihrer Diskriminierung ist ihre Zahl aber nicht statistisch erfasst.

Zoroastrismus

Lange vor dem Islam fasste in Persien der monotheistische Glaube des Propheten **Zarathustra** (geb. 630 v. Chr.) Fuß. Heute zeugen vor allem die antiken Inschriften und Reliefs der persischen Weltreiche von der einst weit verbreiteten Religion, die große Spuren in der monotheistischen Glaubenswelt hinterließ (S. 256). Insgesamt gibt es heute nicht mehr als rund 200 000 Zarathustrier weltweit. Die meisten Gläubigen leben in Indien, wo sie unter dem Namen Parsen, was nichts anderes als Perser bedeutet, bekannt sind. In Iran verteilen sich die rund 40 000 Zarathustrier vor allem auf Yazd, Kerman und Teheran.

Judentum

Vor allem in Teheran finden sich Synagogen der jüdischen Glaubensgemeinschaft, die in ganz Iran um die 10 000 Anhänger umfasst. Juden werden in der Ausübung ihres Glaubens nicht beschränkt, allerdings dürfen sie keine Sympathie für den Staat Israel zeigen, denn nach wie vor gilt ein strenger Antizionismus im Land, der sich immer wieder mit Antisemitismus vermischt. Nichtsdestotrotz ist der Schutz der jüdischen Glaubensgemeinde in Iran gewährleistet.

Es kommt landesweit zu keinen Übergriffen gegen hier lebende Juden, weshalb Synagogen auch nicht bewacht werden. So wie die Christen und später die Zarathustrier wurden auch die Juden als Schriftbesitzer anerkannt und damit als dem Islam nahestehende Religionsgemeinschaft akzeptiert. Allen drei Glaubensgemeinschaften stehen auch Sitze im Parlament zu. Gleichzeitig sind Juden wie andere religiöse Minderheiten auch nicht gleichberechtigt, wenn es beispielsweise um die Vergabe von Stellen im öffentlichen Dienst geht.

Christentum

Rund 300 000 Christen, vorwiegend der armenisch-apostolischen Kirche, leben in Iran. Im Nordwesten des Landes sowie in Teheran und Esfahan finden sich heute noch zahlreiche Klöster und Kirchen. Für die assyrischen und für die armenischen Christen ist im Parlament je ein Sitz vorgesehen. Zwar ist die Kultfreiheit der Buchreligionen, zu denen Christentum und Judentum zählen, gesichert, aber Missionierung und Konversionen von Muslimen zu anderen Religionen sind verboten. Der Abfall vom islamischen Glauben wird als schweres Vergehen geahndet.

Bahaitum

Im 19. Jh. legte **Ali Muhammad Shirazi**, auch Bab genannt, den Grundstein für eine neue Religion, die aus einer schiitischen Sekte hervorging. Bab behauptete, der neue Auserwählte zu sein, der in direkter Verbindung mit dem Verborgenen Imam stünde, und verfasste ein Heiliges Buch als „Tor zur Wahrheit" – eine Provokation für den schiitischen Klerus, die mit dem Todesurteil bestraft wurde.

Erst Nuri schuf als **Baha'ullah** aus der entstandenen Bewegung die Religion der Baha'i, wie man sie heute kennt. Diese Religion trat als die nunmehr allgemein gültige und vor allem zeitgemäße Offenbarung des Wort Gottes auf und stellte sich damit über den Islam, der ja für sich beanspruchte, die Krönung der Offenbarungen Gottes gegenüber den christlichen und jüdischen Vorgängern zu sein. Bis auf eine kurze Phase im 20. Jh. waren und sind die Baha'i in Iran der Verfolgung ausgesetzt; nach der Errichtung der Islamischen Republik Iran verloren sie jede Existenzberechtigung, wurden teils ermordet und enteignet. Heute bekennen sich die wenigen Baha'i in Iran nicht öffentlich zu ihrem Glauben. Weltweit konnten sich dennoch Glaubensgemeinschaften der Baha'i etablieren – allen voran in den USA und Europa.

Kunst und Kultur

Iran versteht sich als herausragende Kulturnation. Historisch betrachtet gibt es dafür Grund genug. So viele künstlerische Meisterleistungen sind hier im Laufe der Jahrtausende vollbracht worden. Die Islamische Republik möchte sich aber auch mit zeitgenössischer Kunstproduktion schmücken. Vor allem in Großstädten, aber nicht nur dort, blüht der Kulturbetrieb – egal, ob es die vielen Theaterbühnen, Filmproduktionen oder literarische Lesungen sind. Gleichzeitig unterliegen Künstler einer umfassenden Zensur, da sie die politischen Verhältnisse im Land scharf kritisieren und damit für den Status quo unbequem sind. Gleichzeitig zeigen sie eine große Heimatverbundenheit und schaffen erst die modern-intellektuelle Kunstszene, die für den Staat so prestigeträchtig ist. Auch hier zeigt sich das Wechselspiel aus Überschreiten der offiziellen Grenzen und ständiger Neuverhandlung unausgesprochener Grenzen, das für das Leben in Iran charakteristisch ist. Was heute in der Theatervorstellung möglich ist, kann morgen schon verboten sein – oder umgekehrt.

Architektur

Die zum Teil jahrtausendealte Architektur beeinflusste Bauwerke weit über die heutigen Landesgrenzen Irans hinaus. Ergänzende Erläuterungen zur klimatisch bedingten Architektur finden sich unter Chupanan (S. 270); von der persischen Gartenbaukunst ist bei Shiraz (S. 200) zu lesen.

Vorislamische Architektur

Als die Menschen begannen, sesshaft zu werden, besiedelten sie immer wieder dieselben Plätze, wodurch Erhöhungen geschaffen wurden, die heute als **Tepe** (Siedlungshügel) bekannt sind. Sie sind die frühesten Zeugen der menschlichen Besiedlung in Iran. Mit der **Hochkultur von Elam** (2600–539 v. Chr.) treten komplexe Palast- und Festungsanlagen in Erscheinung. Eine herausragende Bedeutung nimmt dabei die Zikkurat, ein Tempelbau mit Hochterrassen, ein, heute noch zu sehen nahe Shush (S. 505). Die anschließende Herrschaftsperiode der **Achämeniden** zeichnet sich durch eine Vorliebe für hohe Steinsäulen und große Portale aus. Man griff auf Architekturelemente zurück, wie sie im elamischen Reich, Ägypten, Mesopotamien oder Griechenland üblich waren. Davon zeugen heute u. a. die Überreste der Residenzstädte Persepolis (S. 289) oder Pasargadae (S. 294). Für die Bauwerke und Reliefs holten sich die achämenidischen Herrscher Kunsthandwerker und Baumeister aus den verschiedensten Teilen des Perserreiches.

Feuertempel wurden schon zu Zeiten des ersten großen Perserreiches angelegt, gewannen aber unter der Dynastie der **Sassaniden** mit der Institutionalisierung der Religion des Zoroastrismus an Bedeutung. Einen herausragenden Stel-

Innenansicht der Kuppel der Königsmoschee in Esfahan

lenwert besaßen die heute noch unübersehbaren Felsenreliefs wie bei den Felsgräbern von Naqsh-e Rostam. Bereits unter den Achämeniden hatten Reliefs zur Darstellung von herrschaftlichen Szenen eine wichtige Rolle gespielt, woran die Sassaniden anknüpften. Die Reliefs, die vor allem Jagd- und Kampfszenen zeigen, waren fester Bestandteil der sassanidischen Kunst und Architektur. Palastbauten aus dieser Zeit zeichnen sich durch großzügig gestaltete Hallen und reiche Stuckarbeiten aus. Die sassanidischen Bauten, wozu auch zahlreiche Karawansereien und Brücken zählen, wurden bereits durch römische Architekturelemente beeinflusst.

Islamische Architektur

Gerade die älteren Moscheen des Landes unmittelbar nach der arabischen Eroberung zeichnen sich durch den **Hypostyl-Bautyp** aus. Dabei wird die flache Decke der Gebetshalle von zahlreichen Säulen getragen. Bereits im 9. Jh. setzte sich der Bautyp der Iwanmoschee durch. Bei **Iwanen** handelt es sich um großräumige und nur einseitig offene Portale, die bereits in der vorislamischen Architektur eine Rolle spielten. Ab dem 12. Jh. sind vier Iwane, wovon sich zwei jeweils gegenüberstehen, fester Bestandteil der iranischen Hofmoschee.

Auch bei traditionellen islamischen Schulen, Madresen und Karawansereien ist diese Anordnung von Iwanen üblich. Besonders häufig schmücken sogenannte **Muqarnas** die Decken und Eingangsportale von islamischen und weltlichen Prunkbauten. Die aneinandergereihten kleinen Spitzbogenformen verstärken die auf ihnen angebrachten geometrischen Ornamente durch ihre Dreidimensionalität. Aufgrund der spezifischen Form spricht man auch von Stalaktitendekoration.

Die mächtigen **Kuppelbauten**, die hochentwickelte Ornamentkunst und der Einsatz von Farben inspirierten über den eigenen Herrschaftsbereich hinaus Moscheen und Paläste im türkischen und indischen Raum. Die fulminante doppelschalige Kuppel des Oldschaitu-Mausoleums aus dem 14. Jh. (S. 319) gilt noch dazu als Vorbild für die Kuppel der Kathedrale Santa Maria del Fiore in Florenz und könnte die Arbeiten am Taj Mahal beeinflusst haben. Der besondere Farben- und Formenreichtum an den Fassaden der islamischen Bauwerke wurde vor allem durch die Mongolen und Timuriden vorangetrieben und durch die Safawiden, besonders unter Abbas I., verfeinert. Nicht umsonst gilt das Ensemble des Meydan-e Naqsh-e-Jahan in Esfahan als ein herausragendes Beispiel islamischer Architektur weltweit.

Moderne Architektur

Im 20. Jh. trug die betont westliche Orientierung des Schahs Reza dazu bei, dass Architekten aus Europa in das Land geholt wurden. Zugleich wurde auch das vorislamische Erbe wiederentdeckt. Archäologische Ausgrabungen förderten Persepolis zutage. Bald darauf war die Nachahmung längst vergessen geglaubter Architektur an modernen Gebäuden wie der Bank Melli in Teheran ersichtlich.

Die Kopie europäischer Architekturstile und die Integration achämenidischer Motive fand mit dem Beginn der Islamischen Republik ein jähes Ende. Auch für die Innovationen einer ambitionierten Architektengeneration kurz vor der Revolution 1979 im Sinne einer iranischen Moderne herrschte kein Freiraum mehr. Die Architektur sollte von nun an ihren Teil zur islamischen Identität beitragen. Die völlige Abschottung von westlichen Entwicklungen in der Architektur brach erst in den letzten Jahren auf. Eine jüngere Generation von Architekten sucht vor allem in der Großstadt Teheran neue Wege und experimentiert mit modernen Baustoffen.

Ornamentik und Kalligrafie

Florale und geometrische Muster sind unverzichtbarer Teil der Moscheen und Paläste in Iran. Dem harmonischen Formen- und Farbenreichtum scheint kein Ende gesetzt. Dabei ist die hohe Kunst der **Ornamentik** weit mehr als nur dekorativ. So sind es religiös besetzte Motive wie die Darstellung der Schönheit Gottes und des Paradieses oder eine kosmische Verbundenheit des Menschen, die darin zum Ausdruck kommen. Vorangetrieben wurde sie durch das Bilderverbot im Islam, das darauf abzielt, die Schöpfungskraft Gottes nicht nachahmen zu wollen. Gleichzeitig wurde eben dieses Verbot vor allem in der schiitischen Welt erheblich gelockert. So ist es sogar möglich, auf zeitgenössische Abbildungen des Propheten zu treffen, und viele iranische Haushalte nennen ein Bild Mohammeds ihr Eigen. Wie so vieles ist auch das Bilderverbot Teil eines religiösen Diskurses im Land.

Nicht selten gehen die zwei grundlegenden Formen von Ornamenten, die pflanzlichen und geometrischen, ineinander über und werden mit kunstvoller Schönschrift kombiniert – der **Kalligrafie**. Diese besondere Form der Ornamentik gilt als höchste Form der visuellen Kunst. Besonders häufig trifft man auf die iranische Schrift Nasta'liq, eine Kombination der Schriften Naschi und Taliq, die sich durch besonders lang gezogene Linien und Rundformen auszeichnet. Meist sind es Koranverse, die abgebildet werden, doch kommt die Schönschrift vor allem auch in der Poesie zum Einsatz, und zuweilen trifft man sogar bei amtlichen Dokumenten darauf. Die Kunst des Schönschreibens ist ein geschätztes Kulturgut des Landes, für dessen Erhaltung in den letzten Jahren immer mehr Schönschreibkurse angeboten werden (S. 230).

Miniaturmalerei

Die Verschmelzung persischer und fernöstlicher Kunstfertigkeit zur Zeit der Timuriden (1370–1507) brachte nicht nur eine bis dahin ungeahnte Farben- und Formenvielfalt an herrschaftlichen Fassaden in der Hauptstadt Samarkand, sondern schließlich auch die islamische Miniaturmalerei hervor.

Sowohl die Seldschuken als auch die Mongolen und spätere Dynastien setzten sich dabei großzügig über das Bilderverbot hinweg, um nicht auf die Darstellung von Fabelwesen, Tieren und Personen verzichten zu müssen. Nur „Heilige" durften weiterhin nicht erkenntlich gemacht werden, so findet sich in historischen Zeichnungen ein weißer Fleck oder ein Schleier anstelle der Gesichtszüge des Propheten Mohammeds. Im 14. Jh. etablierten sich schließlich verschiedene Malschulen im persischen Kulturraum, die bevorzugt Szenen aus dem Leben am Hof, aber auch Motive aus Heldenlegenden und Sagen darstellten. Durch die Dynastie der Moguln fand die Miniaturmalerei schließlich nach Indien, wo sie aufgrund der Verschmelzung mit lokalen Mal- und Kunsttraditionen neue Wege ging.

Literatur

Massen pilgern zu den Grabmälern von Saadi und Hafez in Shiraz, um mit einem Gedicht auf den Lippen der großen Literaten zu gedenken. Längst besitzt beinahe jeder iranische Haushalt einen Gedichtband von Hafez, und nicht selten üben sich Iraner selbst in der Kunst des Schreibens und rezitieren gar selbstverständlich ihre Lieblingsverse der vielen persischen Dichtergrößen.

Die Liebe der Iraner zur Literatur scheint schier unendlich, so viele iranische Herzen schlagen im Takt der Poesie ihrer großen Literaten. Einmal von der Hingabe zur Literatur erfasst, kennt diese keine Landesgrenzen. So ist es durchaus üblich, dass Iraner deutschsprachige Reisende auf die Werke von Goethe, Rilke oder Kafka ansprechen. Oft überraschen sie weniger literaturversierte Reisende mit ihren fundierten Kenntnissen über westliche Literaturklassiker, und in den vielen modernen Intellektuellen-Cafés der Großstädte liegen immer wieder persische Übersetzungen von Immanuel Kant und dergleichen Größen aus. Qualitativ hochwertige Literatur hat im Land Tradition. Bereits Goethe schätzte die Perfektion, die in Hafez' Versen steckt, mit den Worten: „Und mag die ganze Welt versinken / Hafis mit dir, mit dir allein / Will ich wetteifern …" Dabei ist Hafez nur einer von vielen, welche die Literatur des Landes über Jahrhunderte hinweg pflegten und perfektionierten.

Die Anfänge neupersischer Literatur

Nach der arabischen Eroberung schrieben viele Gelehrte in Arabisch, und Mittelpersisch geriet immer weiter in den Hintergrund. Das sollte sich im 11. Jh. mit **Ferdowsi** (940–1020) und seinem monumentalen Werk *Shahnameh*, dem *Buch der Könige*, ändern. Das Anliegen des heute verehrten Literaten war es, die vorislamische Geschichte und Kultur Irans abzuhandeln und die persische Sprache zu reaktivieren. Vergleichbar mit der Bedeutung Luthers für die deutsche Sprache, formte und prägte Ferdowsi das Persische. Dabei vermied er arabische Lehnwörter, versuchte persische Entsprechungen zu finden, vereinheitlichte die Sprache und bereicherte sie um neue Ausdrücke. Damit ist er ein entscheidender Wegbereiter der fortan gültigen neupersischen Sprache, wenn auch etliche Jahre davor der Dichter Rudaki (858–941) den Grundstein dafür gelegt hatte.

Für das Nationalepos, das mit 60 000 Doppelversen weit umfangreicher ist als Homers *Ilias* und *Odyssee*, begab sich Ferdowsi auf die Spuren einer vorislamischen Geschichte und Tradition, die von den Anfängen der Welt bis zum Perserreich der Sassaniden reicht. Die Heldengeschichten verweben historische Berichte mit Legenden und stärkten nicht nur die persische Sprache als Literatursprache, sondern auch eine vorislamische Identität. Wahren Ruhm erlangte das Werk im 20. Jh. durch die Nationalisten, die arabische Einflüsse ablehnten und die iranische Identität stärken wollten. Heute ist Ferdowsis *Buch der Könige* aus dem kollektiven Bewusstsein der Iraner nicht wegzudenken. Doch auch schon im 11. Jh. zeigte der Literat seine Wirkung. Fortan schrieben immer mehr Gelehrte und Dichter in persischer und nicht in arabischer Sprache. Damit war der Grundstein für die persische Literatur gelegt.

(Über-)Sinnliches und das goldene Zeitalter

Die Idee einer spirituellen und ganz persönlichen Vereinigung mit Gott prägte die persische Literatur wesentlich. Viele Dichter standen dem Sufismus nahe und verschrieben sich dem Leitmotiv der Liebe. **Omar Khayyam** (1048–1131) kennt man vor allem für seine Vierzeiler, Rubayat genannt, während **Nizami** (1141–1202) große Liebesepen schuf. Einer der berühmtesten Vertreter der islamischen Mystik und gleichzeitig eine der Dichtergrößen des Landes ist zweifelsohne **Jalal ad-Din Rumi** (1207–1273). Er war der Auffassung, der Weg zu Gott könne nur über die Liebe führen, denn sie sei die eigentliche Kraft des Universums. Schließlich wird in Rumis Versen aus dem 13. Jh. Gott zum Ge-

Eintauchen in die Welt der persischen Literatur

Auch Reisende können die persische Literatur lieben lernen, denn viele Werke sind als Übersetzungen im deutschsprachigen Raum erschienen. Die Liste hier ist nur eine kleine Auswahl vieler empfehlenswerter Werke. Einen besonderen Schwerpunkt zur Literatur von und über Iran bietet die Buchhandlung *Goethe & Hafis* in Bonn, die auch selbst Werke verlegt.

Nizami Ganjavi *Die sieben Schönheiten* (1197) – Die märchenhafte Erzählung ist auf Deutsch unter dem Titel *Die sieben Geschichten der sieben Prinzessinnen* erschienen.
Saadi *Rosengarten* (1259) – Ein zentrales Werk der persischen Literatur und Sammlung von Gedichten und Geschichten.
Hafez *Der Diwan* – Das Hauptwerk des Dichters umfasst mehrere hundert Gedichte, die meisten in Ghaselen-Form. Die Sammlung wurde erst nach Hafez' Tod in verschiedenen Editionen herausgegeben. Goethe inspirierte das Werk schließlich zu seiner Hommage an Hafez, bekannt als *West-östlicher Divan* (1819).
Sadeq Hedayat *Die blinde Eule* (1936) – Ein surrealer Kurzroman voller Schwermut und seelischer Abgründe.
Mahmoud Dowlatabadi *Der leere Platz von Ssolutsch* (1979) – Ein realistisch scharfer Blick auf soziale Missstände des Schah-Regimes von einem der wichtigsten zeitgenössischen Literaten des Landes, der voller iranischer Schwermut seine Lebensgeschichte verarbeitet.
Shida Bazyar *Nachts ist es leise in Teheran* (2016) – Eines der vielen herausragenden Beispiele für iranische Exilliteratur. Die Autorin erzählt über vier verschiedene Familienmitglieder von der anfänglichen Begeisterung für die Islamische Revolution, von der Ankunft in der neuen Heimat und der Entwurzelung der in Deutschland groß gezogenen und geborenen Kinder.
Maryam Madjidi *Du springst, ich falle* (2018) – Eine autobiografische Exilgeschichte vom Gehen-Müssen und Wiederkehren-Wollen, erzählt in einer prägnanten, kraftvollen Sprache voller Poesie.
Die Zusammenstellung **moderner persischer Lyrik** *Der Wind wird uns entführen*, hrsg. von Kurt Scharf (2005), enthält u. a. Gedichte von Nima Yushij und Forough Farrokhzad sowie ein Nachwort von Said über die Macht der Worte.

liebten und die suchende Seele zur Liebenden. Schon bei Rumi erfreuten sich Ghaselen, zweizeilige Strophen mit einem festen Reimschema, großer Beliebtheit.

Perfektioniert wurde die Ghaselen-Dichtung ein Jahrhundert später mit dem goldenen Zeitalter persischer Literatur. Zu dieser besonderen Blüte zählt der Dichter **Saadi** (1210–1292), der in Shiraz lebte. Seine Sinnsprüche sind längst in die persische Alltagssprache eingegangen. Saadis humanistisches Weltbild wird in seinem Hauptwerk *Golestan* (Rosengarten) ersichtlich. Heute prangt ein kleiner Auszug davon auf dem Portal der Vereinten Nationen in New York.

Über ein Jahrhundert nach Saadi hob **Hafez** (1320–1390), ebenfalls aus Shiraz, die persische Literatur in neue Sphären der Sinnlichkeit. Von Rauschzuständen ist die Rede, von Liebe und von Wein. Heute beziehen viele Liebespaare die Gedichte auf Liebesbeziehungen im herkömmlichen Sinne, doch stand Hafez auch der islamischen Mystik nahe. Der Weg zu Gott glich einer rauschhaften und betont sinnlichen Erfahrung. Wofür Hafez weit über die Landesgrenzen hinaus und von niemand Geringerem als Goethe geschätzt wurde, war die Perfektion seiner sprachlichen Bilder. Die Sinnlichkeit seiner Verse und die Kritik des Dichters an der damaligen Geistlichkeit war der Islamischen Republik viele Jahrhunderte später ein Dorn im Auge, doch gegen die flächendeckende Liebe, die Iraner für ihren großen Dichter hegen, kann selbst das Regime nichts ausrichten. So sind Hafez und seine Kunst bis heute allgegenwärtig.

Neue Wege der Moderne

Über Jahrhunderte hinweg galt die Lyrik als die bestimmende Gattung in der persischen Literaturszene. Im 20. Jh. fand sie unter anderem mit **Nima Yushij** (1897–1960) und **Forough Farrokhzad** (1934–1967) zu einer neuen Formensprache. Diese hat die traditionellen Formen der alten Meister zwar nicht vollends abgelöst, aber das Spektrum der heutigen Lyrik erheblich erweitert.

Die Prosa gewann erst im 20. Jh. zunehmend an Bedeutung. Der Schriftsteller **Sadeq Hedayat** (1903–1951) prägte sie mit seiner unverkennbar surrealen und satirischen Feder. **Mahmoud Dowlatabadi** (geb. 1940) wird wiederum für seine betont realistische Zeichnung sozialer Missstände in seinen Romanen geschätzt. Selbst aus ärmlichen Verhältnissen stammend, übte er Kritik an dem sozialen Elend der ländlichen Bevölkerung unter dem Schah. Ein besonderer Fokus auf den Verhältnissen vor der Islamischen Republik ist auch bei der angesehenen Autorin **Simin Daneshwar** (1921–2012) zu finden. Die ausgeprägte Sozialkritik vieler Prosawerke zog sowohl zu Zeiten der Pahlawi-Monarchie als auch in der Islamischen Republik den Kampf mit der Zensur nach sich. Viele Werke sind daher bis heute nur im Ausland erhältlich, und einige Kunstschaffende leben nach wie vor im Exil – so auch die Autorin **Shahrnush Parsipur** (geb. 1946), die sich vor allem mit den patriarchalischen Strukturen der iranischen Gesellschaft befasst. So erzählt sie auch in *Tuba* (1989) realistisch und magisch zugleich die Leidensgeschichte einer Frau in einer Welt für Männer.

Film

Regelmäßig stauben iranische Filme internationale Filmpreise ab. Die Anerkennung von renommierten Filmfestspielen wie jenen von Cannes, Berlin oder ... ist ihnen längst gewiss. Überraschenderweise war es die in Bezug auf die Kulturpolitik etwas offenere Zeit unmittelbar nach der Revolution 1979, die Filmschaffenden neuen Auftrieb verschaffte. Die internationale Anerkennung folgt seit den späten 1990er-Jahren, als *Der Geschmack der Kirsche* von **Abbas Kiarostami** in Cannes mit der Goldenen Palme prämiert wurde. Wenngleich der iranische Film zu einem geschätzten Bestandteil des internationalen Filmgeschehens geworden ist, entgeht auch er der repressiven Politik innerhalb der Landesgrenzen Irans nicht.

Filmschaffende leben deswegen oft notgedrungen im Exil. Verbleiben sie im Land, kämpfen sie täglich mit der **Zensur**. Manch international gefeierter Film wurde in Iran selbst offiziell noch nie gezeigt, was die heimliche Verbreitung der Filme im Land aber nicht ausschließt. Zu bedenken ist auch, dass Filme, die in Iran entstehen, vor der Einsendung zu internationalen Filmfestspielen durch die Hände der Zensurbehörde gehen – sofern sie nicht, wie Jafar Panahis Film *Taxi Teheran*, der 2015 auf der Berlinale mit dem Goldenen Bären ausgezeichnet wurde, außer Landes geschmuggelt werden. Das Verhältnis des Landes zur eigenen Filmproduktion kann also nicht durchweg auf starre Ablehnung reduziert werden, sondern zeigt sich wie so vieles im Land gespalten.

Eindrückliches Porträt eines Landes

Oft lässt sich durch Filme oder Literatur die Seele eines Landes viel besser verstehen als durch fachwissenschaftliche oder journalistische Texte. Unweigerlich sind es oft die Tabuthemen wie Selbstmord in *Der Geschmack der Kirsche* (1997) oder Formen der patriarchalen Unterdrückung der Frau wie in *Dayereh, der Kreis* (2000) von **Jafar Panahi**, die Filmschaffende auf die Leinwand bringen. Das Ehedrama *Nader und Simin – eine Trennung* (2011) von **Ashgar Farhadi**, ein gelungenes Porträt der iranischen Gesellschaft, gewann als erster iranischer Film einen Oscar für den besten ausländischen Film, der zweite folgte 2017 für Farhadis Film *Forushande (The Salesman)*. Ein Politikum über die Landesgrenzen Irans hinaus griff **Mohsen Makhmalbaf** mit seinem Film *Die Reise nach Kandahar* (2001) auf, der die Herrschaft der Taliban thematisiert und in Cannes mit einer Goldenen Palme ausgezeichnet wurde.

Mit *Women without Men* (2010) wurde die Novelle der Schriftstellerin Shahrnush Parsipur verfilmt. Den eindrücklichen Bildwelten der im Exil lebenden Regisseurin **Shiran Neshat** haftet etwas Magisches an, wenngleich sie auch die harte politische Realität des Landes in den 1950er-Jahren einfangen.

Große Popularität im Ausland erfreute sich die Verfilmung der autobiografischen Graphic Novel *Persepolis* (2007) von **Marjane Satrapi**. In animierten Schwarz-Weiß-Bildern wird das politische Geschehen geschildert, beginnend mit dem revolutionären Umsturz des Schahs bis hin zur Entwurzelung einer nach Europa gezogenen jungen Iranerin.

Musik

Einige islamische Rechtsgelehrte sind der Auffassung, dass Musik für Muslime tabu ist und daher verboten werden muss. Das generelle Musikverbot der ersten Jahre nach der Revolution wurde allerdings wieder aufgehoben, das Tanzverbot hingegen nicht. Trotzdem unterliegt die Musikszene bis heute erheblichen **Einschränkungen**. Konzerte werden genauestens unter die Lupe genommen und immer wieder verhindert. Frauen dürfen nicht vor Männern singen. Der Verdacht, die Musik könnte die Zuhörer erregen, reicht, um öffentliche Musikveranstaltungen abzusagen.

Dabei kann Iran eine reiche Musiktradition vorweisen. Die **klassische persische Musik** steht im Zusammenhang mit der islamischen Mystik, wirkt meditativ und melancholisch zugleich. Ihre Wurzeln führen aber bis zu den Sassaniden zurück. Vor allem sufistische Gedichte, besonders häufig die von Hafez und Rumi, werden von männlichen Solisten gesungen, meistens in Begleitung traditioneller Saiten- und Trommelinstrumente.

Die Zensur trifft aber vor allem die **moderne Musikszene** in Iran. Denn allen Hürden zum Trotz gibt es iranische Pop-, Rock-, Techno- und HipHop-Musik. Die Konzerte finden aber vorwiegend im Untergrund oder gleich im Ausland statt. Die größte Bekanntheit im Westen erlangten die heimlichen Technopartys in der Wüste – dokumentarisch festgehalten im Film *Raving Iran* (2016).

HÄUSERMEER VOR DEM ELBURZ-GEBIRGE; © PRISKA SEISENBACHER

1 Teheran

Die vergleichsweise junge Hauptstadt Irans mit ihren über 15 Mio. Einwohnern ist das unangefochtene wirtschaftliche und kulturelle Zentrum des Landes. Hier protzen die Paläste der letzten Schahs um die Wette, laden unzählige sehenswerte Museen, Galerien und Monumente zur Reise durch die Geschichte und Kultur des Landes ein und tummeln sich Einheimische wie Touristen in hippen Cafés und Restaurants.

Stefan Loose Traveltipps

Kakh-e Golestan Prächtiger Palast mit bunter Kacheloptik und atemberaubenden Spiegelsälen. S. 146

Kakh-e Saadabad Prunkvolle Residenz der Pahlavi-Dynastie mit einer Vielzahl an Museen und Ausstellungen. S. 160

Darband Der Hitze der Großstadt entkommt man in der kühlen Bergluft im nördlichsten Vorort Teherans. S. 163

Tochal Mit der Seilbahn ins Skigebiet auf fast 4000 m Höhe – direkt vor der Haustür. S. 163

REICH VERZIERTE FLIESEN; © TOBIAS DANZ

CAFÉ-KULTUR IN TEHERAN; © LAIF / SZ PHOTO / JOCHEN ECKEL

Wann fahren? Ganzjährig; die beste Zeit ist von März–Mai, danach wird es heiß und trocken, ab September hängt an den meisten Tagen eine dichte Smogglocke über der Stadt, die erst den Frühlingswinden weicht.

Wie lange? 2 Tage reichen für die wichtigsten Sehenswürdigkeiten; wer Museen und Galerien besuchen möchte, bleibt länger.

Bekannt für Palastanlagen, Museen, hippe Cafés und Restaurants

Outdoor-Tipp Skifahren und Wandern auf dem Tochal, Fahrradfahren um den Chitgar-See

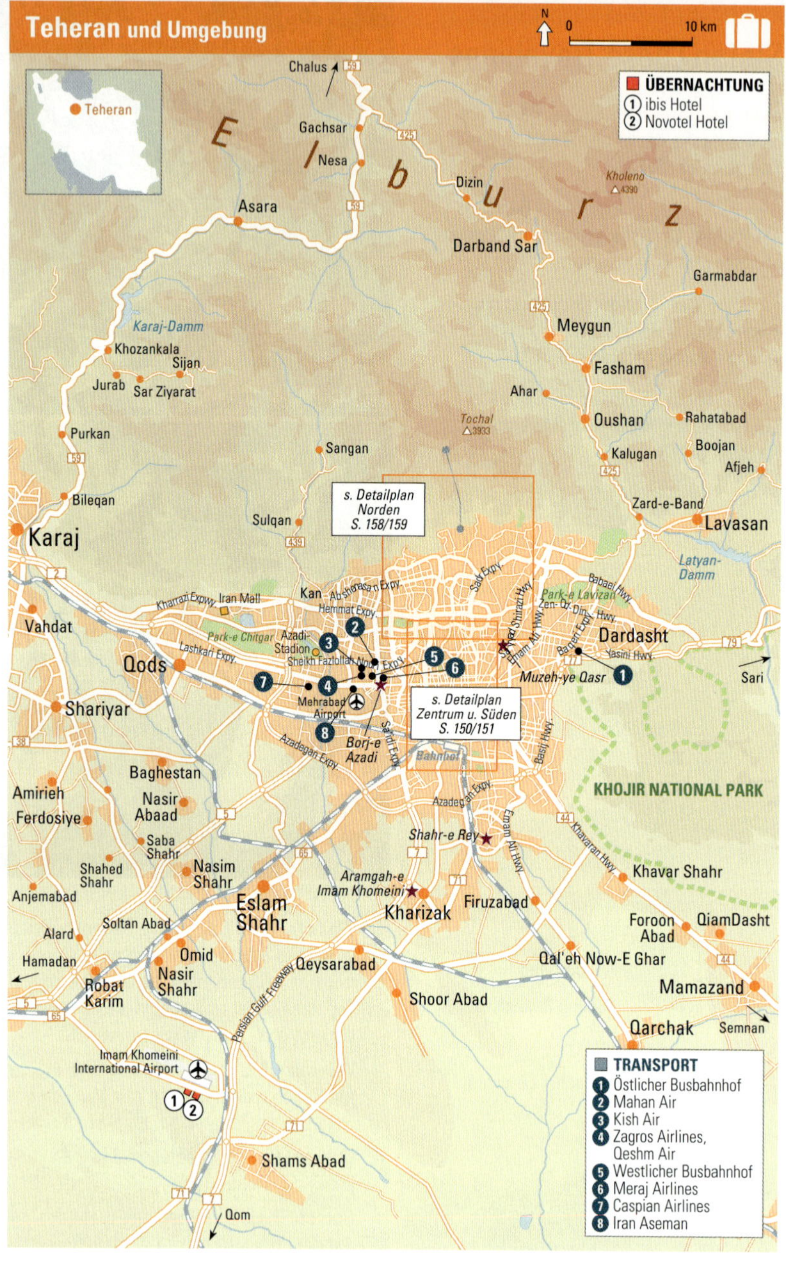
Teheran und Umgebung
N
0
10 km
Teheran
ÜBERNACHTUNG
1 ibis Hotel
2 Novotel Hotel
Chalus
Gachsar
Nesa
Elburz
Dizin
Kholeno
4390
Asara
Darband Sar
Garmabdar
Meygun
Fasham
Karaj-Damm
Khozankala
Sijan
Jurab
Sar Ziyarat
Ahar
Oushan
Rahatabad
Tochal
3933
Purkan
Sangan
Kalugan
Boojan
Afjeh
s. Detailplan Norden S. 158/159
Zard-e-Band
Bileqan
Sulqan
Lavasan
Karaj
Latyan-Damm
Kan
Abshenasan Expy.
Sadr Expy.
Shirazi Hwy
Babaei Hwy
Kharrazi Expwy.
Iran Mall
Hemmat Expy.
Park-e Lavizan
Zen-o-Din Hwy
Vahdat
Park-e Chitgar
Azadi-Stadion
Eman Ali Hwy
Bagheri Expy
Dardasht
Lashkari Expy.
Sheikh Fazlollah Nouri Expy.
Yasini Hwy
Qods
Muzeh-ye Qasr
Sari
Shariyar
Mehrabad Airport
s. Detailplan Zentrum u. Süden S. 150/151
Borj-e Azadi
Saidi Expy.
Bahnhof
Azadegan Expy.
Basij Hwy
Baghestan
KHOJIR NATIONAL PARK
Amirieh
Nasir Abaad
Ferdosiye
Azadegan Expy.
Saba Shahr
Shahr-e Rey
Emam Ali Hwy
Khavaran Hwy
Shahed Shahr
Nasim Shahr
Khavar Shahr
Anjemabad
Aramgah-e Imam Khomeini
Eslam Shahr
Kharizak
Firuzabad
Soltan Abad
Foroon Abad
QiamDasht
Alard
Omid
Qal'eh Now-E Ghar
Hamadan
Qeysarabad
Nasir Shahr
Robat Karim
Mamazand
Persian Gulf Freeway
Shoor Abad
Qarchak
Semnan
Imam Khomeini International Airport
TRANSPORT
1 Östlicher Busbahnhof
2 Mahan Air
3 Kish Air
4 Zagros Airlines, Qeshm Air
5 Westlicher Busbahnhof
6 Meraj Airlines
7 Caspian Airlines
8 Iran Aseman
Shams Abad
Qom

Die Hauptstadt des Landes schmiegt sich an die südlichen Ausläufer des Elburz-Gebirges und liegt zu Füßen des Berges Tochal – immerhin stattliche 3944 m hoch.

Mit über 15 Mio. Einwohnern im Großraum zählt Teheran zu den größten Metropolen im asiatischen Raum. Als wichtigstes wirtschaftliches und kulturelles Zentrum wächst die Stadt ungebremst. Teherans Häusermeer dehnt sich unaufhaltsam in alle Richtungen aus: neue Bürohochhäuser, Einkaufszentren und Apartments werden im Akkord errichtet. Dazu kommen der undurchdringliche Verkehr und die Luftverschmutzung, weil die Stadtplanung mit dem Straßenbau nicht mehr hinterherkommt.

Diese Megametropole auf eine Betonwüste zu reduzieren, wäre aber ein fataler Fehler. Teheran verfügt über eine breite Auswahl an Museen, Restaurants, Cafés und Sehenswürdigkeiten von historischer Bedeutung. Einen Besuch lohnen in jedem Fall der prächtige **Golestan-Palast** im Zentrum sowie der **Saadabat-Komplex** und der **Niavaran-Palast** im nördlichen Teheran, beide sind ehemalige Residenzen der letzten Pahlavis. Museumsfans kommen in der Stadt voll auf ihre Kosten, im **Museumsviertel** im Zentrum kann man leicht einen ganzen Tag verbringen und tief in die Geschichte Irans und der Stadt eintauchen. Im Anschluss empfiehlt es sich, in einem der zahlreichen Cafés zu entspannen. Die Restaurants der Stadt gehören zu den besten im ganzen Land.

Geschichte

Es bedurfte eines Stammesfürsten, der den letzten persischen Herrscher der Zand-Dynastie ermorden ließ, um Teheran einen Platz auf jeder Landkarte zu verschaffen. 1796 erklärte sich **Agha Mohammed Khan** zum Schah vom nun geeinten Persien und ein kleines Dorf namens Teheran zur Hauptstadt. Die kleine Siedlung, die damals aus ein paar Obstgärten und Bauernhäusern bestand, konnte durch die Bautätigkeit der Safawiden bald eine Festung, einen Bazar und eine Befestigungsmauer vorweisen. Im frühen 17. Jh. standen etwa 3000 Häuser innerhalb der Stadtbefestigung, und dank dem milden Klima und den fruchtbaren Böden wuchs die Stadt rasch an.

Der zunehmende europäische Einfluss führte dazu, dass im Jahr 1857 die Befestigungsmauern eingerissen wurden, um Platz für europäisch inspirierte Erweiterungsbauten und breite Ausfallstraßen zu schaffen. Nach 50 Jahren **Qadjaren-Herrschaft** zählte die Stadt dennoch nicht mehr als 80 000 Einwohner. Nach dem Ersten Weltkrieg und mit dem Beginn der Herrschaft der Pahlavis in den 1920er- und 1930er-Jahren wurde die Stadt unter **Reza Schah Pahlavi** von Grund auf neu aufgebaut. Alte Gebäude, darunter auch große Teile des Golestan-Palastes, mussten modernen Bauten wie der neuen Nationalbank und der Militärakademie weichen. Während des Zweiten Weltkriegs besetzten britische und sowjetische Truppen die Stadt.

Unter **Mohammad Schah Reza** begann in den 1960er- und 1970er-Jahren der Bau der Stadtautobahnen, um den wachsenden Verkehr der Metropole einzudämmen. Im Zuge der **Islamischen Revolution** 1979 stürzte die Stadt zeitweise ins Chaos, und im **Iran-Irak-Krieg** war Teheran mehrfach Raketenbeschuss und Luftangriffen durch die irakische Armee ausgesetzt.

Die 1990er-Jahre waren vor allem durch riesige Bauvorhaben und Infrastrukturprojekte geprägt. Als Stadt war Teheran ursprünglich für nicht mehr als 300 000 Autos konzipiert, allerdings waren bald mehr als 5 Mio. Fahrzeuge auf den Straßen. Ein Ende des rasanten Wachstums ist noch lange nicht in Sicht.

Orientierung

Teheran ist eine gigantische Metropole, aufgeteilt in 22 Bezirke, die über 1700 km² einnehmen. Das Zentrum erstreckt sich zwischen dem **Karim Khan Zand Boulevard** beim **Haft-e Tir Square** im Norden und der **Imam Khomeini Street** im Süden. Zwischen den beiden Verkehrsachsen finden sich eine Vielzahl hipper Restaurants und Cafés und auch die meisten Sehenswürdigkeiten. Entlang der Imam Khomeini St. reihen sich nicht nur die alten Regierungsbauten, hier sind auch die meisten sehenswerten Museen versammelt.

Zu den wichtigsten Verkehrsadern zählt die historisch bedeutende **Valiasr Street**, die als Nord-Süd-Achse vom Tajrish Sq. bis zum Hauptbahnhof mehrere Stadtteile miteinander verbindet. Eine Fahrt mit einem der **BRT-Busse** (S. 180) ab dem Tajrish Sq. nach Süden ist ein guter und günstiger Einstieg, um sich einen Überblick über Teherans Straßengewirr zu verschaffen. Ein Netz an Highways verbindet den Norden mit den zentralen Stadtbezirken. Da die Distanzen allerdings zum Teil beträchtlich sind, lässt sich nur wenig zu Fuß erkunden, am besten greift man auf das gut ausgebaute U-Bahnnetz oder auf Taxis zurück.

Straßennamen sind auf den Schildern sowohl in Farsi als auch Englisch angegeben. Hausnummern entbehren aber allzu oft jeglicher Logik und jeglichem System und sind oft schwer zu finden. Die meisten Taxifahrer orientieren sich an Stadtteilen, wichtigen Sehenswürdigkeiten oder Hauptverkehrsachsen, die wichtige Plätze miteinander verbinden. Am besten nennt man einen markanten Punkt oder eine Sehenswürdigkeit am Zielort in der Landessprache. Auch die Metrolinien mit ihren zahlreichen Stationen sind eine gute Orientierungshilfe.

Das Zentrum

Das historische Zentrum von Teheran besteht aus dem alten Regierungsviertel nördlich der Imam Khomeini St. und den Vierteln rund um den Bazar. Hier befinden sich mit dem Golestan-Palast und zahlreichen Museen die wichtigsten Sehenswürdigkeiten der Stadt. Der große Bazar ist bis heute für einen Großteil der Bevölkerung von zentraler Bedeutung.

Kakh-e Golestan

Zu den spektakulärsten Sehenswürdigkeiten, die Teheran zu bieten hat, gehört der **Golestan-Palast** im Herzen des alten Teheran. Selbst wer nur einen Tag in der Stadt verbringt, sollte unbedingt den Palastkomplex rund um die zwei miteinander verbundenen Gärten Bagh-e Takht-e Marmar (Marmorthrongarten) und Bagh-e Golestan besuchen.

Unter den Safawiden im 16. Jh. wurde die erste Befestigungsanlage Teherans errichtet, die aus einer Festung und einem kleinen Palast nebst Audienzhalle bestand. Unter **Karim Khan Zand** wurden 1760 die Mauern renoviert und einige Gebäude hinzugefügt, darunter der Marmorthronpalast und die Karim-Khan-Nische. Als Teheran 1785 zur Hauptstadt wurde, machte Karim Khan Zands Nachfolger **Agha Mohammed Khan** den Golestan-Palast zu seiner Residenz und zum Verwaltungszentrum. Die meisten Änderungen wurden allerdings unter dem Qadjaren-Herrscher **Naser ad-Din** zwischen 1869–1895 vorgenommen, der den Palastkomplex erweiterte und zur Winterresidenz und zum Zentrum der Regierung ausbaute. Aus dieser Zeit stammen auch eine Reihe der durchgehend zweistöckigen Fassaden entlang der Nordwestseite des Golestan-Gartens. Den Pahlavis genügte der Palast lediglich zur Krönungszeremonie und zur Bewirtung ausländischer Staatsgäste. Sie verlegten ihren Regierungssitz nach Norden nach Saadabad (S. 160) und Niavaran (S. 161). So wurden während ihrer Herrschaft mehr als drei Viertel der Palastanlage abgerissen, um modernen Bürogebäuden zu weichen, etwa der **Melli Bank**. In den Wirren der Islamischen Revolution von 1979 und des Iran-Irak-Kriegs fielen Teile des Palasts dem Verfall zum Opfer, erst ab 1996 wurde der alte Glanz der Anlage durch massive Restaurierungsarbeiten wiederhergestellt. Seit 2013 gehört der Golestan-Palast zum Unesco-Weltkulturerbe.

Rundgang

Einen Rundgang beginnt man am besten beim ältesten und wichtigsten Gebäude des Palastkomplexes, dem **Emarat-e Takht-e Marmar** oder Marmorthronpalast. Der lange rechteckige Raum mit zwei symmetrischen Flügeln liegt etwa anderthalb Meter oberhalb des Hofniveaus und ist zur Gartenseite offen, so war der Blick auf den thronenden König nicht eingeschränkt. Der prächtige Thron im Inneren wird von zwei massiven Marmorsäulen auf geschnitzten Marmorsockeln dominiert und ist mit Spiegelmosaiken, Marmorarbeiten und farbigem Glas verziert. Ein etwa 80 m langes Wasserbecken führt vom Eingang des Palastkomplexes zum Thronsaal.

Die Nische des Karim Khan oder **Khalvat-e Karim Khani**, östlich des Marmorpalasts, ist eine

Pracht vergangener Zeiten: der Thronsaal im Golestan-Palast ▸

kleine, von Bögen überwölbte Terrasse aus der Zeit Karim Khan Zands. Der abgeschiedene Ort mit seinen vier Eingängen war einer der Lieblingsplätze des Schahs.

An der Nordseite der Anlage ließ Naser ad-Din 1873 ein vom Neoklassizismus des 19. Jhs. inspiriertes zweistöckiges Gebäude mit mehreren atemberaubenden Sälen errichten, den **Kakh-e Abyaz** oder Weißen Palast.

Im Inneren des Empfangspalasts **Kakh-e Asli** wurden in der Museumshalle die zahlreichen Kunstgegenstände, Geschenke und Waffen sowie die königlichen Juwelen des Schahs ausgestellt. Der berühmteste Saal ist hier der Spiegelsaal (Talar-e Anieh) in der Mitte des Komplexes mit Blick auf den Golestan-Garten.

Der **Kakh-e Shams ol-Elmareh** oder Sonnenpalast ist definitiv der Blickfang der gesamten Anlage. Auf einer Fläche von 664 m² und über fünf Etagen erstreckt sich das Gebäude, das 1867 im Gegensatz zur eher verschlossenen iranischen Architektur wie ein offenes Hochhaus mit Blick auf die Stadt und die umliegende Landschaft errichtet wurde. Inspiriert von seinen Europareisen, beauftragte Naser ad-Din die Errichtung des Gebäudes im Stil iranisch-traditioneller und klassisch-europäischer Architektur. Die Einflüsse sieht man besonders an der Gestaltung der Fassaden mit ihren Doppelsäulen, Stützen, Bögen, Rundfenstern und Balkonen.

Der Windfängerpalast **Emarat-e Badgir** gehört eindeutig zu den schönsten Gebäuden des Golestan-Palasts. Das perfekt symmetrische Gebäude besteht aus einem Hauptraum, Nebenräumen und vier Windfängern und wurde 1813 unter Fath Ali Schah errichtet. Die Wände im Inneren sind reich mit bunten Stuckarbeiten, Spiegelornamenten, Kacheln und Glas verziert. Im Keller, im sogenannten Howzkhaneh, befindet sich eine Fotoausstellung mit Bildern aus der Qadjaren-Zeit, einige stammen vom begeisterten Hobbyfotografen Naser ad-Din selbst.

🕒 tgl. 9–18, im Winter bis 17 Uhr, Basiseintritt 150 000 IRR, die einzelnen Palastteile kosten jeweils zusätzlich 80 000–150 000 IRR. Das Ticket kann man sich am Automaten selbst zusammenstellen. Zu erreichen ist der Palastkomplex mit der roten Metrolinie 1 bis zur Station Panzdah-e Khordad beim Bazar.

Bazar-e Bozorg

Der **Große Bazar** gehört nicht nur zu den größten, sondern auch zu den jüngsten seiner Art im Nahen Osten: Die ältesten Passagen und Gebäude sind kaum älter als 400 Jahre und wurden seitdem mehrfach umgebaut. Während des 19. Jhs. wurden Freiflächen Stück für Stück mit Kaufhäusern bebaut und die Gassen der Anwohner durch Ladenstraßen ersetzt. Erst mit dem ebenfalls rasanten Wachstum und der Umgestaltung Teherans unter Reza Schah wurde die Ausdehnung des Marktes gestoppt.

Heute reihen sich entlang der 10 km langen überdachten Gassen mehr als 30 000 Läden. In den letzten hundert Jahren hat sich der Bazar stark ausgedehnt und erstreckt sich seither von den Hauptachsen in mehrere Nebenachsen, die teilweise größer sind als ganze Bazare in anderen iranischen Städten.

Der Teheraner Bazar ist von zentraler Bedeutung für die Bewohner der Metropole und versorgt bis heute einen Großteil der Bevölkerung mit Waren des täglichen Bedarfs. Das führt dazu, dass bis zum Nachmittag in den Gassen ein irrsinniges Gedränge herrscht. Wer sich bei dem Gewusel nicht verläuft, muss über einen übermenschlichen Orientierungssinn verfügen! Aber keine Sorge, die Ladenbesitzer helfen verirrten Touristen gerne, den Ausgang zu finden. Auch wenn der Teheraner Bazar nicht über den Charme der Bazare in Esfahan, Kashan, Shiraz oder Tabriz verfügt, so strahlt er doch eine ganz besondere Lebenskraft aus.

Fast alle Ladengassen sind streng nach Waren sortiert, so gibt es Bereiche für Textilien, Lebensmittel und Gewürze, Schuhe, Elektro-, Haushalts- und Papierwaren sowie Teppiche, Schmuck und Kosmetik. Souvenirs findet man hier übrigens kaum, dafür besser den kleineren und übersichtlicheren Bruder im Norden in Tajrish (S. 157) oder die Souvenirshops im Zentrum (S. 175) aufsuchen.

🕒 Sa–Do 9–17 Uhr, einige Läden bis 19 Uhr. Am einfachsten gelangt man mit der roten Metrolinie 1 zum Bazar – bei der Station Panzdah-e Khordad aussteigen. Von hier sind es nur ein paar hundert Meter bis zum Haupteingang beim Sabzeh Meydan.

Rund um den Baharestan Square

Die Gegend rund um den Baharestan Square östlich des Zentrums gehört zu den ältesten Vierteln Teherans und lohnt einen Abstecher, allein schon wegen des Masoudieh-Palasts aus der Qadjaren-Zeit und des alten Parlamentsgebäudes. Kunstfreunden sei ein Besuch des Bagh-e Negarestan empfohlen, einer Oase der Ruhe rund um das Kunstmuseum mit den Werken des Hofmalers Kamal-ol-Molk.

Emarat-e Baharestan

Als Überbleibsel der letzten Jahre der Qadjaren-Herrschaft kombiniert das **Alte Parlamentsgebäude** traditionelle und moderne Architektur. Inspiriert vom Stil des französischen Parlaments, wurde das Gebäude nach einem Brand 1891 wieder aufgebaut und 1906 als Parlamentsgebäude eingeweiht. Nach der Islamischen Revolution wurde das alte Parlamentsgebäude nicht mehr genutzt. Stattdessen zog man in den neuen, vom ausgezeichneten Architekten Behruz Ahmadi entworfenen, pyramidenförmigen Bau nördlich davon um. Hier tagt bis heute das iranische Parlament. Der Baharestan Square westlich davon war im Laufe der Geschichte Zeuge von Staatsempfängen und Demonstrationen. Heute befinden sich im alten Parlamentsgebäude die Parlamentsbibliothek und ein Museum. 🕒 Sa–Do 8–20 Uhr, 150 000 IRR.

Emarat-e Masoudieh

Der **Masoudieh-Palast** südlich des Baharestan Sq. gehört zu den schönsten Palästen der Qadjaren-Ära, obwohl er lange dem Verfall überlassen wurde. 1878 von Naser ad-Din für seinen Sohn Masoud Mirza erbaut, wurde er ab 1926 als Nationalbibliothek genutzt. Die Fassaden der Gebäude zeigen iranische und europäisch inspirierte Elemente. Erst seit 2018 bemüht man sich mit aufwendigen Restaurationsarbeiten, dem Komplex zu altem Glanz zu verhelfen, seitdem ist er auch wieder für Besucher geöffnet. 🕒 tgl. 9–18, im Winter bis 17 Uhr, 150 000 IRR.

Bagh-e Negarestan

Im gepflegten Garten in der Shariat Madar St. befindet sich das **Kunstmuseum** mit den Werken des Hofmalers Mohammad Ghaffari, im ganzen Land besser bekannt als Kamal-ol-Molk. 1847 in Kashan geboren, gehörte Kamal-ol-Molk zu den berühmtesten Malern seiner Zeit. Nach seinem Studium wurde er von Naser ad-Din entdeckt und an den Hof geholt. Hier schuf er einzigartige Werke der Qadjaren-Zeit. In mehreren Ausstellungsräumen hängen in der ehemaligen Kunstschule die sehenswerten Gemälde des Meisters und seiner Schüler. Auch einen Raum mit akkurat gekleideten Stoffpuppen berühmter Persönlichkeiten gibt es hier. 🕒 Di–So 9–19 Uhr, 200 000 IRR.

Museumsviertel

Durch das mächtige **Sardar-e Bagh-e Melli** an der Imam Khomeini St., dem 1921 errichteten Tor zum Nationalgarten und ehemaligen Exerzierplatz, gelangt man in den Regierungskomplex, in dem sich neben dem Ministerium für Auswärtige Angelegenheiten auch das Malek-Museum, das Iranische Nationalmuseum und eine ganze Reihe weiterer Museen befinden.

Sakhteman-e Edari-ye Post

Das Gebäude des Hauptpostamts wurde wie das Malek-Museum schräg gegenüber von Nikolai Markov errichtet. Dieser lang gezogene Backsteinbau, der im Grundriss an eine Karawanserei erinnert, ist ein wilder Mix aus achämenidischen, safawidischen und islamischen Elementen sowie unverkennbarer Pahlavi-Stil im Inneren. Erst 1990 wurde er zum **Museum für Post und Kommunikation** umgebaut und zeigt heute auf drei Etagen eine Ausstellung über Post- und Briefkästen, Radiogeräte und Telefone sowie eine Sammlung von Briefmarken aus aller Welt, streng chronologisch und geografisch sortiert. 🕒 tgl. 8–16 Uhr, 10 000 IRR, Zugang über Melal-e Mottahed St., schräg gegenüber vom Malek-Museum.

Muzeh-ye Ebrat

Das **Ebrat-Museum**, 💻 www.ebratmuseum.ir, im ehemaligen Gefängnis des SAVAK, der Geheimpolizei des Schahs, gibt Einblicke in die brutalen Foltermethoden vor 1979. Das Gefängnis für poli-

Teheran Zentrum und Süden

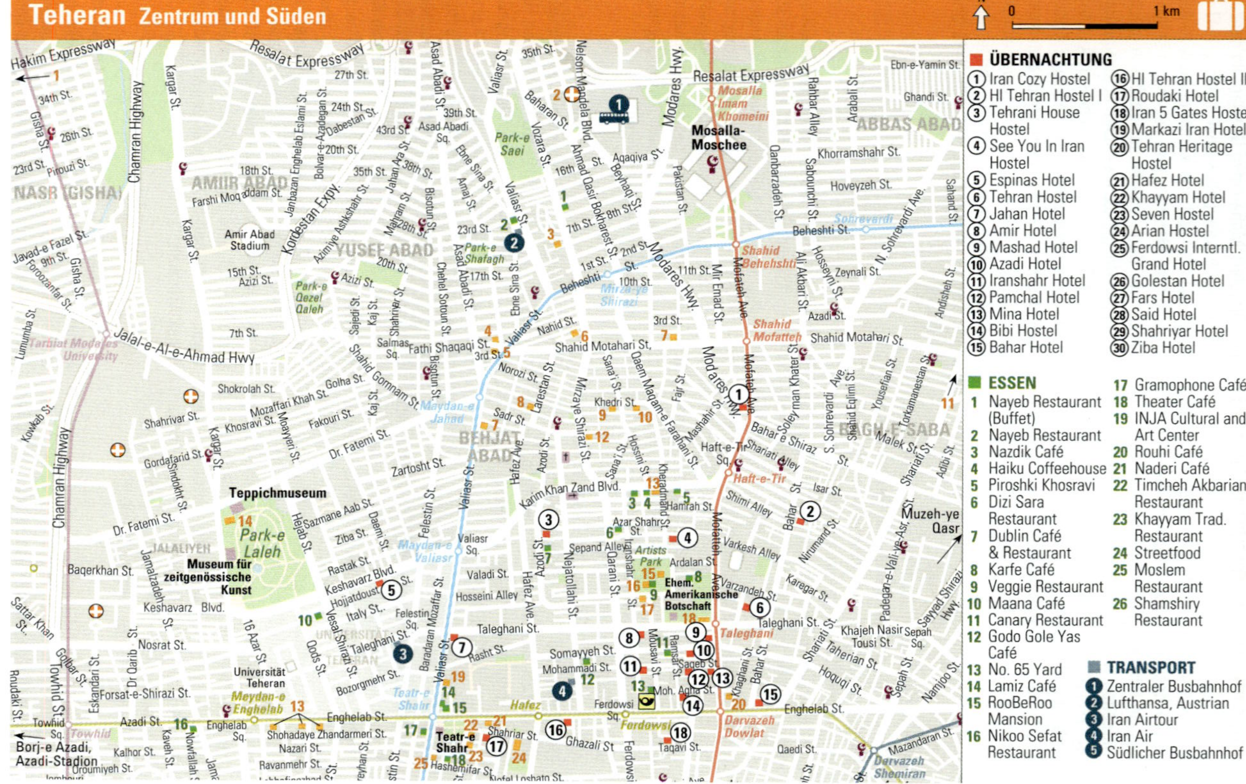

SONSTIGES
1 Saadat Rental Car
2 Kasra Hospital
3 Seyhun Art Gallery
4 Dalahoo Travel Agency
5 Iran Doostan Tours
6 Hoor Art Gallery
7 Visaverlängerung (2x)
8 Musikinstrumente (2x)
9 Shirin Art Gallery
10 O Gallery
11 Central Book City
12 Beethoven Music Center
13 Buchläden (2x)
14 Kunstgewerbebazar
15 Teatr-e Iranshar
16 Iranian Artist Forum
17 Assar Art Gallery
18 Graffiti
19 Kalout Travel Agency
20 Ab/Anbar Art Gallery
21 Tanedorost Natural Fiber Clothing
22 Armenische Botschaft
23 Teatr-e Mostaghel
24 Vahdad-Konzerthalle
25 Novin-e Farahbakhsh
26 Teatr-e Arghanoon
27 Antiquitätengeschäfte
28 Türkische Botschaft
29 Bazar-e Jomeh
30 Deutsche Botschaft
31 Campingausrüstung
32 Omidvar Spiceshop
ZENTRUM
MONIRIEH
AMIRIYEH
PAMENAR
BAZAR
KHANI ABAD
BERYANAK
JAVADIYEH
Bagh-e Negarestan
Parlament
Emarat-e Masoudieh
Juwelenmuseum
Glas- und Keramikmuseum
Moghadam-Museum
Park-e Shahr
Kakh-e Golestan
Bazar-e Bozorg
Imam Ali University
Park-e Razi
Park-e Haqani
Park-e Shush
Park-e Misaq
Park-e Esfand
Park-e Besat
Bahnhof
Terminal-e Jonub (South Terminal)
Navvab Expressway
s. Detailplan rechts
Technologiemuseum
Nationalmuseum
Museum für islamische Kunst
Malek-Museum
Ebrat-Museum
Sardar-e Bagh-e Melli
Museum f. Post und Kommunikation
Friedensmuseum
Marmorthronpalast
Weißer Palast
Sonnenpalast
Windfängerpalast
Melli Bank

tische Gefangene des Schah-Regimes war darauf spezialisiert, jeden Widerstand zu brechen. Die teils heftig nachgestellten Folterszenen und Bilder sind nichts für zarte Gemüter. Umso verwunderlicher ist, dass ein Besuch im Museum bei Schulklassen zum Pflichtprogramm gehört. Wer dem Gedränge in den Zellentrakten entgehen will, kommt daher entweder sehr früh oder sehr spät. Keine Fotos auf dem Gelände erlaubt (auch wenn sich kaum jemand daran hält). Beschriftung in Englisch und Farsi, alle 2 Std. auch Führungen auf Englisch. 🕒 tgl. 9–13 und 14–17, im Winter 9–12 und 13–16 Uhr, 100 000 IRR.

Muzeh-ye Melli-ye Malek va Ketabkhane

Das **Malek-Museum** im Museumskomplex in der Melal-e Mottahed St. nahe der Imam Khomeini St. war einst ein prächtiges Herrenhaus, das im Stil der Qadjaren-Zeit errichtet wurde. Als Hat Hossein Agha Malek das Gebäude erbte, ließ er es 1937 in eine Bibliothek und ein Museum umwandeln. So wurde 1937 die **Nationalbibliothek** eröffnet, zu deren Sammlung mehrere Bibliotheken teils mit bedeutenden und wertvollen Manuskripten gehören. Über den reich verzierten Eingang des Backsteinbauwerks gelangt man ins holzvertäfelte Innere. Im Erdgeschoss gibt es eine wunderschöne Kalligrafie-Ausstellung, eine Einführung in die Geschichte der Kunst des Lackierens von Buchumschlägen, eine Ausstellung über berühmte persische Kartografen sowie eine Münzausstellung und deren Geschichte. Über einen Treppenaufgang gelangt man in das obere Stockwerk und findet eine Sammlung an Briefmarken und Postkarten aus verschiedenen Dynastien, Manuskripte von Heldensagen und Legenden (*Rostam, Khosro und Shirin, 1001 Nacht*). Eine Halle widmet sich Kunst und Kultur zur Zeit der Qadjaren, eine weitere den Wissenschaften, bedeutenden Forschern und ihren Werken. Alle Ausstellungen sind zweisprachig mit detaillierten englischen Übersetzungen. 🕒 Sa–Do 8.30–16.15 Uhr, 3000 IRR.

Muzeh-ye Melli-ye Iran

Das 1939 errichtete **Iranische Nationalmuseum**, ☎ 021-6670 2052-6, ist eines der wichtigsten Museen des Landes und auch das älteste. Das erste archäologische Museum Irans sollte für

Das Sardar-e Bagh-e Melli ist der Eingang zum Museumsviertel.

jeden Besucher den Beginn oder krönenden Abschluss einer Reise durch das Land bilden, da sich hier die Geschichte und vielseitige Kultur Irans in einer Ausstellung konzentrieren. Das Nationalmuseum verteilt sich auf zwei Gebäude: das Museum des Antiken Iran (Muzeh-ye Iran-e Bastan) und das Museum für islamische Kunst (Muzeh-ye Honarha-ye Eslami).

Wer nach dem langen Rundgang verschnaufen möchte, kann dies gleich hinter bunten Glasfenstern im **Bastan Restaurant & Café**, ✆ 021-6670 7850, nördlich des Nationalmuseums tun. Neben Kaffee, Tee und Erfrischungsgetränken gibt es hier auch passable warme iranische Spezialitäten, ⏲ tgl. 9–17.30 Uhr.

Der **Museumsshop** zwischen den Gebäuden verkauft überteuerte Souvenirs, aber auch Postkarten, die man in Teheran nicht überall findet.

Muzeh-ye Iran-e Bastan

Das **Museum des Antiken Iran** ist in einem Gebäude im Stil einer sassanidischen Palastruine untergebracht und widmet sich einer großen Sammlung an Artefakten von der frühen Altsteinzeit bis zur Zeit der Sassaniden. Ein Rundgang beginnt im Erdgeschoss. Hier finden sich die Exponate aus der Vor- und Frühgeschichte bis zum Zeitalter der Seleukiden, Parther und Sassaniden. Zu den Highlights der Ausstellung gehören neben über 8000 Jahre alten Menschen- und Tierfiguren aus Siedlungen in Kermanshah auch eine lebensgroße Figur von Dareios I., die mutmaßlich aus Ägypten stammt und in der alten Königsstadt Susa (S. 500) aufgestellt wurde, und eine mächtige steinerne Statue eines Stiers aus der Tempelstadt Chogha Zanbil (S. 505). Die Kunstwerke aus der islamischen Zeit sind dann im Obergeschoss zu bestaunen. ⏲ tgl. 9–19, im Winter bis 18 Uhr, 300 000 IRR.

Muzeh-ye Honarha-ye Eslami

Im Anschluss lohnt der Besuch des **Museums für Islamische Kunst** gleich nebenan. Das Gebäude wurde 1996 fertiggestellt und bietet auf zwei weitläufigen Stockwerken einen Streifzug durch die Kunstgeschichte von der frühen islamischen Periode des 7. Jhs. über das Zeitalter der Seldschuken und Ilkhaniden im oberen Stock zu den Timuriden, Safawiden und schließlich Qadjaren im 20. Jh. im unteren Stock. Hier befinden sich einige der beeindruckendsten und schönsten Artefakte Irans: wertvolle Teppiche, filigran bemalte Porzellan-, Glas- und Töpferwaren, prächtige Schnitz- und Steinmetzarbeiten sowie eine kostbare Sammlung an Koranen. ⏲ tgl. 9–19 Uhr, im Winter bis 18 Uhr, 200 000 IRR.

Muzeh-ye Olum va Fanavari

Gleich an der 30 Tir St. schließt sich nördlich des Nationalmuseums das **Technologiemuseum** an. Auch wenn die Zielgruppe der Ausstellung wohl eher Schüler und Studenten sind, lohnt ein Blick in die liebevoll aufbereitete Forschungsgeschichte des Landes. Präsentiert wird eine Vielzahl an Modellen, z. B. des traditionellen Kühlhauses *(yakhtschal)* aus dem 5. Jh. v. Chr., das auch im Sommer in der Wüste Eisblöcke lagern konnte. Daneben geht es in der auch auf Englisch beschilderten Ausstellung durch die Wissenschaften der Astronomie und Mathematik, der Energiegewinnung bis zur Revolution des digitalen Zeitalters. Im Raum der Physik kann dann selbst einiges ausprobiert werden. Auch berühmte Mathematiker und legendäre Wissenschaftler des Landes kommen nicht zu kurz. Im Erdgeschoss widmet sich eine kleine Ausstellung der Geschichte des Schreibwesens. ⏲ tgl. 8–18, im Winter bis 16 Uhr, 120 000 IRR.

Muzeh-ye Solh-e Tehran

Das **Friedensmuseum**, 💻 www.tehranpeacemuseum.org, ist eine Initiative der Stadtverwaltung, um das Grauen des Iran-Irak-Krieges aufzuarbeiten und aktive Friedensarbeit zu leisten. Eine reiche Foto- sowie Kunstausstellung beschäftigt sich mit den Arbeiten internationaler und iranischer Künstler. In der Bibliothek werden Zeugenberichte von Veteranen und Zivilopfern aufbewahrt. Der Museumspavillon steht im nördlichen Teil des **Park-e Shahr**, einer Oase mit einem kleinen Zoo und Teich in der Mitte. ⏲ Sa–Do 9–17.30 Uhr, Eintritt frei.

Muzeh-ye Moghadam

Das **Moghadam-Museum** in der Imam Khomeini St., westlich des Hassan Abad Sq., gehört zu den luxuriösesten Anwesen der Qadjaren-Ära. Sein Besitzer, Mohsen Moghadam, brachte in den Räumlichkeiten seine umfangreiche Sammlung an Porzellan, Puppen und Kunstobjekten unter und ließ Wände und Fassade aufwendig mit glasierten Kacheln und Ornamenten verzieren. Das Ergebnis ist ein verwunschenes Märchenschloss mit verspieltem Garten und jeder Menge Erkern um die zwei Innenhöfe. ⌚ So–Fr 9–16.30 Uhr, 200 000 IRR.

Muzeh-ye Javaherat-e Melli

Das nationale **Juwelenmuseum** im Tiefgeschoss der iranischen Zentralbank (Bank-e Markazi-ye Iran) verwahrt in einem Safe den kostbarsten Schatz des Landes, die Kronjuwelen der Safawiden und Qadjaren sowie die Herrscherinsignien der Pahlavi-Dynastie. Zu den Highlights dieser Sammlung gehören neben dem 182 Karat schweren, aus einem Stück geschliffenen Diamanten – einem der größten der Welt – die reich mit Rubinen, Smaragden und Diamanten verzierte Kiani-Krone der Qadjaren-Herrscher, die fast 3 kg schwere Pahlavi-Krone und der mit Gold überzogene und mit über 26 700 Edelsteinen besetzte Takht-e Naderi, ein detailgetreuer Nachbau des legendären Pfauenthrons des Afshariden-Herrschers Nadir Schah – das Original ist verschollen, das ausgestellte Exemplar wurde für die Krönung Fath Ali Schahs im Jahr 1797 angefertigt.

Aus Sicherheitsgründen sind die Ausstellungsräume nur tageweise und für sehr kurze Zeit geöffnet. ⌚ Sa–Di 14–16.30 Uhr, 200 000 IRR.

Muzeh-ye Abgineh va Sofalineh

Das ehemalige Repräsentationsgebäude mit sehenswerten Backsteinarbeiten im seldschukischen Stil wurde in den 1920er-Jahren vom Politiker Ahmad Qavam os-Saltaneh errichtet. Es bietet eine verspielte Mischung aus Rokoko und Jugendstil. Im Inneren ist das **Glas- und Keramikmuseum** untergebracht. Die von Hans Hollein in den 1970er-Jahren entworfene Ausstellung fügt sich mit ihren modernen beleuchteten Vitrinen nahtlos in die eleganten Räume des Hauses ein. Hier sind die herausragendsten Glas- und Porzellanstücke zur Aufbewahrung von Parfüms und Kosmetika des Landes ausgestellt. Eines der schönsten Museen Teherans! ⌚ tgl. 8–16.30 Uhr, 150 000 IRR.

Ehemalige Amerikanische Botschaft

Das Gelände der ehemaligen Amerikanischen Botschaft (Seferat-e Amrika-ye Sabeq) ist ein Schauplatz von historischer Bedeutung. Als bekannt wurde, dass sich der gestürzte Schah zur medizinischen Behandlung in den USA aufhielt, stürmten am 4. November 1979 etwa 500 Studenten das Gelände der Botschaft und nahmen 52 US-Diplomaten für insgesamt 444 Tage als Geiseln. Das Backsteingebäude erinnert von außen an eine amerikanische Highschool, ist im Inneren aber ein Hochsicherheitstrakt, der fast vollständig wie 1979 vorgefunden belassen wurde. Heute befindet sich im Gebäude ein Ausbildungszentrum der Revolutionswächter und ein **Museum für anti-imperialistische Propaganda**. Empfehlenswert ist die von Studenten der Universität organisierte etwa 20-minütige Führung auf Englisch durch das Gebäude inklusive spannender Hintergrundinfos zu den Enigma-Verschlüsselungsmaschinen der CIA und zu einem deutschen Aktenschrank, der erst nach zwölf Stunden mühevoll geknackt werden konnte. Zu den meistfotografierten Motiven gehören wohl die anti-amerikanischen **Graffiti** an den Außenmauern des Geländes. ⌚ Sa–Do 8.30–11.30 und 13–17.30 Uhr, 200 000 IRR.

Muzeh-ye Qasr

Das Gelände eines Palastes mit großer Gartenanlage im östlichen Teheran, errichtet in der Zeit von Fath Ali Schah, wurde 1924 unter Reza Schah Pahlavi vom russischen Architekten Nikolai Markov in einen weitläufigen Gefängnisbau umgewandelt. Das **Qasr-Gefängnis** verfügte über 192 Zellen für insgesamt 800 Gefangene und war eines der ältesten politischen Gefängnisse in Teheran. Erst 2008 wurde es geschlossen und in ein Museum verwandelt, wobei das einstige Frauengefängnis, die Stationstürme sowie die Moschee erhalten blieben und Teile der Anlage wieder in einen Garten zurückgebaut wurden. Heute werden die Räumlichkeiten in den renovierten Zellentrakten von Künstlern,

Fotografen und Bildhauern genutzt. So finden sich in den langen Gängen mittlerweile Kunstinstallationen sowie wechselnde Ausstellungen, etwa das jährliche Fajr Visual Arts Festival, auf dem Teheraner Galerien ihre Gemälde ausstellen und verkaufen. Im Garten ist eine Vielzahl an Cafés sowie Restaurants verstreut. ◷ tgl. 9–20 Uhr, 50 000 IRR.

Der Westen

Im westlichen Teil der Stadt gibt es abseits des Zentrums einige Wahrzeichen Teherans zu bestaunen, allen voran die Türme Borj-e Azadi, ein in Stein und Marmor gefasstes modernes Monument, und das höchste Gebäude Irans, der Fernsehturm Borj-e Milad, der an smogfreien Tagen mit einer atemberaubenden Aussicht über die Stadt aufwartet.

Borj-e Azadi

Der **Freiheitsturm** am Azadi Sq., 💻 www.azaditower.com, ist eines der bekanntesten Wahrzeichen Teherans. Kaum zu glauben, dass es dem damals erst 24-jährigen Hossein Amanat gelungen ist, die Jury des 1968 ausgerufenen Architekturwettbewerbs im Sturm zu gewinnen. Sein Entwurf des aus Beton und massiver weißer Marmorverkleidung bestehenden 45 m hohen Gebäudes verkörpert die 7000-jährige Geschichte des Landes und vereint elegant die Architektur des tief traditionellen und des modernen Irans. Die vier riesigen Säulen des Denkmals bilden vier große Bögen und stehen auf einem Platz mit einem Brunnen in Gestalt eines riesigen Perserteppichs. Ursprünglich 1971 anlässlich der 2500-Jahr-Feier der iranischen Monarchie als *Shahyad Aryamehr* („Gedenken der Schahs") konzipiert, gelang es nicht einmal der Islamischen Revolution, das Bauwerk einzureißen. Stattdessen benannte man es eiligst in Borj-e Azadi („Freiheitsturm") um und ernannte es zum zeitlosen Freiheitssymbol. Im Turm befindet sich ein kleines Museum mit einer Ausstellung zur Geschichte des Landes, spannender ist aber die Aussichtsplattform mit atemberaubenden Blick auf die Stadt. ◷ Sa–Do 9–17, Fr 10–18 Uhr, Eintritt Museum 150 000 IRR. Am besten mit der Metrolinie 4 zu erreichen, Station Meydan-e Azadi.

Borj-e Milad

Der **Milad-Turm**, 💻 www.miladtower.tehran.ir, ist aus der Skyline Teherans nicht mehr wegzudenken. Entworfen von Mohammad Reza Hafezi und 2008 fertiggestellt, ist der „Turm der Geburt" im Nordwesten der Stadt mit 435 m Höhe der höchste des Landes und der sechsthöchste Fernsehturm der Welt. Neben mehreren Aussichtsplattformen gibt es auch ein Drehrestaurant auf 276 m Höhe. Zu seinen Füßen liegen ein Kongresszentrum und eine kleine Shopping Mall mit Food Court. Die Aussicht ist atemberaubend – wenn man Glück hat, denn Teheran liegt fast das ganze Jahr über unter einer dichten Smogglocke. Am besten stehen die Chancen im Frühjahr, wenn ein kräftiger Westwind für einen faszinierenden Fernblick auf die Stadt sorgt. Dann strömen allerdings auch die Teheranis zu den Aufzügen, und an den Kassen kann es zu längeren Wartezeiten kommen. ◷ tgl. 9–23, im Winter 9–21.15 Uhr, Eintritt je nach Aussichtsplattform 120 000–350 000 IRR.

Park-e Laleh und Museen

Etwa 1 km nordwestlich des Teatr-e Shahr befindet sich eine der grünen Oasen Teherans, der Laleh-Park, ehemals Park-e Farah, benannt nach der Witwe Mohammad Reza Schahs, Farah Diba. Als eine der etwa 800 Grünflächen der Stadt beherbergt der Park neben einem Irrgarten an Pfaden unter schattigen Bäumen zwei sehenswerte Museen, das Teppichmuseum und das Museum für zeitgenössische Kunst.

Muzeh-ye Farsh-e Iran

Mit etwas Fantasie erkennt man in dem schlichten Bau des **Teppichmuseums**, seinen Pfeilern und der Dachkonstruktion, Kette und Schuss eines Webstuhls. Die Ausstellungsfläche erstreckt sich über Erd- und Obergeschoss und zeigt über 200 meisterhafte Teppiche und gewebte Kelims aus den Teppichzentren Irans in Kashan, Kerman, Esfahan und Tabriz. Auch eine Zahl an Nomaden- und kunstvollen Seidenteppichen sind zu bestaunen. Die Bibliothek weist eine stattliche Sammlung von über 4000 Werken über Teppiche auf, viele davon auch auf Englisch und Deutsch. ⌚ Di–So 9–18, im Winter bis 17 Uhr, 200 000 IRR.

Muzeh-ye Honarha-ye Moaser

Das **Museum für zeitgenössische Kunst** entstand mit dem wachsenden Interesse der iranischen Mittelklasse an zeitgenössischer Kunst in den 1960er- und 70er-Jahren. Bis heute ist die Sammlung zur größten und bedeutendsten außerhalb Europas und den USA angewachsen. Das Innere des Museums wurde nach einem Rundgang entworfen, so gelangt man über mehrere Säle durch verwinkelte Gänge, Verbindungsräume und durch insgesamt neun Galerien wieder zum Ausgangspunkt zurück. Dabei sieht man eine Sammlung an Malereien, Karikaturen und Postern sowie einigen Werken berühmter westlicher Künstler wie Picasso, Dalí, van Gogh oder Monet. Das Gebäude wurde 1977 eröffnet und vereint in einem raffinierten Grundriss traditionelle Bauelemente aus den Wüstenregionen, wie etwa Windtürme, mit modernen Architekturelementen. ⌚ So–Do 10–18, Fr 15–18 Uhr, 50 000 IRR.

Der Norden

Den Norden Teherans prägen die Residenzen der Pahlavis, die riesigen Palastanlagen Saadabad und Niavaran. Hier, zu Füßen der Ausläufer des Elburz-Gebirges, sind auch eine Reihe sehenswerter Museen angesiedelt. Insgesamt geht es etwas gemütlicher zu als im Zentrum der Stadt. Das fällt spätestens bei einem Rundgang über den wunderschönen Bazar in Tajrish oder beim Besuch der Teestuben und Restaurants in Darband auf. Die nördlichen Stadtviertel sind leicht mit der roten Metrolinie 1 oder den BRT-Bussen zu erreichen.

Pol-e Tabiat und Parks

Eines der modernen Wahrzeichen Teherans: Die elegante **Tabiat-Brücke** überspannt 6 km nördlich vom Haft-e Tir Sq. den Modares Highway. Die „Naturbrücke", so die Übersetzung, ist mit 270 m Länge die größte Fußgängerüberführung der Stadt. Das Stahlkonstrukt aus mehreren Rampen, durchgehenden Decks und vielen Sitzbereichen wurde mehrfach ausgezeichnet und war das erste Projekt der Architektin Leila Araghian. Bereits als Studentin an der Shahid-Beheshti-Universität gewann sie mit ihrem Entwurf die Ausschreibung für den Bau der Brücke. Nach zwei Jahren Bauzeit wurde das fertige Werk 2014 eingeweiht und ist heute ein zentraler Treffpunkt von Besuchern der beiden Parks **Park-e Ab-o Atash** und **Park-e Taleghani** zu beiden Seiten der Brücke. Von einer der oberen Plattformen hat man einen fantastischen Blick auf Teherans Norden und die Berge. Auch einige Restaurants und Cafés auf der mittleren Ebene laden zum Verweilen ein. ⌚ frei zugänglich.

Muzeh-ye Defa'e Moqadas und Muzeh-ye Reza Abbasi

Das **Museum der heiligen Verteidigung** befindet sich östlich des Taleghani-Parks bei der Pol-e Tabiat und ist am besten über die Metrostation Shahid Haqqani zu erreichen. Mit viel Aufwand und unter Einsatz von Projektionen und Soundinstallationen wird hier der Schrecken des Iran-Irak-Kriegs nachgestellt. Der Rundgang führt dabei u. a. durch einen Bombardement-Simulator, zwei Klimakammern, die die sengende Hitze bzw. Eiseskälte an der Front nachempfinden lassen, oder an diversen großflächigen Projektionen und Computersimulationen vorbei durch acht Jahre Krieg und Entbehrung. Inwieweit man sich dabei auf die Propagandamaschinerie einlässt, muss jeder für sich entscheiden, sehenswert ist die Ausstellung allemal. Im schicken Museumsbau befinden sich außerdem eine Bibliothek und ein Café. In der riesigen gepflegten Parkanlage sind eine Vielzahl Kriegsgeräte ausgestellt. ⌚ Sa–Do 8–17, Fr 10–18 Uhr, Eintritt frei.

Grüne Oase im nördlichen Teheran: der Mellat-Park

Das nach einem Maler und Kalligrafen benannte **Reza-Abbasi-Museum** an der Shariati Ave., südöstlich des Behesht-Madaran-Parks, verfügt über eine für Kunstinteressierte sehenswerte Sammlung vom 2. Jahrtausend v. Chr. bis ins 20. Jh. Der Streifzug durch die iranische Kunstgeschichte beginnt im obersten Stock mit Exponaten der Vor- und Frühgeschichte. Anschließend folgen Keramiken und Plastiken sowie Schmuck der Meder, Achämeniden und Sassaniden. Ein Stockwerk tiefer sind Gläser und Keramik zu sehen und im Erdgeschoss Kalligrafien und Miniaturmalereien. ⌚ Di–So 9–17 Uhr, 150 000 IRR. Zu erreichen mit Metrolinie 1 bis Mosalla Imam Khomeini und ab dort per Taxi.

Tajrish

Bis in die 1920er-Jahre bestand der Stadtteil Tajrish zusammen mit dem benachbarten Shemiramat aus einer losen Ansammlung kleiner Dörfer entlang der Stadtgrenze. Mit dem Bau der **Khiyaban-e Valiasr** oder **Valiasr Street** (damals Pahlavi Road) in den 1930er-Jahren unter Reza Schah Pahlavi und der Anbindung der nördlichen Stadtteile wuchsen diese rasant an. Heute gehört der **Meydan-e Tajrish** zu den belebtesten Plätzen der Stadt. Hier laufen neben den Hauptstraßen nach Darband, Saadabad und Niavaran auch die Buslinien aus dem Süden der Stadt zusammen. Die berühmte Valiasr Street führt als eine der wichtigsten Hauptachsen Teherans vom Tajrish-Platz durch die ganze Stadt nach Süden bis zum Hauptbahnhof Istgah-e Rah'ahan-e (S. 183).

Bazar-e Tajrish

Der Bazar verströmt noch das Flair einer Zeit, als die Bewohner der umliegenden Dörfer hier Einkäufe erledigten, auch wenn viele der historischen Arkaden mittlerweile modernen Shoppingcenter weichen mussten. Am schönsten ist der Markt in der Halle neben dem Saleh-Schrein, in der frisches Gemüse, Eingelegtes und Gewürze verkauft werden. Im **Imamzadeh Saleh**, dem wichtigsten schiitischen Pilgerort in Nord-Teheran, liegt Saleh begraben, einer der Nachfahren der zwölf Imame. ⌚ Bazar Sa–Do 9–20 Uhr.

Muzeh-ye Sinema

Am südöstlichen Ende des Bagh-e Ferdows, des Paradiesgartens am nördlichen Abschnitt der Valiasr St., befindet sich ein Komplex, der ursprünglich vom Großwesir Haji Mirza Aqasi als Sommerresidenz für den qadjarischen Herrscher Mohammad Schah (1808–1848) gestaltet wurde und daher Mohammadie genannt wurde. Unter Schah Naser ad-Din wurde die Anlage renoviert und in Bagh-e Ferdows umbenannt. Die zentrale Villa besteht aus zwei übereinanderliegenden Hallen mit Türen und Fenstern aus buntem Glas. Seit 2002 ist hier das iranische **Filmmuseum** untergebracht. Neben dem mit einer Gipskartondecke verzierten Kino bietet das Museum einen guten Überblick über die iranische Filmgeschichte und zeigt u. a. Filmausschnitte berühmter iranischer Regisseure wie Jafar Panahi oder Abbas Kiarostami. Im Keller befindet sich der Museumsshop mit einer guten Auswahl an iranischen Filmen auf DVD, darunter einige Filme, die sonst nur schwer zu finden sind. 🕒 Sa–Do 9–19, Fr 14–19 Uhr, 150 000 IRR.

Muzeh-ye Musighi

Das halb private **Musikmuseum** zeigt eine große Auswahl an Instrumenten aus allen Regionen des Landes, mittels QR-Codes sind sie auch zu hören. Die Sammlung im Erdgeschoss umfasst Blas- und Streichinstrumente. Im ersten Stock folgen die Gitarren und historischen Instrumente. Hier findet man auch die Besitztümer legendärer Musiker wie Mehdi Khaledi, Ahmad Ebadi oder Haji Ghorban Soleymani. Neben ein paar Tonaufnahmegeräten und Grammophonen gibt's im ersten Stock auch eine umfangreiche Schallplattensammlung, die laufend digitalisiert wird. Im Keller ist die Werkstatt untergebracht; hier können auch diverse Instrumente ausprobiert werden. Das **Café** im Garten bietet neben Kaffee und Erfrischungen jeden Freitag von 9–12 Uhr ein Buffet mit warmen und kalten Speisen für 650 000 IRR. Freies WLAN im ganzen Haus. 🕒 So–Fr 10–17 Uhr, 60 000 IRR.

Bagh Muzeh-ye Honar-e Irani

Ein Ruhepol in der Dr. Hesabi St. ist der gepflegte öffentliche **Museumsgarten**, in dem sich auch einige Miniaturmodelle berühmter histo-

Teheran Norden

SONSTIGES
1 Österreichische Botschaft
2 Ariana Shooting Club
3 Tanedorost Natural Fiber Clothing
4 ARG Shopping Center
5 Tajrish Exchange
6 Turkmenische Botschaft
7 Shayan Gasht Rental Car
8 Palladium Shopping Center
9 Tehran Royal Hall
10 Tavazo Nuts & Fruits
11 Dastan Gallery
12 Schweizer Botschaft
13 Bazar-e Safawi
14 Farhang Cinema
15 Tanedorost Natural Fiber Clothing
16 Pardis Golhak Cinema
17 Aserbaidschanische Botschaft
18 Mohsen Gallery
19 Day General Hospital
20 Kasra Hospital

ÜBERNACHTUNG
① Espinas Palace Hotel
② Melal Apartment Hotel
③ Taj Mahal Hotel
④ Niloo Hotel

TRANSPORT
❶ Turkish Airlines

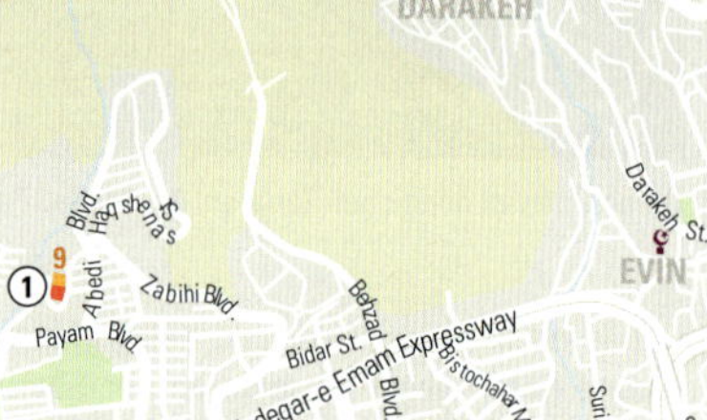

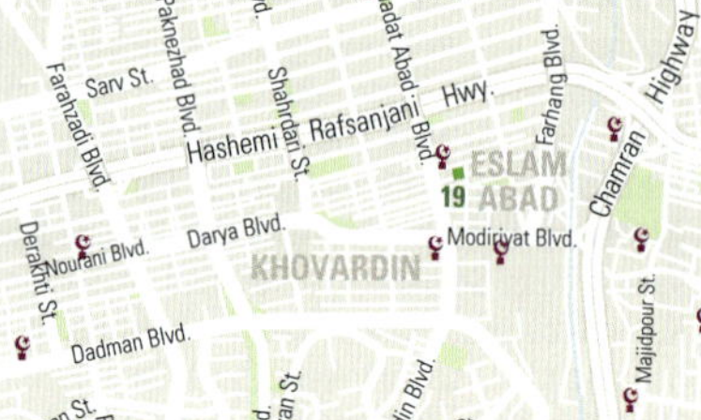

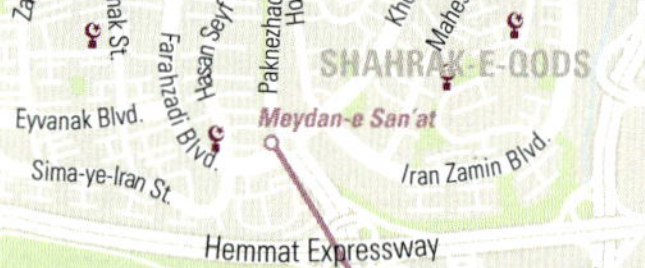

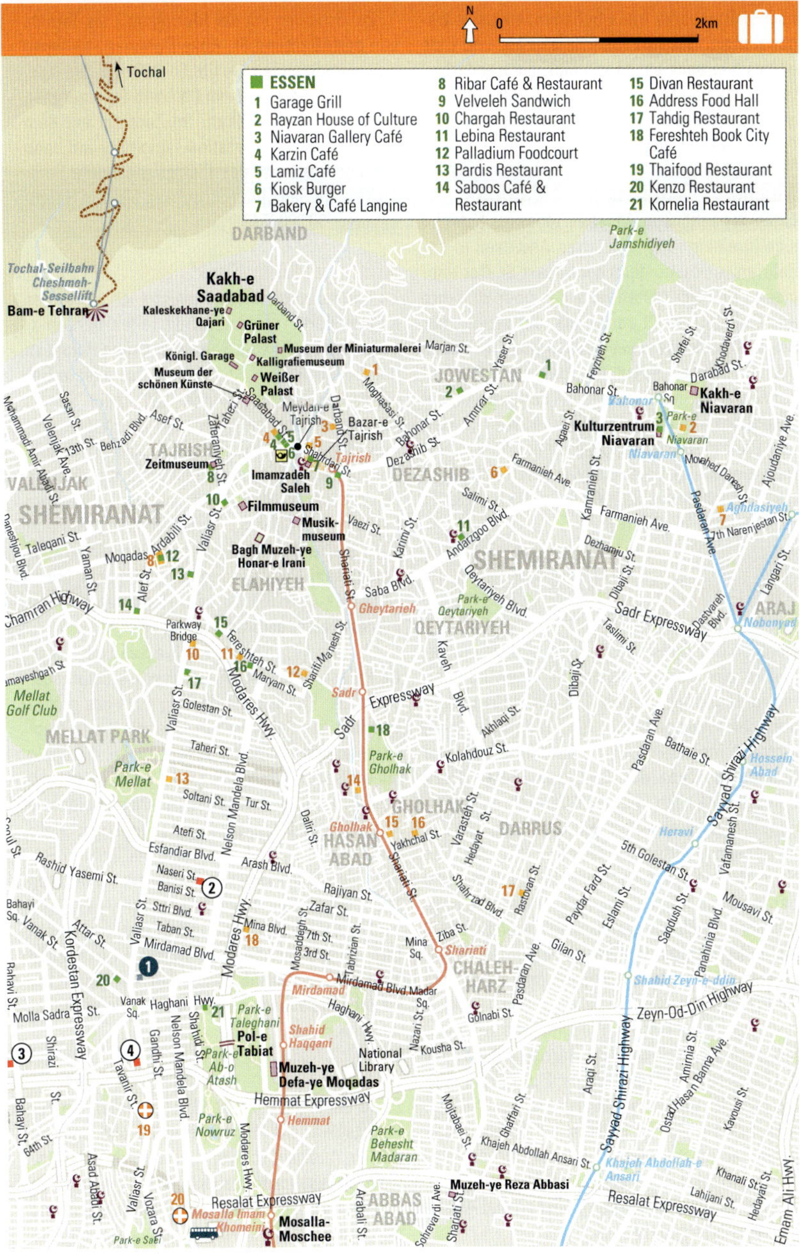
N
0
2km
ESSEN
1 Garage Grill
2 Rayzan House of Culture
3 Niavaran Gallery Café
4 Karzin Café
5 Lamiz Café
6 Kiosk Burger
7 Bakery & Café Langine
8 Ribar Café & Restaurant
9 Velveleh Sandwich
10 Chargah Restaurant
11 Lebina Restaurant
12 Palladium Foodcourt
13 Pardis Restaurant
14 Saboos Café & Restaurant
15 Divan Restaurant
16 Address Food Hall
17 Tahdig Restaurant
18 Fereshteh Book City Café
19 Thaifood Restaurant
20 Kenzo Restaurant
21 Kornelia Restaurant
Tochal
Tochal-Seilbahn
Cheshmeh-Sessellift
Bam-e Tehran
DARBAND
Kakh-e Saadabad
Kaleskekhane-ye Qajari
Grüner Palast
Museum der Miniaturmalerei
Königl. Garage
Kalligrafiemuseum
Museum der schönen Künste
Weißer Palast
Meydan-e Tajrish
Bazar-e Tajrish
TAJRISH
Zeitmuseum
Imamzadeh Saleh
Filmmuseum
Musikmuseum
Bagh Muzeh-ye Honar-e Irani
VALENJAK
SHEMIRANAT
ELAHIYEH
JOWESTAN
DEZASHIB
QEYTARIYEH
Park-e Qeytariyeh
Park-e Jamshidiyeh
Kakh-e Niavaran
Kulturzentrum Niavaran
ARAJ
Mellat Golf Club
MELLAT PARK
Park-e Mellat
Park-e Gholhak
GHOLHAK
HASAN ABAD
DARRUS
CHALEH-HARZ
Park-e Taleghani
Pol-e Tabiat
Park-e Ab-o Atash
Muzeh-ye Defa-ye Moqadas
National Library
Park-e Nowruz
Park-e Behesht Madaran
Muzeh-ye Reza Abbasi
ABBAS ABAD
Mosalla-Moschee
Park-e Saei
Tajrish
Gheytarieh
Sadr
Gholhak
Shariati
Mirdamad
Shahid Haqqani
Hemmat
Mosalla Imam Khomeini
Bahonar
Niavaran
Aghdasiyeh
Nobonyad
Hossein Abad
Heravi
Shahid Zeyn-e-ddin
Khajeh Abdollah-e Ansari
Sadr Expressway
Chamran Highway
Modares Hwy.
Sayyad Shirazi Highway
Zeyn-Od-Din Highway
Hemmat Expressway
Resalat Expressway
Kordestan Expressway
Shariati St.
Valiasr St.
Farmanieh Ave.
Pasdaran Ave.
Mirdamad Blvd.
Vanak Sq.
Mina Sq.
Madar Sq.
Eman Ali Hwy.

rischer Bauwerke Irans befinden, inklusive träger Katzen. Neben einem Restaurant und Café gibt es hier auch ein paar Shops, die Handarbeiten, rustikale Möbel und andere Einrichtungsgegenstände verkaufen, sowie einen Buchladen. ⌚ tgl. 8–24 Uhr, 20 000 IRR.

Muzeh-ye Tamashagah-e Zaman

Eines der schönsten Museen Teherans befindet sich in einem reich verzierten Anwesen in der Zaferaniyeh St. nördlich der Valiasr St. Der ehemalige Besitzer restaurierte das über 80 Jahre alte Gebäude zwölf Jahre lang aufwendig, nur um es kurz vor der Fertigstellung und im Chaos der Islamischen Revolution Hals über Kopf zu verlassen. Im Inneren zeigt das **Zeitmuseum** auf zwei Stockwerken opulente Zeitmesser. Im kleinen Park gibt es ein großes Café und Restaurant, eine kleine Galerie sowie einen Schmuck- und niedlichen Buchladen. ⌚ Sa–Do 9–18.30, Fr 10–18.30 Uhr, 150 000 IRR.

Kakh-e Saadabad

Nördlich des Tajrish Sq. befindet sich an der Taheri St. eine der wichtigsten Sehenswürdigkeiten in Teherans Norden: Der Saadabad-Komplex, 💻 www.sadmu.ir, 📷 saadabadpalace, umfasst insgesamt 18 Paläste und war die **Sommerresidenz der Qadjaren**, bevor Reza Schah Pahlavi ihn in den 1920er-Jahren zu seinem Wohnsitz auserkor und die Anlage im Zuge dessen mehrfach erweiterte. 1970 zog sein Sohn Mohammad Reza Schah ein und fügte dem bereits weitläufigen Komplex weitere Anbauten hinzu. Nach der Islamischen Revolution 1979 wandelte man die Paläste der ehemaligen Königsfamilie in mehrere Museen um und öffnete sie für Besucher.

⌚ tgl. 9–19 Uhr im Frühling und Sommer, letzter Einlass 17 Uhr, im Herbst und Winter 9–17 Uhr, letzter Einlass 16 Uhr, Eintritt zum Park 150 000 IRR. Bereits am Eingang muss man sich entscheiden, welche Paläste und Museen man besuchen möchte, und zahlt dann für jede Sehenswürdigkeit extra. Weißer und Grüner Palast je 150 000 IRR, alle weiteren Museen und Anwesen jeweils 80 000 IRR.

Zu erreichen mit der Metrolinie 1 bis Tajrish, von dort (Darband St., Ecke Bahonar St.) nimmt man ein Sammeltaxi für 50 000 IRR bis zum nördlichen Eingang beim Darband Sq. Oder man fährt vom Teatr-e Shahr im Zentrum mit dem BRT-Bus bis zur Endstation Tajrish Sq. und dann von der Nordseite des Platzes mit einem Sammeltaxi die Saadabad St. entlang bis zum Haupteingang (30 000 IRR).

Grüner und Weißer Palast

Zu den beliebtesten und meist auch als erstes angesteuerten Sehenswürdigkeiten der Anlage gehört der **Kakh-e Sabz** oder **Grüne Palast** im nördlichen Teil des Komplexes. Das älteste Gebäude von Saadabad wurde 1930 erbaut. Seinen Namen verdankt der Palast der prächtigen grünen Marmorverkleidung seiner Außenfassade. Von der hinteren Terrasse und durch die südliche Fensterfront blickt man auf die Stadt. Im Inneren befinden sich der gut erhaltene Wohnbereich der Familie des Schahs sowie ein glitzernder Spiegelsaal. Hier liegt auch ein prächtiger, unbezahlbarer, über 70 m^2 großer Perserteppich, der in Mashhad angefertigt wurde.

Der zweigeschossige **Kakh-e Sefid** oder **Weiße Palast** nahe dem Südtor war als Empfangspalast der Pahlavis gleichzeitig auch das größte Gebäude der Palastanlage. Über die breite Treppe gelangt man in die Empfangshalle, die üppig mit weißem Marmor aus Yazd ausgekleidet wurde. Auch hier schmückt ein überdimensionaler Teppich aus Mashhad den Boden, sogar mehr als doppelt so groß wie jener im Grünen Palast. Die Wände zieren Gemälde mit mystischen Szenen aus dem *Shahnameh* sowie eine Vielzahl an wertvollen Antiquitäten und Kronleuchtern. Im Seitenflügel kann man die Geschenke an die Königsfamilie bestaunen. Ein Hingucker ist auch die Wendeltreppe, die ins obere Stockwerk führt.

Museen

Es ist unmöglich, innerhalb eines Besuchs der Palastanlage alle Museen anzuschauen, deshalb fällt die Auswahl schwer. Zu den Highlights zählen das **Museum der schönen Künste** (Muzeh-ye Honarha-ye Ziba) mit einer wertvollen Sammlung an Gemälden, die Ausstellung zur Geschichte der Kalligrafie im **Kalligrafiemuseum** (Muzeh-ye Khat va Ketabat-e Mir'emad), benannt nach dem berühmtesten persischen Kalligrafen Mir Emad, und das **Museum der Miniaturmalerei** (Muzeh-ye Mahmud-e Farshchian). Empfehlenswert ist auch die kuriose Sammlung der Brüder Omidvar im ehemaligen Kutschenhaus **Kaleskekhane-ye Qajari**. Zu einer Zeit, als kaum einer ihrer Landsleute das Land verlassen konnte, machten sich die beiden aus einer wohlhabenden Kaufmannsfamilie stammenden Brüder auf, die Welt zu erkunden (s. Kasten). Neben der vollgestopften Ausstellung findet man vor dem Gebäude in einem gläsernen Kasten eines der beiden Motorräder und die Kastenente ihrer zweiten Weltreise, ein Geschenk ihres Sponsors Citroën, ausgestellt. Autofans kommen außerdem in der **Königlichen Garage** (Muzeh-ye Khodroha-ye Saltanati) zwischen blank polierten Mercedes- und Rolls-Royce-Limousinen auf ihre Kosten.

In weiteren Museen kann man das königliche Porzellan und Tafelsilber, die royale Garderobe und die königliche Waffenkammer bestaunen.

Die Gebrüder Omidvar

Bereits als Jugendliche bereisten die beiden Brüder per Fahrrad die Wüste Lut und später die Türkei und Syrien. Nach langen Vorbereitungen brachen Issa und Abdullah Omidvar schließlich 1954 auf zwei Motorrädern zu einer zehnjährigen Reise auf, die sie in die entlegensten Winkel der Erde bringen und ihr Leben verändern sollte. Immer weiter Richtung Osten ging es über Asien, Australien, entlang der Amerikas bis in die Antarktis. Aus fast allen Regionen brachten sie Gegenstände, Fotografien und Filme mit, von Schrumpfköpfen aus dem Amazonasgebiet bis zu Masken, Jagdtrophäen und hölzernen Miniaturen. Kaum zu Hause angekommen, folgte eine zweite Reise nach Europa, durch den Orient und nach Afrika. Nachdem Abdullah sich in Chile niedergelassen hatte, errichtete sein Bruder Issa in einem alten Pahlavi-Anwesen im Saadabad-Komplex ein Museum, um all die Schätze von ihren Reisen jedem zugänglich zu machen, 💻 www.omidvar-brothers.com/En/DefaultE.aspx.

TEHERAN

Niavaran

Ein weiteres wohlhabendes Viertel in Teherans Norden ist Niavaran, das sich östlich von Tajrish und bis an die Ausläufer des Gebirges im Nordosten der Stadt erstreckt. Auch hier verfügten die Pahlavis mit dem Kakh-e Niavaran über eine Palastanlage, wenn auch weniger weitläufig und prächtig als Saadabad. Für Kunstfreunde schließt sich ein Besuch der zwei Galerien im Niavaran-Kulturzentrum unweit des Palastes an.

Kakh-e Niavaran

Das Areal um den **Niavaran-Palast**, unweit des Bahonar Sq., 💻 www.niavaranmu.ir, war bis zur Islamischen Revolution 1979 die Sommerresidenz von Schah Mohammad Reza Pahlavi und seiner Familie. Vom massiven Flachdach des kantigen Gebäudes startete am 16. Januar 1979 der Hubschrauber, der den Schah direkt zum Flughafen und ins Exil brachte.

Ursprünglich zwischen den Jahren 1958 und 1967 als Gästehaus für die Regierung errichtet, zog bald die königliche Familie ein. Die Fassade des Palastes unterscheidet sich deutlich von der persischen Architektur und weist europäische Elemente auf, ganz nach dem Geschmack der Pahlavis. Neben der Empfangshalle und den daran angrenzenden Speise- und Gästezimmern finden sich im Erdgeschoss ein Kino sowie Warteräume für den Blauen Saal, der für Staatsempfänge genutzt wurde. Im Obergeschoss sind die Schlafzimmer der Familie, die Kinderzimmer und die Zimmer des Personals untergebracht, dazwischen in der Halbetage die Arbeits- und Konferenzzimmer des Schahs.

Auf dem Gelände findet man außerdem Zeugnisse aus der Zeit der Qadjaren, etwa den **Kushk-e Ahmad Shahi**, die Sommerresidenz des Qadjaren-Herrschers Ahmad Shahi mit einem prächtigen Marmorbecken im Inneren. Mohammad Reza Pahlavi nutzte den Pavillon schließlich als Arbeitszimmer.

Das älteste Gebäude der Anlage ist der **Kakh-e Sahebqaranieh**. Hier brachte Nasir ad-Din seine vielen Ehefrauen unter. Besonders der

Der letzte Schah

Als ältester Sohn von Schah Reza Pahlavi besteigt Mohammad Reza Pahlavi (1919–1980) den Thron seines Vaters am 16. September 1941 kurz vor seinem 22. Geburtstag. Die Amtseinführung wird im Geheimen organisiert. Im Sommer des Jahres sind sowjetische und britische Truppen in Iran einmarschiert, wohl um den Deutschen zuvorzukommen, zu denen Reza Pahlavi gute Beziehungen gepflegt hatte. Geprägt von diesen „Aggressionen der Ausländer", setzt der junge Schah sich ein Ziel: Er will seinem besetzten und gegeißelten Land mit allen Mitteln an die Weltspitze verhelfen.

Schulterschluss mit dem Westen

Während des Kalten Krieges zwischen den einstigen Alliierten wendet der Schah sich an die Amerikaner. Mit deren Hilfe ziehen die Sowjets 1946 aus den besetzten Gebieten im Norden Irans ab; 1953 wird gar der demokratisch gewählte Regierungschef Mohammed Mossadegh gestürzt. Für westliche Mächte gilt der junge Schah bald als verlässlicher Partner im Nahen Osten, der unerbittlich die Modernisierung seines Landes vorantreibt. Diese stößt jedoch bald auf massiven Widerstand der Feudalherren und Geistlichen. Von den Mullahs organisierte Proteste werden ab 1963 vor allem durch die Geheimpolizei SAVAK verhindert. Diese verhaftet und foltert Tausende Gegner des Schahs, Marxisten ebenso wie konservative Muslime. Die Kooperation mit den Verbündeten in Amerika und Israel lässt den Schah beim Volk als Marionette von Washington und Jerusalem erscheinen.

Prunk am Hof, Armut im Land

In den späten 1970er-Jahren lebt fast die Hälfte der Iraner in Städten, Iran ist zum zweitgrößten Ölexporteur aufgestiegen und eine starke Militärmacht in der Region, nicht zuletzt durch massive Zukäufe an Waffen und Kriegsgerät. Allein 1974 werden dafür fast 30 % des Staatshaushalts verpulvert. Eine groß angelegte Bodenreform in der Landwirtschaft scheitert und endet in einer Landflucht. Den Bauern fehlt die Lebensgrundlage, und so strömen sie in die Städte, wo sie sich als Hilfsarbeiter und Tagelöhner verdingen. Die ungebremste Zuwanderung treibt die Mieten in die Höhe. Demonstrativer Prunk und Luxus sollen über die Schattenseiten des Regimes hinwegtäuschen – unvergessen etwa die 1967 inszenierte pompöse Krönung der dritten Frau des Schahs, Farah Diba, oder das schätzungsweise 100 Mio. US-Dollar teure Spektakel in Persepolis 1971 anlässlich des 2500-jährigen Bestehens der persischen Monarchie, eine der protzigsten Partys aller Zeiten.

Ende mit Schrecken

Dieser Größenwahn ebnet den Weg für die Islamische Revolution. Die Verschwendungssucht der königlichen Familie, eine Korruptionswelle, die das ganze Land erfasst, sowie Massenarbeitslosigkeit durch sinkende Öleinnahmen führen Ende der 1970er-Jahre zu Großdemonstrationen und Revolten und 1979 schließlich zum Kollaps des Schah-Regimes. An Krebs erkrankt, flüchtet Mohammad Reza im Januar 1979 ins Exil. Der letzte Schah stirbt schließlich am 27. Juli 1980 in Kairo.

Spiegelsaal mit seinen reich verzierten Wänden und Kristallleuchtern ist atemberaubend.

Wer noch nicht genug hat, besucht anschließend die **Bibliothek des Schahs** mit seiner Sammlung von Zehntausenden Büchern und Hunderten Glaszylindern an der Decke des Lesesaals. Die Galerie des **Muzeh-ye Jahan Nama** umfasst die ansehnliche Kunstsammlung, die die iranische Kaiserin Farah Diba in den 1970er-Jahren zusammentrug. Ebenso wie im Wohnsitz im Saadabat-Komplex findet sich auch hier eine **Sammlung königlicher Automobile**.

Ⓒ tgl. 9–19 Uhr, letzter Einlass 18 Uhr, im Winter 8–17 Uhr, letzter Einlass 16 Uhr, alle Sehenswürdigkeiten der Anlage 690 000 IRR.

Farhangsara-ye Niavaran

In der Farhangsara St. südwestlich des Niavaran-Palastkomplexes steht das **Kulturzentrum Niavaran**. Wem die Architektur bekannt vorkommt, der irrt nicht, denn der Bau stammt vom selben Architekten, Kamran Diba, der auch das Museum für zeitgenössische Kunst im Laleh-Park (S. 156) gestaltete. Seine Cousine Farah Diba hatte den aufgegebenen und verwahrlosten Garten von Niavaran erworben und als Kulturzentrum und öffentlichen Park neu konzipiert. Auf zwei Etagen und in zwei Galerien wechseln sich hier seit 1978 regelmäßig Ausstellungen ab, zudem gibt es Musik- und Filmveranstaltungen. Seit 2018 wird hier sogar die Wanderausstellung der World Press Photo Foundation gezeigt.

Wer sich nach dem Kulturprogramm entspannen will, kann das im angrenzenden gepflegten Park oder im **Niavaran Gallery Café** des Zentrums tun. Dort gibt es auch einen kleinen Giftshop und eine Buchhandlung.

Ⓒ tgl. 10–22, Café 10–23 Uhr, Eintritt frei.

Das bergige Umland

Teheran ist eine Hauptstadt mit Hanglage. Während die südlichen Stadtbezirke durchschnittlich 1000 m und das Stadtzentrum rund 1200 m über dem Meeresspiegel liegen, befinden sich die nördlichen Vororte auf über 1700 m und grenzen an die Abhänge des 3975 m hohen Berges Tochal. Da es hier bis zu 6 Grad kühler ist, strömen die hitzegeplagten Teheranis im Sommer regelmäßig nordwärts, um in den Restaurants und Teehäusern von Darband oder auf der Flaniermeile von Bam-e Tehran abzukühlen.

Darband

Besonders im Sommer ist Darband ein Zufluchtsort der von Hitze und Lärm geplagten Teheranis. Hier im äußersten Norden der Stadt schmiegen sich Restaurants und Teehäuser wie Schwalbennester an die Berghänge und ermöglichen einen atemberaubenden Blick auf Teheran. Zum Plätschern des Baches bestellt man am besten eine Portion *dizi* und beobachtet die Wanderer, die sich in voller Montur auf den Weg zu einem der Bergpfade machen.

Am einfachsten erreicht man Darband mit einem Sammeltaxi in nur fünf Minuten ab der nördlichen Seite des Tajrish Sq. oder von gegenüber der Metrostation Tajrish am Beginn der Darband St., 40 000 IRR.

Bam-e Tehran

Vom „Dach Teherans" hat man einen atemberaubenden Blick über die Stadt. In den letzten Jahren hat sich die gewundene Straße, die man auch bequem per Elektro-Shuttle bis nach oben flitzen kann, zu einer beliebten Flaniermeile gemausert. Neben einer Vielzahl an Essenständen und Teehäusern gibt es mittlerweile eine Reihe an Burgerläden und einen kleinen Vergnügungspark.

Am besten nimmt man von der BRT-Station Parkway an der Valiasr St. ein Taxi. Vom Parkplatz ist es dann noch ein 20-minütiger Spaziergang bis zum Aussichtspunkt. Besonders abends und am Wochenende kann es voll werden.

Tochal

Der knapp 4000 m hohe Hausberg der Stadt ist monatelang mit Schnee bedeckt. Aufgrund der Höhenlage befindet sich hier eines der wichtigsten **Skigebiete** des Landes. Für vier Monate im Jahr herrscht Schneegarantie. Eine Seilbahn verbindet den Gipfel über mehrere Stationen ganzjährig mit den nördlichen Ausläufern der Stadt. Von der Basisstation 1 auf etwa 1900 m Höhe beim Velenjak-Tal geht es gestaffelt über die Stationen 2 und 5 bis zur Endstation 7 auf über 3740 m Höhe. Von hier sind es nur wenige Meter bis zum Skigebiet, aber auch bei Station 5 gibt es bereits eine Piste sowie ein paar Restaurants. Wer es sportlicher angehen möchte, kann einen der zahlreichen steilen **Wanderwege** parallel zur Tochal-Seilbahn nehmen.

Ⓒ Seilbahn Sa, So, Di, Mi erste Gondel um 8 Uhr, letzte Gondeln zur Station 7 um 14 Uhr und zu den Stationen 2 und 5 bis 16 Uhr; Do, Fr erste Gondel um 7 Uhr, letzte Gondel zur Station 7 bis 16 Uhr und zu den Stationen 2 und 5 bis 18 Uhr, montags geschlossen. Unbedingt den Wetterbericht überprüfen, bei starkem Wind und Regen wird der Betrieb aus Sicherheitsgründen eingestellt. Hin- und Rückfahrt bis zu den Stationen 2, 5 oder 7 je 200 000 IRR, 400 000 IRR bzw. 600 000 IRR, Einzeltickets kosten 100 000 IRR, 250 000 IRR bzw. 350 000 IRR. Skilift bis ganz nach oben 980 000 IRR. 💻 www.tochal.org/en.

Südlicher Stadtrand

Ein Abstecher über die südliche Stadtgrenze hinaus lohnt für einen Besuch des Mausoleums Imam Khomeinis und der alten Königsstadt Rey. Beides lässt sich gut als Tagesausflug miteinander verbinden.

Aramgah-e Imam Khomeini

Gut 10 km südlich von Teheran direkt am Highway zum Flughafen Imam Khomeini und nahe dem Märtyrerfriedhof Behesht-e Zahra liegt das **Mausoleum** des 1989 verstorbenen Ayatollah Ruhollah Khomeini. Die Anlage rund um die zentrale, 68 m hohe Kuppel ist besonders nachts aufgrund der farbigen Beleuchtung nicht zu übersehen. Unter der Kuppel befindet sich der Sarkophag Khomeinis, geschützt von einem Metallgehäuse mit Baldachin und umringt von acht großen Marmorsäulen. Er steht auf einem großen rechteckigen Platz, der mit feinen Teppichen bedeckt ist. Polierter weißer Marmor schmückt die Wände des Mausoleums. 🕒 24 Std., Eintritt frei. Zu erreichen mit der roten Metrolinie 1 bis zur Station Haram-e Motahar.

Shahr-e Rey

Etwa 12 km südlich von Teherans Zentrum befindet sich die alte Königsstadt Rey. Zentraler Wallfahrtsort für Pilger aus dem ganzen Land ist bis heute das **Astaneh-e Hazrat-e Abdul Azim**, der Schrein des im 9. Jh. verstorbenen Abdul Azim al-Hasani, eines Nachfahren von Hasan ibn Ali, dem zweiten Imam. Durch das Hauptportal gelangt man in die Innenhöfe und die Moschee. Die Anlage wurde während der Herrschaft der Buyiden mehrfach erweitert. Auf Anweisung von Schah Naser ad-Din wurde die große Kuppel 1835 vergoldet. 1896 wurde er hier mit einem Revolver erschossen und begraben.

Nördlich der Altstadt steht der **Turm des Toghrol Beg**, ein Grabmal Toghrols I., des Begründers der Seldschuken-Dynastie, aus dem Jahr 1139.

Im Osten befindet sich das **Cheshme Ali**, ein qadjarisches Felsrelief mit einer Darstellung Fath Ali Schahs oberhalb der gleichnamigen Quelle.

Rey ist gut mit der roten Metrolinie 1 zu erreichen: Von der Station Shahr-e Rey gelangt man entweder zu Fuß in einer Viertelstunde zum Schrein oder man nimmt ein Taxi für 60 000 IRR.

ÜBERNACHTUNG

In der Megametropole gibt es eine große Auswahl an Hotels, und die Konkurrenz ist entsprechend groß, besonders unter den Hostels. Wer allerdings zentral wohnen will, zahlt deutlich mehr als in anderen Städten. Im nördlichen Teheran gibt es fast ausschließlich **Luxushotels**. Dafür kann man hier Zimmer mit westlichem Standard und opulente Frühstücksbuffets erwarten.

Wer es billiger mag, findet in einem der sehr guten **Hostels** ein günstiges Bett oder gleich ein ganzes Zimmer. Die Hostel-Szene wächst jährlich. Neben traditionellen Herbergen in liebevoll eingerichteten Altstadthäusern gibt es mittlerweile auch moderne westliche Unterkünfte mit Schlafsälen und Doppelzimmern. Zentrale Lage, Frühstück und WLAN gehören zum Standard, Events und kulturelle Veranstaltungen gibt's obendrauf.

Am besten wohnt man rund um den Bazar und nahe der Teheraner Altstadt – hier finden sich besonders preisgünstige Unterkünfte in zentraler Lage.

Zentrum

Karte S. 150/151

Amir Hotel, Taleghani St., Ecke Iranshahr St., 📞 021-8830 4066, 💻 www.amirhotel.com. Das moderne Hotel unweit der ehemaligen US-Botschaft befindet sich in Gehweite der

© MAURITIUS IMAGES / IMAGEBROKER

Vom „Dach Teherans" am Fuße des Tochal schweift der Blick weit über die Stadt.

Metrostation Taleghani und bietet westlichen Standard, sehr saubere Zimmer und ein reichhaltiges Frühstücksbuffet. ❹

Azadi Hotel, Somayyeh St., 200 m westlich der South Mofatteh Ave., ✆ 021-8883 0194 und 021-883 3975. Das solide 3-Sterne-Hotel unweit der ehemaligen US-Botschaft besticht durch ein gutes Preis-Leistungs-Verhältnis und seine zentrale Lage. ❹

Bahar Hotel, Enghelab St., Ecke Bahar St., ✆ 021-7768 8717 und 021-7750 0288, 💻 www.hotelbahartehran.com. Das zweistöckige Hotel verfügt über geräumige Zimmer, teils auch mit eigener Küche. Für ein 3-Sterne-Hotel durchaus in Ordnung, auch wenn das Frühstück etwas enttäuscht. Dank schalldichter Fenster überraschend ruhig, obwohl an der Hauptstraße gelegen. ❹

Bibi Hostel, Ramsar St., Ecke Mohammad Agha St., nahe beim Ferdowsi Sq., ✆ 0912-378 0600, 💻 www.bibihostel.com. Kleines, feines Hostel mit gemütlichen und sauberen Zimmern, Schlafsaal und sehr bemühtem Personal. Dorm ab 10 € p. P., DZ ab 40 €.

Espinas Hotel, Keshavarz Blvd., 500 m westlich des Valiasr Sq., ✆ 021-83844, 💻 www.espinashotels.com. Das luxuriöse Hotel am Keshavarz Blvd. überzeugt mit einem ausgezeichneten Service, zwei Restaurants und einem Café sowie zentraler Lage nur 5 Min. von der Metrostation Meydan-e Valiasr. Nur die Wände in den Zimmern sind etwas dünn. ❻

HI Tehran Hostel I, Tabatabaei Alley, Ecke Bahar Shomali St., in der Nähe der Metrostation Haft-e Tir, ✆ 0912-053 0663, 💻 www.hitehranhostel.com. Din modernes Hostel mit Doppelzimmern und Schlafsaal rund um einen gemütlichen Innenhof. Dorm ab 8 € p. P., DZ ab 40 €.

HI Tehran Hostel II, Enghelab St., Ecke Abiverd Alley, ✆ 0912-053 0663. Das zweite und neuere der beiden HI Tehran Hostels, gleiche Ausstattung, aber etwas lauter, da direkt an der Enghelab St. gelegen. Dorm ab 8 € p. P., DZ ab 35 €.

Iran Cozy Hostel, Pars Alley, direkt neben dem Modares Highway, ✆ 021-8880 1329, 💻 irancozyhostel@gmail.com. Einfaches und familiengeführtes Hostel mit spartanischen Zimmern, aber sehr sauber. Keine Dorms. DZ 35 €.

Iran 5 Gates Hostel, Amir Soleymani St., Ecke Mohanna Alley, südöstlich vom Ferdowsi Sq., ✆ 021-6634 1215, 💻 www.iran5gates.com.

Hostel in einem Altstadthaus mit komfortablen Zimmern und bunter, verrückter Einrichtung. Gemütlicher Aufenthaltsraum und sehr freundliches Personal. Dorm ab 10 € p. P., DZ ab 30 €.

Iranshahr Hotel, Iranshahr St., Ecke Namazi Alley, ✆ 021-8882 0518, 💻 www.hotel-iranshahr.com. Man merkt den Zimmern das Alter an, dafür verströmen sie einen Hauch verblichener Eleganz und sind sehr sauber. Das ausgezeichnete Restaurant im Haus und ein üppiges Frühstücksbuffet runden den Aufenthalt ab. ❺

Jahan Hotel, Valiasr St., Ecke Taleghani St., ✆ 021-6646 5596. In die Jahre gekommenes Mittelklassehotel, aber gemütlich. Die Lobby empfängt im Glitzerdesign mit Spiegelornamenten. Die Qualität der Zimmer kann variieren, am besten vorher zeigen lassen. ❸

Mashad Hotel, South Mofatteh Ave., Ecke Moayer Alley, ✆ 021-8883 9888, 💻 www.hotelmashad.ir. Zentrales Traditionshaus auf 3-Sterne-Niveau in perfekter Lage direkt bei der Metrostation Taleghani. Die Zimmer sind etwas dunkel und hellhörig. Highlights sind das Frühstück und Abendessen auf der Dachterrasse mit Blick über die Stadt. ❻

Mina Hotel, South Mofatteh Ave., Ecke Saqeb Alley, ✆ 021-8883 9818. Einfaches Hotel ohne viel Schnickschnack, wenn auch etwas renovierungsbedürftig, was sich im günstigen Preis äußert. Für ein, zwei Nächte aber durchaus in Ordnung. Sehr hilfsbereites Personal. ❷

Pamchal Hotel, Saqeb Alley, von der South Mofatteh St. 100 m östlich, ✆ 021-8884 5535, 💻 www.pamchalhotel.com. Das Mittelklassehotel verfügt über moderne, wenn auch etwas eintönig eingerichtete Zimmer sowie geräumige Apartments für 3–4 Personen mit eigener Küchenzeile. ❺

Roudaki Hotel, Shahriar St., Ecke Henry Corbin St., ✆ 021-6670 6955-6, 💻 www.roudaki-hotel.com. Die großzügigen Zimmer mit hohen Decken und dezent kitschiger Einrichtung wirken gemütlich. Das Hotelpersonal spricht sehr gutes Englisch und ist äußerst freundlich und hilfsbereit. ❺

See You In Iran Hostel, Vahdati-Manesh (3rd) Dead End, Ecke South Kheradmand St., ✆ 021-8883 2266, 💻 www.seeyouiniran.org, seeyouiniran. Aus einer Facebook-Gruppe für Iranreisende ist mittlerweile ein kulturelles Großprojekt geworden, zu dem neben dem hippen Hostel im Zentrum auch das SYI Cultural House gehört, das NGOs, Künstler, Denker und Reisende zusammenbringt. Gemeinschaftsküche und Dachterrasse. Im hauseigenen Café Kojeen treffen sich nicht nur Backpacker. Im Giftshop gibt es eine Auswahl an bunten Handwerksarbeiten. Das Highlight sind aber die Events, von Buchpräsentationen über Diskussionsrunden und Filmvorführungen bis zu Konzerten, regelmäßig angekündigt über die Website und auf Instagram. Dorm ab 8 € p. P., DZ ab 25 €.

Tehran Hostel, Malekoshoara Bahar St., Gohar Alley, nahe Metrostation Taleghani, ✆ 0990-545 1572, 💻 www.hosteltehran.com. Gemütliches Hostel mit über 20 Zimmern und Schlafsälen, verteilt auf 5 Stockwerke. Große, voll ausgestattete Küche und junges freundliches Personal. Dorm ab 10 € p. P., DZ ab 20 €.

€ **Tehrani House Hostel**, Arang Alley, Ecke Azodi St., 100 m nördlich des Aban Hospital, ✆ 0937-023 7424, 💻 www.tehranihouse.com. Schnuckeliges Hostel mit gemütlich eingerichteten, sehr sauberen Zimmern. Das sehr bemühte Personal vermittelt von der Ankunft an das Gefühl, Teil der Familie zu sein. Frühstück in Wohnzimmeratmosphäre! Keine Dorms. DZ ab 20 €.

Nördlich des Zentrums

Karte S. 158/159

Espinas Palace Hotel, Espinas Hotel Rd., ✆ 021-756575, 💻 www.espinashotels.com. Das Luxushotel thront hoch über der Stadt und bietet Zimmer mit spektakulärer Aussicht. Die Espinas Royal Hall des Hotels ist außerdem Schauplatz von Musicals und Konzerten und daher nicht nur für Hotelgäste einen Besuch wert. Wer in diesem teuersten Hotel der Stadt nächtigt, bekommt entsprechenden Service geboten. Über 9 Mio. IRR kostet das Doppelzimmer! ❻

Melal Apartment Hotel, Naseri St., 200 m westlich des Nelson Mandela Blvd., ✆ 021-2202 1150 und 021-2224 5090-2, 💻 www.melal.com. Das Apartmenthotel bietet neben Doppelzimmern auch riesige Apartments für bis zu 6 Personen, ideal für Familien. Dazu ein orientalisch angehauchtes Café und tolles Restaurant mit schöner Dachterrasse. Apartments ab 7,5 Mio. IRR. ❻

Niloo Hotel, Shahid Lahijani St., gleich beim Hemmat Expressway, ✆ 021-8820 2018, 💻 www.hotelniloo.com. Luxuriöse Zimmer und weitläufige Apartments, dazu ein eigenes Spa mit Pool und Jacuzzi sowie Fitnessraum in einem betongrauen Block. Apartments ab 9,4 Mio. IRR. ❻

Taj Mahal Hotel, Sheikh Bahayi St., oberhalb des Hemmat Expressway, ✆ 021-8803 5444, 💻 www.tajmahalhotel.ir. Das 5-Sterne-Luxushotel verfügt nicht nur über freundliche und helle Zimmer, sondern auch über das beste indische Restaurant der Stadt sowie ein weiteres Restaurant mit ausgezeichneten Gilaki-Spezialitäten. ❻

Südlich des Zentrums

Karte S. 150/151

Arian Hostel, Javidi St., nahe Mostafa Khomeyni St., ✆ 0937-849 4617, 💻 www.arian-hostel.com. Liebevoll restauriertes Altstadthaus mit viel Holz und Buntglas im Herzen von Teherans Altstadt, nur 10 Min. zu Fuß zum Bazar und Golestan-Palast. Die Zimmer und Bäder sind mit viel Liebe zum Detail traditionell eingerichtet. Besitzerin Zarah bietet auch Kochkurse an und hilft beim Zusammenstellen von Touren in und um Teheran. Dorm ab 10 € p. P., Zimmer ab 20 €.

Fars Hotel, South Sadi St., beim Imam Khomeini Sq., ✆ 021-3311 0006 und 021-3392 8913, 💻 www.hotelfars.com. Mittelklassehotel mit sehr sauberen Zimmern und gutem Preis-Leistungs-Verhältnis. ❸

Ferdowsi International Grand Hotel, Yarjani St., Ecke Koushk-e Mesri St., ✆ 021-61016, 💻 www.ferdowsihotel.com. Durchgestyltes 4-Sterne-Haus mit charmanten Zimmern und sehr hilfsbereitem Personal. Perfekte Lage für alle, die Teherans Museen im Regierungsviertel besuchen wollen, direkt bei der Metrostation Imam Khomeini. ❻

Golestan Hotel, Hafez Ave., direkt bei der Metrostation Hassan Abad, ✆ 021-6671 1417. Sympathisches, durchschnittliches Hotel mit herzlichem Besitzer. Die Zimmer sind simpel ausgestattet, aber sauber und für die Lage in Ordnung. Einfaches Frühstück. ❸

Hafez Hotel, Bank-e Melli Alley, nahe der Ferdowsi Ave., ✆ 021-6670 9063 und 021-6670 9063, 💻 www.hafezhotel.net. Einfaches Mittelklassehotel mit bemühtem und hilfsbereitem Personal. ❸

Khayyam Hotel, Navidi Alley, nahe der Amir Kabir St., ✆ 021-3392 0218, 💻 www.hotelkhayyam.com. Einfaches, dafür günstiges Hotel in sehr ruhiger Lage, zu Fuß ist man schnell im Museumsviertel. ❷

Markazi Iran Hotel, Lalehzar St., Ecke Kakh Alley, ✆ 021-3311 5764, 💻 www.hotelmarkazi.com. Eines der ältesten Hotels in Teheran empfängt seit 1934 Reisende und wurde 1998 umfassend renoviert. Einfache Zimmer, dafür sehr sauber. ❹

Said Hotel, South Sadi St., beim Imam Khomeini Sq., ✆ 021-3605 6212. Die Zimmer haben fast schon Jugendherbergscharakter, sind dementsprechend sehr preisgünstig. Für eine Nacht in Ordnung. ❷

Seven Hostel, Pamenar St., Ecke Amir Kabir St., 💻 www.sevenhostels.com. Die Hostel-Kette gibt es mittlerweile auch in Esfahan, Shiraz, Yazd und im Alamut-Tal. Einfache und saubere Zimmer, auf der Straßenseite allerdings etwas laut, besser rückwärtig buchen. Gemütlich sitzt es sich auf der hauseigenen Dachterrasse. Dorm ab 7 € p. P., DZ ab 25 €.

Shahriyar Hotel, South Sadi St., beim Imam Khomeini Sq., ✆ 021-3390 3288, 💻 www.shahriyarhotel.com. Eines der besseren Hotels in der Gegend, wenngleich einige Zimmer etwas klein geraten sind. Am besten schläft man in einem der Zimmer, die nach hinten ausgerichtet sind. ❹

€ **Tehran Heritage Hostel**, Kamal-ol-Molk St., nördlich des Baharestan Sq., direkt neben der Metrostation Baharestan, ✆ 021-3398 8739, Instagram heritage.hostel. Eines der neuesten und größten Hostels von Teheran. Perfekte Lage für die Erkundung der Stadt. In den topmodernen Schlafsälen hat jeder seine eigene Nische, auch Doppelzimmer und Jurten im Garten für Abenteuerlustige. Frühstück im

Garten. Hier kriegt man was fürs Geld. Dorm ab 10 € p. P., DZ ab 40 €.

Ziba Hotel, South Sadi St., beim Imam Khomeini Sq., ☏ 021-3397 4229-30, 💻 www.ziba-hotel.com. Komfortable, saubere Zimmer mit iranischer Toilette. Freundliches Personal und einfaches Frühstück. Nichts Außergewöhnliches, dafür ist man zu Fuß schnell bei den Museen und beim Golestan-Palast. ❸

Beim Flughafen

Karte S. 144

ibis Hotel, Persian Gulf Highway, direkt gegenüber vom Terminal 1 und der Metrostation Imam Khomeini International Airport, ☏ 021-5567 7900, 💻 www.ibis.accorhotels.com. Modernes Businesshotel mit westlichem Standard. Der Flughafenterminal ist direkt gegenüber und in 5–10 Min. zu Fuß über eine Brücke zu erreichen. Hervorragendes Restaurant, eigener Shuttle-Service zum Flughafen. Preislich billiger als das Novotel nebenan. 7,3 Mio. IRR. ❻

Novotel Hotel, Persian Gulf Highway, direkt gegenüber vom Terminal 1 und der Metrostation Imam Khomeini International Airport, ☏ 021-5567 7901, 💻 www.novotel.airporthotels.ir. Von der Ausstattung der modernen, großzügigen Zimmer her eindeutig an die Ansprüche westlicher Reisender angepasst. Pool und Fitnessstudio im Haus, ausgezeichnetes Frühstück. 8,3 Mio. IRR. ❻

ESSEN

Traditionelles Restaurant, verträumtes Café oder Hipster-Coffeehouse, in Teheran gibt es eine riesige Auswahl an modernen Lokalen und Restaurants. Das größte Angebot hat man im Zentrum rund um die Universitäten der Stadt.

Cafés und Frühstückslokale

Zentrum

Karte S. 150/151

Dublin Café & Restaurant, Sepand Alley, 100 m östlich der Azodi St., ☏ 021-8603 4929. Gleich neben dem Paliz-Theater. Kleines, nett eingerichtetes Café mit kleinem Innenhof, Büchern und ein paar Brettspielen. Hier tritt zwischen den Tischen auch mal ein Pantomime auf. Shakes, Panini, Sandwiches und Burger. Treffpunkt für Studenten und Theaterbesucher nach der Vorstellung. ⌚ tgl. 8–23.30 Uhr.

Godo Gole Yas Café, Mohammadi St., am Ende der Yas Alley, ☏ 021-8894 2574. Ein weiterer Beweis, wie in der Metropole alte Anwesen in neuem Glanz erstrahlen. Der vollgestopfte Innenhof ist ein beliebter Selfie-Spot für junge Teheranis, das angrenzende Café in den herrschaftlichen Räumen geschmackvoll eingerichtet. Ausgezeichnete iranische Speisen (z. B. *kashk-e bademjan,* eine Auberginenpaste) und leckere Getränke. ⌚ tgl. 8–23 Uhr.

Gramophone Café, Valiasr St., direkt gegenüber vom Teatr-e Shahr, ☏ 021-6646 0592. Versteckt im 1. Stock eines unscheinbaren, von Plakaten gepflasterten Hauseingangs. Gemütliches Café ganz im Stil des Theaters eingerichtet, auf das es direkt blickt. Diverse Milchshakes und Fruchtcocktails, Snacks und schnelle Pasta-Gerichte sowie große belegte Bagels. Warme Speisen ab 250 000 IRR, Getränke ab 80 000 IRR. ⌚ Sa–Do 9.30–23 Uhr.

Haiku Coffeehouse, Karim Khan Zand Blvd., Ecke Mahshahr St., ☏ 021-8832 8146, Instagram haiku.coffeehouse. Freundliche, helle Wohnzimmeratmosphäre, leicht asiatisch angehaucht, mit kleiner Außenterrasse und freundlichem Personal. Die Fensterfront versteckt sich hinter einer Bambuswand. Hier trifft man sich auf einen Kaffee oder zum Arbeiten mit Laptop zu coolen Beats. ⌚ tgl. 9–23 Uhr.

INJA Cultural and Art Center, Pedram Alley, nahe der Nofel Loshato St., Ecke Pol-e Hafez, bei der russischen Botschaft, ☏ 021-6672 7299. Das mit viel Liebe zum Detail eingerichtete und gestaltete Café versteckt sich am Ende einer Seitengasse hinter einer blau-gelben Metalltür. Der perfekte Platz zum Lernen und Arbeiten bietet auch Memberships für den Coworking Space (1,5 Mio. IRR pro Monat). Im Garten lässt es sich in großzügigen Sesseln entspannen. Im Wintergarten werden selbst hergestellte Naturseifen, Kräutertees, Topfpflanzen und Samen, Kräuterextrakte und Gewürze verkauft. ⌚ tgl. 10–22 Uhr.

Karfe Café, Bizhan Alley, Ecke Torabi St., beim Iranian Artist Forum, ☏ 021-8884 6335. Wunder-

Burger, Falafel & Co.

Fast Food gehört zu den beliebtesten Speisen in Teheran, und besonders für junge Teheranis sind die Burger-Lokale und Food Courts der Shopping Malls ein beliebter Treffpunkt. Hier ein paar empfehlenswerte Adressen:

Address Food Hall, Nilufar St., Ecke Fereshteh St., Karte S. 158/159, ✆ 021-1827, addressfood hall. Foodcourt im Nobelviertel, superstylisch und Instagram-tauglich. Keine Mall-Atmosphäre, eher Restaurant mit Selbstbedienung und ausreichend Platz. Hier hat man erfolgreich die Konzepte aus Europa und Amerika importiert und in einer Etage im Industriedesign aus schwerem Stahl Holztische und einen Dschungel an künstlichen Pflanzen untergebracht. Zur Auswahl stehen Burger, mexikanische und iranische Speisen, eine Chicken-und-Sandwich-Station (lecker: libanesisches Falafel-Sandwich), Jumbo Slice Pizza ab 320 000 IRR und Pasta. Dazu gibt es auch einen Coffeeshop sowie ein Café für Kuchen und Wraps zu gesalzenen Preisen. Burger ab 440 000 IRR. ⌚ tgl. 9–23.30 Uhr.

Garage Grill, Bahonar St., schräg gegenüber der Tankstelle, Karte S. 158/159, ✆ 021-2280 6070. Eine der Anlaufstellen für unkonventionelle Burger-Kreationen. Innen läuft der Sportkanal, den Tresen bildet ein original Triumph-Motorrad, gegrillt wird hier in Latzhose auf dem Kühlergrill von Mini und BMW, selbst die Bänke sind Autositze. Das sportliche Interieur ist in Schwarz und Rot gehalten. Es sitzt sich auch angenehm außerhalb. Schnörkellose Burger ab 220 000 IRR, schneller Service. ⌚ tgl. 11.30–1 Uhr.

Kiosk Burger, Nordwestseite des Tajrish Sq., Karte S. 158/159, ✆ 021-2274 9040. Hier sitzt man wie in einer gelben Telefonzelle, dazu eine Auswahl leckerer Burger in allen Variationen für 220 000–300 000 IRR. Wer will, hat dafür auch drei Sorten Käse zur Auswahl. Wem es nicht zu laut ist, der sitzt draußen und beobachtet das Chaos am Meydan-e Tajrish. ⌚ tgl. 12–1 Uhr.

Piroshki Khosravi, Karim Khan Zand Blvd., Ecke Adib Alley, Karte S. 150/151, ✆ 021-8813 4665. Einer der bekanntesten und ältesten Schnellimbisse beim Haft-e Tir Sq., davon zeugen nicht nur die alten Fotos an der Wand. Die berühmten frittierten Teigtaschen russischer Herkunft gibt es mit einer Vielzahl an Füllungen, von verschiedenen Fleischsorten über Gemüse bis hin zu Früchten und Schokolade. Schnell und günstig. ⌚ tgl. 9–22 Uhr.

Streetfood, 30th Tir St., Karte S. 150/151. Mittlerweile kein Geheimtipp mehr – die Buden und Essenstände entlang der 30th Tir St. beim Nationalmuseum vermehren sich fast im Monatstakt. Sie verkaufen neben deftigen Sandwiches und allerlei Burgern auch indische Spezialitäten, Süßes und Tee. ⌚ tgl. 9–20, Do, Fr bis 23 Uhr.

€ **Velveleh Sandwich**, Shahrdari St., Ecke Shariati St., gleich beim Eingang der Metrostation Tajrish, Karte S. 158/159, ✆ 021-2272 0218, velvele_sandwich. Frische Falafel in einem armlangen Sandwich und ein Buffet für weitere Beläge. Frisch, lecker und unfassbar günstig. Falafel-Sandwich bereits für 65 000 IRR, Getränke 20 000 IRR. ⌚ tgl. 10.30–23 Uhr.

schönes Café in alter Villa mit großem Garten und jeder Menge Sitzgelegenheiten. Beliebter Treffpunkt für Künstler und Schauspieler. Abwechselnd Ausstellungen und Konzerte im 1. Stock. Im Garten gibt es auch einen kleinen Buchladen. ⌚ So–Fr 10–22, Sa 17–22 Uhr.

Lamiz Café, Valiasr St., von der Enghelab St. 50 m nördlich, ✆ 021-6646 2205. Ein typisches Studenten-Hipster-Café mit einer kolossalen Bücherwand direkt beim Teatr-e Shahr. Die Bohnen werden hier selbst geröstet und auch verkauft. Filialen der Kette gibt es in der ganzen Stadt. Irans Antwort auf Starbucks, mit eigenem verspielten Einrichtungsstil, gemütlicher Wohnzimmeratmosphäre, jeder Menge Sitzgelegenheiten und verdammt gutem Kaffee. Auswahl an Kaffee- und Matcha-Kreationen für 90 000–190 000 IRR. ⌚ tgl. 8–23 Uhr.

© PRISKA SEISENBACHER

Nicht nur Teheraner Naschkatzen lieben Weißen Nougat *(gaz)* und Reismehlpudding *(fereni)*.

Maana Café, Shahed St., Ecke Vesal Shirazi St., ✆ 021-8899 6273, cafe maana. Geschmackvolles, mit viel Holz und Antiquitäten eingerichtetes Lokal, mit schönem Innenhof, gut abgeschirmt vom Lärm der Metropole. Kaffee ab 120 000 IRR sowie eine Auswahl an Smoothies, Shakes, traditionellen iranischen Getränken und Fruchtcocktails für 100 000–150 000 IRR, wechselnde Tagesgerichte, warme Speisen 90 000–250 000 IRR. Diverse Events und Livemusik werden auf Instagram angekündigt. ⌚ Sa–Do 8.30–22, Fr 14–22 Uhr.

Naderi Café, Jomhouri Ave., schräg gegenüber der britischen Botschaft, ✆ 021-6675 8293. Wie kein zweites Café in Teheran schwingt im Naderi die Atmosphäre der Blütezeit der modernen iranischen Literatur mit. 1927 vom armenischen Einwanderer Khachik Madikian gegründet, wurde den Teheranis hier zum ersten Mal europäisches Essen angeboten. Bis heute hat sich im Inneren nichts geändert: Stühle, Geschirr, Tischtuch und die Dekorationen sind immer noch die gleichen wie vor 60 Jahren und auch die Stammgäste sind geblieben. ⌚ tgl. 10–19 Uhr.

Nazdik Café, Karim Khan Zand Blvd., 350 m westlich vom Haft-e Tir Sq., ✆ 021-8849 0726. Im Café im 1. Stock gibt es eine gemütliche Terrasse und besonders im Sommer tolle erfrischende Getränkekreationen. Der Besitzer ist in Teherans Kunstszene bestens vernetzt und betreibt neben weiteren Cafés auch die Mohsen-Galerie in Teheran. Ein Blick in den Buchladen einen Stock höher lohnt sich, hier gibt es z. B. tolle Postkarten mit ausgefallenen Motiven. ⌚ tgl. 10–23 Uhr.

No. 65 Yard, Mousavi St., 150 m nördlich der Enghelab St., ✆ 021-8830 2842, no65yard. Hippes verwinkeltes Café mit verträumtem Innenhof, besonders abends mit Lichterketten und Girlanden ein romantisches Plätzchen. Sehr gutes Frühstück und leckere Snacks. ⌚ tgl. 9–23 Uhr.

RooBeRoo Mansion, Kianpur Alley, Ecke Enghelab St., ✆ 021-6640 4230, rooberoo mansion_cafe. Einer der beliebtesten Treffs der Kunststudenten und Schauspieler der nahen Kunstuniversität. Das Anwesen beherbergt neben einem Café auch diverse Räume, die für Ausstellungen, Performances und Workshops genutzt werden, Programm auf der Website www.rooberoomansion.com. Sehr gutes Frühstück, entspannte und lockere Atmosphäre. Am gemütlichsten sitzt es sich im Innenhof. Sa–Do 9–23, Fr 15–23 Uhr.

Rouhi Café, Bagh-e Negarestan, Shariat Madar St., 021-3390 0138. Der perfekte Ort für ein Frühstück oder einen entspannten Brunch vor oder nach dem Besuch des Bagh-e Negarestan. Leckere Frühstückskreationen und gute Tees. Die Bar ist eine Augenweide! Di–So 9–21 Uhr.

Theater Café, Arakeliyan St., Ecke Hashemifar St., 021-6649 3139, cafe_theatre. Gleich hinter dem berühmten Teatr-e Shahr, eines der Cafés, das mit Theater- und Filmrequisiten einen Treffpunkt für Studenten und Künstler bildet. Pasta und Snacks sowie mehrere Frühstücksoptionen, Tees, Shakes, Cocktails und Kaffeespezialitäten, üppige und deftige Portionen, leckere Salate. tgl. 10–24 Uhr.

Nördlich des Zentrums

Karte S. 158/159

Bakery & Café Langine, Shahrdari St., gegenüber der Melli-Bank. Gleich neben dem Bazar-e Tajrish lässt sich hier eine Verschnaufpause einlegen. Große Auswahl an frischen Torten, Tartes und Sandwiches, Kaffee ab 100 000 IRR. Smoothies, Frappés und Shakes 110 000–140 000 IRR. Im 1. Stock sitzt es sich etwas beengt, also entweder im geräumigeren Kellergeschoss genießen oder mitnehmen. tgl. 7–23 Uhr.

Fereshteh Book City Café, Shariati St., südlich des Sadr Expressway, 021-2260 7631. Die jungen Teheranis kommen nicht nur in den gut sortierten Buchladen, sondern auch in das Café im Wintergarten mit Pflanzen und breiten hippen Holztischen, die zum Plaudern oder Arbeiten einladen. Unbedingt die Pizza probieren, die schmeckt im Gegensatz zur iranischen Einheitsware fast italienisch! tgl. 10–23 Uhr.

Karzin Café, Saadabad St., direkt beim ARG Shopping Center, 021-2270 7376. Der große Coffeeshop konkurriert mit den anderen in der Stadt und bietet deutlich mehr Sitzgelegenheiten auf zwei Etagen. Guten Kaffee und Smoothies gibt's obendrein. 90 000–170 000 IRR. tgl. 8–23.30 Uhr.

Lamiz Cafe, Saadabad St., zwischen Meydan-e Tajrish und ARG Shopping Center, 021-2270 8061. In der gesamten Stadt vertreten, also auch hier im hippen Norden Teherans. Schneller und guter Kaffee, sehr guter Cheesecake! Perfekt für einen kurzen Zwischenstopp. Gemütlich sitzt man anderswo. tgl. 7–23.30 Uhr.

Ribar Cafe & Restaurant, Zaferanieh St., gleich neben dem Zeitmuseum, 021-2241 6864. Dieses große, überdachte Café im Garten des Museums lockt täglich mit riesigem Frühstücksbuffet von 9–13 Uhr für 680 000 IRR, Kaffee 100 000–220 000 IRR. Salate, warme Gerichte, Wraps, Pizza und Pasta für 200 000–340 000 IRR. tgl. 9–23.30 Uhr.

Rayzan Café & Rayzan House of Culture, Bahonar St., Ecke Meshkat Rd., 021-2270 0614, www.rayzanhouse.ir, rayzanhouse. Kulturzentrum mit großem Buchladen und wechselnden Ausstellungen, gemütlichem Café im 1. Stock und Restaurant mit türkischen Spezialitäten im großen Wintergarten im Erdgeschoss. tgl. 9–24 Uhr.

Saboos Café & Restaurant, Alef St., direkt beim Chamran Highway, 021-2201 5606, www.sabooscafe.com. Das Café der Konditorei ist ein Hipstertreff in Nord-Teheran. Charmante Einrichtung mit viel Holz und viel Platz. Gute Möglichkeit zu frühstücken, Omelett, Pancake, French Toast, Soufflé, Kuchen, Pudding, Salate, Burger und Sandwiches. Die Brote sind selbst gebacken. Im 1. Stock laden extrabreite Couches zum Verweilen ein. tgl. 6–23 Uhr.

Iranische Küche

Zentrum

Karte S. 150/151

Canary Restaurant, Somayyeh St., Ecke Ramsar St., 021-8830 4463. Traditionelles Restaurant im gleichnamigen Hotel mit markanten Holzbänken. Bis weit über die Stadtgrenzen hinaus bekannt für seine ausgezeichneten Kebabs und das köstliche *ghorm-e sabzi*. tgl. 11.30–15.30 und 19–23 Uhr.

Dizi Sara Restaurant, Azar Shahr St., östlich der Qarani St., 021-8881 0008. Wenn es ein Restaurant gibt, das nur für eine einzige Spezialität berühmt ist, dann dieses. Den Fleischeintopf *dizi* hat man hier zur Perfektion getrieben. Das äußert sich zwar im Preis und in den Warteschlangen vor dem Lokal, aber das spielt keine Rolle mehr, sobald man den ersten Bissen im Mund hat. ⌚ tgl. 11.30–16.30 Uhr.

Veggie Restaurant, im Iranian Artists Forum im Artists Park, ✆ 021-8831 0462, 💻 www.iaveg.com. Eines der wenigen Lokale in Teheran, das sich ganz der vegetarischen Küche verschrieben hat. Große Auswahl für Vegetarier. Auch als Café bei Studenten beliebt. Schön sitzt es sich auf der großen Veranda mit Blick auf den Park. ⌚ tgl. 11–23 Uhr.

TEHERAN

Nördlich des Zentrums

Karte S. 158/159, sofern nicht anders angegeben.

Chargah Restaurant, Valiasr St., Ecke Aref Nasab St., ✆ 021-2274 8642. Klassisches Lokal in modernem, rustikalem Look. Drei Menüs, davon eines mit allerlei traditionellen iranischen Speisen (fünf Arten *dizi*), Tagesmenü mit regionalem Fokus, große Auswahl an traditionellen Getränken, VIP-Sektion im 1. Stock, traumhafter Blick in den Garten des Dehkhoda-Sprachinstituts, sehr aufmerksamer Service, selbst gebackenes frisches Brot, englischsprachige Speisekarte. ⌚ tgl. 6–1 Uhr.

Divan Restaurant, 8. Stock des Sam Center, Fereshteh St., ✆ 021-2265 3853, Instagram divan restaurant. Das stylische und doch traditionelle Lokal ist das Aushängeschild der persischen Küche im Nobelbezirk – neu interpretiert und hervorragend abgeschmeckt, dazu hübsch angerichtet. Der Ort für einen perfekten Abend mit Blick über die Dächer Teherans. ⌚ tgl. 12.30–23 Uhr.

Nayeb Restaurant, Valiasr St., 200 m südlich des Park-e Saei, Karte S. 150/151, ✆ 021-8871 3474. Beste Adresse für Kebab in Teheran. Ein reichhaltiges Buffet gibt's nur 300 m weiter westlich im Schwesterlokal in der Vozara St. Auch Frühstück. ⌚ tgl. 6.30–23 Uhr.

Pardis Restaurant, Valiasr St., 500 m nördlich der Parkway-Busstation, ✆ 021-2266 6466. Die Karte ist überschaubar und widmet sich ganz der Spezialität des Hauses: *tahchin* (Reiskuchen) in allen Varianten und mit diversen Füllungen. Daneben gibt es einige Eintöpfe und Kebabs. Bei Einheimischen besonders mittags beliebt und gut gefüllt. ⌚ tgl. 11.30–15.30 und 18.30–23 Uhr.

Tahdig Restaurant, Valiasr St., Ecke Ofogh St., ✆ 021-2203 8055. Der Name ist Programm, denn die knusprige Reiskruste gibt es hier zu jedem Gericht dazu. Eine Auswahl an iranischen Speisen, allerdings besonders zur Mittagszeit hoffnungslos überfüllt und dann mit Wartezeit verbunden. ⌚ tgl. 12–23 Uhr.

Südlich des Zentrums

Karte S. 150/151

Khayyam Traditional Restaurant, Khayyam St., nur 100 m südlich der Metrostation Khayyam, ✆ 021-5580 0760. Traditionsreiches Restaurant im Backstein-Look in unmittelbarer Nähe zum Bazar. Gemütlich und bunt eingerichtet. Kebabs und Eintöpfe, ordentliche Portionen. Nach dem Essen Wasserpfeife und Tee, dazu frische Datteln. ⌚ tgl. 11–23.30 Uhr.

Moslem Restaurant, Panzdah-e Khordad St., an der Westseite des Meydan-e Sabzeh, ✆ 021-5560 2275. Eines der berühmten Restaurants am Bazar, das in Teheran jedes Kind kennt. Wer das Glück hat, einen der Tische zu ergattern, kann sich den Bauch mit Kebab und Reiskuchen *(tahchin)* vollschlagen. Allerdings darf man keine Berührungsängste haben, denn das Lokal ist zu jeder Tageszeit vollgestopft mit hungrigen Shoppingwütigen. ⌚ tgl. 11–18 Uhr.

Nikoo Sefat Restaurant, South Jamalzadeh St., Ecke Azadi St., ✆ 021-6692 6638. Aus großen, dampfenden Kesseln wird hier ohne Pause *ash-e reshteh* und *ash-e kashk* auf Teller und in Kübel geschöpft. Die dickliche Suppe aus Bohnen, Kichererbsen, Linsen, Zwiebeln, Knoblauch und Gewürzen ist für viele Teheranis eine reichhaltige Mahlzeit zu jeder Tageszeit und besonders in der kalten Jahreszeit beliebt. ⌚ tgl. 6–22.30 Uhr.

Shamshiry Restaurant, Panzdah-e Khordad St., an der Ostseite des Meydan-e Sabzeh, ✆ 021-5562 1051. Große Auswahl an leckeren iranischen Speisen, dazu Gratis-Salatbar. Wie alle Restaurants am Bazar immer gut gefüllt, Unter Umständen muss man eine Weile auf einen freien Tisch warten. ⌚ tgl. 11–21 Uhr.

Timcheh Akbarian Restaurant, Oudlajan St., Ausläufer des Bazars, etwa 200 m nördlich der Panzdah-e Khordad St. beim überdachten Bazar-e Oudlajan, ✆ 021-3391 9697. Etwas versteckt in einer Seitenhalle des Bazars sitzt man hier in kleinen Nischen und bekommt eines der besten *dizi* (Fleischeintopf mit Bohnen und Kartoffeln) der Stadt serviert. Der Besitzer ist etwas grummelig, das Essen aber hervorragend. ◷ tgl. 12–19 Uhr.

International

Karte S. 158/159

Kenzo Restaurant, Shahid Khoddami St., 300 m nordwestlich vom Vanak Sq., ✆ 021-8888 8222, 💻 www.kenzorestaurant.ir. Wer das beste Sushi der Stadt sucht, kommt am Kenzo nicht vorbei. In den niedrigen Sitznischen kommt ein Hauch von Japan-Stimmung auf. Nicht gerade billig, aber die Qualität spricht für sich. ◷ tgl. 12–15.30 und 19–23 Uhr.

Kornelia Restaurant, Kaman Dead End, nahe der Shahidi St., beim Park-e Ab-o Atash, ✆ 021-8608 5510. Das liebevoll eingerichtete Lokal hat sich ganz der griechischen Küche verschrieben und überzeugt mit verblüffend leckeren Speisen und regelmäßigen Livemusik-Abenden. Im Sommer sitzt man am besten auf der kleinen Terrasse. Unbedingt die gemischten Platten bestellen und sich mehrere Leckereien teilen! ◷ tgl. 11–23 Uhr.

Lebina Restaurant, Andarzgoo Blvd., nördlich des Saba Blvd., ✆ 021-2223 1421. Auch die libanesische Küche hat mittlerweile ihren Weg nach Teheran gefunden. Das orientalische Restaurant ist bis in den letzten Winkel perfekt durchgestylt und allein schon deshalb den Besuch wert. Mix an iranischen und libanesischen Spezialitäten, sehr guter Kaffee und Tee. ◷ tgl. 10–23 Uhr.

Palladium Foodcourt, Moqadas Ardabili St., oberstes Stockwerk des Einkaufstempels. Neben einer großen Auswahl an iranischen Speisen und Fast Food gibt es auch asiatische Gerichte, frisches und sehr gutes Sushi und überraschenderweise mexikanische Spezialitäten. Danach: ein Stopp an der Saftbar. Fast immer krachend voll, aber zur Not quetscht man sich irgendwo dazu. ◷ tgl. 12–23.30 Uhr.

Thaifood Restaurant, West Qeysari 32nd St., Ecke Nabi Akram St., ✆ 021-8858 4119. Nur an der unscheinbaren roten Laterne vor dem Lokal zu erkennen, sonst würde man an diesem Garagenlokal einfach vorbeigehen. Die 2 Tische sind fast immer besetzt. Der iranische Besitzer hat das Kochen von der thailändischen Frau seines Onkels gelernt. Große Auswahl auch an vegetarischen Thai-Gerichten. Es gibt, was die Einkaufsliste des Tages hergibt, und gekocht wird, bis das Essen aus ist. ◷ tgl. 12–23 Uhr.

UNTERHALTUNG UND KULTUR

Galerien

Einen guten Überblick über die mittlerweile auch international anerkannte iranische Kunstszene verschafft man sich bei freiem Eintritt in einer der zahlreichen Galerien der Stadt. Events und Vernissagen werden über die Homepages angekündigt.

Im Zentrum

Ab/Anbar Art Gallery, Roshanmanesh Alley, Ecke Khaghani St., nahe der Enghelab St., ✆ 021-8886 0703, 💻 www.ab-anbar.com. Seit 2014 ein emsiger Unterstützer der örtlichen Künstler. ◷ So–Do 11–19, Fr 15–21 Uhr.

Assar Art Gallery, Barforoushan Alley, Ecke Iranshahr St., ✆ 021-8832 6689, 💻 www.assarartgallery.com, Instagram assarartgallery. 1999 gegründet und bekannt für seine permanente Ausstellung von zehn Künstlern aus Teheran und Iran. ◷ So–Do 11–20, Fr 16–20 Uhr.

Hoor Art Gallery, Naeemi Alley, Ecke North Mirzaye Shirazi St., ✆ 021-8870 6984, 💻 www.hoorartgallery.com. Seit 2004 werden hier hauptsächlich junge, unbekannte Künstler unterstützt und ausgestellt. ◷ So–Fr 15–20 Uhr.

Iranian Artist Forum, Iranshahr St., mitten im Bustan-e honarmandan (Artists Park), ✆ 021-8894 6112, 💻 www.iranartists.org. Der Kulturkomplex beherbergt neben Ausstellungsräumen und Galerien auch ein Theater und Räumlichkeiten für Filmaufführungen, Konzerte sowie Design-Shows. Dazu Shops, Cafés und Restaurants. ◷ tgl. 10–20 Uhr.

O Gallery, Shahin Khedri St., in der Nähe der Sana'i St., ✆ 021-8832 4828, 💻 www.ogallery.

net/en. 2014 von Orkideh Daroodi gegründet, widmet sich die Galerie auf 3 1/2 Stockwerken jungen, großteils unbekannten und aufstrebenden Künstlern aus Teheran. ⌚ Mo–Do 12–20, Fr 16–21 Uhr.

Seyhoun Art Gallery, 4th St., Ecke Vozara St., ✆ 021-8871 1305, 💻 www.seyhounartgallery.com. Bereits 1966 von Massoumeh Seyhoun gegründet, gehört die Galerie zu den Pionieren der Kunstszene der Stadt. Bis heute werden hauptsächlich zeitgenössische Gemälde, Skulpturen und Fotografien, aber auch visuelle Performances gezeigt. ⌚ Di–So 11–19 Uhr.

Shirin Art Gallery, 13th St., 50 m westlich der Sana'i St., 💻 www.shiringallery.com, ⌚ Sa, So und Di–Do 11–19, Fr 16–20 Uhr.

TEHERAN

Im Norden

Dastan Gallery, Fereshteh St., 💻 www.dastan.gallery, Instagram dastansbasement. In insgesamt drei Gebäuden (auch im *+2* und *Basement*) rund um die Fereshteh St., mit Fokus auf modernen und zeitgenössischen Künstlern, regelmäßige Events und Pop-up-Projekte, angekündigt auf der Homepage.

Mohsen Gallery, Mina Blvd., nahe dem Modares Highway, ✆ 021-2225 5354, 💻 www.mohsen.gallery, Instagram mohsengallery. Steampunk-Flair mit viel schwarzem Stahl – diese durchgestylte Galerie wartet mit eigener Performance Hall für Veranstaltungen (Instagram darbastplatform) und wechselnden Ausstellungen vom Keller bis zum Dachboden auf. Kleines Buffet im Innenhof mit Kaffee, Snacks und Getränken. Bei Events trifft man hier ein hippes und junges Publikum. Tickets direkt beim Eingang. ⌚ Fr–Mi 16–21 Uhr.

Kinos

Farhang Cinema, Shariati St., 100 m nördlich vom Beginn der Koladouhz St., ✆ 021-2260 1205. Der moderne Kinokomplex mit gemütlichen Sitzplätzen zeigt regelmäßig ausländische Filme im Original mit Untertiteln und ist besonders bei jungen Teheranis beliebt. ⌚ tgl. 18–23 Uhr.

Pardis Gholhak Cinema, Yakhchal St., ✆ 021-2264 3553. Eines der wenigen Kinos, das ausländische Filme im Original mit persischen Untertiteln zeigt. Jeden Tag um 19.30 und 21.30 Uhr jeweils ein aktueller und ein klassischer Film. ⌚ tgl. 18–24 Uhr.

Konzerte

Die **Vahdad-Konzerthalle**, Shahriar St., südlich der Enghelab St., 💻 www.bonyadrouaki.com, gehört zum einzigen Opernhaus Teherans und wurde nach dem Vorbild der Wiener Staatsoper gebaut. Auch wenn Opern- und Ballettaufführungen nach der Islamischen Revolution verboten wurden, findet hier heute eine Vielzahl an Konzerten, Theater und Tanzvorführungen statt.

Die **Tehran Royal Hall** gleich neben dem luxuriösen Espinas Hotel, 💻 www.espinaspalacehotel.com, ist mittlerweile auch ein Hotspot für Konzerte und sogar Musicals in Teherans Norden.

Theater

Teherans Bewohner sind begeisterte Theaterfans. Neben dem berühmten Stadttheater Teatr-e Shahr hat sich eine vielseitige Szene entwickelt, von Studentenprojekten bis hin zu professionellenen internationalen Produktionen. Auch wenn fast alle Stücke auf Farsi aufgeführt werden, lohnt sich ein Besuch, denn die iranischen Interpretationen zeitgenössischer internationaler Stücke und die passionierte minimalistische Inszenierung immer an der Grenze zur Regime-Kritik sind mitreißend.

Teatr-e Arghanoon, Seitengasse südlich der Nofel Loshato St., 200 m östlich der Valiasr St., ✆ 021-6648 3742.

Teatr-e Iranshahr, Artists Park beim Iranian Artists Forum, ✆ 021-8881 4115.

Teatr-e Mostaghel, Razi St. beim Park-e Daneshju, ✆ 021-6697 9746, 💻 www.mostaghel theater.com/en.

Teatr-e Shahr, Valiasr St. beim Park-e Daneshju, ✆ 021-6646 0592, 💻 www.teatreshahr.com.

EINKAUFEN

Moderne Shopping Malls, in denen man auch viele internationale Produkte und riesige Food Courts findet, verteilen sich mittlerweile über die ganze Stadt. Ganz im Westen, direkt am Kharrazi Expressway westlich des Chitgar-

Neue und ungewöhnliche Perspektiven in Teherans Theatern

Sees, eröffnete 2019 die gigantische **Iran Mall**, die ihren Vorbildern in Dubai und den USA in nichts nachsteht. Im nördlichen Teheran haben sich das **Palladium**, Moqadas Ardabili St., beim Alef Sq., 💻 www.palladiummall.com, 🕒 tgl. 9–23 Uhr, mit ausgezeichnetem Food Court, und das **ARG Shopping Center**, 150 m nordwestlich des Tajrish Sq., 🕒 tgl. 10–23 Uhr, etabliert. Traditionell und schön verziert ist die alte Mall **Bazar-e Safawi** in der Valiasr St. gegenüber dem Park-e Mellat.

Antiquitäten und Kunsthandwerk

Ein Besuch des **Kunstgewerbebazars** (Bazarche-ye Park-e Saleh) im Laleh-Park lohnt sich für alle, die Zeichnungen, Kalligrafien, Drucke oder Bücher erwerben wollen.
Schon länger kein Geheimtipp mehr ist der **Bazar-e Jomeh**, ein Floh- und Antiquitätenmarkt in einem alten Parkhaus an der Jomhouri Ave., der jeden Freitag stattfindet. Früh vorbeikommen lohnt sich. Hier entdeckt man Souvenirs, die sonst nirgends zu finden sind.
Wer sich für **Antiquitätengeschäfte** interessiert, findet eine Vielzahl an Shops in der Manuchehri Ave. östlich der Ferdowsi St. und nahe der britischen Botschaft.
Klassische Souvenirs wie Textildrucke, Minakari und Khatamkari aus Esfahan oder Keramik und Töpferei sind in Teheran deutlich teurer als in anderen Städten und von minderer Qualität. Wer in Esfahan und Shiraz nicht zugegriffen hat, findet aber in den **Souvenirshops im Zentrum** in der Valiasr St., Ecke Taleghani St., oder im Norden entlang der Valiasr St. westlich vom Tajrish Sq. Gelegenheit zu Last-Minute-Einkäufen. Auch auf dem **Tajrish-Bazar** bekommt man Mitbringsel.

Bücher und Landkarten

Zahlreiche **Buchläden** mit einer Auswahl an englischsprachiger Literatur gibt es entlang des Karim Khan Zand Blvd. westlich des Haft-e Tir Sq. und im Universitätsviertel gegenüber der Universität von Teheran entlang der Enghelab St.
Eine große Auswahl an Büchern bietet auch jede Filiale von **Central Book City**, besonders die Zentrale in der Shariati St. und die Filialen in der Niavaran St. sowie am Mirdamad Blvd.

Campingausrüstung und Sportzubehör

Geschäfte, die meist chinesische und iranische Produkte verkaufen, finden sich in der Valiasr St. nördlich des Monirieh Sq. bei der gleichnamigen Metrostation.

Lebensmittel

Omidvar Spiceshop im Bazar-e Bozorg gehört zu den größten Gewürzhändlern der Stadt und ist im ganzen Bazar bekannt. Zugang über die Panzdah-e Khordad St. Wer den Laden nicht gleich findet, fragt sich bei den Händlern durch. ⌚ tgl. 9–17 Uhr.

Tavazo Nuts & Fruits ist der berühmteste Händler für Nüsse und Früchte in der ganzen Stadt. Seine Filiale nahe der Busstation Parkway an der Valiasr St. ist die Zentrale mit der größten Auswahl und besten Qualität. ⌚ tgl. 9–20 Uhr.

Münzen und Briefmarken

Novin-e Farahbakhsh, Valiasr St., Ecke Partovi St., etwa 150 m südlich vom Teatr-e Shahr, ✆ 021-6640 0246, 💻 www.farahbakhsh.com. Die erste Anlaufstelle für Sammler von iranischen Briefmarken, alten Münzen und Geldscheinen. Auch große Auswahl an Postkarten. ⌚ Sa–Do 9–20 Uhr.

Musik und Filme

Beethoven Music Center, Mirzaye Shirazi St., Ecke 11th St., ✆ 021-8834 0199. Der berühmteste aller Musikshops in der ganzen Stadt ist über 65 Jahre alt. Er machte sich einen Namen als beste Adresse für Schallplatten und verfügt mittlerweile auch über ein kleines Museum. ⌚ Sa–Do 9–21, Fr 17–21 Uhr.

Eine große Auswahl an traditionellen iranischen **Musikinstrumenten** gibt es in den Shops rund um den Baharestan Sq. und entlang der Larestan St.

Das **Filmmuseum**, Bagh-e Ferdows, an der Valiasr St. (S. 158), verkauft im Kellergeschoss eine große Auswahl an iranischen Filmen.

Textilien

Tanedorost Natural Fiber Clothing, Darband St. und Shariati St. vor der Metrostation Gholhak sowie der Enghelab St., ✆ 021-4607 0294, 💻 www.tanedorost.ir, tane_dorost. Die Designerkreationen der jungen, hippen Schneider vermischen gekonnt traditionelle organische Materialien und Farben mit modernen Schnitten und Formen. Preislich etwas teurer, dafür bekommt man Qualität und Handarbeit. ⌚ Sa–Do 9–22, Fr 10–22 Uhr.

Auch der **Bazar-e Tajrish** ist ein guter Ort, um günstige und traditionelle Kleidung einzukaufen.

AKTIVITÄTEN

Fußball

Ein Erlebnis ist der Besuch eines Fußballspiels im **Azadi-Stadion** im Westen der Stadt, am besten wenn es zu einem Lokalderby der Blauen, dem FC Esteghlal, gegen die Roten, den FC Persepolis, kommt. Dann füllen sich die Tribünen mit über 85 000 Fans und verwandeln das Stadion in einen Hexenkessel. Karten gibt es direkt in den Ticketbuden beim Eingang; Sitzplätze sind bereits ab 160 000 IRR zu haben. Erreichbar entweder per Taxi oder mit der Metro bis zur Station Varzeshgah-e Azadi, wo Shuttle-Busse warten, die das letzte Stück für 5000 IRR zum Stadion fahren. Auch wenn es im Rahmen des Asien-Cups und der Qualifikation für die Weltmeisterschaft vereinzelt Ausnahmen gegeben hat, ist Frauen der Zugang zum Stadion leider verwehrt.

Kochkurse

Die beliebte **Persian Food Tour**, 💻 www.persianfoodtours.com, persianfoodtour, wird aufgrund des Erfolgs mittlerweile auch in Esfahan, Shiraz und Yazd angeboten. Zuerst werden die frischen Zutaten auf dem Tajrish-Bazar eingekauft, anschließend werden in kleinen Gruppen persische Gerichte für ein 5-Gänge-Menü gekocht und gemeinsam verspeist. Die Termine müssen online reserviert werden, 50–80 € p. P.

Radfahren

Wer abseits vom Verkehrschaos eine große Runde mit einem Leihfahrrad drehen möchte, findet im **Park-e Chitgar** beim gleichnamigen künstlichen See im Westen der Stadt Gelegenheit dazu. Ab 150 000 IRR für 1 Std.

Skifahren

Skigebiete gibt es rund um Teheran reichlich, neben dem **Tochal** (S. 163) sind vor allem die Pisten im Elburz-Gebirge bei Darbandsar, Dizin und Shemshak nördlich von Teheran beliebt. Anfahrt am besten mit einem Taxi für 2–3 Mio. IRR.

Dizin, 70 km nördlich von Teheran, 💻 www.dizinskiresort.com, Ⓘ dizin.ski.raika, ist neben Tochal das bekannteste Skigebiet um Teheran. Es liegt in 2700–3600 m Höhe und verfügt über mehrere Schlepplifte, Sessellifte, Gondeln und insgesamt 18 km Pistenlänge (5 grüne, 7 blaue, 8 rote, 3 schwarze Pisten). Skiverleihe (500 000 IRR pro Tag) befinden sich im Dizin 2 Hotel und am Parkplatz. ⏲ Nov–Mai tgl. 8–16 Uhr, Skipass Sa–Do 990 000 IRR, Mi–Fr und Feiertage 1,119 Mio. IRR.

Darbandsar, 60 km von Teheran, Ⓘ darbandsar ski, in 2650–3510 m Höhe ist ebenfalls hauptsächlich bei Teheranis beliebt. Drei Sessellifte und eine Gondel bringen Skifahrer zu den Pisten (2 grüne und 2 rote). Geboten werden außerdem Nachtski, Skiverleih, Ski-Shop und Restaurant. ⏲ Dez–Mai tgl. 8–16 Uhr, Skipass 1,09 Mio. IRR.

Shemshak, 57 km nördlich von Teheran, 💻 www.shemshakskiresort.ir, Ⓘ shemshakski, auf 2550–3050 m Höhe bietet 3 Sessellifte und 2 Skilifte. Auf insgesamt 15 km Pistenlänge verteilen sich 1 grüne Piste, 2 blaue, 3 rote und 2 schwarze Pisten. ⏲ Dez–März 8–15.30 Uhr, Nachtski 18–22 Uhr, Skipass Sa–Do 500 000 IRR, Mi–Fr und Feiertage 650 000 IRR.

Sportschießen

Sportschützen aufgepasst, im **Ariana Shooting Club** im Niavaran-Park wird mit Sportwaffen auf Papierscheiben geschossen. 20 Schuss gibt es für 100 000 IRR. Der Besitzer hilft auch Anfängern beim Scheibentreffen. ⏲ tgl. 14–20.30 Uhr, außer an religiösen Feiertagen.

TOUREN

Boom Adventure Ecotourism, ☎ 0912-380 3864, Ⓘ boom.eco. Die junge Crew von Boom spricht in erster Linie junge Reisende an und organisiert alles von Hipster- bis zu Hippie-Trips und Öko-Abenteuern und hebt sich spürbar von der Konkurrenz ab.

Explore IRAN with MJ, 💻 www.synotrip.com/users/mohammad-javad, auch über seine gleichnamige Facebook-Seite zu erreichen. Javad bietet täglich kostenlose Stadtspaziergänge durch Teheran an. Trinkgeld erwünscht.

Farzaneh, ☎ 0912-324 9115, 💻 febrahimzade@gmail.com, ist studierte Geschichtswissenschaftlerin und Journalistin und bietet jede Woche Touren auf Englisch durch die Altstadt Teherans an.

Mr Tehran, ☎ 0919-165 7897, auch über WhatsApp zu erreichen. Der passionierte, quirlige Taxifahrer Morteza Fazel hat sich innerhalb weniger Jahre als kleine Legende etabliert. Er holt Touristen vom Flughafen ab und bietet Touren in ganz Teheran an.

RO Nature & Adventure, ☎ 0912-212 9390, 💻 www.ronature.com, Ⓘ ro_nature. Das Team um Kian und Ashkan hat sich nachhaltigen Safari-Touren in die Wüsten (Lut, Rig-e Jenn) und Berge Irans (Elburz-Gebirge) verschrieben und ist mittlerweile als Plattform für Reisende, Fotografen, Ökologen und Travelguides so viel mehr als ein normaler Touranbieter.

SONSTIGES

Apotheken

Die 24-Std.-Apotheken sind in staatlicher Hand und die Angestellten sprechen kein Englisch. Besser beraten ist man in einer der zahlreichen privaten Apotheken entlang des Mirdamad Blvd. oder im Zentrum.

Autovermietungen

Europcar, Flughafen Imam Khomeini International, in der Ankunftshalle, ☎ 021-5100 7539, 💻 www.europcar.com/location/iran/tehran. Zwar deutlich teurer als die Konkurrenz, aber sehr guter Service und eine gute Auswahl an iranischen Leihwagen.

Saadat Rent, Flughafen Imam Khomeini International, ☎ 0911-800 5948, oder Zentralbüro Bagh Feyz St., nahe Ashrafi Esfehani Highway, ☎ 021-4444 7679 und 0912-800 5848, www.saadatrent.com/english. Weniger bekannt als Europcar, dafür erstklassige Betreuung und faire Preise, auch in Shiraz und Esfahan.

Shayan Gasht Rental Car, Qeytarieh Blvd., nördlich des Park-e Qeytarieh, 0930-150 8600 und 0910-150 8600, www.shayan-gasht.com. Eine der kleineren Mietwagenfirmen, bei der man den Wagen auch in anderen Städten (z. B. Shiraz oder Esfahan) zurückgeben kann.

Diplomatische Vertretungen

Eine Liste aller Botschaften in Iran gibt es auf der Website des Iranian Ministry of Foreign Affairs: www.mfa.ir.

Armenien, Ostad Shahriar St. 32, Razi St., 021-6670 4833, www.iran.mfa.am. So–Do 9–18 Uhr.

Aserbaidschan, Rastovan St. 16, 021-2256 3146, www.iran.mfa.gov.az. So–Mi 9–12.30 Uhr.

Deutschland, Ferdowsi Ave. 324, 021-399 9000, www.tehran.diplo.de. So–Do 7–15.30 Uhr.

Österreich, Ahmadi Zamani St., Mirvali St. 6–8, 021-2275 0040 und 022-750042 und 022-750038, www.bmeia.gv.at/teheran und www.otrish.ir. So–Do 13.30–15 Uhr (telefonische Anfragen), Parteienverkehr Mo–Do 14–15.30 Uhr.

Schweiz, Yasaman St. 2, Sharifi Manesh Ave., 041-5846 41821 und 021-2200 8333, www.eda.admin.ch/tehran. So–Do 8–12 Uhr.

Türkei, Ferdowsi Ave. 337, 021-3595 1100, www.tehran.emb.mfa.gov.tr. Sa–Do 9–17 Uhr.

Turkmenistan, Barati St. 5, Vatanpour St., 021-2220 6306, http://iran.tmembassy.gov.tm. So–Do 9.30–11 Uhr.

Geld

Im Zentrum

Für jegliche Form von Geldwechsel begibt man sich zum **Ferdowsi Sq.** oder in die **Ferdowsi Ave.** südlich davon. Hier reihen sich Exchange Offices dicht an dicht; es lohnt ein kurzer Vergleich der Wechselkurse. Sa–Do 8–20 Uhr.

Vorsicht: Es wimmelt hier auch von fliegenden Händlern und Trickbetrügern, die Touristen auf der Straße ansprechen, aber meist nur Falschgeld dabeihaben oder sehr schlechte Kurse anbieten. Daher nie auf der Straße Geld tauschen, unbedingt die offiziellen Wechselstuben nutzen!

Im Norden

Tajrish Exchange, Shahrdari St., nur 50 m rechts vom Tajrish Sq., ist die erste Anlaufstelle zum Geldwechseln in Tajrish, arbeitet schnell und zuverlässig und hat faire Wechselkurse. Sa–Do 11–17.30 Uhr. Weitere Wechselstuben gibt es entlang der Valiasr St. vom Tajrish Sq. aus westwärts Richtung Zentrum.

Tajrish Bazar, bei den Goldschmieden und Juwelieren im Kellergeschoss der Shopping Mall, Zugang über die Seitengasse südlich der Shahrdari St. hinter der Bakery & Café Langine. Der Geheimtipp, wenn die Wechselstuben geschlossen haben, denn hier wechseln die Goldhändler (erkennbar an den Goldmünzen und -barren in der Auslage) auch zu akzeptablen Raten US-Dollar und Euro. Sa–Do 9–21 Uhr.

Informationen

Stranger in Tehran, www.strangerintehran.com, stranger_in_tehran. Sehr lesenswerter Blog von Katya, die mit ihrem iranischen Mann seit 5 Jahren in Teheran lebt und arbeitet, mit vielen Insider-Informationen zu Teheran und Iran.

Travestyle, www.travestyle.com. Der passionierte Blog von Matin und Parsa aus Teheran versorgt seine Leserschaft mit aufwendig geschriebenen und reich bebilderten Artikeln über Teheran und Reisen durch das ganze Land.

Internet

Kostenfreies WLAN wird längst nicht in allen Hotels und Gästehäusern angeboten, einige Unterkünfte verlangen eine Gebühr für die Nutzung. Auch sollte man bedenken, dass die Surfgeschwindigkeit oft quälend langsam ist und viele westliche Seiten von der Regierung geblockt und nur mit entsprechender VPN-Verbindung (S. 66) aufrufbar sind.

Internetcafés mit Zugang zu VoIP und Skype finden sich aber in der ganzen Stadt, die meisten davon im Zentrum entlang der Enghelab St. und Valiasr St. rund um das Stadttheater (Teatr-e Shahr). ⌚ tgl. 9–23 Uhr.

Medizinische Hilfe

Empfehlenswerte Krankenhäuser mit guter Ausstattung und englischsprachigen Ärzten:
Day General Hospital, Abbas-Pour St, Ecke Valiasr St, ✆ 021-8879 7111, 💻 www.daygeneralhospital.ir/en. ⌚ 24 Std.
Kasra Hospital, Alvand St., nahe dem Argentina Sq., ✆ 021-8877 4444, 💻 www.kasrahospital.ir/en. ⌚ 24 Std.

Notfall

Feuerwehr, ✆ 115
Polizei, ✆ 110
Red Crescent (Krankenwagen), ✆ 125

Optiker

Eine große Auswahl an Optikern und Geschäften für Sonnenbrillen gibt es entlang der **Kaj St.** nördlich des Golha Sq., etwa 900 m nordwestlich der Metrostation Meydan-e Jahad. Hier bekommt man innerhalb von 1–2 Werktagen auch neue Brillengläser, sollte mal was zu Bruch gehen. ⌚ Sa–Do 9–21 Uhr.

Post

Postämter verteilen sich über die ganze Stadt. Postkarten kauft man am besten in einem der Schreibwarenläden entlang des Karim Khan Zand Blvd.
Im Norden: Südwestseite des Tajrish Sq. beim Beginn der Valiasr St.
Im Zentrum: Iranshahr St., nordöstlich des Ferdowsi Sq. ⌚ beide Sa–Do 8–14 Uhr.

Reisebüros

Dalahoo Travel Agency, Fathi Shaqaqi St., 100 m westlich der Valiasr St., ✆ 021-6646 8471, 💻 www.dalahoo.com/en. Das Reisebüro ist auch bei Einheimischen beliebt für seine Museumstouren in Teheran und Trips ins ganze Land.
Iran Doostan Tours, Valiasr St., Ecke 3rd St., ✆ 021-8871 4214, 💻 www.irandoostan.com. Große Auswahl an Touren mit Schwerpunkt Kultur, Religion oder Abenteuer inklusive mehrtägiger Trips in die Wüste.
Kalout Travel Agency, Valiasr St. 1491, 150 m nördlich vom Teatr-e Shahr, ✆ 021-5282 7000, 💻 www.kalouttour.com, Instagram kalouttravel. Gehört zu den renommiertesten Reisebüros des Landes und bietet von der Zentrale in Teheran aus Tagestrips und mehrtägige nachhaltige Touren ins ganze Land an.

Visaverlängerungen

Wer sein Visum vorab über die iranische Botschaft beantragt hat, kann es beim **Central Police Department for Immigration & Passports** (Edareh-ye Markazi-ye Polis-e Mohajerat va Gozarnameh) in der Kuh-e Nur St., Ecke Shahid Motahari St., für maximal 30 Tage verlängern. Das Antragsformular gibt es im Erdgeschoss beim Kopierer. Für die Verlängerung sind zwei Passbilder und die Kopie des Visums und Einreisestempels nötig. Kosten: 380 000 IRR, bezahlt wird bei der Formularausgabe. Der Antrag muss im 1. Stock vom Kommandanten persönlich genehmigt und unterschrieben werden – auf längere Wartezeiten einstellen. Der Pass mit dem Verlängerungsstempel kann nach 2–3 Werktagen abgeholt werden. ⌚ Sa–Do 7.30–13 Uhr.
Visa on arrival können im **Immigration & Passport Police Department** (Polis-e Mohajerat va Gozarnameh) in der Valiasr St., Ecke Parastu Alley, für maximal 15 Tage verlängert werden, Kosten: 280 000 IRR. ⌚ Sa–Do 7.30–13 Uhr.

NAHVERKEHR

Teheran ist eine gigantische Metropole, zu Fuß sind nur einzelne Sehenswürdigkeiten im alten Regierungsviertel oder in Teherans Norden zu erreichen. Für alles andere ist man auf den öffentlichen Nahverkehr angewiesen. Obwohl Teheran über eine U-Bahn und ein breites Busnetz verfügt, nutzen die meisten Teheraner das eigene Auto oder ein Taxi zur Fortbewegung. Zur Rushhour morgens und abends sind daher die Highways der Millionenstadt hoffnungslos verstopft. Wer kann, sollte in dieser Zeit lieber auf die Metro oder die

BRT-Busse ausweichen. Letztere kommen auf den eigenen Busspuren etwas schneller durch den Verkehr.

Busse

Die modernen, meist klimatisierten **BRT-Gelenkbusse**, zu erkennen an ihren eigenen Haltestellen, der Busspur und der Beschriftung des Fahrtziels in Englisch und Farsi, können nur in Verbindung mit einer aufladbaren Prepaid-Card genutzt werden. Sollte das Guthaben nicht ausreichen, kann der Stationsschaffner an jeder Haltestelle einen entsprechenden Betrag aufladen. Tickets kosten je nach Strecke 3000–6000 IRR.

Die wichtigsten Linien für Touristen sind die **Nord-Süd-Linie** vom Tajrish Sq. ganz im Norden Teherans bis zum Hauptbahnhof Rah'ahan südlich des Zentrums entlang der Valiasr St. mit Halt im Zentrum etwa beim Teatr-e Shahr sowie die **Ost-West-Linie**, die die östlichste Station Tehran Pars über die Enghelab St. und Azadi St. mit zentralen Stationen etwa beim Ferdowsi Sq., Teatr-e Shahr und Enghelab Sq. mit dem westlichen Busbahnhof beim Azadi Sq. verbindet.

Metro

Teheran verfügt über ein modernes U-Bahnnetz von insgesamt sechs Linien, die alle Viertel der Stadt miteinander verbinden. Teilstrecken sowie neue Linien befinden sich im Ausbau.
Ein **Einzelfahrschein**, erhältlich beim Ticket-Shop in jeder Station, kostet 10 000 IRR und gilt auch für die Linie 5 zum Azadi-Stadion und bis nach Karaj.
Etwas günstiger und wesentlich bequemer ist die **Prepaid-Metro-Karte**, die für 15 000 IRR an jeder Station erhältlich ist und mit einem beliebigen Betrag aufgeladen werden kann. Hier wird nicht pro Fahrt, sondern pro gefahrenem Kilometer abgerechnet. Für ein paar Tage Sightseeing in Teheran genügen in der Regel 50 000 IRR.
Die Beschriftung in den U-Bahnen und den Stationen ist in Farsi und Englisch. Zur Orientierung gibt es Pläne. Als sehr hilfreich hat sich auch die **App Tehran Metro** (für iOS und Android) erwiesen. Sie ist einfach zu bedienen und verfügt über eine gute Übersicht aller Stationen und Verbindungen.

Sammeltaxis

Sammeltaxis oder *savaris* finden sich an großen Plätzen wie Enghelab Sq., Ferdowsi Sq., Haft-e Tir Sq. und Tajrish Sq. sowie entlang wichtiger Routen. Sie sind eine preiswerte Alternative, wenn man genau weiß, in welche Richtung man will. Hier wird gewartet, bis der Wagen voll ist (in der Regel 4 Personen). Aussteigen kann man jederzeit entlang der Strecke. Wer alleine fahren möchte, fährt *dar bast*, zahlt dann aber so viel, wie ein voller Wagen einbringen würde (also etwa den vierfachen Preis).

Taxis

Die **gelben und grünen Wagen** der Teheraner Taxigesellschaften warten an fast jedem Kreisverkehr, an wichtigen Plätzen und Sehenswürdigkeiten, Metrostationen, Flughäfen, Busterminals, am Hauptbahnhof und an eigenen überdachten Taxiständen auf Kundschaft. Fahrten innerhalb des Zentrums mit einem der gelben oder grünen Taxis sollten nicht mehr als 150 000 IRR kosten.

Private Fahrer sind entlang der Hauptstraßen unterwegs und halten, sobald jemand am Straßenrand steht. Hier reicht es, einfach sein Ziel zu nennen, die Preise sind deutlich günstiger als offizielle Taxis. Seit Jahren erfreuen sich auch die inoffiziellen iranischen Ableger von Fahrtdiensten wie Uber großer Beliebtheit. Die bekanntesten Apps sind **Snapp** (S. 83) und **Tapsi**, kinderleicht auch auf Englisch zu bedienen.

TRANSPORT

Busse

Teheran verfügt über **vier Busbahnhöfe**, die je nach Lage Reiseziele in allen vier Himmelsrichtungen bedienen.

Terminal-e Otobus-e Beyhaghi

Der **Zentrale Busbahnhof** (auch Terminal-e Arjantin) befindet sich an der Beyhaqi St., zwischen Resalat Highway und Modares Highway, etwa 7 km nördlich des Zentrums beim Teatr-e Shahr. Zu erreichen am besten mit der roten Metrolinie 1 bis zur Station Mosalla und von dort mit einem Sammeltaxi 1 km nach Westen bis zum Terminal.
AHVAZ (832 km, 10 Std.),
4x tgl. abends VIP für 820 000 IRR.
ANDIMESHK (677 km, 8 Std.),
4x tgl. abends VIP für 680 000 IRR.
BUSHEHR (1053 km, 13–14 Std.),
2x tgl. nachmittags VIP für 900 000 IRR.
ESFAHAN (457 km, 5 1/2 Std.),
mehrmals tgl. VIP für 400 000 IRR.
KERMAN (995 km, 11 Std.),
1x tgl. abends VIP für 980 000 IRR.
MASHHAD (897 km, 10–11 Std.),
mehrmals tgl. VIP für 810 000 IRR.
ORUMIYEH (767 km, 10 Std.),
5x tgl. abends VIP für 700 000 IRR.
SHAHREKORD (555 km, 6 1/2 Std.),
5x tgl. mittags bis abends VIP für 480 000 IRR.
SHIRAZ (940 km, 10 1/2 Std.), mehrmals tgl. abends VIP für 810 000 IRR.
TABRIZ (631 km, 8 Std.),
mehrmals tgl. VIP für 550 000 IRR.
YAZD (635 km, 7 1/2 Std.),
2x tgl. abends VIP für 700 000 IRR.

Terminal-e Gharb
Der **Westliche Busbahnhof** befindet sich rund 500 m nordwestlich des Azadi Sq., Zugang über den Danesh Blvd. nördlich des Terminals. Zu erreichen am besten mit der gelben Metrolinie 4 bis zur Station Meydan-e Azadi oder mit dem Sammeltaxi ab dem Teatr-e Shahr 8 km ostwärts bis zum Terminal-e Meydan-e Azadi.
ARDABIL (594 km, 7 1/2 Std.), mehrmals tgl. morgens bis abends VIP für 520 000–630 000 IRR.
KERMANSHAH (495 km, 6 1/2 Std.), mehrmals tgl. für 390 000 IRR, VIP für 660 000 IRR.
KHOY (825 km, 10 Std.), mehrmals tgl. abends VIP für 640 000 IRR.
MAKU (908 km, 11 Std.), 2x tgl. abends VIP für 680 000 IRR.
ORUMIYEH (755 km, 8 3/4 Std.), mehrmals tgl. VIP für 850 000 IRR.
RAMSAR (272 km, 5 Std.), mehrmals tgl. VIP für 510 000 IRR.
RASHT (320 km, 4 1/2 Std.), mehrmals tgl. für 240 000 IRR, VIP für 420 000 IRR.
SANANDAJ (485 km, 6 1/4 Std.), mehrmals tgl. VIP für 660 000 IRR.
SHIRAZ (932 km, 10 Std.), 7x tgl. nachmittags bis abends VIP für 810 000 IRR.
TABRIZ (620 km, 7 Std.), mehrmals tgl. VIP für 660 000 IRR.
ZANJAN (326 km, 3 1/2 Std.), mehrmals tgl. VIP für 290 000 IRR.

Terminal-e Shargh
Der **Östliche Busbahnhof** liegt zwischen Damavand St. und Yasini Highway am östlichen Stadtrand etwa 11 km vom Zentrum entfernt. Zu erreichen mit der blauen Metrolinie 2 bis zur Station Tehran Pars und von hier zu Fuß oder mit einem Sammeltaxi 600 m nach Süden bis zum Terminal.
ABADAN (953 km, 11–12 Std.), mehrmals tgl. mittags bis abends für 550 000 IRR, VIP für 920 000 IRR.
AHVAZ (816 km, 10 Std.), mehrmals tgl. mittags bis abends für 500 000 IRR, VIP für 820 000 IRR.
ANDIMESHK (664 km, 8 Std.), mehrmals tgl. für 420 000 IRR, VIP für 680 000 IRR.
ARDABIL (594 km, 7 1/2 Std.), mehrmals tgl. VIP für 520 000–630 000 IRR.
CHABAHAR (1820 km, 20 Std.), 2x tgl. morgens VIP für 1,2 Mio. IRR.
KHORRAMSHAHR (932 km, 12 Std.), 4x tgl. mittags bis abends für 510 000 IRR, VIP für 860 000 IRR.
SHIRAZ (930 km, 11 Std.), mehrmals tgl. VIP für 810 000 IRR.
SHUSHTAR (730 km, 9 Std.), 6x tgl. mittags bis abends VIP für 740 000 IRR.
ZAHEDAN (1500 km, 16 Std.), mehrmals tgl. morgens bis nachmittags VIP für 1,03 Mio. IRR.
ZANJAN (326 km, 3 1/2 Std.), mehrmals tgl. VIP für 290 000 IRR.

Terminal-e Jonub
Der **Südliche Busbahnhof** befindet sich etwa 9 km südlich vom Zentrum, zu erreichen mit der roten Metrolinie 1 bis zur Station Terminal-e Jonub oder per Taxi.
ABADAN (953 km, 11–12 Std.), mehrmals tgl. mittags bis abends für 550 000 IRR, VIP für 920 000 IRR.
AHVAZ (816 km, 10 Std.), mehrmals tgl. mittags bis abends für 500 000 IRR, VIP für 820 000 IRR.
ANDIMESHK (664 km, 8 Std.), mehrmals tgl. für 420 000 IRR, VIP für 680 000 IRR.
BAM (1160 km, 13 Std.), mehrmals tgl. für 690 000 IRR, VIP für 1,2 Mio. IRR.
BANDAR ABBAS (1280 km, 14 1/2 Std.), mehrmals tgl. für 750 000 IRR, VIP für 1,27 Mio. IRR.
BUSHEHR (1040 km,13 1/2 Std.), mehrmals tgl. VIP für 990 000 IRR.
CHABAHAR (1820 km, 20 Std.), 2x tgl. morgens VIP für 1,2 Mio. IRR.
DEZFUL (680 km, 8 1/2 Std.), mehrmals tgl. für 420 000 IRR, VIP für 680 000 IRR.
KASHAN (242 km, 3 Std.), mehrmals tgl. VIP für 210 000 IRR.
KHORRAMSHAHR (932 km, 12 Std.), 4x tgl. mittags bis abends für 510 000 IRR, VIP für 860 000 IRR.
MASHHAD (886 km, 10–11 Std.), mehrmals tgl. für 480 000 IRR, VIP für 810 000 IRR.
SEMNAN (213 km, 3 Std.), mehrmals tgl. für 200 000 IRR, VIP für 350 000 IRR.

SHIRAZ (930 km, 11 Std.), mehrmals tgl. VIP für 810 000 IRR.
SHUSH (700 km, 9 Std.), mehrmals tgl. mittags bis abends VIP für 740 000 IRR.
SHUSHTAR (730 km, 9 Std.), 6x tgl. mittags bis abends VIP für 740 000 IRR.
ZAHEDAN (1500 km, 16 Std.), mehrmals tgl. morgens bis nachmittags VIP für 1,03 Mio. IRR.

International
ANKARA (2116 km, 26 Std.), vom Zentralen Busbahnhof 2–4x wöchentlich vormittags VIP für 2,5 Mio. IRR.
TIFLIS (1162 km, 17 Std.), vom Westlichen Busbahnhof 4x tgl. vormittags VIP für 1,8 Mio. IRR.
YEREVAN (1148 km, 19 Std.), vom Westlichen Busbahnhof 4x tgl. mittags VIP für 1,8 Mio. IRR.

Eisenbahn

Der **Hauptbahnhof von Teheran** (Rah'ahan-e Tehran) befindet sich am Rahahan Sq. am südlichen Ende der Valiasr St. Von hier verkehren regelmäßig Züge ins ganze Land, auf längeren Strecken mit Schlafwagen (4er- oder 6er-Abteile). Infos unter www.raja.ir (Farsi) und www.iranrail.net. Bei der Buchung sollte man sich von einem Reisebüro oder Hotel helfen lassen.
AHVAZ (820 km, 15 1/2 Std.), 3x tgl. nachmittags für 780 000 IRR im 6er-Abteil und 1 Mio. IRR im 4er-Abteil.
ANDIMESHK (664 km, 14 Std.), 3x tgl. nachmittags für 680 000 IRR im 6er-Abteil und 950 000 IRR im 4er-Abteil.
ARAK (280 km, 6 1/2 Std.), 4x tgl. mittags bis abends für 350 000 IRR im 6er-Abteil und 480 000 IRR im 4er-Abteil.
BAM (1160 km, 17 1/2 Std.), 1x tgl. mittags für 690 000 IRR im 6er-Abteil und 920 000 IRR im 4er-Abteil.
BANDAR ABBAS (1380 km, 20 Std.), 3x tgl. nachmittags für 950 000 IRR im 6er-Abteil und 1,45 Mio. IRR im 4er-Abteil.
DORUD (406 km, 8 Std.), 3x tgl. nachmittags für 480 000 IRR im 6er-Abteil oder 650 000 IRR im 4er-Abteil.
ESFAHAN (450 km, 4 Std.), 1x tgl. nachts für 440 000 IRR im 6er-Abteil und 640 000 IRR im 4er-Abteil.
HAMADAN (320 km, 4 1/2 Std.), 1–2x tgl. morgens und abends für 560 000 IRR.
KASHAN (240 km, 3 Std.), mehrmals tgl. ab 250 000 IRR.
KERMAN (990 km, 15 Std.), 2–3x tgl. vormittags und abends für 600 000 IRR im 6er-Abteil und 790 000 IRR im 4er-Abteil.
KHORRAMSHAHR (930 km, 17 Std.), 2x tgl. nachmittags und abends für 880 000 IRR im 6er-Abteil oder 1,3 Mio. IRR im 4er-Abteil.
MASHHAD (885 km, 8 Std.), mehrmals tgl. ab 600 000 IRR.
QAZVIN (160 km, 2 1/4 Std.), mehrmals tgl. ab 120 000 IRR.
QOM (145 km, 1 1/2 Std.), mehrmals tgl. ab 40 000 IRR.
RASHT (340 km, 5 1/2 Std.), 1–2x tgl. morgens ab 510 000 IRR.
SARI (280 km, 8 Std.), 2x tgl. für 390 000 IRR im 6er-Abteil oder 510 000 IRR im 4er-Abteil.
SHIRAZ (930 km, 15 Std.), 2–3x tgl. mittags bis abends für 640 000 IRR im 6er-Abteil und 910 000 IRR im 4er-Abteil.
SHUSH (700 km, 14 Std.), 1x tgl. nachmittags für 720 000 IRR im 4er-Abteil.
TABRIZ (640 km, 12 Std.), 2x tgl. abends für 525 000 IRR im 6er-Abteil oder 720 000 IRR im 4er-Abteil.
YAZD (620 km, 8 Std.), mehrmals tgl. für 380 000 IRR im 6er-Abteil und 580 000 IRR im 4er-Abteil.
ZAHEDAN (1500 km, 22 Std.), 1x tgl. mittags für 1,1 Mio. IRR im 4er-Abteil.
ZANJAN (345 km, 4 Std.), 5x tgl. für 280 000 IRR im 6er-Abteil oder 360 000 IRR im 4er-Abteil.

Flüge

Der **Imam Khomeini International Airport (IKA)**, www.ikac.ir./en, befindet sich 52 km südlich des Zentrums, westlich des Persian Gulf Freeway am Weg nach Qom. Für die Anreise aus dem Zentrum sollte man mindestens 1 Std., aus Nord-Teheran bis zu 2 Std. einplanen, während der Rushhour deutlich mehr. Da die meisten internationalen Flüge aber erst nach Mitternacht starten, sind die Straßen dann in der Regel frei.

Transport vom/zum Flughafen

Vom Flughafen ins Zentrum kostet die Fahrt mit dem **Taxi** etwa 800 000–900 000 IRR, mit der **Snapp-App** (S. 83) je nach Uhrzeit 450 000–680 000 IRR. Sehr zu empfehlen sind die blassgrünen **Taxis der IKAC** (Imam Khomeini Airport City), ✆ 021-5100 7644, 💻 www.ikac.ir/en/taxi, die 24 Std. verfügbar sind und direkt vor dem Terminal warten. Die Taxigesellschaft verfügt über die modernste Fahrzeugflotte mit sehr aufmerksamen und sicheren Fahrern und kostet unabhängig vom Zielort in Teheran 850 000 IRR, Vans für mehr als 4 Personen gibt's für 900 000 IRR. Akzeptiert wird der Fahrpreis auch in Euro oder US-Dollar.

Taxis zum Flughafen kosten 850 000 IRR, zu empfehlen ist die Buchung vorab, z. B. bei IKAC (s. o.). Mit der Snapp-App zahlt man etwa 680 000 IRR, je nach Tageszeit und Verkehr.

Wer Zeit hat und das Geld für ein Taxi sparen möchte, kann auch vom Flughafen die rote **Metrolinie 1** direkt in die Stadt nehmen, diese verkehrt allerdings nur alle 80 Min. (75 000 IRR).

Internationale Flüge

ADANA (3x wöchentl., 2 1/2 Std.) mit Atlasglobal.
BAKU (1x tgl., 1 1/2 Std.) mit Azerbaijan Airlines.
BEIRUT (1x tgl., 4 Std.) mit Iran Air.
DOHA (2x tgl., 2 Std.) mit Qatar Airways.
DUBAI (1x tgl., 2 1/4 Std.) mit Emirates und Qeshm Air.
FRANKFURT (1x tgl., 5 1/2 Std.) mit Lufthansa.
ISTANBUL (mehrmals tgl., 3 1/4 Std.) mit Atlasglobal, Iran Aseman, Meraj Airlines, Pegasus, Qeshm Air und Turkish Airlines.
IZMIR (5x wöchentl., 3 1/2 Std.) mit Atlasglobal und Iran Aseman.
KUWAIT CITY (3x wöchentl., 1 3/4 Std.) mit Kuwait Airways.
MUSCAT (5x wöchentl., 2 1/2 Std.) mit Oman Air.
SHARJAH (4x wöchentl., 2 Std.) mit Air Arabia.
TIFLISI (5x wöchentl., 1 3/4 Std.) mit Qeshm Air.
WIEN (1x tgl., 4 3/4 Std.) mit Austrian Airlines.

Der **Flughafen Mehrabad (THR)**, 💻 www.mehrabad.airport.ir, liegt 2 km südwestlich vom Azadi Sq. am Ende des Meraj Blvd. und ist Teherans Flughafen für Inlandflüge. Zu erreichen mit der gelben Metrolinie 4 bis zu den Stationen Mehrabad Terminal 1 und 2 und Mehrabad Terminal 4 und 6 oder direkt mit einem Taxi vom Azadi Sq. oder Zentrum aus.

Inlandflüge in der Hoch- und Nebensaison von/nach:
ABADAN (4x tgl., 1 1/2 Std.) mit Iran Air, Iran Aseman, Kish Air, Qeshm Air und Zagros Airlines.
AHVAZ (mehrmals tgl., 1 1/4 Std.) mit Caspian Airlines, Iran Air, Iran Airtour, Iran Aseman, Iranian Naft Airlines, Mahan Air und Qeshm Air.
ARDABIL (2x tgl., 1 Std.) mit Iran Air und Iran Aseman.
BANDAR ABBAS (mehrmals tgl., 1 3/4 Std.) mit Iran Air, Iran Airtour, Iran Aseman , Mahan Air und Qeshm Air.
BIRJAND (mehrmals tgl., 1 1/2 Std.) mit Iran Air, Iran Airtour, Iran Aseman und Qeshm Air.
BUSHEHR (4x tgl., 1 1/2 Std.) mit Iran Air, Iran Aseman, Qeshm Air und Zagros Airlines.
CHABAHAR (3x tgl., 2 1/4 Std.) mit Caspian Airlines, Iran Aseman, Meraj Airlines und Zagros Airlines.
ESFAHAN (2x tgl., 1 Std.) mit Qeshm Air.
GORGAN (3x tgl., 1 1/4 Std.) mit Iran Air, Iran Aseman und Qeshm Air.
HAMADAN (2x tgl., 1 1/4 Std.) mit Iran Aseman, Meraj Airlines und Qeshm Air.
KERMAN (mehrmals tgl., 1 3/4 Std.) mit Mahan Air und Zagros Airlines.
KERMANSHAH (mehrmals tgl., 1 Std.) mit Iran Air, Iran Aseman und Qeshm Air.
KHORRAMABAD (1–2x tgl., 1 1/4 Std.) mit Iran Air und Mahan Air.
KISH ISLAND (mehrmals tgl., 2 Std.) mit Caspian Airlines, Iran Aseman, Kish Air, Mahan Air, Qeshm Air und Zagros Airlines.
MASHHAD (mehrmals tgl., 1 1/4 Std.) mit Caspian Airlines, Iran Air, Iran Aseman, Meraj Airlines, Qeshm Air und Zagros Airlines.
QESHM (3x tgl., 2 Std.) mit Iran Air, Meraj Airlines und Qeshm Air.

RAMSAR (2x tgl., 1 Std.)
mit Iran Air und Iran Aseman.
RASHT (3x tgl., 1 1/4 Std.)
mit Iran Air und Iran Aseman.
SANANDAJ (2x tgl. 1 1/4 Std.)
mit Iran Air und Iran Aseman.
SHIRAZ (mehrmals tgl., 1 1/4 Std.) mit Caspian Airlines, Iran Air, Iran Aseman, Meraj Airlines, Qeshm Air und Zagros Airlines.
TABRIZ (mehrmals tgl., 2 Std.)
mit Caspian Airlines, Iran Air, Iran Aseman und Qeshm Air.
YAZD (5x tgl., 1 1/4 Std.) mit Caspian Airlines, Iran Air, Iran Aseman und Zagros Airlines.
ZAHEDAN (5x tgl., 1 3/4 Std.) mit Iran Air, Iran Aseman, Qeshm Air und Zagros Airlines.

Airlines

Austrian Airlines, Verkaufsbüro Valiasr St., 250 m südlich des Park-e Saei, ✆ 021-83388, 💻 www.austrian.com.
Caspian Airlines, Golha Blvd., nördlich des Park-e Golha, ✆ 021-480 6300, 💻 www.caspianairlines.com.
Iran Air, Nejatollahi St., neben der Fallahpour St., ✆ 021-4662 1888, 💻 www.iranair.com.
Iran Airtour, Taleghani St., 150 m westlich des Felestin Sq., ✆ 021-1893 17000, 💻 www.iranairtour.ir.
Iran Aseman, Lashkari Expressway, Flughafen Mehrabad, ✆ 021-61101, 💻 www.iaa.ir.
Kish Air, Nafisi St., ✆ 021-4463 2786, 💻 www.kishairlines.ir.
Lufthansa, Verkaufsbüro Valiasr St., 250 m südlich des Park-e Saei, ✆ 021-83388, 💻 www.lufthansa.com.
Mahan Air, Valiasr St., Ecke Mardoukhi Alley, ✆ 021-4838 4838, 💻 www.mahan.aero/en.
Meraj Airlines, Jenah Expressway, etwa 200 m nördlich vom Azadi Sq., ✆ 021-63266, 💻 www.meraj.aero.
Qeshm Air, Riyahi St., ✆ 021-47999, 💻 www.qeshm-air.com.
Turkish Airlines, Negar Tower, Valiasr St., Vanak Sq., ✆ 021-23546, 💻 www.turkish airlines.com.
Zagros Airlines, Riyahi St., ✆ 021-4463 0036, 💻 www.zagrosairlines.com/en.

DIE TIMCHEH AMIN AL-DOWLEH IM BAZAR VON KASHAN; © PRISKA SEISENBACHER

Die Landesmitte

Atemberaubende Moscheen und Paläste, paradiesische Gärten, abgeschiedene Wüsten- und Bergdörfer, erhabene Ruinen dahingeschiedener Weltreiche – in der Landesmitte zeigt sich Irans Vielfalt. Abseits der Großstädte mit ihren Architekturschätzen verführt die betörende Stille sternenklarer Wüstennächte. Man folgt den Spuren des schwindenden Nomadentums oder sucht das Abenteuer in Gebirgszügen und Schluchten.

Stefan Loose Traveltipps

2 Kashan Im Bazar verloren gehen und Schätze wie die Timcheh Amin al-Dowleh entdecken. S. 194

3 Esfahan Überwältigende Prunkbauten und iranische Gastfreundschaft am Meydan-e Naqsh-e Jahan. S. 209

Dasht-e Kavir In der großen Salzwüste Sterne zählen, Dünen erklimmen und Wildtiere beobachten. S. 237

4 Sar Agha Seyed Im pittoresken Dorf inmitten des Zagros-Gebirges lässt sich die bakhtiarische Nomadenkultur kennenlernen. S. 246

5 Yazd Auf den Dächern der Lehmstadt fühlt man sich wie in einem Märchen aus 1001 Nacht. S. 250

6 Shiraz Nährboden für die literaturverliebte iranische Seele. S. 274

7 Persepolis Die Residenzstadt des ersten Perserreiches. S. 289

Ghalat Im Haus des genialen Ramin wird musiziert und entspannt. S. 295

KUNSTHANDWERK AUS MESSING IM BAZAR VON ESFAHAN; © PRISKA SEISENBACHER

DÜNENLANDSCHAFT BEI MESR; © PRISKA SEISENBACHER

Wann fahren? Ganzjährig, wer Schnee und Sommerhitze gänzlich vermeiden will, fährt im Okt–Nov oder März–Mai. Über Nowruz wird es voll.

Wie lange? Mind. 2 Wochen

Bekannt für herrschaftliche Architektur, antike Ausgrabungsstätten, kontrastreiche Landschaften

Outdoor-Tipp Skifahren im Zagros-Gebirge, Abseilen im Reghez-Canyon

Unbedingt probieren *Khoresht mast*, süßer Joghurteintopf mit Lamm oder Huhn und Safran – traditionelles Gericht aus Esfahan

Niemand, der Iran bereisen will, kommt an der Landesmitte vorbei – und das aus gutem Grund. Städte wie **Kashan**, **Yazd**, **Shiraz**, aber auch **Qom** offenbaren sich als wahre Schatztruhen mit ihren farbenprächtigen Moscheen, bezaubernden Gärten, großbürgerlichen Villen, berauschenden Bazaren und religiösen Pilgerstätten. Über allen Städten thront zweifelsohne **Esfahan** angesichts der perfektionierten islamischen Baukunst unter der Regentschaft der Safawiden.

Mit der Provinz **Fars** dringt man in das Kernland der zwei persischen Weltreiche vor. Antike Residenzstädte wie **Persepolis**, **Pasagadae** oder **Bishapur** zeugen mit ihren Palästen, Felsreliefs und -gräbern von der jahrtausendealten Kulturgeschichte des Landes und beeindrucken nicht nur Archäologiefans.

Obwohl man sich auf der Hauptroute befindet, lässt sich selbst inmitten der Hauptattraktion, dem Meydan-e Naqsh-e Jahan in Esfahan, kaum über Touristenmassen meckern. Gleichzeitig hat der aufkeimende ausländische Tourismus eine Ausdifferenzierung einer ganzen Reihe von atmosphärischen Unterkünften gefördert. Damit muss gerade auf der Hauptroute niemand auf Komfort bei gutem Preis-Leistungs-Verhältnis verzichten. In den größeren Städten sorgen moderne Cafés, Restaurants und die eine oder andere Kunstgalerie zusätzlich für Flair. Wenngleich die Landesmitte mit all ihren Sehenswürdigkeiten eine ständige Zeitreise durch die Jahrtausende iranischer Bau- und Kunstgeschichte möglich macht, eignen sich Städte wie Esfahan und Shiraz auch dafür, Iran von seiner jungen, hippen und zeitgenössisch kunstsinnigen Seite kennenzulernen.

Schließlich bietet die Landesmitte für Naturbegeisterte eine ganze Fülle an wunderschönen Landschaften von der kargen Wüste **Dasht-e Kavir** bis hin zum **Zagros-Gebirge** mit Wasserfällen und Skigebieten. Damit ist auch das Angebot an Outdoor-Aktivitäten breit gefächert.

Provinz Qom

Vermutlich würde kaum jemand Notiz von dieser kleinen und auf den ersten Blick unscheinbaren Provinz nehmen, wäre da nicht die Millionenstadt **Qom** mit der zweitheiligsten Pilgerstätte der Schiiten – ein Dreh- und Angelpunkt, nicht nur für die Provinz, sondern für die religiös-politische Führungsriege des Landes und die schiitische Glaubenswelt. Finden sich im Westen noch ein paar Gebirgsmassive, dominiert im Osten der Provinz die surreal wirkende Ödnis der großen Salzwüste **Dasht-e Kavir**. Wenige Kilometer südlich von Teheran zeigt sich Iran damit gleich von einer besonders kargen Seite. Nicht verwunderlich also, dass Landwirtschaft hier keine Rolle spielt, sondern vielmehr der Petroleumhandel. Vom Qom-Esfahan-Highway aus sehen Reisende den Salzsee **Howz-e Soltan**. Der mit 2400 km^2 weitaus größere Salzsee **Daryacheh-ye Namak** liegt im Südosten der Provinz, wobei der größte Teil bereits der Provinz Esfahan zuzurechnen und von dort auch besser zu besuchen ist.

Qom

Die Dichte wallender Kleider ist in Qom besonders hoch. Es sind hier aber nicht nur die Frauen, die mit ihren schwarzen Tschadors das Stadtbild prägen, sondern vor allem die große Anzahl an islamischen Gelehrten, Mullahs genannt. Sie sind mit ihren Turbanen, Roben und Bärten allgegenwärtig. Die Stadt beherbergt nach Mashhad die zweitheiligste schiitische Pilgerstätte des Landes. Deswegen tummeln sich hier vor allem schiitische Pilger, auch von außerhalb des Landes. Das erkennen Reisende mitunter schon an den für Iran untypischen *niqabs* (Gesichtsschleier), die vor allem arabische Pilgerinnen tragen. Auch Nicht-Muslimen steht der Schrein prinzipiell offen und bietet die Möglichkeit, in die tiefreligiöse Seite des Landes und seiner institutionalisierten Staatsreligion einzutauchen.

Qom liegt am Ufer des gleichnamigen Flusses und vor den Toren der mächtigen Salzwüste Dasht-e Kavir. Trotz der rund 1,2 Mio. Einwohner findet man in der sehr konservativen Stadt kaum großstädtisches modernes Leben.

Während religiöse Schiiten die Stadt als Reiseziel für westliche Reisende nicht infrage stellen und sich vielmehr über Interesse an der dortigen schiitischen Pilgerstätte freuen, gibt es viele religionskritische Stimmen, die Reisenden von einem Aufenthalt in Qom abraten, weil die Stadt Touristen nichts zu bieten hätte.

Besonders im Zuge der Islamischen Revolution konnte die Großstadt mithilfe des hier wirkenden und lebenden Revolutionsführers Khomeini ihre religiös-politische Führungsrolle behaupten. Das hat nicht nur mit der Pilgerstätte und den historisch gewachsenen theologischen Hochschulen zu tun, sondern vor allem auch mit der Nähe zur Hauptstadt. Nur rund 140 km ist Qom von Teheran entfernt, noch dazu liegt es zentral auf dem direkten Hauptverkehrsweg nach Esfahan. Ein kurzer Abstecher nach Qom bedeutet damit für Reisende keinen großen Aufwand und lässt sich von Kashan aus gut mit den letzten Stunden im Land und der Fahrt zum Flughafen kombinieren.

Touristen sind in Qom bis auf das eine oder andere Hotel, das nur auf Pilger ausgelegt ist, nicht weniger willkommen, wenn auch seltener gesehen, als anderswo. Es geziemt sich aber, das konservativ-religiöse Umfeld zu beachten. Die allermeisten Frauen tragen Tschadors, Kopftücher werden in dieser Stadt streng zurechtgerückt, freie Unterarme wird man hier vergebens suchen, und will frau nicht auffallen, empfiehlt es sich, auch als Touristin die islamischen Kleidungsvorschriften etwas genauer zu nehmen als in den anderen Großstädten.

Haram-e Fatemeh-ye Masumeh

Fatemeh Masumeh, die Tochter des siebten Imams Musa al-Kazim, befand sich gerade samt Familie auf der Reise zu ihrem Bruder Ali ibn Musa ar-Rida, auch als Imam Reza bekannt, als sie in Saveh in einen anti-schiitischen Hinterhalt geriet. Sie wurde vergiftet und schließlich in Qom begraben.

Fatemeh Masumeh ist als Nachkomme eines Imams eine Imamzadeh und galt als sehr gebildet. Während ihre **Grabstätte** als zweitheiligste schiitische Pilgerstätte in Iran gilt, liegt in der heiligsten Pilgerstätte in Mashhad ihr Bruder Ali ibn Musa ar-Rida, der achte Imam, begraben.

Der Prunk des heutigen Schreins resultiert aus einer über Jahrhunderte andauernden Baugeschichte, wenn auch mit Unterbrechungen. Der Grundstein für die Pilgerstätte wurde im Jahr 816 gelegt. Anfangs soll nur ein schlichter Baldachin aus Holz das Grabmal der Heiligen geziert haben. Der Ausbau der Anlage erfolgte rasch, aber im Zuge der mongolischen Invasion wurde der Komplex zerstört. Vor allem die Safawiden nahmen sich im 16. Jh. des erneuten Aus- und Aufbaus der Pilgerstätte an, auch weil unter ihrer Herrschaft das Schiitentum zur Staatsreligion wurde und man den in Irak existierenden schiitischen Heiligtümern etwas entgegensetzen wollte. Fatimehs Grabkuppel wurde erst wesentlich später, im 19. Jh. unter Fath Ali Schah, vergoldet.

Bis ins 20. Jh. wurde das Heiligtum um weitere Moscheen und Mausoleen erweitert. So finden sich heute auch Grabmäler safawidischer und qadjarischer Könige auf dem Gelände, Geistliche von Rang und Namen haben hier ihre letzte Ruhestätte gefunden, aber auch die 1941 verstorbene Poetin Parvin Etesami.

Im Zentrum des Schiitentums

Qom begann früh, sich zum Zentrum des Schiitentums zu entwickeln. Der Grundstein für die Pilgerstätte wurde bereits im 9. Jh. gelegt. Als theologisches Zentrum erstarkte die Stadt aber vor allem unter den Safawiden (1501–1722) im Zuge der Institutionalisierung des Schiitentums. Diese religiös-politische Bedeutung Qoms riss auch unter der Herrschaft der Qadjaren im späten 18. Jh. nicht ab. Schließlich spielte die Stadt im 20. Jh. eine entscheidende Rolle als Schauplatz der von Ayatollah Khomeini angeführten Proteste gegen den Schah der Pahlavi-Dynastie, die in die Islamische Revolution mündeten.

Die Stadt besitzt mehrere Dutzend theologische Hochschulen, darunter auch die größte des Landes, und ist längst zur weltweit wichtigsten Ausbildungsstätte für schiitische Geistliche avanciert. Mullahs studieren hier Jahre und sogar Jahrzehnte, sofern sie den geistlichen Rang eines Ayatollahs erreichen möchten. Auch wenn Frauen nicht die gleichen geistlichen Ränge und Karriereleitern wie Männer erreichen können, ist der Studentinnenanteil an den theologischen Hochschulen der Stadt im Vergleich zum Rest des Landes besonders hoch. Das hat vor allem damit zu tun, dass Khomeini die Möglichkeit eines theologischen Studiums für Frauen förderte.

Praktische Hinweise

Ausländische Besucher und Nicht-Pilger nehmen den Haupteingang am Meydan-e Astaneh oder halten nach dem **International Relations Office** Ausschau. Wer dort erscheint, bekommt in kürzester Zeit eine kostenlose, aber **obligatorische Führung** arrangiert. Zahlreiche Freiwillige, in der Regel theologische Studenten und Studentinnen, stehen hierfür bereit. Meist werden Gäste zusätzlich von einem Mullah willkommen geheißen und für kurze Zeit begleitet. Man bemüht sich um die Gäste, beantwortet Fragen und nimmt sich Zeit. Der Schreinkomplex kann mit der zur Seite gestellten Begleitung durchaus ein Ort für interessante Gespräche sein, sofern Reisende nicht vergessen, wo sie sich befinden. Es häufen sich Erzählungen darüber, dass Reisende sich, angesteckt von der im Land nur zu oft vernehmbaren Kritik an Religion und Politik, dazu verleiten lassen, sich in Gegenwart der Mullahs und Freiwilligen abwertend über die

konservativ-religiöse Seite des Landes zu äußern. Wer sich aber für den Besuch einer solchen religiösen Stätte entscheidet, sollte den notwendigen Respekt wahren.

Fotos und Videos zu machen ist überhaupt kein Problem, die Höflichkeit gebietet es trotzdem, die Begleitung vorher zu fragen. Taschen und Stative dürfen allerdings nicht in die Anlage mitgenommen werden. Derlei Gepäck kann am Eingangsbereich sicher aufbewahrt werden.

Für Frauen ist das Tragen eines Tschadors obligatorisch, **Leih-Tschadors** werden bereitgestellt und bei der Einkleidung wird hinter dem durch einen Vorhang abgetrennten Eingangsbereich für Frauen geholfen.

Wer sich auf den Besuch des Heiligtums beschränkt, schafft das mit einem **Halbtagesausflug** von Teheran oder Kashan aus. Besonders schön zeigt sich die Anlage abends zur blauen Stunde (nach Sonnenuntergang), wenn sie in vollem Glanz erstrahlt.

🕒 24 Std., Zugang Nicht-Pilger tgl. 8–19 Uhr.

Besichtigung

Das Herz der Anlage ist die goldene Kuppel, die das Hauptheiligtum, also Fatimehs Grabstätte, überdacht. Der mächtige Spiegel-Iwan markiert mit seinen knapp 20 m hohen Minaretten den Zugang zur Grabstätte und ist mit zahlreichen Spiegelmosaiken geschmückt. Dieser innerste und **heiligste Bereich des Schreins** ist für Nicht-Muslime nicht zugänglich. Das Gelände des Schreinkomplexes ist aber weitläufig, umfasst die **Tabatabai-Moschee** mit der weitaus flacheren ockerfarbenen Kuppel sowie die **Azam-Moschee** mit ihrer riesigen und hellblau gemusterten Kuppel und bietet auch ohne Zutritt zum Allerheiligsten genug Anlass zum Staunen.

Gerade auf dem zentralen **Atabaki-Hof** unmittelbar vor dem Spiegel-Iwan herrscht ein reges Kommen und Gehen der Pilger und Geistlichen. Besonders viele Menschen tummeln sich hier freitags und an religiösen Feiertagen. Auch eine **Khomeini-Gebetshalle** und theologische Hochschulen wie das bedeutende **Feyzieh-Seminar**, wo Khomeini studierte und lehrte, sind auf dem Gelände untergebracht.

Meydan-e Astaneh

Der mit Marmor gepflasterte, weitläufige Platz befindet sich außerhalb des Schreinkomplexes und ist doch mittendrin. Hier können Reisende ganz ohne Begleitung das rege religiöse Treiben der Stadt beobachten. Am nördlichen Ende des Platzes liegt das **Muzeh-ye Haram**, das vor allem mit kunstvollen Kalligrafien in antiken und prächtigen Koranausgaben beeindruckt, 🕒 tgl. 8–12 und 13.30–16.30 Uhr, 50 000 IRR. Gleich daneben befindet sich der **Sheikhan-Friedhof**, auf dem der Opfer des Iran-Irak-Krieges gedacht wird. Zahlreiche **Souvenirstände** säumen den Platz, wo sich vor allem traditionelle Süßwaren, aber auch religiöse Mitbringsel kaufen lassen.

Bazar-e Atiqh und Bazar-e Nou

Folgt man vom Schreinkomplex der Eram St. in nördlicher Richtung, gelangt man östlich der Askari-Moschee zum Alten und Neuen Bazar. Der Abstecher lohnt vor allem, weil der Neue Bazar, **Bazar-e Nou**, eine beeindruckende Timcheh zu bieten hat. Die zweistöckige Halle durchbricht die monotonen Bazargänge und ist mit 30 m Länge alles andere als klein. Die schlichten Ocker- und Weißtöne tun der Schönheit dieses Kuppelbaus keinen Abbruch. Kunstvoll verzierte Muqarna-Felder ziehen sich an den drei Kuppeln entlang bis zu den Fenstern des zweiten Stocks. Vor allem Teppichläden sind hier untergebracht. Der Neue Bazar wurde überwiegend im 19. Jh. errichtet, während der **Alte Bazar** teilweise auf das 13. Jh. zurückgeht.

In der Nähe des Alten Bazars, an der südlichen Seite der Taleqani St., liegt das kleine **Imamzadeh Shah Hamzeh**. Der eigenwillige türkisfarbene Turmaufbau des Mausoleums fällt sofort auf. Es handelt sich um das Grabmal eines Sohnes des siebten Imams.

Bagh-e Gonbad-e Sabz

Entlang des Rohani Blvd. erstreckt sich der „Garten des grünen Grabturms", der eigentlich drei Grabtürme enthält. Zwei der drei Mausoleen der Familie Ali Safi aus dem 14. Jh. sind sofort an ihren türkisfarbenen Zeltdächern erkennbar. Die rötlichen, bräunlichen und zuweilen bläulichen Stuckarbeiten an den Innenkuppeln der Grabtürme sind überwältigend schön. 🕒 tgl. 8–14 Uhr, 50 000 IRR.

Nördlich und östlich des Imam Hoseyn Sq. und in unmittelbarer Nähe zum Garten finden sich zwei Heiligtümer: das **Imamzadeh Shah Ibrahim** und das **Imamzadeh Ali ibn Jafar**. Letzteres liegt inmitten eines Märtyrerfriedhofs zum Gedenken an den Iran-Irak-Krieg.

Die Umgebung von Qom

Pilger strömen auch zu dem nur 6 km südlich von Qom gelegenen **Jamkaran-Heiligtum**, wo Scheich Hassan ibn Muthlih Jamkarani einst der verborgene zwölfte Imam erschienen sein soll. Die Anlage geht zwar auf das 18. Jh. zurück, ihr Ausbau wurde aber vor allem unter Ahmadinedschad gefördert. Auf Nicht-Pilger übt der weitläufige Komplex insgesamt nur wenig Reiz aus, und das Innerste des Heiligtums bleibt ihnen vorenthalten.

Der kleinere Salzsee der Provinz, **Howz-e Soltan**, ist schon vom Highway erkennbar. Er ist meistens völlig ausgetrocknet. Bei Gelegenheit können Reisende hier stoppen und 35 km nördlich von Qom kurz vom Highway abzweigen. Lohnender ist der weitaus größere Salzsee Daryacheh-ye Namak (S. 205), der aber besser von Kashan aus angefahren wird.

ÜBERNACHTUNG

Es gibt zwar zahlreiche Unterkünfte in Qom, aber die meisten sind auf religiöse Pilger ausgelegt und manche lehnen Nicht-Muslime auch ab.

Khorshid Hotel, Sadr Blvd., an der Ecke zum Imam Khomeini Blvd., ✆ 025-3650 0040 und 0919-649 0029, ✉ info@hotelkhorshid.com. Das mehrstöckige Hotel bietet Zimmer mit Blick auf den Schreinkomplex auf der gegenüberliegenden Seite des Flusses. Die Einrichtung wirkt behäbig und etwas altmodisch – ein gewöhnliches Standardhotel in zentraler Lage. ❸

Olympic Hotel, Moallem St., 750 m südöstlich der Kreuzung mit der Shohada St., ✆ 025-3783 1881, ✉ info@qomolympichotel.com. Nicht ganz so zentral, solide, aber ausgesprochen altmodische Zimmer. ❸

Qom Hostel, Kutscheh Bu'ali Sina St., 10th Alley 130, neben dem Supermarkt, ✆ 0938-735 0826, 💻 www.qomhostel.com. Eine absolute Ausnahme unter den Unterkünften der Stadt und die beste Anlaufstelle für Backpacker. Die Zimmer sind sehr einfach und günstig, die Besitzer Shima und Kamran aufgeschlossen und bemüht. Nur 5 Min. zu Fuß vom Schrein entfernt, Mittag- und Abendessen gegen Preisaufschlag, gutes Englisch, mehrstündige gratis Stadtführung mit Guide. Man kann zwischen einem 8-Bett-Schlafsaal für 6 €, 4-Bett-Schlafsaal für 11 € und 2-Bett-Zimmern für 15 € p. P. wählen, keine fixen Rial-Preise, AC.

Qom International Hotel, an der nördlichen Ecke des Astaneh Sq., ✆ 025-1771 9208. Rühmt sich seiner vier Sterne, insgesamt aber recht gewöhnlich. Auf Sauberkeit wird geachtet. Guter, wenn auch distanzierter Service. Die Lage direkt neben dem Schreinkomplex ist unschlagbar. ❹

ESSEN

Arg Salarieh, Amin Blvd., an der Kreuzung mit dem Golzari Blvd., ✆ 025-3294 1008. Beliebtes Kebab-Restaurant mit überdachten Holzbänken im Freien. 🕒 tgl. 12–16, 19–24 Uhr.

Pouneh Fast Food, Hadaf St., ✆ 025-3660 2037. Einer von mehreren Fast-Food-Läden in der Gegend, preiswertes Essen für den schnellen Hunger. 🕒 tgl. 11–24 Uhr.

Yazdan Panah, 11 Alley, 70 m südöstlich der 19 Dey St., ✆ 025-1377 16659. In der restaurierten Qadjaren-Villa werden traditionell persische Gerichte über die gewöhnlichen Kebabs hinaus serviert, gute Auswahl auch für Vegetarier. Gegessen wird im atmosphärischen Innenhof auf traditionellen Holzbänken oder im Speisesaal. 🕒 tgl. 12.30–24 Uhr.

TOUREN

Shima Mahdavi, ✆ 0938-735 0826, ✉ visitqom@gmail.com, Instagram Mahdavi_Shima. Die Hostelbesitzerin ist die erste Anlaufstelle für Touren in und rund um Qom, auch zum Salzsee Howz-e Soltan.

SONSTIGES

Einkaufen

Besonders **Süßes** lässt sich rund um den Astaneh Sq. einkaufen, darunter *sohan,* karamellisierte Kekse mit Pistazien, Safran und Rosenwasser, sowie *gaz,* das allseits beliebte Nougat mit Pistazienstückchen. Auch allerhand Religiöses gibt's rund um den Schreinkomplex. Abseits der Pilgerstätte ist Qom vor allem bekannt für seine hochwertigen und weltweit geschätzten **Seidenteppiche**. Die Feinheit der Muster und die Anzahl der Knoten wird von keiner anderen Teppichart übertroffen, der Preis aber auch nicht. Diese Teppiche gibt es zwar nicht nur in Qom zu kaufen, aber die Teppichläden beim Timcheh im Neuen Bazar sind eine gute Anlaufstelle.

Geld

Azimi Exchange, Mar'ashi Najafi St., an der Kreuzung mit Enqelab St., 🕒 Sa–Do 9–20 Uhr.

Medizinische Hilfe

Krankenhaus Shahid Beheshti, Beheshti Blvd., südlich des Azadegan Sq., ✆ 025-3612 2000.

Post

Postamt, Motahari Sq., 130 m nordwestlich des Sadr Blvd., 🕒 Sa–Do 8–14 Uhr.

Visaverlängerungen

Qom ist zwar eine Provinzhauptstadt, aber Touristen, die ihr Visum verlängern wollen, werden erfahrungsgemäß ins nahe gelegene Teheran geschickt.

NAHVERKEHR

Savaris zum Schreinkomplex starten westlich des Haftad-o-Do Tan Sq. am Shahid Beheshti

Blvd. und kosten 20 000 IRR. Für den Schrein am besten nach „Haram" fragen.
Ein normales **Taxi** innerhalb der Stadt kostet an die 120 000 IRR.

TRANSPORT

Busse

Die meisten Busse halten am **Haftad-o-Do Tan Sq**. Man kann mind. stdl. in Busse Richtung Teheran oder Esfahan bzw. Kashan steigen. Einen Busbahnhof mit geregelten Abfahrtszeiten gibt es nicht.

Eisenbahn

Vom **zentralen Bahnhof** am westlichen Ende der Sepah St. verkehren Züge nach TEHERAN (150 km, 2 1/2 Std.), 7x tgl. nachmittags bis nachts ab 40 000 bis 240 000 IRR.
Der **Bahnhof Mohammadihe** befindet sich rund 25 km östlich außerhalb der Stadt. Hier landet man vor allem, wenn man von/nach Yazd, Kerman, Shiraz oder Esfahan fährt.

Provinz Esfahan

Kontrastreich präsentiert sich eine der größten Provinzen des Landes, die im Westen an die fruchtbaren Hänge des Zagros-Gebirges grenzt und östlich mit Siedlungen wie Khur weit in die lebensfeindliche Salzwüste Dasht-e Kavir hineinreicht. Die namengebende Hauptstadt der Provinz, die Millionenstadt **Esfahan**, ist zweifelsohne die Hauptsehenswürdigkeit des Landes, aber auch das beschauliche **Kashan** wartet mit viel Kunst und Kultur auf. Herrschaftliche Prunkbauten längst vergangener, meist safawidischer Zeiten verschlagen Reisenden regelmäßig die Sprache. Besonders die vielen farbenprächtigen Moscheen verzaubern. Gleichzeitig überzeugt die zunächst so karg und unwirtlich wirkende Wüste **Dasht-e Kavir** mit einer Schönheit gänzlich anderer Art. Dem herrschaftlichen Prunk der Städte steht die schlichte Eleganz und betörende Stille einer Wüste gegenüber, die Reisende allein schon mit ihren sternenklaren Nächten in den Bann zieht und Ruhe verspricht.

Doch die um sich greifende Trockenheit fordert ihren Tribut. Die Wogen gehen hoch, wenn über die allgegenwärtige **Wasserknappheit** im Land, aber vor allem in der Provinz und der Stadt Esfahan, diskutiert wird. Der Zayandeh-ye Rud als wichtigster Fluss der Region liegt immer öfters trocken.

Außenpolitische und mediale Aufmerksamkeit zog die Provinz in den letzten Jahren vor allem wegen der **Nukleareinrichtungen** auf sich, die sich sowohl in der Stadt Esfahan als auch in der unmittelbaren Umgebung von Natanz befinden. Reisende beeinflusst das aber nicht, sofern das strikte Fotografier- und Filmverbot solcher Anlagen beachtet wird.

2 HIGHLIGHT

Kashan

Die Altstadt der 300 000 Einwohner zählenden Stadt ist schon lange kein Geheimtipp mehr. Inzwischen lässt kaum ein Reisender sie auf seiner Route aus – und das völlig zu Recht. Kashan und seine nähere Umgebung fasst so gut wie alles zusammen, was das orientverliebte Herz begehrt und Iran ausmacht: herrschaftliche islamische Architektur, prunkvolle Kaufmannshäuser, den Charme enger Altstadtgassen, einen orientalischen Bazar, Kunstgalerien, eine prähistorische Ausgrabungsstätte, einen persischen Garten und als (Halb-)Tagesausflüge Dünenlandschaften samt Salzsee sowie ein pittoreskes Bergdorf. Zu alldem kommt eine recht gute Auswahl an netten Unterkünften.

Die meisten Sehenswürdigkeiten der Stadt sind bequem zu Fuß erreichbar. Das Lehmhäusergewirr der Altstadt erstreckt sich vor allem vom Bazar über die Moschee Agha Bozorg bis zu den bürgerlichen Häusern.

Viele Reisende schätzen Kashan, vom Teheraner Flughafen kommend, als Einstieg, um nicht gleich zu Beginn zu riskieren, in der Megacity Teheran verloren zu gehen, und um die Beschaulichkeit der Altstadt zu genießen. Allerdings ist Kashan auch eine recht konservative

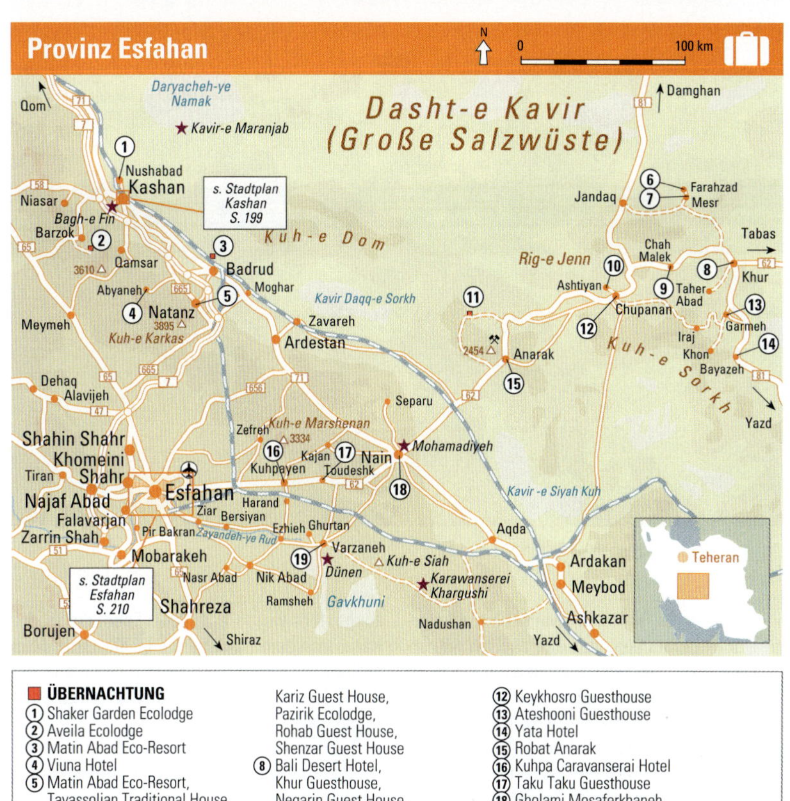

ÜBERNACHTUNG

1. Shaker Garden Ecolodge
2. Aveila Ecolodge
3. Matin Abad Eco-Resort
4. Viuna Hotel
5. Matin Abad Eco-Resort, Tavassolian Traditional House
6. Barandaz Tabatabaei Lodge, Teeda Guesthouse
7. Afzal Guest House, Birahe Traditional Guest House, Heshmant Guesthouse, Kariz Guest House, Pazirik Ecolodge, Rohab Guest House, Shenzar Guest House
8. Bali Desert Hotel, Khur Guesthouse, Negarin Guest House, Payo Ecolodge
9. Sooshiant Traditional Guest House
10. Sabean Traditional Homestay, Stareyeh Kavir Rural Residence
11. Ashin Ecolodge
12. Keykhosro Guesthouse
13. Ateshooni Guesthouse
14. Yata Hotel
15. Robat Anarak
16. Kuhpa Caravanserai Hotel
17. Taku Taku Guesthouse
18. Gholami Mosaferkhaneh, Tourist Inn Hotel,
19. Chapaker Guesthouse, Negaar Varzaneh Traditional Guest House Hafez Varzaneh Trad. Guesthouse, Varzaneh Traditional Guest House

Stadt, was sich schon an der überproportionalen Tschador-Dichte zeigt.

Erste Anzeichen einer prähistorischen Zivilisation beweist der Siedlungshügel Tepe Sialk. Die wechselhafte Geschichte des Landes ist auch an Kashan über die Jahrhunderte nicht spurlos vorübergegangen. Kristallisierte sich die Stadt unter den Sassaniden als Zentrum heraus, wurde sie in der Folge von arabischen Eroberern heimgesucht. Der Förderung Kashans unter den Seldschuken wurde mit der mongolischen Invasion ein Ende gesetzt. Die Safawiden konnten schließlich die Stadtentwicklung nachhaltig prägen. Die bürgerlichen Häuser stammen aber aus dem 19. Jh. und spiegeln vor allem den einträglichen Teppichhandel. Noch heute werden Kashan-Teppiche als besonders hochwertig geschätzt und sind neben dem lokal produzierten Rosenwasser und den glasierten Fliesen typisch für die Stadt.

Bazar

Orientalische Bazare sind ja oft ein Fest für die Sinne, aber der Bazar von Kashan hat einen ganz besonderen Reiz. Dabei sind große Teile des überdachten Bazars nicht sehr alt, weil

© PRISKA SEISENBACHER

Auf dem Dach des Hamam-e Soltan Mir Ahmad

ein Erdbeben im 18. Jh. ihn weitgehend zerstörte. Der im darauffolgenden Jahrhundert neu errichtete Bazar zeigte sich schließlich noch viel prächtiger als der alte und umfasst bis heute neben kleinen Läden ehemalige Karawansereien, Höfe, Moscheen und Badehäuser. Im Gegensatz zu vielen anderen Bazaren des Landes ist dieser noch von überschaubarer Größe, sodass man sich einfach treiben lassen kann. Aber erst einmal im Mikrokosmos Bazar gefangen, ist nicht gewiss, wann man wieder einen Weg aus dieser Welt der Kostbarkeiten findet.

Jedenfalls sollte niemand den Bazar verlassen, ohne die **Timcheh Amin al-Dowleh** zu bewundern. Der reich verzierte Kuppelbau war zunächst eine Karawanserei, wurde renoviert und ist heute einer der beeindruckendsten Architekturschätze, die die Bazare des Landes zu bieten haben. Schon durch die drei Stockwerke wirkt der Kuppelbau unvergleichlich mächtig. Der Besitzer eines unscheinbaren Teestandes macht sich die Beliebtheit der Timcheh längst zunutze, verlangt hohe Preise, erfreut sich aber trotzdem großer Beliebtheit.

Nicht weit von der Timcheh findet sich die **Galerie Zhee**, wo Perserteppiche verkauft und ausgestellt werden (S. 204). Ebenfalls in der Nähe in einem Innenhof zeigt die **Little Man Gallery** (Agh-e Kocholo) eine Reihe moderner Gemälde von Mohammad Abbaszade, Instagram: agh_kocholo.art.

Der **Hamam-e Khan** war eines der traditionellen Badehäuser, wurde aber zum Teehaus umfunktioniert (S. 203).

🕒 Bazar Sa–Do 9–21 Uhr.

Galerie Sheybani

Die Galerie in der Ehsan Alley, ☎ 031-5544 7070, direkt neben der Unterkunft Ehsan setzt entscheidende Impulse zur Förderung der lokalen Kunst- und Kulturszene und zeigt Kashan von seiner jungen und modernen Seite. In den Ausstellungsräumen des historischen Hauses sind zeitgenössische Gemälde des im 20. Jh. wirkenden Malers und Poeten Manuchehr Sheybani zu bewundern. Die angeschlossene Bibliothek wird von Studenten genutzt, steht aber auch Besuchern offen, und jede Woche gibt es zwischen 18.30–19 Uhr an abwechselnden Tagen Poesielesungen. Wer etwas Persisch spricht, ist da klar im Vorteil. 🕒 tgl. 9–13 und 17–21 Uhr, 50 000 IRR.

Masjed-e Agha Bozorg

Viele Moscheen gleichen einander, aber die Masjed-e Agha Bozorg bleibt mit ihrem harmonischen Zusammenspiel aus braunen und bläulichen Farbtönen, ihren kunstvoll verzierten Arkaden und dem tiefer gelegten Innenhof der angeschlossenen Madrese unverkennbar und zählt unbestritten zu den schönsten Moscheen des Landes. Sie geht samt theologischer Schule mit Wohn- und Unterrichtsräumen auf das 19. Jh. zurück. Abends wird die Moschee beleuchtet. ⌚ tgl. 9–18 Uhr, Eintritt frei.

Kaufmannshäuser

Die charmanten engen Altstadtgassen mit ihren einfachen Lehmmauern links und rechts würden niemals vermuten lassen, welcher Prunk sich im Inneren so mancher Häuser verbirgt. Die Maßlosigkeit reicher Handelsleute kannte keine Grenzen, und so wurden Wohnpaläste mit Wasserbecken, üppig verzierten Arkaden, Kuppeln und Spiegelfassaden geschaffen.

Das Leben in den Häusern sollte so gut wie möglich von der Öffentlichkeit abgeschirmt werden, weswegen es nach außen keine Fenster gibt und man zunächst durch eine Vorhalle schreitet, bevor man zu den Hauptträumlichkeiten des Hauses vordringt. Das Innere der Häuser spaltet sich in die Privaträume der Familie und die betont repräsentativen Räumlichkeiten und Höfe für Gäste, wo nicht selten Geschäfte vereinbart wurden. Ein dritter Bereich war für die Bediensteten der Kaufmannsleute vorgesehen.

Von der Moschee Agha Bozorg schlendert man entweder querfeldein durch die Altstadtgassen oder geht zurück zur Fazel Naraqi St., um dann weiter westlich in die Alavi St. abzuzweigen, die Läden für Rosenwasser und Süßwaren säumen.

Ganze 20 Jahre nahm die Errichtung des Abbasi-Kaufmannshauses, **Khaneh-ye Abbasian**, in Anspruch. Agha Abbasi, ein Geistlicher von Rang und Namen, gab es im ausgehenden 18. Jh. in Auftrag und unterrichtete seine Schüler schließlich im großen Innenhof. Der private Wohnbereich war in kleinere Winter- und Sommerräume mit Windtürmen und Brunnen unterteilt. Gleich mehrere Hallen standen für die Unterhaltung von Gästen bereit. Heute sind in Teilen des Hauses ein Teehaus und ein Restaurant untergebracht.

Das **Khaneh-ye Ameriha** umfasst etliche Höfe, Wasserbecken, zwei Badehäuser und an die 80 Räume und ist damit eines der größten Kaufmannshäuser. Mittlerweile sind weite Teile zu einem Hotel umfunktioniert worden. Besonders beeindruckend zeigt sich der zentrale Hof der Hotelanlage nachts, wenn alles beleuchtet wird.

Mit dem **Khaneh-ye Borujerdi** wollte der gleichnamige Kaufmann sich die Gunst der einflussreichen Familie Tabatabai sichern, weil er sich in eine der Töchter verliebt hatte. Die Vollendung dieses Gesamtkunstwerks dauerte aber nicht weniger als 18 Jahre; etliche Architekten und Künstler wurden eingeladen, mitzuwirken. Unter der charakteristisch verspielt wirkenden Kuppel mit den vielen Windfängern versteckt sich eine mit Ornamenten, Muqarnas und Gemälden übersäte Prunkhalle, die an und für sich schon den Besuch lohnt.

Auch im **Khaneh-ye Tabatabai** finden sich die charakteristischen Elemente anderer Kaufmannshäuser wieder, wie ein großes Wasserbecken, mit Muqarnas, Malereien und Spiegelmosaiken verzierte Empfangshallen, Buntglasfenster und Windtürme. Dieses Haus der einflussreichen Familie Tabatabai war der Maßstab für andere Bürgerhäuser. Dadurch, dass es nur einstöckig ist, wirkt es aber gerade im Vergleich zu den Häusern Abbasi und Ameriha weniger raffiniert und prunkvoll.

⌚ tgl. (Abbasi nur Di–So) 9–18.30, Winter 9–17 Uhr, Eintritt jeweils 150 000 IRR, ein Kombiticket für die Häuser Tabatabai, Abbasi und Hamam-e Soltan Mir Ahmad (s. u.) gibt es bei allen drei Häusern für 350 000 IRR.

Hamam-e Soltan Mir Ahmad

Der Hamam-e Soltan Mir Ahmad folgt etwas weiter südlich und ist ein restauriertes Badehaus. Das verheerende Erdbeben legte nicht nur den Bazar, sondern auch diesen Hamam in Schutt und Asche, weshalb das Badehaus im 19. Jh. neu errichtet wurde. Die Architektur muss bei einem Hamam nicht nur schön, sondern vor allem funktional sein. Um möglichst viel Wärme zu speichern, wurden die Baderäume tiefer gelegt. Durch den reich verzierten Umkleideraum, Sarbineh, geht es weiter zu den eigentlichen Baderäumen, Garmkhaneh und Khazineh. Mit den zahlreichen Mosaiken, Stuck- und Fliesenarbeiten in Gold und Türkis, den Wandmalereien und der Möglichkeit, auch auf dem Dach zwischen den vielen kleinen Kuppeln zu wandeln, ist er einer der schönsten Hamams, die man in Iran besuchen kann. Besonders abends zur blauen Stunde wird es auf dem Dach stimmungsvoll, wenn die beleuchteten Kuppeln ihre Schatten werfen und alles erstrahlt. Auch die eigenwillig schöne Kuppel des Kaufmannshauses Borujerdi ist von hier gut zu sehen. ◷ tgl. 8–19.30, Winter 8–18 Uhr, 150 000 IRR.

Khaneh-ye Muzeh-ye Arusak

In der Allameh Alley 43, wenige Meter nördlich des Tabatabai-Hauses, zeigt das historische Haus Sohrabi, ✆ 031-5522 5134, 💻 www.puppetmuseumhouse.com, im Untergeschoss Hunderte Puppen mit allen kulturellen Besonderheiten der verschiedenen Provinzen. Amir Sohrabi machte es sich auf seinen Reisen durchs Land zur Aufgabe, Stoffpuppen zu sammeln, die Geschichten erzählen. Hier geht es nicht nur um iranische Kindheitserinnerungen, sondern auch um die Förderung eines sonst vernachlässigten Kunsthandwerks.

In der zum Puppenmuseum gehörigen Werkstatt werden Puppen für Geschäfte hergestellt. Reisende können hier auch selbst Puppen anfertigen. Die **Workshops** sind in der Regel jeden Tag möglich. Wie viel Zeit und Geld es kostet, hängt vom Typ der Puppe ab, eine simple Version ist schon ab 250 000 IRR zu haben und an einem Tag machbar. Die freundliche Atmosphäre im Haus und ein bemühtes Team an jungen Leuten tun ihr Übriges. Integriert ist auch ein Gästehaus.

◷ So–Fr 9.30–14 und 17–20.30 Uhr, Do und Fr durchgehend, Eintritt 100 000 IRR.

Historische Stadt- und Festungsmauern

Folgt man der Alavi St. vom Hamam-e Soltan Mir Ahmad wenige hundert Meter gen Süden, sieht man die Überreste der alten **seldschukischen Stadtmauern** sowie der **Jalali-Festungsmauern**. Auch verfallene **Eishäuser**, wo früher Eisblöcke gelagert und Lebensmittel aufbewahrt wurden, sind hier zu entdecken.

Tepe Sialk

Bei der Amir Al-Momenin St., ungefähr 4 km vom Altstadtzentrum entfernt, zeugt Tepe Sialk von der bis in das 7. Jahrtausend v. Chr. zurückreichenden Siedlungsgeschichte in dieser Region. Die Ruinen- und Siedlungshügel wirken auf Reisende ohne Vorkenntnisse vielleicht nur wenig interessant, lassen aber jene aufhorchen, die um die Bedeutung dieses Platzes wissen. Forscher fanden hier mitunter beachtliche Keramikgefäße aus verschiedenen Jahrtausenden und eine der ältesten Terrassenanlagen, die auf das 3. Jahrtausend v. Chr. zurückgeht. ◷ tgl. 9–17 Uhr, 150 000 IRR.

Bagh-e Fin

Am Wüstenrand lässt man Staub und Sand hinter sich und betritt ein von festen Mauern geschütztes Paradies mit beruhigend plätschernden Wasserkanälen und Springbrunnen – persische Gärten sind wie wahr gewordene Träume. Der Bagh-e Fin am südwestlichen Ende der Amir Kabir St., rund 7 km vom Altstadtzentrum entfernt, gehört zu den schönsten unter ihnen und ist Unesco-Weltkulturerbe.

Die Idee des persischen Gartens und wohl auch der Grundstein für diesen Garten geht auf die Achämeniden und das 6. Jh. v. Chr. zurück. Seine heutige Gestalt verdankt der 2,3 ha große Garten aber der safawidischen Erneuerung im 17. Jh. und dem qadjarischen Um- und Ausbau im 19. Jh.

Zwei historische Badehäuser sind Teil der Anlage, wobei der südöstlich gelegene qadjarische Hamam durch die dortige Ermordung des einst einflussreichen Politikers Amir Kabir 1852 historische Bekanntheit erlangte.

Reisende wandeln zwischen einer Fülle an Zypressen, Obstbäumen, Blumen und Büschen. Ganz ohne mechanische Pumpen versorgt eine nahe Quelle die Kanäle und Brunnen mit Wasser. Die Pavillons sind teils mit prächtigen Deckenmalereien versehen.

Vor allem an Wochenenden und Feiertagen ist es mit der paradiesischen Ruhe leider vorbei.

Kashan

Kashan
N
0
500 m
ÜBERNACHTUNG
1 Green House Hostel
2 Ehsan Historical Guest House
3 Negin Traditional House
4 Manouchehri House
5 Shirin Hotel
6 Amirza Traditional Hotel
7 Sana Historical Hostel
8 Noghli House
9 Kamal al-molk Traditional Guest House
10 Sarva Historical House
11 Kooshk-e Honar Hostel
12 Puppet and Toy Museum Guesthouse
13 Saraye Ameriha Boutique Hotel
14 Ariana Hotel & Spa
15 Morshedi House Boutique Hotel
ESSEN
1 Goldoon Cafe
2 Jazireh Cafe & Restaurant
3 Sharbat Khaneh (Atrchi) Cafe
4 Hamam-e Khan Tea House & Restaurant
5 Malek Cafe
6 Manouchehri Cafe & Restaurant
7 Kargah Cafe
8 Baam Cafe
9 Abbasi Traditional Restaurant
10 Mozaffari Traditional Cafe & Restaurant
11 3in Cafe
12 Shazdeh Cafe
13 Morshedi Cafe & Restaurant
14 Sotoudeh Traditional Restaurant
SONSTIGES
1 Krankenhaus Shahid Beheshti
2 Galerie Zhee
3 Mohtasham Exchange
4 Atrina Complex
TRANSPORT
1 Busbahnhof
2 Bahnhof
3 Flughafen
Teheran
71
Qom
Valiasr Sq.
Persian Gulf Blvd.
Karegar Rd.
Montazari Sq.
22 Bahman St.
Zojaji Sq.
Esfahan
Taleqani St.
Beheshti St.
Shahed St.
Taghdisi St.
Janbazan St.
15 Khordad Sq.
Abazar St.
Rajaie St.
Reza Abbasi St.
Namaz Blvd.
Miremad St.
Darvaze Dolat Sq.
R. Abbasi St.
Madani St.
Ayatollah
Babalhavaej St.
Masjed-e Mir Emad
Imam Khomeini St.
Ayatollah Kashani St.
Abhari Moghaddam St.
Baba Afzal St.
Little Man Gallery
Timcheh Amin al-Dowleh
Imam Khomeini Sq.
Bazar
Baba Iravaej St.
Tepe Sialk, Bagh-e Fin
Mohtasham St.
Galerie Sheybani
Kamal-ol-Molk Sq.
Sabet Alley
Yasrebi St.
Darbeata Sq.
Resalat St.
Masjed-e Agha Bozorg
Mola Habibolah Sharif St.
Fazel Naraqi St.
Ayatollah Saeedi St.
Ghiasaddin Jamshid St.
Khaneh-ye Muzeh-ye Arusak
Khaneh-ye Abbasian
Khaneh-ye Ameriha
Hamam-e Soltan Mir Ahmad
Khaneh-ye Tabatabai
Khaneh-ye Borujerdi
Alavi St.
FRIEDHOF
Chamran Blvd.
Bokharaiee St.
Festungsmauern
Molla Fathollah St.
Molla Fethullah Park
Mellat Park
Khorramshahr Sq.
Kashani Blvd.
Shadid Abam St.
Bokharaiee Sq.

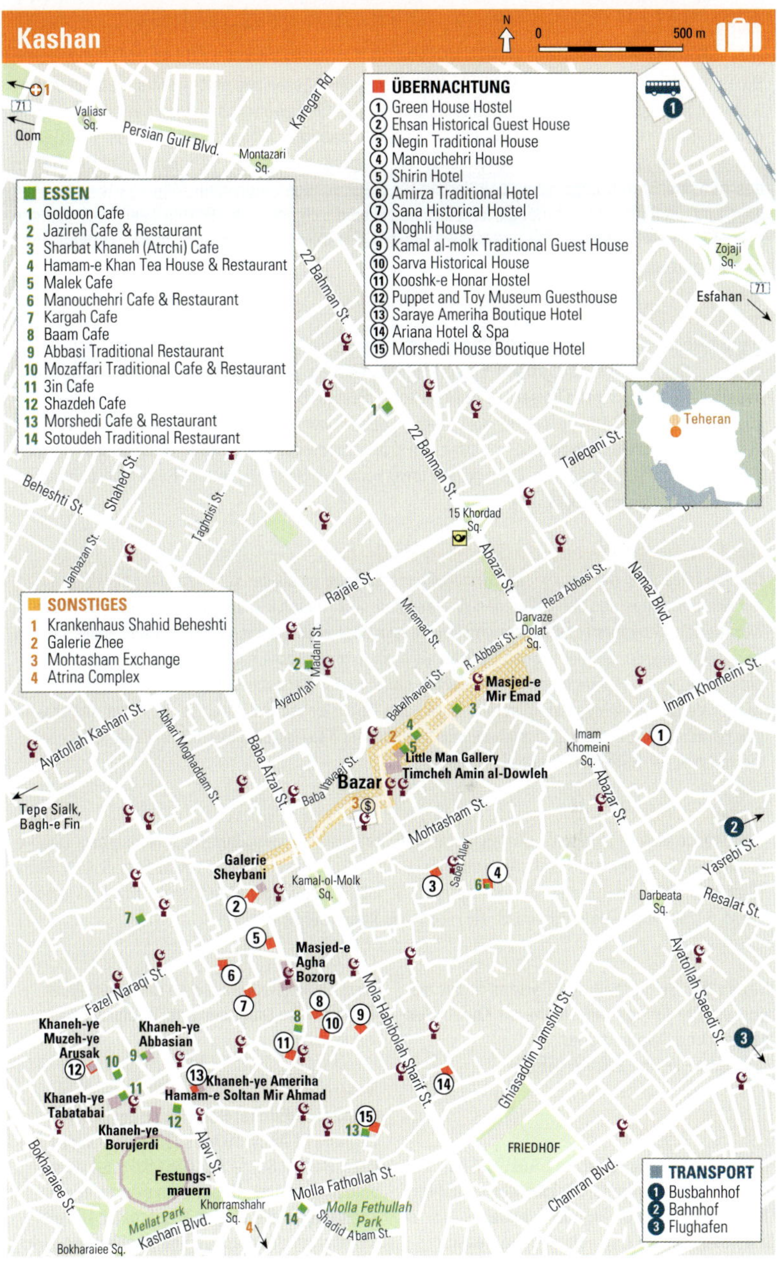

Im Paradies – der persische Garten

Nichts steht in stärkerem Kontrast zu einer von Trockenheit gezeichneten Landschaft als ein immerwährend bewässerter Garten. Persische Gärten wurden für gewöhnlich an leicht abfallenden Hängen errichtet, die fließende Wasserkanäle möglich machten. Könige zogen sich in ihre Gärten zurück, um zu musizieren oder die lyrischen Werke großer Poeten zu verinnerlichen. Der Garten des Achämeniden-Königs Kyros soll Vorbild für die prächtigen indischen Mogulgärten gewesen sein, und auch die Renaissancegärten Europas sollen durch persische Gärten beeinflusst worden sein. All das verdeutlicht die kulturhistorische und länderübergreifende Bedeutung der persischen Gartenbaukunst.

Ein Garten für den König

Die Geschichte des persischen Gartens führt bis auf das Achämeniden-Reich und König Kyros (6. Jh. v. Chr.) zurück. Die großen Perserkönige sollen im gesamten Reich Lustgärten angelegt haben, die ihnen auf ihren Reisen als Rückzugsorte dienten. Der geometrisch angelegte, wasserreiche und blühende Garten gilt daher als Erfindung des antiken Persiens. Auch unter den Sassaniden (3.–7. Jh. n. Chr.) war der persische Garten von großer Bedeutung und wurde in seiner Erweiterung für die königliche Jagd genutzt. Eine weitere unverkennbare Blüte erlebte der Gartenbau schließlich unter den Safawiden (16.–18. Jh.).

Der Garten als Paradies, das Paradies als Garten

Das Paradies ist in der persischen Vorstellung nichts anderes als der schönste aller denkbaren Gärten. Die Ursprünge des uns geläufigen Wortes „Paradies" liegen im altiranischen Begriff *pairidaeza*, woraus das mittelpersische *pardes* entstand, das in der hellenistischen Überlieferung schließlich zu *paradeisos* wurde. Ein persisches Sprichwort besagt, man müsse nicht erst sterben, um ins Paradies zu gelangen, solange man einen Garten habe. In der persischen Literatur finden sich immer wieder Vergleiche zwischen irdischen Gärten und dem islamischen Paradies. Im Koran selbst wird das Paradies als Garten mit köstlichen Früchten und vier Kanälen beschrieben, in denen die Lebensströme Wasser, Milch, Wein und Honig fließen.

Ausgezeichnet

Die Unesco verlieh 2011 neun Gärten in Iran den Status eines Weltkulturerbes. Neben dem Bagh-e Fin in Kashan zählen dazu Tschehel Sotun (Esfahan, S. 217), Pasargadae (Provinz Fars, S. 294), Eram (Shiraz, S. 281), Shahzadeh (Provinz Kerman, S. 466), Pahlavanpur (Mehriz, S. 267), Dowlatabad (Yazd, S. 259), Akbariyeh (Birjand, S. 485) und Abas Abad (Behshahr).

Wegen der Beliebtheit des Gartens findet man rund um die Anlage eine Reihe an Kebab-Restaurants und Souvenirläden.

⌚ tgl. 9–17 Uhr, 200 000 IRR.

ÜBERNACHTUNG

Kashan bietet eine recht gute Auswahl an Wohlfühloasen für jeden Geldbeutel, manche Unterkünfte sind von herausragender Schönheit und an sich schon einen Besuch wert. Üblicherweise bieten die Unterkünfte Touren in die Umgebung an, nachfragen lohnt sich.

Untere und mittlere Preisklasse

Amirza Traditional Hotel, am Beginn der Farhang 24 Alley, 100 m südöstlich von der Fazel Naraqi St., ✆ 0913-361 6976, 💻 www.amirzahotel.com. Besonders sind an den Zimmern nur die bunten Glasfenster. Die altmodischen Überdecken und der Fliesenboden lassen nur wenig Atmosphäre aufkommen, verglichen mit anderen traditionellen Häusern. Dafür sind die 12 Zimmer aber auch preiswerter. Über den großzügigen Innenhof sind die unteren und wesentlich kühleren Zimmer erreichbar. ❷

Ehsan Historical Guest House, Ehsan Alley, 90 m nordöstlich von der Fazel Naraqi St., gegenüber der Agha-Bozorg-Moschee, ✆ 031-5544 6833, 💻 www.ehsanhouse.com. Das Ehsan hält sich schon viele Jahre und überzeugt nach wie vor mit seinem jungen, hilfsbereiten Personal. Ein Teil der Einnahmen geht direkt an die Galerie Sheybani samt Bibliothek. Gäste erhalten gratis Eintritt. Es gibt 20 Räume, mit und ohne Bad, der Schlafsaal für 650 000 IRR p. P. ist eine preiswerte Alternative. Zimmer mit Bad ❸

Green House Hostel, vom Imam Khomeini Sq. nach 140 m auf der Imam Khomeini St. rechts abbiegen und weitere 70 m südöstlich, ✆ 0936-340 4332, 💻 www.hostelgreenhouse.ir. Die Anlaufstelle für Backpacker, die einfache, saubere Betten in freundlicher Umgebung suchen. Haus plus Hof sind nicht groß, bieten aber 2 gemischte Schlafsäle mit je 4 Betten und einen weiteren mit 5 Betten für um 10 € p. P., 2- und 3-Bett-Zimmer. Die zwei Gemeinschaftsbäder sind außerhalb der Zimmer, die Küche kann jederzeit genutzt werden. Zahra, ihr Mann Ali und freundliche Mitarbeiter helfen, wo sie können. Die angebotene Walking Tour führt in weniger bekannte Ecken der Altstadt, und obendrein wird ein Kochkurs angeboten (S. 204).

Kamal al-molk Traditional Guest House, Parast Alley, vom Kamal-ol-Molk Sq. nach 350 m auf der Mola Habibolah Sharif St. rechts abbiegen und weitere 100 m westlich, ✆ 031-5522 5593, 💻 www.kamalalmolk-house.com. Viele kleine Details verleihen dem kompakten Innenhof und der Terrasse einen individuellen Anstrich. Wie zu Hause fühlt man sich hier auch wegen des freundlichen Personals. Ein wenig dunkle, einfache, aber trotzdem nette 2-Bett- und Doppelbettzimmer. DZ 22 €.

€ **Kooshk-e Honar Hostel**, Alavi St., ✆ 0914-001 9826, ✉ kooshkehonar@gmail.com. Schönes, traditionelles Haus mit insgesamt vier Zimmern. Zwei davon werden als Schlafsäle genutzt, 8 € p. P., Schlafsaal mit Bad außen 5 € p. P. DZ 19 €.

Noghli House, Ab Anbar-e Khan Passage 20, Pamenar Alley, 230 m südlich vom Eingang zur Masjed-e Agha Bozorg, der Gasse östlich an der Moschee folgend, ✆ 031-5523 3324, 💻 www.noghlihouse.com. Eines der günstigeren traditionellen Häuser mit einfachen und teilweise sehr kleinen Doppel-, 2- und 3-Bett-Zimmern mit einem netten, stimmungsvollen Innenhof. Tee ist gratis, Fahrräder gibt es für 50 000 IRR/Std. und 175 000 IRR/Tag. Die Mitarbeiter machen aber einen nur mäßig motivierten bis genervten Eindruck. Zum Noghli gehört das benachbarte **Doost House** mit weiteren Zimmern. ❶

Puppet and Toy Museum/Guesthouse, Allameh Alley 43, wenige Meter nördlich des Tabatabai-Hauses, ✆ 031-5522 5134, 💻 www.puppetmuseumhouse.com. Die 5 Privaträume sind einfach, aber verspielt freundlich gestaltet. Nur teils mit eigenem Bad. Zwei geschlechtergetrennte Schlafsäle mit 6 Betten für Männer und 4 Betten für Frauen befinden sich im Untergeschoss. Eigentlich trägt das junge, aufgeschlossene Personal zur guten Stimmung bei, aber während der Museumsöffnungszeiten herrscht Kopftuchpflicht. Besucherinnen werden umgehend daran erinnert. Das trübt die prinzipiell nette Atmosphäre. Schlafsaal 9 €, Twin 28 €.

Sana Historical Hostel, Mokhber Alley, 250 m südlich der Fazel Naraqi St., ✆ 031-5524 3508, 💻 www.sanahouse.com. Einfache, teils abgewohnte, aber auch sehr preiswerte Doppel- und 2-Bett-Zimmer, begehbar über den schlichten, aber traditionellen Innenhof. DZ 12 €.

Shirin Hotel, Agha Bozorg Alley, 70 m südlich der Fazel Naraqi St., ✆ 031-5524 5870. Ausgesprochen einfache und altmodische Zimmer für eine Nacht ohne Ansprüche. Überaus günstige Doppelzimmer und sehr zentral. DZ 12 €.

Obere Preisklasse

Ariana Hotel & Spa, 31st Alley, von der Mola Habibola St. 120 m östlich, ✆ 031–5522 8778, ✉ info@arianahotelspa.com, ariana_hotel. Mit den weißen Esstischen samt Sonnenschirmen und den weißen Innenhofwänden wirkt das sorgfältig renovierte Haus aus der Qadjaren-Zeit moderner als andere. Himmelbetten sorgen für Atmosphäre. Angesichts der Preisklasse ist das Hotel aber nicht überragend. Im dazugehörigen Spa können Massagen für 500 000 bis 2 Mio. IRR gebucht werden. Abends gibt's immer wieder Livemusik. ❺

Manouchehri House, 7th Emarat Alley 49, vom südlichen Ende der Sabet Alley 70 m östlich, ✆ 031-5524 2617, 🖳 www.manouchehrihouse.com. Es ist schwer, in Kashan eine Unterkunft mit mehr Klasse zu finden. Kunstsinnig zeigt sich das Manouchehri mit einer Galerie, deren zeitgenössische Werke alle zwei Monate wechseln, mit wertvollen Textilien hinter Glas und einer eigenen Textilwerkstatt. Täglich außer Fr kann man dort bis 14 Uhr Weberinnen bei der Arbeit zuschauen. Das Hotel umfasst zwei unterschiedliche Häuser. Eines gibt sich traditionell, setzt auf Holzschnitzereien und bunte Glasfenster. Schon der Innenhof der historischen Villa überwältigt. Im Privatkino können englische Filme angesehen werden. Das zweite Haus lässt Reisende glauben, sie würden in einem Atelier für moderne Kunst nächtigen – hier dominieren Möbel mit postmodernem Schick. Die Zimmer sind etwas teurer als im ersten Haus, das günstigste 2-Bett-Zimmer ist allerdings seinen Preis nicht wert. Professionelles, hilfsbereites Personal. ❺

Morshedi House Boutique Hotel, Boustani Alley, vom Kamal-ol-Molk Sq. nach 650 m auf der Mola Habibolah Sharif St. rechts abbiegen und weitere 200 m westlich, ✆ 031-5522 2600 und 0912-034 7163, 🖳 www.morshedihouse.com. Auch bei Vollbelegung der acht 2- und 3-Bett-Zimmer geht es hier beschaulich zu. Begrünter Innenhof, geschmackvoll eingerichtete Zimmer von unterschiedlicher Größe bis zur großzügigen Suite. Von den günstigeren 2-Bett-Zimmern ist das im Erdgeschoss denen oben vorzuziehen. Beim Eingang gibt es Kelim-Teppiche zu passablen Preisen. ❹

Negin Traditional House, 8th Ebrahimi St., rund 160 m südöstlich von der Mohtasham St., ✆ 031-5523 5525, 🖳 www.neginhouse.ir. Rühmt sich, mit 37 Räumen und Platz für 80 Personen das größte traditionelle Hotel Kashans zu sein. Dazu kommt ein riesengroßes Restaurant. Die Räume sind nett, aber nicht unbedingt herausragend, und teilweise wirkt die Anlage etwas kitschig. ❹

Saraye Ameriha Boutique Hotel, Alavi St., gegenüber dem Hamam-e Soltan Mir Ahmad, ✆ 031-5524 0220, 🖳 www.sarayeameriha.com. Das altehrwürdige Kaufmannshaus ist nicht nur eine Hauptsehenswürdigkeit, sondern zum Teil auch ein Hotel für gehobene Ansprüche. Individuell und stilvoll eingerichtete Zimmer bzw. Suiten. Diniert wird im herrschaftlichen Spiegelsaal, gefrühstückt im noblen Salon. Schicke Läden für Kunsthandwerk gehören zum Haus. ❺

Sarva Historical House, Babaeiha Alley 130, vom Kamal-ol-Molk Sq. nach 350 m auf der Mola Habibolah Sharif St. rechts abbiegen und weitere 270 m westlich, ✆ 031-5522 3126, 🖳 www.sarvahouse.com. Kompakter Innenhof, über den die 5 Zimmer betreten werden. Wohlige Atmosphäre auch in den unterschiedlich großen Zimmern mit Perserteppichen und Wandnischen. ❹

ESSEN

3in Cafe, an der nordwestlichen Ecke des Parkplatzes beim Schrein Sultan Amir Ahmad, knappe 50 m nordöstlich vom Tabatabai-Haus, ✆ 031-5522 9991, ◎ cafe_3in. Die junge Iranerin hat zum anfänglichen Missfallen ihres Vaters diesen winzigen Laden mit ganz viel Charme eröffnet. Hier gibt's Frühstück, Kaffee, Rosenwasserdrinks, aber auch kleinere Gerichte. ⏲ tgl. 8–24 Uhr.

Abbasi Traditional Restaurant, beim Kaufmannhaus Abbasi, ✆ 031-5524 5764, 🖳 www.abbasi-dh.ir. Großzügiger Innenhof mit traditionellen Sitzbänken, aber auch Tischen. Der Anlage fehlt es an Stil, das Personal wirkt nicht immer motiviert. Aber die traditionell persische Küche ist gut, vegetarische Gerichte gibt es auch, und das Kamelgulasch mit Auberginen ist besonders lecker. ⏲ tgl. 11–24 Uhr.

Baam Cafe, Ab Anbar-e Khan Passage, in unmittelbarer Nachbarschaft des Noghli House, ✆ 0935-639 0798, ◎ cafe_baam. An rustikalen Holztischen auf dem unebenen

Dach des traditionellen Doost-Hauses werden einfallsreiche Drinks – oder eher kleine Kunstwerke – serviert. Dazu gibt's Kaffee und Kuchen. Das Dach eröffnet einen tollen Blick auf Wasserspeicher samt Windtürmen und die Kuppel der Masjed-e Agha Bozorg. ⌚ tgl. 18–1 Uhr.

Goldoon Cafe, 22 Bahman St., 400 m nordwestlich vom 15 Khordad Sq., goldoon.cafe. Charmanter kleiner Laden mit diversen Burgern, Salaten und Pasta, liebevoll angerichtet, keine englische Speisekarte, netter Service. ⌚ tgl. 9.30–14 und 16–23.30 Uhr.

Hamam-e Khan Tea House & Restaurant, Bala Bazar, ☏ 031-5545 2572. Das ehemalige Bad versorgt Gäste mit traditionell persischer Küche, Wasserpfeifen und Tee. Vor allem wegen des Ambientes der alten Baderäume einen Besuch wert. ⌚ Sa–Do 8–21 Uhr, freiwilliger Eintritt 20 000 IRR.

Jazireh Cafe & Restaurant, Ayatollah Madani St, 170 m südlich der Shahid Rajaie St., ☏ 031-5544 7174, jazireh_restaurant. Vor allem bei jungen Kashanis beliebt, die hier Burger und Pizza essen. Das Steak wird empfohlen. ⌚ tgl. 11–15 und 18–24 Uhr, auch ein Café ist dabei, ⌚ tgl. 9–24 Uhr.

Kargah Cafe, Golcheghane Alley 55, 250 m nordwestlich von der Fazel Naraqi St., ☏ 031-5544 8456, cafe_kargah_kashan. Modernes Galerie-Ambiente, zieht vor allem ein junges Publikum an. Einfallsreich garnierte Drinks, eine Reihe an Kräutertees und Kaffee. Dazu gibt es ab und an wechselnde Fotoausstellungen. ⌚ tgl. 9–23 Uhr.

Manouchehri Cafe & Restaurant, 7th Emarat Alley 49, vom südlichen Ende der Sabet Alley 70 m nach Osten, ☏ 031-5524 2617. In beiden Häusern des Hotels sind Restaurants mit traditionell persischer Küche, aber unterschiedlichen Menüs untergebracht. Zur Hochsaison kann es voll werden, unbedingt reservieren! Verhältnismäßig teuer. ⌚ tgl. 12.30–15 und 19.30–23 Uhr. Modernes Flair bietet das Café im zweiten Gebäude ums Eck, einfach beim Personal nach dem Weg fragen, ⌚ tgl. 12.30–23 Uhr.

Malek Cafe, Bazar, nahe der Timcheh Amin al-Dowleh und in unmittelbarer Nachbarschaft der Galerie Zhee. Winziger, netter Laden, der Limonaden und Kaffee ausschenkt. ⌚ Sa–Do 10–14 und 17–22 Uhr.

Morshedi Cafe & Restaurant, Boustani Alley, ein paar Meter westlich vom gleichnamigen Hotel, ☏ 031-3155 23615. Eines der wenigen traditionellen Restaurants, das sehr stilvoll eingerichtet ist und ohne Kitsch und/oder Plastiktischtücher auskommt. Es hat 7 separate Räume für bis zu 10 Personen, zugänglich über den charmanten Innenhof. Serviert wird eine Fülle an traditionell persischen Gerichten. ⌚ tgl. 12–16 und 20–24 Uhr. Das Café ist separat, aber gleich nebenan, ⌚ tgl. 18–23 Uhr.

Mozaffari Traditional Cafe & Restaurant, Alavi St., gegenüber dem Schrein Sultan Amir Ahmad, ☏ 031-5523 5300, 💻 www.mozaffari restaurant.com. Gutes Angebot an den üblichen persischen Gerichten von Kebab bis *kookoo sabzi*, gegessen wird mehrheitlich auf traditionellen Sitzbänken in dem überdachten Innenhof. Eine größere Auswahl an traditionellen Kräutertees gibt es im separaten Café. ⌚ tgl. 10–23 Uhr.

Sharbat Khaneh (Atrchi) Cafe, Bazar, in einem Hof in der Nähe der Masjed-e Mir Emad, sharbat.khaneh. Individuell geführter Laden, verschiedene Limonaden mit Basil-Samen, Gerichte für den kleinen Hunger. ⌚ Sa–Do 9–21 Uhr.

Shazdeh Cafe, Alavi St., gegenüber dem Ameriha-Haus, shazdeh.vw. Ein gelber VW-Bus wurde zum Café umfunktioniert. Serviert wird alles, von Eiskaffee bis Cappuccino. ⌚ tgl. 9–21 Uhr.

Sotoudeh Traditional Restaurant, Shadid Abam St., ☏ 0913-362 6340. Serviert traditionell persische Kost, aber auch Pizza. Nicht auf der englischen Speisekarte, aber auf Nachfrage, gibt es auch leckeres Eis um 50 000 IRR. ⌚ tgl. 9–24 Uhr.

TOUREN UND AKTIVITÄTEN

Guides

Tareh, ☏ 0921-770 1243 und 0913-3710 2783, ✉ Tourist95tareh@gmail.com, tarehguide tourist. Weiß um versteckte Plätze und führt Altstadtdächer hinauf, perfekt für Stadttouren.

Yousef Teymouri, ✆ 0913-461 0853, ✉ youssef guider1@gmail.com, ◎ ka95ren. Ein unkomplizierter und überaus freundlicher junger Guide. Er gibt sich viel Mühe und schafft es, dass man sich rundum wohlfühlt. Halbtagestouren nach Abyaneh und in die Wüste kosten um 20 € p. P. Kurzfristig am besten über WhatsApp zu erreichen.

€ Sehr zu empfehlen ist auch seine **Teppichtour** für 12 € p. P. Besucht wird eine moderne Fabrik für maschinelle Teppiche, dann geht es weiter in Privathäuser, wo einheimische Frauen Teppiche knüpfen. Reisende dürfen sich auch selber am Knüpfen versuchen; die Materialkosten sind in dem Tourpreis enthalten. Hier können die hochwertigen und kostspieligen Teppiche, für die Kashan so bekannt ist, preiswerter erworben werden als im Bazar.

Besonders ist auch seine **Safran- und Rosentour**, wo man mit Einheimischen Safran erntet und sieht, wie die Rosendestillate traditionell hergestellt werden. Kostenpunkt 17 € p. P.

Zohre Rajaei, ✆ 0913-951 6835, ◎ zohre_rajaei_. Kennt ihre Stadt in- und auswendig und weiß, worauf es jungen Reisenden ankommt, dazu ist sie eine tolle Gesprächspartnerin.

Kochkurse

Das **Green House Hostel** bietet preiswerte Kochkurse für 10–15 € je nach Gericht. Für das Einkaufen, Kochen und gemeinsame Essen werden rund 4 Std. veranschlagt.

Touren nach Maranjab und Abyaneh

Bei den etablierten Touren nach Maranjab und Abyaneh herrscht erheblicher Konkurrenzdruck, englischsprachige Vermittler sprechen einen überall an und drücken die Preise der Fahrer immer mehr. Gerade bei den **Standardtouren** kann man auf jeden Fall auf die herumstehenden Vermittler und die billigen Angebote zurückgreifen, dem schlecht bezahlten Fahrer sollte man dann aber etwas Trinkgeld geben. Alternativ organisiert auch jede Unterkunft Touren.

Für eine Halbtagestour in die Wüste Maranjab sollte man 3,5 Mio. IRR pro Jeep kalkulieren, nach Abyaneh um die 1,5 Mio. IRR pro Pkw.

Wellness

Atrina Complex, Sardar Vaghdi St., 1,8 km vom südlichen Ende der Alavi St., außerhalb der Stadt, ✆ 031-5520 8330. Modernes kleines Hallenbad mit verschiedenen Becken und einem traditionellen Hamam. Sauna und Dampfbad sind im Eintritt inkludiert. Für Kurzentschlossene gibt es im Shop europäische Hygieneartikel, Badesachen und Schwimmflügel. Einstündige Massage oder die persische Version, *kise keshi*. Ein Fitnesscenter ist angeschlossen. Der Hamam ist abwechselnd alle 2 Std. mal für Männer, mal für Frauen zugänglich.

SONSTIGES

Einkaufen

Wer destilliertes **Rosenwasser** kaufen möchte, sollte es lieber hier tun und nicht in Yazd, wo erheblicher Wassermangel herrscht. Die hochwertigen Produkte in Kashan kommen aus Dörfern in den Bergen, allen voran aus Qamsar (S. 206). Die Qualität bestimmt den Preis. Das beste Rosenwasser für 1 Mio. IRR pro Liter weist keine Farbe oder Partikel auf und schmeckt leicht bitter. Unbedingt handeln oder auf ausgeschriebene Preise achten – touristische Unerfahrenheit wird mit Preisaufschlag bestraft. Eine Reihe an Läden findet sich entlang der Alavi St. und vorm Eingang des Bagh-e Fin.

Galerie Zhee, Teppichladen im Bazar, Bakhsi Plaza 14, nahe der Timcheh Amin al-Dowleh, ✆ 031-5544 2783, ◎ zhee.showroom. Zhee ist mit den gekonnt und bewusst modern inszenierten Nomadenteppichen Galerie und Teppichladen in einem. Breites und exklusives Angebot an Kelim-Teppichen. Der junge Besitzer verfolgt mit seinem Laden ein gänzlich anderes Konzept, als man es von Bazaren kennt. Die angeschriebenen Preise sind fix und kaum verhandelbar, dafür verhältnismäßig fair, wenn auch nicht billig. Der junge Ashkan hilft bei der Auswahl und spielt auch mal Gitarre, ein guter Ort zum Staunen und Tratschen. ⌚ Sa–Do 9–21, Sommer 9–14 und 15–21 Uhr.

Kashan ist auch für seine Keramik bekannt. Eine gute Adresse dafür ist **Kashan Pottery House** im Bazar. Der Betreiber verlangt bei ausländischen Touristen wesentlich mehr, also nichts kaufen, ohne gehörig zu handeln. ⌚ Sa–Do 9–13 und 17–22 Uhr.

Geld

Mohtasham Exchange, von der Baba Afzal St. östlich in die Hauptgasse des Bazars abbiegen, nach rund 230 m in unmittelbarer Nähe zur Masjed-e va Madrese Imam, ✆ 031-5545 0444, ⌚ Sa–Do 9–12.30 und 16.30–20.30 Uhr.

Medizinische Hilfe

Krankenhaus Shahid Beheshti, Qotb-e Ravandi Blvd. am nördlichen Stadtrand, ✆ 031-5554 0026.

Post

Postamt, 15 Khordad Sq., ⌚ Sa–Do 7–14 Uhr.

NAHVERKEHR

Ein **Taxi** vom Zentrum bis zu abgelegenen Sehenswürdigkeiten wie Bagh-e Fin kostet an die 100 000 IRR, vom Busbahnhof ins Zentrum ist eher mit 180 000 IRR zu rechnen, nachts kommt ein Aufschlag dazu.

TRANSPORT

Busse

Der **Busbahnhof** (Terminal-e Otobus) befindet sich am nördlichen Stadtrand zwischen dem Persian Gulf Blvd. und der Karegar St.
ARAK (240 km, 2 1/2 Std.), 1x tgl. abends VIP für 210 000 IRR.
ESFAHAN (210 km, 3 Std.), tgl. halbstdl. VIP für 160 000 IRR.
KERMANSHAH (530 km, 5 1/2 Std.), 1x tgl. abends VIP für 530 000 IRR.
QOM (106 km, 1 Std.), tgl. halbstdl. VIP für 100 000 IRR.
SHIRAZ (683 km, 9 Std.), 1x tgl. abends VIP für 530 000 IRR.
TEHERAN (250 km, 2 3/4 Std.), tgl. halbstdl. VIP für 210 000 IRR.
Für NATANZ (90 km, 1 Std.) nimmt man den Bus nach Esfahan und sagt dem Busfahrer Bescheid. Ein Taxi vom Highway in die Stadt kostet dann noch rund 100 000 IRR.

Eisenbahn

Der **Bahnhof** befindet sich am nordöstlichen Ende der Ayatollah Yasrebi St.
ESFAHAN (210 km, 3 Std.), 1x tgl. nachmittags für 330 000 IRR.
KERMAN (740 km, 9 Std.), 2x tgl. nachmittags und abends für 560 000 und 620 000 IRR.
TEHERAN (250 km, 3 1/2 Std.), 8x tgl. morgens bis nachts für 150 000 und 330 000 IRR.
YAZD (380 km, 4 1/4 Std.), 7x tgl. für 190 000 und 380 000 IRR.

Flüge

Der 12 km südöstlich gelegene **Flughafen** bedient nur zwei Flugrouten: MASHHAD (2x wöchentl., 1 1/2 Std.) und KISH (2x wöchentl., 1 3/4 Std.) mit Iran Airtour.

Die Umgebung von Kashan

Kavir-e Maranjab

Kurz vor Sonnenaufgang brettern die meisten Jeeps über die immer wieder mit Sand verwehte Piste vorbei an den ersten Sanddünen der **Wüste Maranjab**, um sicherzugehen, dass Gäste die ersten Lichtstrahlen von den weit höheren Dünen hinter der altehrwürdigen und restaurierten Karawanserei genießen können. Gerade frühmorgens sichten Reisende immer wieder Wüstenfüchse, und am Weg zu den Dünen ziehen Kamelherden ihre Bahnen. Das südliche Ende des großen Salzsees **Daryacheh-ye Namak** ist hier leicht zugänglich. Mit Wasser bedeckt ist er allerdings nur nach Regenfällen.

Die Wüste Maranjab ist nichts anderes als ein winziger Teil der großen Salzwüste Dasht-e Kavir. Die gern besuchten Dünen hinter der Karawanserei liegen bereits im Kavir-Nationalpark und dürfen ohne **Permit** gar nicht besucht werden. (Individuell ist das Permit aber nicht zu organisieren, d. h. man ist auf Guides angewiesen.) Zur Kontrolle wurde weit vor der Karawanserei ein Wachposten mit Schranken eingerichtet. Wer eine Tour (S. 204) gebucht hat und mit Fahrer unterwegs ist, hat keine Schwierigkeiten. Reisenden, die individuell mit eigenem Fahrzeug kommen, kann die Weiterfahrt aber verwehrt werden.

Für Frühaufsteher reicht ein Halbtagsausflug, aber natürlich sind auch Übernachtungen in der Wüste möglich. Es gibt spektakulärere Wüstenlandschaften und weniger frequentierte Wüstentouren im Land. Aber eine Tour in die Maranjab ist kostengünstig, unkompliziert und damit eine gute Möglichkeit für Einsteiger, die auf ihrer ersten Reise nicht auf ein Wüstenerlebnis verzichten wollen.

Auf dem Weg zurück in das rund 60 km entfernte Kashan kann die Untergrundstadt von **Nushabad** besucht werden. Die unterirdischen Gänge ziehen sich über 4 ha und boten Einheimischen einst Schutz vor den einfallenden Mongolen. Nur ein kleiner Teil der beklemmenden, dunklen Untergrundschächte ist begehbar, ✆ 031-5482 5850, ⌚ tgl. 9–16.30 Uhr, 200 000 IRR.

Niasar und Qamsar

Die Stadt Niasar liegt rund 40 km westlich von Kashan. Reisende können dort einen sassanidischen Feuertempel besuchen und einen Abstecher zum **Talar-Wasserfall** unternehmen. Auch die von den Parthern einst künstlich geschaffene Höhle **Qar-e Reis** kann besucht werden.

Betörender Rosenduft liegt in der Luft, wenn die weitläufigen Rosengärten Niasars und Qamsars im Mai in voller Blüte stehen. Dann steht das Dorfleben ganz im Zeichen der **Rosenwassergewinnung**, für die die Region über die Landesgrenzen hinaus berühmt ist. Riesige Mengen an Blüten, vor allem der hochwertigen Rosenart Mohammadi, sind notwendig, um kleine Mengen des für Süßspeisen und Parfüm begehrten Destillats zu gewinnen. Viele Familien stellen das Rosenwasser noch ganz traditionell zu Hause her und lassen ihre Türen sperrangelweit offen, um Besucher willkommen zu heißen. Wer bei der Ernte dabei sein will, muss früh aufstehen. Gepflückt werden die Blüten noch weit vor Sonnenaufgang, weil die Sonneneinstrahlung den Duft der Blumen mindert. Das in Qamsar und Niasar abgepackte Rosenwasser ist im 30 km nördlichen Kashan erhältlich.

Die Rosensaison liegt zwischen Anfang Mai und Mitte Juni. Das damit verbundene **Festival Golab Giri** zwischen dem 5. und 15. Mai sollte man nicht verpassen, wenn man in der Gegend ist. Es werden verschiedene Zeremonien mit Rosenblüten abgehalten und die Blüten vor aller Augen zu Rosenwasser weiterverarbeitet. Für das Fest ist Niasar empfehlenswerter als Qamsar.

ÜBERNACHTUNG

Aveila Ecolodge, in Barzork, gegenüber der Masjed-e Musalla, ✆ 031-5567 3303 und 0913-263 3483, 💻 www.aveila.ir, 📷 eghamatgahe.aveila.barzok. Traditionelle Zimmer mit Schlafplätzen für 1 Mio. IRR p. P. Liebevoll eingerichtetes Gästehaus im Bergdorf Bazork zwischen Niasar und Qamsar. Auch dort werden Rosendestillate hergestellt.

Shaker Garden Ecolodge, in Aran va Bidgol, Shahid Malekian St., ✆ 091-3362 0653, 💻 www.shakergarden.com. An dem Weg zur Wüste Maranjab nahe Nushabad. Die große, historische Gartenanlage mit ihren Lehmmauern wurde sorgfältig restauriert und bietet heute 8 traditionelle Zimmer, die 4 vorderen mit Klimaanlage, das Bad befindet sich außerhalb. Besonders schön, wenn auch etwas stickig, ist das Turmzimmer. Schlafplatz auf der Matratze für 20 € p. P. Touren nach Nushabad rund 5 €. Der Besitzer lebt 3 km entfernt, also besser vorab anmelden.

TRANSPORT

Ein **Taxi** von Nushabad nach KASHAN kostet rund 200 000 IRR, von Niasar oder Qamsar um die 300 000 IRR. Bei Halbtagestouren von Kashan in die Maranjab-Wüste einfach die Untergrundstadt mitbesuchen, Kostenpunkt für die Wüstentour 20–30 €.

Eine geführte **Halbtagstour** von Kashan nach Niasar oder Qamsar kostet um 20 € p. P. Besonders Yousef (S. 204) empfiehlt sich als Guide.

Abyaneh

So pittoresk das Bergdorf mit seinen charakteristisch roten Lehmhäusern entlang eines Hangs des Karkas-Gebirges auch ist – der iranische Tourismus hat es schon lange für sich entdeckt.

Abyaneh ist nicht nur für seine roten Häuser, sondern auch für die Tracht mit Rosendekor bekannt.

Gerade an Wochenenden und über Feiertage wird es richtig voll. Auf einem steinernen Platz am Rande des Dorfes stellen Iraner dann ihre Zelte auf, rollen Perserteppiche aus und grillen ununterbrochen. Wer möchte, kann hier wunderbar mit iranischen Ausflüglern ins Gespräch kommen und eine nette Zeit verbringen.

Natürlich gibt es Gründe für den großen Andrang, denn Abyaneh ist einzigartig. Die Einheimischen sprechen einen mittelpersischen Dialekt, die Fassaden strahlen in einem kräftigen Rot, und nur hier tragen vor allem die älteren Frauen eine Tracht mit charakteristischen Röcken namens *shaliteh* und hellen Kopftüchern mit Rosenverzierungen.

Das Dorf liegt 80 km südwestlich von Kashan und gerade mal 40 km nordwestlich von Natanz, An einem Checkpoint kurz vor dem Dorf sind 50 000 IRR Eintritt fällig. Für eine Runde durch das Dorf reichen ein bis zwei Stunden völlig aus. Dabei geht es vorbei an einem ehemaligen Feuertempel, einer schönen Moschee mit Holzschnitzereien und durch Obstgärten auf den gegenüberliegenden Hang, wo sich ein wunderschöner Blick auf Abyaneh bietet. Besonders im Sommer verschafft das 2500 m hoch gelegene Dorf etwas Abkühlung. Reisende können sich mit Süßsaurem eindecken: *Lavashak* ist eine getrocknete und flach gepresste Masse an Früchten, die auf Abyanehs Dächern oft zum Trocknen ausgelegt und überall verkauft wird.

Bei der **Anfahrt** fährt man direkt an der Nuklearanreicherungsanlage von Natanz vorbei. Es sollten hier keine Stopps eingelegt und niemals in Erwägung gezogen werden, die Kamera auch nur in die Hand zu nehmen – es gilt absolutes Fotografier- und Filmverbot.

ÜBERNACHTUNG

€ Gäste sind im Dorf immer willkommen. Wer hier übernachten möchte, kann auch kurzfristig eines der **traditionellen Häuser mieten**, meistens zahlt man nicht mehr als 600 000 IRR für eine ganze Wohnung. Einfach bei den Einheimischen nach einem *khaneh* fragen.

Viuna Hotel, am östlichen Ende des Dorfes, ✆ 031-5428 2820, ✉ info@viunahotelabyaneh.com. Großer Hotelkomplex mit einfachen, altmodischen 2- bis 5-Bett-Zimmern, die auch wegen der Fliesen an Wand und Boden recht kalt wirken. Bietet im Gegensatz zu den privaten Häusern Betten. Mit 70 € aber völlig überteuert.

ESSEN

Domiloon Watermill & Restaurant, westlich des historischen Siedlungskerns neben dem Museum, ✆ 0912-606 0932 und 031-5428 2805. Entlang des gepflasterten Vorplatzes plätschert ein Wasserkanal. Eine überschaubare Auswahl an persischen Gerichten wird auf einer Reihe traditioneller Sitzbänke im Freien serviert. ⌚ tgl. 12–21 Uhr.

Viunj Restaurant, am Beginn der nördlichen Ortseinfahrt, ✆ 031-5428 2890 und 0912-119 8730. Gemeinsam mit seiner Frau betreibt Askarian dieses unscheinbare Restaurant, in dem vor allem Kebabs zubereitet werden. ⌚ tgl. 12–16 und 19–21.30 Uhr.

TRANSPORT

Halbtagstouren von KASHAN gibt es für rund 20 €, von NATANZ für rund 10 €.

Wer übernachten möchte, nimmt ein **Taxi** von KASHAN (1 Std.) für rund 1 Mio. IRR, von NATANZ (3/4 Std.) für rund 400 000 IRR.

Natanz

Ausgesprochen schön ist die aus dem 14. Jh. stammende **Freitagsmoschee** mit angeschlossenem **Mausoleum** von Scheich Abd as-Samad. Die Kuppel des Mausoleums ist innen mit Muqarnas übersät und von außen durch das türkisfarbene Zeltdach erkennbar. Von einem einstigen **Sufi-Kloster** ist nur noch das reich verzierte Portal mit Schriftbändern und türkisfarbenen Fliesen erhalten geblieben. ⌚ Freitagsmoschee tgl. 8–12 und 14–18 Uhr, Mausoleum Di–So 8–16 Uhr, 100 000 IRR. Ein schmaler Weg etwas nordwestlich der Anlage führt zu den Überresten eines sassanidischen **Feuertempels**.

Die Stadt erhielt in den letzten Jahren immer wieder weltweite Aufmerksamkeit wegen der wenige Kilometer nördlich gelegenen unterirdischen **Atomanlage** zur Urananreicherung, die 2002 von der Atominspektion entdeckt wurde. Reisende müssen sich davon aber nicht verunsichern lassen, vorausgesetzt, sie beachten das strikte Fotografier- und Filmverbot, wenn sie an der Anlage vorbeifahren. Tatsächlich lohnt sich ein Besuch der Stadt, der leicht mit einer Weiterfahrt nach Esfahan oder Kashan verbunden werden kann. Nach Abyaneh ist es von hier ein Katzensprung.

ÜBERNACHTUNG

Matin Abad Eco-Resort, in Matin Abad, rund 50 km nördlich von Natanz, kurz nach Badrud, ✆ 021-8871 5232, 💻 www.matinabad.com. Vielfach ausgezeichnet und schon wegen der hauseigenen Obst- und Gemüsefarm und des Bio-Restaurants einen Besuch wert. Den Besitzern war Nachhaltigkeit von Beginn an ein Anliegen. Zelte und Hütten ohne eigenes Bad sind mit bis zu 3 Mio. IRR etwas günstiger als die Doppelzimmer, Mittagessen ist dabei. Insgesamt leider recht teuer, dafür sind die Zimmer aber auch wirklich schön eingerichtet. Eine gute Anlaufstelle für Touren in die nähere Umgebung zu Dünen und Canyons, auch Fahrradverleih. ❹

Tavassolian Traditional House, Kehnoo Parish, links an der Moschee vorbei, ✆ 0135-421 1213, und 0913-277 4683, 💻 www.kehnoo.ir, tavassolian_house. Einen Schlafplatz in den traditionellen Zimmern mit Matratzen auf dem Boden gibt es für 10 € p. P. Die Räume haben mit ihren Perserteppichen, Wandnischen und beigefarbenen Wänden einen wohlig warmen Charakter. Das historische Haus steht Besuchern offen, weswegen auch auf die Kopftuchpflicht gepocht wird. Trotzdem eine Wohlfühloase mit einem entzückenden Innenhof voller kleiner Details. Für rund 230 000 IRR wird auch gekocht, normalerweise stehen vier verschiedene Gerichte zur Auswahl.

ESSEN

Charsooq Traditional Restaurant, Malek-e Ashtar St., ✆ 031-5422 1301. Ein netter Laden mit einer überschaubaren Auswahl an persischen Gerichten und englischer Speisekarte. ⌚ tgl. 18–22 Uhr.

Kohab Garden Restaurant, neben der Karawanserei Shah Abbasi, ✆ 0913-962 3881. Insbesondere wegen des netten Ambientes im lauschigen Garten mit plätschernden Wasserkanälen zu empfehlen. Brot wird in traditionellen Öfen gebacken. ⌚ tgl. 12–15, 18–22 Uhr.

EINKAUFEN

Natanz ist für seine schöne **Keramik** bekannt, der Laden der Ebadis ist auf jeden Fall einen Besuch wert, auch weil man den Meistern bei der Arbeit zusehen kann: **Abbas und Reza Ebadi**, Malek-e Ashtar St., ✆ 0913-162 3910 und 0913-961 4159, 💻 www.natanzebadi.ir, 📷 natanz_ebadi, ⌚ tgl. 8–19 Uhr.

TRANSPORT

Taxis nach KASHAN (1 Std.) rund 700 000 IRR, nach ESFAHAN (1 1/2 Std.) rund 1,5 Mio. IRR, nach NAIN (1 3/4 Std.) rund 1,8 Mio. IRR.

Ardestan und Zavareh

Das seldschukisch geprägte **Ardestan** liegt rund 60 km südöstlich von Natanz. Neben seinem ansehnlichen Altstadtkern mit Wasserspeichern, einem Bazar und einer Freitagsmoschee verfügt es auch über ein historisches Sufi-Kloster, das Pir-e Mortaza Ende des 14. Jhs. stiftete. Als er dort seine letzte Ruhestätte fand, wurde es auch zum Mausoleum.

An der Masjed-e Jameh sind gleich mehrere Handschriften großer Dynastien erkennbar. Prinzipiell wurde sie zwischen dem 10. und 12. Jh. errichtet und umgebaut. Die Seldschuken waren u. a. für den Stuck-Mihrab im Kuppelbau verantwortlich, der aber im 14. Jh. von den Ilkhaniden erheblich umgestaltet wurde.

Das 17 km östliche **Zavareh** hat ebenfalls eine interessante Altstadt mit einem Wasserspeicher, Bazar, Moscheen und Heiligtümern. Auch hier geht die Freitagsmoschee auf die Herrschaft der Seldschuken und das 12. Jh. zurück. Sie gilt als die dokumentiert älteste Vier-Iwan-Moschee (1135) in Iran. Längst zerstört ist die Pamenar-Moschee – nur das rund 20 m hohe Minarett aus dem Jahr 1068 hat überlebt und gilt wiederum als ältestes Minarett des Landes.

TRANSPORT

Taxis nach Kashan (1 1/2 Std.) für rund 1,4 Mio. IRR, nach Natanz (45 Min.) rund 850 000 IRR und nach Nain (1 Std.) rund 1,2 Mio. IRR.

3 HIGHLIGHT

Esfahan

Esfahan wurde im 17. Jh. dank den Safawiden zur Perle des Orients schlechthin. Bald erzählte man sich bis weit nach Europa von der schier unfassbaren Schönheit der Stadt. Reisende hielten in ihren Tagebüchern schon vor über 200 Jahren fest, dass die Paläste und Sakralbauten in Europa, so wundervoll sie auch sein mögen, nicht an den Glanz und Prunk der Bauten Esfahans heranreichen könnten. Die detailreiche Ornamentkunst, die kräftigen und zugleich harmonisch eingesetzten Farben, die kunstvollen Wandgemälde und Mosaike berauschen Reisende damals wie heute. Angesichts dessen ist es schade, dass nicht mehr Touristen ihren Weg hierher finden. Verglichen mit touristischen Highlights in anderen Ländern geht es hier sehr beschaulich zu.

Man muss kein Experte sein, um zu sehen, was hier für architektonische Meisterleistungen vollbracht wurden. Die islamische Baukunst präsentiert sich in allerhöchster Perfektion. Iran hat zweifellos viele meisterhafte Architektur- und Kunstschätze zu bieten, aber die Fülle der safawidischen Prunkbauten Esfahans bleibt unvergleichlich.

Und doch hat die heutige Stadt auch einige Schönheitsfehler. So werden immer mehr Betonklötze errichtet und der Verbreiterung von Verkehrswegen der 2 Mio. Einwohner zählenden Stadt fallen teilweise historische Bauwerke zum Opfer.

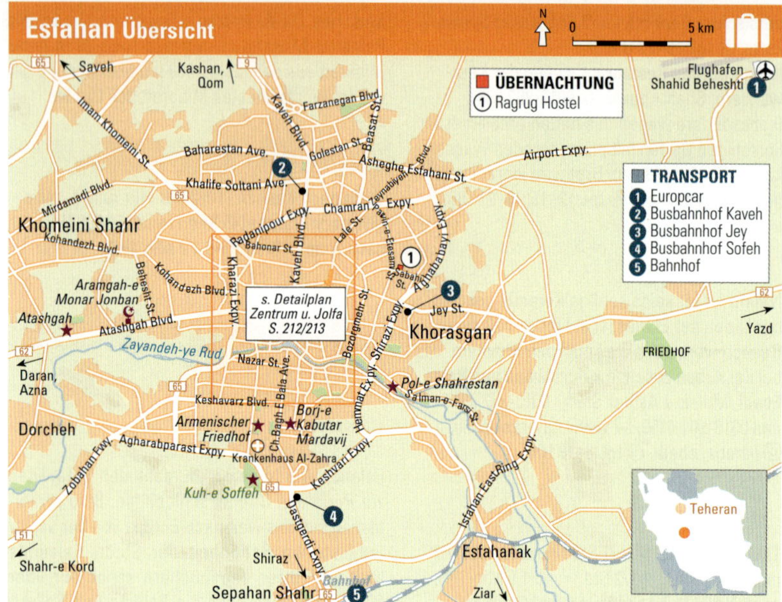

Geschichte

Über die frühen Jahrhunderte spielte Esfahan keine große Rolle. Zwar war es unter den Parthern Provinzhauptstadt und wurde von den Sassaniden als militärisches Zentrum genutzt, aber erst die **Seldschuken** verhalfen Esfahan im 11. Jh. zu wahrer Größe als neue Reichshauptstadt. Auf der Südroute der Seidenstraße gelegen, durchquerten unzählige Karawanen die Stadt. Bedeutende Gelehrte, Künstler und Philosophen tummelten sich in den Straßen, der Handel florierte – Esfahan wurde zur mittelalterlichen Weltstadt. Diese erste Blüte unterbrach **Timur** mit seiner Eroberung im Jahr 1387. Danach wurde es verhältnismäßig ruhig um die einst wohlhabende Stadt. Von der mittelalterlichen Bausubstanz ist heute leider nur wenig zu sehen. Lediglich die Freitagsmoschee und ein paar andere Minarette zeugen davon.

Als der Safawiden-König **Abbas I.** 1598 entschied, den Regierungssitz von Qazvin nach Esfahan zu verlegen, befreite er das einstige Juwel nicht nur aus einem Dornröschenschlaf, sondern erfand die Stadt neu. Nach ihm und der Umsetzung seines städtebaulichen Masterplans war Esfahan nicht mehr wiederzuerkennen. Die rege Bautätigkeit kannte kein Ende und wurde unter den Nachfolgern fortgesetzt – mit dem Ergebnis, dass Esfahan weit über hundert Moscheen, viele Dutzende theologische Schulen, etliche Karawansereien und sage und schreibe an die 200 öffentliche Bäder sein Eigen nennen konnte.

Schah Abbas I. scheute keine Mühen und Kosten, orderte Baumeister, Handwerker und Künstler aus dem ganzen Reich nach Esfahan. Das einstige seldschukische Stadtzentrum rund um die Freitagsmoschee ließ er links liegen, um südlich des Bazars ein völlig **neues Stadtzentrum** mit breiten Alleen, Prunkplätzen und -palästen aus dem Boden zu stampfen. Der Safawiden-König war ein Stratege, die massenhafte Errichtung extravaganter Bauwerke war weniger Ausdruck von Verschwendungssucht als politisches Programm. Der städtebauliche Glanz Esfahans sollte den safawidischen Herrschaftsanspruch untermauern. Schon allein wegen der zur Schau gestellten Pracht Esfahans sollte niemand mehr wagen, die Safawiden infrage zu stellen. Pompösen Sakralbauten maß man eine besondere Bedeutung bei, weil Abbas I. das Schiitentum als Staatsreligion durchsetzte und sich gegenüber den sunnitischen Nachbarn abgrenzen wollte. Schließlich wurde Esfahan im 17. Jh. wieder zu einer der reichsten und größten Städte der Welt. Es hat also seine Berechtigung, dass ein persisches Sprichwort besagt, Esfahan sei die Hälfte der Welt.

Meydan-e Naqsh-e Jahan

Kaum jemand widersteht dem Charme dieses Platzes mit den lieblichen Arkadengängen, den reich geschmückten Palästen und Moscheen, den vorbeiziehenden Pferdekutschen und dem zentralen Wasserbecken samt Springbrunnen. Der Platz, der unter anderem als Marktplatz, Gerichtsort und für Polospiele genutzt wurde, überwältigt nicht zuletzt aufgrund seiner Ausmaße (9 ha) – nur der Platz des Himmlischen Friedens in Peking ist noch größer. Das neue urbane Zentrum wurde zwischen 1598 und 1629 errichtet und ausgebaut. Schah Abbas I. war um die Zentralisierung seines Reiches bemüht, was ihm auch eindrücklich gelang. So vereint der prunkvolle Platz mit seinen eingefassten Bauwerken Religion, Politik und Wirtschaft und symbolisiert die Verschmelzung des weltlichen und geistlichen Herrschaftsanspruchs der Safawiden.

Wer sich zunächst einen Überblick verschaffen will, ist entweder bei der Aussichtsplattform des Palastes Ali Qapu oder aber auf der **Galerie über dem zentralen Eingangstor zum Bazar** an der Nordseite des Platzes gut aufgehoben. Dort wurde ein **Museum** eröffnet, das einen herrlichen Blick auf die Königsmoschee eröffnet. ⏲ Sa–Do 9–14 und 16–22 Uhr, 100 000 IRR.

Natürlich ist der Platz Unesco-Weltkulturerbe, und natürlich sind die hier stehenden Bauwerke von immenser Bedeutung für die Kunst- und Kulturgeschichte, aber letztendlich handelt es sich noch aus einem gänzlich anderen Grund um einen der schönsten Plätze der Welt: Besonders in den wärmeren Monaten des Jahres finden sich abends zahlreiche Einheimische und Ausflügler hier ein und füllen den Platz mit Leben. Wie viele Menschen sich hier auch tummeln, im Weg steht sich niemand. Man nimmt Rücksicht aufeinander, lacht, scherzt, picknickt auf den großen Grünflächen und genießt zusammen mit Familie und Freunden die herrschaftliche Kulisse. Was für eine wunderbare Möglichkeit für Reisende, mit Einheimischen ins Gespräch zu kommen!

Unter den Safawiden wurde der Platz Meydan-e Shah genannt, wobei der im Namen enthaltene „König" auf den zwölften verborgenen Imam des Zwölfer-Schiitentums verweist. Dem Umstand trug dann der nachrevolutionäre Name des Platzes, **Meydan-e Imam**, Rechnung. Die islamische Führung des Landes wollte verhindern, dass das Wort „Schah" andere Assoziationen weckte. Aber ganz zu Beginn hieß der Platz Naqsh-e Jahan, was so viel wie „Abbild der Welt" bedeutet, und dieser Name hält sich bis heute, während so gut wie niemand vom Meydan-e Imam spricht.

Der Platz unterscheidet sich (vor allem abends) wohltuend von so vielen anderen imperialen Plätzen, die penibel gepflegt werden, aber menschenleer bleiben. Hier vertreibt niemand die Leute von den Grünflächen, nur um den Rasen zu schonen. Mit den ausgerollten Perserteppichen, dem mitgebrachten Essen und den herumtollenden Kindern bildet der Platz die Welt also von einer ihrer schönsten Seiten ab.

Für den Besuch des Platzes, des dazugehörigen Ensembles an Bauwerken und etwaige Streifzüge durch die umliegenden Kunsthandwerksläden vergeht schon mal ein halber Tag, also die Schließzeiten einkalkulieren.

Arkadengänge

In den zweistöckigen Arkadengängen rings um den rechteckigen Platz finden sich unzählige kleine **Handwerks- und Souvenirläden** der allerfeinsten Art. Von Zeit zu Zeit hört man das Klopfen einzelner Handwerker, die in ihren Läden teils atemberaubend schöne Messingarbeiten für große Auftraggeber wie Hotels anfertigen. Daneben gibt es erschwingliche Handwerkskunst zu erwerben, auch wenn Souvenirs in Esfahan teurer sind als anderswo. Die Läden hier fassen beinahe die ganze Bandbreite persischen Kunsthandwerks zusammen. Von feinen Perserteppichen über Miniaturmalerei,

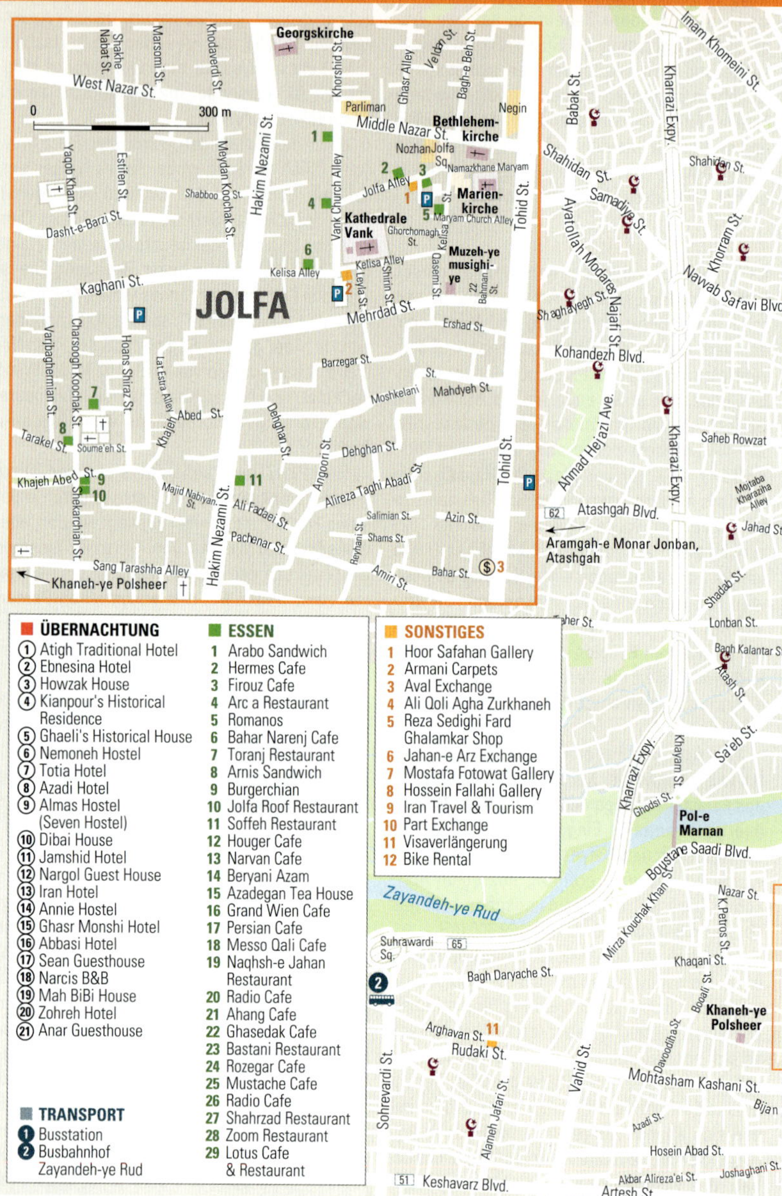
Esfahan Zentrum und Jolfa
ÜBERNACHTUNG
1 Atigh Traditional Hotel
2 Ebnesina Hotel
3 Howzak House
4 Kianpour's Historical Residence
5 Ghaeli's Historical House
6 Nemoneh Hostel
7 Totia Hotel
8 Azadi Hotel
9 Almas Hostel (Seven Hostel)
10 Dibai House
11 Jamshid Hotel
12 Nargol Guest House
13 Iran Hotel
14 Annie Hostel
15 Ghasr Monshi Hotel
16 Abbasi Hotel
17 Sean Guesthouse
18 Narcis B&B
19 Mah BiBi House
20 Zohreh Hotel
21 Anar Guesthouse
ESSEN
1 Arabo Sandwich
2 Hermes Cafe
3 Firouz Cafe
4 Arc a Restaurant
5 Romanos
6 Bahar Narenj Cafe
7 Toranj Restaurant
8 Arnis Sandwich
9 Burgerchian
10 Jolfa Roof Restaurant
11 Soffeh Restaurant
12 Houger Cafe
13 Narvan Cafe
14 Beryani Azam
15 Azadegan Tea House
16 Grand Wien Cafe
17 Persian Cafe
18 Messo Qali Cafe
19 Naqhsh-e Jahan Restaurant
20 Radio Cafe
21 Ahang Cafe
22 Ghasedak Cafe
23 Bastani Restaurant
24 Rozegar Cafe
25 Mustache Cafe
26 Radio Cafe
27 Shahrzad Restaurant
28 Zoom Restaurant
29 Lotus Cafe & Restaurant
SONSTIGES
1 Hoor Safahan Gallery
2 Armani Carpets
3 Aval Exchange
4 Ali Qoli Agha Zurkhaneh
5 Reza Sedighi Fard Ghalamkar Shop
6 Jahan-e Arz Exchange
7 Mostafa Fotowat Gallery
8 Hossein Fallahi Gallery
9 Iran Travel & Tourism
10 Part Exchange
11 Visaverlängerung
12 Bike Rental
TRANSPORT
1 Busstation
2 Busbahnhof Zayandeh-ye Rud
JOLFA
0
300 m
Georgskirche
Bethlehem-kirche
Marien-kirche
Kathedrale Vank
Muzeh-ye musighi-ye
Parliman
Negin
NozhanJolfa Sq
West Nazar St.
Middle Nazar St.
Jolfa Alley
Kelisa Alley
Kaghani St.
Mehrdad St.
Hakim Nezami St.
Tohid St.
Vank Church Alley
Khorshid St.
Meydan Koochak St.
Dasht-e-Barzi St.
Barzegar St.
Mahdyeh St.
Dehghan St.
Alireza Taghi Abadi St.
Ali Fadaei St.
Pachenar St.
Amiri St.
Sang Tarashha Alley
Khaneh-ye Polsheer
Aramgah-e Monar Jonban, Atashgah
Atashgah Blvd.
Kohandezh Blvd.
Shahidan St.
Imam Khomeini St.
Kharrazi Expy.
Navvab Safavi Blvd.
Ayatollah Modares Najafi St.
Ahmad Hejazi Ave.
Saheb Rowzat
Jahad St.
Zayandeh-ye Rud
Pol-e Marnan
Boustane Saadi Blvd.
Suhrawardi Sq.
Bagh Daryache St.
Arghavan St.
Rudaki St.
Sohrevardi St.
Vahid St.
Mohtasham Kashani St.
Keshavarz Blvd.
Hosein Abad St.
Artesh St.
Khaneh-ye Polsheer

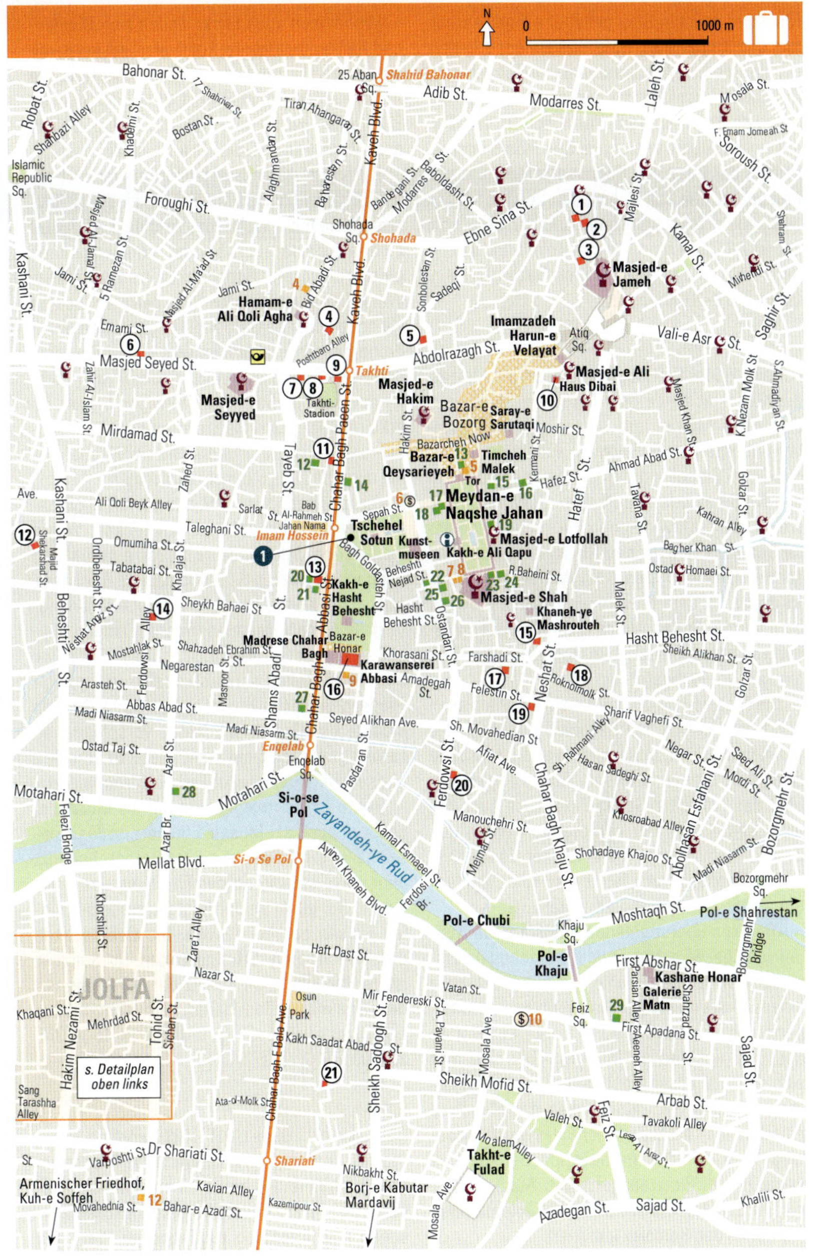
N
0
1000 m
Bahonar St.
17 Shahrivar St.
25 Aban Sq.
Shahid Bahonar
Adib St.
Modarres St.
Laleh St.
Mosala St.
Robat St.
Shahbazi Alley
Khademi St.
Bostan St.
Tiran Ahangaran St.
F. Emam Jomeah St.
Soroush St.
Islamic Republic Sq.
Foroughi St.
Alaghmandan St.
Baharestan St.
Kaveh Blvd.
Bandegani St.
Modarres St.
Baboldasht St.
Ebne Sina St.
Majlesi St.
Kamal St.
Shahram St.
Masjed-e Jamal St.
Shohada Sq.
Shohada
Kashani St.
5 Ramezan St.
Jami St.
Masjed Al-Ma'ad St.
Bid Abadi St.
Sonbolestan St.
Sadeqi St.
Masjed-e Jameh
Mirhendi St.
Saghir St.
Hamam-e Ali Qoli Agha
Imamzadeh Harun-e Velayat
Atiq Sq.
Vali-e Asr St.
Emami St.
Masjed Seyed St.
Poshtbaro Alley
Abdolrazagh St.
Takhti
Masjed-e Ali
Haus Dibai
Zahir Al-Islam St.
Masjed-e Seyyed
Takhti-Stadion
Masjed-e Hakim
Bazar-e Bozorg
Saray-e Sarutaqi
Moshir St.
Masjed Khan St.
K. Nezam Molk St.
S. Ahmadiyan St.
Mirdamad St.
Zahed St.
Tayeb St.
Chahar Bagh Paeen St.
Hakim St.
Bazarcheh Now
Bazar-e Qeysarieyeh
Timcheh Malek
Tor
Kermani St.
Hafez St.
Ahmad Abad St.
Golzar St.
Ave.
Ali Qoli Beyk Alley
Sarlat St.
Bab Al-Rahmeh St.
Jahan Nama
Sepah St.
Meydan-e Naqshe Jahan
Hatef St.
Tavana St.
Kahran Alley
Taleghani St.
Imam Hossein
Tschehel Sotun
Kunstmuseen
Kakh-e Ali Qapu
Masjed-e Lotfollah
Bagher Khan St.
Omumiha St.
Majd Shekarshad St.
Ordibehesht St.
Khalaja St.
Tabatabai St.
Bagh Goldasteh St.
Beheshti Nejad St.
R. Baheini St.
Ostad Homaei St.
Masjed-e Shah
Malek St.
Beheshti St.
Neshat Angiz St.
Alley
Sheykh Bahaei St.
Kakh-e Hasht Behesht
Hasht Behesht St.
Ostandari St.
Khaneh-ye Mashrouteh
Hasht Behesht St.
Sheikh Alikhan St.
Mostahlak St.
Ferdowsi St.
Shahzadeh Ebrahim St.
Negarestan St.
Madrese Chahar Bagh
Bazar-e Honar
Karawanserei Abbasi
Khorasani St.
Farshadi St.
Neshat St.
Roknolmolk St.
Arasteh St.
Masroor St.
Shams Abadi St.
Chahar Bagh Abbasi St.
Amadegah St.
Felestin St.
Abbas Abad St.
Madi Niasarm St.
Seyed Alikhan Ave.
Sh. Movahedian St.
Sharif Vaghefi St.
Ostad Taj St.
Azar St.
Enqelab
Enqelab Sq.
Pasdaran St.
Afiat Ave.
Sh. Rahmani Alley
Hasan Sadeghi St.
Negar St.
Saed Ali St.
Mordi St.
Bozorgmehr St.
Motahari St.
Si-o-se Pol
Zayandeh-ye Rud
Ferdowsi St.
Chahar Bagh Khaju St.
Abolhasan Esfahani St.
Khosroabad Alley
Felezi Bridge
Azar Br.
Kamal Esmaeel St.
Manouchehri St.
Mellat Blvd.
Si-o Se Pol
Ayineh Khaneh Blvd.
Mejmar St.
Shohadaye Khajoo St.
Madi Niasarm St.
Bozorgmehr Sq.
Ferdosi Br.
Khorshid St.
Pol-e Chubi
Khaju Sq.
Moshtaqh St.
Pol-e Shahrestan
Zare'i Alley
Haft Dast St.
Pol-e Khaju
Bozorgmehr Bridge
First Abshar St.
Kashane Honar
Nazar St.
JOLFA
Vatan St.
Parsian Alley
Galerie Matn
Osun Park
Mir Fendereski St.
Khaqani St.
Mehrdad St.
Hakim Nezami St.
Tohid St.
Sichan St.
Feiz Sq.
Shahzad St.
First Apadana St.
A. Payami St.
Mosala Ave.
Chahar Bagh E Bala Ave.
Sheikh Sadoogh St.
Kakh Saadat Abad St.
Aeeneh Alley
Sajad St.
s. Detailplan oben links
Sang Tarashha Alley
Sheikh Mofid St.
Ata-ol-Molk St.
Arbab St.
Valeh St.
Feiz St.
Tavakoli Alley
St.
Varposhti St.
Dr Shariati St.
Shariati
Moalem Alley
Takht-e Fulad
Lesan Al Arz St.
Nikbakht St.
Armenischer Friedhof, Kuh-e Soffeh
Kavian Alley
Movahednia St.
Bahar-e Azadi St.
Kazemipour St.
Borj-e Kabutar Mardavij
Mosala Ave.
Azadegan St.
Sajad St.
Khalili St.

Minakari, meist in Blau gehaltene Emaillearbeiten, und Khatamkari, Holz- und Einlegearbeiten, bis hin zu edlen Ausführungen von Schach- und Backgammonspielbrettern ist alles zu finden.

Zwischendurch kann man sich in den Eisdielen mit Süßem versorgen. Besonders interessant ist der **Bazar der Kupferschmiede** (Bazar-e Masgarha). Um den Schmieden bei ihrer Arbeit zuzusehen, folgt man dem Arkadengang vom Palast Ali Qapu rund 150 m nördlich und zweigt dann links in den überdachten Bazargang ein, ⌚ Sa–Do 9–20.30 Uhr.

Masjed-e Shah

Für das kolossale Hauptmonument des Platzes, die Königsmoschee oder Masjed-e Shah, wurden keine Mühen und Kosten gescheut. Viele Hunderttausende Fayencekacheln und Abermillionen Ziegel wurden herbeigeschafft, um den Materialbedarf zu decken. Schah Abbas I. wollte der safawidischen Herrschaftsdynastie und dem schiitischen Glauben ein Denkmal sondergleichen setzen. Kein Wunder also, dass 19 Jahre an dem gewaltigen Baukomplex gebaut wurde. Schah Abbas I. konnte die Einweihung nicht mehr miterleben, sondern starb 1629, ein Jahr vor Fertigstellung.

Die Masjed-e Shah wurde wie der Platz auch nach der Islamischen Revolution in Masjed-e Imam umbenannt, tatsächlich war die Moschee zwar dem Safawiden-König Abbas I. geweiht, aber das Wörtchen Schah bezog sich auch damals schon auf den verborgenen Imam des Zwölfer-Schiitentums als König der Könige. Mit der Namensänderung folgte also keine Umdeutung, aber durchaus eine Klarstellung.

Die alles überstrahlende türkisfarbene **Kuppel** von über 50 m Höhe und die prächtigen Iwane samt Minaretten strahlen weit über den Platz hinaus. Das von blauen Fliesen übersäte Hauptportal mit seinen rund 40 m hohen Minaretten und dem kunstvollen Muqarna-Gewölbe fügt sich noch nahtlos in die Arkadengänge des Platzes ein. Doch die Gebetshallen der Moschee mussten nach Mekka ausgerichtet werden, deswegen ist der dahinterliegende Baukomplex versetzt zum Platz ausgerichtet. Auch theologische Schulen mit Wohn- und Studienräumen wurden in den Komplex integriert.

Wohin man auch blickt, finden sich Blumen- und Rankenornamente, kombiniert mit kunstvollen Koranschriften des Kalligrafen Ali Reza. Die Anlage spielt vor allem mit unterschiedlichen Blautönen, wobei jeder kleinste Winkel über dem Marmorsockel mit Fliesen verkleidet ist.

Bei islamischen Sakralbauten sind Farben- und Ornamentkunst nicht einfach bloßer Selbstzweck, vielmehr wollte der Architekt Ali Akbar Esfahani damit auch bei der Königsmoschee einen religiösen Leitgedanken transportieren. Wenn Gläubige die Moschee betraten, sollten sie angesichts der farbenprächtigen Innenwände bereits ahnen können, was sie im Paradies erwartet. Der verschwenderische Prunk steht für den üppigen Reichtum im ewigen Garten. So erklären sich auch die vielen pflanzlichen Motive und die blaue Grundfläche der Kuppel, die mit dem Blau des Himmels verschmilzt.

Die persische Kunst, Wände mit farbenprächtigen **Fayencekacheln** zu schmücken, zeigte sich schon Jahrhunderte davor eindrücklich bei den Bauwerken Samarkands und Bucharas, aber in der Königsmoschee von Esfahan erlangte sie höchste Vollendung. Trotz der langen Bauphase arbeiteten die Künstler unter Zeitdruck und entwickelten schließlich eine völlig neue Fliesenbrenntechnik namens Haft Rangi. Nur die machte es möglich, mit vielen verschiedenen Farben gleichzeitig auf einer Fliese zu arbeiten, aber ein Verlaufen dieser Farben zu verhindern.

Heute ist die Anlage nicht nur als Moschee, sondern auch als Museum tituliert, sodass Eintritt fällig wird. Das ist gerechtfertigt, bedenkt man, dass ständig an der Erhaltung der Anlage und vor allem an der Restaurierung der vielen Fliesen gearbeitet wird. Die Gebetszeiten unterbrechen die Öffnungszeiten, im Sommer ist der Innenhof zum Schutz der Gläubigen vor der Hitze mit weißen Planen überdacht, Stative sind nicht erlaubt. ⌚ tgl. 9–11.30, 13–16.30 Uhr, 200 000 IRR.

Kakh-e Ali Qapu

Der Kakh-e Ali Qapu (1611–1629), wörtlich „hohe Pforte", repräsentiert die weltliche Macht am Platz und bietet bis heute einen schönen Ausblick. Der Palast gilt als Verbindungsglied zwischen dem öffentlich zugänglichen Platz und den dahinterliegenden privaten Gärten und Palästen des Hofes. Wie einst Schah und Hofstaat können Reisende von der weitläufigen **Veranda** das Treiben auf dem Platz beobachten – 18 Säulen tragen ihr reich geschmücktes Holzdach. Eigentlich war der Vorbau aber von Schah Abbas I. nicht vorgesehen. Zunächst gab es nur den mehrstöckigen Turmbau ohne Vorsprung, der dem Schah nicht nur für Feste diente: Auch die Justiz war hier untergebracht.

Einen engen und gewundenen Treppenaufgang geht es hinauf bis in den obersten fünften Stock. Die Wände sind überzogen mit Blumenmustern und zuweilen auch Vögeln. Besonders ist aber, dass Gips die Wände verkleidet und zugleich einen Hohlraum zu ihnen schafft. In diese eigenwillige Ummantelung wurden viele kleine Gefäßumrisse geschnitten. Das und die vielen Glas- und Metallgefäße sorgten für eine hervorragende Akustik, weswegen auch vom **Musikzimmer** gesprochen wird. Teils fanden hier kleine Empfänge statt, mehr Platz bot dafür aber der darunterliegende **Thronraum**.

Kein Stativ erlaubt. 🕒 tgl. 9–16, Sommer 9–18 Uhr, 200 000 IRR.

Masjed-e Lotfollah

Dieser Moschee fehlt es gleich an zwei für jene Zeit zentralen Bauelementen: Sie besitzt weder Minarette noch einen Innenhof, ist verhältnismäßig klein und gilt dennoch als eine der schönsten Moscheen des Landes, wenn nicht sogar weltweit. Wenn Reisende erst einmal das mächtige Eingangsportal und den verwinkelten Gang zur nach Mekka ausgerichteten Gebetshalle hinter sich lassen, erkennen sie auch warum: Die Wände und Kuppel sind im Innern mit überaus farbenprächtigen und detailreichen Fayencekacheln überzogen. Der Architekt Ali Reza Abbasi hat sich mit dem harmonischen Gesamtkunstwerk selbst übertroffen.

Benannt wurde die zwischen 1602 und 1619 erbaute Moschee nach dem verstorbenen Schwiegervater von Schah Abbas I., der auch ein geistlicher Gelehrter war. Die Moschee gilt als Privatmoschee des Schahs, wissenschaftlich gesichert ist diese Deutung aber nicht. Durch einen unterirdischen Gang ist sie mit dem Palast Ali Qapu verbunden, wodurch die Frauen des Hofes, abgeschirmt von fremden Blicken, zur Moschee gelangten. Nicht selten verwei-

Sobald die Sonne untergeht, füllen Iraner den Meydan-e Naqsh-e Jahan.

len Besucher hier viel länger als geplant, setzen sich mit Blick nach oben auf den steinernen Boden und vergessen die Welt um sich herum.

🕒 tgl. 9–11.30, 13–16.30, Sommer 9–11.30, 13–18 Uhr, 200 000 IRR.

Durch den Bazar-e Bozorg zur Masjed-e Jameh

Im **Großen Bazar** schlägt das wirtschaftliche Herz der orientalischen Stadt. Der Fußweg von 1,5 km vom nördlichen Eingangsportal am Meydan-e Naqsh-e Jahan zur Masjed-e Jameh, der Freitagsmoschee, im Norden führt zum überwiegenden Teil durch die überdachten und verzweigten Bazargassen, wo auch heute noch Einkäufe jeder Art erledigt werden. So verwundert es auch nicht, dass es neben betörenden Gewürz- und Kunsthandwerksläden auch weniger dekorative Teile des Bazars gibt, wo etwa Haushaltsgeräte angeboten werden. Das macht die Bazare aber auch so authentisch. 🕒 Großer Bazar Sa–Do 9–20.30 Uhr, Fr haben vereinzelt Läden offen.

Der südliche Teil des Bazarkomplexes entstand als **Bazar-e Qeysarieyeh**, als königlicher Bazar, unter den Safawiden, um den enormen Waren- und Dienstleistungsbedarf des Hofes im neuen Stadtteil zu decken. Er wurde mit dem Bazar aus seldschukischer Zeit verbunden. Von der mittelalterlichen Bausubstanz ist heute aber so gut wie nichts mehr zu sehen. Das Qeysariey-Tor als monumentaler Eingang zum Bazar schmückt sich mit Fresken, die vor allem königliche Jagdszenen und Schlachten zeigen.

Reisende biegen von der dahinterliegenden Hauptgasse des Bazar-e Qeysarieye gleich rechts ab, um Stoffdruckern bei der Arbeit zuzusehen, oder nehmen erst die zweite Gasse rechts, um nach der zweiten nördlichen Abbiegung zu der **Timcheh Malek** zu gelangen. Die beiden charakteristischen Hallen mit ihren reich verzierten Kuppeln sind die versteckten Schmuckkästchen der Bazare. Unmittelbar angeschlossen an die erst 1904 errichtete Timcheh ist ein kleiner, rechteckiger Hof namens **Saray**, der wiederum an der Westseite zum Handwerkerhof führt.

Der Gasse Bazarcheh Now in westlicher Richtung folgend, erreicht man den sehenswerten **Teppichbazar**, wo wenige Meter weiter nordwestlich die mit 4 ha riesige **Masjed-e Hakim** steht. Die reizvoll geschmückte Vier-Iwan-Moschee geht auf die Mitte des 17. Jhs. und Schah Abbas II. zurück. Allerdings stiftete Hakim Mohammad Dawud, Hofarzt des Königs, den Bau, nachdem er in Indien unter den Großmoguln großes Vermögen angehäuft hatte.

Zurück zum Teppichbazar und rund 300 m östlich der Bazarcheh Now befindet sich die überaus schöne Hofanlage **Saray-e Sarutaqi**.

Besucher nehmen von dieser Hofanlage die Yakhchal Alley weiter östlich und biegen gleich die erste Gasse links gen Norden in die Moshir St. ab, um nach rund 300 m zum historischen **Haus Dibai** zu kommen. Vom restaurierten Hotel samt traditionellem Teehaus ist es nur noch ein Katzensprung bis zur nördlichen **Masjed-e Ali** und ihrem 50 m hohen Minarett aus dem 12. Jh. Es ist einer der wenigen Zeugen seldschukischer Baukunst. Die Moschee selbst wurde von den Safawiden wiederaufgebaut und massiv umgestaltet.

Gleich auf der gegenüberliegenden Seite der Moschee kann das **Imamzadeh Harun-e Velayat** aus dem frühen 16. Jh. besichtigt werden. Es ist nicht gesichert, wessen Sohn von welchem Imam hier begraben liegt, aber der Besuch ist wegen der Wandgemälde, die Imam Hoseyn und Imam Ali zeigen, interessant.

Masjed-e Jameh

Die **Freitagsmoschee** am südlichen Ende der Majlesi St. ermöglicht eine Zeitreise durch mehr als zehn Jahrhunderte iranische Baugeschichte. Etliche Herrscherdynastien und Bauherren haben dem Komplex ihren Stempel aufgedrückt, und das Resultat ist nicht umsonst Unesco-Weltkulturerbe. Der Haupteingang liegt an der südöstlichen Seite des Komplexes und fügt sich in die umliegenden Bazarläden ein.

Die erste Moschee wurde im 8. Jh. von den Abbasiden gestiftet. Der erste größere bauliche Eingriff folgte im 11. Jh. durch den Seldschuken-Herrscher Nizam al-Mulk, der kurzerhand über der südlichen Gebetsnische der Moschee eine Kuppel errichten ließ. Im gleichen Jahrhundert ergänzte der seldschukische Herrscher Taj al-Mulk einen zweiten Kuppelbau nahe dem Nordtor, der als der schönere der beiden und als herausragendes Beispiel seldschukischer Architektur gilt.

Nicht nur, dass die Handschriften so einiger Herrscher an der Freitagsmoschee ablesbar sind, weit über schönheitschirurgische Eingriffe hinaus vollzog sie eine komplette Transformation von einer arabischen Säulenmoschee hin zur persischen **Vier-Iwan-Moschee**. Das geschah vor allem infolge eines verheerenden Brandes unter seldschukischer Vorherrschaft, aber bereits im frühen 12. Jh. Fortan durchbrach jede der vier Seiten ein Iwan. Auch die zweistöckigen Arkaden, die den Innenhof umfassen, veränderten das Erscheinungsbild grundlegend. Hinter dem westlichen Iwan verewigte sich im 14. Jh. in einem Backsteingewölbe der ilkhanidische Wesir Mohammad Savi mit einer **Gebetsnische** (Mihrab) voller beeindruckender Stuckarbeiten. Von dort erreichen Besucher auch die timuridische **Wintergebetshalle** aus dem 15. Jh. Ihre blauen Mosaikfliesen erhielten die Hoffassaden ebenfalls von den Timuriden. Schließlich veredelten die Safawiden die Iwane mit komplexen Muqarnas und krönten den nordwestlichen Iwan mit zwei Minaretten.

◷ tgl. 9–18 Uhr, 200 000 IRR.

Hamam-e Ali Qoli Agha

Bis in das Jahr 2000 war das Bad aus dem frühen 18. Jh. in der Bid Abadi St., von der Kreuzung an der Masjed-e Seyyed St. 400 m nördlich, noch im Betrieb. Frauen und Männer nutzten es an abwechselnden Tagen. Heute sind an ihre Stelle Wachsfiguren getreten, mithilfe derer man sich den Ablauf eines traditionellen Hamam-Besuchs vorstellen soll. Die Räumlichkeiten sind mit schönen Fliesenarbeiten versehen und teilen sich in die zwei Hauptbereiche, einen kalten *sarbineh* und einen warmen *garmkhaneh*. Rund um den Hamam finden sich nette Kunsthandwerksläden. ◷ Sa–Do 9–14.30, 15.30–18, Winter 9–13.30, 14.30–17, Fr 9–13 Uhr, 150 000 IRR.

Masjed-e Seyyed

Die Moschee aus dem 19. Jh. in der Masjed Seyyed St., 300 m westlich der Kreuzung mit der Tayeb St., zählt zu den Freitagsmoscheen der Stadt und hat statt eines Minaretts untypischerweise einen Uhrturm an der Südseite. Die blaue Kuppel der Nordseite umschließt mit schönen Muqarnas an der Decke den Schrein des Geistlichen Seyyed, der hier begraben liegt. ◷ tgl. 9–20 Uhr.

Tschehel Sotun

Der Palast, heute Unesco-Weltkulturerbe, ist der größte aller Bauten im Palastbezirk und zeugt bis heute von der Extravaganz monarchischer Macht. Das dekadente Hofleben mit seinen exzessiven Räuschen und verschwenderischen Empfängen spielte sich im westlichen Teil der Neustadt hinter dem öffentlichen Meydan-e Naqsh-e Jahan ab.

Bereits von Schah Abbas I. veranlasst, konnte erst sein Nachfolger Abbas II. den Palast nach der Fertigstellung 1647 nutzen, wobei der Bau aber 1706 nach einem Brand wiedererrichtet werden musste. Der Weg führt über eine riesige Gartenanlage und ein weitläufiges Wasserbecken hin zur **überdachten Veranda**, die einen fließenden Übergang zwischen Garten und Bankett- bzw. Empfangssälen herstellt. Ihr flaches Dach ist mit farbigen Holzmosaiken ausgekleidet und wird von 20 Säulen getragen. Der Name des Palastes soll sich auf die Spiegelung dieser Säulen im Wasser beziehen, wodurch sich dann vierzig *(tschehel)* Säulen *(sotun)* ergeben. Tschehel heißt aber auch einfach nur „viele", weswegen diese Deutung nicht unbedingt stimmen muss.

Der hinter den Säulen liegende **Eingangs-Iwan** mit seinen vielen Spiegelmosaiken wirkt verheißungsvoll. Die Haupthalle ist durch an der Decke angedeutete Bögen dreigeteilt, die sechs große **Wandgemälde** an jeder Längsseite einfassen. Betritt man die Halle, findet man auf der linken und gegenüberliegenden Seite zunächst den von Schah Tahmasp I. ausgerichteten Empfang des indischen Sultans Humayun abgebildet. In der Mitte wird der Sieg Ismails I. über die Osmanen 1514 verherrlicht, und ganz rechts empfängt Schah Abbas I. den Khan von Turkestan, Vali Mohammad. Dreht man sich dann um, blickt man links auf eine weitere Empfangsszene, dieses Mal die des Khans aus Turkestan, Nader Mohammad, durch Schah Abbas II., während in der Mitte der Siegeszug von

Prächtige Wandgemälde und Deckendekor im Palast Tschehel Sotun

Nader Schah Afshar über den indischen Sultan Mohammad Schah 1739 abgebildet wird. Ganz rechts folgt die Schlacht Schah Ismails I. gegen die Usbeken unter Mohammad Sheybani im Jahr 1510.

Stellt man den Vergleich mit indischen Großmoguln oder osmanischen Sultanen an, fällt auf, dass die safawidischen Könige für ihre Gäste nahbar sein wollten. Der Palast der vierzig Säulen war kein Ort, an dem der Schah sich abschirmte. Ganz im Gegenteil trat er höchstpersönlich als Gastgeber auf und gefiel sich in dieser Rolle, was auch an einem der Ölgemälde im Palast zu erkennen ist. Dieses zeigt einen prächtigen Empfang des Khans aus Turkestan, bei dem der safawidische König Abbas I. auf der gleichen Ebene sitzt wie der Khan und diesem seine Teetasse reicht. Abgesehen davon gibt das Gemälde Aufschluss darüber, wie turbulent Feste am Hof gefeiert wurden und dass trotz der beginnenden Institutionalisierung des Schiitentums noch ganz andere Maßstäbe herrschten als die Jahrhunderte danach. Die einen Frauen tanzen, zwischen den anderen werden sexuelle Handlungen angedeutet, und ein Mann scheint dem Alkoholrausch zu erliegen – damals tranken auch Muslime noch Wein.

Unter den großen Ölgemälden finden sich auch verhältnismäßig kleine Bilder, die vor allem Liebes- und Gartenszenen zeigen. In den kleinen Nebenräumen sind weitere Malereien zu finden. Darüber hinaus ist auch ein kleines **Museum** in den Palast integriert. Sehr eigenwillig wirken die Gemälde an den Außengalerien, die Europäer darstellen.

Ein Stativ ist nicht erlaubt, vormittags gibt es noch besseres Licht und weniger Besucher. 🕒 tgl. 9–16.30 Uhr, 200 000 IRR. Zugang von der Ostandari St., am Naturhistorischen Museum vorbei mitten in die weitläufige Gartenanlage, knappe 600 m entfernt vom Palast Ali Qapu.

Muzeh-ye honarha-ye mo'aser Esfahan

Im Museum für zeitgenössische Kunst an der Ostandari St., direkt unterhalb des Zugangs zum Palast Tschehel Sotun, gibt es bislang nur Wechselausstellungen zu sehen, die immer wieder einen schönen Kontrast zum safawidischen Kulturprogramm der Stadt bieten. Es ist aber angedacht, auch eine Dauerausstellung der vielen archivierten Kunstschätze zu etablieren. ⌚ tgl. 9–11, 16–19 Uhr, 150 000 IRR.

Rakib Khaneh

Ebenfalls in der Ostandari St., in direkter Nachbarschaft zum zeitgenössischen Museum, zeigt dieses Museum für dekorative Kunst historische Kalligrafien, Miniaturmalereien, aber auch Textilkunsthandwerk vom Allerfeinsten. ⌚ Sa–Do 9–19 Uhr, 150 000 IRR.

Chahar Bagh

Reisende schwärmten einstmals von der Chahar Bagh als schönster **Promenade** der Welt. Sie muss mit ihren umliegenden Gärten und den dazugehörigen Palästen – an die 30 sollen es gewesen sein – überwältigend gewirkt haben. Die breite Promenade zog sich, gesäumt von Bäumen und Büschen, vom Nordwesten des Meydan-e Naqshe Jahan zum 1,5 km entfernten Fluss und schließlich weiter bis zum einstigen Garten Hezar Jarib. Heute kratzt das große Verkehrsaufkommen an der Bagh-e Goldaste St. erheblich an dem früheren Glanz des Areals.

Von den vielen Palästen ist nur noch einer erhalten. Nahe dem früheren Garten der Nachtigall steht der **Kakh-e Hasht Behesht**, wörtlich Pavillon der acht Paradiese, wohin vermutlich Haremsdamen Ausflüge unternahmen. Der achteckige Pavillon mit seinen zwei Stockwerken wirkt zunächst massiv, gewinnt aber durch die vier zum Garten hin offenen Iwane an Leichtigkeit. Glanzvoller Mittelpunkt ist ein Muqarna-Gewölbe an der Decke des Saals, das in Sachen Kunstfertigkeit seinesgleichen sucht. ⌚ tgl. 9–16.30 Uhr, 150 000 IRR.

Unmittelbar südlich der Gartenanlage des Hasht Behesht schließt sich der **Bazar-e Honar** an. Ein zentraler Bazargang führt an den dortigen Goldschmieden vorbei, ⌚ Sa–Do 9–20 Uhr.

Die **Madrese Chahar Bagh** an der Amadegah St. grenzt wiederum südlich an den Bazar an und ist schon aufgrund der mächtigen blauen Kuppel nicht zu übersehen. Dazu gehört ein schön begrünter Innenhof. Die theologische Schule geht auf das frühe 18. Jh. zurück und wurde von der Mutter des letzten Safawiden-Königs, Sultan Hoseyn, errichtet. Nur an Tagen zugänglich, an denen nicht unterrichtet wird, ⌚ Do 13–17, Fr 8–17 Uhr, 300 000 IRR.

Rechts von der Madrese findet sich die nunmehr als Luxushotel bekannte **Karawanserei Abbasi**. Generell reaktivierten die Safawiden alte Handelsstraßen und bauten Hunderte Karawansereien im ganzen Land, sodass dank dieser Förderung große Teile des Handels zwischen China und Europa wieder über Esfahan abgewickelt wurden. Gewiss beeindruckte die vielen ankommenden Karawanen die dekadente Pracht der Stadt nach den langen Reisen voller Entbehrungen. Die Karawanserei Abbasi stammt aus dem frühen 18. Jh. Im Erdgeschoss waren Läden für die kostbaren Waren untergebracht. Auf dem großen quadratischen Innenhof wurde lebhaft gehandelt, und im zweiten Stock fanden sich die Unterkünfte für die Händler. Nach der safawidischen Ära verlor die Karawanserei an Bedeutung und erlitt mehrmals große Schäden. 1957 entschied die Regierung, die Anlage zu restaurieren und in ein Hotel umzuwandeln. Da die Abbasi-Karawanserei also auch heute Reisende beherbergt, kann man wie bei etlichen anderen zu Hotels umfunktionierten Karawansereien nicht von einer Zweckentfremdung sprechen.

Der Innenhof des Hotels ist auch ohne eine kostspielige Übernachtung zu besichtigen, wenn man entweder höflich fragt oder aber eine Pause im dortigen Teehaus einlegt.

Khaneh-ye Mashrouteh

Von der südöstlichen Ecke des Naqsh-e Jahan geht es durch den Bazar-e Hassan Abbad weitere 400 m südöstlich. Das **Haus der Verfassung** trägt seinen Namen, weil sich hier zwischen 1905–1911 Politiker und Aktivisten der Konstitutionellen Revolution Irans tummelten. Einer der führenden Politiker dieser Bewegung, Haj Aqa Nourollah, ließ dieses Haus errichten. Heute werden diverse Gegenstände, die für die Konstitutionelle Revolution von Bedeutung sind, ausgestellt. ⌚ Sa–Do 8.30–17.30 Uhr, Eintritt frei, Guide 250 000 IRR pro Stunde.

Die Brücken des Zayandeh-ye Rud

Seit ein paar Jahren gibt der wichtigste Fluss der Provinz, der Esfahan zweiteilt, ein tristes Bild ab. Die angebrachten Verbotsschilder mit der Aufschrift „No Swimming" wirken wie blanker Hohn angesichts des meist völlig ausgetrockneten Flussbettes und des akuten Wassermangels in der Region. Besucher können sich glücklich schätzen, wenn sie an den wenigen Tagen im Jahr, an denen der Fluss Wasser führt, in der Stadt sind. Mitunter veranlasst das dann die Esfahanis dazu, sich bei den safawidischen Brücken zusammenzufinden und sich über das allgemeine Tanz- und Feierverbot hinwegzusetzen.

Ein ganz anderes Bild bot der mächtige Fluss zu Zeiten des florierenden Handels unter den Safawiden, als herrschaftliche Brücken, auf Persisch *pol*, den Fluss zierten. Die sehr weit östlich gelegene **Pol-e Shahrestan**, westlich der Kreuzung zwischen Baq Mashhad St. und Salman Farsi St., ist allerdings ein Relikt aus dem 11. Jh. Mit ihren für die Zeit überaus kunstfertigen Ziegelbögen ist sie ein meisterhaftes Beispiel seldschukischer Architektur, wenn sie auch im Vergleich zu den anderen Brücken wenig aufregend erscheint.

Dem Fluss in westlicher Richtung folgend, gelangt man am südlichen Ende der Tschahar Bagh Khaju Ave. zur safawidischen **Pol-e Khaju** aus dem Jahr 1650. Wenig verwunderlich, verzichteten die Safawiden auch bei der Brückengestaltung nicht auf Prunk. Als Verbindungsglieder mit den alten Handelsstraßen nach Shiraz waren die Brücken von großer Bedeutung. Die ankommenden Karawanen sollten bereits bei der Flussüberquerung vom Ruhm und Glanz des safawidischen Reiches und seiner Hauptstadt überzeugt werden.

Schah Abbas II. bediente sich eines früheren Brückenfundaments. Seine Baumeister schufen einen breiten Mittelgang für die Lasttiere der Karawanen. Links und rechts säumt ein für Fußgänger vorgesehener Bogengang mit einem aufgesetzten Arkadengang die Brücke. Die Mitte dieser steinernen Einfassung wird durch einen achteckigen Pavillon mit Aussichtsplattform unterbrochen. Die damalige Funktion als Damm ist heute noch an den Schleusentoren zu erkennen.

Besonders abends füllt sich die Brücke mit Leben. Zuweilen lassen Paare ihre Beine von den Nischen des oberen Arkadengangs baumeln, vor allem junge Leute sitzen in den schattigen Nischen der Bögen unterhalb, und Jogger halten am steinernen Vorsprung und Fußgängerbereich für Gymnastikübungen inne. Abends wird die Brücke beleuchtet. Von hier aus ist es nicht weit zu den modernen Galerien der Stadt, der Galerie Matn und dem Kashana Honar.

Zu Fuß sind es nur 500 m zur weiter westlich gelegenen **Pol-e Chubi** aus dem Jahr 1665. Die im Vergleich recht klein wirkende Brücke wurde als Kanal genutzt, um die königlichen Gärten mit Wasser zu versorgen.

Folgt man der Flusspromenade weitere 1,4 km westlich, steht man schließlich vor der 1602 fertiggestellten **Si-o-se Pol**. Vom Palastbezirk kommend, erreicht man die Brücke von der Madrese Tschahar Bagh nach 600 m gen Süden. Der Name bezieht sich auf die 33 Bögen und hat sich gegenüber der eigentlichen Benennung nach dem Stifter der Brücke, Pol-e Allahverdi, durchgesetzt. Sie war das Vorbild für die jüngere Pol-e Khaju. Nicht anders als bei der Khaju-Brücke sitzen auch hier Einheimische in den vielen schattenspendenden Nischen. Abends wird es besonders voll, und auch die Si-o-se Pol wird dann beleuchtet. In der Nähe liegen noch immer die angesichts der Dürre mehr als skurril wirkenden Tretboote in Schwanenform.

Nochmals 2,5 km weiter westlich überspannt schließlich die schlicht gestaltete, ebenfalls safawidische **Pol-e Marnan** den Fluss.

Zentren moderner Kunst

Südlich des Flusses, rund 600 m östlich der Pol-e Khaju an der First Abshar St., ist das **Kashane Honar** zu finden, ein traditionelles Haus und Kulturzentrum mit angeschlossenem Café, ☏ 031-3661 2141, ✉ kashanehonar@gmail.com, ◷ Sa–Do 8–20.30, Fr 13–22, Café 13–22 Uhr.

Unmittelbar dahinter widmet sich auch die **Galerie Matn** ganz der zeitgenössischen Kunst des Landes und setzt Impulse für die lokale Kunstszene, auch mit der Förderung junger Talente. Ein Abstecher hierher ist eine erfrischende Abwechslung zum imperialen Prunk der Stadt und zeigt die Großstadt Esfahan von einer nicht weniger kunstsinnigen, aber modernen Seite. Die Website informiert über aktuelle und vergangene Ausstellungen, 💻 www.matnemrooz.com. ◷ Sa–Do 16.30–20.30 Uhr, Eintritt frei.

Jolfa

Einer der angesagtesten und modernsten Stadtteile geht auf die Zwangsumsiedlung von Armeniern des heutigen nordwestlichen Irans nach Esfahan zurück. Schah Abbas I. wollte bei seinen ehrgeizigen Plänen für die Stadt nicht auf die christlichen Armenier verzichten, die weithin für ihre Kunsthandfertigkeit berühmt waren. Deswegen holte er kurzerhand an die 50 000 Männer und Frauen von der Ortschaft Jolfa, heute an der Grenze zwischen Iran und Aserbaidschan gelegen, und siedelte sie südlich des Flusses in einem neuen Stadtviertel mit Namen Jolfa an.

Heute spaziert man in den Gassen an schmucken Läden vorbei. Sofort wird klar, dass hier eine betuchte Mittel- und Oberschicht bummelt. Es heißt sehen und gesehen werden. Die vielen, teils recht modernen Lokale geben den jüngeren Iranern mit etwas Kleingeld in der Tasche die Möglichkeit, moderat auszugehen. Alkohol wird auch hier nicht ausgeschenkt, wenngleich es der Weinherstellung zu verdanken ist, dass die Armenier unter den Safawiden der anfangs grassierenden Armut entfliehen konnten. Bald nach ihrer Ankunft versorgten sie die ganze Stadt mit Wein, den damals auch Muslime noch tranken.

Frau kann sich in den **Modeläden** sehr modern einkleiden und trotzdem den islamischen Kleidungsvorschriften entsprechen.

Abgesehen vom Stadtbummel sind es insbesondere die christlichen Kirchen, die Reisende nach Jolfa ziehen. Schah Abbas I. gestand der christlich-apostolischen Gemeinde absolute Religionsfreiheit zu und förderte den Bau christlicher Sakralbauten. Bis heute ist das christlich-armenische Leben im Viertel intakt.

Kelisa-ye Vank

Zuerst kann die Kathedrale Vank besucht werden, die 1663 fertiggestellt wurde und von außen an ein islamisches Bauwerk erinnert. Tatsächlich verschmelzen hier christliche und islamische Architekturelemente. So ist der riesige Kirchenraum mit einer für Moscheen üblichen Kuppel überdacht, auf deren Spitze aber wiederum ein Kreuz angebracht wurde. Diese kulturelle und bautechnische Verschmelzung macht die Kathedrale einzigartig.

Betritt man den Kirchenraum, muss sich das Auge erst einmal an den überbordenden Fliesen- und Freskenschmuck gewöhnen. Jede erdenkliche Fläche der Innenwände wurde genutzt, um Fresken mit Szenen aus dem Alten und Neuen Testament anzubringen, aber auch Geschichten des armenischen Christentums zu erzählen. Neben den bunten Gemälden dominieren die Farben Blau und Gold. Außerdem fällt auf, dass die Kuppel und die Bögen mit Pflanzenmotiven persischen Stils verkleidet sind.

Der **Glockenturm** steht frei im Hof des Komplexes, wo auch christliche Gräber zu sehen sind. Ebenfalls im Hof wurde eine kleine **Gedenkstätte** für den armenischen Völkermord in der Türkei von 1915 errichtet. In einem steinernen Nebengebäude ist ein **Museum** über die Geschichte des armenischen Viertels untergebracht. Die dazugehörige Bibliothek ist mit ihren vielen hundert archivierten Handschriften von außerordentlicher Bedeutung für die Geschichtsschreibung der Stadt und ihrer armenischen Gemeinde. Gesamte Anlage und Museum 🕒 Sa–Do 9–12.30, 14–18 Uhr, Winter 8.30–12, 14–17 Uhr, 200 000 IRR.

Weitere Kirchen

Die **Bethlehemkirche** (Kelisa-ye Bethlehem) liegt 400 m nordöstlich der Kathedrale, an der Nazar Miyani St. und neben dem Jolfa Sq. Auf ihrem Kirchenraum sitzt die größte Kuppel der Kirchen Esfahans. Der Name rührt daher, dass Armenier meinen, hier wäre der tatsächliche Geburtsort Jesu. Die Innenmalereien der Kirche aus dem Jahr 1628 sind feiner als die der Kathedrale und überaus sehenswert. Auch hier werden Szenen aus der Bibel abgebildet, und auch hier ist nach einem Blick auf die pflanzlichen Rankenmuster der Einfluss islamischer Baukunst unbestreitbar. 🕒 tgl. 8–12.30, 14–17 Uhr, Eintritt 200 000 IRR.

Südlich gegenüber befindet sich die **Marienkirche** (Kelisa-ye Maryam), die im Untergrund zugleich eine zweite und die älteste Kirche der Stadt in sich birgt, die Jakobskirche aus dem Jahr 1607. In der um wenige Jahre älteren Marienkirche (1613) sind schöne Fresken und Stuckreliefs zu sehen – vergleichbar mit denen der anderen Kirchen.

Eine weitere, wenn auch relativ schmucklose Kirche befindet sich am anderen Ende des Stadtviertels an der Hakim Nezami St., 90 m nördlich der Kreuzung mit der Nazar Miyani St. („mittlere Nazar St."). Die **Georgskirche** (Kelisa-ye Gharib) von 1616 wirkt schlicht, ist aber für die Gläubigen vor Ort von außerordentlicher Bedeutung. Gleich 13 Steinblöcke wurden einst aus der für die armenisch-apostolische Glaubensgemeinschaft so bedeutenden Kathedrale von Etschmiadsin in Armenien entnommen und hierhertransportiert. Sowohl die Marienkirche als auch die Georgskirche sind nicht öffentlich zugänglich. Bei Interesse kann man sein Glück über einen der lokalen Guides versuchen und sollte länger im Voraus planen.

Muzeh-ye musighi-ye Esfahan

Inmitten des Stadtviertels wurde an der Mehrdad St. 74, rund 300 m südöstlich der Kathedrale Vank, ein kleines, privates, durch und durch bezauberndes Musikmuseum geschaffen, das reihenweise zufriedene Besucher hinterlässt. Das Musikmuseum, ✆ 031-3625 6912, 0913-114 6899, 💻 www.isfahanmusicmuseum.com, bietet eine einmalige Gelegenheit, in die Welt der persischen Musik einzutreten und so ein wichtiges Kulturgut dieser Region näher kennenzulernen.

Die leidenschaftlichen Musiker Mehrdad Jeihooni und Shahriar Shokrani haben das Museum 2015 ins Leben gerufen. Ausgestellt werden über 300 traditionelle iranische Musikinstrumente, deren Klang und Spielweise mitunter audiovisuell nähergebracht wird. Dazu werden hochwertige Führungen angeboten. Die hilfsbereiten Angestellten lassen keine Fragen offen.

Angeschlossen sind eine kleine Instrumentenwerkstatt und ein Café. Ein besonderes Highlight aber sind die Livekonzerte, die zum Abschluss der Führungen angeboten werden.

🕒 tgl. 9–13, 15.30–21 Uhr, Eintritt 350 000 IRR mit und ohne 90-minütige Führung. Das 30-minütige Konzert kostet 500 000 IRR extra.

Khaneh-ye Polsheer

Dieses Haus, auch Khaneh-ye Mosheer genannt, an der Sang Tarashha Alley, von der Hakim Nezami St. 650 m westlich, spiegelt die wechselhafte Geschichte des Landes seit seiner Errichtung im 17. Jh. wider. Es könnte auch einfach nur das prunkvolle Haus der armenischen Familie Aghanourian sein. Doch weil die Familienmitglieder als Agenten für die britische Regierung arbeiteten, nutzte man das Haus zwischenzeitlich als britisches Konsulat. Und damit nicht genug: 1987 plante der Architekt Reza Ghanei gemeinsam mit der Universität Köln, das Haus in ein Zentrum für Kulturaustausch zu verwandeln. Das Projekt kam aufgrund der politischen Wirren im Land nie zustande. Die Uni machte einen Rückzieher, das Haus aber war bereits gekauft. So wurde es zum Architekturbüro von Reza Ghanei, der das Haus sorgfältig restaurieren ließ und 2002 dafür von der Unesco ausgezeichnet wurde.

Die bunten Glasfenster und die mit Fresken versehenen Innenwände beeindrucken. 🕒 Sa–Do 8–16 Uhr, 100 000 IRR.

Takht-e Fulad

An der Mosala Ave., wo sie die Nikbakh St. kreuzt, liegen auf dem bedeutendsten und über 800 Jahre alten **Friedhof** der Stadt Dichter, Denker und Heilige begraben. Auch etliche Gedenkstätten und Grabsteine für die Verstorbenen im Iran-Irak-Krieg finden sich hier. Schönen Fliesenschmuck gibt es beim Mausoleum Rokn ol-Molk zu betrachten. Am besten kommt man an einem Donnerstag oder Freitag, dann sind die meisten Mausoleen für Besucher geöffnet. 🕒 tgl. 8–21 Uhr.

Borj-e Kabutar Mardavij

Im Gegensatz zu vielen anderen **Taubentürmen** ist dieser auf dem Borj Sq. an der Kreuzung zwischen Azadi Ave. und Sadoogh St. begehbar. Einst tummelten sich im Inneren des 18 m hohen Turms unzählige Tauben, die in 15 000 kleinen und extra für die Tiere angelegten Nischen Platz fanden. Nach einer Zeit wurde der begehrte Dung mit großer Mühe aus dem Turm entfernt und genutzt. Ganze 700 Türme standen in und um Esfahan, viele sind heute verfallen. Es gibt keine geregelten Öffnungszeiten, aber Besucher können den Turm meist Sa–Do 8–12 Uhr besichtigen, wenn sie sich beim Schlüsselwart, ✆ 0913-207 9506, melden.

Kuh-e Soffeh

Die an Jolfa vorbeiführende Hakim Nezami St. mündet südlich in den Soffeh Blvd., an dem auf der östlichen Straßenseite ein **armenischer Friedhof** liegt, der besucht werden kann.

3 km weiter gen Süden folgt der Eingang zur **Parkanlage des Soffeh-Berges** an der Hauptverkehrsader Soffeeh Expressway. Ein breit angelegter Weg, aber auch Trampelpfade, führen von dort 3 km den Berg hinauf, von wo einem Esfahan zu Füßen liegt. Zu Fuß sind um die zwei Stunden für den Aufstieg einzuplanen. Alternativ gibt es einen Lift, der auf den rund 2250 m hohen Aussichtsberg hinauf hilft. Einheimische kommen hierher, um zu picknicken und diverse Freizeiteinrichtungen zu nutzen. ◷ Lift: Sa–Mi 11–22, Do–Fr 10–22 Uhr, hin und zurück 350 000 IRR.

Mitfahrgelegenheiten gibt es an der Kreuzung Hakim Nezami, dort stehen *savaris* bereit.

Aramgah-e Monar Jonban

Am westlichen Stadtrand steht im Park auf der nördlichen Seite des Atashgah Blvd., 500 m östlich der Kreuzung mit der Nabavi Manseh St., der Schrein, der für seine **schwingenden Minarette** bekannt ist. Stößt man oben mehrmals gegen eines der Minarette, wackelt sogleich auch das zweite – das ist in der Form einzigartig. Besuchern ist es aber nicht erlaubt, nach oben zu gehen und es selbst auszuprobieren. In Schwingung werden die Minarette um 10.30, 12, 13, 15 und 16 Uhr versetzt. Die Anlage stammt aus dem 14. Jh. und wurde unter ilkhanidischer Vorherrschaft errichtet, während die Minarette erst unter den Safawiden hinzukamen. ◷ tgl. 9–18, Winter 9–16 Uhr, 200 000 IRR.

Atashgah

Etwa 10 km westlich des historischen Stadtzentrums erhebt sich am Atashgah Blvd. auf der Spitze eines Hügels ein **zoroastrischer Feuertempel**. Einige Überreste gehen vermutlich bis in das 6. Jh. v. Chr. zurück. Die teils noch erkennbaren mehrstöckigen Lehmziegelmauern gehörten ursprünglich zu einer Festung, erst im 3. Jh. wurde die Anlage zum sassanidischen Feuertempel umfunktioniert. Hier fanden zoroastrische Zeremonien von Priestern und Gläubigen statt. ◷ 8.30–16 Uhr, Eintritt 150 000 IRR.

ÜBERNACHTUNG

Untere und mittlere Preisklasse

Almas Hostel (Seven Hostel), Masjed Seyyed St., an der Kreuzung zur Chahar Bagh Paeen St., ☏ 031-3220 2298, ✉ malaghat.g@yahoo.com. Nennt sich Hostel, ist aber ein einfaches Hotel mit altmodischen, aber einwandfreien und vor allem preiswerten Zimmern. ❶

Anar Guesthouse, 29th Alley 492, 300 m westlich von der Sheikh Sadoogh St., ☏ 0913-059 3774, ✉ mahshad3060@gmail.com, anar_guesthouse. Hier lässt sich eine fantastische Zeit mit der jungen Mahi und ihrer herzlichen Familie verbringen, die allesamt im Untergeschoss leben. Die Mutter kocht leidenschaftlich gern, macht selbst Marmelade ein, und Mahi malt – ihre Drucke gibt es als Postkarten vor Ort. Mahis Schwester bietet dazu einen preiswerten Kochkurs an. Die Räume im Obergeschoss sind sehr einfach und die 2- bis 3-Bett-Zimmer für den Standard und mit Gemeinschaftsbad nicht preiswert. Ein Schlafsaal bietet Platz für 4 Personen (10–15 € p. P.). Das Gästehaus ist von außen nicht zu erkennen. Wer hier übernachten möchte, muss vorher mit Mahi Kontakt aufnehmen. 2-Bett-Zimmer 24 €.

€ **Annie Hostel**, Sheykh Bahaei St. 34, Ecke Ferdowsi Alley 28, ☏ 0939-459 3471, www.anniehostel.ir, ✉ hostel.annie@gmail.com. Die gebürtige Esfahanerin Annie reist selber gern und weiß, worauf es Backpackern ankommt. Gemeinsam mit ihrem ukrainischen Freund hat sie eine Wohnung zu einem einfachen, aber liebevollen Hostel mit 10-Bett-Schlafsälen umfunktioniert. Ein Bett kostet 5 € p. P., Frühstück 1 €. Infos und Tipps für Budget-Reisende gibt es hier ohne Ende. Das Hostel ist von außen nicht unbedingt erkennbar, auch die Adresse kann sich ändern, daher unbedingt vorher Kontakt aufnehmen.

Azadi Hotel, Masjed Seyyed St., wenige Meter westlich von Almas Hostel, ☏ 031-3220 4056, www.azadi-hotel.com. Solide, etwas abgewohnte Zimmer. Jene abseits der Straße mit Blick aufs Stadion sind ruhiger. Im angeschlossenen Kunsthandwerksladen schafft Motteza Hadarand mit seiner Miniaturmalerei kleine Kunstwerke. ❷

Ebnesina Hotel, 37th Alley, Ebnesina St., 400 m nördlich der Masjed-e Jameh, ✆ 031-3445 4708 und 0913-408 2557, ✉ hoseinomidzad @gmail.com. Schlichte Zimmer mit Fliesenböden, dafür überladen kitschiger Eingangsbereich. Vom Dachcafé blickt man auf die Masjed-e Jameh. ❸

Ghaeli's Historical House, Sonbolestan St., 110 m nördlich der Abdolrazagh St., ✆ 093-5383 6810, 091-3319 2844, 💻 www.ghaelihotel.com. Ein einfacheres qadjarisches Kaufmannshaus mit Räumen zu moderaten Preisen. Die eingerichtete Galerie stellt lokale Künstler aus. Je nach Nachfrage werden Mal- und sogar Kalligrafieworkshops organisiert. Das zuvorkommende Personal hilft gerne weiter. Schlafsaal für 10 € p. P., ein Doppelzimmer und drei 2-Bett-Zimmer, einmal mit geteiltem Bad. ❸

Howzak House, Arabha Cul-de-sac 31, Baba Sangagki Alley, unmittelbar nordwestlich der Masjed-e Jameh, ✆ 031-3446 4491, 💻 www.howzak-house.com, howzak.house. Mitunter sehr kleine Zimmer, teils keine Betten, dafür zu teuer. Aber sehr atmosphärisch, zieht vor allem junge Reisende an. Über den kompakten, einladenden Hof sind drei Doppelzimmer und zwei 2-Bett-Zimmer zugänglich, Bad zum Teil geteilt. Im Schlafsaal zahlt man 15 € p. P., abends kommt Stimmung auf. DZ 40 €.

Iran Hotel, Sepahan Alley 26, an der Kreuzung mit der Chahar Bagh Abbasi St., ✆ 031-3220 2692 und 031-3220 2740, 💻 www.iranhotel.biz. Hervorragende Lage neben dem Garten Hasht Behesht. Die üblichen altmodischen, abgewohnten Zimmer in einer netten Seitenstraße mit modernen Cafés. Auf Rialpreisen bestehen, dann gutes Preis-Leistungs-Verhältnis, sonst völlig überteuert. ❶

Jamshid Hotel, am Beginn des Bazars Haj Mohammad Ali, an der Chahar Bagh Paeen St., ✆ 031-3222 7108, ✉ mail@hoteljamshid.com. Dunkle, altmodische Zimmer, aber superzentrale Lage. Der Mitarbeiter Farhid spricht Englisch und ist ausgesprochen hilfsbereit. ❷

Mah BiBi House, Chahar Bagh Khaju St., an der Kreuzung mit der Felestin St., ✆ 0913-406 7845, 💻 www.mahbibihostel.com, mahbibihostel. Die reisebegeisterte Besitzerin Khatereh sorgt mit ihrem jungen 6-köpfigen Team für ausgelassene Stimmung, zum Teil auch für Musik. Der einladende Innenhof mit reichlich Blumen tut ein Übriges. Neben einem einfachen Schlafsaal für 7 € p. P. gibt es mehrere nette 2-Bett-, 3-Bett- und 4-Bett-Zimmer mit und ohne Bad. Free Walking Tour. 2-Bett-Zimmer 20 €.

Nargol Guest House, Mojtaba Kharaziha Alley 26, rund 20 m westlich der Majid Shekarshad St., ✆ 0903-333 8432, 💻 www.nargolhouse.com, nargol_house. Der leidenschaftlich geführte Familienbetrieb sorgt für einen warmen Empfang. Die zwei jungen Geschwister leiten die Unterkunft und führen kostenlos durch die Stadt. Spricht man etwas Persisch, sollte man sich den Humor des herzlichen Vaters nicht entgehen lassen. Im großen Innenhof wachsen Granatäpfel- und Olivenbäume. Hier fühlt man sich wie zu Hause. Es gibt drei ganz unterschiedliche Doppelzimmer, einen gemischten 8-Bett-Schlafsaal und einen 5-Bett-Schlafsaal nur für Frauen für 10 € p. P. DZ 30 €.

Nemoneh Hostel, Masjed Seyyed St., 300 m westlich der Zahed St., ✆ 031-3336 6793, 0939-336 1126. Nennt sich Hostel, ist aber ein einfaches, abgewohntes Hotel. Saubere und günstige Zimmer für eine Nacht ohne Ansprüche. Das Personal ist nett, spricht aber wenig Englisch. Die Räume abseits der Straße sind ruhiger. ❶

Ragrug Hostel, Sabahi St., an der Kreuzung mit der Sepideh Kashani St., Karte S. 210, ✆ 0913-118 2707, 💻 www.ragrughostel.com, ragrughostel. Richtig modernes Hostel in einer sehr konservativen Gegend. Gleicht europäischem Hostelstandard, mit freundlichen 8-Bett- und 12-Bett-Schlafsälen für 5 € p. P. Auch Privaträume. Abgelegen vom Zentrum, ein Taxi dorthin kostet max. 100 000 IRR. Täglich gratis Transport zum Meydan-e Naqsh-e Jahan. Insgesamt toll ausgestattet mit einladendem Hof und Frühstücksraum. DZ 20 €.

Sean Guesthouse, Farshadi St. 93, 280 m östlich der Ostandari St., ✆ 093-7619 9823, ✉ shahroz.s2013@gmail.com. Ein auf drei Stockwerke verteiltes Apartment, das zum Guesthouse umfunktioniert wurde. Geschlechtergetrennte 10-Bett- und 15-Bett-Zimmer für 12 € p. P., auch Privaträume verfügbar. Von außen nicht als

Unterkunft erkennbar, Kontaktaufnahme vorab notwendig. Sehr zentral gelegen. DZ 30 €.
Totia Hotel, Masjed Seyyed St., 70 m östlich der Tayeb St., ☎ 031-3223 7525, ✉ info@totiahotel.com. Von manchen Räumen blickt man in die grüne Allee. Solide, abgewohnte, altmodisch eingerichtete Zimmer. ❷

Obere Preisklasse

Abbasi Hotel, Amadegah St., 130 m westlich von der Bagh-e Goldaste St., ☎ 031-3222 6010-19, 💻 www.abbasihotel.ir. Die Doppelzimmer sind ihr Geld nicht wert und so gar nicht traditionell, selbst manche Suite ist recht gewöhnlich möbliert. Herrschaftlich, wenn auch zugleich überladen und kitschig, ist allenfalls die Safawiden-Suite. Was bleibt, ist das Ambiente der ehemaligen Karawanserei an sich, dafür können aber auch Restaurant und Teehaus besucht werden. ❻
Atigh Traditional Hotel, Masjed-Shams Alley 30, Ecke 37th Alley, 400 m nördlich der Masjed-e Jameh, ☎ 031-3445 33289, 💻 www.atighhotel.com. Diese riesige Qadjaren-Villa umfasst gleich zwei herrschaftliche Höfe. Die Räume unterscheiden sich nicht nur stark in der Größe, manche sind recht dunkel, andere freundlich hell. Geradezu königlich fühlt man sich in der Qadjaren-Suite, vorausgesetzt Geld spielt keine Rolle. Ab 80 €.
Dibai House, Masjed Ali Alley 1, von der Yakchal Alley nördlich in die Moshir St. abbiegen, nach 300 m östlich in die Farhangi St. abzweigen, dann noch 50 m, ☎ 031-3220 9787, 💻 www.dibaihouse.com. Weniger herrschaftlich als manche Qadjaren-Villa, aber mit den blauen und gelben Fassaden charmant anders. Die Gestaltung der Räume vereint gekonnt moderne Stilelemente mit traditionellem Design. Die Besitzer haben sich damit entschieden, das historische Haus aus dem 17. Jh. in die Gegenwart zu holen. Die Bäder liegen teilweise außen, auch dafür sehr kostspielig. Ab 80 €.
Ghasr Monshi Hotel, Ghasr-e Monshi Alley, 90 m westlich der Neshat St., ☎ 031-3224 7045 und 0910-399 3280, 💻 www.ghasrmonshihotel.com. Ausgesprochen herrschaftliche Qadjaren-Villa mit stilvoll eingerichteten Zimmern und Suiten. Richtig pompös wird es in der Spiegel-Suite. Mit eingebautem Lift, sehr kostspielig. Ab 80 €.
Kianpour's Historical Residence, Gol-e Davoudi Blind Alley 76, 80 m nördlich der Poshtbaro Alley, ☎ 031-3339 2444 und 0913-304 9185, 💻 www.kianpour-house.com. Eine kleinere Qadjaren-Villa mit umso mehr Charme und Liebe zum Detail. Lieblich gestalteter Innenhof mit allerlei Blumen, Krimskrams und Kunsthandwerk – damit individueller und heimeliger als andere historische Häuser. Auch das Personal wirkt weniger distanziert als anderswo, unkompliziert und hilfsbereit. Opulent herrschaftlich ist der Spiegelsalon, wo gefrühstückt wird. Das kleinere der beiden Doppelzimmer hat keine Tür und ist über eine Wendeltreppe zu erreichen. Die privaten Bäder befinden sich in der Regel außerhalb der insgesamt 6 Zimmer. Besonders schön sind die Mehrbettzimmer unten. ❹
Narcis B&B, Roknolmolk St. 36, von der Neshat St. 70 die Roknolmolk entlang, dann weitere 90 m nördlich eine Sackgasse hinauf, ☎ 091-3394 0678, ✉ narcis.attar@gmail.com, narcisbandb. Verfügt über ein Doppelzimmer für 40 € und ein Zimmer mit zwei Doppelbetten für 70 €. Wohnzimmer und Küche des schönen Apartments kann man mitbenutzen. Als Unterkunft lizenziert. Eine wahre Offenbarung ist der private Swimmingpool im Keller, der genutzt werden kann. Narcis ist Tourguide, sie kümmert sich um ihre Gäste, kocht oft mit ihnen, lässt aber auch Freiraum und lebt selbst nicht in der Wohnung. Schwierig zu finden, deshalb vorab Kontakt aufnehmen. ❹
Zohreh Hotel, Ferdowsi St., wenige Meter südlich der Jahanshahi Blind Alley, ☎ 031-3223 1060, 💻 www.zohrehhotel.com. Bekannte Hotelkette, ein Standardhotel für leicht gehobene Ansprüche im Vergleich zu günstigeren Alternativen. Überladen kitschiger Eingangsbereich, aber nette, wenn auch immer noch altmodische und dunkle Zimmer. Professionelles, hilfsbereites Personal. ❹

ESSEN

Die meisten der beliebten Imbisse, Cafés und Restaurants bieten Hauptgerichte zwischen 150 000 und 250 000 IRR. Spezialitäten der persischen Küche kosten schnell auch mal das Doppelte. In den modernen Cafés lässt sich mitunter besser essen als in altehrwürdigen persischen Restaurants, wo der Betrieb oft einer Massenabfertigung gleicht. Die winzigen Lokale rund um den Meydan-e Naqsh-e Jahan haben häufig keine Gästetoilette.

Um den Meydan-e Naqsh-e Jahan

Azadegan Tea House, Bazar, Chah Haj Mirza St., nördlich der Hafez St. nach der Seitengasse Ausschau halten, ✆ 031-3221 1225. Ein altes Teehaus, unverkennbar durch das bunte Sammelsurium an Lampen, das von der Decke hängt. Die Einrichtung ist nicht jedermanns Geschmack, oft mangelnder Service, aber gute persische Küche. ⌚ tgl. 9–23 Uhr.

Bastani Restaurant, am südöstlichen Ende des Meydan-e Naqsh-e Jahan, ✆ 031-3220 03745. Für die unschlagbare Lage nur geringfügig höhere Preise. Die traditionell persischen Gerichte sind in Ordnung, wenn auch nicht herausragend. Ruhig ist es hier aufgrund der vielen Touristen und größeren Gruppen so gut wie nie. ⌚ tgl. 11–23 Uhr.

Ghasedak Cafe, Ostandari St. 226, gegenüber der Posht Matbakh Alley, ✆ 031-3222 4476 und 0912-501 1674, ghasedak.cafe. Lounge-Musik unterstreicht die moderne Atmosphäre des kleinen Ladens. Neben einer Reihe an *sharbats* bietet das Café leckere Hauptgerichte wie Pasta und Hähnchenbrust auf Salat für um die 180 000 IRR. Die Speisekarte wird vom Personal ins Englische übersetzt. ⌚ tgl. 9–24 Uhr.

Grand Wien Cafe, Hafez St., 250 m östlich des Meydan-e Naqsh-e Jahan, ✆ 0913-103 3342. Nett geführtes Café. Das Essen ist nicht herausragend, vorwiegend Sandwichvariationen und Burger ab 150 000 IRR. Der Name rührt daher, dass Amins Bruder in Wien Musik studiert. Im Gegensatz zu vielen kleineren Cafés um den Platz mit eigener Toilette ausgestattet. ⌚ tgl. 9–23 Uhr.

Messo Qali Cafe, Sepah St., vom Palast Tschehel Sotun kommend, 70 m rechts vor dem Platz Naqsh-e Jahan in den Innenhof Meshghali abbiegen. Trotz unmittelbarer Nähe zur Hauptsehenswürdigkeit entspannte Atmosphäre. Es gibt eine Auswahl an Shake-, Tee- und Kaffeevariationen, oft ist Musik zu hören. ⌚ tgl. 9–24 Uhr, Sommer einstündige Pause 15–16 Uhr.

Mustache Cafe, Ostandari St., nur wenige Meter südlich von der Posht Matbakh Alley, mustache.cafe. Der winzige Laden ist recht beliebt. Auf Kaffee spezialisiert, WLAN. ⌚ tgl. 9.30–22.30 Uhr.

Naqsh-e Jahan Restaurant, in den Arkadengängen direkt oberhalb der Masjed-e Lotfollah, ✆ 031-3220 0729. Traditionelles Restaurant mit den üblichen Sitzbänken und persischer Küche. Das Essen ist passabel, aber nicht überragend. Der Service schwankt, unschlagbar aber ist die Lage. ⌚ tgl. 12–16 und 19.30–22.30 Uhr.

Narvan Cafe, Bazar, direkt nach dem nördlichen Haupttor Qesarieh rechts, ✆ 031-3221 7175, cafe_narvan. Charmanter kleiner Laden, liebevoll geführt, serviert vor allem Kaffee und Kuchen. ⌚ tgl. 9–22.30 Uhr.

Persian Cafe, auch **Irani Cafe**, Sepah St., unmittelbar vor einer Saftbar rechts in die überdachte Passage abbiegen. Nette Anlaufstelle für Kaffee oder eine warme Suppe *(osh)*. ⌚ tgl. 9–24 Uhr.

Radio Cafe, Ostandari St., wenige Meter nördlich der Hasht Behesht St., radio_cafe. Hipster-Flair, beliebt bei jungen Esfahanis. Übliche Palette an heißen und kalten Drinks. Auch kleine Gerichte, englische Speisekarte. ⌚ tgl. 8–24 Uhr.

Rozegar Cafe, Bazar, an der südöstlichen Ecke des Meydan-e Naqsh-e Jahan. Günstig gelegen. Übliche Palette an Heißgetränken und *sharbats*, aber auch kleinere vegetarische Gerichte wie *mirza ghasemi*. Kein WLAN, englische Speisekarte. ⌚ tgl. 9–23 Uhr.

Entlang der Chahar Bagh Abbasi St.

Ahang Cafe, Sepahan Alley, ✆ 031-3220 4170, CafeAhang. Hier verführen vor allem einfallsreich verzierte Eisvariationen, Süßspeisen und Shakes. Kleine handschriftlich beschriebene Zettel sind unter die Glasplatten der Tische eingelassen und verleihen dem Café eine persönliche Note. Englische Menükarte erhältlich, kein WLAN. Stimmungsvoll

Ein Bummel durch den Bazar führt an Kunsthandwerk wie Minakari vorbei.

ist die Sepahan Alley besonders abends. ◷ Sa–Do 9–23, Fr 16–23 Uhr.

Beryani Azam, Chahar Bagh Paeen St., 200 m nördlich der Bab Al-Rahmat St., ✆ 031-3220 2070. *Beryan*, Lammfleischgericht mit Walnüssen auf Fladenbrot, gilt als Spezialität der Stadt. Hier gibt es das beste *beryan*, und der einfache Laden mit wenigen Sitzplätzen serviert auch nichts anderes. Es gibt drei weitere dazugehörende Lokale, eines davon 400 m westlich der Pol-e Khaju an der Kamal Esmaeel St. ◷ tgl. 11.30–15.30 Uhr.

Houger Cafe, Dehdashti Alley, 170 m westlich der Chahar Bagh Paeen St. über die Jahan Nama Alley, ✆ 0913-420 8004, hougercafe. Das historische Haus ist ein fabelhafter Ort, um dem Trubel zu entfliehen, und liegt trotzdem superzentral. Mit dem begrünten Innenhof und den oft liebevoll angerichteten Speisen eine nette Alternative zu den traditionellen Restaurants um den Meydan-e Naqsh-e Jahan, etwas höhere Preise. ◷ tgl. 7.30–22 Uhr.

Radio Cafe, Sepahan Alley, gegenüber dem Kino Sepahan, ✆ 031-3224 5089. Modernes Café mit Wohlfühlcharakter. Eine ganze Palette einfacher Gerichte von Waffeln bis zu Toast, in der Regel einfallsreich und liebevoll angerichtet. Besonders abends tummeln sich die Leute in der Sepahan Alley mit ihren charmant modernen Cafés. ◷ tgl. 9–24 Uhr.

Shahrzad Restaurant, Abbas Abad St., wenige Meter westlich der Chahar Bagh-e Abbasi St., ✆ 031-1220 4490. Traditionelles Restaurant mit bunten Glasfenstern und schön gedeckten Tischen. Übliche Auswahl an persischen Gerichten, professioneller Service, gute Küche. Bietet gutes *khoresth mast*, den lokalen Joghurteintopf mit Lamm/Huhn und Safran an. Auch aufgrund der Größe für Reisegruppen beliebt, abends öfters Livemusik. ◷ tgl. 11.30–22.30 Uhr.

Entlang des Zayandeh-ye Rud

Lotus Cafe & Restaurant, First Apadana St. 7, nahe der Khaju-Brücke, ✆ 031-366 2566, Lotus.cafe.restaurant. Betont modern eingerichtet, überaus freundliches, englischsprachiges Personal. Mit dem Garten ein netter Rückzugsort abseits des touristischen Trubels. Es gibt Herzhaftes wie Burger und Steaks, aber auch raffinierte Salate, nicht nur für Vegetarier. Besonders das Frühstücksangebot ist üppig, ganztägig gibt es Limonaden und Shakes. ◷ Café tgl. 8.30–23, Sa–Do Frühstück 8.30–11.45, Lunch 12.30–15, Dinner 19.30–23 Uhr, Fr nur Frühstück.

Zoom Restaurant, Azar St., 50 m nördlich der Motahari St., ✆ 031-3235 8888, zoom_restaurantcafe. Eines von mehreren modernen Lokalen an dieser Straßenecke – beliebt bei den Jüngeren mit etwas Kleingeld in der Tasche. Neben kreativen Salat-, Burger- und Pastakreationen gibt es noch eine ganze Palette an Mocktails. Wechselndes Menü je nach Tageszeit. ◷ Frühstück Do–Fr 8–11.30, Lunch tgl. 13–16, Dinner tgl. 18–24 Uhr.

Jolfa

Arabo Sandwich, Vank Church Alley. Kleiner armenischer Familienbetrieb, wo abends auch mal die Großmutter mit anpackt. Jedermann kennt den kleinen, aber feinen Imbissladen, der leckere Sandwiches für um 300 000 IRR verkauft, die locker für zwei Personen reichen. Vegetarisches Sandwich mit dem Hinweis *bedun-e gusht* bestellen. Auch Burger erhältlich. ◷ tgl. 10–24 Uhr.

Arc a Restaurant, Vank Church Alley, ✆ 0913-303 0385. Bietet viel Platz mit Innenhof, Terrasse und mehreren geschlossenen Räumen. Gibt sich modern, wirkt aber auch unpersönlich. Serviert wird eine Mischung aus mediterranen und traditionell persischen Gerichten. Gute Küche, aber nicht billig. ◷ tgl. 12–16 und 19.30–23, Café tgl. 8–12 Uhr.

Arnis Sandwich, Shekarchian Traditional House, Charsoogh Koochack St., 200 m nördlich der Sang Tarashha Alley. Der kleine Imbissladen wird seit vielen Jahren von einer armenischen Familie geführt und ist für seine leckeren Sandwiches bekannt. Auch Vegetarisches im Angebot. ◷ tgl. 12–15 und 18–21.30 Uhr.

Bahar Narenj Cafe, Kelisa Alley, ✆ 031-3627 5269 und 0913-126 6484. Die üblichen Heiß- und Kaltgetränke und kleinere persische Gerichte. Besonders atmosphärisch ist der kleine Laden wegen der bunten Glasfenster und der Deckenmalereien, die an den Palast Tschehel Sotun erinnern. ◷ tgl. 8–23 Uhr.

Burgerchian, Shekarchian Traditional House, Charsoogh Alley, 140 m nördlich der Sang Tarashha Alley. Auswahl an preiswerten und guten Burgern, darunter auch ein vegetarischer. ◷ tgl. 7.30–24 Uhr.

Firouz Cafe, Jolfa St., ✆ 031-3627 5269. Kleiner Laden mit viel Charme und guter Küche. Café und Restaurant sind räumlich getrennt, die blauen Wände und Holzmöbel wirken stimmig. Ein atmosphärischer Rückzugsort für eine kleine Pause. Bekannt für seine gute Safraneiscreme und seine tolle Auswahl an *sharbats*. ◷ tgl. 9–22 Uhr.

Hermes Cafe, Jolfa Alley, ✆ 031-3555 5555, hermescafe. Einfallsreiche Gerichte von Pasta über Crêpes bis zu Burgern, inspiriert von mediterraner Küche. Wirkt mit seinen schwarzweißen Möbeln sehr schick. Hauptgerichte erst ab 250 000 IRR, abends oft hoffnungslos voll. ◷ tgl. 8.30–22.30 Uhr.

Jolfa Roof Restaurant, Shekarchian Traditional House, Charsoogh Alley, 140 m nördlich der Sang Tarashha Alley gelegen. Auf der netten Dachterrasse bekommt man vor allem Kebabs, Steaks und Burger. ◷ tgl. 12–15.30 und 20–23.30 Uhr.

Romanos, Poshte Kelisa, ✆ 031-3624 0094 und 0930-630 3063. Hauptsächlich Kebabs, aber auch Meeresfrüchte und Fisch zwischen 250 000 und 500 000 IRR. Ein Restaurant mit Tradition und im Besitz der armenischen Kirche. Man isst in den Räumlichkeiten eines ehemaligen Hamams, abends oft begleitet von Livemusik. ◷ tgl. 12–16 und 18.30–23.30, Café tgl. 8–23.30 Uhr.

€ **Soffeh Restaurant**, Hakim Nezami St., 260 m südlich der Mehrdad St., ✆ 031-3624 9599. Ein einfacher Laden abseits der schickeren Szene von Jolfa gelegen, punktet aber dafür mit einem guten Preis-Leistungs-Verhältnis. Salat und Hauptgericht gibt es hier schon für um 100 000 IRR. Vegetarier werden am Buffet fündig. ◷ tgl. 11–15.30 und 19.30–23.30 Uhr.

Toranj Restaurant, Hoans Shirazi Alley, 130 m südlich der Khaghani St., ✆ 031-3629 3788. Eines der stimmungsvollsten traditionellen Restaurants der Stadt mit einer riesengroßen Auswahl an *sharbats* und guter persischer Küche. Wirkt mit dem charmanten Innenhof trotz seiner Größe gemütlich, abends besonders schön. Auf verschiedenen Ebenen finden sich ein Restaurant, ⌚ tgl. 12.30–15 und 20.30–23 Uhr, ein Teehaus und Café, ⌚ tgl. 11–23 Uhr.

EINKAUFEN

Eine große Auswahl an allen möglichen Souvenirs und Kunsthandwerk gibt es natürlich rund um den **Meydan-e Naqsh-e Jahan**. Hier ist es aber – kaum verwunderlich – auch oft teurer als anderswo.

Ghalamkar

Reza Sedighi Fard Ghalamkar Shop, Bazar, wenige Meter östlich des Qeysariey-Tors am Meydan-e Naqsh-e Jahan, ✆ 031-3221 7936 und 0913-314 5593. Esfahan ist bekannt für seine mit Stempeln bedruckten Tücher. In diesem Laden werden im Gegensatz zu vielen anderen nur natürliche Farben verwendet und keine chemischen, deswegen sind die Tücher hier etwas teurer. ⌚ Sa–Do 9–21, Winter 9–18 Uhr.

Kleidung und Souvenirs

Hoor Safahan Gallery, Jolfa Alley, ✆ 0913-314 1432, hoor.safahan2. Nettes Sammelsurium an kleinen Souvenirs, auch Teppiche. Moderner Laden mit schicker, preiswerter Kleidung, die mit den Kleidungsvorschriften konform geht. Federleichte Mäntel und Kopftücher in allen erdenklichen Farben. Zweifelsohne kann frau sich noch billiger einkleiden, aber wer auch ästhetische Ansprüche hat und unter den modern gekleideten Großstädterinnen nicht auffallen will, ist hier genau richtig. Wesentlich preiswerter als viele andere Modeläden in Jolfa. ⌚ tgl. 10–24 Uhr.

Miniaturmalereien

Zwei Meister in Sachen Miniaturmalerei sind am südwestlichen Ende des Meydan-e Naqsh-e Jahan zu finden:

Hossein Fallahi Gallery, Posht Matbakh St., ✆ 031-3220 4613 und 0913-317 8011, ✉ info@miniatureart.org. ⌚ tgl. 8.30–13, 15–20.30 Uhr.

Mostafa Fotowat Gallery, Posht Matbakh St., ✆ 031-3220 0007, 💻 www.fotowatminiaturist.com. Zweiter Standort gegenüber dem Hotel Abbasi. ⌚ Sa–Do 10–13, 16–18, Fr 16–18 Uhr.

Teppiche

Armani Carpets, Kelisa Alley, nahe der Vank Church Alley, ✆ 0913-105 5702 und 0912-426 7939, ✉ iranarmanicarpet@gmail.com. Viele Jahre schon führen zwei Brüder diesen Laden, der wegen seiner riesigen Auswahl an handgewebten Teppichen einen Besuch wert ist. Teppiche gibt es hier für jedes Budget und nicht maßlos überteuert, wie das oft beim Meydan-e Naqsh-e Jahan der Fall ist. Wobei klar sein muss, dass Qualität ihren Preis hat. Dazu kommt, dass die Mitarbeiter Deutsch sprechen und die Teppiche und ihre Eigenheiten bis ins kleinste Detail erklären können, während man entspannt Tee genießt. Kein Kaufdruck, problemloser Versand nach Europa (Zollvorschriften s. S. 91). ⌚ tgl. 9.30–20 Uhr.

TOUREN UND AKTIVITÄTEN

Guides

Amin Eshfagh, ✆ 0913-555 2678, 💻 www.tourguidesofiran.com. Kompetent, freundlich, unkompliziert – auf jeden Fall eine gute Wahl. Spricht zudem ausgezeichnet Deutsch und arbeitet schon jahrelang für namhafte deutsche Reiseveranstalter. Deswegen bei Interesse lieber eine Woche oder noch besser einen Monat vorher Bescheid geben.

Amir Homayouni, ✆ 0937-146 2409. Der Hobbyastronom besitzt ein eigenes Teleskop und bietet Astro-Touren an – ein Alleinstellungsmerkmal und zu empfehlen. Eigentlich ist Amir aber Archäologe und als Fachmann die Anlaufstelle für archäologische Touren. Darüber hinaus organisiert er Stadtführungen und Kochkurse.

Narcis, ✆ 091-3394 0678, ✉ narcis.attar@gmail.com. Führt nicht nur ein B&B, sondern ist auch lizenzierte Touristenführerin. Vor allem für Citytouren zu empfehlen, zeigt auch gerne weniger bekannte Plätze abseits der üblichen Sehenswürdigkeiten. Dazu ist sie eine nette Gesprächspartnerin.

Kalligrafie

Mohammad Hortamani, ✆ 0935-953 5473, ✉ hortamania@yahoo.com. Wer sich für die perfektionierte Kunst des Schönschreibens interessiert, kann für rund 10 € p. P. Mohammad Hortamani bei sich zu Hause besuchen, seine Meisterwerke bewundern und sich alles über Kalligrafie erklären lassen. Sein Sohn spricht Englisch und erleichtert die Kommunikation. Wer Kunstwerke erwerben möchte, muss je nach Qualität zwischen 50 und 100 € rechnen. Natürlich können sich Gäste auch selbst etwas im Schreiben versuchen, aber Kalligrafie lernt man nicht an einem Tag.

Kochkurse

€ Aufgrund der steigenden Nachfrage werden immer mehr Kochkurse angeboten. Nunmehr gibt es auch preiswerte Alternativen zu den schon länger etablierten teuren Kursen. Eine wunderbare Gelegenheit, nach dem gewöhnlichen Sightseeing in diesen Teil der persischen Kultur einzutauchen. Zwei gute und günstige Optionen:

Anar Guesthouse, S. 223, ✉ marya060@gmail.com. Maryam kocht mit Reisenden normalerweise 3 Gerichte für 15 €. Sehr familiär, ausgelassene Stimmung. Der Preis variiert etwas je nach Gericht.

Nargol Guest House, S. 224. Ebenso herzlich und bemüht. Für rund 18 € werden 3 Gerichte gekocht.

Radverleih

Bike Rental, South Tohid St. 80, ✆ 0913-288 5889, 🖳 www.bikerental.ir, Instagram behibikes. Ganz ohne Taxi geht es mit dem Rad durch die Stadt und das auch mit Begleitung, was in einer Großstadt wie Esfahan von Vorteil ist. Pro Stunde 150 000 IRR, Aufschlag für Guide, auch komplette Stadttouren werden angeboten. Der Reisepass ist als Sicherheit zu hinterlegen. Behrooz Forjani radelt für sein Leben gern und organisiert auch komplette Bike-Touren durch Iran.

Zurkhaneh

Ali Qoli Agha Zurkhaneh, neben dem gleichnamigen Hamam, in der Nähe der Masjed-e Seyed St., ✆ 031-3338 3355. Die Vorführungen der traditionellen Kraftsportübungen beginnen nach Sonnenuntergang. ⌚ Sa–Do, 100 000 IRR.

SONSTIGES

Autovermietungen

Europcar, ✆ 031-3232 3232, 🖳 www.europcar.ir. Am besten online buchen. Eine Niederlassung gibt es am internationalen Shahid-Beheshti-Flughafen in der Halle für die Inlandsflüge. ⌚ Sa–Do 8–19.30, Fr 9–18 Uhr.

Saadat Rent, ✆ 0912-800 5848, 🖳 www.saadatrent.com. Empfehlenswerte Autovermietung (S. 79) mit Sitz in Teheran. Das Mietauto muss nach Esfahan gebracht werden, was rund 65 € kostet. Dafür insgesamt günstigere Konditionen als bei Europcar.

Geld

Entlang der Sepah St. nahe der Kreuzung mit der Nazim Hakim gibt es einige Wechselstuben.

Aval Exchange, Tohid St., neben der Parsian-Bank, ✆ 031-3629 1010, ⌚ Sa–Mi 8.30–14, 17–20, Do 8.30–14 Uhr.

Jahan-e Arz Exchange, Sepah St., ⌚ Sa–Do 9–15 Uhr.

Part Exchange, Mir Fendereski St., neben dem Sepahan-Krankenhaus, ⌚ Sa–Do 9–14, 17–20 Uhr.

Informationen

Gegenüber der Kasse des Ali-Qapu-Palastes gibt's eine **Touristeninformation**, ✆ 031-3221 6832, ⌚ Sa–Do 9–14 Uhr.

Medizinische Hilfe

Krankenhaus Al-Zahra, Soffeh St., westlich der Universität, ✆ 031-3620 2020.

Post

Postamt Masjed-e Seyed, Masjed Seyed St.

Reisebüros

Iran Travel & Tourism, Shahid Madani St., gegenüber dem Abbasi Hotel, ✆ 031-3222 3010, ✉ irantravel1964@yahoo.com, ⌚ Sa–Do 9–19 Uhr.

Visaverlängerungen

Visaverlängerung im **Immigration & Passport Office** in der Rudaki St., ⌚ Sa–Do 8–13.30 Uhr.

NAHVERKEHR

Busse

Am nützlichsten ist die Busstation in der Nähe des Palastes Tschehel Sotun, dort fahren alle 5 Min. Busse ab. Einfach nach Jolfa, Masjed-e Jameh usw. fragen und sich den richtigen Bus zeigen lassen. Dem Busfahrer gibt man Bescheid, wohin man fahren möchte, dann ruft er das Ziel aus. Einfache Fahrt 5000 IRR. Das Ticket wird direkt im Bus gekauft.

Metro

Es gibt bislang nur eine funktionierende Metrolinie. Die einfache Fahrt kostet 6000 IRR: Station Imam Hossein für Meydan-e Naqsh-e Jahan, Station Shariati für Jolfa, Station Enqelab für Si-o-se Pol.

Taxis

Für Taxis innerhalb der Stadt muss man mit 200 000 IRR rechnen. Viele Taxis stehen entlang der Chahar Bagh Abbasi St.

Günstig ist man mit **Snapp-Taxis** oder **Tap30** unterwegs (S. 83).

TRANSPORT

Busse

Der **Busbahnhof Kaveh** (Terminal-e Otobus-e Kaveh) ist der größte Busbahnhof und befindet sich im Norden am Kaveh Blvd.
AHVAZ (558 km, 8 Std.), stdl. VIP für 648 000 IRR.
BANDAR ABBAS (968 km, 10 Std.), mehrmals tgl. nachmittags und abends für 474 000 IRR, VIP für 720 000 IRR.
BIRJAND (850 km, 10 1/2 Std.), 2x tgl. nachmittags und abends für 515 000 IRR, VIP für 900 000 IRR.
BUSHEHR (613 km, 7 Std.), 7x tgl. nachmittags und abends für 360 000 IRR, VIP für 618 000 IRR.
DEZFUL (566 km, 7 Std.), mehrmals tgl. für 330 000 IRR, VIP für 576 000 IRR.
HAMADAN (510 km, 5 Std.), tgl. 1x morgens und mehrmals nachmittags und abends für 275 000 IRR, VIP für 480 000 IRR.
KASHAN (210 km, 3 Std.), mehrmals tgl. VIP für 200 000 IRR.
KERMAN (671 km, 7 Std.), tgl. 4x morgens und mehrmals nachmittags und abends für 366 000 IRR, VIP für 588 000 IRR.
KERMANSHAH (620 km, 7 Std.), tgl. 1x morgens, mehrmals nachmittags und abends für 330 000 IRR, VIP für 654 000 IRR.
KHUR (390 km, 4 1/2 Std.), 1x tgl. nachmittags für 195 000 IRR.
MASHHAD (1250 km, 12 1/2 Std.), mehrmals tgl. nachmittags und abends für 615 000 IRR, VIP für 936 000 IRR.
NAIN (145 km, 1 1/2 Std.), mehrmals tgl. für 80 000 IRR, VIP für 125 000 IRR.
SHIRAZ (480 km, 6 Std.), mehrmals tgl. für 246 000 IRR, VIP für 432 000 IRR.
SEMNAN (580 km, 5 1/2 Std.), 4x tgl. nachmittags und abends VIP für 576 000 IRR.
TABAS (580 km, 7 Std.), 3x tgl. nachmittags und abends für 300 000 IRR, VIP für 550 000.
TABRIZ (890 km, 9 Std.), tgl. nachmittags und abends VIP für 786 000 IRR.
TEHERAN (450 km, 5 Std.), halbstdl. morgens bis nachts VIP für 400 000 IRR.
TEHERAN AIRPORT (420 km, 4 1/2 Std.), tgl. 1x vormittags und 1x abends VIP für 400 000 IRR.
YAZD (323 km, 5 Std.), tgl. halbstdl. für 186 000 IRR, VIP für 318 000 IRR.

Der **Busbahnhof Jey** (Terminal-e Otobus-e Jey) befindet sich im Osten an der Hamedanian St.Von dort verkehren vor allem Busse, Minibusse und *savaris* nach Nain und Varzaneh.
NAIN (145 km, 1 1/2 Std.), tgl. stdl. morgens bis nachmittags für 80 000 IRR.
VARZANEH (150 km, 1 1/2 Std.), tgl. stdl. für 35 000 IRR.

Der **Busbahnhof Sofeh** (Terminal-e Otobus-e Sofeh) im Süden am Dastgerdi Expy., bietet viele Verbindungen an.
AHVAZ (558 km, 8 Std.), mehrmals tgl. VIP für 648 000 IRR.

BANDAR ABBAS (968 km, 10 Std.), mehrmals tgl. nachmittags und abends für 474 000 IRR, VIP für 720 000 IRR.
BUSHEHR (613 km, 7 Std.), 7x tgl. nachmittags und abends für 360 000 IRR, VIP für 618 000 IRR.
DEZFUL (566 km, 7 Std.), tgl. 2x vormittags, 3x nachmittags und abends für 330 000 IRR, VIP für 576 000 IRR.
KERMAN (671 km, 7 Std.), 7x tgl. nachmittags und abends für 366 000 IRR, VIP für 588 000 IRR.
KERMANSHAH (620 km, 7 Std.), 5x tgl. nachmittags und abends für 330 000 IRR, VIP für 654 000 IRR.
MEYBOD (270 km, 3 Std.), 3x tgl. nachmittags und abends für 186 000 IRR, VIP für 258 000 IRR.
NAIN (145 km, 1 1/2 Std.), mehrmals tgl. für 80 000 IRR, VIP für 125 000 IRR.
SHIRAZ (480 km, 6 Std.), mehrmals tgl. für 246 000 IRR, VIP für 432 000 IRR.
TABRIZ (890 km, 9 Std.), mehrmals tgl.nachmittags und abends VIP für 786 000 IRR.
TEHERAN (450 km, 5 Std.), tgl. halbstdl. für 400 000 IRR.
YAZD (323 km, 5 Std.), tgl. halbstdl. für 186 000 IRR, VIP für 318 000 IRR.

Vom **Busbahnhof Zayandeh-ye Rud** (Terminal-e Otobus-e Zayandeh-ye Rud) im Westen an der Sohrevardi St. bestehen Verbindungen nach SHAHR-E KORD (95 km, 2 Std.), halbstdl. für 70 000 IRR.

Eisenbahn

Der **Bahnhof** (Istgah-e Rah-e Ahan) befindet sich 15 km südlich des historischen Stadtzentrums.
BANDAR ABBAS (968 km, 15 Std.), 4x wöchentl. für 360 000 IRR.
KASHAN (210 km, 4 1/2 Std.), 1x tgl. nachmittags für 310 000 IRR.
KERMAN (671 km, 9 Std.), 1x wöchentl. nachmittags für 360 000 IRR.
MEYBOD (270 km, 3 1/2 Std.), 1x wöchentl. nachmittags für 300 000 IRR.
TEHERAN (450 km, 8 Std.), 4x wöchentl. nachmittags für 504 000 IRR.
YAZD (323 km, 4 1/2 Std.), 4x wöchentl. nachmittags für 360 000 IRR.

Flüge

Der **Shahid-Beheshti-Flughafen** liegt 25 km nordöstlich vom Stadtzentrum. SIM-Karten gibt es an den Ständen von Irancell, RighTel und Hamrah Avval. Auch Europcar hat hier ein Büro (S. 230). Vom Flughafen in die Stadt kostet ein **Taxi** rund 400 000 IRR. **Busse** fahren vom Kowsar International Hotel am linken Flussufer ins Stadtzentrum.
AHVAZ (1–3x tgl., 1 Std.) mit Iran Air, Iran Aseman Airlines und Karun Airlines.
KISH (12x tgl., 1 1/4 Std.) mit Iran Air, Kish Air und Taban Airlines.
MASHHAD (3–6 tgl., 1 1/2 Std.) mit Ata Airlines, Iran Air, Iran Airtour, Kish Air, Meraj Air, Qeshm Airlines, Taban Airlines und Zagros Airlines.
TABRIZ (3x tgl.,1 3/4 Std.) mit Mahan Air.
TEHERAN (mehrmals tgl., 1 Std.) mit Ata Airlines, Iran Air, Karun Airlines, Mahan Air, Qeshm Airlines, Taban Airlines und Zagros Airlines.

Pir Bakran

Im südlichen Stadtzentrum Pir Bakrans, rund 30 km südwestlich vom safawidischen Altstadtkern Esfahans, findet sich gegenüber einem muslimischen Friedhof das **Mausoleum von Scheich Mohammad ibn Bakran**, auch als Pir Bakran bekannt. Schon zu Lebzeiten des 1303 verstorbenen Sufi-Lehrmeisters gab es einen kleinen Kuppelbau, wo Pir Bakran seine Schüler unterrichtete. Die Zahl der Anhängerschaft wurde größer und die Anlage über Pir Bakrans Tod hinaus ausgebaut und verschönert. Heute ist sie ohne Frage wegen ihres kunstfertigen Stuck-Mihrabs aus der Zeit der Ilkhaniden um 1310, aber auch wegen des ansprechenden Fliesendekors, der Schriftbänder und der floralen Ornamentik sehenswert. Nur unregelmäßig geöffnet, Eintritt 300 000 IRR. Taxi von Esfahan rund 300 000 IRR.

Weitere 500 m südwestlich liegt ein jüdischer Friedhof samt Synagoge bzw. Heiligtum zur Verehrung von Sarah als Tochter Ashers, wohin jedes Jahr im September Juden aus ganz Iran pilgern. Zutritt zum **Sareh Bet Asher** ist nur über einen Wächter möglich, der sich nicht immer über Besuch freut. Am besten mit einem persischsprachigen Begleiter am großen Metalltor klopfen oder anrufen, ✆ 0913-828 7062, und betont lieb bitten. Auf dem Friedhof fanden vor allem Angehörige der jüdischen Gemeinde aus Esfahan ihre letzte Ruhe, aber in einer Sektion finden sich auch Grabmäler nicht-iranischer Juden mit hebräischen, englischen oder auch deutschen Inschriften.

Entlang des Zayandeh-ye Rud nach Varzaneh

Folgt man dem Fluss Zayandeh von Esfahan gen Osten zu seiner Mündung in den saisonalen Salzsee Gavkhuni, kommt man nicht nur an Varzaneh und der dazugehörigen Bilderbuch-Dünenlandschaft vorbei, sondern auch an sehenswerten Taubentürmen, Moscheen und Burgen.

Vorbei an **Ziar** und dem in einem Feld frei stehenden seldschukischen Minarett von knapp 50 m Höhe geht es in das 12 km entfernte **Bersiyan** mit seiner seldschukischen Moschee aus dem Jahr 1134. Das über 30 m hohe Ziegelminarett geht auf das Jahr 1098 zurück, aber vor allem die Gebetsnische und der mit Muqarnas versehene Stuck-Mihrab machen die Anlage zu einem besonders schönen Beispiel dieser frühen islamischen Baukunst. Eine safawidische Karawanserei findet sich gleich daneben.

Mehrere **Taubentürme** (S. 222) säumen den Weg nach Varzaneh. Sie werden schon lange nicht mehr genutzt und sind meistens in einem desolaten Zustand. Ein schönes Ensemble ist aber in **Ezhieh** mitten in den Feldern bei der safawidischen Ziegelbrücke zu finden.

Beeindruckend ist die Zitadelle im südlichen Teil der Siedlung **Ghurtan**, die im Gegensatz zu den Taubentürmen auch betreten werden kann. Von hier sind es gerade einmal 12 km nach Varzaneh (von dort organisieren die Gästehäuser Touren). Die von mächtigen Mauern umgebene Anlage umfasst etliche Lehmhäuser, Moscheen, einen Taubenturm und einen Wasserspeicher. Viele der Lehmbauten sind aber bereits verfallen. Von der Festungsmauer mit ihren dreizehn erhaltenen Wachtürmen bietet sich ein toller Blick auf das Innere der Zitadelle. Unter den Seldschuken wurde die Festung vermutlich als Munitionslager und Unterschlupf für Heerführer genutzt. Generell bot die Festung mit ihren rund 40 000 m² und den vielen Häusern rund 50 Familien Schutz. Wenngleich Teile der Zitadelle schon etliche Jahrhunderte früher errichtet wurden, geht die Anlage vor allem auf das 11. Jh. und die Seldschuken-Herrschaft zurück.

Varzaneh

Die 105 km östlich von Esfahan gelegene Stadt mit gut 10 000 Einwohnern ist vor allem wegen der nahe gelegenen Dünenlandschaft beliebt, bietet aber weit mehr. Nur hier sind bis heute noch weiße Tschadors statt den üblichen schwarzen zu sehen. In anderen Städten wie Kerman oder Yazd sind sie längst nicht mehr in Gebrauch und auch in Varzaneh entscheiden sich jüngere Frauen meist für die Farbe Schwarz, weil sie sie für modischer halten. Die Tradition, weiße Tschadors zu tragen, ist vermutlich auf vorislamische bzw. zoroastrische Zeiten zurückzuführen und steht eventuell mit der Baumwollwirtschaft der Region im Zusammenhang.

Mitten in der charmanten Altstadt befindet sich die schöne **Masjed-e Jameh**. Bei der Freitagsmoschee hatten wie so oft mehrere Herrscherdynastien ihre Finger im Spiel. Es sind Überreste des seldschukischen Minaretts zu sehen, doch im Wesentlichen ist die Moschee auf die Timuriden im 15. Jh. zurückzuführen. Generalüberholt wurde sie unter den Safawiden ein Jahrhundert später.

Rund 400 m nördlich befindet sich ein qadjarisches Bürgerhaus namens **Yusefi**, in dem heute ein kleines ethnologisches Museum untergebracht ist. Vor allem Geräte der traditionellen Landwirtschaft werden ausgestellt. 🕒 auf Anfrage, 50 000 IRR.

Auch eine seldschukische **Ziegelbrücke** ist noch erhalten, die im 19. Jh. um drei Bögen verlängert wurde. Sie liegt in der Nähe des Saheli-Parks und verbindet den alten mit dem neuen Stadtteil. Wer eine kleine Tour entlang des Flusses Zayandeh machen möchte, kann sich hier für 150 000 IRR pro Stunde ein **Boot** ausleihen.

© PRISKA SEISENBACHER

Sanddünen in unmittelbarer Nähe der Siedlung Varzaneh

Rund 800 m westlich steht ein restaurierter **Taubenturm** aus der Safawiden-Ära, den man sich stellvertretend für die vielen tausend Taubentürme, die in früheren Jahrhunderten in der Umgebung von Esfahan genutzt wurden, von innen ansehen kann. Mehrere tausend Tauben hausten in den vielen Nischen und hinterließen ihren Kot als Dünger. Vom Kot ist heute nichts mehr zu sehen, geblieben ist aber die verspielte Architektur. Über einen schmalen Treppenaufgang geht es nach oben, wo sich ein schöner Ausblick bietet. Die Schlüssel hat Herr Fazeli, ✆ 0937-398 2826, 50 000 IRR.

Um Besuchern die traditionelle, längst nicht mehr praktizierte Landwirtschaft näherzubringen, wurden eine Ochsen- und eine Kamelmühle restauriert. Die Besitzer beider **Mühlen** holen bei Besuch ihre Tiere hervor, um zu demonstrieren, wie vor etlichen Jahren Ochsen das Wasser von Brunnen heraufbeförderten oder Kamele das Korn mahlten. Die Mühlen liegen etwas außerhalb des Stadtkerns und haben keine geregelten Öffnungszeiten. Am besten wendet man sich an die Besitzer der Gästehäuser. Die kündigen den Betreibern der Mühlen Besuch an und organisieren den Transport, oft auch ohne etwas dafür zu verrechnen. Mohammadi, der Betreiber der Kamelmühle, bietet auch einfache Gästezimmer, ✆ 0913-289 5637. Eintritt für beide Mühlen jeweils 50 000 IRR.

Rund 10 km südlich der Stadt nehmen surreal schöne **Sanddünen** ihren Lauf, sicher einer der empfehlenswertesten Dünen-Spots in Iran. Die touristische Infrastruktur Varzanehs ermöglicht allerhand Aktivitäten, von Sandboarding bis zu Kamelreiten. Entweder man übernachtet in den Dünen oder man lässt sich spätabends in eines der Gästehäuser zurückbringen.

Abgeschiedener wird es weiter östlich mit einer Offroadtour zum Schwarzen Berg, **Kuh-e Siah**, und dem **Gavkhuni-Sumpfgebiet**. Der dortige Salzsee ist meistens ausgetrocknet. Vor allem im ersten Halbjahr sind die Chancen am besten, dass sich Wasser auf der Salzoberfläche sammelt. Die strukturierten weißen Salzflächen sind aber auch ohne Wasser sehenswert. Das Sumpfgebiet ist wie der Fluss Zayandeh selbst vor allem dem extensiven Wasserverbrauch der letzten Jahre zum Opfer gefallen. Von der einst reichen Flora und Fauna ist kaum noch etwas übrig. Vom Mündungsgebiet des Zayaneh-ye Rud geht es nochmals 30 km weiter offroad zur

Karawanserei Khargushi. Von dort aus ist es nicht mehr weit bis zur Siedlung Aqda (S. 266).

Die kleine Gruppe Guides und Gästehausbesitzer bemüht sich um den Tourismus in Varzaneh und lässt keine Wünsche offen. Alles in allem ist Varzaneh eine der besten Optionen für alle, die das Wüstenabenteuer suchen, aber nicht die Zeit haben, von der klassischen Hauptroute abzuweichen. Untouristische Abgeschiedenheit darf man aber nicht erwarten.

ÜBERNACHTUNG

Varzaneh

Chapaker Guesthouse, Chapaker Neighbourhood 53, ✆ 0913-203 0096, ✉ info@chapaker.com. Die 3 zweckmäßig eingerichteten Einzel- bis 4-Bett-Zimmer sind über einen kleinen Innenhof zu erreichen. DZ 15 €.

Hafez Varzaneh Traditional Guesthouse, südlich der Beheshti St., 350 m südöstlich der Masjed-e Jameh, ✆ 0913-169 3115 und 0914-005 0221, 💻 www.hafezhouse.com. Netter Innenhof, einfache, aber freundliche Zimmer. Khalil war Guide, bevor er das Guesthouse eröffnete. Wegen seiner hilfsbereiten Art und seines guten Englischs ist er eine hervorragende Anlaufstelle für Wünsche aller Art. Neben den günstigen Zimmern mit Betten gibt es einen Schlafsaal mit Matratzen, teilweise schon für 5 € die Nacht. Ein Sandboard für die Dünen wird gratis verliehen. DZ 14 €.

Negaar Varzaneh Traditional Guest House, Masjed-e Jameh Alley 28, ✆ 0913-214 9851, 0314-648 5726, ✉ varzanehtourism@gmail.com. Mohammad bietet neben einer breiten Palette an Touren und Aktivitäten bis hin zu Livemusik 7 einfache 2- bis 5-Bett-Zimmer und einen Schlafsaal – alle mit Betten oder zumindest Matratzen ausgestattet. Besonders schön ist der Innenhof. Etwas höhere Preise als in den anderen Unterkünften. DZ 22 €.

Varzaneh Traditional Guest House, Maghsudi Alley, südlich der Beheshti St., ✆ 0910-300 3110, ✉ shahbaz.varzaneh@yahoo.com. Ahmad Shahbaz bietet 7 Einzel- und Mehrbettzimmer, darunter auch einen Schlafsaal mit Betten für 5 € die Nacht. Die einfachen Zimmer wirken allesamt freundlich. DZ 14 €.

Zwischen Esfahan und Nain

Zwei traditionelle Unterkünfte liegen außerhalb von Varzaneh entlang der Straße zwischen Esfahan und Nain. Beide organisieren Touren zu den Dünen und zum Salzsee.

Kuhpa Caravanserai Hotel, in Kuhpayeh, Khojasteh Bakht St. 20, ✆ 0935-728 1064, ✉ ask@kuhpacaravanserai.com. Die unterschiedlich großen Zimmer mit Matratzen sind nicht billig, bieten aber die Gelegenheit, in einer sehr schön restaurierten Karawanserei zu schlafen. DZ 50 €.

Taku Taku Guesthouse, im alten Stadtteil von Toudeshk, ✆ 0913-365 4420, 💻 www.taktaku.com, ✉ info@taktaku.com. Ein großzügiger Innenhof führt zu ansprechenden Doppel- und Mehrbettzimmern, die mit Matratzen ausgestattet sind und teilweise über eigene Bäder verfügen. Touren werden nicht nur nach Varzaneh, sondern auch ins nahe Nain und darüber hinaus weiter östlich in die Dasht-e Kavir organisiert. DZ 40 €.

TOUREN UND AKTIVITÄTEN

Alle Gästehäuser in Varzaneh bieten preiswerte **Wüstentouren** an. Vor allem Khalil vom Hafez Traditional Guesthouse und Mohammad vom Negaar Varzaneh Traditional Guest House empfehlen sich als Ansprechpartner. Organisiert werden mehrstündige Touren in die Dünen, auf Wunsch auch **Sandboarding** und **Kamelreiten**. Letzteres für 500 000–1 Mio. IRR pro 30 Min. Längere Touren zum **Salzsee** gibt es schon ab 11 € p. P. Auch Übernachtungen in der Wüste sind möglich.

Mohammad bietet in seinem Gästehaus auch preiswerte **Kochkurse** für rund 10 € für zwei Personen und eine Einführung in die iranische Kräuterteekunst an.

SONSTIGES

Einkaufen

Auch in Varzaneh werden die feinen und je nach Qualität äußerst kostspieligen **Nain-Teppiche** mit hohem Seidenanteil hergestellt. Viele Frauen weben darüber hinaus auch traditionelle **Tischtücher**. All das spielt sich

DIE LANDESMITTE

privat hinter verschlossenen Türen ab. Allerdings organisieren bemühte Gästehausbesitzer wie Khalil einen Besuch. Tücher und Teppiche können hier mitunter wesentlich günstiger erworben werden als in Esfahan.

Geld

In Varzaneh gibt es keine Wechselstuben, also lieber schon in Esfahan genügend Geld wechseln. Alternativ helfen auch die Gästehäuser weiter.

TRANSPORT

Busse

Der **Busbahnhof** (Terminal-e Otobus) befindet sich rund 300 m nordwestlich des Taubenturms. Nach ESFAHAN (150 km, 1 1/2 Std.) tgl. morgens stdl. bis 14 Uhr für 35 000 IRR.
Vom **Busbahnhof in Harand** (20 km von Varzaneh, Taxi rund 200 000 IRR) gibt es tgl. um 14.30 und 22 Uhr einen Bus nach TEHERAN.

Taxis

Taxi nach ESFAHAN für rund 500 000 IRR.

Nain und Umgebung

Nain befindet sich zwischen den beiden Städten Kashan (220 km) und Yazd (170 km) direkt auf der touristischen Hauptroute, wird aber meistens links liegen gelassen. Die touristische Infrastruktur steckt in puncto Hotels und Restaurants nach wie vor in den Kinderschuhen. Angesichts der netten Altstadt und der Besonderheiten der benachbarten Siedlung Mohamadiyeh hat es diese Vernachlässigung nicht verdient.

Masjed-e Jameh

Eine Runde durch die Altstadt beginnt man am besten mit der Freitagsmoschee am nördlichen Stadtrand. Die Pfeilermoschee geht auf das Jahr 960 zurück. Ihrem hohen Alter ist es geschuldet, dass sie ohne Fliesenmosaik auskommen muss. Dafür überzeugt sie mit raffinierten Stuckreliefs, die etliche Säulen und Wände schmücken. Die Moschee wurde Hunderte Jahre später um ein Minarett und ein Hosseiniyeh, eine Hofanlage für die Ashura-Trauerfeierlichkeiten, ergänzt. ◷ tgl. 9–17 Uhr, 150 000 IRR.

Khaneh-ye Pirnia

Unmittelbar gegenüber der Freitagsmoschee kann in den traditionellen Gemäuern des Hauses Pirnia ein **ethnologisches Museum** besucht werden, wo historische Wandreliefs, aber auch traditionelle Webstühle und Keramik ausgestellt werden. Das Haus selbst erinnert an die bürgerlichen Häuser Kashans, geht aber auf die safawidische Ära zurück und wurde unter den Qadjaren schließlich vom Gouverneur der Stadt genutzt. ◷ Di–So 9–17 Uhr, 100 000 IRR.

Qal'eh-ye Narin und Bazar

Die über die Jahrhunderte stark in Mitleidenschaft gezogene Lehmziegelburg Narenj, auch **Qal'eh-ye Narin**, befindet sich nur 200 m südöstlich des Pirnia-Hauses, ◷ tgl. 9–19, Winter 9–16 Uhr, 100 000 IRR. Von den Überresten der vorislamischen Bausubstanz sind es nur wenige Meter zur Moschee Khajeh Khezr und damit zum **Bazar**, der sich über 340 m zum Tor Tschehel Dokhtaran zieht. Die Läden sind leider mehrheitlich geschlossen, die Gassen leer.

Mosallah-ye Edifice

Vom Ende des Bazars geht es auf die Hauptstraße Imam Khomeini Ave. und weiter über den Kreisverkehr die Pasdaran St. entlang. An ihrem südwestlichen Ende ist das Mausoleum Mosallah erreicht. Die türkisfarbene Kuppel auf dem achteckigen Gebäude im Qadjaren-Stil und die umliegenden Pistazienbäume des Gartens machen die Anlage äußerst fotogen. ◷ tgl. 8–12 und 15–17 Uhr, 50 000 IRR.

Höhlenwerkstätten Aba Bafi in Mohamadiyeh

Nur 2 km östlich von Nains Altstadt thront die Zitadelle der kleinen Siedlung Mohamadiyeh. Sie ist umgeben von reizenden Altstadtbauten. Mehrere unscheinbare Türen, außen erkennbar durch ihren höhlenartigen Überbau, entführen rund 120 m südwestlich der Zitadelle in die unterirdische Welt der Weber, Aba Bafi genannt. In den kühlen Höhlen weben noch heute Männer an traditionellen Webstühlen. Aus dem Kamelhaar wurden früher Aba-Umhänge für Geistliche gefertigt. Heute sind auch eine Reihe von Schals und Teppichen aus Kamelhaar und Baumwolle erhältlich. In einer dieser Werkstätten führt Hasan das Erbe seines verstorbenen Vaters fort. Wie die anderen Weber freut auch er sich über Besuch, hat darüber hinaus aber eine Vorliebe für Mineralien und Münzen. Wer ihm eine Freude machen möchte, tauscht und schlürft Tee mit dem leidenschaftlichen Sammler und freundlichen Gastgeber. ⌚ Sa–Do 8–12, 14–20 Uhr.

Wassermühle Rigareh

Nur 350 m südlich der Werkstätten können die unterirdische Wassermühle Rigareh und das angeschlossene, bis heute intakte **Qanatsystem** besucht werden. Ein ausgeleuchteter Korridor weist den Weg zur 28 m unter der Erde gelegenen Mühle. Regulär geöffnet hat die Anlage nur über die Nowruz-Feiertage, ansonsten organisieren lokale Guides den Zutritt. Auch die Weber können weiterhelfen, manche bieten von sich aus eine Tour an, Eintritt 100 000 IRR.

ÜBERNACHTUNG UND ESSEN

In Nain dürfen nirgends Englischkenntnisse vorausgesetzt werden.

Gholami Mosaferkhaneh, Imam Khomeini Ave., rund 300 m östlich des Imam Sq., ✆ 031-4625 2441 und 0913-223 4667. Sehr schlichte Unterkunft für geringe Ansprüche. Mehrere Einzel- bis 3-Bett-Zimmer mit Gemeinschaftsbad. ❷

Tourist Inn Hotel, Rajaei Ave., südlich des Imam Sq., ✆ 031-4625 3088. Ein einwandfreies staatliches Hotel mit passablen Zimmern, die teilweise kleinen Apartments gleichen. Liegt zentral und beinhaltet ein solides persisches Restaurant. ❸

TOUREN UND AKTIVITÄTEN

Mohammad Afzal Aghale, ✆ 0903-695 6763 und 0913-917 0871, ✉ local_g1999@yahoo.com. Ein Guide aus Leidenschaft – schon über 40 Jahre kümmert sich Mohammad um Besucher in Nain und lädt auch gerne einmal zu sich nach Hause ein, wo seine Frau Pavaneh die qualitativ hochwertigen **Nain-Teppiche** webt. Diese sind aufgrund ihrer großen Anzahl an Knoten und der sehr feinen Wolle, zum Teil Seide, kostspielig. Wer aber genau an diesen Teppichen Interesse hat, kann sie hier günstiger erwerben als auf dem Bazar. Mohammad weiß alles über seine Stadt und die Teppichkunst und führt auch zu **Teppichwerkstätten**, die nur nach Voranmeldung besucht werden können.

TRANSPORT

Busse, Minibusse und *savaris* fahren vom kleinen **Jey-Busbahnhof** (Terminal-e Otobus Jey) ab. Manche Busse von Yazd nach Esfahan, aber nicht alle, halten in Nain. Ein *savari* nach Esfahan kostet rund 150 000 IRR.

ESFAHAN (145 km, 1 1/2 Std.), tgl. stdl. morgens bis nachmittags für 80 000 IRR.

KASHAN (210 km, 2 Std.), 2x tgl. nachmittags und nachts VIP für 150 000 IRR.

TEHERAN (450 km, 4 1/2 Std.), 2x tgl. nachmittags und nachts VIP für 350 000 IRR.

Dasht-e Kavir

Die große Salzwüste erstreckt sich über knapp 80 000 km², wovon nur ein kleiner Teil in der Provinz Esfahan liegt. Die naturgemäß lebensfeindliche Umgebung bedingt die geringe Besiedlung. Reisende werden auf ihren einsamen Fahrten durch die Wüste nur wenige Ortschaften finden. Die Dasht-e Kavir ist bislang wenig erforscht und gehört zu den großen Geheimnissen des Landes. Wer abgeschiedene Oasen und Dünenlandschaften sucht, ist hier richtig.

Anarak

Der Name der kleinen Bergbaustadt rührt vom persischen Wort *anar*. Das charmante Städtchen wurde also nach dem Granatapfel benannt. In der Stadt befindet man sich ganze 1520 m über dem Meeresspiegel und ringsum ragt schroffes Gebirge in die Höhe. Bekannt ist Anarak für seine zahlreichen Minen, wo Gold, Zink, Silber und Eisen gefördert werden. Etwas entfernt vom Städtchen befindet sich die **Mine Nakhlak**, die bereits rund 2500 Jahre in Betrieb sein soll.

Die Stadt selbst überzeugt mit ihren **Lehmhäusern** im Altstadtkern und einem kleinen Turm, der die ganze Siedlung überragt. Es sind verlassene und verfallene Häuser, die das Bild der Altstadt prägen. Mit der notwendigen Vorsicht lässt sich das eine oder andere sichere Dach besteigen. Den besten Blick auf die Altstadt hat man aber zweifelsohne von der Anhöhe in der Nähe der Karawanserei, wo sich ein Wasserreservoir befindet.

Chupanan und die Rig-e Jenn

Rund 90 km weiter östlich erstreckt sich das Dorf Chupanan. Das heiße Klima in der Wüste hat erheblichen Einfluss auf die Gestaltung der Siedlung genommen. Auf jedem Dach befindet sich ein Windturm, um die heiße Luft abzukühlen. Die kleinen dicht aneinandergereihten Häuser haben zudem oft einen Innenhof, wo Palmen in die Höhe ragen und Schatten spenden. Den besten Blick auf das **Windturmpanorama** hat man bergaufwärts vom Schrein Seyed Jalaluddin am nördlichen Dorfende und der Straße weiter östlich folgend vom höher gelegenen Campingplatz mit seinen leeren Pavillons.

Böse Geister sollen die **Rig-e Jenn** bewohnen. Dieser Teil der Wüste erstreckt sich zwischen den Provinzen Semnan und Esfahan, und auch die Dünen bei Chupanan gehören zu den letzten Ausläufern der sagenumwobenen Wüste. Die Sanddünen jagten früheren Karawanen besondere Angst ein, weshalb man diesen Teil der Dasht-e Kavir als „Wüste des Dschinns" bezeichnete. Der Glaube besagt, dass Dschinns als übersinnliche Wesen neben den Menschen leben; nur im Ausnahmefall bekommt man diese Dämonen zu Gesicht. In der endlos wirkenden Dünenlandschaft fürchteten die Karawanen, diesen Geistern schutzlos ausgeliefert zu sein, und so mieden sie das Gebiet. Bis heute glauben einige der Einwohner der umliegenden Dörfer an die bösen Geister in den Dünen. Auch Sven Hedin, ein berühmter Wüstenforscher, mied die Rig-e Jenn, als er die iranischen Wüstenregionen bereiste.

All das ändert allerdings nichts am unglaublichen Reiz dieser Dünenlandschaft. Die Vegetation mag bescheiden sein, aber die Fauna scheint die Unversehrtheit dieser Gegend zu schätzen. Zahlreiche **Wildtiere** Irans haben hier einen geeigneten Rückzugsort gefunden. Unzählige Tiere tummeln sich in den Dünen und ziehen ihre Bahnen. Was Reisende am Tag anhand der Spuren in allen möglichen Formen und Größen nur erahnen können, wird bei Nacht mit etwas Glück zu einem hautnahen Erlebnis. Wüstenfüchse, Karakals, aber auch Leoparden und vereinzelt sogar Geparde streifen hier umher. Die Chancen, Wildtiere zu beobachten, stehen in diesem Wüstenabschnitt besonders gut. Erkundungstouren durch die Wüste sollte man aber auf keinen Fall allein, sondern in Begleitung eines sachkundigen Führers unternehmen.

ÜBERNACHTUNG

Entlang der gesamten Routen durch die Dasht-e Kavir überwiegen traditionelle Unterkünfte – von Khur abgesehen. Das bedeutet auch, dass gemeinschaftliche Räume mit einfachen Matratzen auf dem Boden die Regel sind. Bis auf Mesr, und auch da nicht immer, sollten vor Ort keine Englischkenntnisse erwartet werden. In den allermeisten Unterkünften wird für die Gäste gekocht.

Ashin Ecolodge, Ashin, ✆ 0913-100 8602. Auch als Bagheri Guesthouse bekannt. Abgelegener geht es kaum. Nach rund 52 km auf einer Schotterpiste nordwestlich von Anarak gelangt man in das Dorf mit seinen letzten Festungsresten. Klare Sternensicht ist bei dieser Abgeschiedenheit garantiert. Man schläft in traditionellen Gästezimmern auf Matratzen auf dem Boden, Badezimmer werden geteilt, die Toilette befindet sich im Hof. Auf Elektrizität wird so gut wie komplett verzichtet, Steckdosen sucht man vergebens. Sinn der Sache ist, völlig zur Ruhe zu kommen. Rundumversorgung mit drei Mahlzeiten kostet 40 € p. P. Für die Organisation des Transports von Anarak vorher Kontakt aufnehmen. Hauseigene Wandertouren in die Rig-e Jenn und Führungen zu den historischen Bergbauminen.

Keykhosro Guesthouse, Chupanan, ✆ 031-3629 3700 und 0919-755 6350, m_zahedanaraki. Von Anarak die erste Straße ins Dorf nehmen, vorbei am Friedhof, beim Kreisverkehr rechts und dann in die erste Straße links abbiegen, nach 150 m auf der linken Straßenseite. Den Sommer verbringt das ältere Ehepaar in Teheran, weswegen die Unterkunft nur Mitte Sep–Mitte Juni geöffnet hat. Kein Englisch. Die herzerwärmende Art der Besitzerin, die auch Touren mit ihren Gästen unternimmt, sorgt für familiäre Atmosphäre. In den 5 Zimmern für jeweils 5 Personen zahlt man 10 € für einen Schlafplatz und Abendessen.

Robat Anarak, Anarak, Karawanserei am östlichen Stadtrand, ✆ 0935-422 4788 und 031-2656 6026. Über letztere Nummer lässt sich auf Englisch reservieren. Iran Desert Tour hilft bei der Kontaktaufnahme, ✉ Hello@adventure iran.com. Traditionelle Gästezimmer in den ehrwürdigen und schön restaurierten Gemäuern einer ehemaligen Karawanserei. Für 1,6 Mio. IRR p. P. bekommt man einen Schlafplatz und drei Mahlzeiten. Die Doppelzimmer sind überteuert. Es werden Jeeptouren in die Rig-e Jenn angeboten sowie Jeeps und Fahrräder vermietet. ❹

Sabean Traditional Homestay, Ashtiyan, ✆ 0913-323 4128, 0913-817 0590. Rund 7 km nordwestlich von Chupanan reichen die Dünen der Rig-e Jenn bis mitten in das sehr beschauliche Dorf Ashtiyan. Ein älteres Ehepaar hat dort mithilfe seiner Kinder ein entzückendes Homestay eröffnet. Beide kümmern sich herzallerliebst um ihre Gäste, auch wenn sie kein Englisch sprechen. Klimaanlagen gibt es keine, nur Ventilatoren und überraschend viele Steckdosen. Schlafplatz im Gemeinschaftsraum für 850 000 IRR einschließlich Abendessen.

Sooshiant Traditional Guest House, Chah Malek, 45 km östlich von Chupanan auf der Straße Richtung Khur gelegen, ✆ 031-4637 0021 und 0913-424 2862, ✉ sooshianthouse@gmail.com, sooshiant_house. Einfaches, traditionelles Gästehaus mit Schlafräumen und Matratzen für 800 000 IRR p. P. Touren in die Umgebung.

€ **Stareyeh Kavir Rural Residence**, Ashtiyan, ✆ 0913-103 3261, www.stareyehkavir.blogfa.com. Eine zweite Unterkunft in der winzigen Siedlung. Eine Nacht in den traditionellen Schlafräumen kostet um die 500 000 IRR. Abendessen extra für 200 000 IRR. Gäste können mit Jeeptouren die Rig-e Jenn erkunden.

TOUREN

Jaber Homay, Chupanan, ✆ 0912-097 0037, ✉ jabi_homay@yahoo.com, chupanan.desert. Jaber Homay ist die beste Anlaufstelle, um Wildlife-Touren in die Rig-e Jenn zu unternehmen oder auch einfach durch die verwunschene Dünenlandschaft zu ziehen. Er ist nicht nur ein guter Fahrer, sondern hat auch gute Kontakte zum Nationalpark. Ein bisschen Englisch spricht er auch.

TRANSPORT

Es gibt **keine direkten Busverbindungen**, allerdings fährt der tgl. Bus zwischen TEHERAN (Busbahnhof Jonub) und TABAS oder BIRJAND an Anarak und Chupanan vorbei. Nach ESFAHAN (Busbahnhof Kaveh) verkehrt 1x tgl. ein Bus von Khur und wieder retour. Dem Busfahrer Bescheid geben und einfach absetzen lassen. Wer von den Ortschaften zusteigen möchte, muss sich von den Unterkünften helfen lassen. Zusteigen ist in Chupanan am zentralen Platz prinzipiell möglich, in Anarak auch. Ansonsten ein Taxi nach Nain oder Khur nehmen und von dort die Reise fortsetzen.

Mesr

Das kleine Dorf ist über zwei weitgehend nicht asphaltierte Straßen zu erreichen. Von Khur biegt man nach rund 10 km Richtung Chupanan gen Norden ab und fährt weitere 44 km. Die weniger befahrene Straße führt von Chupanan 60 km nach Norden bis zum Dorf Jandaq, von dort geht es über eine weitere kleine Straße rund 40 km ins östlich gelegene Mesr. Hierher kommt man nicht wegen der Siedlung, sondern wegen der umliegenden Dünen- und Gebirgslandschaft. Die meisten Häuser sind zugleich Unterkünfte. Das gilt auch für das noch kleinere und rund 3 km weiter nördlich gelegene **Farahzad**.

Die meisten Touren steuern die Dünenlandschaft im Norden der Siedlung Mesr an. Der weitaus schönere Dünenabschnitt liegt aber im Süden und ist teilweise in Privatbesitz. Nur über Rohab von dem gleichnamigen Guest House lässt sich dieser Teil erkunden. Das allein ga-

DIE LANDESMITTE

Sternenklare Wüstennächte

© PRISKA SEISENBACHER

Der Zeitraum vom Spätherbst bis zum Frühjahr verspricht kühlere Temperaturen. Die besten Aussichten auf einen prachtvollen Sternenhimmel gibt es aber im Sommer. Die **Milchstraße** ist dann besonders gut mit bloßem Auge zu erkennen. Sie strahlt nicht nur in vollem Glanz, sondern steht im Gegensatz zu den Wintermonaten auch beinahe vertikal.

Ein banaler Rat: Bei der Reiseplanung lieber einen Blick auf den **Mondkalender** werfen. Rund um Vollmond sucht man vergebens nach Sternen, dafür beleuchtet der Mondschein die Wüstenlandschaften – ein Zauber der anderen Art.

rantiert schon ruhigere Wüstenmomente im Vergleich zu den anderen Dünenabschnitten in der Umgebung.

Die umliegenden Berge eignen sich hervorragend für ausgedehnte Wanderungen, auf denen zum Teil auch Fossilien entdeckt werden können, und für Wildtierbeobachtungen.

Ob man in Mesr und den umliegenden Dünen Party ohne Ende oder eine betörende einsame Wüstenlandschaft erlebt, ist eine Frage der **Saison**. Vor allem über Nowruz wird es hier richtig voll. Viele kommen aus Teheran und suchen Zerstreuung in Form von Partys und halsbrecherischen Jeep-Fahrten durch die Wüste. Aber im Sommer ist hier alles wie leer gefegt. Nutzt man die späten Nachmittagsstunden und Nächte, steht einem Wüstenabenteuer der besonderen Art nichts im Weg. Zwar raten selbst Iraner ab, im Sommer nach Mesr zu fahren, aber die Temperaturen sind hier nicht höher als in aufgeheizten Betonwüsten wie Esfahan. Wem also Esfahan im Sommer nicht zu heiß ist, der kann auch nach Mesr. Für ausgedehnte Wanderungen tagsüber sind allerdings nur die kühleren Monate von Oktober bis April anzuraten.

ÜBERNACHTUNG

Mesr

In Mesr gibt es mehr oder weniger zwei Arten von Unterkünften. Die einen arbeiten meist mit großen (iranischen) Touranbietern zusammen, sind gut besucht, aber kaum einer spricht Englisch. Die anderen sind auf Individualreisende und auch ausländische Gäste ausgelegt, die Besitzer sprechen gutes Englisch und bieten Touren abseits der mitunter recht gefährlichen Entertainment-Jeepfahrten für vorwiegend iranische Urlaubsgäste.

Afzal Guest House, vom Süden ins Dorf kommend, die erste größere Straße links, ✆ 0910-302 0465, 💻 mesrafzalhouse@gmail.com. Netter Innenhof mit Springbrunnen und Palmen. Schlafplatz auf einer Matratze im Gemeinschaftsraum für 1,4 Mio. IRR, Vollverpflegung inkl., kein Englisch.

Birahe Traditional Guest House, nur wenige Meter vor dem Afzal auf der linken Straßenseite, ✆ 0913-077 2071, 0916-636 6004, 💻 www.birahestation.com, birahe_guest house. Mazireh und ihr Mann Abbas haben hier eine kleine Wohlfühloase geschaffen und das *birahe* – abseits der Straße. Die Großstädter haben sich entschlossen, die langweiligen, ausgetretenen Wege zu verlassen und hier ein neues Leben zu beginnen. Liebevoll eingerichtete Doppelzimmer mit und ohne Bad, Matratze im Schlafsaal rund 14 €. Vollverpflegung ist immer dabei, die Küche ist hervorragend, allein schon das Frühstück ist eine Augenweide. DZ 40 €.

€ **Heshmant Guesthouse**, ✆ 0913-923 8261. Hamid Reza spricht kein Englisch, ist aber auch nicht auf iranische Partygäste ausgelegt, weil er keinen Vertrag mit den großen Reiseveranstaltern hat. Auch wenn die Verständigung vielleicht etwas schwerfällt – Hamid ist herzlich und aufrichtig um seine Gäste bemüht. Vom Dach des charmanten Hauses sieht man direkt auf die Dünen der Umgebung. Einen Schlafplatz auf Matratzen gibt's für 800 000 IRR, inkl. 3 Mahlzeiten.

Kariz Guest House, bevor man das Dorf Richtung Farahzad verlässt, zweimal rechts abbiegen, ✆ 0913-223 1589. Stimmungsvoller Innenhof zum Ausspannen. Abends sitzt man auch mal um ein Lagerfeuer. Bietet traditionelle Zimmer mit Matratzen auf dem Boden und Vollverpflegung. Größere Auswahl an Touren, kein Englisch. ❹

Pazirik Ecolodge, im Dorf die erste größere Straße rechts, dann auf der rechten Straßenseite nach wenigen Metern, ✆ 0911-911 8556, 💻 www.pazirikmesr.com, everydaymesr. Victoria hat sich gegen ein Leben in Frankreich entschieden, in Iran geheiratet und diese Ecolodge aufgebaut. Wenn sie sich mit ihrem Kind in Frankreich aufhält, führt ihr Ehemann die Unterkunft alleine. Innenhof, Küche, Zimmer – alles ist sehr geschmackvoll eingerichtet. Eine Matratze im Schlafsaal kostet 10 € p. P. ohne Vollverpflegung. Darüber hinaus gibt es Privaträume für 2 Personen, entweder mit Betten oder günstiger mit Matratzen. Reiches Angebot an Touren. DZ 40–60 €.

Rohab Guest House, erstes Haus rechts, direkt nach dem Gandom Cafe, ✆ 0912-340 8870, 💻 www.irandesert.com, rohabteam. Rohab und seine Frau Nilufahr haben eine wahre Wohlfühloase geschaffen. In dem schönen Innenhof wuchern Marihuana-Pflanzen, die Küche ist gut und die mit antiken Perserteppichen ausgelegten Doppel- und Mehrbettzimmer sind nett. Rohab selbst ist ein alternativer Typ, der so einiges erlebt hat und gerne mit seinen Gästen plaudert, wenn nicht gerade Hochsaison ist. Er versteht sich darauf, Wüstennächte zu einem unvergesslichen Erlebnis zu machen. Wenn er über die Boxen seines Jeeps betörend schön gesungene Sufi-Gedichte ertönen lässt, fühlt man sich dem Sternenhimmel ein Stück näher. Ein Bett im Schlafsaal gibt es für 10 bzw. 5 € mit und ohne Frühstück. Vermietet auch Jeeps. DZ 40 €.

Shenzar Guest House, im Dorf gleich die erste größere Straße rechts, dort an der Straßenecke, ✆ 0912-399 7252, 💻 www.mesrvillage.com, shenzar_guesthouse. Bietet traditionelle Privaträume für 25 € p. P. mit Vollverpflegung, aber auch teure Doppelzimmer mit Betten. Für Gäste steht eine gute Auswahl an Touren bereit. DZ 50–70 €.

Farahzad

Barandaz Tabatabaei Lodge, ✆ 0913-323 4188, 💻 www.mesr.info. Auf Klimaanlagen und WLAN wird in beiden Gebäudeteilen verzichtet. Ersteres braucht es bei den massiven Lehmwänden auch nicht zwingend. Familienbetrieb mit langjähriger Erfahrung und einem breiten Angebot an Touren. Nur von Mitte Sep–Mitte Juni geöffnet. Ein Schlafplatz auf einer Matratze kostet 1,3 Mio. IRR p. P. mit Vollverpflegung. Ein schöner Ort für lauschige Abende.

DIE LANDESMITTE

Teeda Guesthouse, ✆ 031–3220 6970 ✆ 031-5852 3100 und 0912-467 1237, 💻 www.teeda-hotel.com. Die nett eingerichteten Zimmer verfügen über komfortable Betten. Besonders schön ist das Zimmer für 4 Personen im Turm des Hauses. Bieten Jeep- und Kameltrekkingtouren an. ❹

ESSEN

Alle Gästehäuser bieten Verpflegung an.

Gandom Cafe, Mesr, gleich neben dem dazugehörigen Rohab Guest House. Ein kleiner, feiner Laden mit Snacks und Kaffee. ⌚ tgl. 8–24, Do und Fr manchmal ab 14 Uhr.

Kariz Restaurant, s. Übernachtung. Ob im Innenhof oder in Sitznischen drinnen – stimmungsvoll ist das Ambiente allemal, und die persische Küche schmeckt. ⌚ tgl. 7.30–9, 12.30–14 und 20.30–22 Uhr.

TOUREN UND AKTIVITÄTEN

Alle Unterkünfte organisieren Touren zu den Sanddünen und in die Dörfer der Umgebung.

Schon sein Familienname deutet bei **Ali Kuhi** auf seine Berufung, denn *kuh* bedeutet Berg. Er ist ein Mann der Berge und kennt diese wie seine eigene Westentasche. Wie manch anderer hat der Jäger in den umliegenden Bergen früher illegal gewildert. Das wurde mit Gefängnis bestraft. Nun, da er wieder in Mesr lebt, eröffnen sich langsam neue Perspektiven. Mit einem Experten wie Ali in die Berge aufzubrechen, sich Kräuter und Wildtiere zeigen zu lassen, ist ein ganz besonderes Erlebnis. Authentisch könnte man es nennen, wenn Ali auf seiner Flöte in den Bergen zu spielen beginnt. Nichts fördert den Schutz der Wildtiere mehr, als wenn ehemalige Jäger als Bergführer für Touristen tätig werden. Ali spricht kein Englisch, alle Fragen können vorab mithilfe von Rohab (s. Übernachtung) geklärt werden.

EINKAUFEN

Barandaz Handicraft Shop, in der gleichnamigen Unterkunft. Schöne Auswahl an lokal geflochtenen Körben und Kelim-Teppichen.

€ **Barbod Gallery**, neben Rohab Guest House, ✆ 0919-976 9396, nell.handicraftgallery. Kaum zu glauben, dass man mitten in der Wüste eine tolle Auswahl an Perserteppichen dargeboten bekommt. Die meisten haben schon etliche Jahre auf dem Buckel. Nilufar und Rohab kaufen beim Teppichhändler ihres Vertrauens vor allem ältere Stücke, darunter viele Balutschen-Teppiche. In dem entzückenden Laden gibt es diese dann zu einem wirklich guten Preis zu erwerben. Hier wird niemand abgezockt. Darüber hinaus gibt es nette, kleine Souvenirs wie Ketten und anderen Schmuck.

TRANSPORT

Die einzige Möglichkeit, von KHUR nach Mesr zu kommen, ist ein **Taxi** für rund 400 000 IRR. Taxifahrer verlangen aber oft einiges mehr, deswegen empfiehlt es sich, vorab Kontakt mit der Unterkunft in Mesr aufzunehmen, denn die meisten organisieren eine Abholung von Khur.

Von Khur nach Bayazeh

Khur ist ein praktikabler Ausgangspunkt für Abstecher in die umliegenden Dörfer, weil nur hier die Busse regulär stoppen.

Rund 30 km südlich liegt die Oase **Garmeh**, die vor allem wegen der lange gehypten dortigen Unterkunft zu einer beliebten Anlaufstelle für Backpacker geworden ist. Die weitläufigen Palmenhaine, die von einer Wasserquelle in den Bergen bewässert werden, machen Garmeh zu einer hübschen Oase. Wer die umliegenden Berge erklimmt, hat einen schönen Blick auf die Siedlung samt Palmen. Wenn nicht sogar noch etwas lieblicher ist die kleine **Oase Iraj** mit ihrer Festungsruine, etwa 20 km weiter westlich von Garmeh.

Die Oase **Bayazeh** liegt rund 50 km südlich von Khur. Der Altstadtkern besteht aus einer ganzen Reihe hübscher Lehmbauten, zu denen auch eine sassanidische Festungsruine zählt.

Nicht weit östlich von Khur endet die Provinz Esfahan, aber keineswegs die Dasht-e Kavir. Es bietet sich an, weiter nach **Tabas** in die Provinz Süd-Khorasan zu reisen (S. 489).

ÜBERNACHTUNG

Ateshooni Guesthouse, Garmeh, ✆ 031-4634 8156, 💻 www.ateshooni.com. Maziar Aledavood ist nach etlichen Jahren in Teheran wieder in sein Heimatdort zurückgekehrt. Mit seiner netten Unterkunft, mittlerweile 3 Gebäude, hat er den ausländischen Tourismus in Garmeh ziemlich gepusht. Es werden Kamele und Ziegen gehalten. Das Gästehaus mit seinen 2- bis 3-Bett-Zimmern ist zweifelsohne nett, aber auch überteuert, selbst wenn 3 Mahlzeiten inbegriffen sind. Das gilt auch für die angebotenen Touren. Einen Blick auf die Website werfen, um zu sehen, ob der Schlafsaal wieder in Betrieb ist. DZ 60 €.

Bali Desert Hotel, Khur, am südlichen Stadtrand, ✆ 0913-125 4828, ✉ balidesert@gmail.com. Gepflegte, große Anlage mit komfortablen Einzel- bis 3-Bett-Zimmern. Abendessen ist im Preis enthalten und schmeckt ausgezeichnet. Es werden Touren in die umliegenden Oasendörfer oder zum Salzsee Richtung Tabas angeboten. DZ 50 €.

Khur Guesthouse, Khur, Shahcheraghy Alley 11, Imamzadeh Seyed Davood St., ✆ 091-3923 4341. Auch Mahan Homestay genannt. Eine kleine, schlichte, aber nette Unterkunft. Das traditionelle Homestay bietet Matratzen für 600 000 IRR p. P. Es liegt nur rund 3 Min. zu Fuß von der Busstation entfernt und eignet sich, um hier nach der Anreise die Nacht zu verbringen, bevor es weiter in die Oasendörfer geht. Kein Englisch, gratis Transfer vom Busbahnhof.

Negarin Guest House, Khur, im nördlichen Teil der Stadt, rund 600 m östlich des zentral gelegenen Schreins, ✆ 0913-923 3520, 💻 negarininn.com, negarin.khoor. Gemütlich eingerichtetes Gästehaus mit einfachen Schlafplätzen auf dem Boden für 700 000 IRR p. P., kein Englisch.

Payo Ecolodge, Khur, Dehzir Alley 25, Nähe Imam Hossein Sq., ✆ 0913-223 1433, ✉ afshin mirzaei2000@gmail.com. Liebevoll geführtes, traditionelles Gästehaus mit 6 Räumen inkl. Bad. Abendessen gibt es für einen kleinen Aufschlag. Kein Englisch, gratis Transfer vom Busbahnhof. ❹

Yata Hotel, Bayazeh, ✆ 031-4634 6186 und 0912-219 6216, ✉ email@yatahotel.ir. Mohammad hat die Farm seines Vaters zu einer netten Unterkunft umgebaut. Mit den angebotenen Touren die beste Adresse, um das Oasenstädtchen Bayazeh eingehend zu erkunden. Es stehen 12 einfache, aber mit Bett ausgestattete Zimmer zur Verfügung. ❷

TRANSPORT

Nur sehr wenige **Busse** fahren von/nach Khur. Manche Busse zwischen Mashhad und Teheran stoppen nachts in Khur. Auch tgl. Busse zwischen Teheran und Tabas/Birjand können halten. Am besten vorher mit den Unterkünften, vor allem mit den englischsprachigen in Mesr, Kontakt aufnehmen und sich beraten lassen.

ESFAHAN (330 km, 3 1/2 Std.), 1x tgl. für 195 000 IRR.

YAZD (320 km, 3 1/2 Std.), 1x tgl. für 195 000 IRR.

Provinz Tschahar Mahal und Bakhtiari

Es sind die majestätischen Gipfel des Zagros-Gebirges, die fruchtbaren Täler, die reißenden Flüsse und allen voran eine bis heute lebendig gebliebene Nomadentradition, die diese Provinz so unverkennbar machen.

Gleich zehn Bergspitzen des mächtigen **Zagros**, der sich von der irakisch-iranischen Grenze Kurdistans bis zum Persischen Golf erstreckt, reichen über 4000 m. Der zweithöchste Gipfel des Gebirgszugs, der 4221 m hohe **Zard Kuh**, liegt inmitten dieser Provinz. Zwei überaus wichtige Wasserquellen des Landes – die Flüsse **Karun** und **Zayandeh**, die beide im Zagros-Gebirge entspringen, durchziehen das Gebiet.

Zwei **Volksgruppen** geben der Provinz, die bis 1953 noch zu Esfahan gehörte, ihren Namen. Während die Tschahar Mahalis vor allem Städte wie die Provinzhauptstadt Shahr-e Kord oder Borujen und Saman bewohnen, reicht das historische und gegenwärtige Siedlungsgebiet der

Schwindendes Nomadentum

Die Geschichte Irans wird über Jahrhunderte hinweg geprägt von einer Vielzahl an nomadisch lebenden und rivalisierenden Volksgruppen. Die **türkischen Nomadenstämme**, die im Zuge des Mongolensturms im 13. Jh. über weite Teile des heutigen Iran herfielen, prägten die Bevölkerungsstruktur nachhaltig. Ganze Herrscherdynastien sind aus Nomadenstämmen (z. B. Qadjaren) hervorgegangen, und erst die nomadische Einheit der Qizilbash verhalf dem Safawiden-König Ismail zu seiner Macht.

Die völlig frei lebenden Nomadenclans waren schwer kontrollierbar und eine militärische Gefahr für die Machthaber. Vehement zurückgedrängt wurde der Nomadismus letztlich erst mit dem beginnenden 20. Jh. unter **Schah Reza**, der die Menschen zwang, sesshaft zu werden. Damit wurde das Ende einer großen nomadischen Tradition und Kultur eingeläutet – oder besser Kulturen, so vielfältig sind die verschiedenen Nomadenstämme in puncto Sprache, Kunsthandwerk und Brauchtum (S. 98).

Halbnomaden

Viele der ursprünglich vollnomadisch lebenden Volksgruppen des Landes sind längst zur halbnomadischen Lebensweise übergegangen, wenn sie nicht schon ganz sesshaft geworden sind. Halbnomadisch bedeutet, dass nur Teile der Familien auf Wanderung gehen, während andere unterdessen Felder bewirtschaften oder einer anderen sesshaften Erwerbstätigkeit nachgehen. Die Grenzen sind aber fließend, tatsächlich lässt sich schwer feststellen, wie viele Iraner heute noch (halb) nomadisch leben. Schätzungen belaufen sich auf ein bis zwei Millionen Menschen, die mit Viehherden zumindest saisonal wandern.

Nomaden in den Städten

Heute genießen Nomaden in der Regel keine hohe Stellung in der iranischen Gesellschaft – spürbar wird das vor allem bei den Bakhtiaren, die als eine der größten nomadischen Volksgruppen des Landes gelten, wobei nicht alle automatisch Nomaden sind.

Großstädter stehen ihnen mit einer gewissen Ablehnung gegenüber. Ihre Einfachheit und ihr niedriges Bildungsniveau seien dafür verantwortlich, sagen viele Esfahaner. Unumstritten ist, dass zwei völlig unterschiedliche Lebenswelten aufeinanderprallen, und der weltweite Gegensatz von Stadt und Land wird durch die nomadische Tradition noch verstärkt. Tatsächlich treffen diese Lebenswelten immer häufiger aufeinander, weil viele der jüngeren Bakhtiaren mit dem nomadischen Leben brechen und in die Stadt ziehen. Diese jüngere Generation muss nicht nur mit einer naserümpfenden Stadtbevölkerung klarkommen, sondern befindet sich zugleich in einem Generationenkonflikt innerhalb der eigenen Familie, denn oft beharren ältere Familienmitglieder auf dem (halb)nomadischen Leben.

Seit den 1960er-Jahren werden auch nomadische Kinder von Lehrkräften unterrichtet, die teilweise große Distanzen zurücklegen, um den Kleinsten Lesen, Schreiben und Rechnen beizubringen. Durch die elementare Bildung, die ihnen zuteil wird, träumen viele davon, in städtischen Schulen weiterzulernen oder sogar zu studieren.

Bakhtiaren über die Provinz hinaus in die nördlich und östlich anschließende Provinz Esfahan und die westlich angrenzende Provinz Khuzestan, wo traditionsgemäß die Winterweiden der nomadischen Bakhtiaren liegen. Trotz der für Iran außerordentlichen Fruchtbarkeit der Provinz ist die Bevölkerungsdichte gering. **Shahr-e Kord** mit seinen rund 190 000 Einwohnern ist weit weniger modern als andere urbane Zentren des Landes.

Atemberaubende Gebirgs- und Tallandschaften lassen die Herzen derjenigen höherschlagen, die Trekking lieben und knappe 200 km oder drei Autostunden von Esfahan entfernt ein gänzlich anderes Iran kennenlernen wollen. Wer diese Provinz bereist, lässt jeden touristischen Komfort der Hauptroute hinter sich.

Es gibt kaum eine andere Region, die sich derart anbietet, um dem (halb)nomadischen Leben des Landes auf die Spur zu kommen und dabei keiner aufgesetzten Touristenshow auf den Leim zu gehen. Denn noch gibt es einige wenige Familien, die zwei Mal jährlich die spektakuläre Migration über das Zagros-Gebirge wagen, mit ihren Schaf- und Ziegenherden ihre Zelte auf fruchtbaren Weiden aufschlagen und das atemberaubende Dorf **Sar Agha Seyed** mit Leben füllen. Aber die Uhr tickt, auch der Zagros wird die nächsten Jahrzehnte nichts bewahren können, was weltweit zum größten Teil schon längst verschwunden ist.

Kuhrang-Tal

Reisende finden in diesem Tal alles, was die Provinz ausmacht. Ausgangspunkt für eine jede Reise durch das Kuhrang-Tal ist das um die 2700 Seelen zählende Städtchen **Chelgerd**, rund 90 km westlich von Shahr-e Kord und 190 km von Esfahan.

Zunächst ist das Tal als **Skigebiet** bekannt. Es gibt nur zwei Skilifte und nur eine als blau klassifizierte Piste. Skiausrüstung kann vor Ort im Kuhrang-Ski-Resort am südwestlichen Stadtrand in der Nähe des Kuhrang-Tunnels ausgeliehen werden. Kleine Geschäfte, simple Hotels und Lokale sichern die Grundversorgung. Vor allem Leute aus Esfahan kommen hierher, um Ski zu fahren, 🕒 Dez–April an Wochenenden und über Feiertage, Skipass 120 000 IRR.

Darüber hinaus ist der Zagros mit Chelgerd als Ausgangspunkt ein wahres Paradies für Skiwandertouren. Der Zard Kuh thront mit seinen beachtlichen 4221 m rund 20 km südlich der Stadt. Skitouren dorthin sind sehr anspruchsvoll, aber machbar.

Die Wassermassen des **Kuhrang-Tunnels** ziehen vor allem iranische Besucher an. Rund 2 km vom Zentrum am südlichen Ende der Stadt stürzt eine der wichtigen Quellen des Zayandeh-ye Rud in die Tiefe. Die Bändigung bzw. auch Umleitung des Wassers im großen Stil geht auf den safawidischen König Schah Abbas I. zurück.

Eine andere Hauptquelle des für Iran so bedeutenden Zayandeh liegt wiederum 10 km nordöstlich von Chelgerd. **Cheshmeh Dimeh** ist ein beliebtes Ausflugsziel, hier wird vor allem am Wochenende gepicknickt.

Am nördlichen Ende der Stadt beginnt eine Schotterpiste, die 45 km bis zum bakhtiarischen Bergdorf Sar Agha Seyed führt. Die Schotterpiste zieht sich aber mit einer Abzweigung kurz vor dem Dorf noch etliche Kilometer nordwestlich durch das Zagros-Gebirge bis nach Lorestan. Generell empfiehlt sich ein Jeep, der erste Streckenabschnitt bis zum **Wasserfall Sheikh Ali Khan** sollte aber auch mit dem Pkw machbar sein, danach kann es streckenweise schwierig werden. Vom nördlichen Stadtrand folgt der hübsch anzusehende Wasserfall nach ungefähr 7 km. Er liegt nur wenige Meter abseits der Straße und ist leicht über einen befestigten Weg zu erreichen.

Die Wetterlage im Kuhrang-Tal

Generell gilt: Wer sich in das Gebirge oder in das Tal aufmachen möchte, muss die höhenbedingten Wetterverhältnisse berücksichtigen. Der Schnee, der sich über die Wintermonate ansammelt, hält sich hartnäckig bis ins späte Frühjahr. Die Schneeschmelze tut ihr Übriges. Das führt dazu, dass die abenteuerliche Schotterpiste durch das Tal und zum Dorf Sar Agha Seyed oft lange gesperrt ist. Wer grüne Weiden sucht und sich für nomadische Kultur interessiert, wählt vorzugsweise die Monate zwischen Juni und September. Die höhenbedingt kühleren Temperaturen sind eine erfrischende Abwechslung zur Sommerhitze Esfahans. In den Wintermonaten ist es mit Temperaturen weit unter dem Gefrierpunkt teils empfindlich kalt. Dann sind praktisch nur Skitouren möglich. Die Straße bis nach Chelgerd wird im Winter auch wegen der Skitouristen regelmäßig von Schnee befreit.

Nach weiteren 15 km ist eine sehr breite Stelle des Flussbettes der Ausgangspunkt, um 50 m zur **Eishöhle Chama** aufzusteigen. Das ganze Jahr über sind hier zumindest Reste von Schnee- und Eismassen zu sehen. Bis zur Eisdecke über der Wasserquelle sind es 130 m von der Schotterpiste. Vorsicht beim Begehen der Höhle: Die Eisschichten sind dünn und fragil. Am besten besucht man die Höhle zwischen Juni und Mitte August, danach schmilzt die Eisdecke mitunter.

Vorbeiziehende Viehherden und Zeltlager zeugen von einem traditionsbehafteten nomadischen Leben, das Reisende in weniger abgeschiedenen Regionen des Landes längst vergebens suchen. Die große Überquerung der Zagros-Pässe gilt als eine der spektakulärsten Migrationen der Welt und steht traditionsbewussten nomadischen Bakhtiaren jedes Jahr zweimal aufs Neue bevor. Wenn der Schnee die Weiden im Zagros-Gebirge bedeckt, sind die Viehherden längst in den südlicheren Ebenen Khuzestans zwischen Lali und Izeh. Die traditionellen Märsche über den Zagros, die bis zu drei Wochen in Anspruch nehmen, gehören bereits größtenteils der Vergangenheit an. Die großen Gefahren für Mensch und Tier sprechen für die meisten Familien dagegen. Die Strecke kann mittlerweile in einer achtstündigen Autofahrt bewältigt werden. Trotzdem wagen jedes Jahr ein paar Familien den Marsch – mitunter mit Jungtieren und Babys im Gepäck. Die **Migration zu den Sommerweiden des Zagros** findet ab April bis Mai statt und die zu den Winterweiden in Khuzestan ab September bis Oktober. Die Schotterpiste kreuzt die halsbrecherischen Wege der alten Migrationsroute, und in den besagten Monaten trifft man immer wieder auf wandernde Familien – zuweilen auch schon mit kleinen Lastwagen.

Ortskundige Einheimische weisen den Weg zu **bakhtiarischen Grabmälern** direkt neben der Schotterpiste. Mächtige Steinlöwen zieren die Gräber besonders geschätzter Anführer und Krieger. Schwerter, Gewehre, aber auch Rosen sind auf den steinernen Tieren eingeritzt. Der Asiatische Löwe als Symbol für Mut und Geschicklichkeit ist wichtiger Bestandteil der bakhtiarischen Kultur, findet sich aber auch bei anderen Lor-Stämmen und bei Qashqai-Nomaden.

4 HIGHLIGHT

Sar Agha Seyed

Nach rund drei Stunden wird die Fahrt durch die einmalig schöne Gebirgskulisse des Kuhrang-Tals gekrönt von einem der mit Abstand reizvollsten Bergdörfer des Landes. Wie Bienenwaben fügt sich ein Haus ans andere, die flachen Dächer bilden zugleich die Wege durchs Dorf.

Besonders schön ist der Anblick frühmorgens, wenn Einheimische erste Arbeiten an den Häusern verrichten und Hirten mit ihren Eseln die Dächer entlangziehen. In dunklen Backstuben mancher Häuser wird Brot gebacken, Joghurt wird geschlagen, in der unmittelbaren Umgebung werden Wildtiere gejagt.

Von Sar Agha Seyed kann man in einer Viertelstunde zu den **Salzminen** wandern, wo vor allem Frauen das Salz traditionell gewinnen, um es weiterzuverkaufen.

Mit dem Schritt, diese Siedlung zu bauen, haben sich einige bakhtiarische Familien bereits vor etlichen Jahrhunderten von der vollnomadischen Lebensweise verabschiedet. Heute kommen viele, die sich in Städten niedergelassen haben, nur noch in den Sommermonaten her.

Die Einheimischen erzählen voller Stolz die Geschichte, warum diese Siedlung errichtet wurde: Eines Sommers starb der Anführer eines Bakhtiaren-Stammes. An dem Ort, wo der alte Mann seine letzte Ruhe fand, begannen die Mitglieder des Stammes, ein **Heiligtum** und folglich immer mehr Häuser zu errichten. Sie wollten die Ruhestätte des Mannes, den sie so verehrten, nicht wieder verlassen, und so wurde diese Siedlung fortan ihre ganzjährige Heimat. Die Geschichte ist im Dorf allgegenwärtig, und das Heiligtum wird von der Gemeinschaft gehegt und gepflegt. Jedes Jahr obliegt es einer anderen Familie, täglich nach dem Rechten zu sehen und den Schlüssel zum Allerheiligsten zu hüten.

Dafür, dass die Bausubstanz des Dorfes so bleibt, wie sie ist, sorgen inzwischen iranische Behörden. Der iranischen Vorliebe für idyllische Bergdörfer und der Wertschätzung der Kulturgüter des Landes ist es wohl zuzuschreiben, dass die Bakhtiaren das traditionelle Bild des Dorfes nicht (mehr) verändern dürfen. Moderne und größere Häuser werden deswegen nur außerhalb des Dorfkerns gebaut.

Romantisieren sollte man das Dorfleben aber keinesfalls. Das Leben in den Bergen ist rau, die hier lebenden Familien sind es mitunter auch. Die **traditionell konservativen Dorfstrukturen** zeigen sich auch im Umgang mit Kindern und Frauen. Natürlich gibt es auch viel Herzlichkeit und wunderschöne Begegnungen zwischen Reisenden und Einheimischen. Trotzdem. Eine Reise nach Sar Agha Seyed ist nicht für jeden etwas, so besonders sie auch ist.

Hier läuft so manches anders ab als in den meisten Teilen des Landes. Ganz ohne eine persischsprachige Begleitung durchs Dorf wird es schwierig. Großstädter aus Esfahan wirken auf Einheimische oft arrogant, was nicht kontaktförderlich ist. Am allerbesten hat man jemanden bei sich, der Lor spricht bzw. generell Kontakt zu ansässigen Familien pflegt. Reisende Frauen sollten die Kleidungsvorschriften hier nicht locker handhaben, sondern lieber konservativ auftreten. Kinder betteln und werden dabei auch mal forsch. Vor allem einheimische Frauen möchten oft nicht fotografiert werden, was zu respektieren ist.

ÜBERNACHTUNG

€ In Sar Agha Seyed gibt es keine Unterkunft im herkömmlichen Sinne. Schlafen kann man dort aber trotzdem. Iranische Gäste werden teilweise auf den Vorhof des Schreins verwiesen, wo sie ihr Zelt aufstellen können. Es ist auch nicht unwahrscheinlich, dass man in einem der Häuser schlafen darf.
Bei allen Unterkünften kann kein Englisch vorausgesetzt werden.

€ **Koohrang Cottage**, in Malek Abad, ✆ 0916-319 8868 und 0903-333 4079, ✉ info@boomgardimk.ir und amin524@gmail.com. Bietet ganze Apartments mit Schlafplätzen auf Matratzen auf dem Boden ab 500 000 IRR p. P. Das Dorf Malek Abad befindet sich rund 52 km südlich von Chelgerd. Amin organisiert Touren in die Umgebung, auch nach Sar Agha Seyed.

Koohrang Hotel, Chelgerd, östlich des Kuhrang-Tunnels, ✆ 038-3362 2302 und 0912-114 4030, ✉ reservation@koohranghotel.com und info@koohrang.com. Schlichtes Standardhotel mit passablem Restaurant. Die Zimmer wirken abgewohnt, verfügen aber im Gegensatz zu vielen anderen über Betten. Bietet sich an, weil es direkt in Chelgerd liegt. Holt Gäste für 1,5 Mio. IRR von Esfahan oder für 500 000 IRR von Shahr-e Kord ab. Skiausrüstung wird gratis verliehen. ❷

Nomadic Ecocamp of Koohrang, in unmittelbarer Nähe des Wasserfalls auf dem Weg nach Sar Agha Seyed, ✆ 0913-183 9207. Es ist ziemlich unwahrscheinlich, dass man vorab jemanden erreicht. Deshalb einfach dran vorbeifahren und sein Glück versuchen oder noch in Chelgerd nachfragen. Einfaches, aber großes Zeltlager, wo auch mal größere Gruppen untergebracht werden. Eine von Einheimischen geführte Unterkunft in bester Lage. Man sollte mit 500 000 bis 800 000 IRR p. P. rechnen.

Parsian Azadi Hotel, in Shahr-e Kord, Farabi Blvd., ✆ 0381-333 6791, 💻 www.azadishahrekord.pih.ir. Schöne Zimmer für etwas gehobene Ansprüche. Wenige Meter südwestlich finden sich entlang der Kashani St. mehrere Restaurants und Imbisse. ❸

Pelasjan Ecolodge, in Moghan, Region Fereydan, ✆ 0913-1655 6164 und 0936-417 2177, pelasjan_eco_tourism. Günstige Lage zwischen Esfahan und Chelgerd, von Letzterem nur 32 km entfernt. Ein hinreißender Familienbetrieb, bei dem an jeder Ecke die Liebe zum Detail spürbar wird. Von den vier Zimmern sind drei mit komfortablen Betten ausgestattet. Der entzückend gestaltete Eingangsbereich mit den Blumentöpfen, der hauseigene Garten mit zahlreichen Gemüsebeeten und die bunten, freundlichen Räume sprechen für sich. Stellt auch einen Shuttleservice nach Esfahan für rund 20 € bereit. ❺

TOUREN UND AKTIVITÄTEN

Wer Zeuge der nomadischen Migration werden möchte, begibt sich am besten in die Hände erfahrener Tourveranstalter. Unbedingt die Erwartungen an so eine Tour besprechen, z. B. ob man einen Trek entlang der Migrationsroute unternimmt oder tatsächlich mit nomadischen Familien unterwegs ist. Wer wirklich mit den Nomaden mitgehen möchte, muss fit sein, siebenstündige Märsche über Stock und Stein sind die Regel.

Alireza Damadzadeh, 0913-304 9056, unternimmt immer wieder Touren von Esfahan nach Sar Agha Seyed.

Habib Mohammad Hosseini, 0913-184 4128 und 038-2762 2325, Habib_M1390@yahoo.com, habib_m1390. In seiner Kindheit hat Habib die gefährliche Migration mit seiner Familie selbst unternommen. Heute lebt er in Chelgerd, wo er Englisch unterrichtet. Er ist aber auch offizieller Guide, und im Sommer führt er Touristen hinauf in die Berge und nach Sar Agha Seyed.

Iran Ski Tours, 0912-178 1305, www.iran-skitours.com. Idealer Ansprechpartner für mehrtägige Skitouren zum Zard Kuh mit Sitz in Teheran. Länger im Voraus planen.

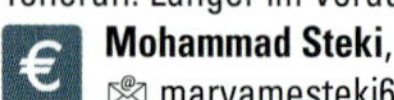

Mohammad Steki, 0913-389 8023, maryamesteki67@gmai.com. Eine bakhtiarische Familie hat in dem kleinen Ort Oregan eine nette, traditionelle Unterkunft eröffnet und kümmert sich reizend um ihre Gäste. Die Ortschaft liegt in unmittelbarer Nähe zur Festung Bardeh (60 km nordwestlich von Shahr-e Kord und 50 km östlich von Chelgerd). Die unglaubliche Gastfreundschaft ist schon einen Besuch wert. Darüber hinaus bietet die Familie preiswerte Touren. Zwei Nächte können Gäste in einem bakhtiarischen Nomadenzelt schlafen, werden von Esfahan abgeholt und wieder zurückgebracht, Sar Agha Seyed wird besucht und auch die Festung Bardeh. 70 € p. P. ab 2 Personen. Dass es von Vorteil ist, Sar Agha Seyed mit einheimischen Bakhtiaren zu besuchen, versteht sich von selbst.

Nomadtours, 0913-179 8395, info@nomad.tours, bietet auf Nachfrage maßgeschneiderte Touren an, bei denen man mehrere Tage oder Wochen mit Nomadenfamilien in den Bergen lebt. Oder man wandert streckenweise die Migrationsroute entlang. Nomadtours ist um eine Wertschätzung der nomadischen Kultur und Lebensweise bemüht. Ein zuverlässiger Partner, der auf nachhaltigen Tourismus ohne Show setzt. Um etwaige negative Effekte des Tourismus klein zu halten, hat das Team einen ethischen Verhaltenskodex aufgesetzt. Begonnen hat alles mit Touren zu nomadischen Bakthiaren-Familien. Inzwischen versucht Nomadtours, auch in anderen Regionen vergleichbare Touren anzubieten. Wem das Kennenlernen nomadisch lebender Familien wichtig ist, der muss unbedingt die Saison beachten und sollte früh mit dem Team von Nomadtours Kontakt aufnehmen, um alles sorgfältig zu planen. Die Touren sind kostspielig, aber hier weiß man, dass alles mit rechten Dingen zugeht. 30 % gehen direkt an die Gastfamilien und weitere 20 % in die lokale Tourismusförderung, sodass Familien vor Ort in Zukunft selbst Touren anbieten können.

TRANSPORT

Wer ganz individuell anreisen möchte, muss von Ahvaz, Esfahan oder Shiraz zuerst einmal nach **Shahr-e Kord**. Der **Busbahnhof** ist relativ klein und bedient nur wenige Ziele:

AHVAZ (440 km, 6 Std.), 2x tgl. abends VIP für 550 000 IRR.

ESFAHAN (105 km, 1 1/2 Std.), tgl. halbstdl. für 70 000 IRR.

SHIRAZ (435 km, 6 Std.), tgl. 3x vormittags und 3x abends VIP für 350 000 IRR.

Von Shahr-e Kord verkehren *savaris* oder auch Minibusse nach CHELGERD (1 1/2 Std.) für 150 000 IRR. Dann heuert man entweder einen **Jeep** an – das Hotel Kuhrang ist dafür eine geeignete Adresse –, oder man nimmt den lokalen **Minibus** im Norden der Stadt. In den Sommermonaten fährt dieser 1x tgl. vormittags außer Fr nach Sar Agha Seyed und wieder zurück. Eine durch und durch abenteuerliche Fahrt, die an die 3 Std. dauern kann.

Provinz Yazd

Das raue und trockene Klima hat die Provinz Yazd im zentralen Hochland Irans fest im Griff. Die jahrhundertealten Oasen und Wüstenstädte, allen voran die Provinzhauptstadt **Yazd**, beweisen, wie sich die Architektur an die von Trockenheit geprägten Lebensbedingungen angepasst

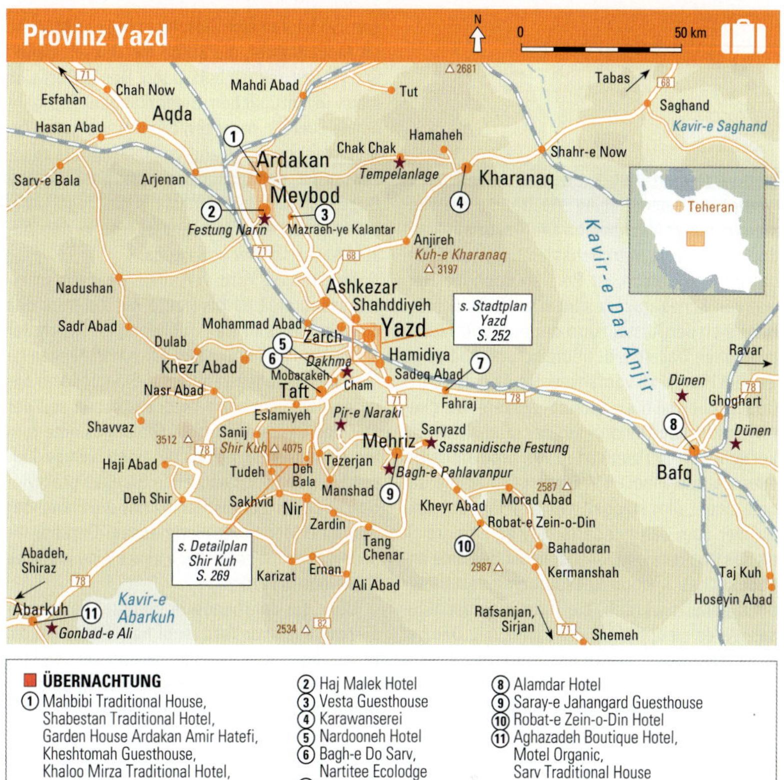

ÜBERNACHTUNG

1. Mahbibi Traditional House, Shabestan Traditional Hotel, Garden House Ardakan Amir Hatefi, Kheshtomah Guesthouse, Khaloo Mirza Traditional Hotel, Anar Traditional Hotel
2. Haj Malek Hotel
3. Vesta Guesthouse
4. Karawanserei
5. Nardooneh Hotel
6. Bagh-e Do Sarv, Nartitee Ecolodge
7. Farvardinn Hotel
8. Alamdar Hotel
9. Saray-e Jahangard Guesthouse
10. Robat-e Zein-o-Din Hotel
11. Aghazadeh Boutique Hotel, Motel Organic, Sarv Traditional House

hat. Über 3000 **Qanate**, traditionelle Bewässerungssysteme, soll die Provinz zählen. Gerade einmal 60 mm Niederschlag fallen durchschnittlich in der Hauptstadt Yazd, rund 100 mm sind es in der ganzen Provinz, was sie zu einer der trockensten Provinzen Irans macht. Was für ein Kontrast, nur 50 km südlich der Stadt Yazd den über 4000 m hohen **Shir Kuh** mit seinem weißen Gipfel aufragen zu sehen, der genauso zur Provinz gehört wie die Dünenlandschaften im Osten.

Während es im Winter mit Temperaturen bis unter 1 °C schon einmal empfindlich kalt werden kann, herrscht im Sommer mit über 40 °C tagsüber unerbittliche Hitze. In der Stadt Yazd machen die engen, schattenspendenden Altstadtgassen und ihre Lehmbauten die Hitze halbwegs erträglich, und besonders wenn man die Abend- und Morgenstunden nutzt, steht einer Reise auch im Sommer nichts im Weg. Das Gleiche gilt für etwaige Ausflüge zu den Dünenlandschaften.

Trotz der widrigen klimatischen Gegebenheiten schufen die Menschen Städte von außerordentlicher Schönheit, sodass heute keine Iranreise an der Wüstenperle Yazd und ihrer Umgebung vorbeiführt. Zudem ist die Provinz die erste Anlaufstelle für all jene, die mehr über die vorislamische **zoroastrische Religion** und Kultur erfahren möchten. Ein großer Teil der im Iran verbliebenen Zarathustrier lebt in dieser Provinz, wovon Tempel, Pilgerstätten und traditionelle Bestattungsanlagen zeugen.

Yazd

Yazd verzaubert: Auf den Dächern der Altstadt werden mit einem Schlag alle Träume aus *Tausendundeiner Nacht* wahr. Die Assoziation mit der bekannten Märchensammlung ist dabei gar nicht so falsch, ist Persien doch die Heimat von Scheherazade und ihren Geschichten. Dass sich der Altstadtkern der auf rund 1200 m gelegenen Oasenstadt heute so prächtig zeigt, ist dem Handel zu verdanken. Ob es nun die mit Bögen überdachten Altstadtgassen, die charakteristischen Windtürme, der offensichtliche Verzicht auf Holz zugunsten von Erdmaterialien oder die traditionellen Wasserspeicher und Qanate sind – alles spiegelt, wie sich die Architektur hier über Jahrhunderte hinweg erfolgreich an das trockene und lebensfeindliche Klima angepasst hat. Knappe Ressourcen mussten optimal genutzt werden, die Bauweise der Häuser wurde so optimiert, dass sie kühlt. Das hat schließlich auch die Unesco überzeugt, Yazd 2017 den Weltkulturerbestatus zu verleihen. Seitdem ist viel geschehen. Einerseits ist man stolz auf den neuen Titel und restauriert viel. Andererseits kommt es vor, dass alte Bausubstanz abgerissen wird, um mitten in der Altstadt Parkplätze zu schaffen, was sicherlich nicht im Sinne der Unesco ist.

Meistens halten sich Touristen nur im Altstadtkern auf. Das städtische Leben findet aber außerhalb im neuen Teil der Stadt statt. Nur die allerwenigsten der rund 650 000 Einwohner leben im historischen Kern. Die traditionellen Häuser fanden die letzten Jahre wenig Anklang bei Einheimischen, sodass hier vor allem gesellschaftlich benachteiligte Afghanen leben oder Häuser einfach leer stehen. Mit dem Unesco-Status und dem folgenden Bauboom ist die Altstadt heute etwas belebter als vorher.

Die Kombination aus einem überschaubaren Altstadtkern, wo sich alle Touristen tummeln, und einer großen Portion Konservatismus, die wie so oft mit Machismo einhergeht, hat wohl zur weniger schönen Seite der Stadt beigetragen. So häufen sich Geschichten über Männer, oft Mopedfahrer, die durch die Gassen ziehen und Frauen sexuell belästigen. Das äußert sich meist in anzüglichen Bemerkungen. Die gähnende Leere in manchen Gassen, wo keine Zurechtweisung durch andere Einheimische zu erwarten ist, begünstigt das wohl noch. Solche Begegnungen sind keinesfalls die Regel, aber sie kommen vor. Trotzdem ist frau in den Altstadtgassen sicher unterwegs.

Kulturell ist Yazd vor allem deshalb so interessant, weil es bis heute ein Zentrum des **Zoroastrismus** in Iran geblieben ist. Nach der arabischen Eroberung und der zunehmenden Islamisierung zogen zahlreiche Gläubige von anderen Regionen nach Yazd, wo schon seit der Zeit der Sassaniden viele Gleichgesinnte lebten. Gegenwärtig sind es nur noch wenige Tausend, die den vorislamischen Glauben praktizieren, aber der Zoroastrismus hat unverkennbar Spuren in der Stadt hinterlassen. Darüber hinaus gibt es bis heute auch eine kleine **jüdische Gemeinde** in Yazd.

Über die Jahrhunderte machte die **Islamisierung** auch vor Yazd nicht halt. Heute gilt die Stadt sogar als sehr religiös und konservativ. Besonders die Ashura-Festlichkeiten sind ein großes und sehenswertes Spektakel.

Geschichte

Bereits im 5. Jh. war Yazd unter den **Sassaniden** ein wichtiges Zentrum. Ob der Name der Stadt auf den sassanidischen Herrscher Yazdegerd I. zurückgeht, ist aber nicht sicher. Wichtige Karawanenrouten nach Shiraz oder zum Persischen Golf führten durch die Stadt, deren Schönheit auch von Marco Polo (1272) nicht unkommentiert blieb. Geschätzt wurde Yazd wegen der hochwertigen Seiden- und Brokattextilien, die hier bereits seit sassanidischer Zeit produziert wurden. Später konkurrierte Yazd diesbezüglich aber mit Kashan und Esfahan.

Vor allem die vergleichsweise kurze und auf Südiran wie Kurdistan beschränkte Herrschaft (1314–1393) der **Muzaffariden** schuf prächtige Bauwerke. Dass die Stadt nicht wie viele andere durch die einfallenden Mongolen zerstört wurde, ist auf großes Verhandlungsgeschick zurückzuführen.

Tausendundeine Nacht

MASJED-E JAMEH; © PRISKA SEISENBACHER

Iran weckt oft Assoziationen an die *Märchen aus Tausendundeiner Nacht,* und auch wenn die endgültige und weltweit bekannte Sammlung dieser Erzählungen eine arabische ist, so ist die Urfassung persisch. Die ersten Erzählfragmente und vermutlich auch die Rahmengeschichte sind aber indischen Ursprungs. Sie wurden wohl um 500 n. Chr. unter den Sassaniden übersetzt und wesentlich erweitert. So entstand das mittelpersische Werk *Hazar Afsan* („Tausend Erzählungen"). Die (zuweilen auch persischen) Dichter am Hofe des Kalifen in Bagdad berichteten im 10. Jh. von dieser sagenhaften Märchensammlung, übertrugen sie ins Arabische und wandelten manche Geschichten etwas ab oder erfanden einige neu.
Oft äußern sich die Erzählungen sozialkritisch zu dem Widerspruch zwischen Arm und Reich in der Reichshauptstadt Bagdad unter dem Kalifen Harun ar-Rashid. Viele der Geschichten stammen zwar aus vorislamischer Zeit, wurden aber über die Jahrhunderte umgeschrieben und an die aktuellen politischen Gegebenheiten angepasst. Allesamt sind sie in eine traurige Rahmenhandlung eingebettet: Scheherazade erzählt um ihr Leben. Nur weil sie dem König jede Nacht aufs Neue spannende Geschichten zum Besten gibt, entgeht sie dem Tod. Dass sie schließlich nach der Geburt von drei Kindern doch nicht umgebracht wird, ist für den König ein Akt der Gnade. Die Jungfrauen vor ihr, die der König immer nur für eine Nacht heiratete, um sie dann umbringen zu lassen, hofften vergeblich auf sein Erbarmen.

Masjed-e Jameh

Zwei Minarette, über und über mit blauen Fliesen versehen, ragen mitten in der Altstadt gen Himmel, scheinen geradezu mit ihm zu verschmelzen und weisen den Weg zur **Freitagsmoschee** – dem Dreh- und Angelpunkt der historischen Oasenstadt. Sie gilt als eine der schönsten Moscheen des Landes. Kein Wunder, dass sie sich auch auf der 200-Rial-Banknote wiederfindet.

Ein breit angelegter Weg führt von der Imam St. und dem Uhrturm mit Polizeiwache zum großen Eingangs-Iwan. Zahlreiche Geschäfte, Restaurants und Cafés säumen diese Straße, in der früher oder später alle Touristen landen.

Die erste Moschee geht auf das 12. Jh. zurück und wurde vermutlich an der Stelle eines sassanidischen Feuertempels errichtet. Darauf bauten die Muzaffariden und der Stifter Seyyed

Yazd

N
0
500 m
Teheran
Abwasseranlage und Dünen-Spot
Enqelab St.
Dawlat Abad Blvd.
Kooche Deraz-e Sheykhdad St.
Bagh-e Dowlatabad
Stadtmauer
Fahadan St.
Imam Alley
Khaneh Lariha
Zendan-e Iskander
Ziyay Sq.
Abyari Alley
Muzeh-ye Sekkeh
Maqbare-ye Davazdah Imam
Hosseini-ye Shah-abol Qasem
Seyyed Rokn ad-Din
Seyyed Gol-e-Sorkh St.
Masjed-e Jameh
Hosseinian Alley
Bazar Char Suq
Masjed-e Jameh St.
Mashrote Alley
ALTSTADT
Uhrturm
Shahid Rajaei St.
Yas Alley
Emamzadeh Jafar Blvd.
Imamzadeh Jafar
Qiyam St.
Lab-e Khandagh Alley
Mahdi St.
Motahhari St.
Masjed-e Mulla Ismael
Bazar-e Khan
Hamam-e Khan
BAZAR
Imam St.
FRIEDHOF
Ferdows Alley
Muzeh-ye Ab-e Yazd (Wassermuseum)
Saheb Azaman Zurkhaneh
Meydan-e Amir Chakmakh
Masjed-e Amir Chakmakh
Paknejad Blvd.
Hashem Khan Alley
Salman-e Farsi St.
Shahid Bokaei St.
Shahid Dehghan St.
Gol St.
Beheshti Sq.
Farokhi St.
Roshan St.
Farvardin Ave.
Golshan-Wasserspeicher
Asizadeh Blvd.
Shahid Fofouhi St.
Hema St.
Ab Anbar-e Rostam-e Giv
Basij Blvd.
Mehr St.
Markar-Uhrturm
Markar Sq.
Muzeh-ye Markar
Kashani Rd.
Arashkadeh St.
Atash-e Behram
Krankenhaus Bahman
Montazer Qa'em St.
Akbar Abad St.
Mazari-ye Hena, Dakhma
Chamran St.
Abwasseranlage
Ausschnitt
Flughafen Shahid Sadooghi
Azadegan Blvd.
Resalat Blvd.
17 Shahrivar St.
Motahhari St.
Enqelab St.
Qiyam St.
Imam St.
Dah-e-Fajr St.
Taleqani St.
Basij Blvd.
Bahonar Blvd.
Shahid Dehghan St.
Saduqi St.
Bahnhof
Sadeq St.
Kashani Rd.
Sh. Moh. H. Jokar St.
Khamenei St.
Denesh joo St.
Mazari-ye Hena
Esfahan
Yazd - Taft Rd.
Khatami St.
Gomnam Blvd.
Azadi St.
Dashti Blvd.
Dakhma
Sayad Shirazi St.
Shahid Ghandi St.
0
3 km
Rafsanjan
71

■ **ÜBERNACHTUNG**
(1) Star Hotel
(2) Seven Hostel
(3) Jungle Hotel
(4) Kohan Traditional Hotel
(5) Koroush Traditional Hotel
(6) Friendly Hotel
(7) Fazeli Hotel
(8) Oasis Hostel
(9) Silk Road Hotel
(10) Orient Traditional Hotel
(11) Kalout Hostel
(12) Badgir Hostel
(13) Firoozeh Traditional Hotel
(14) Khesht Abad Traditional Hotel
(15) Hobab House Hostel
(16) Backpack Hostel
(17) Narenjestan Traditional House
(18) RestUp Hostel
(19) Laleh Hotel
(20) Dad Hotel

■ **ESSEN**
1 Termeh and Toranj Restaurant
2 Travel Cafe
3 Art House Cafe
4 Friend's House Cafe
5 Nardoon Cafe
6 Karizma Restaurant
7 Iranian Old Cafe
8 Saware Cafe
9 Vaziri Cafe
10 Fooka Restaurant
11 Marco Polo Restaurant
12 Baam Cafe
13 Mehr Traditional Restaurant
14 Falafel-Sandwiches
15 Khaneh Dohad Restaurant

■ **SONSTIGES**
1 ITTA Iranian Tour & Travel
2 Haj Kalifeh Ali Rahbar
3 Oasis Gallery
4 Takook
5 Visaverlängerung
6 Sarafi Pourhaji Hadad Exchange

■ **TRANSPORT**
1 Busbahnhof Payaneh Bozorg
2 Busbahnhof Homafar Sq.
3 Minibusse ab Imam Hossein Sq.
4 Busbahnhof Imam Ali Sq.
5 Busbahnhof Shohada-ye Mehrab Sq.

Rokn ad-Din in der ersten Hälfte des 14. Jhs. die heute sichtbare Freitagsmoschee. Beim Fliesenschmuck und den Minaretten hatten aber auch noch die nachfolgenden Timuriden und Safawiden ihre Finger im Spiel.

Dass die Masjed-e Jameh sich mit einem großen **Iwan** am Eingang schmückt, ist typisch für iranische Moscheen. Nur dass es sich hier mit einer Höhe von rund 50 m um den größten des Landes handelt. Jeder Millimeter der Fassade wurde mit detailreichen Fliesen in verschiedenen Blautönen, mit floralen und geometrischen Ornamenten und vielen Kalligrafien verkleidet. Auch ein Muqarna-Gewölbe fällt ins Auge.

Die **Hauptkuppel** mit ihren türkisfarbenen, weißen und schwarzen geometrischen Ornamenten bleibt auch im Innern geometrischen Formen treu, wo ineinandergreifende, vielzackige türkisfarbene Sterne zu sehen sind.

Insgesamt gilt die Moschee als prächtiges Beispiel des persischen Azari-Stils. Die heute dominanten **Minarette** wurden allerdings erst im 16. Jh. unter den Safawiden angebaut. Erwähnenswert sind auch der wundervoll geschmückte **Mihrab** aus dem Jahr 1365 und ein ehemaliger, geschlossener **Qanat**, zu dem vom Innenhof Stufen hinabführen.

Die besondere Lichtstimmung jeden Abend zum Sonnenuntergang sollte man sich nicht entgehen lassen. ◷ tgl. 8–20 Uhr, 80 000 IRR.

Seyyed Rokn ad-Din

Aufgrund seines Reichtums und seiner Funktion als Kadi geschätzt, spielte Seyyed Rokn ad-Din eine entscheidende Rolle im Yazd des 14. Jhs. Seine Abstammung aus einer in der Stadt anerkannten Bürgerfamilie half wesentlich. Der Stifter der Masjed-e Jameh liegt heute ganz prominent nur knappe 100 m östlich von ihr begraben.

Von außen ist das Blau der Kuppel des Mausoleums nicht zu übersehen, und auch ein Blick auf das Innere lohnt sich wegen der schönen floralen Verzierungen an der Decke. Allerdings ist das Mausoleum oft verschlossen, lautes Anklopfen am Tor hilft manchmal. ◷ tgl. Do–Di 9–18 Uhr.

Nördlich der Masjed-e Jameh

Der Altstadtkern nördlich der Masjed-e Jameh eignet sich hervorragend, um durch liebliche Gassen zu schlendern und sich in dem einen oder anderen Souvenirladen zu verlieren. Darüber hinaus gibt es ein paar nennenswerte Sehenswürdigkeiten.

Das **Khaneh Lariha** nordwestlich des Ziyai Sq. stammt aus dem 19. Jh. und ist eines der besterhaltenen Kaufmannshäuser der Stadt aus der Zeit der Qadjaren. Windtürme, viele bogenförmige Fenster und ein großzügiger Innenhof zieren die Anlage. Wer die bürgerlichen Häu-

Auf den Dächern von Yazd

Um die Schönheit von Yazd wirklich erfassen zu können, muss man der Stadt aufs Dach steigen. Einzigartig ist das Stadtpanorama vor allem wegen der vielen unterschiedlichen **Windtürme**, eine altbewährte Methode, die Innenräume der Häuser abzukühlen. Neben einem unglaublichen Ausblick über die Altstadt gewährt ein Aufstieg auf die Dächer auch einen Blick auf die Shir-Kuh- und Kharanaq-Gebirgszüge, die hinter den prächtigen Iwanen und Moscheen der Stadt in die Höhe ragen. Während man durch die Gassen der Altstadt schlendert, sollte man jederzeit ein Auge darauf werfen, ob nicht ein Aufstieg aufs Dach möglich ist. Einige Häuser werben auch damit. Manchmal weisen Schilder auf den Dachterrassen darauf hin, dass ja nicht das Nachbardach betreten werden darf. Auf den Dächern fremder Häuser sollte man nicht herumtänzeln, auch wenn die Dächer und Terrassen mitunter ineinander überzugehen scheinen.

Wer eine Unterkunft mit einem traumhaften Blick vom Dach gewählt hat, sollte sich durchringen und früh aufstehen. Nichts ist magischer als die Morgendämmerung über Yazd, wenn noch vor den ersten Sonnenstrahlen Taubenschwärme an den Windtürmen vorüberziehen. Kein Straßenlärm und keine andere Menschenseele reißt einen dann aus dem Traum, sich im Orient von *Tausendundeiner Nacht* zu befinden.

Die besten Aussichtspunkte

Das **Art House Cafe** (S. 262) wirbt damit, den schönsten Ausblick zu haben, und so unrecht hat es damit gar nicht. Die Freitagsmoschee ist zwar noch weit entfernt, aber gemeinsam mit einer ganzen Reihe von Windtürmen gut sichtbar. Leider wird auch dann Eintritt verlangt, wenn man im dazugehörigen Lokal isst und trinkt. Man bezahlt aber einmal und kann wiederkommen, und ab 20.30 Uhr entfällt der Eintritt komplett. In den unteren Räumen ist eine kleine Kunstgalerie untergebracht. Am schönsten ist es abends zur blauen Stunde, dann kann es aber auch voll werden. ⌚ tgl. 10–15, 17–23 Uhr, Eintritt US$1 (wie viel man in Rial zahlt, ist vom tagesaktuellen inoffiziellen Wechselkurs abhängig).

Nicht weit entfernt liegt der Platz Hosseiniyeh Shah abol Qasem. Die mehrstöckige **Tribünenwand** und das davor stehende Nakhl-Holzgerüst sind kaum zu übersehen. Wenn man Glück hat, erwischt man einen Zuständigen mit Schlüssel, der die Tür aufsperrt, wenn man nett bittet. Dann geht es vorsichtig die Tribünenwand hinauf, wo man den von Postkarten bekannten Blick auf die Freitagsmoschee hat.

Einen nach wie vor lohnenden Blick bietet das **Kohan Hotel** in der 40th Alley. Es ist ähnlich weit entfernt von der Freitagsmoschee wie das Art House, liegt aber weiter östlich.

Unmittelbar neben der Freitagsmoschee gibt es eine ganze Reihe an Hotels und Restaurants, die mit einem schönen Blick aufwarten. Dazu zählen unter anderem das **Marco Polo Restaurant**, südlich der Masjed-e Jameh St. und 150 m vom Eingangs-Iwan entfernt, und das **Karizma Cafe** beim nordöstlichen Eingang zur Freitagsmoschee.

ser Kashans kennt, wird allerdings wenig beeindruckt sein. ⌚ tgl. 9–19 Uhr, 80 000 IRR.

Weitere 280 m südöstlich findet sich das **Muzeh-ye Sekkeh**, das Münzen- und Anthropologiemuseum, das eine beachtliche Sammlung an Münzen bis weit zurück in das erste Perserreich unter den Achämeniden ausstellt. Daneben gibt es noch eine ganze Reihe an anderen anthropologisch interessanten Gegenständen wie Waffen, Schmuck oder Küchenutensilien. ⌚ tgl. 9–14, 16–20 Uhr, 150 000 IRR.

Gleich gegenüber der Touristeninfo liegt das Gefängnis Alexanders, **Zendan-e Iskander**. Der Name täuscht. Nur eine Legende besagt, dass Alexander der Große hier achämenidische Gefangene unterbrachte. Das überkuppelte Gebäude wurde über viele Jahrhunderte als Madrese genutzt. Im Untergeschoss ist heute ein Teehaus eingerichtet, und man kann dort lokalen Handwerkern zusehen, wie sie die für Yazd typischen glasierten Tontöpfe herstellen. ⌚ tgl. 9–19 Uhr, 150 000 IRR – unverhältnismäßig teuer.

Architektonisch interessanter ist das **Maqbare-ye Davazdah Imam**, das Mausoleum der zwölf Imame, gleich südlich am Meydan-e Fahadan, erkennbar an der frei stehenden Kuppel. Keiner der zwölf schiitischen Imame liegt hier begraben. Der Name rührt daher, dass im Inneren des im 11. Jh. errichteten Mausoleums die Namen aller zwölf Imame verewigt wurden. Die Anlage wirkt etwas verfallen und ist auch innen völlig schmucklos, aber sie enthält die ältesten noch erhaltenen Beispiele für Trompen. Das sind Bögen mit nischenartigen Wölbungen als Verbindungsglied zwischen einem viereckigen Grundriss und einer runden Kuppel. Sie gelten als Vorbild für die später entwickelten Muqarnas. ⌚ nur unregelmäßig.

Am nördlichen Rand des Altstadtkerns an der Fahadan St. finden sich Reste der alten **Stadtmauer**, die auf das 11. bis 14. Jh. zurückgehen. Die Mauer liegt etwas abseits der anderen Sehenswürdigkeiten und wird kaum von Touristen angesteuert. Dafür, dass von der Festungsmauer, die einst die Stadt umschloss, heute nicht mehr viel zu sehen ist, trägt kein Mongolensturm und keine dynastische Zerstörungswut die Verantwortung. Vielmehr fiel ein großer Teil dem Straßenbau im 20. Jh. zum Opfer.

Rund um den Bazar

Die Altstadt zieht sich südlich der Freitagsmoschee noch weit über die Qiyam St. hinaus. Nördlich und südlich dieser Straße findet sich der **Bazar**, der mit seiner großen Anzahl an Kunsthandwerksläden ein reizvolles Bild bietet. Neben Waren des Alltagsbedarfs werden hier Schmuck und Teppiche feilgeboten. Dazu ist eine reiche Auswahl an Termeh-Erzeugnissen unübersehbar. Dieser spezielle Stoff aus hochwertiger Seide und feinster Wolle hat ihren Ursprung in Yazd und steht stellvertretend für dessen Zeit als blühende und wohlhabende Handelsstadt.

Der Bazarkomplex schließt Moscheen und ehemalige Karawansereien mit ein. Immer wieder weisen Treppen auf unterirdische Qanate hin. Von der Qiyam St. zweigt eine breitere Straße gen Süden zur riesigen Moschee Mulla Ismael aus dem frühen 19. Jh. ab. Der südlich dieser Straße gelegene Teil nennt sich **Bazar-e Khan**. Er ist vollständig überdacht und versteckt 40 m südöstlich des Khan Sq. einen ehemaligen **Hamam** aus dem 18. Jh., der mittlerweile als Restaurant genutzt wird. Mit restaurierten Hamams anderer Städte kann er aber beim besten Willen nicht mithalten.

Für das **Imamzadeh Jafar** verlässt man den Bazar und geht von der oben genannten Straßenmündung bei der Moschee Mulla Ismael knappe 300 m nordwestlich. Im Mausoleum liegt Abu Jafar begraben, der als Nachfahre des sechsten Imams verehrt wird. Der heiligste Raum mit dem Grab ist mit unzähligen Spiegelmosaiken versehen, die die Innenwände und Decke völlig aufzulösen scheinen. Er wird von zwei Seiten aus betreten, einer ist Frauen vorbehalten, der andere Männern. Die heiligste schiitische Pilgerstätte der Stadt ermöglicht einen Einblick in das islamische Leben in Yazd, und im Gegensatz zu heiligeren Stätten wie in Qom oder Mashhad darf man hier bis zum eigentlichen Grab vordringen. Leih-Tschadors gibt es am Eingang. ⌚ rund um die Uhr.

Zurück an der Qiyam St. findet man an ihrem südlichen Ende auf der linken Straßenseite das Wassermuseum **Muzeh-ye Ab-e Yazd**. Ein Muss für all jene, die sich für die ausgeklügelte und nachhaltige Wasserversorgung in den Wüsten- und Wüstenrandgebieten des Landes interessieren. Die unterirdischen Wasserkanäle, Qanate, können auf eine jahrtausendealte Geschichte zurückblicken und funktionieren immer noch. Auch unter dem Museum, eingerichtet in einem Kaufmannshaus aus dem 20. Jh., liegt ein Qanat. ⌚ tgl. 8–19 Uhr, 150 000 IRR.

In Yazd ist es unkompliziert, eine der traditionellen Zurkhaneh-Sport-Performances mitzuerleben. Um den **Saheb Azaman Zurkhaneh** zu erreichen, läuft man vom Wassermuseum noch wenige Meter die Imam St. hinauf, biegt in die erste Seitenstraße rechts ab und geht noch ca. 70 m weiter. Besucher sind willkommen. Die Anlage befindet sich in einem ehemaligen Wasserspeicher, dessen Windtürme vom Meydan-e Amir Chakmakh gut zu sehen sind. Es ist aber weit mehr als ein Sportverein, eigentlich wird

Also sprach Zarathustra

Mit diesen drei Worten werden in der heiligen Schrift *Awesta* zentrale Wahrheiten des Propheten Zarathustra eingeleitet. Der Zoroastrismus ist aus Irans Geschichte nicht wegzudenken, auch wenn heute nur noch ein verschwindend kleiner Anteil der Bevölkerung diesen Glauben praktiziert. Dabei hatte die einst in Persien Fuß fassende Religion weitreichende Folgen für die gesamte monotheistische Glaubenswelt, wie wir sie heute kennen.

Ein Prophet geht seinen Weg

Begründer der monotheistischen Religion ist der (vermutlich) um 630 v. Chr. geborene und aus Baktra, heute in Afghanistan, stammende Prophet Zarathustra. Ersten Zuspruch für seine Lehre erlangte er wahrscheinlich in Khorasan südwestlich des heutigen Mashhad. Seine Zeitgenossen glaubten an mehrere gute Geister, *ahuras*, und böse Dämonen, *daevas*, und brachten ihren Göttern regelmäßig Tieropfer dar. Mit der Lehre Zarathustras sollte das überflüssig werden, denn ihm zufolge genügte ein rechtschaffenes Leben, um Gottes Gnade zu erlangen.

Die Schöpfungsgeschichte

Einst hatte der Schöpfergott Ahura Mazda, der das Gute repräsentiert, den Idealmenschen und das Idealtier geschaffen. Jahrtausende später gelang es dem Bösen, Ahriman oder Angra Mainyu, diese zu erschlagen. Es blieben aber die Samen dieser Idealschöpfungen, aus denen die ersten Menschen und Tiere hervorgingen. Doch von nun an trugen Mensch und Tier Gutes und Böses in sich und mussten sich entscheiden, welchen Weg sie einschlagen wollten. Als Hilfestellung sandte Ahura Mazda ihnen den Propheten Zarathustra. Wer sich entschied, die Lehre des Propheten nicht anzunehmen, würde sich am Tag des Jüngsten Gerichts dafür verantworten und zur Strafe die ewige Verdammnis in Kauf nehmen müssen.

Die Erfindung von Himmel und Hölle

Die monotheistische Idee von nur einem Gott ist zu Zarathustras Lebzeiten nicht mehr neu. Sie fand sich bei den jüdischen Propheten Abraham oder Jesaja schon viele Jahrhunderte früher. Trotzdem ging von Zarathustra eine für die monotheistische Religionsgeschichte prägende Weiterentwicklung aus: die Idee einer Belohnung bzw. Verdammnis im Jenseits (Himmel und Hölle) und eines bösen

hier ein auf die Antike zurückgehendes Kulturgut gepflegt. Als Zurkhaneh, „Haus der Stärke“, werden die Ausbildungs- und Übungsstätten bezeichnet, wo ein traditioneller iranischer Kampfsport praktiziert wird, der eher an Kraftsport erinnert. Die teilnehmenden Männer durchlaufen eine Abfolge rhythmischer Bewegungen bzw. Übungen und schwingen dabei bis zu 40 kg schwere Holzkeulen. Jeden Tag um 17 Uhr beginnen die Teilnehmer damit, sich aufzuwärmen, die eigentliche Performance folgt dann um 18.30 Uhr, 50 000 IRR.

Die Qiyam St. geht in den **Meydan-e Amir Chakmakh** über, eine der Hauptsehenswürdigkeiten der Stadt. Ein lang gestrecktes Wasserbecken mit etlichen Fontänen führt zum eigentlichen Platz mit seiner dreistöckigen Tribünenwand aus dem 19. Jh. Türkisfarbene, geometrische Ornamente schmücken die vielen Arkaden und die zwei Minarette. Schon das Nakhl-Holzgerüst weist darauf hin, was von der Zuschauertribüne aus beobachtet werden konnte. Während der Ashura-Trauerfeierlichkeiten wird das Holzgerüst mit schwarzen Tüchern bedeckt und ist, auf den Schultern vieler Männer getragen, ein Teil der Trauerriten, bei denen des Tods von Imam Hussein gedacht wird. Heute ist der Zugang zu den oberen Etagen der Tribünenwand leider nicht mehr gestattet. Auf der westlichen Seite des Komplexes findet sich neben etlichen kleine Eis-, Saft- und Süßwarenläden auch die gleichnamige **Amir-Chakmakh-Moschee**.

Gegenspielers Gottes. Der Mensch trifft die Wahl für oder gegen ein rechtschaffenes Leben und wird im Jenseits damit konfrontiert. Es ist wahrscheinlich, dass diese zoroastrische Entwicklung Einfluss auf das Judentum hatte, das diese Ideen wesentlich später aufnahm. Heute ist diese Vorstellung aus den großen monotheistischen Weltreligionen nicht mehr wegzudenken.

Entwicklung und Fall einer zoroastrischen Staatskirche

Zu Lebzeiten konnte sich Zarathustra nicht durchsetzen und starb wie so viele Propheten als Märtyrer. Es brauchte die große politische Macht der zwei persischen Großreiche, damit seine religiösen Ideen nicht in Vergessenheit gerieten. Unter den Achämeniden folgte eine Hinwendung zu den Lehren Zarathustras, auch wenn zu dieser Zeit noch von keiner autorisierten Lehre gesprochen werden kann. Erst unter den Sassaniden begann mehr als 200 Jahre n. Chr. der Aufstieg des Zoroastrismus zur unumstößlichen Staatsreligion. Die Schriften Zarathustras wurden zusammengetragen und kommentiert, sodass die heilige Schrift *Awesta* entstand.

Die Toleranz wich mit der Institutionalisierung als Staatskirche und der Entwicklung einer Priesterklasse. Kritik an Adeligen und Priestern bzw. abweichende religiöse Auslegungen der Lehren Zarathustras wurden kompromisslos bekämpft. Neue Propheten wie Mazdak starben als Märtyrer. Diese Gangart einer abgehobenen Priesterklasse machte die gemeine Bevölkerung schließlich mehr als empfänglich für eine neue Lehre, und so begrüßten viele den mit der arabischen Eroberung kommenden Islam.

Rezeption in Europa

Im Europa der Aufklärung zeigte sich eine künstlerische und philosophische Elite betont offen gegenüber einer Vielfalt an religiösen Ideen. So landete Zarathustra schließlich als Sarastro in Mozarts Oper *Die Zauberflöte* und auch in Goethes *West-östlichem Divan* spielt er eine Rolle. Große Bekanntheit erlangte Zarathustra in Europa schließlich mit Friedrich Nietzsches Werk *Also sprach Zarathustra*, worin es aber mitnichten um die religiösen Ideen des Propheten oder historische Wahrheiten geht, sondern die Figur Zarathustra ihren Glauben an Gut und Böse nach einer fiktionalen Wanderung völlig revidiert und zerstört. Nietzsche sieht die eigentliche Kraft in dieser menschlichen Zerstörung und Schaffung von Ideen und negiert jeden Anspruch auf eine absolute Wahrheit.

Ab Anbar-e Rostam-e Giv

Auf dem Weg weiter gen Süden zu den zoroastrischen Sehenswürdigkeiten der Stadt liegt ein alter Wasserspeicher namens Ab Anbar-e Rostam-e Giv, den man an der Lehmkuppel und seinen Windtürmen erkennt. Er steht an der Kreuzung von Basij Blvd. und Mehr St. völlig frei und ist nicht verbaut. An diesen Sammelplätzen konnten die Stadtbewohner das von den Qanaten hergeleitete Wasser holen, weshalb jede Nachbarschaft über solche Wasserspeicher verfügte.

Muzeh-ye Markar

Ganze 1,5 km südlich des Meydan-e Amir Chakmakh nähert man sich dem zoroastrischen Erbe der Stadt. Der am Markar Sq. errichtete, unansehnliche **Uhrturm** von 1965 gedenkt des Inders Pashotanji Markar, der die Yazder Glaubensgemeinschaft finanziell unterstützte.

Folgt man von ihm aus einer zur Montazer Qa'em St. parallel verlaufenden Seitenstraße ewta 250 m südwestlich, kommt man zu dem Museum für zoroastrische Kultur und Geschichte, auch **Markar-Museum** genannt. Nirgendwo sonst können sich Reisende so grundlegend über den Zoroastrismus und das kulturell-religiös geprägte Leben der ansässigen zoroastrischen Glaubensgemeinschaft informieren. Schon allein wegen der Farsi-Beschriftungen sollte man eine Führung nehmen. 🕒 Di–So 9–12 und 16–20 Uhr, 100 000 IRR.

Atash-e Behram

Erst 1934 von einer indischen Gesellschaft zur Förderung der zoroastrischen Kultur in Iran errichtet, ist der **zoroastrische Feuertempel** an der Kashani Rd., 450 m südlich der Kreuzung mit dem Basij Blvd., vielleicht keine architektonische Perle, aber von ungemeiner Bedeutung für das gegenwärtige zoroastrische Leben. Die Stadt Yazd zählt heute nach Teheran die größte Glaubensgemeinschaft mit ca. 3500 Gläubigen, danach folgt Kerman.

Geschützt hinter einer Glaswand brennt hier eines der neun allerheiligsten *Atash Behrams* und damit die höchste Form des Feuers. Das Feuer steht für die rituelle Reinheit und die Anwesenheit Gottes. Es soll seit dem Jahr 470 nie erloschen und in späteren Jahrhunderten von Karyan über Ardakan nach Yazd gebracht worden sein. Feuertempel werden je nach dem Status des in ihnen lodernden Feuers klassifiziert. Die acht anderen *Atash Behrams* sind heute allesamt in Indien zu finden, wohin sich der Großteil der zoroastrischen Glaubensgemeinschaft zurückgezogen hat. So verwundert es auch nicht, dass das Gebäude stark an Feuertempel der Parsen in Indien erinnert. Im ausgehenden 19. und beginnenden 20. Jh. förderte vor allem der indische Glaubensbruder Maneckji Limji Hataria die Zarathustrier in Iran, die als religiöse Minderheit unter den Qadjaren benachteiligt wurden.

◷ Sa–Do 8–11.30 und 16–19.30 Uhr, Fr nur vormittags, 80 000 IRR.

Mazari-ye Hena

In den **Hennamühlen**, Mazariha St., 120 m westlich der Kashani Rd. (1,9 km südlich vom Feuertempel), sieht man heute noch die alten Mahlsteine, die einst, von Lasttieren in Bewegung versetzt, Hennablätter zu Pulver mahlten. Die Anlagen wirken mit den herumliegenden Säcken und den vereinzelten Sonnenstrahlen, die über eine Öffnung in der Kuppel hereinströmen, immer noch traumhaft. ◷ Sa–Do 8–20, Winter 8–16 Uhr, freiwillige Spende erbeten.

Dakhma

Am südlichen Stadtrand im Stadtteil Safaieh, rund 10 km von der Altstadt entfernt, stehen zwei zoroastrische Schweigetürme, wobei diese Bezeichnung irreführend ist. Auf Persisch werden sie Dakhma genannt, was so viel wie „Grab" bedeutet.

Der persische Garten Dowlatabad und sein zentral gelegener Windturm

DIE LANDESMITTE

Schon vor mehreren tausend Jahren wurden Leichname unter freiem Himmel auf die Plattformen der zwei runden Türme gelegt, wo binnen kürzester Zeit Vögel das Fleisch entfernten. Sonne und Regen taten ihr Übriges. Die so gereinigten Knochen wurden dann in den zentralen Schacht der Türme verfrachtet, wo sie über die Jahre zu Pulver wurden. Die innere Plattform des Turmes ist dreigeteilt, der äußere Kreis ist Männern, der mittlere Frauen und der innerste Kindern vorbehalten. Die Körper wurden in die flachen Vertiefungen der jeweiligen Kreise gelegt.

Bevor man die Hügel zu den Türmen hinaufmarschiert, passiert man am Fuß der Türme eine Ansammlung mehrerer Gebäude, die *khaiele* genannt wurden. Sie waren den verschiedenen Nachbarschaften Yazds zugeteilt. Jeden Monat kamen Gemeindemitglieder hierher, um der Toten zu gedenken.

Im Norden des historischen Komplexes findet sich ein 1965 errichteter Friedhof, der unabdingbar wurde, als in den 1970er-Jahren die traditionelle Himmelsbestattung schließlich verboten wurde, auch weil die Städte immer weiter an die einst abgelegenen Bestattungsanlagen grenzten und hygienische Probleme mit von Vögeln fallen gelassenen Fleischteilen befürchtet wurden.

🕒 tgl. 9–13 und 15–18 Uhr, 100 000 IRR. Öffentlich mit der Buslinie 70 zu erreichen. Man steigt an der Bushaltestelle am Shohadaye-Mehrab-Busbahnhof ein und verlässt den Bus bei Dakhma. Vom Meydan-e Amir Chakmakh zum Busbahnhof kommt man mit der Buslinie 23.

Bagh-e Dowlatabad

Auf Geheiß des Gouverneurs Mohammad Taqi Khan begann man Mitte des 18. Jhs. einen Garten anzulegen. Qanate, unterirdische Wasserkanäle, leiten das Wasser von den umliegenden Bergen hierher. So entstand über die Zeit dieser persische Garten mit seinen vielen Zitrus- und Granatapfelbäumen und den hohen Zypressen, die heute den langen Wasserkanal säumen. Auf dem zentralen Pavillon mit den bunten Glasfenstern thront ein mächtiger, 33 m hoher Windturm.

Wenngleich ein schönes Beispiel für einen persischen Garten und Unesco-Weltkulturerbe, hält der Garten dem Vergleich mit dem Fin-Garten in Kashan nicht stand.

Eingang am westlichen Ende der Shahid Raja'i St., 400 m südöstlich des Dawlat Abad Blvd., 2 km nordwestlich des Platzes Amir Chakmakh. Anfahrt per Bus von der Station an der Masjed-e Jameh St. Richtung Dowlat Abad Terminal bis zur Shahid Rajaei St., von dort sind es 5 Min. zu Fuß.

🕒 tgl. 8–22 Uhr, 150 000 IRR.

Abwasseranlage

Dass sich eine städtische Abwasseranlage rund 12 km nördlich außerhalb der Stadt zu einem immer beliebteren **Dünen-Spot** entwickelt, verstört etwas. Eigentlich sind solche Anlagen immer heikel. Diese ist ohne Erlaubnis von der westlichen Seite gar nicht zugänglich. Über die Hintertür führen aber **Touren** von einem östlich gelegenen Camp aus zu den äußeren Wasserflächen. Vor allem abends fahren Iraner mit Quads durch die mäßig hohe Dünenlandschaft. Egal, was man davon hält, und bei aller Vorsicht, die bei dem dortigen Wasser geboten ist, fotogen sind die Wasserflächen inmitten der Dünen auf jeden Fall.

Vom Stadtzentrum sind es knappe 30 Min. zu den Dünen. Es gibt gleich mehrere Wüstencamps in der Nähe wie Baran Camp, ✆ 0913-251 9859, Shabahang Camp, ✆ 0912-089 1400, Sandbad Camp, ✆ 0913-352 6912. Baran ist am nächsten an den erreichbaren Wasserflächen und bietet Jeeps und Kamelreiten an.

ÜBERNACHTUNG

Seit der Ernennung zum Unesco-Weltkulturerbe steigen die Grundstückspreise in der Altstadt und öffneten viele Gästehäuser, die in Zeiten politischer Unsicherheit und vor allem im Sommer leer stehen.

Untere Preisklasse

€ **Backpack Hostel**, Salman-e Farsi St., nördlich gegenüber Amir Chakmakh, ✆ 035-3627 2458 und 0913-520 5100, ✉ info@yazdbackpacker.com. Eine Wohnung mit 8 schlichten Privatzimmern, 2 davon ohne eigenes Bad. Hostel-Atmosphäre kommt nur in der Gemeinschaftsküche und dem angeschlossenen Essbereich auf. Im zweiten

Gebäude, einem historischen Haus mit Innenhof, gibt es 4 kleinere Schlafsäle mit 2–4 Betten und Schließfächern für rund 7 €. Es liegt rund 800 m entfernt vom ersten Gebäude. Engagierte Guides und Fahrer haben sich unter dem Namen Sijad Tour zusammengeschlossen und diese Unterkunft gegründet. DZ 20 €.

Badgir Hostel, Yas Alley 3, Shir Gholami Alley, ✆ 0913-373 3251 und 0935-358 1515, 💻 www.badgirhostel.com, badgirhostel. Hier geht's um die ausgelassene, gechillte Atmosphäre, die im Innenhof des historischen Hauses bei Shisha und Gesprächen spürbar wird. Hat was von einer Studentenbude. Maßgeblich verantwortlich dafür ist das junge, herzliche Team, das für alle Wünsche und Fragen offen ist. Ein Ort zum Wohlfühlen für alle, die gute Gesellschaft schätzen und keinen allzu großen Komfort brauchen. Simple Schlafsäle, einer nur für Frauen, mit Stockbetten für rund 10 €. Die einfachen Einzel- bis 3-Bett-Zimmer ohne eigenes Bad und mitunter nur mit Matratzen sind aber überteuert. Gemeinschaftsküche und ein simples Café sind auch dabei. DZ 35 €.

Friendly Hotel, Vaght-o-Saat Sq., rund 150 m nordöstlich vom Mausoleum Seyyed Rokn ad-Din, ✆ 035-3620 7370 und 0913-352 2985, ✉ info@yazdfriendlyhotel.com. Ebenerdiges, traditionelles Haus mit großem Innenhof. Die schlichten 2- bis 3-Bett-Zimmer wirken durch den glänzenden Steinboden etwas kalt. DZ 20 €.

Hobab House Hostel, Gazorgah Alley, rund 650 m nordöstlich des Meydan-e Amir Chakmakh, ✆ 035-3622 0724 und 0902-153 9200. Nette traditionelle Unterkunft mit insgesamt 14 Räumen und einem Schlafsaal im Untergeschoss für rund 10 €. Insgesamt stehen 3 Gemeinschaftsbäder zur Verfügung. Es gibt auch die Möglichkeit, unter dem Windturm zu schlafen und selbst zu entscheiden, wie viel man dafür zahlt. Waschmaschine und Gemeinschaftsküche stehen bereit. DZ 20 €.

Jungle Hotel, 40th Alley, nur wenige Meter nordöstlich des Kohan Hotel, ✆ 035-3620 8278 und 0913-152 1785, 💻 www.junglehotel.ir. Schlichte, aber freundliche Unterkunft mit 13 Räumen. Mehrheitlich Zwei- und Doppelbettzimmer. Gemeinschaftsküche und Dachterrasse. DZ 25 €.

Kalout Hostel, Mashrote Alley, nach 140 m von der Imam St. links in eine kleine Seitengasse abbiegen, ✆ 035-5362 67609 und 0912-219 4540. Eine kleine Wohlfühloase. Der Mitarbeiter Abolfazl ist äußerst aufmerksam, versorgt Gäste mit Tee oder stellt völlig unaufgefordert frisches Wasser bereit. Atmosphärischer Innenhof mit vielen kleinen Details, Sitzhockern und Bäumen. Eine Matratze im Schlafsaal gibt es für 500 000 IRR. Dazu kommen 8 kleine, aber freundliche Privatzimmer. ❷

Khesht Abad Traditional Hotel, Ferdows Alley, von der Mahdi St. 180 m südwestlich, ✆ 035-3626 0040 und 0919-969 0040, ✉ kheshtabad@gmail.com. Traditionelles Haus mit nettem Restaurant im Innenhof. 7 schlichte und teils etwas dunkle 2- bis 3-Bett-Zimmer. Die Räume im 1. Stock sind günstiger. Tee steht rund um die Uhr gratis zur Verfügung. ❷

Kohan Traditional Hotel, 40th Alley, wenige Meter südlich des Münzenmuseums, ✆ 035-3621 2485 und 035-3621 1297, ✉ info@kohanhotel.ir. Eine der bekannteren Unterkünfte, mit wunderschönem Innenhof – besonders prachtvoll, wenn die Bäume pink erblühen. Rund um den Hof sind die schöneren, wenn auch schlichten Zimmer verteilt, die aber oft von größeren Reisegruppen in Beschlag genommen werden. Abends kann es im Hof wegen der Restaurantgäste etwas lauter werden. Die Privatzimmer im 1. Stock sind abgewohnt und dunkel. Der Schlafsaal bietet Betten für rund 800 000 IRR. Absolutes Highlight ist aber der Blick vom Dach; die Zugangstür steht rund um die Uhr offen. Zum Teil werden persische Kulturabende für 800 000 IRR p. P. veranstaltet. ❷

Koroush Traditional Hotel, nahe dem Ziyai Sq., rund 100 m südöstlich vom Kohan Hotel, ✆ 035-1620 3560, ✉ yazdhotelkoroush@gmail.com. Üppig begrünter Innenhof samt Wasserbecken. 13 schlichte Einzel- bis 3-Bett-Zimmer mit Fliesenboden. Das Dach ist frei zugänglich, für einen spektakulären Blick ist das ebenerdige Haus aber ungeeignet. ❷

Narenjestan Traditional House, Shahid Sadoughi Alley, von der Imam St. rund 160 m westlich, bei der Saman Bank abbiegend, ✆ 035-3627 3231 und 0913-455 6598, ✉ info@narenjestanhouse.com. Leili und Ali heißen

Gäste in ihrer charmanten Unterkunft herzlich willkommen und bieten abseits der üblichen Angebote eine Tour in das Bergdorf Dorbid an. Ein ruhiger, kleiner Innenhof zum Wohlfühlen und eine Gemeinschaftsküche. Die wenigen Einzel- bis Zwei- bzw. Doppelbettzimmer liegen alle rund um den Hof. ❷

Oasis Hostel, Hosseinian Alley 33, von der Imam St. 180 m westlich, ✆ 0930-615 9300, ✉ info@yazdhosteloasis.com, yazd.hostel.oasis. Roya und Amir sind äußerst bemüht um ihre Gäste und haben tatsächlich eine kleine Oase geschaffen. Neben dem kompakten Innenhof gibt es Gemeinschaftsräume und freundlich gestaltete Zimmer mit guten Betten. Amir hilft auch weiter, wenn man an Paragliding interessiert ist. DZ 25 €.

Orient Traditional Hotel, 6th Alley, ✆ 035-3626 7783, www.silkroadhotel.net. Gehört zum Silk Road Hotel. Sehr ansprechender Innenhof mit traditionellen Sitzbänken. Vom Dach bietet sich ein fabelhafter Blick auf die Masjed-e Jameh. Schlichte, aber heimelige 2- bis 4-Bett-Zimmer. Eine Nacht im Schlafsaal in einfachen Stockbetten gibt es für 500 000 IRR. ❷

RestUp Hostel, Saadi Alley, von der Hashem Khan Alley 40 m südöstlich, ✆ 0912-151 0861, www.yazdhostelrestup.com. Einladender Hof mit Hängematte, Dartscheibe und Sitzmöglichkeiten rund um das Wasserbecken. Eine einfache Matratze im Schlafsaal gibt es für rund 13 €. Zusätzlich sind schlichte 2- bis 3-Bett-Zimmer vorhanden. DZ 36 €.

€ **Seven Hostel**, Abyari Alley 18, Fahadan St., ✆ 0919-199 3463, www.seven-hostels.com. Die Eigentümer haben mehrere Seven Hostels eröffnet, u. a. in Shiraz, Esfahan und Teheran. Schlichte, preiswerte Einzel- bis 4-Bett-Zimmer und 2 Schlafsäle für rund 5 € p. P., 7 € im Schlafsaal für Frauen. DZ 12 €.

Silk Road Hotel, Taleh Khakestari Alley 5, ✆ 035-1625 2730 und 0913-151 6361, www.silkroadhotel.net. Erfreut sich auch nach vielen Jahren immer noch großer Beliebtheit. Unschlagbar sind Lage und Ausblick vom Dach. Die 9 Einzel- bis 3-Bett-Zimmer wirken etwas altmodisch. Atmosphärisch ist der begrünte Innenhof. Ein Bett im schlichten Schlafsaal gibt es für 500 000 IRR. ❷

Star Hotel, 12th Imam Alley, von der Fahadan St. rund 90 m südwestlich, ✆ 035-3620 9737 und 0913-352 2985, www.yazdstarhotel.com. Nette, traditionelle Unterkunft mit Sitzmöglichkeiten im Innenhof und einem kleinen Windturm. Die 8 schmucklosen 2- bis 3-Bett-Zimmer wirken schon wegen der weißen Steinböden sehr kühl. Ein Bett in den Schlafsälen (einer ist Frauen vorbehalten) gibt es für rund 8 €. ❷

Mittlere und obere Preisklasse

Dad Hotel, 10th Farvadin Ave. 241, ✆ 035-3622 9400 und 035-3622 9438, www.dadhotel.com. Historische Villa von riesigem Ausmaß mit professionellem Personal und schönen, modernen Zimmern für gehobene Ansprüche. Auch das angeschlossene Restaurant auf der Dachterrasse ist beliebt. DZ ab 70 €.

Fazeli Hotel, Hosseinian Alley, von der Imam St. 250 m westlich, ✆ 035-3620 8955, www.fazelihotel.com. Ein restauriertes Altstadthaus mit wunderbarer Dachterrasse mit fantastischem Ausblick. Schöne, freundliche und geräumige 2- bis 4-Bett-Zimmer. Besserer Standard als in den einfacheren traditionellen Unterkünften, dafür nicht überteuert. Eine kleine Reiseagentur ist angeschlossen. Fahrradverleih. DZ 30 €.

Firoozeh Traditional Hotel, Mahdi St., neben der Refah-Bank, ✆ 035-3627 2900, www.firoozehhotel.com. Das schön renovierte historische Haus verfügt über mehrere Einzel- bis 3-Bett-Zimmer. Die Räume sind ansprechend und mit komfortablen Betten eingerichtet. Zimmer im Untergeschoss etwas dunkel. Im Sommer gibt es hier schon mal einen großzügigen Rabatt. ❹

Laleh Hotel, gegenüber dem Golshan-Wasserspeicher, rund 350 m nördlich des Basij Blvd., ✆ 0351-622 5048 und 035-3622 5048, ✉ info@yazdlalehhotel.com. Freundliche Zimmer mit komfortablen Betten, die Räume im Untergeschoss sind etwas dunkel. Stimmig eingerichtet – alles in allem ein höherer Standard als in einfachen traditionellen Häusern. Vor allem abends ist der begrünte Innenhof mit seinen schön gedeckten Esstischen stimmungsvoll. DZ 35 €.

ESSEN

Die Preise für Hauptgerichte liegen in den meisten Restaurants und Cafés zwischen 150 000 und 250 000 IRR.

Um die Masjed-e Jameh

Baam Cafe, Masjed-e Jameh St., ✆ 035-3621 6446. Eigentlich nur wegen des Blicks von der Dachterrasse erwähnenswert, und auch der ist nicht so toll, dass er über die mäßige Qualität des Essens hinwegtäuschen könnte. Wegen der Lage trotzdem beliebt. ◷ tgl. 8–14 Uhr.

Fooka Restaurant, Masjed-e Jameh St., ✆ 036-208520. Passables Restaurant und Café mit Räumlichkeiten auf mehreren Ebenen und Dachterrasse. Modern gehaltene Einrichtung und traditionell persische Küche mit großer Auswahl an Kebabs. Die Mitarbeiter versuchen aber auch schon mal, Touristen zu teuren Beilagen zu überreden. Die Qualität des Services schwankt erheblich. ◷ 10.30–24 Uhr.

Iranian Old Cafe, am nordöstlichen Ende der Masjed-e Jameh St., ✆ 0921-577 3481, iranianoldcafe. Ein liebevoll dekorierter Laden in bester Lage und mit einem tollen Blick von der Dachterrasse. Abgesehen von ein paar wenigen persischen Gerichten isst man hier zur Abwechslung vor allem Pasta und Pizza. Essen und Kaffee sind gut, Wasserpfeifen gibt es obendrein. Die freundlichen Mitarbeiter sorgen dafür, dass man sich rundum wohlfühlt. ◷ tgl. 12–24 Uhr.

Karizma Restaurant, am nordöstlichen Ende der Masjed-e Jameh St., ✆ 0913-851 0751. Die Dachterrasse mit Blick auf die Masjed-e Jameh ist traumhaft, aber das Personal ist wenig aufmerksam und lässt mitunter lange auf sich warten. Serviert wird eine Reihe von persischen Gerichten. Ist auch ein Café. ◷ tgl. 11–23 Uhr.

Marco Polo Restaurant, 6th Alley, auf dem Dach des Orient Hotels, ✆ 035-3626 7783. Gute persische Küche mit herrlichem Ausblick auf die Masjed-e Jameh. Vor allem die Suppen und das Kamelgulasch sind empfehlenswert. ◷ tgl. 19–24 Uhr.

Saware Cafe, in der Passage zwischen dem Vorplatz der Masjed-e Jameh und dem Iranian Old Cafe. Der kleine, heimelige Laden mit seinen eigenwilligen Holzsesseln und -tischen eignet sich für eine kleine Kaffee-und-Kuchen-Pause. Auch diverse Shakes, darunter ein Safranshake für 70 000 IRR, werden angeboten. ◷ tgl. 8–23 Uhr.

Vaziri Cafe, Char Suq Bazar St., direkt neben dem Kuppelbau wenige Meter südlich der Masjed-e Jameh, ✆ 0935-329 5948. Winziger Laden ohne WC, aber mit viel Charisma. Neben Snacks und Shakes gibt es eine kleine Auswahl vegetarischer Gerichte wie preiswertes *kuku sabzi* für 70 000 IRR. ◷ tgl. 7–12, 18–24 Uhr.

Vom Bazar nach Südwesten

€ Wer günstig und auch gut essen möchte, kriegt in den einfachen Läden hinter dem Meydan-e Amir Chakmakh entlang der Salman-e Farsi St. **Falafel-Sandwiches**, frisch gepresste Limonaden und Safraneiscreme, ◷ tgl. 10–24 Uhr.

Khaneh Dohad Restaurant, Sangrize Alley, 30 m vom Asizadeh Blvd. (der Verlängerung des Basij Blvd. nach der Kreuzung mit der Salman-e Farsi St.), ✆ 035-3627 0336. Sehr stimmungsvoll ist der Innenhof mit seinen traditionellen Sitzbänken und den ausgepolsterten Esszimmern rund herum am Abend. Die freundlichen Mitarbeiter servieren traditionell persische Küche. Darüber hinaus gibt es ein großzügiges, wenn auch teures Buffet. ◷ tgl. 12–16, 19–24 Uhr.

Mehr Traditional Restaurant, am südlichen Ende der Lab-e Khandagh Alley, ✆ 035-3622 7400. Der großzügige Innenhof mit traditionellen Sitzbänken und Tischen ist mit einer Zeltplane überdacht. Die Auswahl am Buffet des Hotelrestaurants ist gut, aber mit 400 000 IRR p. P. nicht billig. Zusätzlich gibt es die üblichen persischen Gerichte. ◷ tgl. 12–15, 19–23 Uhr.

Um den Zendan-e Iskander

Art House Cafe, neben der Masjed-e Chehel Mehrab, rund 110 m südwestlich des Zendan-e Iskander, ✆ 0919-211 5966, yazd.arthouse. Einzigartiger Blick auf das Altstadtpanorama von Yazd, wofür aber bis 20.30 Uhr Eintritt (US$1) verlangt wird, selbst wenn man dort isst. Wegen der guten Küche und der heimeligen

Atmosphäre auf dem Dach auch bei Einheimischen beliebt. Kleine Auswahl an traditionellen Gerichten, vor allem Vegetarisches. Im Untergeschoss wurden eine kleine Kunstgalerie und ein Shop eingerichtet. ⌚ tgl. 9–23 Uhr.

Friend's House Cafe, Shah Abolghasem Alley 44, ✆ 0913-854 7478, yazd.friendshouse. Mit einem entzückenden Innenhof, in dem Granatapfelbäume blühen. Neben den üblichen Heiß- und Kaltgetränken auch kleine Auswahl an vegetarischen Gerichten wie *kuku sabzi* oder *ash* (Suppe) für 110 000 IRR. ⌚ tgl. 10–19 Uhr.

Nardoon Cafe, ca. 270 m östlich des Hosseiniyeh Shah abol Qasem, ✆ 0912-609 1336, cafe_nardoon. Ein sehr engagiertes junges Paar führt dieses charmante Dachterrassencafé. Netter Ausblick, entspannte Atmosphäre. Die Liebe zum Detail ist von der handgemalten Speisekarte bis zu den mit Bedacht angerichteten Snacks und Shakes spürbar. Besonders beliebt bei Einheimischen ist der Nutella-Shake. ⌚ tgl. 8–24 Uhr.

Termeh & Toranj Restaurant, Bazar-e Uzdaran, 180 m nordöstlich vom Zendan-e Iskander, ✆ 035-3630 1800 und 0916-260 7697, www.trttyazd.com. Eine der besten Anlaufstellen für traditionell persische Küche mit einer riesigen Auswahl an Kebabs. Lauschige Atmosphäre im Innenhof und überaus freundlicher Service. Zusätzlich gibt es zum Hof hin offene separate Räume, wo auf dem Boden gegessen wird. ⌚ tgl. 11–16, 19–24 Uhr.

Travel Cafe, Ziyai Sq., ✆ 035-3620 8974. Winziger Laden mit ausgesprochen gutem Kaffee und stets bemühten Mitarbeitern – ideal zum Ausspannen. Eine Öko-Reiseagentur ist mit dabei. ⌚ tgl. 9–22 Uhr.

TOUREN UND AKTIVITÄTEN

Die **Standardtour** von Yazd umfasst Kharanaq, Chak Chak und Meybod, dauert i. d. R. um die 7 Std. und kostet pro Auto rund 3,5 Mio. IRR. Eine Tour zum **Dünen-Spot** bei der Abwasseranlage, manchmal auch unter dem Namen Jafar's Pond bekannt, kostet mit Quads, Rädern oder Kamelen vor Ort um die 1,5 Mio. IRR. Die Touristeninformation bietet diese Tour an, aber auch die dortigen Camps lassen sich kontaktieren (S. 259).

Guides

Esmaeil Zare, ✆ 0913-352 0268, www.yazdvoyage.com, ✉ behnam470@gmail.com, Behnamyazd. Ein toller Guide für alle, die Yazd und Umgebung mit dem Rad (oder ohne) erkunden wollen. 10 Fahrräder werden verliehen, auf Wunsch begleitet Esmaeil die Tour. Auch mehrtägige Radtouren mit Übernachtung in der Wüste und in einer Karawanserei sind möglich. Darüber hinaus organisiert er Bergtouren zum Shir Kuh.

Leila Kiani, ✆ 0913-157 7013, irantouristguide1982. Citytour für einen halben Tag für rund 15 €, ganzer Tag 30 €.

Masoud Jaladat, Besitzer des Farvadinn Hotels in Fahraj (S. 267), ist ein idealer Ansprechpartner für Wüsten- und Bergtouren.

Saman Belyane, ✉ samanbelyane1991@gmail.com. Bietet Paragliding für 1,8 Mio. IRR und Sunset-Touren zu den Dünen entlang der Abwasseranlage für 2 Mio. IRR.

Zahra Abedinia, ✆ 0913-854 5266, persiaoffer. Unternimmt 4-stündige Citytouren für 1,4 Mio. IRR, 8 Std. 2,5 Mio. IRR. Auch für die Gegend um Yazd und Shiraz buchbar.

Paragliding

Yazd Adventures, ✆ 0930-615 9300, yazdadventures. Tandem-Flüge in 500–1000 m Höhe, 10–17 Min. Flugzeit.

SONSTIGES

Einkaufen

Haj Kalifeh Ali Rahbar, Amir Chakmakh Sq. Yazd ist bekannt für seine Süßigkeiten, dieser Laden ist besonders beliebt. Unbedingt *haji badom*, *qotab* und Baklava probieren! ⌚ Sa–Do 9–18 Uhr.

Oasis Gallery, Amir Chakmaq Sq., ✆ 035-3622 7580, www.oasisgallery.ir, oasisgalery. Erlesene Auswahl an Teppichen, dazu Keramik. ⌚ Sa–Do 9–21, Fr 10.30–21 Uhr.

Takook, Amir Chakmaq Sq., ✆ 0901-351 4200, takook_pottery. Besonders schöner Laden für Keramik. ⌚ tgl. 8–13 Uhr.

Geld

Sarafi Pourhaji Hadad Exchange, Kashani St., gegenüber dem Atash-e Behram, ✆ 035-3623 0627, ◷ tgl. 9.30–15, 17–20 Uhr.

Informationen

Eine kleine **Touristeninformation** befindet sich am Ziyai Sq., nahe dem Münzenmuseum. Breites Angebot an Touren, gute Auskunft und Fahrradverleih für 60 000 IRR/Std. ◷ Sa–Do 9–19 Uhr.

Medizinische Hilfe

Krankenhaus Bahman, Kashani Rd., ✆ 035-3628 1002.

Reisebüros

ITTA Iranian Tour & Travel, Masjed-e Jameh Alley, ✆ 0916-252 6775, 💻 www.iraniantor.ir. ◷ Sa–Do 9–21 Uhr.

Visaverlängerungen

Visaverlängerung im **Immigration & Passport Office** in der Ayatollah Khatami St., an der Kreuzung zur Ferdowsi St., ◷ Sa–Mi 8–14, Do 8–12 Uhr.

TRANSPORT

Busse

Der **Busbahnhof Payaneh Bozorg** befindet sich 10 km westlich des Stadtzentrums.
AHVAZ (748 km, 11 Std.), 1x tgl. abends VIP für 1 Mio. IRR.
BANDAR ABBAS (659 km, 8 Std.), 3x tgl. abends für 350 000 IRR.
BIRJAND (625 km, 8 Std.), 3x tgl. abends für 410 000 IRR, VIP für 720 000 IRR.
ESFAHAN (323 km, 5 Std.), stdl. für 180 000 IRR, VIP für 250 000 IRR.
KERMAN (370 km, 5 Std.), stdl. für 190 000 IRR, VIP für 250 000 IRR.
MASHHAD (900 km, 11 1/2 Std.), tgl. nachmittags und abends für 490 000 IRR, VIP für 750 000 IRR.
SHIRAZ (440 km, 6 Std.), mehrmals tgl. vormittags bis abends VIP für 410 000 IRR.
TABAS (760 km, 10 Std.), 1x tgl. nachmittags für 220 000 IRR.
TEHERAN (623 km, 8 Std.), mehrmals tgl. vormittags bis abends für 350 000 IRR, VIP für 600 000 IRR.
Vom kleineren **Busbahnhof am Homafar Sq.**, 3,5 km westlich vom Beheshti Sq., verkehrt u. a. 1x tgl. mittags ein Bus für 160 000 IRR nach KHUR (320 km, 4 3/4 Std.).
Vom 5 km südöstlich gelegenen **Busbahnhof Meydan-e Shohada-ye Mehrab** fahren Busse und Taxis nach Fahraj, Saryazd und Mehriz.
Vom **Imam Ali Sq.** fahren Busse alle 20 Min. zur Station Kokabiye in TAFT für 15 000 IRR. Auch Busse und *savaris* nach ABARKUH lassen sich dort finden.

Minibusse

Minibusse nach Meybod, Ardakan und Kharanaq fahren vom **Imam Hossein Sq.** ab, wenn sie voll sind. Ein Taxi vom historischen Zentrum Yazds zum Imam Hossein Sq. kostet um die 60 000 IRR – nicht mit dem Imam Hasan Sq. verwechseln!
Nach MEYBOD (1/2 Std., rund 25 000 IRR) in der Regel stündlich. Die Sehenswürdigkeiten sind im Süden der Stadt, man sollte versuchen, beim Shahedari Sq. rausgelassen zu werden, gut erkennbar an der Festung Narin.

Eisenbahn

Der **Bahnhof** (Istgah-e Rah-e Ahan) liegt 5 km südwestlich vom Stadtzentrum.
BANDAR ABBAS (659 km, 11 1/2 Std.), 3x tgl. abends für 500 000–830 000 IRR.
ESFAHAN (422 km, 5 Std.), 4x wöchentl. morgens für 250 000–360 000 IRR.
KERMAN (370 km, 6 1/2 Std.), 2x tgl. morgens und nachmittags für 260 000–500 000 IRR.
TEHERAN (422 km, 6 Std.), mehrmals tgl. für 490 000–890 000 IRR.

Flüge

Der **Flughafen Shahid Sadooghi** liegt 11 km nordwestlich des Stadtzentrums.
AHVAZ (mehrmals wöchentl., 1 1/2 Std.) mit Iran Air, Iran Aseman, Karun Airlines.
BANDAR ABBAS (3x wöchentl., 1 1/4 Std.) mit Iran Air und Iran Aseman.
KISH (mehrmals wöchentl., 1 1/4 Std.) mit Kish Air.

MASHHAD (2–3x tgl., 1 1/4 Std.) mit Ata Airlines, Iran Air, Iran Airtour, Iran Aseman, Karun Airlines und Zagros Airlines.
TEHERAN (mehrmals tgl., 50 Min.) mit Ata Airlines, Iran Air, Iran Aseman, Karun Airlines und Kish Air.

Kharanaq

Rund 80 km nordöstlich Richtung Tabas führt eine Straße an Neubauten vorbei zum verschlafenen Altstadtkern Kharanaqs. Viele der dicht aneinander gedrängten Lehmhäuser sind verfallen, aber vielleicht macht gerade das den Reiz aus. Die engen Gassen und Irrwege stillen jeden Abenteuerdrang. Ein wackeliger Turm namens **Monarjonban** steht nördlich der Freitagsmoschee. Erklimmt man vorsichtig die engen Stufen im Inneren, bietet sich in 15 m Höhe ein herrlicher Blick auf die Umgebung. Die mit Abstand beste Aussicht auf Kharanaq hat man allerdings morgens von der **alten Brücke** im nahen Flussbett. Wer nicht querfeldein über die Felder laufen möchte, kann die Schotterpiste nehmen, die westlich der restaurierten Karawanserei direkt hinführt.

Die Standardtouren von Yazd kombinieren den Besuch des pittoresken Städtchens mit der Tempelanlage von Chak Chak und der Stadt Meybod (S. 266). Wer verfallene, charmante Lehmstädte wie Kharanaq abseits der Touristenhauptroute sucht, ist daher in Deyhuk und Umgebung (S. 490) besser aufgehoben.

Ein *savari* nach Yazd kostet ca. 900 000 IRR.

Chak Chak

Jedes Jahr reisen Tausende Zarathustrier aus der ganzen Welt zu den Pilgerstätten in Iran. Die **Tempelanlage** von Chak Chak zieht zweifelsohne die meisten Besucher an. Sie besteht aus mehreren, architektonisch wenig reizvollen Gebäuden, die um eine Bergquelle herum errichtet wurden. Das Geräusch des tropfenden Wassers gab der Tempelanlage auch ihren Namen. Glaubt man der Legende, soll eine sassanidische Königstochter angesichts der arabischen Eroberung im 7. Jh. hierher geflüchtet und in einem durch Gott geöffneten Spalt im Berg verschwunden sein. Die Gläubigen gedenken in Chak Chak heute noch ihrer im Zuge der Islamisierung verfolgten Vorfahren.

Goldene Schwingtüren mit den charakteristischen Wächterfiguren weisen den Weg zum zentralen Feuer, das in der Mitte des steinernen Tempels lodert. Verstörend mag der Hinweis wirken, dass Frauen während ihrer Periode nicht eintreten dürfen. Das verstößt gegen das Reinheitsgebot des Tempels. Das Pilgerfest wird jährlich zwischen dem 14. und 18. Juni abgehalten, Nicht-Gläubigen ist der Zutritt dann verwehrt.

⌚ tgl. 7.30 Uhr bis Sonnenuntergang, Kostenpunkt 50 000 IRR.

TRANSPORT

Chak Chak ist nicht öffentlich erreichbar, aber bei den meisten Touren dabei. Von Kharanaq aus fährt man Richtung Yazd, folgt nach 5 km rechts einer kleinen Seitenstraße, auf der man nach 35 km westlich zur im Felsen versteckten Tempelanlage gelangt. Von dort aus sind es weitere 40 km Richtung Westen nach Ardakan und Meybod.

Ardakan

Die Stadt leidet trotz ihres netten historischen Kerns unter ihren größeren Schwestern Meybod und Yazd und bekommt kaum Besucher ab. Wer dem Trubel von Yazd entkommen möchte, kann hier auf seine Kosten kommen. Ardakan weist ein dichtes Netz an Altstadtgassen samt Bazar und Windtürmen auf. Über das **Anthropologiemuseum** (Muzeh-ye mardom-e shenas-e Ardakan) am Khamenei Blvd. lässt sich ein unterirdisches **Qanat** besuchen, was uneingeschränkt zu empfehlen ist. ⌚ tgl. nach Anmeldung, 100 000 IRR. Javad Ghanei, ✆ 0913-255 0693, sperrt den Eingang zum Qanat (auf Persisch *kariz*) auf, spricht aber kein Englisch. Ein englischsprachiger Ansprechpartner für eine kleine Führung durch das Qanat, aber auch für alles sonst in der Stadt ist der Besitzer vom Shabestan Traditional Hotel, ✆ 035-32259 71011.

Von Ardakan sind es noch 40 km westlich zur Altstadt von **Aqda**. Ein Abstecher, der sich wegen der dicht aneinandergereihten Lehmbauten und der Palmenhaine auf jeden Fall lohnt. Noch dazu locken hier wirklich schöne Unterkünfte.

ÜBERNACHTUNG UND ESSEN

Ardakan

Garden House Ardakan Amir Hatefi, Imam Khomeini St., östlich des Bagh-e Meli, ✆ 0914-072 0026 und 035-3223 9250. Ein Hotel mit 9 gut ausgestatteten Zimmern – alle mit Betten. Das Restaurant im Untergeschoss mag etwas dunkel wirken, bietet aber gute persische Küche, vor allem Kebabs. ❷

Kheshtomah Guesthouse, Haj Ahmadi Alley 44, nahe dem Basij Sq., ✆ 0937-606 1021 und 0936-609 3075, 💻 www.kheshtomah.com, kheshtomah. Samaneh und Habib führen die traditionelle Unterkunft mit schönem Innenhof voller Leidenschaft. Die jungen Eheleute sorgen für einen unkomplizierten Aufenthalt. Zimmer mit und ohne Bad. DZ 24 €.

Mahbibi Traditional House, Alley 25, südlich der Ayat alla Damad St., im nördlichen Altstadtkern, ✆ 0913-359 4942 und 0913-254 8716, 💻 www.mahbibi.com, mahbibi_house. Sorgfältig restauriertes Altstadthaus mit Innenhof und netter Dachterrasse. 8 einfache, aber nette Räume, teils mit Betten, teils mit Matratzen. Es werden auch lokal hergestellte Püppchen verkauft bzw. ausgestellt. Der Besitzer spricht Englisch und ist als Tourguide tätig. DZ 20–25 €.

Shabestan Traditional Hotel, von der Shahid Ghanei St. 90 m nördlich entlang einer Seitengasse, ✆ 0913-659 9300 und 0916-256 8428, schabestan.ardakan@gmail.com, hotel.shabestan.ardakan. Mitten im Altstadtkern. Die Zimmer liegen rund um den überdachten Innenhof, der auch als Restaurant genutzt wird. Betten stehen bereit, die Räume selbst sind nett, aber recht altmodisch eingerichtet. Der Besitzer spricht ein wenig Englisch. ❷

Aqda

Anar Traditional Hotel, ✆ 0913-708 2818 und 0913-533 9100, afkhami.hadi@yahoo.com, hotelanar. Hinreißende Unterkunft mit einer wunderschönen Dachterrasse und tollem Ausblick. Aber das Highlight sind die stimmig eingerichteten Zimmer mit Wandnischen, schönen Betten und alten Holzkästchen. Unter all den traditionellen Unterkünften, die es in der Umgebung gibt, sicher eine der schönsten. ❷

Khaloo Mirza Traditional Hotel, ✆ 035-3228 2767 und 0913-000 5159, 💻 www.khaloomirzahotel.com. Ein mit Bedacht restauriertes, jahrhundertealtes Haus mit charmantem Innenhof. Sehr stimmungsvoll. Nette, traditionelle Zimmer – allesamt mit Matratzen und kleinen Öfen ausgestattet, aber mit Gemeinschaftsbad. Verpflegung gibt es auf Nachfrage. ❷

TRANSPORT

Ein **Taxi** von Ardakan nach YAZD (1/2 Std.) kostet rund 70 000 IRR.

Meybod

Die alte Karawanenstadt 55 km nördlich von Yazd ist vielleicht nicht annähernd so schön wie ihre größere Schwester, aber vor allem wegen der Festung eine lohnende Ergänzung. Die mächtige **Festung Narin** thront nördlich neben dem Shahedari Sq. über der Stadt, wovon man die Altstadtdächer Meybods überblickt. ⌚ tgl. 7.30–19, Winter 7.30–17 Uhr, 100 000 IRR.

Man kann sich darüber hinaus einmal mehr von der Raffinesse und Funktionalität der Wüstenarchitektur überzeugen: Rund 1 km östlich des Shahedari Sq. ist ein sorgfältig restaurierter **Taubenturm**, Kabutar-e Khane, begehbar. ⌚ tgl. 8–17 Uhr, 150 000 IRR. Und nur 500 m westlich des Shahedari Sq. sind ein traditioneller Wasserspeicher, ein Eishaus und die **Karawanserei Abbasi** zu finden, ⌚ tgl. 8–23 Uhr.

Unmittelbar südlich von Meybod befindet sich die kleine zoroastrische Siedlung **Mazraeh-ye Kalantar**. Sie ist 16 km von der Festung Narin entfernt, zu erreichen über eine kleine Seitenstraße vom Yazd-Meybod Expy. nach Osten. Dank dem dortigen Gästehaus hat man die Gelegenheit, mehr über die zoroastrische Kultur zu erfahren.

ÜBERNACHTUNG

Haj Malek Hotel, Salman-e Farsi St., ✆ 035-3232 2221, ✉ hajmalekhotel@gmail.com. Nettes, traditionelles Hotel mit einwandfreien Zimmern. Das angeschlossene Restaurant im Innenhof serviert die übliche Standardauswahl an persischen Gerichten. ❷

Vesta Guesthouse, Mazraeh-ye Kalantar, ✆ 0912-249 3645 und 0913-099 3299, 💻 www.vestagoldenhouse.com. Beste Anlaufstelle, um das Leben im zoroastrischen Dorf kennenzulernen. Besteht aus zwei Gebäudetrakten. Einer beherbergt traditionelle Zimmer mit Matratzen, der andere eine Gemeinschaftsküche und 2 Zimmer mit Betten. ❶

TRANSPORT

Weißer Minibus vom Modarres Blvd. nach YAZD (1 Std., 25 000 IRR) zum Imam Hossein Sq., alle 2 Std., mitunter auch öfter.

Über Fahraj nach Bafq

Reisende, die von Yazd aus eine Wüstentour unternehmen wollen, stoßen schnell auf das 130 km östlich gelegene Bafq. Auf dem Weg dorthin kommt man nach 35 km vom historischen Zentrum Yazds an der Kleinstadt **Fahraj** vorbei. In der unscheinbaren Siedlung steht eine der ältesten Moscheen des Landes. Irgendwann zwischen dem 7. und 9. Jh. errichtet, beweist sie ihr Alter vor allem aufgrund des arabischen Baustils und ihrer Schlichtheit. Das Minarett wurde vermutlich erst im 10. oder 11. Jh. angefügt.

Das beliebte, aber überschaubare **Dünengebiet von Bafq** erstreckt sich 20 km nördlich der Stadt. Unterwegs kommt man an der Festung Baqer Abad vorbei. Insgesamt hat Bafq aber wenig zu bieten.

ÜBERNACHTUNG UND ESSEN

Alamdar Hotel, Yazd-Bafq St., Bafq, ✆ 035-3242 3300, ✉ info@alamdar.ir. Einwandfreies Standardhotel mit freundlichem Personal und einem Restaurant, das rund um die Uhr geöffnet hat. Eine Vielzahl an Einzel-, Doppel- und Mehrbettzimmern bis hin zu Suiten. ❸

Farvardinn Hotel, direkt neben der verfallenen Burg in Fahraj, ✆ 035-5838 7712 und 0913-3524723, 💻 www.farvardinn.com. Wenn möglich, kochen Masoud und Fahimeh Jaladat mit Gemüse und Obst aus dem hauseigenen Garten, oft gänzlich vegetarisch. Ein herzlicher Empfang ist hier sicher. Es gibt Doppelzimmer mit oder ohne Bad und einen Schlafsaal mit 6 Betten für 500 000 IRR p. P. Masoud spricht Englisch und ist ein guter Ansprechpartner für Bergtouren, auch hoch hinauf zum Shir Kuh (S. 269). ❸

TRANSPORT

Ein **Taxi** von Bafq nach YAZD (1 1/2 Std.) kostet ca. 900 000 IRR, nach Fahraj ca. 150 000 IRR.

Saryazd und Mehriz

Wer gerne in jahrhundertealten Festungen herumklettert, wird in Saryazd und Mehriz fündig. 45 km südlich von Yazd biegt man entweder links ins beschauliche Saryazd oder rechts nach Mehriz ab.

Vor vielen Jahrhunderten bot die heute noch mächtige sassanidische Festung von **Saryazd** Zuflucht, wenn Feinde das Land heimsuchten. Alle Wertgegenstände einschließlich der Essensreserven wurden in den vielen kleinen Räumen und Ebenen verstaut. Klettert man hoch bis zur Spitze der dreistöckigen Festung, ergibt sich ein toller Blick über die Umgebung. Hoseyn, ✆ 0913-355 1855, besitzt den Schlüssel zur Anlage und sperrt für Besucher auf. Er hat augenscheinlich Schwierigkeiten, sich auszudrücken. Alternativ kann man Frau Nezamodin, ✆ 0937-889 5695, anrufen, die Englisch spricht und durch die Anlage führt. ⏲ tgl. 9–20, Winter 9–17 Uhr, 100 000 IRR.

Inmitten von Feldern liegt im nordöstlichen Stadtteil von **Mehriz** die Festung Mehrpadin aus dem 14. Jh. Doppelte Mauern umschließen die Anlage, die insgesamt neun Rundtürme zählt.

Knappe 5 km südwestlich erstreckt sich der **Bagh-e Pahlavanpur**, einer der persischen Gärten, die den Unesco-Titel einer Weltkulturerbestätte tragen dürfen. Das ändert aber nichts daran, dass seine großen Grünflächen lieblos gestaltet wirken. ⏲ tgl. 8–21.30 Uhr, 100 000 IRR.

ÜBERNACHTUNG

Saray-e Jahangard Guesthouse, Mazvir Abad St., Mehriz, wenige Meter südwestlich des Bagh-e Pahlavanpur, ✆ 0913-276416 und 0913-351 6585. Ein schön restauriertes traditionelles Haus mit großzügigem Innenhof samt Wasserbecken. Einfache und recht altmodische Einzel- bis 4-Bett-Zimmer. DZ 25 €.

TRANSPORT

Taxis nach YAZD (3/4 Std.) kosten rund 60 000 IRR.

Robat-e Zein-o-Din

Von Mehriz dem Highway nach Kerman folgend, fällt nach 30 km die **Karawanserei** Zein-o-Din ins Auge. Schah Abbas I. ließ Hunderte Karawansereien in Auftrag geben, um die Verkehrsverbindungen auszubauen und Reisenden den notwendigen Schutz zu bieten. Diese Karawanserei war eine davon und ist doch aufgrund ihrer runden Form einzigartig. Heute ist ein Hotel darin untergebracht, ✆ 035-3824 3338 und 0912-306 0441, ✉ zeinodin2003@yahoo.com, mit Einzel-, Zwei- und Mehrbettzimmern von schlichter Eleganz, ❻.

Dass die Karawanserei gerade einmal 70 m vom Highway trennen, unterstreicht, welche lange Geschichte auf den heutigen Hauptverkehrswegen durch das Land ruht – verspricht aber eben auch keine Nacht in völliger Abgeschiedenheit.

Pir-e Naraki

Die zoroastrische Tempelanlage Pir-e Naraki zwischen Mehriz und Taft ist eine lohnende Alternative zu Chak Chak. Sie ist weniger bedeutend, die kleineren Gebäude wirken aber wesentlich lieblicher und schmiegen sich malerisch an die Felswand. Gleichzeitig kann man die abgeschiedene Anlage völlig ungestört besuchen, denn kaum jemand verirrt sich hierher.

Ganz ähnlich wie bei Chak Chak erzählt auch hier die Legende von einer Tochter namens Nazbanu, in diesem Fall des Gouverneurs der Region Pars, die in den Bergen Schutz vor den arabischen Eroberern suchte. Auch für sie öffnete sich ein Spalt im Berg, in den sie verschwand. An dieser Stelle entsprang eine Quelle. Zwischen dem 3. und 7. August ist Nicht-Gläubigen wegen des Pilgerfestes der Zugang verwehrt.

Von Mehriz ist das 20 km entfernte Pir-e Naraki für rund 150 000 IRR mit dem Taxi zu erreichen. Wartezeit und Weiterfahrt aushandeln! In das 40 km entfernte Taft gelangt man für rund 300 000 IRR.

Taft

Die Stadt 20 km südwestlich von Yazd ist bis heute die Heimat einer zoroastrischen Minderheit, deren Alltag für Reisende vor allem durch die Unterkunft einer zoroastrischen Familie erlebbar wird.

Noch kurz vor der Stadt biegt eine Seitenstraße zur unscheinbaren Ortschaft **Cham** ab. Zum zoroastrischen Dorf gehört der 2 km östlich gelegene Dakhma, auch als Schweigeturm bezeichnet, der im Gegensatz zu den Zwillingen im Süden von Yazd kaum besucht wird.

Das zoroastrische Viertel im Westen von Taft lässt sich mitunter an den weißen Farbtupfern an Wänden und Türen erkennen, die nach alter Tradition jedes Jahr neu angebracht werden. Ansonsten zieht vor allem der **Garten Namir Sadri** Besucher an. Er wurde vom Besitzer des Hotels Moshir gekauft und renoviert. Heute befindet sich ein Restaurant darin. Eine besondere Stimmung kommt beim abendlichen Fastenbrechen während des Ramadan auf.

Von Taft aus zweigen die Bergstraßen zu den umliegenden Dörfern ab, die auf über 2000 m liegen. Besonders am Wochenende entfliehen Iraner auf diesen Straßen der Sommerhitze. Die Ortschaft **Deh Bala**, 22 km südlich von Taft, wird als Ausgangspunkt für Trekkingtouren zum Shir Kuh (s. Tour) genutzt.

Trekking zum Shir Kuh

- **Startpunkt**: Deh-Bala-Tal
- **Länge:** 19 km hin und zurück
- **Dauer:** 1–2 Tage
- **Höhe:** 4075 m
- **Schwierigkeitsgrad:** Im Sommer ist die Tour als leicht bis mittel einzustufen, auch wenn die Höhe nicht unterschätzt werden darf.
- **Unterkunft:** Biwak (Schutzhütte) auf 3500 m
- **Höhenunterschied**: ab Deh Bala 1575 Höhenmeter.
- **Verpflegung:** Die Schutzhütte wird nicht bewirtschaftet. Es gibt zwei Frischwasserquellen.
- **Reisezeit:** Die Trockenzeit (Juni–Okt) gilt als beste Reisezeit. Der niederschlagreichste Monat ist der Januar. Die Schneeschmelze beginnt im April und hat ihren Höhepunkt im Mai; zu dieser Zeit ist mit Hochwasser zu rechnen. Bei Schnee und Regen ist die Rutschgefahr hoch. Über Wochenenden und Feiertagen ist mit mehr iranischen Wanderern zu rechnen. Auch die Bergstraßen nach Deh Bala sind dann oft überfüllt.
- **Wettervorhersagen**: www.mountain-forecast.com/peaks/shir-kuh
- **Anreise:** von Yazd (50 km, 1 1/4 Std.), von Taft (30 km, 1/2 Std.) oder von Mehriz (45 km, 1 Std.)

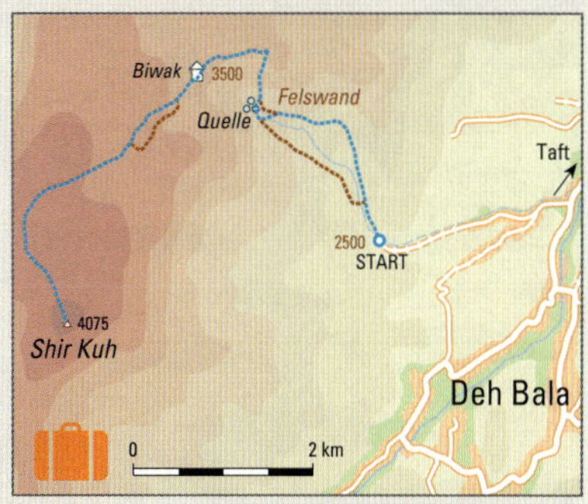

Eine Wanderung auf den Shir Kuh, wörtlich übersetzt „Löwenberg", verspricht ein spektakuläres Bergpanorama und ein besonderes Naturerlebnis für Outdoor-Fans nur wenige Kilometer von der Wüstenstadt Yazd entfernt – das perfekte Kontrastprogramm zu den flachen Wüstenlandschaften, die die Provinz dominieren.

1. Tag

Der Trek startet auf rund 2500 Höhenmetern, die Wanderer gehen auf der rechten Seite einer Schmelzwasserschlucht entlang. Auf den nächsten Metern folgen sie einem kleineren Bach, um ihn später auf der linken Seite hinter sich zu lassen. Es geht hinauf zu einer spektakulären Felswand, an der rund 600 m entlanggewandert wird, danach wird das Bachbett durchquert. Dann geht es auf der linken Seite ein paar hundert Meter weiter, bevor eine wunderbare Klamm durchwandert wird.

Jetzt beginnt das steilste Stück der Wanderung: Auf 500–900 m, je nach gewähltem Weg, müssen 300 Höhenmeter überwunden werden. Es empfiehlt sich, davor eine kleine Pause einzulegen und Wasser von der Quelle zu entnehmen.

Nach dem Aufstieg ist noch eine Strecke von 1,1 km zum Biwak (3500 m, für 70 Leute) zurückzulegen. Ein Highlight der Route ist der spektakuläre Blick auf die umliegenden Berggipfel und -täler. Entweder geht man gleich weiter, oder man übernachtet hier und genießt am Abend das beleuchtete Tal.

2. Tag

Vom Biwak sind es rund 3 Std. Gehzeit bis auf den Gipfel. Als Orientierung dienen zwei Antennen auf dem Berg. Oben angekommen, eröffnet sich ein grandioser Rundumblick auf die Region. Der Rückweg dauert vom Gipfel bis ins Tal an die 4 Std.

Die Wüste als Architekt

Zu jedem Haus der Wüstensiedlung Chupanan gehören Windturm und Innenhof.

Erschwerte klimatische Bedingungen wecken den Erfindergeist. In einem Land, das von riesigen Wüsten durchzogen wird und in dem Wasserknappheit und hohe Temperaturen das Leben bestimmen, mag es kaum verwundern, dass sich auch die traditionelle Architektur diesen Bedingungen angepasst hat.

So war die Entwicklung eines ausgeklügelten **Kanalsystems**, mithilfe dessen die Menschen bereits im 1. Jahrtausend v. Chr. das im Boden zirkulierende Grundwasser nutzen konnten, eine Voraussetzung für die Besiedlung wasserarmer Teile des Landes und ein großer zivilisatorischer Erfolg. Die graduelle Neigung der unterirdischen Tunnel sicherte den kontinuierlichen Wasserfluss über lange Strecken. Bis weit ins 20. Jh. wurden diese sogenannten **Qanate** für die Bewässerung der Felder und die Trinkwasserversorgung genutzt. Elf der rund 37 000 Qanat-Systeme des Landes wurden von der Unesco zum Weltkulturerbe erklärt. Das weltweit längste dieser Kanalsysteme befindet sich in Zarch in der Nähe der Stadt Yazd, ist aber nicht öffentlich zugänglich. In **Zisternen**, *ab anbar* genannt, wurde das Wasser aus den Qanaten gespeichert.

Zur typischen Wüstenarchitektur gehören auch die **Eishäuser** *(yakhtschal)*. Die kuppelartigen Gebäude aus dicken Lehmmauern umschlossen eine tief ausgehobene Grube, in der Eisblöcke gelagert und Lebensmittel frisch gehalten wurden. Schöne Eishäuser finden sich in Meybod (S. 266) und Abarkuh (S. 272).

Für den Iran charakteristisch sind die unverkennbaren **Windtürme**, *badgir* genannt, wie sie etwa in Yazd (S. 254) oder Chupanan (S. 238) zu finden sind. Diese Aufbauten mit Luftschlitzen sind nach wie vor ein praktikables Mittel, den heißen Temperaturen entgegenzuwirken. Jeder kleinste Windhauch wird eingefangen und zur Kühlung in die Wohnräume geleitet. Die dicken Lehmmauern der traditionellen Wohnhäuser tun ihr Übriges, um vor der Hitze zu schützen. Die Häuser mit ihren niedrigen Flachdächern sind dicht aneinandergereiht, und in ihren Innenhöfen spenden oft Palmen zusätzlichen Schatten.

ÜBERNACHTUNG

Bagh-e Do Sarv, Bagh-e Moortin, 035-3262 4454 und 0913-352 9505, baghe2sarv. Den Namen verdankt diese Unterkunft dem üppigen Garten mit Zypressen und Granatapfelbäumen, besonders gut vom Balkon des Hauses zu überblicken. Die Zimmer sind schön und verfügen über Bett und Bad. Der Unterkunft angeschlossen ist ein traditionelles Restaurant, tgl. 13–17, 20–24 Uhr. ❷

Nardooneh Hotel, Dussru St. 69, in Mobarakeh, östlich von Taft, 035-3263 6147 und 0913-519 8699, www.nar-dooneh.com. Wunderschön eingerichtete Zimmer, wo jedes Detail von der Bettüberdecke über den Perserteppich bis zu den Holztüren stimmt. Heimelige Atmosphäre und zugleich guter Hotelstandard mit Betten in allen Zimmern. ❷

Nartitee Ecolodge, Khayam Alley, nahe der Rahat Abad St., 035-3262 2853, www.nartitee.ir, nartitee. Die Lodge, in der Ramtin und Tina ihre Gäste herzlichst willkommen heißen, ist eine richtige Wohlfühloase. Dass es das Haus einer zoroastrischen Familie ist, wird schon beim Anblick der weißen Tupfer an der Wand klar. Die Familie legt viel Wert auf Nachhaltigkeit, verzichtet völlig auf Klimaanlagen und stellt aus Granatäpfeln aus dem hauseigenen Garten Granatapfelsirup her. Die Zimmer mit Gemeinschaftsbad sind äußerst schlicht mit Matratzen auf dem Boden. Eine Nacht kostet aber stolze 20 € p. P. Essen auf Nachfrage, Fahrräder können für 100 000 IRR/Std. ausgeliehen werden.

ESSEN

Bagh-e Sadri, Shohada St., nahe Shahvali Sq., 035-3262 4859. Qadjaren-Villa samt riesiger Gartenanlage, die restauriert und zu einem Restaurant umfunktioniert wurde. Das Salatbuffet für 110 000 IRR ist unschlagbar und lässt nicht nur vegetarische Herzen höherschlagen. Darüber hinaus vor allem gute Auswahl an Kebabs. Besonders stimmungsvoll abends rund um das zentrale Wasserbecken. Auch bei Einheimischen sehr beliebt. tgl. 12–15, 21–23 Uhr.

TRANSPORT

Regelmäßige **Busse** nach YAZD (1/2 Std.) fahren vom Shah Vali Taft Sq. für 50 000 IRR. Ein **Taxi** von Taft nach DEH BALA (1/2 Std.) kostet rund 250 000 IRR.

Abarkuh

Richtung Shiraz, 150 km südwestlich von Yazd, wandelt man in Abarkuh zwischen extravaganten Bürgerhäusern und jahrtausendealten Naturdenkmälern. Das **Bürgerhaus Aghazadeh** aus dem 19. Jh. hat es nicht umsonst auf den 20 000-Rial-Schein geschafft. Bei der Gestaltung wurde rein gar nichts dem Zufall überlassen. Von außen unscheinbar, eröffnet sich im Innenhof die ganze Pracht des Hauses. Heute sind ein Kulturzentrum und Restaurant darin untergebracht, auf Nachfrage sperren die Mitarbeiter auch die verschlossene Tür zum Dach auf. Von dort hat man einen fabelhaften Blick auf das Ensemble an **Windtürmen**, das lieblich und massiv zugleich wirkt und für das Abarkuh so bekannt ist. Entlang der flachen Dächer sieht man mit einem Blick, dass mehrere Bürgerhäuser an das Aghazadeh anschließen. Das benachbarte Haus Seyed Ali Agha ist sogar durch eine überdachte Passage mit dem Aghazadeh verbunden. Danach folgen das Haus Mousavi sowie das Haus Hoseinidoost. Wer es einrichten kann, sollte wegen der Stimmung abends zur blauen Stunde kommen. Am besten erreicht man den Komplex von der Hauptstraße Yazd-Abarkooh Rd. nach 700 m, wenn man vom Kreisverkehr beim Rathaus gen Süden abbiegt. tgl. 8–20 Uhr, 100 000 IRR.

Heute kann sicher gesagt werden, dass die **Zypresse**, die 1,3 km westlich der Bürgerhäuser steht, an die 4500 Jahre alt sein muss. Die Mythen rund um dieses Naturdenkmal erzählen, dass der Prophet Zarathustra höchstpersönlich den Baum gepflanzt haben soll. Einer anderen Geschichte zufolge war es der Sohn Noahs nach der Flut. Um den mächtigen Baum wurden eine Grünfläche und eine Mauer angelegt. Damit ist der Baum nicht uneingeschränkt zugänglich. tgl. 9–18 Uhr, 100 000 IRR.

Nochmals rund 2,6 km westlich steht etwas abgelegen von den anderen Sehenswürdigkeiten ein mächtiges **Eishaus**, Yakhtschal.

Rund 2,5 km vom Stadtkern nach Osten thront auf einem Hügel der 22 m hohe **Gonbad-e Ali** aus dem 11. Jh., einer der frühen Grabtürme im Land. Vom Turm bietet sich ein schöner Ausblick auf Abarkuh.

ÜBERNACHTUNG

Aghazadeh Boutique Hotel, Shahid Bahonar St., ✆ 035-3282 7677 und 0913-453 0899, 💻 www.aghazadeh.org. Die Hauptsehenswürdigkeit der Stadt wird zugleich als Hotel und Restaurant genutzt. Die 15 Zimmer sind äußerst schön und komfortabel. Die Mitarbeiter sprechen Englisch und helfen gerne weiter. Das Restaurant bietet kleinere Snacks und traditionell persische Kost, 🕒 tgl. 12.30–15, 20.30–22.30 Uhr. ❹

Motel Organic, Bagh-e Bozorg Ave. 22 (auch Habib Falahzadeh Ave.), ✆ 035-3282 2635 und 0913-152 8605, motelorganic. Auch als Boom Gardi Abdol Ghafari bekannt. Eine nette, traditionelle Unterkunft mit Innenhof und insgesamt 8 schlichten Räumen mit Betten. Abendessen inkl. DZ 20 €.

Sarv Traditional House, wenige Meter östlich der Zypresse, ✆ 035-3282 8681 und 0913-157 3805. Ein traditionelles Haus mit schön eingerichteten Zimmern mit Betten. Schon des entzückenden Gartens wegen eine Übernachtung wert. ❷

ESSEN

Art Cafe, auf dem Gelände der Zypresse. Winziger, netter Laden für eine Kaffee-und-Kuchen-Pause. 🕒 Sa–Do 8–13.30, 20.30–24 Uhr.

Kolbe Traditional Restaurant, neben der Melli Bank, ✆ 035-3282 8302 und 0917-317 7055. Solide persische Küche, vor allem Kebabs. 🕒 tgl. 12–15.30, Café 8–24 Uhr.

Koomeh Bib Seyed Traditional Restaurant, Bibi Seyed St., neben der Zypresse, ✆ 0913-250 9246. Standardauswahl an persischen Gerichten, vorwiegend Kebabs. 🕒 tgl. 11–16, 19–23 Uhr.

Mostofi, Shahid Bahonar St., hinter dem Aghazadeh-Haus, ✆ 035-3282 6850. Sehr gute persische Hausmannskost im freundlich geführten Familienbetrieb mit etwas höheren Preisen. 🕒 tgl. 12–16, 18–22 Uhr.

TRANSPORT

Wer nach Abarkuh will, kann einen der mehrmals tgl. fahrenden **Busse** zwischen Yazd und Shiraz nehmen und dort aussteigen. Für die Organisation der Weiterfahrt von Abarkuh fragt man am besten bei den Unterkünften oder der Info im Aghazadeh-Haus nach.

Provinz Fars

Vor über 2000 Jahren wurden vom südlichen Hochland des heutigen Irans die Geschicke der Welt gelenkt. Um 550 v. Chr. nahm das erste Perserreich der achämenidischen Großkönige seinen Lauf. Die Kulturlandschaft Parsa war nichts Geringeres als das Herz des ersten Weltreichs in der Geschichte der Menschheit. Diese Provinz ist damit viel mehr als nur eine der vielen Verwaltungseinheiten des heutigen Landes. Sie entspricht im Wesentlichen dem antiken **Kernland der Perser**, die sich hier im 7. Jh. v. Chr. endgültig niederließen.

Auch Weltreiche kommen und gehen: Viele Jahrhunderte nach den Achämeniden legten die ebenfalls in Pars beheimateten Sassaniden im 3. Jh. n. Chr. den Grundstein für das zweite persische Großreich. Das „F" im Namen der heutigen Provinz mag auf den ersten Blick verwirren, es ist der Arabisierung des Wortes geschuldet, da das arabische Alphabet kein „P" kennt.

Wer die Provinz Fars besucht, reist also durch die Jahrtausende, wandelt durch die Überreste zweier großer Weltreiche und wird angesichts der Architektur von **Persepolis** Zeuge des erfolgreichen interkulturellen Austauschs zwischen Babyloniern, Assyrern, Ägyptern und vielen anderen Völkern.

Die Provinz Fars umfasst aber weit mehr als antike Stätten persischer Großkönige. Ein völli-

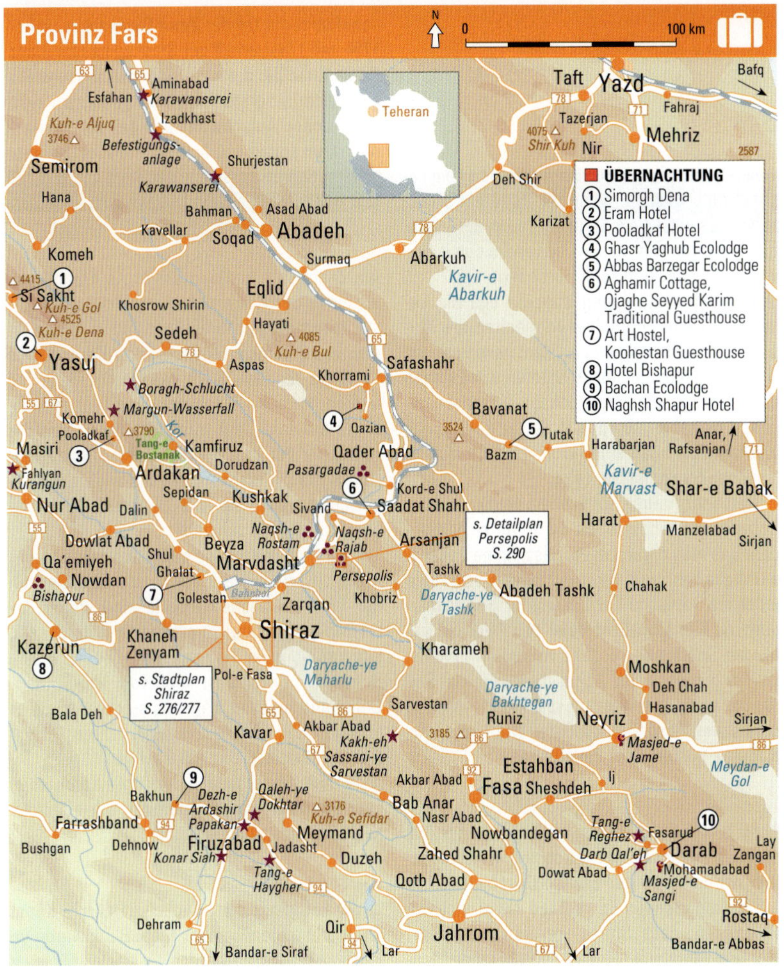

ges Kontrastprogramm bietet die heutige Provinzhauptstadt **Shiraz**. Mit der Millionenstadt lässt sich der moderne Puls des Landes fühlen. Hippe Cafés gibt es dafür zur Genüge. In Shiraz schlägt auch das in die Poesie verliebte Herz des Landes. Grabmäler großer Literaten wie Hafez und Saadi ziehen Besucher aus allen Ecken und Enden Irans in die Stadt. Nirgendwo sonst wird Literatur öffentlich so zelebriert wie hier. Darüber hinaus sind es die paradiesischen Gärten und die unverkennbare Architektur der Zand- und Qadjaren-Dynastie, die Shiraz so einzigartig machen.

Wem das alles noch nicht genug ist, der kann sich in Fars auf die Spuren der schwindenden **Nomadenkultur** machen, in den Bergen **Ski fahren** oder **Wasserfälle** in malerisch schöner Landschaft bestaunen.

6 HIGHLIGHT

Shiraz

Vielen Iranern im ganzen Land zaubert es ein Lächeln aufs Gesicht, wenn die Rede auf Shiraz kommt. Es gilt als die Stadt der Liebe, der Literatur, der Gärten, der Rosen und vereint damit einiges, woran das iranische Herz hängt.

Die knospenförmigen Kuppeln und die besonders vielfarbigen Fliesen machen die Moscheen und Heiligtümer der Stadt unverkennbar. Diejenigen, die meinen, in Städten wie Esfahan oder Yazd schon genug prächtige Moscheen gesehen zu haben, werden in Shiraz überrascht, wie raffiniert anders und wunderschön sich islamische Baukunst hier zeigt.

Reisende haben trotz allem immer wieder Schwierigkeiten, sich mit der Stadt anzufreunden. Das mag daran liegen, dass einige Sehenswürdigkeiten weit verstreut liegen und nicht jeder die iranische Entzückung für Gartenanlagen und Literaten-Grabmäler teilt. Wer die iranische Seele aber besser verstehen möchte, ist hier genau richtig. Abgesehen davon ist Shiraz der geeignete Ausgangspunkt für Touren zu persischen Ausgrabungsstätten wie Persepolis, Naqsh-e Rostam oder Pasargadae.

Geschichte

Kunst und Kultur erblühten in Shiraz zu einer Zeit, als viele andere Städte in Schutt und Asche gelegt wurden. Dem politischen Geschick des im 13. Jh. regierenden Emirs **Saad Zangi** ist es zu verdanken, dass Shiraz von den Mongolenstürmen verschont blieb. Der vorrückende Mongolenkhan wurde reich beschenkt und damit besänftigt. So konnten die Emire Shiraz als Statthalter der Mongolen weiterhin regieren. Nur als Ort der Muse und politischen Ruhe konnte Shiraz die großen Dichter **Saadi und Hafez** hervorbringen. Bis heute ist in der Stadt die Kraft der Poesie spürbar, wenn Reisende gemeinsam mit Einheimischen aus dem ganzen Land die Grabanlagen der beiden Dichtergrößen besuchen.

Nach dem 14. Jh. verlor die Stadt als kulturelles Zentrum an Bedeutung. Erst das kleine Herrschaftsintermezzo der **Zand-Dynastie** zwischen 1750 und 1794 verhalf der Stadt zu neuem Glanz. Karim Khan Zand ernannte Shiraz zu seiner Residenzstadt, sorgte für einen gehörigen wirtschaftlichen Aufschwung und gab ein Bauwerk nach dem anderen in Auftrag. Künstler und Baumeister tummelten sich in der Stadt und schufen u. a. den reizvollen Bazar-e Vakil samt Zubauten.

Arg-e Karim Khan

Am Zand Blvd. markiert die Arg-e Karim Khan als eines der Wahrzeichen von Shiraz das Altstadtzentrum. Mit ihren 14 m hohen Wachtürmen und mächtigen Mauern wirkt **Karim Khans Residenz** aus dem 18. Jh. wie eine Zitadelle und enthält doch nur Empfangs- und Wohnräume. Ein Grund dafür liegt vermutlich darin, dass der Herrscher der Zand-Dynastie selbst Soldat und sein Herrschaftsanspruch alles andere als abgesichert war. Tatsächlich bestand die Dynastie auch nur wenige Jahrzehnte.

Innerhalb der Anlage befindet sich ein baumreicher Garten. Die Innenwände bzw. Decken der herrschaftlichen Räume sind wegen ihrer Malereien und Stuckarbeiten interessant. Ein traditioneller Hamam zählt ebenfalls zum Komplex. Teilweise ist auch vom Karim-Khan-Gefängnis zu lesen, denn als solches wurde er ab Mitte des 20. Jhs. bis 1967 genutzt. ⌚ tgl. 8–21, Winter 8–20 Uhr, 150 000 IRR.

Wenige Meter östlich der Arg-e Karim Khan liegt der **Vakil-Wasserspeicher**, der ebenfalls aus der Zand-Dynastie stammt.

Muzeh-ye Fars

In der Fußgängerzone südlich der Arg-e Karim Khan und gegenüber der Melli Bank wurde im Pavillon des Nazar-Gartens ein kleines Museum eingerichtet, in dem das nunmehr leere Grab des Zand-Herrschers Karim Khan untergebracht ist. Ausgestellt wird eine Sammlung von kunstfertigen Alltagsgegenständen über die Jahrhunderte iranischer Geschichte hinweg bis zu wertvollen Koran-Ausgaben. ⌚ Di–So 8–18 Uhr, 100 000 IRR.

Vom Vakil-Komplex bis zur Madrese Khan

Nur wenige Meter südlich des Pars-Museums findet sich der **Hamam-e Vakil** als Teil des Vakil-

Komplexes, der sich der regen Bautätigkeit unter der Zand-Dynastie Mitte des 18. Jhs. verdankt. Schon lange nicht mehr in Betrieb, verzaubert das Bad heute insbesondere wegen der kunstfertigen Malereien, die mitunter Szenen aus der persischen Mythologie zeigen. Aufgestellte Wachsfiguren veranschaulichen, wie ein Hamam-Besuch ablief. ⌚ tgl. 8–20, Winter 8–19 Uhr, 150 000 IRR.

Gleich neben dem Badehaus befindet sich die **Masjed-e Vakil**, die zwischen 1751 und 1773 errichtet wurde. Dass auch die Qadjaren an der Moschee Hand anlegten, erkennt man an den für Shiraz so charakteristischen Haft-Rangi-Fliesen mit ihren überbordenden und vielfarbigen Blumenmustern. Die hinter dem südlichen Iwan gelegene Gebetshalle macht die Moschee so besonders. Kunstvolle Steinmetzarbeiten zieren jede einzelne der insgesamt 48 Säulen, die den Raum definieren und ihm diese erhabene Eleganz verleihen. Leih-Tschadors gibt es am Eingang. ⌚ tgl. 8–21 Uhr, 150 000 IRR.

Das Herz der Altstadt ist zweifelsohne der überkuppelte Kreuzbazar, dessen Eingang direkt nach der Masjed-e Vakil folgt. Die Dichte an reizvollen Läden mit sagenhaft schönem Kunsthandwerk ist im **Bazar-e Vakil** besonders hoch – kein Wunder also, dass er als einer der schönsten Bazare des Landes gilt. Vieles stammt dabei von den in der Umgebung lebenden Qashqai-Nomaden, und so manches ist längst antik. Da stapeln sich Kelim- und Garbeh-Teppiche auf der einen Seite und feinste Messingarbeiten oder kunstfertige Schachbretter auf der anderen. Gewürzpyramiden und Säcke voller Pistazien oder Rosenblätter tun ein Übriges. ⌚ Sa–Do 9–20 Uhr.

Am südlichen Ende des Bazars gelangt man zu einem besonders schönen Innenhof mit Wasserbecken und Obstbäumen, bekannt unter dem Namen **Saraye Moshir**. In den zweistöckigen Gebäuden ringsum finden sich lauter Kunsthandwerksläden.

Noch weiter südlich an der Lotf Ali Khan Zand St. folgt schließlich die **Madrese Khan** aus dem Jahr 1615. Sie wird immer noch als theologische Schule genutzt und gilt als eine der schönsten Koranschulen im Land. ⌚ tgl. 8–12 und 14–17 Uhr.

Masjed-e Nasir-ol-Molk

Von der Koranschule 280 m südöstlich entlang der Lotf Ali Khan Zand St. zweigt rechts eine Seitengasse zur Nasir-ol-Molk-Moschee ab. Sie wurde erst Ende des 19. Jhs. unter den Qadjaren errichtet. Überall ranken sich knallige Rosenblüten die Fassaden empor, weshalb die Moschee sich ihren Beinamen als **Pinke Moschee** redlich verdient. Die besonders farbenfrohen Fliesen aus qadjarischer Zeit geben der Moschee ihren unverkennbaren Stil. Unter den Iwanen lohnt ein Blick nach oben, um die Farben- und Formenexplosion der Muqarna-Felder zu bewundern.

Die Masjed-e Nasir-ol-Molk ist zweifelsohne der touristische „Shootingstar" unter den iranischen Moscheen. Nirgends tummeln sich zur gleichen Zeit auf so engem Raum derart viele Touristen, die unaufhörlich fotografieren – immer bemüht, sich selbst und die Moschee bestmöglich in Szene zu setzen. Den allermeisten Besuchern geht es aber ums Sonnenlicht, das im Gebetsraum die Farben tanzen lässt. Es spiegelt die bunten Glasfenster entlang des Bodens, der Säulen und immer öfter auch auf inszenierten Tschadors und Kopftüchern. Das Farbenspektakel ist aber zeitlich auf die frühen Vormittagsstunden begrenzt und zeigt sich natürlich nur bei Sonnenschein. Im Sommer sind große Teile der Fenster zum Schutz vor der Hitze mit schweren Vorhängen bedeckt, dann spiegelt sich nur noch das Licht der obersten Fensterteile im Raum. ⌚ tgl. 8–12 und 16–19 Uhr, 150 000 IRR.

Bagh-e Naranjestan

Den üppigen **Garten** samt Pavillon an der Lotf Ali Khan Zand St. gestaltete die einflussreiche Familie Qavam Ende des 19. Jhs. für Empfänge und Geschäftsräume, wobei die Arbeiten daran bis weit ins 20. Jh. reichten. Die Anlage entstand also unter der Vorherrschaft der Qadjaren und war der Sitz des Provinzgouverneurs Ali Mohammad Khan Qavam. Mit all den Fliesenmosaiken, den farbigen Fenstern und dem gepflegten Grün ist der Garten einer der schönsten der Stadt. Seinen Namen verdankt er den dort gepflanzten Orangenbäumen.

Auf der Westseite befindet sich das **Zinat-ol-Molk**, das angeschlossene Privathaus der

Shiraz

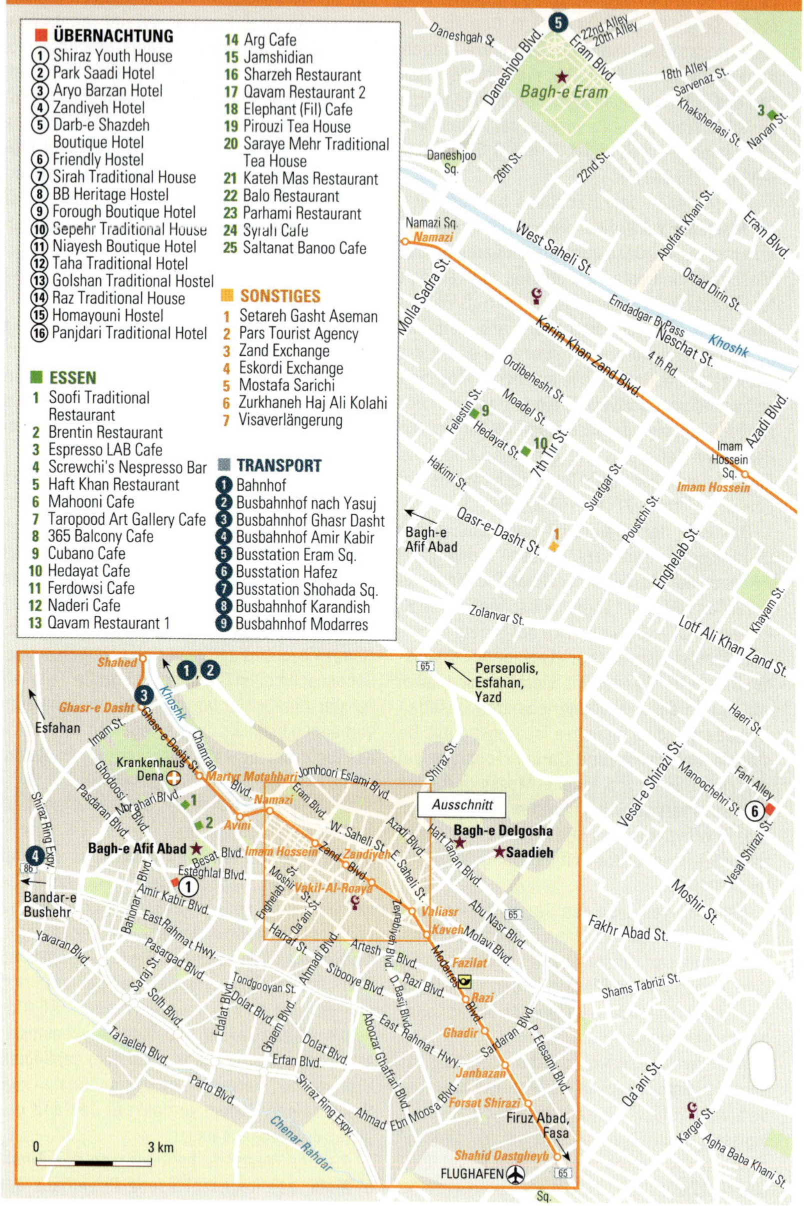

■ **ÜBERNACHTUNG**

① Shiraz Youth House
② Park Saadi Hotel
③ Aryo Barzan Hotel
④ Zandiyeh Hotel
⑤ Darb-e Shazdeh Boutique Hotel
⑥ Friendly Hostel
⑦ Sirah Traditional House
⑧ BB Heritage Hostel
⑨ Forough Boutique Hotel
⑩ Sepehr Traditional House
⑪ Niayesh Boutique Hotel
⑫ Taha Traditional Hotel
⑬ Golshan Traditional Hostel
⑭ Raz Traditional House
⑮ Homayouni Hostel
⑯ Panjdari Traditional Hotel

■ **ESSEN**

1 Soofi Traditional Restaurant
2 Brentin Restaurant
3 Espresso LAB Cafe
4 Screwchi's Nespresso Bar
5 Haft Khan Restaurant
6 Mahooni Cafe
7 Taropood Art Gallery Cafe
8 365 Balcony Cafe
9 Cubano Cafe
10 Hedayat Cafe
11 Ferdowsi Cafe
12 Naderi Cafe
13 Qavam Restaurant 1
14 Arg Cafe
15 Jamshidian
16 Sharzeh Restaurant
17 Qavam Restaurant 2
18 Elephant (Fil) Cafe
19 Pirouzi Tea House
20 Saraye Mehr Traditional Tea House
21 Kateh Mas Restaurant
22 Balo Restaurant
23 Parhami Restaurant
24 Syrah Cafe
25 Saltanat Banoo Cafe

■ **SONSTIGES**

1 Setareh Gasht Aseman
2 Pars Tourist Agency
3 Zand Exchange
4 Eskordi Exchange
5 Mostafa Sarichi
6 Zurkhaneh Haj Ali Kolahi
7 Visaverlängerung

■ **TRANSPORT**

❶ Bahnhof
❷ Busbahnhof nach Yasuj
❸ Busbahnhof Ghasr Dasht
❹ Busbahnhof Amir Kabir
❺ Busstation Eram Sq.
❻ Busstation Hafez
❼ Busstation Shohada Sq.
❽ Busbahnhof Karandish
❾ Busbahnhof Modarres

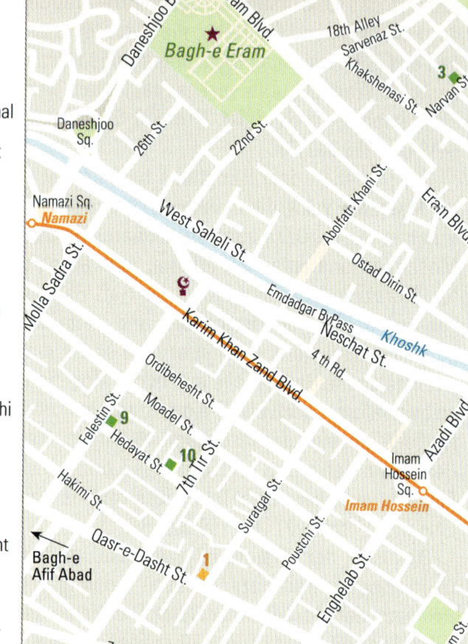

DIE LANDESMITTE

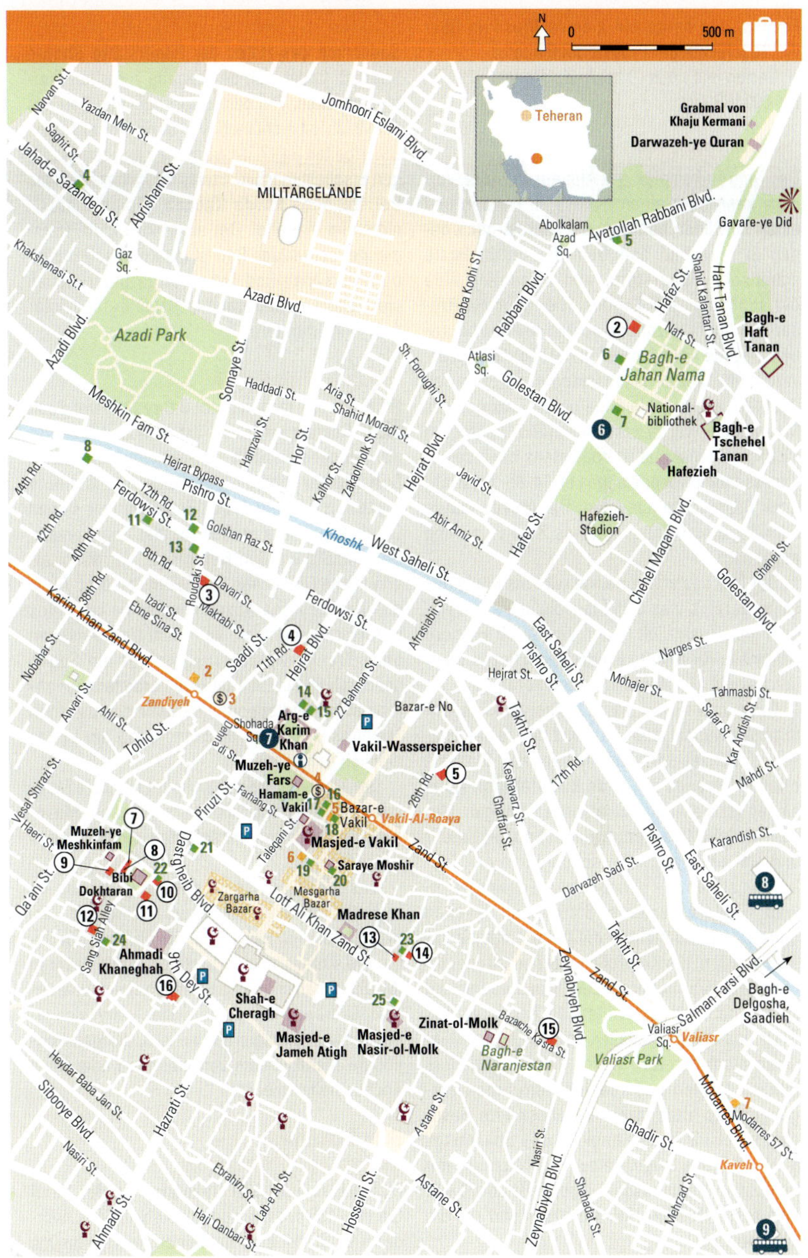

MILITÄRGELÄNDE
Azadi Park
Teheran
Grabmal von Khaju Kermani
Darwazeh-ye Quran
Gavare-ye Did
Bagh-e Haft Tanan
Bagh-e Jahan Nama
National-bibliothek
Bagh-e Tschehel Tanan
Hafezieh
Hafezieh-Stadion
Khoshk
Zandiyeh
Arg-e Karim Khan
Vakil-Wasserspeicher
Muzeh-ye Fars
Hamam-e Vakil
Bazar-e Vakil
Vakil-Al-Roaya
Masjed-e Vakil
Saraye Moshir
Mesgarha Bazar
Zargarha Bazar
Madrese Khan
Muzeh-ye Meshkinfam
Bibi Dokhtaran
Ahmadi Khaneghah
Shah-e Cheragh
Masjed-e Jameh Atigh
Masjed-e Nasir-ol-Molk
Zinat-ol-Molk
Bagh-e Naranjestan
Valiasr Park
Valiasr
Kaveh
Bagh-e Delgosha, Saadieh

Familie, das heute ein kleines Museum über die Geschichte der Provinz beinhaltet.

Garten und Haus ⌚ tgl. 8–20, Winter 8–19 Uhr, 200 000 IRR.

Shah-e Cheragh

Der Schreinkomplex am Ahmadi Sq. (der Vorplatz kann über einen Einlass im Norden und einen im Süden betreten werden) ist nach denen in Mashhad und Qom die drittheiligste schiitische Pilgerstätte und zweifellos eine der schönsten des Landes. Hier liegt ein Bruder von Imam Reza, des achten Imams, begraben: Seyyed Amir Ahmad. Er versuchte im 9. Jh. vergebens, vor den Abbasiden nach Shiraz zu flüchten, wo er schließlich getötet wurde. Das Mausoleum wurde erst wesentlich später, im 12. Jh., errichtet und ist spätestens nach seiner umfassenden Neugestaltung im 14. Jh. zur wichtigen Pilgerstätte avanciert. Die Anlage wurde allerdings auch danach bis ins 20. Jh. um- und ausgebaut.

Der hier bestattete Heilige wird als König des Lichts verehrt, was dem Mausoleum seinen Namen gibt. Zusätzlich finden sich noch kleinere Grabmäler für weitere Brüder Imam Rezas, nämlich Seyyed Mir Mohammad und Ebrahim.

Mit seiner für Shiraz so typischen knospenförmigen Kuppel, aber auch mit den feinen Fliesen- und Spiegelarbeiten und der zum Platz hin offenen Veranda mit ihren kunstfertigen Holzsäulen ist die Anlage unglaublich fotogen. Nur schwere Stoffvorhänge bedecken mal mehr und mal weniger die Zwischenräume der Säulen und stören das harmonische Gesamtbild etwas. Größere Kameras, Stative und Taschen dürfen sowieso nicht in die Anlage mitgenommen werden; die Kontrollen werden streng gehandhabt. Das Innerste des Mausoleums mit seinen nicht enden wollenden Fassaden aus Glas- und Spiegelkristallen darf von Nicht-Muslimen nicht betreten werden. Leih-Tschadors gibt es an den geschlechtergetrennten Eingängen, wo auch freiwillige Hilfskräfte Besucher durch die Anlage begleiten. ⌚ Schrein tgl. 8–22 Uhr, das angeschlossene Museum mit wertvollen Koranausgaben schließt um 20 Uhr und kostet 100 000 IRR, Gelände rund um die Uhr betretbar.

Masjed-e Jame Atigh

Südöstlich des Hofes der Pilgerstätte Shah-e Cheragh findet sich der Zugang zur **alten Freitagsmoschee**. Von dem ursprünglichen Bau aus dem 9. Jh. ist nicht mehr viel übrig, vor allem die Bauarbeiten im 17. Jh. verhalfen ihm zum heutigen Erscheinungsbild. Etwas Besonderes ist das frei stehende **Khoda Khaneh**, „Haus Gottes“, mitten im Innenhof. Der aus dem 14. Jh. stammende rechteckige Bau ist mit Koranschriftbändern versehen und beherbergte ursprünglich wertvolle Koranausgaben. ⌚ tgl. 8–18, Winter 8–17 Uhr, Eintritt frei.

Ahmadi Khaneghah

Zweigt man von der 9 Dey St. beim Soofi Restaurant in die östliche Seitenstraße ab, gelangt man nach nur wenigen Metern zum **Sufi-Kloster** Ahmadi Khaneghah. Bis heute praktiziert der Sufi-Orden Zahabiye hier seinen Glauben und zeigt großes soziales Engagement. Regelmäßig werden Bedürftige, vor allem afghanische Flüchtlinge, mit Essen versorgt. Auch die Dienste eines Arztes können sie kostenlos in Anspruch nehmen. Vor allem für Menschen ohne Krankenversicherung ist das ein Segen sondergleichen. Die Gläubigen arbeiten hier ehrenamtlich und spenden darüber hinaus einen Teil ihres Gehalts an die Einrichtung, um all das möglich zu machen.

Der Klosterkomplex beinhaltet mehrere Mausoleen für wichtige Sufi-Meister und ein **Museum** mit wertvollen Handschriften und einer alten Druckerpresse.

Das Kloster ist keine Sehenswürdigkeit im eigentlichen Sinn, und kaum ein Tourist verirrt sich hierher. Es ist nicht üblich, dass Touristen die Anlage alleine betreten, aber Peyman (S. 286) organisiert einen Besuch rasch und unkompliziert und hilft gerne weiter, wenn sich jemand sozial engagieren und z. B. dringend benötigte Medikamente vorbeibringen oder beim Kochen helfen möchte.

Bibi Dokhtaran und Muzeh-ye Meshkinfam

Das Mausoleum **Bibi Dokhtaran** an der Sang Siah St., 130 m östlich des Dastgheib Blvd., wurde im 14. Jh. für eine Tochter des vierten Imams errichtet. Dieses Altstadtviertel hat sich zu einem kleinen Zentrum für Unterkünfte und Lokale entwickelt. Nicht einmal 100 m nordwestlich des Mausoleums wurde in dem qadjarischen Kaufmannshaus Forogh Almolk das **Meshkinfam Museum** untergebracht. Die Familie Meshkinfam macht hier ihre umfangreiche Kunstsammlung der Öffentlichkeit zugänglich. Ausgestellt werden Gemälde, Kalligrafien, aber auch Skulpturen und Fotografien. Aus der kunstsinnigen Familie gingen nicht nur Sammler, sondern auch Künstler hervor; auch deren Werke sind hier ausgestellt. ⌚ tgl. 8–19 Uhr, 150 000 IRR.

Hafezieh

Am Golestan Blvd., 170 m östlich des Chehel Magham Blvd., liegt der Zugang zum **Hafez-Mausoleum**. Zärtliche Blicke von Männern und Frauen sind auf den Alabastergrabstein inmitten des Pavillons der Gartenanlage gerichtet. Manchmal streifen Hände liebevoll über die in den Stein eingelassenen Verse, und mitgebrachte Lyrikbände werden geküsst. Die Lippen formen Wörter, die zu Verszeilen gehören, die längst Allgemeingut sind. Die Poesie von Hafez gehört zur iranischen Identität und ist eines der wichtigsten Kulturgüter des Landes.

Der unter dem Namen Hafez bekannte Poet wurde 1320 in Shiraz geboren. Er trägt den Ehrentitel „Hafez" als jemand, der den gesamten Koran auswendig beherrschte. Sein eigentlicher Name spielte fortan keine Rolle mehr.

Jung und Alt zieht es massenweise zum im 15. Jh. errichteten Mausoleum. Manche verbringen seinetwegen ihre Flitterwochen in Shiraz, andere suchen hier Trost, und immer wieder schwören sich heimliche Paare in Hafez' Mausoleum ewige Treue. Der Dichter ist zum Schutzpatron geworden, den die einen für seine Auffassung von Liebe jenseits gesellschaftlichen Zwangs und die anderen für seine Religiosität fernab jeder Dogmatik schätzen. Er selbst stand der islamischen Mystik nahe, seine Gedichte sprechen oft von der sinnlichen Suche nach einem Weg zu Gott.

Nicht immer können Reisende die Begeisterung der Einheimischen für ihre Poeten nachvollziehen, manche finden den Eintritt zur Anlage überteuert. Tatsächlich besucht man aber das Mausoleum nicht wegen des alles andere als aufregenden Pavillons und auch nicht wegen des Gartens. Hierher kommt, wer die iranische Seele ein bisschen besser verstehen will. Wer Zeit und Lust hat, kann nirgendwo sonst mit wildfremden Menschen so unvermittelt Gespräche über Literatur führen, nicht nur über die persische. Besonders atmosphärisch ist es am späten Nachmittag bis in die Abendstunden hinein.

⌚ tgl. 8–22.30, Winter 8–22 Uhr, 200 000 IRR.

Gartenanlagen nördlich des Hafezieh

Rund 600 m nordöstlich des Grabmals liegt am Chehel Magham Blvd. der Zugang zum kleinen **Bagh-e Tschehel Tanan**. Die 40 Sufi-Gräber geben ihm seinen Namen. Auch der alte Grabstein von Saadi (S. 139) ist hier zu finden. ⌚ tgl. 8–14 Uhr, Eintritt frei.

Weitere 200 m nördlich ist nach der Überquerung des Haft Tanan Blvd. der **Bagh-e Haft Tanan** erreicht, wo ebenfalls Sufi-Grabsteine stehen und ein Museum angeschlossen ist. ⌚ tgl. 8–20, Winter 8.30–18 Uhr, 80 000 IRR.

Schließlich geht es 500 m westlich über die Naft St. zur Hafez St. und dem Eingang zum **Bagh-e Jahan Nama**. Im Zentrum der riesigen Grünfläche liegt ein qadjarischer Pavillon, ansonsten sind Obstbäume und v. a. Rasenflächen zu sehen. Mit der Schönheit anderer Gärten kann der Bagh-e Jahan Nama sicherlich nicht mithalten. ⌚ tgl. 8–22, Winter 8–21 Uhr, 150 000 IRR.

Darwazeh-ye Quran

Die Hauptstraße von Esfahan führt direkt am nördlichen Stadtrand an einem der Wahrzeichen von Shiraz vorbei. Das **Koran-Tor** befindet sich an einer Engstelle, wo sich links und rechts Berghänge erheben, und ist nicht zu übersehen.

Kostbare Koran-Ausgaben, die ursprünglich im oberen Aufbau des Tors aufbewahrt wurden, sollten Reisenden Segen bringen. Sie befinden sich aber mittlerweile im Pars-Museum. Das Tor geht zwar auf das 10. Jh. zurück, wurde aber unter der Vorherrschaft der Zand-Dynastie wesentlich restauriert und in den 1950er-Jahren wegen der Neugestaltung der Straße komplett versetzt.

Folgt man dem Weg direkt vom Tor hangaufwärts, gelangt man zum **Grabmal** des im 14. Jh. wirkenden Sufi-Poeten Khaju Kermani. Die An-

höhe reicht noch nicht für einen unverstellten Blick auf die Stadt. Dafür bietet sich der Aufstieg zum gegenüberliegenden historischen Aussichtsposten **Gavare-ye Did** an.

Bagh-e Delgosha

Bereits in Quellen aus dem 14. Jh. wird dieser Garten (Eingang an der Delgosha St.) erwähnt, zu voller Blüte verhalf ihm dann aber ein Kaufmann der einflussreichen Familie Qavam im 19. Jh. Ein lang gezogener Kanal wird von mächtigen Palmen gesäumt und gibt den Blick frei auf den Pavillon im hinteren Teil der Anlage. Dort wurde ein kleines Museum mit Alltagsgegenständen wie Münzen, aber auch Radios eingerichtet. ⌚ tgl. 7.30–22, Winter 7.30–18 Uhr, 150 000 IRR.

Saadieh

Nur 1 km nordöstlich des Eingangs zum Bagh-e Delgosha tummeln sich am Ende des Bostan Blvd. die Menschen vor den Toren des **Saadi-Mausoleums**. Saadi zog in seinen jungen Jahren nach Bagdad, um zu studieren. Erst nach jahrelanger Wanderschaft durch diverse Länder kam er im 13. Jh. in seine Geburtsstadt Shiraz zurück, wo er fortan lebte. Er gilt heute als einer der größten Poeten des Landes. Es sind Motive wie Toleranz und Gerechtigkeit, die ihn beschäftigen. Abseits seines humanistischen Weltbildes wird er aber vor allem für seinen kunstfertigen Umgang mit Sprache gerühmt. Niemand davor und danach übertraf den reichen Wortschatz und die Fülle an sprachlichen Bildern der Dichter Saadi und Hafez. Manche meinen, beide haben der neupersischen Sprache zu ihrer Vollendung verholfen.

Ganz ähnlich wie beim Mausoleum von Hafez geht es auch hier nicht darum, dass man den Pavillon samt Garten gesehen haben muss. Auch diese Grabstätte ist so etwas wie eine Pilgerstätte geworden und bietet damit die Gelegenheit, die iranische Inbrunst für Literatur etwas besser zu begreifen.

Der Pavillon wirkt durch seine schmucklosen, rechteckigen Säulen streng und hebt sich wesentlich von allen anderen Pavillons der Stadt ab. Er wurde erst Mitte des 20. Jhs. errichtet. Im Kuppelbau sind florale Fliesen und Verse des Poeten zu sehen. Zypressen, Palmen und Rosenbüsche runden das so gar nicht verspielt wirkende Architekturkonzept ab. Die erhabene Eleganz der strikten Linien des Vorplatzes samt Wasserkanal und Kuppelbau zeigt sich besonders abends, wenn alles beleuchtet ist.

⌚ tgl. 8–22 Uhr, 200 000 IRR.

Bagh-e Eram

Am Eram Blvd. liegt der Eingang zu einem der schönsten persischen Gärten des Landes, der zum Unesco-Weltkulturerbe zählt. Auch wenn der Grundstein bereits im 11. Jh. gelegt wurde, verdankt der Garten sein heutiges Erscheinungsbild vor allem dem Kaufmann Mirza Hasan Nasir-ol-Molk. Er ließ im 19. Jh. auch das pompöse Empfangsgebäude errichten. Etliche Orangenbäume und Palmen spenden Schatten, viele der Pflanzen sind beschildert. Schließlich wird die Anlage heute als botanischer Garten der Universität von Shiraz genutzt. Wer in das Herz des Gartens mit dem plätschernden Kanal vordringt, vergisst schnell, dass er sich noch immer mitten in der hektischen Großstadt befindet. ⌚ tgl. 8–20, Winter 8–17 Uhr, 200 000 IRR.

Bagh-e Afif Abad

Der Eingang zum Garten befindet sich nördlich, am Mosalla Nejad Blvd. Wieder war es ein Mitglied der in der Stadt so einflussreichen Familie Qavam, das im 19. Jh. den Garten kaufte. Eine Mauer umfasst das üppige Grün, es entstanden Wohn- und Empfangsräumlichkeiten.

An den Innenwänden im dazugehörigen Hamam sind mythologische Jagdszenen aus Ferdowsis Werk *Shahnameh* zu erkennen. Motive entlang der Terrasse des Hauptgebäudes erinnern an Persepolis. Heute befindet sich hier ein kleines Militärmuseum, das Ausstellungsstücke aus safawidischer Zeit bis hin zur Pahlavi-Dynastie umfasst. Garten und Museum ⌚ tgl. 8–12.30 und 15.30–18.30, 100 000 IRR.

ÜBERNACHTUNG

Untere Preisklasse

Es gibt eine Reihe traditioneller Gästehäuser/Hotels, deren Privatzimmer zwar oft überteuert sind, die aber über preiswerte Schlafsäle verfügen.

◂ Inmitten der erhabenen Säulen der Masjed-e Vakil

BB Heritage Hostel, Sang Siah Alley, direkt hinter dem Mausoleum Bibi Dokhtaran, ✆ 071-3224 8698 und 0933-599 0085, 💻 www.shirazbbhostel.com. Das kompakte Haus verfügt über wenige schlichte Räume, die teilweise etwas abgewohnt wirken. Nichtsdestotrotz eine nette Unterkunft mit einem traditionellen, charmanten Innenhof. Neben einem Doppel- und 2-Bett-Zimmer finden sich auch Mehrbettzimmer und ein Schlafsaal für rund 10 € p. P. Die Dachterrasse kann kurz- oder längerfristig wegen Löchern und dergleichen gesperrt sein. Hier gibt es auch SIM-Karten zu kaufen. DZ 20 €.

Friendly Hostel, Fani Alley 14, an der Vesal Shirazi St., 90 m von der Lotf Ali Khan Zand St. entfernt, ✆ 0919-840 2291, ✉ mehrane.lazemkhani@gmail.com. Im Prinzip eine schlichte kleine Wohnung, in der ein 3-Bett-Zimmer und ein Doppelzimmer zur Verfügung stehen. Einfache Räume mit Gemeinschaftsküche. Das Paar Mahmoud und Mehrane heißt Gäste herzlich willkommen, holt sie gratis vom Flughafen oder Busterminal ab und bucht auch Tickets für die Weiterfahrt. Voranmeldung notwendig, geht mitunter auch kurzfristig per Anruf oder über WhatsApp. DZ 15 €.

Golshan Traditional Hostel, 38 St. 15, von der Lotf Ali Khan Zand St. rund 50 m nördlich, ✆ 0935-383 6810, 💻 www.golshanhostel.com. Recht altmodische Zimmer mit Teppichböden und ein eigenwilliger Schlafsaal mit einem bunten Gemisch aus Farben, Metallstockbetten und gemusterten Fliesen. Ein Bett gibt es schon für rund 5 €. Auch die Gestaltung des traditionellen Innenhofs bleibt weit hinter anderen Gästehäusern zurück. DZ 35–40 €.

Homayouni Hostel, 12th Alley 2, Seitenstraße der Bazarche Kasra St., 150 m von der Lotf Ali Khan Zand St., ✆ 071-3222 0796 und 0902-902 4842, 💻 www.hostelhoma.com. Teils etwas dunkle und kleine Räume, aber mit weichen, schönen Betten. In der Qadjaren-Villa gibt's Frühstück im bezaubernden Innenhof oder auf der Dachterrasse. Der Schlafsaal für 10 € p. P. bietet mit 4 Betten etwas mehr Ruhe als anderswo. Zusätzlich gibt es einen kleinen Schlafsaal nur für Frauen für 12 € p. P. und mit Bad. Das Doppelzimmer (45 €) ist eindeutig überteuert, günstiger ist das kleinere 2-Bett-Zimmer (30 €).

Niayesh Boutique Hotel, Sang Siah Alley, gegenüber dem Mausoleums Bibi Dokhtaran, ✆ 0711-223 3623, ✉ info@niayeshhotels.com. War lange der Platzhirsch unter den traditionellen Unterkünften und verfügt über mehrere Gebäude. Der Schlafsaal im Haupttrakt ist schön und mit 8 € günstig. Im Innenhof stehen provisorische Essenspavillons und -bänke, im Obergeschoss befindet sich ein passables Restaurant. Das Personal könnte netter sein. DZ 25 €.

Panjdari Traditional Hotel, unweit südlich der 9th St., 200 m westlich vom Shah-e Cheragh, ✆ 071-3739 5214, ✉ panjdari-shiraz@apochi.com, Instagram hotel5dari. Eine renovierte Qadjaren-Villa mit mehreren Doppel- und 2- bis 4-Bett-Zimmern. Sehr schlicht eingerichtet, aber komfortabel. Mit den im charmanten Innenhof sitzenden Restaurantbesuchern kann es tagsüber etwas laut werden. ❷

Raz Traditional House, 36/4 Ave. 4, von der Lotf Ali Khan Zand St. rund 80 m nördlich, ✆ 071-3223 2265 und 0917-999 5494, ✉ contact@raz-hotel-shiraz.com. Neben den insgesamt sechs 2- bis 4-Bett-Zimmern mit Buntglasfenstern gibt es auch ein Einzelzimmer für 15 €. Insgesamt etwas schlichter und ruhiger als das benachbarte Parhami. DZ 25 €.

Sepehr Traditional House, Sang Siah Alley, vom Dastgheib Blvd. kommend noch kurz vor dem Mausoleum Bibi Dokhtaran, ✆ 071-3224 5364 und 0917-304 8185, ✉ reservation@sepehrhouse.com, Instagram sepehrhouse98. Mit den traditionellen und freundlichen 2- und 4-Bett-Zimmern, dem kleinen Innenhof und den hilfsbereiten Mitarbeitern eine gute Wahl mit einem fantastischen Restaurant auf dem Dach, das aber nicht zur Unterkunft gehört. Ein Bett im 4-Bett-Schlafsaal gibt es für um die 2 Mio. IRR. Das 3-Bett-Zimmer im Untergeschoss ist mit den winzigen Buntglasfenstern und dem Steingewölbe recht dunkel. ❷

€ **Shiraz Youth House**, Alley 10, nahe der Bagh-e Howz St., ✆ 0936-917 3113, ✉ Mrpersepolis1@gmail.com, Instagram mr.persepolis. Keine Unterkunft im herkömmlichen Sinn, mehr ein Homestay. Peyman ist ein junger, unkomplizierter Typ mit Sinn für Humor. Er sorgt für einen warmen Empfang und hilft, wo er nur kann –

unterhaltsamer Aufenthalt garantiert. Als Shirazi und Guide kennt Peyman die Stadt und Provinz wie seine Westentasche (S. 286). Kurzfristig am besten über WhatsApp zu erreichen. Vorab Kontakt aufnehmen, Adresse kann sich ändern. Es gibt 3 Zimmer mit je 6 Betten für 3 oder 5 € p. P.

Sirah Traditional House, Sang Siah Alley, direkt hinter dem Mausoleum Bibi Dokhtaran, ☏ 071-3222 46772 und 0999-989 0944, www.sirahhostel.com, sirah_traditional-house. Ein wundervoll restauriertes historisches Haus mit freundlichen Doppel- und Mehrbettzimmern und einem einfachen Schlafsaal für rund 9 €. Mit den hauseigenen Zelten darf man für 4 € auch auf der Dachterrasse schlafen, wenn die Unterkunft voll ist. Explizit nachfragen! Besonders die Mitarbeiterin Eltham mit ihrem guten Englisch und ihrer herzlich-humorvollen Art sticht hervor und ist auch eine gute Ansprechpartnerin für Zurkhaneh-Interessierte (S. 287), immerhin ist ihr Onkel iranischer Landesmeister. DZ 25–40 €.

Taha Traditional Hotel, Sang Siah Alley 43, vom Mausoleum Bibi Dokhtaran rund 250 m gen Süden, ☏ 071-3738 1610 und 0939-393 9293, taha.hostel@gmail.com. Eine der bekanntesten Backpacker-Unterkünfte mit mehreren Schlafsälen für 10 € p. P. und überteuerten Privatzimmern. Die Stimmung im traditionellen Innenhof ist gut, so kommt man garantiert mit anderen Reisenden ins Gespräch. Es bedeutet aber auch Rauch- und Lärmbelästigung für die umliegenden Zimmer. Ein Schlafsaal sticht mit seinen qadjarischen Stuckarbeiten, Deckenverzierungen und großen Buntglasfenstern hervor. DZ 30–50 €.

Mittlere und obere Preisklasse

Aryo Barzan Hotel, Roudaki St., an der Kreuzung mit der Davari St., ☏ 071-3224 7182, info@aryohotel.com. Ein schönes Standardhotel mit professionellem Personal. Manche Zimmer wirken teils etwas dunkel und altmodisch. ❹

Darb-e Shazdeh Boutique Hotel, 26 Rd., von der Keshavarz St. rund 200 m südwestlich, ☏ 0713-224 8304, www.darbeshazdeh.com. Wundervoll restaurierte Qadjaren-Villa samt Palme im begrünten Innenhof. Einzelne traditionelle Architekturelemente, sonst modern eingerichtete Zimmer. Räume von schlichter Eleganz mit komfortablen Betten und hellen Farben. Ausladend wird es im qadjarischen Spiegelzimmer mit Doppelbett. DZ ab 70 €.

Forough Boutique Hotel, Sang Siah Alley, zwischen dem Mausoleum Bibi Dokhtaran und dem Meshkinfam Museum, ☏ 071-3224 3015 und 0901-111 5390, booking@foroughboutiquehotel.com. Über den großzügigen, aber auch lieblosen Innenhof geht es zu den verschiedenen Ebenen des traditionellen Hauses. Verfügt über nette, kleine Zimmer und eine Dachterrasse mit angeschlossenem Café. DZ 35–50 €.

Park Saadi Hotel, Hafez St., gegenüber dem Bagh-e Jahan Nama, ☏ 071-3227 49009, info@parksaadihotel.com. Beliebtes Konferenzhotel mit iranischen Standardzimmern – etwas dunkel und durchweg altmodisch eingerichtet. Das Personal ist professionell und freundlich. ❹

Zandiyeh Hotel, zwischen 11th Rd. und Hejrat Blvd., ☏ 071-3223 4234, info@zandiyehhotel.com. Eines der besten (Konferenz-)Hotels für gehobene Ansprüche mit schön eingerichteten Zimmern. Dazu gehören alle möglichen Einrichtungen vom Hamam bis zu Fitnessräumen. Hauseigene Restaurants einmal mit persischer und einmal mit internationaler Küche. ❺

ESSEN

Englische Speisekarten sind mittlerweile Standard, Englisch-Grundkenntnisse mehr oder weniger auch. Shiraz ist eine echte Fundgrube, was kleine, individuelle Cafés und Lokale angeht – eine Welt für sich. Hauptgerichte kosten meist zwischen 150 000 und 200 000 IRR, Tee, Kaffee und Mocktails zwischen 50 000 und 100 000 IRR.

Nördlich des Khoshk-Flusses

Espresso LAB Cafe, Narvan St., neben der 4/2 Rd., ☏ 071-3226 1537, espressolab.iran. Versteht sich auf guten Kaffee und modernes Ambiente. Das junge, engagierte Team serviert Sandwiches und Pastagerichte, gleichzeitig

DIE LANDESMITTE

läuft Radio Ibiza. Besonders gut ist das persische Omelett. ⌚ tgl. 9–23 Uhr.

Haft Khan Restaurant, Ayatollah Rabbani Blvd. 17, Quran Gate, ☏ 071-3228 0000 und 0917-787 8600. Riesiger Restaurantkomplex mit insgesamt 7 verschiedenen Restaurants und Cafés. Beinahe eine Institution in Shiraz. Auch internationale Küche wird serviert, es empfiehlt sich aber vor allem das traditionell persische Restaurant. ⌚ tgl. 9–24 Uhr.

Mahooni Cafe, Hafez St., gegenüber Bagh-e Jahan Nama, ☏ 032-287971, mahoonicafe. Schlichter, moderner Laden mit Toasts, Pasta und üppigen Salat- und Gemüsetellern, dazu diverse Mocktails. ⌚ tgl. 8–24 Uhr.

Screwchi's Nespresso Bar, Jahad-e Sazandegi St., von der Abrishami St. rund 250 m nordwestlich, ☏ 071-3227 9809, screwchis. Sticht schon wegen seines modernen Designs ins Auge. Auch die Küche ist empfehlenswert und das junge Team überaus bemüht. ⌚ tgl. 9–23, Frühstück 9–12, Abendessen 18–23 Uhr.

Taropood Art Gallery Cafe, Hafez St., direkt neben der Nationalbibliothek, ☏ 071-3226 0429, taropoodartgallery. Kunstgalerie mit Wechselausstellungen und Café in einem. Untergebracht in einer ehemaligen Textilfabrik. Bestens geeignet, um frisch zubereitete Melonenlimonade im Freien, aber zwischen alten Fabrikmauern und gekonnt inszenierten Stahlrohren zu genießen. Ein lohnender Abstecher in die zeitgenössische Kunstwelt nach einem Besuch des Hafez-Mausoleums. ⌚ tgl. 8–24 Uhr.

Südlich des Khoshk-Flusses

365 Balcony Cafe, Ferdowsi St. 365, ☏ 071-3235 2038, cafebalcony365. Modernes und liebevoll geführtes Café mit nettem Balkon. Nicht nur die Wandbilder mit englischen Sprüchen und Verszeilen von Hafez deuten auf Leseleidenschaft hin. Abdolali Dastgheib betreibt außerdem eine private Bibliothek mit einer englischen Philosophiesektion. Nur nachmittags zugänglich, wenn der Besitzer da ist. Eine ganze Reihe an Pastagerichten, Mocktails und wenige traditionelle Gerichte. Das vegetarische *do piaze aloo* mit Tomaten und Kartoffeln empfiehlt sich. ⌚ tgl. 9–24 Uhr.

Brentin Restaurant, 12th Rd., an der Kreuzung mit dem Sattar Khan Blvd., ☏ 071-3628 2007, brentin__restaurant. Schönes, modernes Restaurant mit einem gelungenen Mix aus persischer und internationaler Küche. Schon wegen der großen Auswahl an einladenden Appetizern einen Besuch wert. ⌚ tgl. 12.30–15.30, 19–24 Uhr.

Cubano Cafe, an der Kreuzung von Felestin St. und Hedayat St., ☏ 0939-316 3004. Ein Hauch Kuba mitten in Iran mit Burritos zum Frühstück und diversen Shakes. Die Besitzerin hat um die 40 Jahre in Deutschland gelebt und spricht auch gern mal Deutsch mit ihren Gästen. ⌚ tgl. Café 9–24, Frühstück 9–13 und Hauptgerichte 16–24 Uhr.

Ferdowsi Cafe, Ferdowsi St. 194, ☏ 071-3231 6616, ferdowsicafe. Der kleine, heimelige Laden mit Liebe zum Detail zieht schon lange überwiegend junge Einheimische und Backpacker an. Das traditionelle Fliesendekor an den Wänden wird um moderne Holztische ergänzt. Es gibt auch eine kleinere Auswahl an Hauptgerichten. Der Ferdowsi-Spezialtee mit Minze und Honig lohnt sich. ⌚ Sa–Do 9–23.30, Fr 17.30–23.30 Uhr.

Hedayat Cafe, Hedayat St., von der Haft Tir St. 70 m nordwestlich, ☏ 071-3234 9152, Cafe_hedayat. Schlichtes, modernes Lokal mit einer guten Auswahl an Pasta und Salaten. ⌚ tgl. 9–23.30 Uhr.

Naderi Cafe, Kreuzung Ferdowsi St. und Roodaki St., ☏ 0917-197 9795, badericafe.shiraz. Diverse Heiß- und Kaltgetränke in zwangloser Atmosphäre, auch kleinere Salate und Pastagerichte. ⌚ tgl. 8–24 Uhr.

Qavam Restaurant 1, Kreuzung Roodaki St. und Ferdowsi St., ☏ 032-359271. Kleiner, unscheinbarer Laden, der für seine gute lokale Küche geschätzt wird. Hier kann man *kofteh holo*, ein Shirazi-Gericht mit Fleischbällchen, probieren. Es gibt zwei Standorte, an Ersterem sind die Mitarbeiter nur mäßig um Gäste bemüht. ⌚ tgl. 11–17 und 19–23 Uhr.

Soofi Traditional Restaurant, Sattar Khan Blvd., nahe der Ostadan St., ☏ 071-3649 0000 und 0917-317 7133. An der Straße gibt es mehrere beliebte, aber teure Restaurants und Geschäfte, selbst Porsches parken hier. Die persische

© PRISKA SEISENBACHER

Die Tarapood Art Gallery ist Café und Kunstgalerie in einem.

DIE LANDESMITTE

Küche ist gut, aber den Preisaufschlag nicht wert. Extravagant ist der Shrimp-Kebab. Das Personal verhält sich professionell, aber auch betont distanziert. Kein WLAN. ⏲ tgl. 12–15 und 19–23 Uhr.

Rund um den Altstadt-Bazar

Arg Cafe, Naser Khosro St., direkt hinter der Karim-Khan-Residenz, ✆ 0917-314 8009. Die europäisch-bürgerlich anmutenden Polstermöbel mit Blumendekor, ein buntes Sammelsurium an gerahmten Wandbildern, alte Fernsehgeräte – all das verleiht dem Café seinen unverkennbaren Retro-Charme. Am besten Tee und *faludeh* genießen. ⏲ tgl. 10–23 Uhr.

Balo Restaurant, Siang Siah Alley, auf dem Dach der Unterkunft Sepehr, ✆ 0938-563 2003, balo.persian.cuisine. Die nette Dachterrasse eröffnet nicht nur einen schönen Blick auf das gegenüberliegende Mausoleum, sondern bietet auch ausgezeichnete persische Küche abseits der ewig gleichen Gerichte anderswo. Die Auswahl ist klein, aber fein, und für Vegetarier ist immer etwas dabei. Auch wegen seiner ungezwungenen, modernen Atmosphäre bei jungen Shirazis beliebt. Als kleine Aufmerksamkeit gibt es ein Willkommensgetränk gratis. Hauptgerichte mit um die 220 000 IRR etwas teurer als gewöhnlich, unbedingt den Khonoki Shiraz Cherry Traditional Drink ausprobieren! ⏲ Café tgl. 9–23, Frühstück tgl. 9–11.30, Mittag- und Abendessen tgl. 13–16 und 20–23 Uhr.

Elephant (Fil) Cafe, Bazar-e Vakil, im Hof gegenüber der Masjed-e Vakil, ✆ 0917-450 7347, cafe_elephantt. Vor allem Toasts, Kaffee und Kuchen für eine kleine Pause im Freien direkt am begrünten Wasserbecken des Hofes. Weder WLAN noch eigene Toilette. ⏲ Sa–Do 9–22 Uhr.

Jamshidian, Naser Khosro St., hinter der Karim-Khan-Residenz. Ein unscheinbarer Straßenladen, wäre da nicht die lange Schlange an Menschen, die sich hier *faludeh*, das Shirazi-Glasnudeleis, *abhaveej bastani*, ein Karottensaftsorbet, oder einfach Eiscreme holen. ⏲ tgl. 11–22 Uhr, über die Wintermonate geschlossen.

Kateh Mas Restaurant, Lotf Ali Khan Zand St., 70 m von der Nazami Intersection entfernt, ✆ 071-3223 1919. Das üppig dekorierte, traditionell persische Restaurant tut sich wegen seiner zentralen Lage hervor. Das mäßig bemühte Personal ist jedenfalls kein Grund, hinzugehen.

Neben Kebabs gibt es die übliche Auswahl an persischen Gerichten. ⌚ tgl. 8–11, 13–17 und 20–23 Uhr.

Parhami Restaurant, 36/4 Ave. 10, von der Lotf Ali Khan Zand St. rund 80 m nördlich, ☏ 071-3223 2015. Einheimische wissen, was gut ist. Dass sich hier am Wochenende schon mal Schlangen bilden, ist ein gutes Zeichen. In dem einladenden Innenhof des historischen Hauses, das zugleich als Hotel genutzt wird, serviert man traditionell persische Kost. In der Regel gibt es keine Speisekarte, sondern vier Hauptgerichte und Kebab. Wer Lust hat, kann das für Shiraz typische *kalam polo* mit Reis, Kohlrabi, Gemüse und Fleischbällchen probieren. ⌚ tgl. 13–16, 19.30–21.30 Uhr.

Pirouzi Tea House, Bazar-e Vakil, wenige Meter westlich des Saraye Moshir. Auch House of Poems genannt. Vor allem an den vielen Zetteln mit Gedichten zu erkennen, die an den Wänden kleben. Dazu ein buntes Sammelsurium an Wandbildern und modrige Sitzbänke, die anderswo längst entsorgt worden wären. Das Pirouzi ist unverkennbar und hat seinen ganz eigenen Charme – ein netter Zwischenstopp für eine Tasse Tee. ⌚ Sa–Do 9–22 Uhr.

Qavam Restaurant 2, Bazar-e Vakil, 50 m nordöstlich der Masjed-e Vakil, ☏ 071-3223 1710, Qavam_Restaurant. Die Terrasse reicht in den begrünten Hof mit Teppichläden hinein. Das traditionell persische Essen schmeckt, die Mitarbeiter sind freundlich und hilfsbereit. ⌚ Sa–Do 9–22 Uhr.

Saltanat Banoo Cafe, Nasir-ol-Molk St., ☏ 071-3224 3850 und 0933-381 0383, saltanatbanoo_shiraz. Wenige Meter vor der gleichnamigen Moschee lädt der traditionelle Laden mit seinem kleinen Innenhof samt Wasserbecken und Blumentöpfen und liebevoll angerichteten persischen Gerichten zu einer Pause ein. ⌚ tgl. 8.30–17.30 Uhr.

Saraye Mehr Traditional Tea House, Bazar-e Vakil, südöstlich des Saraye Moshir, ☏ 071-3222 9572. Der kleine Familienbetrieb mit traditionellen Wanddekor und dem leckeren Shirazi-Gebäck bietet auch eine kleine Auswahl an Hauptgerichten. Längst eine Institution im Bazar und eine Möglichkeit, dem Trubel draußen zeitweilig zu entgehen. ⌚ Sa–Do 9–21 Uhr.

Sharzeh Restaurant, Bazar-e Vakil, 75 m nordöstlich der Masjed-e Vakil, ☏ 071-3224 1963. Bei den vielen Tischen und den einfachen Räumen kommt zwar kein besonderes Flair auf, aber die persische Küche ist einwandfrei. ⌚ tgl. 11–24 Uhr.

Syrah Cafe, Sang Siah Alley, 90 m südöstlich des Taha Traditional Hotel, ☏ 071-3736 2476. Der geschmackvoll eingerichtete Laden mit dem begrünten Hinterhof ist gleichzeitig auch eine kleine Kunstgalerie mit Wechselausstellungen. Neben Kaffee und Kuchen gibt es Hauptgerichte, zuweilen in der Pfanne serviert. ⌚ tgl. 9–23 Uhr.

TOUREN UND AKTIVITÄTEN

Eine geführte Halbtagestour nach **Persepolis** und **Naqsh-e Rostam** ist meist für 20–40 € zu haben.

Guides

Masoud, ☏ 0910-700 4675 und 0937-610 3092, ✉ marynematollahi64@gmail.com. Taxifahrer mit Englischkenntnissen, der für rund 20 € pro Auto einen Halbtagesausflug nach Persepolis anbietet.

Mohsen, ☏ 0917-100 1367, persepolisguidee. Höfliche und nette Begleitung für Touren in Shiraz, aber vor allem zu den antiken Stätten.

Mojtaba, ☏ 0917-702 3505, ✉ mojtaba.eshtiagh@gmail.com. Ein vertrauenswürdiger Guide für Touren durch die Stadt und zu den antiken Stätten der Umgebung. Auch kombinierbar mit einem Transfer nach Esfahan oder Yazd. Der junge Mojtaba ist ein angenehmer und überaus freundlicher Zeitgenosse.

Peyman, ☏ 0936-917 3113, ✉ info@mrpersepolis.com, Mr.persepolis. Peyman ist ein ehrlicher Zeitgenosse, sozial sehr engagiert, humorvoll und unkompliziert. Er bietet Touren in die gesamte Provinz, vor allem auch zu den antiken Stätten, zu Khamseh-Nomaden, zur Teppichwerkstatt seines Onkels und zum Salzsee Maharlu. Auch für mehrere Tage Rundreise durch Iran buchbar. Die „Shiraz Free Walking Tour" ist ein besonderes Angebot für Budget-Reisende. Auf Trinkgeldbasis entscheidet man selbst, wie viel man Peyman am

Ende gibt. Eine Tour abseits der üblichen Sehenswürdigkeiten. Besucht werden Meister der Handwerkskunst, das Sufi-Kloster und ein alter Fisch- und Obstmarkt.

Zurkhaneh

Zurkhaneh Haj Ali Kolahi, hinter der Masjed-e Vakil. Die traditionellen Kraftsportvorführungen (S. 34) sind jeden Abend ab 20.30 Uhr zu besuchen, Eintritt frei.

SONSTIGES

Einkaufen

Der **Bazar-e Vakil** ist eine wahre Schatzkiste an Kunsthandwerk, vor allem auch von den Qashqai-Nomaden aus der Gegend.

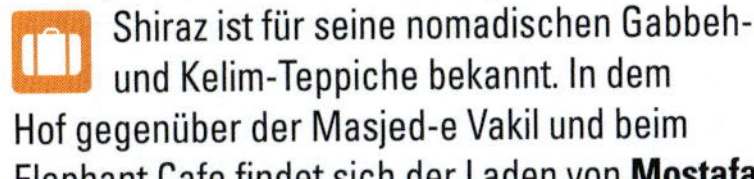

Shiraz ist für seine nomadischen Gabbeh- und Kelim-Teppiche bekannt. In dem Hof gegenüber der Masjed-e Vakil und beim Elephant Cafe findet sich der Laden von **Mostafa Sarichi**, ✆ 0917-105 0840. Er ist ein absoluter Experte, was Gabbeh-Teppiche anbelangt; IKEA kauft schon viele Jahre lang bei ihm ein. Nebenan ist ein weiterer Laden mit einer schönen Auswahl an Teppichen aus dem ganzen Land. Jamjid, kurz **Jami** genannt, arbeitet dort und hilft gerne weiter. Er hat viele Jahre in Amerika gelebt und ist über etwaige Teppichauskünfte hinaus ein netter Gesprächspartner.

Besonders preiswert kauft man natürlich nicht im Bazar, sondern direkt beim **Teppichhersteller**. Peymans Onkel produziert schon seit Jahrzehnten und verkauft zu Hause eine Reihe von Teppichen, darunter viele Kelim-Teppiche. Für 10 € kann man auch eine Tour zur Teppichwerkstatt außerhalb der Stadt unternehmen und sich den Herstellungsprozess genau ansehen. Oder man fährt mit Peyman (S. 286) gleich zum innerstädtischen Haus für die fertigen Teppiche – ohne Kaufdruck.

Geld

Entlang des Karim Khan Zand Blvd., zwischen Saadi St. und Herjat St., finden sich einige Wechselstuben.

Eskordi Exchange, Taleghani St. gegenüber dem Pars-Museum, ✆ 071-3222 3817, ⌚ Sa–Mi 9–13, 16–19, Do 9–13 Uhr.

Zand Exchange, an der Kreuzung mit der Saadi St., ✆ 071-3222 2223, ⌚ Sa–Mi 8–13, 16–19, Do 9–13 Uhr.

Informationen

Eine kleine **Touristeninformation** befindet sich am Karim Khan Zand Blvd. neben der gleichnamigen Residenz. Hier gibt es hochwertige Stadtpläne, auf denen die wichtigsten Sehenswürdigkeiten und Telefonnummern eingetragen sind. ⌚ Sa–Do 9.30–16.30 Uhr.

Medizinische Hilfe

Krankenhaus Dena, Radfar St., bei der Nabi Zadeh Rd., ✆ 071-3649 0433.

Post

Postamt am Modarres Blvd., nur wenige Meter südlich der Azadegan St., ⌚ Sa–Do 7–14 Uhr.

Reisebüros

Pars Tourist Agency, Karim Khan Zand Blvd., ✆ 071-3223 2428, 💻 www.key2persia.com. ⌚ Sa–Do 9–21, Fr 9–13 Uhr.

Setareh Gasht Aseman, an der Kreuzung der Faghihi St. und Qasr-e-Dasht St., ✆ 071-3233 3012, 💻 www.iransetarehgasht.com. ⌚ Sa–Mi 8.30–20, Do 8.30–13 Uhr.

Visaverlängerungen

Visaverlängerung im **Immigration & Passport Office** am Modarres Blvd. 57, ⌚ Sa–Mi 8–13.30 und Do 8–11.30 Uhr.

NAHVERKEHR

Stadtbusse

Als Alternative zu Taxis kann man auf Citybusse (einfache Fahrt rund 5000 IRR) zurückgreifen. Einfach dem Busfahrer Bescheid geben, wohin man will, dann ruft er das Ziel bei der Ankunft aus.

Bagh-e Eram: Linie 1 oder 148 vom Shohada Sq. zum Namazi Sq., dann noch 10 Min. zu Fuß.

Hafezieh: Linie 14 vom Shohada Sq. zur Station Hafez.

Saadieh: Linie 73 vom Eram Sq. oder Linie 74 vom Namazi Sq. zur Station Saadi.

Metro

Bisher gibt es nur eine funktionierende Metrolinie vom Flughafen (Shahid Dastgheyb) zur Station Ehsan. Nützlich sind die Stationen **Zandiyeh** nahe der Zitadelle Karim Khan und **Namazi** beim Bagh-e Eram. Eine einfache Fahrt kostet 6000 IRR.

Taxis

Für Taxis vom Flughafen in die Stadt muss man mit 250 000 IRR rechnen, innerhalb der Stadt mit 150 000 IRR.

Günstig ist man mit **Snapp-Taxis** unterwegs (S. 83).

Ein Taxi ohne Guide für einen Halbtagesausflug nach **Persepolis** und **Naqsh-e Rostam** kostet rund 1 Mio. IRR. Das ist ein fairer Preis, auch wenn einige wegen des erheblichen Konkurrenzdrucks günstigere Preise bieten.

TRANSPORT

Busse und Savaris

Der **Busbahnhof Karandish** (auch Terminal-e Bozorg) liegt am Salman-e Farsi Blvd.
AHVAZ (540 km, 8 Std.), tgl. vormittags bis abends VIP für 650 000 IRR.
BANDAR ABBAS (580 km, 7 1/2 Std.), tgl. vormittags bis abends für 290 000 IRR, VIP für 530 000 IRR.
DARAB (260 km, 3 1/2 Std.), mehrmals tgl. vormittags bis abends für 140 000 IRR.
DEZFUL (630 km, 8 Std.), 3x tgl. abends für 370 000 IRR, VIP für 650 000 IRR.
ESFAHAN (600 km, 7 Std.), mehrmals tgl. für 240 000 IRR, VIP für 430 000 IRR.
HAMADAN (960 km, 12 Std.), 3x tgl. abends für 460 000 IRR, VIP für 790 000 IRR.
KASHAN (700 km, 8 Std.), 1x tgl. abends VIP für 540 000 IRR.
KAZERUN (150 km, 2 1/2 Std.), mehrmals tgl. VIP für 120 000 IRR.
KERMAN (570 km, 7 Std.), mehrmals tgl. vormittags bis abends für 250 000 IRR, VIP für 500 000 IRR.
MASHHAD (1400 km, 17 Std.), 5x tgl. abends für 680 000 IRR, VIP für 1,15 Mio. IRR.
TABAS (800 km, 10 Std.), 5x tgl. abends für 490 000 IRR, VIP für 940 000 IRR.
TEHERAN (930 km, 11 Std.), tgl. abends VIP für 820 000 IRR.
YAZD (440 km, 6 Std.), mehrmals tgl. VIP für 430 000 IRR.

Nach Bushehr

Vom **Busbahnhof Amir Kabir** (Terminal Otobus-e Amir Kabir) am Amir Kabir Blvd. mehrmals tgl. für 185 000 IRR, VIP für 300 000 IRR (320 km, 5 Std.).

Nach Firuzabad

Vom **Busbahnhof Modarres** (Terminal Otobus-e Modarres) am Modarres Blvd. mehrmals tgl. für 100 000 IRR (110 km, 2 Std.).

Nach Ghalat

Von der Metrostation Ghasr-e Dasht in Shiraz geht es nördlich der Mirza Koochak Khan St. 5 Min. zu Fuß zum Busbahnhof Ghasr Dasht. Die Busse der Linie 50 fahren alle 30 Min. ab (8000 IRR); bis ins neue Zentrum von Ghalat dauert es rund 1 Std. Von dort sind es aber noch rund 5 km hinauf zum alten Ghalat.

Nach Persepolis

Am günstigsten reist man mit dem Minibus von Shiraz ab dem Karandish-Busbahnhof zwischen Karandish St. und E Saheli St. für 40 000 IRR in die südlich gelegene Stadt MARVDASHT. Von dort kostet ein Taxi nach Persepolis rund 100 000 IRR. Zurück nach Shiraz mit dem Minibus meist alle 20 Min. (sobald der Wagen voll ist) vom Busbahnhof beim Gandom Sq. in Marvdasht.

Nach Yasuj und Ardakan

Vom kleinen Busbahnhof ggü. dem Persian Gulf Complex und dem neuen Zugbahnhof fahren stdl. Busse für 150 000 IRR und *savaris* für 250 000 IRR nach YASUJ. Zu dem kleinen Busbahnhof nimmt man die Buslinie 151 vom Busbahnhof Namazi oder die Linie 148 vom Shohada Sq. neben der Zitadelle Karim Khan. Beim Busbahnhof Ghasr Dasht warten Taxifahrer auf Leute, die für 150 000 IRR nach ARDAKAN mitfahren wollen (bei Bedarf wird man an der Abzweigung nach Sepidan abgesetzt).

Eisenbahn

Der **Bahnhof** (Istgah-e Rah-e Ahan) befindet sich 20 km nördlich des Stadtzentrums.
Nach TEHERAN (930 km, 11 Std.) 1x tgl. nachmittags ab 900 000 IRR bis 1,12 Mio. IRR.

Flüge

Der **Flughafen Shahid Dastghaib** liegt 10 km südöstlich des Stadtzentrums. Die Abflughalle des Inlandsterminals ist 1,4 km vom internationalen Flughafen entfernt. In der Haupthalle ist neben dem Autovermieter Europcar auch ein Stand des Mobilfunkbetreibers Irancell, wo SIM-Karten erhältlich sind.
AHVAZ (2–3x tgl., 3/4 Std.) mit Iran Air, Iran Aseman Airlines und Mahan Air.
BANDAR ABBAS (1–4x tgl., 1 Std.) mit Iran Air und Iran Aseman.
KERMAN (3x wöchentl., 1 Std.) mit Mahan Air.
KISH (4x wöchentl., 3/4 Std.) mit Iran Aseman und Kish Airlines.
MASHHAD (2–6 tgl., 1 1/2 Std.) mit Ata Airlines, Iran Air, Iran Airtour, Iran Aseman Airlines, Kish Air, Qeshm Air, Sepehran Airlines und Zagros Airlines.
QESHM (mehrmals wöchentl., 1 Std.) mit Iran Aseman Airlines.
TABRIZ (mehrmals wöchentl., 2 Std.) mit Ata Airlines, Iran Aseman Airlines und Qeshm Air.
TEHERAN (mehrmals tgl., 1 Std.) mit Iran Aseman, Iran Air, Kish Airlines und Mahan.

7 HIGHLIGHT

Persepolis

Niedrige Stufen führen links und rechts die mächtige Terrasse hinauf. Sie sind so niedrig, dass einst auch Pferde ihre Herren problemlos hinauf zum Tor aller Länder tragen konnten. Die Zerstörungswut Alexanders des Großen (330 v. Chr.) und die vielen Jahrhunderte haben dem Komplex zugesetzt, dennoch lässt sich erkennen, wie überwältigend die Residenzstadt des ersten Perserreichs unter den mächtigen Achämeniden (550–330 v. Chr.) einst war.

Persepolis liegt 60 km nordöstlich von Shiraz und 7 km nordöstlich der Stadt Marvdasht. Mittlerweile wissen die Taxifahrer in Shiraz Bescheid, wenn Reisende nach Persepolis fragen. Tatsächlich wird die antike Residenzstadt von Iranern meistens als „Takht-e Jamshid", Thron des Königs Jamshid, bezeichnet, einer mythologischen Figur aus Ferdowsis Nationalepos *Shahnameh*. Das kann in Gesprächen mit Einheimischen nach wie vor verwirren.

Rucksäcke und Stative dürfen nicht mit in die Anlage genommen werden. Man kann sie beim Ticketschalter in Verwahrung geben – aber Vorsicht, der schließt schon eine Stunde, bevor die Besucher Persepolis verlassen müssen.

🕒 tgl. 8–19.30, Winter 8–17 Uhr, 200 000 IRR.

Geschichte

Dareios I. (520–486) begann den Bau der Stadt Parsa, benannt nach dem Kernland der Achämeniden, um 520 v. Chr., erlebte die Fertigstellung der Stadt, geschweige denn die seines eigenen Wohnpalastes aber nicht mehr. Anders sein Nachfolger **Xerxes I.** (486–465 v. Chr.), der größte Bauherr Parsas, der die von Dareios begonnenen Bauten wie den Palast seines Vaters und den Apadana vollendete und die Anlage darüber hinaus um etliche Bauten wie seinen eigenen Palast oder das Tor aller Länder erweiterte. Schließlich wurden die Bauarbeiten auch noch unter Xerxes' Nachfolger **Artaxerxes I.** (465–424 v. Chr.) fortgeführt. So mächtig die Anlage bis heute erscheint, der Verwaltungssitz des Reiches verblieb weiterhin in Susa. Parsa diente nur Repräsentationszwecken. Hier wurden rauschende Feste gefeiert und Delegierte sämtlicher unterworfener Länder geladen, um dem persischen Großkönig zu huldigen.

Wie immer sind es die Sieger, die Geschichte schreiben, und so setzte sich weltweit die griechische Bezeichnung Persepolis, Stadt der Perser, durch.

Rundgang

Tor aller Länder

Alle Gesandten mussten nach dem Aufstieg über die erste Terrasse zwangsläufig das **Tor aller Länder** passieren, um danach weiter zum Herzstück der Residenz und damit zum König

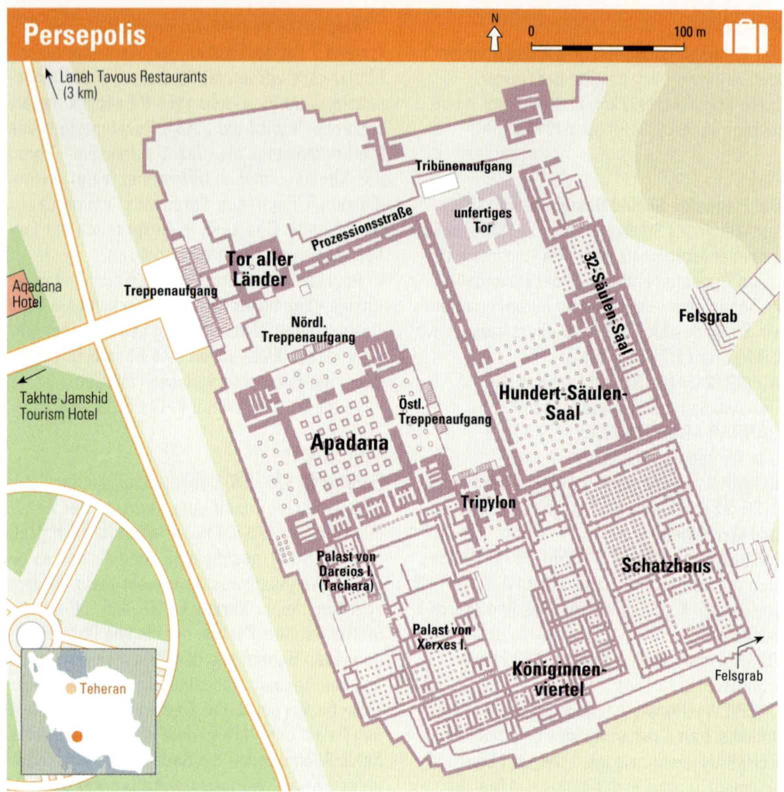

vordringen zu können. Reisenden geht es heute nicht anders, nur dass sie lediglich die Überreste des Torgebäudes mit den mächtigen geflügelten Stiergestalten samt menschlichen Köpfen erblicken. Diese Lamassus, babylonische Schutzdämonen, sollten wie schon bei den assyrischen Palästen alles Üble abwehren. Damit zeigt sich sogleich, dass Persepolis der in Stein gehauene Beweis für die erfolgreiche Toleranzpolitik der persischen Großkönige ist. Natürlich wurden die Völker, darunter hochentwickelte Kulturen der eroberten Länder wie die Sumerer, Akkader, Assyrer oder Babylonier, unterworfen. Aber man kann den Anführern des zunächst einfachen persischen Reiter- und Kriegervolkes nicht hoch genug anrechnen, dass sie darauf erpicht waren, von den kulturellen und zivilisatorischen Höchstleistungen anderer Völker zu lernen, statt sie zu zerstören. Das ist die Grundlage für die überaus fruchtbare architektonische Verschmelzung so unterschiedlicher Baustile in Persepolis. Ob die Achämeniden damit letztlich nur Vorhandenes kopierten oder doch zu einem eigenen Stil fanden, ist nach wie vor umstritten.

Apadana

Das Herzstück der Residenz ist die Audienzhalle des Königs, der Apadana (Palast), zu dem östlich und nördlich Treppenaufgänge hinaufführen. Von dem Palast und seinen hohen Säulen mit raffinierten Kapitellen in Stier-, Löwen- oder Greifengestalt ist wenig erhalten geblieben. Wirklich beeindruckend sind aber die vielen **Reliefs**, welche die Treppenaufgänge säumen.

Die mit Abstand schönsten befinden sich beim östlichen Aufgang. Delegierte der 23 Vasallenstaaten sind hier abgebildet, die von einem persischen Würdenträger zum König geführt werden. Unterscheiden lassen sich die Gesandten durch ihre Kleidung, ihre Geschenke, die sie in Händen halten, und auch durch die Zugtiere, die sie mit sich führen. Die Baktrier sind mit Bechern, Schalen und einem Kamel abgebildet. Die Elamer treten mit einer Löwin samt Jungtieren in Erscheinung und sind mit Schwert und Bogen ausgestattet. Mit Tierfellen und Tüchern treten die Assyrer vor den König. Ihre Lasttiere sind die Widder. Die Reliefs vergegenwärtigten den über die Treppen schreitenden Delegationen von einst, weshalb sie hier waren und wie vielfältig das Reich war, zu dem sie gehörten. Ein wiederkehrendes Motiv ist neben den Gesandtschaften ein Löwe, der sich in einen Bullen verbeißt. Viele bringen dieses Motiv mit dem Nowruz-Fest in Verbindung, doch ist die Bedeutung bis heute ungeklärt. Dafür spricht, dass gerade zu den Neujahrsfeierlichkeiten Gesandtschaften aus dem ganzen Reich nach Persepolis geladen wurden.

Der östliche Treppenaufgang teilt sich in drei Bereiche: Nördlich finden sich Reliefs von persischen Würdenträgern, in der Mitte acht Soldaten und im Süden die Delegationen.

Palast von Dareios I. und Xerxes I.

Unmittelbar südlich des Apadanas liegt der verhältnismäßig gut erhaltene **Palast von Dareios I.**, auch Tachara genannt. Doppelt so groß war der **Palast von Xerxes I.**, der daran anschließt. Die Soldaten Alexanders des Großen legten hier aber besonders viel in Schutt und Asche, wohl auch deshalb, weil Xerxes I. 480 v. Chr. Athen verwüstet hatte. Als der siegreiche Makedonier 330 v. Chr. in die Stadt einzog, setzten seine Soldaten die Stadt in Brand und misshandelten ihre Bewohner. Eine drastische Symbolpolitik Alexanders, wie man heute glaubt – mit der Botschaft, dass die Tage der Achämeniden gezählt waren.

Königinnenviertel und Schatzhaus

Südöstlich des Palastes liegt ein ganzer Gebäudekomplex, der im Zuge der frühen Erforschung von den Europäern als Harem betitelt wurde. Der Name hält sich, wenngleich die Achämeniden das Konzept des Harems nicht kannten. Alternativ wird vom **Königinnenviertel** gesprochen, weil hier die Frauen des Hofes untergebracht waren. In einem der Gebäude ist ein kleines Museum untergebracht. Im äußersten Osten der Anlage findet sich das **Schatzhaus**, von dem heute aber so gut wie nichts mehr zu sehen ist.

Hundert-Säulen-Saal und Tripylon

Der zweitgrößte Bau der Residenz ist der **Hundert-Säulen-Saal** gegenüber der östlichen Apadana-Stiege. Er könnte als Lagerraum gedient haben, nachdem das Schatzhaus zu klein wurde. Heute sind nur noch Stümpfe der ehemals mächtigen Säulen zu sehen.

Eingeschlossen zwischen dem Apadana und dem Hundert-Säulen-Saal ist das **Tripylon**, dessen Funktion bis heute nicht geklärt wurde. Es könnte sich um einen einfachen Verbindungskorridor zwischen den großen Sälen bzw. Palästen handeln.

Felsgräber

Zwei Wege führen den Berghang hinauf zu Felsgräbern von Artaxerxes II. und Artaxerxes III., wobei bis heute nicht sicher ist, welches Grab welchem König gehört. Besonders von der Anhöhe des Felsgrabes direkt oberhalb des Hundert-Säulen-Saals hat man einen fabelhaften Blick über das ganze Areal. Stimmungsvoll ist es hier gegen Sonnenuntergang.

Zurück zum Tor aller Länder

Wieder hinunter geht es vorbei an den wenigen Überresten des **32-Säulen-Saals** und des **unfertigen Tors** im Nordosten der Anlage. Noch vor der **Prozessionsstraße**, die wieder zurück zum Tor aller Nationen führt, findet sich ein kleiner **Tribünenaufgang**, von dem man einen etwas erhöhten Blick genießt.

ÜBERNACHTUNG UND ESSEN

Apadana Hotel und Restaurant, 150 m neben der Terrasse am Eingang von Persepolis, ✆ 071-4334 1550, 💻 www.appadanahotel.com, ◎ persepolisapadanahotel. Der Platzhirsch mit teuren Zimmern mit Blick auf die antike Ausgrabungsstätte. Ein iranisches Standardhotel, dessen Zimmer teilweise recht abgewohnt sind, zuweilen ist sogar Schimmel zu finden. Angeschlossen ist ein Restaurant mit netter Terrasse, wo vor allem Kebabs serviert werden, ⌚ tgl. 13–20 Uhr. ❸

Laneh Tavous Restaurant, 3 km nördlich auf der Strecke nach Naqsh-e Rostam, ✆ 072-8447 2095. Der Restaurantkomplex mit Garten und Wasserbecken ist vor allem bei größeren Reisegruppen beliebt. Bedienen kann man sich selbst am großen Buffet. Für 300 000 IRR plus Getränk p. P. nicht gerade billig. ⌚ tgl. 12–16 Uhr.

Takhte Jamshid Tourism Hotel, neben der begrünten Zufahrtsstraße, ✆ 071-4340 4001. Hat mit seinen im Garten verteilten Ferienhäusern etwas von einem Campingplatz. Völlig in Ordnung für eine Nacht und preiswerter als das Apadana. Dafür lässt das Preis-Leistungs-Verhältnis des angeschlossenen Restaurants zu wünschen übrig. Das Personal spricht kaum Englisch, kein WLAN. Ferienhaus für 2 Pers. mit Bad und Küche für 2 Mio. IRR.

SONSTIGES

Direkt vor dem Eingang sind kurzfristig **Guides** für 650 000 IRR/Std. zu organisieren. Alternativ nimmt man gleich jemanden von Shiraz mit.

Wen etwas Kitsch nicht stört, der kann Ende Juni bis Ende September jeden Do und Fr eine **Lichtshow** sehen, die ab 20 Uhr außerhalb der antiken Stätte beginnt und eine Stunde dauert.

TRANSPORT

Persepolis wird üblicherweise als **Tour** von SHIRAZ aus besucht oder auch von weiter weg mit dem Bus. Wer individuell ohne wartenden Taxifahrer unterwegs ist, findet vor den Toren der Stätte jederzeit ein **Taxi** oder eine andere Mitfahrgelegenheit. Alternativ ein Taxi in das benachbarte MARVDASHT für rund 100 000 IRR nehmen. Meist fahren alle 20 Min. **Minibusse** vom dortigen Busbahnhof am Gandom Sq. nach Shiraz.

Naqsh-e Rostam

Die steilen Wände des Hoseyn Kuh wurden zur letzten Ruhestätte einiger Könige des ersten Perserreiches (550–330 v. Chr.). Schon die kreuzförmigen **Felsgräber** der achämenidischen Herrscher sind mit rund 23 m Höhe überwältigend. Aber auch neben den Reliefs des zweiten großen Perserreiches der Sassaniden (224–651 n. Chr.) wirken Besucher klein und unbedeutend. Gemeinsam mit Persepolis und Pasargadae zählt die Anlage zum Unesco-Weltkulturerbe.

Nur eines der Gräber kann ohne jeden Zweifel einem der achämenidischen Großkönige zugeordnet werden: die **Grabstätte von Dareios I.**, das zweite der insgesamt vier Gräber von Ost nach West. Doch bei den anderen Ruhestätten gibt es immerhin Anhaltspunkte. In den beiden westlich folgenden Gräbern werden Artaxerxes I. und Dareios II. vermutet. Drei der Gräber sind direkt nach Süden gerichtet, nur das vierte und östlichste Grab, vermutlich von Xerxes I., weicht in seiner Ausrichtung deutlich ab.

Schon die Achämeniden hinterließen detailreiche Reliefs auf den kreuzförmigen Fassaden der Gräber. Über dem relativ kleinen Eingang zum längst von Grabräubern heimgesuchten Sarkophag Dareios' I. tragen Delegierte unterschiedlicher Völker des Reiches ein mächtiges Podest samt ihrem König Dareios. Wirft man ei-

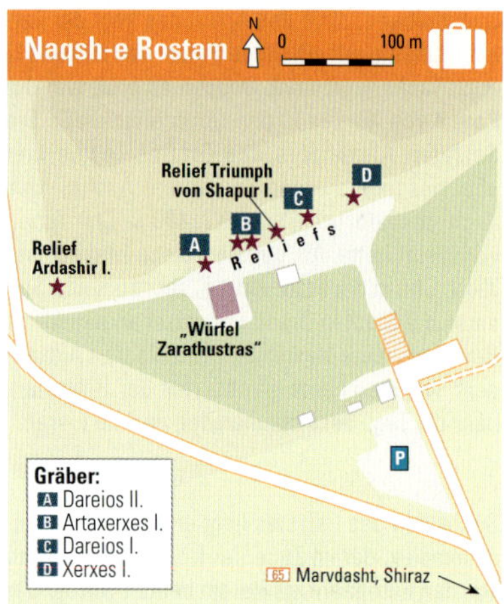

Das Felsgrab von Dareios I. und das sassanidische Relief von Shapur I. lassen Besucher winzig wirken.

nen genaueren Blick auf die Fassade, fällt auf, dass die eine Hand einen Bogen als charakteristische Waffe der Perser hält, während sich die andere zum zoroastrischen *faravahar* erhebt – diese menschenähnliche, geflügelte Gestalt symbolisiert die menschliche Seele, die bereits vor der Geburt und über den Tod hinaus existiert.

Rund 800 Jahre nach Kyros II. begründete Ardashir I. das zweite Perserreich. Er wollte nahtlos an die Macht und den Glanz des ersten persischen Großreiches anknüpfen. Dass die Sassaniden unter und neben den Felsgräbern mächtige **Reliefs** anfertigen ließen, sollte ihre Herrschaft legitimieren und der Behauptung, von den achämenidischen Großkönigen abzustammen, Nachdruck verleihen. Das westlich am weitesten von den Felsgräbern entfernte Relief zeigt den ersten Sassaniden-König **Ardashir I.**, wie ihm vom zoroastrischen Gott Ahura Mazda höchstpersönlich die Königswürde in Form des Rings der Macht verliehen wird. Ungewöhnlich ist, dass Gott und König einander als ebenbürtige Reiter gegenüberstehen. Unter ihnen liegen die besiegten Feinde, der böse Geist der Zerstörung namens Ahriman auf der einen und der Parther-König Artabanos IV. auf der anderen Seite. Eine beispielhafte Herrschaftslegitimierung also, die den Sieg des Guten über das Böse darstellen soll.

Bekannter und präsenter ist das Relief direkt neben dem Felsgrab von Dareios I. Es zeigt den Triumph des sassanidischen Königs **Shapur I.** über zwei römische Kaiser. Auf dem Relief kniet Philippus Arabs vor Shapur, während Valerian vor ihm steht und Shapur seine Hände hält – ein Hinweis darauf, dass Valerian 260 v. Chr. gefangen genommen wurde. Die restlichen Reliefs bilden weitere Sassaniden-Könige wie Hormizd II., Bahram II., Narseh sowie vermutlich Hormizd I. und Shapur II. ab.

Am westlichen Ende der Anlage fällt ein massiver Turm ins Auge, der als **Würfel Zarathustras** bezeichnet wird. Seine Funktion ist bis heute ungeklärt, manche meinen, es wäre ein Feuertempel, andere vermuten eine Lagerstätte für heilige Schriften.

Der heutige Name Naqsh-e Rostam ist auf Ferdowsis Nationalepos *Shahnameh* zurückzuführen, denn die Reliefs erinnern an die Ruhmesgeschichten des mythologischen Helden Rostam.

Die gerade einmal 7 km nördlich von Persepolis liegenden Felsgräber sind am besten vormittags zu fotografieren, wenn das Sonnenlicht direkt auf den Felshang fällt. ⌚ tgl. 8–19.30, im Winter 8–17.30 Uhr, 200 000 IRR.

Auf dem Weg von Persepolis finden sich direkt an der Marvdasht–Sarooie Rd. bei der Abzweigung nach Naqsh-e Rostam weitere sassanidische Reliefs, als **Naqsh-e Rajab** bekannt. ⌚ tgl. 8–19.30, Winter 8–17.30 Uhr, 80 000 IRR.

Pasargadae

Pasargadae liegt mit 130 km am weitesten entfernt von Shiraz, ist aber als Tagesausflug mit den anderen Unesco-Weltkulturerbestätten, Persepolis und Naqsh-e Rostam, zu schaffen.

Die achämenidische **Königsresidenz von Kyros II.** entstand um 550 v. Chr. und umfasste auf 300 ha neben einem Palast und Pavillons vor allem einen herrlichen persischen Garten. Das paradiesische Grün, das auch das Grab von Kyros II. umgeben haben soll, hat die Jahrtausende allerdings nicht überdauert.

Auf Reisende, die weniger an antiker Geschichte interessiert sind, wirken die Überreste der Residenz zweifelsohne nicht so spektakulär wie die der Nachfolgerin Persepolis. Dass es sich hier aber allein schon wegen des Grabs von Kyros II. um eine der bedeutendsten antiken Ausgrabungsstätten der Welt handelt, bleibt unbestritten.

Die antike Residenz ist weitläufig. Kleine Shuttle-Wagen und Fahrräder stehen bereit. Damit gelangt man gut zu den Palästen östlich des Grabmals und zur 2,3 km entfernten Zitadelle Toll-e Takht.

⌚ tgl. 8–19.30, Winter 8–17.30 Uhr, 200 000 IRR.

ÜBERNACHTUNG

Im 22 km weiter südlich gelegenen Saadat Shahr gibt es zwei Unterkünfte.

Aghamir Cottage, Emam Zade Ave., ✆ 071-4358 2566 und 0917-927 2932, 💻 www.aghamir.ir. Eine liebevoll geführte, kleine Unterkunft mit 4 einfachen, traditio-

Aufruhr im Gedenken an Kyros II.

Vorerst mag es verwundern, dass ein Gedenktag für den vor über 2000 Jahren verstorbenen Perserkönig Kyros II. für politischen Aufruhr im Hier und Jetzt sorgt. Die Iraner besinnen sich gerne zurück auf die antike Geschichte des Landes. Die zwei persischen Weltreiche haben ihre Spuren hinterlassen und stiften Identität. Zuweilen ist die Verehrung vorislamischer Zeiten und Könige allerdings nicht von Kritik an der gegenwärtigen Islamischen Republik zu trennen.

Der Tag, an dem Kyros in Babylon eingezogen sein soll, wurde erst in den 2000er-Jahren als **Gedenktag** etabliert. Es handelt sich um den 7. Tag des iranischen Monats Aban und damit meistens um den **29. Oktober** des gregorianischen Kalenders. Anlässlich des Gedenkens versammelten sich alljährlich Massen um Kyros' Grab. Weit über 10 000 Menschen sollen es 2016 gewesen sein, als Teile dieser Menschenmenge antiarabische und monarchistische Slogans von sich gaben. Das politische Establishment wirft den Feiernden vor, diesen Gedenktag dafür zu nutzen, gegen die Islamische Republik zu protestieren, und unterband die Gedenkfeiern fortan.

Auch für Reisende ist alljährlich zwischen dem 27. und 30. Oktober Vorsicht geboten. Die Tore von Pasargadae bleiben dann verschlossen. Darüber hinaus muss mit massiven **Kontrollen** durch Militär bzw. Polizei und **Straßensperren** bis nach Persepolis gerechnet werden. Betroffen ist dabei die Hauptstraße zwischen Esfahan und Shiraz. Dass es sich um einen vielbefahrenen Highway handelt, schützt Reisende aber nicht zwangsläufig vor unangenehmen Fragen, warum sie ausgerechnet an diesen Tagen hier durchfahren.

Persepolis bleibt geöffnet, aber auch auf dem Streckenabschnitt von Shiraz kommend befinden sich temporäre Checkpoints. Wie streng Kontrollen tatsächlich gehandhabt werden, variiert von Jahr zu Jahr. Wer sich zu dieser Zeit an diesem Ort befindet, sollte auf die aktuelle politische Lage im Land achten, um die Situation besser einschätzen zu können.

nellen Zimmern mit Matratzen. Auch das hausgemachte Essen schmeckt. Amir, besser bekannt als Aghamir, bietet u. a. Touren zu Qashqai-Familien und Wildtierbeobachtungen an. Die Familie bemüht sich um soziale und ökologische Nachhaltigkeit. 30 € p. P.
Ojaghe Seyyed Karim Traditional Guesthouse, 3,5 km südwestlich vom Stadtrand, ✆ 0903-654 3809, ojagheseyyedkarimguest. Alternativ bietet dieses traditionelle Gästehaus nette, einfache Zimmer mit Matratzen, auf Anfrage mit Abendessen. 25 € p. P.

TRANSPORT

In Saadat Shahr gibt es einen kleinen **Bahnhof**. Züge nach SHIRAZ von Teheran und Mashhad fahren täglich und halten auch in Saadat Shahr.
Ein **Taxi** von Shiraz nach Saadat Shahr und wieder retour kostet um die 2 Mio. IRR.
Ein Taxi von PERSEPOLIS nach Pasargadae und zurück kostet um die 2,3 Mio. IRR.

Karawansereien zwischen Shiraz und Esfahan

Vor allem Autofahrer können an dem Streckenabschnitt zwischen Shiraz und Esfahan kleine Stopps bei ein paar altehrwürdigen Karawansereien einlegen.

Izadkhast liegt mit 340 km von Shiraz schon am nördlichen Rand der Provinz Fars und ist gerade mal 140 km von Esfahan entfernt. Dort finden sich Ruinen einer sassanidischen Befestigungsanlage. Wenige Meter östlich davon kann eine schöne Karawanserei aus dem 17. Jh. bestaunt werden.

Auch im 24 km nördlich gelegenen **Aminabad** und im 34 km südöstlich entfernten **Shurjestan** sind schöne Exemplare dieser historischen Raststätten zu sehen.

Generell reaktivierten die Safawiden alte Handelsstraßen und bauten Hunderte Karawansereien im ganzen Land. Der Highway folgt also der historisch verankerten Handelsroute zwischen Shiraz und Esfahan.

Ghalat

Nur 40 km von Shiraz entflieht man im beschaulichen Dorf Ghalat auf rund 2000 m Höhe dem Großstadtgetümmel. Zweigt man von dem Highway in die Ghalat Rd. ab, lässt man nach rund 5 km die Neustadt hinter sich. Dort beginnen ein grünes Tal und der historische Teil Ghalats. Gepflasterte Wege führen vorbei an lieblichen Steinhäusern, die sich einen Berghang hochziehen. Manche Gebäude sind verfallen, andere im besten Zustand.

Ghalat versprüht einen ganz eigenen Charme und ist als Ausflugsziel übers Wochenende oder über Nowruz auch bei Iranern beliebt. Freitage am besten meiden. Ansonsten ist es hier mehr als ruhig. Einige Cafés und Unterkünfte sorgen für Komfort, lieblich angelegte Blumenstöcke zieren Balkone, Hunderudel ziehen ihre Runden. Bergauf und bergab weisen mit Pflastersteinen bestückte Gassen den Weg durchs Dorf.

Wirklich unvergesslich macht den Besuch des Dorfes aber der **Musiker Ramin**, der mit seinem Art Hostel etwas ganz und gar Einzigartiges geschaffen hat. Nicht viele wissen um diesen Ort, wo Gäste gemeinsam mit Ramin Tag und Nacht musizieren. Es wird gesungen, Saxophon oder Klavier gespielt. Trommelklänge hallen durch den Raum. Immer wieder ist der große Lehrmeister Ramins zu Besuch. Beide sind längst enge Freunde geworden, sie teilen die unendliche Liebe zur Musik. Hasan lässt jeden Anschein von Traurigkeit hinter sich, sobald er am Klavier zu spielen beginnt. Er wirkt dann so erhaben und glücklich, wie er es früher als Pianist des Schahs der Pahlavi-Monarchie gewesen sein muss. Wer einmal erlebt hat, wie Lehrmeister und Schüler gemeinsam spielen, der wird diesen Ort nie wieder vergessen.

Selbst wenn man völlig unmusikalisch ist, reißt einen die Atmosphäre mit. Das alternative Künstlerleben hat in den alten Gemäuern Einzug gehalten und ermöglicht Reisenden ganz unkompliziert, Iran von einer seiner schönsten Seiten kennenzulernen. Wer Zeit im Gepäck hat, verbringt hier mehrere Tage und wandert mit Ramin in den umliegenden Bergen, denn das Dorf ist auch ein geeigneter Ausgangspunkt für Wandertouren. Kurtaxe am Ortseingang 40 000 IRR.

ÜBERNACHTUNG

€ **Art Hostel**, ✆ 0917-804 9442, ◎ ramin baghi_. Die Künstlerbude könnte mit ihren Gemälden, Musikinstrumenten und kleinen Liebhabersammlungen kaum individueller sein. Unten im liebevoll dekorierten Gemeinschaftsraum/Café stehen Tische und ein Klavier. Geschlafen wird in den Räumen oben auf einfachen Matratzen. Ramin besteht darauf, dass es keine festgelegten Preise gibt. Man zahlt, was man für angemessen hält. Ein Blick auf sein Insta-Profil lohnt sich.

Koohestan Guesthouse, ✆ 037-659 5673 und 0938-586 9660, ✉ koohestanboutiqehouse@gmail.com. Insgesamt 6 nette, einfache Zimmer. Die Kommunikation ist etwas schwierig, weil niemand Englisch spricht. DZ 20 €.

ESSEN

Auf Streifzügen durch die Altstadtgassen finden sich eine ganze Reihe kleiner Restaurants und Cafés. Englisch wird meist nicht gesprochen. Samstags haben manche Lokale geschlossen.

Borgin, das kleine Lokal bietet unter anderem Schafskebab für 220 000 IRR. ◷ tgl. 9–21 Uhr.

Daloon, vor allem Kebabs, englische Speisekarte. ◷ tgl. 10–12 und 12–1 Uhr.

Gileva, ✆ 0917-308 8911, ◎ gileh.va. Freundliches Lokal mit Blick ins Grüne. Auch gute vegetarische Auswahl, englische Speisekarte. ◷ tgl. 12–22 Uhr.

€ **Honar**, winziger Laden, in dem die Eigentümerin vor allem Reisgerichte mit Tomaten oder *kashk-e bademjan* kocht. ◷ tgl. 12–24 Uhr.

Grandma's Home, Eghbal Lahoori St., ✆ 0917-433 0557, ◎ grandmas.home. Die junge Sahar führt den Betrieb liebevoll und greift auf Rezepte ihrer Großmutter zurück. Unbedingt *shekar polo* probieren, einen für Shiraz typischen Fleischeintopf mit süßem Reis. Gut, aber auch teuer. ◷ So–Fr 13.30–21 Uhr, einen Tag vorher telefonisch reservieren.

Shirin, ✆ 0912-367 3217, ◎ Shirin_cafe. Das kleine Café ist eine gute Anlaufstelle, wenn man Lust auf eine Shisha für 250 000 IRR hat. ◷ tgl. 11–22 Uhr.

TOUREN UND AKTIVITÄTEN

Afshar Jowkar, ✆ 0939-799 2428, 💻 www.visitghalat.com, ◎ afshar.jowkar, lebt in Ghalat und kennt sich bestens aus mit Wanderungen in die nähere Umgebung.

TRANSPORT

Busse fahren zumindest stdl. von der Neustadt Ghalats für 8000 IRR nach SHIRAZ (1 Std.).

Von Sepidan nach Yasuj

Folgt man der Straße von Ghalat weiter Richtung Nordwesten, eröffnet sich rund 100 km von Shiraz entfernt ein wahres Paradies für Naturliebhaber. Die Region **Sepidan** mit ihren malerischen Tälern, Wäldern und Wasserfällen bietet selbst im Sommer kühle Temperaturen und lädt im Winter zum Skifahren ein.

Ein geeigneter Ausgangspunkt für Wanderungen und Touren ist das Städtchen **Ardakan**. Von dort führt eine Straße gen Norden vorbei am Skiresort Pooladkaf zum rund 50 km entfernten **Margun-Wasserfall** – einem der schönsten Wasserfälle in Iran. Vom Parkplatz wandert man noch 800 m zur kolossalen Felswand, an der das Wasser kaskadenartig 70 m in die Tiefe stürzt.

Biegt man nicht zum Wasserfall ab, sondern folgt der Straße von Ardakan aus und biegt dann rechts auf die 78, kommt man zur **Boragh-Schlucht**. Über Felswände rieselt ab und an Wasser. Das Tal verzaubert durch seine dichten Wälder und die schroffe Felsenkulisse. Wanderungen führen entlang eines malerischen Flusslaufs mit kristallklarem Wasser, das in sattem Smaragdgrün oder Türkis erstrahlt.

Weitere Wanderrouten warten in unmittelbarer Umgebung des 46 km südlich gelegenen Kamfiruz. Dort befindet sich das Schutzgebiet **Tang-e Bostanak** oder Behesht-e Gomshode. Wanderer folgen dem kleinen Fluss Kor durch eine Schlucht und erreichen nach rund 3 km Aufstieg das Dorf **Jiderzar**. Wem das nicht reicht, der kann weitere zwei Stunden in die Ortschaft **Kahkaran** marschieren, um von dort schließlich die **Gambil-Schlucht** anzusteuern.

Alle diese Outdoor-Aktivitäten fallen in den Wintermonaten bis hinein ins Frühjahr flach, weil meist zu viel Schnee liegt. Dafür kommen dann Skifahrer auf ihre Kosten. Das **Skiresort Pooladkaf** ist eines der größten in Iran, auch wenn es nur eine rote Piste mit einem Lift und einer Gondel besitzt. Es liegt neben der Straße zum Magun-Wasserfall, 20 km nördlich von Ardakan. Der Höhenunterschied reicht von 2800 m bis zu 3200 m; für einen Skipass sind 650 000 IRR p. P. einzukalkulieren. Während der Saison ist für Verpflegung im angeschlossenen Restaurant und Hotel gesorgt, auch Skiausrüstung lässt sich ausleihen. Skibetrieb ⌚ Dez–März tgl.

Von Ardakan sind es nur 85 km ins nordwestlich gelegene **Yasuj**, Hauptstadt der Provinz Kohgiluyeh und Boyer Ahmad. Die umliegende Gebirgskulisse ist mit dem Dena-Massiv und seinen etlichen Viertausendern nochmals ein ganzes Stück beeindruckender. Weitere 35 km nördlich liegt der Erholungsort **Si Sakht** am Fuße des 4350 m hohen Kuh-e Dena. Von dort führen Wanderrouten zur Wasserquelle Mishi und zum 10 km entfernten **Kuh-e Gol**, dem Blumenberg, und einem kleinen Bergsee.

ÜBERNACHTUNG UND ESSEN

Von Süd nach Nord:

Restaurant 110, in Ardakan, Pasdaran Blvd., ✆ 0917-316 6793. Das einfache Lokal serviert vor allem Kebabs und Dizi. ⌚ tgl. 8–23 Uhr.

Pooladkaf Hotel, direkt beim Skiresort, ✆ 071-3625 8025, 💻 www.pooladkafhotel.com. Gut ausgestattetes Standardsporthotel mit über 40 Zimmern und einem Restaurant. Etwas ausgefallener schläft man in den beheizten Zelten mit Bad vor dem Hotelgebäude. ❷

€ **Eram Hotel**, in Yasuj, zwischen Janbazan Sq. und Haft Tir Sq. an der Motahari Ave. ✆ 0741-224599 und 0917-341 1580. Die Zimmer sind abgewohnt und sehr einfach, aber preiswert. Wirklich empfehlenswert ist das Restaurant. ❶

Nakhl Restaurant, in Si Sakht, Motahari St., ✆ 0917-145 7387. Gute Kebab- und Fischgerichte. ⌚ tgl. 11–16 und 19–23 Uhr.

Simorgh Dena, in Si Sakht, zwischen Allah und Enqelab Sq. am Beheshti Blvd., ✆ 074-33444 48998, ✉ info@simorghdenahotel.com. Preiswerte Apartments mit Küche, im Voraus Kontakt aufnehmen. ❶

TRANSPORT

Der **Busbahnhof Gharni** in Yasuj befindet sich am Dena Sq. in der Nähe des Gharni Blvd. Busse nach SHIRAZ (2 3/4 Std.) fahren stdl. für rund 150 000 IRR, *savaris* gibt es für rund 250 000 IRR.

Nomadengebiete der Qashqais und Khamsehs

Es ist schwierig zu sagen, wie viele Qashqai-Nomaden es heute noch gibt. Viele, die längst zu Großstädtern geworden sind und Shiraz ihre neue Heimat nennen, gehören genauso zu den Qashqais wie die traditionell nomadisch oder halbnomadisch lebenden Familien in den ländlichen Gebieten der Provinz Fars. Ende der 1990er-Jahre sollen noch um die 170 000 Qashqais in saisonalen Sommerquartieren mit Zelten und Viehherden gewohnt haben. Klar ist, dass die traditionelle Lebensweise wie bei anderen nomadisch lebenden Bevölkerungsgruppen des Landes zunehmend verschwindet (S. 244).

Die Qashqais gehören zu den turkstämmigen Nomaden und pflegen über ihre eigene Sprache hinaus auch ein über die Jahrhunderte perfektioniertes **Kunsthandwerk**. Das lässt sich noch am besten bei einem Streifzug durch den Bazar-e Vakil in Shiraz erkennen, wo sich die nomadischen Gabbeh- und Kelim-Teppiche übereinandertürmen, aber auch traditionelle Salz- und Transporttaschen erworben werden können.

Generell eignen sich vor allem die Monate **Mai bis September**, um Nomaden in ihren Sommerlagern zu besuchen. Viele bewohnen dann die nördlicheren Gegenden der Provinz Fars, allen voran das Zagros-Gebirge, während sie sich im Winter meist im südlichen Teil der Provinz aufhalten.

Es ist unbedingt ratsam, mit einem **erfahrenen Guide** in die nomadische Kultur einzutauchen, am besten mit einem, der selbst zu den

Qashqais zählt und es ermöglicht, einen oder mehrere Tage gemeinsam mit nomadisch lebenden Qashqai-Familien zu verbringen. Ein besonderes Erlebnis ist es, zu einer der vor allem im Frühling und Herbst stattfindenden Hochzeiten eingeladen zu werden, was gar nicht mal so unwahrscheinlich ist.

Die Siedlungsgebiete sind weit verstreut und wechseln je nach Saison. Eines der bekannteren ist das **Bavanat-Gebiet**, wo einige Khamseh – turksprachige Nomaden wie die Qashqai – ihre Sommerlager haben. Rund 60 km nördlich von Pasargadae liegt Safashahr, wo man auf die Straße ins 45 km östlich gelegene Bavanat-Gebiet abzweigt. Allerdings ist es keineswegs die beste Anlaufstelle, um nomadische Kultur mehr oder weniger authentisch zu erleben. Das liegt vor allem an der dortigen Unterkunft, die ihren angeblichen Ökotourismus mehr als überstrapaziert hat, sich aber nach wie vor großer Beliebtheit erfreut.

ÜBERNACHTUNG

Die beste Option ist, in Zelten direkt bei den Familien zu schlafen, dafür sind die Guides geeignete Ansprechpartner.

Abbas Barzegar Ecolodge, in Bazm, 15 km östlich des Ortes Bavanat, ✆ 0917-317 3597, Abbasbazaregar.bavant. Verlangt satte 50 € p. P. fürs Doppelzimmer (teils ohne Betten), Verpflegung und einen kurzen Besuch der rund 35 km entfernten Nomadenfamilien. Dafür soll man hier das einfache Leben kennenlernen können. Die Tochter spricht gutes Englisch und brüstet sich damit, wie ihr Vater die 28 ha große Farm mit ihren 40 Zimmern geschaffen und Nomaden beigebracht hat, wie man Gästen Tee serviert. Das hauseigene, eintrittspflichtige Museum zeigt v. a. die Erfolge von Tochter und Vater, darunter Bilder von Preisverleihungen mit Ahmedinedschad. Die Nomaden werden an den Einnahmen nicht beteiligt, weil sie sonst ihre traditionelle Lebensweise aufgeben und „nur ans Geld denken“ würden, so die Familie. 5

€ **Ghasr Yaghub Ecolodge**, 5 km nördlich der kleinen Ortschaft Qazian, ✆ 071-4448 3200 und 0917-351 1909. Schwierig zu finden, von Safashahr biegt man östlich ab, um nach 8 km in der Siedlung, die ebenfalls Safashahr heißt, der südlichen Straße weitere 12 km nach Qazian zu folgen. Der Besitzer spricht kein Englisch, ist aber sehr bemüht und organisiert Touren zu den benachbarten Nomadenfamilien. Die 11 traditionellen Zimmer mit Matratzen sind nett und einfach ausgestattet. 600 000 IRR p. P.

TOUREN UND AKTIVITÄTEN

Guides

Aghamir vom gleichnamigen Gästehaus in Pasargadae (S. 294) organisiert Nomadentouren für 50 € von Saadat Shahr aus.

Ali Qashqai, ✆ 0917-804 9467, www.cnomad.ir, ✉ cnomad7@gmail.com. Ali ist selbst Qashqai, lebt zwar in Shiraz, er und seine Familie sind aber der nomadischen Tradition bis heute sehr verbunden. Mit ihm lernt man nicht nur die Qashqai-Kultur kennen, sondern auch warmherzige Gastfreundschaft. Seine engen Kontakte zu nomadisch lebenden Familien brechen jedes Eis und machen eine Begegnung auf Augenhöhe möglich. Eine Tagestour mit Übernachtung im Zelt und traditionellem Essen kostet solo 75 €, zu zweit 50 € p. P. – verhandelbar. Fast am besten über seine Facebookseite (Ali Qashqai) zu erreichen.

Bahman Zagros Mountain Tours, ✆ 0917-910 0943, ✉ b_mardanloo@yahoo.com, bahmanmardanloo. Bahman ist selbst Sohn einer bis heute nomadisch lebenden Qashqai-Familie und macht es auf Wunsch möglich, auch mehrere Tage gemeinsam mit seiner Familie im Zagros-Gebirge bei Sepidan zu leben. Mit Bahman taucht man respektvoll in die Qashqai-Kultur ein. Zugleich kennt er beide Welten, Großstadt und Gebirge. Er hat sich zudem auf ein- oder mehrtägige Treks in der Region Sepidan spezialisiert und bietet auch Reit- und Mountainbiketouren an, was sich wunderbar mit einem Besuch der Nomaden kombinieren lässt. Tagestour von Shiraz ins Zagros-Gebirge mit Übernachtung im Zelt und Verpflegung kostet solo 85 €, zu zweit 50 € p. P.

Farhad Parivash, ✆ 0917-999 9003, ✉ farhadparivash@gmail.com. Kein Qashqai, aber ein erfahrener Guide, der auch Nomadentouren anbietet. Für 2 Personen kostet eine Tour mit Übernachtung im Zelt um die 90 € p. P., Preise sind verhandelbar. Wesentlich günstiger ist eine Tagestour ohne Übernachtung.

Peyman (S. 286) besucht regelmäßig Familien in der Umgebung von Pasargadae. Sie zählen zu den Khamseh-Nomaden, genauer zu den Baseri (von Paseri, was so viel wie Perser bedeutet), und erzählen stolz, dass ihr Nomadenstamm der älteste im ganzen Land sei. Peyman beteiligt die Nomaden an den Toureinnahmen, bringt Kleidung und andere Dinge. Eine Tagestour mit Übernachtung im Zelt kostet zu zweit 50 € p. P. Sie lässt sich auch wunderbar um den Besuch der antiken Stätten erweitern oder mit einem Transfer nach Yazd verbinden.

TRANSPORT

Wer **Bavanat** ansteuern möchte, muss den meist abends abfahrenden Bus vom Karandish-Busbahnhof in SHIRAZ (3 Std.) nach Mazayjan-Bavanat für 120 000 IRR nehmen. Der Bus stoppt in Bavanat oder Bazm. Von YAZD (3 1/2 Std.) aus fährt jeden Nachmittag außer Fr ein Bus vom Imam Ali Sq. für 160 000 IRR.

Bishapur

Niemand würde in Abrede stellen, dass Persepolis die beste Möglichkeit bietet, tief in die antike Geschichte des ersten Perserreiches einzutauchen. Wer das Weltreich der Achämeniden hinter sich lassen will und sich nicht mit den sassanidischen Felsenreliefs von Naqsh-e Rostam zufrieden gibt, muss in die antike Residenzstadt Bishapur. Mittlerweile gehört auch sie zum Unesco-Weltkulturerbe des Landes. Eine ganze Reihe eindrucksvoller Relikte des zweiten Perserreiches unter der Vorherrschaft der Sassaniden liegen einem hier zu Füßen. Der Name deutet auf den zweiten sassanidischen König, Shapur I., hin. Sein größter Widersacher waren die Römer, doch Shapur schlug eine Schlacht nach der anderen, nahm Soldaten, ja sogar Kaiser gefangen. Vor allem römische Soldaten errichteten auf Befehl Shapurs zwischen 260 und 266 n. Chr. die Stadt Bishapur. Es verwundert also kaum, dass in Bishapur römische und persische Baustile miteinander kombiniert wurden.

Einst dürften bis zu 80 000 Menschen die von hohen Mauern umgebene Stadt bewohnt haben. Heute zeugen nur noch Überreste von den herrschaftlichen Gebäuden und Tempelanlagen. Zu dem zentralen Gebäudeensemble zählen auch die Ruinen des sassanidischen **Königspalastes** mit ihrem großzügigen Saal. In den Gebäuden unmittelbar westlich und östlich davon wurden Bodenmosaike gefunden, die heute aber im Nationalmuseum Teherans und im Pariser Louvre ausgestellt werden. Südlich des Palastes sind Überreste eines Gebäudes zu erkennen, das vermutlich zeitweilig als **Gefängnis** für den römischen Kaiser Valerian genutzt wurde. Nördlich davon ist der **Anahita-Tempel** zu finden, dessen Funktion aber nicht gänzlich geklärt werden konnte. Interessant ist der unterirdische Raum, der Wasser des nahen Flusses sammelte. Noch weiter nordwestlich befindet sich eine kleine **Moschee** aus frühislamischer Zeit.

Von der **Qaleh-ye Dokhtar**, einer von Ardashir I. errichteten Festung auf der Anhöhe eines Felsens, ist kaum noch etwas zu erkennen. Dokhtar wird zuweilen als Tochter oder Jungfrau übersetzt und lässt Raum für Spekulationen. Die einen meinen, es beziehe sich auf eine Königstochter, die anderen behaupten, es wäre der Hinweis auf den Wunsch, dass die Festung unversehrt bliebe wie eine Jungfrau. Die Anlage befindet sich östlich der eigentlichen Stadt und wenige Meter südlich des Flusses. Hier hoch zu steigen lohnt sich wegen des Blicks auf die Felswand der **Chogan-Schlucht** (Tang-e Chowgan) mit ihren Reliefs auf der gegenüberliegenden Flussseite. Interessant sind die sechs **Felsreliefs**, die beidseitig in die Felswände der Schlucht eingelassen wurden. Das erste findet sich entlang des südlichen Flusses in der Nähe der Qaleh-ye Dokhtar. Es zeigt, wie Shapur I. die Königswürde entgegennimmt. Es ist aber wenig beeindruckend, weil stark beschädigt. Ganz ähnlich wie in Naqsh-e Rostam begegnen sich der Gott Ahura Mazda und der Sassaniden-König auf Augenhöhe und zu Pferd, unter ihnen ihre geschlagenen Widersacher. Weiter östlich entlang des südlichen Flussufers folgt das zweite, viel besser erhaltene Relief. Auch hier wird ein militärischer Erfolg gegen die Römer gefeiert. Unter dem Pferd des siegreichen Shapur I. liegt der getötete römische Kaiser Gordian III. Sein Nachfolger Philippus Arabs bettelt kniend um Gnade. Zusätzlich hält Shapur mit seinen Händen den ebenfalls geschlagenen römischen Kaiser Valerian gefangen. Links und rechts umgeben zahlreiche Truppen diese zentrale Szene.

Für die restlichen Felsreliefs muss zunächst der Fluss überquert werden. Dafür kehrt man zur Hauptstraße zurück, folgt ihr nördlich über den Fluss, wo wenige Meter nach der Brücke östlich ein Parkplatz zu sehen ist. Von dort sind es noch wenige Meter Fußmarsch. Beim westlichsten Relief werden abermals Shapurs Siege über die drei römischen Kaiser Gordian III., Philippus Arabs und Valerian gefeiert. Das nächste Relief folgt wenige Meter östlich und wurde für Bahram II. und seinen Sieg über die Araber im Jahr 277 errichtet. Auf dem nachfolgenden Relief wird Bahram I. die Königswürde verliehen. Er erhält von Ahura Mazda höchstpersönlich den Ring der Macht. Zuletzt ist das jüngste Relief für Shapur II. aus dem 4. Jh. zu sehen, das die Niederschlagung einer Revolte zeigt.

Antike Stadt ⌚ tgl. 8–19.30, im Winter 8–17.30 Uhr, 200 000 IRR, Felsreliefs der Chogan-Schlucht ⌚ tgl. 8–19.30, im Winter 8–17.30 Uhr, 150 000 IRR.

Viel bekannter und einzigartig ist die künstlich geschaffene **Ghar-e Shapur**, die Höhle Shapurs, inmitten eines Felsmassivs. Dort befindet sich eine Statue des Sassaniden-Königs Shapur I. Die Höhle ist allerdings nicht so leicht zu finden. Man folgt am besten der kleinen Straße südlich des Flusses, wo man 5 km nach der Flussüberquerung das Dorf Tang-e Chogan-e Bala erreicht. Von dort geht es noch etwas westlich, bis die Straße endet. Um von dort zur Höhle zu gelangen, müssen 500 Höhenmeter überwunden werden. Für Auf- und Abstieg können schnell einmal zwei oder drei Stunden vergehen.

Erwähnt seien noch die **Reliefs von Kurangun**, 40 km nördlich von Bishapur in der Siedlung Fahlyan. Die dortigen Reliefs sind vermutlich in der zweiten Hälfte des 2. Jahrtausends v. Chr. von den Elamern geschaffen worden. Ohne Guide sind sie fast nicht zu finden.

ÜBERNACHTUNG

Hotel Bishapur, in Kazerun, Golhaye Davudi Sq., ✆ 071-4221 5200. Altmodisch eingerichtetes Standardhotel mit einfachen, aber sauberen Zimmern. DZ 30–40 €.

TRANSPORT

Ein Guide empfiehlt sich, vor allem die Höhle ist nicht so leicht zu finden. Für einen **Tagesausflug** ab Shiraz mit allen Eintrittsgeldern bezahlt man um die 100 € pro Auto.

Ein **Taxi** von Bishapur nach KAZERUN kostet rund 300 000 IRR.

Der **Busbahnhof Shahr-e Sabz** (Otobus Terminal-e Shahr-e Sabz) in Kazerun liegt nahe dem Besat Sq. Von hier fahren 3x wöchentl. Busse nach BUSHEHR (170 km, 2 1/2 Std.) für 120 000 IRR, VIP für 180 000 IRR, und tgl. stdl. nach SHIRAZ (150 km, 2 1/2 Std.) für 95 000 IRR, VIP für 120 000 IRR.

Firuzabad und Umgebung

Die Besiedlung der Ebene des heutigen Firuzabad führt weit in prähistorische Zeiten zurück. Bekannt ist sie aber vor allem wegen ihrer sassanidischen Rundstadt, der umliegenden Palast- bzw. Festungsruinen und Felsreliefs.

Dank der Berge um den Ort konnte der erste Sassaniden-König Ardashir im 3. Jh. n. Chr. die wenigen Straßen leicht verteidigen und die Ebene während der Revolte gegen die Parther als Zufluchtsort nutzen. Nach dem Sieg und der Gründung des zweiten Perserreichs unter sassanidischer Vorherrschaft wurde die antike Rundstadt **Ardashir-e Khureh**, besser bekannt als Gur, gegründet. Deren Umrisse lassen sich bis heute erkennen. Die kreisförmig angelegte Siedlung mit ihren 2 km Durchmesser wurde von Lehmmauern und einem über 30 m breiten Graben umschlossen. Die strahlenförmigen, aber auch konzentrischen Straßen teilten die Stadt in 20 Sektoren. Heute noch sind die Überreste eines Turms in der Kreismitte zu erkennen. Wem keine Flügel wachsen, der hat aber zugegebenermaßen wenig vom Anblick der antiken Rundstadt, die von Äckern überzogen ist. Gebäude von einst lassen sich nur noch erahnen.

Rund 5 km außerhalb der Stadt Richtung Shiraz liegt der **Dezh-e Ardashir Papakan**, der Palast des Sassaniden-Königs Ardashir I. aus dem Jahr 224 n. Chr. Trotz Zerfalls ist noch viel von den mächtigen Kuppelbauten zu sehen. Die Anlage bestand vor allem aus einem Iwan im Nordwesten und drei quadratischen Kuppelsälen mit Stuckarbeiten. Abends sind die Palastruinen, die sich direkt neben einem Quellteich befinden, meist stimmungsvoll beleuchtet. ⌚ tgl. 8–19.30, Winter 8–17.30 Uhr, 200 000 IRR.

Von hier sind es weitere 4 km Richtung Shiraz zur Festungsruine Qaleh-ye Dokhtar. Auf dem Weg dorthin finden sich östlich der Straße zwei **Felsreliefs**. Ersteres befindet sich kurz vor einem Straßentunnel, ist schwer beschädigt und alles andere als leicht zu erkennen (Anhaltspunkt ist ein kleines Wehr, das über den Fluss Tangab führt). Es zeigt auf einer Breite von 22 m die Schlacht zwischen dem Sassaniden-König Ardashir I. und dem geschlagenen Parther-König Artabanos IV. um das Jahr 224. Auf die gewonnene Revolte folgt die Verleihung der Königswürde. Wieder ist es Ahura Mazda, der den Ring der Macht an den Begründer des zweiten Perserreiches überreicht. Das zweite Relief aus dem Jahr 226 befindet sich weitere 2,5 km nördlich neben den Überresten einer sassanidischen Brücke, ist besser erhalten, aber auch nicht allzu groß und kann mit der Komplexität anderer Reliefs nicht mithalten. Interessant an der sassanidischen Reliefkunst ist vor allem, dass der Gott Ahura Mazda erstmals in menschlicher Gestalt abgebildet wird und den Königen auf Augenhöhe gegenübertritt.

Schließlich führt ein steiler Aufstieg zur ersten Festung Ardashirs I. aus dem Jahr 224, bekannt als **Qaleh-ye Dokhtar**. Wie in Bishapur wird gemunkelt, ob sich Dokhtar auf eine Sassaniden-Tochter bezieht oder den Wunsch jungfräulicher Unversehrtheit für die Festung ausdrückt. In unmittelbarer Nähe des Flusses Tangab geht es südwestlich der Festung steile Stufen hinauf. Im Osten der Anlage sind bis heute Überreste der königlichen Halle und eines Kuppelbaus zu sehen. Insgesamt macht die Festung aber einen sehr verfallenen Eindruck.

Rund 35 km südöstlich von Firuzabad kommen Naturliebhaber auf ihre Kosten. Der **Tang-e Haygher** wird manchmal auch als Grand Canyon Irans bezeichnet. Ob es diesen Vergleich braucht, sei dahingestellt. Jedenfalls ist er einer der schönsten Canyons des Landes. Von der Straße aus ist es ein Leichtes, zum beliebten Felsvorsprung vorzudringen, von dem sich ein spektakulärer Blick in die Tiefe bietet. Durch den rund 10 km langen Canyon schlängelt sich ein kleiner Fluss, der das Tal selbst im Hochsommer begrünt. Für Touren durch den Canyon sollte man unbedingt auf einen erfahrenen Guide zurückgreifen.

Wer der Straße Richtung Bandar-e Siraf zum Persischen Golf folgt, kommt nach 22 km an der zoroastrischen **Feuertempelanlage Konar Siah** vorbei. Sie liegt östlich direkt neben der Straße.

ÜBERNACHTUNG

Bachan Ecolodge, in Bakhun, 40 km westlich von Firuzabad Richtung Shiraz, ✆ 0930-159 3376 und 0917-999 1408, ✉ mohamadgeo@gmail.com, bachantourism. Traditionelle Unterkunft mit einfachen Zimmern, bietet auch Touren zu Qashqai-Nomaden an. 15 € p. P.

TRANSPORT

Es gibt keinen richtigen Busbahnhof in Firuzabad. Man kann von Shiraz aus dort aussteigen, aber zusteigen ist schwierig. Einheimische organisieren i. d. R. telefonisch mit den Buslinien, wo und wann sie warten sollen.
Ein Tagesausflug mit dem **Taxi** von SHIRAZ nach Firuzabad und wieder retour ist mit Zwischenstopps bei den Sehenswürdigkeiten für 2 Mio. IRR zu haben.

Daryacheh-ye Maharlu und Sarvestan

Der **Salzsee Maharlu** liegt gerade einmal 35 km südöstlich von Shiraz und färbt sich zuweilen rot. Dieses Farbenschauspiel ist vermutlich auf die Algen im See zurückzuführen und tritt vor al-

Canyoning im Tang-e Reghez

- **Länge:** ca. 4 km vom Ende der Bergstraße bis zum Ende des Canyons
- **Dauer:** 5–7 Std.
- **Max. Abseilhöhe:** 47 m
- **Höhenunterschied:** 410 m
- **Schwierigkeitsgrad:** AIC-Bewertung: v4, a3, IV
- **Unterkunft:** in Darab
- **Saison:** April–Sep

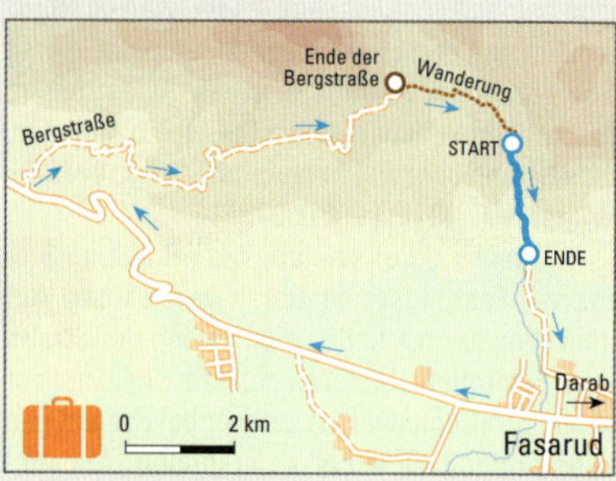

Der Tang-e Reghez, oft auch Raghez genannt, ist einer der schönsten Canyons des Landes mit an die 100 Wasserbecken und 60 Wasserfällen. Sofern man nicht mit voller Ausrüstung und einer Menge Erfahrung kommt, sind Guides notwendig. Kostenpunkt für 1 1/2 Tage Programm mit Vorbereitungskurs und Ausrüstung 100–120 € p. P.

Erste Etappe

Zuerst fährt man vom 25 km südöstlich gelegenen Darab in das Dorf Fasarud. Dann geht es mit einem Jeep weitere 11 km bis zum Ende einer Bergstraße. Dafür sind bis zu 1 1/2 Std. einzukalkulieren. Die gleiche Zeitspanne braucht es, um vom Straßenende zur Quelle des Canyons zu wandern.

Zweite Etappe

Von der Quelle des Canyons bis zu seinem Ende sind es ca. 3 km. Wer kein absoluter Profi mit GPS-Tracking ist, sollte unbedingt auf erfahrene Guides zurückgreifen. Die kümmern sich auch um Ausrüstung wie wasserfeste Schwimmanzüge, Trockenbeutel, Stirnlampen, Satellitentelefone, Seile, Schutzhelme, Karabinerhaken u. v. m. Canyoning-Liebhaber und erfahrene Kletterer seilen sich entlang der Felswände bzw. Wasserfälle bis zu 47 m hinab in kristallklare, türkisfarbene Pools. Der größte und mit 65 m beeindruckendste Wasserfall heißt Azarakhsh und der mit 20 m tiefste Pool heißt Kabutar. Von den zahlreichen Wasserfällen wurden zwölf mit Seilen versehen.

Mögliche Zwischenetappen / Wasserfälle

Negin: 16 m hoch, 8 m tiefer Wasserpool
Golab: 11 m hoch, 7 m tiefer Wasserpool
Kabutar: 25 m hoch, 20 m tiefer Wasserpool
Jam: 9 m hoch, 5 m tiefer Wasserpool
Azarakhsh: 65 m hoch, 6 m tiefer Wasserpool
Veda: 46 m hoch, 10 m tiefer Wasserpool

Guides

Hesam Eshraghi, ✆ 0913-1652358, ✉ hesam_eshraghi@yahoo.com.
Raheleh Khorrami, ✆ 0912-535 6313, ✉ rahikhorrami@gmail.com, reghez_canyoning_by_azarakhsh; auch dessen deutscher Kooperationspartner Julian Häring, ✉ info@canyoning-erleben.de, hilft weiter.

lem nach dem Winter auf, wenn es wieder wärmer wird. Allerdings ist Wasser rar, die Zeiten, in denen etliche Vögel hier beheimatet waren, sind längst vorbei. Oft ist der See ausgetrocknet, dann bleiben nur die Salzkrusten übrig. Die besten Chancen, einen mit Wasser gefüllten See zu sehen, sind nach Regenfall und zumeist im ersten Halbjahr.

Der Straße weiter gen Südosten folgend, erreicht man etwa 85 km hinter Shiraz die kleine Siedlung Sarvestan. Von Interesse ist hier nur der vom Städtchen etwa 12 km südlich gelegene **Kakh-eh Sassani-ye Sarvestan**, ein sassanidischer Palast ähnlich dem von Ardashir in Firuzabad. Ob es sich tatsächlich um einen Palast handelte, ist aber nicht sicher. Es könnte auch ein Jagdschloss gewesen sein oder überhaupt weit nach den Sassaniden in frühislamischen Zeiten errichtet worden sein. Der zentrale Kuppelbau ist bis heute erhalten geblieben.

Wer sich für seldschukische Baukunst interessiert, sollte 130 km östlich nach **Neyriz** fahren. Der dortige Mihrab der Masjed-e Jameh aus dem Jahr 1165 gilt als einer der beeindruckendsten dieser Zeit.

Ein Taxi von Shiraz zum Salzsee und wieder retour kostet um 1 Mio. IRR, eines nach Sarvestan und wieder retour 1,5 Mio. IRR. Eine Tour zum Salzsee kostet um die 15 € pro Auto.

Darab und Umgebung

Die Stadt wird schon in Ferdowsis Nationalepos *Shahnameh* erwähnt und dürfte unter dem Sassaniden-König Ardashir als Herrschaftssitz genutzt worden sein, bevor er diesen nach Firuzabad verlegte. Diese historische Rolle lässt sich heute 7 km südwestlich außerhalb der modernen Stadt in Gestalt der **Qaleh-ye Darab** nur noch erahnen. Die ehemalige Festung befand sich in der Kreismitte der antiken Rundstadt namens Darabgerd. So richtig beeindruckend ist die für die Sassaniden typische kreisrunde Stadt mit einem Durchmesser von knapp 2 km aber nur aus der Vogelperspektive, vom Boden aus ist nicht viel zu sehen.

Wer ein Faible für sassanidische Felsreliefs hat, kann sich auf die Suche nach dem **Felsrelief Naqsh-e Rostam** machen, das Shapur zu Pferd und seine geschlagenen Widersacher darunter zeigt. Dafür muss man zuerst in das 2,5 km südlich von Darab gelegene Dorf Mohamadabad fahren, von wo eine nicht asphaltierte Straße abermals rund 2,5 km östlich entlang Felswänden zum Relief führt.

Leichter zu finden ist die **Masjed-e Sangi**. Fährt man von Darab nach Rostaq, zweigt nach 5 km eine Straße gen Süden ab, der man nochmals 1,5 km folgt. Der sassanidische Kuppelbau wurde in den Fels hineingeschlagen und war ursprünglich vermutlich eine zoroastrische Kultstätte. Später wurde er als Moschee genutzt, was auch ein Mihrab aus dem 13. Jh. bezeugt.

Das Dorf **Lay Zangan** liegt rund 80 km östlich von Darab und zählt neben dem Reghez-Canyon (25 km nordwestlich der Stadt, s. Tour) zu den lohnenden Ausflügen. Viele kleine Häuser liegen inmitten einer malerischen Bergkulisse. Ein geeigneter Ort, um zu wandern, wenngleich es im Land schönere Bergdörfer gibt.

ÜBERNACHTEN

Naghsh Shapur Hotel, Dokhaniat St., nahe der Kreuzung mit dem Pasdaran Blvd., ✆ 071-535 62474 und 0917-112 4673, 💻 www.naghsh shapour.com. Solides Hotel mit netten Zimmern, hilfsbereitem Personal und einem guten Restaurant, das rund um die Uhr geöffnet hat. Bietet Touren in die Umgebung an. ❷

TRANSPORT

Der **Busbahnhof** (Terminal-e Otobus) befindet sich am Sepah Blvd. neben dem Krankenhaus. Nach SHIRAZ (260 km, 3 1/2 Std.) mehrmals tgl. vormittags bis abends für 140 000 IRR.

DIE LANDESMITTE

ARMENISCHES ERBE, KIRCHE IM NORDWESTEN IRANS; © PRISKA SEISENBACHER

Der Westen

Die raue Schönheit der Natur im Westen Irans lockt Outdoor-Fans hierher. Ob auf Wanderungen durch tiefe Canyons, zu entlegenen Wasserfällen oder auf erloschene Vulkane, mit Zelt und Rucksack kommt man hier voll auf seine Kosten. Wem beim Ausblick von uneinnehmbaren Festungen auf hohen Bergspitzen schwindelig wird, der besucht die armenischen Klöster oder genießt das Rattern der Waggons auf einer spektakulären Zugfahrt durch die Berge.

Stefan Loose Traveltipps

Alamut-Tal Trutzige Bergfestungen der Assassinen. S. 312

Masuleh Ein märchenhaftes Terrassendorf in den Bergen Gilans. S. 329

8 Ardabil Das Mausoleum des Sufi-Meisters Safi ad-Din. S. 336

Sabalan Der Aufstieg auf den inaktiven Vulkan belohnt mit Rundblicken. S. 344

9 Tabriz Historische Häuser und der schönste Teppichbazar Irans. S. 346

10 Kandovan Ein Bergdorf mit markanten Felshäusern. S. 355

11 Christlich-armenisches Erbe zwischen Maku und Khoy Wandeln auf den Spuren des Christentums in Iran. S. 361 und S. 362

12 Kurdistan Die rauen Berge und versteckten Täler bergen die schönsten Terrassendörfer der Region. S. 373

Ali Sadr Die größte Wasserhöhle des Mittleren Ostens. S. 392

Zugfahrt von Dorud nach Andimeshk Eine der schönsten Bahnrouten der Welt. S. 399

BISHEH-WASSERFALL, PROVINZ LORESTAN; © TOBIAS DANZ

IM HISTORISCHEN BAZAR VON TABRIZ; © TOBIAS DANZ

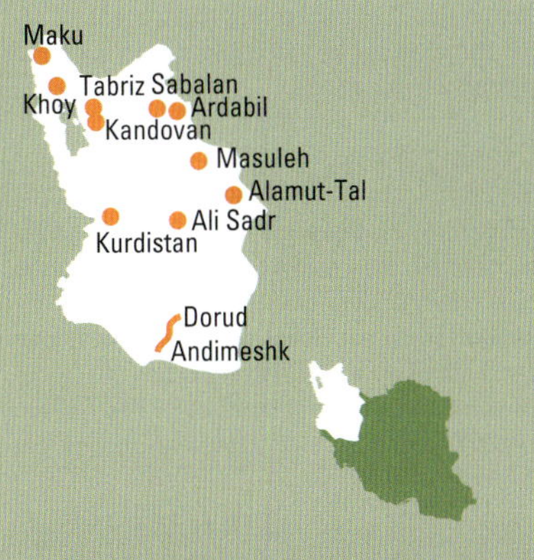

Wann fahren? Am besten im Frühling (März–Mai), auch wenn dann im bergigen Hochland noch Schnee liegen kann. Im Sommer ist es dafür etwas milder als im restlichen Land.

Wie lange? Zwei Wochen, am besten drei

Bekannt für atemberaubende Natur, Bergfestungen und steile Terrassendörfer

Outdoor-Tipp Wanderung durchs Alamut-Tal und auf den verschneiten Sabalan

Gute Mitbringsel Meisterhaft zusammengenähte Giveh-Schuhe aus Kurdistan

Unbedingt probieren *Kufte Tabrizi* ist eine Geschmacksexplosion erster Güte.

Da der Westen Irans abseits der Hauptroute nach Esfahan und Shiraz liegt, wird er zu Unrecht meist vernachlässigt. Neben atemberaubenden Berglandschaften sorgen die Völkervielfalt und die unglaubliche Gastfreundschaft für unvergessliche Erlebnisse. Am besten startet man die Reise in der historischen Stadt **Qazvin**, nur zwei Stunden von Teheran entfernt. Von hier gelangt man in das **Alamut-Tal**, zu den Bergfestungen der Assassinen, und genießt die Abgeschiedenheit am besten auf einem mehrtägigen Trek mit Maultieren über die Passstraßen des Elburz-Gebirges.

Einen Hauch von Südostasien erlebt man in der Provinz **Gilan**, wo Teeplantagen und Reisfelder bis an die Küste des Kaspischen Meeres reichen. Hier verbringen die meisten Iraner ihren Urlaub, doch je weiter man nach Westen vordringt, desto mehr nimmt der Touristenstrom ab, gleich ob man die entlegenen Täler der **Bergregionen Kurdistans** durchquert oder das salzige Ufer des **Orumiyeh-Sees** erkundet. Von wilder Schönheit ist die Provinz **Lorestan**, Heimat stolzer Nomadenstämme und erfüllt vom Rauschen ungezähmter Wasserfälle.

Eine Fülle archäologischer Stätten begeistert Historiker, allen voran die zoroastrische Kultstätte **Takht-e Soleyman**, die königlichen Felsreliefs in den Bergen von **Kermanshah** und das kolossale Mausoleum in **Soltaniyeh**. Eintauchen kann man auch in geschichtsträchtige Städte wie **Ardabil**, **Tabriz**, **Orumiyeh** und **Hamadan**.

Provinz Qazvin

Bekannt ist die Provinz zwischen Teheran im Osten und Zanjan im Westen durch das **Alamut-Tal**, in dem sich im 11.–13. Jh. die ismailitischen Assassinen unter der Führung von Hasan-i Sabah in ihren Bergfestungen versteckten und von hier aus Attentate in der ganzen Region verübten. Erste Siedlungen gab es in Qazvin allerdings deutlich früher. Sie gehen bis auf das Jahr 7000 v. Chr. zurück, als sich in der Gegend der Stamm der Cas vom Kaspischen Meer ansiedelte. In islamischer Zeit diente die Region als Stützpunkt für arabische Truppen. Für kurze Zeit rückte die Provinz ins Zentrum des persischen Reichs, als die Stadt **Qazvin** im 15. Jh. zur Hauptstadt erklärt wurde.

Die Provinz ist knapp 15 600 km² groß und zählt 1,2 Mio. Einwohner. Das Klima in der nördlichen Region ist durch die Ausläufer des Elburz-Gebirges geprägt, von kalten Wintern und milden Sommern; im südlichen Teil ist es deutlich wärmer.

Qazvin

Weniger als zwei Autostunden und 150 km westlich von Teheran liegt die gleichnamige Hauptstadt der Provinz Qazvin. Als kulturelles Zentrum der Region zählt die Stadt fast 400 000 Einwohner, viele leben vom Textilhandel, speziell Baumwolle, Seide und auch Leder. Bis heute ist Qazvin berühmt für seine Teppiche und sein zuckersüßes Baklava. Die Stadt gilt als ein Zentrum für Kalligrafie und hat bedeutende Poeten hervorgebracht.

Gut angebunden an das Eisenbahn- und Autobahnnetz von Teheran nach Tabriz, ist Qazvin auch ein Tor nach Norden in die Provinzen entlang des Kaspischen Meers. Für Reisende bietet sich die Stadt daher als Zwischenstopp auf dem Weg nach Westen Richtung Zanjan und Tabriz oder weiter Richtung Norden nach Rasht an.

Die Stadt selbst hat historisch einiges zu bieten. Vom einst weitläufigen königlichen Palastkomplex der Safawiden stehen heute zwar nur noch der Pavillon Chehel Sotun mit Park – die wichtigste Sehenswürdigkeit der Stadt – und das ehemalige Regierungsgebäude mit seinem mächtigen Eingangstor Ali Qapu. Dafür finden sich in der Stadt mehrere große Zisternen, sogenannte *ab anbar*, von denen einige auch besichtigt werden können.

Geschichte

Die Geschichte der Stadt geht bis auf das Jahr 250 zurück, als **Shapur II.** hier eine Festung errichten ließ, um die Region besser kontrollieren zu können. Im Jahr 644 nahmen schließlich die **Araber** Qazvin ein. Sogar die **Georgier** statteten der Stadt einen militärischen Besuch ab: Die legendäre Königin Tamar rächte 1210 den Tod von 12 000 Christen durch muslimische Truppen. Als

die Osmanen Anfang des 16. Jhs. Tabriz eroberten, wurde Qazvin als Bollwerk gegen die Feinde für fast 50 Jahre die Hauptstadt des Perserreichs der **Safawiden**, bis Schah Abbas I. 1597 Esfahan zum neuen Zentrum auserkor. Mit dem Bau der Straße nach Norden ans Kaspische Meer im 19. Jh. begann die Stadt aufgrund des vermehrten Handels stetig zu wachsen.

Chehel Sotun

Der Hauptanziehungspunkt für Touristen befindet sich direkt am Azadi Sq. im Zentrum und markiert eine der wenigen Grünflächen im Umkreis von 1 km. Der zentrale **Pavillon** hat übrigens nicht viel mit den namengebenden „vierzig Säulen" zu tun, ist aber eines der bedeutendsten Gebäude aus safawidischer Zeit und war

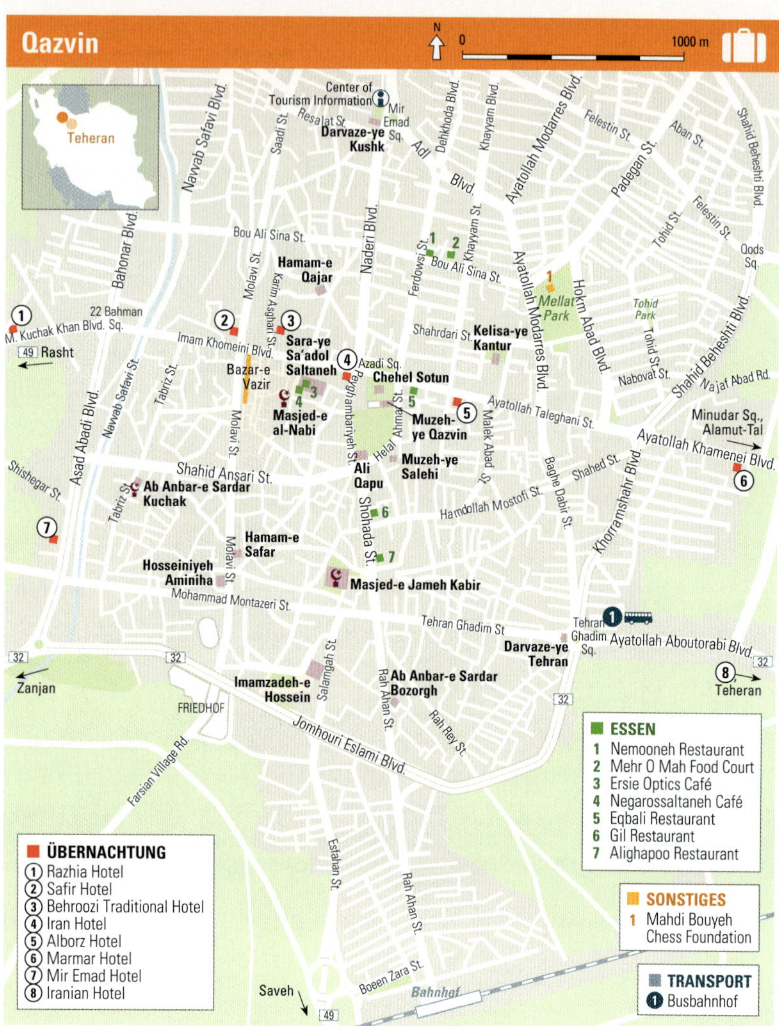

Teil des königlichen Palastkomplexes. Im Inneren ist das sehenswerte **Museum für Kalligrafie** untergebracht. Es belegt Qazvins Status als ehemalige Hauptstadt der Kunst des Schönschreibens. Die teils verblichenen Wandmalereien und kunstvollen Kalligrafien lassen die Pracht vergangener Zeiten nur erahnen. Während der Qadjaren-Herrschaft im 19. Jh. wurde die Inneneinrichtung radikal verändert und erst ab 1970 schrittweise die Ursprungsform wiederhergestellt. Im Park rund um das Gebäude gibt es einen kleinen Shop für Handwerkskunst und Souvenirs.

🕒 tgl. 9–18 Uhr, 80 000 IRR.

Ähnlich wie am Meydan-e Naqsh-e Jahan in Esfahan warten vor dem Eingang **Pferdekut-**

schen auf Reisende und drehen eine kleine Runde durch den Stadtteil.

Muzeh-ye Qazvin

Das **Historische Stadtmuseum** in der Helal Ahmar St. zeigt Alltags- und Gebrauchsgegenstände aus dem 19.–20. Jh. sowie archäologische Fundstücke wie Tongefäße, Schmuck, Waffen und wunderschön gestaltete Keramik. Die Ausstellung erstreckt sich über drei Etagen und ist für geschichtlich interessierte Besucher einen Blick wert. Beschriftung in Englisch und Farsi. ⌚ Sa–Do 9–18.30, Winter bis 17 Uhr, 80 000 IRR.

Muzeh-ye Salehi

Die sehenswerte Sammlung an Gastgeschenken, die dem ehemaligen iranischen Außenminister Dr. Ali Akbar Salehi einst überreicht wurden, ist ein echter Geheimtipp. Untergebracht ist sie in einem Privathaus, das später als Gericht und danach als Schule diente, nach einem Erdbeben restauriert und schließlich in ein Museum verwandelt wurde. Auf zwei Etagen finden sich Bilder, Schmuck, teure Uhren, Talismane, teilweise kuriose Skulpturen, Säbel und sogar signierte Fußbälle und Trikots aus fast allen Ländern. ⌚ Sa–Mi 7.30–15, Do bis 12 Uhr, Eintritt frei.

Ali Qapu

Der Eingangsbereich und einige Seitengebäude dieses ehemaligen **Regierungsgebäudes** am westlichen Ende der Helal Ahmar St. ist noch erhalten. Von den vielen prächtigen Palästen auf dem ehemaligen Gelände ist hingegen nichts mehr übrig. Während der Herrschaft der Qadjaren und Pahlavi war hier das Polizeihauptquartier stationiert. Heute lustwandelt man durch einen wunderschönen Park und kann die Seitengebäude besuchen. Im Keller eines Seitenflügels ist eine kleine schmucklose Ausstellung traditioneller Kleidung zu sehen, im Hauptgebäude eine Fotoausstellung mit historischen Aufnahmen von Qazvin.

Links neben dem Tor befindet sich eine kleine **Buchhandlung**, wo früher die Zeitung der Stadt gedruckt wurde. Davon zeugt noch eine alte deutsche Druckmaschine von 1903. Im kleinen **Café** gleich daneben kann man bei diversen erfrischenden Getränken für 40 000–70 000 IRR eine Verschnaufpause einlegen. Rechts des Eingangstors ist ein kleiner **Handwerksmarkt** mit Schmuck und Souvenirs angesiedelt.

⌚ Do, Fr und Feiertage 9–19 Uhr, Eintritt frei.

Sara-ye Sa'adol Saltaneh

Südlich der Imam Khomeini St. befindet sich der zu großen Teilen überdachte **Bazar-e Vazir**. Ein Prachtstück in unmittelbarer Nähe ist die Sara-ye Sa'adol Saltaneh. Diese ehemalige **Karawanserei** aus qadjarischer Zeit wurde zehn Jahre lang aufwendig restauriert und reiht nun in einem Labyrinth aus Arkadengängen und Innenhöfen moderne Geschäfte für Kunst, Schnitzereien, Lederwaren, Skulpturen und Schmuck sowie gemütliche Cafés und Restaurants aneinander. Die Gewölbe sind im traditionellen Yazdi-Stil gehalten. Karawansereien wie diese innerhalb eines Bazars wurden von Handelsreisenden genutzt, die ihre Ware gleich im Innenhof anboten und nach einer Weile in die nächste Stadt weiterzogen. ⌚ tgl. 9–21 Uhr, Eintritt frei.

Masjed-e al-Nabi

Die auch als **Masjed-e Soltani** bekannte prächtige Moschee nahe der Sara-ye Sa'adol Saltaneh stammt mehrheitlich aus qadjarischer Zeit, wenn auch Teile bereits während der Safawiden (1501–1722) errichtet wurden. Ein Streifzug über die fast 14 000 m² messende Anlage ist durchaus beeindruckend. Den schönsten Zugang hat man von Norden her von der Imam Khomeini St. Am besten besucht man die Moschee außerhalb der Gebetszeiten.

Ein Sakko für Neil Armstrong

Nach einem Kaffee im Negarossaltaneh Café in der Karawanserei Sara-ye Sa'adol Saltaneh sollte man unbedingt dem kleinen Flickengeschäft von Hassan Kolahduz schräg gegenüber einen Besuch abstatten. Sein ganzer Stolz ist das bunte Sakko, das er Neil Armstrong persönlich anlässlich seiner Mondlandung 1969 als Geschenk zukommen ließ. Das Dankschreiben von der NASA mit der Unterschrift des Astronauten hängt heute noch zwischen seinen Arbeiten.

Historische Zisternen

Die **Ab Anbar-e Sardar Kuchak** befindet sich gleich neben der gleichnamigen theologischen Schule der Stadt. Die Hauptkammer mit ihren massiven Säulen, die mehrere Meter Durchmesser aufweisen, liegt tief unter der Stadt.

Die mächtige Zisterne **Ab Anbar-e Sardar Bozorgh** an der Rah Ahan St. aus dem 19. Jh. gehört zu den größten der Stadt und ist im Sommer tief unter der Erde wunderbar kühl. Mit ihrer riesigen unterirdischen Kuppel gehört sie sogar zu den größten Wasserspeichern in Iran. Die Wände sind fast 3 m dick und tragen die Kuppel, die vom Boden bis zur Spitze 28,5 m misst. Mehrere Ventilationsschächte sorgen für zusätzliche Kühlung. Mehr als 3000 m^3 Wasser konnten hier gespeichert werden. Heute gibt es im Inneren regelmäßig Fotoausstellungen. 🕒 Do, Fr und an Feiertagen 9–19 Uhr, Eintritt frei.

Hosseiniyeh Aminiha

Das wunderschöne, 1858 vom reichen qadjarischen Kaufmann Haj Mohammad Reza Amini errichtete **Herrschaftshaus** in der Molavi St., hosiniyehaminiha, ist innen über und über mit prächtigen Spiegelornamenten, aufwendigen Schnitzereien und buntem Fensterglas verziert. Gemäß den letzten Worten des ehemaligen Besitzers auf dem Sterbebett soll das Gebäude genutzt werden, um in drei miteinander verbundenen Hallen die Ashura-Prozessionen abzuhalten und um Imam Hussein zu trauern. Auch das restaurierte Kellergeschoss ist einen Blick wert.

🕒 tgl. 9–13 und ab 16 Uhr bis Sonnenuntergang, 100 000 IRR. Nicht von der verschlossenen Tür abschrecken lassen, sondern einfach klingeln!

Hamam-e Qajar

Da der berühmte Hamam-e Safar schräg gegenüber der Hosseiniyeh Aminiha auf unbestimmte Zeit geschlossen ist, muss man mit dem ehemaligen Stadtbad Hamam-e Qajar in der Mashatan St., Ecke Dargahi St., vorliebnehmen. Hier gibt es wie in vielen Städten Irans üblich eine Ausstellung aus dem Alltag vergangener Zeiten, dargestellt mit Wachsfiguren. 🕒 tgl. 9–21 Uhr, 100 000 IRR.

Imamzadeh-e Hossein

Im südlichen Teil der Stadt befindet sich zwischen der Salamgah St. und der Shahid Makhani Alley der sehenswerte **Schrein** zum Gedenken an Shahzadeh Hossein, einen Nachfahren Imam Rezas, der in Qazvin auf der Reise nach Khorasan verstarb. Nachdem das Mausoleum während der Invasion der Mongolen fast vollständig zerstört worden war, bauten die Safawiden und Qadjaren die Anlage Stück für Stück wieder auf. Der Hauptteil des Mausoleums geht auf die Regentschaft Schah Safis zurück (1629–1642). Zum Komplex gehören ein weitläufiger Innenhof und ein reich mit glasierten Kacheln verziertes Eingangstor mit sechs bunt gefliesten Minaretten.

Masjed-e Jameh Kabir

Die riesige seldschukische **Freitagsmoschee** nahe der Shohada St. geht in ihrem Kern auf das Jahr 807 zurück, als unter der Aufsicht von Harun ar-Rashid auf den Überresten eines zoroastrischen Tempels eine Moschee erbaut wurde. Bis in die Herrschaft der Safawiden wurden stetig Anbauten hinzugefügt, die auch den Mongolensturm gut überstanden haben. Die doppellagige Kuppel aus gebrannten Ziegeln stammt aus seldschukischer Zeit und ist im Inneren mit einer Vielzahl prächtiger Kalligrafien geschmückt, heute aber nicht mehr öffentlich zugänglich. Ob die Feuersbrunst, die 2013 die halbe Moschee schwer verwüstete, damit etwas zu tun hat, kann nur vermutet werden. Auf dem großen rechteckigen Innenhof mit seinen vier Seiten-Iwanen ist es mittags wie ausgestorben. Hier kann man gut in einer der zahlreichen schattigen Arkaden ausruhen. An der Nordseite stehen zwei schöne Minarette aus safawidischer Zeit und an der Westseite das kleine **Museum für Keramik und Steingravuren**. An der Nordseite des Vorplatzes an der Shohada St. befindet sich die Zisterne der Moschee. Hier gibt es einen kleinen Handwerksmarkt, der Holz-, Glas- und Töpferarbeiten verkauft, sowie ein gemütliches Teehaus. 🕒 Moschee tgl. frei zugänglich, Museum tgl. 9–18 Uhr, 80 000 IRR, Zisterne tgl. 9–18 Uhr, Eintritt frei.

Kelisa-ye Kantur

Die ehemalige **russisch-orthodoxe Kirche** gehört zu den kleinsten christlichen Gotteshäusern im Land und wird schon lange nicht mehr als solches genutzt. Angeblich wurde sie zu Ehren eines russischen Piloten gebaut, der nahe Qazvin abstürzte und in der Stadt gesund gepflegt wurde. Heute befindet sich im Inneren ein kleines Schmuckgeschäft. ⏲ tgl. 9–20 Uhr.

Historische Stadttore

Von den ehemals acht Stadttoren stehen heute nur noch zwei, das **Darvaze-ye Tehran** im Osten, an der alten Straße nach Teheran nahe dem Tehran Ghadim Sq., und das sehenswerte, 1877 erbaute **Darvaze-ye Kushk** im Norden, an der westlichen Seite des Mir Emad Sq. nahe der Touristeninformation. Beide Tore stammen aus qadjarischer Zeit und wurden 1968 aufwendig restauriert. Die bunten Kachel- und Mosaikornamente sind typisch für die Ära.

ÜBERNACHTUNG

Alborz Hotel, Taleghani St., nur 300 m östlich vom Chehel Sotun, ✆ 028-3322 5266. Modernes und sehr sauberes 3-Sterne-Haus mit gutem Preis-Leistungs-Verhältnis. ❷

Behroozi Traditional Hotel, Karim Asghari St., schräg gegenüber dem Bazar, ✆ 028-3324 1560, 💻 www.behrouzihotel.com. Herrlich verwinkeltes Hotel in einem alten Anwesen mit mehreren Terrassen im Innenhof. Im Restaurant kann man wunderbar den Abend bei einer Wasserpfeife ausklingen lassen. ❹

Iran Hotel, Azadi Sq., gleich beim Chehel Sotun, ✆ 028-3322 8877. Unschlagbare Lage direkt im Zentrum und nahe den meisten Sehenswürdigkeiten, das Ganze auch noch zu einem günstigen Preis. Da stört es auch nicht, dass die einfachen Zimmer etwas klein geraten sind. ❶

Iranian Hotel, Mohases Blvd., ✆ 028-3329 2713. Solides und sehr modernes 3-Sterne-Haus, auch wenn die Einrichtung der meisten Zimmer sehr kitschig ist. Etwas außerhalb der Stadt gelegen, aber guter Ausgangspunkt für einen Ausflug ins Alamut-Tal. ❸

Marmar Hotel, Ayatollah Khamenei Blvd., ✆ 028-3355 5771, 💻 www.marmarhotel.com. Das 3-Sterne-Haus überzeugt mit großzügigen Zimmern, gutem Restaurant und internationalem Flair. Preislich dafür eher Oberklasse. ❹

Mir Emad Hotel, Asad Abadi Blvd., ✆ 028-3356 0594, 💻 www.mehotel.ir. Das rustikale Hotel mit seinen sehr einfachen Zimmern hat schon bessere Tage gesehen, aber für eine Nacht reicht's. Zimmer vorher zeigen lassen! ❶

Razhia Hotel, Mirza Kuchak Khan Blvd., ✆ 028-3333 5005. Sehr sauberes und modernes Hotel mit gutem Frühstück und eigenem, bewachtem Parkplatz im Innenhof. Die Zimmer sind wegen der Hauptstraße etwas laut. Wer es ruhiger mag, nimmt ein Zimmer zur Rückseite. Die Lage ist etwas außerhalb, zu Fuß ist man aber in 15–20 Min. im Zentrum. ❸

Safir Hotel, Molavi St., ✆ 028-3324 0760 oder 028-3324 8843, 💻 www.hotel-safir.com. Eines der älteren Gästehäuser nahe dem Bazar, aber trotzdem gut in Schuss. Besonders günstig für Gruppen: Ein Zimmer kann man sich mit bis zu 5 Personen teilen. ❶

ESSEN

Alighapoo Restaurant, Shohada St., ✆ 028-3355 9017. Das Kebab ist wahnsinnig gut: Mittags bildet sich eine lange Schlange, die oft die Straße hinaufreicht. Am besten das Essen mitnehmen und im Innenhof der Freitagsmoschee genießen – im Lokal gibt es nur eine Handvoll Plätze. ⏲ tgl. 11–20 Uhr.

Eqbali Restaurant, Ayatollah Taleghani St. beim Chehel Sotun, ✆ 028-3322 3347. Einfaches Restaurant im 1. Stock, ausgezeichnetes Lammfilet und *shishlik* (Lammspieße) satt für 570 000–860 000 IRR, außerdem Kebabs und Fisch ab 230 000 IRR. ⏲ tgl. 11–16 und 19.30–23.30 Uhr.

Ersie Optics Café, in der Sara-ye Sa'adol Saltaneh, ✆ 0936-504 7376, ersie.optic. Das wohl verrückteste und verspielteste Café in Qazvin: Hier dienen Türen als Tische, und an den Wänden hängt ein halber Flohmarkt, an dem Optiker und Augenärzte ihre Freude hätten. Neben einer großen Auswahl an Tee, Kaffeekreationen, Shakes und kalten Getränken (90 000–140 000 IRR) gibt es gutes Frühstück. Unbedingt vorbeischauen! ⏲ tgl. 9–23 Uhr.

Gil Restaurant, Shohada St., zwischen Freitagsmoschee und Ali Qapu, ✆ 028-3323 0417, irangil_restaurant. Der kulinarische Außenposten der Provinz Gilan gibt einen kleinen

DER WESTEN

Vorgeschmack für alle, die von Qazvin weiter nach Norden reisen. Traditionelles Holzmobiliar, auf dem großen Balkon lässt sich wunderbar das Geschehen auf der Straße beobachten. Kebab und Gerichte aus der Kaspi-Region für 170 000–250 000 IRR, Fr auch *dizi* für 140 000 IRR. ⌚ tgl. 12–22 Uhr.

Mehr O Mah Food Court, Bou Ali Sina St., im 3. Stock der Mehr-O Mah Mall gibt es Burger, italienische Pasta und Pizza, Salate, BBQ, Kaffee, diverse Eiskreationen und ein überraschend gutes Buffet mit iranischen und arabischen Spezialitäten, auch Vegetarier kommen hier auf ihre Kosten. Das Ganze zu respektablen Preisen, schnell, modern und sauber. ⌚ tgl. 9–24 Uhr.

Negarossaltaneh Café, südwestlicher Teil der Sara-ye Sa'adol Saltaneh, nahe der Al-Nabi-Moschee, ✆ 028-3324 7636, 💻 www.negarossaltaneh.com, 📷 negarossaltaneh. Berühmt für sein eigenes, bunt geschichtetes Baklava (Pistazien, Mandeln, Safran und Kardamom) und Kaltgetränke, die wie kleine Kunstwerke angerichtet werden. Spezialität des Hauses: *Shoni Drink*, eine verführerische Mischung aus *pari sima* (Sirup aus aufgebrühtem Hibiskustee und Zucker), Basilikum- und Raukensamen sowie Zitronensaft. Der Besitzer und Gründer Ershad ist Fotograf und Architekt und berät gerne bei der Auswahl. ⌚ tgl. 9–23 Uhr.

Nemooneh Restaurant, Bou Ali Sina St., Ecke Ferdowsi St., ✆ 028-3333 6556. Das Traditionsrestaurant mit reichlich Platz im Kellergeschoss ist besonders bei Einheimischen beliebt und berühmt für sein Kebab (ab 350 000 IRR). Auch europäische Spezialitäten und Fisch stehen auf der Karte. Zur Mittagszeit und am Abend kann es zu Wartezeiten kommen, dann sollte man etwas Geduld mitbringen. ⌚ tgl. 12–16 und 20–23 Uhr.

SONSTIGES

Aktivitäten

Wie wäre es zur Abwechslung mal mit einer Partie Schach? In der **Mahdi Bouyeh Chess Foundation**, im Park-e Mellat, südlich der Padegan St., dem Schachclub der Stadt, ist man auch als Tourist willkommen und wird sich vor Gegnern nicht retten können. ⌚ tgl. 9–14 und 17–21.30 Uhr, 20 000 IRR für 2 Std.

Informationen

Im **Center of Tourism Information** an der Nordseite des Mir Emad Sq., ✆ 028-3335 4708, gibt es englischsprachige Guides, Prospekte und Beratung aus erster Hand. Auch Touren ins Alamut-Tal und durch die Stadt können hier organisiert werden. ⌚ tgl. 9–18 Uhr.

TRANSPORT

Busse

Der **Busbahnhof** (Terminal-e Otobus-e Qazvin) befindet sich am Tehran Ghalim Sq.
AHVAZ (815 km, 10 1/2 Std.), 1x tgl. mittags VIP für 780 000 IRR.
ESFAHAN (480 km, 6 Std.), 4x tgl. nachmittags für 260 000 IRR, VIP für 350 000 IRR.
KERMANSHAH (415 km, 6 Std.), 4x tgl. morgens bis nachmittags VIP für 500 000 IRR.
MASHHAD (1035 km, 12 Std.), 3x tgl. nachmittags VIP für 1 Mio. IRR.
SANANDAJ (405 km, 6 Std.), 1x tgl. nachmittags VIP für 500 000 IRR.
SHIRAZ (965 km, 11 1/2 Std.), 1x tgl. nachmittags VIP für 1 Mio. IRR.
TEHERAN (150 km, 2 Std.), 4x tgl. für 120 000 IRR, VIP für 220 000 IRR.

Eisenbahn

Der **Bahnhof** von Qazvin befindet sich ganz im Süden der Stadt am Ende der Rah Ahan St. Nach TEHERAN (150 km, 2 1/2 Std.) 4x tgl. für 40 000 IRR im 6er-Abteil, 120 000 IRR im 4er-Abteil.

Alamut-Tal

Nördlich der Stadt Qazvin erstreckt sich, gut im Gebirge versteckt, das Alamut-Tal. Dank der guten Versorgung mit Wasser, dem angenehmen Klima und Schutz durch die umliegenden Berge siedelten hier viele Menschen. Zu seiner Berühmtheit gelangte das Tal durch die **Bergfestungen der Assassinen** (S. 316). Die schwer

Der Ovan-See im Alamut-Tal mit eindrucksvollem Bergpanorama

erreichbaren Festungen galten als uneinnehmbar. Im ganzen Tal gab es einst mehr als 50 Burgen, von denen viele jahrelangen Belagerungen standhielten. Von den vielen Festungen sind heute nur wenige zu besichtigen, die meisten Ruinen sind nicht einmal für Einheimische zugänglich, weil zu ihnen weder Straßen noch Pfade führen.

Qaleh-ye Hassan-e Sabbah

Zu den besterhaltenen Festungen gehört die **Festung Alamut** oder Qaleh-ye Hassan-e Sabbah, 800 m oberhalb des Dorfes Gazorkhan an den südlichen Ausläufern des Elburz-Gebirges und nahe der Quelle des Alamut-Flusses. Auf einem 220 m hohen Felsrücken kauernd, wurde die Anlage Mitte des 7. und 9. Jhs. errichtet und war lange Zeit der Stützpunkt kriegerischer Dailamiten-Stämme. Der Legende nach ließ ein dailamitischer Fürst die Festung an der Stelle bauen, an der sein Jagdadler sich niedergelassen hatte, und gab ihr den Namen „Adlerlehre", Aluh Amu(kh)t. Zwei Jahrhunderte später wurde die Festung Alamut von Hasan-i Sabbah übernommen, angeblich friedlich für den Preis von 3000 Golddinaren. Der Gründer des Assassinen-Ordens ließ die Anlage stark ausbauen und verstärken, fügte Wachtürme und Mauern hinzu und machte sie zu seinem Hauptstützpunkt. Er sorgte dafür, dass im Tal unterhalb der Burg Bewässerungsanlagen errichtet wurden und baute die Landwirtschaft aus.

Die Festung Alamut wurde schnell zu einem religiösen und wissenschaftlichen Zentrum. Sie verfügte über einen oberen und einen unteren Teil, mehrere Wohn-, Wirtschafts- und Vorratsräume, zwei große Innenhöfe, mehrere Gebetssäle und Stallungen sowie einige Gärten. Ein eigener Brunnen und mehrere Zisternen dienten der Wasserversorgung. Mehrere Bibliotheken und ein kleines Observatorium gehörten ebenfalls zur Ausstattung.

1256 nahm der Ilkhaniden-Fürst Hulagu Khan die Festung nach langer Belagerung nur durch eine List ein, weshalb sie ihren Status als militärisch uneinnehmbar behielt. Die Safawiden bauten die Burg erneut um. Vom 17. bis 18. Jh. wurde sie als Gefängnis genutzt. Heute ist die Burgruine auf dem markanten Felsrücken die Hauptattraktion des Tals. Auch wenn nur noch Teile der äußeren Befestigung und einige Mauern und Ruinen im Inneren erhalten sind, spürt

Alamut-Tal

man beim Aufstieg und beim Anblick der Berge noch einen Hauch vom Mythos der Assassinen, die hier einst lebten.

🕒 tgl. 9–19 Uhr, 150 000 IRR.

Qaleh-ye Navizar Shah

Weiter im Osten des Tals, etwa 2 km nordöstlich des Dorfes Garmarud und 35 km östlich des Dorfes Moallem Kelayeh, thront eine der wichtigsten Bergfestungen der Ismailiten. Die Mauern der Qaleh-ye Navizar Shah erheben sich auf dem Gipfel des Berges. Beim Streifzug durch die Ruinen kann man den Blick ins Umland über die tiefen Täler schweifen lassen. Feinde wurden hier schon von Weitem gesichtet.

Qaleh-ye Shams Kalaye

Etwa 3 km nördlich von Moallem Kalaye befinden sich die Ruinen eines weiteren wichtigen Militärstützpunkts der Ismailiten. Zur Burg gehörten auch sechs natürliche Höhlen an der Westseite des Berges. Davor sind noch einige Mauerreste sowie die Überbleibsel eines Wachturms erhalten.

Qaleh-ye Bidelan

In der Nähe des Dorfs Bagh Dasht finden sich in 1850 m Höhe an der Südseite des Tals die Überreste der **Festung Shirkuh**, auch als Qaleh-ye Bidelan bekannt. Von hier aus hat man einen guten Blick auf den Taleghan-Alamut-Pass und die umliegenden Gebirgszüge. Abgesehen von ein paar Mauerresten sind hier acht direkt in den Fels geschlagene Wasserbecken zur Versorgung der Burg zu sehen.

Qaleh-ye Lambesar

Ganz im Westen des Tals befindet sich oberhalb des Dorfes Razmian die **Festung Lambesar**. Die Burg war die zweitwichtigste Festung im Ala-

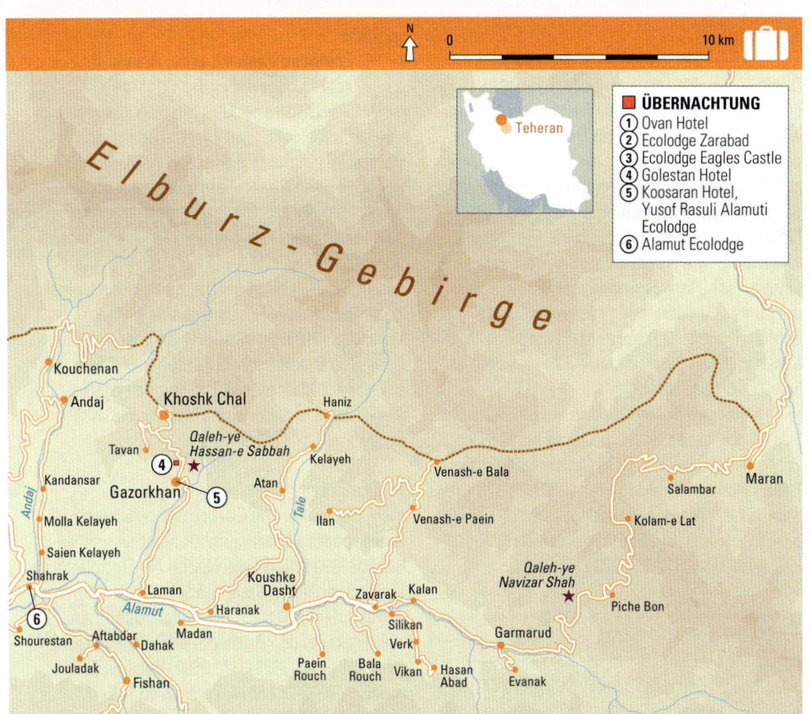

mut-Tal und die Winterresidenz der Ismailiten. Die tiefen Täler auf beiden Seiten und das rund 100 m hohe Felsmassiv machten es Angreifern unmöglich, zur Festung zu gelangen. Zur Anlage gehörten zwei Tore jeweils auf der nordöstlichen und südwestlichen Seite sowie 13 Zisternen. Kiya Buzurg Omid, ein Freund Hasan-i Sabbahs, folgte dem Anführer des Ismailiten-Ordens nach dessen Tod als neuer Herrscher über das Alamut-Tal und konnte in Lambesar auch dem Ansturm der Mongolen mehrere Jahre standhalten.

Der Zugang zur Festung befindet sich einige Kilometer nördlich des Dorfes. Hier folgt man der Lambesar St. nach Norden steil in die Berge und sieht nach einer Weile auf der linken Seite einen kleinen Parkplatz mit Toiletten. Auf der rechten Seite überquert man einen kleinen Fluss und folgt den befestigten Treppen auf den Berg. Für den Aufstieg zur Burg auf dem 100 m hohen schroffen Felsmassiv sollte man eine halbe Stunde einplanen. ⌚ frei zugänglich.

Daryacheh-ye Ovan

Von der Hochebene mit ihren Getreide- und Reisfeldern zweigt westlich von Moallem Kelayeh eine Straße scharf nach rechts ab und führt steil den Hügel hinauf etwa 2 km bis zum tiefblauen **Ovan-See**. Umringt von den Ausläufern des Elburz-Gebirges, ergibt sich hier ein beeindruckendes Panorama. Während der Sommermonate ist der See ein beliebter Treffpunkt für Familien und, trotz des Badeverbots, für viele eine willkommene Abkühlung. Auch bei Campern sind die schattigen Ufer beliebt. Wer mit dem eigenen Auto anreist, zahlt am Eingang zum See eine kleine Gebühr von 20 000 IRR. Direkt am See gibt es kleine Cafés, ein Restaurant beim Parkplatz sowie ein WC auf dem Gelände, 10 000 IRR für die Nutzung der Sanitäranlagen.

ÜBERNACHTUNG

Das Alamut-Tal lässt sich gut als **Tagesausflug** von Qazvin aus besuchen. Wer länger bleiben will, findet in den größeren Dörfern und bei der Hauptfestung Alamut eine passende Unterkunft. Für mehrtägige Wanderungen empfiehlt es sich, ein Zelt mitzunehmen.

€ In den Dörfern Gazorkhan, Varbon und Ovan nahe dem Ovan-See vermieten Einheimische ihre **Ferienhäuser**, einfach auf die bunten Schilder mit „Vila" oder „Suite" achten. Die Besitzer sprechen allerdings fast ausschließlich Farsi. Zimmer gibt es schon ab 500 000 IRR pro Nacht.

In den meisten Dörfern finden sich gemütliche Ecolodges, deren Besitzer wenig bis kein Englisch sprechen, z. B. in Gazorkhan die **Yusof Rasuli Alamuti Ecolodge**, ✆ 028-3371 9291, in Shahrak die **Alamut Ecolodge**, ✆ 0912-182 6672, oder in Zarabad die **Ecolodge Zarabad**, ✆ 028-3371 8769 und 0912-390 2634.

Die Assassinen

Auf der Suche nach einem Stützpunkt für die neu gegründete ismailitische Religionsgemeinschaft, einer Abspaltung der Schiiten, fand ihr Anführer Hasan-i Sabbah 1090 schließlich die Festung Alamut. Von hier aus eroberten er und seine Anhänger nach und nach das gesamte Tal und brachten weitere Festungen unter ihre Kontrolle. Ohne eine große Armee widmeten sie sich der Spionage, der psychologischen und asymmetrischen Kriegsführung, der Einschüchterung und gezielten Ermordung gegnerischer Anführer, teils durch Selbstmordattentate. Die Gefolgsleute Hasan-i Sabbahs nannte man *asasiyyun*, Menschen, „die dem Glauben fundamental treu sind". Allerdings missverstanden ausländische Reisende wie Marco Polo die Bezeichnung und brachten sie mit der im Tal verbreiteten Verwendung von Haschisch zur Schmerzlinderung in Verbindung. Schnell war der Kult der Assassinen geboren, der bis heute in Büchern und Filmen weiterlebt.

In Dikin

Ecolodge Eagles Castle, Alamut Rd., schräg gegenüber der Bäckerei, ✆ 0919-741 8689 und 0919-215 6077, 💻 www.eaglescastle.com. Frau Ahmadi und Herr Pahrizkari empfangen Gäste in ihrem wunderschönen alten Bauernhaus mit einem großen schattigen Garten. Hier kann man morgens auf Takhten frühstücken. Mit viel Liebe zum Detail wurde sogar ein Museum mit landwirtschaftlichen Geräten eingerichtet, auch einen kleinen Handwerksladen gibt es und eine große Veranda. Vermietet werden 2 Zimmer mit Platz für 6–8 oder sogar 20–25 Personen. 1,2 Mio. IRR p. P. (inkl. 3 Mahlzeiten). Die beiden organisieren auch englischsprachige Touren in die Umgebung.

In Gazorkhan

Viele Bewohner von Gazorkhan vermieten **Zimmer oder Wohnungen** für nicht mehr als 600 000–800 000 IRR pro Nacht. Am Dorfplatz gibt es ein paar kleine Supermärkte, hier fragt man einfach nach „Suite" oder „Vila". Oder man ruft direkt bei den Besitzern an (kein Englisch): **Ali Gholipur**, ✆ 028-3371 9680, **Hossein Mahmudi**, ✆ 0912-282 5674, **Zommorod Taheri**, ✆ 028-3371 6504, oder **Fateme Yaghubi**, ✆ 028-3371 9572.

Golestan Hotel, oberhalb des Dorfes, ✆ 028-3371 9212 und 0912-789 4867, 💻 www.golestandastan.com. Saubere, simple Zimmer mit Bad und Küche, gemütlichem Garten und kleinem Supermarkt. Der Besitzer Dastan und seine Familie kümmern sich rührend um die Gäste und bereiten auf Wunsch hervorragendes Kebab und *mirzaie ghasemi* (gegrillte Aubergine mit Ei, Tomaten und viel Knoblauch) im eigenen Restaurant Alamut zu. Der Eingang zur Alamut-Festung ist nur einen Steinwurf entfernt. ❶

Koosaran Hotel, direkt am Dorfplatz in einer Seitengasse der Imam Khomeini Rd., ✆ 028-3371 9461. Kleines, einfaches Hotel. Ein Bett im Schlafsaal oder eine Matratze auf dem Boden kostet nicht mehr als 300 000 IRR, mit etwas Glück ist man der einzige und hat das ganze Zimmer für sich allein.

Rasuli Guesthouse, in der Mohandes S. Najari Alley, gleich südlich beim Hauptplatz des

Trekkingtouren im Alamut-Tal

Auf einer Länge von fast 70 km bietet das Alamut-Tal eine große Spielwiese für jeden Outdoor-Fan. Von kurzen Wanderungen entlang der alten Festungen bis zu mehrtägigen Touren bis ans Kaspische Meer mit Übernachtung in den Bergdörfern ist alles dabei. Die beste Zeit für eine Wanderung in das Alamut-Tal ist von Mai bis September, auch wenn es im Sommer in den niederen Tälern sehr heiß werden kann. Der Winter ist schneereich und beginnt schon früh im Herbst.

Piche Bon nach Maran

- 15 km, 5–6 Std.

Piche Bon ist eines der pittoresken Dörfer der Gegend, nur etwa 20 Familien leben hier. Die Strecke Piche Bon–Maran gehört zu den beliebtesten Wanderungen im Alamut-Tal. Sie führt vom Dorf Piche Bon auf 2700 m über den **Salambar-Pass** auf 3200 m und entlang alter Nomadenpfade über die Dörfer **Kolam-e Lat** und **Salambar** nach Maran auf der Kaspi-Seite. In den Dörfern kann ohne Probleme übernachtet werden.

Garmarud nach Yuj

- 42 km, 2–3 Tage

Die längere Tour geht von Garmarud nach **Piche Bon** über teils enge und felsige Passagen (7–8 Std.). In Piche Bon kann in einem der Häuser der Bewohner oder im Zelt übernachtet werden. Am nächsten Tag geht es weiter nach **Maran** und nach einer weiteren Übernachtung nach Yuj. Wer ohne Führer unterwegs ist, folgt am besten einfach der Bergstraße nach Nordwesten. Von Yuj aus lässt sich leicht mit dem Taxi nach Rasht fahren.

Guides

Farzin Malaki, Alamut Trek, ✆ 0911-291 0700, WhatsApp ✆ 0937-150 1993, 💻 www.alamuttrek.com, bietet seit Jahren Tagestouren und mehrtägige Wanderungen an.

Hassan, ✆ 0919-658 2794, ist ein erfahrener Bergführer und kennt Alamut wie seine Westentasche. Seit Jahren führt er Reisende auf mehrtägigen Trips mit Maultieren und Zelten durch das Tal und die umliegenden Berge bis ans Kaspische Meer. Informationen gibt es auch auf seiner Facebook-Seite AlamutAdventures.

Hossein Farhady, ✆ 912-782 1562, 💻 www.gateofalamut.com, spricht hervorragend Englisch und bietet über den Touranbieter Gate of Alamut Tagesausflüge zu den Festungen im Alamut-Tal, mehrtägige Trekkingtouren mit Camping und Canyoning an.

DER WESTEN

Dorfes, ✆ 028-3371 9291. In dem alten Bauernhaus vermietet die Familie ein einfaches Zimmer für 700 000 IRR. Auf Wunsch gibt es auch Frühstück.

In Ovan

Das **Ovan Hotel** im Dorf, ✆ 028-3371 6663, bietet sehr einfache Zimmer zu günstigen Preisen: 400 000 IRR p. P. Alternativ vermieten auch Dorfbewohner Zimmer. Auch **Campen** am See ist möglich. An der Ostseite beim Parkplatz gibt es Sanitäranlagen. Ein paar kleine Restaurants und ein winziger Supermarkt sorgen für das Nötigste.

ESSEN

In allen Dörfern findet sich immer ein kleines Restaurant oder Lokal, in dem man günstig speisen kann. Auch kleine Supermärkte zur Selbstversorgung sind vorhanden.

Abi Dar Restaurant, Rajaei Dasht, beim Eingang des Dorfes nach der Brücke. Das größte Restaurant im Dorf. Hier lässt sich vortrefflich eine Pause einlegen. Man sitzt gemütlich auf Takhten unter schattigen Bäumen oder am Fluss. Auf der Karte steht eine Auswahl an Kebabs und Eintöpfen. Warme Speisen gibt es ab 150 000 IRR. ◷ tgl. 11–15 und 18–22 Uhr.

Alamut Restaurant, im Golestan Hotel in Gazorkhan. Wer hier übernachtet, kommt ohnehin in den Genuss dieses Restaurants, für alle anderen lohnt sich der Zwischenstopp nach dem Besuch der Festung. Leckeres traditionelles Essen, gute Kebabs. ◷ tgl. 9–22 Uhr.

TRANSPORT

Am bequemsten ist das Mieten eines **Wagens mit Fahrer** oder eines **Taxis** in QAZVIN, z. B. über die Touristeninformation, für einen ganzen Tag. Preise starten ab 4 Mio. IRR und sind Verhandlungssache.

Frühaufsteher reisen am billigsten im **Sammeltaxi** nach Gazorkhan zur Festung Alamut.

Los geht's um 7 Uhr vom Minudar Sq. (viele Einheimische verwenden noch den alten Namen Qaribkosh Sq.) in Qazvin für 200 000–300 000 IRR p. P. Unbedingt vorher abklären, dass das Taxi nach Gazorkhan (unterhalb der Festung) und nicht nach Moallem Kelayeh („Alamut Town") fährt. In Gazorkhan helfen die Gästehäuser bei der Buchung eines Platzes im Sammeltaxi zurück nach Qazvin; Abfahrt vom Dorfplatz ebenfalls um 7 Uhr früh. Alternativ bieten auch die Dorfbewohner zu unterschiedlichen Preisen Fahrten nach Qazvin an.

Die Anreise mit dem eigenen Auto erfolgt über die Alamut Rd. und den Ort Rajaei Dasht, immer den Schildern („Alamut Castle") hinterher.

Provinz Zanjan

Im Hochland von Aserbaidschan liegt die Provinz Zanjan, im Osten begrenzt von den Ausläufern des Elburz-Gebirges. Die Provinz ist durch den Highway Teheran–Tabriz gut angebunden und in vier Stunden bequem von Teheran aus zu erreichen. Auf 36 400 km² leben etwas über 1 Mio. Menschen, die Mehrheit iranische Azeris. Neben der Landwirtschaft, begünstigt durch das milde Hochlandklima mit schneereichen Wintern und warmen Sommern, ist die Provinz und vor allem ihre Hauptstadt Zanjan für meisterhafte Handwerksarbeiten berühmt. Vor allem scharfe Messer aus rostfreiem Stahl werden seit jeher in Zanjan hergestellt und in ganz Iran verwendet, auch wenn Billigproduktionen aus China langsam die alteingesessenen Messerhersteller verdrängen. Ein Streifzug über den örtlichen Bazar offenbart weitere Handarbeiten, vor allem Kupferbecher und -teller in allen Formen und Größen, die traditionellen Sandalen aus weichem Leder *(charugh)*, kunstvolle Schals *(malileh)* und Schmuck aus dünnem Silberdraht.

Touristisch ist die Provinz in erster Linie wegen der Stadt **Soltaniyeh** bekannt, 53 km südöstlich von Zanjan. Hier ragt das riesige Mausoleum des Oldschaitu mit seiner blau schimmernden Kuppel in den Himmel und ist bereits von Weitem vom Highway aus zu erspähen. Aber auch die Stadt **Zanjan** hat mit ihrem quirligen Bazar und ihren Museen einiges zu bieten und sollte nicht nur für eine Übernachtung aufgesucht werden.

Soltaniyeh und Umgebung

Nur 5 km abseits der Autobahn von Qazvin nach Zanjan liegt der relativ unscheinbare Ort Soltaniyeh. Der Name („kaiserliche Stadt") lässt allerdings vermuten, dass hier Geschichtsträchtiges passiert ist. Soltaniyeh wurde erst im 13. Jh. vom Mongolenherrscher Arghun Khan gegründet und ab 1305 von dessen Söhnen ausgebaut. Hier tat sich besonders der Jüngere der beiden, Sultan Mohammad Khodabandeh Oldschaitu, hervor und ließ neben einer Festung und einer Moschee auch einen Palast und weitläufige Wohngebiete errichten. Nach der Fertigstellung 1313 verlegte Oldschaitu seinen Herrschersitz von Tabriz nach Soltaniyeh und machte es zur Hauptstadt seines Reiches. Die Stadt sollte innerhalb kürzester Zeit eine der wichtigsten Handelsstädte in Persien werden. Die Blütezeit war leider nur von kurzer Dauer, bereits 1383 überzogen die Timuriden die Stadt mit Feuer und Zerstörung, und Soltaniyeh versank schnell in der Bedeutungslosigkeit. Übrig geblieben von der ehemaligen Hauptstadt sind neben dem mächtigen Mausoleum Oldschaitus einige weitere Grabmäler und ein sehenswertes Kloster des Sufi-Ordens.

Gonbad-e Soltaniyeh

Als einer der großartigsten Grabbauten und siebtes Bauwerk, das in Iran zum Unesco-Weltkulturerbe erklärt wurde, lockt das **Mausoleum von Sultan Oldschaitu** scharenweise Besucher aus dem ganzen Land an. Der Sultan, der hier seine letzte Ruhe fand, hat eine verhältnismäßig wilde Lebensgeschichte hinter sich. So soll er angeblich christlich getauft, als junger Mann erst zum Buddhismus und anschließend zum Islam konvertiert sein. Als Muslim folgte er zuerst der sunnitischen Glaubensrichtung, bevor er sich, nachhaltig beeindruckt durch einen Besuch im irakischen Nadjaf, dem Schiitentum

DER WESTEN

Spektakulärer Grabbau: das Mausoleum von Sultan Oldschaitu

zuwandte und eine heiße Verehrung für Imam Ali und Imam Hussein entwickelte. Deren letzte Ruhestätte in Kerbala in Irak inspirierte ihn zum Bau eines gigantischen Mausoleums in Soltaniyeh. Als dieses Vorhaben allerdings von den schiitischen Geistlichen abgelehnt wurde, funktionierte der Sultan das Bauwerk kurzerhand zu seinem eigenen Mausoleum um und wandte sich aus Trotz wieder der sunnitischen Glaubensrichtung zu. Im Jahr 1316 wurde Oldschaitu schließlich in seinem monumentalen Grabbau bestattet.

Das dreistöckige Mausoleum wurde vollständig aus gebrannten Ziegeln errichtet und war ursprünglich von einem weitläufigen Komplex aus Palastbauten und öffentlichen Gebäuden umringt. Der dreigeschossige Monumentalbau ist in seinem Grundriss achteckig und wird im Inneren durch einen 25 m breiten Mittelsaal bestimmt. Von hier erhebt sich die riesige **Kuppel** über 52 m hoch über den Boden. Die zweischalige, eiförmige Konstruktion gehört zu den größten in der islamischen Welt. Auf der Außenseite war sie mit kunstvollem Fliesenmosaik verkleidet; große Teile in drei verschiedenen Blautönen sind heute noch erhalten und lassen die Kuppel bei Sonnenlicht erstrahlen. Um den Druck dieses Monstrums auf die Seiten abzufangen, entschieden sich die Baumeister dazu, alle Fassaden mit Nischen, Durchgängen und Bögen zu unterbrechen. Die Mauern im unteren Bereich des Mausoleums weisen eine Dicke von mehr als 7 m auf. Leider sind die wahren Dimensionen im Inneren durch ein undurchsichtiges Gewirr an Baugerüsten und Planen im Zuge von Restaurierungsarbeiten verdeckt.

An der Südseite des Mausoleums befindet sich das **Torbat-Khane**, hier sind die archäologischen Fundstücke ausgestellt und werden auch Einblicke in den langwierigen Restaurationsprozess gegeben. Im Keller unter der Kammer soll der Überlieferung nach der verstorbene Sultan bestattet sein. Nach intensiver Suche hat man aber bis heute keinen Leichnam gefunden.

Über Treppenaufgänge an der Nordost- und der Westseite erreicht man die beiden **Galerien**. Diese führen im ersten Stock innen entlang der Kuppel, ein Stockwerk höher außen an der Fassade entlang. Hier finden sich wunderschöne, mit rotem Ziegeldekor und Stuck verzierte Arkadengänge.

🕒 tgl. 8–19 Uhr, 200 000 IRR.

Gonbad-e Chalabi Oghli

Etwa 500 m südwestlich des Gonbad-e Soltaniyeh ist das **Mausoleum des Sultans Chalabi Oghli** angesiedelt. Das Sufi-Kloster mit dem Mausoleum wurde während der ilkhanidischen Periode zu Ehren von Rumis Sohn erbaut. Die architektonischen Elemente sind typisch für Sufi-Klöster jener Zeit. Jahrelang dem Verfall ausgesetzt, wurde das Gebäude zwischen 1999–2005 restauriert und für Besucher geöffnet. Man betritt es über den Haupteingang mit einer Kammer (*shabestan* genannt) auf beiden Seiten. Diese dienten Gläubigen und Pilgern als Ruheraum nach dem Gebet und zur Übernachtung. Anschließend gelangt man in den großen zentralen Innenhof; links und rechts befinden sich mehrere Wohnkammern. Wer die Tür Nr. 9 auf der linken Seite im ersten Innenhof findet, kann im Türrahmen noch die Originalsteine von vor 800 Jahren sehen. Im hinteren Teil der Anlage steht das 17 m hohe achteckige Mausoleum. Über eine Öffnung im Boden gelangt man in die eigentliche Grabkammer des Sultans. ⏱ tgl. 8–18, im Sommer bis 20 Uhr, Eintritt frei.

Gonbad-e Mollahhassan Kashi

Ebenfalls südlich des Gonbad-e Soltaniyeh befindet sich das **Mausoleum von Mollahhassan Kashi**, einem Mystiker und Poeten aus dem 14. Jh., dessen Texte einen großen Einfluss auf den schiitischen Islam hatten. Dieser Kuppelbau ist deutlich einfacher gehalten und hat eine achteckige Grundform mit acht kleinen Iwanen an den Außenseiten. ⏱ tgl. 8–18 Uhr, Eintritt frei.

Dashkasan

Etwa 15 km südlich von Soltaniyeh stehen nahe dem Dorf Viyar die Überreste eines von chinesischen Handwerkern errichteten Tempels. In unmittelbarer Nähe eines Höhlenkomplexes ließ der Mongolenherrscher Oldschaitu Anfang des 14. Jhs. auf einem Hügel einen 400 m langen und 50–300 m breiten Tempel in Form eines unvollendeten Rechtecks bauen. Beeindruckend sind die zwei jeweils 3,50 m langen Drachen-Felsreliefs auf beiden Seiten des Tempels. Hier vermischen sich ilkhanidische und islamische Elemente. Während der ilkhanidischen Periode wurde der Tempel wahrscheinlich als königlicher Friedhof und für schamanische Rituale genutzt. Die von Hand in den Fels geschlagenen Höhlen bergen einige Felsbilder islamischen Ursprungs. Man vermutet, dass während der Sassaniden-Zeit darin Zeremonien abgehalten wurden, um dem Sonnengott Mithras zu huldigen.

Die **Anfahrt** zum Tempel erfolgt ab Soltaniyeh von der Jomhori St. aus in südwestlicher Richtung über eine holprige Landstraße 12 km bis zum kleinen Ort Viyar. Hier durchquert man das Dorfzentrum in Richtung Osten und folgt einer Staubstraße den Hügel hinauf nach Südosten direkt zum Tempel. ⏱ tgl. 8–18 Uhr, Eintritt frei.

ÜBERNACHTUNG

Von einer Übernachtung in Soltaniyeh ist abzuraten. Es gibt zwar ein sehr einfaches Gästehaus gegenüber dem Eingang zum Mausoleum, aber die teils schmutzigen Zimmer ohne Klimaanlage sind wenig einladend, wenn auch sehr günstig. Besser man fährt das kleine Stück zurück nach Zanjan und übernachtet dort.

TRANSPORT

Soltaniyeh lässt sich gut als Tagesausflug von ZANJAN aus besuchen. **Sammeltaxis** starten von der Südseite des Honarestan Sq. und kosten 30 000 IRR p. P. oder *dar bast* 120 000 IRR. Die Fahrer stoppen am Eingang von Soltaniyeh; von hier spaziert man etwa 5–10 Min. zum Mausoleum. Alternativ kann man einen Preis aushandeln, um anschließend die Sehenswürdigkeiten außerhalb Soltaniyehs, etwa den Dashkasan-Tempel bei Viyar, zu besuchen.

Zanjan

Nur 45 km weiter entlang der Autobahn von Soltaniyeh nach Nordwesten liegt die Provinzhauptstadt Zanjan. Ardashir I., der erste sassanidische Herrscher, gründete die Stadt bereits vor 1800 Jahren. Heute leben über 520 000 Menschen in Zanjan und widmen sich neben der Landwirtschaft der Metallverarbeitung, was nicht zu überhören ist: Das rhythmische Hämmern der Kupfer- und Silberschmiede hört man fast überall, besonders auf dem Bazar. Sogar der Ticketverkäufer des Museums hämmert zwischendurch an seinem Werk. Auch Zink und Zinn aus den Minen im Umland wird in Zanjan verarbeitet.

Muzeh-ye Rakhtshoy Khane

Das **Wäschereimuseum** ist in einem alten Haus mit wunderschönem Garten untergebracht. Das Gebäude wurde während der Pahlavi-Dynastie gebaut und diente ausschließlich Frauen als Ort zum Geschirrspülen und Wäschewaschen. Die riesige Halle, in der Frauen alles waschen durften, wurde über eine Zisterne und mehrere Kanäle stetig mit Wasser versorgt. ⌚ Di–So 9–13 und 15–18, im Sommer bis 20 Uhr, 150 000 IRR.

Gleich daneben lädt ein kleiner **Handwerksbazar** zum Stöbern ein. Im angrenzenden **Café** lässt sich eine Verschnaufpause einlegen.

Muzeh-ye Bastanshenasi

Das **Archäologische Museum** an der Zeinabieh St., Ecke Taleqani St., ist in einem qadjarischen Anwesen untergebracht. Berühmt ist es vor allem für die drei hier ausgestellten „Salzmänner", deren mumifizierte Leichname in einem Salzbergwerk bei Chehrabad in der Provinz gefunden wurden. Konserviert in tiefen Salzschichten, haben nicht nur die Kleidung der Bergleute, sondern auch deren Haut und Haare 2400 Jahre überstanden. Weitere archäologische Fundstücke, darunter Töpferwaren, Glas- und Kupferarbeiten, finden sich auf beiden Etagen. Am spannendsten sind die Funde aus der Salzmine – neben den drei konservierten Mumien eine Vielzahl an Stofffetzen und Textilien, die einen Einblick in die Bekleidung der damaligen Zeit geben. Beschriftung in Englisch und Farsi. ⌚ Di–So 9–13 und 15–18, Sommer bis 20 Uhr, 150 000 IRR.

Muzeh-ye Sanayeh Dasti

In der Zeinabieh St., gleich 100 m links vom Archäologischen Museum, ist in einem historischen Anwesen das kleine **Handwerksmuseum** der Stadt untergebracht. Da das Gebäude gleichzeitig auch als Büro genutzt wird, ist das Museum nur während der Arbeitszeit zugänglich. Die Ausstellung umfasst einige Handwerksarbeiten, die sich aber besser auf dem Bazar bestaunen lassen. ⌚ Sa–Do 6.30–13 Uhr, Eintritt frei.

Bazar-e Zanjan

Der sehenswerte Bazar von Zanjan wurde zwischen 1784 und 1792 erbaut und besitzt mit seinen Ziegelsteinarkaden einen eigenen Charme. Während der nördliche Teil **Bazar-e Bala** noch sehr ursprünglich angelegt ist und die klassische Aufteilung nach verschiedenen Waren aufweist, kann man sich im südlichen Teil **Bazar-e Paiin** in den Karawansereien, kleinen Badehäusern und Moscheen verlieren. Zanjan ist nicht nur für Kupfer- und filigrane Silberarbeiten, sondern auch für seine Messer, Ledersandalen *(charugh)* und kunstvollen bunten Schals *(malileh)* berühmt. Wer auf der Suche nach einem schönen Kupferbecher ist, findet entlang der Sa'adi St. südlich vom Enqelab Sq. die Straße der Kupferhändler, deren Preise günstiger sind als die der Kollegen im Bazar.

ÜBERNACHTUNG

Dadaaman Traditional Hotel, Seitengasse südöstlich des Enqelab Sq., ✆ 024-3333 1233. Ruhig, aber etwas versteckt in einer Seitengasse nahe dem Bazar gelegen. Definitiv das schönste Hotel in Zanjan. Das alte Anwesen wurde mit viel Liebe restauriert und beherbergt Gäste in geschmackvoll eingerichteten Zimmern. ❷

Ghasr Hotel, Seitengasse hinter der Taleqani St., Ecke Imam Khomeini St., ✆ 024-3336 3001. Die schmucklose Eingangshalle dient auch als Frühstücksraum und ist etwas in die Jahre gekommen, genau wie die Ausstattung der Zimmer. Diese sind dafür sehr sauber und zweckmäßig. ❷

Park Hotel, Westseite des Azadi Sq., ✆ 024-3333 3533. Spartanische Zimmer, Café und Restaurant. Das Hotelpersonal organisiert über den hauseigenen Touranbieter Iran Pars Tour Operator an der Rezeption Guides und Fahrer. ❷

ESSEN

Zwischen Kesharvaz St. und Azadi Sq. reihen sich die Saftbars und Eisdielen dicht an dicht und versuchen sich gegenseitig mit Leuchtreklamen zu blenden.

Haj Dadash Restaurant, im Bazar, südlich des Enqelab Sq., am besten durchfragen. Ein wunderschönes traditionelles Restaurant in einem Hamam mitten im Bazar, vom Eingang der Ferdowsi St. aus Richtung Westen und dann rechts; das Schild sieht man vom Gang aus. Die Wände sind mit alten Gemälden und Utensilien geschmückt. ⌚ tgl. 9–16 Uhr.
Karawansara Sangi Zanjan, Beheshti St., Ecke Enqelab St., in direkter Nähe des Bahnhofs, ✆ 024-3336 3150. Schah Abbas befahl den Bau dieser Karawanserei aus altem Baumaterial der Stadt. In den langen Arkadengängen sitzt es sich gemütlich, abends wird es dank Livemusik aber laut. Wegen der großen Takhten besonders beliebt bei Familien. *Dizi* ab 160 000 IRR, Kebab ab 300 000 IRR. ⌚ tgl. 9–24 Uhr.
Mashahir Restaurant, Rahbari St., ✆ 0936-452 6689. Unweit der modernen Shopping Mall, tgl. abends Livemusik bzw. Do–Fr auch mittags. Große Auswahl an traditionellen Speisen (die Speisekarte gibt es auch auf Englisch). ⌚ tgl. 12–16 und 20–24 Uhr.
Polo Restaurant, Khorramshar Blvd., Ecke Moallem St., ✆ 024-3342 2137. Dieses Lokal ist bis nach Teheran bekannt und eine der beliebtesten Adressen für Fleischtiger. Als Appetitanreger kommen ofenfrisches Brot, ein großes Stück Butter aus der Region und *mast-o khiar* (frischer Joghurt mit Gurken) auf den Tisch. Unbedingt das *shishlik* probieren (690 000 IRR)! Die Tische sind immer gut besetzt, besonders mittags und abends kann es zu kurzen Wartezeiten kommen. Helles und freundliches Ambiente, aufmerksamer und schneller Service. ⌚ tgl. 10–22 Uhr.

TRANSPORT

Der zentrale **Busbahnhof** (Terminal-e Otobus-e Zanjan) befindet sich an der Valiasr St. im Süden der Stadt.
Wer weiter nach TAKHT-E SOLEYMAN will, fährt im Sammeltaxi für 250 000 IRR erst nach Takab und von dort mit einem weiteren *savari* nach Takht-e Soleiman für 100 000 IRR – alternativ ab Zanjan mit dem Bus nach Takab tgl. um 10 und 13 Uhr für 150 000 IRR, Abfahrt am Shahid Beheshti Blvd. beim Kreisverkehr.
Sammeltaxis nach SOLTANIYEH fahren von der Südseite des Honarestan Sq. ab, 30 000 IRR p. P. oder *dar bast* 120 000 IRR. Man kann auch einen Preis für alle Attraktionen der Umgebung verhandeln.
HAMADAN (256 km, 4 Std.), 1x tgl. morgens VIP für 400 000 IRR.
RASHT (195 km, 3 1/2 Std.), 3x tgl. morgens bis nachmittags VIP für 350 000 IRR.
SANANDAJ (280 km, 4 Std.), 1x tgl. morgens VIP für 420 000 IRR.
TABRIZ (305 km, 3 1/2 Std.), 4x tgl. morgens bis nachmittags für 200 000 IRR, VIP für 300 000 IRR.
TEHERAN (330 km, 3 1/2 Std.), mehrmals tgl. VIP für 350 000 IRR.

Die Umgebung von Zanjan

Ghar-e Katalehkhor

Die über 120 Mio. Jahre alte **Tropfsteinhöhle** von Katalehkhor befindet sich etwa 146 km südlich von Zanjan beim Ort Garmab und gehört zu den berühmtesten Höhlen in Iran. Entdeckt wurde sie 1950 durch Zufall von Bergsteigern. Nach intensiver Erforschung ab 1984 ist sie seit den 1990er-Jahren für Besucher zugänglich. Vom Eingang führt ein von reichlich Stalaktiten und Stalagmiten gesäumter Gang etwa 1,5 km ins Innere der Höhle. Weitere 4 km sind nur erfahrenen Höhlenkletterern zugänglich und teils unerforscht. Es wird vermutet, dass Katalehkhor Teil eines gigantischen Höhlensystems ist und mit der Ali-Sadr-Höhle (S. 392) bei Hamadan verbunden ist. ⌚ tgl. 9–18 Uhr, 150 000 IRR.

Beim Eingangsbereich gibt es einige Essensstände und Teehäuser sowie einen kleinen Supermarkt.

Die **Anfahrt** mit dem Taxi oder dem eigenen Fahrzeug ist von Zanjan in 2 1/2 Std. oder alternativ aus Hamadan mit einem Stopp in Ali Sadr möglich. Von Zanjan aus lässt sich der Besuch der Höhle gut mit einem Zwischenstopp in Soltaniyeh zu einem Tagesausflug verbinden.

Qaleh-ye Behestan

Etwa 100 km westlich von Zanjan befindet sich zwischen den Ortschaften Igli Bulaq und Behestan die **Festung Behestan**, auch bekannt unter dem Namen **Qaleh-ye Kohan Dezh**. Diese Burg ist ein Paradebeispiel für die unkonventionelle Nutzung vorhandener natürlicher Strukturen. Was auf den ersten Blick wie eine seltsame Felsformation mit mehreren erodierten Felsnadeln aussieht, war in achämenidischer Zeit (553–330 v. Chr.) ein wichtiger Stützpunkt mit mehreren Räumen, Korridoren und Treppen im Inneren. Die Erbauer nutzten die vorhandenen Strukturen im weichen Gestein geschickt aus und erweiterten sie um Kammern und Gänge. Die oberen Teile der Festung dienten der Verteidigung, während sich im unteren Bereich die Wohn- und Vorratsräume befanden. Die perfekte Lage oberhalb des Flusses Ghezel Ozan machte die Festung beinahe uneinnehmbar. Allerdings ist das poröse Gestein durch die starken Winde und den nahen Fluss ständiger Erosion ausgeliefert. Viele der Strukturen sind stark einsturzgefährdet, es empfiehlt sich daher, Behestan nur von außen zu bestaunen.

Zur Festung gelangt man am einfachsten mit Taxi oder eigenem Fahrzeug von Zanjan aus. Von hier folgt man dem Highway 32 für 40 km nach Nordwesten bis zum Ort Nik Pey und biegt dann auf die Landstraße nach Südwesten ab. Durch felsiges Ödland gelangt man schließlich nach weiteren 60 km über die Orte Arbat und And'abad Ebala bis nach Igli Bulaq am Ufer des Ghezel Ozan. Von hier sind es nur einige 100 m auf die andere Seite.

Provinz Gilan

Die Provinz Gilan am südlichen Ufer des Kaspischen Meers unterscheidet sich in vielerlei Hinsicht vom übrigen Iran. Auf einer Fläche von 14 000 km^2 leben etwas mehr als 2,5 Mio. Menschen, mehrheitlich Gilak und Talesh, die ganz eigene Dialekte sprechen. In den Dörfern entlang des Küstenstreifens und im bergigen Hochland des Elburz-Gebirges finden sich noch häufig die traditionellen Bauernhäuser mit spitzen Rietdächern und großen, umlaufenden hölzernen Veranden. Sehr sehenswert ist das Freiluftmuseum **Muzeh-ye Miras-e Rustaie Gilan** nahe Rasht, in dem alle Varianten dieser Bauweise nachgebaut worden sind. Bedingt durch das sehr feuchte subtropische Klima und den häufigen Niederschlag entlang des Kaspischen Meers werden in der Region hauptsächlich Reis, Tabak und Zitrusfrüchte angebaut. Das wichtigste Produkt ist allerdings Tee: Es war die kleine Stadt **Lahijan**, die den Siegeszug des grünen Gewächses im ganzen Land vorantrieb. Eine weitere wichtige Einnahmequelle ist der Fischfang entlang der Küste, allen voran der staatliche Kaviarfang. Als wichtigster Hafen dafür gilt **Bandar Anzali**.

Der Reichtum an frischen Lebensmitteln macht die **Küche Gilans** zu einer der besten und vielseitigsten im ganzen Land. Unbedingt probieren sollte man die Spezialitäten *mirzaie ghazemi* (Aubergine mit Ei, Knoblauch und Tomatenmark), *parvadeh* (Oliven mit einer Paste aus zermahlenen Walnüssen und Granatäpfeln), *kebab torsh* (eine schmackhafte saure Kebab-Variante) und natürlich Fisch in allen Variationen.

Ein wichtiges wirtschaftliches Standbein für die Provinz ist der **Tourismus**. Gilan ist das beliebteste Erholungsgebiet der von Abgasen und Stress geplagten Großstädter, allen voran aus Teheran, Karaj und Tabriz. In nur vier bis sechs Stunden ist man von dort am Kaspischen Meer – vorausgesetzt man bricht nicht an einem Wochenende oder Feiertag auf. Dann staut es sich auf den Straßen nach Norden über Dutzende Kilometer. Die gesamte Küste ist im Prinzip eine Aneinanderreihung von Hotels und Ferienhäusern und wird während der Nowruz-Ferien und an Wochenenden von Ausflüglern geradezu überschwemmt. Hinzu kommt, dass in Gilan neben der Handelsstadt **Rasht** zwei der bedeutendsten Sehenswürdigkeiten Nordirans angesiedelt sind: das pittoreske Bergdorf **Masuleh** mit seinen Terrassenhäusern und die gut erhaltene Festung **Rudkhan**, die sich zwischen zwei Erhebungen schmiegt.

Rasht

Provinzhauptstadt und wirtschaftliches sowie kulturelles Zentrum ist Rasht im Flachland, nur etwa 20 km von der Küste entfernt. Während des 17. Jhs. wurde die Geschichte der Stadt hauptsächlich von russischen Expansionsversuchen

bestimmt. Ab dem 19. Jh. etablierte sich Rasht als wichtiges Handelszentrum in der von Landwirtschaft geprägten Region. Das Chaos der russischen Oktoberrevolution und die darauf folgende britische Intervention nach dem Ersten Weltkrieg nutzte der militante Geistliche Mirza Kuchek Khan für einen Aufstand gegen die imperialistischen Besatzer. Als Anführer der Jangali-Bewegung, benannt nach dem bevorzugten Rückzugsort seiner Anhänger im dichten Dschungel Gilans und Mazandarans, wurde Mirza Kuchek Khan schnell zum Volkshelden. Davon zeugen heute noch seine Statue und ein Museum in Rasht.

Meydan-e Shardari

Startpunkt eines jeden Streifzugs durch die Stadt ist der zentrale **Rathausplatz** rund um das Rathaus mit seinem Glockenturm. Hier ist im Laufe der Jahre eine moderne Fußgängerzone entstanden, die besonders im Sommer fast europäische Züge annimmt. Unweit davon steht die Statue des Anführers der Jangali-Bewegung und Volkshelden Mirza Kuchek Khan.

Bazar-e Rasht

Ein Bummel über den bunten Bazar lohnt allein schon, um eine der vielen Gilak-Köstlichkeiten zu probieren, denn hier stapeln sich neben fri-

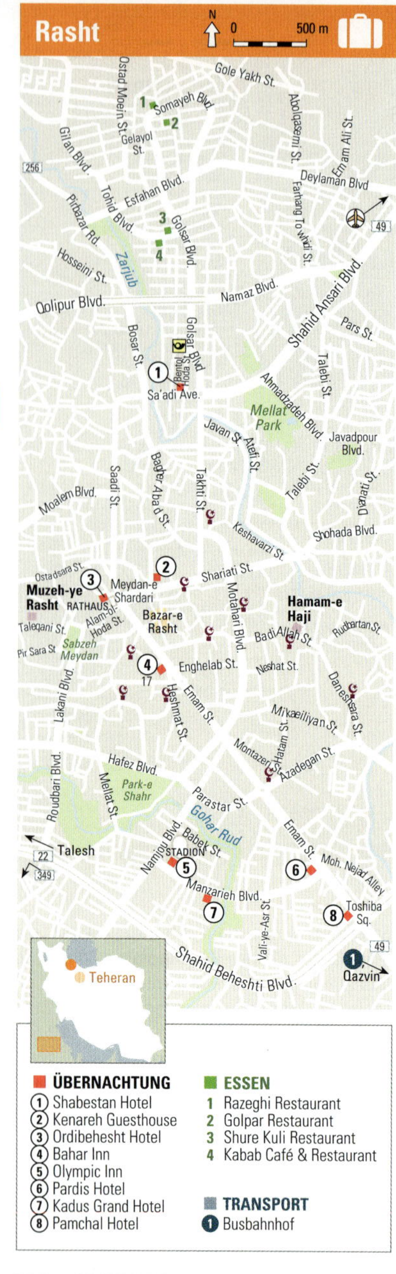

schem Obst und Gemüse, Reis und Tee vor allem diverse Käsesorten, Oliven in allen Variationen und alles an Fisch, was das Kaspische Meer zu bieten hat – neben *mahi sefid* (Weißfisch) auch Stör und allerlei Räucherfisch. Der Bazar ist zudem bis weit nach 22 Uhr geöffnet. Architektonisch ist er dagegen relativ unspektakulär.

Muzeh-ye Rasht

An der Taleqani St. befindet sich im Haus eines ehemaligen Kampfgefährten Mirza Kuchek Khans das **Stadtmuseum**. Über Erdgeschoss und Keller verteilt ist eine Sammlung an archäologischen Fundstücken und Kunsthandwerk der Gilak. Das Erdgeschoss widmet sich einer Auswahl an traditioneller Kleidung und Folklore, Werkzeug für den Ackerbau, Instrumenten, Handwerk (Weben, Sticken), Keramik, Trachten sowie Wachsfiguren, die Alltagsszenen nachstellen. Im Kellergeschoss findet sich der archäologische Teil mit diversen Grabbeigaben, Funden aus der Periode der Sassaniden und Parther, Kunstgegenständen aus Ton, Schmuck, Münzen und Waffen aus der Bronze- und Eisenzeit. Auch wenn die Beschriftung nur teilweise auf Englisch ist, lohnt ein Besuch des vollgestopften Museums. 🕒 Sa–Do 9–18 Uhr, 150 000 IRR.

Hamam-e Haji

In der Altstadt an der Badi Allah St. direkt neben dem alten Bazar ist das ehemalige Stadtbad mit seiner wunderschönen Kachelfassade dem Verfall preisgegeben. Wer Glück hat, trifft den alten Verkäufer, der hier jeden Morgen und Abend mit seinem kleinen Wagen Zigaretten verkauft und den Schlüssel zum Bad besitzt, und bekommt so eine Privatführung.

ÜBERNACHTUNG

Bahar Inn, Emam St., südlich der Fußgängerzone, ✆ 013-3222 1350. Altes Gasthaus mit Zimmern zur Straße und nach hinten raus. Die hohen Decken täuschen darüber hinweg, dass die Zimmer sehr klein und zweckmäßig sind. Gemeinschaftsbad und -dusche auf dem Gang, keine Klimaanlage. ❶

Kadus Grand Hotel, Manzarieh Blvd., neben dem Fluss Gohar Rud, ✆ 013-3336 5075. Feinste

Adresse in der Stadt, dafür auch nicht ganz billig. Westlicher Standard mit überdachtem Pool, Restaurant und Coffeeshop. ❺

Kenareh Guesthouse, Seitengasse hinter der Shariati St., nur 200 m vom Rathaus entfernt, ✆ 013-3322 2412. Die ruhige zentrale Lage und sehr günstigen Preise sind unschlagbar, sehr einfache Zimmer mit Klimaanlage und eigener Toilette, allerdings Gemeinschaftsduschen auf dem Gang. ❶

Olympic Inn, Manzarieh Blvd., ✆ 013-3336 9429. Das mehrstöckige Haus im Besitz der Physical Training Organization Iran richtet sich zwar in erster Linie an Sportstudenten, vermietet aber auch einfache 2er- und 3er-Zimmer mit Klimaanlage an Reisende, Bad mit europäischer Toilette, sehr sauber. ❶

Ordibehesht Hotel, Seitengasse am Shahrdari Sq., ✆ 013-3322 9276. Das Traditionshotel direkt hinter dem Rathaus besitzt noch das Flair der Pahlavis, auch wenn das hier niemand gerne hört. Holzvertäfelte Wände im Gang, Zimmer teils mit Bad oder Gemeinschaftsbad auf dem Gang. Einige Zimmer sind renoviert, dafür aber teurer. Restaurant und bewachter Parkplatz. ❷

Pamchal Hotel, Toshiba Sq., ✆ 013-3332 1188. Modernes Hotel, Zimmer zur Straße oder zur befahrenen Kreuzung hinaus. Zimmer für 2–4 Personen, Restaurant und Café mit Frühstücksbuffet. ❸

Pardis Hotel, Manzarieh Blvd., Ecke Emam St., ✆ 013-3332 1101. Modernes Hotel, wenn auch nicht geschmackvoll eingerichtet. Mit Restaurant und Café. ❸

Shabestan Hotel, Sa'adi Ave., Ecke Bentol Hoda St., ✆ 013-3311 0033. Tadelloses Hotel in Zentrumsnähe, Restaurant im 5. Stock, insgesamt 20 Zimmer in verschiedenen Kategorien, eher auf Businessleute ausgerichtet, diverse Zimmer haben einen Jacuzzi. ❹

Ecolodges in der Umgebung

Kotam Ecolodge, Seghaleksar Rd., Richtung Saqalaksar-See, ✆ 013-3348 5202. Der Nachbau eines Gilaki-Bauernhauses in tiefem Blau, 4 Zimmer mit Platz für bis zu 7 Personen, TV, Kühlschrank und AC sowie iranischer und europäischer Toilette, sehr sauber und aufgeräumt. Gemeinschaftsküche im 1. Stock und große Veranda sowie Garten zum Verweilen, 1,5 Mio. IRR pro Zimmer, bei größeren Gruppen 500 000 IRR p. P., inkl. Frühstück. Gemütliches Restaurant im Erdgeschoss sowie ein kleiner Souvenirshop. Die Ecolodge bietet Kochkurse und Workshops für gilakische Handarbeit an.

Talarkhane Bordabar Ecolodge, im Dorf Khomam, 20 km nordöstlich von Rasht, ✆ 0911-239 2347. Eines der schönsten alten Bauernhäuser der Region. Die Besitzerin Leila Bordabar verkauft eigene Handwerkskunst in einem Shop und verlangt 1,5 Mio. IRR für das Zimmer für 1–4 Personen, insgesamt stehen 4 Zimmer zur Verfügung (2 im 1. Stock mit eigenem Bad und Toilette, eines im Erdgeschoss und eines in der Hütte auf dem Gelände), Bauernhofatmosphäre mit Enten, Hühnern, Hasen und Pferden.

ESSEN

Golpar Restaurant, Somayeh Blvd., Ecke 120 St., ✆ 013-3372 8354. Gemütliche Wohnzimmeratmosphäre mit sehr gepflegtem Garten, Kebabs und internationale Speisen, große Auswahl an Gilaki-Spezialitäten, sehr gutes Frühstück. Speisen ab 240 000 IRR. ⌚ tgl. 12–17.30 und 20–24 Uhr.

Kabab Café & Restaurant, Tohid Blvd., Ecke 101 St., ✆ 013-3312 1573. Café und Restaurant auf zwei Ebenen, im Erdgeschoss Restaurant mit einfachen, aber günstigen Gerichten und Kebab ab 150 000 IRR; das Café im 1. Stock ist sehr gemütlich und hip eingerichtet. Highlight ist das großzügige Außenareal mit Blick auf die Straße. Kalte und warme Getränke, Snacks und Sandwiches für 100 000–140 000 IRR. ⌚ Restaurant tgl. 12–16 und 17.30–24, Café 12–24 Uhr.

Razeghi Restaurant, Somayeh Blvd., ✆ 013-3372 3322. Feines Restaurant in Rashts Nobeldistrikt. Große Auswahl an traditionellen Speisen, v. a. an Kebabs, 200 000–520 000 IRR, aber auch internationale Gerichte und Pasta, edles Ambiente auf zwei Ebenen. Empfehlenswert ist das Frühstücksbuffet für 310 000 IRR. ⌚ tgl. 7.30–24 Uhr.

Shure Kuli Restaurant, Tohid Blvd., Ecke Golsar Blvd., ✆ 013-3312 1749. Das mit Abstand beste Lokal der ganzen Stadt für alle, die die Spezialitäten der Gilaki-Küche probieren wollen. Auf der Karte steht eine große Auswahl an regionalen Speisen für 150 000–450 000 IRR, auf Wunsch gibt es Fisch und Seafood (Preise nach Vereinbarung), Kebabs ab 160 000 IRR, z. B. *polo kebab* (mit Walnuss und Fava-Bohnen), dazu verschiedene Eintöpfe wie *gheimeh masouleh* (Rindfleisch mit Tomatensoße und Zimt), *baghala ghatogh* (Bohnen, Ei, Knoblauch und Dill) und ausgezeichneter *dough*. Englische Speisekarte und abends Live-Klaviermusik. ⌚ tgl. 11–16.30 und 20–24 Uhr.

TRANSPORT

Der **Busbahnhof** von Rasht (Terminal-e Otobus-e Rasht) liegt ganz im Süden am Stadtrand östlich der Straße 49 Richtung Qazvin.

ARDABIL (270 km, 5 Std.), 1x tgl. nachmittags VIP für 420 000 IRR.
ESFAHAN (650 km, 8 Std.), mehrmals tgl. nachmittags bis abends VIP für 770 000 IRR.
GORGAN (500 km, 7 3/4 Std.), mehrmals tgl. für 330 000 IRR, VIP für 630 000 IRR.
HAMADAN (395 km, 5 1/2 Std.), 5x tgl. morgens bis nachmittags für 320 000 IRR, VIP für 570 000 IRR.
KASHAN (560 km, 6 1/2 Std.), 1x tgl. abends VIP für 680 000 IRR.
KHORRAMABAD (640 km, 9 Std.), 2x tgl. nachmittags VIP für 700 000 IRR.
MASHHAD (1215 km, 14 1/2 Std.), mehrmals tgl. für 740 000 IRR, VIP für 1,32 Mio. IRR.
QOM (460 km, 5 1/2 Std.), mehrmals tgl. VIP für 470 000 IRR.
SARI (365 km, 5 3/4 Std.), mehrmals tgl. für 280 000 IRR, VIP für 520 000 IRR.
SHIRAZ (1130 km, 14 Std.), mehrmals tgl. nachmittags VIP für 1,2 Mio. IRR.
TABRIZ (490 km, 6 3/4 Std.), mehrmals tgl. nachmittags bis abends VIP für 660 000 IRR.
TEHERAN (325 km, 4 Std.), mehrmals tgl. für 260 000 IRR, VIP für 360 000 IRR.
YAZD (940 km, 10 1/2 Std.), 1x tgl. nachmittags VIP für 1,2 Mio. IRR.
ZANJAN (195 km, 3 1/2 Std.), mehrmals tgl. VIP für 360 000 IRR.

Nach BANDAR ANZALI (42 km, 3/4 Std.) mit Sammeltaxis ab dem Busbahnhof für 100 000 IRR.

Muzeh-ye Miras-e Rustaie Gilan

Nur 21 km südlich von Rasht, an der Kreuzung der Saravan-Shaft Rd. und der Autobahn nach Qazvin, befindet sich ein echtes touristisches Highlight der Region, das **Museum des bäuerlichen Erbes von Gilan**. Das weitläufige Freiluftmuseum widmet sich Gilans kulturellem Erbe, seiner Landwirtschaft und der traditionellen Bauweise seiner Wohnhäuser. In einem kleinen Waldstück sind Bauernhäuser aus den verschiedensten Gegenden Gilans liebevoll und detailgetreu nachgebaut. Dafür wurden teils ganze Häuser aus weit entfernten Dörfern Stück für Stück zerlegt und original wieder aufgebaut. Mehrere Häuser repräsentieren ein typisches Dorf in unterschiedlichen Landschaften der Provinz, von den Ebenen und Marschlanden am Kaspischen Meer über die dichten Wälder des Hinterlandes bis zu den Bergregionen des Elburz-Gebirges. Auf den großen Holzveranden wird gekocht, gewebt und gewaschen. Ein toller Einblick in das bäuerliche Leben der Provinz! ⌚ tgl. 9–16, im Sommer bis 19 Uhr, 200 000 IRR, am besten an einem Freitag kommen, dann gibt es hier einen kleinen Kunstmarkt und alle Gebäude sind offen.

Qaleh-ye Rudkhan

Etwa 48 km südwestlich von Rasht und 25 km südlich von Fuman befindet sich in einem dichten Wald die **Burgruine Rudkhan**. Erbaut wurde die Burg im 7. Jh. von der Bevölkerung des Tals zum Schutz vor den arabischen Invasoren. Im 11. und 12. Jh. bauten die Ismailiten die Festung aus und boten auch den Bewohnern der angrenzenden Täler bei Gefahr einen Zufluchtsort. Die Burg verfügt über massive Mauern, zwei Tore und insgesamt 42 Wachtürme, die alle noch intakt sind. Auf der einen Seite befand sich der

Wohnbereich, auf der gegenüberliegenden Seite waren die Soldaten stationiert. Dank der Lage im dicht bewaldeten bergigen Hochland war die Festung beinahe uneinnehmbar.

Vom Parkplatz aus geht es zuerst an einer Reihe bunter Restaurants und Souvenirstände vorbei. Sobald man den Wald erreicht, weichen sie Teebuden, die entlang des befestigten Pfades Getränke und Snacks wie frisches gilakisches Brot und Knabbereien verkaufen. Der Aufstieg durch den dichten Wald ist steil und führt über mehrere Treppen an Bachbetten entlang und über felsige Passagen hinauf zur Festung. Mit Pausen und auch untrainiert ist er in einer Stunde möglich. Festes Schuhwerk empfiehlt sich. Vorsicht bei Regen, dann werden die Steinstufen sehr glitschig und besonders der Abstieg gestaltet sich zäher als gedacht.

In der Burg gibt es einen Brunnen mit Trinkwasser und Toiletten. Es ist ratsam, nicht an einem Wochenende zu kommen, wenn Busgruppen einfallen und es sich beim Aufstieg auf dem stellenweise engen Pfad staut. ◷ tgl. 8–18 Uhr, 150 000 IRR. Am Parkplatz werden für Autofahrer zusätzlich 80 000 IRR fällig.

Übernachtungsmöglichkeiten gibt es entlang der Straße von Fuman zur Burg, wo Anwohner Häuser und Zimmer vermieten. Nahe dem Parkplatz kann man im **Jahan Hotel & Restaurant**, ✆ 013-3471 2432 und 0912-383 8216, in einem von vier einfachen Zimmern übernachten, ❶.

Anfahrt nach Qaleh Rudkhan mit dem Sammeltaxi von Rasht Richtung Fuman, von dort mit einem weiteren *savari* bis zum Parkplatz.

Masuleh

Etwa 64 km südwestlich von Rasht befindet sich in den Bergen in 1000 m Höhe von der Umwelt abgeschnitten das wunderschöne Dorf Masuleh. Die meist zweistöckigen, aus Lehmziegeln und Naturstein errichteten und mit Lehm verputzten Häuser sind auf unregelmäßigen Ebenen direkt in den Berg hineingebaut. Ein Gewirr an kleinen Gassen und Aufgängen führt zu den höher gelegenen Häusern. Die farbig bemalten Holztüren und Fenster, kleinen Balkone und Veranden mit kunstvollen Verzierungen verwandeln Masuleh in ein märchenhaftes Bilderbuchdorf und machen es zu einem Touristenmagnet in der ganzen Region. Der iranische Dichter Sohrab Sepehri (1928–1980) schrieb: „Wir kamen zum Schreiben hierher, aber Masuleh lässt sich gar nicht in Worte fassen, Masuleh muss man sehen." Sich in den Gassen dieses wundervollen Bergdorfs zu verlieren und auf einer der Terrassen mit Blick über das Dorf einen Chai zu genießen, gehört zu den schönsten Dingen, die Gilan zu bieten hat – sofern man nicht an einem Wochenende herkommt, denn dann verblasst die malerische Märchenlandschaft angesichts der Scharen von Ausflüglern.

Muzeh-ye Masuleh

Das privat geführte **Wildtiermuseum** eines Dorfbewohners richtet sich eher an Familien mit kleinen Kindern. Hier gibt es eine kleine Ausstellung mit ausgestopften Vögeln und Säugetieren aus der Region. Alle Beschriftungen sind in Farsi. Zum kleinen Museum gelangt man durch den Bazar des Dorfes und dann über eine kleine Gasse rechts. ◷ tgl. 10–14 und 16–20, im Sommer bis 22 Uhr, 20 000 IRR.

Muzeh-ye Mirase Farhangi

Im oberen Teil von Masuleh befindet sich auf der linken Seite in einem verwinkelten Haus das kleine **Dorfmuseum** mit einer liebevoll gestalteten Sammlung an alten Geräten, Münzen, Jagdwaffen und Alltagsgegenständen aus dem 20. Jh. ◷ tgl. 10–14 und 16–19 Uhr, 10 000 IRR.

Keksbäckerei

Der verführerische Duft der Dorfbäckerei wabert bereits durch den Eingang zum Bazar. Unbedingt probieren sollte man die regionalen Keksspezialitäten *agardak* (Safrankekse) und *kharkarehderidj* (ofenfrische Ingwerkekse mit Sesam), *kaka* (Kekse mit Walnuss und Safran), *asal halwa* (süßes Halwa mit Honig) und *chekereh* (süße Sesamkekse mit Honig, Rosenwasser und Walnuss) oder *kulucheh* (frittierte gefüllte Kekse). Die Bäckerei wurde von einer Frau für die Frauen in Masuleh gegründet und bietet diesen eine gut bezahlte Arbeit – im patriarchalischen Iran ist sie eine Besonderheit. ◷ tgl. 8–18 Uhr.

Das verträumte Bergdorf Masuleh ist ein Touristenmagnet in der Provinz Gilan.

ÜBERNACHTUNG

Wer nach Masuleh kommt, kann entweder eines der zahlreichen Zimmer oder Häuser entlang der Zufahrtsstraße zum Dorf buchen oder sich in einem der deutlich teureren Zimmer oder Apartments direkt im Dorf einquartieren. Für die Anreise mit dem Auto sind am Eingang des Dorfes 70 000 IRR Eintritt fällig. Es wird empfohlen, unter der Woche zu kommen, da die Preise an Wochenenden und Feiertagen sowie in der Hochsaison auf mehr als das Dreifache steigen können.

In Masuleh

Mehran Masuleh Hotel, am Weg zum Bazar auf der linken Seite, ✆ 0919-337 0188. Zwei kleine Zimmer mit Bad und Balkon direkt neben dem Restaurant Nemouneh Baradaraneh Rouhi. ❶

Navid Hotel, oberhalb vom Taha Hotel, ✆ 0936-168 1977 und 0919-576 8096. Sehr einfache Zimmer mit Bad, alten Betten und Plastikstühlen für bis zu 5 Personen, bunt zusammengewürfelten Teppichen und teils eigener Küche. ❷

Rouhi Hotel, direkt beim Eingang 3 im Dorf, ✆ 0912-602 2394. Neben dem Restaurant Nemouneh Baradaraneh Rouhi betreiben die zwei Brüder auch dieses Hotel: 4 großzügige Apartments mit Platz für bis zu 5 Personen stehen zur Miete, inkl. Küche und Bad mit iranischer und europäischer Toilette und kleinem Balkon. Von hier aus sind es nur ein paar Minuten zum Bäcker und zum Bazar. ❸

Taha Hotel, direkt beim Wildtiermuseum nach dem Bazar, ✆ 0911-132 1870. Wunderschön restauriertes altes Gebäude mit 5 Zimmern mit Blick über das Dorf und die Moschee, eigenem Bad mit iranischer und europäischer Toilette, eigener Küche, TV und Kühlschrank. In der Lobby befinden sich eine Waschmaschine zur allgemeinen Nutzung sowie Schließfächer für jedes Zimmer. ❷

Außerhalb

Wer nicht im Dorf übernachten möchte, kann in einem der zahlreichen Fremdenzimmer oder Ferienhäuser an der Straße nach Masuleh einkehren. Die Besitzer winken tagsüber mit entsprechenden Schildern am Straßenrand. Hier sind bei geschicktem Verhandeln auch Preisnachlässe möglich. Um einiges luxuriöser geht es in den Hotels Aram und Moein zu, die sich an der Hauptstraße von Fuman nach Masuleh befinden.

Aram Hotel, Masouleh Rd. in Maklavan, 6 km von Masuleh, ✆ 013-3475 3176-78 und 0912-348 7696 (Hr. Taghi Mohammadi), 💻 www.hotelaram.ir. Das Hotel verfügt über 20 Zimmer für bis zu 72 Personen und richtet sich eher an große Reisegruppen. ❷

Moein Hotel, Masouleh Rd., 3 km westlich von Fuman, ✆ 013-3473 44589, 💻 www.hotelmoein.ir, hotel.moein. Das luxuriöse und mit Abstand teuerste 5-Sterne-Hotel der Gegend mit 62 Zimmern und 2 Restaurants liegt idyllisch inmitten von Teeplantagen und Reisfeldern direkt an der Straße, die von Fuman nach Masuleh führt, und hat neben einem Pool und einem Restaurant im traditionellen Bauernhofstil auch Hallen und Salons für Veranstaltungen und Hochzeiten zu bieten, deswegen kann es hier auch mal laut werden. Frühstücksbuffet, diverse Zimmerkategorien. ❺

TRANSPORT

Sammeltaxis starten vom Yakhsazi Sq. im Westen von RASHT nach Fuman (26 km, 1/2 Std.) und kosten 80 000 IRR. Von Fuman aus geht es mit einem weiteren Sammeltaxi für 100 000 IRR nach Masuleh (34 km, 3/4 Std.).

Lahijan und Umgebung

Die kleine Stadt Lahijan, nur 44 km östlich von Rasht, ist in erster Linie für ihren Tee berühmt, bietet aber zudem eine schöne Altstadt mit gut erhaltenen Holzhäusern und kleinen Anwesen sowie einen kleinen See und das Bam-e Lahijan als Aussichtspunkt.

Muzeh-ye Tarich-e Chay-e Iran

Das **Teemuseum** in der Kashef St. widmet sich dem grünen Gold Lahijans, dem iranischen Tee, der von hier um 1900 seinen Siegeszug ins ganze Land antrat. Damals gelang es dem iranischen Diplomaten Kashef os-Sultaneh, aus Indien mitgebrachte Setzlinge zu pflanzen. Es folgten bald ganze Plantagen und die erste Teefabrik. Das Museum widmet sich dem Anbau und der Ernte, dem Servieren und der Zubereitung des mittlerweile unverzichtbaren iranischen Nationalgetränks. Im Keller befindet sich das Grabmal des 1926 verstorbenen Teepioniers. 🕒 tgl. 9–19 Uhr außer an religiösen Feiertagen, 80 000 IRR.

Bam-e Lahijan

Von diversen **Aussichtspunkten** auf dem „Dach von Lahijan" hat man einen guten Blick auf die Stadt und den See, dazu gibt es einen kleinen Vergnügungspark mit einem Riesenrad. Von hier aus startet auch die Seilbahn auf den kleinen Berg neben der Stadt, Ticket hin und zurück 220 000 IRR.

Boqeh-e Sheikh Zahed Gilani

Das **Grabmal von Scheich Zahed Gilani** aus dem 14. Jh. liegt etwas außerhalb am östlichen Stadtrand idyllisch inmitten von Teeplantagen. In ihm wurden neben Scheich Zahed, einem Berater des in Ardabil beigesetzten Sufi-Meisters Scheich Sami al-Din, zwei weitere Angehörige bedeutender Familien der Stadt zur Ruhe gebettet. Markant erhebt sich über der Grabkammer und den zwei Gebetsräumen im Inneren eine spitz zulaufende quadratische Kuppel, die mit blauen und gelben Fliesen bedeckt ist. Über eine Treppe gelangt man zum Grabmal hinauf. An der Seite laden zwei kleine Teestuben zum Verweilen ein. Abends finden sich hier die Einheimischen zum Picknick ein und genießen den Blick auf das Umland von Lahijan. 🕒 tgl. bis Sonnenuntergang, Eintritt frei, Spende willkommen.

Aramgah-e Chahar Padeshah

Am zentralen Meydan-e Vahdat befindet sich das im 13. Jh. erbaute Mausoleum der Stadt, auch **Vier-Fürsten-Mausoleum** genannt. Es heißt so, weil hier vier Lokalfürsten aus der mächtigen Familie Sadat-e-Kia begraben liegen. Zwei Eingänge führen in die Grabkammer, in der sich die kunstvoll geschnitzten hölzernen Sarkophage befinden.

Melli Park

Der Stadtpark befindet sich an der Khomeini St., Ecke Enqelab St. Wie in vielen Parks in Gilan steht auch hier der Nachbau eines typischen Gilaki-Bauernhauses mit spitzem Schilfdach. Im

Inneren werden wechselnde Ausstellungen gezeigt, etwa historische Fotografien Lahijans von 1960–1980. ⌚ frei zugänglich.

Deylaman

In den Bergen südwestlich von Lahijan herrscht deutlich kühleres und im Sommer angenehmeres Klima. Als eines der bekannten Bergdörfer ist Deylaman bei Touristen besonders beliebt. Eine Übernachtungsmöglichkeit findet sich leicht – einfach eine der vielen Nummern am Straßenrand anrufen (Farsi-Kenntnisse vorausgesetzt). Einheimische vermieten ihre Häuser *(vila)* oder Zimmer *(suite)*. Ein ganzes Haus mit drei Zimmern, Bad und Küche gibt es bereits für 800 000–1,2 Mio. IRR, je nach Verhandlungsgeschick. Entlang der Straße in die Berge laden Restaurants am Fluss ein, frische Forelle zu genießen.

Anfahrt entweder mit dem eigenem Auto oder Sammeltaxi für 150 000 IRR vom Abrisham Sq. am westlichen Stadtrand von Lahijan (60 km, 2 Std.). Die Strecke führt vom Kreisverkehr ein Stück die Straße 22 zurück nach Westen bis Bazkia Gurab und biegt dann auf die Siahkal Rd. nach Süden ab. Zuerst geht es an Reisplantagen vorbei durch die Ebene nach Siahkal und von dort über immer steilere Serpentinen in die Berge hinauf. Die letzten 6 km vor Deylaman herrscht meist dichter Nebel.

Ein beliebter Ort für einen Zwischenstopp ist der **Lonak-Wasserfall** direkt neben der Straße auf halbem Weg von Lahijan nach Deylaman, etwa 22 km südlich von Siahkal direkt an der Siahkal-Deylaman Rd. Hier gibt es auch ein Restaurant und ein paar Imbissbuden.

ÜBERNACHTUNG

Lahijan ist relativ klein und hat daher eine überschaubare Anzahl von Hotels.

Abrishami Hotel, Basij Sq., ✆ 013-4234 8650. Die erste und teuerste Wahl. Das moderne Hotel liegt direkt am See und verfügt über ein eigenes Restaurant und Parkplatz, halber Preis für die Benutzung von Pool und Sauna (statt 200 000 IRR). Zimmer mit AC, TV, Kühlschrank, vordere Zimmer mit kleinem Balkon. ❹

Arash Hotel, Shohada St., nördlich des Shohada Sq., ✆ 013-4234 3383. Kleines gemütliches familiengeführtes Hotel mit Café; 2er-, 3er- und 5er-Zimmer, die Suiten (3 Betten) mit eigener Küche und TV, alle Zimmer mit iranischer Toilette, alles sehr sauber. In einer ruhigen Seitenstraße gelegen, rückwärtige Zimmer zum Garten hinaus. Das Hotel organisiert Touren durch Lahijan und Umgebung. ❶

Lahijan Tourist Hotel, Beheshti St. am See, ✆ 013-4223 3051. Gewohnte Qualität der staatlichen Kette, wenn auch hier etwas teurer als gewohnt. Restaurant mit Seeblick und kleiner Terrasse, Frühstücksbuffet inbegriffen. Alle der geräumigen Zimmer mit Seeblick und Balkon. ❹

ESSEN

Wer Hunger hat, sollte zum See spazieren, um den sich die meisten Restaurants der Stadt verteilen und wo sich für jeden Geschmack etwas finden lässt.

Aftab Restaurant, Emam Reza Blvd., Ecke Golestan 15 St., ✆ 013-4242 6006. Fast-Food-Tempel mit breiter Auswahl an preiswerten Burgern, Sandwiches, Pizza, Döner, Hotdog und Pasta, 120 000–260 000 IRR. Gleicher Betreiber wie Mahtab Restaurant. Kein WLAN. ⌚ tgl. 12–16 und 20–24 Uhr.

Chai Bath Restaurant, Emam Reza Blvd., stadtauswärts beim Sheikh Zahed Sq., ✆ 0911-341 0638. Schöner Holzpavillon mit Garten und gemütlicher Terrasse, rustikaler Charme, viele iranische Speisen sowie Kebabs für 60 000–350 000 IRR. ⌚ tgl. 11–15.30 und 20–23 Uhr.

Mahtab Restaurant, Emam Reza Blvd., Ecke Golestan 15 St., ✆ 013-4242 6006. Backsteinromantik mit rustikaler Gilaki-Einrichtung, aufwendig dekoriert. Hier kommt sogar der Kellner in traditioneller Kleidung. Man sitzt in einem improvisierten Innenhof oder seitlich in den Galerien. Große Auswahl an *dizi*, Kebab, Fisch und traditionellen Gilaki-Gerichten ab 190 000 IRR, selbst gebackenes Brot, Livemusik. ⌚ tgl. 12–16 und 20–23 Uhr.

Vahid Restaurant, Emam Reza Blvd., ✆ 013-4242 3001. Traditionelle Speisen wie Kebab, Fisch und *shishlik* sowie diverse Gilaki-Spezialitäten, auch zum Mitnehmen – und dann am Bam-e Lahijan nach einem kurzen Aufstieg mit

Blick über die Stadt genießen. Speisen 190 000–450 000 IRR, gutes Frühstücksbuffet. ⌚ tgl. 7–24 Uhr.

TRANSPORT

Von RASHT (40 km, 3/4 Std.) erreicht man Lahijan am besten mit dem eigenem Auto oder per **Sammeltaxi** für 120 000 IRR, Abfahrt unterhalb der Pol-e Janbazan an der Kreuzung der Straßen 49 und 22. Von hier geht es auf der Straße 22 Richtung Osten über Kuchesfahan bis nach Lahijan.

Bandar Anzali

Bandar Anzali, etwa 40 km nordwestlich von Rasht, ist die wichtigste Hafenstadt der Region. Der Hafen gewann mit Beginn des 19. Jhs. und der Intensivierung des Handels mit Russland und den ehemals sowjetischen Nachbarstaaten zunehmend an Bedeutung. Heute befindet sich hier die staatliche Fischereizentrale, die vor allem die Gewinnung und den Verkauf des berühmten persischen Kaviars kontrolliert. Westlich der Stadt erstreckt sich über mehrere Kilometer parallel zur Küste des Kaspischen Meers die Süßwasserlagune **Mordab-e Anzali**. Die zwei Abflüsse der Lagune teilen den Hafen von Anzali in zwei Hälften und werden regelmäßig vom Lärm der Motorboote durchbrochen, die Touristen in das dichte Schilfdickicht der Sumpflandschaft fahren. Westlich des Hafens führt eine Promenade am Ufer entlang. Von hier gelangt man zu Fuß ins Zentrum der Stadt, zum Fischmarkt mit seinen hölzernen Fischerhäusern entlang des Kanals und zum zentralen Meydan-e Imam Khomeini.

Muzeh-ye Nezami

Am Takavaran Blvd. befindet sich die wichtigste Sehenswürdigkeit der Stadt, das **Militärmuseum** im prunkvollen ehemaligen Sommersitz der Pahlavis, dem **Mianposhte-Palast**. Das Gebäude war ursprünglich im Besitz eines russischen Kaufmanns und wurde dem Schah als Geschenk überlassen, nachdem er Gefallen daran gefunden hatte. Heute ist das Museum im Besitz der iranischen Marine. Alle Angestellten erfüllen hier ihren Militärdienst, egal ob als Gärtner oder Aufseher. Im Inneren des Anwesens gibt es eine sehenswerte Sammlung an Schiffsmodellen aus mehreren Jahrzehnten der iranischen Marine, allerlei nautische Gerätschaften sowie diplomatische Geschenke an Reza Shah aus China und Europa zu sehen. Im ersten Stock befindet sich die unangetastete prunkvolle Einrichtung der Pahlavi-Dynastie mit zwei Bädern, dem Büro des Schahs sowie dem prächtigen Esszimmer. Im zugehörigen Park sammelt sich allerlei Kriegsgerät wie Kanonen, erbeutete Militärfahrzeuge und Panzer aus dem Iran-Irak-Krieg. Auf dem Gelände ist auch ein traditionelles Bauernhaus aufgestellt, in dem man sich in gilakischer Tracht fotografieren lassen kann. ⌚ tgl. 8–13 und 16–19 Uhr, außer an religiösen Feiertagen, 300 000 IRR.

ÜBERNACHTUNG

Wer in Bandar Anzali übernachten möchte, kann aus drei Stadtteilen wählen: Im Osten der Stadt befinden sich zahlreiche teils sehr moderne Hotels direkt am Strand, im Zentrum beim Imam Khomeini Sq. und nahe dem Bazar sowie der Hafenpromenade sind Gästehäuser angesiedelt – sehr abgewohnt, aber dafür zentral und deutlich günstiger – und im Westen der Stadt Hotels, ebenfalls in Strandnähe. Ansonsten lässt sich wie in ganz Gilan üblich auch einfach ein Fremdenzimmer *(suite)* oder gleich ein ganzes Haus *(vila)* bei einem der zahlreichen Besitzer direkt an der Straße zur Stadt bzw. entlang der Straße neben dem Ghoo-Vergnügungspark mieten. Hier kann man bei geschicktem Handeln durchaus preisgünstige Unterkünfte in ähnlicher Lage wie die Hotels oder auch weiter außerhalb finden.

Östlich des Zentrums

Deniz Hotel, Abeba Blvd., Richtung Ghoo Beach, ✆ 013-4442 5831 und 013-4442 5814, 💻 www.denizhotel.ir, Instagram denizhotel1393. Sehr sauberes, modernes Hotel, verfügt über 2 Restaurants, eines davon ein großes Panoramarestaurant mit abendlicher Livemusik und wunderschöner Terrasse direkt am Strand, internationale und iranische Küche sowie Fast

DER WESTEN

Food, Frühstücksbuffet. DZ und Suiten mit Jacuzzi, sehr modern eingerichtet mit eigener Küche und Meerblick. ❺

Dolphin Hotel, Atebba St., Ghoo Beach, ☏ 013-4344 4000 und 013-4444 4001-4, 💻 www.hotel-dolphin.ir. Modernes großes Hotel in Strandnähe, fast alle Zimmer verfügen über einen großen Balkon und Meerblick, eigenes Restaurant direkt am Strand, Pool. ❻

Zentrum

Behesht Talab Hotel, südlich der Brücke Pol-e Beheshti am Rud-e Sefid, ☏ 013-451 0046. Der große Hotelkomplex auf der Halbinsel in der Lagune südlich der Stadt vermietet eigene Ferienhäuser und ist eher bei iranischen Familien beliebt. Restaurant mit großem Garten und Terrasse am Wasser, ein Teil des Restaurants ist auf einem Hausboot. Das Hotel bietet eigene Bootstouren an. Ein Ferienhaus für bis zu 6 Personen kostet 6,5 Mio. IRR.

Golesang Hotel, Khomeini Sq., ☏ 013-1424 5500. In unmittelbarer Nähe zum Hotel Hemmat, direkt am Hauptplatz, einfaches Hotel mit allem Nötigen für eine Nacht. ❷

Hemmat Hotel, Khomeini Sq., ☏ 013-4454 3844. Die Lobby zeugt noch vom Glanz vergangener Tage, ansonsten abgewohntes, aber preiswertes Hotel direkt am Imam Khomeini Sq. und daher auch laut. ❶

Iran Hotel, Motahari St. an der Ostseite der Promenade, ☏ 013-4454 2524. Direkt an der Promenade mit eigenem Café und Restaurant. Alte Zimmer, dafür mit Parkblick und inkl. Frühstück. Internet nur in der Lobby. ❷

Westlich des Zentrums

Almas Hotel, Pasdaran St., nahe am Strand, ☏ 013-4450 3995. Großes, modernes Hotel mit Restaurant und Coffeeshop im Innenhof, eigener Parkplatz auf dem Gelände. Nicht direkt am Strand. Zimmer mit TV und Klimaanlage. ❸

Anzali Tourist Hotel, Pasdaran St., am Strand, ☏ 013-4450 2511. Zimmer mit Balkon zum Meer oder zur Straße, Restaurant mit Buffet, hoteleigener Strand und Park, sehr ruhige Lage, eigener Parkplatz auf dem Gelände. ❸

Grand Hotel Kadoosan, Pasdaran St., direkt am Strand, ☏ 013-4452 3001, 💻 www.kadoosanhotel.com. Eines der wenigen Hotels, das direkt am Strand liegt, gleich neben dem Strandpark, DZ und 3–5-Bett-Zimmer, einige mit Meerblick, AC, Restaurant, Coffeeshop. Im Restaurant kann man sein Frühstück auf Takhten direkt am Strand einnehmen. ❹

ESSEN

Dank der Lage am Kaspischen Meer ist Bandar Anzali der perfekte Ort, um frischen Fisch zu genießen.

Cacooleh Restaurant, am Kreisverkehr östlich des Imam Khomeini Sq., ☏ 013-4454 5940. Die Wände sind mit Gemälden gepflastert. Pizza und günstige Sandwiches sowie Salate für 200 000–250 000 IRR. Die englische Speisekarte braucht man hier, denn man trägt die Bestellung auf einem kleinen Formblatt selbst ein. Sehr freundliches und hilfsbereites Personal. 🕒 tgl. 11–24 Uhr.

Elino Café, Imam Khomeini Sq. Frische Torten und Kuchen. Ein kurzer Zwischenstopp in dem liebevoll eingerichteten Café lohnt sich. 🕒 tgl. 9–13 und 16–23 Uhr.

Marino Restaurant, direkt an der Westseite der Brücke Pol-e Ghazian in der Nähe vom Marinemuseum, ☏ 0911-749 0020, Instagram marino_tourism. Restaurant mit großzügiger Terrasse direkt am Wasser mit schönem Blick über den Hafen, diversen Kebabs und Fisch für 220 000–300 000 IRR. Abends kann es hier voll werden. Das Lokal ist besonders bei Familien beliebt, daher entweder reservieren oder etwas Wartezeit mitbringen. 🕒 tgl. 11–23 Uhr.

Niloofar Abi Restaurant, vom Marinemuseum einfach der guten Beschilderung nach Süden zum Seitenarm der Lagune folgen, ☏ 013-4451 4100. Das auf Fisch spezialisierte Restaurant auf einer kleinen Insel in der Lagune südlich der Stadt kann nur mit dem hauseigenen Boot erreicht werden. Die kleinen Hütten für bis zu 6 Personen können für 3 Mio. IRR pro Nacht gemietet werden. 🕒 tgl. 11–24 Uhr.

Teehaus am Fischmarkt, westlich des Zentrums. Uriges Teehaus, in dem man auch Wasserpfeife rauchen kann. Mit kleiner Terrasse nach hinten raus, von der aus man das Treiben auf dem Kanal beobachten kann. 🕒 tgl. 9–22 Uhr.

SONSTIGES

Eine **Bootstour** durch die Süßwasserlagune Mordab-e Anzali gehört zu den beliebtesten Aktivitäten bei Touristen. Je nach Anbieter dauert eine Fahrt 1/2–2 Std. Preise variieren zwischen 50 000 IRR p. P. für eine kurze Tour und 250 000 IRR, an Wochenenden auch deutlich mehr. Boote starten südlich des Zentrums beim Beginn der Promenade neben dem Militärfriedhof.

TRANSPORT

Bandar Anzali verfügt über keinen eigenen Busbahnhof, die An- und Abreise erfolgt in erster Linie per **Sammeltaxis** von und nach RASHT (3/4 Std.) für 100 000 IRR.

Provinz Ardabil

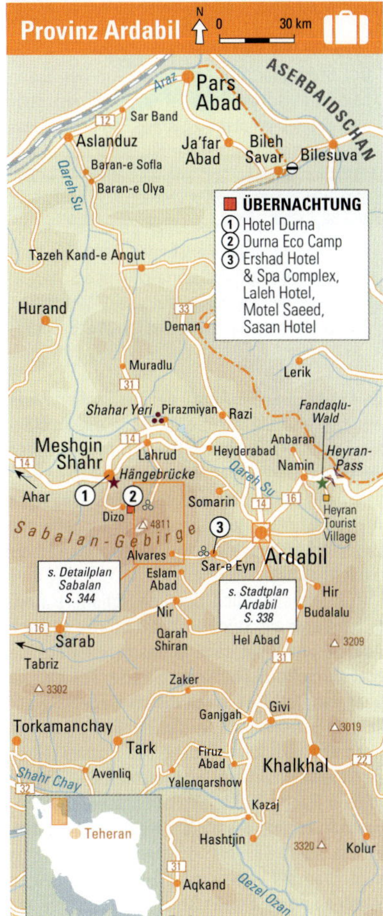

Im äußersten Nordwesten von Iran liegt das Hochland von Aserbaidschan. Ursprünglich war das gesamte Gebiet in die zwei Provinzen West- und Ost-Aserbaidschan unterteilt. Aus verwaltungstechnischen Gründen wurde allerdings der östliche Teil der Provinz Ost-Aserbaidschan, ein Gebiet von 17 800 km^2, als eigene Provinz Ardabil abgespalten. Im östlichen Hochland von Aserbaidschan gelegen, wird es hier im Sommer sehr heiß, dafür im Winter richtig kalt. Von über 40 °C bis -25 °C ist alles dabei. Im Herbst ziehen dichte Nebelfelder durch das Bergland, im Winter kann der Schnee Dörfer von der Außenwelt abschneiden.

Den Horizont bestimmt hier fast von überall her sichtbar das Gebirge des erloschenen Vulkans **Kuh-e Sabalan**, mit 4811 m immerhin der dritthöchste Gipfel (nach Damavand und Alam Kuh) in Iran und im Sommer ein beliebtes Ziel von Bergsteigern. In der Nähe des Kuh-e Sabalan sprudeln unzählige Thermalquellen. Im Kurort **Sar-e Eyn** haben sich einige öffentliche Bäder und Spa-Hotels etabliert und sind nach einer langen Wanderung der beste Ort zum Entspannen.

Die gleichnamige Hauptstadt der Provinz **Ardabil** ist mit fast 500 000 Einwohnern, die meisten davon turksprachige Azeris, heute von Land- und Viehwirtschaft geprägt und als Handelsplatz für Wolle und Teppiche in der Region von Bedeutung.

Von Rasht nach Ardabil

Von Asalem nach Khalkhal

Von der Provinzhauptstadt Rasht in Gilan führen zwei Routen nach Nordwesten: die Stra-

Grenzübergang nach Aserbaidschan

Der Grenzübertritt nach Astara auf der aserbaidschanischen Seite ist unkompliziert und geht schnell vonstatten. Wer zu Fuß unterwegs ist, sollte sich aber bei der Rückkehr nach Iran auf einen riesigen Andrang einstellen – hier ist oft mit stundenlangen Wartezeiten zu rechnen. Auf der aserbaidschanischen Seite verkehren Sammeltaxis für 20 Manat nach Baku (285 km, 3 1/2 Std.). Deutsche, Österreicher und Schweizer brauchen ein ausgedrucktes E-Visum für Aserbaidschan. Die Grenze ist tgl. 24 Std. offen.

ße 49 über Bandar Anzali am Kaspischen Meer entlang und die Straße 22 über die Ausläufer des Elburz-Gebirges. Beide Straßen treffen sich beim Dorf Punel nahe der Kleinstadt Rezvanshahr. Der direkte und schnellste Weg nach Ardabil führt von hier auf der gut ausgebauten Landstraße 22 nach Westen und über den Elburz nach Khalkhal.

Die landschaftlich deutlich schönere Route folgt erst ein Stück weit der Straße 49 nach **Asalem** und biegt dann in das Flusstal auf die kurvenreiche asphaltierte Straße 319 ab, die über das Dorf Nav durch die Weidegebiete der Talesh-Hirten hinauf in das neblige Hochland nach **Khalkhal** führt. Entlang des Flusses reihen sich kleine Teehäuser und Restaurants, die gegrillten Fisch und Maiskolben anbieten. Je höher man kommt, desto mehr Nebel hüllt die Berge des Elburz ein. Vom höchsten Punkt aus blickt man über das Wolkenmeer auf das Plateau im Westen und die Straße 31, die durch Felder und Obstgärten nordwärts nach Ardabil führt.

Von Astara über den Heyran-Pass nach Ardabil

Wer die Provinz Gilan bis zum nördlichsten Ende bereisen will, folgt der Straße 49 über die Talesh-Region entlang der Küste bis zur Grenzstadt **Astara**. Hier zweigt die Straße 16 nach Westen in Richtung Ardabil ab und führt entlang der Grenze zu Aserbaidschan neben dem Hirkan-Nationalpark 39 km durch dicht bewaldetes Gebiet und in Serpentinen hinauf zum **Heyran-Pass** (1500 m). Entlang der kurvigen Bergstraße reihen sich Teehäuser, Imbissbuden und Stände, die frischen Honig, Kleidung aus Schafwolle oder gegrillte Maiskolben verkaufen. Wer mag, kann auf halber Strecke im luxuriösen Hotel Parla übernachten, ✆ 013 4485 5205, das großzügige Doppelzimmer mit Bad, TV und Klimaanlage bietet, ❸.

Beim Pass lädt das **Heyran Tourist Village** mit Kart- und Sommerrodelbahn, künstlichem Teich und Seilbahn zu einem Zwischenstopp ein. Die Fahrt mit der Gondel auf den Gipfel lohnt allein schon wegen der Aussicht über das Wolkenmeer auf die Passstraße nach Astara, ⌚ tgl. 8–20 Uhr, 250 000 IRR hin und zurück. Auf dem Gipfel gibt es neben einem Restaurant auch ein Panorama-Café, in dem man die Aussicht bei Tee und Kaffee genießen kann.

Die letzte Etappe führt vom Pass am **Fandaqlu-Wald** vorbei, einem Haselnusswald und beliebten Camping-Ort, über 41 km nach Ardabil.

8 HIGHLIGHT

Ardabil

Die Hauptstadt der gleichnamigen Provinz liegt auf einem Plateau zwischen dem 80 km entfernten Astara an der Küste des Kaspischen Meeres und den Ausläufern des Elburz-Gebirges im Osten sowie der Gebirgskette rund um den erloschenen Vulkan Sabalan im Westen. Aufgrund der Lage in 1300 m Höhe herrscht ein kühles und regenreiches Klima, ein Segen für allerlei Formen der Land- und Viehwirtschaft und einer der Gründe, warum Kebab und Gemüse hier noch eine Spur frischer und intensiver schmecken als im restlichen Land. Die fast 500 000 Einwohner gehören überwiegend zu den turksprachigen Azeris, die eine der größten Volksgruppen in Iran darstellen.

Die Stadt wurde im 5. Jh. vom Sassaniden-König Penoz gegründet und anschließend bis ins 12. Jh. immer wieder von Arabern und Mongolen erobert und zerstört. Als Ursprungsort der Safawiden-Dynastie erlangte Ardabil mehr Bedeutung als die religiösen Stätten Qom und Mashhad. Selbst im 16. und 17. Jh., als die Hauptstädte Tabriz, Qazvin oder Esfahan hießen, blieb Ardabil das einzig wahre nationale und religiöse Zentrum der persischen Könige. In dieser Zeit erblühte die Stadt als bedeutendes Handelszentrum mit einer Vielzahl an Karawansereien und prächtigen Moscheen und wichtigster Ort für den Import europäischer Güter aus Russland und den Export von Schafen und Wolle. Durch die Lage nahe am Kaukasus war Ardabil allerdings stets der Spielball kriegerischer Nationen aus der Nachbarschaft. Über die Jahrhunderte wurde die Stadt abwechselnd von Georgiern, Osmanen und Russen erobert und von Mongolen fast vollständig zerstört. Von all den Kriegen, Feuersbrünsten und Erdbeben einigermaßen verschont geblieben und mehrfach wiederaufgebaut und erweitert ist das Herzstück der Stadt, das prächtige Heiligtum um das Grab von Scheich Safi ad-Din, dem Begründer der Safawiden-Dynastie.

Aramgah-e Sheikh Safi ad-Din

Der Schrein von Scheich Safi ad-Din ist bis heute Ziel von mehr als 100 000 Pilgern im Jahr und die Hauptattraktion der Stadt. Der charismatische Scheich gründete hier im 13. Jh. den Orden der Derwische samt Kloster. Als Oberhaupt der Safawiden formte er den Sufi-Orden zu einer internationalen Glaubensbewegung und führte in Iran die Zwölfer-Schia als Staatsreligion ein. Nach seinem Tod im Jahr 1334 errichtete sein Sohn Sadr ihm ein Grabmal, das im Laufe der Jahrhunderte immer wieder erneuert und erweitert wurde. Seit 2010 ist der Gebäudekomplex Unesco-Weltkulturerbe.

Zum Schrein gelangt man über einen Rosengarten und durch ein Tor zunächst in einen kleinen Vorhof. Rechter Hand liegt das zweistöckige **Chehel Khaneh**, in dem sich die Derwische früher, um den Geist zu reinigen, 40 Tage und Nächte aufhielten, ohne zu sprechen. Durch ein weiteres Tor erreicht man den großen, mit prächtigen blauen Fliesen geschmückten Innenhof. Auf der linken Seite befindet sich die achteckige Gebetshalle **Jannatsara** (Haus des Paradieses) mit einer Kuppel aus Ziegelsteinen von 17 m Durchmesser. Ursprünglich als eine Versammlungshalle für die Rituale der Derwische errichtet, wurde sie im späten 19. Jh. auch als Moschee genutzt.

Den Schrein betritt man schließlich über die südöstliche Seite des Hofes. Innen ist alles mit weichen Teppichen ausgelegt, daher sollte man am Eingang die Schuhe ausziehen! Über das älteste Gebäude der Anlage, **Qandil Khaneh** (Laternenhaus), mit seinen Nischen und kunstvollen Wandmalereien in Gold und Naturfarben gelangt man in den runden **Grabturm** des Scheichs. Hier beherbergen Sarkophage mit prächtigem Schnitzwerk und Einlegearbeiten Scheich Safi und seine Nachfahren. Linker Hand befinden sich zwei weitere Grabkammern, ebenfalls mit kunstvoll geschnitzten Sarkophagen für Schah Ismail, sowie das **Haram Khane**, in der die Ehefrau des Scheichs, Bibi Fatema, seine Tochter und weitere Frauen der Safawiden bestattet sind.

Das Herzstück der Anlage ist der prächtige achteckige Hauptraum **Chini Khaneh** (Porzellanhaus). Er war ursprünglich zum meditativen Tanz gedacht, wurde aber bald umgestaltet und zur Ausstellung von feinstem chinesischem Porzellan in Hunderten hölzernen Nischen genutzt. Schah Abbas spendete einen großen Teil seiner Sammlung an chinesischem Porzellan, das er vom chinesischen Kaiser als Dank für seine Bemühungen um die Sicherheit der Seidenstraße erhalten hatte. Als die Russen Ardabil 1828 einnahmen, wurden fast alle Stücke geplündert. Etwa hundert Exemplare sind heute in Russland zur Schau gestellt; der Rest ist über Museen in ganz Iran verteilt.

Außen um den Schrein herum verteilen sich Grabsteine der Märtyrer aus dem Krieg gegen das Osmanische Reich.

🕒 Di–So 8–19, im Winter bis 17 Uhr, 200 000 IRR. **Hinweis für Fotografen**: Wie an einigen Sehenswürdigkeiten in Iran sind hier Stative, professionelles Equipment und Rucksäcke mittlerweile verboten, nur mit der Kamera darf man eintreten. Alles andere muss beim Wärter am Eingang zurückgelassen werden.

Muzeh-ye Mordaomshenasi Ardabil

Das **Archäologische Museum** der Stadt befindet sich gleich neben dem Schrein, erreichbar durch einen Innenhof mit der Statue von

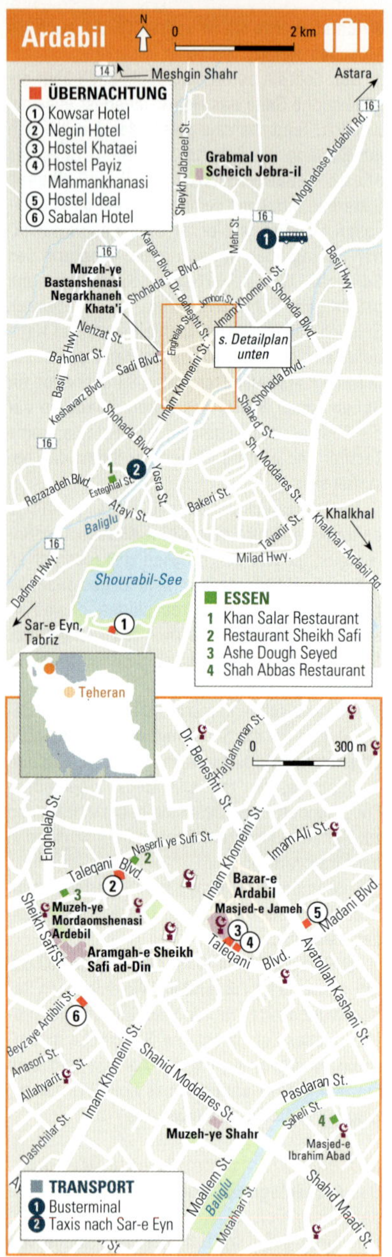

Scheich Ismail Savafi Khatai, dem Begründer der Safawiden-Dynastie in Iran. Im neu errichteten Gebäude sind auf zwei Etagen diverse Ton- und Porzellanobjekte, Münzen und Schmuck, chinesisches Porzellan aus dem Chini Khane sowie Grabsteine und Tafeln aus Shahar Yeri (S. 343), dem Schrein und der Freitagsmoschee ausgestellt, Beschriftung in Farsi und Englisch. 🕒 Di–So 8–19, im Winter bis 17 Uhr, 150 000 IRR.

Muzeh-ye Bastanshenasi Negarkhaneh Khata'i

In dem ehemaligen Hamam aus dem 14. Jh. am Sadi Blvd., schräg gegenüber der Masjed-e Aliqapu, sind Alltagsszenen mit Wachsfiguren nachgestellt. Den Hauptraum ziert ein schönes Deckengemälde. Überdies verfügt das **Ethnologische Museum** über eine Sammlung von Gebrauchsgegenständen, Waffen und Schmuck sowie ein *naqhosh-ye qhaghve khanoyeh*, ein knallbuntes Gemälde aus der späten Qadjaren-Ära, das die Szenen der Kerbala darstellt und früher in Kaffeehäusern zur Pflichtausstattung gehörte. 🕒 Di–So 8–19, im Winter bis 17 Uhr, 80 000 IRR.

Muzeh-ye Shahr

Das 80-jährige Gebäude stammt noch aus der Ära der Pahlavi. Auf zwei Etagen gibt es einen Überblick über vergangene Tage – mit allerlei Gebrauchsgegenständen, etwa alten Druckmaschinen aus Deutschland, die für den Zeitungsdruck der Stadt verwendet wurden, Kameras und Zubehör sowie alten Bildern aus der Stadtgeschichte. Die Ausstellung wird laufend erweitert. 🕒 Sa–Do 8–14 Uhr, Eintritt frei.

Bazar

Der historische, aus Backsteinen erbaute Bazar erstreckt sich in Form eines Kreuzes in vier Richtungen und stammt aus der Zeit der Qadjaren. Hier befindet sich auch die **Masjed-e Jameh**, zumindest die Überreste der einst so stolzen Moschee nach ihrer Zerstörung im 13. Jh. Vermutlich wurde diese sogar auf den Überresten eines Feuertempels der Zoroastrier aus dem 11. Jh. gebaut. Bis heute finden sich in den verwinkelten Gassen die Stände der Gewürz- und Stoffhändler.

Grabmal von Scheich Jebra-il

Nur 3 km nördlich in Kalkhoran befindet sich ein weiteres Zeugnis der Safawiden. Das schlichte, aus Ziegeln errichtete Grabmal des Vaters von Scheich Safi stammt aus dem 17. Jh., wurde über Jahrzehnte mehrfach restauriert und besteht heute aus zwei Teilen, dem zentralen quadratischen Mausoleum und dem dazugehörigen Vorbau. Der Grabturm selbst ist allerdings wesentlich älter und wurde bereits im 14. Jh. errichtet. Das Mausoleum war seinerzeit über und über mit wertvollen Teppichen und Laternen aus Gold und Silber vollgestopft. Heute zeugen nur glasierte bunte Kacheln und die ausgemalte Innenkuppel von der einstigen Pracht im Inneren. ⏲ frei zugänglich.

Shourabil-See

Etwas außerhalb des Zentrums liegt das Naherholungsgebiet der Ardabiler. Entlang des Ufers trifft man hier zu jeder Jahreszeit auf ungewohnt viele Jogger, wahrscheinlich liegt es an der gepolsterten Laufbahn. Ansonsten gibt es Tretboote, einen kleinen Vergnügungspark, Picknick- und Basketballplätze und einen Fahrradverleih: Fahrräder 100 000 IRR/Std., Tandems 200 000 IRR/30 Min. Wer sich mit dem Elektro-Caddy eine komplette Runde (7 km) um den See chauffieren lassen will, zahlt 300 000 IRR.

ÜBERNACHTUNG

Günstige Unterkünfte findet man in der Nähe des Bazars entlang der Imam Khomeini St., allerdings ist der Name „Hostel" hier irreführend, denn die Häuser sind allesamt *mosaferkhane*, also klassische Gästehäuser mit einfachen Zimmern sowie Waschräumen und WCs auf dem Gang. Einige Hotels befinden sich nahe dem Scheich-Safi-Schrein und in guter Lage zur Erkundung des Zentrums zu Fuß. Etwas außerhalb, dafür schön ruhig, übernachtet man in Hotels direkt am Shourabil-See, leider sind die meisten aber nur während der Nowruz-Ferien geöffnet.

€ **Hostel Ideal**, Ayatollah Kashani St., direkt vor der Brücke vom Madani Blvd., ✆ 045-3336 8507, 💻 www.hostelideal.ir. Von allen Hostels in Bazar-Nähe das beste in Qualität und Preis. Die Zimmer sind funktional und sehr sauber. An der Rezeption gibt es Gratis-Stadtkarten und Touren in die Umgebung zu buchen. Frühstücksbuffet im Preis inbegriffen. ❷

Hostel Khataei, Taleqani Blvd., direkt beim Bazar, ✆ 045-3333 6927 und 0912-937 1012. Gästehaus mit schmucklosen, weiß gefliesten Zimmern, TV und Heizung, aber ohne AC, dafür mit WC und Dusche. ❷

Hostel Payiz Mahmankhanasi, Taleqani Blvd., direkt beim Bazar, ✆ 045-3336 2784 und 045-3336 2732. Abgewohnt, dafür aber günstig. Unbedingt ein Zimmer nach hinten raus nehmen, die vorderen zur Straße sind sehr hellhörig. ❷

Negin Hotel, Taleqani Blvd., nur 300 m vom Schrein entfernt, ✆ 045-3323 5671. Die Zimmer mit ihrer Metallic-Pink-Tapete sind optisch nicht jedermanns Geschmack, dafür gibt es sehr gutes Frühstück und das Preis-Leistungs-Verhältnis stimmt. Eigener Parkplatz im Hinterhof. Durch die Gassen ist man in 5 Min. beim Schrein. Zimmer sehr ruhig, sofern nicht zur Straße gelegen. ❸

Sabalan Hotel, Sheikh Safi St., ✆ 045-1223 2910, 🖂 info@hotelsabalan.com. Das modernste und damit auch teuerste Hotel der Stadt, aber in unschlagbarer Lage schräg gegenüber vom Schrein. ❹

Etwas außerhalb direkt am Shourabil-See befindet sich das **Kowsar Hotel** mit einer eigenen Bungalow-Anlage. Es hat nur während Nowruz und im Sommer geöffnet. Mit seinen Spielplätzen ist das Resort die erste Wahl für Familien.

ESSEN

Ashe Dough Seyed, Taleqani Blvd., in der Nähe vom Schrein, neben der Melli Bank. Der beste Ort, um *ash-e dough* (dicke eintopfartige Joghurtsuppe mit Kräutern, Kichererbsen und viel Knoblauch) zu probieren. Hier sitzen Arbeiter neben Studenten und Familien an Holztischen. Wer noch nicht genug Knoblauch hat, kann beim Tresen nachlegen. Eine unfassbar gute Portion mit Brot kostet nur 25 000 IRR. ⏲ tgl. 10–15 Uhr.

Khan Salar Restaurant, Esteghlal St., zwischen Basis Sq. und Artesh Sq., neben der Tejarat Bank, ✆ 045-3372 3090 und 0914-351 4069. Die große Halle wirkt nicht besonders gemütlich, dafür ist das Essen weit besser als die Atmosphäre: ausgezeichnetes *gheime pichaqh* (Eintopf mit Lamm- oder Kalbfleisch) sowie *parvardeh* (Oliven in einer Walnuss-Granatapfel-Paste mit Kräutern und Gewürzen). 🕒 tgl. 11–16 und 20–23 Uhr.

Restaurant Sheikh Safi, Taleqani Blvd., schräg gegenüber vom Negin Hotel, ✆ 045-3336 6966. Kantinenartige Atmosphäre, dafür sind Speisen und Service sehr gut, man kann auch auf Takhten sitzen. Geöffnet, bis das Essen aus ist, in der Regel bis maximal 16 Uhr. Der perfekte Ort für ein schnelles Mittagessen. 🕒 tgl. 10–16 Uhr.

Shah Abbas Restaurant, im gleichnamigen Hamam in einer Seitengasse in der Nähe der Masjed-e Ibrahim Abad, ✆ 0914-956 3880. Behaglich sitzt es sich in diesem ehemaligen Hamam. In einem Nebenraum lässt sich nach dem Essen noch gemütlich eine Wasserpfeife rauchen. Speisekarte auch auf Englisch. 🕒 tgl. 10–24 Uhr.

EINKAUFEN

Naschkatzen kommen in Ardabil ganz auf ihre Kosten. Unbedingt die **Spezialität der Stadt** *halva saih ardabil* (schwarze Halva) probieren: Die zähe, zuckersüße dunkle Paste aus Mehl, Weizenkeimen, gemahlenen Nüssen, Butter, Honig und Gewürzen wird traditionell von Frauen in Ardabil als energiereiche Mahlzeit für den langen Winter hergestellt und ist monatelang haltbar. Am besten in einem der Shops entlang der Sheikh Safi St. direkt gegenüber vom Schrein besorgen. Hier gibt es auch frischen Honig in Waben und allerlei Süßigkeiten, besonders lecker: *ris*, Bonbons aus Milch und Unmengen Zucker.

TRANSPORT

Sammeltaxis und private Fahrer nach SAR-E EYN warten an der Artesh St. auf Reisende – einfach einem Taxifahrer sagen, man möchte zur „Sarein Station“, 35 000 IRR im Sammeltaxi bzw. 150 000 IRR *dar bast* (Privattaxi).

Busse

Der zentrale **Busterminal** (Terminal-e Otobus-e Ardabil) befindet sich in der Moghadase Ardabili Rd. nördlich des Zentrums.
ESFAHAN (920 km, 11 1/2 Std.),
2x tgl. nachmittags VIP für 940 000 IRR.
MASHHAD (1480 km, 16–17 Std.),
2x tgl. vormittags VIP für 1,2 Mio. IRR,
die meisten Busse stoppen auch in Rasht und Sari.
RASHT (260 km, 4 1/2 Std.), Direktverbindung um 9 Uhr, VIP für 420 000 IRR, alternativ halten die meisten Busse nach Mashhad auf halbem Weg in Rasht.
SARI (635 km, 10 1/2 Std.), mehrmals tgl.
für 400 000 IRR, VIP für 630 000 IRR.
TABRIZ (222 km, 3 1/2 Std.), mehrmals tgl.
für 120 000 IRR, VIP für 180 000 IRR.
TEHERAN (590 km, 7 Std.), mehrmals tgl.
VIP für 430 000 IRR.

Sar-e Eyn

Etwa 25 km südwestlich von Ardabil befindet sich zu Füßen des inaktiven Vulkans Sabalan der Kurort Sar-e Eyn. Bekannt ist er vor allem für seine über ein Dutzend **Thermalquellen**, denen heilende Wirkung zugeschrieben wird. In dem verschlafenen Dorf wurden innerhalb weniger Jahre mehrere Hotelkomplexe aus dem Boden gestampft, oft mit eigenen Quellen und riesigen Spa-Anlagen. So gleicht Sar-e Eyn mit seinen Leuchtreklamen, Souvenirshops und bis spät nachts geöffneten Restaurants und Bädern entlang der Hauptstraße mittlerweile eher einem schüchternen Las Vegas als einem iranischen Kurort. Die Nähe zum **Skiresort Alvares** tut ihr Übriges und lockt besonders im Winter Scharen von Iranern an, die erst durch den Schnee jagen und anschließend in den heißen Quellen entspannen. In den öffentlichen Bädern kann es daher besonders an Wochenenden und Feiertagen richtig voll werden. Wer keine Badesachen dabeihat, kann sie übrigens im Ort sehr günstig nachkaufen.

Sar-e Eyn ist berühmt für seinen Honig aus dem Bergland rund um den Sabalan.

ÜBERNACHTUNG

Vor einigen Jahren noch ein verschlafenes Dorf mit wenigen Unterkünften, hat man hier mittlerweile die Qual der Wahl: Vom günstigen traditionellen Motel aus den 1970er-Jahren bis zum modernen Hotelkomplex mit einem eigenen Thermalbad ist für jeden Geldbeutel etwas dabei.

Ershad Hotel & Spa Complex, Pehenlou St., ✆ 045-3222 2293, Spa ✆ 045-3222 1215, Restaurant ✆ 045-3222 0580, 💻 www.hotelershad.com. Modernes Hotel mit großen, sauberen Zimmern, eigenem Spa und Bad mit Sauna und Massage. ❹

Laleh Hotel, Danesh St., bei der Touristeninformation, ✆ 045-3222 2750, 💻 www.lalehhotels.com. Das Traditionshaus ist das größte Hotel vor Ort und für Reisende die erste Wahl. Direkt im Zentrum in Gehweite zu den Restaurants und Bädern in der Valiasr St. ❹

Motel Saeed, Shariati Blvd., ✆ 045-3222 5165. Motel aus den 1970er-Jahren, jedes Zimmer mit Balkon/Veranda, allerdings sind die Toiletten und Waschräume auf dem Gang. ❷

Sasan Hotel, Valiasr St., ✆ 045-3222 4830. Eines der älteren Hotels und preislich eine gute Alternative zu den Hotelkomplexen. Die Zimmer sind entsprechend abgewohnt, dafür sauber und ruhig. ❸

ESSEN

Um den Valiasr Sq. und entlang der Valiasr St. reihen sich die Restaurants, in denen man Kebab, *dizi* und *ash-e dough* probieren kann. Als schnellen Imbiss gibt es auch Döner Kebab und Sandwiches.

Adle Minaee Restaurant, direkt am Valiasr Sq., ✆ 045-3222 4755. Bekanntes Restaurant im Ort, das sich mittags und abends mit Einheimischen und Touristen füllt. Spezialität sind *dizi* und *ash-e dough* sowie eine große Auswahl an Kebabs. 🕒 tgl. 8–16.30 Uhr.

Restaurant Minaie, Valiasr St., 100 m westlich des Valiasr Sq., ✆ 045-3222 0306. Eines der ältesten und besten Restaurants im Ort. Spezialität ist *dizi*, das in Dutzenden Töpfen vor dem Lokal vor sich hin brodelt, aber auch jegliche Form von Kebab schmeckt hier besser als anderswo. Außerdem ausgezeichneter frischer Joghurt und leckere *parvardeh* – das Brot kommt frisch aus dem eigenen Ofen. Im 1. Stock kann man abends gemütlich auf dem Balkon eine Wasserpfeife rauchen. ⌚ tgl. 10–1 Uhr.

AKTIVITÄTEN UND TOUREN

Baden

Sabalan Hydrotherapy Complex, Danesh St., ✆ 045-3222 4050, 💻 www.sareincity.com. Das volle Programm: Pool, Sauna, Jacuzzi, Kaltwasserbecken – oder einfach eine eigene Badewanne mieten. Besonders bei Familien beliebt, gebadet wird wie überall im Land nach Geschlechtern getrennt, auch private VIP-Räume zu mieten. ⌚ tgl. 8–24 Uhr, Eintritt 170 000 IRR.

Sareyn Iranian Tourist & Hydrocomplex, vom Ardabil Highway kommend beim ersten Kreisverkehr, ✆ 045-3222 4950. Der Platzhirsch gleich am Ortseingang. Zwei große Hallen mit Jacuzzis, Spa, Sauna, Kinderbecken, Rutschen, künstlicher Salzhöhle, Türkischem Bad und Kaltwasserbad, freies WLAN, jede Menge Parkplätze sowie eigenes Restaurant. ⌚ tgl. 8–2 Uhr, Eintritt 200 000 IRR.

Wer es lieber traditionell mag und keine Berührungsängste hat, dem sei das öffentliche **Ab-e Garm Gavmish Goli**, Valiasr St., Ecke Danesh St., mit konstant 46 °C heißer Quelle empfohlen. Zu Stoßzeiten wird es hier richtig eng. ⌚ 13–19 Uhr nur für Frauen, 7–13 und 20–1 Uhr für Männer – an einem großen Schild ist erkenntlich, für wen gerade geöffnet ist (männlich: *mardaneh*; weiblich: *zananeh*), Eintritt 55 000 IRR.

Viele Hotels verfügen über Pools und Jacuzzis, teils mit Sauna, die man **privat mieten** kann. Hier können dann Männer und Frauen gemeinsam baden, 1,5–2 Mio. IRR/Std.

Sauna und Massagen

In den meisten Hotels und öffentlichen Bädern gibt es ausgebildete Masseure. Zur Auswahl stehen Ganzkörper-, Thai-, Reflexzonen- und Teilmassagen, abgerechnet wird in 15-Min.-Blöcken, z. B. im **Ershad Hotel & Spa Complex**, ✆ 045-3222 1215, ⌚ tgl. 8–1 Uhr, Eintritt 200 000 IRR (inkl. Badelatschen und Schließfach), Massage ab 300 000 IRR/15 Min.

Skifahren und Wandern

Nur 24 km von Sar-e Eyn entfernt befindet sich in 3200 m Höhe das Skiresort **Alvares**, Alvares Winter Sports Complex, ✆ 045-3375 0778, 📷 alvarsmehregan. Mit nur einem Sessellift und einer einfachen Piste (leichter Schwierigkeitsgrad, blau) gehört Alvares eher zu den kleineren Resorts in Iran, kann aber dafür mit dem Blick auf den mächtigen Sabalan punkten. Equipment kann vor Ort ausgeliehen werden. Weiters gibt es eine Skischule und ein kleines Restaurant. Schnee liegt in der Regel mindestens 6 Monate im Jahr von Nov–April. Im Sommer ist Alvares auch Ausgangspunkt für Trekkingtouren bei angenehmen Temperaturen und die Besteigung des Sabalan (S. 344). Nomadenstämme nutzen die umliegenden Weiden für ihre Schafe und verkaufen frischen Honig und Schafskäse. Da es im Resort keine Übernachtungsmöglichkeit gibt, empfiehlt sich ein Tagestrip mit dem Taxi von Sar-e Eyn. ⌚ Mi–Sa und Feiertage 9–16 Uhr, Eintritt 150 000 IRR, Skipass für den Lift 350 000 IRR.

Touren

Sabalan Tours, ✆ 045-3222 1960 und 0914-357 9249, 💻 www.savalangasht.com, 📷 savalangasht.iran. Inhaber Darius ist Geologe und hat den Großteil seiner Studien in Iran auf dem Fahrrad durchgeführt. Im Angebot sind Rural Tourism & Agricultural Tours im Traktoranhänger in die Umgebung von Sar-e Eyn, Trekkingtouren auf den Sabalan (2 Tage mit Akklimatisierung und Baden in heißen Quellen) sowie mehrtägige Mountainbiketouren durch den Nordwesten Irans.

SONSTIGES

Einkaufen

Entlang der Vali Asr St. reihen sich die kleinen Bazare und Geschäfte und verkaufen neben Lebensmitteln vor allem Souvenirs, Badesachen aus China und Textilien. Hier gibt es auch superwarme Kleidung aus Kamelwolle.

Bekannt ist Sar-e Eyn für seine Produkte aus der Bergregion wie getrocknete Blüten und Essenzen und vor allem **Honig**, den es an fast jeder Ecke und oft gleich in ganzen Waben zu kaufen gibt. Am besten schmeckt er mit dem lokalen Brot *fatir* und frischem Rahm – viele Hotels bieten die Kombination zum Frühstück an.

Informationen

In dem kleinen Häuschen der **Touristeninformation** in der Danesh St. neben dem Hotel Laleh gibt es ein paar Broschüren und Prospekte zu Unterkünften und Bädern sowie Aushänge zu Ausflugszielen. ⌚ tgl. 8–18 Uhr.

TRANSPORT

Sar-e Eyn verfügt über keinen Busbahnhof. Vom Danesh Sq. geht es nur mit dem **Sammeltaxi** wieder zurück nach ARDABIL oder per Geländewagen weiter in die Berge zum Skiresort Alvares bzw. für die Besteigung des Sabalan weiter zum Dorf Chaigozi (S. 345).

Von Ardabil nach Westen

Von Ardabil führt die Straße 14 über einen zuerst gut ausgebauten Highway nach Norden bis Heyderabad und anschließend in einem Bogen um das Sabalan-Gebirge nach Westen durch das Weideland der Shahsavan-Nomaden. Etwa 30 km hinter Heyderabad zweigt ein holpriger Feldweg zum Dorf Pirazmiyan ab. Nach weiteren 2 km weicht er auf den letzten hundert Metern der befestigten Zufahrt aus Steinplatten zur Ausgrabungsstätte **Shahar Yeri**. Auf dem Gelände neben dem Fluss Qarah Su befinden sich die 4000 Jahre alten Überreste einer Festung und dreier Tempel; einige Funde gehen sogar auf eine 8000 Jahre alte Siedlung aus dem Neolithikum zurück. Am seltsamsten sind allerdings die 300 Stelen, die in mehreren Reihen auf den Überresten eines Tempels 500 m südlich der Festung aufgestellt sind. In die bis zu 2 m hohen Steinplatten sind stilisierte Gesichter mit Haaren, Armen und Schwertern, aber ohne Mund eingraviert. Nur eines der Gesichter, vermutlich das einer Frau, besitzt einen Mund. Historiker vermuten, dass die Stelen vor 3500 Jahren von den Bewohnern für religiöse Riten verwendet wurden. Möglicherweise hatte dabei unter den Gläubigen nur eine das Recht zu sprechen.

Vor dem Ort Lahrud, 8 km westlich von Pirazmiyan, teilt sich die Strecke und zweigt rechts auf die Straße 31 nach Norden in Richtung der Grenze von Aserbaidschan ab; links geht's weiter westwärts nach Meshgin Shahr und Richtung Ahar in der Provinz Ost-Aserbaidschan.

Lahrud gilt als Ausgangspunkt für alle Nordrouten zur Besteigung des Sabalan. Von hier gelangt man entweder zu Fuß oder per Taxi zu den Thermalquellen von Shabil und Ghotur Su und weiter hinein in das Sabalan-Gebirge (S. 344).

Wer in der Gegend hängen bleibt, übernachtet am besten in **Meshgin Shahr**, wo es einige Hotels gibt, darunter das **Hotel Durna**, Sa'di St., Ecke Shahid Bakeri St., mit einfachen, aber sehr sauberen Zimmern, ✆ 0933-954 7214, 💻 www.irdss.com, ❷. Hier können über die **Durna Sun Seir Tour & Travel Agency**, ✆ 045-3252 5716, 💻 www.en.irdss.com, auch mehrtägige Touren auf den Sabalan, durch den Shirvan-Canyon oder zu den Thermalquellen der Umgebung gebucht werden. In Meshgin Shahr lohnt ein Besuch des Grabmals von Scheich Haidar, einem der Führer des von Scheich Safi in Ardabil gegründeten Sufi-Ordens. Der von Arkaden umgebene Grabturm stammt aus dem 15. Jh. und ist frei zu besichtigen.

Am südlichen Stadtrand überspannt die berühmte 365 m lange **Hängebrücke** in 80 m Höhe den Fluss Khiyav mit kleinem Freizeitpark, Cafés und Souvenirshops. Ganz Wagemutige können sich 1 km weiter südlich auch auf einer 700 m langen und 120 m hohen **Zipline** über das Flusstal schwingen, ⌚ 9–18 Uhr, 300 000 IRR.

Wer genug von Hotelübernachtungen hat, kann am Fuße des Sabalan 23 km südlich von Meshgin Shahr in der Nähe des Dorfes Dizo im **Durna Eco Camp** in gemauerten Jurten oder Nomadenzelten (ab 3,2 Mio. IRR) übernachten. Die Jurten verfügen über ein eigenes Bad und eine kleine Küche, Schlafplätze gibt's für bis zu sechs Personen, auch ein traditionelles Restaurant ist vorhanden. Gebucht wird direkt vor Ort. Nur wenige Minuten zu Fuß befindet sich außerdem das Thermalbad Sabalan.

Wandern im Sabalan-Gebirge

- **Länge:** je nach Route 13–20 km
- **Dauer:** 1–2 Tage
- **Schwierigkeitsgrad:** leicht bis moderat; wer die komplette Route wandert, sollte aufgrund der Höhe (über 4000 m) etwas Kondition mitbringen und eine Nacht zur Akklimatisierung in der Schutzhütte auf 3700 m verbringen.
- **Ausrüstung:** feste Bergschuhe, warme Kleidung und Schlafsack (im Sommer kann es nachts 2 °C und kälter werden), Zelt, ausreichend Verpflegung und Wasser, Gaskocher, Sonnenschutz, evtl. Badesachen. Hiking-Apps mit Offline-GPS wie wikiloc erleichtern die Orientierung

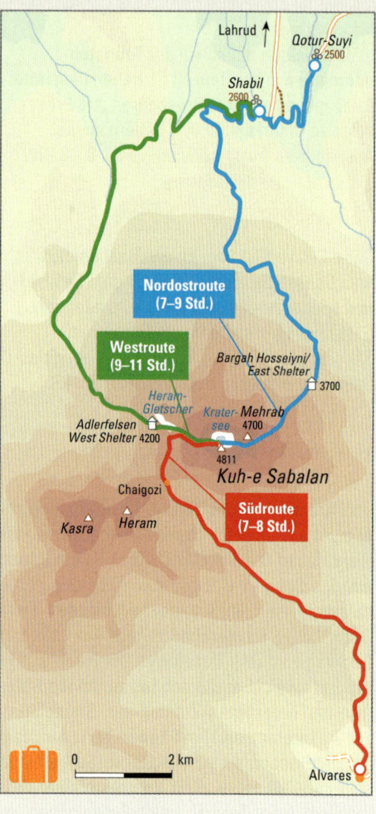

Die Besteigung des inaktiven Vulkans **Kuh-e Sabalan** mit seinem berühmten Kratersee in 4800 m Höhe ist bei Einheimischen wie Touristen gleichermaßen beliebt. Aufgrund erhöhten Niederschlags sind die Hänge rund um den Sabalan wichtiges Weideland der Shahsavan-Nomaden. Die Sommerweiden für ihre Herden reichen bis 3800 m hinauf, und ihre Quartiere mit den charakteristischen runden Filzzelten *(alachiq)* finden sich im gesamten Gebiet. Die Umgebung des Sabalans ist außerdem geprägt von heißen Mineralquellen *(ab-e garm)*, deren warmem schwefelhaltigem Wasser heilende Wirkung nachgesagt wird. Oberhalb von 4000 m ist es allerdings so kalt, dass sich hier auch im Sommer sieben Gletscher und einige Schneefelder halten und der Kratersee außer im Juni und Juli zugefroren ist. Zum Gipfel des Sabalans führen drei Routen.

Die Routen

Nordostroute (7–9 Std.): Die einfachste und beliebteste Route führt von der Stadt Lahrud im Norden an den Thermalquellen von Shabil (2600 m) vorbei nach Süden und durch das Gebiet der Shahsavan-Nomaden, dann den gut sichtbaren Pfad in 3–4 Std. (leicht bis moderat) hinauf zur Schutzhütte (Bargah Hosseyni/East Shelter) auf 3700 m. Alternativ kann auch bei den Quellen in Qotur-Suyi (2500 m) gestartet werden, der Aufstieg zur Schutzhütte führt durch das malerische Tal von Qotur-Suyi vorbei an Wasserfällen und dauert etwa eine Stunde länger. Anschließend erfolgt die technisch einfache Aufstiegsroute von der Schutzhütte über den Ostrücken des Berges in 4–5 Std. (moderat) bis zum Gipfel auf 4800 m.

Westroute (9–11 Std.): Sie führt von den Quellen von Shabil nach Westen durchs Tal zwischen den Nebengipfeln Kasra und Heram in 7–8 Std. (leicht bis moderat) zur kleineren Hütte (West Shelter) beim Adlerfelsen auf 4200 m und dann in 2–3 Std. (moderat bis schwer) mit einigen Kletterpassagen und Querung des Heram-Gletschers zum Gipfel.
Südroute (7–8 Std.): Die schwierigste Route führt vom Dorf Alvares mit seinem Skiresort über einen steinigen Nomadenpfad zum Dorf Chaigozi und dann in 7–8 Std. (moderat bis schwer) zum Gipfel, technisch anspruchsvoll und mit einigen felsigen Kletterpassagen. Vom Kurort Sar-e Eyn verkehren im Sommer auch Geländewagen nach Chaigozi.

Aufstieg über die Nordostroute

Tag 1: Von Shabil zum East Shelter (3–4 Std.)

Von **Shabil** (2600 m) aus geht es entlang der blauen Pylone der Seilbahn 8 km und etwa 1100 Höhenmeter zur Schutzhütte auf 3700 m. Hier durchquert man das Gebiet der Shahsavan-Nomaden, die von Juni–Aug mit ihren Herden und Hütehunden in ihren Sommerlagern in Rundzelten an den Hängen des Sabalan leben. Nach einer Weile erreicht man die Schotterstraße, die auch die Geländewagen befahren, und gelangt von hier direkt hinauf zur **Schutzhütte** (East Shelter).
In den Sommermonaten sind besonders am Wochenende zahlreiche Wanderer unterwegs und Schlafplätze in der Hütte in der Regel ausgebucht. Dann sollte man es den Iranern gleichtun und für die Übernachtung ein **Zelt mitbringen**. Da nachts von 21–3 Uhr ein Generator lärmt, empfiehlt es sich, in einigem Abstand zur Hütte zu campen. Wer wenig Zeit hat und direkt zum Gipfel will, kann in Shabil auch in einen der wartenden **Geländewagen** springen (200 000 IRR p. P. oder 1,2 Mio. IRR *dar bast)* und ist in 50 Min. oben bei der Hütte. Alternativ kann auch nur das schwere Gepäck vorausgeschickt werden, sodass man die Etappe mit leichtem Rucksack wandert.
Wer die komplette Route von Lahrud wandert, kann in Shabil auf halber Strecke in Containerhütten übernachten (700 000 IRR p. P.) und am nächsten Tag zur Schutzhütte aufbrechen.

Tag 2: Vom East Shelter zum Gipfel (4–5 Std.)

Für die zweite Etappe, die eigentliche Gipfelbesteigung, empfiehlt es sich, sehr früh aufzubrechen. Die ersten Bergsteiger starten bereits um 3–4 Uhr; der Großteil der Wanderer verlässt gegen 5–6 Uhr das Gebiet um die Schutzhütte. Der Pfad mit einigen felsigen Abschnitten ist auch bei schlechtem Wetter gut sichtbar und in der Hauptsaison mit orangefarbenen Fähnchen markiert. Von der Schutzhütte geht's einen Hang hinauf, anschließend folgt das steilste Teilstück hinauf zum **Vorgipfel Mehrab** auf 4700 m. Die letzte Etappe führt über ein Plateau, auf dem sich auch im Sommer Schneefelder halten. Auf dem Gipfel wird die Anstrengung mit dem Anblick des tiefblauen Kratersees und der Aussicht vom Kraterrand auf die umliegenden Gletscherfelder belohnt. Der Abstieg zur Schutzhütte dauert etwa 3–4 Std. Hier warten Geländewagen für die Rückfahrt nach Shabil.
Wer **Badesachen** mitbringt, kann nicht nur einen Sprung ins 8–10 °C kalte Wasser des Kratersees wagen, sondern nach den Strapazen auch in den warmen **Thermalquellen** in Shabil oder Qotur-Suyi entspannen, ⌚ tgl. 9–20 Uhr.

Praktische Hinweise

Für alle Routen sollte man **mit Übernachtung** zwei Tage einplanen. Die einfachere Nordostroute lässt sich auch an einem Tag schaffen, sofern man sich morgens mit einem Geländewagen direkt zur Schutzhütte bringen lässt.
Die **beste Zeit zum Wandern** ist von Juni–Sep. Dann sind besonders an den Wochenenden zahlreiche Wanderer unterwegs und in den Hütten alle Schlafplätze ausgebucht. Außerhalb der Hauptsaison ist eine Besteigung zwar möglich, aber unbedingt mit entsprechender Ausrüstung, um die Schnee- und Eisfelder zu überqueren, und in Begleitung eines ortskundigen Führers.
Die **Ardabil Mountaineering & Sport Climbing Commision**, Takhti Sport Complex, Helal Ahmar St., Ardabil, ✆ 045-3323 7661, hilft bei der Buchung von Schlafplätzen in den Schutzhütten.

Touranbieter

Hamid Shafaghi, ✆ 0935-8505 037, 💻 www.iranclimbingguide.com, ist zertifizierter Bergführer und hat viel Erfahrung. Neben mehrtägigen Trekkingtouren auf den Sabalan (3-Tage-Tour mit Übernachtung in Schutzhütte und Bad in Thermalquellen) oder auf den Damavand (S. 412) bietet er auch Skitouren und Kletterkurse in Fels und Eis.

Provinz Ost-Aserbaidschan

Mit einer Fläche von knapp 48 000 km^2 und rund 4 Mio. Einwohnern grenzt die Provinz Ost-Aserbaidschan im Norden an Aserbaidschan, Armenien und die Autonome Republik Nachitschewan. Das Gebiet liegt im östlichen Teil des Aserbaidschan-Plateaus. Der höchste Punkt ist der über 3700 m hohe **Kuh-e Sahand**. Der Großteil der Bevölkerung gehört zu den Azeris, die neben Persisch eine eigene aserbaidschanische Sprache sprechen. Zu den sehenswerten Städten zählen neben der Provinzhauptstadt **Tabriz** die Städte **Jolfa** und **Maragheh**.

Von Tabriz aus lohnt ein Tagesausflug in das Bergdorf **Kandovan**, in dem die Bewohner seit dem 13. Jh. in kegelförmigen Felsbauten leben. Zu den berühmtesten Festungen der Region gehört zweifelsohne die **Qaleh-ye Babak**, die in 2600 m Höhe auf einem Felsrücken thront.

9 HIGHLIGHT

Tabriz

Die Provinzhauptstadt Tabriz liegt in etwa 1340 m Höhe an einem Abhang des Kuh-e Sahand. Das trockene Klima macht die Sommer hier etwas angenehmer als im übrigen Land, dafür sind die Winter deutlich kälter und von eisigen Winden geprägt. Die Stadt ist eines der wichtigsten wirtschaftlichen und kulturellen Zentren des Nordwestens. Die fast 1,6 Mio. Einwohner sind mehrheitlich azeri-türkischer Abstammung. Auch die aserbaidschanische Küche unterscheidet sich vom restlichen Land. Zu den Spezialitäten gehören *kufteh tabrizi* (ein mit Ei und Datteln gefüllter Fleischkloß) und *dolmeh* (mit Fleisch, Knoblauch und Gewürzen gefüllte Weinblätter).

Tabriz bietet eine Fülle an Sehenswürdigkeiten: Neben der alten Stadtfestung und der wunderschönen Blauen Moschee ist v. a. der Bazar der Stadt wegen seiner Teppiche weltberühmt.

Die Stadt ist gut angebunden durch den Highway nach Teheran und die Bahnstrecken, die ins nördliche Jolfa und ostwärts nach Teheran und Mashhad führen.

Geschichte

Die Gründung der Stadt geht wahrscheinlich auf die Sassaniden zurück, sie könnte aber, je nach Quelle, auch deutlich älter sein. Womöglich gab es hier im 8. Jh. v. Chr. bereits eine Festung. Im Jahr 1208 wurden Tabriz und die umliegenden Gebiete zeitweise vom Königreich Georgien erobert. Während der Herrschaft der Ilkhaniden (1256–1336) wurde Tabriz vorübergehend zur Hauptstadt. Auch die Safawiden erklärten die Stadt zu ihrem Regierungssitz, bis Schah Tahmasp I. diesen nach Qazvin verlegte. Während der Dynastie der Qadjaren im 18. Jh. war Tabriz Residenz des Kronprinzen. Zahlreiche der einst bedeutenden Bauwerke aus jener Zeit fielen mehreren verheerenden Erdbeben zum Opfer. Im 19. und 20. Jh. war Tabriz immer wieder von russischen und osmanischen Truppen besetzt.

Masjed-e Kabud

Nur ein paar Schritte vom Ost-Aserbaidschan-Museum entfernt erhebt sich prachtvoll die **Blaue Moschee**. Erbaut wurde sie während der Dynastie der Qara Qoyunlu, einer turkmenischen Stammesföderation, die bis Ende des 15. Jhs. über weite Teile des heutigen Aserbaidschans, Georgiens, Armeniens, Ostanatoliens, Iraks sowie die nordwestlichen Teile Irans herrschte. Unter Sultan Jahan Shah begonnen und unter

Grenzübergang nach Armenien

Der Grenzübertritt erfolgt zu Fuß von **Norduz** auf der iranischen Seite nach Agarak in Armenien und geht schnell und unkompliziert. Es wird empfohlen, einen Bus von Teheran (1145 km, 17–18 Std.) für 1,8 Mio. IRR oder von Tabriz (515 km, 10–11 Std.) für 1 Mio. IRR direkt nach Yerevan (Jerewan) zu buchen, da der Grenzübergang sich im Niemandsland befindet und von dort keine Sammeltaxis oder Minibusse zur nächsten Stadt verkehren.

Aufsicht seiner Tochter um 1465 beendet, fielen Tabriz und die Moschee bald den Osmanen in die Hände. Viele Devotionalien aus dem Inneren wurden nach Istanbul verschleppt, und was die Besatzer heil ließen, verwüsteten mehrere Erdbeben vom 16. bis 18. Jh. schwer, am schlimmsten das große Beben von 1780. Erst unter den Pahlavis im 20. Jh. wurde die Moschee langsam wieder aufgebaut und die vielen prächtigen Motive und Kalligrafien im Inneren wieder hergestellt. Der Grundriss der aus gebrannten Ziegeln errichteten Moschee in Form eines Ts ist sehr ungewöhnlich für iranische Moscheen und spiegelt den osmanischen Einfluss wider. Im Zentrum steht ein von gangartigen Seitentrakten umgebener wuchtiger Kuppelsaal, der sich nach Süden hin in das Mausoleum der Moschee öffnet. Den wundervollen Dekorationen und strahlend tiefblauen Fliesenmosaiken verdankt die Moschee ihren Namen. ⌚ tgl. 9–17.30 Uhr, 150 000 IRR.

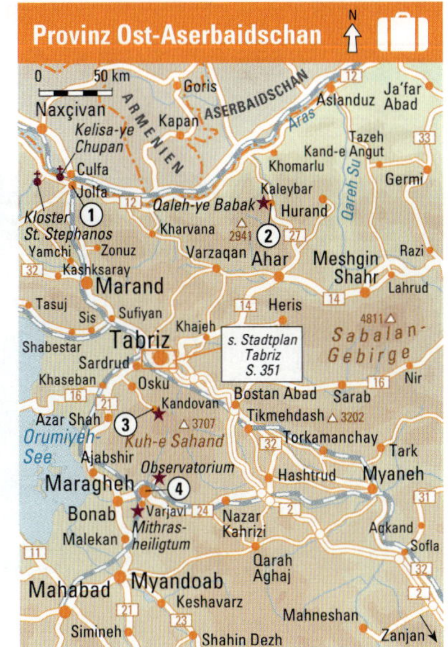

Muzeh-ye Azerbaijan-e Sharq

Das im Jahr 1962 errichtete **Ost-Aserbaidschan-Museum** gehört zu den größten Museen des Landes. Auf fast 3000 m² verteilen sich über drei Stockwerke rund 4600 archäologische und ethnologische Exponate, darunter Töpferkunst und Bronzearbeiten, die bis ins 5. Jahrtausend v. Chr. zurückreichen. Ein eigener Flügel widmet sich ausschließlich historischen Münzen. Ausstellungen über Jahrtausende iranischer Kunstgeschichte, von den Achämeniden bis zu den Qadjaren, komplettieren den Streifzug. Sehenswert sind auch die Bronzeskulpturen von Ahad Hosseini. ⌚ tgl. 9–17.30 Uhr, 200 000 IRR.

Rathaus und Stadtmuseum

Das geradezu palastartige Rathaus der Stadt, **Emerat-e Tarikhi Shardari**, am Sa'at Sq. wurde 1933 errichtet und lässt eindeutig den Einfluss russischer Architektur erkennen. Der markante Sa'at-Uhrturm, der das Gebäude überragt, ist schon von Weitem sichtbar und erfüllt die Umgebung zu jeder vollen Stunde mit für Iran ungewohntem Glockenschlag. Einen Besuch lohnt das **Stadtmuseum** im Kellergeschoss. Hier finden sich verschiedene Exponate aus der Pahlavi-Ära, neben Gebrauchsgegenständen und alten Bildern auch die Löschausrüstung der städtischen Feuerwehr und diverse Handwerkskunst. Unbedingt einen Blick in die Teppichhalle im ersten Stock werfen! Hier sind neben riesigen Teppichen (der größte misst über 100 m²), die die Stadtverwaltung bei den berühmtesten Teppichknüpfern von Tabriz in Auftrag gab, auch der größte hängende Wandteppich zu bestaunen. An der Westseite des Gebäudes steht übrigens das erste Taxi von Tabriz, ein schwarzer Mercedes. ⌚ Sa–Do 9–18, Fr 9–13 Uhr, Eintritt frei.

Khaneh-ye Salmasi und Muzeh-ye Sanjesh

In den renovierten Räumen des Anwesens mit seinen wunderschön bemalten Wänden und qadjarischen Kaminen befindet sich das **Muse-**

Kleine Teppichkunde

© TOBIAS DANZ

Tabriz ist weltbekannt für seine Teppiche. Deren **Qualität** ergibt sich aus der Anzahl der Knoten auf einer Fläche von 7 x 7 cm *(raj)*: >50 ist sehr gut, 35–50 Knoten entsprechen mittlerer Qualität. Auch die Anzahl der Farben (über 40 verschiedene) sowie die Verwendung von teurer Seide für Elemente im Teppich und für die Fransen *(nagh)* sind Qualitätsmerkmale. Der Hauptunterschied von maschinell gefertigten Teppichen besteht in der Anzahl der Farben (max. 10) und den gut sichtbaren einfarbigen Hilfsfäden, mit denen die maschinellen Knoten verbunden sind. Andere Teppiche, z. B. aus Esfahan, rechnen die Anzahl der Knoten in einem 1 x 1 cm großen Feld. Hier werden z. T. Teppiche komplett aus Seide gewoben. In Tabriz dagegen wird fast ausschließlich Wolle verwendet, die viel widerstandsfähiger ist.

Wandteppiche mit aufwendigerem Design haben je nach Größe unterschiedliche Namen: Parde (2 x 3 m), Galiche (2 x 1,50 m), Zarnim (1 x 1,50 m), Pushtih (60 x 90 cm) oder Galim (30 x 60 cm).

Ein weiterer Unterschied zwischen den einzelnen **Teppichzentren** (Tabriz, Esfahan, Kerman, Kashan, Qom, Hamadan, Araj, Shiraz, Mashhad) ist die Webtechnik. Die besten Teppiche in Qualität und Design kommen aus Tabriz und Esfahan, hier verwenden berühmte Teppichweber ausschließlich natürliche Farben. Die fertigen Produkte sind aber exorbitant teuer, da die Herstellung großer Teppiche mehrere Jahre dauern kann.

um für Messinstrumente. Hier hängt auch der erste Petroleumleuchter der Stadt. Zur Ausstellung gehören diverse prächtige französische und deutsche Uhren aus dem 17.–18. Jh., von kleinen Taschenuhren bis zu barocken Standuhren, die alle auf zehn nach zehn gestellt sind, dem Ende des Zweiten Weltkriegs. Im Kellergeschoss befinden sich Waagen und Gewichte sowie historische Bilder von der Restaurierung des Gebäudes. Im Nebentrakt sind ein Brutkasten aus Deutschland sowie diverse andere Messgeräte ausgestellt. Im Garten des Anwesens steht zudem ein über 4 Mio. Jahre alter versteinerter Baumstumpf. 🕒 Sa–Do 9–14.30 Uhr, 150 000 IRR.

Campus der Kunstuniversität

Auf dem mit Abstand schönsten Universitätscampus im Land sind liebevoll restaurierte historische Häuser aus dem 19. Jh. versammelt, die als Fakultätsgebäude dienen. Neben dem reich verzierten **Khaneh-ye Behnam** gehören dazu das **Khaneh-ye Ganjei Zadeh**, das **Khaneh-ye Qaddafi** und das **Khaneh-ye Sadaqian**. ⌚ tgl. 8–18 Uhr, außer an religiösen Feiertagen, Eintritt für Besucher 200 000 IRR.

Arg-e Ali Shah

Vom zentralen Sa'at Sq. sind es nur wenige 100 m in Richtung Westen entlang der Imam Khomeini St., bis man die massiven Mauern der **Stadtfestung** Arg-e Ali Shah erreicht. Von der einst mächtigen Zitadelle, die eigentlich eine Moschee ist, sind allerdings heute nur die zwei Tore der Frontseite und der in die Mauer eingefasste Turm erhalten. Schon der Bau der Festung 1318–1339 stand unter keinem guten Stern: Das Dach stürzte kurz vor der Fertigstellung ein. In den Russischen Kriegen Anfang des 19. Jhs. erinnerte man sich an die Trutzburg und baute sie schnell zum Militärstützpunkt und zur Kanonenfabrik für die iranische Armee aus. Als die Russen Tabriz im Jahr 1911 einnahmen, bebten die Mauern unter dem heftigen Artilleriebeschuss. Während der Herrschaft der Pahlavis und nach der Islamischen Revolution wurden große Teile der Festung schließlich abgetragen und wichen einem Park und der monströsen **Masjed-e Imam Khomeini Mosalla** in unmittelbarer Nachbarschaft.

Bazar-e Tabriz

Der historische Bazar von Tabriz gehört zu den ältesten und größten vollständig überdachten Bazaren im Mittleren Osten und ist Unesco-Weltkulturerbe. Als Tabriz im 13. Jh. Hauptstadt des Safawiden-Reichs war, erlebte der Bazarkomplex eine Blütezeit und war eine der wichtigen Handelsstationen an der Seidenstraße. Heute gilt er mit seinen über 7000 Geschäften, den mit Ziegelmauerwerk verbundenen Bauten und langen Arkadengängen als einer der schönsten im ganzen Land. In den zweistöckigen großen Innenhöfen, den *saras*, werden die Waren gelagert. Sehr sehenswert sind auch die sogenannten *timchas* der Teppichhändler, überdachte Gewölbe mit verwinkelten Gängen und Räumen. Neben der Bedeutung für den Handel ist der Bazar ein wichtiges soziales und kulturelles Zentrum. Auf der gesamten Fläche gibt es drei Bibliotheken, fünf Schulen, fünf Bäder und über 28 verschiedene Moscheen – am schönsten ist die Masjed-e Jameh an der Westseite des Bazars.

Masjed-e Jameh

Die **Freitagsmoschee** im westlichen Teil des Bazars ist mit ihrer Gebetshalle und den Ziegelgewölben ein beliebtes Motiv für Fotografen und definitiv einen kurzen Besuch wert.

Khaneh-ye Mashruteh

Nördlich des Bazars von Tabriz befindet sich das **Haus der Verfassung**, auch als Khaneh-ye Mashruteh bekannt. Das zweistöckige Anwesen wurde 1868 vom reichen Kaufmann Haj Mehdi Kuzekonani errichtet. Im Zuge der Konstitutionellen Revolution 1905–1911 wurde Haj Mehdi zu einem der wichtigsten Geldgeber der von westlich orientierten Kaufleuten, Handwerkern, Aristokraten und einigen Geistlichen getragenen liberalen Revolution. Die sehenswerte Ausstellung im Inneren widmet sich ausführlich den Ursachen und Hintergründen sowie dem Verlauf der Revolution und ist auch vielen Iranern großteils unbekannt. Beschriftung in Englisch und Farsi. ⌚ tgl. 9–17.30 Uhr, 150 000 IRR.

Masjed-e Saheb-ol Amr

Die Moschee aus safawidischer Zeit wurde zweimal komplett zerstört, erst von den Osmanen und dann durch ein Erdbeben. Einst suchte hier eine Opferkuh Zuflucht und wurde aus Respekt verschont. Das kleine **Museum für Korane und Kalligrafie** enthält u. a. ein sogenanntes Eid-Hemd mit sämtlichen Koranversen, das in der Qadjaren-Ära für das Leisten von Schwüren verwendet wurde. Normalerweise wird ein Wunsch oder Schwur mit einem meist grünen Tuch ans Grabmal eines Schreins gebunden, nur in dieser Moschee wurden statt der Tücher Gesichter aus Metall verwendet. Die schwere Eingangstür zum Hauptsaal ist mit Hunderten dieser Metallgesichter beschlagen, die von Gläubigen mit ihren Wünschen und Bitten versehen wurden. Der letzte Wunsch stammt von einer alten Dame und wurde vor einigen Jahren auf der rechten Seite am Rand angebracht (das einzige Gesicht aus hellem Kupfer).

Die umfangreiche Kalligrafiesammlung umfasst neben Koranen und Schriften berühmter Schreiber und Kalligrafen des 14.–16. Jhs. auch eine Reihe von Schreibutensilien. Beschriftung in Englisch und Farsi. ⌚ tgl. 9–18 Uhr, Eintritt frei.

Muzeh-ye Sofal

Im **Töpfereimuseum** nördlich des Stadtzentrums gibt es eine dauerhafte Ausstellung über den Prozess des Töpferns und Werke bedeutender Künstler. Im Innenhof in der Werkstatt kann man bei der Arbeit zuschauen oder selbst aktiv werden und in einem Workshop das Töpfern erlernen. ⌚ tgl. 9–18 Uhr, 150 000 IRR.

Maghbarat al-Shoara

Das im Jahr 1970 errichtete **Mausoleum der Dichter** ehrt eine Reihe klassischer und zeitgenössischer Dichter, Mystiker und Wissenschaftler. Im dazugehörigen Park befinden sich Büsten mit dem Konterfei der Dichter. ⌚ tgl. 9–18 Uhr, 100 000 IRR.

Gleich nördlich vom Mausoleum befindet sich das **Imamzadeh-e Seyyed Hamzeh**. Der Schrein mit seinem markanten Minarett aus dem 14. Jh. und den reich verzierten Spiegelornamenten im Inneren ist bis heute ein wichtiger Pilgerort.

Khaneh-ye Amir Nezam

Die ehemalige Residenz des Gouverneurs von Aserbaidschan stammt aus dem frühen 19. Jh. Im Anwesen mit seinem schönen Park ist das sehenswerte **Qadjaren-Museum** untergebracht. Neben einer ganzen Reihe an Münzen, Briefmarken, Schmuck, Spiegeln, Vasen, Porzellan und atemberaubend schönen Glasbehältern gibt es auch ein Musikzimmer mit Instrumenten, ein Zimmer mit qadjarischen Möbelstücken sowie einen Keller, in dem u. a. die Gedenktafel anlässlich der Krönung von Schah Mozaffar Eddin ausgestellt ist, eine Waffenkammer und eine Kleiderkammer. Beschriftung auf Englisch und Farsi. ⌚ tgl. 9–17.30 Uhr, 150 000 IRR.

Muzeh-ye Musighi

Das privat geführte **Musikmuseum** in der Karbasi Alley, ✆ 0912-102 2819, trumpft auf mit einer großen Sammlung an iranischen und internationalen Musikinstrumenten, alten Radios sowie Grammophonen. Im Keller versteckt sich zudem eine sehenswerte Ausstellung ritueller Musikinstrumente. ⌚ tgl. 9–19.30 Uhr, 80 000 IRR.

Bagh-e Melli

Etwa 7 km südöstlich des Zentrums und mittlerweile bequem per Metro zu erreichen befindet sich der berühmte Park, auch **El-Goli** genannt, das Naherholungsgebiet der Bewohner von Tabriz und besonders an Wochenenden beliebt für Picknicks. Das ausgedehnte Parkgelände soll bereits während der Herrschaft der Aq Qoyunlu im 15. Jh. angelegt worden sein. In der Mitte eines künstlichen Sees steht auf einer Halbinsel ein achteckiger Pavillon aus der Safawiden-Zeit, den der qadjarische Kronprinz im 19. Jh. als **Sommerpalast** nutzte. Heute beherbergt dieser zwei Restaurants und ein kleines Café.

Eynali

Der 1800 m hohe **Rote Berg** am nördlichen Stadtrand ist ein beliebtes Ausflugsziel der Bewohner von Tabriz. Besonders an den Wochenenden schieben sich die Menschenmassen auf den steilen Pfaden langsam den Berg hinauf zum **Enami-Schrein**, einer Gedenkstätte für namenlose Märtyrer, und zum **Imamzadeh**. Wer es gemütlicher angehen will, nimmt die Seilbahn österreichischen Fabrikats, ⌚ tgl. 8–21 Uhr, hin und zurück 140 000 IRR, oder ein Sammeltaxi für 15 000 IRR p. P. Unbedingt probieren sollte man den Tee aus frisch gesammelten Bergkräutern beim Imamzadeh. Von oben hat man einen perfekten Blick auf die Stadt, besonders spektakulär bei Nacht.

ÜBERNACHTUNG

1. Tabriz International
2. El-Goli Pars Hotel
3. Esteghlal Hotel
4. Caspian Hotel
5. Azerbaijan Hotel
6. Tabriz Sahand Hotel
7. Sina Hotel
8. Ahrab Hotel
9. Ark Hotel
10. Golshan Hotel
11. Behboud Hotel

ESSEN

1. Gazmakh Restaurant
2. Reyhane Restaurant
3. Mahi Khub Restaurant
4. Shahgoli Restaurant
5. Haji Ali Kebab Restaurant
6. Negsh o Negar Café
7. Wooden Cottage Café
8. Lux Juice Bar
9. Falafel Bozorge Tabriz
10. Coffeeshop Jazzveh
11. Pelak 7 Cafe

SONSTIGES

1. Visaverlängerung
2. Shirooneh Baklava & Halva
3. Rex Confectionery

TRANSPORT

1. Busbahnhof

Tabriz

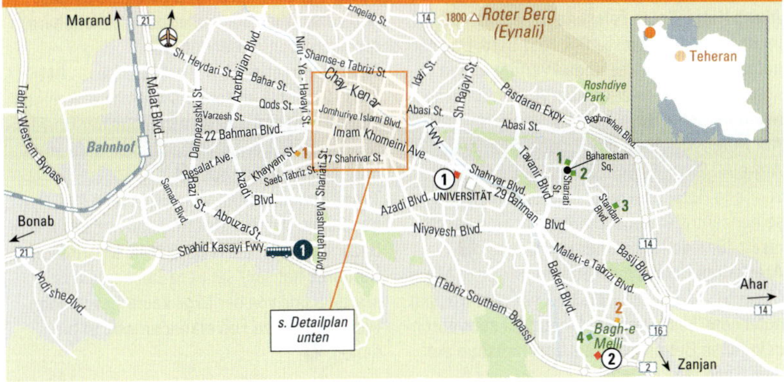

N
0 3 km

Marand
21
Engelab St.
14
1800 △ Roter Berg (Eynali)
Teheran
Roshdiye Park
Sh. Heydari St.
Azerbaijan Blvd.
Niru - Ye - Havayi St.
Shamse-e Tabrizi St.
Bahar St.
Chay Kenar
Idari St.
Sh. Rajayi St.
Pasdaran Expy.
Baghmisheh Blvd.
Tabriz Western Bypass
Melat Blvd.
Dampezeshki St.
Qods St.
Varzesh St.
22 Bahman Blvd.
Jomhuriye Islami Blvd.
Imam Khomeini Ave.
Abasi St.
Fwy.
Abasi St.
Bahnhof
Resalat Ave.
Khayyam St. 1
17 Shahrivar St.
Baharestan Sq.
Tavanir Blvd.
1 2
Shariati St.
Samadi Blvd.
Razi St.
Saeb Tabriz St.
Azadi Blvd.
Shariati St.
Mashruteh Blvd.
1
Shahryar Blvd.
Azadi Blvd. UNIVERSITÄT 29 Bahman Blvd.
Standari Blvd. 3
Bonab
21
Abouzar St.
Niyayesh Blvd.
Shahid Kasayi Fwy. 1
14
Basij Blvd.
Maleki-e Tabrizi Blvd.
Andi'she Blvd.
(Tabriz Southem Bypass)
Bakeri Blvd.
Ahar
14
s. Detailplan unten
2
Bagh-e Melli
4
16
2
2
Zanjan

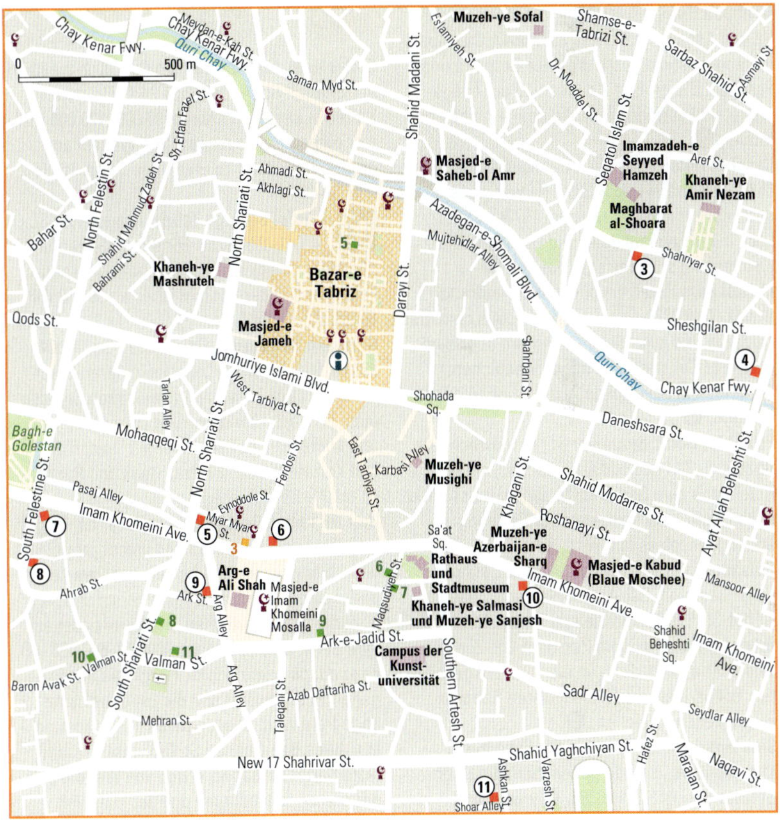

Chay Kenar Fwy.
Meydan-e-Kah St.
Chay Kenar Fwy.
Quri Chay
0 500 m
Muzeh-ye Sofal
Eslamiyeh St.
Shamse-e-Tabrizi St.
Sarbaz Shahid St.
Asmayi St.
Saman Myd St.
Sh. Erfan Fazel St.
Dr. Moaddel St.
Shahid Madani St.
Segatol Islam St.
Imamzadeh-e Seyyed Hamzeh
Aref St.
Khaneh-ye Amir Nezam
Ahmadi St.
Akhlagi St.
Masjed-e Saheb-ol Amr
North Felestin St.
Shahid Mahmud Zadeh St.
North Shariati St.
Maghbarat al-Shoara
Azadegan-e-Shomali Blvd.
Mujtehidlar Alley
Bahar St.
Bahrami St.
5
Shahriyar St.
3
Khaneh-ye Mashruteh
Bazar-e Tabriz
Darayi St.
Qods St.
Masjed-e Jameh
Sheshgilan St.
Shahrbani St.
4
Jomhuriye Islami Blvd.
Quri Chay
Chay Kenar Fwy.
Tarlan Alley
West Tarbiyat St.
Shohada Sq.
Daneshsara St.
Bagh-e Golestan
Mohaqqeqi St.
North Shariati St.
Ferdosi St.
East Tarbiyat St.
Karbasi Alley
Muzeh-ye Musighi
Khagani St.
Shahid Modarres St.
Ayat Allah Beheshti St.
South Felestine St.
Pasaj Alley
Eynoddole St.
Myar Myar St.
Roshanayi St.
7
Imam Khomeini Ave.
5
6
Sa'at Sq.
Muzeh-ye Azerbaijan-e Sharq
3
8
Arg-e Ali Shah
Rathaus und Stadtmuseum
Masjed-e Kabud (Blaue Moschee)
Mansoor Alley
9
6
Ahrab St.
Ark St.
Masjed-e Imam Khomeini Mosalla
Maqsudiyeh St.
7
10
Imam Khomeini Ave.
Arg Alley
Khaneh-ye Salmasi und Muzeh-ye Sanjesh
Shahid Beheshti Sq.
Imam Khomeini Ave.
8
9
South Shariati St.
Ark-e-Jadid St.
10 11
Valman St.
Valman St.
Campus der Kunst-universität
Baron Avak St.
Arg Alley
Taleqani St.
Azab Daftariha St.
Southern Artesh St.
Sadr Alley
Seydlar Alley
Mehran St.
Hafez St.
Maralan St.
Naqavi St.
New 17 Shahrivar St.
Shahid Yaghchiyan St.
Ashkan St.
Varzesh St.
11
Shoar Alley

DER WESTEN

ÜBERNACHTUNG

Ahrab Hotel, South Felestine St., südlich der Imam Khomeini Ave., ✆ 041-3551 5116. Das sehr aufgeräumte Apartmenthotel verfügt neben normalen Zimmern auch über Apartments mit eigener Küche. ❸

Ark Hotel, Arg Alley, direkt gegenüber dem Arg-e Ali Shah, ✆ 041-3553 1336. Das kleine, sehr alte Hotel überzeugt hauptsächlich mit seiner zentralen Lage. Die Zimmer sind spartanisch, für eine Nacht aber in Ordnung. ❶

Azerbaijan Hotel, North Shariati St., Ecke Miyar Miyar St., ✆ 041-3555 9053, 💻 www.azarbaijanhotel.com. Einfaches Gästehaus mit sehr durchgelegenen Betten und Gemeinschaftsbad auf dem Gang. ❶

Behboud Hotel, Shoar Alley, zwischen Artesh St. und Ashkan St., ✆ 041-3557 6647. Das Apartmenthotel ist die beste Wahl für Gruppen und Familien. Die großen Zimmer sind gut ausgestattet und verfügen fast alle über eine eigene Küche. ❷

Caspian Hotel, Ayat Allah Beheshti St., ✆ 041-3525 3266 und 041-3334 2686, 💻 www.caspian-hotel.com. Einfaches Hotel im 1970er-Jahre-Look mit Holzverkleidung und Linoleum. Die Zimmer sind schlicht, aber sauber. ❸

El-Goli Pars Hotel, am südlichen Stadtrand, ✆ 041-3380 7820, 💻 www.pars-hotels.com. Das moderne und luxuriöse Hotel thront über dem Park-e El Goli und kann neben westlichem Standard mit einer tollen Aussicht auf die Stadt punkten. ❹

Esteghlal Hotel, Shahriyar St., nordöstlich des Bazars, ✆ 041-3523 8830. Einfaches, modernes Hotel nahe dem Qadjaren-Museum. Hier finden auch Hochzeiten statt – vor der Buchung erkundigen, ob es laut wird. ❸

Golshan Hotel, Imam Khomeini Ave., schräg gegenüber vom Ost-Aserbaidschan-Museum, ✆ 041-3556 3760. Familiengeführtes Hotel mit sehr zuvorkommendem Personal. Die Zimmer sind spartanisch, dafür ist die Lage ausgezeichnet, zu Fuß lassen sich die meisten Sehenswürdigkeiten erreichen. ❸

Sina Hotel, South Felestine St., Ecke Imam Khomeini Ave., schräg gegenüber vom Bagh-e Golestan, ✆ 041-3551 6366, 💻 www.hotelsinatabriz.com. Einfaches Hotel mit eigenem Parkplatz, die Zimmer sind teilweise gefliest und versprühen Jugendherbergsatmosphäre, preislich aber in Ordnung. ❶

Tabriz International, Daneshgah Sq., ✆ 041-3334 1081. Großer Hotelbunker mit geräumigen und sehr modernen Zimmern nahe der Universität. Das Hotel verfügt neben einem Café auch über einen Außenpool. ❹

Tabriz Sahand Hotel, Imam Khomeini Ave., gegenüber der Stadtfestung und nur 500 m vom Bazar entfernt, ✆ 041-3555 2545. Die einfache Herberge hat sehr saubere Zimmer und ist preislich und von der Lage kaum zu schlagen. Wer die Stadt zu Fuß erkunden will, ist hier richtig. ❶

ESSEN

Coffeeshop Jazzveh, Valman St., 200 m westlich der Shariati St., ✆ 041-3554 2428. Für guten Kaffee in allen Variationen (60 000–120 000 IRR) hier einen Stopp einlegen. Von Weitem am großen Kaffeetopf zu erkennen. ⌚ tgl. 10–15 und 16–23 Uhr.

€ **Falafel Bozorge Tabriz**, Ark-e Jadid St., ✆ 041-3553 1256. Für einen kleinen und günstigen Snack hier haltmachen. Knusprige Falafel und andere Sandwiches ab 30 000 IRR. ⌚ tgl. 10–22 Uhr.

Gazmakh Restaurant, Baharestan Sq., ✆ 041-3333 5100. Modernes Lokal im feineren Stadtteil mit großer Auswahl an iranischen Speisen, auch lokale Spezialitäten wie *dolmeh*, *kufteh* und *khoresht-e havij* (Eintopf mit Fleisch und Karotten), sowie Pizza, Steak und Pasta. ⌚ tgl. 11–23 Uhr.

Haji Ali Kebab Restaurant, im Bazar am Beginn vom Bazar-e Kolahdozan und immer rappelvoll – hier muss man auf einen Tisch warten oder keine Berührungsängste haben und sich irgendwo dazuquetschen. Die Karte passt auf eine Seite. Saftige Kebabs 300 000–500 000 IRR, dazu *dough* sowie Suppe. ⌚ tgl., bis das Essen gegen 16 Uhr aus ist und die Leuchtreklame abgedreht wird. Besser etwas früher kommen!

Lux Juice Bar, Shariati St. Die wohl berühmteste Saftbar in Tabriz, schon von Weitem an der grellen Beleuchtung und der kunstvoll geschichteten Obstauslage zu erkennen. Frisch gepresste Säfte und Smoothies in allen Variationen ab 70 000 IRR. ⌚ tgl. 9–24 Uhr.

Mahi Khub Restaurant, Standari Blvd., im östlichen Teil der Stadt, ☎ 041-3327 0253. Im besten Fischrestaurant wird's mittags und am Wochenende rappelvoll. Spezialität ist Lachs-Kebab am Spieß aus eigener Zucht mit einer Riesenportion dampfendem Kräuterreis. ⌚ tgl. 11–22 Uhr.

Negsh o Negar Café, Maqsudiyeh St., ☎ 0936-488 2828. Gemütliches Café mit bunt bemalten Wänden, grünen Kronleuchtern und Kacheltischen nahe der Kunstuniversität. Guter Kaffee, Smoothies, *damnush* (iranische Tees), *sharbats* (traditionelle kalte Getränke), Snacks und kleine warme Speisen, 80 000–150 000 IRR. ⌚ tgl. 8–16 Uhr.

Pelak 7 Cafe, Valman St., gegenüber der evangelischen Kirche, ☎ 0936-155 2677. Der Haupttreffpunkt der Kunststudenten ist eine Oase der Inspiration mit großem Garten voller Skulpturen, Wandmalereien, Gemälden und wunderschönem Brunnen. Definitiv einen Besuch wert! ⌚ tgl. 10–22 Uhr.

Reyhane Restaurant, Baharestan Sq., ☎ 041-3327 2020. Schickes Restaurant für Kebab (280 000–500 000 IRR), auch *shishlik*. Morgens gibt's ein üppiges Frühstücksbuffet. Am schönsten sitzt man im lichtdurchfluteten Salon mit vielen Pflanzen. ⌚ tgl. 8–14 und 18–22 Uhr.

Shahgoli Restaurant, mitten im El-Goli-Park im zentralen Pavillon, ☎ 041-3384 5263. Das Restaurant in der Mitte des künstlichen Sees ist bekannt für opulente Frühstücksbuffets, Karte auch mit internationalen Speisen. Gemütlicher sitzt man im Café im 1. Stock auf kleinen Terrassen mit Blick auf den See. ⌚ tgl. 11–24 Uhr.

Wooden Cottage Café, Maqsudiyeh St., ☎ 0936-541 6236, wooden.cottage.maqsudiyeh. Kleines, gemütliches, holzverkleidetes Café, perfekt für einen Zwischenstopp und um Passanten zu beobachten. Hier treffen sich Jung und Alt. ⌚ tgl. 10.30–22.30 Uhr.

SONSTIGES

Einkaufen

Wer Tabriz besucht, sollte nicht weiterreisen, ohne die **süßen Spezialitäten** der Stadt probiert zu haben. *Qurabiya*, die fluffigen Mandelkekse, oder *tabrizi lovuez*, das markante rautenförmige Konfekt aus Zucker, gemahlenen Mandeln und Safran, gibt es in jeder Bäckerei. Bis weit über die Stadtgrenzen hinaus berühmt ist der duftende Laden der **Rex Confectionery**, Imam Khomeini Ave. – die beste Konditorei in Tabriz. Hier sammeln sich den ganzen Tag über Menschenmassen, um Halva, Baklava, Kekse und Torten einzukaufen. Einheimische schwören auch auf das **Shirooneh Baklava & Halva**, am Bagh-e Melli, www.shirooneh.ir, shirooneh, eine der besten Adressen seit 1956 für Baklava und Halva.

Visaverlängerungen

Visaverlängerungen können in der **Foreign Affairs Police Section** der Polizeidirektion in der Saeb Tabriz St., zwischen Lalehzar St. und Barg-e Lameh Seyidlar St., beantragt werden. Kosten für 15 Tage 350 000 IRR; der Pass muss noch mindestens 6 Monate gültig sein. Die Beamten sprechen kein Englisch.

Tabriz gilt nicht als bester Ort, um das Visum zu verlängern, einige Reisende wurden hier bereits ohne Grund abgewiesen. Bessere Chancen hat man in Teheran oder den touristischen Zentren Esfahan und Shiraz.

NAHVERKEHR

Die App **Snapp** (S. 83) funktioniert problemlos auch in Tabriz und ist eine günstige Alternative zu Taxis.

Für die **Fahrt mit Metro und Stadtbussen** empfiehlt es sich, eine aufladbare Karte zu kaufen.

Metro

Tabriz verfügt über eine Metro-Linie, die das Zentrum mit dem südöstlichen Teil der Stadt verbindet.

BRT-Bus

Ähnlich wie in Teheran ist der Stadtbus aufgrund einer eigenen Spur in der Rushhour schneller als ein Taxi, Tickets gibt es bei der Haltestelle für 5500 IRR.

Tabriz City Sightseeing Bus

Der **Touristenbus**, 🖳 www.tabrizbus.ir, verkehrt während der Nowruz-Ferien ab dem Beheshti Sq. tgl. von 9–13 und 16–19.30 Uhr nach dem Hop-on-hop-off-Prinzip auf vier Routen. **Linie 1** führt einmal rund um das historische Zentrum und hält an den meisten Museen sowie dem Bazar und der Blauen Moschee. **Linie 2** führt zur Seilbahnstation am Roten Berg, **Linie 3** zum El-Goli-Park und **Linie 4** direkt zum Bahnhof. Ein 24-Std.-Ticket kostet 20 €.

TRANSPORT

Busse

Der **zentrale Busbahnhof** (Terminal-e Merkazi Tabriz) befindet sich am südlichen Stadtrand am Shahid Kasayi Freeway.
ASTARA (495 km, 8 Std.), 2x tgl. für 265 000 IRR, VIP für 480 000 IRR.
ARDABIL (220 km, 3 Std.), mehrmals tgl. VIP für 170 000 IRR.
ESFAHAN (900 km, 10 1/2 Std.), mehrmals tgl. abends VIP für 850 000 IRR.
HAMADAN (560 km, 6 1/2 Std.), 3x tgl. nachmittags bis abends VIP für 640 000 IRR.
KERMANSHAH (690 km, 9 Std.), 4x tgl. abends, VIP für 765 000 IRR.
KHOY (170 km, 2 1/2 Std.), mehrmals tgl. für 130 000 IRR, VIP für 170 00 IRR.
MAKU (250 km, 3 3/4 Std.), 6x tgl. morgens bis nachmittags VIP für 190 000 IRR.
MASHHAD (1520 km, 17 Std.), 4x tgl. nachmittags VIP für 1,325 Mio. IRR.
ORUMIYEH (145 km, 2 Std.), mehrmals tgl. für 130 000 IRR, VIP für 170 000 IRR.
QAZVIN (470 km, 5 1/2 Std.) 5x tgl. vormittags bis nachmittags, VIP für 600 000 IRR.
RASHT (490 km, 6 1/2 Std.), 4x tgl. abends VIP für 680 000 IRR.
SANANDAJ (450 km, 7 Std.), mehrmals tgl. nachmittags bis abends VIP für 620 000 IRR.
SHIRAZ (1380 km, 16 Std.), 4x tgl. nachmittags VIP für 1,235 Mio. IRR.
TEHERAN (625 km, 7 1/2 Std.), mehrmals tgl. VIP für 650 000 IRR.
ZANJAN (295 km, 3 1/2 Std.), mehrmals tgl. für 210 000 IRR, VIP für 340 000 IRR.

Eisenbahn

Der **Bahnhof** (Rah'ahan-e Tabriz) befindet sich am westlichen Stadtrand nahe dem Melat Blvd. (Straße 21).
JOLFA (140 km, 3 Std.), 1x tgl. vormittags für 100 000 IRR.
MARAGHEH (140 km, 2 1/2 Std.), 1x tgl. abends für 190 000 IRR.
TEHERAN (630 km, 12 Std.), 4x tgl. nachmittags bis abends für 680 000 IRR im 4er-Abteil.
ZANJAN (310 km, 7 1/2 Std.), 2x tgl. nachmittags und abends für 450 000 IRR.

Flüge

Der **Tabriz International Airport** befindet sich etwa 10 km nordwestlich des Zentrums und ist mit dem Taxi in etwa 20 Min. zu erreichen (150 000 IRR).
MASHHAD (2–3x tgl., 2 Std.) mit ATA Airlines, Iran Airtour und Meraj Air.
SHIRAZ (5x wöchentl., 1 3/4 Std.) mit Iran Aseman und Qeshm Air.
TEHERAN (5–9x tgl., 1 1/4 Std.) mit ATA Airlines, Iran Airtour, Iran Aseman und Qeshm Air.

Internationale Flüge
ADANA (2x wöchentl., 1 3/4 Std.) mit Atlasglobal.
HAMBURG (1x wöchentl., 6 1/2 Std.) mit Qeshm Air.
ISTANBUL (1–2x tgl., 2 3/4 Std.) mit ATA Airlines und Turkish Airlines.

Qaleh-ye Babak

Die **Babak-Festung** etwa 14 km westlich der kleinen Stadt Kaleybar, 180 km nordöstlich von Tabriz, ist besonders im Sommer ein beliebtes Ausflugsziel. Die Burg auf einem spitzen Felsrücken in 2300–2600 m Höhe war wahrscheinlich der Sitz des iranischen Volkshelden Babak Khorramdin, der sich von der Festung aus erfolgreich gegen die arabischen Invasoren verteidigte und heroisch im Kampf fiel. Jedes Jahr am 10. Juli pilgern ihm zu Ehren Tausende Iraner auf den Berg. Einige Teile der Burgruine sind noch relativ gut erhalten und bieten einen atemberaubenden Rundblick – vom obersten Wachturm geht es fast 600 m steil in die Tiefe. Der Aufstieg zur Festung beginnt am Parkplatz beim saisonalen Hotel Babak und nimmt mindestens 3 Std. in Anspruch. Von hier geht es eine steile Treppe hinauf in die Berge und anschließend über mehrere Kilometer einen gewundenen Bergpfad entlang, den Gipfel immer zur linken Seite. Am Ende des Pfades geht es über felsiges Gelände bis zur Festung auf dem Gipfel. Für den Aufstieg sollte man unbedingt festes Schuhwerk und ausreichend Wasser dabeihaben. Der Rückweg von der Burg zum Parkplatz dauert etwa 2 Std.

Viel schneller und bequemer geht es mit einem der am Parkplatz wartenden **Geländewagen**; dann dauert die Fahrt über den Nomadenpfad nur eine Viertelstunde. Das Fahrzeug kann man sich mit bis zu sechs Personen teilen oder für 500 000 IRR *dar bast* (alleine) mieten. Das letzte Stück vom Nomadenlager führt über einen befestigten steilen Weg etwa 1 km bis zur Festung hinauf. Hierfür sollte man eine halbe Stunde einplanen. Vorsicht bei Regen und Nebel, die Steine sind dann sehr glitschig und der Auf- und Abstieg beschwerlich.

Übernachten kann man entweder auf einem der Campingplätze am Fuße des Berges oder in Kaleybar, z. B. im **Anza Hotel** in der Nähe des Bazars, ✆ 041-4444 4202, ❸, oder im modernen Hotelbunker am Ortseingang, dem **Paradise Hotel**, ✆ 041-4444 1012, Frühstück inkl., ❸.

Anfahrt von Tabriz im Taxi ab 2 Mio. IRR oder mit dem eigenen Fahrzeug (180 km, 2 1/2 Std.) über Ahar.

10 HIGHLIGHT

Kandovan

Nur etwa 55 km südlich von Tabriz versteckt sich an einem Abhang zu Füßen des Kuh-e Sahand das kleine Bergdorf Kandovan. Über Tausende Jahre wurden hier Vulkanasche und Ablagerungen des Sahand durch Erosion zu einer Landschaft aus kegelförmigen Felsspitzen geformt, die Kappadokien in der Türkei in nichts nachsteht. Während des Mongolensturms im 13. Jh. zogen die Bergbauern sich in das versteckte Tal zurück und machten sich bald die seltsame Umgebung zu Nutzen. So wurden die Tuffkegel ausgehöhlt und mehrteilige Wohnräume in den weichen Tuffstein gegraben. Über die Jahrhunderte wurden die **Felsbauten** laufend erweitert, Balkone und Dächer, Anbauten aus Lehmziegeln und Felsen, kleine Terrassen und Kammern hinzugefügt und über Brücken und Treppen miteinander verbunden. Das Ergebnis ist ein Labyrinth von kleinen Gassen und verwinkelten Aufgängen, in denen man sich innerhalb von wenigen Minuten verliert oder auf einer Terrasse mit einer Schar Hühner und Gänsen wiederfindet. Die Bewohner sind verirrte Touristen gewohnt und nutzen die Gelegenheit, um aus ihren Felskammern Souvenirs, Schnitzarbeiten, getrocknete Früchte und *lavashak* (gepresstes und getrocknetes Fruchtmus) zu verkaufen. Einige Familien bieten auch Zimmer oder ganze Häuser zur Übernachtung an. Die Preise schwanken je nach Saison und Touristenansturm, mit 800 000–1,2 Mio. IRR für eine Nacht sollte man aber mindestens rechnen, meist ist auch das Frühstück dabei. Die einfachen Zimmer bieten das Nötigste und haben Platz für bis zu 5 Personen. Wer Glück hat, ergattert eines der oberen Häuser und wird dann noch mit einem traumhaften Ausblick aus dem Fenster belohnt.

Im nördlichen Teil des Dorfes und nahe der alten Moschee gibt es außerdem zwei kleine Gästehäuser. Gehobener und ruhiger geht es im **Kandovan Laleh International Rocky Hotel** am Ortseingang zu, ✆ 041-5834 6061-6, 💻 www.kandovan.lalehhotels.com. Hier hat man die einzigartige Bauweise des Dorfes gekonnt mit ein paar künstlichen Anbauten verbunden und bietet neben großzügigen Zimmern, einige davon sogar mehrstöckig und mit eigenem Jacuzzi, auch ein Restaurant und Café mit Höhlenatmosphäre. Inkl. Frühstück ❹.

Im Dorf gibt es außerdem einen kleinen Bazar, einige Souvenirläden und kleine Supermärkte zur Selbstversorgung. Entlang des Baches reihen sich *kebabis* und bieten je nach Verfügbarkeit Kebab, *kubideh* oder *juje kebab* an, z. B. das **Chaman Restaurant** auf gemütlichen Takhten unter schattigen Bäumen. Kebab mit Fladenbrot gibt es hier für 160 000–280 000 IRR.

Die **Anfahrt** mit dem eigenen Auto aus Tabriz ist leicht: Man folgt der **Straße 21** nach Westen und biegt kurz hinter Lahijan Richtung Südosten ab, passiert die Dörfer Osku, Esfanjan und Kahnamu und gelangt über die Bergstraße direkt nach Kandovan. Am Eingang zum Dorf sind dann 40 000 IRR Gebühr fällig. Alternativ kann man auch mit dem Taxi anreisen, für Hin- und Rückfahrt sollte man aber hart verhandeln; die Preise liegen zwischen 1,5 und 2 Mio. IRR.

Einen Vorgeschmack auf das Felsendorf bekommt man bereits 2 km vor dem Ortseingang. Hier befinden sich an einem leicht ansteigenden Hang auf der linken Seite die Überreste des oft nicht beachteten Dorfes **Hilavar**. Im weichen Gestein hat man zwar keine Kegel aushöhlen können, dafür aber einfach mehrteilige Kammern und Wohnräume in den Berg gegraben, oft mit mehreren Eingängen und kleinen unterirdischen Wasserspeichern. Das „village buried in the heart of the mountain", wie ein verwittertes Schild am Straßenrand verkündet, wurde schon vor langer Zeit von seinen Bewohnern verlassen. Nur ein paar Schäfer nutzen noch die verlassenen Höhlen, um ihre Herden nachts sicher unterzubringen.

Jolfa und Umgebung

Die kleine armenische Stadt Jolfa liegt etwa 132 km nordwestlich von Tabriz am Ufer des Aras, der gleichzeitig die Grenze zu Aserbaidschan und der Autonomen Republik Nachitschewan markiert, und ist in etwa 2 Std. bequem mit dem Auto zu erreichen. Von hier ließ Schah Abbas I. Ende des 16. Jhs. Zehntausende armenische Handwerker in seine neue Hauptstadt Esfahan holen.

1916 eröffnete das russische Militär die erste Fernbahnstrecke von Tabriz nach Jolfa. Wegen der politischen Spannungen zwischen Armenien und Nachitschewan hat die Strecke aber heute kaum Bedeutung. In der Region um Jolfa werden im Herbst süße Feigen, Aprikosen und Granatäpfel geerntet. Die gesamte Region Araz ist außerdem bekannt für Lederarbeiten (Kleidung, Schuhe, Taschen), Schnitzereien und Metallgravuren.

Für Reisende ist Jolfa in erster Linie wegen des 18 km nordwestlich am Grenzfluss Aras gelegenen **Klosters Sankt Stephanos** von Bedeutung. Die Stadt selber hat nicht viel zu bieten, der alte Hamam ist seit Jahren geschlossen und wird offiziell restauriert.

Kelisa-ye Chupan

An der Straße nach Westen zum Kloster befindet sich die kleine **Chupan-Kapelle**, auch **Schäferkapelle** genannt. Wahrscheinlich wurde sie im 13. Jh. für armenische Schäfer gebaut, damit diese nicht jedes Mal zum Gebet in ihr Dorf zurückkehren mussten. Für ein kleines Trinkgeld sperrt der Wärter die Tür zur Kapelle auf. Hier sieht man die Reste einer Sonnenuhr im Boden, die zum Schutz vor dem Wetter einfach nach innen verfrachtet wurde. Auf der anderen Seite des Grenzflusses befand sich einst eine Schwesterkapelle, die allerdings im Zuge der politischen Spannungen zerstört wurde.

Kloster Sankt Stephanos

Die im Armenischen als **Maghardavank** und im Persischen als **Kelisa-ye San Estepanos** bekannte Klosteranlage in einer Schlucht soll der Legende nach 62 n. Chr. vom Apostel Bartholomäus gegründet worden sein und ist dem christlichen Märtyrer Stephanos geweiht. Wahr-

Grenzübergang nach Nachitschewan (Aserbaidschan)

Der Grenzübergang bei der Stadt Jolfa wird in erster Linie von Azeris genutzt, die auf der iranischen Seite in der Freihandelszone billig einkaufen, daher kann es am Nachmittag bei der Ausreise nach Nachitschewan voll werden. Bis zum Nachmittag verkehren Minibusse für 3 Manat zum Ort Naxçıvan (38 km, 3/4 Std.), Sammeltaxis sind auch am Abend unterwegs. Der Grenzübergang ist durchgehend geöffnet. Deutsche, Österreicher und Schweizer brauchen ein ausgedrucktes E-Visum für Aserbaidschan, um nach Nachitschewan einreisen zu können.

Prächtige armenische Verzierungen im Kloster St. Stephanos

scheinlicher ist allerdings, dass der armenische König Ashot die Anlage im 9. Jh. errichten ließ. Das Kloster wurde im 10. Jh. erweitert und in den Kriegen gegen die Seldschuken und Byzantiner teils erheblich zerstört. Im 14. und 15. Jh. war das Kloster unter dem Schutz der Safawiden auf der Höhe seines Einflusses und erschuf bedeutende Manuskripte und Werke über Religion, Geschichte und Philosophie. Mit Beginn des 16. Jhs. begann der stete Verfall der Anlage. Um 1604 vertrieb Schah Abbas I. die Bewohner der Region und das Kloster wurde verlassen. Im 18. und 19. Jh. eroberten die Russen weite Teile wie auch die Stadt Jerewan in Armenien. Die qadjarischen Herrscher nahmen die Armenier wieder unter ihren Schutz und ließen das Kloster zwischen 1819 und 1825 wieder aufbauen. Im Ersten Weltkrieg wurde es schließlich von der türkischen Armee verwüstet und die Bibliothek komplett niedergebrannt.

Herzstück der Anlage ist die **Klosterkirche** im nördlichen Teil des von einer hohen Mauer aus Bruchsteinen und Turmbastionen umgebenen Klosters. Die gesamte Fassade ist mit zahlreichen Ornamenten und Reliefbildern verziert. Die Architektur ist eine Verbindung aus urartäischen, parthischen, griechischen und römischen Elementen und gilt als ein Meisterstück armenischer Baukunst. Die hohe Innenkuppel der Kirche verfügt über prächtige Fresken und Heiligenreliefs. Von der Kirche gelangt man über einen gangartigen Gebäudeteil und einen quadratischen Glockenturm in den zweiten rechteckigen Bauteil des Klosters. Hier befanden sich die Zellen der Mönche. Im kleinen **Museum** im Gewölbe befinden sich Schriftstücke und Artefakte sowie armenische Handwerkskunst. Seit 2008 ist das Kloster Unesco-Weltkulturerbe. Bis heute findet hier jedes Jahr eine Zeremonie statt, um dem Heiligen Stephanos zu huldigen. Der Aufstieg auf den Hang hinter dem Kloster lohnt für einen fotogenen Blick auf die gesamte Anlage.

🕒 tgl. 9–18 Uhr, 150 000 IRR.

ÜBERNACHTUNG

Altin Hotel, 100 m östlich des Meydan-e Ashura, ✆ 041-4202 6690. Kleines, unspektakuläres Hotel direkt am Grenzmarkt mit einfachen Zimmern. Für die gebotene Qualität etwas zu teuer. ❸

Aras Apartment Hotel, Sahel St. im Westteil der Stadt, nahe Marzbaran Shahid Sq., ✆ 041-4201 3271. Eine Alternative zu einem Hotelzimmer in Jolfa sind die geräumigen Apartments für bis zu 3 Personen mit eigener Küche. ❶
Chipal Hotel, Result Blvd., ✆ 041-4202 3334. Eines der neueren Apartmenthotels in Jolfa mit moderner Einrichtung und großem Restaurant. ❸
Jolfa Tourist Hotel, Meydan-e Shahid Beheshti, Ecke Imam Khomeini Blvd., ✆ 041-4202 2220. Die erste Anlaufstelle und gewohnt gute Qualität, blitzblanke, sehr geräumige Zimmer auf 2 Etagen. Nicht vom schäbigen Äußeren vergraulen lassen! Frühstück inkl. ❶

ESSEN

Dominos Pizza, 250 m östlich des Meydan-e Ashura, ✆ 041-4202 2231. Modernes Restaurant mit Café in der Ecke, hat nichts mit der Pizzakette zu tun. Pizza, Burger und Sandwiches für 250 000–300 000 IRR. ⌚ tgl. 10–24 Uhr.

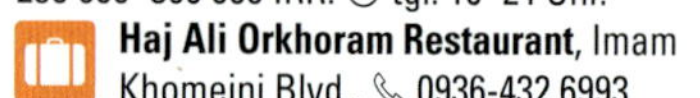

Haj Ali Orkhoram Restaurant, Imam Khomeini Blvd., ✆ 0936-432 6993. Ein ausgezeichnetes traditionelles iranisches Essen, eine angenehme Abwechslung zu den sonst üblichen Fast-Food-Lokalen in der Stadt. Besonders gut ist das schmackhafte und frische *barg kebab*, unbedingt die Suppe dazu bestellen. Die Karte ist klein, aber fein. ⌚ tgl. 11–16 und 19–22 Uhr.
Rose Café, Imam Khomeini Blvd., 250 m südlich des Meydan-e Ashura, ✆ 041-4202 6964. Wer lieber türkisches Essen mag, ist hier richtig: Lahmacun, Pide, Döner in allen Variationen. Hier kann man auch nett draußen sitzen. ⌚ tgl. 11–24 Uhr.
Taymaz Restaurant, Varzesh St., Ecke Imam Khomeini Blvd., ✆ 041-4202 4696. Einfaches Restaurant mit einer Auswahl an Eintöpfen und Kebab, warme Speisen ab 140 000 IRR. ⌚ tgl. 8–18 Uhr.

EINKAUFEN

Zwei sogenannte **Border Markets** werben mit Sonderangeboten und Rabatten, bedingt durch die Lage direkt an der Grenze. Das Angebot ist aber überschaubar: Neben iranischen Produkten gibt es auch Importware, vor allem Kleidung, Kosmetik und Haushaltswaren aus Europa, der Türkei, Armenien und Aserbaidschan, preislich ist man aber in Großstädten wie Teheran oder Tabriz besser bedient.

TRANSPORT

Jolfa hat keinen Busbahnhof, vor der Universität Payamnur halten Busse von Hadi Shahr auf dem Weg nach Tabriz und nehmen Passagiere mit, sofern Sitzplätze frei sind. Am besten erkundigt man sich in einem der Hotels nach den genauen Zeiten.

Maragheh

Am südlichen Abhang des Kuh-e Sahand und 140 km südlich von Tabriz befindet sich die Stadt Maragheh. Ihre Gründung geht vermutlich auf die parthische oder sassanidische Zeit zurück. Im 13. Jh. war der Ort Hauptstadt des mongolischen Herrschers Hulagu Khan. Aus dieser Zeit stammt wahrscheinlich auch der Name, „Dorf der Viehweide" – nach den Pferdeherden der Mongolen. Bekannt ist Maragheh vor allem für seine gut erhaltenen vier Grabtürme und die auf einem Hügel verstreuten Überreste eines Observatoriums aus dem 13. Jh.

Muzeh-ye Maragheh

Das 1990 errichtete kleine **Museum** in der Daneshsari St. zeigt eine Ausstellung zu Gebrauchsgegenständen und Waffen sowie Handarbeiten aus Ton, Porzellan und Kupfer aus mongolischer bis ilkhanidischer Zeit. Im Garten steht außerdem das Grabmal des in Maragheh geborenen Sufi-Dichters und Mystikers Ouhadi Maraghehi, der im 14. Jh. lebte. 1980 wurde das moderne Mausoleum über dem Grab errichtet. ⌚ tgl. 9–15 Uhr, 150 000 IRR.

Gonbad-e Sorkh

Im Südosten der Stadt ragt im Park-e Gonbad-e Sorkh nahe der Kashani St. der 1147 erbaute älteste Grabturm von Maragheh auf, auch **Roter Turm** genannt. Der quadratische Turm steht auf einem steinernen Sockel, in dem sich die eigentliche Grabkammer befindet. ⌚ frei zugänglich.

Gonbad-e Kabud

Der etwas jüngere **Blaue Turm** steht rund 1 km nördlich des Roten Turms in der Ohadi St. beim Tulu-e Fajr Sq. Der achteckige Turm aus gebrannten Ziegeln wurde 1196 errichtet, war einst von einem Kegeldach gekrönt und steht ebenfalls auf einer steinernen Basis. Mit seiner Krypta im Inneren gleicht er dem Roten Turm. Seine Fassade ist mit prächtigen Ziegelornamenten bedeckt. ⌚ frei zugänglich.

Direkt daneben steht der 1167 erbaute **Runde Turm**, Borj-e Modavar. Ebenfalls auf einer Steinbasis errichtet, ist er der schlichteste aller Grabtürme von Maragheh. ⌚ frei zugänglich.

Gonbad-e Ghaffariyeh

Das viereckige **Mausoleum** nahe dem Fluss in der Shahid Godusi St., nördlich des kleinen Vergnügungsparks, ist der jüngste Grabturm und wurde zwischen 1317 und 1335 errichtet. Im Aufbau ähnelt er dem Gonbad-e Sorkh, allerdings werden hier auf der Außenseite auch farbige Fliesen verwendet. ⌚ frei zugänglich.

Masjed-e Molla Rostam

Ein kurzer Blick lohnt in die wunderschöne **Moschee** im Zentrum nahe dem Bazar. Sie hat hölzerne Pfeiler und ist auch innen reich mit Holz verkleidet und bemalt. ⌚ frei zugänglich.

Observatorium Rasad-e Khan

Auf einem steilen Hügel im Westen der Stadt ließ Hulagu Khan nach den Plänen seines Hofastronomen ein mehrstöckiges Observatorium nebst dazugehöriger Akademie und Bibliothek bauen, von dem heute allerdings nur noch Grundmauern übrig geblieben sind (von einer weißen Plastikkuppel geschützt). Von hier hat man einen schönen Ausblick über die Stadt. ⌚ tgl. 9–20 Uhr, Eintritt frei. Zufahrt über die Pasdaran St.

Ma'abad-e Mehr

Etwa 6 km im Süden, außerhalb der Stadt im Dorf Varjavi, direkt neben dem Friedhof, liegt eine unterirdische Tempelanlage, womöglich ein **Mithrasheiligtum** zur Verehrung des zoroastrischen Sonnengottes aus parthisch-sassanidischer Zeit. Über einen Gang gelangt man in eine in den Fels geschlagene unterirdische Halle mit drei runden Kammern. Die künstliche Höhle wurde während der Herrschaft der Ilkhaniden in ein islamisches Heiligtum umgewandelt. ⌚ frei zugänglich.

ÜBERNACHTUNG

Grand Hotel Maragheh, Stadteingang beim Meydan-e Gaz, ✆ 041-3745 7650, 💻 www.maraghehotel.com. Der Platzhirsch mit insgesamt 70 Zimmern und Apartments mit eigener Küche, sehr großzügige Räume mit jeder Menge Platz. Das ursprüngliche Hotel Darya wurde großteils renoviert und unter neuem Namen und Management als Grand Hotel vermarktet. Deutlich teurer – man ist sich seines (Beinahe-)Monopols bewusst. ❹

Hotel Alliance, nordwestlicher Stadtrand, Flavian Rd., Ecke Nova St., ✆ 041-3725 6678, 💻 www.hotel-alliance.com. Preisgünstigere Alternative zum Grand Hotel, allerdings etwas abseits gelegen. ❷

ESSEN

Oba Restaurant, Meydan-e Shahrdari, ✆ 041-3722 6768. Direkt neben dem Fluss an einem Park, kitschig-prunkvolles Interieur mit großen Sesseln, beliebtes Restaurant für Feiern und große Gruppen. Übersichtliche Karte, Suppen, Salate und einige Kebabs. ⌚ tgl. 11–16 und 20–23 Uhr.

Restaurant Berelian, Enqelab Shomali St., ✆ 0936-571 1532. Schlichtes Restaurant mit Schwerpunkt auf Kebab in allen Variationen und sonstiger Standardkost. Speisen ab 130 000 IRR. ⌚ tgl. 11–15 und 19–22 Uhr.

TRANSPORT

Anfahrt am besten mit dem **Zug** von TABRIZ aus (130 km, 2 1/2 Std.), 1x tgl. nachmittags für 190 000 IRR, zurück vom Bahnhof von Maragheh am südlichen Stadtrand (neben der Straße 24) 1x tgl. morgens.

Mit dem **Taxi** oder eigenen Fahrzeug (134 km, 2 Std.) geht es von Tabriz kommend nach Südwesten über die Straße 16 bis nach Khaseban, danach zweigt die Straße 21 nach Süden ab und führt über Bonab und anschließend die Straße 24 nach Osten bis Maragheh. Für das Taxi sollte man mit 2–3 Mio. IRR rechnen.

Provinz West-Aserbaidschan

Die Provinz West-Aserbaidschan erstreckt sich von der türkischen und aserbaidschanischen Grenze im Norden entlang der Grenze zu Irak bis in das Gebiet der Kurden im Süden bei Sardasht und wird maßgeblich vom Gebiet rund um den **Orumiyeh-See** bestimmt. Die etwa 2,9 Mio. Einwohner sind mehrheitlich Kurden, besonders im Grenzgebiet zur Türkei und zu Irak. Die Provinzhauptstadt **Orumiyeh** gehört neben den Städten Mahabad und Bukan zu den kurdischen Zentren West-Aserbaidschans.

Eine gute Basis für Tagesausflüge zu den armenischen Klöstern und Kirchen der Region bilden die kleinen Städte **Maku** und **Khoy**. In der Provinz befinden sich außerdem bedeutende archäologische Stätten wie die Tempelanlage **Takht-e Soleyman** rund um einen Kratersee und der Siedlungshügel von **Hasanlu**, südlich des Orumiyeh-Sees.

Maku und Umgebung

Wer über den Landweg aus der Türkei nach Iran einreist, landet früher oder später in Maku. Nur 20 km nach dem **Grenzübergang Bazargan** ist hier der erste Zwischenstopp auf der Reise weiter nach Tabriz im Osten und den Städten rund um den Orumiyeh-See im Süden. Maku liegt nahe zweier Flüsse, dem Zangmar, der die Stadt in zwei Teile teilt, und dem Aras, der die Grenze zwischen Iran und der Autonomen Republik Nachitschewan bestimmt. Hier am nordwestlichsten Zipfel des Landes herrscht ein semiarides Klima mit heißen und trockenen

Sommern, kalten Wintern mit wenig Schnee und dafür ordentlich Gewittern und Niederschlag im Frühjahr, bedingt durch die Ausläufer des Zagros-Gebirges. Aufgrund der Nähe zum türkischen Grenzübergang ist die gesamte Stadt eine freie Handels- und Industriezone und bei Iranern wie Türken für Shoppingtouren beliebt.

Es gibt viele Vermutungen über den Ursprung des Stadtnamens, manche meinen, *magh-ku* beschreibe den „Ort der Magi", mystische zoroastrische Kleriker; andere vermuten, dass Maku vom armenischen Wort *maki* (Weide) abstamme und die lokale Bedeutung der Grasländer für Schafherden spiegele. Vielleicht geht der Name aber auch einfach auf die persischen Wörter *mah* (Mond) und *kuh* (Berg), also Mondberg, zurück. Mit viel Fantasie bildet die Stadt tatsächlich die Form eines lang gezogenen Halbmonds, der sich entlang des Zangmar kilometerweit durch die Schlucht drängt.

Ein Stadtzentrum im üblichen Sinne scheint es nicht zu geben, Hotels, Restaurants und Geschäfte reihen sich entlang der Hauptstraße, die vom Stadteingang bis zur Ausfallstraße nach Khoy führt. Am zentralsten wirkt der Bereich um den Emam Hossein Sq. unterhalb der Qaban-Festung und des kleinen Bazars.

Bis heute ist das Gebiet für die Armenier wichtig, wovon eine Vielzahl an armenischen Kirchen und prächtigen Klöstern zeugen wie beispielsweise das Kloster St. Thaddäus (S. 362) südlich von Maku und das Kloster St. Stephanos (S. 356) an der Grenze zur Autonomen Republik Nachitschevan.

Kakh-e Baqcheh Juq

Nur 7 km von Maku entfernt im Dorf Baqcheh Juq vereint der ehemalige Sitz des örtlichen Gouverneurs vor allem russische und europäische Elemente. Der zweistöckige Palast geht aber bis auf die Qadjaren zurück. Im Inneren befindet sich ein Museum, das prächtige Teppiche und allerlei Handwerkskunst ausstellt. Seit 2016 ist der Palast wegen umfangreicher Restaurierungen geschlossen.

Qaleh-ye Qaban

Wer den Aufstieg über viele Stufen nicht scheut, wird mit einem Ausblick über Maku belohnt und kann die Ruinen der **Festung** selbst erkunden. Vom Bazar in der Sa'adi St. geht es an der Melli Bank vorbei 200 m eine Gasse den Hügel hinauf, dann rechts an ein paar Bäumen vorbei und schließlich links eine Schotterstraße entlang in Richtung Felswand. Hier beginnen die gemauerten Stufen und führen direkt zur Festung.

11 HIGHLIGHT

Kelisa-ye Maryam Moqadas

Ein Besuch der **Kirche der Heiligen Maria** nahe dem Dorf Qareh Khaj, etwa 34 km südlich von Maku, ist sehr empfehlenswert. Die auch **Dzordzor-Kapelle** genannte Kirche befindet sich unfreiwillig an einem der schönsten Orte für ein Gotteshaus, oberhalb des Barun-Stausees. Ursprünglich im Tal gelegen, wurde sie mit dem Bau des Stausees Stein für Stein zerlegt und etwa 600 m weiter oben wieder zusammengesetzt. Ein Tor versperrt mittlerweile die zwei Straßen, die zur Kirche führen, daher geht man das letzte Stück zu Fuß. Auf dem Weg zur Kirche die Berge hinauf passiert man luxuriöse Wochenendhäuser und hat einen fabelhaften Blick auf Maku und die beiden Ararat-Berge im Norden.

Basaltsäulen bei Bazargan

Unweit der Stadt Bazargan an der türkischen Grenze, etwa 20 km nordwestlich von Maku, befinden sich in einer Schlucht Basaltsäulen. Das faszinierende Naturschauspiel geht auf vulkanische Aktivität in der Gegend zurück.

ÜBERNACHTUNG

Alvand Hotel, Imam Khomeini St., neben dem Imam Hossein Sq., ✆ 044-3422 3491. Sehr altes, abgewohntes Hotel mit Gemeinschaftsbad auf dem Gang, saubere Zimmer, aber relativ kurze Betten mit Metallgestell. ❶

Maku Tourist Hotel, Imam Khomeini St., ✆ 044-3422 3185, 💻 www.ittic.com. Die bekannteste, aber auch teuerste Anlaufstation für Reisende in Maku ist die staatlich geführte Kette ITTIC. Neben normalen Doppelzimmern vermietet sie auch große Zimmer mit 3–4 Betten und eigener Küche. Schlichtes Restaurant mit Frühstücksbuffet. ❷

Nur Hotel, Taleqani St., nördlich des Imam Hossein Sq., ✆ 0914-361 7550. Die Zimmer in zentraler Lage nahe dem Bazar und der Festung sind zweckmäßig, sehr hell und sauber. Sehr gutes Preis-Leistungs-Verhältnis. ❶

Sardar Hotel, Madar Sq., gleich beim Stadteingang und neben dem Neubauviertel, ✆ 044-3424 7060 und 0914-462 1016. Hotel direkt beim Eingang der Stadt mit Blick auf den Berg Ararat. Zimmer mit kleinem Balkon, inkl. einfachem Frühstück. ❶

ESSEN

Falafel Maku, Resalat St., schräg gegenüber vom Karmann Restaurant, ✆ 044 3425 1099. Für den schnellen Snack oder späten Hunger, wenn

DER WESTEN

die meisten Restaurants der Stadt geschlossen haben. 🕒 tgl. 9.30–24 Uhr.

Istanbul Kebap Salonu, Hashtrodi St., ✆ 044 3425 1351. Wer das türkische Essen bereits vermisst, dem wird hier geholfen. Breite Auswahl an türkischen Speisen und Desserts. 🕒 tgl. 13.30–23 Uhr.

Kamran Restaurant, Resalat St., Ecke Maku-Danalu Rd., ✆ 044-3425 0404. Ausgezeichnetes *kubideh*, das hier fingerdick und doppelt breit auf den Tisch kommt. Empfehlenswert ist auch das superzarte und saftige *juje kebab*. 🕒 tgl. 13–16 und 19–22 Uhr.

Nouri Restaurant, Resalat St., schräg gegenüber vom Kamran, ✆ 044-3424 0534. Auswahl an traditionellen iranischen Speisen mit Schwerpunkt auf Kebabs. 🕒 tgl. 13–16 und 19–21.30 Uhr.

SONSTIGES

Fajr Hospital, Imam Khomeini St., schräg gegenüber vom Moallem-Park, ✆ 044-3424 7862. Das größte Krankenhaus der Stadt verfügt über eine Notfallambulanz und eignet sich nur für die Basisversorgung. Wer schwer erkrankt oder operiert werden muss, sollte sich in Tabriz (4 Std.) oder Orumiyeh (3 1/2 Std.) versorgen lassen. 🕒 24 Std.

TRANSPORT

Der **Taxistand** beim Emam Hossein Sq. ist die Anlaufstelle für alle Taxis in der Stadt, auch die Sammeltaxis zum **Grenzübergang Bazargan** starten von hier, 30 000 IRR p. P. oder 120 000 IRR *dar bast*. Entlang der Hauptstraße verkehren günstige *savaris* und halten auf Handzeichen.

Busse

Der **Busbahnhof** befindet sich 3 km östlich vom Emam Hossein Sq. am Modarres Blvd. schräg gegenüber einer Tankstelle. Von hier verkehren regelmäßig Busse nach Tabriz und zu den Städten um den Orumiyeh-See.

KHOY (129 km, 2 Std.), mehrmals tgl. für 90 000 IRR, VIP für 120 000 IRR.

ORUMIYEH (277 km, 4 Std.), mehrmals tgl. für 160 000 IRR, VIP für 220 000 IRR.

TABRIZ (243 km, 3 1/2 Std.), mehrmals tgl. für 175 000 IRR, VIP für 240 000 IRR.

TEHERAN (872 km, 10 1/2–12 Std.), 6x tgl. abends, VIP für 820 000 IRR.

Kloster St. Thaddäus

Rund 85 km südlich von Maku befindet sich die auch als **Qareh Kelisa** bekannte **Thaddäuskirche**. Gemäß der Überlieferung floh der Apostel Thaddäus im Jahr 35 n. Chr. vor der Christenverfolgung in Palästina nach Armenien und heilte dort König Abgar V. von Edessa. Aus Dankbarkeit und Ehrfurcht bekannte sich der König mit seinem gesamten Gefolge zum Christentum und bat Thaddäus, durch das gesamte Königreich zu reisen und den Glauben zu verbreiten. Nach dem Tod des Königs wandte sich das Volk allerdings von der neuen Religion ab. Thaddäus wurde gefasst und starb den Märtyrertod. Etwa 400 Jahre später soll ein Einsiedler seine Gebeine gefunden und nach Qareh Kelisa gebracht haben. Hier wurde Thaddäus in der Kirche des Klosters beigesetzt. Sein Grab befindet sich in einer Nische neben dem Altar.

Die Klosteranlage rund um die Thaddäuskirche stammt aus dem 10. Jh. und wurde nach einem Erdbeben 1319–1329 wieder aufgebaut. Der Klosterhof ist von hohen Mauern umgeben. Das Klostergebäude wurde 1490 ausgebaut und die Kirche 1810–1820 erweitert. Im Kern stammt die Kirche allerdings aus dem 14. Jh. und wurde aus schwarzen Steinen gebaut, was ihr den Namen Qareh Kelisa (schwarze Kirche) gab. 🕒 tgl. 9–20 Uhr, 200 000 IRR.

Bis heute findet jedes Jahr im Juli ein drei Tage andauerndes Fest zu Ehren des Heiligen Thaddäus statt, dann versammeln sich Tausende armenische Pilger aus der ganzen Welt und zelten vor dem Kloster.

Neben dem Parkplatz gibt es ein gemütliches rustikales Teehaus mit Blick auf den Bach. Etwas weiter aus dem Dorf hinaus liegt das Grabmal einer armenischen Prinzessin.

Khoy

Mit 200 000 Einwohnern ist Khoy nach Orumiyeh die zweitgrößte Stadt der Provinz West-Aserbaidschan. Der Name bedeutet „Salz" und geht auf die Salzvorkommen in der Umgebung zurück. Das fruchtbare Umland von Khoy wird bestimmt von Walnuss- und Kirschbäumen und von unzähligen Sonnenblumenfeldern, die der Stadt den Spitznamen „Sonnenblumenstadt" eingebracht haben. Khoy liegt 141 km nördlich von Orumiyeh und nur 32 km von der türkischen Grenze entfernt. Diese Lage und die Nähe zur Seidenstraße verschafften Khoy den Status eines wichtigen und umkämpften Durchzugsortes für die Truppen der persischen Könige im Krieg mit den Nachbarstaaten von der Herrschaft der Meder bis zur arabischen Invasion Irans. Über die Jahrhunderte war Khoy Schauplatz von Kämpfen mit dem Osmanischen Reich, lokalen Disputen mit Kurden und bewaffneten Konflikten zwischen Muslimen und Christen. Zeitweise war die Stadt von russischen Truppen besetzt. Auch mehrere verheerende Erdbeben haben dem historischen Stadtkern zugesetzt. Bis 1828 lebte eine große Anzahl Armenier in der Stadt, allerdings verblieben durch die Zwangsumsiedlung der Armenier nach Russland im Zuge des Friedensvertrags von Adrianopel nur wenige armenische Familien in Khoy. Vom einstigen armenischen Erbe zeugen heute noch armenische Kirchen wie die des Heiligen Serkis in Khoy und in einigen umliegenden Dörfern.

Aramgah-e Shams-e Tabrizi

Die wichtigste Sehenswürdigkeit der Stadt liegt in einem kleinen Park neben dem Shams Tabrizi Blvd. und ist die Ruhestätte des Sufi-Meisters Shams Tabrizi oder „Sonne von Tabriz", wie ihn seine Bewunderer später auch nannten. Der Überlieferung nach unterrichtete Shams in der Abgeschiedenheit von Konya den großen Rumi, bevor er in Khoy verstarb. Ihm zu Ehren benannte Rumi auch eines seiner Meisterwerke, das *Diwan-e Shams-e Tabrizi*, eine der bedeutendsten Gedichtsammlungen der persischen Literatur. Schah Ismail I. verehrte Shams sogar so sehr, dass er Anfang des 16. Jhs. seinen Jagdpalast direkt in der Nähe bauen und auch das mit Mufflonhörnern (ein Symbol für das Jagdgeschick des Schahs) besetzte Grabmal errichten ließ. Ursprünglich bestand es aus drei Türmen, von denen heute nur noch einer übrig ist. Das Warenhaus, das einst auf dem historischen Friedhofsgelände stand, hat man mittlerweile abgerissen und stattdessen einen schönen Platz gebaut. ⌚ frei zugänglich.

Kelisa-ye Surb Sarkis

Etwa 1 km vom Grabmal entfernt am Keshavarz Sq. steht die armenische **St.-Serkis-Kirche**. Laut armenischen Aufzeichnungen stammt der Kern der Kirche aus dem Jahr 332–333, in ihrer heutigen Form geht sie aber wohl auf die Zeit der Mongolen zurück, existiert also mindestens seit dem 12. Jh. Das 32 m lange und 18 m breite Gebäude wird im Inneren von insgesamt sechs Steinsäulen in drei Kirchenschiffe unterteilt. Die simple rechteckige Form ist typisch für armenische Kirchen in Khoy und den Dörfern im Umland und lässt vermuten, dass sie ursprünglich für andere Zwecke genutzt wurden. ⌚ frei zugänglich.

Khaneh-ye Kabiri und Museum

Das ehemalige Herrenhaus wurde während der Zand-Dynastie unter Karim Khan (1751–1794) errichtet. Die Innenräume im ersten Stock sind reich mit Stuck und Wandmalereien verziert. Der Innenhof liegt fast 2 m tiefer als die Straße. Im Gebäude befindet sich auch ein kleines privates Museum, Herr Akbari hat das Haus gemietet und im Inneren seine Antiquitätensammlung untergebracht. ⌚ tgl. 8–13 und 15–20 Uhr, 150 000 IRR.

Bazar-e Khoy und Umgebung

Der **Bazar von Khoy** befindet sich im östlichen Teil der Stadt zwischen Taleghani St. und Enqelab St. und stammt aus safawidischer Zeit. Am südlichen Eingang zum Bazar und 250 m nördlich des Valiasr Sq. befindet sich das einzige erhaltene Stadttor Khoys, **Darvazeh-ye Sangi**, und zeugt von der Festungsanlage, die einst die Stadt umgab. Das safawidische Steintor ist aus massiven hellen und dunklen Quadern gebaut und besitzt auf beiden Seiten des Torbogens zwei eingravierte Löwen. Der Grüngürtel,

DER WESTEN

der sich vom Tor nach Osten erstreckt, markiert den Verlauf der verschwundenen Stadtmauer.

Auf dem Areal des Bazars sind insgesamt drei Karawansereien verbaut, von denen die **Khan-Karawanserei** mit ihrem großen schattigen Innenhof noch am eindeutigsten als solche zu erkennen ist. Hier gibt es auch ein Teehaus, in dem man im Schatten der Bäume eine kurze Ruhepause einlegen kann. Nördlich der Karawanserei sind die Überreste eines **Hamams** zu sehen. Den Hauptraum kann man von einem kleinen Teehaus aus in einer Seitengasse des Bazars betrachten.

Die sehr schlicht gehaltene **Masjed-e Motelleb Khan** befindet sich schräg gegenüber der Khan-Karawanserei in der Taleghani St. und stammt aus mongolischer Zeit (1256–1353). Sie verfiel anschließend zusehends und wurde in der Qadjaren-Ära unter Haji Motelleb Khan wieder aufgebaut. Die achteckige Gebetshalle unter freiem Himmel ist von schlichten zweistöckigen gemauerten Kammern umgeben, nur die Gebetsnische ist mit Stuck verziert.

Auf der anderen Seite der Enqelab St. steht die **Masjed-e Seyed-o-Shohada**, die ehemalige Freitagsmoschee aus dem späten 18. Jh. Folgt man der Farmandari St. 100 m weiter nördlich, gelangt man zum **ehemaligen Gouverneurspalast**, in dem das Rathaus untergebracht ist.

ÜBERNACHTUNG

Khoy Tourist Hotel, Beheshti Blvd., Ecke Enqelab St., beim Bagh-e Golestan, ✆ 044-3644 9100, 💻 www.ittic.com. Wie fast immer ist das Haus der staatlichen Kette vom Preis-Leistungs-Verhältnis her die beste Wahl. Besonders die Zimmer nach Osten sind sehr ruhig und blicken direkt auf den Golestan-Park hinter dem Hotel. Auf Wunsch kann ein Extrabett dazugebucht werden. In einem separaten Gebäude gibt es Apartments mit eigener Küche für bis zu 4 Personen. Vom Hotel spaziert man in wenigen Minuten über die Enqelab St. zum Bazar und historischen Viertel der Stadt. An der Rezeption gibt es einen tollen Stadtplan! ❷

Samin Hotel, Ghorubi Blvd., Ecke Valiasr Blvd., nahe dem Busterminal, ✆ 044-3625 3073. Wer mit dem Bus ankommt und zu müde ist, um noch mit dem Taxi ins Zentrum zu fahren, kann nur 600 m vom Busterminal entfernt ins Bett fallen. Der schmucklose Kastenbau verfügt über einfache Zimmer mit sehr sauberem Bad. In unmittelbarer Nähe gibt es zwei Restaurants, und mit dem Taxi ist man in wenigen Minuten im Zentrum. ❹

Zomorod Hotel, Kuchari St., westlich des Meydan-e Amir Beyg, ✆ 044-1233 1222. Das moderne Apartmenthotel mit großer Lobby bietet sehr geräumige Zimmer und Apartments mit eigener Küche für Familien und Gruppen von bis zu 4 Personen zu fairen Preisen. ❸

ESSEN

Fast Food ist in Khoy beliebt – hier buhlen gleich mehrere große Restaurants mittags und abends um hungrige Gäste. Wer es lieber traditionell mag, sollte in eines der alteingesessenen Restaurants im Bazar schauen und saftige *kubideh* probieren.

Haj Hussein Restaurant, im östlichen Teil des Bazars bei der Enqelab St., ✆ 044-3625 4896 und 0914-965 7317. Seit Generationen in Familienbesitz und für hungrige Bazarhändler mittags die erste Anlaufstelle. Das Lokal versteckt sich in den Gassen des Bazars, ist aber schon von Weitem an seiner bunten Fensterfront zu erkennen. Hier isst man fast ausschließlich die Spezialität *kubideh*, die in der offenen Küche frisch zubereitet wird, auch das Joghurtgetränk *dough* landet frisch in der Tontasse. 🕒 tgl. 13–16.30 und 19.30–23 Uhr oder bis das Essen aus ist.

Beim direkten Konkurrenten, dem **Haj Ali Restaurant**, ✆ 044-3622 9741, gleich daneben gibt's übrigens auch gutes *chelo kebab*. 🕒 tgl. 13–16 und 19–23 Uhr.

Jalali Fast Food Restaurant, Valiasr Blvd., 600 m südlich vom Valiasr Sq., ✆ 044-3626 4950, jalali_fastfood. Offener, einladender Fast-Food-Tempel mit allen Variationen an schnellem Essen: italienischer und amerikanischer Pizza, Pasta, Salaten, Burgern, Sandwiches, aber auch Döner und türkischen Spezialitäten. Lieferung ins Hotel möglich. 🕒 tgl. 12–23 Uhr.

Riva Restaurant, Amir St., Ecke Talegani St., neben dem Kabiri-Haus, ✆ 0914-461 0806, rivawrap. Ein gemütliches Lokal mit breiter Fensterfront und großer Auswahl an ausgezeichneten Burgern und Sandwiches. Lecker: Pommes mit Rinderschinken, Knoblauchwurst und Käse überbacken. Nebenan wird bei **Riva Wraps** jede Form von Fleisch mit frischem Gemüse und deftigen Soßen eingerollt – als Streetfood zum Mitnehmen oder zur Hauptspeise dazubestellen. ⌚ tgl. 10.30–23 Uhr.

SONSTIGES

Medizinische Hilfe

Das öffentliche **Madani Hospital** direkt beim Valiasr Sq., ✆ 044-3626 1099, hilft bei leichten Verletzungen. ⌚ 24 Std.

Touren

Banafshe Travel Agency, Shahid Aroneghi Alley, Ecke Valiasr Ave., ✆ 044-3626 8617 und 0914-361 2081, bietet Offroad-Touren in die Umgebung und zum Orumiyeh-See an.

TRANSPORT

Der zentrale **Busbahnhof** (Terminal-e Otobus-e Khoy) befindet sich im Süden der Stadt am Ghorubi Blvd.

MAKU (150 km, 2 1/4 Std.), 2x tgl. morgens und nachmittags für 75 000 IRR.

ORUMIYEH (135 km, 2 Std.), mehrmals tgl. für 100 000 IRR.

QOM (830 km, 10 Std.), 1x tgl. abends für 600 000 IRR.

TABRIZ (160 km, 2 1/4 Std.), mehrmals tgl. für 130 000 IRR, VIP für 160 000 IRR.

TEHERAN (790 km, 9 1/2 Std.), mehrmals tgl. abends für 650 000 IRR, VIP für 770 000 IRR.

Orumiyeh-See

Zwischen den Provinzen West- und Ost-Aserbaidschan erstreckte sich einst auf einer Fläche von über 5200 km^2 der größte See des Mittleren Ostens. Unkontrollierte Nutzung und Abpumpen des Wassers durch die umliegenden Städte sowie die Errichtung von Dämmen in seinen Zuflüssen ließen den einst mächtigen See auf kümmerliche 10 % seiner ursprünglichen Größe zusammenschrumpfen (s. auch S. 96). So ist durch Verdunstung einer der größten Salzseen der Erde entstanden. Das salzverkrustete Ufer und die spiegelglatte Oberfläche sind ein beliebtes Ziel für Touristen. Wer etwas Glück hat, kann sogar Flamingos beobachten, die sich in den letzten Jahren wieder angesiedelt haben. Die über 100 kleinen Inseln sind außerdem ein wichtiger Rückzugsort für allerlei Vogelarten, der ganze See steht deshalb heute als **Nationalpark** unter Naturschutz.

An der Westseite des Orumiyeh-Sees, 49 km nördlich von Orumiyeh, stehen im Dorf **Gavlan** gleich drei Kirchen. Sehr wahrscheinlich ist es das Dorf mit der höchsten Kirchendichte in Iran. Die Hauptkirche liegt auf der Nordseite des Dorfes und wird heute noch ab und zu für Messen und Feste genutzt. Dafür reisen Christen aus der ganzen Umgebung an. Im Dorf selbst lebt allerdings nur noch eine christliche Familie.

Etwa 21 km weiter nach Osten, nahe dem Dorf Govarchin Ghalea, ragt der berühmte **Gorvachin-Felsen** aus dem Ufer des Salzsees heraus. Seinen Namen, Taubenfels, verdankt er seiner Form und Neigung in den See hinein. Unterhalb des Felsens gibt es einen kleinen Picknickplatz mit der Möglichkeit zu campen. Der nordwestliche Teil des Sees eignet sich übriges am besten für Fotos, weil sich hier noch das meiste Wasser befindet.

Orumiyeh

Die Hauptstadt der Provinz West-Aserbaidschan liegt rund 15 km vom Westufer des Orumiyeh-Sees entfernt in 1300 m Höhe und zählt knapp 750 000 Einwohner. Die Bevölkerung umfasst mehrheitlich Aserbaidschaner, außerdem Perser, Kurden, Armenier und christliche Assyrer. Zu den wichtigen Wirtschaftszweigen gehört neben der Landschaft der intensive Obstanbau in der Region. In der Ebene von Orumiyeh gab es bereits 2000 v. Chr. Siedlungen. Vom 11.–12. Jh. übernahmen abwechselnd Oghusen und Seldschuken die Kontrolle über die Stadt. Seit dem 12. Jh. ist Orumiyeh Sitz der Bischöfe der Assyrischen Kirche des Ostens. Bis 1900 machten

Christen etwa 40 % der Stadtbevölkerung aus. Im Laufe des Ersten Weltkriegs fielen große Teile der christlichen Zivilbevölkerung Massakern osmanischer Truppen zum Opfer. Die Überlebenden flohen aus der Region und nur wenige kehrten zurück.

Masjed-e Jameh

Die **Freitagsmoschee** im Bazar aus dem 7. Jh. könnte auf den Resten eines Feuertempels gebaut worden sein. Hinter der Gebetshalle befindet sich ein detaillierter Stuck-Mihrab aus mongolischer Zeit. Hier sieht man die verschiedenen Stufen der Restauration, weiß die aktuellen Teile, grau die der Qadjaren-Ära und dunkelgrau das Original. Die Gebetshalle war ursprünglich auf beiden Seiten gespiegelt, heute ist nur noch der Teil auf der Bazarseite erhalten. Der Gebetsraum hat, zählt man die Säulen in der Wand mit, insgesamt 40 Säulen – eine heilige Zahl im Islam. ⌚ tgl. bis Sonnenuntergang, Eintritt frei.

Muzeh-ye Orumiyeh

Das **ethnologische Museum** der Stadt ist im alten Polizeipräsidium am Ayalat Sq. untergebracht. Es gleicht den anderen Regierungsgebäuden aus Backstein in der Region und basiert wie diese auf Plänen deutscher Architekten von 1936 – um diese Zeit herum unterhielt Persien sehr gute Beziehungen zu Deutschland. Der Besuch der wunderschönen kulturellen und ethnologischen Ausstellung lohnt sich nicht nur für historisch Interessierte. In den verschiedenen Räumen sind Alltagsszenen mit Wachsfiguren nachgestellt. Im oberen Stockwerk befindet sich neben einer wundervollen Kalligrafiesammlung u. a. eine Ausstellung über Optik im Wandel der Zeit. Sämtliche Beschriftungen sind in Farsi und Englisch verfügbar. ⌚ tgl. 8–17, im Sommer bis 19 Uhr, 150 000 IRR.

Kelisa-ye Hezrat-e Maryam

Die **Kirche der Heiligen Maria** in der Khayam St. gilt als die älteste Kirche Irans und nach der Kirche in Bethlehem als eine der ältesten weltweit. Sie wurde wahrscheinlich um das Jahr 32 n. Chr. auf den Überresten eines zoroastrischen Feuertempels gebaut. Drei der Priester, die einst im Tempel beteten, sollen in der Nacht der Geburt Jesu einen Stern am Himmel beobachtet und sich auf den Weg nach Bethlehem gemacht haben. Bei ihrer Rückkehr wurde der Tempel zur Kirche umgebaut. Angeblich ruhen die sterblichen Überreste eines dieser heiligen drei Könige unter dem Gewölbe. Wahrscheinlich stammen Teile des Unterbaus der heute sichtbaren schlichten Gewölbe aus dem 2. Jh. Architektonisch weist die Kirche parthische und sassanidische Elemente auf. Angeblich spendete eine chinesische Prinzessin für den Wiederaufbau der Kirche, und auch Marco Polo soll ihr auf seinen Reisen einen Besuch abgestattet haben. Auf beiden Seiten der Eingangshalle sind christliche Prediger bestattet. Rechts vom Altar befindet sich eine kleine Kammer, in der Neugeborene nach 40 Tagen getauft wurden. Die Kirche wird heute von einer kleinen Gemeinschaft der Assyrer betreut, die auch die Guides stellen. ⌚ Mo–Sa 9–13 und 16–19 Uhr, 50 000 IRR, im Preis enthalten ist auch ein Audioguide mit ausführlichen Informationen in perfektem Englisch zur Geschichte und Bauweise der Kirche.

Borj-e Seh Gonbad

Der seldschukische **Grabturm** aus dem Jahr 1180 steht auf einer Freifläche nahe der Rahnemaiy St. Im Park verteilen sich Grabsteine und Steintafeln mit assyrischen Inschriften, einige davon wurden während des Iran-Irak-Krieges nach Orumiyeh geschafft, um sie vor der Zerstörung zu bewahren. ⌚ tgl. 8–17, im Sommer bis 19 Uhr, 80 000 IRR.

ÜBERNACHTUNG

Ana Hotel, Jame-e Jam Blvd., ✆ 044-3343 2631, 💻 www.anahotel.com. Das mit Abstand teuerste Hotel der Stadt verfügt über westlichen Standard, befindet sich aber außerhalb der Stadt. Zum 5-Sterne-Haus gehören fast 200 Zimmer und mehrere Restaurants sowie ein Schwimm- und Spa-Bereich. ❻

Aria International Hotel, Taleqani St., ✆ 044-3233 2222, 💻 www.ariahotel.ir, Instagram aria_hotel. Das 4-Sterne-Haus besitzt weitläufige Zimmer, einen eigenen Pool und Spa-Bereich sowie zwei Restaurants und einen kleinen Coffeeshop. Von den oberen Zimmern des 13-stöckigen

Szene wie aus einem Traum: Der Orumiyeh-See verschmilzt mit dem Himmel. ▸

protzigen Hauptturms hat man eine atemberaubende Aussicht über die Stadt. ❸

Bahar Hotel, westliches Ende der Bakeri St., in einer Seitengasse der Keivan Alley, ✆ 044-3343 1133, 💻 www.baharhotel.com. Nettes Hotel in ruhiger Lage mit moderner Ausstattung. Gutes Preis-Leistungs-Verhältnis. ❷

Orumiyeh Tourist Hotel, Kashani St., ✆ 044-3222 2230. Sehr sauberes Hotel mit biederer Einrichtung, dafür sind die Zimmer sehr geräumig. Südliche Stadtlage, aber immerhin in Gehweite zum Zentrum. ❹

Park International Hotel, Imam Khomeini Blvd., Ecke Ataiy Blvd., ✆ 044-3224 5926, 💻 www.parkhotel.com. Nicht ganz billig, aber bewährte Adresse in zentraler Lage. In erster Linie als Businesshotel beliebt. ❹

Sahel Hotel, Valfajr St., ✆ 044-3336 9970. Ein durchschnittliches Hotel an einer lauten Schnellstraße etwas abseits von den Sehenswürdigkeiten. Wer bereit ist, für 50 000 IRR mit dem Taxi in die Stadt zu fahren, für den rechnet sich der günstigere Übernachtungspreis. ❷

ESSEN

Im Gewürzbazar nahe der Freitagsmoschee gibt es einige kleine **Kebabis** für den kleinen Hunger zwischendurch.

Diyaku Restaurant, Jam-e Jam Blvd., ✆ 044-3348 9742. Standardkost in edlem Ambiente mit Schwerpunkt auf Abendessen. Breite Auswahl an Gerichten, warme Speisen ab 180 000 IRR. Zu den großen Portionen kommt frisch gebackenes, knuspriges Brot auf den Tisch. 🕒 tgl. 9–16 und 19–23 Uhr.

Flamingo Restaurant, Kashani St., ✆ 044-3346 1177. Modernes Ambiente mit großer Salatbar und Dessertbuffet mit Baklava und Obst. Anständige Portionen saftigen Kebabs. Hauptgerichte ab 150 000 IRR. ⌚ tgl. 12–16 und 19–23 Uhr.

Kashkool Traditional Restaurant, Barq St., Ecke Neshat St., ✆ 044-3345 6666. Traditioneller Look – hier ist das Kupfergeschirr bereits eingedeckt –, übersichtliche, aber feine Auswahl an regionalen Spezialitäten, am kleinen Buffet kann man sich die Kupferschalen mit *torshi* (eingelegtes Gemüse), *parvardeh* (Oliven mit einem Mus aus Walnüssen und Granatapfel) und Joghurt vollschaufeln, ausgezeichnetes *dough*. Spezialität des Hauses ist *kufte tabrizi* (mit Nüssen und getrockneten Früchten gefüllter Fleischball). Nur Mittagessen, mittlere Preise. ⌚ tgl. 12.30–16.30 Uhr.

Molavi Restaurant, Kreuzung von Mollavi Blvd. und Amin St., ✆ 044-3108, 💻 www.molavirest.ir, 📷 molavi-restaurant. Großes Restaurant mit Kantinenatmosphäre (warme Gerichte gibt's per Selbstbedienung), auch Salatbuffet. Dafür ist die Auswahl an leckeren Speisen groß. Beliebte Adresse für Familien. ⌚ tgl. 13–16 und 18.30–23 Uhr.

SONSTIGES

Einkaufen

Die Stadt ist bekannt für *noghl,* eine beliebte Süßigkeit, die es auf und um den Bazar bei jedem Nuss- und Süßwarenhändler gibt. Am besten kauft man sie bei **Noghleh Homa** neben dem Grabturm ein, ✆ 044-3222 5715, 💻 www.noghlhoma.ir. Hier kann man sich durch alle Sorten (unter anderem Rose, Safran, Sauerkirsche, Mandel, Pistazie) probieren und bei der Herstellung zuschauen. ⌚ Sa–Do 8.30–21.30, Fr 8.30–14 Uhr.

Medizinische Hilfe

Imam Khomeini Hospital, Ershad Rd., 200 m südwestlich der Modarres Ave., ✆ 044-3346 9931. Das staatliche Krankenhaus ist gut ausgestattet und Anlaufpunkt für Patienten aus der ganzen Provinz. ⌚ 24 Std.

TRANSPORT

Der **Busbahnhof** (Terminal-e Otobuse Orumiyeh) befindet sich am Haft-e Tir Blvd.

HAMADAN (540 km, 7 3/4 Std.), 3x tgl. nachmittags bis abends VIP für 600 000 IRR.
KERMANSHAH (545 km, 8 1/2 Std.), 6x tgl. nachmittags bis abends VIP für 600 000 IRR.
KHOY (140 km, 2 Std.), mehrmals tgl. für 100 000 IRR.
MAKU (280 km, 4 Std.), mehrmals tgl. für 160 000 IRR.
RASHT (630 km, 8 1/2 Std.), 4x tgl. nachmittags bis abends VIP für 890 000 IRR.
TABRIZ (145 km, 2 1/4 Std.), 4x tgl. morgens bis nachmittags für 130 000 IRR, VIP für 160 000 IRR.
TEHERAN (765 km, 9 1/2 Std.), mehrmals tgl. morgens bis abends VIP für 850 000 IRR.

Hasanlu

Ungefähr 83 km südlich der Stadt Orumiyeh und westlich des gleichnamigen Dorfes barg der **Siedlungshügel** von Hasanlu eine mächtige Stadtfestung. Sie wurde von dem aus der südrussischen Steppe eingewanderten Reitervolk der Mannäer errichtet. Als eine der größten Siedlungen im Qadar-Flusstal dominierte sie die kleine Ebene von Solduz, bis sie 800 v. Chr. von Urartäern zerstört wurde.

Die Anlage besteht aus einem 25 m hohen zentralen „Zitadellenhügel", der von einer niedrigen Siedlung umgeben ist. Das gesamte Gelände war einst viel größer, wurde aber durch lokale Landwirtschafts- und Bautätigkeiten stark verkleinert und ist heute etwa 600 m breit, wobei die Zitadelle einen Durchmesser von etwa 200 m hat. Ende des 2. Jahrtausends v. Chr. waren auf dem Zitadellenhügel eine Reihe monumentaler Gebäude angesiedelt, darunter mindestens ein großer Tempel mit einer 18 x 24 m großen Säulenhalle, in der vier Reihen zu je sechs Säulen standen. Neben einem Palast mit mehreren Nebengebäuden gehörte auch ein Gebäude, das der Aufbewahrung wertvoller Gegenstände diente, zum Komplex. Hier fand man aufwendig verzierte Silberbecher, eine Goldschale mit Reliefschmuck, zahlreiche Perlen aus weißem Glas und Muscheln sowie mehrere Trinkgefäße in Form von Widder- und Pferdeköpfen. Die wertvollen Funde des Schatzhauses von Hasanlu werden heute im Nationalmuseum in Teheran aufbewahrt. Im kleinen **Museum** neben der Anlage sind einige der weniger wertvollen Fundstücke ausgestellt. ⏲ tgl. 9–18 Uhr, 150 000 IRR.

Anfahrt von Orumiyeh über die Straße 11 nach Süden bis zum 70 km entfernten Hasanlu-See. Hier zweigt eine holprige Landstraße zum Dorf Hasanlu ab. Der Siedlungshügel befindet sich an der Westseite des Dorfes.

Takht-e Soleyman

Eine der spektakulärsten archäologischen Kultstätten des Landes erstreckt sich 30 km nordwestlich der kleinen Stadt Takab und 230 km südwestlich von Maragheh. Umgeben von 3000 m hohen Bergketten präsentiert sich wie auf einem Silberteller der **Thron des Salomon**, ein Gebäudekomplex, der aus einem Feuertempel, einem Palast und einer Befestigungsanlage besteht. Unübersehbar stauten sich hier die Sedimente einer überfließenden Thermalquelle zu einem 60 m hohen Kalksteinfelsen auf und bildeten ein natürliches Plateau mit einem über 110 m tiefen Kratersee in der Mitte.

Die früheste Siedlung bestand lediglich aus einer Ansammlung von Häusern nordwestlich des Sees und wird auf die Achämeniden-Zeit datiert. Spuren von Kanälen zeigen, dass das Wasser des Sees zur landwirtschaftlichen Bewässerung abgeleitet wurde. Nach einigen Generationen wurden die Lehmbauten verlassen und vom stetig nachfließenden Wasser davongespült. Die Parther errichteten schließlich eine kleine (nicht mehr erhaltene) Festung an der Nordseite des Sees. Bis hier weitere monumentale Bauten entstanden, sollte noch viel Zeit vergehen. Über die Jahrhunderte wich die Lehmziegelarchitektur Stück für Stück Konstruktionen aus Stein und Backstein, darunter ein großes sassanidisches **Feuerheiligtum**. Dieses war dem Feuer der Krieger und Könige geweiht und gehörte zu den drei heiligsten zoroastrischen Feuertempeln des sassanidischen Reichs. Zum Schutz war es von einer ovalen **Festungsmauer** mit runden Turmbastionen und zwei Toren (eines im Norden und eines im Süden) umgeben. Die nördliche Hälfte des Komplexes bestand neben dem eigentlichen Tempel aus mehreren Innenhöfen und Säulenhallen. Herzstück der Anlage war das **Chahar Taq**, der Feuertempel der Anlage, ein massiver Vierbogenbau mit Kuppel und einem Feueraltar in der Mitte.

Westlich außerhalb des Tempels befinden sich die Säulenhalle, der westliche Iwan und das nördliche und südliche Oktagon, die für Zeremonien genutzt wurden.

Die südliche Hälfte des Heiligtums öffnete sich in mehreren vorgelagerten Arkadengängen und wurde noch nicht sehr weit ausgegraben.

Nach dem Einfall der Mongolen im 13. Jh. ließ der ilkhanidische Herrscher Abaqa Khan kurzerhand einen riesigen **Jagdpalast** auf den Ruinen errichten, in dem man den zentralen Kultraum sowie einige weitere Bauelemente des Tempels geschickt verbaute. Während der ilkhanidischen Herrschaft wurden weitere Anbauten hinzugefügt, wie etwa das südliche Tor, der **Säulengang** um den See, eine Reihe an Räumen und Kammern im westlichen Komplex und der **Tempel der Anahita** mit vier massiven Säulen, der möglicherweise als buddhistischer Tempel diente. Nördlich des Feuertempels errichtete man später außerdem eine **Moschee** sowie ein **Badehaus**.

Erste Ausgrabungen erfolgten zwischen 1959 und 1978 unter deutscher Leitung. Seit 2005 gehört die ganze Anlage zum Unesco-Weltkulturerbe. Bis heute kommen noch Zoroastrier nach Takht-e Soleyman, um Rituale durchzuführen und zu meditieren.

⏲ tgl. 8–20 Uhr, 200 000 IRR, für Autofahrer sind nochmal 30 000 IRR für den Parkplatz fällig.

Für die Fotografen

Im Sommer wird ab 21 Uhr das **Flutlicht** eingeschaltet. Dann lassen sich von einem der Hügel rund um Takht-e Soleyman aus schöne Nachtbilder machen. Den besten Blick hat man von der Anhöhe östlich der Anlage, hier führt eine Schotterstraße vom Parkplatz weg und dann steil den Hügel hinauf.

Zendan-e Soleyman

Nur 3 km westlich von Takht-e Soleyman ragt ein mehr als 100 m hoher Kegel mit einem 110 m tie-

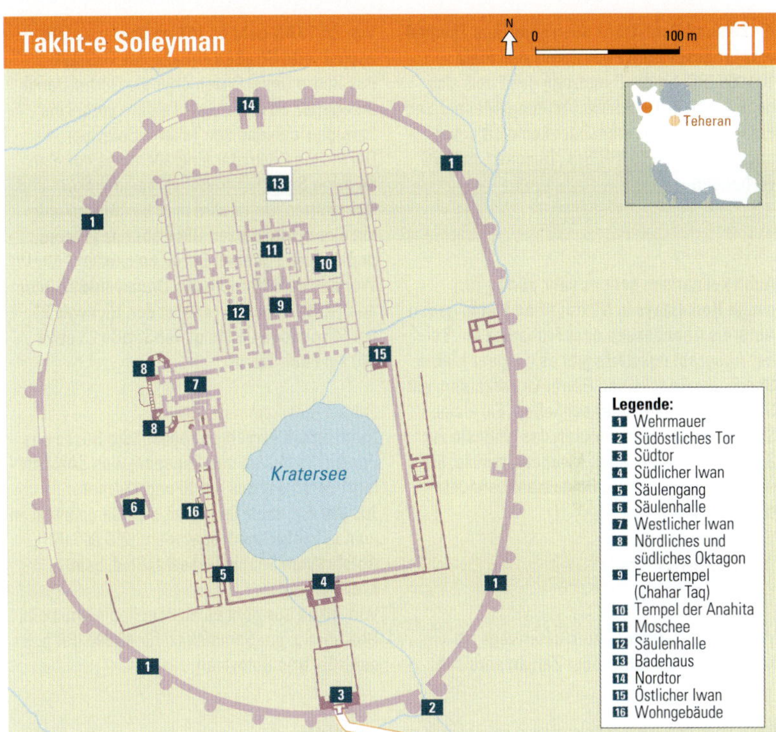

fen und 70 m breiten Krater auf, der sich ähnlich dem Kalksteinfelsen bei der Ruinenstätte durch Ablagerungen einer Thermalquelle gebildet hat. Auf der Spitze hat man eine halbrunde Gebäudekette errichtet, anfänglich – vor über 2000 Jahren – noch als Teil eines Heiligtums. Im 7. Jh. wich dieses einer befestigten Siedlung. Ein Spaziergang zu „Salomons Gefängnis" lohnt allein schon wegen der tollen Aussicht auf Takht-e Soleyman. Der Legende nach soll der Prophet Salomon eine Zeit lang im Felskegel gefangen gewesen sein – daher der Name.

ÜBERNACHTUNG

In der unmittelbaren Umgebung gibt es weder Hotels noch Gästehäuser, erst wieder im 80 km entfernten **Takab**. Wer in der Nähe übernachten will, für den bietet sich ein Homestay im nur 2 km entfernten Dorf **Nusrat Abad** an. Hier vermieten einige Bewohner einfache Zimmer oder ganze Häuser für sehr erschwingliche Preise (600 000–800 000 IRR pro Nacht) an Touristen – einfach im Dorf beim Supermarkt nachfragen oder direkt bei **Familie Asheghi**, ✆ 0914-382 5294, oder **Familie Tadayon**, ✆ 0914-981 4237 (kein Englisch).

Auch einer der Wächter am Kassenhäuschen in Takht-e Soleyman, Herr Shamshiri, ✆ 0912-744 0630, vermietet sein sehr geräumiges Haus im Dorf mit Küche, Bad, zwei großen Schlafzimmern und Wohnzimmer für 700 000 IRR pro Nacht.

Wer lieber **campen** möchte, kann dies 1 km nördlich des Dorfes an der Straße Richtung Takab im Thermalbad **Abgarm-e Takht-e Soleyman** tun. Auf dem Gelände des Campingplatzes gibt es neben vielen überdachten Stellplätzen für Zelt und Schlafsack auch einen aus Thermalwasser gespeisten Pool, Zutritt zum Platz 100 000 IRR, für die Benutzung des Pools sind nochmal 50 000 IRR fällig (Achtung: Männer und Frauen baden getrennt) oder komplett privat buchen für 250 000 IRR/Std., Duschen und WC vorhanden.

ESSEN

Auch kulinarisch geht es sehr dürftig zu, einige **Homestays** in Nusrat Abad bieten gegen Aufpreis Abendessen oder Frühstück an. Bei der Ausgrabungsstätte gibt es ein paar **kleine Shops**, die Snacks und Getränke verkaufen, mit Sonnenuntergang aber schließen. Ein kleiner **Supermarkt** im Dorf verkauft das Nötigste zur Selbstversorgung, auch frisches Gemüse, Eier und Brot. Das nächste **Restaurant** befindet sich in Takab.

TRANSPORT

Auto

Wer mit dem eigenen Auto unterwegs ist, kann direkt von Tabriz oder Zanjan anreisen. Von ZANJAN geht es 147 km über meistens asphaltierte Straßen entlang des Flusstals des Rud-e Qesel Ouzan über die Dörfer Dandi und Kapaz an Minen und Feldern vorbei ins bergige Hochland von Takht-e Soleyman.
Die letzten Kilometer sind allerdings nur eine holprige Schotterstraße, vorbei an Imkern und Schafhirten. Dafür wird man bei der Ankunft mit einem grandiosen Blick über das Plateau und die umliegenden Berge belohnt.
Wer aus dem Norden vom Orumiyeh-See oder aus TABRIZ kommt, verlässt den Highway 21 bei Miyandoab und folgt der Straße 23 etwa 140 km nach Takab.

Busse und Sammeltaxis

Nach **Takab** verkehren regelmäßig Busse aus Zanjan, Orumiyeh und Sanandaj. Von ZANJAN fährt 2x tgl. ein Bus um 10 und 13 Uhr für 150 000 IRR nach Takab, mit dem Sammeltaxi ist man schneller, zahlt aber mehr (250 000 IRR), Abfahrt vom Shahid Beheshti Blvd. beim Kreisverkehr.
Von Takab aus geht es ab dem Imam Khomeini Ghalam Sq. per Sammeltaxi für 40 000 IRR p. P. nach Takht-e Soleyman.

Die Ruinen von Takht-e Soleyman in atemberaubender Umgebung

12 HIGHLIGHT

Provinz Kurdistan

Das karge und landschaftlich spektakuläre Bergland der Provinz Kurdistan ist bis heute vom stolzen Volk der Kurden geprägt. Die 28 800 km² große Provinz grenzt im Westen an Irak. Hier im bergigen Hochland siedelten die ersten kurdischen Stämme, besiegten die Assyrer und legten den Grundstein für die Herrschaft der Achämeniden. Für die nächsten Jahrhunderte wurde die Gegend zum Spielball diverser Invasoren, darunter Mongolen und Timuriden. Mit dem Beginn des 16. Jhs. begann der Verfall, als die einst wichtige Seidenstraße mehr und mehr das Nachsehen gegenüber dem Seeverkehr hatte.

Zu den touristischen Highlights der Region gehören die Hauptstadt **Sanandaj** mit ihren historischen Anwesen reicher Kaufleute und Moscheen, der als Naherholungsgebiet beliebte **Marivan-See** im Nordwesten und die malerischen Bergdörfer im **Uraman-Tal**, die sich an die Steilhänge der Berge schmiegen.

Sanandaj

Nach dem ersten Rundgang fällt auf, dass Sanandaj die Stadt der Statuen ist. An jeder Ecke, mal zentral in einem Kreisverkehr, mal versteckt in einem kleinen Park, findet sich ein steinernes Bildnis eines kurdischen Helden, Dichters, Musikers oder Philosophen. Die Bewohner der Stadt sind mächtig stolz darauf und werden nicht müde, die Geschichten hinter der Persönlichkeit zu erzählen. Etwas Besonderes ist in diesem Zusammenhang die **Statue der Mastoureh Ardalan**, weil sie nämlich die einzige Frau ist. Als Dichterin, Philosophin und Historikerin verfasste sie Anfang des 19. Jhs. mehrere bedeutende Werke, bis sie und ihre Familie vor den Qadjaren aus Sanandaj fliehen mussten. Bis dahin war die Stadt lange Zeit vom Einfluss der Qadjaren-Dynastie unberührt gewesen und zeitweise von kurdischen Stämmen und Familien beherrscht worden. So hatte die Stadt unter Suleiman Khan Ardalan im späten 17. Jh. Souveränität erlangt.

Während der Safawiden- und Qadjaren-Zeit blühte Sanandaj geradezu auf. Davon zeugen heute noch viele Anwesen reicher und mächtiger Familien. Die beiden historischen Bäder der Stadt, **Hamam-e Shisheh** und **Hamam-e Khan**, sind leider schon seit Jahren geschlossen, teils wegen Restaurierung, teils ohne triftigen Grund.

Mit über 140 Moscheen gehört Sanandaj zu den Städten mit der höchsten Anzahl von Moscheen pro Einwohner in der islamischen Welt. Sanandaj ist besonders bei Studenten beliebt, ein Großteil der Universitäten und Ausbildungsstätten in der Region sind hier angesiedelt.

Khaneh-ye Asef Khan Vaziri

Das **Herrschaftshaus** in der Emam St. war der Sitz der Asef-Familie, die Sanandaj – oder zumindest die Ansammlung an Dörfern, die es im 20. Jh. noch war – unter Duldung der Qadjaren verwaltete und den Gouverneur (Khan) stellte. Das Wasser für die Brunnen im prächtigen Innenhof stammt über ein System aus Rohren direkt aus den Bergen. Heute beherbergt das

DER WESTEN

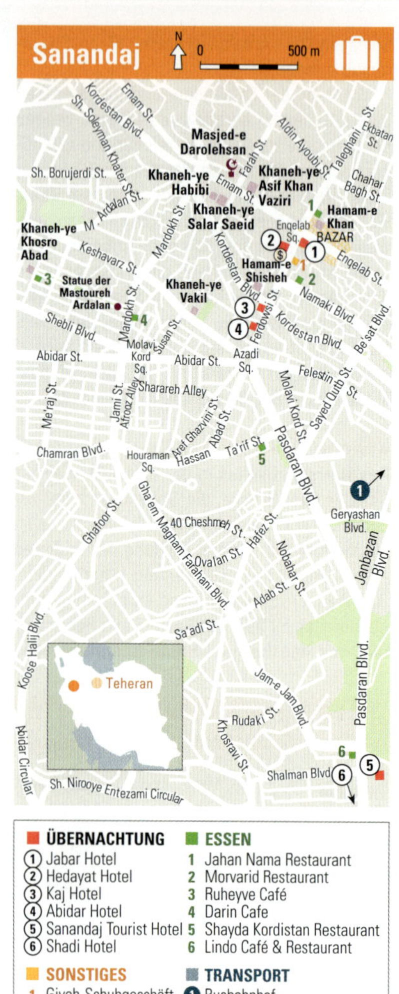

Anwesen ein **Museum**. Hier finden sich Miniaturmodelle der Sehenswürdigkeiten Sanandajs, mit Wachsfiguren dargestellte kurdische Alltagszenen sowie eine Sammlung an Holzarbeiten von Ali Akbar Behzadian, einem weltbekannten Künstler, der Zigarrenkisten, Schach- und Backgammonspiele und Schatullen aus edlen Hölzern (hauptsächlich Walnuss) herstellte. Im Empfangsraum des Khans mit seinen großen bunten Glasfenstern finden sich außerdem Tonarbeiten von mystischen Fabelwesen Kurdistans, alte Fotos und Kalligrafien, Briefe und Dokumente sowie eine Sammlung von Büsten und Statuen bedeutender kurdischer Persönlichkeiten, allesamt berühmte Kalligrafen, Poeten, Politiker oder Befehlshaber. ⌚ tgl. 9–12 und 16–18 Uhr, 80 000 IRR.

Khaneh-ye Salar Saeid

Das Gebäude schräg gegenüber dem Asef Khan Vaziri-Anwesen in der Habibi Alley mit seinem markanten Holzfenster in der Front stammt aus der späten Qadjaren-Zeit. Hier befindet sich das **Sanandaj Museum** mit einer Sammlung von Töpfereien aus der Eisenzeit (800–600 v. Chr.), Waffen und Bronzearbeiten aus der parthischen Periode. Im Hauptraum lässt sich das siebenteilige *orusi* des Meisters Mohammad Nadjarbashi bestaunen, eines der prächtigsten Buntglasfenster im ganzen Land, sowie diverse Skelette aus Gräbern und Grabbeigaben, Keramik und Steinschalen. Der islamische Ausstellungsteil umfasst wunderschöne, aufwendig bemalte und verzierte Keramik aus dem 13. Jh. und beeindruckende Kupferarbeiten. Im Keller befinden sich weitere Arbeiten aus Glas sowie der Hamam des Hauses mit seiner Decke aus Stuck und Spiegelornamenten. ⌚ tgl. 9–12 und 16–19 Uhr, 150 000 IRR.

Khaneh-ye Habibi

Das Anwesen gleich daneben beherbergt heute Werkstätten und einige Grabsteine. Wenn das Tor geöffnet ist, lohnt sich ein kurzer Blick in das Innere. Weitere Anwesen wie das **Khaneh-ye Khosro Abad** mit seinem großem Innenhof aus der Zand-Dynastie (1751–1794) und das **Khaneh-ye Vakil** mit seiner langen Veranda sind leider wegen Restaurierungsarbeiten geschlossen und lassen sich daher nur von außen betrachten.

Masjed-e Darolehsan

Die **Freitagsmoschee** in der Emam St., Ecke Farah St., stammt ebenfalls aus der Qadjaren-Ära und ist eine der schöneren sunnitischen Moscheen mit Bäumen und kühlem Wasserbecken im Vorhof und Dutzenden Teppichen im Inneren. ⌚ frei zugänglich.

ÜBERNACHTUNG

Abidar Hotel, Ferdowsi St., 100 m nördlich vom Azadi Sq., ☏ 087-3324 1645. Eines der alten Gästehäuser in Bazarnähe mit kleinem Parkplatz im Hinterhof. Die Zimmer sind spartanisch und die Wände sehr hellhörig. ❶

Hedayat Hotel, Ferdowsi St., gleich beim Enqelab Sq. und schräg gegenüber vom Bazar, ☏ 087-3315 5174. Altes Hotel in toller Lage und sehr sauber. Eingang und Restaurant mit alten Kachelmotiven und Spiegelornamenten, an der Rezeption steht noch ein altes Telefon mit manueller Verbindung. Das Preis-Leistungs-Verhältnis stimmt. Einfaches Frühstück (7–9 Uhr) inkl. ❶

Jabar Hotel, Südseite des Enqelab Sq., ☏ 087-3323 6584. Für den Preis kann man nicht viel erwarten, aber Zimmer unbedingt vorher zeigen lassen. Im Sommer nicht zu empfehlen, da keine Klimaanlage im Haus. ❶

Kaj Hotel, Ferdowsi St., 150 m nördlich vom Azadi Sq. vor der Brücke, ☏ 087-3323 1162. Die Zimmer haben die Atmosphäre einer Jugendherberge, dafür sind sie günstig. Duschen und WC auf dem Gang. ❶

Sanandaj Tourist Hotel, Pasdaran Blvd., ☏ 087-3362 3676, 💻 www.ittic.com. Ein schmuckloser Hotelbau südlich des Zentrums. Die Zimmer sind gewohnt geräumig und sehr sauber. ❸

Shadi Hotel, Pasdaran Blvd., ☏ 087-3362 9200, 💻 www.hotelshadi.com. Das Schwesterhotel steht in den Bergen in Uraman Takht, hier in Sanandaj in einer faden Wohnsiedlung im Süden der Stadt. Nettes Restaurant im Haus. ❹

ESSEN

Darin Cafe, Mardokh St., 100 m nördlich vom Molavi Kord Sq., ☏ 0912-893 0233. Das kleine Café überzeugt mit coolem Ambiente und einem erfrischenden Mix aus Kunstwerken und dunklen Farben. Gemütlich kann man auch im Innenhof sitzen. Große Auswahl an Kaffees, Shakes und Tees. Besonders beliebt bei Studenten. 🕒 tgl. 9–22 Uhr.

Jahan Nama Restaurant, Taleghani St., 100 m nordöstlich des Enqelab Sq., ☏ 087-3316 4212. Seit mehr als 70 Jahren in Familienbesitz, traditionelles Restaurant mit allerlei Krimskrams an den Wänden inklusive Glasvitrinen mit Porzellan und alten Radios. Hier gibt es *dolmeh* (gefüllte Weinblätter) und die Spezialität des Hauses: Kamelfleisch, dazu hervorragenden hausgemachten *dough* (persischer Joghurtdrink). 🕒 tgl. 9–22 Uhr.

Lindo Café & Restaurant, Pasdaran Blvd., Ecke Jam-e Jam Blvd., ☏ 087-3366 8484. Schickes, topmodernes Lokal auf zwei Etagen mit viel Fast Food, aber auch Kebab (200 000–330 000 IRR), Burgern, wahlweise *single, double* oder *triple* (140 000–230 000), Pasta, Pizza, Fried Chicken. Beliebter Treffpunkt am Abend für junge Sanandajis und Familien. 🕒 tgl. 10–24 Uhr.

Morvarid Restaurant, Namaki Blvd., nahe dem Bazar, direkt gegenüber vom Parkhaus, ☏ 087-3323 8444. Ist bei Einheimischen für seine Kebabs beliebt. Die Hälfte der Speisekarte füllen hier Tabellen mit Nährwertangaben aus, wer also Kalorien zählen will, ist hier richtig. Das Herzstück ist der große Kupferofen in der Mitte des Lokals. 🕒 tgl. 11.30–22.30 Uhr.

Ruheyve Café, direkt gegenüber vom Khaneh-ye Khosro Abad, ☏ 087-3323 8449. Ein wunderschönes Café mit bunt und kunstvoll bemalten Wänden. Am besten im Innenhof vor der bemalten Fassade Platz nehmen und einen Kaffee genießen. 🕒 tgl. 9–14 und 16–21 Uhr.

Shayda Kordistan Restaurant, Ta'rif St., ☏ 087-3323 9990. Traditionsreiches Restaurant mit sehr guten Speisen, serviert auf großen Kupfertellern. Dass das Essen gut ist, davon zeugen die vielen Einheimischen, die hier mittags und abends einkehren. 🕒 tgl. 10–24 Uhr.

EINKAUFEN

Auf den kurdischen Märkten und auf dem Bazar bekommt man vieles, was es im Rest des Landes nicht gibt, etwa farbenprächtige und schillernde Tücher, die kurdische Frauen gerne bei festlichen Anlässen tragen. Berühmt ist Kurdistan vor allem für seine **Giveh-Schuhe** oder *kelakh*, wie sie hier heißen. Sie werden im Geschäft gegenüber der Bank Tejarat in der Ferdowsi St. oder auf dem Bazar verkauft. Für gute Qualität und echte Handarbeit muss man mindestens 2 Mio. IRR bezahlen.

TRANSPORT

Der zentrale **Busbahnhof** (Terminal-e Otobus-e Sanandaj) befindet sich am östlichen Stadtrand, etwa 6 km vom Zentrum entfernt.
HAMADAN (175 km, 2 3/4 Std.), 2x tgl. nachmittags VIP für 200 000 IRR.
ORUMIYEH (410 km, 6 1/2 Std.), 1x tgl. abends VIP für 610 000 IRR.
QAZVIN (400 km, 5 3/4 Std.), 2x tgl. morgens und nachmittags für 320 000 IRR, VIP für 560 000 IRR.
TABRIZ (450 km, 7 1/2 Std.), 2x tgl. abends VIP für 520 000 IRR.
TEHERAN (485 km, 6 1/2 Std.), mehrmals tgl. für 330 000 IRR, VIP für 660 000 IRR.

Marivan und der Zarivar-See

In der kleinen Stadt Marivan im nordwestlichen Zipfel Kurdistans laufen wichtige Straßen zusammen. Für Reisende nach Irak ist die Stadt ein letzter Zwischenstopp vor der Grenze. Abgesehen von einem See hat Marivan nichts zu bieten.

Der **Zarivar-See** mit gemauertem Kai und Promenade ist besonders abends ein beliebter Treffpunkt und verfügt über einige Restaurants, Souvenirstände und jede Menge Picknickplätze. Um eine Runde über den See zu drehen, mietet man ein Tretboot für 100 000 IRR pro 1/2 Std. Flotter geht es mit dem Motorboot für 350 000 IRR (max. 5 Personen, 1/4 Std.). Wer es gemächlicher mag, bestellt sich an der Promenade eine Wasserpfeife für 100 000 IRR oder trinkt einen Tee bei einem der zahlreichen fliegenden Verkäufer. Neben dem Vergnügungspark reihen sich die Fisch-Kebabis und hüllen den Park in dicke Grillschwaden. Frisch gefangenen Fisch aus dem See gibt es hier für 400 000 IRR pro Portion – die reicht dann meist für zwei.

ÜBERNACHTUNG UND ESSEN

Marivan Tourist Hotel, direkt am See oberhalb des Vergnügungsparks gelegen, ✆ 087-3452 1626, 💻 www.ittic.com. Das Hotel thront direkt über dem See und wartet mit wundervollen Ausblicken auf. Zimmer für 3–4 Personen in kleinen Bungalows, großes Restaurant mit guten Fischgerichten. 2,72 Mio. IRR pro Bungalow.

Miran Hotel, Be'sat Blvd. beim Kreisverkehr, ✆ 087-3454 6550. Sehr einfache Zimmer mit Klimaanlage – bei dieser Preisklasse kein Standard. Für eine Nacht in Ordnung. Direkt in der Stadt am Kreisverkehr gelegen, daher etwas laut. ❷

Zhaman Restaurant, Shahid Jalal Barnamah Blvd., 50 m nördlich des Sepah Sq., ✆ 087-3452 1707. Das einzige respektable Restaurant der Stadt ist entsprechend voll, besonders am Abend. Gute Küche auf zwei Ebenen, mit künstlichem Wasserfall an der Wand und Aquarium. Neben Kebabs auch leckeres *ghorme sabzi*. 🕒 tgl. 9–23 Uhr.

TRANSPORT

Südlich von Marivan an der Straße 46 neben der Tankstelle fahren **Minibusse** nach SANANDAJ (125 km, 2 1/2 Std.) für 90 000 IRR und KERMANSHAH (200 km, 4 Std.) für 150 000 IRR.
Toyota-**Sammeltaxis** nehmen an der Kreuzung hinter der Tankstelle Passagiere für 100 000 IRR nach URAMAN TAKHT (60 km, 1 1/2 Std.) auf.

Uraman-Tal

Zu den landschaftlich spektakulären Regionen von Kurdistan gehört das Uraman-Tal, das sich entlang der bergigen Grenzregion nach Irak zu Füßen des **Kuh-e Takt** erstreckt. Von Marivan führt die Straße 46 nach Süden und biegt nach 18 km bei Biakara nach Westen auf die Straße 15 ab. Nach weiteren 35 km und dem Passieren einer Polizeistation verläuft eine Landstraße nach Osten in die Berge und schraubt sich über steile Kurven und schwindelerregende Serpentinen über den Pass hinab ins Tal nach **Uraman Tahkt**.

Uraman Takht

Das Dorf Uraman Takht zu Füßen des Kuh-e Takht gilt als eines der schönsten kurdischen Terrassendörfer und ist nicht nur wegen seiner Häuser, die sich wie Schwalbennester an die steilen Berghänge schmiegen, einen Besuch wert. Die kleine **sunnitische Moschee** mit ihren Schnitzereien und holzvertäfelten Wänden befindet sich im Hauptteil des Dorfes oberhalb der Hauptstraße. Entlang der Hauptstraße reihen sich kleine Souvenirshops, in denen man handgeflochtene Körbe, Schnitzarbeiten oder *givehs* (Schuhe) kaufen kann. Im Frühjahr zur Schneeschmelze ist das Dorf umringt von unzähligen Wasserfällen.

Für eine Übernachtung eignet sich das **Shadi Hotel**, ✆ 087-3488 3535 und 0918-375 8521, ❷, das mit seinen steingetäfelten Wänden und groben Holztüren eine wilde Schönheit ausstrahlt. Das große, holzgetäfelte Restaurant bietet akzeptables *polo-o morgh* (Brathähnchen mit Reis), *seresh polo* (Eintopf mit Reis) und *juje kebab* (Hühner-Kebab). Die Zimmer sind für die Bergwelt ungewohnt modern und sauber, verfügen über ein eigenes Bad mit europäischer Toilette und moderner Duschkabine. Von der Dachterrasse blickt man auf den Kuh-e Takht.

Eine Wanderung auf den **Kuh-e Takht** ist direkt vom Dorf aus möglich. Die beste Zeit dafür ist im Frühling (April–Mai), auch wenn dann noch Schnee liegt, oder aber im Herbst, wenn das ganze Tal zur Granatapfelzeit in allen Farben erstrahlt.

Von Uraman Takht nach Paveh

Wer nicht in Uraman Takht verweilen will, folgt der Bergstraße weiter nach Südosten und passiert mehrere kleine Dörfer, die sich am Weg nach Paveh wie an einer Perlenkette aufreihen. Als Nächstes gelangt man in das wunderschöne Dörfchen **Bolbar**, das sich unterhalb eines Felskegels an den Berg schmiegt und in dem fast jedes Haus grün und blau bemalte Fenster hat. Zimmer werden am Dorfeingang vermietet. Besonders im Frühling wird das Dorf touristisch: Dann plätschert hier ein Wasserfall.

Die Straße folgt anschließend mehreren Kurven zum Dorf **Selin**. Hier liegt an einem Steilhang außerhalb des Dorfes das einzige Hotel außerhalb von Uraman Takht: Das Selin Hotel, ✆ 0918-375 0125 und 0918-460 0090, hat eine große Dachterrasse, von der sich der Blick über das Tal besonders gut genießen lässt. Die 22 Zimmer bieten Platz für 50 Personen und besitzen eigene Bäder mit europäischer Toilette (500 000 IRR p. P. inkl. Frühstück). Die Zimmer nach Osten und Norden bieten Flussblicke. Im großen Restaurant gibt es schmackhaftes Kebab, *polo morgh* (Brathähnchen mit Reis) und *gheime* (Fleischeintopf) bei guter Aussicht auf den Fluss.

Von hier geht es mit Offroad-Fahrzeugen auf einer vom Hotel organisierten Tour etwas höher in die Berge, teils mit Übernachtung. Das Hotel organisiert auch Boottrips auf dem Fluss.

Hinter Selin folgt die Straße steilen Serpentinen bergab und gelangt zum malerischen Dorf **Hajij** nahe dem Daryan-Staudamm. Die kleine Bucht und der Bootsanleger deuten darauf hin, dass auch hier langsam in den Tourismus investiert wird. Reza, der Besitzer des kleinen Supermarktes, vermietet Zimmer mit Klimaanlage und kleiner Küche für 500 000–600 000 IRR. Vom Staudamm geht es die letzten Kilometer wieder zurück auf die Straße 15, die weiter nach Süden Richtung Paveh und Kermanshah führt.

Palangan

Das Terrassendorf liegt wunderschön in einer Talsenke an einem Fluss, umgeben von schroffen Felsen, 48 km nordwestlich der Stadt Kamyaran. Von Kermanshah geht es zuerst durch die Ebene entlang der Berge rechter Hand bis nach Kamyaran. Hinter Kamyaran führt die Straße über Felder und Hügel, am Daryan-Stausee vorbei. Anfahrt mit *savari* von Kermanshah nach Kamyaran, Abfahrt vom Imam Hossein Sq. für 60 000 IRR oder *dar bast* 240 000 IRR, dann weiter mit dem Taxi nach Palangan. Im Dorf und entlang der Zufahrtsstraße vermieten die Einwohner günstige Zimmer und ganze Häuser ab 700 000 IRR – einfach auf die bunten Schilder mit den Telefonnummern achten. Palangan lässt sich aber auch gut als Tagestour von Kermanshah aus besuchen.

Provinz Kermanshah

Südlich von Kurdistan erstreckt sich die Provinz Kermanshah, die im Westen über rund 250 km an Irak grenzt. Wie viele Provinzen auf dieser Seite Irans wird Kermanshah landschaftlich von den Hängen des **Zagros-Gebirges** bestimmt. Dazwischen erstrecken sich fruchtbare Täler und Niederungen der Flüsse Karka und Gamasiab. Mit Ausnahme des westlichen Teils, wo es im Sommer durchaus heiß wird, herrscht ein mildes Klima mit kalten und schneereichen Wintern. Im Frühling und Herbst regnet es häufig; die Stadt Kermanshah bekommt dann doppelt so viel Niederschlag wie Teheran ab. Die einst tierreichen Wälder mit Leoparden, Füchsen, Wildziegen und sogar Bären existieren leider nur noch in den Erinnerungen ergrauter Jäger.

Die Provinzhauptstadt **Kermanshah** erlangte als regionales Zentrum weit über die Grenzen hinaus Bedeutung. Als wichtiger Standort für die Schwerindustrie ist die Provinz heute vor allem wegen der Zuckerfabrik in Bisotun und der 1971 erbauten Ölraffinerie sowie zahlreicher Textilfabriken ein wichtiger Wirtschaftsfaktor. Neben der ertragreichen Landwirtschaft, die in Teilen noch auf das Nomadentum zurückgeht, ist Kermanshah auch für prächtig gewebte Teppiche und Kilims, Schuhe und Metallarbeiten bekannt. Bedingt durch die Lage zwischen dem historischen Mesopotamien und dem Iranischen Plateau war die Provinz schon immer ein wichtiger Durchzugsort für Händler und Reisende und bleibt es bis heute aufgrund der zahlreichen Pilger, die sich oft zu Fuß und nur mit dem Nötigsten am Leib zu den heiligsten Stätten der Schiiten im irakischen Najaf und Kerbala aufmachen.

Touristisch lockt Kermanshah in erster Linie mit den historischen Stätten **Taq-e Bostan** am nördlichen Rand der Provinzhauptstadt und **Bisotun**, etwa 40 km östlich der Stadt. Ihre Erbauer wollten wohl bereits zu Zeiten der persischen Großreiche Reisende in Staunen versetzen und mit ihrem schier endlosen Reichtum protzen. Rund 100 km östlich der Stadt sind im Ort **Kangavar** die Überreste des Anahita-Tempels zu bewundern.

Kermanshah

Aufgrund ihrer Lage hat die Stadt Kermanshah in ihrer Geschichte stets vom Transit von Waren und Menschen profitiert. Nach der Islamischen Revolution wurden Stadt und Provinz kurzerhand in Ghahramanshahr und später Bakhtaran umbenannt, weil sich die Revolutionäre an dem „Schah" im ursprünglichen Namen störten. Nach Ende des Iran-Irak-Krieges 1988 wurde aber wieder die alte Bezeichnung eingeführt.

Die Hauptsehenswürdigkeit der Stadt sind die Felsreliefs von **Taq-e Bostan**. Davon abgesehen lohnen ein Besuch der prächtigen **Tekiyehs**, der Versammlungshallen zum Gedenken an Imam Hussein, und ein Bummel durch die Gänge des örtlichen **Bazars**. Die Steilhänge rund um Kermanshah sind bei Extremkletterern besonders beliebt, hier finden jährlich auch internationale Wettkämpfe statt, z. B. während des International Rock Climbing Festival im Oktober.

Taq-e Bostan

5 km nordöstlich des Zentrums liegt an einem kleinen künstlichen See der Taq-e Bostan („Gartenbogen"). Bereits zu Zeiten der Parther (3. Jh. v. Chr.) wurde die Anlage als Garten genutzt. Hier sind in zwei tiefen Bogennischen am Seeufer, auch als Grotten bezeichnet, die berühmten sassanidischen **Felsreliefs** zu sehen. Sie sind über eine von Restaurants gesäumte Straße vom Meydan-e Bostan leicht zu erreichen.

In der **großen Grotte** gibt es gleich vier Reliefbilder zu bestaunen. Das obere zeigt die Amtseinsetzung des Königs Khosrow II. Von beiden Seiten reichen ihm die Fruchtbarkeitsgöttin Anahita und der Schöpfergott Ahura Mazda die königlichen Ringe der Macht. Darunter wird der König als gepanzerter Reiter mit Lanze auf seinem schwarzen Lieblingshengst Shabdiz (persisch für Mitternacht), dem schnellsten Pferd der Welt, dargestellt. Die beiden Längsseiten zeigen den König bei Treibjagden zusammen mit seinem Gefolge, zur Zeit der Sassaniden der beliebteste königliche Zeitvertreib. Links schießt der König vom Boot aus Wildschweine, die sich im Schilfdickicht verstecken. Im gleichen Bild wird er ein weiteres Mal dargestellt, nach der Jagd und bei der Rückga-

Das Highlight in Kermanshah sind die Felsreliefs von Taq-e Bostan.

be der ungenutzten Pfeile. Am Ufer warten bereits Dienerscharen auf Elefanten, um die erlegten Tiere abzutransportieren. Das Relief rechts zeigt mehrere Szenen aus der Hirschjagd und gleicht in seinem Detailreichtum einem Wandteppich. Hier wird das Wild erst in einem Gehege gesammelt und dann von Elefantenreitern ins Jagdrevier getrieben. Oben sieht man den König mit seinem Gefolge, seinen Musikanten und einem Schirmträger ins Gehege einreiten. In der Mitte sieht man ihn während der Jagd galoppierend mit gespanntem Bogen, darunter mit Bogen auf der Schulter nach der Jagd und wie er einer Hirschkuh das Leben schenkt, indem er das trächtige Muttertier mit einem Band am Hals für die Diener kennzeichnet. Übrigens waren die detaillierten Reliefbilder sehr wahrscheinlich einst farbig, wie Farbspuren am Relief der Wildschweinjagd bestätigen.

In der **kleinen Grotte** sind auf der Rückwand die zwei Könige Shapur III. (links) neben seinem Großvater Shapur II. (rechts), auch bekannt als Shapur der Große, dargestellt. Beide Figuren messen fast 3 m und wurden wahrscheinlich während der Regentschaft von Shapur III. um 385 fertiggestellt.

Außerhalb der Grotte ist ein gerahmtes Bildnis von der Krönungszeremonie Ardashirs II. direkt in den Fels geschlagen. Bei näherem Betrachten fällt auf, wie detailliert die Künstler den Fels bearbeitet haben. Der König steht in der Mitte des Bildes und empfängt den königlichen Ring der Macht aus den Händen seines Vorgängers Shapur II. Über die Szene wacht im Hintergrund der Sonnengott Mithras mit seinem Schwert. Man erkennt ihn an seiner Strahlenkrone und den geweihten Bündeln aus Granatapfelzweigen. Mithras war auch der Schutzgott der parthischen Armee. Vor den Füßen des Königs liegt ein besiegter Römer, möglicherweise eine Darstellung des römischen Kaisers Julian. Das 4 m hohe und 4 m breite Relief ist das älteste der Darstellungen von Taq-e Bostan.

Ihren magischen Zauber entfaltet die Anlage übrigens nach Einbruch der Dunkelheit, wenn die Felsenreliefs beleuchtet werden. ⌚ tgl. 8–22 Uhr, 200 000 IRR.

An der Straße zum See reihen sich Restaurants mit schattigen Innenhöfen und Takhten aneinander und laden auf saftiges Kebab (*jujeh* am Spieß ab 100 000 IRR), Tee oder eine Wasserpfeife ein.

Tekiyeh-e Moaven ol-Molk

Das prächtige Tekiyeh in der Hadad Adel St. stammt aus der Qadjaren-Ära um 1890 und ist bis heute ein **Versammlungsort** der Schiiten, um während des Trauermonats Moharram des Märtyrers Imam Hussein zu gedenken. Auch Dispute zwischen ethnischen Gruppen und Stämmen wurden hier beigelegt. Im Gegensatz zu den Moscheen sind die Innenwände und Fassaden in den drei Innenhöfen komplett gefliest und zeigen Ashura-Rituale, zahlreiche Blumenmotive und Verzierungen in Naturfarben. Für die prächtige Ausstattung wurden die talentiertesten Fliesenmaler aus Kermanshah und Teheran verpflichtet.

Man betritt das Monument durch den ersten Innenhof, die Hosseiniyeh. Hier finden auch die Ashura-Zeremonien statt. In der ersten Halle, der Zeinabiyeh, sieht man Szenen vom Martyrium Husseins, der Schlacht von Kerbela, ei-

nen Baum des Lebens sowie das Grabmal des Erbauers Hassan Khan Moaven ol-Molk. Dessen Nachfahren leben bis heute in Teheran und kommen jedes Jahr hierher, um das Ashura-Fest zu feiern. Im letzten Innenhof, der Abbasiyeh, zeigen bunte Kacheln Porträts berühmter Persönlichkeiten, auch wenn viele davon nach der Islamischen Revolution mutwillig zerstört wurden.

Im Haupthaus ist das kleine **Anthropologische Museum** mit einigen Kupfer- und Bronzearbeiten, Porzellan, Alltagsgegenständen und Teppichen untergebracht.

🕒 Sa–Do 8–19.30 Uhr, 150 000 IRR.

Tekiyeh-e Biglar Beigi

Etwas versteckt ist der Zugang zu diesem Tekiyeh in der Seitengasse Kabaz Bashi. Der Besitzer des Anwesens war der ehemalige Gouverneur von Kermanshah. In dem prächtigen Spiegelsaal werden bis heute Zeremonien abgehalten. Das kleine **Zagros-Museum** um den wunderschönen Innenhof zeigt eine Sammlung an Schriften und Kalligrafien, darunter einige handgeschriebene Korane. Über steile Treppen geht es in den ersten Stock in die alten Räumlichkeiten des Anwesens. In einem weiteren Gebäude sind vorgeschichtliche Fundstücke ausgestellt. Diverse Schädel und Knochen zeugen von Kermanshahs Bedeutung als Siedlungsgebiet. 🕒 tgl. 8–20 Uhr, 150 000 IRR.

Die Gassen rund um das Museum laden zum Erkunden ein. Hier verstecken sich hinter Mauern aus Lehmziegeln einige alte Häuser, manche davon sogar in russischem Stil. Auch eine kleine Keksbäckerei, in der man die Kermanshah-Spezialitäten probieren kann, ist hier angesiedelt.

ÜBERNACHTUNG

Azadegan Hotel, Vahdat Blvd., ✆ 083-3422 5591. Modernes 4-Sterne-Haus mit großzügigen Zimmern und weichen Betten. Im Restaurant lässt es sich auch gut speisen. Nur wenige Kilometer vom Busbahnhof entfernt. ❸

Dariush Hotel, Motahari Blvd., Ecke Modares St., ✆ 083-3722 7002. Sehr altes, abgewohntes Hotel. Die Zimmer sind aber sauber. Für eine Nacht in Ordnung. Pluspunkte sind die Lage und der Preis. Man spricht Englisch. ❶

Jamshid Hotel, Shahid Shirudi Blvd., ✆ 083-3429 6002. Das in Form einer mächtigen Trutzburg errichtete Hotel ist nicht zu übersehen und bietet anständige Qualität und großzügige Zimmer. Unübertroffen ist die Lage nur wenige Gehminuten von Taq-e Bostan und den umliegenden Restaurants und *kebabis* entfernt. ❸

Kermanshah Parsian Hotel, Keshvari Blvd., ✆ 083-3421 9151, 💻 www.kermanshah.pih.ir. Die luxuriöseste und somit teuerste Adresse vor Ort, moderner und westlicher Standard, große Zimmer und Indoor-Pool sowie Panoramarestaurant im obersten Stock. Direkt neben dem Highway stadtauswärts gelegen, ist es verkehrsbedingt etwas laut, dafür ist man gleich beim Busbahnhof. ❹

Resalat Hotel, Ferdowsi Sq., ✆ 083-3724 6366. Etabliertes Hotel, wenn auch etwas in die Jahre gekommen. Teile des Hotels hat man 2017 erneuert, am besten Zimmer vorher zeigen lassen. Im alten Trakt sind die Zimmer sehr einfach und die meisten Betten durchgelegen, Klimaanlagen gibt es aber in beiden Bereichen. Spartanische Unterkunft, dafür preislich in Ordnung. ❷

Sina Hotel, Islamic Republic Blvd., Ecke Sabuni St., ✆ 083-3729 5815 und 0918-831 9309, 💻 www.sinahotel.ir, 📷 sinahotel_kermanshah. Eines der moderneren Hotels mit blitzblanken Zimmern. Kein Buffet, das Frühstück wird hier im Restaurant serviert. Der Besitzer Sina hat in Deutschland gelebt und spricht Deutsch. Er ist Naturliebhaber und Pilot, kennt Kermanshah und die Umgebung bestens, organisiert Touren in der Stadt und ins Umland oder auch Paragliding, Rockclimbing und Schwimmen in nahen Seen. ❷

ESSEN

Bamdad Restaurant, Sharivar 17 Blvd., Ecke Ershad Blvd., ✆ 083-3825 6007. Großes Restaurant im hippen Bezirk der Stadt. Standardkost in großzügigen Portionen. 🕒 tgl. 12–22 Uhr.

Khaneh-ye Suri, Gomrok St., ✆ 083-3838 0046. Traditionelles Restaurant in einem historischen Backsteinhaus. Im Sommer werden abends alle Tische und Stühle aus

DER WESTEN

den blau gekachelten und bunt verglasten Zimmern geräumt und im großen Innenhof aufgebaut, wo man dann gemütlich bei Livemusik isst. Wer mittags kommt, sitzt im klimatisierten Inneren. ⌚ tgl. 9–22 Uhr.

Narenj Café, Seitengasse der Ashrafi-ye Esfahani St., ✆ 083-3722 1057. Studentencafé mit bunt zusammengewürfelten Möbelstücken und allerlei Krimskrams an den Wänden. Diverse Getränke, aber auch Toasts, Burger und Salate, im Hintergrund dudelt amerikanische Indie-Musik. ⌚ tgl. 9–22 Uhr.

Rezai Restaurant, Tagh-e Bostan St., neben dem Pedar Sq., ✆ 083-3427 7669. Eines der vielen Kebab-Restaurants, die sich beim Park aneinanderreihen. Das Brot kommt knusprig aus dem eigenen Ofen. Kebabs ab 200 000 IRR, unbedingt die Kermanshah-Spezialitäten *khoresh khalal* (Fleischeintopf mit Mandeln) und *dande kebab* (Rippchen) probieren! ⌚ tgl. 11–15 und 19–23 Uhr.

Shaily Restaurant, Pezeshkan St., beim Rafatyeh Sq., nahe der Khayam St., ✆ 083-3726 3040 und 083-726 6070. Neben dem Restaurant im 2. Stock gibt es im Erdgeschoss eine Bäckerei, shaily_confectionery, in der man sich das Dessert aussuchen kann. ⌚ tgl. 12–15 und 19–23 Uhr.

EINKAUFEN

Bisotoun Mountaineering Shop, an der Modares St., südwestlich der Moschee, ✆ 083-3723 8602 und 0918-359 7375, verkauft Camping- und Kletterausrüstung. Der Besitzer Hassan Esmaili berät gern.

Die besten Keksspezialitäten gibt es in der Bäckerei **Salari Momtaz** am Javanshir Blvd. nahe dem Bazar. Unbedingt probieren sollte man *kak* (gebackene Rolle mit Zimt), *nan berenji* (Reiskeks) und die süßen *nan-e khormai* (Dattelkekse).

SONSTIGES

Geld

Mohammadi Exchange, im Nobahar Plaza am Chamran Blvd., Ecke Vahdat Blvd., ⌚ Sa–Do 9–17 Uhr.

Klettern

Die steile, 5 km breite und 1200 m hohe Kalksteinwand zu Füßen des Bisotun-Berges ist ein beliebtes Ziel von Extremsportlern aus der ganzen Welt für Rockclimbing, Basejumping und High-Lining (Slacklining). Etwa 100 Aufstiege mit unterschiedlichem Schwierigkeitsgrad befinden sich in den Abschnitten (von West nach Ost) Lule Sakht, Darre Khoshe, Noghre Darre, Kalkosh und Head of Hercules und führen teilweise bis auf den 2400 m hohen Kuh-e Bisotun. Seit 2010 findet jährlich im Oktober das **International Rock Climbing Festival** in Bisotun statt.

Einen Überblick über die gängigsten Routen und detaillierte Karten zum Download finden sich unter www.iranoutdoorevents.com/bisotoon.

Post

Postamt in der Shariati St. südlich des Zentrums. ⌚ Sa–Do 8–14 Uhr.

TRANSPORT

Busse

Der zentrale Busbahnhof ist der **Shahid Kaviyani Terminal** (Terminal-e otobus-e Shahid Kaviyani), ca. 9 km nordöstlich vom Zentrum am Keshvari Blvd. Richtung Bisotun gelegen. Von hier aus gibt es täglich Verbindungen in fast alle größeren Städte im Westen Irans und zu den touristischen Zentren im Landesinneren.

ABADAN (636 km, 8 Std.), 1x tgl. abends VIP für 630 000 IRR.

AHVAZ (518 km, 6 1/2 Std.), mehrmals tgl. VIP für 640 000 IRR.

ARAK (290 km, 4 Std.), 5x tgl. für 280 000 IRR, VIP für 340 000–420 000 IRR.

BORUJERD (200 km, 3 Std.), 2x tgl. vormittags und nachmittags für 160 000 IRR.

BUSHEHR (960 km, 11–12 Std.), 1x tgl. nachmittags VIP für 980 000 IRR.

ESFAHAN (560 km, 7 Std.), mehrmals tgl. VIP für 560 000 IRR.

KASHAN (536 km, 6 1/2 Std.), 2x tgl. morgens und mittags für 410 000 IRR, VIP für 520 000 IRR.

KERMAN (1280 km, 14–15 Std.), 1x tgl. nachmittags VIP für 1,08 Mio. IRR.

KHORRAMABAD (190 km, 2 1/2 Std.), 1x tgl. morgens für 170 000 IRR.

MASHHAD (1380 km, 15–16 Std.), 5x tgl. nachmittags VIP für 1,15 Mio. IRR.
ORUMIYEH (550 km, 8 Std.), 2x tgl. abends VIP für 510 000 IRR.
QOM (420 km, 5 Std.), 5x tgl. für 320 000 IRR, VIP für 520 000 IRR.
SARI (770 km, 9 1/2 Std.), 5x tgl. nachmittags für 510 000 IRR, VIP für 860 000 IRR.
SHIRAZ (1015 km, 12 1/2 Std.), 3x tgl. nachmittags VIP für 930 000 IRR.
TABRIZ (580 km, 9 Std.), 4x tgl. abends VIP für 550 000–720 000 IRR.
TEHERAN (500 km, 6 Std.), mehrmals tgl. VIP für 550 000 IRR.
YAZD (915 km, 10 1/2 Std.), 2x tgl. für 550 000 IRR, VIP für 960 000 IRR.

Flüge

Am östlichen Stadtrand liegt der **Flughafen von Kermanshah**, zu erreichen per Taxi in 15 Min. für 100 000 IRR.
BANDAR ABBAS (2x wöchentl., 1 1/2 Std.) mit Iran Aseman Airlines.
MASHHAD (4x wöchentl., 2 Std.) mit Meran Air und Qeshm Air.
SHIRAZ (2x wöchentl., 1 1/2 Std.) mit Iran Aseman Airlines.
TEHERAN (5–7x tgl., 1 Std.) mit ATA Airlines, Iran Aseman Airlines, Meran Air und Qeshm Air.

Bisotun

Nur etwa 30 km östlich von Kermanshah entfernt ragt direkt an der Autobahn beim Dorf Bisotun eine steile Felswand empor. Hier, am Berg der Götter, verlief in achämenidischer Zeit die Handels- und Militärstraße von Babylon und Bagdad über das Zagros-Gebirge in Richtung Hamadan vorbei und verband die Mittelmeerküste mit Asien. Diesen Ort wählte Dareios I. aus, um eine Reihe von Reliefs und dreisprachigen Inschriften in den Fels meißeln zu lassen. Auf dem weitläufigen Gelände finden sich neben den Felsbildern und einer von Menschenhand geglätteten 200 m breiten Felswand namens Farhad Tarash die Überreste von Siedlungen sowie zweier Karawansereien, von denen die besser erhaltene heute ein Hotel beherbergt.

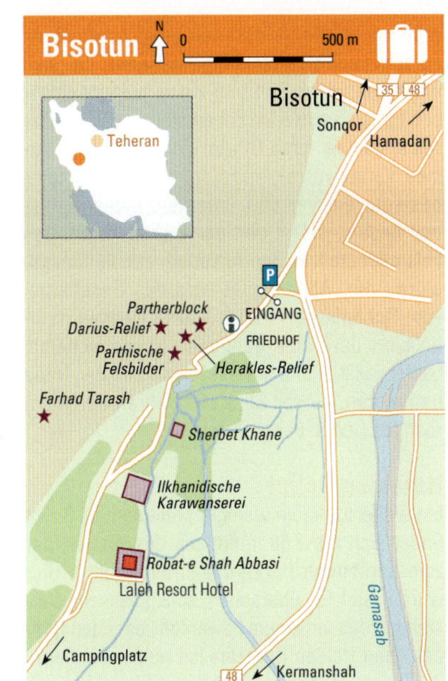

🕒 8–20 Uhr, 200 000 IRR. Einige 100 m vom Eingang entfernt gibt es eine kleine Infohütte mit Broschüren, Büchern, Souvenirs und Wasser.

Darius-Relief

Direkt am Abhang knapp 70 m oberhalb einer Quelle ließ **Dareios I.** 520 v. Chr. ein Felsrelief und eine Inschrift in Altpersisch, Elamisch und Neubabylonisch anbringen. Dieser Text hatte für die Entzifferung der altpersischen Keilschrift eine ähnlich revolutionäre Bedeutung wie der dreisprachige Stein von Rosetta für das Verständnis der ägyptischen Hieroglyphen. 1835 wurde dieser älteste in einer iranischen Sprache verfasste Text von dem britischen Offizier Sir Henry Rawlinson kopiert und anschließend in Europa übersetzt, mithilfe der Erkenntnisse des deutschen Sprachforschers Georg Friedrich Grotefends, der bereits seit 1802 an der Entzifferung der Keilschrift arbeitete. Das dazugehörige 5,50 m breite und fast 3 m hohe Relief zeigt Dareios mit einem Bogen als königlichem Zeichen in der Hand, wie er triumphierend seinen Fuß auf den besiegten Gaumata stellt. Dahinter reihen sich die gefesselten neun abtrünnigen Fürsten, auch Lügenkönige genannt, die sich unter Gaumatas Führung zusammengeschlossen hatten, um die Macht an sich zu reißen. Dareios, damals noch Offizier der königlichen Armee, kehrte von einem Feldzug in Ägypten heim, besiegte die Verräter innerhalb eines Jahres und bestieg selbst den persischen Thron. Das Felsrelief stellt seinen Anspruch auf die Königswürde dar. Abgesegnet wird das Geschehen vom Schöpfergott Ahura Mazda darüber, symbolisiert durch die geflügelte Sonnenscheibe. Leider lässt sich das Relief nicht aus der Nähe betrachten, da der Blick seit Jahren durch ein rostiges Gerüst verdeckt wird.

Herakles-Relief

Ein weiteres, kaum weniger bedeutendes Relief findet sich nur 3,50 m entlang des Weges, der zum berühmten Darius-Relief hinaufführt. Hier wurde, leicht zu übersehen, eine plastische Darstellung des auf einem Löwenfell liegenden griechischen Helden Herakles mit einem Becher in der Hand geschaffen. Die Inschrift rechts von seinem Kopf stammt aus dem Jahr 148 v. Chr., ist also seleukidischen Ursprungs. Der Kopf des Herakles erfreut sich ungeahnter Beliebtheit, so wurde er bereits zweimal gestohlen, aber wieder zurückgebracht, bis man sich endlich entschied, ein Duplikat aufzusetzen und das Original durch die Iran Cultural Heritage, Handicraft and Tourism Organization (ICHTO) sicher zu verwahren.

Parthische Felsbilder

Am „Partherhang" nahe dem Darius-Relief finden sich weitere Felsbilder, die allerdings stark verwittert sind und von einer Inschrift aus dem 17. Jh. übermeißelt wurden. Eines, etwa 100 v. Chr. entstanden, stellt König **Mithradates II.**, den ersten parthischen Herrscher, dar, der sich auf seinen Münzen „König aller Könige" nennen ließ, und vier seiner ausländischen Vasallen. Das zweite zeigt König **Gotarzes II.**, wie er heroisch seinem Feind Meherdates den Speer durch den Körper bohrt.

Etwa 50 m nördlich ist an einem isoliert stehenden Felsen, dem **Partherblock**, ein weiteres grob gehauenes Felsbild zu sehen, das einen Priester oder König darstellt, der mit einem Becher in der Hand vor einem Altar steht. Mehrere **Höhlen** im Berg nahe den Felsbildern zeugen von einer Besiedlung in der Zeit um 40 000 v. Chr.

Farhad Tarash

Oberhalb der safawidischen Karawanserei Robat-e Shah Abbasi erstreckt sich über 200 m eine 30 m hohe, geglättete Felswand, die für ein weiteres kolossales Felsrelief aus sassanidischer Zeit gedacht war, aber nie vollendet wurde. An einem Hang auf der linken Seite befinden sich Dutzende schwere Steinquader, die wahrscheinlich aus derselben Felswand stammen. Schräg gegenüber liegen die Überreste der **ilkhanidischen Karawanserei**.

Sherbet Khane

Da, wo sich einst das alte Dorf Bisotun befand, steht heute nur noch das alte Behdari-Gebäude, das Gesundheitsamt aus der Pahlavi-Zeit. Bis 1968 diente es als örtliches Krankenhaus, bevor es zu einer Schule und zuletzt zum Wachposten für die Ausgrabungen umfunktioniert wurde. Heute befindet sich hier das **Sherbet Khane**, ein kleines Teehaus mit vier vollgestopften Räumen, in denen man nach der Erkundung der Anlage diverse Tees und kalte Erfrischungen genießen kann, wahlweise auch draußen auf Takhten mit der Möglichkeit, die Füße in einem kleinen Kanal in eiskaltem Wasser zu kühlen. ⏲ tgl. 9–19 Uhr.

ÜBERNACHTUNG UND ESSEN

Laleh Resort Hotel, ✆ 083-4588 3812 und 083-4588 2127, bison.laleh.caravanserihotel. Das Luxushotel in der ehemaligen safawidischen Karawanserei Robat-e Shah Abbasi verfügt über gemütliche und traditionell eingerichtete Zimmer, einige Suiten rund um einen großen Innenhof sowie ein traditionelles Restaurant und Café. Das Personal spricht Englisch und ist außerordentlich bemüht. Da im Hotel oft Extremkletterer aus dem In- und Ausland absteigen, gibt es auch einen gut sortierten Shop für Kletterausrüstung. ❹

Der **Campingplatz** nördlich des Hotels am Highway ist nur während der Nowruz-Ferien eine Option, da er das restliche Jahr über nicht bewacht und nur sporadisch geöffnet ist.

TRANSPORT

Mit dem **Taxi** erreicht man Bisotun vom Shahid Kaviani Terminal in KERMANSHAH *dar bast* für 200 000 IRR oder mit privatem Fahrer vom Imam Khomeini Sq. in einer guten halben Stunde.

Kangavar

Die Kleinstadt Kangavar wird seit jeher mit dem Tempel der zoroastrischen Fruchtbarkeitsgöttin Anahita in Verbindung gebracht. Auch wenn sich die kleine Stadt nicht zur Übernachtung empfiehlt, lohnt es sich, auf dem Weg nach Kermanshah oder Hamadan einen kurzen Zwischenstopp einzulegen.

Tempel der Anahita

Bekannt war die Tempelanlage bereits 1840, als die beiden französischen Maler Eugène Flandin und Pascal Coste sie auf ihrer *Voyage en Perse* von Hamadan nach Shiraz besuchten und mehrere Zeichnungen anfertigten. Auf diesen ist zu sehen, wie die Bewohner Kangavars die Strukturen des Tempels einst für ihre Häuser nutzten, indem sie ihre Lehmziegelhütten auf und an die Plattform bauten. Damals wurde der Tempel auch erstmals mit den Aussagen des griechischen Geografen Isidoros von Charax in Verbindung gebracht. In seinem Buch über die Erdvermessung gibt es eine Beschreibung des Parther-Reiches und darin eine Erwähnung des „Tempels der Artemis" in Kangavar, dem griechischen Pendant der Fruchtbarkeitsgöttin Anahita. Die ab 1968 systematisch durchgeführten Ausgrabungen konnten allerdings nicht belegen, dass es sich bei der Anlage wirklich um einen Anahita-Tempel handelt, da z. B. ein für diese Tempel typisches Wasserbecken fehlt. Das hindert die iranische Tourismusindustrie nicht daran, die Anlage weiter als Tempel der Anahita zu bewerben.

Der Tempel geht wahrscheinlich auf das Jahr 400 v. Chr. zurück. Die ganze Anlage umfasst beinahe 5 ha. Vermutlich sind die Reste des Tempels auf der über 220 x 220 m großen, aus massiven Schieferblöcken errichteten Plattform parthischen oder sassanidischen Ursprungs. Aufgrund mangelnder archäologischer Fundstücke gestaltet sich die Datierung schwierig. Auf beiden Seiten der monströsen Plattform befanden sich Freitreppen ähnlich den Aufgängen in Persepolis, um auf den oberen Teil zu gelangen, der über 30 m Höhenunterschied zum Boden aufweist. In der Mitte der Plattform stand wahrscheinlich ein Holzbau, eine Art Altar, von dem allerdings lediglich der Grundriss zu erkennen ist. Heute sind vor allem die Überreste der schweren, bis zu 3,50 m hohen Säulen und ihrer massiven Basen zu sehen, die sich einst an den Kanten der Tempelterrasse befanden. Rund um den Tempel fanden sich Belege einer islamischen Siedlung bis in seldschukische Zeit. Hier grub man u. a. einen Hamam aus und entdeckte auch ein Gräberfeld aus parthischer Zeit.

🕒 tgl. 8–19.30 Uhr, 150 000 IRR.

Provinz Hamadan

Die Provinz Hamadan war bis 1966 in die benachbarte Provinz Kermanshah eingegliedert. Im Norden der Provinz spricht man hauptsächlich Azeri-Türkisch, im Westen nahe den Provinzen Kurdistan und Kermanshah Kurdisch und in einigen Städten wie Malayer, Nahavand und Samen vornehmlich Lurisch. Ein Teil der Bevölkerung sind Nomaden, die ihre Winterlager in den benachbarten Provinzen Khuzestan, Lorestan, Ilam und Kermanshah aufschlagen.

Hamadan ist eine bergige Region, nicht zuletzt durch die Lage an den östlichen Ausläufern des Zagros-Gebirges, und umfasst insgesamt zwölf Gipfel über 3000 m Höhe, darunter der Kuh-e Alvand (3580 m). Sie bescheren der Provinz eine Menge Schnee im Winter und ebenso viel Schmelzwasser im Frühling. Der zusätzlich hohe Niederschlag schafft perfekte Bedingungen für die Landwirtschaft, die neben der Schwerindustrie der wichtigste Wirtschaftszweig der Region ist. Fast die Hälfte der Provinzfläche wird landwirtschaftlich genutzt. Hamadan ist auch reich an Mineralien, etwa Granit, Kalkstein, Silizium, Eisenerz und Zink, die in mehr als 100 Minen abgebaut werden.

Traveller zieht es zu den historischen Stätten der **Provinzhauptstadt Hamadan**, den Töpfereien rund um das Dorf **Lalejin** und vor allem in die Höhle **Ali Sadr**, eine der größten Wasserhöhlen der Welt.

Hamadan

Die Hauptstadt der gleichnamigen Provinz liegt in einer Höhe von 1645 m am Osthang des Alvand-Massivs und gilt als eine der ältesten kontinuierlich besiedelten Städte Irans. Hamadan hat einige historische Stätten zu bieten, neben den Überresten der ursprünglichen Stadt Ekbatana sind bei Touristen vor allem die Grabmäler des Dichters Baba Taher, des Mediziners und Philosophen Avicenna sowie Esthers und Mordechais beliebt.

Geschichte

Auch wenn Archäologen den Ursprung der Stadt im 3. Jahrtausend v. Chr. vermuten, betritt die Stadt das historische Parkett erstmals zu Zeiten des medischen Königs Deiokes, der Ende des 8. Jhs. v. Chr. die zersplitterten Stämme der **Meder** in einer Stadt vereinte. Bedroht durch die Assyrer im Westen, wählte er dafür eine leicht zu verteidigende Position auf einem Hügel und am Treffpunkt der wichtigsten Handelsrouten durch das Zagros-Gebirge. Hier gründete er die Stadt Hangmatana („Ort der Versammlung") oder Ekbatana, wie die Griechen sie später nennen sollten.

Die Eroberungen der Perser im 6. Jh. v. Chr. verlagerten das politische Gravitationszentrum, Ekbatana sollte aber die Sommerresidenz der **Achämeniden** bleiben. Selbst in frühislamischer Zeit blieb die Stadt, von den Arabern fortan Hamadan genannt, ein wichtiges Zentrum. So wurde sie unter den **Seldschuken** im 11. Jh. gar wieder zur Hauptstadt erklärt und erlebte eine Blütezeit. Während der Invasion der **Mongolen** im 13. Jh. wurde Hamadan allerdings wie so viele andere Städte fast vollständig zerstört.

Die Lage in der Grenzregion zum Osmanischen Reich führte immer wieder zu Schwierigkeiten, und von 1724–1732 war die Stadt sogar von den **Osmanen** besetzt.

Seit dem 19. Jh. und mit zunehmender Bedeutung des Handels mit Bagdad erlebte Hamadan eine Renaissance. Erst mit Beginn des 20. Jhs., als die persischen Handelsrouten sich nach Norden und speziell nach Tabriz verlagerten, endete die Blütezeit der Stadt. Während des Ersten Weltkriegs war Hamadan abwechselnd von osmanischen, britischen und russischen Truppen besetzt.

Orientierung

Als ab 1926 unter Reza Schah Stadtplaner im ganzen Land die historischen Stadtteile in ein Schachbrettmuster aus Kreuzungen und Alleen aufbrachen, wurde Hamadan wie durch ein Wunder verschont. Stattdessen entschied man sich hier nach Plänen des deutschen Architekten Karl Fritsch für ein sternförmiges Stadtzentrum mit sechs großen Straßen, die sich im Winkel von 60 Grad am **Meydan-e Imam Kho-**

meini treffen. Dieser Grundriss erleichtert heute die Orientierung ungemein, da die meisten Sehenswürdigkeiten sich innerhalb der Ringstraße befinden, mit Ausnahme der beiden Hügel **Tapeh-ye Hegmataneh** und **Tapeh-ye Mosalla** nördlich bzw. östlich des Zentrums.

Tapeh-ye Hegmataneh

Seit 1995 ist der **Hegmatana-Hügel** nördlich des Zentrums Ziel von umfangreichen Ausgrabungsarbeiten. An dieser Stelle liegen die Überreste der von den Griechen Ekbatana genannten Hauptstadt der Meder aus dem 7. Jh. v. Chr., die aber großteils von den Gebäuden des modernen Hamadan überbaut sind. Viele der zahlreichen Fundstücke werden im Museum auf dem Gelände ausgestellt. Auch finden sich Teile einer parthischen Stadt mit ganzen Gassen und Grundmauern mehrerer Gebäude, geschützt von einer riesigen Wellblechkonstruktion. Innerhalb der Anlage steht auch die 1676 von Armeniern erbaute armenisch-gregorianische **Kirche St. Stephanos**. Über mehrere Jahrhunderte zusehends verfallen, wurde sie schließlich durch die armenische Glaubensgemeinschaft in Esfahan 1936 wieder aufgebaut. Nur ein paar Meter weiter steht die **Kirche der Jungfrau Maria** aus dem Jahr 1886. Mit zunehmender Abwanderung der armenischen Familien aus Hamadan wurde sie im 20. Jh. geschlossen und beherbergt heute ein kleines Museum. Wer mag, kann sich in einer Rikscha vom Eingang der Ausgrabungsstätte zu den Kirchen fahren lassen. ⌚ tgl. 8–19, im Winter bis 17 Uhr, 200 000 IRR.

Das **Archäologische Museum** (Muzeh-ye Bastan Shenasi-ye Hamadan) auf dem Gelände beinhaltet diverse Fundstücke, darunter ein Steinsarg mit den sterblichen Überresten eines Paares, wunderschöne achämenidische Arbeiten aus Silber, Bronze und Kupfer, Porzellan und Tonarbeiten, bemalte Kacheln aus dem 13. Jh. und Münzen. Im Hof hinter dem Museum finden sich Särge und Bruchstücke von Gebäuden und Grabsteinen aus der Provinz. Der Zutritt zum Museum ist im Eintrittspreis für den Hegmatana-Hügel enthalten.

Ein weiterer Siedlungshügel, der **Tapeh-ye Mosalla** südöstlich vom Hegmatana-Hügel, ist touristisch nicht von großer Bedeutung.

Aramgah-e Baba Taher

Baba Taher Oryan gehörte zu den bedeutendsten persischen Sufi-Dichtern des 11. Jhs. Das **Grabmal** zu seinen Ehren wurde 1967–1970 errichtet und wird bis heute viel besucht. Im Inneren sind 24 Relieftafeln aus Baba Tahers Gedichten auf Marmorplatten graviert. Sehr schön ist die mit bunten Kacheln verzierte Innenwand des kantigen Zylinders. ⌚ tgl. 8.30–20 Uhr, 150 000 IRR.

Gonbad-e Alavian

Das **Grabmal der Alavian-Familie**, die mehr als 200 Jahre in Hamadan herrschte, gehört zu den bedeutendsten historischen Gebäuden der Stadt. Die Fassade des fast vollständig aus gebrannten Ziegeln errichteten Bauwerks war einst mit opulenten Stuckverzierungen versehen. Die wunderschönen Ornamente im Inneren geben eine ungefähre Ahnung von der früheren Pracht des Grabmals und vom Reichtum der Familie. Über die Südwestseite steigt man hinab in die schmucklose Grabkammer, in der zwei Familienmitglieder der Alavians begraben liegen. Wer genau in den steinernen Sarkophagen ruht, ist bis heute ein Rätsel. Mangels einer Inschrift ist auch das exakte Alter des Mausoleums nicht bekannt, aber die Ähnlichkeit zu Grabbauten der Seldschuken in Aserbaidschan lässt auf das 12. Jh. schließen. ⌚ tgl. 8.30–20 Uhr, 150 000 IRR.

Imamzadeh Abdollah

Nicht weit davon befindet sich der Abdollah-Schrein mit golden glänzenden Minaretten und Kuppel sowie Spiegelornamenten im Inneren. ⌚ frei zugänglich.

Hamam-e Qaleh

Das **historische Stadtbad** verfügt über die obligatorischen Wachsfiguren, die Alltagszenen darstellen. Im Winter hat man sich hier versammelt, um die Wärme zu genießen. In der Hauptkammer befinden sich ein kleines Teehaus mit gemütlichen Takhten für Chai, traditionelle Getränke und Snacks sowie ein kleiner Shop, der Ledertaschen verkauft. ⌚ tgl. 9–21 Uhr, 100 000 IRR.

Boqeh-ye Ester va Mordekhay

Hamadan war lange Zeit ein Zentrum der jüdischen Gemeinschaft in Iran. Ein Zeugnis aus dieser Zeit ist das jüdische **Grabheiligtum von Esther und Mordechai** aus dem 13. Jh. neben einer Synagoge und einem kleinen jüdischen Friedhof ganz in der Nähe des Meydan-e Imam Khomeini. Das aus Ziegeln gemauerte Mausoleum mit seinem niedrigen Eingang soll die sterblichen Überreste Esthers, der Frau des Xerxes, und ihres Onkels Mordechai beherbergen und wird auch heute noch von jüdischen Pilgern als eines ihrer wichtigsten Heiligtümer besucht. Wer wirklich hinter der schweren Steintür begraben liegt, kann allerdings nur vermutet werden. Nejad, der letzte Rabbi Hamadans, empfängt interessierte Touristen und öffnet die schweren Türen zum Grabmal, nicht ohne dabei in Englisch und Deutsch über die Geschichte und Bedeutung dieses Ortes aufzuklären. Eine Spende ist mehr als willkommen, gerne in Euro oder, noch besser, in Form eines Kugelschreibers für seine Sammlung. 🕒 So–Fr 9–13 und 16–19 Uhr.

Aramgah-e Abu Ali Sina

Als einer der bedeutendsten Ärzte, Philosophen und Wissenschaftler seiner Zeit gilt der 1037 verstorbene Abu Ali Sina, bei uns als Avicenna bekannt. Ihm zu Ehren hat man 1952 auf dem ehemaligen Areal des Hauses seines besten Freundes ein **Grabmal** errichtet. Die zwölf Pfeiler des Grabturms mit Kegeldach stehen für die zwölf Wissenschaften Avicennas, die zehn Säulen im Inneren für die zehn Jahrhunderte, die seit seinem Tode bis zur Errichtung des Grabmals vergangen sind. Das kleine Museum im Erdgeschoss und die kleine Bibliothek zeigen Kopien der Schriften Avicennas (die älteste fast 500 Jahre alt), internationale Literatur über sein Wirken sowie seine medizinischen Gerätschaften. 🕒 tgl. 8.30–20 Uhr, 200 000 IRR.

Der angrenzende Park ist tagsüber der zentrale Treffpunkt für Backgammon-Spieler, hier sind auch mobile Teeverkäufer unterwegs. Für 5000 IRR kann man sich von hier mit einem Shuttle im Oldtimer-Look zum Imam Khomeini Sq. kutschieren lassen.

Borj-e Qorban

Im östlichen Teil der Stadt ragt der aus Ziegelsteinen errichtete **Qorban-Turm** auf, ein safawidisches Mausoleum, in dem sich möglicherweise die Gräber von Scheich Hafez Abol Ala von Hamadan und einer Gruppe seldschukischer Befehlshaber befinden. 🕒 9–18 Uhr, Eintritt frei.

Shir-e Sangi

Die verwitterte **Statue eines Löwen** aus Sandstein am Sangshir Sq. wurde angeblich von Alexander dem Großen nach der Eroberung der Stadt Ekbatana aufgestellt und sollte deren Bewohner und seine eigenen Truppen beschützen, sobald sie von den Eroberungsfeldzügen in Khorasan und Indien zurückkehrten. Über die Jahrhunderte gewann die Statue so sehr an Bedeutung für die Stadt, dass Pläne eines abbasidischen Kalifen, den Löwen nach Bagdad zu verlegen, zu Protesten der Hamadaner führten, sodass der Talisman der Stadt bis heute an Ort und Stelle verblieb. Angeblich sollen heute noch junge Frauen unter dem mächtigen verwitterten Haupt Kerzen anzünden und kleine Steine deponieren, um einen guten Ehemann für sich zu erbitten.

ÜBERNACHTUNG

Abbasabad Tourist Complex Resort, Abbasabad Rd., westlicher Stadtrand, ✆ 081-3838 1098 und 0918-810 4500. Wer seine Ruhe haben will, findet hier Zimmer oder gleich einen ganzen Bungalow abseits des Trubels der Stadt. Das Hotel ist eine kleine Stadt, komplett mit Restaurants, Shops und einem künstlichen See. ❹

Amaday Hostel, Bahman Alley, beim Jowlan Blvd., ✆ 0912-387 4087, 💻 www.hamadanhostel.com. Rühmt sich, das erste Hostel der Stadt zu sein, und spricht gezielt Backpacker an. Doppelzimmer, Mehrbettzimmer oder günstig im Schlafsaal (1,5 Mio. IRR p. P.). Das Personal spricht Englisch und ist äußerst freundlich und hilfsbereit. ❷

Arian Hotel, Takhti St., beim Park-e Kudak, ✆ 081-3826 1266. Modernes Hotel mit gemütlichen Zimmern und geräumigem Bad. Das Personal spricht Englisch und hilft beim Organisieren von Touren. Zu Fuß ist man von hier schnell im Zentrum. ❷

Baba Taher International Hotel, Baba Taher Sq., ✆ 081-3422 6517. Das teuerste Hotel der Stadt.

Von den oberen Stockwerken blickt man direkt auf das Grabmal Baba Tahers. Besitzt neben einem Restaurant und Fitnessraum auch einen Pool und Spa-Bereich. Businesshotel mit modernem Ambiente. ❻

Khatam Hotel, Felestin Blvd., direkt beim Felestin Sq., ✆ 081-3424 4410, 💻 www.khatamhotel.ir. Einfache Zimmer, aber auch Apartments mit 6–10 Betten für Gruppen und Familien mit eigener Küche. Das Frühstück ist für die Preisklasse etwas enttäuschend. ❺

Marmar Hotel, Shariati St., bei der Überführung des Khajeh Rashid Blvd., ✆ 081-3832 3843. Gute zentrale Lage an der äußeren Ringstraße. Einfaches Hotel, preislich eine gute Alternative zu den etwas teureren Hotels. ❷

Safir Hotel, Janbazan Blvd., ✆ 081-3424 1161. Schmucklose, aber sehr saubere Zimmer, etwas außerhalb. ❹

€ **Yas Hotel**, Imam Khomeini Sq., Ecke Shohada St., ✆ 081-3252 3464. Sehr preiswert direkt im Zentrum. Saubere Zimmer, Gemeinschaftsbad und -WCs auf dem Gang. Preislich und von der Lage her unschlagbar. ❶

ESSEN

Abasabad Bam-e Hamedan, Abbasabad Rd. westlich des Stadtzentrums, Zufahrt über Eram Blvd., ✆ 0933-317 2693. Der definitiv beste Ort für eine Wasserpfeife, etwas versteckt gleich bei der ersten Kurve. In einem Garten am Hang mit Blick über die ganze Stadt. Tee, kalte Getränke und kleine Gerichte wie Omelett oder Spiegeleier, Wasserpfeife mit verschiedenen Geschmacksrichtungen für 350 000 IRR. ⌚ tgl. 12–24 Uhr.

Art Café, Motahari St., Ecke Rokni St., ✆ 081-3821 4284, artcafe.hmd. Im modern eingerichteten Café sitzt man umgeben von Gemälden. Es gibt eine Auswahl an kalten Getränken, Shakes, Smoothies, Tees, Kaffeespezialitäten ab 70 000 IRR und Kombi-Angebote wie Tee und Kuchen für 110 000 IRR. ⌚ tgl. 8.30–23 Uhr, Frühstück 9–11 Uhr.

Dareta Restaurant & Café, Baba Taher Sq., westlich des Grabmals, ✆ 081-3423 6740. Gemütliches Lokal mit bunten Holzfenstern und Fliesen. Restaurant im Erdgeschoss und kleines Café im 1. Stock. Warme Speisen ab 100 000 IRR, vor allem Kebabs und *dizi* (Fleischeintopf mit Kartoffeln und Bohnen), aber auch Spezialitäten aus Hamadan, einen Stock höher diverse Kaffeespezialitäten für 70 000–120 000 IRR. ⌚ tgl. 12–16 und 20–24 Uhr, Café ab 17 Uhr.

Hamam-e Qaleh Restaurant, Saduqi St., in der Nähe vom Esther-und-Mordechai-Grabmal, ✆ 0918-904 6214. Im ehemaligen Hamam gibt es in der Hauptkammer ein kleines Teehaus mit gemütlichen Takhten und einen kleinen Shop für Ledertaschen. Man kann sich auch in den schönen Innenhof setzen. Tee, traditionelle Erfrischungsgetränke, Snacks, auch warme Speisen ab 200 000 IRR. ⌚ tgl. 9–22 Uhr.

Labkhand Sandwich, Mirzadeh Eshqi St., ✆ 081-3826 5480, labkhandsandwich. Die komplette Sandwich-Palette, auch vegetarisch, mit Bio-Zutaten und ohne Zusatzstoffe. Dazu gibt es Pommes oder Salate. Auch hausgemachte Desserts, preiswert und lecker. ⌚ tgl. 10–21 Uhr.

Nal Eshkeneh Restaurant, Kulab Blvd., am Weg nach Ganj Nameh, ✆ 081-3838 0391. Mehrere Terrassen und Balkone übereinander mit modernen Glas-Takhten, zwei Etagen und eine Halle. Große Auswahl an warmen Gerichten ab 140 000 IRR. ⌚ tgl. 12–24 Uhr.

Shandiz Haji Restaurant, in einer Seitengasse westlich des Mofatteh Blvd. bei der Masjed-e Haji, ✆ 081-3253 4050, 💻 www.shandizhaji.ir, shandizh. Über 600 Jahre alter, wunderschön restaurierter Hamam (bis vor 10 Jahren noch als solcher genutzt). Man sitzt gemütlich auf Takhten vor einem Springbrunnen. Hier wird das Brot selbst gebacken. Es gibt Joghurt, Oliven und frischen *dough*, dazu allerlei Kebabs 260 000–380 000 IRR (Huhn, Lamm, Fisch) oder gleich die Spezialität des Hauses: Lamm in allen Variationen für 440 000–530 000 IRR (am besten als *shishlik*). Angenehm kühl, vor allem im Sommer. Freundlicher und schneller Service, auch englische Karte, freies WLAN. ⌚ tgl. 11–16 und 19.30–24 Uhr.

Weitere moderne Cafés und Restaurants, auch mit Fast Food, finden sich in der Mirzadeh Eshqi St.

AKTIVITÄTEN

Das **Tarik Darreh Ski Resort** befindet sich nur 10 km südlich von Hamadan auf 2600–3000 m Höhe in einem Tal nahe dem 3580 m hohen Kuh-e Alvand. Dieses kleine Resort verfügt über jeweils einen Sessel- und Skilift und insgesamt drei Pisten (leicht bis mittel, zum Teil ist es sehr windig). Schnee liegt in der Regel von November bis April. Ausrüstung und Skikleidung können vor Ort ausgeliehen werden. ⌚ Dez–April tgl. 9–21 Uhr, Skipass 200 000 IRR. Anfahrt mit dem eigenen Fahrzeug oder per Taxi von Hamadan.

TRANSPORT

Busse

Der zentrale Busbahnhof der Stadt, **Teheran Terminal** (Terminal-e otobus-e Tehran), ist nördlich des Zentrums zwischen Enqelab Blvd. und Mellat Blvd. angesiedelt.

AHVAZ (585 km, 8 Std.), 5x tgl. nachmittags bis abends VIP für 600 000 IRR.

BUSHEHR (1030 km, 13 Std.), 2x tgl. nachmittags VIP für 920 000 IRR.

KARAJ (345 km, 4 Std.), 4x tgl. nachmittags und abends VIP für 350 000 IRR.

KERMAN (1140 km, 12–13 Std.), 1x tgl. mittags VIP für 900 000 IRR.

MASHHAD (1200 km, 13–14 Std.), 2x tgl. nachmittags VIP für 1 Mio. IRR.

QOM (295 km, 3 3/4 Std.), 4x tgl. morgens bis nachmittags für 225 000 IRR, VIP für 310 000 IRR.
SARI (590 km, 7 1/2 Std.), 1x tgl. abends VIP für 800 000 IRR.
SHIRAZ (1010 km, 11 1/2 Std.), 2x tgl. nachmittags VIP für 900 000 IRR.
TABRIZ (590 km, 7 3/4 Std.), 2x tgl. nachmittags und abends VIP für 700 000 IRR.
TEHERAN (320 km, 4 Std.), mehrmals tgl. VIP für 450 000 IRR.
YAZD (775 km, 9 Std.), 1x tgl. nachmittags VIP für 700 000 IRR.
ZANJAN (260 km, 4 Std.), 1x tgl. nachmittags VIP für 400 000 IRR.

Vom **Ekbatan Terminal** (Terminal-e otobus-e Ekbatan) nahe dem Sepah Sq. starten Sammeltaxis und Minibusse Richtung ALI SADR (70 km, 1 Std.) für 90 000–150 000 IRR, Abfahrt, wenn voll besetzt.

Lalejin

Bis in die entlegensten Provinzen ist die Töpferkunst aus Lalejin bekannt. In der kleinen Stadt reiht sich Geschäft an Geschäft und Werkstatt an Werkstatt. Wer will, kann den Töpfern bei der Arbeit zuschauen. Ganz Fleißige schaffen bis zu 3000 Stück pro Tag. Am besten nach Lagerhallen oder Hinterhöfen Ausschau halten, die haben nämlich meistens eine angeschlossene Werkstatt. Große Vasen ohne viel Schnickschnack gibt es bereits ab 70 000 IRR. Am Hauptplatz und entlang der Imam Khomeini St. sind einige *dizi*-Lokale angesiedelt. Am besten schmeckt's im rustikalen **Dizi Bozbash Restaurant**, ⌚ tgl. 11.30–23 Uhr. Übernachtung im **Hotel Sina**, ✆ 081-3452 5210, ❷, in einfachen Zimmern mit TV und Klimaanlage, mit Restaurant; im hauseigenen Shop können auch Töpferwaren erstanden werden.

Ganj Nameh

Außerhalb von Hamadan, rund 12 km südwestlich der Stadt, befinden sich an einem Wasserlauf nahe den Ausläufern des Alvand-Gebirges die **Inschriften von Ganj Nameh**. Die zwei nebeneinander angebrachten achämenidischen Inschriftenfelder sind ein dreisprachiger Lobgesang auf die Könige Dareios I. und Xerxes I. in Altpersisch, Neubabylonisch und Neuelamisch. Daneben rauscht ein Wasserfall, der **Abshar-e Ganj Nameh** – das beliebteste Fotomotiv. In der Dunkelheit wird er spektakulär von farbigen LEDs beleuchtet.

Ganj Nameh ist vor allem das Naherholungsgebiet der Hamadanis und daher am Wochenende hoffnungslos überfüllt. Von hier starten auch einige Wanderrouten ins Gebirge. Am einfachsten fährt man mit der **Seilbahn**, 💻 www.ganjname-hmd.ir, auf das Meydan-Mishan-Plateau (2500 m) und genießt den tollen Blick auf die Stadt. Hier oben ist auch ein perfekter Ort für Camping. Außerdem gibt es mehrere Restaurants und Teehäuser. Ein paar Schritte vom Denkmal des Unbekannten Märtyrers hat man einen guten Blick auf Hamadan. Vom Plateau starten zahlreiche Wanderwege auf den Kuh-e Alvand (3575 m). Seilbahn ⌚ tgl. 9–21 Uhr, 280 000 IRR hin und zurück.

ÜBERNACHTUNG UND ESSEN

Viele kleine Lokale und Essensstände verteilen sich im ganzen Park und entlang der Straße.
Ganjnameh Tourist Resort Complex, gleich beim Eingang zum Tal, oberhalb bei der Seilbahn, ✆ 081-3430 2261, ganjnamehmd. Beliebte Unterkunft, besonders bei Wanderern, die morgens ins Gebirge aufbrechen. Neben Zimmern werden auch Ferienhäuser vermietet. Passables Restaurant. ❹
Saei Garden Restaurant, Ganjnameh-Tuyserkan Rd., bei den Parkplätzen, ✆ 091-8811 7000. Platzhirsch in Ganj Nameh – selbiger steht auch als Statue im Eingangsbereich. Man sitzt gemütlich im Garten. Spezialisiert auf große Gesellschaften und Familien, eigener Parkplatz. ⌚ tgl. 12–16 und 20–24 Uhr.

TRANSPORT

Anfahrt mit dem **Taxi** von HAMADAN aus (12 km, 1/4 Std.) für 150 000 IRR.

Ghar-e Ali Sadr

Etwa 60 km nordwestlich von Hamadan ist eines der spektakulärsten Naturphänomene Irans zu bewundern. Als ein Bauer 1960 auf der Suche nach seiner Ziege war, konnte er nicht ahnen, dass er stattdessen eines der **größten Wasserhöhlensysteme** der Welt entdecken würde. Über 14 km hat man mittlerweile erforscht, ein großer Teil davon ist für Besucher geöffnet. Die meiste Zeit geht es in kleinen Booten über einen unterirdischen See und weit verzweigte Kammern. Für die gesamte Tour sollte man etwa 2 1/2 Std. einplanen, Fotografen (Stativmitnahme möglich) werden länger brauchen. Am besten erlebt man das Höhlensystem morgens an einem Werktag, denn an Wochenenden, Feiertagen und besonders in den Nowruz-Ferien kommt es zu sehr langen Wartezeiten. ⌚ tgl. 8–18 Uhr, 750 000 IRR.

DER WESTEN

ÜBERNACHTUNG

Ali Sadr Tourist Hotel, neben dem Ticketbüro, ✆ 081-3544 4312. Beim Eingang zur Höhle für alle, die frühmorgens starten wollen, um den Massen aus dem Weg zu gehen. Moderne Zimmer, im obersten Stockwerk mit Balkon. ❸

Pardis Residential Suites, direkt auf dem Gelände, oberhalb des Parkplatzes, ✆ 081-3544 4436. Übernachtung in kleinen Bungalows für bis zu 10 Personen und mit AC für 600 000–700 000 IRR, Gemeinschaftstoiletten; außerdem große Zelte für 4–12 Personen (100 000 IRR pro Nacht, 200 000 IRR bis 12 Uhr am nächsten Tag oder gleich 24 Std. für 300 000 IRR).

ESSEN

Anadana Restaurant, Eingangsbereich bei den Kassen, ✆ 091-8311 5728. Restaurant mit großer Auswahl an Kebabs. Man sitzt gut klimatisiert auf Takhten. ⌚ tgl. 8–24 Uhr.

Aryana Restaurant, Eingangsbereich bei den Kassen, ✆ 091-8209 4760. Ähnliche Auswahl an warmen Speisen, hauptsächlich Kebab. Effizientes und schnelles Personal. ⌚ tgl. 8–24 Uhr.

TRANSPORT

Anreise mit dem **Taxi** aus HAMADAN (73 km, 1 Std.), *dar bast* für 650 000 IRR.

Buntes Spektakel in der Wasserhöhle von Ali Sadr

Provinz Lorestan

Berge, Canyons und mehr als hundert Wasserfälle – Lorestan ist der landschaftliche Gegenpol zu den Wüsten und Steppen Zentral- und Süd-Irans. Das Zagros-Gebirge beschert der Provinz eine Menge Niederschläge und Unmengen Schmelzwasser im Frühling und Sommer. Die grünen Ebenen und bergigen Regionen waren schon immer Heimat von **Nomaden**, den Luren und den kurdischen Lak. Bis ins 20. Jh. hinein lebten diese Stämme fast ausschließlich nomadisch und wurden erst 1936 durch die Armeen Reza Schahs mit Gewalt gezwungen, sich in Dörfern innerhalb des Persischen Reiches anzusiedeln.

Lorestan gehört zu den ältesten Provinzen Irans. Bereits im 3. und 4. Jahrtausend v. Chr. siedelten Nomadenstämme in den Bergregionen des Zagros-Gebirges. Teile des Gebiets wurden tausend Jahre später von den Medern erobert, und schließlich wurde Lorestan in die persischen Großreiche der Achämeniden, Parther und Sassaniden eingegliedert. Dank der unwegsamen Gebirge und versteckten Täler blieben viele Gebiete während der Herrschaft der Araber und Seldschuken unabhängig und überlebten auch den Mongolensturm beinahe unentdeckt. Bis in die späten 1930er-Jahre wagte es kaum ein Europäer, in die abgelegene Provinz zu reisen, wohl auch aus Furcht vor grimmigen Stämmen. Bekannt wurde die Provinz, zumindest unter Archäologen, in den 1920–30er-Jahren durch die hier gefundenen Bronzefiguren und -werkzeuge aus dem 1. Jahrtausend v. Chr. Einige der kunstvoll verzierten Figurinen sind heute im Museum der Festung Falak ol-Aflak in **Khorramabad** und im Nationalmuseum in Teheran zu sehen.

Naturliebhaber kommen in Lorestan ganz auf ihre Kosten. Neben einem Besuch der beliebten **Wasserfälle** Gerit und Bisheh lohnt besonders eine Wanderung durch die spektakulären Canyons **Tang-e Shirez** und **Darreh Khazineh**. Ein Highlight ist außerdem die **Zugfahrt** in ratternden Waggons von Dorud durch bergiges Hochland bis nach Andimeshk in Khuzestan (s. Tour auf S. 399).

Schwarze Wolle gegen Regen

Die traditionellen Behausungen der Nomaden, *alachiq* genannt, sind Zelte aus grober schwarzer Ziegenwolle und perfekt an das Wetter angepasst. Sie bestehen aus zwei Teilen, der Zeltdecke, *siah chador*, und der Zeltwand, die aus einer geflochtenen Matte besteht. Regnet es, zieht sich das Material des oberen Teils zusammen und lässt das Wasser von der filzartigen Oberfläche abperlen. Scheint die Sonne, weiten sich die Fasern und sorgen für die nötige Luftzirkulation im Inneren. Auch wenn viele Nomaden heute Zelte aus Plastik oder aus Militärbeständen bevorzugen, findet man traditionelle *alachiqs* bei vielen Nomadenfamilien in Lorestan und bei den Shahsavan-Nomaden im Nordwesten Irans (S. 344), wo sie mit ihrem kuppelartigen Dachkranz eher Jurten als Zelten ähneln. Als Attraktion für Touristen stehen sie aber auch am Straßenrand und in Städten, z. B. im ehemaligen Hamam Gap Complex in Khorramabad (S. 395).

Khorramabad

Die Provinzhauptstadt Khorramabad zählt heute beinahe 380 000 Einwohner. In elamischer Zeit war sie unter dem Namen Khaydalu bekannt und bereits eine wichtige Siedlung. Unter dem Sassaniden Shapur I. wurde auf und um den Kern Khaydalus eine neue Stadt, Shapurkhast, erbaut und durch die mächtige Festung Falak ol-Aflak gesichert. In den darauf folgenden Jahrhunderten waren die dicken Mauern der Zitadelle stets ein wichtiger Rückzugsort für die örtliche Bevölkerung und schützten sie – bis zum Mongolensturm.

Das Erste, was in der Stadt auffällt, ist der Wasserreichtum. Aus allen Kanälen gluckert es, und die Hauptstraßen um den Bazar sind von dicht bewachsenen Bäumen gesäumt. Eingeschlossen in einem felsigen Talkessel, bekommt die Stadt aufgrund ihrer Lage in 1200 m Seehöhe ungewöhnlich viel Niederschlag, besonders im Frühling und Herbst. Die beste Aussicht hat man vom Bam-e Khorramabad, dem „Dach der Stadt".

Festung Falak ol-Aflak

Die Hauptattraktion der Stadt ist die auf einem steilen Felsen thronende Festung Falak ol-Aflak oder „Himmel aller Himmel", was der Name eigentlich bedeutet, früher auch bekannt unter dem persischen Namen Dez-e Siah („Schwarze Festung"). Wegen ihrer kompakten Form und massiven, über 20 m hohen Mauern galt die sassanidische Zitadelle lange als uneinnehmbar. Von hier aus herrschten die lurischen Fürsten über das unabhängige Lorestan, bis es Schah Abbas I. gelang, die Festung im 17. Jh. zu stürmen. Von der oberen Befestigungsanlage hat man einen wunderbaren Blick nach Norden, Westen und Süden über Khorramabad. Den Großteil der Festung nimmt, neben den zwei großen Innenhöfen, das **Anthropologische und Archäologische Museum** ein. Hier gibt es eine sehenswerte Fotoausstellung über die Provinz Lorestan und ihre Landschaften, Tiere und Pflanzen, mehrere Gänge mit Relikten aus der Bronzezeit sowie Wachsfiguren, die Alltagsszenen der Luren darstellen. Insgesamt bekommt man einen wunderbaren Einblick in die Kultur und das Leben der Luren und der Nomadenstämme. Für 50 000 IRR kann man sich beim Eingang zur Festung übrigens die bunte traditionelle Kleidung der Luren ausleihen und standesgemäß in Weste und Pluderhose durch die Festung schreiten. ⌚ Di–So 8–20, im Winter bis 18 Uhr – der Eintritt ist mit 430 000 IRR deftig, beinhaltet aber auch den Zugang zum Museum.

Bazar-e Khorramabad

Der Bazar westlich der Festung mit seinen verwinkelten Gassen sammelt sich um das Imamzadeh in der Mitte und ist nur mit Planen überdacht. Ein kleiner Bummel lohnt sich für Souvenirjäger. In den kleinen Läden gibt es eine Auswahl an Töpferwaren und Schnitzereien so-

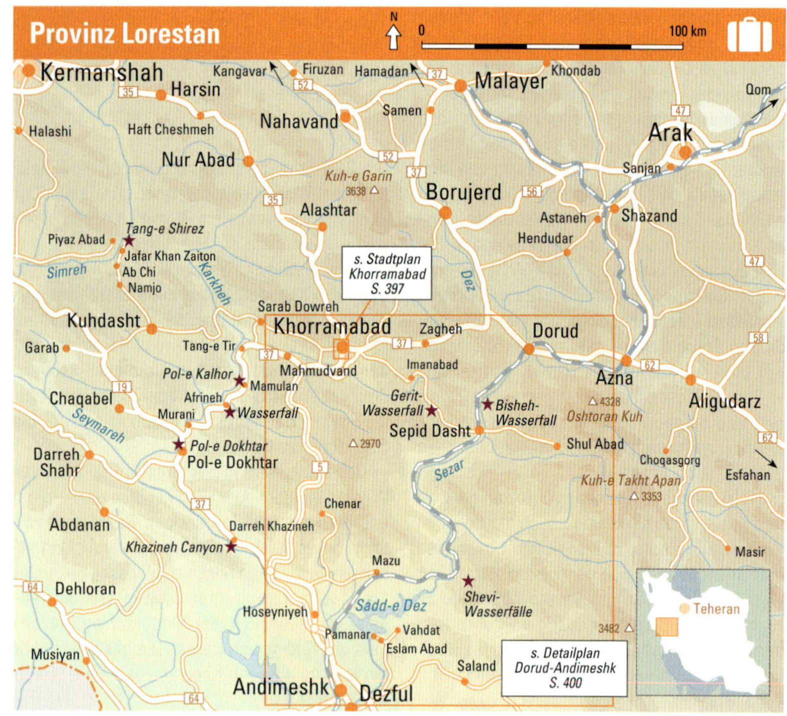

wie Wasserpfeifen. Entlang der Imam Khomeini St. Richtung Fluss finden sich diverse Fast-Food-, Falafel- und Sandwichstände.

Gap Complex

In den Räumlichkeiten des ehemaligen **Hamams** der Stadt im Bazar, ✆ 066-3333 9999, 💻 www.gapcomplex.ir, ist heute ein Kulinarikkomplex aus Restaurant, Café und Wasserpfeifenbar inklusive Nomadenzelt im Innenhof untergebracht (s. Essen). Hier werden auch kulturelle Veranstaltungen und Livemusik geboten. Ein kurzer Blick ins Innere lohnt, auch wenn man nicht verweilen möchte. 🕒 tgl. 10–23 Uhr.

Gerdab-e Sangi

Das aus Steinen erbaute **Reservoir** sassanidischen Ursprungs an der Haft-e Shahrivar St., 50 m südwestlich des Takhti Sq., stammt aus dem 6. Jh. und diente als Wasserspender für die Bewohner der Stadt und zur Bewässerung der umliegenden Felder. Die Steinmauer misst fast 10 m bei einem Durchmesser von 18 m. Das Wasser wurde aus den Quellen in der Umgebung eingeleitet und über sieben Kanäle verteilt, davon ist heute nur noch einer funktionstüchtig. Man sollte es übrigens nicht den Nachbarsjungen gleichtun und im Sommer in das kühle Nass springen – schwimmen ist hier nämlich verboten und wegen der steilen Mauer auch nicht ungefährlich.

Bam-e Khorramabad

Khorramabad ist von steilen Hängen umgeben. Ein beliebtes Ausflugsziel besonders zum Sonnenuntergang ist das „Dach von Khorramabad" östlich der Stadt. Von hier hat man einen atemberaubenden Ausblick auf die Dächer, die Festung Falak ol-Aflak und die umliegenden Berge. Besonders abends und am Wochenende kann es auf den Aussichtsplattformen sehr voll werden. Dann dröhnt traditionelle lurische Musik aus mitgebrachten Lautsprechern und junge Luren schwingen das Tanzbein. Eine noch bessere Aussicht, da höher gelegen, hat man übrigens vom **Hotel Kasin** auf dem Bergrücken. Hier kann man nachts auch im hauseigenen Observatorium die Sterne beobachten. Die umliegenden Steilhänge sind auch bei Paraglidern sehr beliebt. Erreichbar ist Bam-e Khorramabad entweder mit dem Taxi oder zu Fuß vom Park-e Shariati, neben dem Hotel Shahrdari, nach einem etwa 15-minütigen Aufstieg.

Menar-e Ajor

Das **Ziegelminarett** im Süden an der Hauptstraße stadtauswärts ist mehr als 900 Jahre alt und stammt aus seldschukischer Zeit (12. Jh.). Mit seiner Höhe von 30 m diente es als eine Art Leuchtturm für die Karawanen auf der Handelsroute in die historische Stadt Shapurkhast. Im Kriegsfall wurde der Turm auch als Wachturm und zur Verteidigung der Stadt genutzt. Die angrenzende Grünfläche ist heute Treffpunkt der Senioren von Khorramabad, die im Schatten der Bäume Backgammon spielen und Tee trinken.

Pol-e Shapuri

Etwa 2 km südlich des Zentrums befindet sich eine alte **sassanidische Brücke**, deren 28 Bögen einst den Fluss überspannten. Heute sind davon noch fünf erhalten und lassen die wahre Größe nur erahnen. Die Pol-e Shapuri, von den Luren der Stadt liebevoll „zerbrochene Brücke" genannt, wurde unter Shapur I. aus Stein und Mörtel erbaut. In der Nähe befindet sich heute der moderne Park-e Shapuri.

Daryacheh Kiu

Der künstliche **Keeyow-See** im Norden der Stadt ist mit dem angrenzenden gleichnamigen Park das Naherholungsgebiet der Bewohner. Keeyow bedeutet „blau" in der Sprache der Luren. Hier kann man bei schönem Wetter Familien beim Picknick und Teenager beim Volleyballspielen beobachten. Der See ist auch bei Joggern sehr beliebt. Am Ufer verteilen sich einige Restaurants und mobile Essenstände, die Popcorn, gegrillten Mais und in der kalten Jahreszeit dampfend heiße Bohnen und Rüben verkaufen.

ÜBERNACHTUNG

Arshia Hotel, Ziba Kenar Blvd., am Südostufer des Sees, ✆ 066-3324 0755, 💻 www.hotelarshia.com. Direkt am See gelegen, aber auch an der Hauptstraße und daher sehr laut.

Doppelzimmer mit sauberem Bad mit europäischer Toilette. Zimmer zur Front mit eigenem kleinen Balkon, obere Zimmer (5. Stock) mit Blick über den See. WLAN im Zimmer, Restaurant, Frühstück inkl. ❶

Azadi Hotel, Muchahedin Eslam St., ✆ 066-3332 7795. Schmucker Neubau in einer ruhigen Seitenstraße der Hauptstraße, auf der anderen Seite des Flusses. Sehr sauber, die Zimmer haben kein TV, dafür Klimaanlage und Kühlschrank, Dusche und europäisches WC. Frühstücksbuffet im hoteleigenen Restaurant. Von den oberen Zimmern hat man einen schönen Blick über die Stadt. ❷

Karoon Hotel, Andimeshk-Khorramabad Rd., ✆ 066-3330 5408. Direkt an der Hauptstraße nach Andimeshk. Zimmer zur Hauptstraße hin mit eigenem Bad mit iranischer Toilette, TV, AC und Kühlschrank, Zimmer nach hinten ruhiger, aber ohne Bad, Gemeinschaftsbad auf dem Gang. Alte Einrichtung, durchgelegene Matratzen. WLAN nur in der Lobby. Eigener Parkplatz. Frühstück inkl. ❶

Kasin Hotel, oberhalb von Bam-e Khorramabad, 700 m über der Stadt, der Beschilderung folgen, ✆ 066-3320 6068, www.nojum-kasin.ir. Das Hotel hat nur 5 Räume, dafür aber ein eigenes Observatorium (im Preis inbegriffen) und ein Planetarium. Die Zimmer verfügen über je ein Doppelbett plus Einzelbett, AC, TV und Kühlschrank. Restaurant mit 360-Grad-Panorama, eigener Parkplatz. Sehr ruhig, da auf einem Gipfel gelegen – ein atemberaubender Blick von allen Zimmern auf die Stadt und die Berge in der Umgebung ist garantiert. Anfahrt 15–20 Min. von der Stadt. Frühstück inkl. ❸

Khorramabad Tourist Hotel, Ziba Kenan Blvd., nordwestlich des Sees, ✆ 066-3322 5672. Großer Komplex der Hotelkette direkt am See neben dem öffentlichen Park (man hört die Musik). Man wohnt in seinem eigenen (Halb-) Bungalow mit Parkplatz, Einzelbetten, TV, AC und Kühlschrank, Bad mit iranischer Toilette. Sehr sauber, aber etwas in die Jahre gekommen. Riesiges Restaurant, Teehaus, hoteleigener Park. ❸

Rangin Kaman Hotel, East Shohada St., Ecke Moalem St., in einer Shopping Mall, ✆ 066-3333 4747. Modernes Hotel auf 3 Stockwerken mit gemütlichen Zimmern und nettem Restaurant. Tolle Aussicht von den oberen Stockwerken, sehr zentrale Lage. ❸

Shahrdari Hotel, im Park-e Shariati, ✆ 066-3333 3900. Ruhige Lage direkt im Park unterhalb des Bam-e Khorramabad. Sehr altes Gebäude, keine Doppelbetten, altes TV, AC und Kühlschrank, sauberes Bad mit europäischer Toilette, kein Internet. Die vorderen Zimmer mit Aussicht (wenn nicht von Bäumen verdeckt), die hinteren zum Berg hinaus. Restaurant. ❷

Teacher's Guesthouse, Seitengasse der Tamadan St., ✆ 066-1321 4444. Sehr ruhig gelegen, direkt neben einem Restaurant in einer Seitengasse. 2–5-Bett-Zimmer, jeweils mit Doppel- und Einzelbetten, sehr spartanisch, aber sauber, Bad mit iranischer Toilette. Internet in der Lobby und in manchen Zimmern je nach Reichweite. Eigener Parkplatz. Die Preise sind staatlich festgelegt. Frühstück nicht inkl. ❷

ESSEN

Gap Complex Restaurant, Ferdowsi St., neben dem Bazar, ✆ 066-3333 9999, www.gapcomplex.ir, gap_complex. Der ehemalige Hamam im Bazar wurde aufwendig restauriert und beherbergt neben einem Restaurant mit separaten Seitenzimmern (meist Kebab, 200 000–550 000 IRR) ein Teehaus (Säfte, traditionelle Getränke mit z. B. Rosenwasser, diverse Kräutertees, 90 000–150 000 IRR). Hier gibt's auch eine Wasserpfeifenbar mit großem Innenhof, in dem liebevoll ein traditionelles Nomadenzelt gespannt wurde. Der historische Gebäudekomplex verfügt außerdem über eine kleine Galerie. ⏲ tgl. 10–24 Uhr.

Jegar Tala Restaurant, Shahid Hadi Zadeh St., ✆ 0910-650 0085. Wer die Spezialitäten Lorestans probieren will, sollte sie hier bestellen: diverse Kebabs und *chigar vas* (gegrillte Leber, mit Bauchfett umwickelt) am Spieß und – sehr gewöhnungsbedürftig – *gipeh* (Schafmagen, gefüllt mit Hackfleisch, Reis, karamellisierten Zwiebeln und viel Kreuzkümmel). Ein kleines rustikales Restaurant, der zweite Teil des Restaurants ist in einem separaten Gebäude 15 m links daneben hinter einer bunten Glastür:

Hier sitzt es sich gemütlicher auf schönen filigranen Holzmöbeln und an großen Tischen. ⌚ tgl. 12–24 Uhr.

Kebab Amoabbas, Muchahedin Eslam St., neben dem Azadi Hotel. Bei Onkel Abbas gibt's saftige *kubideh* und *juje kebab* (Hühner-Kebab) mit Reis oder Brot. Bei Einheimischen sehr beliebt. Einfache Gerichte ab 40 000 IRR, Kebabs 120 000–160 000 IRR. ⌚ tgl. 10–22 Uhr.

Kebab Nahavandi, Muchahedin Eslam St., schräg gegenüber vom Azadi Hotel. Diverse Kebabs mit Brot, schnell und unkompliziert und etwas günstiger als bei der Konkurrenz in der Straße, weil hier kein Reis dazu serviert wird. Warme Speisen ab 40 000 IRR. ⌚ tgl. 10–22 Uhr.

€ **Khakhve Khaneh-ye Mohammad**, in der Seitengasse Shahid Chetar Anbari, zwischen Alavi Blvd. und Andimeshk-Khorramabad Rd., ☏ 066-3340 1690. Immer gefüllt mit Arbeitern auf dem Weg zur Frühschicht oder in der Mittagspause. Von der Wand lächelt selig der Gründer Mohammad mit Wasserpfeife und breitem Schnurrbart neben dem Bisheh-Wasserfall hinunter. Eier, Omelett, Rührei mit Bohnen *(tokhme morq lubia)*, mit Wurst oder Linsen *(tokhme morq adas)* oder auch mit Soja *(tokhme soia)* werden hier von Amo Shir („Onkel Löwe") flink und heiß zubereitet. Für ein deftiges schnelles Frühstück gibt es in der Stadt keine bessere Adresse. Einfache Bänke und Tische; das Essen kommt auf Tellern und Tabletts aus Metall. Warme Gerichte für nicht mehr als 40 000–45 000 IRR. ⌚ tgl. 6–15 Uhr.

Max Restaurant, Nilufar Sq. direkt beim See, ✆ 066-3118. Fast-Food-Tempel auf zwei Etagen direkt am Wasser. Das Angebot reicht von türkischem Döner über Pizza, Hamburger, Chicken-Nuggets, Sandwiches, Frittiertes bis zu diversen Desserts, freies WLAN (für iranische Restauants eine Seltenheit). ⌚ tgl. 9–24 Uhr.

Yalda Restaurant, Taleghani St., nahe Imam Khomeini St., ✆ 066-3330 5128. Die Einrichtung ist spartanisch und darauf ausgelegt, Massen abzufertigen. Dafür geht der Service schnell und effektiv von der Hand. Spezialität des Hauses ist *mahiche* (Schafsbein), das mit einer Riesenportion *sabzi polo* (Reis mit Kräutern und Bohnen) serviert wird. Speisen 130 000–300 000 IRR. ⌚ tgl. 12–24 Uhr.

TOUREN UND AKTIVITÄTEN

Guides

Amir, ✆ 0939-437 3232, kennt Khorramabad wie seine Westentasche und bietet Stadtführungen und Tagesausflüge in die nähere Umgebung an. Er ist außerdem ein erfahrener Paraglider und kennt jeden steilen Abhang in der Region.

Mehdi Gholam, ✆ 0938-343 1482, 💻 www.backpacker.ir. Als großer Outdoor-Fan und erfahrener Bergsteiger bietet Mehdi von Teheran aus Hiking-Trips in ganz Lorestan, u. a. zu den Shevi-Wasserfällen.

Reiten

Shapourkhast Farm, Imanabad, etwa 33 km östlich von Khorramabad, ✆ 0916-552 6291 (WhatsApp), 💻 www.wandernimiran.com, iranridingtrekking. Katharina Gottstein-Ghalavand lebt seit über 30 Jahren mit ihrem Mann in Iran und hat im kleinen Dorf Azna Saghvand eine Pferdezucht aufgebaut. Von hier bietet sie mehrtägige Reit- und Trekkingtouren an. Sie führen je nach Saison in die Berge Lorestans zu den Bakhtiaren oder nach Khuzestan. Wer will, kann auch im Winter auf dem Bauernhof Urlaub machen und von hier aus kürzere Ausritte unternehmen.

SONSTIGES

Apotheken

Einige gut sortierte **Apotheken** gibt es im Zentrum entlang der Imam Khomeini St. nördlich der Festung und in der Ostandari St. neben dem kleinen Stadtpark Park-e Shahr, 300 m nördlich der Festung.

Geld

Wechselstuben sind nicht vorhanden, am besten fragt man in einem der größeren Hotels nach.

Medizinische Hilfe

Erste Anlaufstelle der Stadt bei Verletzungen ist das **Shahid Rahimi Hospital**, ✆ 066-1223 6141, 💻 www.lums.ac.ir, das unter Einheimischen einen guten Ruf genießt. ⌚ 24 Std.

Post

Das moderne Gebäude der **Hauptpost** befindet sich nahe dem Zand Blvd. in der Razi St. im Norden der Stadt. ⌚ Sa–Do 8–14 Uhr.

TRANSPORT

Auto

Die **Gerit-Wasserfälle** (s. Tour) können von Khorramabad aus mit dem Taxi oder einem eigenen Fahrzeug (55 km, 1 Std.) angefahren werden. Dazu nimmt man 6 km östlich von Khorramabad bei Chaleh-ye Kamalvand die Abzweigung von der Straße 37 nach Osten und folgt der Landstraße über malerische Hügel und Gebirgsausläufer über die Dörfer Gandabeh und Sarab-e Jaldan bis zum Wasserfall.

Im Zug von Dorud nach Andimeshk

- **Route:** Dorud–Bisheh–Sepid Dasht–Tale Zang–Andimeshk
- **Zwischenstopps:** Bisheh–Sepid Dasht–Chamsangar–Keshvar–Tang-e Haft–Tang-e Panj–Tale Zang–Shahbazan–Mazu–Balarud–Golmahak – Dokuheh
- **Länge:** 215 km
- **Dauer:** 6–7 Std., optional auch auf mehrere Tage erweiterbar inkl. Wanderung und Camping an den Wasserfällen; für die Fahrt hin und zurück an einem Tag unbedingt den ersten Zug am Morgen nehmen (5–6 Uhr).
- **Reisezeit:** Am schönsten ist die Strecke im Frühling (März–April), im Sommer kann es im südlichen Teil bereits sehr heiß werden.

© TOBIAS DANZ

Dorud ist eine kleine Stadt mit einem verschlafenen Bahnhof, der jeden Morgen zum Leben erwacht. Dann sammeln sich Arbeiter und Familien am Bahnsteig, um in eines der kleinen Dörfer entlang der Strecke oder bis nach Andimeshk zu fahren. Für viele Siedlungen in den Bergen ist der Zug auch heute noch die einzige Verbindung zur Außenwelt oder sie sind damit deutlich schneller zu erreichen als über die kurvigen Schotterstraßen im Gebirge.

Für Reisende ergibt sich tagsüber eine beeindruckende Kulisse: Durch das Fenster sieht man die Landschaft rund um den Berg Oshtoran Kuh mit seiner einzigartigen pfeilartigen Form in der Ferne vorbeiziehen. Über Millionen von Jahren hat der Fluss Dez sich in die Berge gegraben, sodass zwischen Steilhang und Zugtrasse keine Ziegenherde mehr passt. Die Strecke führt über gemauerte Viadukte und rostige Brücken, an steilen Hängen und kleinen Dörfern vorbei durch Flusstäler und Schluchten.

Fahrplan und Tickets

Auf der Strecke verkehren pro Tag vier Züge. Da der Fahrplan alle drei Monate wechselt, dienen die Uhrzeiten nur als Richtwert. Genaue Abfahrtszeiten sind am Schalter in den Bahnhöfen in Dorud und Andimeshk zu erfragen. Es kommt vor, dass die Fahrt aufgrund diverser Verzögerungen bis zu 8 Std. dauert.

Dorud–Andimeshk
ANDIMESHK (215 km, 5 1/4 Std.), Abfahrt in Dorud um 6 und 14.20 Uhr, Nachtzüge um 20 und 24 Uhr.

Andimeshk–Dorud
DORUD (215 km, 5–5 1/2 Std), Abfahrt in Andimeshk um 5.15, 12, 14.20 und 15.38 Uhr.

Das einfache Ticket für die komplette Strecke kostet 60 000 IRR p. P. und ist beim Schalter in der Bahnhofshalle zu erstehen, kann aber auch problemlos im Zug beim Schaffner gekauft werden. Es lohnt sich, etwas früher am Bahnhof zu sein, da der Zug meistens vor der Zeit einfährt und man sich einen Fensterplatz sichern kann. Im Laufe der Fahrt leeren die Abteile sich aber zusehends. Wer auf Nummer sicher gehen will, kann auch am Vortag einen Sitzplatz reservieren. Auf der linken Seite in Richtung Andimeshk oder auf der rechten Seite in Richtung Dorud hat man übrigens die beste Aussicht auf den Fluss und die zerklüfteten Schluchten. Es gibt auch einen modernen Zug auf der Strecke, bei dem sich aber die Fenster fürs Fotografieren nicht öffnen lassen und dem das Flair der alten klappernden Waggons fehlt.

Zwischenstopps

Die meisten Reisenden steigen nach 1/2 Std. in Bisheh aus und besuchen den berühmten Wasserfall Abshar-e Bisheh. Naturliebhaber können auch in Sepid Dasht und Tale Zang haltmachen und zu den Wasserfällen Abshar-e Gerit und Abshar-e Shevi wandern.

Bisheh und Abshar-e Bisheh (1/2 Std.)

Einer der schönsten Wasserfälle, den Lorestan zu bieten hat, ist der **Bisheh-Wasserfall** beim gleichnamigen Dorf. Auf einer Breite von 10 m fließen geradezu märchenhaft unzählige kleine und große Ströme zwischen Bäumen, Büschen und Moosen an der breiten Felswand 48 m hinab in den Fluss Sezar. Der Wasserfall und der nahe gelegene Eichenwald sind auch beliebte Orte für Camping oder ein Picknick unter schattigen Bäumen. Im Dorf vermieten Bewohner Zimmer zum Übernachten. Die Kosten sind fix, man sollte mit 600 000–800 000 IRR rechnen. Auch finden sich hier eine Polizeistation, kleine Supermärkte für das Nötigste und mehrere Restaurants, z. B. das Res-

taurant Sezar gleich beim Bahnhof mit diversen Kebabs für 150 000–200 000 IRR, ◷ 10–22 Uhr. Wer mag, kann außerhalb des Dorfes auf der anderen Seite des Flusses oder direkt am Wasserfall campen. Hier gibt es Wasser zur Entnahme (Wasserhahn) und Toiletten etwas weiter flussabwärts. Vom Parkplatz hinab entlang des gepflasterten Weges vor der Brücke über den Fluss reihen sich weitere Restaurants und kleine Shops, die Snacks, Tee und Souvenirs verkaufen.

Bisheh lässt sich gut als **Tagesausflug** besuchen, am besten mit dem Frühzug aus Dorud oder Andimeshk. Dann nimmt man einen der Züge am Nachmittag wieder zurück. Wochenenden und Feiertage möglichst meiden, dann ist Bisheh eines der beliebtesten Ausflugsziele in der ganzen Provinz und entsprechend überfüllt.

Sepid Dasht und Abshar-e Gerit (1 Std.)

Sepid Dasht ist das größte Dorf auf der Strecke nach Andimeshk, aber relativ unspektakulär und verschlafen. Für den Reisenden interessanter ist die Umgebung. Von Sepid Dasht gelangt man über eine Staubstraße in 7–8 Std. zu den 33 km entfernten **Gerit-Wasserfällen**. Bekannt sind sie auch unter dem Namen Haft Cheshmeh, da sie von sieben *(haft)* Quellen gespeist werden. Der Hauptwasserfall ist 15 m hoch und 17 m breit und ergießt sich in den Fluss Sezar.

Eine Bergstraße führt von Sepid Dasht nach Westen über die Dörfer Iruh und das 10 km entfernte Darreh Naru und zweigt hier nach 1 km nach Nordwesten ab.

Tale Zang und Abshar-e Shevi (3 Std.)

Das kleine Dorf Tale Zang ist der Ausgangspunkt für Wanderungen zum 11 km entfernten **Shevi-Wasserfall**. Dieser stürzt spektakulär aus 100 m Höhe und auf 70 m Breite über eine Felswand in die Tiefe. Im Dorf oberhalb der Schienen und hinter dem kleinen Bahnhof gibt es zwei winzige Geschäfte, die Getränke und Snacks verkaufen. Wer mag, kann den Frühzug nehmen, ist gegen 9 Uhr im Dorf, absolviert anschließend nur ein Teilstück der Wanderung und nimmt den Zug gegen 13.45 Uhr wieder zurück nach Dorud. Für die gesamte Strecke zu den Wasserfällen sollte man etwa 3–4 Std. einplanen und entweder am Wasserfall oder im Dorf campen.

Der Weg ist leicht zu finden: Vom Bahnhof geht es über die Bahnbrücke auf die andere Flussseite und dann nach rechts. Hier folgt man einer Schotterstraße oberhalb des Flusses mit leichtem Anstieg nach Süden. Nach etwa 5 km trifft man auf den Zufluss der Wasserfälle aus den Bergen und folgt diesem für 4 km nach Osten. Diese Etappe hat einige steile Passagen, besonders das letzte Teilstück hat es in sich, denn hier sind eine Felswand und fast 120 Höhenmeter zu überwinden.

Andimeshk (5 1/2 Std.)

Die Stadt Andimeshk verdankt ihr Dasein alleine der Eisenbahn und ist touristisch ohne Bedeutung. Von hier bietet sich die Weiterreise nach **Dezful** in Khuzestan (S. 497) oder mit einem der Züge wieder zurück nach Dorud an. Übernachtet werden kann zur Not im **Hotel Rostam** in der Imam Khomeini St. nahe dem Bahnhof in sehr einfachen Zimmern, die man sich vorher unbedingt zeigen lassen sollte, ❷. Besser aber mit dem Taxi die 8 km nach Dezful fahren und im **Dezful Tourist Hotel** (S. 498) nächtigen.

Praktische Hinweise

Anfahrt nach Dorud: von Khorramabad aus mit dem Sammeltaxi vom Azadi Sq. (2 Std., 100 000 IRR)

Anfahrt nach Andimeshk: entweder aus Dezful mit dem Sammeltaxi, Abfahrt vom Azadi Sq. (15 Min., 25 000 IRR) beim Shariati Blvd., oder aus Shush mit dem Minibus, Abfahrt vom Terminal am Imam Khomeini Blvd., wenn der Bus voll ist (25 Min., 20 000 IRR). Wer den Morgenzug nehmen will, sollte bereits einen Tag früher anreisen und in Dorud, Andimeshk oder Dezful übernachten.

Verpflegung: Im Zug gibt es nur einen kleinen mobilen Bordservice, der Kekse und Tee verkauft. Daher gehören Proviant und ausreichend Wasser unbedingt ins Gepäck. In den Dörfern entlang der Strecke gibt es kleine Läden, die Snacks und Getränke verkaufen.

Ausrüstung: Wer an einer Station aussteigt und zelten will, sollte entsprechende Ausrüstung und warme Kleidung dabeihaben, im bergigen Umland ist es im Frühling noch recht frisch. Für die Wanderungen zu den Wasserfällen ist festes Schuhwerk erforderlich. Die teils steilen Kletterpassagen sollten mit der nötigen Absicherung und Erfahrung angegangen werden.

Busse und Sammeltaxis

Khorramabad hat zwei Busbahnhöfe: Der wichtigste ist der **East Terminal** (Terminal-e Otobus-e Shargh), 2 km östlich des Zentrums nahe der Khorramabad-Andimeshk Rd. Hier fahren Busse in größere Städte im ganzen Land ab. Vom **South Terminal** (Terminal-e Otobus-e Jonub), 4 km südlich des Stadtzentrums an der Khorramabad-Andimeshk Rd., starten Minibusse und Sammeltaxis nach Süden nach Pol Dokhtar, Andimeshk und Ahvaz (2–4 Std.) für 160 000–220 000 IRR.

ABADAN (467 km, 6 Std.), 1x tgl. abends für 330 000 IRR.
AHVAZ (332 km, 4 Std.), 3x tgl. abends für 265 000 IRR.
ARAK (205 km, 2 3/4 Std.), mehrmals tgl. für 170 000 IRR, VIP für 250 000 IRR.
BUSHEHR (782 km, 9 Std.), 1x tgl. mittags VIP für 620 000 IRR.
ESFAHAN (388 km, 5 Std.), 5x tgl. für 265 000 IRR, VIP für 380 000 IRR.
HAMADAN (245 km, 3 1/2 Std.), 1x tgl. nachmittags VIP für 310 000 IRR.
KERMAN (1066 km, 12 Std.), 4x wöchentl. mittags für 560 000 IRR.
ORUMIYEH (708 km, 10 Std.), 1x tgl. nachmittags VIP für 650 000 IRR.
SHIRAZ (839 km, 10 Std.), 1x tgl. nachmittags für 530 000 IRR.
TEHERAN (482 km, 5 1/2 Std.), mehrmals tgl. für 320 000 IRR, VIP für 550 000 IRR.
YAZD (704 km, 8 1/2 Std.), 1x tgl. mittags für 440 000 IRR.
Sammeltaxis nach DORUD (2 Std.) starten vom Azadi Sq. und kosten etwa 100 000 IRR.

Eisenbahn

Wegen der bergigen Region ist die Strecke von DORUD nach ANDIMESHK eine der wichtigsten Verbindungen. Die malerische Zugfahrt führt über 15 Stationen und durch zahlreiche Tunnel entlang der Flüsse Dez und Sezar (s. Tour S. 399) durch bergiges und zerklüftetes Hochland bis zur Ebene in Khuzestan.

Flüge

Der **Flughafen Khorramabad** befindet sich am Stadtrand, 10 km südlich des Zentrums, und bietet Direktflüge nach TEHERAN (5–7x tgl., 1 Std.) mit ATA Airlines, Iran Aseman, Meraj Air und Qeshm Air.
Taxis vom Flughafen in die Stadt kosten etwa 200 000 IRR.

Tang-e Shirez

Eine Naturschönheit im westlichen Teil Lorestans, direkt im Drei-Provinzen-Eck Lorestan, Ilam und Kermanshah, ist der **Shirez-Canyon**. Auf einer Länge von 5 km hat sich der Bach in das weiche Gestein gegraben und dabei eine teils steile, teils stufenartige, von Eichen und Feigenbäumen gesäumte, 100–200 m hohe Felswand hinterlassen.

Es bietet sich an, einfach dem Bach nach Osten zu folgen, stellenweise watet man aber knietief im Wasser. Wer trocken bleiben will, kann alternativ auf einen der Trampelpfade auf den Terrassen des Canyons ausweichen und dem Verlauf von oben folgen. Am besten eignet sich dazu die Südseite des Steilhangs.

Etwa 1 km nach Beginn des Canyons ragt auf der nördlichen Seite gut sichtbar eine massive, 80 m hohe und 10 m breite Felsnadel, das **Menareh-e Sangi** („Felsenminarett"), in den Himmel. Bis zum Felsentor **Pol-e Khoda** („Gottesbrücke") sind es etwa 3 km (1 1/2 Std.) bei leichtem Anstieg. Hier fließt das Wasser für 70 m durch eine Höhle, die problemlos durchquert werden kann. Wer noch fit ist, kann weitere 4 km (2 1/2 Std.) bis zum **Abshar-e Shirez**, dem Wasserfall am Ende des Canyons, wandern. Für die komplette Tour sollte man aber früh genug starten.

Achtung, am Wochenende ist im Canyon die Hölle los. Dann kommen ganze Busladungen von Iranern aus Tabriz, Teheran, Esfahan und ganz Lorestan, und an den Engstellen wie der Pol-e Khoda kommt es zu Wartezeiten. An jeder Ecke wird gegrillt, und aus den Felsnischen dröhnt Musik und Gesang. Unter der Woche ist der Canyon dagegen wie ausgestorben, dann sollte man aber sicherheitshalber nicht alleine unterwegs sein.

Beim Parkplatz gibt es Toiletten und einen kleinen Laden, der Snacks, Tee und Wasser verkauft. Im Frühjahr und Sommer steht hier auch ein großes Nomadenzelt, das zum Frühstücken oder für eine Teepause aufgesucht werden kann.

Anfahrt aus Khorramabad (135 km, 2 Std.) mit dem eigenen Fahrzeug oder per Taxi über die gut ausgebaute, teilweise zweispurige Straße bis **Kuhdasht**. Von hier zweigt nördlich der Masjed-e Imam Hussein eine asphaltierte Landstraße nach Nordwesten ab. Sie führt über Namjo (23 km) nach Ab Chi (12 km) und biegt dann etwa 2 km weiter nach Norden Richtung Jafar Khan Zaiton ab. Der Straßenverlauf folgt ab jetzt der Fließrichtung des Simreh-Flusses. Das letzte Stück führt am östlichen Ufer des Simreh entlang bis zum Parkplatz vor dem mächtigen Eingang des Tang-e Shirez.

Von Khorramabad nach Pol-e Dokhtar

Man verlässt Khorramabad Richtung Westen. Etwa 6 km westlich des Flughafens zweigt der Freeway 5 Richtung Süden nach Dezful ab. Die landschaftlich reizvollere Route führt über die **Straße 37** durch sattgrüne Hügel mit Obstbäumen und Olivenplantagen und Blick auf das Gebirgsmassiv im Norden in einem weiten Bogen nach Pol-e Dokhtar und trifft hinter dem Canyon Darreh Khazineh wieder auf die Autobahn nach Andimeshk und Dezful.

Bei **Tang-e Tir** drängen sich Straße und Karkheh-Fluss durch zwei enge Felswände und folgen dem nun felsigen Flusstal an kleinen Dörfern und Furten vorbei. Fast jeder Friedhof hier hat ein altes Imamzadeh aus Backsteinen mit kleiner Kuppel. In den Dörfern gibt es frisch gefangenen Fisch aus dem Fluss zu kaufen.

Am Eingang zur Schlucht vor dem Dorf Mamulan steht die majestätische **Pol-e Kalhor**. Mit einer Spannweite von über 150 m misst die Brücke an ihrer höchsten Stelle fast 30 m. Unter sassanidischer Herrschaft erbaut, war sie eine wichtige Verbindung zwischen den Städten Susa (heutiges Shush) in Khuzestan und Hegmataneh (heute Hamadan).

Anschließend folgt die Straße dem Canyon zwischen steilen Felswänden weiter nach Süden. An den fruchtbaren Hängen dominieren Obstgärten mit steinernen Mauern und Felder,

Die Transiranische Eisenbahn

Die in den späten 1920er-Jahren unter Reza Schah Pahlavi gebaute Transiranische Eisenbahn führt über 1400 km, durch 230 Tunnel und über 4000 Brücken quer durch das Land und verbindet die Golfküste bei Bandar-e Khomeini im Süden über die Städte Ahvaz, Arak, Qom und Teheran und weiter über Garmsar und Sari mit Bandar-e Torkaman am Kaspischen Meer. Der Schah beauftragte ein amerikanisch-deutsches Firmenkonsortium mit dem Bau der Strecke. So wurde der südliche Streckenabschnitt von Bandar-e Khomeini nach Dezful von den Amerikanern errichtet, während die Deutschen den nördlichen Abschnitt zum Kaspischen Meer bauten. Nachdem die Amerikaner wegen Zahlungsverzögerungen aus dem Vertrag ausstiegen, musste 1930 ein neuer Baupartner gefunden werden. Auf Empfehlung der Türkei hin, ein möglichst kleines europäisches Land mit dem weiteren Bau zu beauftragen, um die Unabhängigkeit Persiens zu wahren, wurde schließlich ein dänisches Unternehmen engagiert, das die restliche Strecke bis 1938 fertigstellte.

Das Ergebnis war ein ingenieurtechnisches Meisterstück, ein Schienennetz, das abschnittsweise bis zu 36-Grad-Steigungen zu überwinden hatte und dies nur durch den Bau von Kreiskehrschleifen und Kehrtunneln ermöglichte. Auch der Streckenabschnitt zwischen Dorud in der Provinz Lorestan und Andimeshk in der Provinz Khuzestan durch das zerklüftete Zagros-Gebirge (S. 399) war eine Herausforderung für die Ingenieure – zum Glück für Eisenbahnfans, denn die Strecke gehört heute zu den landschaftlich und baulich eindrucksvollsten Bahnstrecken der Welt.

In den letzten Jahren wurde das Netz um weitere Abschnitte besonders zu den westlichen Provinzen erweitert. Ab 2020 wird es möglich sein, die Städte Tabriz und Rasht und sogar Baku und Moskau per Zug von Teheran aus zu erreichen.

dazwischen fließen immer wieder kleine Wasserfälle. Beim Dorf **Afrineh** stürzt der gleichnamige Wasserfall über eine Felswand neben der Straße. Etwas weiter im Straßendorf **Murani** verkaufen Bauern die Ernte von ihren Feldern, hauptsächlich Gemüse und Feldfrüchte.

Am Eingang zur Stadt Pol-e Dokhtar steht schließlich die berühmte Brücke **Pol-e Dokhtar**, von der heute nur noch neun Bögen auf beiden Seiten des Flusses intakt sind. Ursprünglich unter dem sassanidischen König Shapur I. erbaut, zeugt sie von einer Zeit, in der die Perser sich die meisterhaften Fähigkeiten der als Kriegsgefangene verschleppten römischen Ingenieure zunutze machten und im ganzen Reich komplexe Bewässerungssysteme errichten ließen.

Darreh Khazineh

Die zerklüfteten Berghänge und kleinen Schluchten an der Grenze zur Provinz Ilam im Süden erblickt man bereits von der Straße aus. Sie dienen Bergschafen und wilden Ziegen als Rückzugsort.

Das Highlight des Schluchtensystems und Ziel vieler Touristen ist nahe dem gleichnamigen Dorf Darreh Khazineh zu bewundern. Über Jahrtausende hat sich der Fluss Seymareh in das weiche Gestein gegraben und durch Erosion eine Schlucht geschaffen, die dem Grand Canyon beinahe ebenbürtig ist. Zumindest hat man das Gefühl, wenn man am Rand der Felskante über 100 m hinab in die Tiefe blickt. Und hier, nur 5 km südlich des Dorfes neben der Landstraße, vollzieht der Fluss eine elegante 180-Grad-Kurve und formt eine faszinierende Felsschleife im Gestein, besonders gut zu erkennen vom Aussichtspunkt neben der Straße aus. Direkt vor der Schlucht kampieren im Winter Nomaden. Bis 2018 überspannte auch eine über 112 m lange Hängebrücke aus Holz in 85 m Höhe den Fluss. Leider wurden die Stahlseile in einem Akt von Vandalismus gekappt und die Brücke vollständig zerstört. Ob sie wieder aufgebaut werden soll, ist nicht bekannt.

Die beste Zeit für den Besuch des Canyons ist im Frühling und Sommer, dann führt der Fluss reichlich Wasser und die Ähnlichkeit zum Horseshoe Bend in Arizona ist geradezu verblüffend.

Provinz Markazi

An Lorestan schließt im Osten die Provinz Markazi an. Während des 1. Jahrtausends v. Chr. gehörte sie zum achämenidischen Reich und war danach lange ein wichtiger Handelsposten, wovon heute noch einige Karawansereien zeugen. Mit der Anbindung an das iranische Eisenbahnnetz und der Ansiedlung der Schwerindustrie rund um die Provinzhauptstadt **Arak** gewann Markazi stark an Bedeutung.

Arak

Die Gründung der Stadt geht auf die Herrschaft der Qadjaren im 19. Jh. zurück. Diese errichteten 1862 eine Festung zum Schutz der Region und nannten die dazugehörige Siedlung Soltan Abad. Als später weit außerhalb die Haltestelle Arak der neu errichteten Eisenbahnstrecke von Nord nach Süd in Betrieb genommen wurde, wuchsen beide Teile bald zusammen und wurden zur Stadt Arak. Heute ist Arak eher ein Zwischenstopp für Reisende auf dem Weg nach Hamadan, Esfahan oder Lorestan.

Der **Hamam** der Stadt in der Beheshti St. lohnt definitiv einen Besuch. Hier befindet sich im Hauptraum eine prunkvolle Verzierung aus glasierten Kacheln. Nicht zu Unrecht wird das Badehaus als eines der schönsten im ganzen Land genannt. Es verfügte über vier Bereiche für Frauen, Männer, private Gesellschaften und Nicht-Muslime. In den restlichen Räumen und Kammern hat man ein kleines Museum untergebracht, das archäologische Fundstücke zeigt, darunter ein 7500 Jahre altes Skelett. 🕒 tgl. 9–18.30 Uhr, 150 000 IRR.

Der überdachte, aus Ziegelsteinen errichtete **Bazar-e Arak** zwischen Imam Khomeini Blvd. und der Pol-e Kheibar ist der längste geradlinige Bazar Irans und wirkt mit seinen in Form eines Kreuzes angelegten Hauptgängen besonders aufgeräumt. Die wunderschönen Seitenhöfe der Teppichhändler und schattigen Innenhöfe laden zum Verweilen ein. Arak ist bekannt für seine Teppiche namens *sarugh*. Ein Bummel über den Bazar lohnt sich nicht nur für Souvenirjäger.

ÜBERNACHTUNG

Aftab Hotel, Park-e Kolaleh Rd., 700 m westlich des Borujerd-Arak Highway am südwestlichen Stadtrand, ✆ 086-3272 3333. Etwas außerhalb in den Hügeln gelegen, bietet dieses Hotel einen schönen Blick über die Stadt, ist aber etwas in die Jahre gekommen. Die Zimmer sind eher Suiten und sehr großzügig bemessen, bestehen aus 2 Schlafzimmern (Einzel- und Doppelbett) mit Kühlschrank, Fernseher, Klimaanlage sowie jeweils einer europäischen und iranischen Toilette. Man merkt der Einrichtung aber das Alter an; an der Wand wurde der Putz mehrfach gekittet, ohne jedoch neu zu streichen. ❷

Amir Kabir Hotel, Ayatollah Araki Blvd., neben dem Sanat Sq., ✆ 086-3312 4061, 💻 www.hotelamirkabir.ir. Topmodernes 5-Sterne-Haus mit Zimmern in verschiedenen Kategorien, 5 Restaurants, großem Konferenzbereich und Saal für Hochzeiten. Der Hotelkomplex liegt am Stadtrand, ist aber eine gute Wahl für alle, die am nächsten Tag weiterreisen wollen. ❹

Zagros Hotel, Shahid Qoddusi St., ✆ 086-3221 2222, 💻 www.hotelzagros.com. Das moderne 4-Sterne-Haus verfügt über gemütliche Zimmer, allerdings gibt es einige ohne (!) Fenster. Gute zentrale Lage und in unmittelbarer Nähe von mehreren Restaurants und Cafés. ❸

ESSEN

Easy Dizi Restaurant, Shariati St., ✆ 086-3222 2288. Nett eingerichtet, man sitzt auf traditionellen Podesten. Hier bekommt man das beste *dizi* der Stadt. Neben diversen Sorten dieses schmackhaften Eintopfes (normal, fettarm, scharf oder mit *kashk*) stehen weitere traditionelle Gerichte (z. B. *kufte* oder *beryuni*) auf dem Speiseplan. Wer mag, kann sich auch am Salatbuffet bedienen. 120 000–200 000 IRR. ⌚ tgl. 11–21 Uhr.

TRANSPORT

Busse

Der **Busbahnhof** (Terminal-e Otobus-e Arak) befindet sich am südlichen Stadtrand, südlich des Sanat Sq.

ESFAHAN (280 km, 4 Std.), 6x tgl.
morgens bis nachmittags für 230 000 IRR, VIP für 300 000 IRR.
KERMANSHAH (300 km, 4 1/2 Std.), 2x tgl.
morgens und nachmittags für 330 000 IRR, VIP für 420 000 IRR.
QOM (130 km, 1 1/2 Std.), mehrmals tgl.
für 100 000 IRR, VIP für 130 000 IRR.
SHIRAZ (755 km, 9 1/2 Std.), 1x tgl.
abends VIP für 790 000 IRR.
TEHERAN (275 km, 3 1/2 Std.), mehrmals tgl.
für 200 000 IRR, VIP für 300 000 IRR.

Eisenbahn

Der **Bahnhof** (Rah' Ahan-e Arak) befindet sich am Rah' Ahan Sq. südlich der Shariati Ave. Arak ist Zwischenstopp für Zugverbindungen nach Lorestan und Khuzestan im Süden.

AHVAZ (545 km, 11 Std.), 3x tgl. abends
für 500 000 IRR im 4er-Abteil.
ANDIMESHK (395 km, 9 Std.), 3x tgl. abends
für 420 000 IRR im 4er-Abteil.
DORUD (135 km, 4 Std.), 2x tgl. abends
für 280 000 IRR im 4er-Abteil.
TEHERAN (275 km, 5 1/2 Std.), 4x tgl. abends
für 380 000 IRR im 4er-Abteil.

SURREALE HÜGELLANDSCHAFT DER TURKMENSAHRA BEI KHALED NABI; © PRISKA SEISENBACHER

Der Nordosten

Viele lassen den Nordosten links liegen, dabei jagt hier ein Superlativ den nächsten, ob es sich nun um die älteste Moschee (Damghan), den höchsten Berg (Damavand) oder die heiligste schiitische Pilgerstätte des Landes (Mashhad) handelt. Dass Iran auch in Sachen Natur einiges zu bieten hat, zeigen das Elburz-Gebirge sowie die Naturschutzgebiete an der Küste des Kaspischen Meeres, in der Wüste Dasht-e Kavir und in den Wäldern Golestans.

Stefan Loose Traveltipps

13 **Damavand** Aufstieg auf einen erloschenen Vulkan und den mit 5671 m höchsten Berg Irans. S. 412

14 **Badab-e Surt** Die Farben und Formen der weltweit seltenen Sinterterrassen sind berauschend. S. 414

Mashhad Mit den Pilgerscharen durch die Höfe des Imam-Reza-Heiligtums schreiten. S. 426

Nashtifan Die einzigartigen persischen Windmühlen Khorasans. S. 434

15 **Khaled Nabi** Über die Berglandschaft der Turkmensahra blicken und bizarre Skulpturen eines vorislamischen Friedhofs entdecken. S. 444

SCHMUCK AUS TÜRKISEN IN NISHAPUR; © PRISKA SEISENBACHER

DIE MASJED-E IMAM IN SEMNAN; © PRISKA SEISENBACHER

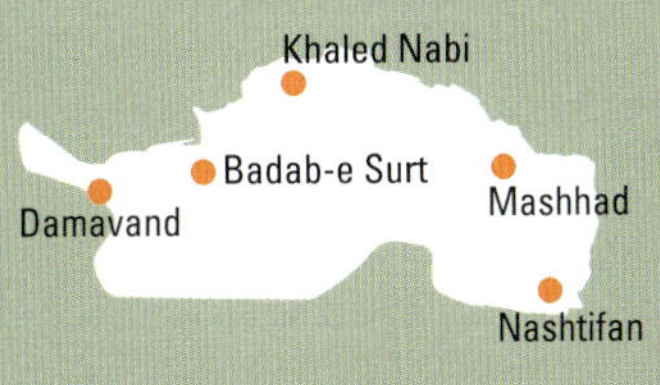

Wann fahren? Ganzjährig möglich, den Winter wegen Kälte und Schneefall aber besser meiden

Wie lange? 2 Wochen

Bekannt für Imam-Reza-Heiligtum in Mashhad, das Kaspische Meer, den Damavand und Nationalparks

Outdoor-Tipp Den Alam Kuh von Kelardasht aus besteigen

Unbedingt probieren Majoon, Dattel-Milchshake mit gerösteten Nüssen, Eiscreme und Honig

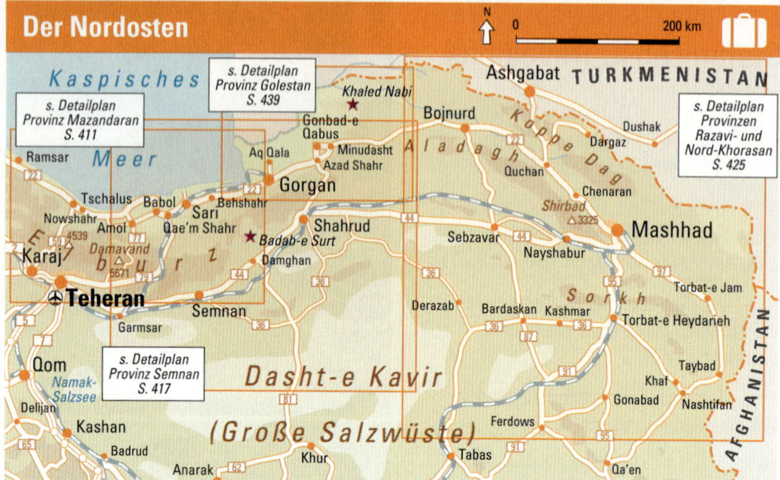

Zugegeben, die Dichte von Sehenswürdigkeiten ist im Nordosten nicht so groß wie in anderen Landesteilen. Aber wer die teils langen Strecken auf sich nimmt, wird beim Blick über die surreal schöne Hügellandschaft der **Turkmensahra** an der Grenze zu Turkmenistan oder über die farbenprächtigen Sinterterrassen von **Badab-e Surt** reich belohnt. Die Provinzen **Mazandaran**, **Semnan**, **Golestan**, **Nord**- und **Razavi-Khorasan** umfassen hohe Gebirgsketten wie den **Elburz** mit dem höchsten Berg des Landes, dem Damavand, aber auch die feuchte, fruchtbare Tiefebene nahe dem **Kaspischen Meer**, karge Steppenlandschaften und die unerbittlich trockene Wüste **Dasht-e Kavir**.

Die historische Region Khorasan war von immenser Bedeutung für die wissenschaftliche und kulturelle Blüte der mittelalterlichen islamischen Welt, doch Reisende berauscht vor allem die Natur. Nationalparks und Naturschutzgebiete bieten, sofern im Vorfeld die notwendigen Permits organisiert werden, die Möglichkeit, die Flora und Fauna der dichten Wälder Golestans, der kaspischen Küstenregion und der trockenen Dasht-e Kavir zu entdecken.

Reisende folgen auf dem Highway von Teheran nach **Mashhad** exakt den Spuren einer der Hauptrouten der alten Seidenstraße und staunen in der zweitgrößten Stadt des Landes angesichts der gewaltigen Ausmaße des Imam-Reza-Heiligtums. Während südlich von Mashhad die kulturellen Übergänge zum nahen Afghanistan fließend zu sein scheinen, taucht man in der Provinz Golestan wie selbstverständlich in die Kultur der dort lebenden Minderheit der Turkmenen ein.

Der Nordosten macht es Reisenden mit langwierigen An- und Abreisen, Permits und einer mäßigen Auswahl an reizvollen Unterkünften und Restaurants nicht immer leicht, zeigt aber einmal mehr, wie unglaublich bunt und vielseitig dieses Land ist.

Provinz Mazandaran

Mit seinen üppigen grünen Wäldern, dem mächtigen Elburz-Gebirge und der Küste des Kaspischen Meeres ist die Provinz längst zum Rückzugsort für Großstädter geworden, die auf Abstand zur verpesteten Luft und tristen Betonwüste Teherans gehen. Der Kontrast zur Megacity und den südlich angrenzenden Provinzen könnte nicht größer sein, wird doch in Mazandaran wegen des feuchten Klimas sogar Reis angebaut. Möglich macht das einzig und allein das **Elburz-Gebirge**, das den lang gezogenen

Landstreifen von der trockenen Landesmitte abschirmt. Während man der Sonne in den meisten anderen Landesteilen nur schwer entgeht, hängen hier auch im Sommer oft dichte und tiefe Nebelschwaden.

Die Städte der Provinz sind mehrheitlich gesichtslose Aneinanderreihungen von lieblosen Betonhäusern und bieten nichts, was Reisende länger halten würde. Auch **Sari**, die Provinzhauptstadt, ist da keine Ausnahme. Der Tourismus, nämlich der inländische, spielt in der Provinz dennoch eine große Rolle. So finden sich entlang der Küste des **Kaspischen Meeres** dicht an dicht Hotels und Apartments zu meist überteuerten Preisen.

Eine Reise nach Mazandaran lohnt vor allem wegen landschaftlicher Besonderheiten. Da wäre zum einen die majestätische Krönung des Elburz-Gebirges: Der erloschene Vulkan **Damavand** ist mit 5671 m der höchste Berg des Landes und kann bestiegen werden (s. Tour S. 412). Angebote für Trekkingtouren gibt es zur Genüge. Zum anderen birgt Mazandaran ein Naturphänomen, das weltweit nur selten vorkommt: die Sinterterrassen von **Badab-e Surt**.

Über den Elburz ans Kaspische Meer

Um die natürliche Barriere des Elburz hinter sich zu lassen und zu den feuchten Wäldern und der flachen Küstenebene Mazandarans vorzudringen, gibt es drei Möglichkeiten. Die östlich von Teheran gelegene **Straße nach Amol** führt direkt am Damavand vorbei. Noch breiter ist die östlichere **Straße über Firuzkuh und Sirab nach Sari**. Der direkteste Weg von Teheran führt allerdings an der westlich gelegenen Stadt Karaj vorbei durch die Berge nach Tschalus. Die **Tschalus-Straße** gilt als eine der schönsten, aber auch als die gefährlichste Straße des Landes. Die asphaltierte Bergstraße fordert immer wieder viele Verkehrstote. Das hohe Verkehrsaufkommen, unübersichtliche Kurven und der halsbrecherische iranische Fahrstil ergeben zusammen ein hohes Gefahrenpotential, das nicht unterschätzt werden sollte. Andererseits lässt sich nicht abstreiten, dass diese Straße landschaftlich unglaublich reizvoll und abwechslungsreich ist.

Kelardasht

Das Tal ist über eine Abzweigung der Straße nach Tschalus erreichbar und hat sich längst zu einem beliebten Ausflugsziel für Teheraner entwickelt. Hier finden sich mehrere Dutzend Dörfer. Die gleichnamige Stadt mit rund 5000 Einwohnern ist mit ihren bunten Blechdächern und Betonhäusern nicht gerade hübsch. Was die Architektur hier nicht vermag, macht aber die Natur wieder gut. Sofern einem der Nebel kein Schnippchen schlägt, eröffnet sich ein unverstellter Blick auf die saftig grünen Wälder und Weiden des Tals und die hohen, oft schneebedeckten Berghänge. Vor allem der mächtige **Alam Kuh** mit seinen rund 4800 m fällt ins Auge. Eine Bergidylle wenige Kilometer von der Megacity entfernt also und eine tolle Möglichkeit, Iran von einer ganz anderen Seite kennenzulernen.

Auf halbem Weg nach Kelardasht findet sich die Siedlung **Kaleno** mit der Abzweigung zum **Valasht-See**. Von Kaleno sind es rund 11 km, zum Teil nicht asphaltiert, bis zum See – ein netter Ausflug, aber kein Muss.

ÜBERNACHTUNG UND ESSEN

€ Am südwestlichen Ende des Tals liegt Rudbarak. Hier werden günstig **private Häuser** vermietet – einfach herumfragen.

Arash Restaurant, Hasankeif Sq., Kelardasht, ✆ 011-3262 8312. Neben der üblichen Auswahl an persischen Gerichten gibt es v. a. frischen Fisch. 🕒 tgl. 11–15.30 und 19.30–22 Uhr.

Maral Hotel, Kelardasht-Rudbarak Rd., 300 m westlich des Hassankeif Sq., Kelardasht, ✆ 011-5262 1130. Einwandfreie Zimmer mit bequemen Betten und teilweise Balkon. Beliebt für diverse Feiern, dann kann es schon mal lauter werden. ❷

Tavakol Hotel, Imam Khomeini St., nahe dem Krankenhaus im östlichen Teil von Kelardasht, ✆ 011-5264 6895. Stellt einfache, aber nette Apartments für 2 bis 4 Personen mit Küche bereit. Keine Englischkenntnisse, Voranmeldung notwendig. ❷

TOUREN UND AKTIVITÄTEN

Das Tal eignet sich vor allem für Bergtouren. Viele der umliegenden Gipfel ragen über 4000 m in die Höhe. Südwestlich von Kelardasht, kurz vor der Verengung des Tals, liegt die Siedlung **Rudbarak**. Von dort starten die meisten **Trekkingtouren**, u. a. zum Alam Kuh.

Mountaineering Federation, Tohid St., Rudbarak, ✆ 011-3264 2626, 0935-486 4066, 💻 http://msfi.ir. Beste Anlaufstelle für Trekkingtouren. Es sind Bergkarten und massig Infos zu diversen Routen erhältlich. Organisiert werden regelmäßig Besteigungen des Alam Kuh oder des benachbarten Takht-e Soleiman. Für Ersteren ist neben den Tourkosten auch eine Besteigungsgebühr von rund 1 Mio. IRR zu entrichten.

Iranian Mountain Guides, ✆ 0912-190 2326, 021-4487 0132, 💻 http://mountainguide.ir. Hervorragender Ansprechpartner für allerlei Bergtouren im ganzen Land, aber natürlich auch im Elburz-Gebirge.

TRANSPORT

Savaris nach TSCHALUS (80 000 IRR, ca. 1 Std.) fahren rund 3 km östlich des Hasankeif Sq. bei einem leicht zu übersehenden Garten ab. Dort finden sich auch *savaris* nach TEHERAN (520 000 IRR, rund 4 Std.). Die Häufigkeit hängt von der Saison ab, aber es bestehen das ganze Jahr über tgl. Verbindungen.

Busse

In der Nähe der Abfahrtsstelle der *savaris* befindet sich auch ein kleiner Busbahnhof. Nach Teheran (195 km, 5 Std.) 2x tgl. morgens und nachmittags für 320 000 IRR.

Ramsar und Umgebung

Der bekannteste iranische Küsten- und Badeort am Kaspischen Meer ist Ramsar. Im 20. Jh. hielt an der Küste und vor allem in Ramsar das Jetset-Leben Einzug und verdrängte Fischerdörfer zugunsten von Ferienvillen, Casinos und Strandpromenaden. Vor allem Angehörige der Schah-Familie lebten und feierten hier in Saus und Braus. Der Ruf als Küste der Reichen und Schönen hallt bis heute nach, ändert aber nichts daran, dass hier wenig Schönes zu finden ist.

Die Ferien- und Strandorte, die sich bei Iranern unglaublicher Beliebtheit erfreuen und alles andere als billige Urlaubsziele sind, können ausländische Gäste meist nicht überzeugen. Die lieblos aneinandergereihten Häuser und Hotels üben keinen besonderen Reiz aus, und das Wasser ist oft trüb. Dazu kommen Freizeitparks, Einkaufszentren und der Umstand, dass Frauen nur in abgetrennten Bereichen schwimmen gehen dürfen. Selbst im inländischen Vergleich können die Strände von Ramsar nicht mit den idyllischen Buchten der Insel Hormuz im Persischen Golf mithalten.

Umweltschützern ist Ramsar ein Begriff, weil hier in den 1970er-Jahren das internationale Abkommen zum Schutz der weltweiten Feuchtgebiete unterzeichnet wurde (S. 97).

Ein Relikt des dekadenten Monarchenlebens ist der **Kakh-e Marmar**, der Marmorpalast in der Rajaei St. Er stammt aus der ersten Hälfte des 20. Jhs. und wurde als Sommerpalast des Pahlavi-Regenten Schah Reza genutzt. Die königliche Affinität zu allem Westlichen ist vorwiegend am Mobiliar aus Frankreich zu erkennen. Die Innenausstattung erinnert an ein europäisches Schlösschen und umfasst Skurriles wie Stühle mit Stierhörnern und bemalte Gepardenstatuen. 🕒 tgl. 9–18 Uhr, 150 000 IRR.

Ramsar verfügt auch über eine **Seilbahn** (300 000 IRR einfach), die zu den grünen und bewaldeten Hügeln des Hinterlands der Küstenstadt führt. Die Station befindet sich an der Ramsar-Rudsar Rd. im äußersten Westen der Stadt, gegenüber einem Freizeitpark. Von oben bietet sich ein schöner Blick aufs Meer.

Von Ramsar führt eine Straße rund 25 km in das Hinterland Richtung Elburz-Gebirge. Eingerahmt von hohen Berghängen, die nicht selten mit Schnee bedeckt sind, liegt die Siedlung **Javaherdeh**. Wer sich ein idyllisches Bergdorf ausmalt, erwartet zu viel. Die vielen roten Blechdächer und schmucklosen Häuser ergeben nicht gerade ein harmonisches Gesamtbild, aber die Bergkulisse ist allemal sehenswert. Im Sommer verspricht die auf rund 2000 m gelegene Siedlung Abkühlung.

ÜBERNACHTUNG

Bam-e Sabz Ramsar Forest Resort, in Ramsar, ✆ 011-5526 6519, 🖳 www.telecabinramsar.com. Die modernen und bequemen Kabinen sind für 2–4 Personen ausgelegt und nur über die Seilbahn erreichbar. Von dort gehen viele Wanderwege ab und man hat einen herrlichen Blick aufs Meer. Ein Restaurant ist bei der Anlage dabei, aber mit Hauptgerichten ab 250 000 IRR nicht billig. WLAN. Zweier-Kabine ❷

Gileboom Ecolodge, Abrisham Alley 1, in Qasemabad Sofla, 16 km nordwestlich von Ramsar in der Provinz Gilan, ✆ 0919-639 6185, 🖳 www.gileboom.ir. Dieses lieblich eingerichtete Gästehaus bietet Matratzen auf dem Boden für 800 000 IRR p. P., aber auch Privatzimmer mit Betten. Die Betreiber stammen aus Teheran und legen viel Wert auf soziale und ökologische Nachhaltigkeit. Sie pflegen eine enge Zusammenarbeit mit den Leuten vor Ort. Regionales Kunsthandwerk wird ausgestellt, und es werden Workshops organisiert, außerdem Trekkingtouren und die Teilnahme an der Tee- oder Reisernte. Die Zutaten für die hervorragende Hausmannskost kommen aus rein biologischem Anbau. ❷

Javaher Motel, auch Jewel Motel genannt, in Javaherdeh, ✆ 011-5533 2031, 0911-191 1892, 🖳 www.en.ramsarjavaherhotel.ir. Kleine Apartment-Häuschen für 2–5 Personen, einfach, aber solide ausgestattet. ❶

ESSEN

Dustan Restaurant, Siahkalrood-Mazandaran Rd., Ramsar, rund 550 m südöstlich der Brücke über den Fluss Safarud. An der Straße finden sich mehrere Läden abseits der teueren Restaurants entlang der Küste. Gute, regionale Küche zu vernünftigen Preisen, dafür ohne besonderes Flair. ⏱ tgl. 11–23 Uhr.

Keshti Restaurant, Siahkalrood-Mazandaran Rd., Ramsar, ✆ 011-5525 7343. Ein Restaurant in Form eines Schiffes wirkt zwangsläufig skurril, ist aber auch schwierig zu übersehen. Serviert wird traditionelle und regionale Kost, darunter frischer Fisch. Hauptgerichte ab 200 000 IRR. ⏱ tgl. 11–23 Uhr.

TOUREN UND AKTIVITÄTEN

Wer sich für die Tee- und Reisernte interessiert oder aus einem breiten Angebot an Trekking-

13 HIGHLIGHT

Trekkingtour auf den Damavand

- **Ausgangspunkt:** Polur (2250 m), 90 km östlich von Teheran, Taxi von Teheran für 2 Mio. IRR.
- **Dauer:** 5 Tage inkl. 1 Tag Akklimatisierung
- **Schwierigkeitsgrad:** Die Südroute ist technisch einfach (keine Klettererfahrung notwendig), physisch aber wegen der großen Höhenunterschiede schwierig.
- **Reisezeit**: Mitte Juni bis Mitte Sep für Sommertreks, am besten Juli und Aug, wenn alle Wege schneefrei sind und das Wetter am stabilsten ist. Anfänger sollten unbedingt diese Hochsaison wählen, auch wenn dann mehr Betrieb ist. Lieber das iranische Wochenende von Do auf Fr meiden. Von Dez bis April sind herausfordernde Skibergtouren möglich.
- **Unterkunft**: Eine Nacht im Camp 1 in Polur, ✆ 011-4334 2802, kostet rund 1 Mio. IRR im 6-Bett-Zimmer. Die Schlafsäle des zweiten und dritten Camps sind heruntergekommen und nicht zu empfehlen, in der Hochsaison auch überfüllt. Verlass ist auf das eigene Zelt.
- **Bergführerin**: Mina Ghorbani, ✆ 0912-466 2188, ✉ redshot.camera@gmail.com, minamonte guide. Erfahren, jung und unglaublich engagiert – tolle Ansprechpartnerin für Bergtouren im ganzen Land.
- **Weitere Infos**: www.damawand.de

Auch im Frühsommer ist der Gipfel des Damavands oft noch mit Schnee bedeckt. Bei klarer Sicht lässt sich der einsame Berg und erloschene Vulkan mit seiner perfekten Kegelform auch von Teheran erkennen. Nebelschwaden und Wolken verhindern das aber oft. Es gibt 16 Routen, die auf den Damavand hinaufführen, die hier vorgestellte ist die beliebte und technisch einfachste **Südroute**. Sie beginnt in Polur, wo sich das Camp 1 (Polur Resort) findet, geführt von der Iran Mountain Climbing Federation. Dort muss man das **Permit** für US$50 zur Besteigung erwerben.

Die Route

1. Tag: Die Moschee von Gosfandsara, wo das Damavand Base Camp angesiedelt ist, liegt auf 3040 m und wird per Jeep erreicht (1–2 Std.). Hier kann man Lasttiere mieten.

2. Tag: Zu Fuß geht's in 3 Std. zur zweiten Station, dem Camp 3 namens Bargah Sevom auf 4200 m.

3. Tag: Zwecks Akklimatisierung lieber in der Umgebung bleiben.

4. Tag: Die letzte Etappe führt in ca. 6 Std. auf den Gipfel. Schwefeldämpfe des erloschenen Vulkans sind ab 5200 m bemerkbar. Berücksichtigt man den folgenden Abstieg zum Camp 3, müssen für diesen Tag 10 Std. Gehzeit einkalkuliert werden.

5. Tag: Für den Abstieg bis zum Camp 1 nach Polur sind 5–6 Std. einzukalkulieren.

touren in der näheren Umgebung auswählen will, wendet sich am besten an die **Gileboom Ecolodge**.

Mahdi, ✆ 0911-144 1442, ✉ infl20290@gmail.com, ist ein Englisch sprechender Fahrer und Guide für Mazandaran.

TRANSPORT

Savaris gen Westen starten vom Imam Khomeini Sq. und gen Osten vom Basij Sq. Wer nach Tschalus möchte, muss in Tonekabon umsteigen.

Ein **Taxi** von Ramsar nach Javaherdeh kostet 600 000 IRR, für die Rückfahrt wird oft mehr verlangt, am besten Gesamtpreis für hin und zurück aushandeln.

Sari und Umgebung

Die Provinzhauptstadt an sich ist kaum der Rede wert, dient aber als Verkehrsknotenpunkt für die Umgebung und kann als Basislager für Touren nach Badab-e Surt oder ins Naturschutzgebiet Miankaleh genutzt werden.

Sari

Der Sa'at Sq. mit dem **Uhrturm** aus der Pahlavi-Zeit unter der Regentschaft von Reza Schah ist nicht zu verfehlen. Von dort sind es rund 400 m gen Westen zu zwei nennenswerten Grabtürmen: dem **Imamzadeh Soltan Zayn al-Abidin** und dem **Imamzadeh Yahya**. In Letzterem liegt ein Sohn des siebten Imams begraben. Beide Heiligtümer stammen aus dem 15. Jh.

Der **Bazar** befindet sich unmittelbar südlich des Sa'at Sq. Interessant ist aber vor allem das **Khaneh-ye Kolbadi** wenige Meter südöstlich des Kreisverkehrs, über die Enghelab St. und die Ab Anbar Nu St. zu erreichen. Es ist eines der wenigen Zeugnisse qadjarischer Häuser in der Stadt und wurde sorgfältig renoviert. Heute sind darin ein Museum über die Geschichte der Stadt und regionales Kunsthandwerk untergebracht. ◷ Sa–Do 8–14 Uhr, 100 000 IRR.

Ein dritter Grabturm aus dem 15. Jh. findet sich auf der anderen Flussseite. Nach der Überquerung der Tajan-Brücke folgt man dem Imam Reza Blvd. weitere 800 m gen Osten und biegt dann links auf die Imamzadeh Abbas St. ab, von dort sind es noch 400 m zum **Imamzadeh Abbas**.

Eisenbahnstrecke über Pol-e Veresk

Sari ist der nördliche Endpunkt einer spektakulären Eisenbahnstrecke, die über die Elburz-Bergkämme nach Garmsar und Teheran führt. So malerisch die Fahrt durch die Berge bis zum kaspischen Tiefland in Sari auch ist, so schwierig war der Bau dieser Eisenbahnstrecke. 1937 wurde nahe dem Ort **Pol-e Veresk** die gleichnnamige Brücke fertiggestellt. Mit rund 120 m war sie damals die höchste Eisenbahnbrücke der Welt. Wer etwas von der Fahrt haben will, sollte einen Zug reservieren, der tagsüber verkehrt – aufgrund der wenigen Abfahrten gar keine leichte Angelegenheit. Am besten lässt sich die Eisenbahnstrecke auf einer Fahrt vormittags von Garmsar (S. 419) nach Sari erleben.

Khazarabad

Einst führte die safawidische Königsstraße von Esfahan über Kashan nach Sari und weitere 25 km nördlich bis nach Farahabad, heute Khazarabad genannt. Am nördlichsten Punkt der königlichen Straße errichtete Schah Abbas I. in unmittelbarer Strandnähe einen **Palast**, in dem er auch gestorben sein soll. Von dem Komplex ist heute wenig übrig, nur eine Vier-Iwan-Moschee ist auf dem Palastgelände noch relativ gut erhalten geblieben. ◷ tgl. 10–16 Uhr, 100 000 IRR.

Eine einfache Fahrt mit dem Taxi nach Khazarabad kostet rund 1 Mio. IRR.

Naturschutzgebiet Miankaleh

Am nordöstlichen Ende der Provinz findet sich die Halbinsel Miankaleh – ein Paradies für Zugvögel und Reisende, die sie beobachten möchten. Obwohl sich hier zu Spitzenzeiten über 200 verschiedene Arten tummeln, darunter auch Flamingoschwärme, wird das Gebiet kaum besucht. Die Zugvögel nutzen die abgelegene Halbinsel als Stopp auf ihrer Reise gen Süden. Vor allem im Herbst und Winter sind sie hier anzutreffen. Das **Biosphärenreservat** unterliegt strengen Schutzauflagen, ein Besuch muss im Vorfeld organisiert werden. Ausgangspunkt für Touren ist die rund 45 km von Sari entfernte Ortschaft Zaqmarz.

14 HIGHLIGHT

Badab-e Surt

Das Naturphänomen ist nahe der kleinen und rund 120 km südöstlich von Sari gelegenen Siedlung **Orost** zu finden. Von dort sind es nochmals 11 km gen Osten. Ein kleiner Feldweg führt 1,4 km vom Parkplatz den Berg hinauf zu den **Sinterbecken**, wobei sich von der Straße aus noch rein gar nichts von ihrer Schönheit erkennen lässt. Sinterterrassen in dieser Pracht sind eine recht seltene Angelegenheit. Zu verdanken sind sie dem kalkhaltigen Wasser, das hier über Jahrtausende hinweg den Berg hinabgeronnen ist.

Gleich zwei warme Mineralquellen entspringen dem Berg. Die rötlichen Farbtöne am Boden lassen sich vor allem auf die großen Eisenoxidablagerungen zurückführen. Dass Iraner im großen Wasserbecken neben den Terrassen gerne mal ein Bad nehmen, hat damit zu tun, dass das Wasser Rheumabeschwerden heilen soll. Auch dem Schlamm werden wohltuende Eigenschaften nachgesagt. Deswegen werden Hände und Arme damit beschmiert. Zuweilen wird er in Plastikflaschen gepackt und mitgenommen. Je nach Tages- und Jahreszeit erstrahlt das Schauspiel in anderen Farben.

Der Schutz der Becken wird leider nicht so genau genommen. Viele Besucher trampeln ohne Rücksicht auf Verluste hinein. Die Wächter, die das eigentlich verhindern sollten, greifen nicht immer ein. So wird in kürzester Zeit zerstört, was die Natur über Jahrtausende geschaffen hat – und das für ein paar Fotos.

Für Erfrischung sorgt ein kleiner provisorischer Laden, wo Einheimische je nach Wetterlage süßen Blütensirup oder Tee und Suppe verkaufen. Die Leute, die hier und auf dem Parkplatz unten arbeiten, mögen zunächst etwas aufdringlich wirken – besonders, wenn nicht viel los ist. Sie sind einfach froh über jedes bisschen Geld, das sie dazuverdienen können. Eintritt wird keiner verlangt. Da können einem der Parkplatz oder der Blütensirup schon etwas Kleingeld wert sein.

Von Sari fahren *savaris* in das nahe Orost, von dort geht es mit dem Taxi nach Badab-e Surt. Alternativ kann man mit dem Taxi von Semnan oder Damghan (S. 420) anreisen. Ein **Taxi** von Sari nach Badab-e Surt kostet 1,7 Mio. IRR.

ÜBERNACHTUNG

Asram Hotel, Valiasr Highway, Sari, ✆ 011-3325 5090, ✉ asramco@gmail.com. Stolze Preise für ausländische Gäste, trotzdem schlechter Service und kein Englisch. Die schlichten Doppelzimmer an sich sind in Ordnung, kosten aber 55 € die Nacht.

Badeleh Hotel, Imam Reza Blvd., rund 15 km außerhalb des Stadtzentrums von Sari, ✆ 011-3388 4497, 💻 www.hotelbadeleh.ir. Bemühtes Personal, alle erdenklichen Einrichtungen von Indoorpool und Fitnessräumen bis zum hauseigenen Privatstrand (Shuttle-Service wird organisiert). Die Zimmer sind einwandfrei und verfügen über bequeme Betten. Immer noch die beste Wahl in der Gegend. ❸

€ Rund um Badab-e Surt und vor allem in der Ortschaft Orost können günstig private Häuser gemietet werden. **Shaaban-Ali Bagheri**, ✆ 0911-776 0190, aus Orost stellt einen Kontakt zu Familien her, die ihre Häuser oder Teile davon vermieten – meist für nur 500 000 IRR die Nacht. Man kann aber auch ganz einfach bei den Einheimischen, die bei den Sinterterrassen arbeiten, nach einer Unterkunft fragen und wird schnell in eines der Privathäuser in den umliegenden Dörfern geführt.

ESSEN

Konj Cafe, im Bozorgmehr Building an der Sadi St., Kreuzung Darab Blvd., Sari, ✆ 011-3330 3881, cafe_konj. Modernes Ambiente, neben Kaffee und Kuchen auch Pasta und Salate. ⌚ tgl. 10–24 Uhr.

Noosh Cafe, Peyvan St. 10, in der Nähe der Farhang St., in Sari, ✆ 0919-412 2260, cafenoosh. Ein bemühtes Team sorgt für heimelige Atmosphäre. Serviert wird neben Kaffee v. a. Pizza und Pasta. ⌚ tgl. 11–24 Uhr.

Shan Restaurant, Peyvandi St., gegenüber Park-e Payvandi, in Sari, ✆ 011-3311 7706. Verschiedene Sandwiches und Gegrilltes. ⌚ tgl. 11–23 Uhr.

Die farbenprächtigen Sinterterrassen von Badab-e Surt

TOUREN

Will man eine ein- oder besser zweitägige **Tour nach Miankaleh** unternehmen, kommt man an der regionalen Organisation Dideban-e Miankaleh und ihrem Gründer Hor Mansuri nicht vorbei. 2 Tage mit Transport, Unterkunft und Tour kosten je nach Gruppengröße 50–100 € p. P. Hor Mansuri bietet auch ein einfaches Gästehaus in Zeynavand nahe Zaqmarz an, ✆ 0911-154 8985, ✉ erfan-green@yahoo.com. Er stellt einfache Zimmer mit Betten und Verpflegung bereit.
Eine Alternative zum westlichen Landweg nach Miankaleh ist eine **Bootstour** über Bandar-e Torkaman (S. 443) in der Provinz Golestan.

SONSTIGES

Informationen

An der Jam-e-Jam St., nahe dem Imam Khomeini Sq., ist eine **Touristeninformation**, ✆ 011-3339 1001, ⌚ Sa–Do 9–16 Uhr.

Post

Postamt, Enghelab St., nahe Shahrdari Sq. ⌚ Sa–Do 8–14 Uhr.

Reisebüros

Setareh Farhang Travel Agency, östlich des Shahrdari Sq., ✆ 011-3320 0202, 0911-151 5105, ✉ info.yaghoubian@gmail.com, Sa–Do 9–19 Uhr.

Visaverlängerungen

Visaverlängerung im **Immigration & Passport Office** am Imam Sq., 150 m westlich des Pasdaran Blvd., ⌚ Sa–Do 9–14 Uhr.

TRANSPORT

Busse

Busbahnhof Dowlat (Terminal-e Otobus Dowlat) an der Vali Asr St., rund 700 m südöstlich der Siahkalrood-Mazandaran Rd.
MASHHAD (700 km, 8 Std.), mehrmals tgl. nachmittags für 350 000 IRR, VIP für 610 000 IRR.
RASHT (365 km, 4 Std.), 3x tgl. nachmittags für 250 000 IRR.
TABRIZ (866 km, 9 1/2 Std.), 3x tgl. nachmittags VIP für 820 000 IRR.
TEHERAN (250 km, 4 Std.), mehrmals tgl. vormittags bis abends für 200 000 IRR, VIP für 350 000 IRR.

Savaris und Minibusse

Savaris nach OROST (nahe Badab-e Surt) fahren 1x tgl. morgens vom Semnan Terminal an der Westseite des Keshavarz Blvd. ab, rund 1 km südlich des Bahnhofs.
Savaris und Minibusse nach DAMGHAN starten 2x tgl. ebenfalls vom Semnan Terminal für 250 000 IRR.
Savaris nach GORGAN für 150 000 IRR und GONBAD-E QABUS für 250 000 IRR verkehren vom Imam Reza Blvd., 1,5 km östlich des Flusses und der Tajan-Brücke.

Eisenbahn

Der **Bahnhof** liegt im südlichen Stadtzentrum.
GARMSAR (271 km, 6 Std.), 1x tgl. abends für 180 000 IRR.
GORGAN (131 km, 3 1/2 Std.), 2x tgl. morgens und abends für 170 000 IRR.
TEHERAN (250 km, 7 1/2 Std.), 2x tgl. abends für 277 000 IRR.

Flüge

Der **Flughafen** liegt 23 km nordöstlich der Stadt.
MASHHAD (1–4 tgl., 1 1/2 Std.) mit ATA Airlines, Iran Air, Iran Airtour, Iran Aseman Airlines, Kish Air und Mahan Air.
TEHERAN (1–3x tgl., 1/2 Std.) mit Iran Air und Mahan Air.

Provinz Semnan

Viele passieren die Provinz auf ihrem Weg nach Mashhad, ohne einen Stopp einzulegen. Tatsächlich bietet das dünn besiedelte Semnan auch nur wenig Sehenswertes. Die touristische Infrastruktur ist daher sehr bescheiden. Die dichter besiedelten Städte konzentrieren sich entlang des Highways gen Osten. Sie liegen hauptsächlich am Übergang zum Elburz-Gebirge im Norden und zur trockenen Wüstenebene der Dasht-e Kavir im Süden. Auch wenn Shahrud mehr Einwohner zählt, Provinzhauptstadt ist die historisch wesentlich bedeutendere Stadt **Semnan**.

Eine Reise in die Provinz Semnan führt zu frühislamischen Bauten und Zeugen des regen Handels der Seidenstraße – die **Karawanserei Miyandasht** ist von riesigen Ausmaßen. Vor allem bietet sich aber auch ein Ausflug zu den Sinterterrassen von **Badab-e Surt** (S. 414) an, auch wenn dieses Naturphänomen bereits in der Provinz Mazandaran liegt. Schließlich übt auch der **Khar-Turan-Nationalpark** in der Dasht-e Kavir eine besondere Faszination aus. Dort sind Wildtierbestände des Asiatischen Esels, aber auch die letzten Asiatischen Geparde zu Hause.

Wer selber fährt und dem Highway die wenig befahrenen Straßen durch die Dasht-e Kavir vorzieht, muss wissen, dass zwischen Semnan und der Siedlung Moalleman **militärische Sperrbezirke** liegen – es geht also nur am nördlichen Rand entlang.

Semnan und Umgebung

Die Provinzhauptstadt lag einst direkt an der Hauptroute der Seidenstraße zwischen Rey und Mashhad und konnte davon maßgeblich profitieren. Heute ist sie immer noch ein wichtiger Verkehrsknotenpunkt auf dem Weg gen Osten.

Vom Bazar zur Masjed-e Imam

Der Altstadtrundgang beginnt an der Shohada St. mit dem von den Qadjaren geprägten, weitgehend überkuppelten **Bazar**. Von dort zieht sich die Hauptgasse über mehrere hundert Meter gen Südosten, wo sie auf die Imam St. stößt.

Auf der gegenüberliegenden Straßenseite sind gleich zwei interessante Moscheen angesiedelt. Die westlichere von beiden ist die **Masjed-e Jameh**. Auch wenn Teile der Bausubstanz auf die Seldschuken verweisen, sind für die heutige Erscheinungsform in erster Linie die Timuriden des frühen 15. Jhs. verantwortlich. Von der seldschukischen Bauphase ist vor allem das an die 30 m hohe Minarett mit der charakteristischen Ziegelornamentik erhalten geblieben.

Die überdachte und mit Holzsäulen ausgestattete **Markthalle Takiyeh Pehneh** fungiert nicht nur als Verbindungsglied zur östlich gelegenen Masjed-e Imam, sondern beherbergt auch den **Hamam-e Pehneh**. In dem ehemaligen Badehaus aus dem 15. Jh. wurde ein kleines Anthropologiemuseum, auch Museum Hazrat genannt, eingerichtet. Abgesehen von den

Ausgrabungsstücken des Siedlungshügels Tepe Hissar (S. 420) ist die Ausstellung weniger spannend als die Räumlichkeit an sich. ⌚ Sa–Do 9–12, 15–18 Uhr, 100 000 IRR.

Besonders prunkvoll zeigt sich die **Masjed-e Imam**, auch als Masjed-e Soltani bekannt. Die vier Iwane sind über und über mit farbenprächtigen, glasierten Fliesen überzogen. Bäume und Sträucher begrünen den großzügigen Innenhof der Moschee, die erst im 19. Jh. unter Fath Ali Schah erbaut wurde. ⌚ tgl. 8–13, 17–19 Uhr.

Darwazeh-ye Arg

Unverkennbar und ein Wahrzeichen der Stadt ist das **Stadttor** am nördlichen Ende der Altstadt inmitten eines Kreisverkehrs zwischen der Sheikh Fazl-ol-Lah-e-Nur St. und der Talegani St. Der Vekehr stört den Gesamteindruck merklich. Das dreigeteilte Tor samt den bunten Fliesen entstand im 19. Jh. unter der Regentschaft der Qadjaren. Die größte Bildfläche über dem Durchgang des Tors zeigt den mythologischen König Rostam im Kampf mit dem Weißen Dämon.

Shahmirzad

Die Ortschaft ist bekannt für ihre weitläufigen **Walnussgärten** und gilt als Erholungsort. Nur 25 km nördlich von Semnan entfernt ist es hier auf rund 2000 m deutlich kühler, und selbst im Sommer weht eine frische Brise durch das Städtchen. Ein netter, ruhiger Ausgangspunkt für einen Ausflug nach **Badab-e Surt** (S. 414). Dafür biegt man kurz hinter Foulad Mahalleh links ab gen Kiyasar.

ÜBERNACHTUNG

€ **Farhangian**, Chashm St., Shahmirzad, am nördlichen Stadtrand, ✆ 023-3366 4114. Durch seine eigenwillige, runde Bauweise schwer zu übersehen. Die sehr schlichten Apartments mit Betten und Küchen sind eigentlich als Quartier für Lehrpersonal vorgesehen, werden aber auch an Reisende vermietet. ❶

Khane Gol Hotel, Sari Blvd., Shahmirzad, ✆ 023-3366 2710, 💻 www.khanegol.ir. Individuell eingerichtete Zimmer – jedes einer

anderen Blume gewidmet. Ein Ort, um die Zeit zu vergessen und auszuspannen, auch dank der hübschen Gartenanlage und dem guten Service. Es werden etliche Touren in die Umgebung angeboten, auch nach Badab-e Surt. ❷

Tourist Inn Hotel, Basij Blvd., an der Kreuzung zum Kashef Blvd., Semnan, ✆ 023-3344 1433. Solide, saubere Zimmer wie bei der iranischen Hotelkette üblich. ❷

ESSEN

Mashahir Restaurant, Qods St., westlich des Mashahir Sq., Semnan, ✆ 023-3334 6829. Der Hang zum Kitsch ist mit Blick auf die Einrichtung schwer zu übersehen. Die traditionell persische Küche ist aber hervorragend. Außerdem werden hier den ganzen Tag über Hauptgerichte serviert. ⌚ tgl. 7–24 Uhr.

€ **Tadayon Cafe**, Taleqani St., im Khaneh-ye Tadayon, Semnan, ✆ 023-3332 1097. In dem Familienbetrieb gibt es gute persische Hauptgerichte schon für unter 100 000 IRR. Richtig gut – nicht nur für Vegetarier – ist hier das Auberginengericht *mirza ghasemi*. Dazu kommen die schön renovierten Räume des qadjarischen Hauses. ⌚ tgl. 8–22 Uhr.

Zendegi Restaurant, Kohneh Dezh 13th Alley, Semnan, ✆ 0919-132 5438. Im wundervollen Ambiente der restaurierten qadjarischen Villa mit lauschigem Innenhof werden traditionelle persische Gerichte serviert. Auch in kleinen, separaten Räumen kann gegessen werden. Mehr als Kulturhaus gedacht und wegen der beschränkten Tischanzahl am Wochenede auch mal überfüllt. ⌚ tgl. 11–15, 19–23 Uhr.

SONSTIGES

Guides

Mojgan Sangi, ✆ 0935-547 3342, ✉ mojgan.sangi@gmail.com. Gute Ansprechpartnerin für Touren in der Stadt und der Provinz Semnan.

Informationen

Miras Semnan, Taleqani St., im Khaneh-ye Tadayon, ✆ 0231-330 0075, ✉ info@mirassemnan.ir. Das Kulturbüro hilft bei Fragen weiter, stellt Kunsthandwerk aus und verkauft Souvenirs. ⌚ Sa–Do 8–13.30 Uhr.

TRANSPORT

Busse

Der **Busbahnhof** (Terminal-e Otobus) findet sich südwestlich des Imam Hossein Sq. am westlichen Stadtrand.
GORGAN (335 km, 4 Std.), 2x tgl. morgens und nachmittags für 220 000 IRR.
SARI (200 km, 3 Std.), 4x tgl. vormittags bis nachmittags für 170 000 IRR.
TEHERAN (222 km, 3 Std.), mehrmals tgl. für 170 000 IRR.

Savaris und Minibusse

Minibusse nach DAMGHAN und SHAHRUD fahren vom Standard Sq. am östl. Ende der Stadt. *Savaris* sowie Minibusse gen Norden nach SHAHMIRZAD fahren merhmals tgl. vom Moalem Sq. ab.

Eisenbahn

Der **Bahnhof** liegt 3 km südlich des Zentrums.
TEHERAN (222 km, 3 Std.), mehrmals tgl. für 330 000 IRR, 250 000 IRR und 170 000 IRR.
MASHHAD (675 km, 10 Std.), mehrmals tgl. morgens bis nachmittags für 360 000 IRR und 850 000 IRR.

Taxis

Für ein privates Taxi nach BADAB-E SURT zahlt man rund 2 Mio. IRR.

Garmsar

Wer sich für die malerische **Eisenbahnstrecke** quer durch das Elburz-Gebirge über die spektakuläre Brücke von Veresk und bis nach Sari (S. 413) interessiert, ist hier richtig. Das Ticketoffice befindet sich am Bahnhof, ⌚ Sa–Do 8–13, 16–18, Fr 8–13 Uhr, 5 Std. Fahrzeit, 200 000 IRR.

In der Stadt selbst ist nur das **Muzeh-ye Aghvam** an der Faisali Hossein Alley von Interesse, ⌚ Di–So 8–16 Uhr, 100 000 IRR, und das vor allem, weil man hier eine Art Erlaubnis für den Besuch der in der Nähe gelegenen Salzminen arrangieren kann. Die Salzmine **Kuhdasht** befindet sich neben dem Qom-Garmsar Highway rund 20 km von Garmsar entfernt.

TRANSPORT

Busse und Savaris

Der kleine **Busbahnhof** liegt am Rah-Ahan Blvd. rund 2,4 km vom Zentrum entfernt.
Nach Teheran (120 km, 1 1/2 Std.) stdl. für 60 000 IRR.
Vom Busbahnhof fahren auch *savaris* nach Teheran für 120 000 IRR und nach SEMNAN (116 km, 1 1/2 Std.) für 110 000 IRR.

Eisenbahn

Der **Bahnhof**, ✆ 051-3420 0655, liegt an der Taheri St.
GORGAN (420 km, 7 Std.), 1x tgl. nachts für 380 000 IRR.
MASHHAD (790 km, 10 Std.), tgl. 1x vormittags und 2x nachmittags für 380 000 IRR, VIP für 720 000 IRR.
SARI (290 km, 5 Std.), 1x tgl. vormittags für 140 000 IRR.
TEHERAN (120 km, 1 1/2 Std.), merhmals tgl. vormittags bis abends für 50 000 IRR.

Damghan

In der wenig beachteten Stadt Damghan finden sich die ältesten erhaltenen frühislamischen Bauten des Landes. Als einstige Hauptstadt der Region Kumish und wichtiger Handelsknotenpunkt entlang der Seidenstraße ist Damghan von historischer Bedeutung. Am Stadtrand lassen sich heute noch die Überreste der aus dem 10. Jh. stammenden und von den Qadjaren renovierten Stadtmauer erkennen.

Masjed-e Tarikhaneh

Rund 500 m südöstlich des Imam Sq. kann die älteste noch erhaltene Moschee des Landes betreten werden. Im Wesentlichen geht sie auf die Mitte des 8. Jhs. zurück und weist mit ihren schlichten und schmucklosen Arkadengängen rund um den Innenhof und den massiven Rundsäulen der Gebetshalle Ähnlichkeiten zu frügharabischen Moscheen auf. Das mit farblosen Ornamenten versehene Ziegelminarett wurde erst zu Beginn des 11. Jhs. errichtet. ⌚ So–Fr 8–12, 15–18 Uhr, 150 000 IRR.

Masjed-e Jameh und Pir-e Alamdar

Rund 200 m östlich des Imam Sq. findet sich ein weiteres Beispiel frühislamischer Baukunst. Die heute zu sehende **Freitagsmoschee** wurde erst im 19. Jh. errichtet, aber das mit Ziegelornamenten versehene Minarett stammt aus seldschukischer Zeit um 1058 und ist an die 30 m hoch. Das türkis glasierte Inschriftenband ist das älteste erhaltene Beispiel dieser Technik, die in den folgenden Jahrhunderten für iranische Sakralbauten Standard wurde.

Weitere 150 m östlich liegt einer der ältesten Grabtürme dieser Art aus dem Jahr 1026. Zugang zum **Pir-e Alamdar** verschafft nur der Betreuer der Masjed-e Tarikhaneh, ✆ 0919-333 0393, Eintritt 100 000 IRR.

Tepe Hissar

Der prähistorische **Siedlungshügel** liegt rund 1 km östlich des Bahnhofs im Südosten der Stadt. Die erste nachgewiesene Besiedlung reicht 7000 Jahre zurück. Keramikfunde stammen teils aus dem 4. Jahrtausend v. Chr. und finden sich heute vor allem im Nationalmuseum in Teheran. Bei einem Besuch stolpern Reisende heute noch über jahrtausendealte Tonscherben.

Wenige Meter östlich wurde im Zuge der Ausgrabungen beim Tepe auch eine **sassanidische Festungs- oder Tempelanlage** aus dem 5. oder 6. Jh. n. Chr. freigelegt.

ÜBERNACHTUNG

Tourist Inn Hotel, Shomal Blvd., am nördlichen Rand des Mellat-Parks, ✆ 023-3524 2070. Einwandfreie Zimmer und ein angeschlossenes Restaurant – nichts Besonderes, aber völlig ausreichend. ❷

TOUREN

Auch von Damghan bietet sich ein Ausflug nach **Badab-e Surt** (S. 414) an. Ein Taxi sollte nicht mehr als 2 Mio. IRR kosten. Rund 25 km nordwestlich von Damghan liegt die Quelle Cheshmeh Ali, wo Fath Ali Schah im frühen 19. Jh. einen Pavillon errichten ließ. In Valuyeh Sofla geht es dann beim Polizeikontrollposten nach rechts und 25 km weiter, bis das Dorf Orost ausgeschildert ist und an einer weiteren kleinen Abzweigung auch „Sort Spring" für die Sinterterrassen. Die 5 km Schotterpiste sind auch mit normalen Pkw noch zu schaffen. Für die Fahrt sind von Damghan rund 1 1/2 Std. einzukalkulieren.

TRANSPORT

Vom Imam Hossein Sq. fahren tgl. Minibusse und *savaris* nach SEMNAN (1 1/2 Std.) für 110 000 IRR und SHAHRUD (1 Std.) für 90 000 IRR ab.

Bastam

Die Industriestadt Shahrud ist für Reisende nur als Ausgangspunkt für Ausflüge ins 6 km nördlich gelegene Bastam interessant. Dort findet sich mit der Wirkungs- und Grabstätte des Sufi-Meisters Scheich Bayazid Bastami das wichtigste Sufi-Heiligtum des Landes.

Das **Aramgah-e Bayazid** umfasst neben dem im Freien liegenden, vergitterten Grabstein des Mitte des 9. Jhs. verstorbenen Sufis etliche Zubauten der darauffolgenden Jahrhunderte. Zwei Grabbauten, das Mausoleum des Ilkhaniden-Herrschers Ghazan Khan und das Imamzadeh Mohammad, sind an ihren türkisfarbenen Kegeldächern zu erkennen. Der Grabbau für den 1304 verstorbenen Ghazan Khan befindet sich an der nordwestlichen Seite des Komplexes. Daran schließt der aufgrund seiner Höhe nicht zu übersehene Westiwan an, während sich das Imamzadeh Mohammad, die letzte Ruhestätte eines Verwandten des sechsten Imams, an der Südwestseite des Mausoleumkomplexes befindet. ⌚ tgl. 8–20 Uhr, überdachte Gräber tgl. 8–12 Uhr.

Nur wenige Meter westlich des Mausoleums folgt die **Masjed-e Jameh**. Die Freitagsmoschee geht zwar auf die Seldschuken zurück, wurde Anfang des 14. Jhs. aber wesentlich erweitert und renoviert. Aus dieser Zeit stammen auch die beachtenswerten Stuckarbeiten und der schöne Mihrab.

ÜBERNACHTUNG UND ESSEN

Haft Khan Restaurant, in Shahrud, Ferdowsi St., zwischen Azadi und Imam Reza Sq., ✆ 023-3222 2440. Die Qualität stimmt, dafür auch etwas höhere Preise. Serviert werden neben persischer Hausmannskost natürlich auch Kebabs. ⌚ tgl. 7–24 Uhr.

Tourist Inn Hotel, im Shahid Motahari Park, Shahid Beheshti Blvd., Bastam, ✆ 023-3252 2262. Freundliche Zimmer in bester Lage nahe dem Heiligtum. ❷

Tourist Inn Hotel, in Shahrud, rund 300 m südwestlich des Azadi Sq., ✆ 023-3222 6078. Altmodische, aber einwandfreie Zimmer mit Teppichböden, falls man in Shahrud hängenbleibt. ❷

TRANSPORT

Busse und Savaris

Der **Busbahnhof in Shahrud** (Terminal-e Otobus) liegt 4 km südlich des Jomhurieh Sq.
MASHHAD (494 km, 6 1/2 Std.), 1x tgl. nachmittags für 250 000 IRR.
SEMNAN (180 km, 2 Std.), 1x tgl. morgens für 120 000 IRR.
TEHERAN (402 km, 5 Std.), mehrmals tgl. vormittags bis abends für 220 000 IRR, VIP für 390 000 IRR.
Savaris nach DAMGHAN fahren tgl. südlich des Jomhurieh Sq. ab.

Eisenbahn

Der **Bahnhof in Shahrud** befindet sich 4 km östlich des Jomhurieh Sq.
MASHHAD (500 km, 7 Std.), mehrmals tgl. für 250 000 IRR und 630 000 IRR.
TEHERAN (402 km, 6 Std.), mehrmals tgl. vormittags bis abends für 220 000 IRR und 580 000 IRR.

Flüge

Der **Flughafen** befindet sich 15 km vom Zentrum Shahruds entfernt. Nach MASHHAD (2x wöchentl., 1 1/4 Std.) mit Iranair, nach TEHERAN (mehrmals wöchentl., 1 Std.) mit Iranair und Mahan.

Nationalpark Khar Turan

So viel vorweg – die Wahrscheinlichkeit, einen Blick auf einen der letzten Asiatischen Geparden zu erhaschen, ist verschwindend gering und der Besuch des Nationalparks prinzipiell streng reguliert.

Rund 14 000 km² umfasst der Nationalpark, der bis heute Geparden, Leoparden, Karakals, aber auch Gazellen und Adlern Schutz bietet. Besonders ist auch die Population an **Asiatischen Eseln**, die zur Unterart der Onager zählt.

Eine Tour durch den Nationalpark ist mit einigem Aufwand verbunden – kurzfristig geht da nichts. Ein **Permit** muss organisiert werden, und den Behördenhürdenlauf will man nicht auf eigene Faust versuchen. Dafür muss man sich im Vorfeld der Reise an Guides und Tourveranstalter wenden. Autofahrer mögen sich denken, dass man von Kashmar bis nach Qaleh-ye Bala und weiter nach Shahrud einfach quer durchfahren kann, wenn schon eine gut ausgebaute Straße mitten durch den Nationalpark führt. Aber dem ist nicht so: Nahe der Siedlung Derazab findet sich ein **Kontrollposten**, der Reisende, die durch das Schutzgebiet fahren wollen, zurückweist. Nähert man sich vom nördlichen Highway über Biyarjomand der Siedlung **Qaleh-ye Bala**, befindet man sich genau genommen schon ab Biyarjomand mitten im Schutzgebiet. Hier wird man aber nicht mit Konsequenzen rechnen müssen. Anders sieht das beim Camp/

© ANDREAS SCHÖRGHUBER

Asiatische Esel im Nationalpark Khar Turan

DER NORDOSTEN

Gästehaus wenige Kilometer weiter direkt bei der Rangerstation aus. Also lieber nichts riskieren und nur mit einem Permit und einer geführten Tour herkommen.

Die kleine Siedlung Qaleh-ye Bala ist nicht nur der geeignete Ausgangspunkt für Touren, sondern bietet auch schöne, traditionelle Unterkünfte und überzeugt mit ihren lieblichen Lehmbauten. Der inländische Tourismus spielt eine wichtige Rolle für das Dorf. In kleinen Läden kann man sich mit regionalen Produkten eindecken und so die Leute vor Ort unterstützen.

ÜBERNACHTUNG

In keiner der Unterkünfte wird Englisch gesprochen.

Bibi Zara Ecolodge, Qaleh-ye Bala, ✆ 023-3267 2617, 0919-431 5612. Die tüchtige Besitzerin betreibt in der Nähe auch einen Souvenir- und Lebensmittelladen. Ihr Gästehaus ist gemütlich und traditionell mit Matratzen auf dem Boden für 800 000 IRR p. P. Auf Wunsch kocht Zara für ihre Gäste.

Hamzeh Ajami Ecolodge, Qaleh-ye Bala, in der Nähe des Qanats, ✆ 0901-848 2932, 0912-573 2463, hamze_ajami_qalebala. Ein älteres Ehepaar umsorgt in dem traditionellen Lehmhaus seine Gäste. Das selbst gekochte Essen ist toll. Herr Ajami kann etwas vereinnahmend sein, meint es aber gut. Einen Schlafplatz auf dem Boden gibt es für 800 000 IRR.

Mahmud Ajami Ecolodge, Qaleh-ye Bala, ✆ 0912-373 2651. Das Gästehaus ist leicht ausfindig zu machen, weil es das höchstgelegene Haus am Dorfende ist. Hier bietet der Bürgermeister höchstpersönlich Unterschlupf. Die traditionellen Zimmer mit Matratzen auf dem Boden kosten 1 Mio. IRR p. P., hausgemachtes, gutes Essen inkl.

TOUREN

Kamelia Seir Travel Agency, ✆ 0915-313 9984, ✉ alizadeh437@yahoo.com. Das Reisebüro befindet sich in der rund 190 km östlich gelegenen Stadt Sabzevar im Kamelia Hotel und hat Erfahrung mit Nationalparktouren.

Surfiran Travel & Tours, ✆ 021-8884 3831, 💻 www.surfiran.com. Zuverlässiger Tour-operator mit Sitz in Teheran, der u. a. Nationalparkpermits und -touren arrangiert.

Robat-e Miyandasht

Der mächtige Karawansereien-Komplex Miyandasht liegt 45 km östlich der Siedlung Mayamey und rund 100 km östlich von Shahrud. Die historische Raststätte musste Reisenden wie eine gewaltige Bastion erscheinen, und tatsächlich bot der Komplex aus drei Karawansereien neben Wasser und Brot vor allem Schutz vor Überfällen. Auch die mitgebrachten Lasttiere kamen hier zu neuen Kräften. Neben den Rastplätzen für die Karawanenführer gab es auch Stellplätze für die vielen Kamele. Alte Aufnahmen der Karawansereien zeugen davon, wie voll und belebt es hier sein konnte. Bis zu 2000 Reisenden bot Miyandasht Platz. Die safawidische Karawanserei aus dem 17. Jh. wurde ein Jahrhundert später um zwei kleinere Karawansereien ergänzt. ⌚ wegen des Hotels immer geöffnet, Eintritt 100 000 IRR.

ÜBERNACHTUNG

Miyandasht Hotel, ✆ 095-1173 1515, 0912-473 8779, 💻 www.miandasht.com. Teile der Karawanserei wurden in ein Hotel umgewandelt. Die Räume sind nett, aber einfach und eng; die Mitarbeiter sprechen kaum ein Wort Englisch – dafür überteuert. Angeschlossen ist ein Restaurant, gut für Kebabs. ❸

Die Seidenstraße

Der heute so selbstverständliche Name Seidenstraße entstand tatsächlich erst Ende des 19. Jhs. Ein deutscher Geograf benannte die Route nach einem der vielen kostbaren Handelsgüter. Nach und nach entstand der Mythos Seidenstraße. Die Menschen begannen sich zunehmend für die Geschichten Marco Polos zu interessieren, und auch wenn heute höchst umstritten ist, ob er überhaupt jemals in China war, so prägte er das Bild von der Seidenstraße und dem Orient wie kaum ein anderer.

Die Bezeichnung „Straße" ist dabei irreführend, handelt es sich doch vielmehr um ein weitverzweigtes **Handels- und Straßennetz**, das über den bloßen Warenverkehr hinaus auch einen interkulturellen Austausch mit sich brachte. Eine Expedition von China bis nach Mitteleuropa, den Rückweg mit eingeschlossen, konnte bis zu acht Jahre in Anspruch nehmen. Es ist also verständlich, dass die **Karawanen** nur Teilstrecken zurücklegten, ihre Waren an zentralen Handelsplätzen in die Hände anderer Kaufleute legten und dann eine andere Karawane weiterzog. Schon um 100 v. Chr. soll sich die erste Karawane vom heutigen Xi'an in China nach Europa aufgemacht haben. Von da an wurde mit Kostbarkeiten wie Seide, Porzellan, Gewürzen, Tee und Früchten gehandelt.

Die **Karawansereien** waren notwendige Raststätten für müde Reisende, die auf ihren Wegen nicht nur mit den harschen klimatischen Bedingungen, sondern auch mit Raubüberfällen zu kämpfen hatten. Im Abstand einer Tagesetappe wurden vor allem unter dem Safawiden-König **Schah Abbas** im 17. Jh. Karawansereien errichtet, um die Infrastruktur zu stärken.

Die Strecke von Rey, südlich von Teheran, bis zum heutigen Mashhad galt als eine der Haupthandelsrouten. Auf eben diesem altehrwürdigen Verkehrsweg wandeln Reisende auch heute, wenn sie dem Highway nach Mashhad folgen. Neben der imposanten **Robat-e Miyandasht** sind gen Westen u. a. die Karawanserei in **Lasjerd**, 35 km südwestlich von Semnan, und die Karawanserei in **Deh-e Namak**, 40 km östlich von Garmsar, zu sehen.

Provinzen Razavi- und Nord-Khorasan

Der äußerste Nordosten des Landes ist Teil der historischen Region **Khorasan**, die weit bis nach Afghanistan und Turkmenistan reichte. Die Dreiteilung in die Provinzen Nord-, Razavi-, und Süd-Khorasan wurde erst 2004 vorgenommen.

Dreh- und Angelpunkt der Region ist die zweitgrößte Stadt des Landes: **Mashhad**. Schiitische Pilger aus Iran, aber auch aus arabischen Ländern und Zentralasien strömen massenhaft jedes Jahr zum Heiligtum für den verstorbenen Imam Reza. Nicht-Muslime sind willkommen, wenngleich ihnen nicht alle Bereiche des riesigen Baukomplexes offenstehen. Wer sich für die schiitisch-religiöse Seite des Landes interessiert und sich mit der zweitheiligsten Pilgerstätte in Qom nicht zufriedengibt, nimmt die lange Anreise nach Mashhad auf sich. Weltreisende legen in der Stadt einen notwendigen Zwischenstopp ein, um von hier in das nahe Ashgabat nach Turkmenistan weiterzureisen.

Die Dichte an atemberaubenden Sehenswürdigkeiten ist in den beiden Provinzen zweifelsohne geringer als anderswo. Dass von der kulturellen Blüte der historischen Region Khorasan nicht mehr Bauwerke bis in die Gegenwart überdauert haben, ist nicht zuletzt auf die wüsten Eroberungsfeldzüge der **Mongolen** im 13. Jh. zurückzuführen.

Das alles heißt freilich nicht, dass nicht auch diese Provinzen Einzigartiges bereithalten würden. Entdecken lassen sich die Geburtsstätte des großen Nationaldichters Ferdowsi in **Tus**, der Sonnenpalast in **Kalat**, beeindruckende Windmühlen in **Nashtifan** oder die hochwertigen Türkise in **Nishapur**, die schon zu Zeiten der Seidenstraße ihren Weg nach Europa fanden.

Nishapur

Hätten die einfallenden Mongolen im 13. Jh. nicht alles in Schutt und Asche gelegt, stünde Nishapur heute wohl kaum im Schatten des benachbarten Mashhad. Unter den Sassaniden im 3. Jh. n. Chr. gegründet, erblühte Nishapur als wichtiger Handelsknotenpunkt der Seidenstraße und war unter den Seldschuken im 12. Jh. eine mächtige Residenz- und Hauptstadt. Weltweit bekannt ist Nishapur bis heute für die überaus hochwertigen Türkise, die in den umliegenden Bergwerken abgebaut und in der Stadt als Schmucksteine angeboten werden.

Rund um den Bazar

Mitten in der nach dem Mongoleneinfall neu errichteten Stadt ist heute vor allem das Areal rund um den historischen **Bazar** an der Imam Khomeini St. interessant. Etwa 450 m östlich findet sich die restaurierte **Karawanserei Schah Abbas**, die im 17. Jh. unter den Safawiden errichtet wurde. Heute kann man in ihrem Innenhof zwischen kleinen Läden und Werkstätten bummeln. Vor allem Türkise lassen sich hier bestaunen. Etwa 150 m westlich des Bazars gelangt man zur **Masjed-e Jameh**. Die Freitagsmoschee stammt aus dem 15. Jh.

Bagh-e Mahrugh

Die restlichen Sehenswürdigkeiten liegen alle am südöstlichen Rand der heutigen Stadt. In der Gartenanlage findet sich nicht nur das reich mit Fliesen geschmückte Mausoleum von Mohamad Mahruq, einem Verwandten des 7. Imams, sondern auch das erst in der zweiten Hälfte des 20. Jhs. erbaute Mausoleum für den 1123 verstorbenen Dichter und Wissenschaftler Omar Khayyam. Die Betonkonstruktion soll dem Architekten zufolge einen auf den Kopf gestellten Weinkelch symbolisieren. Dass längst verstorbene, aber immer noch verehrte Literaten dem Sinnesrausch nicht abgeneigt waren, ist bekannt und kann damit in Verbindung gebracht werden. Der Universalgelehrte Omar Khayyam war zwar auch als Dichter bekannt, Erfolge erzielte er aber vor allem in den Bereichen Astronomie und Mathematik. ⌚ tgl. 8–22 Uhr, 150 000 IRR.

Mausoleen von Farid ad-Din Attar und Kamal-ol-Molk

Nur rund 1 km weiter westlich folgt eine weitere Gartenanlage, wo der Sufi und Literat **Farid ad-Din Attar** seine letzte Ruhestätte fand. Der Kuppelbau ist reich an Fliesendekor und stammt aus dem 17. Jh., während der Mystiker selbst bereits im 13. Jh. im Zuge der Mongoleneroberungszüge ermordet wurde. Auch wegen der Übersetzung von Hellmut Ritter sind die mystischen Texte Attars bis nach Europa bekannt geworden. *Die Vogelgespräche* sind von herausragender Bedeutung für den Sufismus und die Suche nach Gott.

Gleich daneben steht das **Mausoleum für Kamal-ol-Molk**, das wie jenes für Omar Khayyam aus den 1960er-Jahren stammt und ebenfalls vom Architekten Seyhoun entworfen wurde. Kamal-ol-Molks Malerei war wegweisend für die moderne bildende Kunst in Iran, weswegen der 1940 verstorbene Künstler bis heute im Land große Bekanntheit genießt. ⌚ tgl. 8–20 Uhr, 150 000 IRR.

Nur ungefähr 350 m westlich finden sich die letzten Überreste der von den Mongolen zerstörten Stadt.

ÜBERNACHTUNG

Amiran Grand Hotel, Imam Khomeini St., 350 m nordwestlich des Iran Sq., ✆ 051-4333 8222, 💻 www.amirangc.com. Recht modern mit Pool- und Sportanlagen, Shops und Restaurant. Teuer, aber der Service und die Zimmer sind natürlich einwandfrei. ❹

Nishabur Hotel, Shariati St., im Bagh-e Melli gegenüber dem Amiran Grand Hotel, ✆ 051-4333 3445. Überraschend ruhig und beschaulich in einer Gartenanlage mitten im Stadtzentrum. Helle, wenn auch etwas kühl eingerichtete Zimmer. Mit Restaurant. ❸

ESSEN

Eram Restaurant, bei Qadamgah auf dem Highway nach Mashhad, 20 km östlich von Nishapur, ✆ 051-4312 24983. Ideal als Zwischenstopp für Autofahrer. Serviert werden v. a. verschiedene Kebabs und Gerichte mit Huhn. 🕒 tgl. 6–24 Uhr.

Nofe Cafe, North Ferdowsi St. 9, 450 m nordöstlich der Imam Khomeini St., ✆ 051-4224 6856, nofe.cafe. Heimelig und modern zugleich. Schön für eine Kaffee-und-Kuchen-Pause zwischendurch. ⌚ Sa–Do 8–13, 16–23, Fr 16–23 Uhr.

SONSTIGES

Einkaufen

Eine gute Auswahl an Läden mit **Türkisen** und Schmuck findet man in der **Karawanserei Schah Abbas**, rund um den **Bagh-e Mahrugh** oder im **Bazar** selbst. Als besonders hochwertig und rein gelten Steine, wenn sie keine Einschlüsse enthalten, sondern durchgehend blau sind. Ab und an werden aber auch künstlich hergestellte Steine verkauft – also lieber einen genaueren Blick darauf werfen.

Touren

Rund 50 km nordwestlich von Nishapur liegt in den Bergen eine der **Türkisminen**. Der Abbau der wertvollen Steinchen begann schon vor über 2000 Jahren, und bis heute geben die Berge diese Schätze in großen Mengen frei. Die Türkise von Nishapur sind für ihre gute Qualität bekannt. Ein Besuch der Türkisminen ist möglich, sollte aber besser im Vorfeld von einem der Guides in Mashhad organisiert werden (S. 431).

TRANSPORT

Busse und Savaris

Der **Busbahnhof** (Terminal-e Otobus) liegt rund 5 km nordwestlich des Bagh-e Mahrugh. Nach TEHERAN (767 km, 9 Std.) 3x tgl. nachmittags für 300 000 IRR, VIP für 500 000 IRR. *Savaris* nach MASHHAD (128 km) fahren mehrmals tgl. ebenfalls vom Busbahnhof ab.

Eisenbahn

Der **Bahnhof** befindet sich am südlichen Stadtrand, rund 5 km westlich des Bagh-e Mahrugh.
MASHHAD (131 km, 2 1/2 Std.), mehrmals tgl. vormittags bis abends für 170 000 IRR und 700 000 IRR.
TEHERAN (767 km, 10 Std.), mehrmals tgl. für 470 000 IRR und 930 000 IRR.

Die Umgebung von Nishapur

Wer selbst fährt, kann auf dem Weg nach Mashhad einzelne Bauwerke aufsuchen. Interessant ist die erst 2001 fertiggestellte hölzerne Moschee, **Masjed-e Chubi**. Vom Kreisverkehr nördlich des Bagh-e Mahrugh fährt man rund 3 km östlich zum Friedhof Behesht-e Fazl, wo man die Straße Richtung Eshagh Abad nimmt, um nach 5 km bei Jilu einer kleineren Straße rund 2 km südwestlich zur Masjed-e Chubi zu folgen. Die Moschee liegt in unmittelbarer Nachbarschaft zur Ortschaft Aliabad-e Shahid.

Rund 30 km östlich gen Mashhad liegt das **Heiligtum Qadamgah**, wo ein Stein mit Imam Rezas Fußabdrücken im Mittelpunkt der Verehrung steht. Der im 17. Jh. errichtete Kuppelbau ist mit schönen Muqarna-Feldern und farbenprächtigen Fliesen ausgestattet und befindet sich inmitten einer kleinen Gartenanlage.

Wieder in unmittelbarer Nähe des Highways und rund 55 km östlich von Nishapur kann die im 18. Jh. errichtete **Karawanserei Fakhr-e Davud** besichtigt werden. Es gibt keine geregelten Öffnungszeiten, weil in den Innenräumen Büros für Verwaltungsbehörden untergebracht wurden. Oft lässt sich aber auf Anfrage das Dach besteigen. Interessant ist die Karawanserei vor allem, weil sie keinen offenen Innenhof besitzt und durch ihre Bastionen einer Festung ähnelt.

Mashhad

Die Stadt Mashhad, übersetzt „Stätte des Martyriums", ist nicht vom Heiligtum für Imam Reza, den achten Imam der Zwölfer-Schia, zu trennen. Vielmehr ging sie aus ihm hervor und wuchs mit dem Grabkomplex über die Jahrhunderte mit. Heute ist Mashhad die zweitgrößte Stadt im Land und der größte Schrein der Welt. Noch vor Imam Rezas Tod im Jahr 818 war hier nichts außer dem unscheinbaren Dorf Sanabad.

Mit ihren rund 3 Mio. Einwohnern und der vielen Industrie im Umland ist die weit im Osten gelegene Stadt ein wesentlicher Wirtschaftsstandort Irans. Für Reisende gibt es bis auf die Pilgerstätte allerdings wenig zu sehen. Diese ist dafür mehr als beeindruckend. Dafür sorgten vor allem die Safawiden, die den wichtigen schiitischen Pilgerstätten außerhalb ihres eigenen Reiches, u. a. in Kerbala und Najaf, etwas entgegensetzen wollten. Dass der Schreinkomplex und damit auch die Stadt selbst immer größere Ausmaße annahmen, steht also im Zusammenhang mit der Durchsetzung des Schiitentums als Staatsreligion unter den Safawiden.

Im 18. Jh. nutzte der Afsharen-Herrscher Nadir Schah die Stadt zeitweilig als Residenzstadt seines Reiches und setzte wichtige städtebauliche Maßnahmen durch. Eine infrastrukturelle Modernisierung folgte in der ersten Hälfte des 20. Jhs. durch Schah Reza. Das Schienennetz wurde in den 1990er-Jahren bis an die turkmenische Grenze erweitert, was Mashhads Position als Handelstor zum Osten stärkte. Heute ist auch die Pilgerstätte zu einem wichtigen Wirtschaftsfaktor der Stadt geworden. Schätzungen zufolge besuchen jedes Jahr rund 30 Mio. Pilger Mashhad.

Haram-e Razavi

Die Legende besagt, dass Ali Reza, der achte Imam, im Jahr 818 von Kalif Mamun vergiftet wurde. Er wurde beerdigt und fortan als Märtyrer verehrt. Für schiitische Gläubige ist die Stadt mit dem Schrein der mit Abstand heiligste Ort Irans. Die Grabstätte von Rezas Schwester Fatemeh in Qom (S. 190) gilt als zweitheiligste schiitische Pilgerstätte.

Das gesamte Areal wird auch als **heiliger Bezirk**, kurz Haram-e Razavi, bezeichnet und befindet sich im Zentrum der Stadt. Die Anlage erstreckt sich über 1 km und ist unterteilt in verschiedene Höfe mit etlichen Gebäuden, darunter nicht nur Moscheen, sondern auch theologische Schulen, Verwaltungsgebäude und Museen. Insgesamt gibt es innerhalb des heiligen Bezirks über zwanzig Gebäude.

Viele Herrschaftsdynastien haben ihre Handschrift hinterlassen. Besonders gut meinte es der safawidische Schah Abbas I., der das Mausoleum für Imam Reza mit einer **goldenen Kuppel** ausstattete und auch den großen Iwan und das Minarett vergolden ließ. Die Pracht der Kuppel wird im Inneren der Grabkammer fortgeführt. Unzählige Spiegel- und Fliesenmosaike zieren die Fassaden der Grabstätte des Imams.

Die Türen des Heiligtums stehen prinzipiell allen Menschen offen. So ist es auch nicht-muslimischen Reisenden möglich, den heiligen Boden zu betreten. Der **Hof** mit dem beeindruckenden Gold-Iwan als Zugang zum Grab des Imams bleibt Nicht-Muslimen aber verwehrt, ebenso wie die schöne **Masjed-e Goharshad** mit ihrer riesigen türkisfarbenen Kuppel. Diese Moschee ließ die Lieblingsfrau des timuridischen Herrschers Shahrokh im 15. Jh. errichten.

Insgesamt gibt es sieben **Eingänge**, wobei sich für Reisende derjenige an der Shirazi Ave. im Nordwesten empfiehlt. Das Wachpersonal dort arrangiert in Windeseile eine **englischsprachige Führung**. Meist handelt es sich um Freiwillige, die Theologie studieren. Zuerst geht es dann in eine **Empfangshalle**, wo Infomaterial ausliegt und ein kurzer Film zur Geschichte des Schreins gezeigt wird. Dann werden die verschiedenen Höfe und Museen des Areals besucht, dazu zählen das **Muzeh-ye Astan-e Quds-e Razavi**, ein ethnologisches Museum, ein **Koranmuseum** und ein **Teppichmuseum**, die allesamt eine riesige Sammlung an Kostbarkeiten ausstellen, von antiken Keramikgefäßen bis hin zu den vergoldeten Toren des Schreins, 🕒 jeweils tgl. 8–12 Uhr, 10 000 IRR.

In unmittelbarer Nähe zum heiligen Bezirk sollte man die **Kleidungsvorschriften** etwas genauer nehmen. Männer brauchen unbedingt langärmelige Oberbekleidung. Für Frauen gilt es, das Kopftuch besonders streng zu binden und die Unterarme völlig zu bedecken. Touristinnen wird der obligatorische Tschador am Eingang bzw. zu Beginn der Führung geliehen. Die **Sicherheitskontrollen** an den Eingängen sind streng. Kameras und Taschen müssen abgegeben werden, mit dem Handy darf man aber auch innerhalb der Anlage fotografieren. Der Schreinkomplex ist rund um die Uhr geöffnet, die kostenlosen Führungen (s. o.) gibt es nur tagsüber.

Gonbad-e Sabz und Bagh-e Naderi

Rund 1 km westlich vom heiligen Bezirk liegt an der Akhound Khorasani St. ein kleines Mausoleum, das wegen seiner Kuppel als grüner Grabturm, **Gonbad-e Sabz**, bezeichnet wird. Meist lässt sich der safawidische Bau nur von außen bewundern.

Mashhad

N
0
5 km
22 Tus, Kalat, Gorgan
Namayesghah Expy.
Azadi Expy.
Meraj Sq.
Tus Blvd.
Hejab Blvd.
Shariati Blvd.
Vakilabad
Koohestan Park
Int. Exposition
Imam Ali Expy.
Amouzgar Blvd.
Vakil Abad Hwy.
Sayyed-e Shirazi
Moalem Blvd.
Seyyed Razi Blvd.
Eghbal-e Lahouri
Sadaf
Danesh Amooz
Haft-e Tir
Haft-e Tir Blvd.
Janbaz Blvd.
Tus Blvd.
Cheraghchi Expy.
Kalat Rd.
Khajerabi Blvd.
Boqeh-ye Khajeh Rabi
Ferdowsi Blvd.
Ferdowsi Sq.
Khayyam Blvd.
Sajjad Blvd.
Kowsar
Hashemiye Blvd.
Park-e Mellat
Azadi
Malek Abad Blvd.
Khayyam
Daranei Blvd.
Kamyab Blvd.
Ebadi St.
Baba Nazr Expy.
Bahnhof
Tabarsi Blvd.
Rah Ahan
Shohada Sq.
Kolahdouz Blvd.
Falestin
Taleghani
Qaem
Daneshgah Ave.
Haram-e Razavi
Alandasht
s. Detailplan unten
Shahid Fakoori Blvd.
Piruzi Blvd.
Kalantary Expy.
Kuh-e Sangi
Kuh-e Sangi
Teheran
Imam Reza St.
Bahar Ave.
Padaeyan-e Islam Blvd.
17. September
Ghadir
Sadr St.
Mosalla Blvd.
Abbaspour Blvd.
Baba Nazr Expy.
Ghadir Expy.
Kalantary Expy.
22 Sarakhs
44 Nishapur

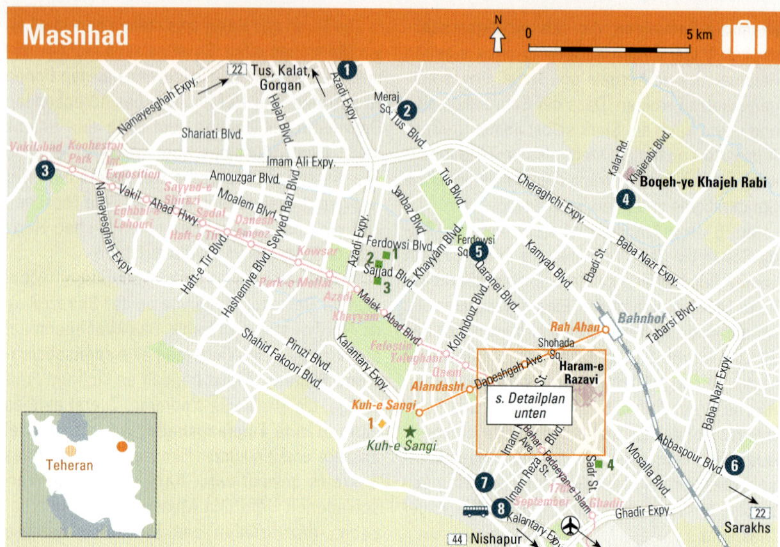

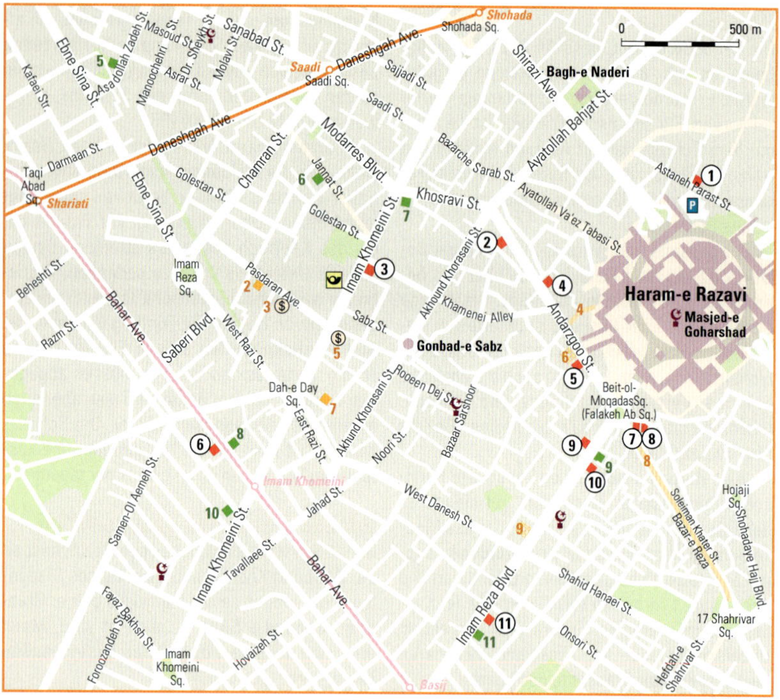

Shohada
Shohada Sq.
0
500 m
Sanabad St.
Masoud St.
Dr. Sheykh St.
Molavi St.
Asadollah Zadeh St.
Ebne Sina St.
Kafaei St.
Manoochehri
Asrar St.
Saadi
Saadi Sq.
Daneshgah Ave.
Sajjadi St.
Saadi St.
Shirazi Ave.
Bagh-e Naderi
Ayatollah Bahjat St.
Modarres Blvd.
Chamran St.
Taqi Abad Sq.
Darmaan St.
Shariati
Golestan St.
Ebne Sina St.
Jannat St.
Bazarche Sarab St.
Khosravi St.
Astaneh Parast St.
Ayatollah Va'ez Tabasi St.
Golestan St.
Imam Khomeini St.
Akhound Khorasani St.
Imam Reza Sq.
Pasdaran Ave.
Beheshti St.
Khamenei Alley
Andarzgoo St.
Haram-e Razavi
Masjed-e Goharshad
Bahar Ave.
Razm St.
Saberi Blvd.
West Razi St.
Sabz St.
Gonbad-e Sabz
Dah-e Day Sq.
Rooeen Dej St.
Bazaar Sarshoor
Akhund Khorasani St.
East Razi St.
Noori St.
Beit-ol-MoqadasSq. (Falakeh Ab Sq.)
Imam Khomeini
Samen-ol Aemeh St.
West Danesh St.
Jahad St.
Hojaji Sq.
Soleiman Khater St.
Bazar-e Reza
Shohadaye Hajj Blvd.
Imam Khomeini St.
Tavallaee St.
Bahar Ave.
Shahid Hanaei St.
Imam Reza Blvd.
Fayaz Bakhsh St.
Foroozandeh St.
Imam Khomeini Sq.
Hovaizeh St.
Onsori St.
17 Shahrivar Sq.
Hefdah-e Shahrivar St.
Basij

Folgt man der Akhound Khorasani St. gen Norden, gelangt man an der Kreuzung mit der Shirazi Ave. zum Mausoleum für den Afsharen-Herrscher Nader Schah im **Bagh-e Naderi**. Die Statue in der Gartenanlage zeigt den Dynastiebegründer als den Krieger und Reiter, der er war. Mitte des 18. Jhs. war seine Regentschaft vorbei, das Mausoleum wurde allerdings erst im 20. Jh. errichtet. ⌚ tgl. 9–18 Uhr, 150 000 IRR.

Boqeh-ye Khajeh Rabi

Das **Mausoleum** befindet sich rund 5 km nördlich des heiligen Bezirks am Khajerabi Blvd. und ist mit den Buslinien 34 vom Tabarsi Blvd. oder 38 vom Kuh-e Sangi Sq. zu erreichen. Khajeh Rabi zählte zu den Vertrauten des Propheten Mohammed und starb 682. Das reich geschmückte Mausoleum mit seiner prächtigen Innenkuppel wurde im frühen 17. Jh. unter den Safawiden errichtet. Rund um den Kuppelbau findet sich nicht nur eine Gartenanlage, sondern auch ein Märtyrerfriedhof.

Kuh-e Sangi

Wer sich einen Überblick über die Stadt verschaffen möchte, fährt zum 5 km südwestlich des Zentrums gelegenen **Hausberg** am Shahid Kalantari Blvd.

ÜBERNACHTUNG

Rund um den Schreinkomplex finden sich etliche Hotels, die meisten sind auf Pilger ausgelegt, es wird kaum Englisch gesprochen.

Almas Hotel 1, Imam Reza Blvd., ✆ 051-38057, ✉ info@hotelalmas.com. Eines der beliebteren Hotels mit gutem Standard, wenn auch teils abschreckend kitschig. Recht unterschiedliche Zimmer, lieber mehrere zeigen lassen und dann entscheiden. Rund 700 m weiter südwestlich entlang des Imam Reza Blvd. findet sich das **Almas Hotel 2** – gleicher Standard, gleiche Preise. Gratis-Abholservice vom Flughafen. ❹

Atrak Hotel, Soleiman Khater St., südöstlich des Beit ol-Moghadas Sq., ✆ 051-3364 7093, ✉ info@atrakhotel.com. Nicht die billigste Wahl, aber komfortable, gut ausgestattete Zimmer – heller und moderner als die meisten anderen Hotels der Stadt. Ein Muss wegen des Ausblicks vom Dachrestaurant, ⌚ tgl. 16–23.30 Uhr. Stehen nicht gerade die vielen Baukräne der Dauerbaustellen Mashhads im Weg, blickt man auf die Kuppeln des nahen Schreinkomplexes. ❹

Hejrat Hotel, Astaneh Parast St., rund 250 m östlich der Shirazi Ave., ✆ 051-3222 6513. Ein unscheinbares, aber günstig nördlich der Pilgerstätte gelegenes Hotel direkt neben dem leichter zu erkennenden Meraj Hotel. Nimmt Männer nur in Begleitung von Frauen auf – also für Frauen, Familien und Hetero-Paare geeignet. Schlichte, kleine, aber einwandfreie Zimmer. Auch eine kleine Küche steht zur Verfügung. ❸

Iran Hotel, Khosravi St., zwischen Akhound Khorasani St. und Andarzgoo St., ✆ 051-3222 8010, ✉ info@irhotel.com. Einwandfreie Zimmer und sehr nettes Personal, aber nichts Besonderes und dafür recht teuer. ❹

Javad Hotel, Imam Reza Blvd., rund 160 m südwestlich des Falakeh Ab Sq., ✆ 051-3222 4135, 💻 www.javadhotel.com. Großes Vier-Sterne-Hotel mit professionellem, Englisch sprechendem Personal und komfortablen Zimmern bzw. Betten. Wirkt nicht zuletzt wegen der Teppichböden altmodisch. Große Rabatte

ÜBERNACHTUNG	ESSEN	TRANSPORT	SONSTIGES
① Hejrat Hotel	1 Olive Garden Restaurant	❶ Park Savar Shahid (nach Bajgiran, Chenaran)	1 Visaverlängerung
② Iran Hotel	2 MeChef Restaurant	❷ Busbahnhof Meraj	2 Adibian Travel & Tours
③ Pars Hotel	3 Toranj Cafe	❸ Busstation Vakilabad	3 Sepehri Exchange
④ Noor Hotel	4 Baba Ghodrat Restaurant	❹ Busbahnhof Istgah Savari Kalat	4 Bazar-e Sarshoor
⑤ Qods Hotel	5 Naseem Restaurant 2	❺ Ferdowsi-Busstation (nach Tus)	5 Baghoi Exchange
⑥ Vali's Homestay	6 Hezardestan Traditional Teahouse	❻ Sarakhs-Busbahnhof	6 Saray-eh Saeed
⑦ Atrak Hotel	7 Vitamin-e Sara	❼ Enghelab-Busstation (zum Flughafen)	7 Turkmenisches Konsulat
⑧ Razavieh Hotel	8 Pesar-e Bozorg	❽ Busbahnhof Imam Reza	8 Bazar-e Reza
⑨ Javad Hotel	9 Ali Restaurant		9 Bazar-e Farsh
⑩ Almas Hotel 1	10 Chahar Fasl Restaurant		
⑪ Almas Hotel 2	11 Naseem Restaurant 1		

außerhalb der Saison, z. B. in den Sommermonaten, möglich. ❹

Noor Hotel, Andarzgoo St., ✆ 051-3223 1970. Schlichte Hotelanlage mit passablen, aber recht altmodischen Zimmern, teilweise mit Küche. Das Personal spricht etwas Englisch und hilft gerne weiter. ❸

Pars Hotel, Imam Khomeini St. 26, ✆ 051-3222 4030. Charmant wegen des alten, recht kleinen Hauses, in dem es untergebracht ist. Das Personal samt Manager Hasan, der auch Englisch spricht, ist hilfsbereit, und auch das angeschlossene Restaurant empfiehlt sich. ❸

Qods Hotel, Andarzgoo St., rund 170 m nordwestlich des Falakeh Ab Sq., ✆ 51-3221 2229. Einfache, schmucklose Zimmer mit Fliesenböden. Zweckmäßige Bleibe in bester Lage. ❸

Razavieh Hotel, Soleiman Khater St., südöstlich des Beit ol-Moghadas Sq. (Falakeh Ab Sq.), ✆ 051-3365 3611. Gleich neben dem Atrak Hotel und am Beginn des Bazar-e Reza. Freundlich eingerichtete Zimmer und nettes Personal. Gutes Preis-Leistungs-Verhältnis. Die Zimmer sind unterschiedlich gestaltet – lieber mehrere zeigen lassen! ❸

€ **Vali's Homestay**, 38th Alley, Bahar Ave., ✆ 051-3851 6980, 0915-100 1324, 💻 www.valishomestay.com. Immer noch die erste Anlaufstelle für Backpacker in Mashhad und geeignet, um andere Reisende zu treffen. Der gemischte Schlafsaal und das (einzige) Doppelzimmer sind sehr schlicht, im Sommer kann auch auf der Terrasse im Freien geschlafen werden. Die Nacht kostet rund 800 000 IRR, das Doppelzimmer rund das Doppelte – Bad und Dusche müssen mit allen Gästen geteilt werden. Hausgemachtes Abendessen gibt es für 180 000 IRR. Vali ist beim gemeinschaftlichen Essen oft dabei, bietet seine Touren an, ist ein guter Ratgeber für Visaangelegenheiten und derlei. Es kommt aber auch vor, dass Reisende sich etwas mehr Distanz vom Gastgeber wünschen.

ESSEN

Ali Restaurant, Imam Reza Blvd., gegenüber dem Javad Hotel, ✆ 051-385 1661. Iranisches Standardrestaurant in bester Lage. Die persischen Gerichte, darunter verschiedene Kebabs und *ghormeh sabzi*, schmecken richtig gut. Mit Preisen ab 300 000 IRR aber teurer. 🕒 tgl. 11–16, 18–24 Uhr.

Baba Ghodrat Restaurant, Sadr St., an der Kreuzung zur Ansari St., ✆ 051-3344 0803. Das hochpreisige Restaurant mit Hauptgerichten ab 400 000 IRR aufwärts ist bei betuchten Einheimischen und Pilgern beliebt und für gute persische Küche bekannt. Es befindet sich im gleichnamigen Touristenkomplex, ursprünglich eine Karawanserei, was für ein gewisses Flair sorgt. 🕒 tgl. 12–16, 19–24 Uhr.

Chahar Fasl Restaurant, 45th Alley, Imam Khomeini St., rund 130 m südwestlich der Bahar Ave., ✆ 051-3853 1010. Der von außen völlig unscheinbare Laden bietet eine Reihe von guten Kebabs. Viele nehmen sich das Essen mit. Die Stufen hinauf gibt es ein paar schlichte Tische – des Ambientes wegen kommt man aber nicht. 🕒 tgl. 11–16 und 18.30–23.30 Uhr.

Hezardestan Traditional Teahouse, Jannat St., rund 300 m nordwestlich der Imam Khomeini St., ✆ 051-3222 2943. Sicher eines der schönsten Teehäuser der Stadt. Abends sorgt Livemusik für Stimmung. Wirkt aber wegen der etwas willkürlichen Aneinanderreihung von allerlei Kunsthandwerksgegenständen und Gemälden etwas überladen. Dankenswerterweise keine Plastiktischdecken, sondern ansprechend gedeckte Tische mit traditionellen Holzbänken dazu. Eine gute, aber teure Wahl für verschiedene Tees und Süßes. Auch eine kleinere Auswahl an überteuerten Hauptgerichten, darunter *ghormeh sabzi*. 🕒 tgl. 11–16, 18–23 Uhr.

MeChef Restaurant, Sajjad Blvd., bei der Bozorgmehr St., ✆ 051-3762 5419. Eine überraschend gute Auswahl an Fast-Food-Gerichten mit eigenwilligen Kreationen wie Fisch mit Chips und Pilzen. Beliebt bei Einheimischen. 🕒 tgl. 12–16, 18.30–24 Uhr.

Naseem Restaurant 1, Imam Reza Blvd., rund 280 m nordöstlich des Basij Sq., ✆ 051-3848 4010. Bei den vielen Tischen samt Plastiküberwürfen, der Anzeigetafel mit Gerichten und dem regen Betrieb kommt wenig Atmosphäre auf. Aber hier gibt es gute libanesische/arabische Küche um die 200 000 IRR. Falafel, Joghurt, Hummus, Brot etc. werden auf einmal auf verschiedenen kleinen Vorspeisentellern serviert – als *maze* oder arabisch *mezze* bekannt. Ein zweiter Standort, **Naseem Restaurant 2**, befindet sich an der Asadollah Zadeh St. ◷ beide tgl. 12.30–16, 19–23 Uhr.

Olive Garden Restaurant, Khayyam 1st Alley, rund 300 m südlich des Ferdowsi Blvd., ✆ 051-3762 1382. Mediterran angehauchte Küche in modern und heimelig zugleich eingerichtetem Lokal. Vor allem junges Publikum. Hauptgerichte ab 150 000 IRR. Verspricht Gerichte abseits der üblichen Speisekarte und etwas Großstadtflair. ◷ tgl. 18–23 Uhr.

Pesar-e Bozorg, Bahar Ave. gegenüber von Vali's Homestay, ✆ 051-3855 7172. Ein einfacher Laden am Straßenrand mit guten Sandwiches, auch Falafel und andere Fast-Food-Gerichte. ◷ tgl. 7–24 Uhr.

Toranj Cafe, Bozorgmehr 22th Alley, 100 m südlich des Sajjad Blvd. Nette Auswahl an Shakes, Süßem und Kaffee – gut für eine Pause zwischendurch. Die Gegend ist generell eine gute Adresse für nette, zuweilen recht moderne Cafés. ◷ tgl. 9–24 Uhr.

Vitamin-e Sara, Khosravi St., wenige Meter östlich der Imam Khomeini St, ✆ 051-3222 6712. Einer der vielen Fruchtsaft- bzw. Milchshakeläden, wo es köstliches *majoon*, einen Dattel-Milchshake mit verschiedenen Nüssen, Eiscreme und hier mit Bananen, für max. 150 000 IRR gibt. ◷ Sa–Do 9–23, Fr 9–14 Uhr.

TOUREN

Als Tagestouren bieten sich Kang (S. 436), Kalat (S. 436), aber auch Khargerd (S. 434) an.

Guides

Faramarz Aminian, ✆ 0915-508 5420, ✉ aminian.faramarz@gmail.com. Englisch sprechender Guide und Fahrer, der Khorasan und besonders die südliche Umgebung von Mashhad gut kennt. Geht auch auf Sonderwünsche ein, organisiert Touren zur Safranernte oder in die Umgebung von Kalat.

Vali Ansari, ✆ 0915-100 1324, ✉ vali32@imamreza.net. Der Besitzer des gleichnamigen Homestays und ehemalige Teppichverkäufer bietet Touren in die nähere Umgebung wie nach Kang an oder führt auch mal durch die Stadt. Er weiß um die Wünsche von Individualreisenden und berät auch gerne in Sachen Turkmenistan-Visa. Spricht Englisch und ein klein bisschen Deutsch. Nicht immer wahrt er die nötige Distanz im Gespräch, was vor allem reisende Frauen bemerken.

SONSTIGES

Einkaufen

Südöstlich des Falakeh Ab Sq. findet sich entlang der Soleiman Khater St. der **Bazar-e Reza**, wo sich vor allem Türkise als Souvenir für all jene anbieten, die nicht direkt nach Nishapur kommen (S. 424). Auch Safran gibt es hier zu kaufen. ◷ Sa–Do 9–22 Uhr.

Weitere Läden für **Safran** gibt es aber vor allem rund um den Falakeh Ab Sq., auch Beit ol-Moghadas Sq. genannt.

Für Teppiche bietet sich der zentral gelegene **Bazar-e Sarshoor** an der Andarzgoo St. an, ◷ Sa–Do 9–13, 16–20 Uhr. Mitunter bessere Preise gibt es im **Bazar-e Farsh** am Imam Reza Blvd. nahe der Kreuzung zur West Danesh St., ◷ Sa–Mi 9–20.30, Do 9–13 Uhr, und im **Saray-eh Saeed** an der Andarzgoo St., ◷ Sa–Mi 8–14, 16–20, Do 8–14 Uhr. In Letzterem finden sich im Obergeschoss rustikale Teppichreparaturwerkstätten, die man mit etwas Glück und auf Nachfrage besuchen kann.

Geld

Ein paar Wechselstuben gibt es entlang der Imam Khomeini St. und der Pasdaran Ave.

Baghoi Exchange, Imam Khomeini St., ✆ 051-3853 3438, ◷ Sa–Mi 9–14, 17–19, Do 9–13 Uhr.

Sepehri Exchange, Pasdaran Ave., ✆ 051-3854 2226, ◷ Sa–Mi 9–13.30, 17–19, Do 9–13 Uhr.

Reisebüros

Adibian Travel & Tours, 4th Alley, bei der Pasdaran St., ✆ 051-5513 2539, 💻 www.adibian.com, ◷ Sa–Do 8–18, Fr 9–12 Uhr.

Visaverlängerungen

Visaverlängerungen im **Immigration & Passport Office**, Piruzi 2/2 Alley, beim Piruzi Blvd., ✆ 051-3218 3907, ◷ Sa–Mi 8–13, Do 8–10.30 Uhr.

Turkmenisches Konsulat, Imam Khomeini 34th St., rund 190 m östlich des Dah-e Day Sq., ✆ 051-3854 7066, 051-9994 0584, ✉ md@gktiri.com, 💻 https://mashhad.tmconsulate.gov.tm. Beim Konsulat macht man sich durch Anklopfen bemerkbar, dann kommt in der Regel jemand, der durch den kleinen Türschlitz mit einem spricht. Am besten gleich morgens hingehen, Papiere vorlegen und nachmittags das in Teheran vorbestellte Visum abholen. ⏲ Mo–Do 9–16, Sa 9–12.30 Uhr.

NAHVERKEHR

Busse

Als Alternative zu Taxis kann man auf Citybusse (einfache Fahrt rund 5000 IRR) zurückgreifen. Einfach dem Busfahrer Bescheid geben, wohin man fahren will, dann ruft er es bei der Ankunft aus.

Linie 83: zwischen Busbahnhof Imam Reza und Bahnhof
Linie 84: zwischen Falakeh Ab Sq. und Bahnhof
Linie 86: zwischen Kuh-e Sangi und Falakeh Ab Sq.
Linie 12: von der Shirazi Ave., am nordwestlichen Ende des Schreinkomplexes, vorbei am Mausoleum Nader Schahs, Shohoda Sq. zum Ferdowsi Sq.

Metro

Die **Linie 1** verkehrt zwischen dem Flughafen (Terminal 1) im Südosten der Stadt und dem Vakilabad Blvd. im Nordwesten. Es fahren aber nur wenige Züge am Tag vom Flughafen weg. Die **Linie 2** führt vom Kuh-e Sangi zum Bahnhof. Eine einfache Fahrt kostet 6000 IRR.

Taxis

Taxis sollten innerhalb der Stadt nicht mehr als 150 000 IRR kosten.

TRANSPORT

Busse

Busbahnhof Imam Reza

Der Terminal-e Imam Reza liegt 4 km südwestlich des Heiligtums am Ende des Imam Reza Blvd.

BIRJAND (493 km, 6 1/2 Std.), mehrmals tgl. für 235 000 IRR, VIP für 410 000 IRR.
Esfahan (1083 km, 20 Std.), mehrmals tgl. für 550 000 IRR, VIP für 780 000 IRR.
GORGAN (564 km, 6 1/2 Std.), stdl. für 300 000 IRR, VIP für 580 000 IRR.
KERMAN (909 km, 11 Std.), 1x tgl. nachmittags für 485 000 IRR, VIP für 775 000 IRR.
Nishapur (128, 1 1/2 Std.), mehrmals tgl. für 80 000 IRR.
TEHERAN (900 km, 10 Std.), mehrmals tgl. nachmittags bis abends für 480 000 IRR, VIP für 790 000 IRR.
TORBAT-E HEYDARIYEH (155 km, 2 Std.), 3x tgl. morgens für 125 000 IRR.
TORBAT-E JAM (160 km, 2 1/2 Std.), stdl. für 80 000 IRR.
YAZD (915 km, 11 Std.), mehrmals tgl. nachmittags bis abends für 490 000 IRR, VIP für 790 000 IRR.

Busbahnhof Meraj

Der kleinere Terminal-e Meraj liegt am nordwestlichen Stadtrand beim Meraj Sq., nahe dem Tus Blvd.
BOJNURD (258 km, 3 Std.), mehrmals tgl. für 120 000 IRR, VIP für 215 000 IRR.
Quchan (130 km, 2 Std.), mehrmals tgl. für 100 000 IRR.

Nach Tus

Vom **Ferdowsi Square** beim Qaranei Blvd. fährt Bus 202 tgl. zum Ferdowsi-Mausoleum in TUS (rund 20 Min.).

Nach Sarakhs

Mind. alle 2 Std. fahren von einem kleinen Busbahnhof, 5 km südöstl. vom Schreinkomplex, Busse in den Grenzort SARAKHS. Die Fahrt dauert ca. 3 Std. und kostet 130 000 IRR. In der Nähe findet sich auch ein Stand für *savaris*.

Savaris und Minibusse

Savaris fahren mehrmals tgl. vom **Park Savar Shahid** an der 99th Azadi Alley beim Azadi Expressway in rund 3 Std. für 1,5 Mio. IRR nach BAJGIRAN an der turkmenischen Grenze und in 1 1/2 Std. für 200 000 IRR nach CHENARAN (nahe Radkan).

Vom **Busbahnhof Istgah Savari Kalat** am Khajerabi Blvd., rund 600 m südlich des Khajeh-Rabi-Heiligtums, fahren mehrmals tgl. Busse für 70 000 IRR (2 1/2 Std.) und *savaris* für 130 000 IRR nach KALAT.
Von der Busstation bei der **Metrostation Vakilabad** fahren Sa–Do um 6.50, 10.50 und 14.50 Uhr Minibusse für 20 000 IRR nach KANG (40 Min.).

Eisenbahn

Der **Bahnhof** befindet sich 3 km nördöstlich des Heiligtums am Kamyab Blvd.
ESFAHAN (1083 km, 16 Std.), tgl. 2x nachmittags zwischen 720 000 IRR und 860 000 IRR.
SEMNAN (671 km, 7 Std.), 3x tgl. für 640 000 IRR.
TABAS (560 km, 6 Std.), 3x tgl. nachmittags zwischen 180 000 IRR und 740 000 IRR.
TEHERAN (900 km, 8 Std.), mehrmals tgl. zwischen 530 000 IRR und 2,06 Mio. IRR.
TORBAT-E HEYDARIYEH (155 km, 3 Std.), 2x tgl. für 234 000 IRR.
YAZD (915 km, 13 Std.), 1x tgl. abends für 900 000 IRR.

Flüge

Der **Flughafen** liegt 9 km südlich des Stadtzentrums. Mit dem **Bus 77** kommt man stdl. zwischen 6–20 Uhr ins Stadtzentrum und von der Enghelab-Busstation im Zentrum zum Flughafen. Ein **Taxi** ins Stadtzentrum sollte nicht mehr als 200 000 IRR kosten. Neben Inlandsflügen gibt es auch internationale Flugverbindungen nach/von Mashhad.
AHVAZ (mehrmals tgl., 2 1/2 Std.) mit Ata Airlines, Iran Air, Iran Airtour, Iran Aseman Air, Karun Airlines, Qeshm Airlines, Taban Airlines und Zagros Airlines.
ESFAHAN (mehrmals tgl., 1 1/2 Std.) mit ATA Airlines, Iran Airtour, Karun Airlines, Kis Air, Qeshm Airlines, Taban Airlines, Zagros Airlines.
QESHM (mehrmals wöchentl., 1 3/4 Std.) mit ATA Airlines und Qeshm Air.
SHIRAZ (mehrmals tgl., 1 1/2 Std.) mit ATA Airlines, Iran Air, Iran Airtour, Iran Aseman Airlines, Kish Airlines, Qeshm Airlines, Sepehran Airlines und Zagros Airlines.
TABRIZ (2–4x tgl., 2 Std.) mit ATA Airlines, Iran Air, Iran Airtour und Meraj Air.
TEHERAN (mehrmals tgl., 1 1/2 Std.) mit ATA Airlines, Caspian Airlines, Iran Air, Iran Airtour, Iran Aseman Airlines, Kish Air, Mehran Air, Qeshm Air, Taban Air und Zagros Airlines.
ZAHEDAN (1–2x tgl., 1 1/2 Std.) mit Iran Air, Iran Aseman Airlines, Qeshm Airlines.

Südlich von Mashhad

Alte, weißbärtige Männer mit weißen Turbanen und prächtige Koranschulen bzw. Mausoleen, die unweigerlich an Bauwerke in Usbekistan erinnern: Südlich von Mashhad zeigt sich, dass der persische Kulturraum und das historische Khorasan weit über die heutigen Landesgrenzen reichen. Aber auch, dass die kulturellen Übergänge zum nahen Nachbarn Afghanistan fließend sind. Mehrheitlich sind es Sunniten, die in der Gegend zwischen Torbat-e Jam und Khargerd beheimatet sind. Etwas verdiente Beachtung erfährt die Region in jüngster Zeit wegen der gut erhaltenen historischen **Windmühlen**, die sich vor allem im Sommer die starken Winde in der von Sandstürmen geplagten Ödnis zunutze machten.

Sangbast

Im Vergleich zu anderen Bauten zugegebenermaßen unscheinbar, aber historisch von Bedeutung ist das Mausoleum von Arslan Jazeb und der Ziegelturm Mil-e Ayaz in Sangbast, rund 36 km südlich von Mashhad. Es ist alles, was von der Regentschaft der Ghaznawiden in Iran übrig geblieben ist. Dabei herrschten sie zwischen dem 10. und 12. Jh. über große Teile Khorasans.

Torbat-e Jam

Rund 170 km südöstlich von Mashhad ist die Stadt vor allem wegen des **Aramgah-e Sheikh Jami** einen Besuch wert. Das Mausoleum mit seinen Nebenbauten, darunter Moscheen, ein Sufi-Kloster und eine Madrese, ist die letzte Ruhestätte des 1141 verstorbenen Sufi-Meisters Scheich Ahmad Jami. Der prächtige und mit Fliesendekor ausgestattete Eingangs-Iwan geht auf das 17. Jh. zurück. Über den Hof sind drei Moscheen erreichbar. Während sich die Neue

Moschee aus der Zeit der Ilkhaniden durch eine schön verzierte Innenkuppel auszeichnet, sind es bei der Kermani-Moschee die bemerkenswerten Stuckarbeiten am Mihrab und die hübschen Muqarna-Felder, die ins Auge fallen. In Letzterer werden auch wertvolle Koranexemplare ausgestellt. Schlichter wirkt die Atiq-Moschee mit zweistöckigen Arkadengängen aus Ziegeln. Regelmäßig geöffnet ist nur der Hauptinnenhof, für die restlichen Gebäude meldet man sich am besten beim Persisch sprechenden Schlüsselwächter, ✆ 0935-339 8159, der schon mal 100 000 IRR für seine Dienste beansprucht. ◷ Sa–Do 8–18, Fr 8–12 Uhr.

Die **Robat-e Karim** ist nicht nur eine gut erhaltene Karawanserei, sondern auch Sitz der **Touristeninformation**, ◷ Sa–Do 8–14 Uhr. Darüber hinaus wurde ein kleines **Anthropologiemuseum** eingerichtet, das die regionale Kultur und vor allem die Musiktradition veranschaulichen soll. ◷ Sa–Do 7–13, 15–17 Uhr, 100 000 IRR.

Von Taybad nach Khargerd

Weitere 60 km südlich, parallel zur nahen Grenze mit Afghanistan, ist es wieder ein Mausoleum, das die Kleinstadt **Taybad** für einen Stopp interessant macht. Der Eingangs-Iwan beeindruckt nicht nur aufgrund seiner Größe, sondern auch wegen des feinen Fliesendekors. Das Mausoleum von Scheich Zayn al-Din Taybadi aus dem 15. Jh. steht Besuchern leider nur selten offen.

Etwa 30 km weiter südwestlich ragt in **Karat** ein rund 25 m hohes Ziegelminarett in die Höhe, das vermutlich aus dem 12. Jh. stammt.

Mehr zu sehen gibt es rund 48 km weiter südwestlich in **Nashtifan**. Auf historische Windmühlen, wie sie in ganz Khorasan gang und gäbe waren, trifft man zwar auch anderswo, aber die Exemplare hier sind besonders schön erhalten. Vor allem im Sommer versetzte heftiger Wind die in eine Lehmkonstruktion eingefassten Holzflügel in Drehung. In den Innenräumen darunter findet sich der schwere Mühlstein. Heute stehen die Windmühlen in der Regel still, dafür sorgen Ketten, die an den Holzflügeln angebracht wurden. Zu besonderen Anlässen werden die Mühlen aber in Betrieb genommen. Zugang zu den Innenräumen unter den frei zugänglichen Mühlen verschafft der Besitzer des nahen Gästehauses.

Rund 10 km nordwestlich sollte man sich in **Khargerd** auf keinen Fall die Madrese Ghiasiyeh entgehen lassen. Die theologische Schule erinnert nicht zufällig an Usbekistan, denn es waren die Timuriden unter Shahrokh, die dieses Bauwerk im 15. Jh. errichten ließen. Kräftig blaue Fliesen schmücken die zweistöckigen Arkadengänge des Innenhofs und den Eingangs-Iwan. Passiert man den Eingang, führen links und rechts Wege in zwei reich verzierte Kuppelsäle. Der linke fungierte wohl als Koranschule, während der rechte als Moschee genutzt wurde. Zutritt ermöglicht das vor den Türen der Madrese gelegene Gästehaus oder ein Anruf beim Persisch sprechenden Schlüsselwächter namens Basalqeh, ✆ 0915-759 0832. Von der Nizamiyeh, einer der wichtigen wissenschaftlichen Hochschulen aus dem 11. Jh., ist heute kaum noch etwas zu sehen. Die Überreste befinden sich wenige Meter von der Madrese entfernt.

Torbat-e Heydariyeh

Das nächste etwas größere Zentrum liegt rund 120 km nordwestlich von Khargerd entfernt. Von hier sind es rund 135 km zurück nach Mashhad. Das **Mausoleum** für den Sufi-Meister Qotboddin Heydar aus dem 13. Jh. ist sehenswert. Im Vorhof gibt es Werkstätten, wo Kunsthandwerk hergestellt wird. Außerdem befindet sich jeden Herbst, zur Zeit der Safranernte, neben dem Busbahnhof ein riesiger Safranbazar. Preiswerte **Safranläden** gibt es auch in der Ferdowsi St. Sich in einem der Anbauzentren mit Safran einzudecken, ist wegen der deutlich niedrigeren Preise im Vergleich zu Mashhad und dem Rest des Landes eine gute Idee. Die touristische Infrastruktur in der Stadt ist schwach ausgebaut, aber der Bahnhof ist praktisch für die An- und Weiterreise.

ÜBERNACHTUNG UND ESSEN

Torbat-e Jam

Esmati Hotel, Imam Khomeini St., rund 500 m nordwestlich des Shahid Beshti Sq., ✆ 051-5254 3731. Mit der eigenwilligen Fassade samt

Die historischen Windmühlen in Nashtifan

hohen Fensterbögen und Uhr schwer zu übersehen. Die Zimmer sind einfach, aber erfüllen durchaus ihren Zweck. Auch das Restaurant ist passabel. ❶

Pardisan Hotel, Imam Khomeini St., bei der 34th Alley, ✆ 051-5252 3498, ✉ hotelpardisan.jaam@gmail.com. Tadelloses Standardhotel mit etwas altmodisch wirkenden, aber sauberen Zimmern. Auch das angeschlossene Restaurant ist empfehlenswert. ❶

Nashtifan

Puryaghub Ecolodge, Baharestan St., ✆ 0915-331 6208. Knappe 150 m südlich der Mühlen hat Herr Pur Yaghub eine kleine Wohlfühloase eingerichtet. Gäste werden herzlich willkommen geheißen, zuweilen wird Livemusik im hübschen Innenhof organisiert. Die Nacht im traditionellen Gästehaus mit Matratzen kostet 15 € p. P. Der Betreiber spricht etwas Englisch und hilft gerne weiter.

Khargerd

Aqamatgah-e Boomgardi Ghiasiyeh, direkt gegenüber vom Mausoleum, ✆ 0915-3316208. Die Lage könnte nicht besser sein, beim Frühstück draußen blicken Gäste direkt auf das timuridische Mausoleum. Die Nacht in den traditionellen Zimmern kostet 15 € p. P. Betrieben wird das Gästehaus vom engagierten Meysam Rezayat, der etwas Englisch spricht und viel erklärt. Ein älteres Ehepaar lebt hier und versorgt Gäste – durchaus nett, aber auch etwas schrullig.

Torbat-e Heydariyeh

Baradan Hotel, Shohada Sq., ✆ 051-5223 65313. Eine äußerst schlichte Bleibe, nur erwägen, wenn die Weiterfahrt in die Gästehäuser von Nashtifan und Khargerd nicht möglich ist. ❶

TRANSPORT

Busse

Ein kleiner **Busbahnhof** befindet sich am nordwestlichen Ende von **Torbat-e Jam** an der Imam Khomeini St. Von dort fahren mehrmals tgl. bis mind. 17 Uhr Busse nach MASHHAD (2 1/2 Std.) und TAYBAD (1 Std.). Von Taybad nimmt man ein privates Taxi nach Nashtifan und Khargerd.

Eisenbahn

Der Bahnhof von **Torbat-e Heydariyeh** befindet sich an der Kashani St., 150 m östlich der Ferdowsi St.
BANDAR ABBAS (1240 km, 23 Std.), 1x tgl. nachmittags für rund 1 Mio. IRR.
KHAF (120 km, 3 Std.), 4x wöchentl. für 220 000 IRR.
KERMAN (750 km, 14 Std.), 1x tgl. nachmittags für 762 500 IRR.
MASHHAD (155 km, 3 Std.), 2x tgl. morgens und nachts für 234 000 IRR.
TABAS (300 km, 5 Std.), 2x wöchentl. nachts für 262 000 IRR.
TEHERAN (940 km, 11 Std.), 3–4x wöchentl. nachmittags für 632 500 IRR.
Nur rund 6 km nördlich von Khargerd liegt die Ortschaft **Khaf**, wo es einen kleinen Bahnhof gibt mit Verbindungen nach TORBAT-E HEYDARIYEH (120 km, 3 Std.), 4x wöchentl. für 220 000 IRR.

Nördlich von Mashhad

Ganz gleich, ob man vereinzelte Baudenkmäler oder pittoreske Bergdörfer sucht – nordwestlich von Mashhad findet sich beides. Während der Palast in **Kalat** bis an die turkmenische Grenze führt, sind Dörfer wie **Kang** und Denkmäler wie in **Tus** nur einen Katzensprung von der Großstadt entfernt.

Kang

Gerade einmal 30 km westlich der zweitgrößten Stadt Irans liegt überraschend abgeschieden das verschachtelte Bergdorf Kang. Die mehrstöckigen Häuser samt Holzveranden reichen einen Berghang hinunter und bieten insgesamt ein sagenhaft schönes Bild. Das **Binalud-Gebirge** ist längst zum Naherholungsgebiet für müde Großstädter geworden; an Wochenenden und zu Feiertagen wird es hier richtig voll. Das kratzt aber nicht am Charme von Kang.

Dass es hier auch im Sommer wesentlich kühler ist als in der nahen Großstadt, erklären schon die rund 1700 m, auf denen das Dorf liegt. Durch die engen Gassen zu schlendern ist das eine, die umliegende Berglandschaft zu erkunden das andere. Die Schönheit des Bergdorfs lässt sich nur von einem anderen Bergrücken aus wirklich erfassen. Manche unternehmen daher auch gerne längere **Wanderungen** in andere Dörfer der Umgebung.

Das Dorf erreicht man von Mashhad über den Imam Reza Blvd., südlich der Metro-Station Vakilabad, der zunächst nach Torghabeh führt. Von dort geht es auf einer wesentlich kleineren Straße nach Noghondar, bevor die Kang Rd. direkt ins gleichnamige Bergdorf führt.

Kalat

Allein die bunte Berglandschaft bei Amir Abad auf dem Weg ins abgeschiedene, rund 140 km nördlich von Mashhad liegende Kalat oder Kalat-e Naderi kann für eine Reise in das turkmenische Grenzgebiet sprechen. Die Stadt geht auf den Afsharen-Herrscher Nadir Schah und seinen erfolgreichen Indienfeldzug zurück. Er schuf sich in dem fruchtbaren Tal, das heute von der Hauptstraße nur über einen engen, schlecht beleuchteten Straßentunnel erreichbar ist, ein kleines Refugium, um sich in seinem Erfolg zu sonnen. Der von ihm in Auftrag gegebene **Kakh-e Korshid** heißt übersetzt nichts anderes als „Sonnenpalast". Inmitten der Gartenanlage erhebt sich ein runder Turm, dessen Malereien innen und außen von indischen Motiven inspiriert scheinen. 🕒 tgl. 8–18 Uhr, 100 000 IRR.

Der bunten und reich verzierten Kuppel wegen sollte man auch die **Masjed-e Gonbad Kabud** besuchen. Die Moschee liegt nur wenige Meter vom Palast entfernt.

ÜBERNACHTUNG

Kang

Kang Kohan Ecolodge, ✆ 0915-600 0543, 051-3436 3464, 💻 www.kangkohan.com, kang_kohan. Ein liebevoll hergerichtetes Altstadthaus mit mehreren Ebenen und ansprechend eingerichteten Zimmern mit schönen Sanitäranlagen. Für heimelige Atmosphäre sorgen Öfen, Perserteppiche und Holzfenster in den Räumen. Geschlafen wird auf Matratzen auf dem Boden, dafür mit 1,5 Mio. IRR p. P. recht teuer. Gäste werden herzlich empfangen – ein Ort, an dem man oft länger bleibt als geplant.

Auch Wandertouren werden organisiert. Der Weg zur Ecolodge ist im Ort ausgeschildert.

Kalat

Khaneh-ye Sandati, Shahid Alipur St., ✆ 0910-576 4458. Eine schlichte, preiswerte Bleibe, die eigentlich für Lehrer gedacht ist. Aber auch ausländische Gäste können hier schlafen. Die Apartments sind geräumig und haben neben Betten auch eine Küche. Die gesamte Anlage befindet sich auf einer Anhöhe, zu erreichen über eine Straße den Berg hinauf nach dem Sommerpalast. Apartments mit Platz für bis zu 5 Personen kosten zwischen 1 und 1,5 Mio. IRR.

TRANSPORT

Kang

Von der kleinen **Busstation** rund 400 m nordöstlich der zwei Läden des Dorfes (am besten bei der Ecolodge nachfragen) fahren Sa–Do um 9.20, 13 und 17 Uhr Busse für 20 000 IRR nach MASHHAD (40 Min.) zur Metrostation Vakilabad.

Kalat

An der **Imam Khomeini St**. am Ortsbeginn nach dem Tunnel fahren mehrmals tgl. Busse morgens bis spätestens 16 Uhr nachmittags für 70 000 IRR und *savaris* für 130 000 IRR nach MASHHAD ab (2 1/2 Std.).

Grenzübergänge nach Turkmenistan

Wer die turkmenische Hauptstadt Ashgabat ansteuert, nimmt den Grenzübergang in der Siedlung **Bajgiran**, rund 70 km nördlich von Quchan und 210 km nordwestlich von Mashhad. Wer muss, kann im schlichten Bajgiran Hotel, ✆ 051-3372 3212, für 600 000 IRR (2-Bett-Zimmer) übernachten. Ab 7 Uhr verkehren alle 2 Std. *savaris* zwischen Quchan (Felestin Sq.) und Bajgiran für 200 000 IRR, Fahrtzeit 1 1/2 Std. Von Quchans Busbahnhof am Modarres Blvd. fahren mehrmals tgl. Busse nach Bojnurd und nach Mashhad für je 100 000 IRR, Fahrtzeit 2 Std. Der Grenzübergang dauert 1–3 Std., ⌚ tgl. 7.30–15.30 Uhr iranische Zeit, 9–17 Uhr turkmenische Zeit.

Neben Bajgiran bietet auch die 185 km nordöstlich von Mashhad gelegene Grenzstadt und Freihandelszone **Sarakhs** die Möglichkeit, nach Turkmenistan einzureisen. Für den Grenzübergang sind 1–3 Std. einzukalkulieren. Lieber gleich morgens um 8 Uhr an der Grenze stehen, die für gewöhnlich um 17 Uhr schließt. Dann ist noch genügend Zeit, in Turkmenistan weiter ins rund 3 Std. entfernte Mary zu fahren. Für Visabeantragung s. S. 42.

Von Tus zum Mil-e Radkan

Das heutige **Tus**, etwa 25 km nördlich von Mashhad, wirkt vielleicht unscheinbar, ist aber vor allem als Geburtsstätte des als Nationaldichter verehrten Ferdowsi bis in den hintersten Winkel des Landes bekannt. Auch andere historische Größen wie der Regent Nizam al-Molk oder der Mystiker Al-Ghasali wurden hier im 11. Jh. geboren. Wäre Tus der Zerstörungswut der einfallenden Mongolen entgangen, wäre es Mashhad wohl kaum gelungen, es zu überholen. An die kulturelle Blüte der historischen Region Khorasan erinnern heute nur noch zwei Grabmäler.

Erst 1934 wurde die Gedenkstätte mit dem monumentalen **Grabmal für Ferdowsi** errichtet. Anlass gab sein 1000. Geburtstag. Entlang der Marmorfassade sind Szenen aus Ferdowsis Nationalepos *Shahnameh* zu erkennen. Im nahen **Museum** geht es nicht nur um den verehrten Literaten, sondern es werden auch archäologische Ausgrabungen der Region ausgestellt, ⌚ tgl. 8–20, Winter 8–17 Uhr, 200 000 IRR.

Rund 1 km südöstlich findet sich das Mausoleum von **Gonbad-e Haruniyeh**, wo vermutlich der Mystiker Al-Ghasali begraben liegt. ⌚ tgl. 8–18 Uhr, 150 000 IRR.

Nur rund 11 km östlich von Tus befindet sich der achteckige **Grabturm Akhanjan** aus dem 15. Jh. Auffallend sind die bunten Ziegel des Zeltdaches. Es wird vermutet, dass hier Gohartaj, die Schwester der Lieblingsfrau des Timuriden-Herrschers Shahrokh, begraben liegt.

Ein ganzes Stück entfernt liegt der 24 m hohe Ziegelturm **Mil-e Radkan**. Rund 80 km entfernt von Mashhad, ist er über eine Abzweigung in die Siedlung Radkan zu erreichen, etwa 17 km hinter der Stadt Chenaran. Eine Schotterpiste führt von der kleinen Siedlung Radkan zum Turm mit seinen unverkennbaren Säulen, der inmitten der Felder ohnehin auf sich aufmerksam macht. Vermutlich wurde der Grabturm im 13. Jh. errichtet.

ÜBERNACHTUNG

Arg-e Radkan Ecolodge, ✆ 0915-122 3247, 0915-503 3050, ✉ info@radkanarg.ir. Der Betreiber Sadegh Kazemian hat lange Restaurierungsarbeiten in Kauf genommen, um aus einer historischen Villa ein hübsches traditionelles Gästehaus entstehen zu lassen. Die Nacht auf der Matratze kostet 1,5 Mio. IRR p. P., hausgemachtes Essen ist dabei.

TRANSPORT

Private **Taxis** von Radkan ins 28 km entfernte Chenaran kosten rund 100 000 IRR, etwas mehr, wenn man kurz den Turm besuchen möchte. Von Chenaran fahren Minibusse 2x stdl. zum Meraj-Busbahnhof in MASHHAD für 20 000 IRR. Eine Taxifahrt von Radkan bis nach Mashhad mit Halt in Tus kostet rund 500 000 IRR.

Sarakhs

In die abgelegene Grenzstadt kommen in der Regel nur diejenigen, die nach Turkmenistan weiterreisen möchten. Wer hier zu einer Pause gezwungen ist, kann das **Mausoleum** des Sufis Scheich Loqman Baba aus dem 11. Jh. besuchen, etwa 3 km vom Stadtzentrum entfernt. Reisende, die mit dem Auto anreisen, nehmen am besten noch die Karawansereien **Mahi**, rund 65 km entfernt von Mashhad direkt neben der Straße, und **Sharaf**, rund 135 km von Mashhad in der Nähe des Dorfes Shurlukh, mit. Von dort sind es noch weitere 40 km nach Sarakhs.

ÜBERNACHTUNG

Doosty Hotel, Ghadir Sq., ✆ 051-3452 0093. Mangels Alternativen tut es diese schlichte Unterkunft mit ihren einfachen Zimmern allemal. Auch ein Restaurant ist dabei. ❶

TRANSPORT

Oft stdl., manchmal alle 2 Std., fahren **Busse** für 130 000 IRR nach MASHHAD (rund 3 Std.). Alternativ finden sich auch *savaris* nach Mashhad.

Provinz Golestan

Das Land beweist mit dieser wenig besuchten Provinz an der Grenze zu Turkmenistan einmal mehr seine unglaubliche Vielseitigkeit. Denn es ist das kulturelle Erbe der turkmenischen Minderheit, die Golestan so einzigartig macht. Während das Reisen in Turkmenistan selbst erheblichen Einschränkungen unterliegt, ist das in Irans Golestan nicht der Fall, wenngleich die turkmenischen Familien Reisenden gegenüber etwas zurückhaltender auftreten, als man das von anderen Teilen Irans gewohnt ist.

Knapp über ein Drittel der Bevölkerung Golestans zählen zu den **Turkmenen**. Als Minderheit, die noch dazu sunnitisch ist, ergeben sich die einen oder anderen Konflikte – Zusammenstöße mit der ethnisch persisch dominierten Polizei zum Beispiel. In Städten wie **Gonbad-e Qabus** und **Bandar-e Torkaman** stellen Turkmenen die Mehrheit, was schon daran zu erkennen ist, dass Tschadors die Ausnahme sind. Meist tragen die Frauen bunt geblümte Kopftücher, Kleider und Umhänge. Bei den Männern ist besonders noch bei älteren Herren der Turban als Teil der traditionellen Kleidung erhalten geblieben.

Die turkmenische Kultur lässt sich am besten bei Reitturnieren oder aufwendigen Hochzeitszeremonien erleben. Wer das Glück hat, einer traditionellen Hochzeit beizuwohnen, sieht auch schon mal, wie ein reich geschmücktes Kamel samt Zeltpavillon die zukünftige Braut von Haus zu Haus trägt und junge Männer ihre zerzausten Turbane und roten Mäntel tragen.

Erst in den 1990er-Jahren wurde dieser Landstrich von Mazandaran gelöst und zur eigenen Provinz mit der Provinzhauptstadt **Gorgan**. So jung die Geschichte der Provinz auch sein mag, findet sich hier zugleich eine der ältesten zivilisatorischen Spuren des Landes. Erste Fundstücke gehen auf 5000 v. Chr. zurück, etliche **Tepes**, Siedlungshügel, in der nördlichen Ebene zwischen Gorgan und Ali Abad zeugen davon.

Hat man erst einmal die fruchtbare Ebene der kaspischen Region hinter sich gelassen, trifft man nördlich von Gonbad-e Qabus und Tangrah nicht nur zunehmend auf Kamelherden, sondern gelangt auch zu den unverkennbaren Steppenlandschaften der Provinz. Neben der turkmenischen Kultur spricht vor allem die Natur für eine Reise nach Golestan. Der älteste **Nationalpark** Irans, benannt nach der Provinz, mit einer vielfältigen Flora und Fauna findet sich hier, durch den verstörenderweise der Highway nach Mashhad führt. Aber vor allem ist es die surreal schöne und einzigartige Landschaft der Turkmensahra rund um den Schreinkomplex **Khaled Nabi**, die die Anreise lohnt.

Gorgan

Einst ein wichtiger Handelsplatz, ist in Gorgan heute verhältnismäßig wenig Altstadtsubstanz erhalten. Die häufigen Einfälle von Nomadenstämmen, aber auch die russische Besetzung 1911, im Zuge derer der Bazar abbrannte, setzten der Altstadt zu. Die über 300 000 Einwohner zählende Stadt macht daher einen recht modernen Eindruck.

Vom Bazar zum Imamzadeh Nur

Bester Ausgangspunkt für einen Rundgang durch die Altstadt sind der Shahrdari oder **Vahdat Sq.** und die westlich davon verlaufende Imam Khomeini St. mit dem **Bazar**. An den Bazar grenzt die **Freitagsmoschee**. Ihr seldschukischer Ursprung ist aufgrund der massiven baulichen

Gorgan

Veränderungen über die Jahrhunderte nur noch am Ziegelminarett erkennbar.

Rund 100 m nordwestlich der Moschee findet sich die Villa **Khaneh-ye Amir Latifi** aus qadjarischer Zeit. Die kleinteilige Ziegelfassade, die vielen Holzfenster und das rot gefleckte Ziegeldach wurden mühevoll restauriert. Das Haus ist aber nicht nur aufgrund seines für die Region typischen Baustils interessant, sondern enthält auch ein kleines Kunshandwerksmuseum. ⌚ tgl. 9–17 Uhr, 100 000 IRR.

Weitere 100 m gen Westen liegt das ebenfalls qadjarische **Khaneh-ye Taqavi**. In dem historischen Haus ist auch die **Touristeninformation**, 💻 www.golestanchto.ir, untergebracht. Das kleinteilige Ziegelmuster und der vermehrte Einsatz von Holz fallen auch hier ins Auge. Die bürgerlichen Häuser aus der Zeit der Qadjaren haben in der kaspischen Region unweigerlich zu einem eigenen Architekturstil gefunden. Das Taqavi-Haus mit seinen kleinen Innenhöfen und den mit Fenstern durchsetzten mehrstöckigen Fassaden wirkt wie ein gut sortiertes Schmuckkästchen. ⌚ Sa–Do 8–14 Uhr, 100 000 IRR.

Rund 50 m nordwestlich folgt das **Imamzadeh Nur**. In dem Heiligtum liegt Eshagh, ein Verwandter Imam Rezas, begraben. Ein gepflasterter Platz führt direkt zum zwölfeckigen Bau mit seinen Ziegelornamenten. ⌚ Sa–Do 8–17 Uhr.

Kakh Muzeh-ye Gorgan

Rund 300 m südlich des Vahdat Sq. entlang der Pasdaran St. befindet sich das **Palastmuseum** – eine der vielen Residenzen des Pahlavi-Monarchen Reza Schah. Ausgestellt werden vor allem Einrichtungsgegenstände der königlichen Familie, aber auch archäologische Ausgrabungsstücke der Region. ⌚ tgl. 8–18 Uhr, 100 000 IRR.

Muzeh-ye Gorgan

Am nördlichen Ende der Shohada St. und in der Nähe des gleichnamigen Platzes werden im Stadtmuseum archäologische Ausgrabungsstücke vom Turang Tepe und aus der Siedlung Jurjan (heute Gonbad-e Qabus) ausgestellt. Daneben gibt es noch ein Sammelsurium an Relikten aus den letzten Jahrhunderten. ⌚ tgl. 9–18 Uhr, 100 000 IRR.

ÜBERNACHTUNG

Khayam Hotel, 15th Aftab Alley, bei der Imam Khomeini St., ✆ 017-3225 0916. In Ordnung für eine Nacht, aber die dunklen, altmodischen und teils fensterlosen Zimmer laden nicht ein, länger zu bleiben. ❶

Nahar Khoran Tourism Hotel, Ziyarat St., ✆ 017-3254 0034. Liegt bereits mitten in den Wäldern entlang der Straße zur Siedlung Ziarat, ca. 10 km südlich des historischen Stadtzentrums. Die Anlage gehört zur iranischen Hotelkette Jahangardi, verfügt über verhältnismäßig neue, schlichte Zimmer, aber abgewohnte Bungalows. Auch ein Restaurant ist angeschlossen. ❷

Sara-ye Bagheriha Guesthouse, Emamzadeh Nur Alley 10, ✆ 0912-210 9453, 017-3223 7971, 💻 www.sarayebagheriha.com. Die aufwendig restaurierte Kaufmannsvilla zeigt, wie wunderschön und unverkennbar die historische Bausubstanz in Gorgans Altstadt ist, wenn sie nicht dem Verfall überlassen wird. Noch dazu bietet sie geschmackvoll eingerichtete Zimmer, über einen lauschigen Innenhof erreichbar. Zuweilen werden Tanz- und Musikabende veranstaltet. Lokales Kunsthandwerk wird ausgestellt und verkauft. Im Prinzip vereint das Haus die schönsten Seiten von Gorgan. ❸

ESSEN

Delmar Cafe, Mehr St., rund 60 m nördlich der 36th Edalat St., ✆ 017-3234 4593, Instagram cafe_delmar_. Könnte auch ein modernes Architekturbüro irgendwo in Europa sein. Das Café hat mit seinen offenen Räumen auf mehreren Ebenen Loftcharakter und viel Charme. Serviert werden Burger, Omeletts und Salate. Schmeckt einfach – eine willkommene Abwechslung zu Kebab und dergleichen. ⌚ So–Fr 9.30–13.30, 17.30–24 Uhr.

Eros Restaurant, Imam Khomeini St., westlich des Vahdat Sq., ✆ 017-3223 3303. Gute lokale Küche in bester Lage. Innen ist es wegen der bunten Glasfenster teils etwas dunkel, aber im Vergleich zu anderen Standardrestaurants ist die Einrichtung wesentlich ansprechender und das Personal bemüht. ⌚ tgl. 8–22.30 Uhr.

Meykhosh Restaurant, Resalat St., rund 190 m südwestlich der Shahid Rajaei St., ✆ 017-3243 7964. Kommt ganz ohne Plastikmöbel und -tischdecken aus und wirkt wegen der hellen Holzstühle und -tische moderner als die üblichen iranischen Restaurants. Neben der Standardauswahl an persischen Gerichten gibt es auch Pasta und Salat. ⌚ tgl. 12–16, 19.30–23.30 Uhr.

Miami Cafe, 36th Edalat St., rund 100 m östlich der Valie'asar St., ✆ 017-3232 7484, Instagram cafe.restaurant.miami. Etwas vom historischen Zentrum entfernt, aber hier zeigt sich die Stadt von ihrer modernsten Seite. Atmosphärisch ist vor allem der kleine Garten mit überdachten Sitzmöglichkeiten. Mediterran inspirierte Gerichte und üppige Frühstücksteller werden liebevoll angerichtet, auch an Vegetarier ist gedacht. Junges Publikum und englische Speisekarte. ⌚ Sa–Do 9.30–12, 17–23, Fr 9–12 Uhr.

Sara-ye Bagheriha Restaurant, Emamzadeh Nur Alley 10, ✆ 0912-210 9453, 017-3223 7971. Schon wegen des Ambientes ein Muss – bietet nicht nur Zimmer, sondern auch lokale

Küche von guter Qualität. Zum Genießen im schönen Innenhof oder auch im Innern. ⌚ tgl. 9–21 Uhr.

SONSTIGES

Geld

Sarafiye Tourist Exchange, 33th Edalat St., bei der Valie'asar St. ⌚ tgl. 10–13, 17–20 Uhr.

Informationen

Golestan Miras, Emamzadeh Nur Alley, im Khaneh-ye Taqavi, ✆ 017-3226 1802, 💻 www.golestanchto.ir. Touristeninformation mit guten Broschüren zur Provinz. Kann auch Guides und Touren organisieren.

Reisebüros

Komeil Golestan Tour & Travel Agency, 21th Edalat St., bei der Valie'asar St., ✆ 017-3232 6664. ⌚ Sa–Mi 8–18.30, Do 8–13.30 Uhr.

Visaverlängerungen

Visaverlängerung im **Immigration & Passport Office** in der 10th Behesht St., rund 170 m südlich der Shahid Beheshti St. ⌚ Sa–Do 8–14 Uhr.

DER NORDOSTEN

TRANSPORT

Busse

Der **Busbahnhof** liegt am Enqelab Sq., rund 600 m östlich des Bahnhofs.
ESFAHAN (813 km, 12 Std.), tgl. nachmittags für 400 000 IRR, VIP für 700 000 IRR.
MASHHAD (580 km, 9 Std.), 3x tgl. vormittags bis nachmittags VIP für 560 000 IRR.
RASHT (500 km, 9 Std.), 2x tgl. mittags und nachts für 270 000 IRR, VIP für 480 000 IRR.
SEMNAN (310 km, 5 Std.), 2x tgl. morgens und nachmittags für 200 000 IRR.
TEHERAN (412 km, 8 Std.), mehrmals tgl. vormittags bis nachmittags für 260 000 IRR, VIP für 470 000 IRR.

Minibusse

Minibusse nach GONBAD-E QABUS fahren für 50 000 IRR (1 1/2 Std.) mehrmals tgl. von der Minibusstation **Istgah-e Minibus Gonbad** an der Gorgan-Bojnord St., rund 300 m westlich des Kashani Blvd., ab. Auch *savaris* für 100 000 IRR starten hier.
Von der Minibusstation **Istgah-e Minibus Kordkoy** am Mofateh Sq. verkehren mehrmals tgl. Minibusse nach KORDKOY für Ausflüge ins Radkan-Tal (15 000 IRR, 1/2 Std.).

Eisenbahn

Der **Bahnhof** liegt am nördlichen Stadtrand, am Ende der Shohada St. Nach Teheran (412 km, 11 Std.) 2x tgl. abends für 300 000 IRR.

Flüge

Der **Flughafen** liegt rund 10 km nördlich des Stadtzentrums. Aseman und Iranair fliegen nach MASHHAD (mehrmals wöchentl., 1 1/4 Std.) und TEHERAN (mehrmals tgl., 1 Std.).

Die Umgebung von Gorgan

Südlich von Gorgan sind die Wälder Alang Darreh oder Nahar Khoran und die rund 10 km entfernte Siedlung Ziarat beliebte Ausflugsziele. Mehr als Wälder, die in unmittelbarer Straßennähe von Ausflüglern und ihren Plastik-Hinterlassenschaften stark verschmutzt sind, und einer Siedlung voller neuer Betonklötze gibt es hier aber nicht zu sehen. Interessanter sind Ausflüge in die nördliche Umgebung Gorgans oder zum Mil-e Radkan.

Mil-e Radkan

Von der Kleinstadt Kordkoy, rund 20 km von Gorgan entfernt, führt eine steile Bergstraße die ersten Elburz-Gebirgshänge hinauf bis zum 45 km entfernten Radkan-Tal, in dem sich auch der gleichnamige Turm befindet. Der **Grabturm** aus Ziegeln mit kegelförmigem Dach geht wohl auf das frühe 11. Jh. zurück. Auffallend sind die mittelpersischen Inschriften. Für Hin- und Rückweg von der nächstgelegenen größeren Stadt Kordkoy sollte man rund drei Stunden einrechnen, und es empfiehlt sich ein Jeep.

Am Shahrdari Sq. in Kordkoy lassen sich auch **Jeeps** für die Weiterfahrt organisieren. Von Kordkoy fahren mehrmals tgl. **Minibusse** für 15 000 IRR nach Gorgan (1/2 Std.).

Bandar-e Torkaman

Die farbenfrohe turkmenische Kleidung ist in der kaspischen Hafenstadt, rund 37 km nordwestlich von Gorgan, allgegenwärtig und signalisiert, dass hier vorwiegend Turkmenen leben. Wer in die turkmenische Kultur eintauchen will, kann hier Pferderennen besuchen oder im **Bazar** nach turkmenischen Teppichen Ausschau halten.

Entlang des **Hafens**, wo während des Zweiten Weltkriegs Alliierte die Sowjets im Kampf gegen das Deutsche Reich mit Waren versorgten, finden sich heute ein paar Souvenirläden. Sehenswürdigkeiten im engeren Sinn bietet die Stadt nicht. Aber vom Hafenpier verkehren kleine Boote für 400 000 IRR zur **Insel Ashuradeh** und zurück. Die Insel ist wegen ihres kleinen Palasts von Reza Schah aus der Pahlavi-Zeit bekannt, aber auch weil die Sowjets von hier aus gegen turkmenische Piraten kämpften. Das hiesige Restaurant Balik, ✆ 0939-579 4679, serviert vor allem Fisch, hat aber nur unregelmäßig geöffnet.

Aq Qala

Für ein paar Stunden erwacht in Aq Qala, rund 20 km nördlich von Gorgan, jeden Donnerstag ein kleiner **turkmenischer Markt** zum Leben. Gehandelt wird dann zwischen 7 und 12 Uhr, danach wird der Markt wieder abgebaut. Vor allem werden Dinge für den täglichen Gebrauch angeboten. Daneben gibt es aber auch turkmenische Teppiche und allerhand Stoffe für die traditionell bunt gemusterten Kleider und Kopftücher der Frauen. Als zusätzlicher Kopfschmuck zu den Tüchern werden Haarreifen angeboten, die verheiratete Frauen wie einen Ring unter dem Kopftuch tragen. Der schlichte Reifen ersetzt dabei die traditionellere 5 cm hohe Kappe, die früher üblich war.

Gelfeshan

Inmitten von bewirtschafteten Feldern reißt ein beeindruckender **Schlammvulkan**, Gelfeshan Garniarik genannt, ein Loch in die Erde. Ganze 550 m Durchmesser umfasst der Krater, der aufgrund seiner versteckten Lage nicht ganz leicht aufzufinden ist.

Insgesamt sind es rund 40 km von Gorgan. Nach Aq Qala geht es noch 14 km weiter nördlich die Straße entlang, wo man links abzweigt, um nach rund 6 km wieder links abbiegend einen 3 km langen Feldweg zum Krater zu nehmen.

Schlammvulkane sind im engeren Sinne keine Vulkane. Hier steigt lediglich tonreiches Sedimentgestein auf, das eine geringe Dichte aufweist. Neben der Provinz Golestan hat auch Chabahar im äußersten Südosten des Landes einen beeindruckenden Schlammvulkan zu bieten (S. 483).

Turang Tepe

Höchst interessant an der fruchtbaren Gegend in der Nähe des Kaspischen Meeres sind die vielen **Siedlungshügel**, Tepes genannt. Mit den unzähligen Tepes Khuzestans kann die Provinz Golestan zwar nicht mithalten, aber das muss sie auch nicht. Die archäologischen Funde, die beim Turang Tepe gemacht wurden, reichen bis in das 5. Jahrtausend v. Chr. zurück. Über die Jahrtausende hinweg wurde die heute noch deutliche Erhebung unterschiedlich genutzt. So wird dort ein aus dem 1. Jahrtausend v. Chr. stammender, bedeutender Terrassenbau vermutet. Später errichteten die Sassaniden eine Festungs- und Tempelanlage. Der Siedlungshügel ist auf dem Weg nach Ali Abad zu erreichen, wenn man nach 12 km nach Marzan Kalateh abbiegt und dann noch rund 9 km zurücklegt.

Gonbad-e Qabus

Die Stadt Gonbad-e Qabus ist eines der turkmenisch geprägten Zentren Golestans. Hier lassen sich mittlerweile auch Souvenir- und Kunsthandwerksläden finden. Von dem einst wichtigen Handelsumschlagplatz entlang des weiten Netzes der Seidenstraße ist heute nicht viel Sehenswertes übrig.

Wahrzeichen der Stadt ist der **Mil-e Gonbad**, der monumentale Ziegelturm mit Kegeldach, aus dem Jahr 1006, der 2012 von der Unesco zum Weltkulturerbe ernannt wurde. Ganze 55 m ragt der schmucklose Ziegelturm, der älteste dieser Art, in die Höhe und diente den Seldschuken als Vorbild für ihre Grabturmarchitektur im 11. und 12. Jh. Der Legende nach soll der Turm die letzte Ruhestätte des Ziyariden-Fürsten Shams al Maali ibn Wushmgir sein. Sein Grab konnte allerdings bis heute nicht gefunden werden. Sicher ist nur, dass der Fürst, auch als Dichter und Unterstützer Avicennas bekannt, den Bau in Auftrag gab. ⏲ tgl. 8–19 Uhr, 200 000 IRR.

Einen Besuch lohnt die moderne **Pferderennbahn Majmue-ye Sawarkai**, wo die turkmenischen Achal-Tekkiner-Pferde ihr Bestes geben. Sie liegt am nordöstlichen Rand der Stadt. Rennen finden zwischen November bis Juni mit Ausnahme von Ramadan und Nowruz jeden Donnerstag und Freitag am frühen Nachmittag statt, Eintritt 50 000 IRR.

ÜBERNACHTUNG UND ESSEN

Havash Restaurant, Shahid Shirazi Ring Rd., 300 m östlich des Ali Sq. Abgelegen, aber günstig, wenn man im Qaboos Hotel schläft. Beliebt wegen seiner guten Kebabs. ⏲ Sa–Do 12–22 Uhr.

Night Star Cafe, Qabus St., im Einkaufszentrum neben dem Turm. Zentral gelegen und für eine kleine Kaffee-und-Kuchen-Pause tauglich. Außerdem gibt es WLAN. ⏲ Sa–Do 11–24, Fr 16–24 Uhr.

Qaboos Hotel, Imam Ali Sq., am südlichen Stadtrand, ✆ 017-3334 5402. Schmucklose, sehr schlichte, altmodische, saubere Zimmer. Nichts Besonderes, aber für eine Nacht völlig in Ordnung. ❷

SONSTIGES

Momtaz Gasht Travel, Taleghani Sharqi St., im Zeytun-Komplex, ✆ 017-3355 1010, 0911-276 9693, 💻 www.momtazgasht.com. Alireza Nourafshan leitet diese Reiseagentur und organisiert neben Touren nach Khaled Nabi auch Tickets für moderne und traditionelle Pferderennen. Letztere finden jeden Mai in Suiyan statt. Auch die genauen Termine für die Rennen lassen sich bei ihm erfragen.

TRANSPORT

Der **Busbahnhof** liegt am Sina Blvd. an der Ecke zur Khoamshahr St. Nach MASHHAD (483 km, 6 1/2 Std.) mehrmals tgl. vormittags bis abends für 300 000 IRR.

Minibusse nach GORGAN fahren für 50 000 IRR (1 1/2 Std.) mehrmals tgl. von der **Minibusstation** (Istgah-e Minibus Gorgan) an der Jorjan St. an der Kreuzung zum Imam Khomeini Blvd. ab. Auch *savaris* finden sich dort.

15 HIGHLIGHT

Khaled Nabi

Unwirklich erscheinen die vielen Linien der Berge und Hügel. Fast könnte man glauben, Pinselstriche hätten diese unverkennbare Landschaft der **Turkmensahra** geschaffen. Irrwege auf der Suche nach Khaled Nabi bieten die Möglichkeit, die Weitläufigkeit dieser karg besiedelten Region zu erfassen. Iraner werden einem immer das Frühjahr als Reisezeit ans Herz legen, wenn die Berge in einem sanften Grün erscheinen. Aber auch das Ocker des restlichen Jahres ändert nichts an der überwältigenden Landschaft.

Um zu dem **Schreinkomplex** und seiner sagenhaft schönen Kulisse zu kommen, muss man der nordöstlichen Straße von Gonbad-e Qabus 45 km nach Tamer-e Qarah Quzi folgen, um von dort nach rund 40 km gen Norden zum Schrein zu gelangen. Rund 6 km davor liegt noch das Dorf Gachisu-e Payin.

Wer hier verzweifelt den richtigen Weg sucht, dem helfen Einheimische gerne weiter. Auf dem Gipfelplateau angekommen, eröffnet sich Reisenden ein wunderschönes Panorama. Unzählige zackige Hügel reihen sich in der Ebene aneinander. Das größere Mausoleum ist Khaled Nabi, einem Propheten aus dem Jemen, gewidmet. Er soll vor rund 1600 Jahren gelebt haben und war Christ. Es wird erzählt, dass seine Tochter nach einem Besuch beim Propheten Mohammed zum Islam konvertierte. Reisende, die keine Pilgerfahrt unternehmen, werden dem Mausoleum Khaled Nabis weniger Beachtung schenken als dem reizvoll gelegenen Mausoleum von Choupan Ata, Nabis Schafhirten. Ein schmaler Weg führt zu dem Schrein, auf den man zwangsläufig blickt, wenn man die dahinter liegende Berglandschaft bewundert.

Von der Anlage führt ein schmaler Wanderweg zu einem **Friedhof** der besonderen Art. Der hügeligen Landschaft entspringen hier mehr als 500 Grabsteine unterschiedlicher Größe, deren phallische Form unübersehbar ist. Ihre Existenz ist kein Geheimnis. Das kulturelle Erbe stammt vermutlich aus der vorislamischen Mazdaki-Ära im 6. Jh. Nach einem Brand wurde das Areal eingezäunt und abgesperrt. Nunmehr ist der Besuch nur in Begleitung des Schlüsselwächters möglich, den man entweder bei der Eingangshütte am Zaun oder auf dem Areal des Khaled-Nabi-Mausoleums findet.

ÜBERNACHTUNG

Gachisoo-e Bala Guesthouse, rund 10 km entfernt vom Mausoleum, in Gakhisu-e Bala, ✆ 0911-176 1196. Traditionelles Haus mit Matratzen auf dem Boden für 1 Mio. IRR die Nacht, auch Übernachtung in Jurten möglich. Die Familie nimmt Gäste herzlich in Empfang und organisiert immer wieder turkmenische Tanz- und Musikabende. Auch Wandertouren sind möglich, und der Transport zum Mausoleum wird ebenfalls arrangiert.

Golestan-Nationalpark

Der älteste Nationalpark des Landes wurde 1970 gegründet und umfasst etwas mehr als 90 km². Er zeigt sich überraschend vielfältig – von verhältnismäßig flachen Hügeln, die westlich in die Steppenlandschaft übergehen, bis zu den kahlen, hohen Felsen des Beyli-Plateaus im Osten. Neben den leicht zu sichtenden Wildschweinen leben hier u. a. Schakale, Braunbären, Gazellen, Wildkatzen und vereinzelt Leoparden. Dazu kommen über 150 verschiedene Vogelarten und eine vielfältige Flora von dichten Wäldern bis zur kargen Graslandschaft der Steppe.

Das ökologische Gleichgewicht wird aber offensichtlich massiv durch den Highway gestört, der mitten durch den Nationalpark führt und Gorgan mit Bojnurd und Mashhad verbindet. Die hier durchziehenden Autofahrer hinterlassen Spuren. In den Wäldern am Straßenrand wird gepicknickt, Wasserpfeife geraucht und Müll hinterlassen; Wildschweine werden mit Essensresten angezogen, sodass sie sich den Menschen bis auf wenige Meter nähern.

Auch wenn hier von Naturschutz nichts zu sehen ist, braucht es für einen Besuch des Nationalparks ein **Permit**. Nur dann sind Tierbeobachtungen abseits des fragwürdigen Schauspiels am Straßenrand und mehrtägige **Trekkingtouren** möglich. Die erste Anlaufstelle für die Organisation sind Kamran Anvari und Forough Vahabzadeh, die im westlich gelegenen Dorf Tutli Tamak ihre Ecolodge eröffnet haben.

ÜBERNACHTUNG

Turkmen Ecolodge, in Tutli Tamak, rund 45 km nordöstlich von Kalaleh, ✆ 0912-720 6741, 💻 www.turkmenecolodge.com. Ein traditionelles Gästehaus mit Matratzen auf dem Boden für 1,5 Mio. IRR p. P. Eigentlich für mind. 2 Nächte samt Besuch des Nationalparks gedacht. Abholung von Gonbad-e Qabus oder auch Gorgan wird organisiert, auch mehrtägige Reit- und Trekkingtouren durch den Nationalpark möglich. Lieber vorab reservieren!

MOSCHEEKUPPEL IM PALMENMEER VON SHAHDAD; © ANDREAS SCHÖRGHUBER

Der Südosten

Nirgendwo sonst kommen Wüstenliebhaber so auf ihre Kosten. Vor allem die Dasht-e Lut könnte nicht extremer, nicht reizvoller sein: Einer der heißesten Orte der Welt, ein Sandmeer mit über 400 m hohen Dünen und bizarrsten Steinformationen, die skulpturengleich die Landschaft definieren. Dazu gesellen sich mächtige Festungen, prächtige Lehmstädte und üppig grüne Oasendörfer – so schön, dass man versucht ist, an eine Fata Morgana zu glauben.

Stefan Loose Traveltipps

16 **Nayband** Ein Spaziergang zwischen endlosen Palmenhainen und lieblichen Lehmhäusern. S. 460

17 **Dasht-e Lut** Campen inmitten vielfältig schöner Wüstenlandschaften. S. 462

Bagh-e Shahzadeh Im persischen Prinzengarten dem Wasserplätschern lauschen. S. 466

18 **Bam** Die mittelalterliche Lehmstadt und ihre Zitadelle sind von den Trümmern auferstanden. S. 467

Balutschistan An der surrealen Küste rund um Chabahar locken Schlammvulkane, Marsberge und Wüste. S. 472

Arg-e Furg An Berberitzenfeldern vorbei geht es zur erhabenen Festung. S. 488

BAZAR MIT EINER VIELFALT AN GEWÜRZEN; © PRISKA SEISENBACHER

OFFROAD MIT DEM JEEP DURCH DIE MEGADÜNEN DER WÜSTE LUT; © PRISKA SEISENBACHER

Wann fahren? Okt–März; im Sommer die heißeren Tagesstunden meiden und sich auf Einschränkungen bei Wüstentrips einstellen

Wie lange? 2 Wochen

Bekannt für einen der heißesten Orte der Welt, unterschiedlichste Wüstenlandschaften, Oasen mit üppigen Palmenhainen, mittelalterliche Lehmbauten und Festungen

Outdoor-Tipp Die Schlucht Kal-e Jeni bei Tabas entlangwandern und mehrere Tage die Wüste Lut offroad entdecken

Unbedingt probieren *Shir chai*, zuckersüßer Milchtee mit Gewürzen

Der Südosten des Landes verspricht das ultimative Wüstenabenteuer, dafür sorgen gleich zwei Wüsten von unglaublichen Ausmaßen: die Dasht-e Kavir im Norden bei Tabas und die Dasht-e Lut im Süden bei **Kerman**. Die Provinzhauptstadt mit ihren Architekturschätzen ist Dreh- und Angelpunkt für Reisen in der Region. Von dort gilt es, den Reiz unwirtlicher und lebensfeindlicher Naturphänomene zu erkunden. Man folgt der Straße geradewegs in den Nordosten nach **Shafiabad** und zu den bizarren Steinformationen der **Wüste Lut**, *kaluts* genannt. Das Wüstenerlebnis kann sich auf einen einstündigen Besuch der *kaluts* neben der Hauptstraße beschränken oder auf eine mehrtägige Campingtour ausdehnen.

Gen Norden Richtung **Tabas** locken reizende Oasendörfer, allen voran **Nayband**, aber auch einsame Karawansereien wie **Chah-e Karo**. Wesentlich belebter geht es südöstlich von Kerman zu. Vorbei an den türkisfarbenen Kuppeln von **Mahan** und den mächtigen Lehmmauern von **Rayen** geht es in das Dattelanbauzentrum **Bam**. Eine Stadt, die nicht nur wegen der unglaublich schmackhaften Datteln und der weiten Palmenfelder, sondern auch aufgrund ihrer majestätischen riesigen Festungsstadt ganz aus Lehm bekannt ist.

Von den kurzen Trips zu den *kaluts* direkt neben der Straße einmal abgesehen, gehört der Südosten sicherlich nicht zum üblichen Touristenprogramm. Außerhalb von Kerman bekommt man oft kaum andere Touristen zu Gesicht. Während in der Provinz Kerman noch auf touristische Infrastruktur Verlass ist, kann davon in **Süd-Khorasan** und speziell in der Gegend um **Birjand** keine Rede sein. Dafür hat man atemberaubende Festungen wie **Furg** oder pittoreske Dörfer wie **Makhunik** ganz für sich alleine.

Noch spezieller wird es in **Sistan und Balutschistan**. Von Reisenden aufgrund der **Sicherheitslage** (S. 472) meist gemieden, lockt die größte Provinz an der Grenze zu Pakistan und Afghanistan mit Ruinenstädten, historischen Windmühlen und eindrucksvollen Festungen. Die Küstenregion um die Hafenstadt **Chabahar** sucht ihresgleichen, egal ob man Kamele am Meer beobachtet oder sich in den surrealen Naturschauspielen der Schlammvulkane und verwitterten Berge bei Sonnenuntergang verliert. Nur hier finden frischer Fisch und Meeresfrüchte mit den kulinarischen Einflüssen und Gewürzen des Ostens zusammen und kitzeln die Zunge.

Provinz Kerman

Die größte Provinz des Landes vereint beides: über 4000 m hohe Bergspitzen der südöstlichen Ausläufer des Zagros-Gebirges und einen der heißesten Orte der Welt inmitten der mächtigen Wüste Lut. Für Wüstenabenteuer der Superlative ist die **Provinzhauptstadt Kerman** der geeignete Ausgangspunkt.

Überwindet man erst einmal die natürliche Gebirgsbarriere, liegt einem die lebensfeindliche **Dasht-e Lut** mit ihren vielen Formen und Farben zu Füßen. Die Wüste hat große Teile der Provinz fest im Griff. Die Sommer sind heiß und die Niederschläge gering. Doch wissen die Menschen seit Jahrtausenden damit umzugehen. Die natürlichen Becken auf über 1000 m Höhe, die sich zwischen den hohen Gebirgszügen befinden, eigneten sich hervorragend für **Qanate** (S. 270). Dieses ausgeklügelte antike Bewässerungssystem machte Landwirtschaft und den Ausbau von Dörfern und Städten erst möglich.

Die Besiedlung der Provinz geht vermutlich auf das 4. Jahrtausend v. Chr. zurück. Damit ist Kerman nicht nur Schauplatz spektakulärer Landschaften, sondern auch eines der bedeutenden antiken Kultur- bzw. Zivilisationszentren des Landes. Beispielhaft dafür stehen die archäologischen Funde in **Jiroft**, die über 4000 Jahre alt sind. Nicht zu vergessen sind die mächtigen Lehmburgen und -städte, allen voran **Bam**. Die Stadt ist aber auch ein Sinnbild für die Zerstörungswut der Natur – gerade die Provinz Kerman ist von starken **Erdbeben** betroffen.

Kerman

Die Provinzhauptstadt ist der Ausgangspunkt für Reisende, die es in die Wüste Lut oder noch weiter Richtung Bam zieht, und hat vor allem in Sachen Architektur etwas zu bieten. Kerman ist

eine schöne Ergänzung zu den Städten der Landesmitte und für diejenigen, die von lebendigen Bazaren, detailreichen Kuppeln und reich verzierten Fassaden nicht genug bekommen können.

Die Stadt wurde über Jahrhunderte hinweg immer wieder als administratives und militärisches Zentrum genutzt. Gegründet wurde sie vermutlich im 3. Jh. unter den Sassaniden. Vor

allem im 16. Jh. erfuhr Kerman einen erheblichen Aufschwung. Als Bandar Abbas zum neuen Haupthafen unter den Safawiden wurde, eröffnete sich eine neue Nord-Süd-Route, von der Kerman profitierte. Hinzu kam die günstige Lage auf der Ost-West-Route nach Indien. Das förderte vor allem die Textilproduktion und den Handel mit feiner Wolle.

Geschichte

Ganj Ali Khan wirkte als lokaler Regent (1596–1624) über die heutige Provinz Kerman und weit darüber hinaus über das heutige Sistan und Balutschistan. Er und seine kurdischen Truppen unterstanden dem safawidischen Schah und schlugen erfolgreich Schlachten für ihn. Die herrschaftlichen Baukomplexe der Stadt sind vor allem auf diesen Regenten zurückzuführen. Ein zweischneidiges Schwert, bedenkt man, dass der Khan für seine Bauvorhaben rücksichtslos vor allem Häuser der zoroastrischen Stadtbewohner zerstörte und die Glaubensgemeinde nachhaltig schwächte.

Der relativen Blüte unter den Safawiden folgte weit später ein blutiges Nachspiel unter den Qadjaren: Lotf Ali Khan, Herrscher der Zand-Dynastie, suchte 1794 in Kerman Schutz vor dem Qadjaren-Herrscher **Agha Mohammed Khan**. Ein Umstand, der diesen dazu veranlasste, um die 20 000 Männer der Stadt zu ermorden und Frauen zu versklaven.

Im späten 19. Jh. erstarkte Kerman vor allem wegen des florierenden Handels mit Indien und mit Teppichen der Region, die auch in Europa überaus geschätzt wurden.

Ganj-Ali-Khan-Komplex

Der lokale Regent Ganj Ali versuchte, sich Anfang des 17. Jhs. mit seinen Bauprojekten ein Denkmal zu setzen. Der **Meydan-e Ganj Ali Khan** entstand nach dem Vorbild des großen Meydan-e Naqsh-e Jahan in Esfahan. Zum zentralen Platz gehört ein Ensemble an Bauwerken: eine Moschee, eine Karawanserei, ein Hamam und ein Bazar – alle nach dem Bauherrn benannt, versteht sich. Der **Bazar-e Ganj Ali Khan** liegt südlich des Meydan-e Ganj Ali Khan zwischen Chahar Suq, einer überkuppelten Bazarkreuzung, und Bazar-e Vakil. Arkadengänge mit zahlreichen Läden umschließen den zentralen Platz, an dessen östliche Seite die sehenswerte Karawanserei **Robat-e Ganj Ali Khan** anschließt.

Gleich neben dem mächtigen Eingang zur Karawanserei findet sich die zunächst unscheinbare kleine **Masjed-e Ganj Ali Khan**. Die fein verzierte Innenkuppel begeistert auch Reisende, die bereits unzählige Architekturschätze dieser Art zu Gesicht bekommen haben. Mit ihren warmen Farben hebt sie sich deutlich von anderen Kuppelbauten ab. Besonders ist auch, dass man hier über einen Aufgang die Möglichkeit hat, der Decke wesentlich näher zu kommen als anderswo. ◷ tgl. 9–13, 14–18 Uhr.

Folgt man den Arkadengängen rund um den zentralen Platz, kommt man an einem leider geschlossenen Qanat und am **Hamam-e Ganj Ali Khan** vorbei. Es lohnt sich, schon am Eingang innezuhalten, um die detailreich verzierte Decke zu bewundern. Neben den üblichen floralen Mustern sind hier vor allem Tiere abgebildet. Zwischen Hasen, Raubtieren, Steinböcken und Vögeln haben auch dämonische und andere Fabelwesen Eingang gefunden. Zu sehen sind Jagdszenen, aber auch Bilder, die das Bazarleben betreffen, wie eine heranziehende Karawane, ein Gaukler oder eine Frau im Hamam. In Betrieb ist der Hamam schon seit über 60 Jahren nicht mehr, aber um die iranische Badehaustradition trotzdem in Ehren zu halten, wurde ein Museum daraus gemacht. Heute sollen Wachsfiguren die Riten bei einem Hamam-Besuch verdeutlichen. ◷ tgl. 9–13, 14–18 Uhr, 150 000 IRR.

Auf der gegenüberliegenden, nördlichen Seite des Meydan-e Ganj Ali Khan befindet sich ein kleines Anthropologie- und Münzenmuseum, das **Muzeh-ye Sekkeh**, ◷ Di–So 9–19 Uhr, 100 000 IRR.

Bazar-e Sartasari

Hauptanziehungspunkt für Reisende ist der zentral gelegene Bazar-e Sartasari, der sich insgesamt über rund 1200 m vom Tohid Sq. bis zur schönen Masjed-e Jameh erstreckt und eigentlich aus mehreren Bazaren besteht: Der **Bazar-e Ganj Ali Khan** geht weiter östlich in den **Bazar-e Vakil** über. Nördlich der Masjed-e Ganj Ali Khan findet sich zudem der **Bazar-e Zargaran** für Gold und Juwelen und an der westlichen Seite des Meydan-e Ganj Ali Khan der **Bazar-e Mesgari Shomali** für Kupferschmiede. Alle Bazare ◷ Sa–Do 9–21 Uhr.

Masjed-e Jameh

Südwestlich des Shohada Sq., dem Platz der Märtyrer, führt eine kleine Gasse zum Eingang der Freitagsmoschee. Die detaillierten Fliesen mit ihrem kräftigen Blau überziehen Fassaden und Decken. Die erhabenen Iwane scheinen durch ihren Fliesenschmuck beinahe mit dem Himmel zu verschmelzen. Nicht zufällig erinnert die Gestaltung an Yazd. Auch diese Freitagsmoschee wurde zunächst im 14. Jh. unter den Muzaffariden errichtet, wenngleich sie in den darauffolgenden Jahrhunderten erweitert und umgestaltet wurde. ◷ tgl. 8–20 Uhr.

Masjed-e Imam

Südlich des Bazars an der Imam Khomeini St. befindet sich die Masjed-e Imam, auch Masjed-e Malek genannt. Wenngleich sich das Erscheinungsbild über die Jahrhunderte erheblich geändert hat, sind noch Teile aus dem seldschukischen Entstehungszeitraum der Moschee im 11. oder 12. Jh. erhalten, darunter die schönen Stuck-Mihrabs, ⌚ tgl. 10–18 Uhr.

Gonbad-e Moshtaqieh

Südöstlich des Shohada Sq. ist das **Mausoleum** für den Sufi-Scheich Moshtaqieh Ali Schah schon aufgrund seiner prächtigen türkisfarbenen Kuppeln nicht zu übersehen. Es umfasst einen gepflegten Garten inmitten des Großstadttrubels. Die Anlage stammt aus qadjarischer Zeit. ⌚ tgl. 8–13, 16–20 Uhr, 50 000 IRR.

Muzeh-ye Zoroastrian

Nordöstlich des Shohada Sq. besteht die Möglichkeit, Einblicke in das zoroastrische Leben der Stadt zu gewinnen. Neben Yazd ist vor allem Kerman für seine verhältnismäßig große zoroastrische Glaubensgemeinde bekannt. Im Museum wird deren Geschichte und Kultur aufgearbeitet. ⌚ Di–So 9–12, 15–17 Uhr, 100 000 IRR.

Gonbad-e Jabaliye

Rund 8 km vom Shohada Sq. entfernt, am östlichen Ende der Stadt, steht der unverkennbare Kuppelbau Jabaliye, der bis heute Rätsel aufgibt. Es könnte sich um eine zoroastrische Kultstätte handeln, sicher ist das aber nicht. Auch sein Errichtungszeitraum ist unklar. Im schlichten, achteckigen Kuppelbau ist heute ein kleines Museum untergebracht. ⌚ tgl. 9–13, 15–19, Winter 9–17 Uhr, 100 000 IRR.

Muzeh-ye Defa'-e Moghaddas

Das **Museum der heiligen Verteidigung** am Abaspour Blvd. ist dem Ersten Golfkrieg und seinen Folgen gewidmet. Während im Vorhof Kriegsgeräte ausgestellt sind, sieht man im Inneren vor allem Dokumente wie Fotos und Filme. In Iran wurden viele Museen zum Gedenken an den Iran-Irak-Krieg der 1980er-Jahre errichtet, darunter ist dieses eines der größeren. ⌚ tgl. 7–13.30, 16–18.30 Uhr, 150 000 IRR.

Yakhtschal-e Moayedi

An der Kamyab St., rund 2,5 km westlich des Shohada Sq., ist das schön restaurierte **Eishaus** mit einer Höhe von rund 20 m typisch für Städte am Rand der Wüste. Es ist umgeben von ebenso hohen Mauern. Kerman besaß mehrere Eishäuser, die mit der Zeit aber zerstört wurden. Einst wurden in den massiven Lehmbauten Eisblöcke gelagert, mithilfe derer Lebensmittel frisch gehalten wurden. ⌚ Sa–Mo 11–17, Di–Fr 8–14 Uhr, 50 000 IRR.

Muzeh-ye Sanati

Die Dauerausstellung einer erlesenen Sammlung moderner Kunst in der Shariati St. ist allemal sehenswert. Das Museum wurde in einem Gebäudekomplex aus der Qadjaren-Zeit untergebracht und widmet sich vor allem dem 2006 verstorbenen Künstler Sali Akbar Sanati. Daneben spielt aber auch die Kunst von Sohrab Sepehri, der 1980 starb, eine große Rolle. Zu sehen sind über 1000 Gemälde und Skulpturen, darunter sogar einzelne Stücke europäischer Künstler wie Kandinsky und Nolde. Um die gegenwärtige Kunstszene zu fördern, werden immer wieder Wechselausstellungen lokaler Künstler veranstaltet. ⌚ Sa–Do 8–16 Uhr, 50 000 IRR.

Muzeh-ye Bagh-e Harandi

Das Museum an der Kreuzung der Beheshti St. mit dem Ferdowsi Blvd. beherbergt einige prähistorische Schätze aus Jiroft und Shahdad, vor allem Keramikarbeiten. Daneben werden Musikinstrumente – über 200 an der Zahl – ausgestellt. ⌚ Di–So 9–17 Uhr, 100 000 IRR.

Bagh-e Fath Abad

Die rund 13 ha große Gartenanlage 16 km nordwestlich von Kermans Stadtzentrum wurde erst 2014 komplett restauriert. Einer privaten Initiative ist es zu verdanken, dass der Garten von 1870 nicht länger verfällt. Ein breiter Weg führt an einem langen Wasserbecken zur zentral gelegenen Villa. Zu beachten sind die sorgfältig restaurierten Stuckarbeiten im Inneren.

Heute finden sich außerdem ein Teehaus und ein Restaurant innerhalb der Anlage. Abends wird alles beleuchtet. Wer den Vergleich mit an-

© PRISKA SEISENBACHER

Im Museum und ehemaligen Hamam Ganj Ali Khan sind die traditionellen Baderäume zu sehen.

deren Gärten wie dem nahe gelegenen Shahzadeh zieht, wird hier vermutlich nicht glücklich. Äußerst beliebt ist der Garten aber bei einheimischen Touristen und Ausflüglern. ⌚ tgl. 8–22 Uhr, 150 000 IRR.

ÜBERNACHTUNG

Untere Preisklasse

Amin Hotel, Shadid Chamran St., rund 80 m nördlich der Gonbad Sabz St., ✆ 034-3225 0865, ✉ aminhotel@yahoo.com. Ausgesprochen schlichte 2- und Mehrbettzimmer. Für das Hotel sprechen vor allem die Nähe zum Bazar und die Preise. ❷

Arad Hostel, Sheykh Ahmad Kafi St., zwischen Alley 22 und 24, ✆ 0913-299 8482. In der Wohnung wurden mehrere Zimmer eingerichtet, darunter ein 6er-Schlafsaal mit einfachen Stockbetten und Privatzimmer mit und ohne Bad. Die Nacht im Schlafsaal kostet 7 €, das Privatzimmer mit Bad 20 €. Küche kann mitgenutzt werden.

Jalal Guest House, Gharbi Sevom 11, Varzesh St., 250 m nördlich des Janbaz Blvd., ✆ 034-3271 0185 und 0913-142 3174, ✉ Jalalguesthouse@yahoo.de. Die einfachen 2- bis Mehrbettzimmer in dem Privathaus sind freundlich eingerichtet. Jalal hat 10 Jahre in Deutschland gelebt. Gerade auch wegen seiner Deutschkenntnisse sind er und seine Unterkunft beliebt. Mittlerweile hat er ein zweites Gästehaus namens **Khaneh-ye Pedari** an der Motahari St., wenige Meter östlich der Mostafa Khomeyni St., eröffnet. Die Preise, die er für Touren und Zimmer verlangt, schwanken teils erheblich. Ein Schlafplatz kostet um 1 Mio. IRR.

Kerman Hotel, Qods Blvd., an der Kreuzung mit dem Old Terminal Blvd., ✆ 034-3251 5065 und 034-3251 2999, 💻 www.kermanhotel.com. Einfache, aber durchaus freundliche 2- und Mehrbettzimmer. Preiswert, aber etwas abgelegen vom historischen Zentrum. ❷

Khorram Hostel, 5th Alley 40, Parvin Eetesami St., ✆ 0913-942 1800, ✉ khorramhostel@gmail.com. Farhad hat gemeinsam mit seinem Bruder eine kleine, schlichte Wohlfühloase geschaffen. Das historische Gebäude samt Garten verfügt über zwei unterschiedliche Kategorien von 2-Bett-Zimmern, einmal für 20 € und einmal für 25 € die Nacht, sowie über einen Schlafsaal für 8 € p. P. Nett geführter

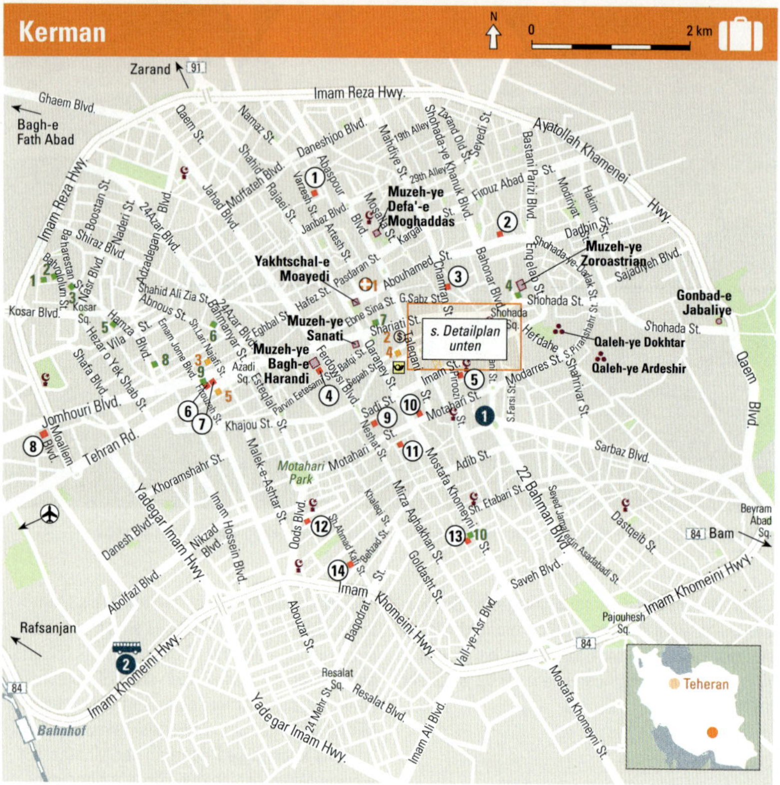

Kerman

N
0 2 km

Zarand 91
Imam Reza Hwy.
Ghaem Blvd.
Bagh-e Fath Abad
Ayatollah Khamenei Hwy.
Qaem St.
Namaz St.
Daneshjoo Blvd.
Mahdiye St.
19th Alley
29th Alley
Zarand Old St.
Seyedi St.
Shohada-ye Khanuk Blvd.
Bastani Parizi Blvd.
Firouz Abad St.
Modiriyat St.
Hakim St.
Dadbin St.
Imam Reza Hwy.
Boostan St.
Naderi St.
24Azar Blvd.
Jahad Blvd.
Moffateh Blvd.
Shahid Rajaiei St.
Abaspour St.
Varzesh St.
Janbaz Blvd.
Artesh St.
Mosalla Blvd.
Kargar St.
Muzeh-ye Defa'-e Moghaddas
Bahonar Blvd.
Enghelab St.
Muzeh-ye Zoroastrian
Sajadiyeh Blvd.
Shohada-ye Dadak St.
Baharestan St.
Shiraz Blvd.
Nasr Blvd.
Adzadegan Blvd.
Bahrololum St.
Kosar Blvd.
Kosar Sq.
Shahid Ali Zia St.
Abnous St.
Yakhtschal-e Moayedi
Pasdaran St.
Abouhamed St.
Chamran St.
G.Sabz St.
Shohada St.
Gonbad-e Jabaliye
Hamza St.
Vila St.
Hezar o Yek Shab St.
Emam Jome Blvd.
Sh.Lari Najafi St.
Bahmanyar St.
Eghbal St.
Hafez St.
Ebne Sina St.
Muzeh-ye Sanati
Shariati St.
Taleghani St.
s. Detailplan unten
Shohada Sq.
Hefdahe Shahrivar St.
S.Piranshahr St.
Shohada St.
Qaleh-ye Dokhtar
Qaleh-ye Ardeshir
Qaem Blvd.
Shafa Blvd.
Azadi Sq.
Esteqlal St.
Muzeh-ye Bagh-e Harandi
Ferdowsi Blvd.
Bafqi St.
Qaraney St.
Parvin Eetesami St.
Sepah St.
Imam St.
Pirouzi St.
Modarres St.
S.Farsi St.
Jomhouri Blvd.
Touhid St.
Khajou St.
Sadi St.
Motahari St.
Moallem Blvd.
Tehran Rd.
Malek-e-Ashtar St.
Neshat St.
Mostafa Khomeini St.
Adib St.
Sarbaz Blvd.
Motahari Park
Motahari
Khoramshahr St.
Yadegar Imam Hwy.
Imam Hossein Blvd.
Khalegi St.
Mirza Aghakhan St.
Sh. Etabari St.
22 Bahman Blvd.
Seyed Jamaledin Asadabadi St.
Dastqeib St.
Beyram Abad Sq.
84 Bam
Danesh Blvd.
Nikzad Blvd.
Qods Blvd.
Sh.Ahmad Kazemi St.
Behzad St.
Goldasht St.
Saveh Blvd.
Imam Khomeini Hwy.
Abolfazl Blvd.
Rafsanjan
Abouzar St.
Baqodrat St.
Imam Khomeini Hwy.
Vali-ye-Asr Blvd.
Pajouhesh Sq.
84
Imam Khomeini Hwy.
84
Bahnhof
Resalat Sq.
Resalat Blvd.
24 Mehr St.
Yadegar Imam Hwy.
Imam Ali Blvd.
Mostafa Khomeyni St.
Teheran

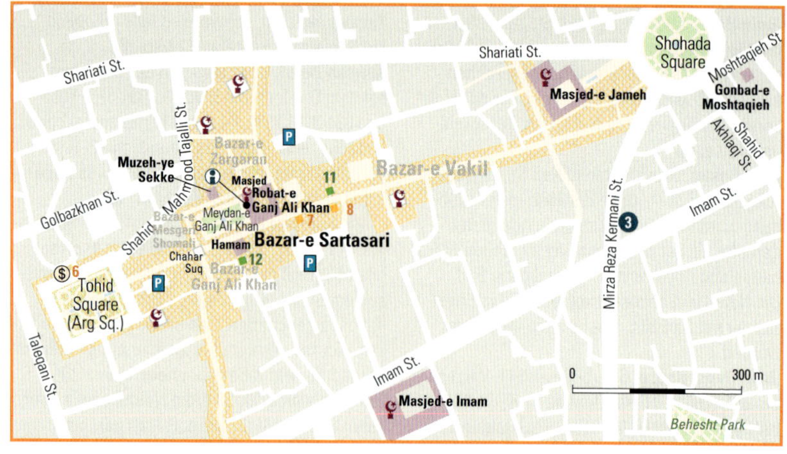

Familienbetrieb mit einfachen, aber freundlichen Zimmern.

Milad Guesthouse, Tehran Rd., rund 150 m östlich der Firouzeh St., ✆ 034-124 5067. Eine sehr einfache Unterkunft für eine Übernachtung ohne Ansprüche, keine Englischkenntnisse. ❼

Narenj Hostel, 3rd Alley, rund 180 m östlich der Mirza Aghakhan St., ✆ 0913-140 6608. Die hilfsbereiten Mitarbeiter und die freundlich gestalteten Räume mit Perserteppichen und Wandnischen sorgen für eine nette Atmosphäre. Geschlafen wird auf dem Boden auf Matratzen. Die Küche kann genutzt werden. Eine Nacht kostet im gemischten Schlafsaal 10 €, ein Privatzimmer für 2 Personen 25 €.

Welcoming Hostel, 44th Alley 67, rund 180 m westlich der Mostafa Khomeyni St., ✆ 0937-861 7508, ✉ Iranandlutwithus@gmail.com. Mina ist nicht nur ein erfahrener Tourguide (S. 457), sondern empfängt ihre Gäste auch in ihrem zum Hostel umfunktionierten Heim. Zwei freundliche Privatzimmer für 10 € p. P. mit bequemen Betten stehen bereit, Küche kann genutzt werden. Mina und ihre ungezwungene Art sorgen dafür, dass man sich rundum wohlfühlt.

Yas Guesthouse, Piroozi St., zwischen den Banken Saderat und Refah, ✆ 0913-346 1191, 💻 www.irankalut.com. Der Tourguide Mansour Sadeghizadeh bietet in seiner Unterkunft vier 2-Bett-Zimmer für 20 € die Nacht.

Mittlere und obere Preisklasse

Akhavan Hotel, Tehran Rd., rund 90 m östlich der Firouzeh St., ✆ 034-3244 14111, ✉ akhavan hotel@yahoo.com. Ein etwas abgewohntes Standardhotel. Die altmodischen, aber sauberen Zimmer sind mit Teppichböden ausgestattet. Für ausländische Gäste mit 45 € pro 2-Bett-Zimmer eindeutig überteuert.

Hezar Hotel, Neshat St. 5, rund 70 m westlich der Esfandiari St., ✆ 032-260040, ✉ info@hezarhotel.ir. Ein ruhig gelegenes Hotel mit den üblichen 2- und Mehrbettzimmern – etwas altmodisch, teils dunkel, Teppichböden. Die Zimmer verfügen teilweise über Küchenzeilen. Insgesamt ein freundliches Hotel mit bemühten Mitarbeitern. ❾

Moshtagh Guest House, Shohadae Fathe Abadan St., rund 350 m westlich der Enqelab St., ✆ 0903-745 7002, ✉ moshtaghguesthouse @gmail.com. Die junge Mandana Maleki ist stets um das Wohl ihrer Gäste bemüht. In dem Privathaus stehen drei 2-Bett-Zimmer für stolze 40 € und ein Dorm mit Matratzen für 13 € p. P. zur Verfügung. Die Zimmer wirken ohne Fenster zwangsläufig dunkel, das macht die familiäre Atmosphäre aber wieder gut.

Pars Hotel, Jomhouri Blvd., an der Kreuzung mit dem Moallem Blvd., ✆ 034-32119 30132, 💻 www.pars-hotels.com. Auf die beliebte staatliche Hotelkette, auch als Tourist Inn bekannt, ist auch hier Verlass. Gilt als das beste Hotel der Stadt und verfügt über mehr als 200 Zimmer. Das professionelle Personal wirkt freundlich, aber distanziert. Die großen 2- und Mehrbettzimmer sind hell eingerichtet, wenngleich immer noch altmodisch. ❽

ÜBERNACHTUNG
1. Jalal Guest House
2. Moshtagh Guest House
3. Amin Hotel
4. Khorram Hostel
5. Yas Guesthouse
6. Akhavan Hotel
7. Milad Guesthouse
8. Pars Hotel
9. Hezar Hotel
10. Khaneh-ye Pedari
11. Narenj Hostel
12. Kerman Hotel
13. Welcoming Hostel
14. Arad Hostel

ESSEN
1. So So Cafe
2. Bozorg Cafe
3. Zhubin Restaurant
4. Keykhosro Restaurant
5. Barista Cafe
6. Salad Bar
7. Kanaz Book Cafe
8. Paeiiz Cafe
9. Max Restaurant
10. Sunny Kitchen
11. Vakil Teahouse & Restaurant
12. Zir-e Bazarche

SONSTIGES
1. Krankenhaus Mehregan
2. Sharifi Exchange
3. Samangan Carpet Shop
4. Visaverlängerung
5. Parse Owj Agency
6. Parandeh Afshar Exchange
7. Novin
8. Museum Hayati

TRANSPORT
1. Savaris nach Mahan
2. Busbahnhof Adineh
3. Savaris nach Shahdad

ESSEN

Gerade die neueren, hippen Lokale befinden sich im modernen Teil der Stadt und nicht im historischen Zentrum. Hauptgerichte gibt es meist für 180 000–250 000 IRR, WLAN nur in Ausnahmefällen, auch mit Englisch ist es in den meisten Fällen schwierig.

Barista Cafe, Hamza Blvd., 70 m nordwestlich der Golestan St., ✆ 034-3245 7711. Bobak heißt Gäste mit einem Lächeln auf den Lippen willkommen und ist schon wegen seines gezwirbelten Schnurrbarts unverkennbar. Ein kleiner, individueller Laden mit Hipster-Flair – perfekt für Kaffee und Kuchen zwischendurch. ⌚ Sa–Do 8–24, Fr 10–24 Uhr.

Bozorg Cafe, 11th Bahrololum St., ✆ 0936-133 5171, bozorgcafe. Ein bewusst modern eingerichtetes Café, wo neben Kaffee auch Pasta serviert wird. Ob es das *Burn-The-Witch*-Cover an der Wand ist, das der Ladenbesitzer und Radiohead-Fan Amir angebracht hat, oder ein Regal voller Gesellschaftsspiele – auch die persönliche Note kommt hier nicht zu kurz. ⌚ tgl. 8–23, Essen Fr–Mi 13–16, 20–23 Uhr.

Kanaz Book Cafe, Shariati St., wenige Meter westlich der Naaser Fuladi Rd., ✆ 0913-042 4778. Winziger Laden für eine kleine Kaffee-und-Kuchen-Pause. ⌚ tgl. 8.30–13, 16–23 Uhr.

Keykhosro Restaurant, Borzou Amighi St., Ecke Shohada St., ✆ 034-3312 7264. In dem Familienbetrieb mit traditionellen Sitzbänken gibt es gute persische Küche, die auch von Einheimischen geschätzt wird. Gegessen wird vor allem im überdachten Innenhof des historischen Hauses. Auch Zimmer zur Übernachtung. ⌚ tgl. 13–23 Uhr.

Max Restaurant, Jomhouri Blvd., östlich der Kreuzung mit der Firouzeh St., ✆ 034-3245 8004, Max_traditional_restaurant. In Bezug auf das Ambiente und die Einrichtung gibt es zwar schönere Plätze, aber das traditionelle Restaurant ist bei Einheimischen seiner soliden persischen Küche wegen beliebt. ⌚ tgl. 11–23 Uhr. Gleich daneben findet sich **Max Pizza**, der Fast-Food-Ableger des Hauses, ⌚ tgl. 18–23 Uhr.

Paeiiz Cafe, Hamza Blvd., 130 m nordwestlich der Zohreh Kermani St., ✆ 034-3247 4507, paeiiz_cafe. Das junge Team und die chillige Musik im Hintergrund sorgen für eine ungezwungene Atmosphäre und etwas Großstadtflair. Dazu gibt es neben Kaffee und Shakes eine kleinere Auswahl an Pasta und Sandwiches sowie einige Frühstücksvariationen. ⌚ Sa–Do 9–24 Uhr.

Salad Bar, Abnous St., 210 m nordwestlich der Zohreh Kermani St., ✆ 034-3242 6150. Salatvariationen als Hauptgerichte und zwar ausschließlich – die richtige Anlaufstelle für Vegetarier und auch Veganer. Ein freundlicher, einfacher Laden mit ein paar Holztischen. Den Salatteller gibt es für rund 180 000 IRR. ⌚ tgl. 18–22 Uhr.

So So Cafe, Razmandegan St., 270 m westlich des Bahrololum Blvd., ✆ 0913-290 3702. Winziger Laden mit wenigen Sitzplätzen draußen und einfachen, kleinen Gerichten für zwischendurch. Schachbretter laden auf ein Spiel ein. ⌚ tgl. 8–23 Uhr.

€ **Sunny Kitchen**, Mostafa Khomeyni St., 50th Alley. Gute und vor allem preiswerte persische Hausmannskost. *Gormeh sabzi* gibt es in diesem Familienbetrieb schon für 65 000 IRR. Kein Restaurant im klassischen Sinne, eher eine persische Version von Takeaway mit ein paar einfachen Sitzmöglichkeiten. ⌚ tgl. 11–15, 19–22 Uhr.

Vakil Teahouse & Restaurant, Bazar-e Vakil, ✆ 034-3225 4493. Wegen des Ambientes ein Muss, auch wenn die persischen Gerichte anderswo mitunter besser schmecken. Man sitzt in den schön restaurierten Räumlichkeiten des ehemaligen Hamams. Der Kellner Alireza serviert neben Hauptgerichten auch *kolompeh*, die Kermani-Süßigkeit aus Datteln und Nüssen, und bietet Shishas an. Mit ihm lässt sich übrigens gut auf Englisch plaudern. Er arbeitete einst als Jongleur und Feuerschlucker bei einem italienischen Zirkus und hat so einiges zu erzählen. Englische Speisekarte und täglich Livemusik, dafür aber Eintritt von 30 000 IRR. ⌚ tgl. 10–20 Uhr, Essen gibt es zwischen 12 und 20 Uhr.

Zhubin Restaurant, Baharestan St., 110 m westlich des Nasr Blvd., ✆ 034-3247 7977. Schmuckloser, aber einwandfreier Laden mit ein paar Tischen und einer kleineren Auswahl an Fast-Food-Gerichten für den schnellen Hunger. ⌚ tgl. 11–15, 19–24 Uhr.

Zir-e Bazarche, hinter dem Hamam-e Ganj Ali Khan, bei dessen Ausgang, ✆ 034-3222 2622. In bester Lage gibt es hier persische Küche zu einem guten Preis-Leistungs-Verhältnis – günstig und lecker. ⌚ tgl. 11–16 Uhr.

TOUREN

Hotels und Hostels arrangieren Halbtages- und Tagesausflüge in die Wüste zu den *kaluts* oder in den Südosten nach Bam. Die Preise variieren je nach Leistung. Für eine Halbtagestour zu den *kaluts* mit dem Taxi muss man mit 600 000 IRR rechnen. Für Wünsche, die über einen einfachen Transport hinausgehen, wendet man sich besser an Guides (Wüstenspezialisten s. u.).

Fahrer

Arman Shakeri, ✆ 0913-342 1339, ✉ arman shakeri1362@gmail.com, ◎ armanshakeri1. Mit einem erfahrenen Offroad-Fahrer wie Arman kann nichts schiefgehen, mögen die Dünen noch so hoch und steil sein. Ein vertrauenswürdiger Fahrer mit guten Englischkenntnissen – Ansprechpartner für Offroad-Wüstentouren.

Guides

Ahmad Satar Oyob, ✆ 0913-195 6447, ✉ desert.guide85@gmail.com. Eine gute und vertrauenswürdige Wahl für Stadttouren im Besonderen und die Provinz im Allgemeinen.

Amir Moghadam, ✆ 0913-198 2482, ✉ amir.kaluts@gmail.com. Überaus professionell und hilfsbereit – geeignete Ansprechperson für Stadt- und Wüstentouren. Amir begann 2011, Offroad-Strecken durch die Dasht-e Lut zu erschließen. Über zwei Jahre nahmen diese Erkundungen in Anspruch mit dem Resultat, dass er zu den absoluten Experten gehört, was Wüstentouren betrifft. Nicht nur ein guter Guide, sondern auch ein erfahrener Fahrer mit guten Jeeps.

Mansour Sadeghizadeh, ✆ 0913-346 1191, 💻 www.irankalut.com. Erfahrener Guide und Englischlehrer, der neben City- und Wüstentouren auch Exkursionen zu Teppichwebereien anbietet.

Mina Naeemi, ✆ 0937-861 7508, ✉ Iranandlutwithus@gmail.com, ◎ minaandlutwithmina. Man merkt schnell, wenn die Coolness in Person vor einem steht. Bei Mina ist das der Fall. Sie gilt als der erste weibliche Tourguide für Offroad-Trips durch die Wüste – eines ihrer Spezialgebiete neben Touren durch Stadt und Provinz. Mina bringt eine Menge Erfahrung mit, ist überaus kompetent, aber nie bevormundend. Sie ist mit viel Engagement bei der Sache, hat ein offenes Ohr für alle Anliegen und ist zudem mit ihrer gelassenen Art eine tolle Gesprächspartnerin. Mina steht auch für größere Reisen durch Iran zur Verfügung.

SONSTIGES

Einkaufen

Im **Bazar** sind vor allem Perserteppiche, von Hand bedruckte und bestickte Textilien – darunter die Schals namens *pateh* –, Gewürze, Datteln und lokale Süßigkeiten für Touristen interessant.

Muzeh-ye Bibi Hayati, Bazar-e Vakil, rund 500 m östlich des Vakil Teahouse. Weniger ein Museum als eine Verkaufs- und Schaufläche. Gegen Eintritt lassen sich hier schöne Exemplare von Teppichen bestaunen und erwerben. ◷ Sa–Do 9–13, 15–20 Uhr, Eintritt 25 000 IRR.

Novin, Bazar-e Vakil, verkauft die für Kerman so typische Süßigkeit *kolompeh* – einen mit Datteln und Nüssen gefüllten Keks. ◷ Sa–Do 9–20.30 Uhr.

Samangan Carpet Shop, 3rd Alley, Emam Jome Blvd., ✆ 034-3244 7453. Eine gute Anlaufstelle, um hochwertige Perserteppiche und die anderswo eher selten angebotenen Teppiche speziell aus der Provinz Kerman zu sehen. ◷ Sa–Do 9–13, 17–20 Uhr.

Geld

Parandeh Afshar Exchange, an der Nordwestseite des Tohid Sq., ✆ 0913-197 9177, ◷ Sa–Do 9–13, 16.30–19 Uhr.

Sharifi Exchange, Qods St., rund 300 m nordwestlich des Tohid Sq., ✆ 0913-341 6474 und 034-3222 3502, ◷ Fr–Mi 8.30–13.30, 16–18 Uhr.

Informationen

Eine kleine **Touristeninformation** findet sich beim Eingangsportal zur Karawanserei Ganj Ali Khan an der nördlichen Seite.

DER SÜDOSTEN

Medizinische Hilfe

Krankenhaus Mehregan, Kamyab St., 350 m westlich des Basij Sq., ✆ 034-3222 0210.

Post

Postamt, Edalat St., ⌚ Sa–Do 7–14 Uhr.

Reisebüros

Parse Owj Agency, Tehran Rd., gegenüber vom Milad Guesthouse, ✆ 034-3244 6003, 💻 www.parseowj.com, ⌚ Mo–Do 8–19, Fr 9–12 Uhr.

Visaverlängerungen

Visaverlängerung im **Immigration & Passport Office** an der Moallem St., ✆ 034-3218 3269, ⌚ Sa–Mi 8–13.30 und Do 8–11.30 Uhr.

NAHVERKEHR

Taxis innerhalb der Stadt kosten rund 100 000 IRR, zum Flughafen 200 000 IRR und zum Busbahnhof 150 000 IRR.

TRANSPORT

Busse

Der **Busbahnhof Adineh** (Terminal-e Otobus Adineh) liegt 10 km südwestlich des Stadtzentrums am Imam Khomeini Highway und ist nur rund 1 km vom Bahnhof entfernt.
BAM (192 km, 2 Std.), mehrmals tgl. für 110 000 IRR, VIP für 180 000 IRR.
BANDAR ABBAS (500 km, 6 1/2 Std.), 6x tgl. abends VIP für 440 000 IRR.
BIRJAND (560 km, 7 Std.), 3x tgl. abends VIP für 480 000 IRR.
ESFAHAN (673 km, 7 Std.), mehrmals tgl. vormittags bis abends für 306 000 IRR, VIP für 590 000 IRR.
IRANSHAHR (542 km, 6 1/2 Std.), mehrmals tgl. für 260 000 IRR, VIP für 440 000 IRR.
JIROFT (232 km, 3 Std.), mehrmals tgl. für 145 000 IRR, VIP für 250 000 IRR.
MASHHAD (910 km, 11 Std.), mehrmals tgl. abends für 500 000 IRR, VIP für 830 000 IRR.
RAFSANJAN (114 km, 1 1/2 Std.), mehrmals tgl. für 120 000 IRR.
RAYEN (102 km, 1 1/4 Std.), mehrmals tgl. für 75 000 IRR.
SHAHR-E BABAK (238 km, 4 Std.), mehrmals tgl. morgens und nachmittags für 110 000 IRR.
SHIRAZ (570 km, 7 Std.), mehrmals tgl. für 260 000 IRR, VIP für 490 000 IRR.
SIRJAN (183 km, 2 Std.), mehrmals tgl. für 110 000 IRR.
TEHERAN (984 km, 11 Std.), mehrmals tgl. abends für 500 000 IRR, VIP für 830 000 IRR.
YAZD (364 km, 5 Std.), mehrmals tgl. für 190 000 IRR, VIP für 340 000 IRR.
ZAHEDAN (507 km, 6 1/2 Std.), mehrmals tgl. abends für 260 000 IRR, VIP für 360 000 IRR.

Sammeltaxis

Savaris nach MAHAN fahren in der Regel stdl. vom Khaju Sq. für 100 000 IRR p. P. ab.
An der Kreuzung von Mirza Reza Kermani St. und Imam St. hinter der Torse Tavoni Bank fahren *savaris* für rund 120 000 IRR p. P. nach SHAHDAD ab.

Eisenbahn

Der **Bahnhof** (Istgah-e Rah-e Ahan) befindet sich 11 km südwestlich vom historischen Stadtkern entfernt.
BAM (192 km, 3 Std.), 1x tgl. nachts für 149 000 IRR.
ESFAHAN (673 km, 11 Std.), 1x wöchentl. abends für 484 000 IRR.
KASHAN (741 km, 12 Std.), 1x tgl. abends für 550 000 IRR.
MASHHAD (910 km, 18 1/2 Std.), 1x tgl. nachmittags für 1,05 Mio. IRR.
MEYBOD (415 km, 7 1/2 Std.), 1x tgl. nachmittags für 336 000 IRR.
TABAS (513 km, 9 1/2 Std.), 1x tgl. nachmittags für 576 000 IRR.
TEHERAN (984 km, 14 1/2 Std.), 2x tgl. nachmittags bis abends für 850 000 IRR.
YAZD (364 km, 6 1/2 Std.), 2x tgl. nachmittags bis abends für 500 000 IRR.
ZAHEDAN (507 km, 8 Std.), 1x tgl. nachts für 604 000 IRR.

Flüge

Der **Flughafen** liegt rund 12 km südwestlich vom Stadtzentrum am Jumhuriyeh Blvd.
ESFAHAN (4x wöchentl., 1 1/4 Std.) mit Iran Air, Kish Air und Mahan Air.

IRANSHAHR (3x wöchentl., 40 Min.) mit Mahan Air.
MASHHAD (tgl., 1 1/4 Std.) mit Iran Air und Mahan Air.
QESHM (2x wöchentl., 40 Min.) mit Mahan Air.
SHIRAZ (mehrmals wöchentl., 1 Std.) mit Mahan Air.
TEHERAN (tgl., 1 1/2 Std.) mit Iran Air, Kish Air und Mahan Air.

Westlich von Kerman

Zwischen Shiraz und Kerman gibt es nur ein paar wenige Orte, die touristisch von Interesse sind. Dafür befindet sich darunter, sehr abgeschieden, eine der Unesco-Weltkulturerbestätten des Landes.

Tang-e Rageh

Die Region Rafsanjan und die gleichnamige Stadt lohnen allenfalls wegen des schönen **Rageh-Canyons**, nur 30 km südlich der Stadt. Er zieht sich über eine Länge von 20 km. Über Jahrtausende hat der saisonale Fluss Givdary diese Erosionslandschaft geformt, die sich heute zum Wandern anbietet. Die steilen Felswände sind an die 70 m hoch. Der Canyon liegt rund 150 km westlich der Stadt Kerman. Von Rafsanjan ist er nur über Pisten zu erreichen.

Meymand

Das eigenwillige **Höhlendorf** befindet sich ungefährt 240 km westlich der Stadt Kerman, abgelegen auf rund 2200 m. Die Siedlungsgeschichte reicht mit 2000–3000 Jahren weit zurück, und Meymand wurde zudem kontinuierlich bewohnt. Die Menschen haben sich hier ein Gebirgstal zunutze gemacht, um Höhlenwohnungen zu errichten, die von Weitem schlecht zu erkennen waren. Neben einfachen Behausungen wurden unter anderem ein Badehaus, eine Moschee und ein zarathustrischer Tempel in den Felsen versteckt.

Heute leben noch rund 130 Menschen im Dorf. Viele von ihnen verlassen die Siedlung im Sommer, um auf höher gelegene Weiden zu ziehen, denn die Einheimischen leben vor allem von der Viehzucht. Inzwischen ist auch der Tourismus zu einer wichtigen Einnahmequelle geworden. Meymand zählt zum Unesco-Weltkulturerbe. Der Trubel über iranische Ferien und Feiertage kann zuweilen verstören und überfordern. Eintritt 200 000 IRR.

Bagh-e Sangi

45 km östlich von Sirjan und 5 km hinter der kleinen Siedlung Balvard schuf Darvish Khan mit seinem **Steingarten** einen einzigartigen Ort. In den 1960er-Jahren wollte er gegen die Agrarreform des Schahs und die anhaltenden Wasserprobleme protestieren. Dafür schlug er mehrere Baumstümpfe in den kargen Boden und befestigte darauf etliche Felsbrocken mit Seilen und Kabeln. Begonnen hatte alles mit einer Protestaktion eines Bauern, geführt hat es zu einem bizarren Kunstwerk mitten im Nirgends, das heute wenige, aber immer mehr Besucher anzieht. Der Künstler starb 2007 und wurde in seinem Garten beigesetzt.

ÜBERNACHTUNG

Wer nicht gerade über die Feiertage nach **Meymand** kommt, kann sich leicht im Dorf nach einer Unterkunft umhören oder wird auch von Einheimischen angesprochen, die private Häuser oder Räume vermieten. Kommunikation mit Hand und Fuß funktioniert einwandfrei.

Meymand Guesthouse, zwecks Reservierung kontaktiert man die Reiseführerin Shima Mahdavi aus Qom, ✆ 0935-917 7960, ✉ visit meymand@gmail.com, oder Hassan Ibrahimi, ✆ 0913-392 6199. Sehr schlichte Zimmer mit Betten in einer der traditionellen Höhlenbehausungen. Die Nacht kostet 800 000 IRR p. P., das Bad muss geteilt werden.

Rivas Ecolodge Guesthouse, rund 5 km außerhalb von Shahr-e Babak entlang der Straße nach Sirjan, etwa 30 km von Meymand entfernt, ✆ 034-3411 2695 und 0913-193 1641, 💻 www.rivasoone.com. Ein herzlicher Familienbetrieb. Die Gastgeberin Somayyeh spricht Englisch und lässt keine Wünsche offen, ihr Bruder Alireza ist auch als Guide für Meymand und Umgebung tätig. Das Haus verfügt über einfache 2-Bett-Zimmer mit Gemeinschaftsbad. ❷

TRANSPORT

Busse

Vom Busbahnhof (Terminal-e Otobus) in Rafsanjan
KERMAN (114 km, 1 1/2 Std.), mehrmals tgl. für 120 000 IRR.
SIRJAN (173 km, 2 Std.), 2x tgl. morgens und abends für 100 000 IRR.

Vom Busbahnhof (Terminal-e Otobus) in Sirjan
KERMAN (183 km, 2 Std.), mehrmals tgl. für 110 000 IRR, VIP für 130 000 IRR.
RAFSANJAN (173 km, 2 Std.), 2x tgl. morgens und abends für 100 000 IRR.
SHIRAZ (388 km, 4 1/2 Std.), mehrmals tgl. für 170 000 IRR, VIP für 300 000 IRR.
YAZD (352 km, 4 1/2 Std.), 2x tgl. vormittags und abends für 200 000 IRR.

Vom Busbahnhof (Mehr Park St.) in Shahr-e Babak
KERMAN (238 km, 4 Std.), 2x tgl. morgens und nachmittags für 110 000 IRR.
YAZD (255 km, 4 1/2 Std.), 4x tgl. morgens und nachmittags für 110 000 IRR.

Taxis

Ein Taxi von KERMAN (3 Std.) oder YAZD (3 1/2 Std.) nach **Meymand** und wieder zurück kostet rund 2 Mio. IRR. Es bietet sich an, gleich nach Shiraz weiterzufahren und dafür einen Preis auszuhandeln. Ein Taxi von Meymand nach SHAHR-E BABAK (ca. 30 km) kostet rund 250 000 IRR.
Ein Taxi von SIRJAN zum **Bagh-e Sangi** (3/4 Std.) verlangt um 300 000 IRR.
Zur **Tang-e Rageh** organisiert man am besten eine Tour über einen der Guides von Kerman (S. 457), weil das letzte Stück des Weges nur aus Pisten besteht.

Nördlich von Kerman

Die Straße über Ravar nach Tabas (520 km) führt bereits in die Provinz Süd-Khorasan (S. 484) und mitten durch einen sehr tristen und dünn bis gar nicht besiedelten Abschnitt der Wüste. Die Karawanserei Chah-e Karo und die Oase Nayband bieten sich aber als Abstecher von Kerman wesentlich besser an als von Süd-Khorasans Provinzhauptstadt Birjand oder Tabas.

Robat-e Chah-e Karo

Von Kerman sind 140 km nach Ravar und dann weitere 35 km Richtung Tabas zurückzulegen, um die abgeschiedene **Karawanserei** zu erreichen. Das scheint viel für die kleine und kaum bekannte Anlage, lohnt sich aber. Sie beeindruckt mit einer sagenhaft schönen Bergkulisse, ist recht gut erhalten und noch nicht in ein Hotel umfunktioniert worden. Die Hofkarawanserei, die unter den Qadjaren errichtet und bis ins 20. Jh. von Handelsreisenden genutzt wurde, liegt, von Kerman kommend, 500 m von der Straße entfernt links. Auf dem nahen Felskamm thront ein Wachturm. Ein einmalig schöner und einsamer Ort – besonders morgens und abends leuchten die umliegenden Fels- und Gebirgsketten feurig rot.

Achtung! Begibt man sich von der Karawanserei weiter westlich, lassen sich Warnhinweise auf Persisch und recht leicht zu überwindende Absperrungen erkennen. Im Gebiet dahinter liegen bis heute zumindest vereinzelt **Landminen**, also auf keinen Fall größere Erkundungstouren unternehmen, sondern in der direkten Umgebung der Karawanserei bleiben!

16 HIGHLIGHT

Nayband und Umgebung

Nochmals 140 km weiter Richtung Deyhuk und Tabas geht es vorbei an einem Wüstenabschnitt, der kaum öder und trister sein könnte, direkt zu einer der mit Abstand schönsten Oasen Irans. **Nayband** ist eine der bislang weitgehend unentdeckten Perlen des Landes. Mit seinen endlosen Palmenhainen und den verschachtelten Lehmhäusern, die einen Felsrücken säumen, ist es eine wahr gewordene Fata Morgana. Weit weg von den Hauptrouten durch den Iran bietet das Oasenstädtchen das gewisse Etwas, das man nicht vergessen wird.

Allein wegen der spektakulären Berglandschaft eine Reise wert – die Karawanserei Chah-e Karo.

Von der Hauptstraße biegt man linker Hand zu dem gut ausgeschilderten Dorf ab. Von Weitem lässt sich schon das saftige Grün des Palmenmeers erkennen. Angeschlossen an das Dorf ist der **Nationalpark Nayband**, wo Wildtiere wie Hyänen, Leoparden, Geparden und Mufflons beheimatet sind. Mit 1,5 Mio. ha ist es eines der größten Schutzgebiete des Landes, ein Permit für den Besuch ist aber nicht so leicht zu organisieren.

Ein näherer Blick auf den jüngeren Teil des Dorfes verrät, dass hier die allermeisten Männer als Lkw-Fahrer tätig sind. Die große Dichte an Lkw ist unübersehbar. Dies ist dem Umstand geschuldet, dass sich Nayband mit rund 200 km nach Tabas und 180 km nach Ravar im absoluten Nirgendwo befindet und die Jobsuche nicht leichtfällt.

Zieht man westlich an Nayband vorbei, gelangt man nach weiteren 2 km in das Dörfchen **Zardgah**. Bis dorthin ziehen sich die paradiesischen Obstgärten, denen nur das Gebirge eine Grenze setzt. Die Häuser sind nicht weniger lieblich als die Naybands, allerdings wurden sie bereits mehrheitlich verlassen. Einzelne Wasserflaschen und allerlei Gebrauchsgegenstände hängen noch an den Fassaden und liegen im Inneren der Häuser. Hier entspringt die Thermalquelle, die sämtliche Gärten bewässert.

ÜBERNACHTUNG

Ecolodge Masouleh Kavir, auch Eghamatgah-e Boomgardi genannt, Nayband, ✆ 0915-792 6626. Ali und seine Frau bemühen sich um ihre Gäste und haben ihr Wohnhaus mit viel Liebe in eine charmante Unterkunft mit einfachen, traditionellen Zimmern umgewandelt. Die Nacht auf der Matratze kostet 12 € p. P. Am besten stellt man den Kontakt über den Guide Amir (S. 457) her.

TRANSPORT

Eine Strecke mit dem **Taxi** von TABAS (2 1/2 Std.) oder KERMAN (3 1/2 Std.) nach Nayband kostet rund 4 Mio. IRR, nur kommt man von dort schwer wieder weg.
Eine **Tagestour** ab Tabas bzw. Kerman mit Übernachtung in Nayband und Vollverpflegung kostet rund 130 € pro Auto, am besten Guides und Fahrer kontaktieren (S. 457).

17 HIGHLIGHT

Dasht-e Lut

In der Dasht-e Lut, der „Wüste der Leere", jagt eine Besonderheit die nächste. So fließt im nördlichen Teil der Wüste der ganzjährig wasserführende und extrem salzhaltige Rud-e Shur, während sich im äußersten Osten bis zu 475 m hohe Dünen türmen. Die klimatisch herausfordernden Bedingungen – Hitze und Wassermangel – machen Vegetation und Leben weitgehend unmöglich. Die Weltnaturschutzunion spricht nicht umsonst von einem der extremsten Lebensräume der Welt. Über 50 000 km² Land werden von dieser lebensfeindlichen Wüste bedeckt.

Die größten Yardangs der Welt – stromlinienförmig erodierte Kalksteinfelsen – lassen sich hier finden. Bis zu 150 m ragen sie in die Höhe. Dicht nebeneinander und über etliche Kilometer hinweg ergeben sie ein beeindruckendes Panorama. Einheimische und Reisende nennen diese spektakulären Steingebilde nicht Yardangs, sondern **Kaluts**. Entstanden sind sie über Jahrtausende und durch bis heute anhaltende geologische Prozesse. Das war auch eines der ausschlaggebenden Kriterien für die Unesco, die Dasht-e Lut 2016 zum Weltnaturerbe zu erklären. Ein weiterer Grund für diese Anerkennung waren die weltweit einzigartigen und spektakulären Landschaftsformen, die in dieser Wüste zu finden sind.

In dem riesigen Talbecken, in das die von Bergen umgebene Wüste Lut eingebettet ist, haben sich Flusssedimente aus Ton und Schluff abgelagert. Der Wind hat sich schließlich die vorhandenen Risse und anderen Störungen in der Oberfläche zunutze gemacht, um die stromlinienförmigen Schönheiten zu formen. Nach wie vor schleift der Wind die Yardangs mehr und mehr ab, auch wenn die Winde früher wesentlich stärker waren als heute. Ein Blick auf die lang gezogenen Formen mit ihren schmalen Seiten verrät, dass der Wind dabei stets nur von einer Seite kommt. Massen an Sand wurden so abgetragen. Noch heute sind die Winde im Zeitraum zwischen Juni und Oktober besonders stark.

Reisende, die im **Sommer** nach Iran fahren, müssen nicht komplett auf die *kaluts* und die Wüste Lut verzichten. Trotz der sommerlichen trockenen Hitze können sie problemlos in Oasen wie Shafiabad schlafen und die *kaluts* ein oder zwei Stunden abends und morgens besuchen.

Von Shahdad bis Nehbandan

Angesichts der extrem lebensfeindlichen Bedingungen ist es umso bemerkenswerter, dass Oasen wie **Shahdad** schon vor Jahrtausenden erfolgreich besiedelt wurden. Shahdad trieb im 3. Jahrtausend v. Chr. bereits Handel mit Mesopotamien und galt als Bronzezentrum. Heute zählt die Stadt rund 4000 Einwohner und hat sich gemeinsam mit der viel kleineren Oase Shafiabad als Ausgangspunkt für Wüstentouren etabliert. Besonders schön sind die weiten Palmenfelder, hinter denen sich das mächtige Gebirge erhebt.

Etwa 100 km sind es durch die Berge von Kerman bis nach Shahdad, wo der gewaltige Block der *kaluts* schon am Horizont sichtbar ist. Erst nach weiteren 40 km werden Reisende die Riesen aus der Nähe bewundern können. Denn dort durchquert die Straße nach Nehbandan das Gebiet der *kaluts*.

Kurz vor den spektakulären Felsformationen liegt die verschlafene Oase **Shafiabad** – mit ihren Palmenhainen, grünen Wiesen und alten Lehmbauten ein wahres Idyll. Ziegen tollen in halb offenen Ställen mitten unter Palmen herum. Das Dorf hat noch dazu eine lange Geschichte, bezeugen können das die vielen Tepes. Diese Siedlungshügel in der Region sind bis dato noch kaum erforscht.

Gerade mal 1,5 km nördlich von Shafiabad findet sich die ebenfalls reizende und viel kleinere Siedlung **Deh Seyf**. Rund 25 km sind es von dort zu den ersten *kaluts*. Die nächsten 10 km entlang der Straße sind zum touristischen Hotspot für einen Besuch der Lut geworden. Busse und Taxis setzen Touristen hier für eine Weile ab, bis sie wieder zurück nach Shahdad oder Kerman fahren. Jeeps, kleinere Pkw und Mopeds brettern über die Pisten zwischen den *kaluts*. Vor allem für Iraner und Iranerinnen ist das durch die Straße leicht zugängliche Yardang-Gebiet zu einer großen Spielwiese geworden. Besonders

Sicherheitshinweise Lut

Als Weltnaturerbe unterliegt die Wüste Lut besonderem Schutz, der Besuch wird auch deswegen reglementiert. Davon merkt man neben der Hauptstraße nach Nehbandan zwar nichts, aber weiter als 3 km darf man sich ohne **Guide und Permit** nicht von der Straße entfernen. Dieses Verbot gilt es tunlichst einzuhalten, denn es ist sinnvoll. Polizei und Militär führen rigide **Kontrollen** durch, nicht nur wegen des Naturschutzgebietes, sondern auch wegen des anhaltenden **Drogenschmuggels** durch die vom Straßennetz unerschlossenen Teile der Lut. Dazu kommt die besondere Gefahr durch **Landminen**. Erfahrene Wüstenguides – und zwar nur solche – wissen um sichere und unsichere Streckenabschnitte, Touristen können das nie und nimmer abschätzen. Schon wenige Kilometer außerhalb der Stadt Shahdad sind Minen in die Luft gegangen. Vermutlich wurden sie einst ausgelegt, um den Drogenschmuggel zu bekämpfen. Große Gebiete der Lut wurden zwar gesäubert, aber nicht vollständig. Viele Touristen mit Jeeps und noch größeren Gefährten ignorieren das Verbot. Eine Offroad-Tour kann gutgehen, muss aber nicht …

über die freien Tage zu Nowruz kommen iranische Reisende in Scharen. Noch vor wenigen Jahren handelte es sich auch bei diesem Gebiet um eine beliebte Drogenschmuggelroute. Das Problem konnte man erst besser in den Griff bekommen, als die bis dahin unbefestigte Straße asphaltiert wurde.

Wer der Straße über die ersten Anfänge der *kaluts* hinaus folgt, wird mit weiteren Superlativen belohnt. Eine Senke namens **Gandom-e Beryan**, was übersetzt so viel wie „gerösteter Weizen" bedeutet, gilt als der heißeste Ort der Lut. Hier wurden Höchsttemperaturen von 70,7 °C gemessen. Nur ein Stück des Weges kann man sich Gandom-e Beryan nähern, dann führt die Straße nicht mehr weiter und für eine Querfeldeinfahrt in das abgelegene Gebiet braucht man eine Genehmigung. Das schwarze Lavagestein, das die Oberfläche überzieht, unterstreicht auf dramatische Weise die Lebensfeindlichkeit dieser Umgebung und begünstigt natürlich die hohen Temperaturen.

Erst nach 195 km von Shafiabad folgt die nächste Siedlung namens **Deh Salm**. Eine kleine Oase mit Lehmhäusern und Palmengärten, mit weit weniger touristischer Infrastruktur als in Shafiabad und noch viel abgeschiedener. Die mächtigen Sanddünen der Lut sind von Deh Salm nur etwa 40 km entfernt, daher kann das Oasendorf auch Ausgangspunkt für eine Offroad-Tour sein.

In unmittelbarer Nähe findet sich ein **Polizeikontrollposten**, den man passieren muss, will man nach Nehbandan in die Provinz Süd-Khorasan weiter. Kontrollen werden entlang dieser Straße und nahe der afghanischen Grenze ernster genommen als anderswo. Papiere werden sorgfältig kontrolliert und das Auto oder Motorrad wird registriert.

Nehbandan ist mit rund 15 000 Einwohnern das erste größere Zentrum nach Kerman, aber touristisch uninteressant. Die Stadt dient maximal als Knotenpunkt für die Weiterfahrt. Rund 6 km östlich der Stadt finden sich verfallene Windmühlen, wie sie für Razavi-Khorasan bekannt sind (S. 434).

Keshit

Die abgelegene Oase Keshit, rund 170 km südöstlich von Shahdad, ist vor allem wegen ihrer von Palmen gesäumten Schlucht und der smaragdgrün bis azurblau schimmernden **Wasserläufe** und -becken bekannt – ein sehr verträumter Anblick inmitten der kahlen Dasht-e Lut. Für das letzte Stück zur Oase ist aber ein Jeep notwendig, weil der Weg durch unwegsames Gelände und ein Flussbett führt. Ein Besuch kann auch als Ausflug von Bam, 180 km und drei Autostunden entfernt, organisiert werden.

ÜBERNACHTUNG

Gandom Beryan Ecolodge, in Shafiabad, nördliches Ortsende, ✆ 0913-705 7851. Amir und Zahra sorgen mit ihrer herzlichen und gelassenen Art dafür, dass Gäste sich rundum wohlfühlen. Um den bepflanzten Innenhof finden sich einfache, traditionelle Zimmer mit Matratzen und einem privaten Badezimmer.

Offroad durch die Wüste Lut

- **Ausgangspunkt:** Kerman oder Shafiabad, alternativ Bam oder Deh Salm
- **Dauer:** 3 Tage
- **Saison**: Okt–Feb, im März muss bereits mit 35 °C und im April mit 40–45 °C gerechnet werden. Auf ausdrücklichen Wunsch sind Touren dann zwar noch machbar, aber nicht mehr empfehlenswert.
- **Kosten**: 200–240 € pro Auto mit Permit, Guide, Fahrer und Verpflegung

Das richtige Abenteuer beginnt, wo die Straße endet. Wer einmal erleben durfte, was es heißt, mehrere Tage und Hunderte Kilometer durch die vielfältigen Landschaften der Lut zu ziehen, wird beim Gedanken an die *kaluts* neben der Straße nur noch müde lächeln. Im absoluten Nichts ist es wahrscheinlich, dass man tagelang niemanden außer dem eigenen Tourteam zu Gesicht bekommt – Wüstenfüchse ausgenommen.

1. Tag

Frühmorgens bricht man von Kerman oder Shafiabad Richtung Nehbandan auf. Nach über 50 km geht es querfeldein durch eine öde Felswüste zur über 100 km entfernten **Rig-e Yalan**. So nennt sich das endlose Meer aus Sand, das so hohe Wellen schlägt wie sonst nirgends im Land und nur ganz selten weltweit. Die Dünen ragen bis zu 470 m in die Höhe. Hier wird das Camp aufgeschlagen.

2. Tag

Vormittags geht's durch die Dünen, bevor am Nachmittag viele Kilometer weiter südlich das nächste Lager aufgeschlagen wird. Dort finden sich nicht nur Sterndünen, sondern auch viele *kaluts* – eine unglaublich fotogene Kombination.

3. Tag

An mächtigen *kaluts* im **Tal der Moscheen** (Tang-e Masjed) vorbei geht es zum **Schlangencanyon** (Tang-e Zaban-e mar), der seiner Form wegen so heißt. Am Ende des Tages erreicht man die Unterkunft in Shafiabad oder Kerman.

Praktische Hinweise

Ohne ein im Voraus organisiertes **Permit** und ein erfahrenes Offroad-Team inklusive Jeeps und guter Ausrüstung für jede Notlage ist eine solche Tour unmöglich. Zur eigenen Sicherheit sind unbedingt **zwei Jeeps** notwendig. Die Möglichkeit, dass ein Auto mitten in dieser lebensfeindlichen Gegend abseits jeder Zivilisation ausfällt, ist gegeben. Von Bam aus lässt sich eine kürzere Offroad-Tour mit nur einem Jeep bewerkstelligen. Nähere Infos geben Mina, Amir oder Arman (S. 457).

Die Nacht kostet 600 000 IRR p. P. bzw. 800 000 IRR mit Abendessen. Die persische Küche ist gut und das Frühstück mit saftigen Datteln aus der Region ein Traum.

Kalut Ecolodge, in Shafiabad, rund 30 m südlich der Ecolodge, ✆ 0913-198 8279. Traditionelles Gästehaus mit Schlafplätzen auf dem Boden und Gemeinschaftsbädern außerhalb der Zimmer. Die Nacht kostet 600 000 IRR p. P. Auf Anfrage und gegen Preisaufschlag gibt es gute persische Hausmannskost.

Kashkiloo Ecolodge, Shahdad, 200 m südlich des Pasdaran Sq. am westlichen Stadtrand, ✆ 0913-996 3747, ✉ kashkiloo1@gmail.com. Eine charmante Unterkunft mit lauschigem Innenhof und für etwas gehobene Ansprüche im Vergleich zu den anderen Gästehäusern. Die 6 Zimmer sind mit komfortablen Betten ausgestattet und nett eingerichtet. Frühstück unter Palmen garantiert. Abendessen kann zusätzlich bestellt werden. ❷

€ **Shahdad Desert Camp**, 10 km östlich von Shafiabad, über eine kleine Seitenstraße erreichbar. Ansammlung von offenen, aber mit Palmblättern überdachten Hütten und Zeltstellplätzen. Für Camper vor allem wegen der Sanitäranlagen und der guten Stromversorgung von Vorteil. Über Feiertage und in den Ferien wird es auch mal voll. Mit 100 000 IRR p. P. unschlagbar günstig.

Yadegar, in Deh Seyf, ✆ 0913-396 6839. Nett geführte, einfache Unterkunft mit traditionellen Schlafräumen und Matratzen auf dem Boden für 700 000 IRR p. P.

Yallan Ecolodge, in Deh Salm, ✆ 0915-964 3719. Konkurrenzlos in dieser kleinen, abgelegenen Oase. Sehr einfache, traditionelle Zimmer mit Schlafplätzen auf dem Boden für 600 000 IRR p. P.

TOUREN

Kleinere Trips lassen sich problemlos auch kurzfristig von den Unterkünften organisieren. Für richtige **Offroad-Touren** (s. Tour S. 464) lieber an die erfahrenen Guides und Fahrer aus Kerman wenden (S. 457). Für einen ganzen Tag mit Übernachtung in der Wüste ist mit 110 € pro Jeep zu rechnen.

TRANSPORT

Savaris von **Shahdad** nach KERMAN fahren 300 m östlich des großen Keshawarz Sq. mitten in der Stadt für 120 000 IRR ab. Ein Taxi von hier zu den *kaluts* und wieder zurück kostet rund 800 000 IRR.

Südöstlich von Kerman

Der Highway südöstlich von Kerman führt über Bam hinaus in die Provinz Sistan und Balutschistan und zur pakistanischen Grenze. Auf der Strecke nach Bam liegen vor allem ein beachtenswertes Mausoleum, ein üppiger persischer Garten und eine wunderschön restaurierte Festungsstadt. All das lässt sich auf einem Tagesausflug mit der mittelalterlichen Lehmstadt Bam kombinieren, auch die Rückfahrt nach Kerman geht sich aus.

Drogenschmuggel ist im äußersten Südosten des Landes nach wie vor ein großes Thema, weswegen unmittelbar nach der Abbiegung zur Stadt Rayen eine größere Drogenkontrolle erfolgt. Auch Busse werden immer wieder angehalten. Die Hunde schlagen zuverlässig an, wenn sie verbotene Substanzen wittern. Das soll kein Anlass zur Sorge sein, aber es schadet nicht, Gepäckstücke etwas mehr als sonst im Auge zu behalten. Nur um absolut sicherzugehen, dass sich nicht doch einmal etwas hineinverirrt, was einem gar nicht gehört.

Aramgah-e Shah Nematollah Vali

Nur rund 30 km südöstlich von Kerman beherbergt die Stadt Mahan an der Imam Khomeini St. das beeindruckende **Mausoleum von Schah Nematollah Vali**. Beinahe scheint die strahlende Kuppel der Sufi-Grabanlage das Blau des Himmels und das Weiß der hier zu sehenden schneebedeckten Berggipfel einfangen zu wollen. Der Gelehrte und Gründer des Nematollahi-Sufi-Ordens verstarb 1431. Sechs Jahre danach stiftete Ahmed Schah Vali, König des islamischen Bahmani-Sultanats in Zentralindien, ihm zu Ehren das Mausoleum. Im Inneren warten ein paradiesischer Garten, das Grab des Sufi-Meisters und ein prachtvolles mogulisches

Vermächtnis: Nicht alle der sieben mogulischen Türen sind heute noch hier, aber ein besonders schönes Exemplar befindet sich im Hinterhof des Mausoleums. Die bereits verblassten Farben können der Schönheit dieser Tür nichts anhaben. Beachtung verdient auch die Innenkuppel im Mausoleum, die sich durch ihre floralen Wandmalereien auszeichnet. Die gesamte Anlage wurde von den Safawiden und Qadjaren wesentlich erweitert. Nur für das kleine **Museum** und den Aufstieg auf das Dach muss ein Eintritt von 50 000 IRR gezahlt werden. ⌚ Mausoleum tgl. 7–22 Uhr.

Bagh-e Shahzadeh

Gerade einmal 6 km weiter südlich liegt ein außerordentlich schöner persischer Garten, der zum Unesco-Weltkulturerbe zählt. Der „Prinzengarten" Mahans wurde in seiner heutigen Form erst 1870 unter qadjarischer Vorherrschaft errichtet. Er diente dem Schah als Rückzugsort auf seinen Reisen nach oder durch Kerman. Die Gartenanlage mit ihren vielen Terrassen, über die stetig Wasser plätschert, wirkt auch mit dem Pavillon am Ende des Weges überaus prunkvoll. Um die Bewässerung des Gartens inmitten der kargen Wüstenlandschaft zu gewährleisten, wurde eigens dafür ein Qanat errichtet. ⌚ tgl. 9–21 Uhr, 200 000 IRR.

Arg-e Rayen

Nach rund 45 km auf dem Highway von Mahan nach Bam zweigt man rechts nach Rayen ab. Dann sind es noch weitere 25 km bis zur Stadt und Festung. Nach dem Erdbeben 2003 in Bam wurde Rayen zu einer beliebten Alternative – und das zu Recht. Die massive **Festung** mit ihren Altstadtgassen und mächtigen Mauern ist ein besonders schönes Beispiel für eine Stadt völlig aus Lehm.

Rayen blieb keineswegs völlig verschont von Erdbeben, die in dieser Region Irans besonders wüten. Auch hier setzten sie der Bausubstanz zu. Heute zeigt sich der Ort nach vorgenommenen Restaurierungen aber schön herausgeputzt. Der Siedlungskomplex ist schätzungsweise um die tausend Jahre alt. So lange schon bieten die 10 m hohen Mauern Schutz vor etwaigen Gefahren. Schlendert man heute durch die verlassenen Gassen, muss man sich vor Augen halten, dass hier alles vorhanden war, was eine belebte Stadt brauchte. Ein Bazar versorgte die Menschen, eine Schule und Verwaltungsgebäude waren innerhalb der Mauern ebenfalls zu finden. Der hintere Teil des Komplexes war nur einer kleinen Elite der Stadt zugänglich. Die Großzügigkeit der Räume und die schönen Innenhöfe machen daraus kein Geheimnis.

Besonders eindrucksvoll ist die Festungsstadt mit Blick auf die hohen Berggipfel dahinter, die lange Zeit des Jahres mit Schnee bedeckt sind. Gleich nach dem Eingang führt eine Treppe die Festungsmauer hinauf, von der aus sich alles überblicken lässt. ⌚ tgl. 8–19, Winter 8–17 Uhr, 150 000 IRR.

Wer von der Festung aus der Straße in das Hezar-Gebirge folgt, kommt nach ungefähr 20 km zu einem ausgeschilderten **Wasserfall**. Nicht sonderlich groß und schön, aber ungemein beliebt bei einheimischen Touristen, die hier gern picknicken.

In den Bergen findet sich auch der mehrere hundert Meter tiefe Vulkankrater **Qaleh Hasan Ali**. Dafür muss man aber von Rayen südlich in Richtung Hoseynabad-e Bala fahren und nach etwa 18 km auf eine Schotterpiste östlich in die Berge abbiegen. Nach 8 km folgt das Dorf Qaleh Hasan Ali, von dort ist es dann noch eine Wanderung von rund 1 1/2 Std. zum Krater.

ÜBERNACHTUNG

Goedan Hotel, in Mahan, 12th Alley, Jomhori Blvd., rund 2 km südlich des Mausoleums, ✆ 034-3377 3801 und 0913-699 1408, Instagram godean_. Ein unscheinbares Haus mit einem reizenden Innenhof, in dem ausgiebig und lecker gefrühstückt werden kann. Schlichte, aber einwandfreie Zimmer – allesamt mit Betten. Das integrierte Restaurant ist auf jeden Fall zu empfehlen. ❶

Motevali Bashi Hotel, in Mahan, Vali Asr St., westlich gegenüber dem Mausoleum, ✆ 034-3377 8614 und 0913-659 5280. Schön renoviertes traditionelles Haus mit begrüntem Innenhof und einem angeschlossenen Restaurant. Freundliche und mit Bedacht eingerichtete Zimmer. ❶

TRANSPORT

Savaris von **Mahan** nach KERMAN fahren in der Regel stdl. vor dem Eingang des Mausoleums für 100 000 IRR p. P. ab.
Savaris von **Rayen** nach Kerman fahren mehrmals tgl. vom Azadi Sq., rund 1 km nördlich der Festung, für 200 000 IRR p. P. ab.

18 HIGHLIGHT

Bam

Rund 155 km hinter Mahan kündigen die weiten Dattelpalmplantagen die Stadt Bam an. Dass sich die historische Lehmstadt samt Festung heute abseits der Neubauten wieder so majestätisch zeigt, grenzt an ein Wunder und ist das Resultat harter Arbeit. Noch heute fragen sich viele Reisende, ob ein Besuch der Arg-e Bam lohnt, kennen sie doch die Bilder der wüsten Zerstörung nach dem verheerenden Erdbeben 2003. Aber nach über zehn Jahren der Restaurierungsarbeit erstrahlt die Arg-e Bam erneut, und dabei sind die Wiederaufbauarbeiten noch gar nicht abgeschlossen. Das ändert natürlich nichts daran, dass das Erdbeben immer Teil der Stadt und ihrer Geschichte bleiben wird.

Die **Erdbebenkatastrophe** ereignete sich am 26. Dezember 2003. Fünfzehn Sekunden forderten offiziell rund 31 000 Menschenleben, doch sind sich viele sicher, dass in Wahrheit noch weit mehr Tote zu Grabe getragen wurden. So viele Menschen standen plötzlich vor den Trümmern ihrer Existenz, so viele verloren ihre Liebsten. Die mittelalterliche Stadt innerhalb der Festungsmauern war auch schon vor dem Erdbeben mit einer Stärke von 6,5 nicht mehr bewohnt – die Menschen starben in der neuen Stadt vor den Toren der prächtigen Festung. Die meisten Bewohner hatten kein Dach mehr über dem Kopf und waren mit einer funktionsunfähigen Stadt konfrontiert. Schul- und Gesundheitssystem mussten wieder aufgebaut und Arbeitsplätze geschaffen werden. Die ersten drei Jahre hausten die Einheimischen mehrheitlich in Zelten. Zu diesen Herausforderungen kam das Trauma, das sich tief in die Köpfe und Herzen der Überlebenden eingebrannt hatte.

Arg-e Bam

Erst ein Jahr nach dem Erdbeben wurde die mittelalterliche Festungsstadt Bam von der Unesco zum Weltkulturerbe ernannt – und angesichts der Zerstörungen gleich auf die Rote Liste des gefährdeten Welterbes gesetzt.

Eine erste Festungsanlage wurde vermutlich schon unter den Achämeniden im 6. Jh. v. Chr. errichtet. Auf dessen Fundament bauten wohl die Parther (247 v. Chr. bis 224 n. Chr.) erneut eine Festungsstadt. Wesentlich später, zwischen dem 7. und 11. Jh., erlebte die Oasenstadt aufgrund ihrer wichtigen Funktion als Handelsknotenpunkt eine wahre Blüte. Von hier aus wurden die Waren weiter über das Netz der Seidenstraße nach Zentralasien, aber auch über den Persischen Golf bis nach Ägypten transportiert.

Das von massiven Lehmmauern eingeschlossene Bam lässt sich in einen **Stadtkomplex** mit Wohnhäusern und öffentlichen Gebäuden wie einem Bazar, Moscheen oder Hamams und einen Festungskomplex unterteilen. In Letzterem fand sich nicht nur die alles überragende **Zitadelle**, die eine militärische Verteidigung der Stadt möglich machte, sondern u. a. auch ein prachtvolles Wohnhaus und Ställe für mehrere hundert Pferde. Die mächtigen **Befestigungsmauern**, denen übrigens auch das Erd-

Reisen nach Bam

Viele Touristen äußern immer wieder Bedenken vor einer Reise nach Bam, weil auf der Website des Auswärtigen Amtes von einem Zwischenfall im Zuge einer Straßensperre zu lesen ist, bei der Reisende ums Leben kamen. So schlimm das auch ist, handelt es sich dabei tatsächlich um einen absoluten Einzelfall von vor über zehn Jahren. Bedenken, Bam zu besuchen, sind unbegründet. Für Reisen in den Osten über Bam hinaus gilt es jedoch, die Sicherheitshinweise für Sistan und Balutschistan zu beachten (S. 472).

beben wenig anhaben konnte, erstrecken sich über 2 km. Es ist davon auszugehen, dass die mittelalterliche Stadt ab Mitte des 19. Jhs. nicht mehr bewohnt und genutzt wurde. ⌚ tgl. 7.30–19, Winter 7.30–17 Uhr, 200 000 IRR.

Friedhof und Trümmerberge

Das Erdbeben und seine Folgen werden immer Teil des kollektiven Gedächtnisses der Stadt und ihrer Bewohner bleiben. Wer möchte, kann 2,4 km südlich des Eingangs zur Arg-e Bam den **Friedhof** besuchen, auf dem viele Opfer von damals begraben liegen.

Unmittelbar nördlich davon fallen zwei mächtige und mit dem Auto befahrbare Hügel ins Auge. Der Eindruck täuscht nicht: Hier türmt sich Schutt und Asche der eingestürzten Gebäude. Die **Trümmerberge** gleichen einer Gedenkstätte und geben zugleich den Blick frei auf die wieder auferstandene Festungsstadt, die weiten Palmenhaine davor und die schroffen Gebirgszüge dahinter.

ÜBERNACHTUNG

Die Auswahl an Unterkünften ist mehr als überschaubar. WLAN ist überall Standard.

Akhbar Tourist Guest House, Sayed Jamaluddin Asad Abadi Ave., rund 150 m südlich der Janbazan St., ✆ 034-4434 0817 und 0913-246 0831, ✉ akhbartouristguesthouse@gmail.com. Hausherr Akhbar war lange Zeit Englischlehrer und in jungen Jahren in Indien unterwegs. Er hat nicht nur viel zu erzählen, sondern ist praktisch immer zu Scherzen aufgelegt – ein Charakter für sich. Sein schlichtes Gästehaus hat schon über zwei Jahrzehnte Bestand und ist nach wie vor die Anlaufstelle für Individualreisende. Die Sauberkeit der Zimmer variiert allerdings – abhängig vom Arbeitseifer des Mitarbeiters. Lieber einen genauen Blick darauf werfen und bei Missständen mit Akhbar reden. Für die 2- bis Mehrbettzimmer zahlt man 10 € pro Nacht und Nase. Hervorzuheben ist der lauschige Innenhof.

Arg-e Jadid Hotel, rund 10 km östlich der Stadt an der Straße nach Zahedan, ✆ 034-4425 2671, ✉ hotel.argejadid@yahoo.com. Sicher das modernste Hotel mit dem besten Standard in der Stadt. Der Service ist professionell, und die Zimmer sind stimmig eingerichtet, die Preise dafür aber gesalzen. Fitnessräume und Swimmingpool gehören auch zur Anlage. ❻

Bam Tourist Hotel, auch als Jahangardi bekannt, Imam Khomeini Blvd., wenige Meter südlich des Farmandari Sq., ✆ 034-4431 3321 und 0913-346454. Die beliebte iranische Hotelkette stellt auch in Bam einwandfreie, saubere, wenn auch ein wenig abgewohnte Zimmer bereit. Die Mitarbeiter sind bemüht, auch wenn Englischkenntnisse nicht vorausgesetzt werden können. ❸

Parsian Bam Hotel, Bam-Kerman Rd., gegenüber der Universität. Über 60 Zimmer sind hier auf 3 Stockwerke verteilt. Sie sind nichts Besonderes, aber in der Regel hell und verfügen über komfortable Betten. Auf Teppichböden wird hier wie in vielen anderen iranischen Standardhotels auch nicht verzichtet. Vier Fahrräder werden für 150 000 IRR/Std. verliehen. Auch hier wird praktisch kein Englisch gesprochen. ❷

ESSEN

€ **Dastpokht-e Maman Kitchen**, Taleghani St., direkt gegenüber dem Kipo Cafe. Hier geht's nicht um Flair, sondern um richtig gute persische Kost – Mamas Küche eben – zu günstigen Preisen. Das Lokal ist schlicht, einige Sitzgelegenheiten stehen bereit, viele nehmen sich das Essen aber mit. *Gormeh sabzi* gibt es schon für 70 000 IRR, verschiedene Kebabs ab 90 000 IRR. ⌚ tgl. 9–24 Uhr.

Kipo Cafe, Taleghani St., rund 180 m südwestlich des Farmandari Sq., ✆ 034-4421 2235, cafe_kipo. Eines der moderneren Cafés der Stadt, die vorwiegend junges Publikum anziehen. Hier gibt's eine größere Auswahl an Shakes, Säften, Tees, Kaffee, Kuchen – alles zwischen 80 000 und 120 000 IRR. Englisch wird zwar nicht gesprochen, aber es gibt eine englische Speisekarte. ⌚ tgl. 17–23 Uhr.

Kohan Cafe, Taleghani St., 230 m südlich der Azadegan St., ✆ 0912-563 2440. Dass Bam ein konservatives Nest ist, wundert

kaum. Umso höher ist Herrn Kohan anzurechnen, dass er ein ursprünglich traditionelles Café in einen Platz für ungezwungene Begegnungen abseits der konservativen Geschlechtertrennung verwandelt hat. Lange hat er überlegt, wie so ein Café aussehen müsste. Anfangs wurde das Café von den Einheimischen abgelehnt. Schließlich ist es Herrn Kohan aber doch gelungen, vor allem das junge Bam anzulocken. Das Café ist modern eingerichtet, chillige Musik begleitet die Gäste, die hier ihre Shakes schlürfen und die Welt um sich herum vergessen. ⌚ Sa–Do 9–13, 17–24, Fr 17–24 Uhr.

Qaleh-ye Shadi Restaurant, Imam Khomeini Blvd., gegenüber der Masjed-e Jameh, ✆ 034-4421 6612. Sehr leckere persische Standardgerichte. Vor allem natürlich Kebabs, darunter preiswertes *chelo kebab* für 120 000 IRR. Gleich nebenan ist ein dazugehöriges Lokal mit Burgern und Pizza. Vegetarisches gibt es auf Anfrage, eine englische Speisekarte ist vorhanden. Der Betreiber Abouzar Akbari, ✆ 0913-343 5545, spricht Englisch, ist hilfsbereit und auch als Guide tätig.

Respina Restaurant, Modarres St., rund 140 m südwestlich der Ferdowsi St., ✆ 034-4421 6040. Bietet vor allem abends eine größere Auswahl an Gerichten, darunter auch internationale Küche. Empfehlenswerter sind trotzdem die Kebabs. Die Preisspanne reicht von 150 000 bis zu 400 000 IRR. ⌚ tgl. 11–15, 18–23 Uhr.

EINKAUFEN

Das Band aus Dattelpalmen und Gärten mit Zitrusfrüchten, das sich um die Stadt zieht, ist von beeindruckenden Ausmaßen.

Datteln sind ein wichtiges Exportgut der Stadt und werden im ganzen Land und darüber hinaus für ihre hohe Qualität geschätzt. In Bam befinden sich die Dattelpalmen auf einer Höhe von 1200 m. Jedes Jahr von August bis Oktober werden die Früchte geerntet. Prinzipiell gibt es sie in allen Lebensmittelläden und auf dem Bazar.

TOUREN

Bam eignet sich als Ausgangspunkt für Offroad-Touren in die Wüste Lut, auch zu den großen Dünen **Rig-e Yalan** (S. 464) oder nach **Keshit** (S. 463). Wer Interesse daran hat oder einen Guide für Bam selbst möchte, wendet sich am besten an **Mina Naeemi** (S. 457) – sie lebt heute in Kerman, kommt aber aus Bam.

TRANSPORT

Busse

Busse fahren an der westlichen Seite des **Mahdaviat Sq**. ab, rund 6 km von der Festung entfernt. Hier finden sich auch *savaris* nach JIROFT (2 Std.) für rund 150 000 IRR. Mehrmals tgl. verkehren Busse über Bam nach ZAHEDAN (4 Std.) und KERMAN (2 Std.) und auch nach BANDAR ABBAS (5 1/2 Std.). Wann genau man in Bam zusteigt, muss man bei der jeweiligen Unterkunft erfragen bzw. organisieren. Man kann sich auch an den ortskundigen Herrn Nadery, ✆ 0913-918 6105, wenden, braucht dafür aber einen Übersetzer.

Eisenbahn

Der **Bahnhof** (Istgah-e Rah-e Ahan) liegt außerhalb der Stadt rund 10 km südlich der Festung. Nach KERMAN (192 km, 4 Std.) 5x wöchentl. nachmittags für 220 000 IRR.

Jiroft

Rund 112 km südwestlich von Bam Richtung Bandar Abbas gelangt man nach Jiroft, eigentlich eine unscheinbare Stadt, wäre da nicht die erst 2001 bekannt gewordene Ausgrabungsstätte 25 km südlich. Als auf dem Schwarzmarkt plötzlich eine große Anzahl jahrtausendealter Artefakte mit unbekannten Ausprägungen und Motiven feilgeboten wurden, schalteten sich iranische Behörden ein, um den Handel zu stoppen. Schließlich wurden Experten so auf eine durch den überfluteten Halil-e Rud freigelegte Stadt aus dem 3. Jahrtausend v. Chr. aufmerksam. Seither wird erforscht, ob es sich gar um eine völlig eigene Kultur handelte, die als Bindeglied zwischen dem westlichen Elam und der östlichen Induskultur aufgefasst werden könnte. Manche vermuten auch, die von den Sumerern erwähnte Hauptstadt des Reiches von Aratta vor sich zu haben. Unbestritten ist, dass es sich um einen wahren Sensationsfund handelt, der viele Fragen aufwirft.

Der Fundort trägt den Namen eines benachbarten Dorfes: **Konar Sandal**. Auf dem nördlichen Ausgrabungshügel Sandal A konnten die Überreste einer einst mächtigen Terrassenanlage freigelegt werden. Sie weist viele Ähnlichkeiten mit den für Mesopotamien und Elam bekannten Zikkuratbauten auf. Während rund 1,5 km weiter südlich auf dem Hügel Sandal B die Reste einer mehrere Hektar großen Festungsanlage ans Tageslicht gebracht wurden. Das gesamte Areal ist für Besucher rund um die Uhr zugänglich.

Im kleinen **Muzeh-ye Bastanshenasi** im Zentrum von Jiroft am Ufer des Halil Rud sind einige Artefakte ausgestellt, die das Bild von der Jiroft-Kultur, wie sie schon genannt wird, vervollständigen. Die wertvollsten Stücke sind aber im Nationalmuseum von Teheran untergebracht. 🕒 Di–So 9–13, 15–19 Uhr, 100 000 IRR.

ÜBERNACHTUNG UND ESSEN

Arman Hotel, Jiroft-Kerman Rd., an der nordöstlichen Seite des Imam Khomeini Sq., ✆ 034-4331 9997. Nicht sofort als Hotel zu erkennen, weil es vordergründig ein ebenso empfehlenswertes Restaurant ist. Solide Zimmer, etwas moderner als die iranischen Standardhotels anderswo. ❶

TRANSPORT

Savaris fahren mehrmals tgl. vom Jamaran Blvd. für rund 150 000 IRR nach BAM (2 Std.).

◀ Die Arg-e Bam zeigt sich nach jahrelangen Restaurierungsarbeiten in neuer Pracht.

Provinz Sistan und Balutschistan

Im Südosten Irans befindet sich mit 180 700 km² eine der flächengrößten Provinzen des Landes, gegliedert in die Teilprovinzen Sistan im Norden und Balutschistan im Süden. Im Osten grenzt die spärlich besiedelte Provinz an Afghanistan und Pakistan. Die über 2,8 Mio. Einwohner sind mehrheitlich sunnitische Belutschen mit eigener Sprache und Tradition. In der Region Sistan findet sich außerdem eine Minderheit schiitischer Perser. Die Provinzhauptstadt **Zahedan** ist mit fast 600 000 Einwohnern die größte Stadt in der Region.

In einer der trockensten Provinzen in Iran ist nur die Küstenregion von geringem Niederschlag und hoher Luftfeuchtigkeit geprägt. Im Sommer sind die Temperaturen tagsüber kaum zu ertragen, während es im Winter in den nördlichen bergigen Regionen kalt werden kann. Das trockene Klima bereitet der Landwirtschaft und der örtlichen Wasserversorgung Schwierigkeiten.

Zur Sicherheit

In der Vergangenheit kam es in Zahedan und Chabahar immer wieder zu terroristischen Anschlägen und zu Entführungen im Grenzgebiet durch in Pakistan ansässige Jaish-ul-Adl-Terroristen. Aufgrund der Sicherheitslage gibt es in der gesamten Provinz eine erhöhte Präsenz von Militär und Polizei.

Die Nähe zu Afghanistan und Pakistan macht die Provinz zu einer wichtigen Durchzugsroute für Drogen- und Benzinschmuggel. Treibstoff ist daher rar, stark rationiert und nicht immer an allen Tankstellen verfügbar. Autofahrer sollten am besten einen Reservekanister dabeihaben und sich auf lange Warteschlangen an den Tankstellen einstellen. Von Reisen ins unmittelbare Grenzgebiet wird abgeraten.

Reisende sollten sich unbedingt vorab über die aktuelle Sicherheitslage informieren, 💻 www.auswaertigesamt.de, und keinesfalls alleine reisen, vor allem nicht nachts.

In den Inschriften von Persepolis (S. 289) und Bisotun (S. 383) wird die Provinz **Sistan** als eine der östlichen Provinzen Dareios' des Großen genannt. Der Name stammt vom asiatischen Stamm der Saka, der die Region im 2. Jh. v. Chr. besiedelte. Nach der Herrschaft der Sassaniden wurde das Gebiet seit dem 7. Jh. mehrfach von den Arabern erobert und in diverse Kalifate eingegliedert. Feldzüge und kriegerische Auseinandersetzungen hielten im 16. Jh. unter dem safawidischen Schah Ismail I. bis ins 18. Jh. unter Nader Schah an. Heute gehört die Provinz zu den ärmsten in ganz Iran und wird von der Regierung in Teheran weitgehend vernachlässigt.

Seit Jahren kämpft die Provinz gegen ihren schlechten Ruf und die Stigmatisierung an. Das äußert sich in den Instandsetzungen historischer Festungen wie in **Bampur** und **Seb**. In **Chabahar** sollen eine Freihandelszone und moderne Shopping Malls und Hotels sowie die Modernisierung des Hafens durch ausländische Investoren den Tourismus ankurbeln.

Zahedan

Die Hauptstadt der Provinz erstreckt sich über ein Plateau auf 1400 m Höhe und liegt etwa 360 km südöstlich von Kerman und 98 km nordwestlich von Mirjaveh an der Grenze zu Pakistan. Das einst unscheinbare Dorf Duzhab war dank unterirdischer Wasserquellen im sonst kargen Ödland lange ein wichtiger Ort für die Landwirtschaft. Als die Briten im 19. Jh. ein Eisenbahnnetz bauten, das den Grenzort Mirjaveh mit Pakistan und Indien verbinden sollte, dauerte es nicht lange, bis auch Duzhab einen Platz auf jeder Landkarte einnahm: Während des Ersten Weltkriegs erweiterten die Briten die Imperial Railway von Kalkutta nach Quetta und schließlich westwärts bis nach Duzhab. Während der Regentschaft von Reza Schah Pahlavi (1926–1941) wurde der Ort schließlich in Zahedan umbenannt und das administrative Zentrum der Provinz von Khash hierherverlegt. Damit begann das rasante Wachstum der Stadt, von ursprünglich 17 500 Bewohnern im Jahr 1956 zu fast 100 000 nur 20 Jahre später. In den 1980er-Jahren siedelten sich Tausende Flüchtlinge aus

Afghanistan in der Stadt an. Heute zählt Zahedan knapp 590 000 Einwohner und hat sich aufgrund der Nähe zu Afghanistan und Pakistan als wichtige Handelsstadt in der Region etabliert, wenn auch nicht alle Waren auf legalem Wege in die Nachbarländer gelangen. Der Schmuggel von Produkten und vor allem Drogen aus Afghanistan und Pakistan ist allgegenwärtig.

Muzeh-ye Zahedan

Der futuristische Bau gleicht einer Pyramide und ist das zentrale **Museum der Provinz**. Auf einer Rampe geht es im Inneren Stockwerk für Stockwerk nach oben, entlang von Postern aller Sehenswürdigkeiten der Provinz, die eine gute Inspirationsquelle für jeden Reisenden sind. Oben angekommen, lässt sich eine riesige Sammlung an Töpferwaren und archäologischen Funden aus Kerman, Shahdad, Balutschistan und Shahr-e Sukhta bewundern, bevor man sich im zentralen Teil des Museums wieder nach unten in den Eingangsbereich vorarbeitet. Im Erdgeschoss rundet eine Ausstellung über die Tier- und Pflanzenwelt der Provinz den Besuch ab. Tipp: Bei der Rezeption nach dem *Tourism Atlas* der Provinz fragen, die beste und detaillierteste Karte für die gesamte Region. 🕒 tgl. 7–18 Uhr, 80 000 IRR.

Sarpoosh Bazar

Eintauchen in eine kunterbunte Welt aus Stickereien und Stoffbahnen! Die bestickten Stoffteile für die traditionellen Kleider der Belutschen werden hier in Massen verkauft nebst jeder Menge Zubehör, um sein eigenes Meisterwerk herzustellen. Auch bestickte Steppdecken und Überwürfe. Der Hauptteil des Bazars befindet sich zwischen Shariati St. und Amir Al-Momenin Ave., Ecke Imam Khomeini Ave. 🕒 Sa–Do 8–13 und 16–20 Uhr.

ÜBERNACHTUNG

Amin Hotel, Imam Ali Sq., ✆ 054-3323 9892. Moderne Zimmer mit LEDs und Leopardendecken, gutes Preis-Leistungs-Verhältnis. ❸

Ecolodge Manzelab, im gleichnamigen Dorf 16 km südlich von Zahedan an der Straße 95, ✆ 0915-140 5419 (kein Englisch).

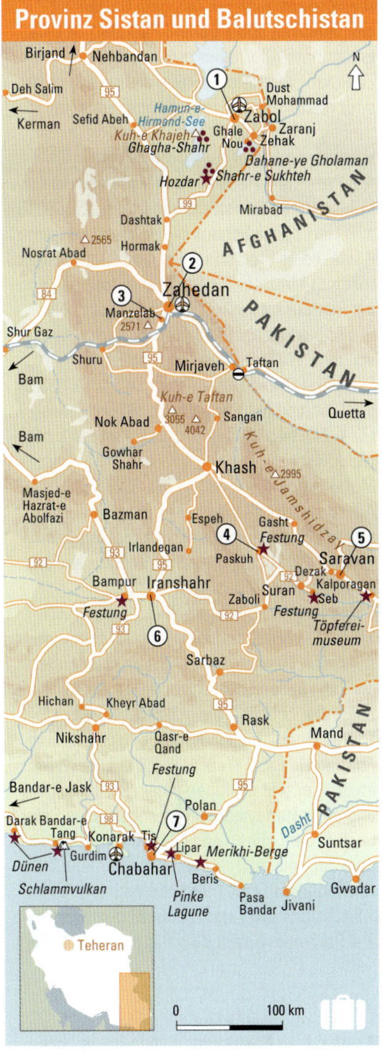

■ ÜBERNACHTUNG

1. Aram Hotel, Laleh Nimrooz Hotel
2. Tourist Hotel, Amin Hotel, Esteghlal Grand Hotel, Melal Hotel, Saleh Hotel
3. Ecolodge Manzelab
4. Ecolodge Paskuh
5. Tourist Hotel
6. Qasr Hotel
7. Azin Hotel, Ferdows Hotel, Sepideh Hotel, Venus Hotel, Lipar Grand Hotel, Shahan International Hotel

Dieser Bauernhof mit riesigem Garten mit Nomadenzelt und eigenem Parkplatz ist eine entspannte Alternative zu den Hotels in Zahedan. Vermietet werden mehrere Zimmer oder gleich das ganze Nebengebäude im traditionellem Stil mit viel Handarbeit an den Wänden und Liebe zum Detail, Zimmer für 4–8 Personen, Haus mit Bad und riesigem Kühlschrank, Frühstück inbegriffen, 350 000 IRR p. P. Herr Jalil kümmert sich rührend um seine Gäste, seine Frau bringt bei jeder Gelegenheit frischen Minztee. Die Besitzer betreiben auch ein Restaurant im Dorf, hier kann man sich Essen bestellen und danach im Garten genüsslich eine Wasserpfeife rauchen.

Esteghlal Grand Hotel, Azadi Sq., ✆ 054-3323 8052. Altmodische Zimmer im 1970er-Jahre-Look, Zimmer, WC und Dusche sind dafür blitzblank. ❻

Melal Hotel, Azadi St., ✆ 054-3323 5537. Apartment-Hotel mit großen Zimmern und eigener Küche, empfiehlt sich für Gruppen von 2–4 Personen, die selber kochen wollen. 2,44 Mio. IRR für das Apartment.

Saleh Hotel, Daneshgah Blvd., ✆ 054-3323 1797. Gleicher Standard wie im Nachbarhotel Amin. Die Zimmer sind renoviert. Gute Lage – ins Zentrum und zum Bazar geht's zu Fuß, viele Restaurants und Cafés in der Nähe. ❸

Tourist Hotel, Jamejam Ave., gegenüber vom Khatam Hospital, ✆ 054-3322 0113, 💻 www.ittc.ir. Hier gibt es neben einem Geldautomaten und einer Handyladestation sogar einen Billardtisch in der Lobby. Gute Lage für alle, die mit dem Zug reisen, Bahnhof in Spaziernähe, auch zum Flughafen ist es ein Katzensprung. Tadellose Zimmer oder wahlweise Bungalows für 2–4 Personen neben dem Hauptgebäude. ❹

ESSEN

Azarbayejan Restaurant, Pasdaran Sq., Ecke Daneshgah Blvd., ✆ 938-545 0146. Restaurant mit Spezialitäten aus den nördlichen Provinzen Irans. Diverse Kebabs und große Salatbar, auch eine Auswahl an Vorspeisen und *torshi*, Hauptspeisen ab 170 000 IRR. Hier sitzt es sich auf den Bänken nicht ganz so gemütlich wie im Restaurant Emarat. 🕒 tgl. 12–16 und 19–23 Uhr.

Coffeeshop Avazeh, Molavi Hossein Bor St., Ecke Qods 18 St., ✆ 0915-149 4426. Perfekter Ort für eine Kaffeepause nach dem Shopping, Kaffeespezialitäten ab 70 000 IRR, sehr starker Espresso! 🕒 tgl. 10–22 Uhr.

Emarat Azarbayejan Traditional Restaurant, Daneshgah Blvd., ✆ 054-3322 6661. Wer ganz im Südosten des Landes die Küche aus dem Nordwesten Irans vermisst, dem wird hier geholfen. Traditionelles Restaurant und von der Einrichtung her mit Abstand das optisch opulenteste, prunkvoll und farbig, buntes Geschirr, die Kellner tragen Trachten. Im Keller sitzt es sich ruhiger und auf Takhten. Suppe unbedingt mitbestellen! Ausgezeichnetes *tawa* (Kubideh in Tomatensoße) kommt mit *shiwid polo* (Reis mit Dill) und Kartoffelkruste. Sehr üppige Portionen. 🕒 tgl. 11.30–24 Uhr.

Haj Ahmad Restaurant, Mirhosseini Blvd., Ecke Saadi Blvd. beim Kreisverkehr, ✆ 054-3350 8852. Pakistanisches Restaurant, im 1. Stock mit kitschig künstlichem Wasserfall. Achtung: Links ist nur für Männer, rechts gemischt und für Familien. Auswahl an Kebabs und pakistanischen Speisen. 🕒 tgl. 8–23 Uhr.

Sobhan Restaurant, Molavi Hossein Bor St., Ecke Pahlavani St., ✆ 054-3322 4439. Modern eingerichtet, das Essen bekommt man wie in einer Kantine gleich am Tresen. Hauptspeisen schon ab 120 000 IRR. 🕒 tgl. 9–24 Uhr.

€ **Taj Mahal Restaurant**, Kafami St., nahe der indischen Botschaft. Kleines, knallbuntes indisches und pakistanisches Restaurant. Sambusa, *korai* (indisches Curry), *beriani* (Reispfanne mit jeder Menge Gewürzen, Fleisch, Gemüse, Joghurt und getrockneten Früchten), *pakurah* (frittierter Snack aus Kartoffeln Zwiebeln, Gewürzen und Korianderblättern) ab 150 000 IRR. In der Straße gibt es weitere kleine indische Restaurants und Imbisse. 🕒 tgl. 8–22 Uhr.

EINKAUFEN

Secondhandläden

€ Wer sich günstig einkleiden will, findet im **Razouli-Bazar** entlang der Molavi Hossein Bor St. und ihren Seitengassen Dutzende Secondhandläden. Hierher kommen

Einheimische aus der gesamten Provinz, um in den unzähligen Geschäften nach Schnäppchen zu stöbern. Im östlichen Teil der Einkaufsstraße gibt es auch kleine Malls, die teils gefälschte, teils gebrauchte Markenschuhe verkaufen.

Stickereien

Ein beliebtes Souvenir sind die traditionell bestickten Stoffe vom **Sarpoosh-Bazar**, die von den Einheimischen auf Kleider und Röcke genäht werden. Diese gibt es in allen Formen, Mustern und Preislagen. Handgefertigte Stücke sind meist sehr überteuert, hier ist hartnäckiges Feilschen angesagt. Die maschinell gefertigten Stickereien sind deutlich billiger.

SONSTIGES

Geld

Amir Exchange, Azadi Blvd., 100 m nördlich des Park-e Shar. 🕒 Sa–Do 9–20 Uhr.

Medizinische Hilfe

Erste Anlaufstelle für kleinere Verletzungen ist das **Khatam Hospital**, Jamejam Ave., ✆ 054-3322 0501, einige Ärzte sprechen auch Englisch. 🕒 24 Std.

Post

Die **Hauptpost** befindet sich in der Emdad St., 400 m nördlich des Grand Museum Zahedan. 🕒 Sa–Do 7–14 Uhr.

Reisebüros

Einige Reisebüros befinden sich entlang des **Daneshgah Blvd.** Im Angebot sind Flug- und Bahntickets sowie Bustickets privater Gesellschaften.

TRANSPORT

Busse und Minibusse

Der **Busbahnhof Enqelab** (Terminal-e Enqelab-e Zahedan) befindet sich im Westen der Stadt zwischen Enqelab Blvd. und Kalantari Ring Rd. an der Straße 84. Ticketschalter aller Busgesellschaften gibt es in der großen Halle, einfach den Zielort nennen und man wird zum richtigen Schalter geführt.

BANDAR ABBAS (729 km, 8 1/2–9 Std.), mehrmals tgl. nachmittags bis abends für 370 000 IRR, VIP 2x tgl. abends 600 000 IRR.
CHABAHAR (655 km, 7 Std.), stdl. von 8–22 Uhr für 290 000 IRR, VIP 3–4x tgl. abends für 510 000 IRR.
ESFAHAN (1180 km, 12 1/2–14 Std.), mehrmals tgl. für 450 000 IRR, VIP mehrmals tgl. nachmittags für 600 000 IRR.
KERMAN (510 km, 5 1/2 Std.), halbstdl. für 250 000 IRR, VIP 4x tgl. mittags und abends für 390 000 IRR.
MASHHAD (940 km, 10–11 Std.), halbstdl. für 470 000 IRR, VIP mehrmals tgl. für 830 000 IRR.
SHIRAZ (1060 km, 12–13 Std.), halbstdl. nachmittags bis abends für 340 000–490 000 IRR, VIP halbstdl. nachmittags bis abends für 720 000 IRR.
TEHERAN (1480 km, 15–16 Std.), stdl. morgens bis nachmittags 420 000–610 000 IRR, VIP stdl. morgens bis nachmittags 910 000–1,03 Mio. IRR.
YAZD (860 km, 9 Std.), halbstdl. nachmittags bis abends für 270 000 IRR, VIP 2x tgl. nachmittags für 500 000 IRR.
Nach ZABOL (210 km, 2 1/2 Std.) verkehren nur **Minibusse**, Abfahrt, sobald einer voll ist, für 110 000 IRR.

Eisenbahn

Der **Bahnhof Zahedan** (Istgah-e Rah'ahan-e Zahedan) befindet sich relativ zentral am Motahhari Blvd.
Der Nachtzug nach TEHERAN (1500 km, 22 1/2 Std., 1,3 Mio. IRR) startet 1x tgl. nachmittags mit Stopps in BAM (340 km, 5 Std., 340 000 IRR), KERMAN (525 km, 8 1/2 Std., 540 000 IRR), YAZD (880 km, 14 1/2 Std., 830 000 IRR) und KASHAN (1260 km, 19 1/2 Std., 1,06 Mio. IRR). Die Abteile verfügen über 4 Betten. Tee, Wasser und Snacks sind im Preis inbegriffen, Abendessen kann man dazubestellen. Am besten bei der Buchung von einem Reisebüro helfen lassen. Tickets gibt es auch direkt am Ticketschalter in der Wartehalle.

Flüge

Der **Zahedan International Airport** befindet sich 3 km östlich des Zentrums direkt am Stadtrand und ist über den Shohada Entezami

Blvd. schnell zu erreichen. Taxis in die Stadt kosten etwa 80 000 IRR.
GORGAN (Di und Mi, 2 Std.) mit Iran Aseman Airlines und Qeshm Air.
MASHHAD (1–2x tgl., 1 1/2 Std.) mit Iran Aseman Airlines und Qeshm Air.
SHIRAZ (2x wöchentl., 1 1/2 Std.) mit Aseman Airlines.
TEHERAN (1–2x tgl., 2 Std.) mit Iran Aseman Airlines und Qeshm Air.

Die Umgebung von Zahedan

Paskuh

Da das Hinterland um Saravan hauptsächlich aus kleinen Dörfern besteht, sind Unterkünfte eher rar. Am ehesten bietet sich die Übernachtung im Tourist Hotel in Saravan an. Eine gute und günstige Alternative ist die Ecolodge im malerischen Dorf Paskuh, eingebettet in Palmenhaine und Felder unweit der gleichnamigen Festung aus dem 16. Jh. Hier gibt es im Wohnhaus der Familie Paskuhi ein großes Zimmer zu mieten, ✆ 0915-948 8160, das locker für bis zu zehn Personen als Schlafplatz reicht (300 000 IRR p. P. und Nacht, Frühstück inkl.), Abendessen je nachdem, was gekocht wird, 100 000–300 000 IRR p. P. Die Spezialität der Region ist übrigens *tabahak* (getrocknetes Schaffleisch). Zufahrt über die Hauptstraße des Dorfes, Paskuh St., nach etwa 700 m beim Geschäft mit einer großen aufgemalten Iranflagge rechts abbiegen, das Haus liegt nach ca. 300 m rechts hinter einem grün-gelben Tor. Der Besitzer Farhad spricht sehr wenig Englisch, führt aber gerne zur Burg im Dorf, die bis zu 500 Jahre alt ist. Die Dorfbewohner haben einst um die Burg herum gewohnt, bis es ihnen vom Denkmalamt verboten wurde.

Seb

Wer die anderen Festungen der Provinz besichtigt hat, dem fällt sofort auf, dass die **Festung Seb** zu den größten und besterhaltenen in der Region gehört. Im gleichnamigen Dorf, 25 km südwestlich der Stadt Saravan, sind die 30 m hohen Mauern bereits von Weitem zu sehen. Die Anlage aus der Qadjaren-Ära war 1789–1925 ein wichtiger Stützpunkt zur Überwachung der gesamten Grenzregion. Der Hauptteil geht bis auf die Safawiden um 1500 zurück und ist ein Meisterwerk aus Ton und Mörtel, gemischt mit Unmengen an klebrigen Pflanzensamen und stabilisiert durch Palmenstämme und geflochtene Matten. Die gesamte Festung wurde insgesamt mehr als dreimal restauriert und wirkt heute wie aus dem Ei gepellt. 🕒 frei zugänglich – falls das Haupttor geschlossen ist, helfen die Nachbarskinder beim Aufsperren.

Dezak

Nur 3 km östlich der Kleinstadt Saravan liegt das unscheinbare Dorf Dezak. Neben einer **Festungsanlage** aus der Zeit der Qadjaren lohnt der Besuch der kleinen **Freitagsmoschee** des Dorfes mit ihren breiten, lehmverputzten Säulen. Das Highlight des Dorfes ist definitiv das **örtliche private Museum Taso Kapal** westlich der Festung. Der Besitzer ist verliebt in die Kultur von Balutschistan und hat vor Jahrzehnten begonnen, alles zusammenzutragen, was in irgendeiner Form antik oder traditionell ist. Dafür ist er durch die ganze Provinz gefahren und hat Antiquitäten gesammelt, einige davon wurden sogar aus dem Abfall gerettet. Mittlerweile ist seine Sammlung auf über 2700 Gegenstände angewachsen, alle akribisch archiviert und in einem traditionellen Holzhaus im Garten zwischen Dattelpalmen und Feldern ausgestellt. 🕒 tgl. 10–20 Uhr, Spende erbeten. Wer das Museum nicht gleich findet, einfach im Dorf nach *muzeh* fragen, die Bewohner führen gerne dorthin.

Kalporagan

Das 25 km östlich von Saravan gelegene Dorf ist bis weit über die Provinzgrenzen hinaus für seine markante Töpferei bekannt. Die Technik gehört zu den ältesten handwerklichen Kunstformen und reicht über 7000 Jahre zurück. Für die Herstellung der archaisch wirkenden braunen Gefäße wird weder eine Drehscheibe noch eine Glasur verwendet. Die dunkelbraune Naturfarbe für die aufwendigen Verzierungen wird aus dem Titok-Fels vom Fuße des Kuh-e Birak bei Birjand hergestellt. Traditionell töpfern ausschließlich Frauen, Männer sind für die Beschaffung des Rohmaterials zuständig. Alle Werkzeuge werden übrigens im Dorf selbst hergestellt.

Das kleine **Töpfereimuseum** im Dorfzentrum gibt einen Einblick in die Herstellung der berühmten Töpferwaren. Ursprünglich war diese Werkstatt für die Koordinierung der Töpferinnen und der Produktionsmengen zuständig. Im Hauptraum wird tagsüber getöpfert. Hier ist alles Handarbeit, ohne Drehscheibe oder Maschinen. Im Nebengebäude, wo die Töpferwaren auch gebrannt werden, sind einige Stücke ausgestellt. ⌚ Sa–Do 10–18 Uhr, Eintritt frei.

Um das Museum herum befinden sich **kleine Geschäfte** der Dorfbewohner, in denen man allerlei Vasen, Schalen und Töpfe, kleine Tierfiguren und Wasserpfeifen aus Ton erstehen kann, die Preise starten bei 100 000 IRR.

Zabol

Wer das wüstenähnliche Ödland um Zabol, 210 km nördlich von Zahedan an der Grenze zu Afghanistan, das erste Mal erblickt, den mag es verwundern, dass die Provinz Sistan einst als das Zentrum von Ackerbau und Viehzucht im Mittleren Osten galt. Hier wurden jedes Jahr drei Arten von Getreide sowie jede Menge Baumwolle geerntet. Allerdings setzten Dürren und Sandstürme der Region dermaßen zu, dass davon heute nichts mehr übrig ist. Die Stadt Zabol wirkt daher auch etwas verschlafen und hat außer dem **Muzeh-ye Zabol**, dem Anthropologiemuseum im Gebäude der ehemaligen britischen Botschaft aus dem 19. Jh. in der Ferdowsi St., nicht viel zu bieten. Ein Besuch lohnt dennoch, denn hier sind neben einer Sammlung an Töpferwaren, Schmuck und Textilien (fast alles stammt aus der nahe gelegenen Ausgrabungsstätte Shahr-e Sukhteh) auch einige Waffen und Schmiedearbeiten zu bewundern. Das Museum gibt außerdem eine gute Einführung in die Geschichte und Kultur der Provinz Sistan und in die Lebensweise und Tradition der Bevölkerung. ⌚ tgl. 9–18 Uhr, 150 000 IRR.

ÜBERNACHTUNG UND ESSEN

Reisende, die in Zabol übernachten, haben die Wahl zwischen den einzigen beiden modernen Hotels der Stadt:

Aram Hotel, Rostam Sq., gleich am Stadteingang in der Nähe vom Busbahnhof, ✆ 054-3229 5500. Die marmorverkleidete Eingangshalle mit ihren goldenen Glitzervorhängen, die quietschbunte Tapete und LED-Deckenbeleuchtung der Zimmer sind sicherlich nicht jedermanns Geschmack, dafür sind die Zimmer freundlich, hell und sehr sauber. Das hoteleigene Restaurant gehört zu den besten der Stadt, das merkt man spätestens, wenn hier mittags und abends Einheimische scharenweise einfallen. Frühstück für Hotelgäste gibt es von 7–8 Uhr. ❷

Laleh Nimrooz Hotel, Artesh Blvd. am Weg zum Flughafen, ✆ 054-3222 2091. Altmodische Zimmer mit knarrenden Holzbetten, aber für eine Nacht in Ordnung. Im hauseigenen Restaurant lässt sich vorzüglich speisen. Wer am nächsten Tag nach Teheran oder Mashhad weiterfliegt, ist in wenigen Minuten am Flughafen. ❷

Persian Pizza, östliches Ende der Shohada St., gegenüber der Dr. Aghajani Pharmacy. ✆ 054-3223 7411. Beliebter Treffpunkt, besonders bei jungen Zabolis, moderne und helle Einrichtung, Auswahl an Pizza und Fast Food, auch Desserts. ⌚ tgl. 11–24 Uhr.

Pizza Tateli Fastfood, südlich der Motahari St., 250 m oberhalb der Resalat Bank, ✆ 0933-437 8473. Spartanische Einrichtung, im 1. Stock sitzt es sich sehr beengt. Burger ab 45 000 IRR, Pizza ab 140 000 IRR, Spezialität: Pizza Mix Tateli für 330 000 IRR, da ist alles drauf, was die Küche hergibt. ⌚ Sa–Do 12–22 Uhr.

NAHVERKEHR

Da beide Hotels am Stadtrand liegen, empfiehlt es sich, für den Besuch des Museums und des örtlichen Bazars ein **Taxi** zu nehmen.

TRANSPORT

Busse

Der **Zabol Bus Terminal** (Terminal-e Otobus-e Zabol) befindet sich im Süden der Stadt in einer Parallelstraße der Hauptstraße Richtung Zahedan und ist nur ein paar hundert Meter vom Hauptkreisverkehr der Stadt entfernt.

Von hier fahren Minibusse für 110 000 IRR nach ZAHEDAN (210 km, 2 1/2 Std.) ab, sobald alle Plätze vergeben sind.

Flüge

Der kleine **Flughafen von Zabol** befindet sich 7 km nordöstlich der Stadt. **Taxis** in die Stadt kosten etwa 100 000 IRR.
MASHHAD (Sa und Di, 1 Std.) mit Qeshm Air.
TEHERAN (Mo und Mi, 2 Std.) mit Mahan Air.

Die Umgebung von Zabol

Ruinenstädte, historische Windmühlen und eindrucksvolle Festungen: Im Hinterland von Zabol liegen einige der bedeutendsten archäologischen Stätten Südostirans. Wer nur wenig Zeit hat, dem sei der Besuch der parthisch-sassanidischen Palastanlage am Fuße des heiligen Berges Kuh-e Khajeh und des Unesco-Weltkulturerbes Shahre Sukhteh am Weg nach Zahedan empfohlen. Für Reisende, die in Zabol übernachten, lohnen auch ein Besuch der Ruinenstadt Dahane-ye Gholaman und des malerischen Dorfes Ghale Nou sowie ein Abstecher zu den Windmühlen und Festungen der Ruinen von Hozdar.

Kuh-e Khajeh

Nur 22 km südwestlich von Zabol entfernt erhebt sich majestätisch der Kuh-e Khajeh („Heiliger Berg") aus dem **Hamun-e-Hirmand-See**. Bei hohem Wasserstand des Sees, der von dem über 1130 km langen Fluss Hirmand aus dem Kuh-e Baba in Afghanistan gespeist wird, konnte der Berg aus Basaltstein früher nur per Boot erreicht werden. Aufgrund der seit 2001 anhaltenden extremen Dürreperioden in Afghanistan und Iran ist der See heute allerdings meist komplett ausgetrocknet und der Berg nur noch selten im Frühjahr von Wasser umgeben und daher problemlos mit dem Auto über die Dörfer Hamun und Ja'afar Shahbaz erreichbar. Die religiöse Bedeutung des Berges reicht weit in die zoroastrische Mythologie hinein, demnach bewahrt der Hamun-See Zarathustras Samen. Bis heute ist der Berg eine wichtige Pilgerstätte der Zoroastrier und, aufgrund eines islamischen Mausoleums an der Nordseite des Berges, auch für Muslime.

Neben den zwei Burgruinen **Kok-e Zal** und **Chehel Dokhtar** auf dem Gipfel an der Südseite erstreckt sich auf einem Hügel an der Südostseite mit Blick auf den halb ausgetrockneten See die von den Parthern komplett aus Lehmziegeln errichtete eindrucksvolle Palastanlage um die **Zitadelle Ghagha-Shahr**. Im ersten Jahrtausend nach Christus war hier ein wichtiger Handelsstützpunkt auf dem südostiranischen Abschnitt der Seidenstraße. Unter den Sassaniden wurde die Anlage mehrfach ausgebaut. Heute werden Teile der Festung und des Palastes instand gesetzt; auf den Pfaden begegnet man daher zahlreichen Arbeitern und mit Lehmziegeln beladenen Maultieren. Der Palastteil besteht aus mehreren Gebäuden und Befestigungsanlagen und auf dem höchsten Punkt einem Feuertempel. Spätestens wenn man durch das Tor auf den verwitterten Platz des Palastes tritt, nimmt einen der Zauber dieser Anlage vollends ein. Überreste der zahlreichen Wandmalereien und Fresken aus den Gängen rund um den

Die rätselhaften Funde von Shahr-e Sukhteh

Die Stadt war in vielerlei Hinsicht ihrer Zeit weit voraus. Hier wurden bedeutende, bis zu 5000 Jahre alte Artefakte entdeckt, die Archäologen bis heute rätseln lassen: So zeigt der 1977 entdeckte Schädel eines 14-jährigen Mädchens Spuren von einer durchgeführten Hirnoperation; in einem Grab wurde in einem Frauenschädel ein künstlicher Augapfel aus Glas und Gold gefunden, und dem Gebiss eines Mannes fehlt ein Backenzahn, der fachmännisch gezogen wurde.
Außerdem zählen zu den Funden ein Lineal aus Holz mit einer Genauigkeit von 0,5 mm, eines der ältesten jemals gefundenen Backgammon-Spiele sowie ein Becher aus Porzellan, bemalt mit einer Abfolge von Bildern, die eine nach einem Ast springende Ziege zeigen – die älteste Animation der Welt! Das Original ist heute im Nationalmuseum in Teheran zu bewundern.

Hauptplatz sind heute in verschiedenen Museen zu sehen, unter anderem dem Nationalmuseum in Teheran sowie Museen in Neu-Delhi, Berlin und New York. Dahinter auf dem Gipfel befindet sich eine weitere Festungsanlage – von hier aus liegt einem der gesamte Hamun-e Hirmand zu Füßen.

Shahr-e Sukhteh

Nur 55 km südwestlich von Zabol erstreckt sich auf einer Fläche von mehr als 150 ha, 18 m hoch über der Ebene, eine der bedeutendsten Ausgrabungsstätten aus der Bronzezeit des Iranischen Plateaus. Die „verbrannte Stadt" erhielt ihren Namen, weil sie im Laufe ihrer Geschichte dreimal von Feuer zerstört wurde. Sie war zudem ein wichtiges Zentrum für die Verarbeitung von Rubinen und Lapislazuli aus den Minen von Badakhshan im östlichen Afghanistan. Seit 2014 gehört die gesamte Anlage zum Unesco-Weltkulturerbe.

Gleich nach der Entdeckung 1967 wurde mit den Ausgrabungen begonnen, die bis heute andauern. Aufgrund des harschen Klimas, von Sandstürmen und der unerträglichen Hitze kommen diese aber nur langsam voran. Dennoch wurden unter einer dicken Schicht aus Sand, Salz und Ton bedeutende Funde gemacht, teilweise sogar Haare und Textilien. Das ganze Gebiet ist von Millionen kleiner Tonscherben bedeckt. Tote wurden hier in Hockstellung direkt unter den Wohnhäusern beigesetzt, teilweise in mehreren Gräbern übereinander. Erst später, mit der Einwanderung der Perser, wurden an der Südseite der Stadt Friedhöfe und Nekropolen angelegt. Im **Museum** der Anlage auf der anderen Straßenseite sind einige der Gräbergruben rekonstruiert. Zudem findet sich eine Auswahl an bis zu 5000 Jahre alten Fundstücken wie Töpferwaren, Stoffe, Haare, Schmuck und Waffenbruchstücke sowie die Knochen eines Makaken, der eigentlich in Indien und Pakistan heimisch ist. Beschriftung in Englisch und Farsi. ⌚ tgl. 8–18 Uhr, 200 000 IRR.

Ruinen von Hozdar

Von Zabol Richtung Zahedan zweigt nach der Ausgrabungsstätte Shahr-e Sukhteh nach etwa 7 km (beim Schild „Hozdar Historical Area" auf der rechten Seite) eine Staubstraße nach rechts ab. Nach ein paar Kilometern erreicht man die vom Wind verwehten und von der Witterung verformten Ruinen von Hozdar, von denen die Festung **Qaleh-ye Machi** mit ihrem großen Iwan und den Ställen an der Nordseite am besten erhalten ist. Während der Herrschaft der Safawiden bis zu den Qadjaren (1501–1925) war hier der Sitz des Gouverneurs von Sistan.

Nur ein paar hundert Meter entfernt steht eine der berühmten **Windmühlen** *(asbads)* von Hozdar. Das große Windrad aus Holz wurde vertikal im ersten Stock der Mühle angebracht. Zwei gemauerte Wände auf beiden Seiten kanalisierten den Wind zusätzlich. Die Bewohner von Sistan wussten schon vor Tausenden von Jahren, die starken ganzjährigen Winde zu nutzen, etwa zum Mahlen von Getreide oder zur Betreibung von Wasserpumpen. Historiker glauben, dass diese aus Iran und Afghanistan stammende Bauweise im 11. Jh. auch in den islamischen Gebieten eingeführt wurde und während der mongolischen Herrschaft bis nach China und ein Jahrhundert später über Ägypten bis nach Europa gelangte.

Folgt man der Straße bis zum Ende, findet man die mächtige Festung **Qaleh-ye Rostam**, benannt nach dem legendären Helden der Provinz Sistan. Mit dem markanten Eingangstor und ihren 14 Wachtürmen gehört sie zu den größten safawidischen Festungsanlagen in Südiran.

Ruinenstadt Dahane-ye Gholaman

Nur 2 km vom Dorf Ghale Nou erstrecken sich auf einer Länge von 1500 m und etwa 300–800 m Breite die Überreste von **Dahane-ye Gholaman** („Sklaventor"), einem achämenidischen Siedlungskomplex aus dem 5. Jh. v. Chr. Die Anlage umfasst ausgegrabene Wohnhäuser, eine Kultstätte und vier große Gebäudekomplexe bzw. deren Ruinen; die achämenidische Stadt war einmal die größte Steuereinnahmequelle des Reichs. ⌚ frei zugänglich.

Die Überreste des historischen Dorfes **Ghale Nou** mit seinen lehmverputzten Häusern verteilen sich auf die umgebenden Hügel. Die ehemalige Festung Arg im Dorf wird Stück für Stück in ein Hotel umgebaut. Vom Dach aus lohnt der Rundblick auf das Dorf und die umliegenden Hügel.

Von Zahedan an die Küste

Von Zahedan aus geht es auf dem Highway 95 über den Ort Khash nach Süden, entlang des einst mächtigen, mittlerweile vollständig ausgetrockneten Bampur-Flusses bis nach **Iranshahr**. Vor 1941 unter dem Namen Pahrah bekannt als Ort, an dem sich die Truppen Alexanders des Großen nach ihrem Indienfeldzug neu sammelten, hat Iranshahr heute außer der wuchtigen Festung Naseri aus dem 19. Jh., die für Besucher leider nur zu Nowruz geöffnet ist, und dem kleinen bunten Bazar nördlich davon nicht viel zu bieten. Souvenirjäger finden aber in der Imam Khomeini St. zwischen der Festung und dem Meydan-e 22. Bahman bei Madar Handicrafts (Instagram madar_handicrafts) eine große Auswahl an traditioneller Handwerkskunst wie Gefäße aus Palmenflechtwerk, bestickte Stofftaschen und Töpfereien aus Kalporagan. ⏲ tgl. 10–22 Uhr.

Wer in Iranshahr einen Zwischenstopp einlegen will, übernachtet am besten im größten und modernsten Hotel der Stadt, dem Hotel Qasr mit sauberen Doppelzimmern mit Bad (iranische Toilette), ❷. Im hoteleigenen Restaurant kann man auch vorzüglich speisen.

Ein Abstecher zum Ort **Bampur**, 25 km westlich von Iranshahr, lohnt wegen der Festung, die auf einem Hügel über dem Dorf thront und im 19. Jh. ein wichtiger Stützpunkt des Gouverneurs von Balutschistan im Kampf gegen rebellische Belutschen-Stammesführer war. Das raue Klima, schmutziges Trinkwasser sowie heiße Winde aus der Lut-Wüste bei Kerman forderten allerdings so viele Opfer unter den Soldaten, dass die Garnison 1880 nach Iranshahr verlegt wurde.

Weiter nach Süden geht es 308 km über den Highway 93 nach Nikshahr Richtung Küste und zur **Bucht von Chabahar**. Das hügelige Hochland flacht schnell ab, und auch die außerhalb des Sommers angenehmen Temperaturen weichen der drückenden Feuchtigkeit der Küstenregion.

Chabahar

Die wichtigste Hafenstadt der Provinz befindet sich ganz im Süden an der Makran-Küste am Golf von Oman und an der Ostseite der Bucht von Chabahar. Etwa 6 km nördlich der Stadt liegt das Dorf **Tis**, ursprünglich der einzige Hafen, bis der Ort von den Mongolen dem Erdboden gleichgemacht wurde. Die strategische Lage von Tis und Chabahar am Eingang der Straße von Hormuz rief schnell die Portugiesen auf den Plan, die unter dem Kommando von Afonso de Albuquerque im 15. und frühen 16. Jh. den gesamten Persischen Golf und den Indischen Ozean bis nach Indien beherrschten und auch Chabahar und Tis unter ihre Kontrolle brachten. Aus dieser Zeit stammen die portugiesischen Festungen auf den Inseln Hormuz (S. 533), Qeshm (S. 535) und in Tis, auf einem Hügel westlich vom Dorfeingang. Erst 1622 konnten die Perser unter Schah Abbas mit Hilfe der Engländer die Portugiesen endgültig aus der Golfregion vertreiben. Unter Schah Mohammad Reza Pahlavi gewann Chabahar schließlich ab 1970 als Hafenstadt an Einfluss. Während des Iran-Irak-Krieges (1980–1988) war es von enormer strategischer und logistischer Bedeutung, da die Straße von Hormuz im Zuge der Kampfhandlungen für Schiffe unpassierbar war.

Heute ist Chabahar mit seinen zwei Häfen ein wichtiger Warenumschlagplatz und wächst weiter, vor allem dank indischer und chinesischer Investitionen in Millionenhöhe.

Das Stadtbild wird zusehends von modernen Hotelkomplexen und Resorts geprägt und lockt vor allem Kauflustige in die 1994 gegründete Freihandelszone mit ihren modernen Shopping Malls und Geschäften. Chabahar ist für Reisende ein guter Ausgangspunkt, um die landschaftlich atemberaubende Küstenregion mit ihren Schlammvulkanen, verwitterten Bergen und Wüstenstrichen direkt am Meer zu erkunden.

Bazar-e Chabahar

Der quirlige lokale **Frauenmarkt** war früher komplett in Frauenhand, daher stammt auch der Name. Heute scheinen die Machtverhältnisse wieder ausgeglichen zu sein. Es werden hier vor allem Kosmetika, bunte Stoffe, Alltagsgegenstände sowie billige Elektronik verkauft. Viele Produkte kommen aus Oman, Pakistan und den Vereinigten Emiraten. Ein Blick in den hinteren Teil lohnt für alle, die Streetfood probieren wollen: Auf kleinen Karren und Ständen verkaufen fliegende Händler Falafel, Sambusa und allerlei Frittiertes.

Muzeh-ye Chabahar

Das traditionelle Gebäude des **Stadtmuseums** wirkt zwischen all den Restaurants und Hotels am Hafen etwas deplatziert. Es bietet eine kleine Ausstellung mit Töpferwaren aus der Provinz. Im ersten Stock finden sich die allseits bekannten Wachsfiguren mit Alltagszenen sowie einige traditionelle Handwerksarbeiten an den Wänden. ⌚ tgl. 7–14 Uhr, 20 000 IRR.

ÜBERNACHTUNG

Chabahar bietet mittlerweile eine Auswahl an modernen Hotels, viele davon mit eigenem Restaurant.

Azin Hotel, Qods Blvd., ✆ 054-3532 4734. Modernes Gebäude, auch die Zimmer sind sehr geschmackvoll mit Holz und in warmen Farben eingerichtet. ❸

Ferdows Hotel, Tejarat St., beim Ferdows-Shoppingcenter in der Freihandelszone, ✆ 054-3531 4670. Modernes Hotel, von der Ausstattung deutlich besser, dafür auch deutlich teurer in der Kategorie. Großes Restaurant, Innenhof. ❹

Lipar Grand Hotel, Shahid Rigi Blvd., etwa 1,5 km nordwestlich der Universität beim Kreisverkehr, ✆ 054-3531 2100. Die beste Adresse der Stadt und mit Abstand die teuerste. Angenehme holzvertäfelte Empfangshalle, westlicher Standard mit eigenem Restaurant, großzügige und helle Zimmer mit kitschig verzierten Betten und Sesseln. Zimmer mit Seeblick für 7,5 Mio. IRR. ❻

Sepideh Hotel, Ferdowsi St., ✆ 054-3532 0685 und 0912-643 6708. Das 2-Sterne-Haus verfügt über einfache Zimmer, die das Nötigste bieten: spartanische Betten mit Decken und frischen Laken, Klimaanlage und Kühlschrank. Kein Englisch. ❷

Shahan International Hotel, Molavi St., ✆ 054-3532 0018, 💻 www.shahanhotel.com, Instagram shahanhotel. Erst 2018 eröffnet, simple, aber gemütliche Zimmer, eigener Pool und Café sowie Restaurant, sehr gutes Preis-Leistungs-Verhältnis. ❸

Venus Hotel, Shahid Nuruzi St., hinter der Chabahar Maritime University, ✆ 054-3532 2371, 💻 www.hotelvenuscfz.ir, Instagram hotelsaheli venus. Ruhige Lage hinter der Universität am Strand, sehr saubere Zimmer, Strandrestaurant mit großer Terrasse. ❸

ESSEN

Aufgrund der Nähe zum Meer kommen Liebhaber von Fisch und Meeresfrüchten in Chabahar voll auf ihre Kosten. Gepaart mit den kulinarischen Einflüssen und Gewürzen aus Pakistan, ergeben sich hier verführerische Kombinationen, die die Zunge kitzeln (und brennen lassen). Für Streetfood wie Sambusa oder frittiertes Gemüse lohnt auch ein Besuch des Bazars.

In der gesamten Küstenregion sollte man übrigens unbedingt *shir chai* probieren, Tee mit viel Milch, der zuckersüß serviert wird – mit eindeutigen Wurzeln in Pakistan.

€ **Baluch Restaurant**, Imam Khomeini Blvd., Ecke Kargar St., ✆ 054-3533 2182. Atmosphärisch erinnert die Kacheloptik eher an ein großes Badezimmer, dafür gibt es hier äußerst leckere und günstige Balutschi-Spezialitäten, z. B. *karaieh* in allen Formen (schmackhafter Eintopf mit Fleisch, Fisch, Huhn oder Shrimps, auch vegetarisch und mit jeder Menge Gewürzen), *beryuni* und *chehli* (Reis mit Fisch oder Shrimps und Gewürzen), auch Kebabs für die Fleischtiger. Nach der englischen Karte fragen – mit großen anschaulichen Bildern zu den Speisen. ⌚ tgl. 11–24 Uhr.

Barasan Catering Complex Restaurant, am Highway 1 km nördlich vom Ortseingang von Tis, beim Tis Beach Resort, ✆ 0915-545 2330. Etwas außerhalb direkt am Strand zwischen Palmen gelegen, gibt es hier eine große Auswahl an traditionellen Balutschi-Speisen und Kebabs. Spezialität des Hauses ist *tanourcheh*, ein ganzes Lamm, das in einem Erdofen gebacken wird; die Portion reicht locker für 2–4 Personen. ⌚ tgl. 19–1 Uhr.

Classic Food – The Sea Restaurant Darya, direkt beim Lipar Grand Hotel, ✆ 054-3531 4517. Recht edel in der Ausstattung, wohl aufgrund der Nähe zur Freihandelszone und zum Lipar

Hotel. Draußen sitzt man gut gepolstert auf Takhten mit Blick auf den Hafen, drinnen in der großen Halle angenehm klimatisiert. Zuvorkommender Service. ⌚ tgl. 11–14 und 19–22 Uhr.

Darya Bozorg Seaside Resort, Kargar St. bis zum Ende, dann weiter zum Strand. Entlang der Promenade reihen sich kleine Restaurants, Cafés und Wasserpfeifenbars, der perfekte Ort um den Abend ausklingen zu lassen. Hier treffen sich hauptsächlich junge Chabaharis und Familien auf einen *shir chai* oder zum Picknick entlang der Uferstraße. ⌚ tgl. 19–1 Uhr.

Makran Restaurant, Tiab St., gegenüber vom Chabahar Laleh International Hotel, ✆ 054-3532 3494. Seit über 50 Jahren sitzt man hier entweder direkt am Strand mit Blick auf den Hafen oder in einem der vielen Glaspavillons, wahlweise offen oder klimatisiert. Bis 20 Uhr ist nur das Café in Betrieb, danach bietet das Restaurant auch lokale Speisen und Fast Food. Nur der iranische Technopop, der aus den alten Lautsprechern krächzt, ist vielleicht nicht jedermanns Sache. ⌚ tgl. 8–16 und 20–23 Uhr.

SONSTIGES

Einkaufen

Moderne **Shoppingcenter** wie die Ferdows Shopping Mall finden sich in der Freihandelszone gegenüber dem Lipar Grand Hotel. Im Angebot sind meist Haushaltswaren, Kosmetik und Kleidung, vieles davon importiert. ⌚ tgl. 8–22 Uhr.

Informationen

Unterhalb der portugiesischen Festung beim Kreisverkehr und beim Eingang zum Gelände des Lipar Grand Hotels befinden sich zwei moderne **Touristeninformationen**. Außer ein paar Broschüren und Aushängen zu den Sehenswürdigkeiten der Umgebung gibt es hier allerdings nicht viel Brauchbares. ⌚ tgl. 8.30–13 und 16–19 Uhr.

Touren

Isaac Didevar, ✆ 0936-297 9796, Instagram isaac didevar, bietet mit seiner Agentur in Chabahar Touren im Geländewagen entlang der gesamten Küste an. Die Tagestouren führen tief in die Merikhi-Berge, entlang der Strände zum Sonnenuntergang oder zur Küstenwüste nach Darak. Auf Wunsch auch Touren ins Innere der Provinz nach Seb, Zahedan oder Zabol. Tgl. 17–19 Uhr erreichbar, wenig Englisch.

TRANSPORT

Busse

Der **Busbahnhof** von Chabahar (Terminal-e Otobus-e Chabahar) befindet sich 2 km nordöstlich der Stadt an der Straße 95.

BAM (663 km, 7 1/2 Std.), 5x tgl. nachmittags VIP für 430 000 IRR.

BAMPUR (329 km, 4 Std.), 5x tgl. abends VIP für 250 000 IRR.

IRANSHAHR (319 km, 4 Std.), stdl. für 170 000 IRR, VIP stdl. nachmittags bis abends für 250 000 IRR.

KERMAN (848 km, 10 Std.), 5x tgl. nachmittags VIP für 720 000 IRR.

TEHERAN (1820 km, 21 Std.), 1x tgl. nachmittags VIP für 1 Mio. IRR.

ZAHEDAN (655 km, 7 Std.) stdl. für 290 000 IRR, 3–4x tgl. abends VIP für 510 000 IRR.

Flüge

Der **Chabahar Konorak International Airport** befindet sich etwa 50 km westlich der Stadt auf der anderen Seite der Bucht in Konorak. Taxi *dar bast* vom/zum Flughafen etwa 350 000 IRR.

MASHHAD (3x wöchentl., 2 Std.) mit Iran Aseman Airlines.

TEHERAN (7x wöchentl., aber nicht jeden Tag, 2 Std.) mit ATA Airlines und Iran Aseman Airlines.

ZAHEDAN (Fr, 1 Std.) mit Iran Aseman Airlines.

Die Küste um Chabahar

Die Küste von Sistan und Balutschistan gehört zu den eindrucksvollsten, die Iran zu bieten hat. In Richtung Westen gelangt man zu den Schlammvulkanen um Bandar-e Tang, zur Bucht von Bandar-e Tang mit Sanddünen und Kamelen am Wasser und zur Küstenwüste bei Darak. Die Küste Richtung Osten hat mindestens ebenso

Darak – wo die Wüste das Meer küsst.

viel zu bieten, hier locken die (mit etwas Glück) **pinke Lagune**, die geradezu außerirdischen **Merikhi-Berge** („Martian Mountains") und die atemberaubende Aussicht von den Klippen auf den **Hafen von Beris**. Für die Westroute sollte man sich einen Tag Zeit nehmen, die Ostroute lässt sich auch an einem Nachmittag erkunden.

Bandar-e Tang

Der **Schlammvulkan** bei Bandar-e Tang, 100 km (1 1/2 Std.) westlich von Chabahar, gehört mit 20 m Höhe und 12 m Durchmesser zu den größten in Iran. Das bizarre Naturschauspiel ist das Ergebnis von Schlamm, Wasser und Gasen, die sich tief unter der Oberfläche mit Mineralien vermischen und in Form einer dickflüssigen Masse nach oben sprudeln. Am besten sieht man das Schauspiel im Frühling, dann bewegen sich die Schlammmassen sichtbar den Kegel hinab und im Krater blubbern große Blasen. Rund um den Vulkan erstreckt sich eine surreale Mondlandschaft von getrockneten Schlammmassen. 🕒 frei zugänglich, wer mit dem eigenen Auto kommt, muss beim Parkplatz eine kleine Gebühr von 50 000 IRR zahlen oder parkt einfach an der Hauptstraße. Zufahrt über das Dorf Kahir entlang der Straße 98, nach 17 km zweigt eine asphaltierte Straße nach Süden zur Küste und nach Tang ab. Der Schlammvulkan befindet sich nach weiteren 7 km auf der rechten Seite und ist nicht zu übersehen.

Folgt man der Straße 13 km weiter nach Süden, erreicht man das Dorf **Bandar-e Tang**. Vom kleinen Hafen nimmt man ein Boot in die Bucht und folgt dem Verlauf der Küste nach Osten. Nach 3 km erblickt man eine riesige **Dünenlandschaft**, die nahtlos in die Bucht übergeht. Den surrealen Anblick vervollständigen Kamele, die durch das flache Wasser waten und auf kleinen Inseln und am Ufer rasten. Spektakulärer ist nur die Küstenwüste bei Darak, dafür gibt es dort aber keine Kamele. Im Hafen von Bandar-e Tang findet sich leicht ein Fischer, der eine Runde durch die Bucht dreht, Kosten etwa 800 000–1 Mio. IRR pro Stunde, Preis vor der Fahrt aushandeln.

Darak und die Küstenwüste

Folgt man der Straße 98 von Chabahar weiter nach Westen, erreicht man nach 185 km (etwa 2 1/2 Std.) den Küstenort **Darak**. Von hier erstreckt sich die Wüste nach Süden und mündet direkt ins Meer. Nur wenige Orte auf der Welt verfügen über solche **Küstenwüsten**, wie man sie aus Namibia oder Chile kennt. Der surreale Anblick von Dünen, Palmen und Wellen gehört definitiv zu den Highlights der gesamten Provinz und lohnt die lange Anreise. Darak und Tang lassen sich gut als Tagesausflug verbinden. Entlang der Strecke kann in den Dörfern Zarabad, Kahir oder Chahar Bidi in einem der kleinen Restaurants eine Pause eingelegt werden.

Von Chabahar nach Osten

Die **Pinke Lagune** bei Lipar, 17 km östlich von Chabahar, verdankt ihren Namen der seltenen roten Algenblüte, die sich mit etwas Glück im Frühjahr und Herbst beobachten lässt. Ein paar Kilometer weiter beginnt der spektakuläre Teil der Küste, hier ragen die **Merikhi-Berge** oder „Martian Mountains" als eindrucksvolles Ergebnis von Wind und Erosion in die Höhe und gleichen mit ihren zackigen Formen einer Landschaft wie von einem anderen Planeten. Wer in Chabahar eine Tour mit einem Geländewagen bucht (S. 482), kann tief in die surrealen kleinen Täler vorstoßen, aber der Anblick von der Küstenstraße aus bei Sonnenuntergang ist bereits spektakulär genug.

Folgt man der Straße weitere 24 km nach Osten, gelangt man in das Fischerdorf **Beris**. Die Steilküste, von der man einen atemberaubenden Blick auf den Hafen mit seinen unzähligen Fischerbooten hat, ist eines der beliebtesten Selfie-Motive bei einheimischen Touristen. Wer anschließend die Sonne im Golf von Oman versinken sieht, vergisst für einen Moment, dass er noch in Iran unterwegs ist.

Provinz Süd-Khorasan

Es ist eine abgelegene Provinz, die touristisch kaum Beachtung findet, aber militärisch und historisch von großer Bedeutung war und ist. Dafür verantwortlich ist die nahe Grenze zu Afghanistan. Das historische Khorasan geht weit über die heutigen iranischen Provinzen Süd-Khorasan, Razavi-Khorasan und Nord-Khorasan hinaus bis nach Afghanistan. Viele Dichter, Gelehrte und Wissenschaftler stammen von hier, und wichtige Handelsrouten durchzogen die gesamte Region.

Gerade die dicht besiedelten Gebiete Khorasans musste Iran im 19. Jh. an das unter dem Einfluss von Großbritannien stehende Afghanistan abtreten. Mit dem **Frieden von Paris** 1857 folgte die Festsetzung des Grenzverlaufs im Osten.

Die Provinzhauptstadt **Birjand** fungierte als wichtiges Bindeglied zwischen den nächsten größeren Zentren Mashhad im Norden und Zahedan im Süden. In beiden Weltkriegen war sie von strategischer Bedeutung zur Sicherung der Grenze und der Interessenssphären ausländischer Großmächte. Birjand galt als Schlüsselstelle der Versorgungsroute der Alliierten.

Bis heute macht sich die nahe Grenze zu Afghanistan bemerkbar. Vor allem wenn es um die Bekämpfung des anhaltenden Drogenschmuggels geht. Der erst 1980 fertiggestellte Highway zwischen Mashhad und Zahedan ist ökonomisch und militärisch sehr wichtig, was Reisende auch an strengeren **Kontrollen** bemerken können.

Teppichliebhaber werden von den weltweit geschätzten Khorasan- oder Mud-Teppichen gehört haben, die aus dieser Provinz stammen. Auch mit dem qualitativ hochwertigen Safran und dem Berberitzenanbau hat sich Süd-Khorasan einen Namen gemacht. Für Reisende hält die Provinz vor allem mächtige Festungen und verträumte Oasen bereit. Letztere finden sich in der **Dasht-e Kavir** im äußersten Westen der Provinz nahe der Stadt **Tabas**.

Auf touristischen Komfort und Englisch muss bei Reisen durch diese Provinz weitgehend verzichtet werden – spannend für Reisende, die neue Wege abseits der Hauptrouten suchen.

Birjand

Blickt man heute auf die Festungen und die liebliche Altstadt aus Lehm mit Moscheen, Badehäusern und Karawansereien, lässt sich vor allem die Handschrift der Safawiden erkennen. Als städtisches Zentrum konnte Birjand nie an die große Schwester Mashhad im Norden anschließen, und doch war auch sie ein kulturelles Zentrum, wo sich Dichter und Wissenschaftler tummelten. Mit dem Tod des militärisch über-

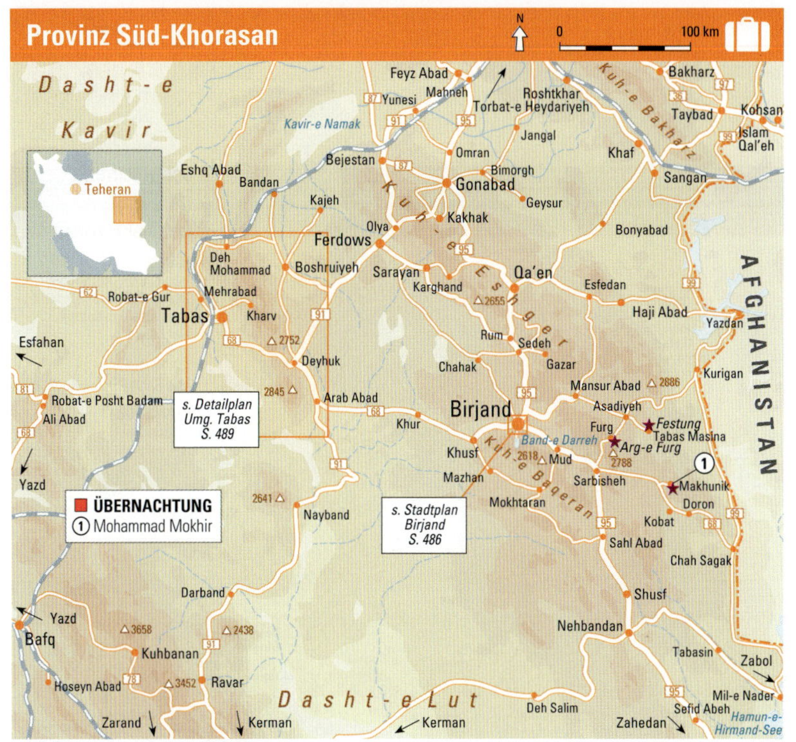

aus erfolgreichen Nader Schah Afshar wurde Birjand Mitte des 18. Jhs. zeitweilig von Afghanistan besetzt. Im letzten Jahrhundert bis heute spielt der nahe Nachbar vor allem wegen des Drogenschmuggels, aber auch wegen größerer Flüchtlingsbewegungen eine Rolle.

Bagh-e Akbariyeh

Im Süden der Stadt liegt ein mustergültiger persischer Garten aus dem 18. und 19. Jh., der deswegen auch zum Unesco-Weltkulturerbe gehört. Früher lag hier das gleichnamige Dorf, dessen Lehmbauten heute noch rund um die Anlage erhalten sind. Dem Vergleich mit anderen Gärten wie in Kashan oder Mahan hält er zwar nicht stand, ist aber allemal einen Besuch wert. Am Erscheinungsbild der über 4 ha großen Anlage hatten vor allem die Zand- und Qadjaren-Dynastien Anteil. Angeschlossen ist ein archäologisches Museum, das die Geschichte der Region näher beleuchtet. 🕒 Garten und Museum tgl. 8–19 Uhr, 150 000 IRR.

Arg-e Kolah Farangi

Der sechseckige Palast rund 250 m nördlich des Taleghani Sq. stammt aus dem 18. Jh. und fungierte zur Zeit der Qadjaren als Sitz der Regierung. Der eigenwillige Stufenbau über mehrere Etagen erinnert an eine Zikkurat, den charakteristischen Tempelturm Mesopotamiens und Elams. 🕒 tgl. 8–20 Uhr, Eintritt frei.

Rund um die Shokatiyeh Hosseiniyeh

Ursprünglich Ende des 19. Jhs. als Hosseiniyeh, religiöses Zentrum zur Verehrung des Imam Reza, und theologische Ausbildungsstätte rund 300 m westlich des Shohada Sq. errichtet, wurde schon wenige Jahre später eine säkulare **Schule**

daraus. Sie war nach zwei anderen Lehranstalten in Teheran und Tabriz die drittgrößte Schule in der neuzeitlichen Geschichte des Landes. Das Herzstück der Schule ist die Kuppel, die besichtigt werden kann. ⌚ tgl. 9–18 Uhr, 100 000 IRR.

Die Schule ist ein guter Ausgangspunkt für einen Rundgang durch die Altstadt mit ihren Lehmbauten. Das qadjarische Gebäude der **Alten Post** liegt gleich nebenan. In derselben Gasse findet sich die ansehnliche **Zisterne Mohsenzadeh**. Zutritt verschafft der Besitzer des historischen Hauses **Pordeli**. Er freut sich über Besucher, die sein kleines und kostenfreies Anthropologiemuseum besuchen. Ein kleines Stück weiter liegt das **Muzeh-ye tabi'i**, das Naturhistorische Museum, das von Mohammad Jomhouri betreut wird. Dort werden Fossilien, Mineralien und präparierte Tiere aus der Provinz ausgestellt. An der Masjed-e Chahar Darakht vorbei findet sich das **Muzeh-ye Miras-e Pahlavani**, das Pahlavani-Kulturerbemuseum, wo die persische Sportkunst Zurkhaneh thematisiert wird. Anschließend bietet es sich an, über den Bazar zur Schule zurückzuschlendern oder zur Qaleh-ye Birjand weiterzugehen.

Qaleh-ye Birjand

Die mächtige **Festung** am Rand der Altstadt, rund 1,5 km nordwestlich der Shokatiyeh Hosseiniyeh, ist den Safawiden zu verdanken. Sie definiert mit ihren massiven Mauern und Rundtürmen bis heute das Stadtbild. Die Anlage wurde sorgfältig restauriert und eröffnet von den begehbaren Festungsmauern einen schönen Blick auf die Stadt. ⌚ tgl. 8–22 Uhr, 100 000 IRR.

ÜBERNACHTUNG

Die Auswahl an Unterkünften ist äußerst beschränkt, auf Englischkenntnisse darf nicht vertraut werden.

Sepehr Hotel, 4th Jomhoori St. 77, vom Imam Khomeini Sq. 350 m nordöstlich, ✆ 056-3223 2299. Das modernste Hotel mit dem höchsten Standard in Birjand. Auf Teppichböden wurde auch hier nicht verzichtet. Insgesamt freundliche Zimmer mit komfortablen Betten. ❷

Tourist Inn Hotel, Artesh St., gegenüber dem Krankenhaus, 120 m östlich des Moallem Blvd., ✆ 056-3222 2320. Auf die iranische Hotelkette ist auch hier Verlass. Gleich an die 50 solide ausgestattete, wenn auch altmodische Räume. Auch als Hotel Jahangardi bekannt. ❶

Zaghe Boor Ecolodge, am südlichen Ende des Bagh-e Akbariyeh, 200 m östlich des Moallem Blvd., ✆ 056-3245 4467 und 0915-963 9737, zagheboor_birjand. Schön restauriertes Altstadthaus mit lieblichem Innenhof. Die Nacht auf der Matratze in den traditionell gehaltenen Räumen gibt es für 850 000 IRR p. P. Der Besitzer Javad Sirosi ist Archäologe und arbeitet im Bagh-e Akbariyeh. Er organisiert auch Tanz- und Musikveranstaltungen und führt seine Gäste in der Stadt herum.

ESSEN

In den Lokalen ist weder mit WLAN noch mit Englischkenntnissen zu rechnen.

Alef Cafe, Modares Blvd., 230 m nördlich des Djamaran Sq., ✆ 0936-335 1288. Das kleine Café würde in anderen Städten nicht weiter auffallen, in Birjand aber gehört es zu den moderneren Lokalen. Hier gibt es einfache Gerichte abseits der traditionellen persischen Kost, verschiedene Shakes und Kaffee. ⌚ tgl. 8–12, 17–24 Uhr.

Shamsolemareh Traditional Restaurant, Valiasr Sq., am südlichen Ende des Bagh-e Akbariyeh, ✆ 056-3244 4720. Gute persische Hausmannskost, serviert in einem schön begrünten Innenhof. Vor allem das vegetarische Gericht *mirza ghasemi* ist zu empfehlen. ⌚ tgl. 12–15, 19–22 Uhr.

Tuba Garden Restaurant, am Eingang zum Garten Rahim Abad, 400 m südwestlich des Janbazan Sq., ✆ 056-3243 7979. Traditionelle Sitzbänke im dichten Grün. Die Mitarbeiter wirken etwas unbeholfen, die Verständigung gelingt nicht so leicht. Am besten persische Standardgerichte bestellen, die man beim Namen kennt, beispielsweise *kashk-e bademjan* (Auberginenpüree mit Minze und Joghurt) oder *mirza ghasemi* (Auberginenpüree mit Ei und Tomaten). Kebabs gibt es natürlich auch. ⌚ tgl. 19–24 Uhr.

TOUREN

Von Birjand aus bieten sich Tagestouren nach **Furg** (S. 488) und **Makhunik** (S. 489) an – Kostenpunkt rund 1,4 Mio. IRR. Im Herbst, v. a. im Okt, sind auch Touren zu den **Safrananbaugebieten** möglich, um bei der Ernte dabei zu sein. Am besten an Javad Sirosi von der Zaghe Boor Ecolodge, an das Reisebüro Asia Parvaz oder an Zahra Mahmoodi (s. u.) wenden.

Guides

Zahra Mahmoodi, ✆ 0901-920 3199, ✉ negar.desert@gmail.com. Beste Anlaufstelle für Touren in die Umgebung von Birjand. Zahra Mahmoodi hat nicht nur viel Erfahrung als Guide, sondern auch als Fahrerin. Kurzfristig am besten über WhatsApp erreichbar.

SONSTIGES

Einkaufen

Die Region ist ein Zentrum des Berberitzen- und Safrananbaus. In den Geschäften des **Bazars** lässt sich beides zu guten Preisen bei hoher Qualität erstehen.

Informationen

Direkt neben der Schule Shokatiyeh Hosseiniyeh liegt die **Alte Post**, wo nützliche Stadtpläne erhältlich sind.

Reisebüros

Asia Parvaz Travel Agency, Sayyad Shirazi Blvd., ✆ 056-3223 3090 und 0912-870 1726, 💻 www.asiaparvaz.com. Professioneller und engagierter Touranbieter. Ahmad Kashani, der Manager, spricht etwas Englisch und organisiert Touren aller Art, auf Wunsch auch zur Safranernte im Okt. ⌚ Sa–Do 8–14, 17–21 Uhr.

Visaverlängerungen

Auch wenn es sich um eine Provinzhauptstadt handelt, vertraut man lieber nicht darauf, dass hier Touristenvisa verlängert werden. Es fehlen Erfahrungswerte.

TRANSPORT

Busse

Der **Busbahnhof** (Terminal-e Otobus) befindet sich 3 km östlich der Altstadt am Mosaver Blvd. Wer nach Tabas oder Khur möchte, nimmt den Bus nach Teheran und lässt sich unterwegs absetzen.

FERDOWS (197 km, 2 1/2 Std.), 2x tgl. abends für 120 000 IRR.
GONABAD (214 km, 3 Std.), 3x tgl. vormittags bis abends für 144 000 IRR, VIP für 252 000 IRR.
KERMAN (560 km, 7 Std.), 1x tgl. nachmittags VIP für 294 000 IRR.
MASHHAD (496 km, 6 Std.), mehrmals tgl. vormittags bis abends für 246 000 IRR, VIP für 418 000 IRR.
NEHBANDAN (192 km, 2 Std.), mehrmals tgl. vormittags bis abends für 114 000 IRR, VIP für 216 000 IRR.
TEHERAN (1142 km, 16 Std.), 2x tgl. nachmittags für 550 000 IRR, VIP für 810 000 IRR.
TORBAT HEYDARIYEH (338 km, 4 1/2 Std.), 6x tgl. vormittags bis abends für 184 000 IRR, VIP für 330 000 IRR.
YAZD (631 km, 8 1/2 Std.), 1x tgl. abends VIP für 620 000 IRR.
ZABOL (362 km, 5 Std.), 1x tgl. abends VIP für 216 000 IRR.
ZAHEDAN (451 km, 6 Std.), mehrmals tgl. vormittags bis abends für 228 000 IRR, VIP für 370 000 IRR.

Flüge

Der **Flughafen** liegt 9 km östlich der Stadt, vom Busbahnhof noch weitere 5 km.
MASHHAD (3x wöchentl., 3/4 Std.) mit Iran Air.
TEHERAN MEHRABAD (tgl., 1 1/4 Std.) mit ATA Airlines, Iran Air, Mahan Air.

Die Umgebung von Birjand

Zwei Ziele lohnen einen Ausflug in die Peripherie Richtung Afghanistan: Die Festungsruine **Furg** im Tal Darmian und das eigenwillige Dorf **Makhunik** sind noch weit genug von der Grenze entfernt, um problemlos besucht zu werden, und lassen sich als Tagesausflug von Birjand kombinieren.

6 km südlich des Zentrums von Birjand liegt in den Bergen der Stausee **Band-e Darreh** – ein beliebtes Ausflugsziel bei Einheimischen. Die Siedlung **Mud** rund 35 km südöstlich von Birjand ist wiederum für ihre Teppichproduktion bekannt.

Arg-e Furg

Es ist eine der schönsten Festungsanlagen Irans, die sich rund 90 km östlich von Birjand auf einem Bergrücken erhebt. Oft wird behauptet, es handle sich um eine ismailitische Burg wie im Alamut-Tal (S. 312). Wahrscheinlicher aber ist, dass die **Festung** unter Nader Schah Afshar und dem regionalen Herrscher Mirza Bagha Khan in der ersten Hälfte des 18. Jhs. errichtet wurde. Dafür sprechen ihre enormen Ausmaße und die direkt an die Festungsmauern angrenzende Siedlung – für militante ismailitische Rebellen nicht gerade als Versteck geeignet.

Der Haupteingang findet sich bei den östlichen Festungsmauern am niedrigsten Punkt der Anlage. Von dort geht es vorbei an Lagerräumen für Lebensmittel, Ställen und Wachtürmen zum höher gelegenen Zentrum der Festung. ⌚ tgl. 9–17 Uhr, 150 000 IRR.

Das malerische Bild der Festung samt Altstadthäusern und dahinterliegenden Bergen wird um etliche Berberitzenfelder ergänzt. Bei uns oft wegen des giftigen Strauches nicht weiter beachtet, sind die essbaren Beeren aus der persischen Küche gar nicht wegzudenken. Vor allem in Süd-Khorasan werden sie zwischen April und Mai massenweise geerntet.

Rund 33 km östlich von Furg liegt die Siedlung **Tabas Masina**. Dort gibt es neben ein paar Windmühlen auch eine ringförmige Festungsruine mit mehreren Türmen und Mauern – nichts Besonderes, aber auf einem Tagesausflug nach Furg und Makhunik leicht mitzunehmen.

Makhunik

Das Dorf Makhunik liegt ziemlich versteckt in den Bergen rund 130 km von Birjand entfernt. Von der Provinzhauptstadt fährt man zunächst ins 65 km südöstlich gelegene Sarbisheh. Dort zweigt eine Straße östlich nach Kobat und zur afghanischen Grenze ab. Nach rund 50 km geht es dann über eine kleine Seitenstraße rund 15 km östlich durch das Gebirge bis ins Dorf.

Steht man erst einmal vor den Häusern Makhuniks, ist jede Verwechslungsgefahr ausgeschlossen: Die Lehmbauten und Türen sind von einer derart geringen Höhe, dass man glauben könnte, Kinder hätten hier eine Siedlung ganz für sich errichtet. Tatsächlich sollen die Bewohner Makhuniks bis ins letzte Jahrtausend eine unterdurchschnittliche Größe gehabt haben. Zurückgeführt wird das oft auf Ernährungsmängel, zuverlässige Forschungsergebnisse zum Dorf und seiner Geschichte lassen aber noch auf sich warten. Jedenfalls ist es in der Form einzigartig in Iran – pittoresk und eigenwillig zugleich.

ÜBERNACHTUNG

Mohammad Mokhir, in Makhunik, ✆ 0915-963 9607. Mohammad überzeugt mit seiner Gastfreundschaft, auch wenn die Verständigung für ausländische Gäste schwierig wird. Er versorgt sie auch mit vegetarischer Kost. Seine kleine, schlichte Unterkunft bietet Schlafplätze auf Matratzen für 600 000 IRR pro Nacht und Person.

Tabas und Umgebung

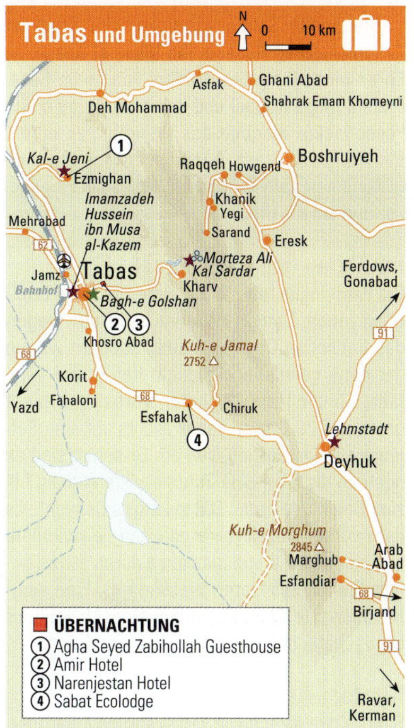

Die Stadt Tabas liegt im äußersten Westen der Provinz Süd-Khorasan und kann als Ausgangspunkt zu den Oasendörfern der Dasht-e Kavir weiter westlich in der Provinz Esfahan (S. 237) genutzt werden. Im unmittelbaren Umland finden sich reizvolle Oasendörfer und spektakuläre Schluchten. Eines der schönsten Oasendörfer überhaupt, Nayband (S. 460), liegt allerdings ein ganzes Stück südlich, nämlich 205 km, auf dem Weg nach Kerman. Zur Provinzhauptstadt Birjand sind es rund 270 km gen Osten.

Tabas

Dass von Tabas' historischen Altstadtbauten nichts mehr zu sehen ist, lässt sich mit der verheerenden **Erdbebenkatastrophe** von 1978 erklären. Das Beben mit einer Stärke von 7,4 machte nicht nur Tabas, sondern auch viele Dörfer des Umlands dem Erdboden gleich. Heute zählt die Stadt wieder über 30 000 Einwohner.

Sehenswert ist der **Bagh-e Golshan**, ein persischer Garten wie aus dem Bilderbuch. Er geht auf die erste Hälfte des 18. Jhs. und die Afsharen zurück. Man wandelt zwischen üppig grünen Palmen und Sträuchern zu einem zentralen Wasserkanal und -becken mit Gänsen, Enten und einem Pelikan. ⌚ tgl. 7–23 Uhr, Eintritt frei.

Die zweite Sehenswürdigkeit der Stadt ist das **Imamzadeh Hussein ibn Musa al-Kazem** zu Ehren eines jüngeren Bruders von Imam Reza. Die mächtige Kuppel und das großzügige blaue Fliesendekor machen das Heiligtum zu einem Blickfang der Stadt. Auch Nicht-Muslime sind willkommen, Leih-Tschadors gibt es am Eingang. ⏲ rund um die Uhr.

Ezmighan und Kal-e Jeni

Die Fahrt in die rund 50 km entfernte Oase Ezmighan (auch Azmighan) lohnt nicht nur wegen des lieblichen Dorfes an sich, sondern wegen der nahe gelegenen Schlucht Kal-e Jeni. Man fährt nördlich am Flughafen vorbei und biegt nach rund 30 km von Tabas rechts auf eine Seitenstraße ins Dorf ab. Von der Ortschaft sind es noch an die 5 km eine Schotterpiste entlang bis zum Beginn des rund 600 m langen Canyons. Es geht vorbei an reizvoll erodierten Felswänden, und manchmal watet man auch durch etwas tiefere Stellen des klaren Wasserlaufs. Eine empfehlenswerte Wanderung in malerisch schöner Landschaft ohne großen Besucherandrang.

Morteza Ali und Kal Sardar

Rund 30 km östlich von Tabas sprudelt die Quelle Morteza Ali, die zusammen mit der Schlucht Kal Sardar viel mehr Ausflügler anzieht. Vorbei an einem Stausee geht es zu einem Parkplatz. Von dort sind es noch etwa 40 Minuten zu Fuß zur Quelle hoch vorbei an kleinen Wasserläufen und -fällen. Nach einer weiteren halben Stunde durch die malerische enge Schlucht gelangt man zum Damm Shah Abbasi. Die Staumauer wurde im 17. Jh. unter den Safawiden erbaut.

Südlich von Tabas

Die Oase **Esfahak** 42 km südöstlich von Tabas muss mit den vielen engen Gassen, den reizenden Lehmbauten und schönen Palmenhainen einst berauschend gewirkt haben. Leider wurde dem Dorfleben wie in Tabas mit dem Erdbeben ein jähes Ende gesetzt. Das verlassene und verfallene Dorf wurde nunmehr aber mit viel Liebe zum Detail renoviert und heißt wieder Besucher willkommen. Erste Gästehäuser, bislang vor allem auf iranische Touristen ausgelegt, haben eröffnet.

Nach weiteren 38 km folgt an der Straßengabelung gen Norden **Deyhuk**. Die historische Lehmstadt liegt im äußersten Nordwesten der Siedlung. Die Häuser sind mehrheitlich verlassen und verfallen, doch vereinzelt leben auch hier noch Menschen. Die grünen Flächen rings um die Dörfer werden immer noch landwirtschaftlich genutzt.

Erkundungstouren durch malerische Szenerie bieten sich abseits von Deyhuk auch in **Esfandiar** an. Dafür folgt man der Straße Richtung Kerman und biegt nach rund 38 km rechts auf eine Seitenstraße in Richtung Gebirge ab. Nach weiteren 20 km erreicht man die Neustadt. Erst dahinter am Fuße des Gebirges findet sich das liebliche, aber verfallene Oasendorf.

ÜBERNACHTUNG

Agha Seyed Zabihollah Guesthouse, in Ezmighan, ✆ 013-253 1582 und 0913-460 9970, ◎ azmighantourism. Ein wunderschönes Lehmhaus mit traditionellen Räumen und Schlafmatratzen auf zwei unterschiedlichen Ebenen für 1 Mio. IRR p. P. Gemeinschaftsküche, das Bad liegt ungünstigerweise außerhalb des Hauses wenige Meter von der Eingangstür entfernt. Von der Terrasse hat man einen herrlichen Blick auf die Oase.

Amir Hotel, in Tabas, Imamzadeh Sq., südlich des Heiligtums, ✆ 056-3281 3333. Einfaches Hotel mit etwas dunklen und abgewohnten, aber sauberen Zimmern – manche davon mit Blick auf das Heiligtum. Abseits des Straßenlärms schläft man in den vom Heiligtum abgewandten Zimmern. Kein Frühstück. ❶

Narenjestan Hotel, Kharv St., 1,5 km östlich der letzten Ausläufer von Tabas am Weg zur Quelle Morteza Ali, ✆ 056-3282 1091. Der Gebäudekomplex erhebt sich inmitten des Nichts und besteht aus 10 separat zugänglichen Apartments für jeweils 1,3 Mio. IRR – jedes mit Küche.

Sabat Ecolodge, in Esfahak, ✆ 031-3662 6224 und 0913-253 3442. Eines von mehreren schön restaurierten Gästehäusern inmitten der alten Lehmstadt. Traditionell mit Matratzen und Teppichen ausgestattete Räume für 800 000 IRR p. P. Lieber vorher anrufen, um sicherzugehen, dass jemand da ist.

ESSEN

In der Regel bieten die Gästehäuser in den kleinen Lehmstädten Verpflegung gegen Preisaufschlag.

Dalia Fastfood, in Tabas, Imam Khomeini Blvd., rund 450 m nordöstlich des South Beheshti Blvd., ✆ 056-3283 4510. Preiswerte Standardauswahl an Burgern, Pizza und Hotdogs. Einen Blick nach unten in die Küche werfen, wenn kein Personal an der Kasse steht. ⌚ tgl. 8–24 Uhr.

Hezaroyek Shab Restaurant, in Tabas, Imamzadeh Sq., 60 m südlich des Imam Reza Blvd., ✆ 056-3282 9621. Sicher die erste Wahl, wenn man auf der Suche nach guten Kebabs ist. Daneben gibt es v. a. Hühnchen, aber auch Fisch. Das Personal ist überaus bemüht. ⌚ tgl. 11.30–15.30, 19.30–23 Uhr.

TRANSPORT

Busse

Der kleine **Busbahnhof** (Terminal-e Otobus) von Tabas liegt nördlich des Heiligtums Hussein ibn Musa al-Kazem. Nach MASHHAD (561 km, 7 1/2 Std.) 1x tgl. abends für 246 000 IRR.

Busse nach TEHERAN fahren über Tabas und Khur und legen dort Stopps ein. Am besten bei der Unterkunft fragen, um die Mitfahrt zu organisieren.

Eisenbahn

Der **Bahnhof** von Tabas liegt 2 km nordwestlich des Busbahnhofs; ins Stadtzentrum sind es insgesamt rund 4 km.

KERMAN (514 km, 10 Std.), 1x tgl. für 576 000 IRR.

MASHHAD (561 km, 7 1/2 Std.), 2x tgl. morgens und abends für 500 000 IRR.

Von Tabas nach Gonabad

Rund 190 km nordöstlich von Tabas folgt Richtung Mashhad die Stadt **Ferdows**. Sie bietet neben der Madrese Olya aus dem 17. Jh. nichts, was einen längeren Stopp lohnen würde. Anders das nochmals 67 km nordöstlich entfernte **Gonabad**, das eigentlich schon zur Provinz Razavi-Khorasan gehört. Das weite Netz an Qanaten in Gonabad wurde exemplarisch für das antike Bewässerungssystem an sich zum Unesco-Weltkulturerbe ernannt. Mehrere hundert Meter davon sind hier unterirdisch begehbar. Es ist aber ratsam, vorher Kontakt mit Zuständigen vor Ort aufzunehmen: ✆ 0915-934 2669 und 051-5722 4975. Geregelte Öffnungszeiten gibt es keine. Auch die Masjed-e Jameh ist einen Besuch wert. Vor allem kann man sich in Gonabad mit Safran eindecken, denn die Gegend gilt als Zentrum für Safrananbau in Iran.

Von Gonabad führt die Straße 95 südlich wieder zurück in die Provinzhauptstadt Birjand. Auf der Strecke befindet sich nach rund 105 km die Stadt **Qaen**. Dort lohnen allenfalls die Masjed-e Jameh aus dem frühen 13. Jh. und die Festungsruinen am südöstlichen Stadtrand einen Besuch.

TRANSPORT

In **Gonabad** gibt es einen kleinen Busbahnhof (Terminal-e Otobus). Nach BIRJAND (214 km, 3 Std.) 3x tgl. vormittags bis abends für 144 000 IRR, VIP für 252 000 IRR; MASHHAD (287 km, 3 1/2 Std.) mehrmals tgl. für 140 000 IRR, VIP für 200 000 IRR.

In **Qaen** liegt der kleine Busbahnhof (Terminal-e Otobus) an der Mobarezan St. Nach MASHHAD (390 km, 4 1/2 Std.) mehrmals tgl. vormittags bis abends für 180 000 IRR, VIP für 250 000 IRR.

HARA-MANGROVENWALD AUF DER INSEL QESHM; © TOBIAS DANZ

Der Süden

Die Provinzen des Südens vereinen historische Glanzleistungen der Hochkultur von Elam mit der Macht der Natur, die auf den Inseln Qeshm und Hormuz einzigartige Landschaften schuf. Während einem in der Provinz Khuzestan jahrtausendealte Zeugen der Elam-Kultur zu Füßen liegen, fasziniert in der Provinz Hormozgan das Inselleben des Persischen Golfs mit seiner kunterbunten Alltagskultur und fantastischen Flora und Fauna.

Stefan Loose Traveltipps

19 **Chogha Zanbil** Die elamische Zikkurat in der unvollendeten Tempelstadt gehört zu den besterhaltenen Stufentempeln weltweit. S. 505

Shushtar Historische Wasserstadt mit ausgeklügeltem antikem Bewässerungssystem und verwinkelten Gassen. S. 506

Jashak-Salzdom Trekkingtour durch eine surreale Landschaft. S. 527

Minab In den Farben des Donnerstagsmarktes kann man sich verlieren. S. 531

Hormuz Camping an abgelegenen Stränden und naturverbundene Inselkunst. S. 533

20 **Rundfahrt durch den Geopark Qeshm** Durch das pittoreske Hafenstädtchen Bandar-e Laft schlendern, Erosionslandschaften entdecken und Delfine beobachten. S. 544

VERZIERTE PLUDERHOSEN AUS HORMOZGAN; © ANDREAS SCHÖRGHUBER

WASSERBÜFFEL IN SHUSHTAR; © PRISKA SEISENBACHER

Wann fahren? Nov–Feb, über die Nowruz-Ferien Ende März/Anfang April wird es auf den Inseln voll. Der Sommer ist mit Höchsttemperaturen über 50 °C schwer zu ertragen.

Wie lange? Jeweils 1 Woche für Khuzestan und Hormozgan

Bekannt für Ausgrabungsstätten des Altertums, Erosionslandschaften, Tierbeobachtungen, Wassersportaktivitäten

Outdoor-Tipp Kitesurfing und Wakeboarding auf Qeshm, Tauchgänge zu Korallenriffen

Unbedingt probieren *Ghalieh mahi*, südiranischer Fischeintopf mit Kräutern

Kulturhistorisch interessierte Reisende finden im Süden archäologische Ausgrabungsstätten von Weltruhm, und auch Naturbegeisterte kommen auf ihre Kosten, wenn sie durch zerklüftete Salz- und Erosionslandschaften wandern und die Fauna des Persischen Golfs bewundern. Gemein ist den Provinzen Khuzestan, Bushehr und Hormozgan die schwer zu ertragende Sommerhitze, weshalb sich abseits der Großstädte eine ganzjährige Mittagspause von 14 bis 18 Uhr etabliert hat. Manche Restaurants und Cafés haben im Sommer sogar nur abends geöffnet.

Der arabische Bevölkerungsteil ist in diesen drei Provinzen, vor allem aber in Khuzestan, besonders hoch, weshalb Reisende sich im Süden in der Regel auch auf Arabisch verständigen können.

Die Provinz Khuzestan entführt in die jahrtausendealte Geschichte des Landes mit **Susa** als Hauptstadt des Reiches Elam, der elamischen Zikkurat **Chogha Zanbil** und dem antiken Bewässerungssystem von **Shushtar**.

Dem historisch verankerten Handel entlang des Persischen Golfs ist es zu verdanken, dass sich die Provinz Bushehr und vor allem die Provinz Hormozgan bis heute durch ihre kulturelle und ethnische Vielfalt auszeichnen. In Kleidung, Sprache und Zeremonien sind arabische, afrikanische, persische sowie indische Einflüsse zu finden.

Bei Reisenden erfreut sich die Insel **Qeshm**, die zu den offiziellen Geoparks der Unesco zählt, besonderer Beliebtheit. Die Landschaften der Insel sind von überwältigender Schönheit. Atemberaubende Schluchten, Mangrovenwälder und Korallenriffe wecken Abenteuerlust und zeigen einmal mehr Irans unglaubliche Vielfalt. Noch unberührter ist die kleine Insel **Hormuz** mit ihren abgelegenen Stränden und naturverbundenen Kunstinitiativen. Absoluter Hotspot für den inländischen Tourismus bleibt jedoch die ehemalige Privatinsel **Kish** von Reza Schah Pahlavi, die heute allerlei hochpreisige Unterhaltung bietet.

Provinz Khuzestan

Die Provinz Khuzestan, knapp 63 200 km^2 groß, liegt in Irans äußerstem Südwesten. Sie grenzt im Westen an den Irak und im Süden an den Persischen Golf. Khuzestan teilt sich in die bergigen Regionen im Osten und die fruchtbaren, flachen Ebenen im Westen. Diese werden durch drei Flüsse bewässert – Karun, mit 850 km der längste Fluss Irans, Karkheh und Jarahi – und waren seit jeher von immenser Bedeutung für die Landwirtschaft.

Das Klima in Khuzestan, besonders im Süden der Provinz, ist im Sommer mit hoher Luftfeuchte und Temperaturen über 50 °C kaum zu ertragen. In den Städten kommt es dann regelmäßig zu **Wassermangel** und Versorgungsengpässen. Die beste Reisezeit ist daher der Winter, von November bis Anfang April, dann sind die Temperaturen tagsüber angenehm und nachts wird es frisch.

Der Name Khuzestan bedeutet „Land der Khuzi" und geht auf das ursprüngliche Volk der Khuzi zurück. Etwa 4,7 Mio. Menschen leben hier und bilden heute einen bunten ethnischen Mix. Neben Persern und Arabern, die mehrheitlich im Süden der Provinz leben, dominieren im bergigen Norden und Osten Stämme der Bakhtiaren, Behbahanen und Luren sowie turkstämmige Qashqai neben Stämmen der Afsharen. Khuzestan ist zudem Heimat von Armeniern sowie einer kurdischen Minderheit im Norden, die nach dem Iran-Irak-Krieg hier angesiedelt wurde. Die mehrheitlich **arabische Prägung** der Region äußert sich nicht nur in der Sprache, viele Khuzestanis sind nämlich bilingual, sondern auch in der Küche. Neben beliebten Snacks wie Falafel und Sambusa an den Straßenständen gehören eine Vielzahl arabischer Gerichte sowie der starke arabische Kaffee nach dem Essen zu einer klassischen Mahlzeit dazu. Fisch und Meeresfrüchte stehen außerdem auf jeder Speisekarte, besonders Eintöpfe mit Fisch und Shrimps.

Die zahlreichen Ölfunde Anfang des 20. Jhs. katapultierten Khuzestan zum wichtigsten Fördergebiet für **Erdöl und Erdgas** Irans. Die Briten nutzten damals den gut schiffbaren Karun, um Ausrüstung und Material von der Golfküste zu den ersten Ölquellen im Norden der Provinz nahe der Stadt Masjed-e Soleiman zu transportieren. Heute ist Khuzestan dank der zahlreichen Ölvorkommen auch die reichste Provinz des Landes. Mit dem Bau riesiger **Staudämme** an den Flüssen Dez und Karun verfügt die Provinz auch über die größten Wasserkraftwerke Irans und ist ein wichtiger Energielieferant in der Region. Aufgrund der äußerst fruchtbaren Ebene ist die **Landwirtschaft**, speziell der Anbau von Zuckerrohr, das in Khuzestan seit Tausenden Jahren angebaut wird, sowie von Weizen, Getreide, Reis und Eukalyptus, ein wichtiger Wirtschaftszweig.

Als historisches Siedlungsgebiet der Elamer, Babylonier und Meder hat die Provinz ein reiches kulturelles Erbe und gilt mit ihrer mehr als 8000 Jahre zurückliegenden Siedlungsgeschichte als Ursprung der Zivilisation. Zu den wichtigsten Zeugnissen gehören die ehemalige **Königsstadt Susa** mit ihrer Palastanlage auf dem Apadana-Hügel, die Ruinen der Stadt **Chogha Zanbil** mit der mächtigen fünfstufigen Zikkurat, die historischen Wassermühlen der Stadt **Shushtar** und die **Felsreliefs von Kul-e Farah** an den Rändern der Hochebene von Izeh-Malamir im Nordosten.

Geschichte

Khuzestan gilt als **Wiege der Nation**. In den fruchtbaren Ebenen siedelten die ersten Stämme der iranischen Arier, die sich mit den Elamern vermischten und aus denen später die mächtigen persischen Reiche der Meder, Achämeniden, Parther und Sassaniden hervorgingen.

Die Griechen nannten die Region Susiana, nach der **Königsstadt Susa**. Diese war zu Zeiten der Elamer und Achämeniden Regierungssitz und Zentrum des Handels mit dem benachbarten Mesopotamien. Nach der Eroberung durch Alexander den Großen 330 v. Chr. beherrschten die Seleukiden die Region.

Mit der Herrschaft der **Sassaniden** erlebte die gesamte Provinz eine Blütezeit; unter Shapur I. wurden zahlreiche Brücken, Staudämme und komplexe Bewässerungssysteme in Ahvaz, Shushtar und Andimeshk errichtet. Im Jahr 639 fielen schließlich die **Araber** unter dem Kommando von Abu Musa al-Ashari aus Basra im heutigen Irak in Khuzestan ein. Die Stadt Susa

fiel innerhalb von nur zwei Tagen, an Shushtar bissen die Araber sich aber 18 Monate die Zähne aus, bis die Stadt 642 ebenfalls eingenommen wurde. Den Siedlungen der Eroberer folgten bald arabische Einwanderer aus den Kalifaten nach.

Die **Mongolen** fielen im 13. und 14. Jh. über das Iranische Plateau her und gelangten bis nach Palästina, bevor sie gestoppt wurden. Khuzestan war damit fast vollkommen zerstört. Im 16. Jh. wurde es von den **Safawiden** erobert. Der westliche Teil der Provinz wurde aufgrund seiner mehrheitlich arabischstämmigen Bevölkerung fortan Arabistan genannt. Für mehrere Jahrhunderte war Khuzestan eine semiautonome Provinz und bis zur Herrschaft der

Pahlavi-Dynastie einem königlichen Gouverneur unterstellt.

Mitte des 19. Jhs. versuchten die Briten, die Provinz mit Unterstützung arabischer Stämme einzunehmen, scheiterten aber kläglich. Mit den **Erdölfunden** ab 1908 und der Gründung der Anglo-Persian Oil Company wurde Khuzestan für die Briten vor allem wirtschaftlich interessant. Während des Ersten Weltkriegs marschierten britische Truppen in Khuzestan ein und nutzten die Provinz für Angriffe auf osmanische Gebiete im heutigen Irak. Nach dem Zweiten Weltkrieg und der Verstaatlichung der Erdölindustrie 1953 gewann die Erdölstadt Abadan durch den Bau einer Raffinerie als wichtigstes **Ölförderzentrum** an Bedeutung. Während des **Iran-Irak-Kriegs** 1980–1988 fielen irakische Truppen in Khuzestan ein und zerstörten die Städte Khorramshahr und Ahvaz schwer, konnten aber Abadan nicht einnehmen. Seit dem Wiederaufbau in den 1990er-Jahren hat Ahvaz sich als Wirtschaftsmetropole der Provinz etabliert.

Dezful

Dezful ist die erste Anlaufstelle für jeden, der aus der bergigen Provinz Lorestan nach Süden reist. Die Stadt liegt südlich der Ausläufer des Zagros-Gebirges an der Stelle, wo der Fluss Dez in die Ebene fließt. Die Umgebung von Dezful ist seit über tausend Jahren ein wichtiges Anbaugebiet von Zuckerrohr. Davon zeugt die große Zuckerraffinerie in Haft Tappa nahe Dezful. Aber auch der Anbau von Weizen, Gerste, Sesam, Mais und Erbsen ist von Bedeutung. Vor allem die Landwirtschaft und die Energieversorgung Dezfuls haben maßgeblich vom Bau des 1963 fertiggestellten Staudamms nordöstlich der Stadt profitiert. Der dazugehörige Stausee **Sadd-e Dez**, die unzähligen Canyons, die das Umland durchschneiden, sowie der **Shevi-Wasserfall** sind beliebte Ausflugsziele und innerhalb weniger als einer Stunde von Dezful aus mit dem Taxi zu erreichen.

Der Name Dezful leitet sich ab von den persischen Wörtern für Festung *(diz)* und Brücke *(pol)* und wurde nach der Invasion der Araber in Dezful geändert. Mit knapp 265 000 Einwohnern ist Dezful von überschaubarer Größe und lässt sich im Zentrum gut zu Fuß erkunden. Der historische Stadtkern erstreckt sich auf der östlichen Seite vom Busterminal beim Azadi Sq. im Süden über den Bazar zwischen Imam Khomeini Sq. und Shariati Blvd. bis zum Hamam-e Kornasiyun im Norden.

Wassermühlen (Asiab-e Dezful)

Die starke Strömung des Dez wurde immer schon für Wassermühlen genutzt, einige davon kann man heute noch unter der Pol-e Jadid im **Wassermuseum**, Saheli St., besichtigen. Zum Museum gehört auch ein kleines Restaurant. Entlang des Flusses auf der westlichen Seite befinden sich außerdem die *kats*, kleine Höhlen, die in das weiche Gestein am Ufer gegraben wurden und den Bewohnern im Sommer als kühle Zufluchtsorte dienten. ⌚ Wassermühlen tgl. 9–12.30 und 16–20 Uhr, Eintritt frei.

Pol-e Sassani

Eines der ältesten Bauwerke der Stadt befindet sich ebenfalls am Dez. Die alte **sassanidische Brücke**, die den Fluss von Westen nach Osten überspannt, wurde 260 n. Chr. unter dem sassanidischen König Shapur I. von 70 000 römischen Kriegsgefangenen erbaut. Nach seinem Sieg über Kaiser Valerian und die römischen Legionen in Edessa im Süden der heutigen Türkei verschleppte Shapur die Römer nach Persien. Er war von der römischen Ingenieurskunst so angetan, dass er von seinen römischen Gefangenen im ganzen Reich Bauwerke errichten ließ, darunter auch die berühmte Kaiserbrücke Polband-e Qaysar in Shushtar (S. 509). Die Brücke über den Dez hat nicht nur die jährlichen Überschwemmungen, sondern auch irakische Bomben während des Iran-Irak-Kriegs überstanden.

Khaneh-ye Tiznu

Die Altstadt von Dezful lädt mit ihren verwinkelten Gassen und den alten lehmverputzten Häusern zum Erkunden ein. Rund um den Bazar sind mehrere alte Kaufmannshäuser angesiedelt, von denen die meisten sich allerdings mittlerweile in Privatbesitz befinden und deshalb nur von außen besichtigt werden können.

Für Touristen öffnet lediglich das Khaneh-ye Tiznu in der Saheli St. oberhalb der Wassermühlen die Türen. Das Haus gehörte einst einer reichen türkischen Kaufmannsfamilie. Lediglich der vordere Hauptteil des Hauses ist erhalten, der Bereich dahinter ist weitgehend zerstört. Im Keller ist eine kleine Ausstellung mit einigen alten Fotografien und Exponaten aus der Zeit der Qadjaren zu sehen. Vom Innenhof gelangt man über eine steile Treppe auch in das tiefer gelegene *shavadun* (Kühlkammer), das über ein Ventilationssystem mit dem Keller und dem Rest des Hauses verbunden ist. Die kleinen Treppen und Aufgänge an den Seiten des Hauses nutzten übrigens die Diener als Abkürzungen, um die Hausherren schneller versorgen zu können. ⌚ Sa–Mi 8–14, Do bis 12 Uhr, 100 000 IRR.

Bazar und Umgebung

Der **Bazar** der Stadt zieht sich entlang der Arkaden vom Imam Khomeini Sq. zum Shariati Blvd. nach Norden und war bereits seit dem 6. Jh. ein wichtiger Handelsplatz. Er ist heute noch quirlig, aber relativ unspektakulär.

Etwa 100 m nördlich des Imam Khomeini Sq. befindet sich die mehr als 900 Jahre alte **Masjed-e Jameh**. Die Moschee gehört zu den ältesten der Provinz, wurde während der Zeit der Safawiden und Qadjaren mehrfach restauriert und ist trotzdem noch großteils in ihrer ursprünglichen Bauweise erhalten.

Im kurdischen Teil des Bazars östlich der Freitagsmoschee gibt es Stoffe, Tücher und Schals sowie die bekannten weiten Hosen *(dabite bakhtiari)*, daneben auch Decken und Bettvorleger aus grober Wolle. Gleich um die Ecke sind zwei tolle Geschäfte mit einer großen Auswahl an Kupfergeschirr angesiedelt. ⌚ Bazar Sa–Do 8–13 und 16–20 Uhr.

Hamam-e Kornasiyun

Ungefähr 600 m nördlich des Shariati Blvd. befindet sich das ehemalige städtische Badehaus mit seinem achteckigen Hauptraum und der lang gezogenen Wasserzisterne. Hier stellen Wachsfiguren Alltagsszenen dar, außerdem sind einige alte Münzen und Gebrauchsgegenstände ausgestellt. ⌚ Di–So 9–12.30 und 16–18 Uhr, 80 000 IRR.

ÜBERNACHTUNG

Direkt in der Stadt gibt es lediglich drei Hotels, von denen das Tourist Hotel noch am besten in Schuss ist. Der örtliche **Campingplatz**, der auch Bungalows vermietet, ist leider nur zu den Nowruz-Ferien im Frühling geöffnet. Wer will, kann auch im 8 km entfernten Andimeshk übernachten, ist dann aber auf Taxis angewiesen.

Avan Hotel, 15 Khordad Blvd., nahe Imam Hossein Sq., ✆ 061-4242 2077. Das moderne Hotel direkt neben dem Tourist Hotel ist ein preiswertes Mittelklassehaus mit tadellosen Zimmern. ❷

Ronash Hotel, Saheli St., etwa 700 m nördlich der Pol-e Jadid und einen Katzensprung vom Hamam-e Kornasiyun entfernt, ✆ 061-4223 7900-7. Das von der Stadt geführte Hotel hat seine besten Tage lange hinter sich; das belegen die schlichte Empfangshalle mit ihren Steinplatten und trostlosen Wänden. Dafür liegt es direkt am Fluss mit Blick vom Frühstücksraum und den flussseitigen Zimmern auf die *kats* auf der anderen Seite. Das Haus ist sehr alt, daher Zimmer besser vorher zeigen lassen. Die Betten haben dünne Matratzen aus Schaumstoff. WC und Dusche sind sauber. Kein WLAN. ❷

Tourist Hotel, 15 Khordad Blvd., nahe Imam Hossein Sq., ✆ 061-4242 3000, 💻 www.ittic.ir. Bewährter Standard der staatlichen Hotelkette: eigenes Restaurant, großzügige und sehr saubere Zimmer sowie zuvorkommendes, englischsprachiges Personal. Im Erdgeschoss ist eine Wechselstube untergebracht. ❷

ESSEN

Entlang der Saheli St. am Ufer des Dez reihen sich die meisten Lokale, darunter viele kleine **Kebab-Imbisse**. Abends erholen sich hier die Bewohner der Stadt von der Hitze und flanieren die Uferpromenade entlang. Für den kleinen Hunger gibt es rund um den Bazar in der Ayatollah Taleghani St. westlich des Imam Khomeini Sq. und entlang des Shariati Blvd. viele kleine **Falafel-Shops** und **Sandwichläden**.

Complex of Padideh Dez Restaurants, Saheli St., etwa 250 m südlich vom Ronash Hotel, ✆ 061-4227 3076-8 und

DER SÜDEN

061-4227 3062, www.padidehdez.com, padide_dez. Eisdiele im Erdgeschoss, Coffeeshop im 1. Stock, Restaurants mit grob gezimmerten Möbeln, Takhten und bunter Decke in den beiden Obergeschossen. Breite Auswahl an saftigen Kebabs für 230 000–650 000 IRR, große Grillplatten mit 5 Spießen, auch Fast Food (Pizza, Sandwiches, Burger, 130 000–200 000 IRR), *dough* (persischer Joghurtdrink) kommt frisch gequirlt aus der Maschine, Salatbar für 60 000–90 000 IRR. Abends wird's laut mit Livemusik in den oberen Restaurants – wer sich unterhalten will, weicht auf das oberste Stockwerk oder aufs Erdgeschoss aus. ◷ tgl. 12–15 und 18–24 Uhr.

Duke Restaurant, Rudband Sq., ✆ 061-4253 3333. Fast Food in modernem Ambiente mit hoher Decke, sauber, bunt und ausreichend Platz. Pizza, Sandwiches, Burger, Pommes, auch iranische Speisen und Desserts. Schneller und unkomplizierter Service. Gratis-Lieferung. ◷ tgl. 11–24 Uhr.

Shavadoon Burger House, Khabanegar St., gleich neben dem Eingang zum Shavadoon Restaurant, ✆ 0916-141 4947. In schummriges Licht getaucht, will dieses ebenerdige Lokal die Fast-Food-Freunde erreichen. Pizza ab 250 000 IRR, Sandwiches und Burger ab 150 000 IRR, dazu Salate, Pommes und kalte Drinks. ◷ tgl. 11–16 und 20–24 Uhr.

Shavadoon Restaurant, Khabanegar St., westlich des Imam Hossein Sq. beim Dezful-Andimeshk Highway, ✆ 0916-141 4947. Links neben dem gleichnamigen Burger-Restaurant geht es zwei Stockwerke in die Tiefe in einen bunten Keller mit Sitznischen, bunter kitschiger Kacheloptik an den Wänden und viel Stein. Auf der Karte stehen Shrimps, Fisch, Kebabs und diverse Eintöpfe wie *dizi, qalieh ghoresht, gheime, bademjoon*; lecker: *hamis* (Sabzi, Tamarinde, Zwiebel, Knoblauch und jede Menge Gewürze). ◷ tgl. 11–16 und 20–23 Uhr.

SONSTIGES

Geld

Nazari Exchange, im Gebäude des Tourist Hotels, ✆ 061-4242 9161, ist die einzige Wechselstube der Stadt.

Medizinische Hilfe

Dr. Ganjanvian Hospital, Andimeshk-Dezful Hwy., direkt an der Hauptstraße nach Andimeshk, ✆ 061-4242 2040. Das größte städtische Krankenhaus – in dringenden Fällen aber besser nach Ahvaz fahren!

Post

In der Behesht-e Ali St., 150 m nördlich des Tourist Hotels. ◷ Sa–Mi 9–14 Uhr.

TRANSPORT

Busse und Sammeltaxis

Der **Busbahnhof von Dezful** (Terminal-e Otobus-e Dezful) befindet sich im Stadtzentrum beim Azadi Sq. Von hier fahren Busse nach Teheran, Esfahan und zur Golfküste nach Bushehr. Nach Ahvaz, Shush und Shushtar verkehren nur *savaris* oder Minibusse.

BUSHEHR (600 km, 7 Std.), 1x tgl. nachmittags für 480 000 IRR.

ESFAHAN (585 km, 7 Std.), 3x tgl. morgens und abends, VIP für 570 000 IRR.

TEHERAN (680 km, 7 1/2 Std.), 2x tgl. morgens und abends, VIP für 680 000 IRR.

Busse und Sammeltaxis ab Andimeshk

Alternativ bestehen Verbindungen vom 8 km entfernten **neuen Busbahnhof** in Andimeshk (Terminal-e Otobus-e Andimeshk) beim Azadegan Sq., etwa 2 km südlich vom Beheshti Sq. auf der südlichen Ringstraße.

ESFAHAN (573 km, 7 Std.), 2x tgl. morgens und abends, VIP für 570 000 IRR.

HAMADAN (430 km, 5 1/2 Std.), 2–3x tgl. nachmittags und abends, VIP für 500 000 IRR.

KERMANSHAH (367 km, 5 Std.), 1x tgl. mittags, VIP für 480 000 IRR.

RASHT (787 km, 10–11 Std.), 3x wöchentl. nachmittags, VIP für 850 000 IRR.

SANANDAJ (463 km, 6 1/2 Std.), 1x tgl. vormittags, VIP für 550 000 IRR.

SHIRAZ (686 km, 9 Std.), 1x tgl. abends, VIP für 650 000 IRR.

TABRIZ (987 km, 12–13 Std.), 1x tgl. nachmittags, VIP für 830 000 IRR.

TEHERAN (670 km, 7 1/2 Std.), 3x tgl. abends, VIP für 680 000 IRR.

Vom Sa'at Sq. fahren Sammeltaxis nach **Dezful** für 25 000 IRR. Nach AHVAZ (154 km, 2 Std.) starten sie beim Busbahnhof 2 km südlich des Beheshti Sq. für 120 000 IRR. Nach KHORRAMABAD (174 km, 2 1/4 Std.) geht es per Sammeltaxi von der Enqelab Blvd., 2 km nördlich des Zentrums, für 220 000 IRR.
Etwa 100 m nordwestlich des Enqelab Blvd. in der Imam St. starten Minibusse nach SHUSH (41 km, 1/2 Std.) für 50 000 IRR.

Eisenbahn

Vom **Bahnhof** (Istgah-e Rah'ahan-e Andimeshk) in der Taleqani St. in Andimeshk besteht eine malerische Zugverbindung nach DORUD in Lorestan (S. 399). Per Nachtzug geht es nach TEHERAN (670 km, 12 Std.) für 525 000 IRR.

Die Umgebung von Dezful

Nur 25 km nördlich von Dezful und 20 km nordöstlich von Andimeshk wurde 1963 die Dez-Talsperre gebaut. Neben einem Wasserkraftwerk zur Stromerzeugung dient der **Stausee Sadd-e Dez** auch der Bewässerung und dem Hochwasserschutz. Die Fahrt zum Stausee führt durch zerklüftete Hügelketten und vorbei an tiefen Canyons. Von Dezful aus folgt man dem Fluss auf der asphaltierten Straße nach Norden. Man durchquert das Dorf Besheh Bozan und folgt der Straße hinab ins Tal. Vor dem Dorf Bazargan zweigt eine kleine asphaltierte Straße ab und führt hinab in die Ebene. Kurvenreich geht es durch das Dorf Eslam Abad Richtung Sadd-e Dez und Pamanar. Die Gegend um den Stausee wird jedes Jahr hauptsächlich während der Nowruz-Ferien besucht und ist in erster Linie bei Outdoor-Fans beliebt. Rund um den See lässt sich ausgezeichnet campen; wer will, kann sogar auf einer Insel in der Mitte sein Zelt aufschlagen. Die beste Zeit dafür ist Dezember bis Anfang April.

Für die Erkundung vom Wasser aus lohnt eine **Bootstour** in einem der Motorboote der Bewohner von Pamanar. Dann sieht man an der südlichen steilen Felswand sogar wilde Ziegen trittsicher unsichtbare Pfade entlangspringen. Eine Tour kostet etwa 500 000 IRR für eine Runde (30–45 Min.). Boote finden sich beim Anleger nördlich des Dorfes.

Die Bewohner von Pamanar vermieten auch Zimmer mit Küche/Bad für 500 000–1 Mio. IRR, ganze Häuser gibt's für 1–3 Mio. IRR pro Nacht. Im Dorf findet man auch Guides, die in die nahe gelegenen Canyons führen.

Per Geländewagen erreicht man von hier auch die **Shevi-Wasserfälle** im Norden bei Sar Tang – mit dem eigenen Auto geht es nur bis Eslam Abad. Von Sar Tang ist es dann etwa 1 Std. zu Fuß bis zu den Wasserfällen. Wer in Eslam Abad startet, braucht mindestens 2 1/2 Std.

Shush

Die kleine Stadt Shush in West-Khuzestan mit knapp 80 000 Einwohnern mag heute unbedeutend erscheinen, als ehemalige **Königsstadt Susa** blickt sie aber auf eine jahrtausendealte Geschichte zurück. Susa war Zentrum des elamischen Reiches und Ausgangspunkt der Königsstraße nach Persepolis. Mehrfach wurde die Stadt zerstört und wieder aufgebaut. Die Hauptattraktion ist das Ausgrabungsgelände mit seinem archäologischen Museum. In der Stadt befindet sich mit dem **Danielgrab** auch ein wichtiges Pilgerziel für Juden und Muslime.

Geschichte

Die antike Stadt Susa blickt auf eine Siedlungsgeschichte von mehr als 6000 Jahren zurück und gilt damit als eine der ältesten durchgehend besiedelten Städte der Welt. Als Regierungssitz der **Elamer** wird sie in einem Atemzug mit den Zentren Mesopotamiens wie Uruk, Nippur oder Babylon genannt. Als eine der ersten Hochkulturen waren die Elamer nicht unterzukriegen: Abwechselnd von Sumerern und Akkadern unterworfen, dann wiederum als Herrscher Babylons dominierend, griffen sie von 2400 v. Chr. bis zu ihrer Auflösung im Meder- und Perserreich und der Machtergreifung Kyros' des Großen um 539 v. Chr. immer wieder in Auseinandersetzungen um die Vorherrschaft im Orient ein.

Von 4200–1900 v. Chr. war Susa ein wichtiges religiöses Zentrum der Gegend und bedeutender Posten für den Handel mit dem benachbarten

Mesopotamien. Das Stadtgebiet erstreckte sich über vier Hügelkuppen: den **Apadana-Hügel** mit der achämenidischen Palastanlage im Norden, die **Akropolis** mit den Tempelanlagen im Südwesten sowie die **Königsstadt** und die **Handwerkerstadt** im Osten. Die Stadt war von einer Stadtmauer und einem Wassergraben umgeben. Seine Blütezeit erlebte Susa während der Herrschaft der Shutrukiden-Dynastie von 1900–1100 v. Chr. Der mittelelamische Herrscher **Shutruk-Nakhunte I.** und seine Söhne bauten in dieser Zeit die Akropolis aus und errichteten mehrere prunkvolle Neubauten auf dem Apadana-Hügel und in der Königsstadt. Shutruk-Nakhunte ließ für die Beutestücke aus seinen Kriegszügen in Mesopotamien sogar eine eigene Halle anlegen. Nach der Eroberung durch den babylonischen König **Nebukadnezar I.** Ende des 12. Jhs. v. Chr. begann der Verfall Susas und des elamischen Reiches.

Die heute sichtbaren architektonischen Reste der Stadt, vor allem auf dem Apadana-Hügel und in der Akropolis, stammen großteils aus der **achämenidischen Epoche** (6.–4. Jh. v. Chr.), als Susa unter Dareios I. wieder Regierungssitz und Hauptstadt des Reiches wurde. **Alexander der Große** eroberte 330 die Stadt, verschonte sie aber aus Respekt vor der Kunst und Wissenschaft der Achämeniden. Als 639 die **Araber** in Persien einfielen, wurde Susa allerdings vollständig zerstört, jedoch bald danach wieder aufgebaut. In der nun islamischen Stadt errichtete man sogleich eine Moschee, auch eine jüdische Gemeinde mit Synagoge siedelte sich an. 1259 fiel Susa der Zerstörungswut der **Mongolen** zum Opfer und konnte danach nie wieder zur alten Größe zurückfinden.

Ausgrabungen

Im Gebiet rund um das heutige Shush gruben die Engländer während der Herrschaft der Qadjaren nach Öl, fanden aber stattdessen überraschend Porzellan und andere historische Hinterlassenschaften. In Begleitung des französischen Multitalents **Jacques de Morgan** (er war nicht nur Archäologe, sondern auch Geologe, Historiker, Kartograf, Ethnologe, Bauzeichner und Münzensammler!) stießen sie schließlich auf die Überreste der Stadt Susa. Angespornt von den Fundstücken ihres Landsmannes wurden die Franzosen 1895 in Teheran bei **Schah Naser ad-Din** vorstellig, kauften eine Genehmigung für Ausgrabungen und pachteten das Gelände für 100 Jahre. Die einzige Bedingung des Schahs war, dass gefundenes Gold und Juwelen ihm gehören sollten. Letztlich wurden ihm aber alle entdeckten Schmuckstücke abgekauft, denn der Schah war mehr an Geld für die Staatskasse interessiert als am historischen Erbe seines Reiches. Diesem zweifelhaften Vertrag ist es zu verdanken, dass bedeutende Fundstücke aus Susa heute eher in Paris und nicht in Teheran zu bestaunen sind.

Unter der Leitung von Jacques de Morgan starteten schließlich 1897–1912 die ersten strukturierten Ausgrabungen in Susa und führten zu bedeutenden Entdeckungen auf dem südlichen Hügel der Akropolis und den Tempelkomplexen in unmittelbarer Nähe. **Roland de Mecquenem** und **Roman Ghirshman** führten bis 1967 weitere Grabungen durch, mit Fokus auf dem Apadana-Hügel und der östlich gelegenen Königs- und Handwerkerstadt. Im Archäologischen Museum der Anlage ist ein Raum den Ausgrabungen und den französischen Archäologen gewidmet.

🕒 tgl. 9–20, im Winter bis 17 Uhr, 200 000 IRR, Zugang über Khomeini Blvd. Das Archäologische Museum (S. 503) kostet extra.

Apadana-Hügel

Der klassische Rundgang durch die Anlage beginnt auf der Rampe links vom Archäologischen Museum. Hier startet man nach Norden auf den Apadana-Hügel zum königlichen **Palast von Dareios I.** Der Komplex war während der elamischen Periode von luxuriösen Anwesen der Hofadeligen umgeben. Im Palast sieht man stellenweise noch den ursprünglichen Boden mit seinen Platten und Ziegeln. Es fällt heute allerdings schwer, sich angesichts der von Zement bedeckten Lehmziegelmauern die einstige Pracht und Weitläufigkeit der Palastanlage vorzustellen. Herzstück des Palasts ist die 58 m lange **Audienzhalle** im nördlichen Teil von Apadana, flankiert von vier Ecktürmen und mit den Überresten des Throns zwischen 36 massiven Säulen, von denen heute nur noch die Basen sichtbar sind. Blickt man vom Eingang nach Süden, muss man sich vorstellen, eine Halle mit 23 m hohen Säulen zu betreten. Auf Holzplanken kann man den Gang der damaligen Gesandten nachgehen, die sich vor dem Thron des Königs und seinen Würdenträgern dahinter niederwarfen. Fragmente der Säulen aus der Halle liegen unter einem Dach am östlichen Ende der Anlage und lassen nur erahnen, was für einen Eindruck eine Audienz beim König auf Reisende gemacht haben muss.

Weiter geht es in den **östlichen Innenhof** des Palastes, dessen Fassade einst prächtige Motive von achämenidischen Soldaten und Löwen aus bunt glasierten Ziegeln bildeten. Repliken davon befinden sich im archäologischen Museum vor Ort. Die Originale sind im Louvre in Paris ausgestellt. Zum Innenhof gehören auch die

Überreste der Kaserne und königlichen Ställe. An der Ostseite betrat man einst das Palastviertel. Hier wurden in einem großen Graben, von den Franzosen *grande tranchée* genannt, auch die Überreste eines Bazars in L-Form gefunden. Dieser war so ausgerichtet, dass die Ein- und Ausgänge nach Norden und Osten wiesen, sodass beim Verlassen niemand dem Palast des Königs auf dem Apadana-Hügel seinen Rücken zukehrte.

Akropolis und Château de Suse

Im Süden auf dem höchsten Hügel der Anlage liegt das **Inshushinak-Heiligtum**, errichtet für einen der Hauptgötter der Elamer und Schutzpatron der Stadt. Der Bereich wurde im Zuge der Ausgrabungen auch Akropolis genannt. Um 2000 v. Chr. schichteten die Bewohner hier unzählige Ziegel aufeinander und errichteten die erste Zikkurat, ein typisches Bauwerk der Elamer, dessen Bauweise Jahrhunderte später von den Mesopotamiern übernommen wurde. Von dem stufenförmigen Monument ist heute nichts mehr übrig geblieben. Während der Ausgrabungen wurden hier allerdings die meisten und wertvollsten Stücke gefunden und zu deren Schutz in unmittelbarer Nähe die Festung **Château de Suse** errichtet.

Als die Franzosen 1897 mit den Ausgrabungen in Susa begannen, waren sie nicht sonderlich willkommen. Ihr Zeltlager war der Feindseligkeit der Bewohner Shushs und den klimatischen Bedingungen schutzlos ausgeliefert. Ausgrabungsleiter de Morgan konnte die französische Regierung schließlich davon überzeugen, eine Festung zu bauen, um die wertvollen Ausgrabungsstücke sicher vor Dieben und Plünderern zu verwahren und sich gegen kriegerische Nomadenstämme zu verteidigen. So entstand mit der wuchtigen, zinnenbekrönten Burg eines der prächtigsten und sichersten archäologischen Basislager im ganzen Orient. Eine Etage der Festung diente ausschließlich der Lagerung der Fundstücke, eine weitere als Unterkunft für die Mitglieder der französischen Expedition. Im Innenhof stehen heute noch die originalen Werkzeuge und Maschinen, die für die Ausgrabung verwendet wurden. Neben einer Lore mit Bahn gehört dazu auch der alte Land Rover, mit dem Roman Ghirshman 1953 die französische archäologische Delegation von Susa zur Zikkurat nach Chogha Zanbil chauffierte. ◷ tgl. 9–20, im Winter bis 17 Uhr, der Zutritt ist im Eintritt für die Anlage inbegriffen.

Königs- und Handwerkerstadt

Östlich des Apadana-Hügels und des Châteaus schließen sich das Ruinenfeld der ehemaligen **Königsstadt** und noch weiter östlich die Überreste der **Handwerkerstadt** an, die aber eher etwas für hartgesottene Archäologiefans sind.

Kaj-e Shahur

Der Shahur-Palast auf der anderen Flussseite im Westen der Ausgrabungsstätte wird leicht übersehen. Er wurde unter Artaxerxes II. erbaut. Darauf weisen mehrere Inschriften in drei Sprachen hin. Die Audienzhalle maß 37 x 35 m und war damit um einiges kleiner als im Palast von Dareios I. auf dem Apadana-Hügel. Die insgesamt 64 Säulen standen in acht Reihen auf steinernen Basen, Schaft und Kapitell waren allerdings aus Holz. Vermutlich diente der Palast zwischenzeitlich als Residenz, während der Palast von Dareios erneuert und ausgebaut wurde.

Muzeh-ye Shush

Das **Archäologische Museum** neben der Hauptstraße und unterhalb der Festung zeigt eine Reihe von Fundstücken aus der Region, zumindest all jene Keramiken, Reliefs und Säulenreste, die nicht im Louvre in Paris gelandet sind. Im Garten des Gebäudes stehen Säulenreste, Grabsteine und Statuen aus verschiedenen Epochen. Rechts vom Museum gibt es übrigens einen tollen Souvenirshop mit Handarbeiten, Teppichen, Bastkörben, Schmuck, Porzellan und allerlei Krimskrams. Auch ein kurzer Blick in die Halle links vom Eingang lohnt sich: Hier ist ein 14-minütiger Einführungsclip in 3-D über die Geschichte der Stadt und eine Ausstellung zu den leitenden französischen Archäologen der Ausgrabung zu sehen. ◷ tgl. 9–20, im Winter bis 17 Uhr, 150 000 IRR.

Aramgah-e Daniel Nabil

Das Danielgrab südlich des Museums am Shakur-Fluss ist ein kleines lokales Heiligtum aus dem 12. Jh. In der biblischen Überlieferung heißt es, dass sich der Prophet Daniel während seines babylonischen Exils in Susa aufgehalten habe, hier zu einem wichtigen Berater Dareios' aufstieg und schließlich am Shakur-Fluss auch begraben wurde. Das ursprüngliche Grabmal wurde mehrfach ausgebaut und erneuert, bei einer Überschwemmung aber zerstört und 1869 neu errichtet. Das Heiligtum mit seinem quadratischen Kuppelraum und seiner mit blau-buntem Fliesenschmuck verzierten Fassade ist ein typisches qadjarisches Bauwerk. Das weiße Zuckerhutdach in Form eines spitzen Kegels aus gezackten Ringen, die nach oben hin im Durchmesser abnehmen, ist in Khuzestan weitverbreitet. Bis heute zieht die Grabanlage viele Pilger an. ⌚ tgl. 8–20 Uhr, Eintritt frei.

ÜBERNACHTUNG

Durantash Hotel, Seitengasse direkt gegenüber vom Archäologischen Museum, ✆ 061-4282 82367 und 0919-814 0834. Das kleine Hotel um einen großen überdachten Innenhof mit Takhten wurde liebevoll und bunt eingerichtet und ist die beste Wahl in der kleinen Stadt. Die Zimmer für 2–4 Personen sind einfach, aber sauber. ❸

ESSEN

Coffeehouse, Seitengasse der Imam Khomeini St., beim Kreisverkehr nahe dem Museum. Im spartanischen kleinen Kaffeehaus findet sich zwar nur eine Sitzgruppe aus Polstermöbeln, dafür ist der Espresso hier stark und billig. Für einen kurzen Zwischenstopp reicht's. ⌚ tgl. 6–24 Uhr.

Jooje Talaee Restaurant, Imam Khomeini St., ✆ 061-4282 3320. Das beste Lokal der Stadt bietet eine Auswahl an leckeren Huhn- und Lamm-Kebabs, besonders gut: Hähnchen-Kebab libanesischer Art mit schmackhaften Gewürzen und Butterreis. Speisen ab 140 000 IRR. Auch englische Karte. ⌚ tgl. 9–21 Uhr.

Sahel Traditional Restaurant, vom Zigorat Restaurant nur 200 m nach Westen über die Brücke, ✆ 061-4284 3916 und 0901-529 1214. Auf der anderen Seite des Flusses gibt es eine große Auswahl an traditionellen iranischen Speisen, vor allem Kebabs. ⌚ tgl. 11–22 Uhr.

Zigorat Restaurant, Imam Khomeini St., gleich beim Kreisverkehr 100 m nördlich vom Museum, ✆ 061-5229 2330. In Gehweite zum Museum und der schnellste Weg, nach dem Besuch der Ausgrabungen den Hunger zu stillen. Kunterbunter Mix aus diversen Kebabs und Eintöpfen, auch *ghorme sabzi* (Kräutereintopf mit Rindfleisch) und *gheyme* (Eintopf mit Lammfleisch und Tomaten). Gute Auswahl an Vorspeisen wie Joghurt und Oliven sowie allerlei Eingelegtes. Nach der englischen Karte fragen! ⌚ tgl. 10–22 Uhr.

SONSTIGES

Das dürftig ausgestattete **Nezam Mafi Hospital**, ✆ 064-2524 1663, befindet sich am südöstlichen Stadtrand und sollte nur bei kleineren Verletzungen aufgesucht werden, ansonsten besser nach Ahvaz fahren.

TRANSPORT

Vom kleinen **Busbahnhof** (Terminal-e Otobus-e Shush) am Imam Khomeini Blvd. verkehren Sammeltaxis und Minibusse nach Dezful, Shushtar und Ahvaz für 100 000–230 000 IRR, je nach Strecke. Billiger nach Ahvaz geht es aber mit dem regulären Bus:

AHVAZ (116 km, 1 1/2 Std.), 1x tgl. nachmittags, VIP für 80 000 IRR.

BUSHEHR (566 km, 6 1/2 Std.), 1x tgl. nachmittags, VIP für 400 000 IRR.

ESFAHAN (613 km, 7 1/2 Std.), 2x tgl. morgens und abends, VIP für 580 000 IRR.

SHIRAZ (648 km, 8 1/2 Std.), 1x tgl. abends für 360 000 IRR.

TEHERAN (707 km, 8 Std.), 2x tgl. abends, VIP für 540 000–690 000 IRR.

Haft Tepe

Nur 20 km südlich von Shush auf dem Weg nach Chogha Zanbil und Shushtar befindet sich eine weitere Siedlung aus der elamischen Epoche. Über mehrere Hügel erstreckt sich der

Haft Tepe, „Sieben Hügel" genannt, die Gründung eines elamischen Fürsten aus dem frühen 15. Jh. v. Chr. und ein von Susa unabhängiges Fürstentum. Im Zuge der Ausgrabungen wurden seit 1966 zwei Architekturkomplexe untersucht: ein **Tempelkomplex** mit über 5 m dicken Mauern und zwei Grabkammern sowie eine **Palastanlage** aus gebrannten Lehmziegeln, zu der wahrscheinlich auch zwei zikkuratähnliche Terrassenbauten gehörten. Auf dem Gelände befindet sich auch ein **Museum**, in dem ursprünglich die Funde aus Haft Tepe, speziell aus den Grabkammern, wie Tontafeln, Rollsiegel und Statuetten, ausgestellt wurden. Mit Beginn des Iran-Irak-Kriegs rettete man die Exponate in andere Städte; das Gebäude wurde stark beschädigt. Im Jahr 2006 wurde das Museum wiedereröffnet und widmet sich der Dokumentation der Grabungsarbeiten. 🕒 frei zugänglich.

19 HIGHLIGHT

Chogha Zanbil

Von den Siedlungshügeln von Haft Tepe führt eine Straße durch die Ebene nach Osten, an Zuckerrohr- und Baumwollfeldern entlang zum Ufer des Dez-Flusses. Hier ließ der mittelelamische Herrscher Untash-Napirisha (1275–1240 v. Chr.) eine Stadt bauen und benannte sie gleich nach sich selbst: *Dur Untash*, die Stadt von Untash. Gedacht war sie als Regierungszentrum und Tempelstadt, wurde aber nie vollendet. Vermutlich war Chogha Zanbil nach dem Tod des Herrschers bis etwa 1000 v. Chr. weiterhin religiöses Zentrum der Region, bis zur Zerstörung durch die Assyrer im Jahr 646 v. Chr. aber wahrscheinlich gar nicht mehr besiedelt. Ähnlich wie die Königsstadt Susa wurde Chogha Zanbil zufällig entdeckt, als 1935 in dem Gebiet ein geologischer Erkundungsflug auf der Suche nach Erdöl durchgeführt wurde. Erst 25 Jahre später wurde die Anlage durch ein Team französischer Archäologen unter der Leitung von Roman Girshman, der auch den Ausgrabungen in Susa vorstand, wissenschaftlich erforscht.

Ausgrabungen

Das damals dicht besiedelte Stadtgebiet erstreckte sich über eine Fläche von rund 100 ha und war von einer 4 km langen Stadtmauer umgeben. Die Stadt wurde auf einer Erhebung gebaut, 60 m oberhalb des Flusses Dez. Dies stellte die Bauherren vor ein Problem, denn für die Wasserversorgung konnten sie den nahen Fluss aufgrund des starken Gefälles nicht nutzen. Sehr zum Verdruss des Königs musste ein Kanal aus dem 50 km entfernten Susa gebaut werden, der über Haft Tepe bis nach Chogha Zanbil reichte und die Stadt mit Frischwasser aus dem Karkheh-Fluss versorgte. Das schlammreiche Flusswasser erreichte die Stadt allerdings derart verschmutzt, dass in der Stadt mehrere Sammelbecken für dessen Reinigung gebaut werden mussten, quasi die ältesten Kläranlagen der Welt.

Ein Rundgang durch den heiligen Bezirk der Stadt führt vom Parkplatz direkt zum Stufentempel, am Königstor und dem Tortempel links an der Zikkurat vorbei nach Norden. Hier befinden sich die Überreste der Heiligtümer der Götter Kiririsha, Ishnikarab und Napirisha. Diese Tempel hatten in der Anlage einen besonderen Status, weil sie sich innerhalb des Mauerrings um die Zikkurat befanden. Etwas weiter östlich steht der Tempel der Götter Hishmitik und Ruhuratir. An der Südostecke nahe der Stadtmauer befinden sich weitere Heiligtümer verschiedener elamischer Gottheiten.

Zikkurat

Das Herzstück der Stadt war die Zikkurat, ein Bauwerk, das stets von Königen errichtet wurde. Im alten Mesopotamien machten die Paläste in ihrer Pracht den Tempeln Konkurrenz. Um die Priester gnädig zu stimmen, gingen die Herrscher dazu über, monumentale Tempelbauten zu errichten. Untash-Napirishas Tempel bestand einst aus fünf Ebenen und gehört heute trotz der nur noch drei sichtbaren Stufen zu den besterhaltenen Monumenten dieser Art weltweit. Die Errichtung erfolgte wahrscheinlich in zwei Phasen: Zuerst wurden vier schmale Gebäudetrakte um den quadratischen Hof errichtet. Anschließend baute man die nach oben hin kleiner werdenden Terrassen um einen turmartigen Kern aus luftgetrockneten Lehmziegeln. Dieser künstliche Berg wurde durch eine 2 m dicke Ummantelung aus gebrannten Ziegeln vor Wind und Wetter geschützt. Einst über 52 m hoch, versetzte der Stufentempel, der „bis in den Himmel reichte", Reisende auf der Königsstraße in andächtiges Staunen. Heute ist davon allerdings nur noch ein 25 m hoher Rest übrig.

Auf der obersten Terrasse der Zikkurat balancierten Andachtsstellen für die zwei wichtigsten Gottheiten der Elamer, Inshushinak und Napirisha. Dem Glauben nach sollten die Götter hier aus dem Himmel direkt zur Erde hinabsteigen.

Die vier Ecken des Stufentempels sind exakt in die vier Himmelsrichtungen ausgerichtet. Die Seitenlänge der untersten Stufe maß 105 m, was der elamischen Maßeinheit von 200 Ellen entsprach. In der Fassade der vier Seiten bestand jede elfte Ziegelschicht aus **Ziegeln mit Keilschrift**, die die Weihung des Tempels für den Gott Inshushinak rühmte. Bis heute wurden auf dem Gelände etwa 5000 dieser Keilschrift-Ziegel gefunden, darunter auch wunderschöne farbig glasierte Ziegel.

Auf jeder Seite befanden sich außerdem ein **Treppenaufgang**, der auf die oberen Terrassen führte, und ein runder gemauerter **Altar** für religiöse Feierlichkeiten. An der Südwestseite des Tempels wurde einer dieser Altäre teilweise rekonstruiert. Von hier führte auch der einzige der Treppenaufgänge bis zur obersten Plattform zum Tempel des Inshushniak. An der nordöstlichen Seite befand sich zusätzlich eine Plattform aus gebrannten Ziegeln, die vermutlich für religiöse Rituale verwendet wurde. Ein Highlight und Garant für etwas Gänsehaut ist der über 3200 Jahre alte **Fußabdruck** eines elamischen Kindes an der Nordwestseite des Tempels.

Wer mag, kann sich am Ende des Rundgangs in einer der drei traditionellen Schilfhütten *(mozif)* westlich vom Kassenhäuschen ausruhen.

🕒 tgl 7.30–18, im Winter bis 17 Uhr, bei Regen wegen Schlamm geschlossen, 200 000 IRR.

ÜBERNACHTUNG UND ESSEN

Ecolodge Abu Ali, im Dorf Khamat, 2 km vor dem Eingangstor von Chogha Zanbil, mit den großen gelben Plakaten vor dem Haus nicht zu übersehen, ☏ 0916-345 0387 (kein Englisch), homestayabooali. Beim freudig strahlenden Abu Ali und seiner herzlichen Familie ist bis jetzt fast jeder hängengeblieben. Als einziges Restaurant im Umkreis von 30 km kehren hier ausländische wie iranische Touristen vor und nach dem Besuch der Zikkurat auf saftiges Kebab, frische Datteln und Tee ein. Speisen 150 000–300 000 IRR.
Seit ein paar Jahren vermietet die Familie auch das komplette obere Stockwerk ihres Bauernhauses. Hier stehen drei separate Zimmer und der riesige, mit Teppichen ausgelegte Hauptraum, in dem schon ganze Busladungen übernachtet haben, zur Auswahl. Ausreichend Decken, Matratzen und Kissen sind vorhanden, nur in den Wintermonaten wird es etwas frisch, da eine Heizung fehlt. Die WCs und Duschen befinden sich im Hof. Mahlzeiten kosten extra. ❶

Shushtar

Wer durch die Ebene von Shush nach Osten fährt, vorbei an endlosen Zuckerrohrfeldern und Schafherden, gelangt nach 80 km in die historische Stadt Shushtar. Der Ort war bereits zu Beginn der elamischen Zeit um 2500 v. Chr. besiedelt. Die Elamer nannten ihn Adamdun, unter den Achämeniden war er als Shurkutir bekannt und befand sich an der **Persischen Königsstraße**, die Susa mit Persepolis verband. Alexander der Große überquerte hier 331 den mächtigen Karun-Fluss mit seinen Truppen. Unter den Sassaniden wurde Shushtar zur Sommerresidenz der persischen Herrscher und zur „Inselstadt" – unzählige Dämme und Kanäle führten um die auf einem Felsen gelegene Stadt herum und versorgten die Bewohner über unterirdische Kanalsysteme, die sogenannten Qanate, mit Wasser. Dieses komplexe **Bewässerungssystem** diente nicht nur der Landwirtschaft, sondern speiste auch die **Wassermühlen** der Stadt. Die meisten der heute noch gut sichtbaren Mühlen aus dem 8. bis 10. Jh. dienten dem Mahlen von Getreide und Zuckerrohr. In den 1970er-Jahren wurden sie sogar teilweise zur Elektrizitätsgewinnung umgerüstet. Seit 2009 ist das Bewässerungssystem mit sei-

Shuhstars historisches Bewässerungssystem

nen Wassermühlen Unesco-Weltkulturerbe und für Reisende der Hauptgrund, die kleine Stadt am Karun zu besuchen. Mit seinen reizvollen verwinkelten Gassen, hohen Lehmziegelmauern und Bögen lädt Shushtar auch darüber hinaus zur Erkundung ein.

Historisches Bewässerungssystem

Das komplexe Bewässerungssystem hat seine Wurzeln bereits in der Zeit der Achämeniden im 5. Jh. v. Chr. und wurde unter den Sassaniden stark ausgebaut. Es diente neben der Bewässerung der Felder und dem Betrieb der Wassermühlen auch der Wasserversorgung der Bewohner und zur Kühlung der Gebäude. Auf einer Fläche von fast 5 ha greift ein hochkomplexes Geflecht von unter- und oberirdischen Kanälen, Tunneln, Reservoirs und Staudämmen wie ein Uhrwerk zusammen und leitet die Wassermengen aus dem Karun in die Kanäle und zu den Wassermühlen der Stadt. Zum Unesco-Weltkulturerbe zählen auch der Mizan-Damm und der Beobachtungsturm Kolah Farangi, die die Wassermenge aus dem Karun steuerten, sowie der Gargar-Damm und der dazugehörige Gargar-Kanal nördlich davon, welche die Wassermengen für die Mühlen regulierten. Von der Festung Salasel aus wurde das komplexe System gesteuert.

Weitere Dämme und Kanäle befinden sich im Süden und Westen der Stadt. Im Gegensatz zu vergleichbaren historischen Bewässerungssystemen in China oder in der Felsenstadt Petra in Jordanien ist das System in Shushtar auch nach 2000 Jahren noch weitgehend intakt und funktionstüchtig.

Wassermühlen (Asiab-e Shushtar)

Wer die Shariati St. vom 17 Shahrivar Sq. nach Osten entlangspaziert, vernimmt schon von Weitem ein konstantes Rauschen. Beim **Band-e Gargar**, dem 80 m breiten und 12 m hohen Damm, der als Brücke den Westen Shushtars mit dem Osten verbindet, formen Klippen ein felsiges Becken, in das künstliche Wasserfälle fließen, die einst die Mahlsteine der über 40 **Wassermühlen** antrieben. Der Höhenunterschied von 10 m zwischen dem Karun und dem Stadtgebiet war für die Bewohner einst ein Argument, das natürliche Gefälle zur Betreibung von Wassermühlen zu nutzen. ⌚ tgl. 7.30–18.30 Uhr, 200 000 IRR.

DER SÜDEN

Den besten Blick auf die Wassermühlen hat man übrigens vom Khaneh-ye Marashi (s. u.) oberhalb des Beckens, zu erreichen über die Seitengassen auf der Westseite des Kanals.

Band-e Mizan

Der Mizan-Damm im Norden der Stadt spaltet den Karun in zwei Flussarme und regulierte die Wassermengen für die Mühlen. Die Konstruktion mit 390 m Länge und über 4 m Höhe wurde direkt auf felsigem Untergrund errichtet und leitet auch heute noch Wasser durch neun Öffnungen in den **Gargar-Kanal** und zum 800 m weiter südlich gelegenen **Band-e Gargar** bei den Wassermühlen in die Stadt. Der Gargar-Kanal gehört zu den längsten in Iran und mündet 100 km weiter südlich wieder in den Karun-Fluss.

Nahe dem westlichen Teil des Mizan-Damms sind die Reste des **Borj-e Kolah Farangi** zu sehen. Dieser Turm diente der Bestimmung des Wasserstandes und war wichtig für das reibungslose Funktionieren des Bewässerungssystems.

Aramgah-e Haj Sheikh Shushtari

Überquert man den Mizan-Damm nach Osten, gelangt man zum **Grabmal von Haj Sheikh Shushtari**, das sich majestätisch über den Karun erhebt. Das Grabmal wurde während der Radschar-Ära aufwendig restauriert und beherbergt das Grab eines Geistlichen und Gelehrten, der bereits im Alter von sieben Jahren nach Shushtar kam und hier einige religiöse Werke publizierte. ⌚ frei zugänglich.

Khaneh-ye Marashi

Das Anwesen der Familie Marashi wurde ebenfalls in der Qadjaren-Ära erbaut und während der Pahlavis erweitert. Von der Terrasse des Wohnhauses hat man einen guten Blick auf die Wassermühlen und den nördlichen Teil der Stadt. ⌚ Sa–Mi 8–14 Uhr, Eintritt frei.

Polband-e Shadorvan

Die auch als Pol-e Qaysar, **Kaiserbrücke** oder Kaiserdamm, bekannte Brücke sassanidischen Ursprungs verdankt ihren Namen dem römischen Kaiser Valerian. Sie wurde im 3. Jh. von römischen Kriegsgefangenen errichtet und gilt damit als die östlichste römische Brücke. Nach der Schlacht von Edessa in der heutigen Türkei im Jahr 260 und der Niederlage der Legionen Valerians verschleppte der siegreiche sassanidische König Shapur I. mehr als 70 000 Kriegsgefangene nach Persien. Hier nutzte er das Talent der römischen Ingenieure, um an vielen Orten seines Reiches Brücken und Bewässerungssysteme zu errichten, z. B. auch in Dezful. Die Brücke war einst 540 m lang und zwischen 10 und 15 m breit. Jahrhundertelang bot sie die einzige Möglichkeit, den Fluss zu überqueren. Heute stehen nur noch Brückenteile am Ufer. Das Wasser des Karun strömte durch 44 Bögen und ebenso viele kleinere Öffnungen um die Stadt herum nach Westen.

Khaneh-ye Mostofi

Das Mostofi-Haus im Norden der Stadt in der Nähe der Kaiserbrücke gehörte einst einer reichen Kaufmannsfamilie. Zum Komplex gehörten ursprünglich auch eine Brücke, eine kleine Moschee und ein hauseigenes Bad sowie ein Entwässerungssystem im Keller. Heute findet man hier ein traditionelles Restaurant (S. 511) und einen Handwerksmarkt. Links vom Eingang geht es in den Keller, in dem das **Museum Salman** mit seiner kleinen antiquarischen Sammlung untergebracht ist. ⌚ tgl. 11–22.30 Uhr, Eintritt frei.

Qaleh-ye Salasel

Die **Festung** befindet sich im Nordwesten auf dem höchsten Punkt der Stadt. Sie wurde auf felsigem Untergrund im ehemaligen Flussbett gebaut, das sich mittlerweile kliffartig über den Strom erhebt. Bis in die Ära der Qadjaren war sie neben dem Sitz des Gouverneurs und dem Stützpunkt des Militärs auch die Zentrale für die Überwachung und Steuerung des komplexen Bewässerungssystems.

Zur Festung gehörten eine Vielzahl an Baracken, Höfe, Gärten, Pferdeställe, öffentliche Bäder und das Zeughaus. Im östlichen Teil, ganz oben bei den Überresten des Gouverneurspalasts, hört man abends die Schwalben und sieht zwischen den Ruinen Einheimische bei Tee und Wasserpfeife mit Blick über den Karun den Tag ausklingen lassen. Unter der Festung haben die Römer ein komplexes Ventilationssystem angelegt, das die ganze Burg kühlte. Hier strömte das Wasser einst durch den Dariun-Kanal unter der Festung hindurch und speiste ein Reservoir für die Wasserversorgung der Burgbewohner.

⌚ frei zugänglich, der Zugang zum unterirdischen Kanal befindet sich im Norden der Festung am Ende einer Treppe.

Karawanserei Afzal

Die Karawanserei gehörte einst der Afzal-Familie und wurde während der Herrschaft der Qadjaren gebaut. Um den großen Innenhof in der Mitte reihen sich 26 Räume und Schlafplätze. Heute kann man das geschäftige Treiben von damals erahnen, in den Seitengängen verkaufen nämlich kleine bunte Läden Handwerkskunst und Souvenirs, und im Innenhof sitzen Familien und Pärchen, essen Suppe und trinken Tee. Unbedingt auch in den Keller schauen! Hier gibt es weitere Geschäfte und einen öffentlichen Proberaum für traditionelle Musik. Tipp für ein Erinnerungsfoto: Das Geschäft an der Südostecke des Hofes hat einen großen Fundus an prächtigen selbst geschneiderten Kleidern, Kostümen und Kopfbedeckungen aus der Qadjaren-Ära. Neu eingekleidet, kann man sich gleich im Raum nebenan im Stile einer persischen Prinzessin und ihres Verehrers fotografieren lassen, 250 000 IRR pro Abzug/Pose. 🕒 Sa–Do 9–13 und 16–20, Café bis 22 Uhr, Eintritt frei.

Bagh-e Khan

Das Bewässerungssystem der Stadt diente nicht nur der Versorgung der Wassermühlen und der Bewässerung der umliegenden Landwirtschaft, sondern ermöglichte während der Qadjaren-Dynastie auch die Anlage prächtiger **Gärten**. Diese reihten sich entlang des Gargar-Kanals, verfügten über ein Badehaus, eine Moschee und eine kleine Schule und gehörten zum größten Teil zum Anwesen der Marashi-Familie. Von den einst prächtigen Gärten sind mittlerweile nur noch die Ruinen des Hamams übrig. Der mit Palmen und Pflanzen dicht bewachsene und mittlerweile verwilderte Garten zeugt vom Wasserreichtum der Stadt.

Imamzadeh-ye Abdollah

Im Südwesten der Stadt steht ein fast 700 Jahre alter Schrein mit markantem Dach in Form eines Zuckerhuts. Hier sind Imam Abdollah und seine Mutter begraben. Die Abstammung der Familie lässt sich bis zu Imam Sajad, dem vierten Imam im Schia-Islam, zurückverfolgen. Vor dem Eingang befindet sich ein Brunnen mit Goldfischen. Ein Blick ins Innere des Mausoleums lohnt wegen des prächtigen Deckengemäldes und der Stuckarbeiten an den Wänden.

Pol-e Lashkar

Nicht weit vom Schrein überspannt die 100 m lange **Lashkar-Brücke** einen der Hauptkanäle. Hier befand sich einst eines der Stadttore Shushtars, denn die Brücke stellte eine wichtige Verbindung zu den Städten und Dörfern im Westen dar.

Masjed-e Jameh

Die Freitagsmoschee gehört zu den ältesten und wichtigsten des Landes. Um 866 wurde unter dem abbasidischen Kalifen al-Mutaz Bilah mit ihrem Bau begonnen, ihre Vollendung sollte aber fast 200 Jahre dauern. Zwischen dem 13. und 18. Jh. wurden viele Reparaturarbeiten und Erweiterungen durchgeführt. Die Gebetshalle wurde nach arabischem Vorbild konzipiert. In ihr stehen heute fünf Reihen mit je zwölf achteckigen Steinsäulen. Außerhalb des Vorhofes steht ein Minarett mit Ziegelornamenten und türkisfarben glasierten Ziegeln aus dem Jahr 1420.

ÜBERNACHTUNG

In Shushtar gibt es nur wenige Hotels, diese sind dafür meist in historischen Häusern untergebracht und verströmen ein entspanntes Flair. Das Tourist Hotel ist wie überall im Land eine gute Wahl.

Afzal Traditional House, Seitengasse der Sangfarsh St., parallel zur Imam Khomeini St., 📞 061-3621 0908, 💻 www.afzalhouse.ir. Durch eine kleine Unterführung in der Altstadt in der Nähe des Bazars geht es rechts ins Afzal, links ins Tabib (s. u.). Gemütliches traditionelles Hotel in einem ehemaligen Kaufmannshaus mit Innenhof und Takhten, verwinkelte Gänge führen zu den Zimmern für bis zu 5 Personen, Betten mit weicher Matratze, Du/WC. Jedes Zimmer hat einen eigenen Namen, der etwas über die Kultur Khuzestans verrät. Im Keller befinden sich weitere Zimmer, die aber über keine Fenster verfügen, dafür aber im Sommer auch ohne Klimaanlage angenehm kühl sind. Frühstück mit Auswahl an selbst gemachten Marmeladen, auf Wunsch auch *ash* (Suppe). ❷

Shushtar Hotel/Sarabi Traditional House, Abdullah Banu St., leicht zu finden, denn der Zugang ist mit großen Postern ausgewiesen, 📞 061-3622 7474 und 0916-613 3212, 💻 www.shushtar-hotel.com. Das über 200 Jahre alte Anwesen stammt noch aus der Qadjaren-Ära und wurde 2013 umfangreich restauriert und umgebaut. Heute verfügt es über 15 traditionelle Zimmer für 2–4 Personen rund um einen großen Innenhof. In bester Lage für die Erkundung der Stadt – zu den Wassermühlen und zum Bazar sind es nur wenige Gehminuten. Freies WLAN und Wäscheservice, Geldwechsel für Hotelgäste. Das englischsprachige Personal hilft auch bei der Buchung von Bus-

und Flugtickets und vermittelt Guides für Shushtar und Umgebung. ❸

Tabib Traditional House, Seitengasse parallel zur Imam Khomeini St., ✆ 061-3622 2291, 💻 www.tabibhouse.com. Das historische Haus teilt sich die Gasse mit dem Hotel Afzal und liegt genau gegenüber. Gleicht dem Afzal fast aufs Haar, ebenfalls ein Qadjaren-Anwesen mit gemütlichem Innenhof und traditionellen Zimmern. Abends wird es bei bunter Beleuchtung richtig gemütlich. Frühstück inkl. ❸

Tourist Hotel Shushtar, Sherafat Blvd. nur 300 m vom Mizan-Damm entfernt, ✆ 061-3622 1690, 💻 www.ittic.ir. Moderne Alternative zu den traditionellen Hotels, gewohnt gute und günstige Mittelklassequalität der staatlichen Kette. ❷

ESSEN

Baq Sha Restaurant, etwa 250 m westlich der Lashkar-Brücke neben der Tankstelle, nahe dem Alameh Sheikh Shushtari Blvd., ✆ 061-3621 8585. Modernes Lokal mit riesigem Garten mit Takhten und Palmen. Auswahl an Kebabs, Fisch oder Shrimps, Gerichte ab 165 000 IRR, auch Platten mit verschiedenen Kebabs für 2–4 Personen. Karte auf Englisch. Im Anschluss gibt's eine Wasserpfeife. Der Besitzer betreibt außerdem ein Fast-Food-Lokal in der Stadt. 🕒 12–24 Uhr.

€ **Haj Mehdi**, Sangfarsh St., Suppenküche 50 m südlich der Karawanserei. Liebhaber von Suppen wie *ash* und *halim* oder der Shushtari-Spezialität *gholghol* (dicke Suppe aus Bohnen, Kichererbsen, Linsen, Reis und Weizen, gewürzt mit Kurkuma, Schwarzem Pfeffer und getrockneter Limette) werden bei Haj Mehdi fündig. Schon um 4 Uhr früh dampfen die riesigen Suppentöpfe; Familien und Arbeiter holen sich das deftige und reichhaltige Frühstück kübelweise ab. Probieren erlaubt! 🕒 tgl. 4–12 und 16–22 Uhr.

Khaneh-ye Moghadam Café, Seitengasse der Abdullah Banu St., nahe dem Shushtar Hotel, ✆ 061-3622 9120. Hier fühlt man sich wie in einer Oase. Das alte Haus wurde wieder zum Leben erweckt und geschmackvoll mit viel Liebe zum Detail eingerichtet. Hier sitzt man entweder im Innenhof beim plätschernden Brunnen, in einem der verwinkelten Räume im ersten Stock oder unter einem Schilfdach auf einer der zwei Terrassen. Im Keller ist eine Galerie untergebracht. 🕒 tgl. 10–22 Uhr.

Lashkar Traditional Restaurant, Alameh Sheikh Shushtari Blvd., direkt unterhalb der Lashkar-Brücke, ✆ 061-3622 5264 und 0939-322 5236, Instagram: lashkar.restaurant. Das romantische Lokal zu beiden Seiten des Kanals, durch eine kleine Brücke verbunden, ist der perfekte Ort, um nach der Hitze des Tages den Abend in Shushtar ausklingen zu lassen. Hier sitzt man auf überdachten Takhten direkt neben, teilweise sogar im Wasser – besonders abends, wenn Lampen und Lichterketten leuchten, ein toller Anblick. Riesige Auswahl an Gerichten. 🕒 tgl. 11–23 Uhr.

Mostofi Restaurant & Museum, Bateni Sq., neben der Kaiserbrücke, ✆ 061-3621 0909 und 0916-307 2799, 💻 www.itsh.ir, Instagram: mostofi_restaurant. Im großen schattigen Innenhof sitzt man auf Takhten, wahlweise auch auf der großen Terrasse mit Blick auf den Fluss. Kebabs und eine große Auswahl an lokalen Spezialitäten wie *ghorme sabzi shushtari* (scharfer Kräutereintopf mit Fleisch), Seafood, Shrimps, Fisch, *ghoresh-e alu* (Fleischeintopf mit Sauerkirschen) und *nan-e charp* (frisches Brot mit einem Eintopf aus Fleisch, Kichererbsen, Mandeln, Rosinen und Kirschen). Neben dem Anwesen gibt es zudem einen kleinen Bazar mit Souvenirs und Handwerk und im Restaurant einen Shop von **ArtOfDey**, der mit farbenfrohen Mustern und Ornamenten bedruckte Taschen, Tücher, Polster und Bezüge verkauft, ✆ 0916-613 4689, Instagram: artofdey. Jedes Jahr im Januar findet hier auch das Dream Island Festival statt, mit Handwerkskunst, Kulturprogramm und lokalen Spezialitäten, Details auf Instagram. 🕒 tgl. 11–22.30 Uhr.

Museum Tarmeh Café, Ostseite der Afzal-Karawanserei, ✆ 061-3621 5503 und 091-6923 6062, Instagram: cafe_tarmeh. Der Name ist Programm: Im gemütlichen Café ist eine komplette antiquarische Sammlung untergebracht, mit Schaukästen, Teppichen und alten Möbeln. Besonders bei jüngeren Shushtaris beliebt. Aufgrund der längeren Öffnungszeiten kann man hier nach der Souvenirjagd in der Karawanserei wunderbar ausspannen. Große Auswahl an Kaffee-

DER SÜDEN

spezialitäten, verschiedene Tees und Getränke, üppige Eisbecher. ⌚ tgl. 9–13 und 16–22 Uhr.
Pardis Salman Restaurant, Alameh Sheikh Shushtari Blvd., 200 m nördlich der Lashkar-Brücke, ✆ 061-3622 0807 oder 0916-609 3176, Pardis.Salman. Großes Gartenlokal mit einer Auswahl an warmen Speisen und Wasserpfeifen. Hier kann man draußen und drinnen klimatisiert sitzen. ⌚ tgl. 8–24 Uhr.

TOUREN

Bootstouren

Wer die Stadt gesehen hat, erkundet sie am besten nochmal vom Karun-Fluss aus. Die Touren im Motorboot führen flussabwärts zur **Kaiserbrücke** und flussaufwärts am **Grabmal von Haj Sheikh Shushtari** vorbei zu den umliegenden Dörfern. Das Highlight sind hier die **Wasserbüffelherden**, die im schultertiefen Wasser der Hitze entgehen. Für 30 Min. sollte man etwa 600 000–1 Mio. IRR (Nowruz-Ferien bis zu 1,5 Mio. IRR) einplanen.

Guides

Nima, ✆ 0916-616 3056, organisiert in Shushtar je nach Saison abwechslungsreiche Touren, etwa Verköstigungen von *torshi* (sauer eingelegtes Gemüse) auf dem Bazar, Bootstouren auf dem Karun, Touren zu den Bakhtiaren, Hiking-Trips in die Umgebung und vieles mehr. Kurzfristig ist er am besten über WhatsApp zu erreichen.
Reza Vaez, ✆ 0916-092 6066, r.v.z.34, hat 13 Jahre in Deutschland gelebt, spricht fließend Deutsch und kennt in seiner Heimatstadt jeden versteckten Winkel. Am besten über WhatsApp kontaktieren.

SONSTIGES

Apotheken

Kleine Apotheken, die das Nötigste verkaufen, findet man entlang der Taleghani St. zwischen dem Bazar und dem 17 Sharivar Sq. im Norden.

Einkaufen

ArtOfDey, im Restaurant Khaneh-ye Mostofi, s. S. 511. ⌚ tgl. 11–22.30 Uhr.
Bazar-e Ruz, auf dem örtlichen Bazar gibt es einen Bereich mit gut sortierten Torshi-Geschäften. Wer auf Eingelegtes steht, sollte sich hier unbedingt einmal durchprobieren, einige Sorten sind sogar nur in Khuzestan zu finden. ⌚ Sa–Do 9–13 und 16–20 Uhr.
Für Souvenirs und Handwerkskunst lohnt der Besuch der **Afzal-Karawanserei**, s. S. 509.
⌚ Sa–Do 9–13 und 16–20 Uhr.

Geld

Geld wechselt man am besten in einem der **Hotels** in der Innenstadt.

Medizinische Hilfe

In Neu-Shushtar versorgt das **Khatam-ol Anbia Hospital**, ✆ 061-3623 3890, kleinere Blessuren, bei ernsthaften Verletzungen sollte man aber besser weiter nach Ahvaz (116 km, 1 1/2 Std.) fahren.

Post

Die Hauptpost befindet sich zwischen Shahid Sq. und Ghadir Sq. direkt gegenüber dem Emamzadeh Abdullah. Wer auf Nummer sicher gehen will, wirft seine Post lieber in Ahvaz oder besser noch in Teheran ein. ⌚ Sa–Do 7–14 Uhr.

TRANSPORT

Busse und Sammeltaxis

Vom Terminal starten Busse, Minibusse und Sammeltaxis in die Region. Mit Bussen bestehen Verbindungen nach:
BUSHEHR (550 km, 6 1/2 Std.), 1x tgl. abends, VIP für 450 000 IRR.
ESFAHAN (517 km, 7 1/2 Std.), 4x tgl. morgens und abends, VIP für 650 000 IRR.
SHIRAZ (571 km, 7 3/4 Std.), 2x tgl. nachmittags für 360 000 IRR.
TEHERAN (735 km, 8 Std.), 5–6x tgl. nachmittags bis abends für 460 000 IRR, VIP für 700 000 IRR.
Sammeltaxis nach DEZFUL (1 Std.) starten vor dem Terminal für 100 000 IRR, ebenso Taxis nach SHUSH. Letztere kosten 600 000 IRR direkt (1 1/4 Std.) oder 1 Mio. IRR mit Zwischenstopp in Chogha Zanbil und Haft Tepe (2 Std.).

Eisenbahn

Erst 2013 wurde Shushtar über eine knapp 60 km lange Trasse bei Haft Tepe an das iranische Eisenbahnnetz angeschlossen. Über den kleinen **Bahnhof** südlich von Neu-Shushtar gelangen noch nicht viele Reisende in die Stadt, die Anreise mit dem Bus ist nach wie vor üblich.

Izeh und Umgebung

Von Shushtar geht es über die zerklüftete Ebene nach Osten. Das Umland wird felsiger, Felder weichen Hügeln. 15 km vor Masjed-e Soleiman schlängelt sich die Straße in ein Flusstal hinein. Von hier zweigt eine Landstraße nach Süden ab und führt über die Dörfer Ghalin und Naft Sefid zur Kreuzung mit der Straße 72 bei der Kleinstadt Baghmalek und schließlich in die kleine Stadt Izeh. Unter dem Namen Aypir war sie zu elamischer Zeit (7. Jh. v. Chr.) Teil des Reiches von König Hanni. Davon zeugen heute noch einige Felsreliefs, die in den Tälern und Schluchten zu finden sind. Die bekanntesten sind jene bei Kul-e Farah, nur wenige Kilometer östlich von Izeh. Heute wird Izeh mit seinen über 110 000 Einwohnern hauptsächlich von Bakhtiaren bewohnt und ist auf Landwirtschaft und, aufgrund einiger Mineralminen, auf Bergbau ausgerichtet.

Kul-e Farah

Nur 8 km nordöstlich von Izeh wurden in einer Schlucht nahe dem Dorf Kul-e Farah verschiedene Reliefs in die Felswand und in große, frei stehende Felsen geschlagen. Kul-e Farah war möglicherweise ein offenes Heiligtum, in dem rauschende Feste mit Tieropfern und Musikern zu Ehren der Götter und zum Jahreswechsel abgehalten wurden. Alle Felsreliefs stammen aus neuelamischer Zeit (6.–7. Jh. v. Chr.) und zeigen vermutlich Könige und Hohepriester mit ihren Ministern, Würdenträgern und Angehörigen des Hofes während einer Opferszene. Eine Inschrift erwähnt König Hanni, einen regionalen Herrscher und Sohn von Tahhi, der im 7. Jh. v. Chr. über den Staat Aypir regierte.

Ein kleiner Pfad führt vom Parkplatz nach links zur Felswand und zum ersten Relief. Es zeigt König Hanni, seinen Kriegsminister und seinen Wesir links dahinter während einer Opferzeremonie, umringt von drei Harfenspielern und Opfertieren neben einem Feueraltar. Auf der rechten Seite der Schlucht befinden sich ein großer, frei stehender Felsen und ein würfelförmiger Felsblock, der auf allen vier Seiten Reliefdekorationen trägt. Auch hier ist ein Herrscher beim Gebet vor Opfertieren zu sehen. Entlang der südlichen Felswand Richtung Eingang der Schlucht finden sich weitere Reliefs, eines davon aufgeteilt in fünf Bildstreifen mit einem Herrscher, Priestern und Würdenträgern über Figurengruppen, anbetend und mit erhobenen Armen. Leider hat man erst 2018 damit begonnen, die Felsreliefs vor der Witterung zu schützen. Regen und Wind haben einigen Darstellungen bereits schwer zugesetzt.

Mitten im Dorf Kul-e Farah steht übrigens ein weiterer Felsen mit einem Reliefbild auf einer Seite.

Anfahrt über die Straße 72 aus Izeh Richtung Berge nach Osten, nach einigen Kilometern weisen beim Dorf Kul-e Farah zwei braune Schilder nach links zum Museum Kul-e Farah mit seinen Felsreliefs. 🕒 frei zugänglich.

Sadd-e Karun

Folgt man der Straße 72 von Izeh weiter nach Osten über Serpentinen hinauf in die Berge, gelangt man zur **Karun-3-Talsperre**. Der 2004 errichtete Damm staut hier das Wasser des Karun auf einer Länge von 60 km und treibt ein Kraftwerk mit einer Leistung von 2000 MW an. Umgesiedelte Einheimische, deren Heimatdörfer seit mehr als 13 Jahren unter Wasser stehen, sind hier auf kleine Fähren angewiesen, weil seit der Flutung keine Straßen und auch keine Brücken gebaut wurden. Die südliche Seite des Stausees ist im Sommer, wenn die Temperaturen tagsüber angenehm und die Nächte frisch sind, ein beliebtes Ausflugsziel. Auf der anderen Seite stehen große Villen, die für 3 Mio. IRR vermietet werden. In der Umgebung lässt sich auch gut campen.

Mohsen, der Hafenwächter beim Fähranleger, vermittelt bei Bedarf Unterkünfte, bietet Trips mit seinem Boot an und hilft bei der Überfahrt mit der Fähre (kein Englisch).

© TOBIAS DANZ

Tashkuh – der Feuerberg und seine ewigen Flammen

DER SÜDEN

Feuerberg Tashkuh

Ein besonders beeindruckendes Naturschauspiel ist beim Feuerberg Tashkuh zu erleben, 132 km östlich von Ahvaz und 90 km südlich von Izeh. Seit Jahrtausenden strömen nahe dem Dorf **Abloghmak** Schwefelgase aus dem porösen Gestein an einem Bachlauf und brennen in unzähligen blauen und gelben Flammen entlang der Hangseite. Der Schwefelgeruch ist zwar sehr beißend, aber der Anblick in der Dunkelheit ist die Qualen allemal wert. Es soll Einheimische geben, die das ewige Feuer nutzen, um sich unterwegs schnell ein Spiegelei zu braten. Vermutlich waren es Naturphänomene wie dieses, welche vor Tausenden von Jahren dazu beitrugen, dass Zoroastrier das Feuer anbeteten.

Anfahrt von Izeh aus über Baghmalek und weiter auf der Straße 72. Etwa 21 km hinter Baghmalek biegt man nach links über die Brücke nach Dalan ab und folgt der Landstraße bis Abloghmak.

Alternativ erreicht man Tashkuh auch von Ahvaz über den Ort Ramhormoz, hier zweigt die Straße 72 nach Norden Richtung Rudzard ab. Kurz vor Rudzard biegt man rechts in die Ramhormoz-Abolfares Rd. und folgt der Landstraße über die Dörfer Khadije und Gonbade Loran bis nach Abloghmak. Der Feuerberg befindet sich nur 200 m weiter auf der linken Seite neben einem Bachlauf.

ÜBERNACHTUNG UND ESSEN

Wer in **Izeh** übernachten möchte, findet entlang der Imam Khomeini St. einige einfache Gästehäuser und zahlreiche Restaurants. Am besten schläft man aber im Dorf Takab im Bauernhof Elima, nur 8 km außerhalb der Stadt:

Ecolodge Elima, Anfahrt über die Hauptstraße des Dorfes Takab, 8 km südöstlich von Izeh, und dann nach rechts, nach etwa 200 m sieht man das große Schild aus Holz über dem Tor. Der Bauernhof könnte auch aus einem historischen Heimatfilm stammen. Somit verwundert es nicht, dass sich hier frisch vermählte Paare in Bakhtiaren-Tracht vor den lehmverputzten Häusern fotografieren lassen und romantische Szenen nachstellen. Vermietet werden 6 Zimmer in kleinen traditionellen, bunt dekorierten Bauernhäusern. Großer Garten, eine überdachte Veranda und sehr saubere Toiletten und Duschen. Das Frühstück ist fabelhaft: Eier, frischer Käse und Joghurt, Brot und verschiedene Marmeladen, fast alles wird selbst hergestellt. Dazu gibt es Bauernhofatmosphäre komplett mit Hund, Katzen, Hühnern, Gänsen und Pferd. 650 000 IRR p. P. mit Frühstück, 800 000 IRR mit einer weiteren Mahlzeit, während Nowruz 1–1,2 Mio. IRR.

Ahvaz

Ahvaz hat den Charme einer Millionen-Metropole, die in zu kurzer Zeit zu stark gewachsen ist. Die Anzahl der Sehenswürdigkeiten ist daher überschaubar. Auch die direkte Umgebung mit ihren Industriestandorten und Dutzenden Ölfördertürmen mit ihren meterhohen Fackeln ist wenig reizvoll. Durch die zentrale Lage im Herzen der Provinz ist die Stadt aber der perfekte Ausgangspunkt für Tagestrips in alle vier Himmelsrichtungen und gut per Bahn, Bus oder Flug zu erreichen. Auf den gut ausgebauten Highways und Landstraßen gelangt man von hier in nur ein bis zwei Stunden nach Shushtar, Shush und Dezful im Norden sowie Abadan und Khorramshahr im Süden. Auch nach Izeh im Osten braucht man nicht länger als drei Stunden.

Geschichte

In präislamischer Zeit war Ahvaz eine blühende Handelsstadt. Hier führte die Königsstraße von Susa nach Persepolis vorbei und brachte regen Handel. Unter den **Sassaniden** wurden ein Bewässerungssystem und mehrere Staudämme gebaut und Ahvaz ersetzte Susa als Provinzhauptstadt. Die Stadt bestand aus zwei Teilen, einen für Adelige und die Verwaltung, einen für Kaufleute und Handwerker. Als die **Araber** im Jahr 640 die Stadt einnahmen, brannten sie den noblen Stadtteil nieder, ließen aber den Teil der Händler bestehen. Aus dieser Zeit stammt auch der heutige Stadtname, arabisch *Suq al-Ahwaz*, „Markt der Khuzi". Für Handelszentren in Fars und Esfahan war die Stadt das Tor nach Westen; ihre Waren und Güter wurden über Ahvaz zur Küste und bis nach Basra in Irak transportiert.

Mit dem Ende der Kalifate begann der Verfall der Stadt. Im 13. und 14. Jh. brandschatzten und verwüsteten die **Mongolen** die Stadt und zerstörten den Staudamm. Unter den **Safawiden** (1501–1722) kam der Handel fast vollständig zum Erliegen und Ahvaz schrumpfte auf die Größe eines Dorfes. Erst während der Herrschaft der **Qadjaren** (1779–1925) gewann Ahvaz als Handelsstadt erneut an Bedeutung, bedingt durch die Öffnung des Karuns für den Schifffahrtsverkehr und den Bau einer neuen Bahnstrecke über den Fluss.

Spätestens die **Ölfunde** im frühen 20. Jh. verschafften der Stadt und der gesamten Provinz neuen Reichtum. Auch der Anschluss an das Netz der **Transiranischen Eisenbahn** führte ab 1929 zum Anstieg der Bevölkerung. Zählte Ahvaz Anfang des 20. Jhs. gerade einmal 2000 Einwohner, waren es 1948 bereits 100 000, und bis 2016 wuchs die Stadt auf 1,3 Mio. Menschen an.

Karawanserei Moein al-Tojar

Als eines der wenigen historischen Gebäude von Ahvaz stammt diese zweigeschossige Karawanserei aus der Zeit der Qadjaren und wurde während der Herrschaft von Schah Naser ad-Din (1848–1896) von Bushehr Haj Mohammad Taghi Moin al-Tojar gebaut, einem reichen Kaufmann aus Shushtar. Als der Schah auch ausländischen Schiffen erlaubte, den Karun flussaufwärts zu befahren, entschloss sich al-Tojar, am Ufer des Flusses eine Karawanserei zu bauen. Hier konnten Waren direkt von den Schiffen umgeladen werden. Die Lage war strategisch gut gewählt – nahe dem Hafen und dem Bazar. Die Karawanserei gehörte damit wohl zu den wenigen Herbergen, in denen regelmäßig Seeleute abstiegen. ⌚ tgl. 9–17 Uhr, Eintritt frei.

Khaneh-ye Mapar

Das einzige Anwesen der Stadt, das die Bezeichnung „historisch" verdient, daher wundert es nicht, dass Pärchen sich hier im romantischen Ambiente fotografieren. Der schattige Innenhof ist eine Oase der Ruhe mit kleinem Brunnen und Taubengurren aus den Mauerritzen. Das Gebäude verfügt auch über eine Töpferwerkstatt mit Geschäft. Im Keller befindet sich ein kleines Restaurant und Café (s. Essen), liebevoll eingerichtet und gleichzeitig als Galerie genutzt. Die Werke sind auch käuflich zu erwerben. mapar_house, tgl. 8.30–24 Uhr, Eintritt frei.

ÜBERNACHTUNG

Iran Hotel, Shariati St., 061-3221 7200-6, www.iranhotelahvaz.com. Im Zuge der Renovierung hat man versucht, dem alten Hotel einen modernen Touch zu geben, zumindest wirken die geräumigen Zimmer mit verschiedenfarbigen Tapeten und LED-Elementen sehr einladend. ❷

Karoon Hotel, Shariati St., Ecke Shahid Keivan St., 061-3221 9341. Einfach und zweckmäßig, dafür sauber. Zimmer mit dünnen Fenstern und daher recht laut. Für den günstigen Preis und die Lage aber in Ordnung. ❷

Moein Garden Hotel, Nezam Vafa St., 061-3223 9155, www.baghemoein.ir. Das Highlight ist der große namengebende Garten mit Tischen, Takhten, gepflegten Hecken und Palmen. Das große Restaurant ist auf Veranstaltungen ausgelegt, vor allem Hochzeiten. Wer es ruhiger mag, sucht sich besser eine andere Unterkunft. Die Zimmer haben spartanischen Charme. ❸

Naderi Hotel, Imam Sharqi St., zwischen Adham und Gandomi St., 061-3221 3081, www.naderihotel.ir. Ebenfalls in Bazarnähe. Der schmucklose Empfangsbereich täuscht darüber hinweg, wie prunkvoll das Restaurant daherkommt, mit glitzernden Spiegelornamenten und Kronleuchtern. Auch zwei Billardtische gehören zum Interieur. Die Zimmer sind dagegen sehr einfach, mit viel Linoleum und Kunstholz an den Wänden, aber für eine Nacht reicht's. ❸

Neyshekar Hotel, Golestan Hwy., 061-3313 0166. Der große überdachte Pool mit fünf Bahnen mag für manche den Ausschlag geben. Das moderne Businesshotel ist in erster Linie auf Geschäftsreisende ausgerichtet und Konferenzort. Die Zimmer sind einfach und komfortabel. ❹

Oxin Hotel, Pasdaran Hwy., etwa 2 km nördlich des Flughafens, 061-3447 4721, www.oxinhotel.com. Der flache, zweistöckige und moderne Hotelbau verfügt über recht einfache Zimmer. Nichts Besonderes und eher für Flugreisende gedacht, die am nächsten Tag weiterfliegen. Das hervorragende Restaurant hat eine gute Auswahl an Meeresfrüchten und Fischkebabs. ❹

Pars Hotel, Saheli Blvd., Ecke Abedi St., 061-3223 4990, www.pars-hotels.com. Das luxuriöse Hotel verfügt über einen großen Swimmingpool im Freien, zwei ausgezeichnete Restaurants und ein modernes Ambiente. Die Zimmer sind großzügig und haben westlichen Standard, in den oberen Etagen mit Blick auf den Fluss. ❻

Persia Hotel, Shahid Sadrosadat St., Ecke Shariati Blvd., 061-3221 7056. Etwas ruhiger gelegen in einer Seitengasse vom Bazar. Bei der Einrichtung lassen die 1970er-Jahre grüßen, knallbunt und etwas überladen. Die Zimmer sind aber zweckmäßig und sehr sauber. ❸

ESSEN

Für den Hunger zwischendurch bieten die kleinen **Kebabis** in der Imam Sharqi St., gegenüber dem Eingang der Bazarstraße, eine schnelle Mahlzeit für wenig Geld: saftiges *kubideh*, frisches knuspriges Brot, Grilltomaten, Zwiebeln, Chili – mehr braucht man nicht zum Glücklichsein. Gerichte ab 160 000 IRR. tgl. 7–23 Uhr.

Emperor Restaurant, Pasdaran Blvd., kurz vor der Abzweigung zur Airport Rd., Zugang über die Eingangshalle und dann mit dem Aufzug bis ins oberste Stockwerk, 061-3444 2005-6. Mal etwas anderes – das geräumige und moderne Drehrestaurant punktet in erster Linie mit der Aussicht auf die Stadt. Das Essen (Fisch, Seafood, Kebabs und Steaks) könnte besser sein, man zahlt hier für das Ambiente. Beliebt bei Pärchen. tgl. 12–15 und 19–24 Uhr.

Ghasre Ziafat Restaurant, Behbahani Expy., Ecke Saberpur St., 061-3222 6611 und 061-3229 1655, ghasre.ziafat. Wunderschön dekoriertes traditionelles Lokal mit kleinem Garten komplett mit künstlichem Wasserfall und Goldfischen im Teich. Salat und *torshi* gibt's am Buffet, die wunderschön gestaltete Karte bietet neben regionalen

DER SÜDEN

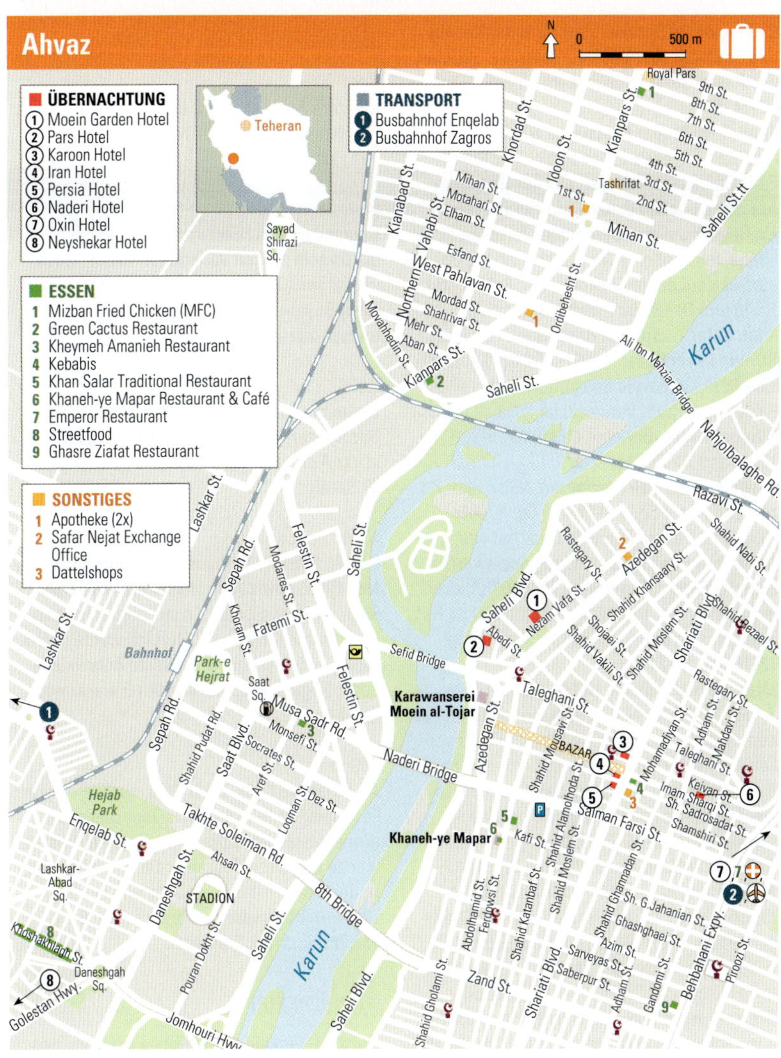

Speisen auch Shawarma, eine libanesische Grillauswahl, schmackhaftes *majbus* (Reis mit Huhn, Fleisch, Pilzen, Datteln und Rosinen) und Platten mit Fisch oder diversen Kebabs für bis zu 4 Personen. Der perfekte Ort für ein Frühstück, z. B. eine deftige Platte mit Spiegeleiern, Rührei und Bratkartoffeln im Fladenbrot. Wintergarten im ersten Stock, abends auch mit Livemusik. ⌚ tgl. 6–23 Uhr.

Green Cactus Restaurant, Kianpars St., ✆ 061-3333 3388. Modernes, schickes Restaurant im hippen Viertel Kianpars. Der Duft von Räucherstäbchen empfängt Besucher gleich beim Eingang. Zur Auswahl stehen iranische und regionale Spezialitäten, darunter Kebabs und Seafood, aber auch europäische Gerichte wie Pasta, Steaks und leckere Salate. ⌚ tgl. 12–24 Uhr.

Khaneh-ye Mapar Restaurant & Café, Ferdowsi St., etwa 250 m südlich der Salman Farsi St. In dem Anwesen aus der Qadjaren-Ära gibt es neben einem Café im Keller auch ein Restaurant mit überdachter Terrasse. Kleine, feine, aber teure Gerichte ab 250 000 IRR mit Blick auf den Innenhof. ⌚ tgl. 8–12 (Café), 12–16 und 18–24 Uhr (Restaurantbetrieb).

Khan Salar Traditional Restaurant, Ferdowsi St., nahe dem Bazar, ✆ 061-3292 6279 und 061-3292 6278. Günstiges und gutes traditionelles Restaurant etwas versteckt im 1. Stock eines Bürogebäudes. Gerichte ab 110 000 IRR. ⌚ tgl. 12–16 und 18–23 Uhr.

Kheymeh Amanieh Restaurant, Musa Sadr Rd., zwischen Saat Sq. und Molavi Sq, ✆ 061-3336 2718. Das traditionelle Lokal hat eine gute Auswahl an iranischen und regionalen arabischen Speisen, Gerichte ab 200 000 IRR, auch mit Salatbuffet. Alternativ sitzt man hier im Hof in klimatisierten und privaten Hütten. ⌚ tgl. 12–16 und 18–24 Uhr.

Mizban Fried Chicken (MFC), Kianpars St., ✆ 061-3392 2040-41. Die iranische Antwort auf Kentucky Fried Chicken, modernes Fast-Food-Lokal mit einer Auswahl an frittiertem Hühnerfleisch, Burgern, Pizza und Salaten. Bestellt werden kann auch am Terminal per Touchscreen. ⌚ tgl. 9–24 Uhr.

Streetfood, Khoshakhlagh St. Ein kulinarisches Highlight der Stadt ist die Khoshakhlagh St., eine schier endlose Straße mit Kebabis, Falafelshops, Essenständen, die *kouppeh* (frittierte Bällchen mit Reis, Rosinen und Fleisch) und Sambusas (als Rolle oder Dreieck) verkaufen, Karren mit einer Riesenauswahl an Bakhlava, mobilen Teehäusern und Getränkeverkäufern. In der Mitte der Straße sind die großen Shops mit der größten Auswahl und den meisten Sitzplätzen, hier kehren vor allem Familien ein. Viele Restaurants sind aufwendig mit LEDs dekoriert und bieten auch Wasserpfeifen an, beschallen ihre Gäste aber mit ohrenbetäubender Musik. ⌚ tgl. 8–1 Uhr, Stände bis 24 Uhr.

SONSTIGES

Apotheken
Mehrere Apotheken finden sich entlang der Kianpars St. auf der westlichen Seite des Flusses.

Einkaufen
Gegenüber vom Hotel Iran gibt es Shops, die **Datteln** in allen Variationen sowie *halwa* und *shireh* (Dattelsirup und -mus) verkaufen. Alles ist sehr gut haltbar und leicht zu transportieren.

Geld
Einige Wechselstuben finden sich nahe dem Bazar, alternativ **Safar Nejat Exchange Office** in der Azadegan St. 12/10, ✆ 061-333 1822. ⌚ Sa–Do 9–18 Uhr.

Medizinische Hilfe
Das Provinzkrankenhaus **Grand Naft Hospital**, Naft Blvd., direkt beim Flughafen, ✆ 061-3443 6601, 💻 www.ahv.piho.ir, mit mehreren Fachkliniken und großem OP-Bereich wurde im Jahr 2000 gegründet und ist die beste Anlaufstelle in der Region, auch bei ernsten Erkrankungen. ⌚ 24 Std.

Touranbieter
Ali Safarian, ✆ 0916-641 6478, auch über seine Facebook-Seite „Khuzestan Tour Guide“ zu erreichen, kennt Khuzestan wie seine Westentasche und bietet Touren in die ganze Provinz, zu den Dörfern der Umgebung und ihren Wasserbüffeln oder zum brennenden Berg von Tashkuh inkl. Frühstück.

NAHVERKEHR

Tagsüber verkehren zahlreiche **Taxis** auf den Straßen. Eine Fahrt kostet mind. 100 000 IRR. Private Fahrer, die per Handzeichen auf den Hauptstraßen angehalten werden können, sind etwas billiger.

Eine **Metrolinie**, die Osten und Westen der Stadt miteinander verbindet, ist im Bau, erste Teilstücke sollen noch 2019 in Betrieb genommen werden.

TRANSPORT

Busse

Der **zentrale Busbahnhof** (Terminal-e Otobus-e Ahvaz) liegt 5 km westlich des Zentrums beim Enqelab Sq. Von hier starten auch Minibusse und Sammeltaxis nach Andimeshk und Dezful für 100 000–200 000 IRR.
BANDAR ABBAS (1135 km, 14 Std.), 7x tgl. morgens bis nachmittags für 620 000 IRR, VIP für 840 000 IRR.
BANDAR ANZALI (980 km, 13 Std.), 1x tgl. mittags, VIP für 1,05 Mio. IRR.
BUSHEHR (456 km, 5 1/2 Std.), mehrmals tgl. für 300 000 IRR, VIP für 430 000 IRR.
ESFAHAN (516 km, 7 Std.), mehrmals tgl., VIP für 650 000 IRR.
HAMADAN (584 km, 7 1/2 Std.), 7x tgl., VIP für 550 000 IRR.
KASHAN (696 km, 8 1/2–9 Std.), 1x tgl. abends, VIP für 690 000 IRR.
KERMANSHAH (522 km, 6 1/2 Std.), mehrmals tgl. für 360 000 IRR, VIP für 630 000 IRR.
KHORRAMABAD (328 km, 4 1/2 Std.), mehrmals tgl. für 260 000 IRR, VIP für 420 000 IRR.
QOM (677 km, 8 1/2 Std.), mehrmals tgl. für 420 000 IRR, VIP für 660 000 IRR.
RASHT (942 km, 12 Std.), 1x tgl. mittags, VIP für 960 000 IRR.
SANANDAJ (618 km, 8 1/2 Std.), 3x tgl. für 400 000 IRR, VIP für 700 000 IRR.
SHIRAZ (538 km, 7 1/2 Std.), mehrmals tgl. für 370 000 IRR, VIP für 650 000 IRR.
TABRIZ (1142 km, 14–15 Std.), 3x tgl. mittags, VIP für 870 000 IRR.
TEHERAN (821 km, 9 1/2 Std.), mehrmals tgl. für 500 000 IRR, VIP für 840 000 IRR.
YAZD (748 km, 10 Std.), 2x tgl. mittags, VIP für 1 Mio. IRR.

Vom **Busbahnhof Zagros** (Terminal-e Otobus-e Zagros) am Pasdaran Blvd., 4 km nordöstlich des Zentrums Richtung Flughafen, starten Minibusse nach SHUSHTAR (88 km, 1 1/2 Std.) für 60 000 IRR.

Eisenbahn

Der **Bahnhof** von Ahvaz (Istgah-e Rah'ahan-e Ahvaz) liegt westlich des Karun gegenüber dem Park-e Hejrat. In der kleinen Bahnhofshalle gibt es einen Kiosk und einen Wartesaal. Tipp: Hier verkauft rechts ein Stand von Irancell SIM-Karten. Ausländer werden übrigens am Bahnhofseingang kontrolliert (Pass, Visum).
ANDIMESHK (154 km, 2 Std.), 6x tgl. mittags bis abends für 150 000 IRR im 6er-Abteil, 230 000 IRR im 4er-Abteil.
ARAK (544 km, 12 Std.), 3x tgl. mittags bis abends für 380 000 IRR im 6er-Abteil bzw. 640 000 IRR im 4er-Abteil.
KHORRAMSHAHR (125 km, 2 Std.), 2x tgl. abends und nachts für 180 000 IRR.
QOM (676 km, 14 Std.), 2–3x tgl. mittags bis abends für 360 000 IRR im 6er-Abteil, 600 000 IRR im 4er-Abteil.
SHUSH (116 km, 2 Std.), 2x tgl. mittags für 140 000 IRR im 6er-Abteil, 230 000 IRR im 4er-Abteil.
TEHERAN (820 km, 16–17 Std.), 4x tgl. mittags bis abends für 600 000 IRR im 6er-Abteil, 1 Mio. IRR im 4er-Abteil.

Flüge

Der **Ahvaz International Airport** liegt 7 km nordöstlich des Zentrums am Pasdaran Hwy. Taxis zum Flughafen kosten 200 000 IRR, Sammeltaxis, z. B. vom Bazar, deutlich weniger.

Inlandflüge in der Hoch- und Nebensaison von/nach:
BANDAR ABBAS (2x wöchentl., 2 Std.) mit Iranian Naft Airlines.
ESFAHAN (1–2 tgl., 1 Std.) mit Iran Aseman und Iranian Naft Airlines.
MASHHAD (1–3x tgl., 1 Std.) mit ATA Airlines, Iran Aseman und Qeshm Air.
SHIRAZ (1–3x tgl., 1 Std.) mit Iran Aseman.
TABRIZ (1x wöchentl., 1 3/4 Std.) mit Iranian Naft Airlines.
TEHERAN (8x tgl., 1 Std.) mit ATA Airlines, Iran Airtour, Iran Aseman, Iranian Naft Airlines und Qeshm Air.

Internationale Flüge
DUBAI (2x wöchentl., 2 Std.) mit Iranian Naft Airlines.
ISTANBUL (2x wöchentl., 3 3/4 Std.) mit Turkish Airlines.

Abadan

Südlich von Ahvaz zieht sich der Highway 39 schnurgerade nach Abadan. Die Gegend ist unspektakulär, hauptsächlich Ödland, ein paar Felder und Plantagen, auf denen Bananen und Datteln angebaut werden. Im Osten erstreckt sich das Shadegan-Sumpfgebiet bis zum Horizont.

Abadan ist in erster Linie für seine riesige Raffinerie bekannt, erbaut 1912 von den Briten und der Anglo-Persian Oil Company, die später in BP umbenannt wurde. Diese gigantische Industrieanlage wurde strategisch nahe den Flüssen Arvand und Bahmanshir und dem Persischen Golf errichtet, ist mit mehreren Ölfeldern verbunden und liefert ihre Erdölprodukte über Pipelines bis nach Teheran, Tabriz und Mashhad. Während des Golfkriegs wurde die Raffinerie schwer beschädigt und die Produktion unterbrochen. Der anschließende Wiederaufbau dauerte mehrere Jahre. Heute wirkt Abadan mit seinem schachbrettartigen Straßennetz und den aus Ziegeln errichteten Häusern der Ölarbeiter aufgeräumter als manche andere Stadt der Provinz. Dennoch hält sich die Anzahl der Sehenswürdigkeiten in Grenzen. Der Plan der Stadtregierung, Abadan in den kommenden Jahren in eine Museumsstadt umzubauen, trägt bereits erste Früchte. Neben den drei bestehenden Museen mit Schwerpunkt Ölindustrie sind drei weitere geplant.

Muzeh-ye Abadan

Das 1961 gegründete **Stadtmuseum** am Cinema Naft Sq. wurde bis Anfang 2019 fast 15 Jahre lang aufwendig restauriert und erinnert mit seinem markanten Dach in Form eines Zuckerhuts bereits von Weitem an das Grabmal Daniels in Shush. Im Inneren befindet sich eine permanente Ausstellung, die historische Exponate, Bronzeskulpturen und Töpferwaren aus Shush (historische Stadt Susa) sowie Antiquitäten aus der Ära der Safawiden und Qadjaren zeigt. Ein weiterer Teil des Museums dient als temporärer Ausstellungsort. 🕒 Sa–Do 8–14 Uhr, 150 000 IRR.

Muzeh-ye Karamuzan-e San'at-e Naft-e

Die ehemalige **Schule für angehende Ölarbeiter** am Dehdari Blvd. gegenüber dem Takhti Sport Complex ist ein Museum, das sich mit der Geschichte der Ölförderung in Khuzestan beschäftigt. Lehrlinge wurden hier 3–5 Jahre ausgebildet und hatten danach eine Jobgarantie in Abadan. Im Gebäude links gibt es eine umfassende Chronologie zur Ölindustrie in Iran und im Rest der Welt von 1850 bis 2017 sowie einen Einblick in den Schulalltag nebst Geräten und Anschauungsmaterialien zu sehen. Die große Halle auf der rechten Seite beherbergt Dutzende Motoren, Maschinen, Pumpen, Förderanlagen sowie Geräte für den Lehrbetrieb. 🕒 So–Fr 9–12 und 18–22 Uhr, freier Eintritt, solange nicht offiziell eröffnet.

Muzeh-ye Benzin

Die erste Tankstelle Irans aus dem Jahr 1927 und das dazugehörige **Benzinmuseum** an der Shahid Montazeri St., 150 m westlich des Park-e Shahrdari, sind auf jeden Fall einen Abstecher wert. Auf dem kleinen Gelände befinden sich neben einer Sammlung an Zapfsäulen auch zwei Tanklaster aus den 1950er-Jahren. Im Inneren der kleinen Tankstelle sind alte Fotos und Utensilien zum Tanken und Ölwechseln zu sehen. Anfang des 19. Jhs. bis in die Pahlavi-Zeit hinein waren an Tankstellen hauptsächlich Frauen angestellt. Das BP-Logo der Station wurde nach dem Zerwürfnis mit Großbritannien kurzerhand in *benzin-e pars* (Benzin aus Persien) umgedichtet, um den Argwohn der Bevölkerung zu zerstreuen. Im zweiten Haus neben den Benzintanks ist eine Ausstellung mit Petroleumlampen, Ölkochern und Geräten zur Desinfektion sowie den *cheragh nafti* (iranischen Petroleumlampen) untergebracht. 🕒 So–Fr 9–13 und 17–21 Uhr, 10 000 IRR, Beschriftung auch in Englisch.

Masjed-e Rangunis

Die historische Moschee direkt neben dem Gelände der Raffinerie wurde im frühen 20. Jh. ganz im Stil der indischen Mogularchitektur errichtet. Viele der damaligen muslimischen Arbeiter der Ölindustrie stammten aus Indien und brachten für die Errichtung der Moschee neben Plänen und Designs angeblich auch Baumaterial und Farben aus ihrem Heimatland mit. Die kunstvolle Verzierung der Fassade besteht aus

Auf einen Kaffee ins Schilfhaus

In einigen Dörfern im Süden der Provinz Khuzestan findet man auch heute noch seltsame Gebäude aus Schilfbündeln. Diese **Mozif** genannten Konstruktionen sind ein tausend Jahre altes Symbol der Gastfreundschaft. Der Name leitet sich von dem Wort für „Versammlungsort" ab. Die Schilfhäuser wurden früher an wichtigen Straßen gebaut und erfüllten die Funktion einer Karawanserei. Reisende waren stets willkommen und wurden ohne Gegenleistung für bis zu drei Tage mit Speisen und Getränken versorgt. Das Gebäude ist komplett aus Schilf gebaut, trotzdem aber sicher und stabil genug, um Erdbeben und Stürme zu überstehen. Die Bauweise reicht bis 4000 Jahre v. Chr. zu den Elamern zurück. Der Eingang ist offen, denn jeder ist jederzeit willkommen. Im Inneren erfüllt der angenehme Duft des getrockneten Schilfs die Luft, und in der Hitze des Sommers ist es sogar ein paar Grad kühler.

Kaffee mit den Dorfältesten

Ein *mozif* war von jeher der Versammlungsort einer Dorfgemeinschaft. Hier trank man in großer Runde gemeinsam Kaffee mit den Dorfältesten. Der Eingang ist so niedrig gebaut, dass sich jeder Gast beim Eintreten bücken muss und den Anwesenden so seinen Respekt erweist. Das Kaffeetrinken folgt einem strengen Ritual, ähnlich einer japanischen Teezeremonie. Reihum werden zuerst die Ältesten der versammelten Gäste bedient. In einem kleinen Becher aus Porzellan bekommt jeder einen Schluck starken Kaffee serviert und so lange nachgeschenkt, bis man die Tasse schüttelt. Selbst die Art des Trinkens hat eine Bedeutung, von der Ehrung eines Waffenbruders bis zu einem finanziellen Anliegen oder der Vorsprache für eine Heirat. Während der gesamten Zeremonie wird geschwiegen und nur über symbolische Gesten kommuniziert. Alle Gäste teilen sich einen einzigen Becher und sind dem Gastgeber gleichgestellt. Wer ein Anliegen mit dem Dorfoberhaupt hat, lässt seinen Kaffee unberührt. Wird man sich einig, trinkt der Gast seinen Kaffee, steht auf und geht. Bleibt das Anliegen ungeklärt, wird der Kaffee nicht getrunken und der volle Becher stehen gelassen.
In guten Restaurants in Khuzestan bekommt man übrigens nach dem Essen vom Kellner Kaffee nach dem gleichen Prinzip serviert. Wer einem Koffeinschock entgehen möchte, sollte daher nicht vergessen, rechtzeitig den Becher zu schütteln!

Zement und ist im Bereich des Haupttors bunt bemalt. Das Hauptgebäude wurde aus Ziegeln und Mörtel errichtet. Aufgrund von Restaurierungsarbeiten ist die Moschee derzeit leider nur von außen zu besichtigen.

Minoo Island

Zwischen Abadan und Khorramshahr erstreckt sich, umschlungen von zwei Seitenarmen des Arvand-Flusses, Minoo Island. Ein Großteil dieser fruchtbaren Insel ist von endlosen Palmenplantagen und Feldern bewachsen und ein Paradies für Vögel und Wildtiere. Reisende können hier neben einer Bootstour auf dem Arvand auch in einem der zahlreichen traditionellen Schilfhäuser einkehren und frischen Fisch und Kaffee genießen.

ÜBERNACHTUNG

Als Erdölhauptstadt Irans verfügt Abadan über einige moderne Hotels und ist für eine Übernachtung in der Region der Stadt Khorramshahr vorzuziehen.

Abadan Karavansara Pars Hotel, Azadi Blvd. direkt beim Flughafen Abadan, ✆ 061-3526 4002, 💻 www.pars-hotels.com. Dieses riesige 5-Sterne-Haus ist die beste Adresse in der gesamten Provinz, luxuriöse Zimmer mit westlichem Standard, prunkvollen Möbeln und großen Doppelbetten. Auch Apartments mit eigener Küche für Familien und Gruppen bis zu 5 Personen. Strategisch gut gelegen, wenn man Khorramshahr und Abadan besuchen möchte, allerdings deftige Preise. ❺

Amir Kabir Hotel, Amir Kabir St., ✆ 061-3522 6615. Simples Hotel ohne viel Schnickschnack. Sehr sauber und für eine Nacht in Ordnung. Auch große Zimmer für bis zu 5 Personen. ❸

Parsian Abadan Hotel, nur 500 m südlich vom Abadan Karavasara Pars Hotel am Azadi Blvd. nahe dem Flughafen, ✆ 061-5326 0060. Saubere und einfache Zimmer. ❺

ESSEN

Mozif Haj Abdullah, Minoo Island, 600 m südlich des Dorfes Zair Abdollah, Anfahrt über den Flughafen Abadan nach Südwesten, über die Brücke des Arvand-Seitenarms auf die Insel, nach 1 km bei der Kreuzung nach rechts und nach 100 m gleich wieder links. Das Restaurant befindet sich nach 600 m auf der linken Seite. Auf dem Gelände des ehemaligen Blumengartens sind 16 traditionelle Schilfhäuser *(mozif)* aufgebaut und geben einen Einblick in die Gastfreundlichkeit Khuzestans. Auf der Karte steht Fisch in allen Variationen, besonders lecker mit einer Schicht *hashu* (schmackhafte Kräuterpaste mit Tamarinde) und frisch vom Grill. Die riesigen Portionen mit Kräuterreis reichen locker für 2 Personen. Der Fisch kommt frisch aus der eigenen Aquakultur auf dem Gelände. Alternativ gibt es eine Auswahl an Kebabs und Eintöpfen. Nach dem Essen wird traditionell Kaffee gereicht (S. 521). 🕒 tgl. 12–16 und 19–23 Uhr.

Restaurant Pakistan, Imam Khomeini St., ✆ 061-5324 2437. Seit 1942 in Abadan eine Instanz, wenn es um pakistanische Speisen geht. Die Einheimischen sagen, wer nicht mindestens einmal hier essen war, der hat Abadan nicht besucht. Große Auswahl an pakistanischen und iranischen Gerichten ab 180 000 IRR. 🕒 tgl. 11–16 und 19–22 Uhr.

SONSTIGES

Geld

Aga Exchange Office, Imam Khomeini St. 334, gegenüber vom Möbelgeschäft Nedalat, ✆ 061-5324 2481. 🕒 Sa–Do 9–13 und 16–18 Uhr.

Medizinische Hilfe

Das größte Krankenhaus vor Ort ist das **Taleghani Hospital** nahe der Azad-Universität, ✆ 061-5336 4932, 💻 www.taleghani.abadanums.ac.ir. Bei Notfällen nach Ahvaz fahren!

TRANSPORT

Der **Busbahnhof** von Abadan (Terminal-e Otobus-e Abadan) befindet sich am nördlichen Stadtrand direkt am Abadan-Ahvaz-Expressway. Von hier verkehren Minibusse für 80 000 IRR nach AHVAZ (120 km, 1 1/2 Std.).

Khorramshar

Die Städte entlang des Persischen Golfs waren im 19. Jh. die Spielwiese europäischer Mächte bei der Errichtung von Handelsstützpunkten und Militärbasen. So wurde auch **Mohammara**, die Vorläufersiedlung, von den Briten 1820 als Stützpunkt ausgewählt. 1888 öffnete die persische Regierung schließlich den gut befahrbaren Karun-Fluss als internationalen Schifffahrtsweg. Was folgte, war ein Ansturm europäischer Unternehmen, die alle gleichzeitig auf den persischen Markt drängten. Mit Ende des 19. Jhs. entwickelte sich Mohammara zu einem der wichtigsten Handelshäfen Irans. Reza Schah Pahlavi begann in den 1930er-Jahren, die ölreiche, aber mehrheitlich arabische Provinz Arabistan in das persische Reich einzugliedern, so wurde Mohammara in Khorramshahr und Arabistan in Khuzestan umbenannt.

Khorramshahr sollte aber wegen eines deutlich dunkleren Kapitels in Erinnerung bleiben:

Der Erste Golfkrieg und seine tiefen Narben

Kurz nach der Islamischen Revolution von 1979 war Iran nicht nur politisch, sondern auch militärisch geschwächt. Mit einem aggressiven Blitzkrieg wollte Saddam Hussein 1980 die ölreiche Provinz Khuzestan in einem Streich unter seine Kontrolle bringen. Vorausgegangen waren ein jahrzehntelanger Streit über den Grenzverlauf des Schatt el-Arab (pers. Arvand), den Zusammenfluss von Euphrat und Tigris, und Bestrebungen Iraks, Khuzestan (ehemals Arabistan) von den Persern zu befreien und die Provinz zusammen mit den Kurdengebieten in Iran als autonomen Staat zu etablieren.

Irak greift an

Am 22. September 1980 begann die irakische Armee, mit massiven Luftschlägen die iranischen Städte Ahvaz, Dezful, Hamadan, Kermanshah, Tabriz und Teheran zu bombardieren, und fiel an drei Stellen in die Provinz Khuzestan ein. Was folgte, war ein erbarmungsloser Krieg, der zunächst von irakischen Eroberungen iranischen Bodens geprägt war. Mit der Gegenoffensive der Iraner ab 1982 wendete sich das Blatt: Die irakische Armee konnte bis nach Basra in Irak zurückgetrieben werden. Hier fand 1985 die blutigste Schlacht des Krieges statt mit mehr als 40 000 Toten und Hunderttausenden Verwundeten auf beiden Seiten. Längst war der Angriffskrieg der irakischen Armee einer brutalen Materialschlacht gewichen, befeuert durch Waffenlieferungen an beide Kriegsparteien durch die USA, die Sowjetunion, China und europäische Länder wie Frankreich und Deutschland. Auf die zahlenmäßige Überlegenheit seiner Armee vertrauend, schickte Teheran Division um Division an die Front, ließ sie gegen einen mit modernsten Waffen ausgerüsteten Gegner anrennen und einen grausamen Blutzoll bezahlen.

Ab 1983 setzte Saddam Hussein zunehmend auch **Giftgas** ein, in erster Linie gegen iranische Truppen, allerdings auch gegen die eigene kurdische Zivilbevölkerung. Massive irakische Gegenoffensiven führten ab 1988 schließlich zu Rückeroberungen der irakischen Städte Faw und Basra und trieben die Iraner über die Grenze bei Shalamcheh zurück, womit wichtige Teile der iranischen Front zusammenbrachen.

Waffenstillstand

Nach acht Jahren und dem Verlust von fast einer Million Menschenleben sollten 1988 beide Parteien einsehen, dass der Krieg nicht zu gewinnen war. Am 18. Juli erklärten sich **Ruhollah Khomeini** und **Saddam Hussein** schließlich bereit, eine Resolution des UN-Sicherheitsrats und damit einen Waffenstillstand anzuerkennen. Ein Friedensvertrag zwischen beiden Ländern existiert bis heute nicht. Der Krieg hat grausame Spuren hinterlassen. In Städten im gesamten Land begegnet man Kriegsinvaliden. Kaum eine Familie, die nicht Angehörige an der Front oder im Bombenkrieg verloren hat.

Keine andere Stadt in Iran ist wohl so sehr mit den Grausamkeiten des Iran-Irak-Kriegs verbunden. Mit dem Beginn des Ersten Golfkriegs (1980–1988) und dem Einfall irakischer Truppen in Khuzestan begann ein Martyrium, über 10 000 Menschen verloren ihr Leben. Die Kämpfe waren so brutal und menschenverachtend, dass die Iraner die Stadt bald **Khunishahr**, „Stadt des Blutes", nannten. Khorramshahr war aufgrund seines großen Hafens, der guten Infrastruktur, seiner Nähe zum **Ölförderzentrum Abadan** und dem Verlauf der Pipeline, die bis nach Teheran reichte, eines der Hauptziele des irakischen Angriffs. Nach heftigem Artilleriefeuer und erbitterten Häuserkämpfen wurde die Stadt im Oktober 1980 von den Irakern eingenommen und blieb bis zur Rückeroberung durch die Iraner unter irakischer Kontrolle. Erst 1982 konnten iranische Truppen die Stadt befreien, allerdings blieb von ihr bis auf wenige Häuser nicht viel übrig. Andere Städte wie Abadan und Ahvaz standen ebenfalls in Ruinen, aber keine Stadt erlebte ein solches Ausmaß der Zerstörung wie Khorramshahr. Bis zum heutigen Tag und Jahrzehnte nach Ende des Krieges dienen Häuserruinen, Einschusslöcher in Fassaden und Graffiti gefallener Märtyrer der Stadt als ewiges Mahnmal.

Kriegsmuseum Khorramshahr

Das **Museum der Heiligen Verteidigung** (Defa-e Moghaddas), Suaheli Blvd., südwestlich der Pol-e Jahanara, versucht, die Schrecken des Krieges aus iranischer Perspektive aufzuarbeiten. Im Inneren befindet sich eine Sammlung von Erinnerungsstücken gefallener iranischer Soldaten. Deren Fotos, Uniformen und Besitztümer sowie die Nachbauten zerstörter Gebäude und Gemälde der Märtyrer machen den Krieg ein wenig greifbarer, als pure Fakten es je vermögen. Auf dem Außenareal rund um das Gebäude ist neben erbeuteter irakischer Artillerie auch der Nachbau eines Grabensystems, wie es von den Iranern zur Verteidigung der Stadt genutzt wurde, zu besichtigen. Als Symbol des iranischen Widerstands gelten auch die aufrecht in den Boden gegrabenen Autowracks, eine primitive Barriere, um im Krieg das Landen feindlicher Hubschrauber auf den Plätzen der Stadt zu verhindern.

🕒 Sa, So, Di und Mi 7.30–14 Uhr (Mo, Do und Fr sind ausschließlich den Familienangehörigen von Gefallenen und Veteranen vorbehalten), Eintritt frei.

Gedenkstätte bei Shalamcheh

Nur 12 km westlich des iranisch-irakischen Grenzübergangs Shalamcheh befindet sich der Schauplatz einer der blutigsten Schlachten des Iran-Irak-Krieges mit über 85 000 Toten auf beiden Seiten. Die Kämpfe auf dem flachen Wüstenstrich müssen von unbeschreiblicher Brutalität gewesen sein und an die Grabenkämpfe des Ersten Weltkriegs erinnert haben. Hinter Sandsäcken und in den Gräben entlang der Front starben Tausende junge Iraner den „Märtyrertod". So ist es nicht verwunderlich, dass Kritiker behaupten, die Gedenkstätte diene in erster Linie Propagandazwecken. Heute erinnern eine Moschee und ein Schrein auf dem Gelände an die gefallenen Soldaten und sind Ziel von Pilgern und Angehörigen aus dem ganzen Land. Am besten per Taxi von Khorramshahr aus zu erreichen. 🕒 tgl. frei zugänglich.

Provinzen Bushehr und Hormozgan

In der westlichen Berichterstattung waren die beiden Provinzen Irans, wenn überhaupt, aufgrund der immensen **Erdgas- und Erdölvorkommen** präsent und nicht wegen der hübschen Inseln. Gerade auf Qeshm und Hormuz können Reisende die Seele baumeln lassen, nach anstrengenden Reiseetappen das entschleunigte Inselleben genießen und das eine oder andere Wunder der Natur bestaunen.

Die Provinzen Bushehr und Hormozgan ziehen sich über eine Küstenlänge von rund 1400 km und stellen für den iranischen Staat angesichts geopolitischer Interessen ein hochsensibles Gebiet dar. Das Sicherheitsaufkommen ist an diversen Verkehrsverbindungen erhöht und es werden vermehrt **Ausweiskontrollen** durchgeführt. Absurderweise ist es gleichzeitig ganz offiziell möglich, neben dem Atomkraftwerk von Bushehr zu baden oder auf der Hauptstraße kilometerlang durch die **Pars Special Energy Economic Zone (PSEEZ)** zu fahren, eine riesige Anhäufung von Erdgasraffinerien und -anlagen in der Industriestadt Asaluyeh. Der Standort wurde gewählt, weil es sich um den nächsten Landpunkt zum größten natürlichen Gasfeld der Welt handelt, das Iran und Katar sich teilen.

Beide Provinzen liegen am Persischen Golf, Hormozgan hat zusätzlich einen strategisch wichtigen Anteil an der **Straße von Hormuz**, die den Persischen Golf mit dem Golf von Oman und dem Arabischen Meer verbindet. Die historische Bedeutung der Meerenge während des regen Handels der letzten Jahrhunderte unter abwechselnder Einflussnahme der Portugiesen und Briten setzt sich gegenwärtig mit dem massenhaften Transport von Erdöl fort. Beinahe 40 % der weltweit verschifften Öllieferungen gehen hier durch. Die Tanker der an den Persischen Golf grenzenden Länder müssen dabei die Passage in unmittelbarer Nähe der iranischen Stadt Bandar Abbas durchqueren und stundenlang durch iranisches Küstengewässer fahren. Das große Geschäft mit Öl und Gas steht unweigerlich im Kontrast zum sehr einfachen Inselleben, von der Unterhaltungsinsel Kish abgesehen.

Bushehr und Umgebung

Die Hauptstadt der gleichnamigen Provinz Bushehr ist eine bedeutende Hafenstadt Irans. Einfluss erlangte sie im späten 18. Jh., als Briten und Niederländer ihr Handelszentrum von Bandar Abbas nach Bushehr verlegten. Ihre Vorrangstellung als Hafenstadt büßte sie zuerst mit dem Ersten Weltkrieg und dem Ausbau der Eisenbahn in den 1930er-Jahren zugunsten der Stadt Bandar Abbas ein. Während des Ersten Golfkriegs (1980–1988) blieb Bushehr zwar ein wichtiger Marinestützpunkt, doch der kommerzielle Handel konzentrierte sich dann mehrheitlich auf das von Irak wesentlich weiter entfernte Bandar Abbas. Heute ist Bushehr mit rund 200 000 Einwohnern vor allem wegen seines Kernkraftwerks bekannt und gilt als Zentrum für den Handel mit Öl und Fisch. Nach einer langen Bauunterbrechung wurde das erste **Kernkraftwerk** des Landes – bereits in den 1970er-Jahren geplant – 2010 mithilfe russischer Unterstützung fertiggestellt.

Für Reisende ist die Großstadt maximal als Verkehrsknotenpunkt von Bedeutung, weshalb kaum jemand länger bleibt als notwendig. Manche lassen es sich nicht nehmen, hier die Gelegenheit zu nutzen, wenige Meter neben dem Kernkraftwerk und den dazugehörigen Wachtürmen zu baden. Der Strand rund 20 km außerhalb des Stadtzentrums ist öffentlich zugänglich, dort schwimmen zu gehen bleibt aber mehr als fragwürdig.

In der Stadt

In der Altstadt von Bushehr kann der **alte Bazar** aus der Zeit der Qadjaren-Dynastie (1785–1925) mit der üblichen Bandbreite an Waren besucht werden.

Vereinzelte **traditionelle Häuser** finden sich nicht nur entlang der Khalij-e Fars St. am Ufer, sondern auch im Kern der Altstadt, die mit ihrem ansehnlichen Gassengewirr die beste Anlaufstelle ist, um sich in der Stadt die Zeit zu vertreiben. Zu den nennenswerten Altstadthäusern zählt auch die **Villa Dehdashti** des Händlers Haj Gholam Hoseyn Dehdashti, die heute als Architekturmuseum der Stadt genutzt wird. ⌚ Sa–Do 8–14 Uhr, 150 000 IRR.

Von Interesse ist auch das **Anthropologiemuseum Taheri** (Emerat-e Taheri) am nördlichen Ende der Khalije Fars St., in dem diverse Alltagsszenen mit Wachspuppen nachgestellt wurden. ⌚ Di–So 8–12, 16–18 Uhr, 150 000 IRR. Eine weitere Besonderheit ist das 15 km von der Altstadt entfernte **Marinemuseum** (Muzeh-ye darya va daryanavadi), Jaddeh-Ye-Sabz Abad St., das neben einem großen Fundus an Marineausrüstung auch Militärschiffe und U-Boote ausstellt, darunter das erste iranische Kriegsschiff von 1885, das ein Geschenk von Deutschland an den Qadjaren-König Naser ad-Din war. ⌚ Sa–Do 8–14 Uhr, 150 000 IRR.

Die Umgebung von Bushehr

Während die Stadt selbst wenig zu bieten hat, kann sie als Ausgangspunkt für Ausflüge in die gleichnamige Provinz dienen. Rund 160 km südöstlich von der Hafenstadt entfernt liegt ei-

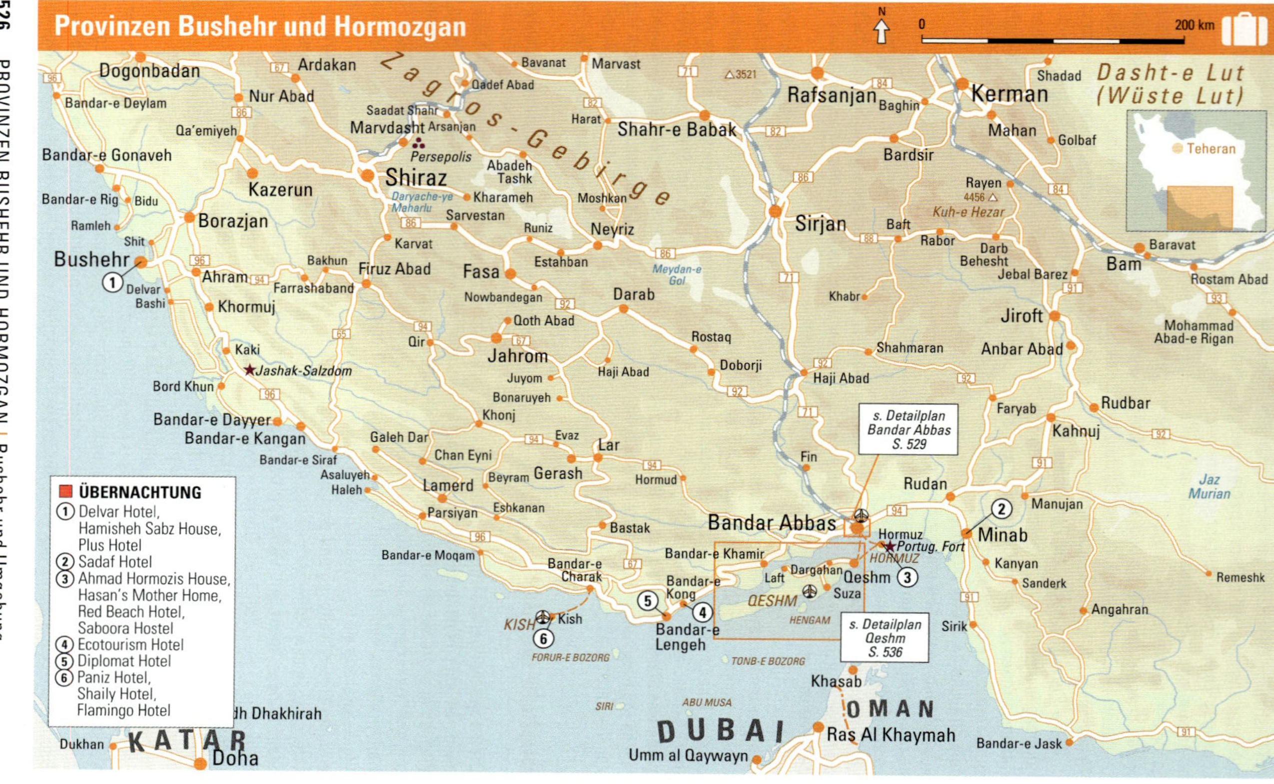
Provinzen Bushehr und Hormozgan
N
0
200 km
Dasht-e Lut (Wüste Lut)
Teheran
Zagros-Gebirge
Kuh-e Hezar
4456
3521
Jaz Murian
Daryache-ye Maharlu
Meydan-e Gol
ÜBERNACHTUNG
1 Delvar Hotel, Hamisheh Sabz House, Plus Hotel
2 Sadaf Hotel
3 Ahmad Hormozis House, Hasan's Mother Home, Red Beach Hotel, Saboora Hostel
4 Ecotourism Hotel
5 Diplomat Hotel
6 Paniz Hotel, Shaily Hotel, Flamingo Hotel
s. Detailplan Bandar Abbas S. 529
s. Detailplan Qeshm S. 536
Dogonbadan
Bandar-e Deylam
Qa'emiyeh
Bandar-e Gonaveh
Bandar-e Rig
Bidu
Ramleh
Shit
Bushehr
Delvar
Bashi
Borazjan
Ahram
Khormuj
Kaki
Jashak-Salzdom
Bord Khun
Bandar-e Dayyer
Bandar-e Kangan
Bandar-e Siraf
Asaluyeh
Haleh
Nur Abad
Ardakan
Kazerun
Bakhun
Farrashaband
Marvdasht
Saadat Shahr
Arsanjan
Persepolis
Shiraz
Qadef Abad
Bavanat
Marvast
Harat
Abadeh Tashk
Kharameh
Sarvestan
Karvat
Firuz Abad
Qir
Fasa
Nowbandegan
Qoth Abad
Jahrom
Juyom
Bonaruyeh
Khonj
Galeh Dar
Chan Eyni
Lamerd
Parsiyan
Beyram
Eshkanan
Evaz
Gerash
Lar
Hormud
Bastak
Haji Abad
Darab
Runiz
Estahban
Moshkan
Neyriz
Shahr-e Babak
Rostaq
Doborji
Sirjan
Rafsanjan
Baghin
Bardsir
Kerman
Shadad
Mahan
Golbaf
Rayen
Baft
Rabor
Darb Behesht
Jebal Barez
Khabr
Shahmaran
Haji Abad
Jiroft
Anbar Abad
Bam
Baravat
Rostam Abad
Mohammad Abad-e Rigan
Rudbar
Faryab
Kahnuj
Manujan
Fin
Rudan
Minab
Bandar Abbas
Hormuz
Portug. Fort
HORMUZ
Qeshm
Suza
Dargahan
Laft
QESHM
HENGAM
Bandar-e Khamir
Bandar-e Kong
Bandar-e Lengeh
Bandar-e Moqam
Bandar-e Charak
KISH
Kish
FORUR-E BOZORG
TONB-E BOZORG
ABU MUSA
SIRI
Kanyan
Sanderk
Remeshk
Angahran
Sirik
Bandar-e Jask
Khasab
OMAN
Ras Al Khaymah
DUBAI
Umm al Qaywayn
Dhakhirah
Dukhan
KATAR
Doha

ner der schönsten und größten Salzdome des Landes. Durch das Gelände des **Jashak-Salzdoms** werden Wandertouren angeboten, für die bis zu fünf Stunden eingerechnet werden müssen. Es existieren praktisch keine Wege durch die zerklüftete Salzlandschaft, weshalb etwas Übung bzw. Kondition vonnöten ist. Die Entstehung des Salzdoms ist auf Verdunstungsprozesse zurückzuführen, die Millionen von Jahren dauerten und zu einer hohen Konzentration von Salzen führten. Durch die Übersättigung im Wasser kam es zur Bildung von Evaporiten. Die Schichten wurden von neuen Gesteinsschichten überlagert, welche Druck auf die Salzgesteinsstrukturen ausübten und sie verformten.

Nach weiteren 100 km gen Süden erreicht man **Bandar-e Siraf** (auch Bandar-e Taheri). Die archäologische Ausgrabungsstätte zeugt von der einstigen Bedeutung des mittelalterlichen Sirafs als wichtigstem Hafen des Persischen Golfs. Bevor die Stadt im 10. Jh. von einem Erdbeben zerstört wurde, soll sie eine der reichsten Städte weltweit gewesen sein. Von der einst beeindruckenden Stadt mit mehrstöckigen Häusern ist heute kaum noch etwas zu erkennen. Nachdem zwischen den 1960er- und 1970er-Jahren britische Ausgrabungen durchgeführt wurden, lagen Teile der mittelalterlichen Stadt wieder frei. Viele der archäologischen Funde wurden nach London ausgeführt. Die umliegenden Hügelsteilwände sind mit zahlreichen in Stein gehauenen Wasserreservoirs ausgestattet, die über die Jahrhunderte hinweg zu Gräbern umfunktioniert wurden und heute noch gut erkennbar sind.

ÜBERNACHTUNG

Delvar Hotel, Ra'is Ali Delvary St., am Shahdari Sq., ✆ 077-3332 6346. Die pyramidenähnliche Form macht das Hotel zu einem Blickfang, wenn auch nicht im positiven Sinne. Die Zimmer sind in einem dunklen Grundton gehalten und mit Teppichboden versehen. ❷

Hamisheh Sabz House, Khalij-e Fars St., an der westlichen Seite der Altstadt, ✆ 0917-773 0642. Der Hausherr Moshen hat Architektur studiert und kennt sich somit bestens mit den traditionellen Häusern Bushehrs aus, zu denen auch diese Unterkunft zählt. In unmittelbarer Strandnähe und doch mitten in der Altstadt gibt es hier freundliche Zimmer mit Schlafmöglichkeiten auf dem Boden und einer guten Rundumausstattung mit vielen Steckdosen, Kühlschrank und wahlweise asiatischen oder europäischen Toiletten. ❸

Plus Hotel, an der Navvab-e Safavi St., 100 m nördlich der Kreuzung zur Ra'is Ali Delvari St., ✆ 077-3332 2018. Das im Jahr 2016 eröffnete Hotel bietet eine klimatisierte, dunkel möblierte Lobby, gegen den Heißhunger hilft eine Snackbar. Ein bunter Teppich führt von der Lobby durch den Flur zu 58 Zimmern, die auf insgesamt fünf Stockwerke verteilt sind. Das rote Gebäude überragt seine nähere Umgebung deutlich, wodurch sich der nahe gelegene Hafen erblicken lässt. ❷

ESSEN

Ghavam Restaurant, an der Khalij-e Fars St. in der Qavam-Zisterne, ✆ 077-252 1790. Direkt am Meer gelegen, lassen sich hier laue Abende mit Shisha verbringen und solide persische Gerichte genießen, darunter Meeresfrüchte und Fisch. 🕒 tgl. 10.30–24 Uhr.

Kohan Cafe, Enqelab St., 100 m von der Liyan St., ✆ 901-187 5556. Die traditionelle Architektur aus der Qadjaren-Zeit ist hier erlebbar. Dieses charmante Ambiente wird auch von den Lianen bestimmt, die langsam, aber sicher den schön restaurierten Hof in Besitz nehmen. Gäste genießen neben bunten Glasfenstern und Büchern, die sich in den charakteristischen Wandnischen stapeln, Chai und Kuchen, 🕒 tgl. 8–11.30, 16.30–23.30 Uhr.

Recho Cafe, Liyan St., 50 m von der Khalij-e Fars St. entfernt, ✆ 077-3332 3900. Stilvoll und modern mutet nicht nur die Inneneinrichtung an, auch die Zubereitung und Darreichung der Salate, Waffeln und anderen Imbisse zeugt von Raffinesse. 🕒 Sa–Do 8–13, 17–23, Fr 9–13, 18–23 Uhr.

TOUREN

Yaghob Afsharian, ✆ 0913-951 6835, www.mtb2r.com, yaghob2bike. Organisiert von

DER SÜDEN

Shiraz aus Touren zum Jashak-Salzdom und besucht auf Wunsch auch Bandar-e Siraf. Yaghob zeichnet sich durch seine langjährige Erfahrung im Umgang mit Gästen aus und stellt Zelte zur Übernachtung bereit. Alternativ hilft Moshen vom **Hamisheh Sabz House** weiter, eine Tour direkt von Bushehr zu organisieren.

SONSTIGES

Medizinische Hilfe

Krankenhaus, 500 m nördlich des Azadi Sq. an der Taleqani St., unweit des Busbahnhofs.

Post

Postamt, Vali Asr St., an der Kreuzung mit der Hafez St., ⌚ Sa–Do 8–14 Uhr.

Reisebüros

Travel Agency Kia Parvaz, am östlichen Ende der Vali Asr St., ✆ 077-3333 2880. Hilft bei der Buchung von Inlandsflügen, Bussen, Zügen und bei allgemeinen Anfragen.

Visaverlängerungen

Visaverlängerung im **Immigration & Passport Office** in der Fakuri St., rund 100 m westlich des Niru-ye-Entezami Sq., ⌚ Sa–Mi 8–13.30, Do 8–11.30 Uhr.

TRANSPORT

Busse

Der **Busbahnhof** (Terminal-e Otobus) befindet sich 500 m östlich des Azadi Sq.
ABADAN (422 km, 6 Std.), mehrmals tgl. morgens bis nachmittags für 200 000 IRR.
AHVAZ (435 km, 6 Std.), mehrmals tgl. morgens bis nachts für 250 000 IRR, VIP für 350 000 IRR.
BANDAR ABBAS (770 km, 11 Std.), mehrmals tgl. nachmittags und abends für 350 000 IRR, VIP für 550 000 IRR.
BANDAR-E LENGEH (550 km, 8 1/2 Std.), mehrmals tgl. nachmittags für 300 000 IRR, VIP für 480 000 IRR.
ESFAHAN (622 km, 9 Std.), mehrmals tgl. vormittags bis nachts für 300 000 IRR, VIP für 500 000 IRR.
SHIRAZ (300 km, 5 1/2 Std.), mehrmals tgl. für 150 000 IRR, VIP für 250 000 IRR.
TEHERAN (1044 km, 14 Std.), mehrmals tgl. nachmittags bis abends für 450 000 IRR, VIP für 650 000 IRR.

Flüge

Der **Flughafen** liegt zentrumsnahe 3,5 km von der Altstadt und 7 km vom Busbahnhof entfernt.
ESFAHAN (So, Do, 1 1/4 Std.) mit Iranair.
MASHHAD (mehrmals wöchentl., 1 3/4 Std.) mit Ata und Zagros.
TEHERAN (mehrmals tgl., 1 1/2 Std.) mit Aseman, Iranair, Qeshmair, Taban und Zagros.

Bandar Abbas

Die Provinzhauptstadt von Hormozgan liegt strategisch günstig am Eingang des Persischen Golfs. Diese moderne Großstadt mit mehr als 500 000 Einwohnern ist ein **Verkehrsknotenpunkt** und für Reisende nicht mehr als eine Durchlaufstation auf dem Weg zu den Inseln des Persischen Golfs.

Benannt wurde die Stadt nach dem Mann, der sie groß machte und vom kleinen Fischerdorfstatus befreite: Schah Abbas I. baute den Hafen aus, nachdem er 1622 die Portugiesen auf Hormuz besiegt hatte. Mitte des 18. Jhs. folgte eine vorübergehende Durststrecke der Hafenstadt und Bushehr gewann an Bedeutung. Schließlich stand Bandar Abbas bis 1868 unter Kontrolle des omanischen Sultanats. Erst der Ausbau des Eisenbahnnetzes in den 1930er-Jahren und der Erste Golfkrieg verhalfen Bandar Abbas, das durch seine große Distanz zur irakischen Grenze weitaus sicherer war als Bushehr, zu neuer Größe. Heute ist Bandar Abbas' Hafen der größte des Landes. Als strategisch wichtiger Punkt darf er keinesfalls fotografiert werden. Ein offenes Geheimnis sind die blühenden Schmuggelgeschäfte zwischen arabischer und iranischer Seite des Golfs. Vor allem elektronische Waren werden illegal ins Land gebracht.

Von Bandar Abbas, vor Ort oft nur Bandar genannt, lassen sich sowohl die Insel Qeshm als auch Hormuz mit häufig verkehrenden Fähren erreichen.

Sehenswert ist der Fischmarkt, **Bazar-e Mahi Forushi**, an der Sayyadan St., der mit seiner großen Auswahl an Fisch und Meeresfrüchten früh morgens einen Besuch lohnt, ⌚ Sa–Do 7–20, Fr 7–11 Uhr. Östlich des Fischmarktes und nördlich des Hafens Hagani findet sich der herkömmliche **Bazar**, ⌚ Sa–Do 8–20 Uhr.

Eine Besonderheit der Stadt ist der Hindutempel **Ma'bade Henduha** an der Imam Khomeini St. Er wurde im 19. Jh. für die hier lebenden Hindus errichtet, die für die British East India Company arbeiteten. Der Tempel wurde schließlich zu einem Museum umfunktioniert, allerdings macht sich ein zunehmender Verfall bemerkbar, ⌚ Sa–Do 8–17 Uhr, Eintritt frei.

ÜBERNACHTUNG

Atilar Hotel, Edareh Post Alley, nordwestlich des Shahrbani Sq. (17 Shahrivar Sq.), an der Imam Khomeini St., ✆ 076-3222 7421. Ein unpersönliches Konferenzhotel mit teilweise kleinen Zimmern, aber freundlichem Personal. In unmittelbarer Nähe zum Hafen spricht für dieses Hotel vor allem die Lage und das etwas großzügigere Frühstück. ❸

Amin Hotel, Ayatolah Taleghani St. an der Kreuzung mit der Delgosha St., ✆ 076-3224 4305. Beinahe direkt am Meer und nur wenige Meter vom Fährhafen entfernt ist das Hotel eine günstige Option für geringe Ansprüche. Die Zimmer sind einfach und abgewohnt und in der näheren Umgebung befinden sich mehrere Imbissläden. ❸

Darya Hotel, Eskele St., 200 m entfernt vom Shahrbani Sq., auch 17 Shahrivar Sq., ✆ 076-3224 1941. Eine günstige Möglichkeit für Genügsame mit freundlichem Personal, Gemeinschaftsbädern und sehr einfachen Zimmern. ❶

Hormoz Hotel, am Enqelab Sq., ✆ 076-3342 2015. Schöne und geräumige Zimmer mit Teppichboden, wenn auch etwas altmodisch eingerichtet. Es stehen große Speise- und

Konferenzräume zur Verfügung; das Personal ist freundlich-distanziert. ❸

Naaz 2 Hotel, in einer kleinen Seitenstraße direkt hinter dem Qods Hotel, vom Imam Khomeini Blvd. abzweigend, 300 m östlich des Shahrbani Sq., ✆ 076-3222 6969. Wesentlich ruhigere Lage als das direkt an der Hauptstraße gelegene Qods. Kaum Englischkenntnisse, bescheidenes Frühstück, aber saubere Zimmer. ❷

Qods Hotel, Imam Khomeini Blvd., 300 m östlich des Shahrbani Sq., ✆ 076-222 2347. Das Qods, Naaz und Naaz 2 gehören demselben Eigentümer, weshalb die Angestellten schichtweise zwischen diesen drei Hotels wechseln. Daher variiert die Freundlichkeit und Hilfsbereitschaft des Personals stark. Reisebüro und Wechselstube sind angeschlossen, etwas abgewohnte Zimmer. ❷

ESSEN

Bandar, Sayyadan St., ✆ 076-3355 2530. Das unscheinbare Lokal liegt beim Fischmarkt und ist für seine frischen, leckeren Meeresfrüchte und Fischgerichte bekannt. ⌚ Sa–Do 12–14, 20–22, Fr 12–14 Uhr.

€ **Domino's Pizza**, Ayatolah Taleghani Blvd., ✆ 076-3221 2890. Ein akzeptabler Fast-Food-Laden mit iranischer Pizza und Blick aufs Meer. Eignet sich für den schnellen Hunger. ⌚ tgl.19–23.30 Uhr.

Fanoos Restaurant, Imam Khomeini Blvd., am Shahrbani Sq. (17 Shahrivar Sq.), ✆ 076-3225 4501. Eine zentrale und beliebte Anlaufstelle für traditionelle persische Küche. Modern eingerichtet mit einladender Terrasse. ⌚ tgl. 11–23 Uhr.

Hormoz Restaurant, im Hormoz Hotel, am Enqelab Sq., ✆ 076-3342 2015. Die Fischgerichte und Meeresfrüchte überzeugen in den großzügig gestalteten Räumlichkeiten des Hotels – dafür höhere Preise. ⌚ tgl. 11–23 Uhr.

SONSTIGES

Autovermietungen

Europcar Iran, im zentral gelegenen Hormoz Hotel am Enqelab Sq. untergebracht, ✆ 0917-211 1130, 💻 www.europcar.ir. ⌚ Sa–Mi 9–19, Do 9–13 Uhr.

Geld

Melli Bank, am Imam Khomeini Blvd. an der Kreuzung zur Bahador Jonobi St., ⌚ 7.30–13.30 Uhr.

Reisebüros

Atilar Safar Travel, im Atilar Hotel, Edareh Post Alley, nordwestlich des Sharbani Sq. (17 Shahrivar Sq.), ✆ 076-3224 4033, ✉ atilar_safar@yahoo.com. Grundlegende Englischkenntnisse des Personals helfen beim Buchen von Flügen, Bussen und allgemeinen Anfragen.

Visaverlängerungen

Visaverlängerung im **Immigration & Passport Office** am Imam Khomeini Blvd., rund 500 m westlich der Fajr St., ⌚ Sa–Mi 8–13.30, Do 8–11.30 Uhr.

TRANSPORT

Busse

Der **Busbahnhof** liegt am Azadi Blvd. an der Kreuzung mit dem Imamat Blvd., 8 km vom Fährhafen entfernt.

AHVAZ (1140 km, 15 Std.), tgl. 3x vormittags bis nachmittags für 528 000 IRR, VIP für 890 000 IRR.

BAM (406 km, 6 Std.), 1x tgl. mittags für 170 000 IRR.

BUSHEHR (770 km, 11 Std.), 1x tgl. nachmittags für 350 000 IRR.

DARAB (340 km, 5 Std.), 1x tgl. vormittags VIP für 240 000 IRR.

ESFAHAN (940 km, 13 Std.), 1x tgl. nachmittags VIP für 600 000 IRR.

KERMAN (490 km, 7 Std.), 3x tgl. vormittags bis nachts für 215 000 IRR, VIP für 350 000 IRR.

SHIRAZ (580 km, 9 Std.), mehrmals tgl. vormittags bis nachts VIP für 430 000 IRR.

SIRJAN (308 km, 4 1/2 Std.), mehrmals tgl. vormittags und abends für 150 000 IRR, VIP für 240 000 IRR.

TEHERAN (1280 km, 15 Std.), 1x tgl. vormittags für 530 000 IRR, VIP für 890 000 IRR.

YAZD (690 km, 10 Std.), mehrmals tgl. vormittags bis nachmittags für 280 000 IRR, VIP für 500 000 IRR.
ZAHEDAN (740 km, 10 Std.), 3x wöchentl. morgens für 310 000 IRR.

Eisenbahn

Der **Bahnhof** befindet sich 4 km nördlich des Fährhafens am Shohada Blvd.
ESFAHAN (940 km, 16 Std.), 4x wöchentl. nachmittags für 862 000 IRR.
SIRJAN (300 km, 5 Std.), 3x wöchentl. mittags und nachmittags für 357 000 IRR.
TEHERAN (1280 km, 19 Std.), tgl. nachmittags für 1 038 500 IRR.

Fähren

Der **Shahid-Haqani-Passagierhafen** liegt in der Nähe des Bazars, hinter dem Eingang warten Golfwagen, die man für die 380 m lange Wegstrecke zum Hafengebäude aber nicht unbedingt braucht. Auf der rechten Seite im Gebäude befindet sich der Ticketschalter für Hormuz und links der für Qeshm.
HORMUZ (40 Min.) um 7, 9, 12, 14, 17 und 20.30 Uhr für 70 000 IRR.
QESHM (1 Std.) alle 30 Min. von 6–22 Uhr für 150 000 IRR.
Die **Autofähre** nach Qeshm verkehrt ab dem 80 km entfernten Bandar-e Pol (S. 545).

Internationale Fähren

Schiffe in das Emirat Sharjah fahren am **Shahid-Bahonar-Fährhafen** ab, der sich rund 9 km westlich des Shahid-Haqani-Passagierhafens befindet. Empfohlen ist, sich defensiv und desinteressiert an der unmittelbaren Umgebung zu zeigen, denn hier liegt die Kriegsflotte der iranischen Marine.
SHARJAH (12 Std.), Sa, Mo und Mi um 21 Uhr, Hinfahrt für 3,15 Mio. IRR, hin und zurück 4,85 Mio. IRR.
Infos zu Tickets und Verbindungen unter 💻 www.valfajr.ir.

Fähren entlang des Persischen Golfs

Häufige Fähren verbinden das iranische Festland mit den umliegenden Inseln Hormuz, Qeshm und Kish. Tickets gibt es nur, wenn der Pass vorgelegt wird. Fähren werden oft wetterbedingt abgesagt. Reisende sollten das bei ihrer Planung im Hinterkopf behalten. Die Auswahl an aktiven internationalen Fährverbindungen ist an die aktuelle politische Lage geknüpft und kann sich jederzeit ändern.

Flüge

Der **Flughafen** liegt 5 km nordöstlich vom Busbahnhof entfernt.
AHVAZ (3x wöchentl., 1 1/2 Std.) mit Iranair und Karun.
DUBAI (2x wöchentl., 30 Min.) mit Iranair und Kishair.
MASHHAD (tgl., 1 1/2 Std.) mit Ata, Iranair, Kishair und Sepehran.
SHIRAZ (mehrmals tgl., 1 1/4 Std.) mit Aseman und Iranair.
TEHERAN (mehrmals tgl., 1 1/2 Std.) mit Aseman, Ata, Iranair, Kishair, Mahan, Sepehran und Zagros.

Minab

Bisher zieht es nur wenige Reisende auf den kunterbunten und authentischen **Donnerstagsmarkt** von Minab. Die Stadt liegt rund 110 km von Bandar Abbas entfernt. Man macht sich am besten schon früh morgens auf den Weg dorthin. Mitten im Marktgetümmel lässt sich fabelhaft in die lebendige Kultur des Persischen Golfs eintauchen. Dieser Bazar ist im Gegensatz zu anderen Bazaren des Landes in Frauenhand, denn vor allem Frauen verkaufen hier die charakteristisch bunten Tschadors, Masken, kunstvoll verzierten Pluderhosen, gewöhnungsbedürftige Fischmarmelade, Tabak, Gewürze und Früchte. Einige von ihnen rauchen währenddessen Wasserpfeife. Das alles sollte aber nicht darüber hinwegtäuschen, dass viele Frauen vollständig verhüllt und damit auch innerhalb Irans sehr konservativ gekleidet sind. Teilweise tragen die Frauen nicht mehr die farbenfrohen Kopftücher, sondern ersetzen sie durch schwarze Mäntel und den kostengünstigeren *niqab* (Gesichtsschleier).

Die Bandaris – Kultur an der Küste

Die Bezeichnung Bandari bedeutet nichts anderes als „vom Hafen“ und umfasst die ethnisch durch und durch heterogene Küstenbevölkerung der Provinz Hormozgan genauso wie deren Dialekt und Musik. Die kulturelle und ethnische Vielfalt in der Provinz setzt sich aus arabischen, afrikanischen, persischen und indischen Elementen zusammen, was natürlich mit der Lage an bedeutenden Handelsstraßen zu tun hat.

Inwiefern sich der Süden Irans und insbesondere Hormozgan vom restlichen Iran unterscheidet, lässt sich für Reisende leicht an den teils kunterbunten Kleidern, einem Hindutempel in Bandar Abbas oder Wasserpfeife rauchenden Frauen erkennen. Nur in diesem Teil des Landes trifft man auf das **Zar-Ritual**, das auf afrikanische Mythen und Religionen zurückgeht. Als *zar* wird ein magischer Wind bezeichnet, eine Art böser Geist, der von einem Besitz ergreift und durch das musikalisch begleitete Ritual ausgetrieben werden soll. Dabei verdeckt ein weißes Leintuch die Körper der Frauen und Männer, während sie in Trance verfallen.

Gesichtsmasken

Die charakteristische Kleidung für Frauen in Hormozgan unterscheidet sich grundlegend vom restlichen Iran: Sie tragen bunte Tschadors, eine Maske namens *boregheh* oder *burqa* und verzierte Pluderhosen *(shalvars)*. Die Maske ist in vielen verschiedenen Farben und Formen, in Leder oder Stoff erhältlich. Die lokale Bevölkerung kann anhand der Maske schnell erkennen, aus welchem Ort die Trägerin kommt. Besonders auf Qeshm ist bei älteren Frauen noch eine Maskenform zu sehen, die an einen Schnurrbart erinnert. Diese Masken sollten die Frauen strenger aussehen lassen, damit einmarschierende Truppen glaubten, es stünden Krieger vor ihnen. Viele der Masken auf der Insel Qeshm sind in einem schlichten Schwarz oder in Gold gehalten. Ältere Frauen entfernen ihre Maske nie in Gegenwart von Fremden.

Heute wie damals liegt der Zweck der Masken in der Verhüllung. Prinzipiell hindern die Masken Frauen in Hormozgan aber nicht daran, mit Männern zu reden und am öffentlichen Leben teilzunehmen. Es lohnt ein genauerer Blick auf die einzelnen Gegenden. So ist im belutschisch dominierten und konservativen Minab die Maske weitaus präsenter als auf der Insel Hormuz, wo die meisten jungen Frauen im Alltag keine Masken mehr tragen, sie aber als lokale Tradition und Kunsthandwerk weiterhin schätzen und zu Festanlässen tragen.

ÜBERNACHTUNG

Sadaf Hotel, zentral gelegen am Val Asr Blvd., ✆ 076-52999. Wer eine Stunde länger im Bett bleiben möchte, kann auch in Minab übernachten und am nächsten Morgen den Markt besuchen. Unpersönliche, aber saubere Zimmer, kein Englisch. ❷

TRANSPORT

Eine Strecke mit dem **Taxi** von BANDAR ABBAS (1 Std.) kostet 150 000 IRR. Der Taxistand nach Minab findet sich in der Imam Khomeini St. an der Kreuzung zum 17 Shahrivar Sq.

Hormuz

Nur etwa 20 km von Bandar Abbas' Hafen entfernt liegt die verschlafene Insel Hormuz. Auf nur 42 km² bietet die hügelige Insel, die beinahe ausschließlich aus Sedimentgesteinen besteht, eine große landschaftliche Vielfalt und wird wegen der vielen Farbnuancen von Stein und Sand auch **„Rainbow Island"** genannt. Lange hatte die Insel den Ruf, das Aussteigerparadies für iranische Hippies zu sein und sich der staatlichen Kontrolle mehr zu entziehen als andere Regionen. Die Zeiten sind vorbei, wenngleich abgelegene Buchten immer noch gern zum unbeschwerten Baden genutzt werden. Im Winter zieht Hormuz heute vor allem junge Backpacker aus Teheran an, die das entspannte Inselleben suchen und an abgeschiedenen Stränden campen. Unter westlichen Reisenden ist Hormuz weit weniger bekannt und gilt immer noch als „Geheimtipp". Die Insel erlangte ihren Namen durch die im 14. Jh. gegründete Siedlung, die als „neues Hormuz" zur Residenz des Fürsten Emir Baha ad-Din Ayaz wurde, als er die gleichnamige Hafenstadt, das „alte Hormuz", am Festland wegen der mongolischen Kriegszüge aufgab. Die strategisch günstige Lage der Insel innerhalb einer Meerenge, der **Straße von Hormuz**, ließ die Insel besonders unter portugiesischer Vorherrschaft im 16. Jh. zu einem wichtigen Handelsplatz werden, ehe sie 1622 von Schah Abbas I. wieder eingenommen wurde.

Inselrundfahrt

Es gibt nur eine Hauptstraße, die von der Siedlung Hormuz um die gesamte Insel und dabei gleichzeitig zu allen sehenswerten Plätzen führt. Für eine Inselrundfahrt sollten in Anbetracht der vielen Stopps drei bis fünf Stunden eingerechnet werden. Die Tour beginnt am **Hafen** und kann je nach Belieben im oder gegen den Uhrzeigersinn der beinahe kreisrunden Insel gemacht werden. Zu den wichtigsten Stationen gehören der zentral gelegene **Salzdom**, das auf der Südwestseite gelegene **Rainbow Valley** mit seinen vielfarbigen Steinformationen und das **Valley of Statues**. Ein kleiner Weg führt zu diesen von Wind und Wetter interessant gezeichneten Felsformationen und damit auch zum äußersten Rand einer Klippe mit Blick auf die goldenen Strände, auf Klippen, die unter dem Namen „Sunset Tower" bekannt sind, und auf die großen Frachtschiffe im Hafen von Bandar Abbas. Dieser Aussichtspunkt ist besonders schön, aber im Licht des späten Nachmittags entsprechend voll.

Die hohe Eisenkonzentration lässt den Sandstrand und die umliegenden Hügel einer weiteren Sehenswürdigkeit namens **Red Beach** in einem tiefen Rot erstrahlen. Es ist einer der vielen beliebten **Campingplätze**, wobei die Insel mehrere schöne Sandstrände und spektakuläre Klippen bietet. Auf der ganzen Insel verteilt finden sich verschiedene Stationen, die zu ästhetisch ansprechenden Salzablagerungen und Salzdomen führen. Etwas abseits der Straße im südlichen Inselinneren sind **Gazellen** beheimatet.

Baden in der Öffentlichkeit

Iran ist als Badedestination mehr als ungeeignet, und Grund dafür sind unter anderem die leidigen **Kleidungsvorschriften**. In Ausnahmefällen gibt es geschlechtergetrennte Strandabschnitte wie auf Kish, wo Frauen dann offiziell Bikinis tragen dürfen. Ansonsten können Frauen nur vollständig bekleidet an öffentlichen Stränden baden, wohingegen Männer problemlos in Badehose schwimmen gehen können. An **abgelegenen Stränden**, wie sie vor allem auch auf Hormuz zu finden sind, wird allerdings nichts so heiß gegessen wie gekocht. Ein langes T-Shirt genügt – sollte die Einsamkeit am Strand gestört werden, sollte frau zumindest ein langes Hand- und Kopftuch griffbereit haben. Was gewagt werden kann, obliegt der eigenen und wohlüberlegten Einschätzung unter Rücksichtnahme auf die lokale Bevölkerung.

Portugiesisches Fort

Unter portugiesischer Vorherrschaft wurde am nördlichsten Ende der Insel ein Fort aus rotem Stein errichtet, das ursprünglich durch einen Wassergraben vom Rest der Siedlung getrennt war. Teilweise wurden beim Bau der Festung Korallen verwendet. Das Fort ist begehbar und trotz seines zunehmenden Verfalls sehenswert. ⌚ tgl. 8–18 Uhr, 150 000 IRR.

Paradise Art Centre von Ahmad Nadalian

Das Kunstzentrum und Museum vereint umweltbewusste Kunst und soziales Engagement miteinander. Auf Initiative des Künstlers Ahmad Nadalian werden lokale Frauen im Sinne der Selbstermächtigung darin unterrichtet, wie sie mit vorwiegend organischen Materialien der Insel Kunstwerke schaffen können.

Heute existiert neben dem Kunstzentrum die **Association of Women Painters**. Viele Frauen erlangten durch den Verkauf ihrer Werke die Möglichkeit, ein zusätzliches Einkommen zu erwirtschaften, und fanden gleichzeitig ein Vehikel, um die eigene Lebensgeschichte bzw. -realität künstlerisch zu verarbeiten. Von Zeit zu Zeit werden auch riesige **Sandbilder** in umliegende Sandstrände gemalt, die Reisende bei Inselrundfahrten entdecken können. Im Paradise Art Centre sind neben ausgewählten Kunstwerken auch traditionelle Kleidungsstücke wie bestickte *shalvars*, die regionalen Pluderhosen, und kurze Dokumentarfilme zu sehen. Wer sich künstlerisch oder sozial engagieren will, kann mit Ahmad Nadalian, der im Winter auf Hormuz und Qeshm tätig ist, unter ✆ 0912-148 2177 oder 💻 www.riverart.net Kontakt aufnehmen.

Das Kunstzentrum liegt mitten in der Siedlung an der Emam Hameni St. Den Weg durch die Häusergassen zum Museum schmücken viele **Wandmalereien** lokaler Künstlerinnen einschließlich hilfreicher Richtungspfeile. ⌚ tgl. 9–17 Uhr, 20 000 IRR.

ÜBERNACHTUNG

Die Vermietung von privaten Unterkünften ist gang und gäbe, die Tuk-Tuk-Fahrer beim Hafen können weiterhelfen. Besonders in der näheren Umgebung des Paradise Art Centre nehmen Frauen immer wieder Reisende und Künstler in ihre Häuser auf.

Ahmad Hormozis House, ✆ 0938-316 8554. Der Tuk-Tuk-Fahrer und Guide spricht gutes Englisch und verfügt über ein Homestay mit 2 Räumen für jeweils 4–5 Personen an der westlichen Uferpromenade in Richtung Fort. Die Nacht kostet um die 700 000 IRR p. P.

Hasan's Mother Home, zwei Häuser nördlich der Moschee mitten im Häusergewirr, ✆ 0917–1697644, ✉ elmedas@gmail.com, ⓘ hasan daryapeyma. Hasan ist beim portugiesischen Fort anzutreffen, spricht aber leider kein Englisch, daher läuft die Kommunikation über einen Dolmetscher, der angerufen wird. Es werden mehrere einfache Räume mit Matten im familiären Ambiente angeboten, ggf. können größere Gruppen bis zu 25 Personen untergebracht werden, die bei Verwandten unterkommen. Die Nacht kostet um die 700 000 IRR p. P., gegen einen kleinen Aufschlag gibt es drei Mahlzeiten am Tag.

Red Beach Hotel (Sahel Sorkh Hotel), am nördlichen Ende der Varzesh St., ✆ 0912-157 5713, 💻 www.sahelsorkh.ir, ⓘ hotelsahel sorkh. Wer auf den Komfort von Betten nicht verzichten will, ist bei Ali und seinem Sohn gut aufgehoben, beide sprechen Englisch. Die 4 Zimmer, die mit je 2 Doppelbetten ausgestattet sind, werden über einen steril wirkenden Innenhof betreten. Im sauberen Bad werden frische Handtücher und Shampoo bereitgestellt. Eine Küche macht Selbstversorgung möglich. Eine Couch und Sessel zählen ebenso zur Ausstattung wie AC und TV. Auf der Außenseite befindet sich das Büro, in dem 4 Räder für um 60 000 IRR pro Stunde gemietet werden können. Touren werden organisiert, auch mit dem hauseigenen Boot für 1,6 Mio. IRR für 1–1 1/2 Std. ❸

Saboora Hostel, Farvardin 12th St., ✆ 0917-499 9623. Das künstlerisch liebevoll eingerichtete Hostel lässt die Herzen junger und alternativer Backpacker höherschlagen. Viele bleiben hier wegen der entspannten Atmosphäre länger als geplant. Innenhof und Garten sind ein Gesamtkunstwerk mit Wandmalereien und zahlreichen kleinen Details.

Die Räume sind traditionell mit Matten und Decken ausgestattet, die Nacht kostet 500 000 IRR. Ein einfaches Frühstück ist inkludiert, Tee den ganzen Tag über verfügbar. Die Inhaber sind ausgesprochen freundlich und helfen gerne weiter.

ESSEN

€ **Essen in privaten Häusern**: In von außen unscheinbar wirkenden Häusern kochen lokale Familien für Gäste. Man kann sich zu jeder Unterkunft Essen von dort liefern lassen. Gegenüber dem Saboora Hostel verkauft am Abend eine Familie einfache, aber köstliche Speisen wie *ash-e reshtheh,* einen Eintopf, und *samosa* zu günstigen Preisen. Entlang der Gasse hinter dem Saboora Hostel findet sich das Sahel „Restaurant". Es handelt sich hierbei ebenfalls um eines der privaten Häuser, wo mittags köstlicher Fisch und Shrimps angeboten werden.

Gelak Cafe, in der westlichen Hafenstraße Richtung Fort, ✆ 0912-570 3476, cafe_gelak_hormuz. Das Café wurde mit alten Teilen eines Lenj-Schiffes ausgestattet. Die künstlerisch angehauchte Atmosphäre macht das Lokal zu einem beliebten Treffpunkt für junge Reisende aus Teheran. Gute Küche, empfehlenswertes *ghalieh mahi*, Fischeintopf, aber verhältnismäßig teuer. ⌚ tgl. 8–21 Uhr.

Rong Cafe, direkt neben dem Landungssteg, Rongcenter. Bietet ausgesprochen guten Kaffee. ⌚ tgl. 8–13, 17–22 Uhr.

Singow Cafe, Imam Khomeini St., ✆ 0912-210 4712. Abgesehen von Snacks gibt es in dem Café mit lauschigem Hof leckeres Frühstück mit Toastvariationen und gutem Kaffee. ⌚ tgl. 8.30–22 Uhr.

SONSTIGES

Einkaufen

Kleinere Geschäfte und eine Bäckerei sind in der Imam Khomeini St. zu finden.

Ein Geschäft für Fischereibedarf mit einer kleinen Auswahl an **Campingausrüstung** ist gegenüber dem Fährticketshop beim Kreisverkehr vor dem Hafen angesiedelt.

Fahrradverleih

Mountainbikes für 70 000 IRR/Std. stehen beim **Rong Center** direkt am Landungssteg bereit. ⌚ tgl. 8–22 Uhr.

Informationen

Englischsprachige Übersichtskarten von der Insel gibt es beim Ticket-Container des portugiesischen Forts.

NAHVERKEHR

Tuk-Tuks dominieren den Nahverkehr und verlangen 200 000 IRR/Std. Mit einem der wenigen **Autos** auf der Insel lässt sich für 200 000 IRR/Std. eine Tour unternehmen. **Motorroller** kosten 150 000 IRR/Std. Auch sie werden von Einheimischen am Landungssteg angeboten – einfach darauf ansprechen.

TRANSPORT

Meist lässt sich die **Fähre** bereits eine halbe Stunde vor Abfahrt betreten. Tickets für Bandar Abbas und Qeshm sind beim Kreisverkehr vor dem Hafen erhältlich.

Nach BANDAR ABBAS (40 Min.) um 8, 10, 13, 15 und 18 Uhr für 70 000 IRR; nach QESHM (50 Min.) um 8 und 15 Uhr für 90 000 IRR.

Qeshm

Nur hier kann man sich an einem Tag in atemberaubenden Schluchten, Salzhöhlen, Mangrovenwäldern und orientalischen Altstadtgassen verlieren und Delfine und seltene Karettschildkröten beobachten. Die Insel ist ein wahres Naturparadies, das nicht nur geologisch Interessierte in seinen Bann zieht.

Die mit 135 km Länge und max. 40 km Breite größte Insel des Persischen Golfs darf sich zu den **Globalen Geoparks der Unesco** zählen. Die Idee hinter diesen Geoparks ist, wichtige Naturlandschaften von geologischer Bedeutung zu definieren, sie durch entsprechende Einbindung der lokalen Bevölkerung zu schützen und auf Geotourismus zu setzen, um insgesamt eine nachhaltige Entwicklung der Region zu stärken.

Qeshm
N
0
20 km
ÜBERNACHTUNG
1 Amini Guesthouse
2 Haftrangoo Homestay
3 Badgiran Guesthouse
4 Coludang Homestay
5 Friend's Home,
Lard Local Guesthoue
6 Medali Guesthouse
7 Assad Homestay
8 Zinat Homestay
9 Mrs. Fatahi
Kuh-e Puhal-e Khamir
96
Bandar Abbas
Hormuz
Kol
Bandar-e Pol
Bandar-e Khamir
Chah Sahari
Bandar-e Koneh
Chah Ahmad
Dezhgan
Mehran
Bandar-e Kong
Bandar-e Lengeh,
Bushehr
Sayeh Khvosh
Bandar-e Laft
Hara-Mangrovenwald
BOOTSABLEGESTELLE
QESHM
Dargahan
Holor
Tola
Defari
Kabli
Qeshm City
Kuvei
Kharbas-Höhlen
Giahdan
Island Cable Park
Ramchah
s. Detailplan Qeshm City S. 537
Zainabi
Paiposht
Tourian
Ramkan
Darreh Setareha
Zirang
Berkeh Khalaf
Gorbadan
Rigu
Gavarzin
Tonban
Dehkhoda
Soheili
Parvaz
FLUGHAFEN
Dayrestan
Messen
Suza
NAZ ISLAND
Melki
Tabl
Haft Rango
Traditioneller Schiffsbau
Guran
Dorbani
Tandisha-Tal
Qeshm Roof
Chahkuh Sharghi
Canyon Chahkuh
Bandar-e Dulab
Salakh
Hengam
Shibderaz
Britischer Friedhof
Basaidu
Daraku
Konar Shah
Namakdan-Salzdom und -höhle
Goori
Shour Valley
Kani
Dustaku
HENGAM
Straße von Hormuz
Teheran

Seit der Ernennung 2006 interessieren sich zunehmend mehr iranische Reisende für diese Insel. Zeitweilig wurde der Geopark-Status wegen Nichteinhaltung der Kriterien allerdings wieder aberkannt. Die Wiederaufnahme in die Liste der Geoparks erfolgte erst 2017. Die große geologische Vielfalt, u. a. zu sehen an Erosionslandschaften und Salzhöhlen, sowie die beachtenswerte Fauna und Flora machen Qeshm einzigartig. Dabei eröffnet die Insel an der gestern wie heute bedeutenden Handelsstraße von Hormuz auch einen Einblick in das facettenreiche Kulturerbe der hier lebenden Bandaris (S. 532). Besonders die Frauen der vielen verstreuten Dörfer tragen heute noch die traditionelle Kleidung einschließlich der Boregheh-Maske, und in manchen Küstenstädten trifft man nach wie vor auf die alte Schiffsbaukunst der Region.

Qeshm City

Reisende besuchen Qeshm wegen des außerordentlichen Naturerbes, aber zunächst landen die meisten mit der Fähre im städtischen Zentrum der Insel. Die Stadt Qeshm bietet neben einer großen Anzahl an unpersönlichen Hotels nicht viel, es sei denn, man ist zum **Shoppen** hier. Bei der gesamten Insel handelt es sich um eine Freihandelszone und viele iranische Reisende nützen die Gelegenheit, sich unter anderem mit Markenprodukten einzudecken. Ganz entgegen dem restlichen Inselleben sorgen hier große Einkaufszentren für regelrechte Konsumräusche. Die portugiesische Kolonialmacht hat nicht nur auf Hormuz, sondern auch hier ein **Fort** hinterlassen. Die Überreste davon lassen sich besichtigen.

Von Qeshm City nach Shibderaz

Vom Zentrum der Stadt Qeshm aus folgen nach 13 km entlang der Südküste die **Kharbas-Höhlen**. Sie dienten einst vor allem Frauen, Kindern und Alten als Zufluchtsstätte, wenn das gleichnamige Dorf von Piraten heimgesucht wurde. Ein kleines Tunnelsystem führt zu den Räumlichkeiten in der Höhlenwand. 🕒 tgl. 8–19 Uhr, 60 000 IRR. Nur 1 km davon entfernt findet sich das **Golden Beach Resort** einschließlich des Island Cable Parks, wo sich Gäste im Wakeboarding versuchen können (S. 543).

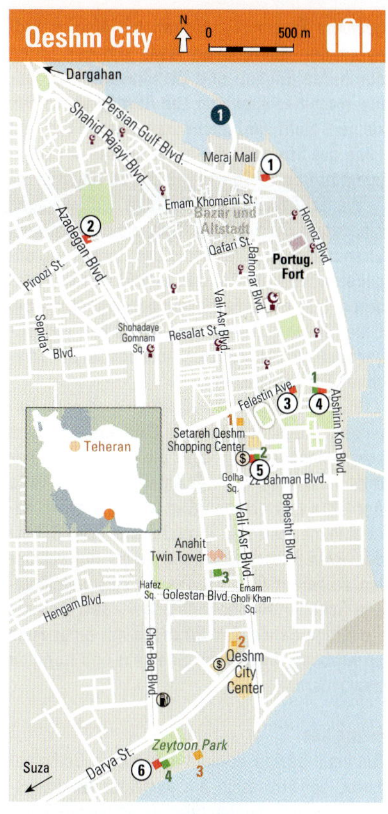

ÜBERNACHTUNG
1. Geo Park Hotel
2. Alvand Hotel
3. Sun City Hotel
4. Rayhaan Hotel
5. Marina Hotel 2
6. Shabhaye Talai

TRANSPORT
1. Bahman-Fährhafen

ESSEN
1. Meyles Restaurant
2. Khanboom Restaurant
3. Badil Restaurant
4. Shabhaye Talai Restaurant

SONSTIGES
1. Qeshm Geopark Office
2. Homa Parais Ghesm
3. Blue Dolphin Diving School

Die pittoresk anmutende Erosionslandschaft **Darreh Setareha** ist zweifellos eine der Hauptsehenswürdigkeiten der Insel und liegt unweit des Dorfes Berkeh Khalaf. Der Name Sternental ist auf die Legende zurückzuführen, dass vor langer Zeit ein herabgefallener Stern diese Landschaft geformt haben soll. Ein Weg führt entlang des oberen Plateaus, wovon sich die

DER SÜDEN

gesamte Erosionslandschaft mit einigen Erdpyramiden überblicken lässt. Um von unten durch das Säulen- und Wandlabyrinth zu laufen, wagt man entweder den Abstieg über einen kleinen, nicht ganz leicht erkennbaren Weg am Ende der Strecke oder kehrt an den Anfangspunkt zurück. ⌚ So–Fr 8–19 Uhr, 30 000 IRR.

Weiter die Küste entlang folgt nach wenigen Kilometern die Siedlung **Rigu**, wo am zentralen Strandabschnitt Kitesurfing und Paragliding angeboten werden. Als **Naz Island** werden wiederum drei kleine Felsinseln bezeichnet, die bei Ebbe für zwei Stunden am Tag zu Fuß erreichbar sind und als beliebtes Ausflugsziel bei iranischen Familien gelten.

Vorbei an **Suza**, das vor allem eine nette Unterkunft bietet, geht es nach **Shibderaz** und dem ausgewiesenen Strand für die gefährdeten Karettschildkröten, die hier Anfang März bis Mitte April ihre Eier ablegen. Die Nester werden daraufhin markiert und abgezäunt, um den Schutz der vielen Babyschildkröten, die bis Juni schlüpfen, zu garantieren. Abseits der saisonabhängigen Schildkrötenbeobachtungen lässt sich die vielfältige Fauna des Strandes mit einer Fülle an Krebsen, Muscheln, Seeigeln und Korallen bewundern.

Hengam

Die Insel Qeshm ist nicht nur wie ein Delfin geformt, sondern auch ein perfekter Ausgangspunkt für Delfinbeobachtungen. In unmittelbarer Nähe zur kleinen Insel Hengam, die von Shibderaz' Hafen aus innerhalb von wenigen Minuten erreichbar ist, zeigen sich oft, wenn auch nicht immer, größere Gruppen von **Delfinen**, die teilweise aus Neugier sehr nahe an die Boote herankommen. Während der Hauptsaison zwischen spätem Herbst und Frühjahr sind hier einige Boote gleichzeitig unterwegs, um mit den Gästen nach den majestätischen Tieren Ausschau zu halten. Diese meist 30-minütigen Bootstouren halten schließlich auf der Insel Hengam, wo zahlreiche touristische **Souvenirstände** warten. Sie stellen eine wichtige Einnahmequelle für die Frauen Hengams dar, während die Männer meist Fischfang betreiben. Bei den prächtigen Muscheln, die hier angeboten werden, ist allerdings Vorsicht geboten: Viele Muscheln und Schneckengehäuse sind artengeschützt und die Einfuhr ist damit verboten. Abgesehen davon handelt es sich oft um Importe aus China. Einige Frauen bieten rote **Hennatattoos** an, und Imbissläden verwöhnen u. a. mit köstlichen Teigtaschen mit Shrimps- und Fischfüllung oder Kräuterkartoffelpaste.

Nach den Verkaufsständen führt ein Weg durch die ruhigen Gassen des Dorfes weiter ins einsame Hinterland, wo auch **Gazellen** beheimatet sind. Am Hafen sind wiederum Überreste von portugiesischen Schiffswracks zu sehen, und auch **Tauchgänge** zu den umliegenden Korallenriffen werden angeboten.

Der Westen

Über die Hauptstraße geht es vorbei am Flughafen in das 37 km entfernte Dorf **Salakh**, das Einblicke in das kulturelle Leben auf der Insel ermöglicht. Es finden immer wieder Konzerte lokaler Musiker statt, und der Künstler Ahmad Nadalian (S. 534) hat hier eine zweite Paradise Art Gallery gegründet, wo vor allem Frauen ihre Kunst ausstellen. Die Inhaberin des Zinat Homestays informiert gerne über aktuelle Veranstaltungen.

Nur noch in Salakh wird jährlich im Juli das Nowruz-e Sayyad (Neujahrsfest der Fischer) gefeiert. Die brütende Sommerhitze ist auch dafür verantwortlich, dass Kamelbesitzer ihre Tiere regelmäßig ins seichte Meerwasser treiben, wo sie sich Abkühlung verschaffen können und zugleich einen besonderen Anblick bieten.

Etwas weiter im Inselinneren findet sich das Aussichtsplateau **Qeshm Roof**, von dem aus sich weite Teile der Insel überblicken lassen. Vorsicht ist bei den hier sichtbaren Gasfeldern geboten, die nicht fotografiert werden sollten.

Der Südküste gen Westen folgend kann die größte **Salzhöhle** der Welt und der dazugehörige **Namakdan-Salzdom** (zur Entstehung von Salzdomen s. S. 527) besichtigt werden. Bei der ausgeschilderten Zufahrt sind Stirnlampen vom abrufbereiten Pförtner erhältlich. Die über 6 km lange Höhle kann wenige Meter auf eigene Faust betreten werden; für größere Erkundungen empfiehlt sich eine organisierte Tour. Das gilt ebenso für kleinere Salzhöhlen der Umgebung. Auch eine dritte Höhle ist vor Ort zu finden. Um diese zu betreten, wird aber eine Erlaubnis des Geoparkmanagements benötigt. Gips und Salz gehören zu den verkarstungsfähigsten Gesteinen, so sind beim Salzdom unzählige Verkarstungsprozesse zu beobachten, und einer davon ist die Salzhöhle selbst. Kurz nach dem Salzdom findet sich inmitten des **Shour Valley** eine weitere Erosionslandschaft.

Bei der nächsten Station, dem **Chahkuh Canyon**, handelt es sich um eine der absoluten Hauptattraktionen der Insel. Eine Besonderheit sind die konkav geformten Vertiefungen der Schlucht. Diese runden Hohlformen, auch Kolke genannt, entstehen, wenn Gerölle von einem stationären Wirbel erfasst werden und in Rotation geraten. Die Gerölle reiben sich dann langsam in die Tiefe. Im Canyon sind außerdem flache Brunnen zu sehen, die als Wasserreservoir für kostbares Regenwasser genutzt wurden. Für Erkundungstouren durch den engen Teil des Canyons empfiehlt sich festes Schuhwerk. ⌚ 8–19 Uhr, 20 000 IRR.

Am äußersten Inselzipfel im Westen steht bis heute ein kleiner und zunehmend verfallender **britischer Friedhof**. Dort wurden im frühen 19. Jh. unter dem Qadjaren-Herrscher Fath Ali Schah britische Regierungsbeamte und Militärs beerdigt.

An manchen Orten entlang der nördlichen Inselküste ist die Baukunst der als **Lenj** bekannten Holzschiffe noch erhalten geblieben. Eine besonders eindrückliche Werft und Schiffe sind an der Küste des Dorfes **Guran** zu sehen. Die an den Schiffen arbeitenden Männer erzählen gerne über die Schiffsbautradition und führen auch zu besonders alten Booten. Neben den vereinzelten Lenjs, die gebaut und repariert werden, fallen aber auch solche ins Auge, die offensichtlich dem Verfall preisgegeben sind.

Einen Katzensprung von Guran entfernt befindet sich das **Tandisha-Tal der Statuen** als weiteres Beispiel interessanter Erosionslandschaften der Insel.

Traditioneller Schiffsbau

Der moderne Schiffsbau lässt die Nachfrage nach den traditionellen Holzschiffen, lokal als **Lenj** bekannt, mit einem Fassungsvermögen von 120 bis 400 Tonnen rapide sinken, was die historisch tief verankerte Schiffsbaukunst bedroht. Das über Jahrhunderte von Generation zu Generation mündlich tradierte kulturelle Erbe umfasst neben dem Wissen um die Handwerkskunst an sich auch Zeremonien, Geschichten und Lieder. Einst wurden Lenj-Schiffe, eine Variante des iranischen Dau-Segelschiffs, für das Fischen, Perlentauchen oder auch für größere Seereisen bis nach Kuwait, Bahrain und Afrika eingesetzt. Gegenwärtig werden sie immer noch als Handelsschiffe nach Sharjah in den Vereinigten Emiraten genutzt. Viele traditionelle Werften sind mittlerweile vor allem zu Reparaturstätten für bereits existierende Lenj-Schiffe geworden.

Hara-Mangrovenwald und Bandar-e Laft

Über 150 verschiedene Zugvögel sollen im **Hara-Mangrovengebiet**, dessen Kernbereich sich auf über 27 685 ha erstreckt, zeitweise beheimatet sein. Der von der Unesco ernannte Biosphärenpark ist nach dem lokalen Wort für die dominierende Baumart *Avicennia marina* benannt. Das einzigartige Ökosystem kann über die vielen Wasserläufe mit kleinen Speedbooten erkundet werden (s. Touren). Die ruhigere See und die großen Wattflächen zwischen Qeshm und dem Festland begünstigen den Wuchs der im Salzwasser überlebenden Mangrovenbäume.

Die Altstadt der Siedlung **Bandar-e Laft** lädt mit ihren lieblichen Gassen, den zahlreichen und architektonisch unterschiedlich gestalteten Windtürmen (S. 270), Palmen, den Minaretten und den am Ufer stehenden Lenj-Holzschiffen zum Träumen ein. Im Herzen der Altstadt findet sich ein Kulturzentrum mit ausgestellten Kleidungsstücken und traditionell gestalteten Räumen. Die historischen Tala-Wasserbrunnen, mit denen Regenwasser gesammelt wurde, sind vor allem neben der überschaubaren Festung Naderi zu sehen. Die in der Siedlung ebenfalls vorhandenen antiken Wasserreservoirs werden bis heute genutzt. Von der Festung aus lässt sich eine Anhöhe besteigen, von der aus sich ein herrlicher Blick über das gesamte Altstadtpanorama bietet.

ÜBERNACHTUNG

Qeshm City

Alvand Hotel, Piroozi St., an der Kreuzung zum Azadegan Blvd. gelegen, ✆ 076-3522 8908. Die etwas dunkel gehaltenen Zimmer sind nur spärlich möbliert. Kein Englisch, passables Frühstück. ❸

Geo Park Hotel, bei der Meraj Mall am Persian Gulf Blvd., ✆ 076-3522 1630, ✉ info@geopark hotel.ir. Das in die Jahre gekommene Hotel befindet sich unweit vom Passagierhafen, zeichnet sich durch freundliches Personal aus und bietet immer noch passable, saubere Räume. Der Bazar ist von hier aus schnell erreicht. ❷

Marina Hotel 2, neben der Makan Bank beim Vali Asr Blvd., 100 m nordöstlich des Golha Sq., ✆ 076-3524 4596, 💻 www.marina hotelqeshm.com, Marinahotel.qeshm. Das etwas abgewohnte Hotel hält einfache Räume bereit und versorgt Gäste mit einem simplen Frühstück. ❸

Rayhaan Hotel, Felestin Ave., ✆ 076-352 43466, ✉ info@rayhaanhotel.ir. Hell und freundlich eingerichtete und gut ausgestattete Zimmer sowie ein professionelles Hotelpersonal sorgen für einen sehr angenehmen Aufenthalt. Wie die meisten Hotels in Qeshm City auf iranische Gäste ausgelegt, deswegen nur dürftige Englischkenntnisse. Restaurant und Café sind angeschlossen. ❸

Shabhaye Talai, Darya St., im Zeytoon Park am Strand, ✆ 0933-597 9673, ✉ shabhayetalai @gmail.com, shabhayetalai. Das deutsch-iranische Pärchen wird für seine Hilfsbereitschaft geschätzt und hat für alle Belange ein offenes Ohr. Für die Gäste dienen rustikal eingerichtete Container als Zimmer, die neben dem hauseigenen Outdoor-Restaurant und der Küche liegen. Auch Touren werden angeboten. ❸

Sun City Hotel, Felestine Ave., ✆ 076-3524 80516. Schmucklos gestaltete, aber saubere Räume, die sich auf das Nötigste beschränken. Eines der günstigeren Hotels in der Stadt, wahlweise mit westlichen oder asiatischen Toiletten. Das Personal verfügt über keine Englischkenntnisse. ❸

Übrige Insel

Alle Gästehäuser und Homestays bieten – sofern nicht von Betten die Rede ist – traditionelle Schlafmöglichkeiten in Form von Matratzen auf dem Boden für 500 000 bis 700 000 IRR p. P. und Nacht, dazu kommt ein Preisaufschlag, wenn außerdem Verpflegung gewünscht wird.

Amini Guesthouse, in Tabl, neben der Eslah-Moschee, ✆ 0917-767 7601. Mr. Amini spricht sehr gut Englisch und ist äußerst bemüht um seine Gäste. Lokale Musiker sorgen immer wieder für gute Laune. Wie in allen Gästehäusern auf Qeshm gibt es auch hier sehr gutes Essen für 400 000 IRR. In der Hauptstraße finden sich kleine Essensstände, die Falafel für 100 000 IRR anbieten. Tochter und Sohn sind Tourguides und können über die Unterkunft gebucht werden. Pick-up-Service von verschiedenen Ankunftsorten möglich.

Assad Homestay, in Bandar-e Doulab, ✆ 0936-247 7331, ✉ assad2426@ yahoo.com, assad_bed_and_breakfast. Die Unterkunft zeichnet sich durch die Herzlichkeit der Gastgeberfamilie aus. Assad und seine Tochter sprechen fließend Englisch und sorgen für einen unterhaltsamen Aufenthalt. Die 6-Bett-Zimmer sind klein und einfach. Der erfahrene und geschätzte Tourguide Assad organisiert auch Abholungen von Qeshm City oder vom Flughafen. Die Gastgeberin verwöhnt mit guter Küche (auf Wunsch auch vegetarisch) und verkauft selbst gemachte Handarbeiten. Assad bietet 2-tägige Touren an, Kosten pro Auto: 90 €.

Badgiran Guesthouse, in Soheili, ✆ 0917-888 7491, baadgiran, Die mit Klimaanlagen ausgestatteten Räume sorgen auch während der heißeren Jahreszeit für einen erträglichen Aufenthalt.

Coludang Homestay, im südlichen Teil der Ortschaft Dehkhoda, ✆ 0917-366 5256, ✉ info@ qeshmtour.com. Im schönen und gemütlichen Innenhof spenden Bäume Schatten. Frühstück, Lunch und Abendessen können auch separat gebucht werden. Der Betreiber Nuredin bietet Touren rund um die Insel an.

Friend's Home, in Suza, 150 m südöstlich vom Azadi Sq., ✆ 0917-865 1144, ✉ friendhome

Im Chahkuh Canyon auf der Insel Qeshm fühlen sich auch Frösche wohl.

qeshm@gmail.com, friend_home_qeshm. Freundlich gestaltetes Homestay mit modernen Sanitäranlagen. Die 10 Räume sind über den großzügigen Innenhof erreichbar.

Haftrangoo Homestay, 2,5 km von Tabl entfernt, von der Hauptstraße kommend rechts im Dorf Haft Rango, 0917-903 2762, 0938-458 1139, hassansharifi63@yahoo.com, haftgrangoo. Kein Homestay im klassischen Sinne. Drei Häuser von stark unterschiedlichem Charme werden von einem Manager betreut. Beliebt bei iranischen Sportgruppen.

€ **Medali Guesthouse**, in Guran, 0916-262 2480. Ein geschmackvoll renoviertes Gebäude mit einem bezaubernden Hof. Wirkt einladend auf Gäste, auch wenn kein Englisch gesprochen wird. Eine kleine, preiswerte Unterkunft für 500 000 IRR die Nacht, Abendessen auf Wunsch.

Mrs. Fatahi, in Shibderaz, 0936-783 9692. In unmittelbarer Nähe zum Karettschildkrötenstrand ist Frau Fatahi die erste Anlaufstelle für Reisende, die sich für Schildkrötenbeobachtungen interessieren. Einfache Zimmer mit Matten und Decken.

Lard Local Guesthoue, im nördlichen Teil von Suza, 074-353 47407 und 0917-210 2903. Regelmäßige Musikabende lokaler Künstler versüßen die Abende. Die Gemeinschaftsräume stimmen mit traditionellen Gegenständen auf die lokale Kultur ein. AC, Touren und Fahrräder werden angeboten.

Zinat Homestay, in Salakh, 0917-161 1263, zinathouse. Gastgeberin Zinat Daryaie ist eine lokale Berühmtheit. Sie ist nicht nur für den zum Homestay gehörenden „ritual garden" mit seinen kleineren Kulturveranstaltungen bekannt, sondern auch dafür, sich gegen den vorherrschenden Konservatismus und Sexismus aufzulehnen. Die herzliche Zeitgenossin spricht nur wenige Worte Englisch, was ihrer Hilfsbereitschaft aber keinen Abbruch tut.

ESSEN

Qeshm City

Badil Restaurant, gegenüber vom Anahit Twin Tower Hotel, 076-3524 2550, badilfood. Seafood-Liebhaber kommen im kleinen, liebevoll dekorierten Lokal besonders auf ihre Kosten, daneben gibt es verschiedene Kebabs. tgl. 12–17, 18–23 Uhr.

Khanboom Restaurant, im Gebäude des Marina Hotels 2, 076-3524 1313, www.khanboom.ir, khanboom.restaurant. Das Restaurant ist einer Höhle nachempfunden. Gemütlich, um Shisha zu rauchen, was den Laden aber auch etwas stickig macht. Es werden vor allem Fisch-Kebabs angeboten. tgl. 12–24 Uhr.

Meyles Restaurant, Felestine Ave., 098-3524 4131, Meylesrestaurant. Eine willkommene Abwechslung zur herkömmlichen persischen Küche mit 6 köstlichen indischen und orientalischen Wraps. tgl. 18–1 Uhr, vormittags nur Frühstück, Gratis-Lieferservice.

Shabhaye Talai, Darya St. im Zeytoon Park, 0936-397 4103, www.shabhayetalai.com. Hier treffen sich Weltreisende und Backpacker auch wegen der deutschen Besitzerin. Neben europäischem, persischem und veganem Essen wird Seafood angeboten. Wer dennoch nichts findet, chillt bei Shisha, Chai und Meerblick. tgl. 12.30–1.30 Uhr.

Übrige Insel

€ Gute **persische Küche** ist in jeder der genannten Unterkünfte gegen einen geringen Aufpreis erhältlich. Zusätzlich bieten immer wieder lokale Familien in den jeweiligen Dörfern Imbisse an.

TOUREN UND AKTIVITÄTEN

Bootstouren

Am nördlicheren Hafen von Shibderaz gibt es Tickets für **Delfinbeobachtungen**. Empfohlen wird, um 8 Uhr dort zu sein; die 1–2-stündige Tour beginnt, wenn das Boot voll ist. Neben der Bootsfahrt gehört ein Aufenthalt auf Hengam zum Programm. Einen Platz im 6-Personen-Boot gibt es für 700 000 IRR. Wenn man länger auf der Insel bleiben möchte, als vom Bootsmann vorgesehen, lässt sich in der Hauptsaison eines der später abfahrenden Boote organisieren. Wer es trotz allem nicht mehr nach Qeshm schafft, kann bei **Asfhin Abbas Nejad**, 0917-977 3056, oder bei **Mehdi Zahmatkesh**, 0917-957 2595, übernachten.

Besichtigungen des **Hara-Mangrovenwaldes** sind von drei Anlegestellen bei Flut möglich, diese Stege befinden sich in der Nähe der Dörfer Tabl, Soheili und Gavarzin. Imbiss- und Souvenirstände sind rings um die Parkplätze angesiedelt.

Salzhöhlentour

€ Die ersten paar Meter der großen Salzhöhle lassen sich problemlos ohne Führung in Angriff nehmen. Wer sich damit nicht zufrieden gibt oder auch die anderen Salzhöhlen betreten möchte, ist auf eine Tour bzw. Erlaubnis des Geoparkmanagements angewiesen. Letzteres kann auch bei anderen Anfragen behilflich sein.

Qeshm Geopark Office, Qeshm Island Global Geopark Building, Vali Asr Blvd., Nakhle Zarrin St., Qeshm City, ✆ 076-3524 2283, 💻 www.qeshmgeopark.ir, qeshmgeopark.ir.

Tauchen

Gleich mehrere Tauchschulen bieten in Qeshm City ihre Dienste an. Korallenriffe gibt es in weniger als 10 m Tiefe in der Nähe von Larak und Hengam, während des Iran-Irak-Krieges sanken drei Schiffe, die zwischen 27–43 m tief liegen.

Blue Dolphin Diving School, 300 m östlich des Shabhaye Talai Restaurants, Qeshm City, ✆ 0917-163 0366.

Divepersia, auf Hengam Island, ✆ 0936-021 9444, ✆ 0937-606 9998, ✉ divepersia@gmail.com, 💻 www.training.divepersia.com. Die wohl bekannteste Tauchschule am Persischen Golf bietet ihre Dienste auf Hengam und Kish an und überzeugt mit einem vielfältigen Angebot an Kursen. Divepersia legt Wert auf Umweltschutz und arbeitet mit Reef Check zusammen. Beispielsweise bringt das EcoDiver-Programm Kindern und Erwachsenen Riff-Ökosysteme näher und zeigt, wie sie am Schutz dieser teilhaben können. Mehr über das Konzept ist auf der Website nachzulesen.

Golden Dolphin Diving School, in Suza, ✆ 0912-193 4194, 💻 www.dolphinir.com. Golden Dolphin operiert seit 2005 auf der Insel und bietet ebenfalls vielfältige Tauchtouren an. Beschränkte Englischkenntnisse.

Wakeboarden, Kitesurfen und Paragliding

Qeshm Island Cable Park, 700 m von den Kharbas-Höhlen entfernt, auf dem Gelände des Golden Beach Resorts, ✆ 0937-447 2123, qeshmisland_cablepark, rasoleskandari. Die erste Wakeboardanlage auf Qeshm wird von Rasoleskandari betrieben, der auch Paraglidingflüge und Scuba Diving organisiert. Ein Café ist angeschlossen, Pick-up-Service möglich, Wakeboarding für 1 Mio. IRR/Std.

Wassersportzentrum, bei Rigu an der Südostküste, auf einem Strandabschnitt in unmittelbarer Nähe der Siedlung Rigu, ✆ 0919-130 7594. Majidi Amidi organisiert Kitesurfen und Paraglidingflüge.

SONSTIGES

Einkaufen

Das **Qeshm City Center Complex 1 & 2** an der Kreuzung von Vali Asr Blvd. und Darya St. ist eines der moderneren; auf der Hauptstraße weiter Richtung Stadtzentrum folgt das **Setareh Qeshm Shopping Center**. Zu den bereits existierenden Einkaufszentren werden laufend neue gebaut.

Der **alte Bazar** befindet sich in der Altstadt in der Nähe des Hafens.

Wer sich für Souvenirs interessiert und dabei lokales Kunsthandwerk unterstützen möchte, ist im **Souvenirshop in Salakh**, angeschlossen an das Zinat Homestay, mit kleinen selbst gemachten Kostbarkeiten gut aufgehoben und fragt am besten bei Gastgeberin Zinat nach. 🕒 abends und auf Nachfrage.

Feste

Das **Nowruz-e Sayyad** (Neujahrsfest der Fischer) zelebriert den Start der Fischsaison und wird nur noch im Dorf Salakh traditionell gefeiert. Das Datum variiert von Jahr zu Jahr und wird schlussendlich von den Dorfbewohnern bestimmt. Meist findet es Ende Juli statt. Zinat vom gleichnamigen Homestay in Salakh kann weiterhelfen, ✆ 0917-161 1263. Der Besuch des Festes stellt Reisende in Anbetracht der Sommerhitze auf eine harte Belastungsprobe.

20 HIGHLIGHT

Rundfahrt durch den Geopark Qeshm

- **Route**: Qeshm City – Bandar-e Laft – Hara-Mangrovenwald – Guran – Canyon Chahkuh – Shour Valley – Namakdan-Salzdom und Salzhöhle – Salakh – Sternental – Qeshm City
- **Länge**: ca. 300 km
- **Dauer**: 2–3 Tage

Um sich einen guten Überblick über den Geopark zu verschaffen, reichen zwei Tage. Die Straßen sind gut befahrbar. Öffentlichen Verkehr gibt es keinen, deshalb greifen die meisten auf eine Tour mit dem Auto zurück. Alternativ vermieten manche Homestays Fahrräder.

Tag 1

Die meisten Reisenden kommen in **Qeshm City** an. Wer nicht noch Einkäufe erledigen muss, organisiert einen Pick-up-Service zum bevorzugten Homestay auf der Insel oder lässt sich vom Touranbieter in Qeshm City abholen. Wer frühmorgens von Qeshm City losfährt, erlebt noch, wie das Morgenlicht das Windturmpanorama von **Bandar-e Laft** (S. 539) umspielt. Für Reisende, die die Autofähre nutzen, ist das charmante Dorf so oder so die erste Station auf der Insel. Von Bandar-e Laft aus sind die drei Stege für einen Bootsausflug in den **Hara-Mangrovenwald** schnell erreicht. Am späten Nachmittag bietet sich in der Siedlung **Guran** ein Einblick in die lokale Schiffsbaukunst (S. 539).

Tag 2

Am frühen Vormittag wird mit dem **Canyon Chahkuh** (S. 539) eine der Hauptattraktionen des Geoparks erkundet. Weiter geht es auf der Südseite der Insel mit der Erosionslandschaft des **Shour Valley** und dem **Namakdan-Salzdom** bzw. der größten Salzhöhle der Welt (S. 538). Die direkte Straße nach Salakh führt vorbei an einsamen

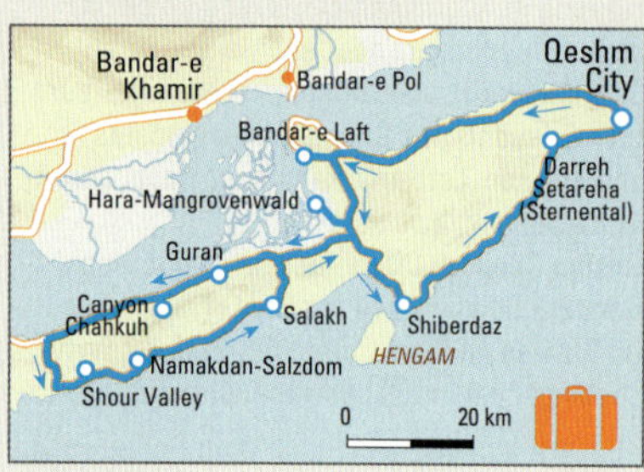

Wildstränden, ist aber etwas holprig und nicht vergleichbar mit den anderen, gut asphaltierten Straßen. **Salakh** ist ein kulturelles Zentrum der Insel und bietet sich für Souvenireinkäufe an (S. 543). Wer den Trip am gleichen Tag abschließen möchte, besucht am Nachmittag die beeindruckende Erosionslandschaft des **Sternentals** (60 km), bevor es nach Qeshm City geht (30 km).

Tag 3 (optional)

Mit einem zusätzlichen Tag können leicht eine **Delfinbeobachtungstour** und die kleine Insel **Hengam** eingeplant werden. Dafür eignet sich am zweiten Tag eine Übernachtung in Salakh oder gleich in **Shibderaz**, von wo die kleinen Bootstouren nach Hengam starten (S. 538). Zurück auf der Hauptinsel geht es weiter zum **Sternental** und abends dann zurück nach Qeshm City.

Praktische Tipps

Die Touren der Homestay-Besitzer beschränken sich oft auf einen Tag und haben eine vorgefertigte, aber verhandelbare Route. Es ist auch möglich, für die Tagesetappen unterschiedliche Touranbieter zu wählen. Nicht eingeplant sind sportliche Aktivitäten und saisonal abhängige Schildkrötenbeobachtungen.

Reisebüros

Homa Parais Ghesm im Qeshm City Center Complex 1, 1. Stock, M4, Nr. 2275, ✆ 0917-903 3840. Es können unter anderem Flüge, Hotels und Touren gebucht werden.

Visaverlängerungen

Am zentral auf der Insel gelegenen **Dayrestan Qeshm Island Airport**, 💻 www.qeshmairport.com, lässt sich ein VOA *(visa on arrival)* für Iran beantragen, und auch Visumsverlängerungen werden durchgeführt, sind aber weitaus weniger üblich als in vielen Provinzhauptstädten des Landes. Weil es sich bei der Insel um eine Freihandelszone handelt, ist ein Aufenthalt nur auf Qeshm bis zu 14 Tage auch ohne Iran-Visum möglich.

NAHVERKEHR

Weil auf der Insel Qeshm keine öffentlichen Verkehrsmittel fahren, empfiehlt es sich, auf einen der vielen Tourveranstalter und Homestaybesitzer zurückzugreifen, die einen **Pick-up-Service** von Qeshm City anbieten.
In der Stadt selbst können **Taxis** in Anspruch genommen werden, die sich vor den Einkaufszentren finden und für Fahrten innerhalb der Stadt meist nicht mehr als 50 000 IRR kosten. Alternativ lässt sich in Bandar Abbas über Europcar ein **Auto** mieten (S. 530).

TRANSPORT

Busse

Es empfiehlt sich, von touristischen Zentren wie Shiraz, Yazd oder Esfahan direkt mit dem Bus nach Qeshm zu fahren und damit Bandar Abbas zu umgehen. In die umgekehrte Richtung werden die Busse oft streng kontrolliert, sodass sich die Fahrt oft um mehrere Stunden verzögern kann. Diese mitunter recht scharfen Kontrollen werden durchgeführt, weil es sich bei Qeshm um eine Freihandelszone handelt und eine Reise auf das Festland eine Einreise in den Iran bedeutet.
Der **Busbahnhof** befindet sich in der Stadt Dargahan, 15 km von Qeshm City entfernt. Die Busse nutzen die Fähre bei Bandar-e Koneh (nicht weit von Bandar-e Laft) nach Bandar-e Pol.
ESFAHAN (17 Std.), 1x tgl. für 650 000 IRR.
SHIRAZ (10 Std.), 1x tgl. für 500 000 IRR.
YAZD (13 Std.), 1x tgl. für 500 000 IRR.

Fähren

Der **Fährhafen Bahman** liegt im nördlichen Zentrum von Qeshm City.
BANDAR ABBAS (50 Min.), um 9.30, 11, 13, 15, 17, 19, 21 Uhr für 150 000 IRR.
HORMUZ (1 Std.), um 7 und 14 Uhr für 90 000 IRR.
Die einzige **Autofähre** legt an der nördlichen Küste ab. Bandar-e Koneh, auch als Hafen Lafts bezeichnet, ist 60 km von Qeshm City entfernt, der Zielhafen Bandar-e Pol 89 km von Bandar Abbas. Die Fähre verkehrt in beide Richtungen stdl. bzw. wenn das Schiff voll ist, und braucht 7 Min. Eine Überfahrt mit Auto und 2 Personen kostet hin und zurück etwa 340 000 IRR. Eine Mitfahrt ist auch ohne Auto möglich.

Flüge

Der **Dayrestan Qeshm Island Airport**, 💻 www.qeshmairport.com, liegt 43 km südwestlich von Qeshm City in der Inselmitte.
DUBAI (tgl., 1/2 Std.) mit Qeshm Airlines.
MASHHAD (mehrmals wöchentl., 2 Std.) mit ATA Airlines und Qeshm Airlines.
SHIRAZ (mehrmals wöchentl., 1 Std.) mit Iran Aseman Airlines.
TEHERAN (mehrmals tgl., 2 Std.) mit ATA Airlines, Caspian Airlines, Iran Air, Kish Air, Meraj Air, Qeshm Airlines und Taban Air.

Bandar-e Lengeh und Bandar-e Kong

Die zwei Hafenstädte auf dem Festland Irans haben ihre historische Bedeutung eingebüßt, sind aber trotzdem die beste Anlaufstelle, um sich auf Spurensuche nach der großen Seefahrtstradition im Persischen Golf zu begeben. **Bandar-e Lengeh** ist die größere der beiden Städte und war Anfang des 20. Jhs. noch als die schöne „Braut" der Hafenstädte am Persischen Golf bekannt, in der eifrig Perlenhandel betrieben wurde. Handelszölle und aufkommende Zuchtperlen aus Japan bereiteten dem Perlenhandel schließlich ein jähes Ende, und im Vergleich zu Bandar-e Laft vermag das heutige Stadtbild kaum noch zu entzücken.

Das benachbarte **Bandar-e Kong** genoss ebenso großen Ruhm als Hafenstadt, weshalb sich viele Seefahrer mit ihren Familien hier ansiedelten. Der Altstadtkern mit seinen zahlreichen Windtürmen bezeugt, wie prächtig und charmant Kong noch vor ein paar Jahrzehnten gewesen sein muss. Obwohl es sich auch heute lohnt, durch die Gassen zu schlendern, ist doch das liebevoll geführte Kulturzentrum und ethnologische Museum das eigentliche Highlight der Stadt. Es möchte die Schiffsbaukunst und die traditionelle Navigation auf hoher See näherbringen. Die altehrwürdigen Kapitäne, *naxodas* genannt, traten vor etlichen Jahren noch lange Reisen nach Indien oder Ostafrika an und sprechen heute noch Swahili. Für gewöhnlich kommen die *naxodas* der Umgebung jeden Abend im einladenden Innenhof dieses Kulturzentrums zusammen, um Tee zu schlürfen und über die Seefahrt zu plaudern. Auch heute verkehren Lenj-Schiffe zwischen den iranischen und arabischen Küsten des Persischen Golfs. Das Museum beinhaltet auch einen für die Region typischen *hejleh*, einen mit Spiegeln, bunten Polstern, Plastikblumen und Koranversen traditionell ausgestatteten Heiratsraum, wo Ehepaare ihre ersten sieben Tage nach der Hochzeit verbrachten. Arabische Kulturelemente sind besonders an den langen Roben der Männer und der von alten Männern als Kopfbedeckung getragenen *kufiya* ersichtlich.

ÜBERNACHTUNG

Diplomat Hotel, in Bandar-e Lengeh, 300 m südlich des Janbazan Blvd., in der Nähe der Tankstelle und des Fischmarkts Richtung Küste abbiegen, ✆ 076-4424 1320, ✉ Diplomat_Hotel@yahoo.com. Eine bequeme und ordentliche Anlaufstelle für eine Übernachtung in Bandar-e Lengeh. Zimmer mit Meerblick buchbar. ❸

Ecotourism Hotel, mitten in der Altstadt von Bandar-e Kong, rund 200 m östlich des Enqelab Sq., ✆ 076-4423 5430 und 0917-993 6542, ✉ kongtourismnetwork@gmail.com, kongtourism. Mit all den Altstadtbauten, die das schön renovierte Haus umgeben, ist diese freundlich geführte Ecolodge die beste Option für Reisende. Der Besitzer Mohammad zählt zu den Triebfedern für Kongs Tourismus und bietet Informationsflyer zur Stadt und Umgebung. Auch Fahrräder werden verliehen. Der Hafen und das Kulturzentrum sind gut zu Fuß erreichbar, das Dach bietet einen Ausblick auf das Windturmpanorama. Die Räume sind über einen beschaulichen Innenhof erreichbar. ❷

ESSEN

€ **Kulturzentrum**, Bandar-e Kong, in unmittelbarer Hafennähe gegenüber dem ausgestellten Lenj-Schiff. Der Treffpunkt für die *naxodas* ist kein Restaurant oder Café, versorgt Gäste aber mit einfachen Mahlzeiten wie Bohnen und Omeletts, die mit Ei und Käse bestrichen werden. ⌚ tgl. 18–23 Uhr.

Soltani Restaurant, in Bandar-e Lengeh am Janbazan Blvd., 100 m von der Zargari St., ✆ 076-4424 2335. Einfach möbliertes Restaurant mit persischer Küche, vor allem Kebabs. ⌚ tgl. 11–23 Uhr.

TOoRt Fastfood, in Bandar-e Kong, ✆ 076-4423 5215. Passabler Schnellimbiss im moderneren Teil der Stadt. ⌚ tgl. 11–23.30 Uhr.

SONSTIGES

Informationen

Besonders in Kong ist man um die Tourismusentwicklung bemüht. Mehr Informationen dazu unter 💻 www.kongtourism.com.

Medizinische Hilfe

Das **Shodada-Krankenhaus** liegt zwischen den beiden Städten Bandar-e Lengeh und Bandar-e Kong, 5 km vom Stadtzentrum entfernt.

TRANSPORT

Busse

Der **Busbahnhof in Bandar-e Lengeh** liegt rund 100 m südlich des Farmandari Sq.
BANDAR ABBAS (186 km, 3 Std.), tgl. für 200 000 IRR.
BANDAR-E CHARAK (90 km, 1 1/2 Std.), tgl. für 120 000 IRR.
BUSHEHR (550 km, 8 1/2 Std.), tgl. für 350 000 IRR.
Abseits der großen Busse gibt es außerhalb des Busterminals auch Minibusse. Sie fahren zwischen 6 und 20 Uhr ab, sobald sie voll besetzt sind. Auf dem Weg nach Bandar Abbas ist ein Stopp in **Bandar-e Kong** möglich. Minibusse Richtung Bushehr finden sich bei der Tankstelle nördlich des Diplomat Hotels, Stopp in BANDAR-E CHARAK möglich.

Fähren

Der **Fährhafen** liegt zentral an der Küste in der Nähe des Enqelab Blvd. Nach KISH (2 Std.) mehrmals tgl. und saisonabhängig für 700 000 IRR. Auch bei ruhigem Seegang empfiehlt es sich aber, aufgrund der wesentlich kürzeren Fahrtdauer die Fähre von Bandar-e Charak nach Kish zu nehmen (S. 549).
Die **Valfajr Shipping Line**, Imam Khomeini Blvd., ✆ 076-8883 5154 und 076-8884 4371, 💻 www.valfajr.ir, führt Transporte nach DUBAI (12 Std.) aus, Sa und Mi um 10 Uhr, Hinfahrt für 3,15 Mio. IRR, hin und zurück für 4,85 Mio. IRR. Tickets sind direkt bei der Shipping Line erhältlich. ⌚ Sa–Do 8–14.30 Uhr.

Flüge

Der Flughafen ist 7 km vom Stadtzentrum entfernt Richtung Bushehr. Nach SHIRAZ (Mo, Mi, Sa, 1 Std.) mit Iranair.

Kish

Zu Zeiten Marco Polos noch für außerordentlich hochwertige Perlen bekannt, ist die einstige Privaturlaubsinsel von Reza Schah Pahlavi heute zu einem beliebten Ausflugsziel für iranische Touristen geworden und setzt nach wie vor auf Exklusivität durch horrende Preise für Hotels, Restaurants und Freizeitaktivitäten.

Böse Zungen behaupten, die 90 km² große Insel sei nichts anderes als ein ziemlich abgeschmacktes Dubai, vielleicht eine willkommene und pompöse Abwechslung zum Rest des Landes, aber das viele Geld nicht wert. Nichtsdestotrotz verspricht Kish, gemessen an iranischen Verhältnissen, die ersehnte Freiheit. Kleidungsvorschriften werden nicht so eng gesehen und Vermögen kann zur Schau gestellt werden, indem man mit gemieteten Luxuskarren durch die breiten Straßen düst. Die berüchtigte Verschwendungssucht des Schahs wird nun von einer kleinen Schicht vermögender Touristen fortgesetzt.

Wie Qeshm ist auch Kish eine **Freihandelszone**. Damit sind zollfreie Einkäufe garantiert, und ein Besuch von bis zu 14 Tagen ist visumsfrei möglich. Auf der vom Festland 20 km entfernten Insel finden sich neben luxuriösen Hotels und Restaurants eine antike Altstadt namens **Harireh**, ein historisches **Zisternensystem**, Korallenriffe und das Wrack eines 1966 gestrandeten griechischen Schiffes. Für die Insel hat sich eine ganze Tourismusindustrie entwickelt; iranische Familien buchen über einheimische Agenturen ihr Package, das neben dem Hotel auch Touren inkludiert. Die Preise variieren dabei von Tag zu Tag. Bekannt war und ist Kish auch für seinen **Frauenbadestrand** an der nordöstlichen Küste in Hafennähe, einen der wenigen Strände, wo Frauen, getrennt von Männern, ungestört Bikini tragen dürfen. Der Männerbadestrand befindet sich unmittelbar südlich des Grand Recreational Pier.

ÜBERNACHTUNG

Allgemein gilt, dass Reisende Unterkünfte auf dieser Insel reservieren sollten. Abseits der heißen Sommermonate verbringen unzählige Iraner hier ihren Urlaub. Die Nowruz-Ferien im Frühjahr sollte man gänzlich meiden.
Die Hotelpreise variieren stark je nach Saison und Wochentag. Dazu kommt, dass die allermeisten Hotels und Restaurants völlig über-

teuert sind. Zimmer für 300 € die Nacht sind keine Seltenheit.

Flamingo Hotel, 100 m südöstlich des Kreisverkehrs am Ende des Darya Blvd., ☎ 076-4442 4130, ✉ info@flamingohotel.ir. Das hilfsbereite Personal, das breitgefächerte Frühstücksangebot sowie die geräumigen und sehr freundlich eingerichteten Zimmer garantieren einen angenehmen, wenn auch keinen kostengünstigen Aufenthalt. Ein gutes Café ist angeschlossen, und Reisende können den kostenlosen Taxi-Shuttleservice zu Sehenswürdigkeiten der Insel nutzen. ❹

Paniz Hotel, Sahel Blvd, südlich der Khomeini Rudaki, ☎ 076-4446 7381. Die Zimmer sind solide ausgestattet, wirken aber schon etwas abgewohnt und weniger modern als in neueren Hotels wie dem Shaily. Das Personal spricht kaum Englisch. ❷

Shaily Hotel, westlich vom Grand Recreational Pier am Kreisverkehr am Ende des Darya Blvd., ☎ 076-4444 23203, ✉ info@hotelshaily.com. Diese für Kish kostengünstige Unterkunft bietet freundliche Zimmer mit Annehmlichkeiten wie Föhn, Shampoo und Kühlschrank, aber das Personal gibt sich betont distanziert und zeigt sich desinteressiert. Beim Frühstücksbuffet ist auch warme Küche erhältlich. Pier und Strandpromenade können gut zu Fuß erreicht werden. ❷

ESSEN

Kolbeh Darvish, Jahan St., ☎ 0913-325 3338. Eine erschwingliche, wenn auch nicht preiswerte Alternative zu den teuren Restaurants auf der Insel für diejenigen, die trotzdem nicht auf traditionelle persische Küche und vor allem auf Kebabs verzichten möchten. 🕒 tgl. 14–24 Uhr.

€ **Moravid Food Court**, 500 m entfernt vom Amir Kabir Sq., am Morvarid Blvd. gegenüber dem Shoppingcenter. Für Kish-Verhältnisse die günstigste Variante, essen zu gehen. Eine Aneinanderreihung verschiedenster Lokale, die Seafood, Pasta, Burger usw. anbieten. Vermutlich muss zuerst vehementer Trotz von Taxifahrern, die einen stattdessen zu teureren Restaurants kutschieren wollen, überwunden werden. 🕒 tgl. 10–23 Uhr.

Tutti Frutti Restaurant, östliches Ende Darya Blvd., ☎ 0934-769 8454, tuttifruttikish. Schmackhafte Fischgerichte, Gegrilltes und Pizza direkt am Strand (Männerbadestrand) beim Pier mit schönem Meerblick. 🕒 tgl. 13–24 Uhr.

TAUCHEN

Die Tauchstationen auf der Insel Kish sind wegen der vielen Touristen recht überfüllt, beschaulicher geht es auf der Insel Hengam bzw. Qeshm zu.

Divepersia, Büro unmittelbar neben dem Persian Gulf Sq. am Iran Blvd. in Hafennähe, Diving Center am Simorgh-Strand östlich des Jahan Blvd., ☎ 0936-021 9444 und 0937-606 9998, ✉ divepersia@gmail.com, 💻 www.training.divepersia.com. Die wohl bekannteste Tauchschule am Persischen Golf bietet ihre Dienste auf Hengam und Kish an und überzeugt mit einem vielfältigen Angebot an Kursen (S. 543).

SONSTIGES

Fahrradverleih

Am Ende des Sahel Blvd. in der Nähe des Shayan Hotels befinden sich gleich mehrere Läden, die Fahrräder verleihen. Per Rad können Reisende die Insel unkompliziert und kostengünstig selbst erkunden. 2 Std. für 70 000 IRR. 🕒 7.30–24 Uhr.

Geld

Bank Melli, Sanaee Blvd., 🕒 tgl. außer Fr 7.30–13.30 Uhr.

Informationen

Die offizielle Tourismusseite von Kish Island ist 💻 http://tourism.kish.ir/en, mustsee kish_insta.

Reisebüros

Marcopolo Kish Travel Agency, am Khayam Blvd. im Shoppingcenter Mojtam-e Sarina 1, ☎ 076-4446 8198. Frau Mahsa Modavan ist eine hilfsbereite Ansprechpartnerin für Touren, Hotels und Transport.

Visaverlängerungen

Reisende müssen bei der Rückreise auf das iranische Festland eine Kopie ihres Visums vorlegen. Da es sich bei Kish um eine Freihandelszone handelt, könnte man nämlich theoretisch auch von Dubai kommen. Wie auf Qeshm kann man sich 14 Tage ohne Iran-Visum auf der Insel aufhalten. Ein Visum für Iran kann vor Ort im Hafengebäude beantragt werden, ist aber nicht üblich.

NAHVERKEHR

Shuttlebusse

€ Folgt man vom Hafen der zentralen Hauptstraße Richtung Zentrum, kommt man unweigerlich an einer der Shuttlebus-Stationen vorbei. Die Busse sind eine günstige Alternative zu den Taxis und fahren rund um die Insel. Ein Ticket ist direkt im Bus zu lösen und beläuft sich auf 10 000 IRR pro Fahrt.

Taxis

Sie stehen an jeder Ecke und fahren regelmäßig ihre Runden auf der ganzen Insel. Die meisten Taxifahrer sind auf iranische Touristen eingestellt und sprechen oft kein Wort Englisch. Anders **Taxifahrer Farhad**, ✆ 0933-960 0606, der auch bei der Hotelsuche weiterhilft.

TRANSPORT

Fähren

BANDAR-E CHARAK (1 1/2 Std.), 90 km westlich von Bandar-e Lengeh, tgl. um 8.15, 9.45, 10.45, 12.15, 13.45, 15.15, 17 Uhr für 275 000 IRR.
Es fahren auch Fähren direkt nach Bandar-e Lengeh, die aber wegen der wesentlich längeren Fahrtzeit nicht zu empfehlen sind.
Vor dem Fährhafen in Bandar-e Charak warten *savaris*. Die Fahrt beginnt, wenn alle Plätze vergeben sind: nach Bandar Abbas (3 1/2 Std.) für 300 000 IRR, nach Bandar-e Lengeh (1 Std.) für 120 000 IRR.

Flüge

Der **Flughafen** liegt zentral auf der Insel. Flugintervalle variieren je nach Saison.
BANDAR ABBAS (tgl., 1 Std.) mit Iranair, Kishair und Mahan.
DUBAI (tgl., 30 Min.) mit Kishair.
ESFAHAN (tgl., 1 1/4 Std.) mit Caspian, Iranair, Kishair, Taban und Zagros.
MASHHAD (tgl., 2 Std.) mit Caspian, Kishair, Mahan, Saha, Sepehran und Zagros.
TEHERAN (5–8x tgl., 1 1/2 Std.) mit Ata, Caspian, Iranair, Kishair, Mahan, Meraj, Qeshm Air, Sepehran, Taban und Zagros.

Anhang

Sprachführer ... 550
Glossar ... 557
Reisemedizin zum Nachschlagen ... 560
Bücher ... 562
Index ... 564
Danksagung ... 572
Bildnachweis ... 573
Mitarbeiterin dieser Auflage ... 574
Impressum ... 575
Kartenverzeichnis ... 576

ANHANG

Sprachführer

Das Persische (Farsi) zählt zu den indoeuropäischen Sprachen und ist damit weitläufig mit dem Deutschen verwandt. Im Gegensatz zu anderen Regionen blieb die landeseigene Sprache auch nach der arabischen Eroberung erhalten. Das Neupersische des 11. Jhs. gleicht im Großen und Ganzen der heute gesprochenen Sprache. Geschrieben wird von rechts nach links in arabischen Schriftzeichen. Das Alphabet umfasst 32 Buchstaben, darunter vier Buchstaben, die im Arabischen nicht vorkommen.

Persisch ist eine Sprache mit einer Fülle an alltäglich gebrauchten sprachlichen Bildern, was für fortgeschrittene Lernende sehr herausfordernd ist. Dafür ist die Grammatik im Vergleich zum Deutschen verhältnismäßig leicht zu erlernen. Das Prädikat befindet sich am Ende eines Satzes. So heißt z. B. *Man gorosne hastam* wörtlich „Ich hungrig bin". Possessivpronomen, Adjektive und zusätzliche Substantive werden dem Substantiv, auf das sie sich beziehen, nachgestellt und die zusammenhängende Konstruktion mit einem gesprochenen „e" (oder „ye" bei einem auslautenden Vokal) am Ende des jeweiligen Wortes verbunden. Ein Beispiel: „Mein großer Bruder" heißt auf Persisch barādar-**e** (Bruder) bozorg-**e** (groß) man (mein).

Die Umgangssprache weicht erheblich von der Schriftsprache ab. So wird etwa die 3. Person Singular von machen, „mi kon**ad**", umgangssprachlich zu „mi kon**eh**".

Ausspracheregeln

Für die Vokale a, e und o gibt es im Persischen keine eigenen Schriftzeichen, sie werden nur gesprochen und können allenfalls durch Vokalisierungszeichen schriftlich kenntlich gemacht werden. Das Persische enthält immer noch etliche Lehnwörter aus dem Arabischen. Es gibt zwar mehrere Schriftzeichen für Buchstaben wie „s", „t" oder „z", im Gegensatz zum Arabischen werden diese aber alle gleich ausgesprochen.

â	wie „o" in „offen"
dj	wie „dsch" in Dschungel
tsch	wie „tsch" in Deutsch
kh	wie „ch" in „Sache"
z	stimmhaftes „s" wie in „summen"
j	wie „j" in „Journal"
sh	„sch" wie in „Schuh"
'	Knacklaut (Verschlusslaut) wie zwischen „e" und „a" bei „Beamter"
gh	wie das „r" in „Tirol"
v	wie „w" in „Wien"
y	wie „j" in „Jacke"

Wörter und Wendungen

Gruß- und Höflichkeitsfloskeln

Hallo/Guten Tag!	*salâm, ruz bekheir*
Guten Morgen!	*sobh bekheir!*

Guten Abend!	*asr bekheir!/ shab bekheir!*
Auf Wiedersehen!	*khoda hâfez!/ be omide didar!*
Wie geht es Ihnen/dir?	*Hâle shomâ chetore?/ Hâlet chetore?*
Danke, mir geht es gut.	*Moteshakkeram, khubam.*
Und Ihnen/dir?	*Wa shomâ/to?*
Vielen Dank!	*kheili mamnun!*
Viel Glück (von Herzen)!	*movafagh bâshin*
Bitte!	*khâhesh mikonam!*
Entschuldigung!	*bebakhshin!*
Das macht nichts!	*Eybi nadâre!*

Smalltalk

Sprechen Sie/ Sprichst du Englisch?	*Englisi harf mizani/ mizanin?*
ja	*bale/âre*
nein; nicht	*na*
gut	*khub*
sehr gut	*kheili khub*
nicht gut	*khub nist*
Bitte sprechen Sie/sprich langsam!	*Lotfan ye khurde âramtar sohbat konin/koni!*
Ich verstehe nicht.	*Man motevadje nemisham.*
Ich lerne Persisch.	*Man dâre farsi yâd migiram.*
Wie heißen Sie/ heißt du?	*Esme shomâ tschie?/ Esmet tschie?*
Ich heiße …	*Esme man … hast*
Wie alt sind Sie/ bist du?	*Tschand sâlete/ sâletune?*
Ich bin … Jahre alt.	*Man … sâle hastam.*
Woher kommen Sie/kommst du?	*Kodjâyi hasti/hastin?*
Ich komme aus Deutschland/Österreich/der Schweiz.	*Man âlmani/otrishi/ suisi hastam.*
Darf ich fotografieren?	*Edjâze dâram aks begiram?*
Ich mag … sehr/nicht.	*Man kheili dust dâram/ dust nadâram.*
Ich möchte …	*Man … râ mikhâham.*
Ich möchte nicht …	*Man … râ nemikhâham.*
Was bist du/ sind Sie von Beruf?	*Tschikâre hasti/ hastin?*
Ich bin …	*Man … hastam.*
Angestellte/r	*kârmand*
Student/in	*dâneshdju*
Bauer/Bäuerin	*keshâvarz*
Sind Sie/Bist du verheiratet?	*Mota'ahhel hastid/ hasti?*
Ich bin Single/ verheiratet.	*Man modjarradam./ Man mota'ahhelam.*
Haben Sie/ Hast du Kinder?	*Battsche dâri/dârin?*
Ich habe ein Kind/ zwei Kinder/ keine Kinder.	*Man yek/do battsche dâram./Man battsche nadâram.*
Wo ist …?	*… kojâst?*
Was ist das hier/ dort?	*In indjâ/ undja tschie?*
Wie viel kostet das?	*In tschande?*
Gibt es …?	*… hast?*
Es gibt …	*… hast.*
Es gibt nicht …	*… nist.*

Personen und Anrede

Große/kleine Schwester	*khâhare bozorg/ kutschak*
Großer/kleiner Bruder	*barâdare bozorg/ kutschak*
Herr …	*… âghây*
Frau …	*… khânum*
Vater	*pedar*
Mutter	*mâdar*
Junge	*pesar*
Mädchen	*dokhtar*
Freund/Freundin	*dust*
Kind	*battsche*
Ausländer/in	*khâredji*

Pronomen

ich	*man*
du/Sie	*to/shomâ*
er/sie/es	*u/in/ân*
wir	*mâ*
ihr	*shomâ*
sie	*ânha*

Adjektive

alt/jung	*pir/djavân*
alt/neu	*ghadimi/kohne*
groß/klein	*bozorg/kutschak*
gut/schlecht	*bad/khub*
hoch/niedrig	*boland/kutâh*
hungrig/satt	*gorosne/sir*
lang/kurz	*boland/tulâni/kutâh*
oben/unten	*bâlâ/pâyin*
sauber/schmutzig	*tamiz/kasif*
schön/hässlich	*ghashang/zesht*
vorne/hinten	*djolo/aghab*
durstig	*teshne*
freundlich	*samimi*
fröhlich	*khoshhâl*
glücklich	*khoshbakht*
müde	*khaste*
unhöflich	*bi adab*
wütend	*asabâni*

Zeit und Datum

jetzt	*hâlâ/alân*
dann	*ba'dan*
früh	*zud*
spät	*dir*
heute	*emruz*
morgen	*fardâ*
gestern	*diruz*
am Morgen	*sobh*
am Mittag	*zohr*
am Nachmittag	*ba'adaz zohr*
am Abend	*asr/shab*
Minute	*daghighe*
Stunde	*sâ'at*
Tag	*ruz*
jeden Tag	*har ruz*
den ganzen Tag	*tamâme ruz*
Nacht	*shab*
Woche	*hafte*
Montag	*doshanbe*
Dienstag	*seshanbe*
Mittwoch	*tschahârshanbe*
Donnerstag	*pandjshanbe*
Freitag	*djom'e*
Samstag	*shanbe*
Sonntag	*yekshanbe*
Wochenende	*âkhar hafte*
Monat	*mâh*
Jahr	*sâl*
Datum	*târikh*
Zeit	*vaght*
Wie spät ist es?	*Sâ'at tschande?*
Um wie viel Uhr?	*Sâ'ate tschand?*
Es ist … Uhr.	*Sâ'at … ast.*

Orientierung und Transport

Auto	*mâshin/khodru*
Benzin	*benzin*
Boot	*ghâyegh*
Brücke	*pol*
Bus	*otubus*
Busstation	*istgâh otobus*
Diesel	*gâzo'il*
Fahrkarte	*belit*
Fahrrad	*dotscharkhe*
Flughafen	*forudgâh*
Flugzeug	*hawâpeima*
geradeaus	*mostaghim*
Gepäck	*tschamedân*
Grenze	*marz*
Hafen	*bandar*
Haltestelle	*istgâh*

Zahlen

0	*sefr*	۰	18	*hedjdah*	۱۸
1	*yek*	۱	19	*nuzdah*	۱۹
2	*do*	۲	20	*bist*	۲۰
3	*se*	۳	21 etc.	*bist-o-yek*	۲۱
4	*tschahâr*	۴	30	*si*	۳۰
5	*panj*	۵	40	*tschehel*	۴۰
6	*shesh*	۶	50	*pandjâh*	۵۰
7	*haft*	۷	60	*shast*	۶۰
8	*hasht*	۸	70	*haftâd*	۷۰
9	*noh*	۹	80	*hashtâd*	۸۰
10	*dah*	۱۰	90	*navad*	۹۰
11	*yâzdah*	۱۱	100	*sad*	۱۰۰
12	*davâzdah*	۱۲	200	*devist*	۲۰۰
13	*sizdah*	۱۳	1000	*hezâr*	۱۰۰۰
14	*tschahârdah*	۱۴	10 000	*dah hezâr*	۱۰ ۰۰۰
15	*pânzdah*	۱۵	100 000	*sad hezâr*	۱۰۰ ۰۰۰
16	*shânzdah*	۱۶	1 Million	*yek meliun*	۱ ۰۰۰ ۰۰۰
17	*hefdah*	۱۷			

Lastwagen	*kâmiun*
Minibus	*mini bus*
Motorrad	*motorsiklet*
Pick-up	*vânt*
Platzreservierung	*reserv djâ*
Sitzplatz	*Djâye neshestani*
Stopp!	*ist*
Straße	*khiâban*
Taxi	*Tâksi*
Ticketschalter	*bâdje belit forush*
Transport	*haml*
nach …	*be*
(nach) links	*(be) tschap*
(nach) rechts	*(be) râst*
Norden	*shomâl*
Osten	*mashregh/shargh*
Süden	*djunub*
Westen	*maghreb/gharb*
Bitte hier anhalten!	*Lotfan indjâ negah dârin!*
Ich möchte nach …	*… mikhâham beravam.*
Wann fährt er ab?	*Key harkat mikone?*
Wann kommen wir in … an?	*Mâ key be … miresim?*
Welcher Bus fährt nach …?	*Tâ … kodum otobus mirave?*

Bank, Post und Telefon

Bank	*bânk*
Brief, Briefmarke	*nâme, tambr*
Geld	*pul*
Geldschein	*eskenâs*
Post	*post*
Telefon	*telefon*
telefonieren	*telefon kardan*
Telefonnummer	*shomâre telefon*
Währung	*vâhed pul/arz*
Wechselkurs	*gheymate ruz*
Wo kann ich Geld wechseln?	*Kodjâ mitunam pul avaz konam?*

Notfall und Formales

Botschaft	*sefârat*
Geburtsdatum	*târikhe tavalod*
Geld	*pul*
Gepäck	*tschamedân/bâr*
Handtasche, Portemonnaie	*kif/kife pul*
Hilfe!	*komak*
Nachname	*nâme khânevâdegi*
Name	*esm*
Notfall	*urjânz*
Papiere	*mâdârek*
Polizei, Polizist/in	*polis*
Unterschrift	*emzâ*
Visum	*vizâ*
Ich habe meinen Reisepass verloren.	*Man pasportam râ gom kardam.*
Ich bin bestohlen worden.	*Az man dozdi kardan./ Hame tschizhâm râ dozdidand.*

Übernachten

Gästehaus	*mosâferkhâne*
heißes Wasser	*âbe dâgh*
Hotel	*hotel*
Klimaanlage	*kuler*

Farsi baladi? – Online-Sprachkurse und Phrasen zum Beeindrucken

Nicht, dass irgendwer voraussetzen würde, dass Reisende Persisch können. Aber versucht man auch nur wenige Wörter zu stammeln, blickt man rundum in strahlende Gesichter. Sich etwas mit der Sprache auseinanderzusetzen ist eine Geste der Wertschätzung. Wer also nicht nur sich selbst eine Freude machen, sondern in Iran mit Persisch-Sprachkenntnissen und sogar mit der einen oder anderen Redewendung überraschen will, kann sich hier Inspiration holen:

Online-Sprachkurse und Wörterbücher

www.chaiandconversation.com
www.fluentin3months.com/persian
www.easypersian.com
https://de.langenscheidt.com/deutsch-persisch

Lesestoff

www.childrenslibrary.org Für fortgeschrittene Anfänger gibt es hier online über 400 persische Kinderbücher zum Üben (zuerst auf „Read books!" klicken, dann „Persian/Farsi" als Sprache auswählen).

Unterstützung vor Ort

Klingt banal, ist aber ein heißer Tipp: **Google Translate** nutzen! Funktioniert auch mit Spracheingabe und ermöglicht unterhaltsame Gespräche auch ohne gemeinsame Sprache.

Beliebte Phrasen zum Überraschen und Schmunzeln

„Khaste nabāshi" (wörtlich: Sei nicht müde) – Oft unmittelbar nach der Begrüßung und Verabschiedung zu einer Person, die hart arbeitet und für deren Arbeit man Wertschätzung ausdrücken möchte.
„Moosh bokhoradet" (wörtlich: Eine Maus soll dich essen) – „Du bist süß" (nur zu Kindern!)
„Sarmā khordam" (wörtlich: Ich habe Kälte gegessen) – „Ich habe mich erkältet."
„Pedaram dar āmad" (wörtlich: Mein Vater ist rausgekommen) – „Ich bin sehr erschöpft."
„Bā namak" (wörtlich: mit Salz) – eine witzige, charmante oder interessante Person

Moskito-Coils	*pashe kosh*
Moskitonetz	*pashe band*
Schlüssel	*kelid*
Toilettenpapier	*dastmâl tuâlet*
Toilette, Bad	*dastshuji, hamâm*
Ventilator	*panke*
Wäscheservice	*servise lebâs shuji*
Zimmer	*otâgh*
Zimmer für zwei Personen	*otâghe donafare*
Einzelzimmer	*otâghe yek nafare*
Wo gibt es ein Gästehaus?	*Indjâ kodjâ yek mosâfer-khâne yâ hotel hast?*
Haben Sie ein Zimmer?	*Otâgh dârin?*
Was kostet ein Zimmer?	*Gheimate yek otâgh tschande?*
Ich möchte ein billiges Zimmer.	*Man yek otâghe arzân mikhâham.*
Wo ist hier eine Toilette?	*Indjâ servis behdâshti kodjâst?*

Einkaufen

Batterie	*bâtri*
Baumwolle	*nakh*
bezahlen	*pardâkhtan*
billig	*arzân*
Binden	*navâre behdâshti*
Geld	*pul*
kaufen	*kharidan*
Markt	*bâzâr*
Morgenmarkt	*bâzâre sobh*
Seide	*abrisham*
Seife	*sâbun*
Shampoo	*shâmpu*
Sonnencreme	*kereme zede âftâb*
Stoff	*pârtsche*
Streichhölzer	*tschub kebrit*
Tasche	*kif*
Taschenlampe	*tscherâghgowwe*
(sehr) teuer	*(kheili) gerân*
Toilettenpapier	*dastmâl tuâlet*
viel	*kheili/ziâd*
Wie viel kostet das?	*In tschande?*
Geben Sie Rabatt?	*Lotfan takhfif bedahid?*

Gesundheit

Apotheke	*dârukhâne*
Arzt	*doktor/pezeshk*
Medizin	*pezeshki*
Zahnarzt	*dandânpezeshk*
Ich habe ...	*Man ... dâram.*
Durchfall	*es hâl*
Entzündung	*eltehâb*
Erbrechen	*estefrâgh*
Fieber	*tab*
Kopfweh	*sardard*
Magenschmerzen	*me'dedard*
Rückenschmerzen	*kamardard*
Schmerzen	*dard*
Übelkeit	*hâlate tahavo*
Wunde	*zakhm*
Zahnschmerzen	*dandândard*

Essen und Trinken

Näheres zu typischen Gerichten im Kapitel „Essen und Trinken" auf S. 50.

Es schmeckt lecker.	*Kheili khoshmaze hast.*
Mit ..., bitte.	*Bâ ... lotfan.*
Ohne Fleisch, bitte.	*Bedune gusht lotfan.*
Ich hätte gern ..., bitte.	*Man ... mikhâham lotfan.*
Ich esse gern ...	*Man ... kheili dust dâram.*

Mahlzeiten

Abendessen	*sham*
Brot	*nân*
Dessert	*deser*

Eier	*tokhme morgh*
Essen, Mahlzeit	*ghazâ/vaghte ghazâ*
Frühstück	*sobhâne*
Mittagessen	*nâhâr*
Omelett	*omlet*
Reis	*polo*
Suppe	*sup*

Fisch und Fleisch

Fisch	*mâhi*
Fleisch	*gusht*
Hähnchen	*morgh*
Lamm	*bare*
Rind	*gâv*

Obst und Gemüse

Apfel	*sib*
Aubergine	*bâdemdjân*
Dattel	*khormâ*
Gemüse	*sabzidjât*
Granatapfel	*anâr*
Knoblauch	*sir*
Obst	*mive*
Salat	*sâlât*
Wassermelone	*hendevâne*
Zwiebel	*Piâz*

Kräuter und Gewürze

Berberitzen	*zereshk*
Gewürze	*adviyedjât*
Koriander	*geshniz*
Kräuter	*sabzihâ*
Kurkuma	*zardtschube*
Minze	*na'nâ*
Petersilie	*dja'fari*
Pistazien	*peste*
Rosen	*roz*
Safran	*za'ferân*

Getränke und Milchprodukte

Eis	*bastani*
Getränk	*nushidani*
Joghurt	*mâst*
Käse	*panir*
Kaffee	*ghahve*
Limonade	*sharbat*
Milch	*shir*
Tee	*tschâi*
trinken	*nushidan*
Wasser	*âb*
Zucker	*shekar*
heiß/kalt	*dâgh/sard*
ohne alles	*bedune tschizi*

Glossar

A

Ahura Mazda zarathustrischer Schöpfergott
Aramgah Mausoleum
Arg Festung oder Zitadelle
Ashura Todesgedenktag des Märtyrers und dritten Imams Hussein (S. 133)
Assassinen islamische Sekte im 12. und 13. Jh. (S. 316)
Atashgah zoroastrischer Feuertempel
Ayatollah wörtl. „Zeichen Gottes", ranghoher religiöser Titel der Zwölfer-Schia

B

Badgir Windturm
Bagh Garten oder Park
Bandar Hafen
Basij Spezialeinheit der Revolutionsgarde
Bazar traditioneller Markt
Behesht Paradies
Bordj Turm

D

Dakhma zoroastrischer Schweigeturm, in dem Verstorbene bestattet werden
Dar bast(e) wörtl. „mit geschlossener Tür", meint eine private Taxifahrt ohne andere Fahrgäste
Daryacheh See
Djangal Wald
Dough Joghurtgetränk

E/G

Emir Adelstitel für Prinz, Fürst oder Gouverneur
Ghalamkar Kunsthandwerk: mit Stempel bedruckte bunte Stoffe

H

Haft Rangi wörtl. „sieben Farben", mehrfarbige Fliesenarbeiten in der islamischen Baukunst
Hamam Badehaus
Hayat Hof
Haram heiliger Bezirk/Bereich in islamischen Sakralbauten, verbotener Bereich in weltlichen Palastbauten
Hijab im engeren Sinn islamisches Kopftuch, im weiteren Sinn islamische Kleiderordnung
Hosseiniyeh Gebäude für islamische Trauerzeremonien zu Ashura

I

Imam in der schiitischen Glaubensrichtung ein legitimer Nachfolger des Propheten Mohammed
Imamzadeh Nachkomme der Imame der Zwölfer-Schia oder Mausoleum für Imam-Nachkommen
Iwan einseitig offener, mit einem Tonnengewölbe überdeckter Hallenbau

K

Kakh Palast
Kalif Herrschertitel und Nachfolger des Propheten Mohammed
Kalut durch Windschliff gebildete Felsformation, unter dem Fachbegriff Yardang bekannt
Kavir Wüste
Khaneh Haus
Khanegah Sufi-Kloster
Khatamkari Kunsthandwerk: detailreiche Einlegearbeiten in Ziergegenständen aus Holz
Kuh Berg

L/M

Lut wörtl. „leer", iranische Wüste
Madrese theologische Schule
Masjed Moschee
Masjed-e Jameh Freitagsmoschee
Meydan Platz
Mihrab Gebetsnische in der Moschee
Minakari Kunsthandwerk: (meist azurblaue) Emaillearbeiten bei Ziergegenständen
Minar Minarett
Mosaferkhane günstige und einfache Herberge/Unterkunft
Mozif Schilfhaus (S. 521)
Mullah islamischer Geistlicher
Muqarnas dekoratives Stalaktitengewölbe

N

Nakhl Holzgestell für die Ashura-Prozession
Nowruz persisches Neujahrsfest am 20. oder 21. März (S. 56)

Wichtige Dynastien

Reich von Elam (2600–539 v. Chr.) Hochkultur östlich des Tigris im heutigen Khuzestan

Achämeniden (550–330 v. Chr.) Herrscherdynastie des ersten persischen Großreichs, gegründet von Kyros II.

Seleukiden (321–245 v. Chr.) Herrscherdynastie nach Alexander dem Großen im iranischen Hochland

Parther (245 v. Chr.–224 n. Chr.) auch als Arsakiden bezeichnet, da die Dynastie von Arsakes I. begründet wurde

Sassaniden (224–651) von Shapur I. gegründete Herrscherdynastie des zweiten persischen Großreichs, in dem der Zoroastrismus zur Staatsreligion wurde

Umayyaden (661–750) arabische Herrschaftsdynastie von als Kalifen bezeichneten Nachfolgern des Propheten Mohammed mit Sitz in Damaskus

Abbasiden (750–1258) zweite arabisch-islamische Herrschaftsdynastie, gegründet von Abu Dscha'far al-Mansur

Buyiden (930–1062) schiitische Herrschaftsdynastie, ausgehend von der Provinz Fars, die zeitweilig Bagdad eroberte

Seldschuken (1040–1194) türkische Herrschaftsdynastie, von der zentralasiatischen Steppe kommend, die Bagdad einnahm und Esfahan zur Residenzstadt ernannte

Ilkhaniden (1256–1335) mongolische Herrschaftsdynastie, die zeitweilig über Persien, Mesopotamien, Zentralasien und Anatolien herrschte

Muzaffariden (1314–1393) regional begrenzte persische Herrschaftsdynastie in Südiran und Kurdistan

Timuriden (1370–1507) aus der zentralasiatischen Steppe kommende türkischstämmige Herrschaftsdynastie mit der Residenzstadt Samarkand, gegründet von Timur

Safawiden (1501–1722) von Ismail I. gegründete Herrschaftsdynastie, die unter Abbas I. (1588–1629) die größte Blüte erreichte und Esfahan zur Residenzstadt des Reiches machte

Afshariden (1736–1796) vom Afghanen Nader Khan begründete Dynastie mit Machtbereich zwischen Kaukasus und Indien

Zand-Dynastie (1751–1794) persisches Herrschergeschlecht mit Hauptsitz in Shiraz, gegründet vom Afshariden-General Karim Khan

Qadjaren (1794–1925) gegründet von dem turkmenischen Stammesführer Agha Mohammad mit der Hauptstadt Teheran

Pahlavi-Dynastie (1925–1979) letzte monarchische Dynastie Persiens, gegründet vom Offizier Reza Khan, der sich zum Schah ausrufen ließ

O/P

Orusi prächtige Buntglasfenster mit Holzrahmen

Pasdaran paramilitärische Revolutionsgarde der Islamischen Republik Iran

Pol Brücke

Q

Qaleh Burg oder Festung

Qanat antikes unterirdisches Kanal- bzw. Bewässerungssystem

R

Robat Karawanserei

Rud Fluss

S

Savak Geheimdienst unter der Pahlavi-Dynastie

Savari Sammeltaxi

Schah König, höchster persischer Herrschertitel

Scheich arabischer Ehrentitel für Männer mit besonderen Verdiensten

Schia zweitgrößte Glaubensrichtung des Islam (S. 132)

Seyed Ehrentitel für Nachfahren des Propheten Mohammed

Sepah paramilitärische Revolutionsgarde der Islamischen Republik Iran

Shahnameh „Buch der Könige", persisches Nationalepos aus dem 10./11. Jh., verfasst von Ferdowsi

Shahr Stadt

Sharbat traditioneller Frucht- oder Kräutersaft

Shisha Wasserpfeife

Sofreh quadratisches Tuch, auf dem Essen serviert wird oder in das frisches Brot gewickelt wird

Sufismus verschiedene Strömungen einer besonders spirituellen Auslegung des Islam, auch islamische Mystik genannt

Sunniten Anhänger der größten Glaubensrichtung des Islam

T

Takht Thron

Takhten mit Teppichen ausgelegte erhöhte Essplätze

Tang Canyon oder Schlucht

Tarof eine Form der ritualisierten Höflichkeit (S. 87)

Tekiyeh Ort für schiitische Gedenkzeremonien

Tepe antiker oder prähistorischer Siedlungshügel

Termeh Kunsthandwerk: kunstvoll bestickte Tischdecken oder Stoffbezüge

Timcheh zweistöckiger Rund- oder Hallenbau

Tschador islamischer Ganzkörperumhang für Frauen

V/Y

Vier-Iwan-Moschee ab dem 12. Jh. üblicher Hofmoscheebautyp mit vier Iwanen

Yakhtschal traditionelles Eishaus

Z

Zikkurat gestufter Tempelbautyp in Mesopotamien und dem Reich von Elam

Zoroastrismus vorislamische monotheistische Staatsreligion unter den Sassaniden, entstanden zwischen 1800 und 600 v. Chr. (S. 256)

Zurkhaneh Kraftraum, in dem traditioneller persischer Kraftsport ausgeübt wird

Zwölfer-Schia Glaubensrichtung der Schia mit zwölf anerkannten Imamen (S. 132)

Reisemedizin zum Nachschlagen

Durchfall- und Darmerkrankungen

Durchfallerkrankungen kommen in Iran relativ häufig vor. Am besten konsumiert man Getränke nur originalverpackt aus Flaschen und Dosen und verzichtet auf Eiswürfel. Rohe, ungekochte oder ungeschälte Produkte sollten nicht verzehrt werden. Besonders bei Fleisch sollte man darauf achten, dass es gar ist. Allgemeine Hygienemaßnahmen wie regelmäßiges Händewaschen oder Händedesinfektion nach dem Toilettengang und vor dem Essen sind ratsam.

Hepatitis

Hepatitis A wird in erster Linie durch verschmutztes Wasser oder verunreinigte Nahrung übertragen. Ein vorsichtiger Umgang mit diesen empfiehlt sich also auf jeden Fall. Ob man sich impfen lassen möchte oder nicht, ist in erster Linie eine Grundsatzfrage. Meist ist es nicht notwendig. **Hepatitis B** wird dagegen durch Körperflüssigkeiten, also Blut oder Sperma, übertragen. Da diese Form der Hepatitis weit gefährlicher ist, sollte man sich wie gegen HIV besonders gut schützen; besonders bei Langzeitaufenthalten ist eine Impfung empfohlen.

HIV / Aids

HIV und Aids sind in Iran nicht unbekannt, verlässliche Zahlen gibt es aber nicht. Immerhin hat der Staat das Problem inzwischen erkannt und im ganzen Land Aids-Stationen eingerichtet. Das Risiko einer HIV-Infektion besteht grundsätzlich durch sexuelle Kontakte, intravenösen Drogenmissbrauch, durch Tätowierungen und Piercings sowie Bluttransfusionen. Der beste Schutz ist nach wie vor ein Kondom oder Enthaltsamkeit.

Höhenkrankheit

Für Bergsteiger und Trekkingtouristen hat Iran einige hohe Gipfel zu bieten. Bei Aufenthalten in Höhen über 2300 m kann es bei Einzelnen zu verschiedenen Formen der Höhenkrankheit kommen, wenn keine graduelle Anpassung an die Höhe erfolgt. Zu den Symptomen gehören Kopfschmerzen, meist zusammen mit Appetitverlust, Übelkeit, Erbrechen, Atemnot und Schwindel, die sich bis auf eine beträchtliche Störung von Lungen- und Gehirnfunktion ausweiten können. Auch junge und gut trainierte Personen können erkranken. Um einer Höhenkrankheit vorzubeugen, sollte man in Höhen ab 3000 m ausreichend Zeit für die Akklimatisierung einplanen und darauf achten, dass Trekkingtouren mindestens mit einer Übernachtung in großer Höhe angeboten werden.

Leishmaniose

Bei der Haut-Leishmaniose handelt es sich um eine von Sandfliegen übertragene, parasitäre Erkrankung mit Hautveränderungen, die meist erst Wochen bis Monate nach dem Stich auftreten. Nicht heilende Hautgeschwüre sowie anhaltende Fieberschübe und Milzvergrößerung nach einer Iranreise sollten mit Verdacht auf Haut-Leishmaniose oder innere Leishmaniose in einer tropenmedizinisch erfahrenen Klinik behandelt werden. In ländlichen Gebieten sollte daher auf ausreichenden Mückenschutz geachtet werden.

Malaria

Auch wenn Iran kein klassisches Malaria-Land ist, besteht landesweit in Höhenlagen unter 1500 m ein geringes Risiko. Im Norden des Landes ist eine Übertragung von Juni bis September möglich, im Südosten des Landes, in den Provinzen Hormozgan, Sistan und Balutschistan und südlich von Kerman von Mai bis September und entlang der Küste des Persischen Golfs ganzjährig. In diesen Regionen sollte man auf ausreichenden Mückenschutz achten.

Schlangen und Skorpione

Tausende Menschen werden jährlich in Iran von **Schlangen** gebissen, einige wenige sterben daran. Weitaus gefährlicher sind **Skorpione**, pro Jahr kommt es zu 50 000 Stichen, meist im Südwesten Irans, entlang des Persischen Golfs und in den Wüstenregionen in der Landesmitte. Wer gebissen oder gestochen wird, sollte nicht in Panik geraten. Es ist wichtig zu wissen, wie das Tier ausgesehen hat, dann sofort Hilfe holen und einen Arzt aufsuchen. Gegengifte gibt es in den meisten Apotheken und Kliniken. Da Schlangen und Skorpione sehr scheue Tiere sind, wird man ihnen selten begegnen. Hinweise, worauf man unbedingt achten sollte, finden sich im Abschnitt Sicherheit auf S. 74.

Sonnenbrand und Hitzschlag

Wer zu lange ohne ausreichenden Schutz in der prallen Sonne verbringt, kann schnell einen **Sonnenstich** oder (noch schlimmer) einen **Hitzschlag** erleiden. Alarmzeichen sind Übelkeit, Durchfall und eventuell Erbrechen. Auf diese Beschwerden folgen dann migräneartiges Kopfweh, Schüttelfrost und Fieber. Es ist wichtig, sofort Maßnahmen zu ergreifen, um die Körpertemperatur zu senken, am besten mittels Wadenwickeln oder lauwarmen Duschen, und in jedem Fall einen Arzt aufzusuchen.

Sonnenbrand kann man sehr gut mit Essigwasser behandeln. Eine erhöhte Kalziumzufuhr (Tabletten) hilft, Sonnenallergien vorzubeugen.

Tollwut

Tollwut kommt in Iran vor und wird am häufigsten von Hunden übertragen. In ländlichen Gebieten ist das Risiko größer, besonders in den Dörfern und Bergregionen gibt es viele streunende Hunde. Bei der Tollwut handelt es sich um eine fast immer tödlich verlaufende Infektionskrankheit, die durch Viren verursacht wird, welche mit dem Speichel infizierter Tiere oder Menschen übertragen werden (durch Biss, Lecken verletzter Hautareale oder Speicheltröpfchen auf den Schleimhäuten von Mund, Nase und Augen). Die teils aufwendige Behandlung nach einer Bissverletzung ist außerhalb von Großstädten nicht immer möglich. Auf eine wirksame Impfung gegen Tollwut sollte vor Reisen in ländliche und abgelegene Gebiete unbedingt geachtet werden.

Bücher

Hier eine Auswahl besonders empfehlenswerter Bücher über das Land – zur iranischen Literatur siehe S. 139.

Bildbände

Behind Closed Curtains. Interior Design in Iran, Lena Späth (München 2017). In Eigenregie publiziert, ermöglicht der Bildband Einblicke in ausgewählte Häuser iranischer Unternehmer und Künstler, die innovativ traditionelles und modernes Design zusammenführen. Mit eindrücklichen Fotografien von Hamed Farhangl.

Highlights Iran. Die 50 Ziele, die Sie gesehen haben sollten, Priska Seisenbacher, Andreas Schörghuber (Bruckmann, München 2018). Verschafft Orientierung über die vielen verschiedenen Sehenswürdigkeiten, von kurdischen Bergdörfern bis zu safawidischen Prunkbauten in Esfahan. Gibt Reisetipps und erleichtert die Wahl der Reiseroute.

Geschichte und Religion

Das frühe Persien. Geschichte eines antiken Weltreichs, Josef Wiesehöfer (Beck, München 2015). Bietet eine gute Einführung in Geschichte, Kultur und Politik der zwei persischen Weltreiche und der Zeit dazwischen.

Die Seidenstraße, Thomas O. Höllmann (Beck, München 2018). Grundlagenwissen, das über den bloßen Handelswarentransfer den interkulturellen Austausch entlang des Handelsnetzes erläutert.

Geschichte Irans. Von der Islamisierung bis zur Gegenwart, Monika Gronk (Beck, München 2016). Bringt das Wichtigste der bewegten Geschichte des Landes ab der arabischen Eroberung auf den Punkt. Gewohnt kompakt, auch zum Mitnehmen.

Iran, Walter M. Weiss (Konrad Theiss Verlag, Darmstadt 2017). Irans Geschichte und Kultur zusammengefasst mit thematischen Schwerpunkten. Verschafft einen guten Überblick.

Iran verstehen. Geschichte, Gesellschaft, Religion, Gerhard Schweizer (Klett-Cotta, Stuttgart 2017). Auf den über 700 Seiten bleiben keine Fragen offen, und jede Seite davon ist für ein neues „Aha-Erlebnis" gut. Fundiert führt Schweizer durch die Jahrtausende, erläutert nebenbei die Geschichte der islamischen Welt per se und gibt Ausblicke ins Hier und Jetzt. Detailliert, aber nicht trocken oder verstaubt, sondern immer packend – ein Lesegenuss.

Zarathustras Feuer: Eine Kulturgeschichte des Zoroastrismus, Bijan Gheiby (WBG Verlag, Darmstadt 2014). Für alle, die sich eingehend mit der antiken Religion beschäftigen wollen. Skizziert die historische Entwicklung von ihren Anfängen bis heute, erläutert kultische Handlungen und grundlegende Ideenkonzepte.

Politik, Gesellschaft und Kultur

Architekturführer Iran. Teheran/Isfahan/Shiraz, Thomas Meyer-Wieser (DOM publishers, Berlin 2016). Ein detaillierter Blick auf die Architekturschätze dreier Großstädte quer durch die Jahrhunderte mit Schwerpunkt auf zeitgenössischen Bauwerken in Teheran. Für Architekturliebhaber und solche, die es werden wollen.

Der neue Iran. Eine Gesellschaft tritt aus dem Schatten, Charlotte Wiedemann (dtv Verlag, München 2017). Die haarscharfe Gesellschaftsanalyse der Iran-Expertin beleuchtet historische Hintergründe, eröffnet wichtige Zusammenhänge und bringt Licht in die Widersprüchlichkeit und Vielschichtigkeit des Landes. Dazu mitreißend erzählt mit Einblicken in geführte Interviews und Reiseerlebnisse. Das Buch, um das Iran von heute besser zu begreifen.

Inside Iran. Alte Nation, neue Macht?, Cornelius Adebahr (Dietz Verlag, Bonn 2018). Stellt sich häufigen Fragen in Bezug auf Außen- und Innenpolitik des Landes und beantwortet sie alle. Ein Muss für all jene, die immer schon wissen wollten, was hinter Irans Atomprogramm wirklich steckt, worin die Feindschaft mit den USA begründet liegt, was das politische System Irans ausmacht und wie es jetzt weitergeht.

Kochen

Die persische Küche. Der ganze Zauber des Orients. 95 Originalrezepte, Neda Afrashi (Christian Verlag, München 2016). Das Standardwerk führt gekonnt in die Kunst der persischen Küche ein, erklärt Grundlegendes zu Zutaten, aber auch Zubereitungsarten, und trifft eine überzeugende Auswahl an Rezepten.

Orientalia. Neue Rezepte aus den Küchen Persiens, Sabrina Ghayour (Hölker Verlag, Münster 2018). Orientalische Küche neu interpretiert mit kreativen Rezepten.

Persiana. 100 Rezepte aus den Küchen des Orients, Sabrina Ghayour (Hölker Verlag, Münster 2015). Kunterbunte und unwiderstehliche Auswahl aus den verschiedenen Küchen des Orients.

Teheran. Die Kultrezepte, Parvin Razavi (Christian Verlag, München 2018). Typisch persische Gerichte nachkochen und zugleich mit Illustrationen und Tipps in die (Essens-)Kultur Teherans abtauchen.

Vegan Oriental, Parvin Razavi (Neun Zehn Verlag, Berlin 2017). Mit diesem Buch muss kein Veganer auf die Gaumenfreuden der orientalischen Küche verzichten. Traditionelle Kochkunst trifft auf frischen, umweltbewussten Erfindergeist.

Reiseberichte und Autobiografien

Couchsurfing im Iran. Meine Reise hinter verschlossenen Türen, Stephan Orth (Piper Verlag, München 2015). Eine Zusammenstellung verschiedener Couchsurfing-Erlebnisse. Der Bestseller hat schon viele dazu bewogen, anfängliche Unsicherheiten in Bezug auf eine Iranreise über Bord zu werfen.

Das verlorene Kopftuch. Wie der Iran mein Herz berührte, Nadine Pungs (Piper Verlag, München 2018). Anekdoten einer Reise, gespickt mit historischem und politischem Hintergrundwissen.

Im Iran dürfen Frauen nicht Motorrad fahren. Was passierte, als ich es trotzdem tat, Lois Price (DuMont Reiseverlag, Ostfildern 2017). Ein Roadtrip der besonderen Art – alleine als Frau und hautnah bei den Menschen vor Ort.

Mein Iran. Ein Leben zwischen Hoffnung und Revolution, Shirin Ebadi (Piper Verlag, München 2006). Die iranische Friedensnobelpreisträgerin erzählt ihre Lebensgeschichte und liefert damit zugleich eine Analyse der politischen Verhältnisse im Land.

Per Anhalter nach Indien. Auf dem Landweg durch die Türkei, den Iran und Pakistan, Morten Hübbe, Rochssare Neromand-Soma (Piper Verlag, München 2018). Die unglaubliche Geschichte eines Paares, das loszieht, um mehrere Jahre durch Asien zu trampen. Ihre Art des Reisens mit vielen Mitfahrgelegenheiten und Couchsurfing-Bekanntschaften garantiert eine Vielzahl an Geschichten, mit denen sie Iran porträtieren.

Sprache

Grundwortschatz Persisch, Shirin Sanati (Buske, Hamburg 2017). Eine gute Ergänzung zum Lehrbuch mit thematisch aufbereiteten Vokabellisten und sinnvollen Erläuterungen.

Lehrbuch der persischen Sprache 1, Eva Orthmann, Ghasem Toulany (Buske, Hamburg 2016). Beginnt beim Erlernen der Schrift und deckt die Sprachniveaus A1 und A2, in Bezug auf Textverständnis auch B1 ab. Enthält eine Fülle an Grammatiklektionen, Lesetexten, praktischen Übungen und eine Hör-CD. Für Anfänger, die am besten parallel einen Sprachkurs besuchen.

Persisch. Langenscheidt Universal-Wörterbuch, Khosro und Mohsen Naghed (Langenscheidt, München 2002). Kompaktes Wörterbuch (7,8 x 2,4 x 10,7 cm) – ideal zum Mitnehmen.

Index

A

Abadan 520
Abarkuh 271
Abbas I. 112, 210, 221
Abbas II. 217
Abbasi, Ali Reza 215
Abbasiden 108
Abshar-e Bisheh 400
Abshar-e Gerit 401
Abshar-e Shevi 401
Abyaneh 206
Achämeniden 103, 104, 135, 289, 292
ad-Din Attar, Farid 424
Afghanistan 115, 484
Afshariden 114
Agha Mohammed Khan 145, 451
Ahmadinedschad, Mahmud 125
Ahvaz 515
Aids 560
Aktivitäten 34, 74
Alam Kuh 409
Alamut-Tal 312
Alexander der Große 106, 388
Ali 132
Ali Sadr 392
Alkohol 72
al-Mamun, Abdallah 109
Alvares 340, 342
Amanat, Hossein 155
Aminabad 295
Anarak 237
Andimeshk 399, 401
Anreise 41
Anschläge 71
Antike 26
Aq Qala 443
Araber 99, 495
Arabistan 523
Araghian, Leila 156
Arak 404
Aramgah-e Imam Khomeini 164
Aramgah-e Shah Nematollah Vali 465
Architektur 23, 135, 270
Ardabil 336
Ardabil, Provinz 335
Ardakan 265, 296
Ardalan, Mastoureh 373
Ardashir I. 293, 300
Ardestan 209
Arg-e Bam 467
Arg-e Rayen 466
Arier 99
Armenier 113, 221, 363
Arvand 522
Asalem 335
Ashura 55, 121, 133
Ashuradeh 443
Assassinen 133, 312, 316
Atomanlagen 208
Atomprogramm 125
Atomverhandlungen 128
Ausrüstung 61
Außenhandel 131
Außenpolitik 128
Auto 41, 77
Autovermietungen 79, 177
Avicenna 388
Azeris 336

B

Baba Taher 387
Badab-e Surt 414
Baden 342, 533
Bafq 267
Bagh-e Akbariyeh, Birjand 485
Bagh-e Dowlatabad, Yazd 259
Bagh-e Eram, Shiraz 281
Bagh-e Fin, Kashan 198
Bagh-e Naranjestan, Shiraz 275
Bagh-e Sangi 459
Bagh-e Shahzadeh, Mahan 466
Bahaitum 135
Bahn 44, 80, 399, 403, 413, 419
Bajgiran 437
Bakhtiaren 243, 244, 246
Balutschistan 71, 73, 472
Bam 467
Bampur 480
Bandar Abbas 528
Bandar Anzali 333
Bandar-e Tang 483
Bandar-e Torkaman 443
Bandaris 532
Banisadr, Abolhassan 122
Banken 60
Bastam 420
Bavanat-Gebiet 298
Bayazeh 242
Bazare 27
  Esfahan 216
  Kashan 195
  Shiraz 275
  Tabriz 349
  Teheran 148
Bazargan 361
Behinderungen 69
Behzadian, Ali Akbar 374
Benzin 78
Berberitzen 488
Bergdörfer 30
Berge 29
Bergsteigen 76
Bersiyan 233
Bevölkerung 98
Bildung 98, 122
Birjand 484
Bishapur 299
Bisheh-Wasserfall 400
Bisotun 383
Bodenschätze 130
Bolbar 377
Boote 81
Boragh-Schlucht 296
Botschaften 44
Briten 115
Bücher 139, 562
Bushehr 525
Bushehr, Provinz 524
Busse 79
Buyiden 109

C

Camping 86
Canyoning 302
Canyons 29
  Tang-e Bostanak 296
  Tang-e Haygher 301
  Tang-e Rageh 459

ANHANG

Tang-e Reghez 302
Tang-e Shirez 402
Chabahar 480
Chahkuh Canyon 539
Chak Chak 265
Chama-Eishöhle 246
Chayyam, Omar 90
Chelgerd 245
Chogan-Schlucht 299
Chogha Zanbil 505
Chosrau II. 378
Christentum 26, 134, 221, 362, 365
Chupanan 238
Couchsurfing 80

D

Dahane-ye Gholaman 479
Damavand 412
Damghan 419
Daneshwar, Simin 140
Darab 303
Darak 483
Darbandsar 177
Dareios I. 104, 292, 383
Darreh Khazineh 404
Daryacheh-ye Namak 205
Daryacheh-ye Maharlu 301
Daryacheh-ye Orumiyeh 96, 365
Daryacheh-ye Ovan 315
Daryacheh-ye Zarivar 376
Dashkasan 321
Dasht-e Kavir 205, 237
Dasht-e Lut 71, 448, 462, 464
Datteln 471
Deh Bala 268
Deh Salm 463
Deh Seyf 462
Delfinbeobachtungen 538, 542
de Morgan, Jacques 502
Deyhuk 490
Deylaman 332
Dez 399
Dezak 476
Dezful 497
Dezh-e Ardashir Papakan 301
Diplomatische Vertretungen 178
Dizin 177
Dorud 399
Dowlatabadi, Mahmoud 140
Drogen 72
Drogenschmuggel 465
Dschingis Khan 110
Durchfall 560
Dynastien 558
Dzordzor-Kapelle 361

E

Ecolodges 86
Edelsteine 45
Einfuhrbestimmungen 91
Einkaufen 45
Einlegearbeiten 46
Eisenbahn 44, 80, 399, 403, 413, 419
Eishäuser 452
Eishöhle 246
Ekbatana 387
Elam 102, 135, 500
Elektrizität 67
Emaillearbeiten 46
Erdbeben 73, 467, 489
Erdöl 131, 520, 525
Erster Golfkrieg 123, 156, 452, 523, 524
Esfahak 490
Esfahan 209
Aktivitäten 229
Aramgah-e Monar Jonban 223
Atashgah 223
Bazar 216
Borj-e Kabutar Mardavij 222
Brücken 219
Chahar Bagh 219
Einkaufen 229
Essen 225
Galerie Matn 220
Geschichte 210
Hamam-e Ali Qoli Agha 217
Informationen 230
Jolfa 221
Kakh-e Ali Qapu 214
Khaneh-ye Mashrouteh 219
Khaneh-ye Polsheer 222
Kirchen 221
Kuh-e Soffeh 223
Kunstmuseen 218
Masjed-e Jameh 216
Masjed-e Lotfollah 215
Masjed-e Seyyed 217
Masjed-e Shah 214
Meydan-e Naqsh-e 211
Nahverkehr 231
Pol-e Khaju 220
Si-o-se Pol 220
Takht-e Fulad 222
Touren 229
Transport 231
Tschehel Sotun 217
Übernachtung 223
Zayandeh-ye Rud 219
Esfahan, Provinz 194
Esfahani, Ali Akbar 214
Esfandiar 490
Essen 48
Ezhieh 233
Ezmighan 490

F

Fahraj 267
Fähren 81, 531
Fahrräder 81
Farah Diba 163
Farahzad 239
Farhadi, Ashgar 140
Fars, Provinz 272
Farsi 550
Fauna 95
Feiertage 54
Ferdows 491
Ferdowsi 138, 437
Fernsehen 68
Feste 54, 543
Feuerberg Tashkuh 514
Film 140, 158
Firuzabad 300
Flora 95
Flüge 41, 82
Flugpreise 82
Fotografieren 56
Frauen 58, 62, 101, 532
Freihandelszonen 131
Frühgeschichte 26
Furg 488
Fußball 74, 176

G

Gandom-e Beryan 463
Ganj Ali Khan 450
Ganj Nameh 391
Garmeh 242
Garmsar 419
Gärten 200
  Bagh-e Akbariyeh, Birjand 485
  Bagh-e Dowlatabad, Yazd 259
  Bagh-e Eram, Shiraz 281
  Bagh-e Fin, Kashan 198
  Bagh-e Naranjestan, Shiraz 275
  Bagh-e Shahzadeh, Mahan 466
Gästehäuser 84
Gaumata 383
Gavkhuni-Sumpfgebiet 234
Gebirge 93
Geld 59
Gelfeshan 443
Geografie 93
Gepäck 61
Gerit-Wasserfälle 401
Geschichte 102, 145, 495, 562
Geschichtsschreibung 104
Geschlechtsumwandlungen 69
Gesellschaft 99
Gesundheit 63
Getränke 51
Ghalamkar 47
Ghalat 295
Ghale Nou 479
Ghanei, Reza 222
Ghar-e Ali Sadr 392
Ghar-e Katalehkhor 323
Ghaznawiden 433
Ghurtan 233
Gilan 324
Golestan 438
Golestan-Nationalpark 445
Golfregion 94
Gonabad 491
Gonbad-e Qabus 443
Gonbad-e Soltaniyeh 319
Gorgan 439
Grenzübergänge 43
  Armenien 346
  Aserbaidschan 336
  Aserbaidschan (Nachitschewan) 356
  Türkei (Bazargan) 360
  Turkmenistan 437
Grüne Bewegung 126

H

Hafez 139, 279
Hafezi, Mohammad Reza 155
Haft Cheshmeh 401
Haft Tepe 504
Hajij 377
Hamadan 386
Hamadan, Provinz 385
Handeln 47
Hasan-i Sabbah 313, 316
Hasanlu 369
Hedayat, Sadeq 140
Hengam 538
Hepatitis 560
Heyran-Pass 336
Hilavar 356
Himmelsbestattung 259
Hitzschlag 561
HIV 560
Höhenkrankheit 560
Höhlen 29, 323, 392
Homestays 86
Homosexualität 69
Hormozgan 524, 532
Hormuz 533
Hostels 84
Hotels 84
Howz-e Soltan 192
Hussein, Imam 132
Hussein, Saddam 523

I

Ilkhaniden 111
Imam Hussein 132
Imam Reza 426
Impfungen 64
Informationen 64
Innenpolitik 128
Internet 65
Iran-Irak-Krieg 123, 156, 452, 523, 524
Iranshahr 480
Islam 54, 55, 90, 107, 108, 132
Islamische Republik 121
Islamische Revolution 120
Ismail 112
Ismailiten 133, 316
Israel 129
Izadkhast 295
Izeh 513

J

Jamkaran 192
Javaherdeh 410
Jemen 129
Jiroft 471
Jolfa 356
Judentum 26, 134, 387

K

Kaffeezeremonie 521
Kal Sardar 490
Kalat 436
Kal-e Jeni 490
Kalender 90
Kalligrafie 137, 230
Kalporagan 476
Kaluts 94, 462
Kamal-ol-Molk 149, 424
Kandovan 355
Kang 436
Kangavar 385
Karat 434
Karawansereien 295, 423
  Abbasi, Esfahan 219
  Chah-e Karo 460
  Fakhr-e Davud 426
  Miyandasht 423
  Zein-o-Din 268
Karettschildkröten 538
Karim Khan 114, 274
Karun 523
Karun-3-Talsperre 513
Kashan 194
Kaspisches Meer 94, 410, 443
Katalehkhor 323
Kavir-e Maranjab 205
Kavir-Nationalpark 205

Kelardasht 409
Keramik 46, 391
Kerbala 132, 133
Kerman 448
Kerman, Provinz 448
Kermanshah 378
Kermanshah, Provinz 378
Keshit 463
Khaled Nabi 444
Khalkhal 336
Khamenei, Ali 124
Khan, Darvish 459
Khan, Mirza Kuchek 325
Khar-Turan-Nationalpark 421
Kharanaq 265
Khargerd 434
Khatami, Mohammad 124
Khatamkari 46
Khayyam, Omar 424
Khazarabad 413
Khomeini, Ayatollah 119, 164, 190
Khomeini-Mausoleum 164
Khomeini, Ruhollah 119, 164, 190
Khorasan 408, 423
Khorramabad 393
Khorramshar 523
Khosrow I. 107
Khosrow II. 107
Khoy 363
Khur 242
Khuzestan 495
Kiarostami, Abbas 140
Kinder 66
Kish 547
Kleidung 61
Kleidungsvorschriften 62
Klettern 75, 382
Klima 36
Klimawandel 43
Kloster St. Stephanos 356
Kloster St. Thaddäus 362
Kochkurse 34
  Esfahan 230
  Kashan 204
  Teheran 176
Konstitutionelle Revolution 219, 349
Konsulate 44
Kopftuch 62, 66, 101
Kreditkarten 61
Kriminalität 70
Küche 48, 324, 563
Kuh-e Alvand 391
Kuh-e Khajeh 478
Kuh-e Sabalan 344
Kuh-e Takht 377
Kuhrang-Tal 245
Kul-e Farah 513
Kultur 27, 135
Kunst 135, 173
Kunsthandwerk 45
Kurden 360
Kurdistan 373
Küstenwüste 484
Kyros II. 103, 294

L

Lahijan 331
Lahrud 343
Lalejin 46, 391
Landkarten 65
Landminen 71
Landwirtschaft 130
Leishmaniose 560
Lenj 539
Lesben 69
Literatur 138
Lorestan 393
Luren 393, 394
Lyrik 139

M

Madjidi, Maryam 139
Mahan 465
Maharlu-See 301
Makhmalbaf, Mohsen 140
Makhunik 489
Maku 360
Malaria 64, 560
Maragheh 358
Maranjab 205
Märchen aus Tausendundeiner Nacht 251
Marivan 376
Markazi 404
Mashhad 426
Maße 67
Masuleh 329
Masumeh, Fatemeh 190
Mazandaran 408
Medien 67
Medizinische Hilfe 64
Mehriz 267
Merikhi-Berge 484
Meshgin Shahr 343
Mesr 239
Metallarbeiten 45
Meybod 266
Meymand 459
Miankaleh 413
Mil-e Radkan 437, 442
Minab 531
Miniaturmalerei 137, 229
Mohamadiyeh 236
Mohammad Reza Pahlavi 118, 161, 162
Mongolen 110, 424
Montazeri, Hossein 124
Mosaferkhaneh 86
Mossadegh, Mohammad 118
Motorrad 41
Mozif 521
Musik 141, 158, 222, 295
Mussawi, Mir Hossein 126
Muzeh-ye Miras-e Rustaie Gilan 328

N

Nader Khan 114
Nahverkehr 82
Nain 236
Namak-See 205
Naqsh-e Rostam 292
Naser ad-Din 146, 502
Nashtifan 434
Natanz 208
Nationalparks 96
  Golestan 445
  Kavir 205
  Khar Turan 421
  Nayband 461
  Orumiyeh-See 365
Natur 28
Nayband 460

Nehbandan 463
Neshat, Shiran 140
Neujahr, persisches 56
Neyriz 303
Niasar 206
Nishapur 424
Nomaden 30, 98, 244, 297, 344, 393
Nord-Khorasan 423
Nowruz 56
Nuklearanlagen 71, 208
Nushabad 206

O

Oasen 30
Öffnungszeiten 68
Oldschaitu 319
Omidvar, Issa und Abdullah 161
Opium 72
Ornamentik 137
Orumiyeh 365
Orumiyeh-See 96, 365
Osmanen 347
Ost-Aserbaidschan, Provinz 346
Ovan-See 315

P

Pahlavi-Dynastie 116, 145, 146, 154, 160, 161
Pakistan 42
Palangan 377
Panahi, Jafar 140
Parlament 127
Parsipur, Shahrnush 140
Parther 106
Pasargadae 294
Pasdaran 122
Paskuh 476
Persepolis 105, 106, 289
Persien 99
Persisch 550
Pferderennen 75
Pflanzen 95
Pilgerstätten 25
Pir Bakran 232
Pir-e Naraki 268
Pol-e Dokhtar 403
Pol-e Veresk 413
Politik 71, 127
Polizei 70
Pooladkaf 297
Portugiesen 480
Post 68
Preise 83
Preiskategorien 84

Q

Qadjaren 115
Qaen 491
Qaleh Hasan Ali 466
Qaleh-ye Babak 354
Qaleh-ye Behestan 323
Qaleh-ye Dokhtar 301
Qaleh-ye Rudkhan 328
Qamsar 206
Qanate 255, 270, 491
Qareh Kelisa 362
Qashqai 297
Qazvin 306
Qazvin, Provinz 306
Qeshm 535, 544
Qizilbash 112
Qom 189
Qom, Provinz 189

R

Radfahren 230
Radio 68
Rafsandschani, Akbar H. 124
Rageh-Canyon 459
Ramadan 54
Ramsar 97, 410
Rasht 324
Rayen 466
Razavi-Khorasan 423
Reghez-Schlucht 302
Regierung 127
Reis 48
Reiseapotheke 64
Reisekasse 60
Reisekosten 39, 83
Reisekrankenversicherung 88
Reisemedizin 560
Reiserouten 30
Reiserücktrittsversicherung 88
Reisezeit 38
Reiseziele 23
Reiten 75, 398
Religion 132
Revolutionsgarde 128
Reza Khan 116
Reza Schah Pahlavi 160, 410
Rig-e Jenn 238
Rig-e Yalan 464
Robat-e Chah-e Karo 460
Robat-e Miyandasht 423
Robat-e Zein-o-Din 268
Rohani, Hassan 126
Römer 299, 497
Rosenfest 34
Rosenwasser 50, 204, 206
Rudbarak 410
Rumi 138, 363

S

Saadi 139, 281
Sabalan 343, 344
Sadd-e Dez 500
Sadd-e Karun 513
Safawiden 111, 190, 210, 427
Safi ad-Din 112, 337
Safran 50, 431, 491
Salzmine 419
Samaniden 109
Sammeltaxis 83
Sanandaj 373
Sanati, Sali Akbar 452
Sangbast 433
Sankt Stephanos 356
Sankt Thaddäus 362
Sar Agha Seyed 246
Sarakhs 438
Sar-e Eyn 340
Sari 413
Sarvestan 303
Saryazd 267
Sassaniden 106, 135, 293, 299, 378
Satrapi, Marjane 141
Saudi-Arabien 129
SAVAK 149
savaris 83
Schah Abbas I. 413
Schah Mohammad Reza Pahlavi 118, 161, 162

Schah Reza Pahlavi 160, 410
Schariati, Ali 120
Schia 112, 132
Schiffsbau 539
Schiitentum 112, 132, 190, 278, 427
Schlammvulkane 94, 443, 483
Schlangen 74, 561
Schweigetürme 258
Schwule 69
Seb 476
Seidenstraße 419, 423
Seldschuken 109
Selin 377
Semnan 416
Semnan, Provinz 416
Sepah 122
Sepehri, Sohrab 452
Sepidan 296
Sepid Dasht 401
Seymareh 404
Shafiabad 462
Shahar Yeri 343
Shahdad 462
Shahmirzad 417
Shahr-e Rey 164
Shahr-e Sukhteh 479
Shahrud 420
Shams Tabrizi 363
Shapur I. 106, 299, 497
Shemshak 177
Shevi-Wasserfall 401
Sheybani, Manuchehr 196
Shir Kuh 269
Shiraz 274
  Ahmadi Khaneghah 278
  Arg-e Karim Khan 274
  Bagh-e Afif Abad 281
  Bagh-e Delgosha 281
  Bagh-e Eram 281
  Bagh-e Naranjestan 275
  Bazar-e Vakil 275
  Bibi Dokhtaran 278
  Darwazeh-ye Quran 279
  Einkaufen 287
  Essen 283
  Geschichte 274
  Hafezieh 279
  Informationen 287
  Madrese Khan 275
  Masjed-e Jame Atigh 278
  Masjed-e Nasir-ol-Molk 275
  Muzeh-ye Fars 274
  Muzeh-ye Meshkinfam 278
  Nahverkehr 287
  Saadieh 281
  Shah-e Cheragh 278
  Touren 286
  Transport 288
  Übernachtung 281
  Vakil-Komplex 274
Shurjestan 295
Shush 500
Shushtar 506
Si Sakht 297
Sicherheit 24, 69, 463, 467, 472
Sistan und Balutschistan, Provinz 472
Skifahren 75
  Alvares 342
  Chelgerd 245
  Pooladkaf 297
  Tarik Darreh 390
  Teheran 177
  Tochal 163
Skorpione 74, 561
Snapp 83
Soltaniyeh 319
Sonnenbrand 561
Sperrgebiete 70
Sport 74
Sprache 563
Sprachführer 550
Staatspräsident 127
Stadtpläne 65
Strände 29, 533
Straße von Hormuz 480, 525, 533
Süd-Khorasan 484
Sufismus 134, 278, 337, 363, 420, 424, 433
Sunniten 133
Surfen 76
Susa 103, 500
Syrien 129

T

Tabas 489
Tabas Masina 489
Tabriz 346
Taft 268
Takht-e Soleyman 370
Tale Zang 401
Tang-e Bostanak 296
Tang-e Haygher 301
Tang-e Rageh 459
Tang-e Reghez 302
Tang-e Shirez 402
Taq-e Bostan 378
Tarof 87
Tashkuh 514
Tasua 55
Tauchen 76, 543, 548
Taxis 82
Taybad 434
Tee 331
Teheran 142
  Aktivitäten 176
  Bagh-e Negarestan 149
  Bagh Muzeh-ye Honar-e Irani 158
  Baharestan Square 149
  Bam-e Tehran 163
  Bazar-e Bozorg 148
  Bazar-e Tajrish 157
  Borj-e Azadi 155
  Borj-e Milad 155
  Botschaften 178
  Darband 163
  Ehemalige Amerikanische Botschaft 154
  Einkaufen 174
  Emarat-e Badgir 148
  Emarat-e Baharestan 149
  Emarat-e Masoudieh 149
  Emarat-e Takht-e Marmar 146
  Essen 168
  Farhangsara-ye Niavaran 163
  Filmmuseum 158
  Freiheitsturm 155
  Friedensmuseum 153
  Galerien 173

Glas- und Keramikmuseum 154
Golestan-Palast 146
Juwelenmuseum 154
Kakh-e Golestan 146
Kakh-e Niavaran 161
Kakh-e Saadabad 160
Kakh-e Shams 148
Krankenhäuser 179
Kunsthandwerk 175
Malek-Museum 152
Marmorthronpalast 146
Milad-Turm 155
Moghadam-Museum 153
Museen 149, 160
Museum der heiligen Verteidigung 156
Museum der schönen Künste 160
Museum für Post und Kommunikation 149
Museum für zeitgenössische Kunst 156
Museum für islamische Kunst 153
Museumsviertel 149
Musikmuseum 158
Muzeh-ye Abgineh va Sofalineh 154
Muzeh-ye Defa'e Moqadas 156
Muzeh-ye Ebrat 149
Muzeh-ye Farsh-e Iran 155
Muzeh-ye Musighi 158
Muzeh-ye Iran-e Bastan 153
Muzeh-ye Javaherat-e Melli 154
Muzeh-ye Olum va Fanavari 153
Muzeh-ye Qasr 154
Muzeh-ye Reza Abbasi 156
Muzeh-ye Sinema 158
Muzeh-ye Tamashagah-e Zaman 160
Nahverkehr 179
Nationalbibliothek 152
Nationalmuseum 152
Niavaran 161
Niavaran-Palast 161
Park-e Laleh 155
Park-e Shahr 153
Pol-e Tabiat 156
Qasr-Gefängnis 154
Saadabad-Komplex 160
Sakhteman-e Edari-ye Post 149
Seferat-e Amrika-ye Sabeq 154
Sonnenpalast 148
Tabiat-Brücke 156
Tajrish 157
Technologiemuseum 153
Teppichmuseum 155
Theater 174
Touren 177
Transport 181
Übernachtung 164
Unterhaltung 173
Windfängerpalast 148
Zeitmuseum 160
Zentrum 146
Telefon 76
Tempel der Anahita, Kangavar 385
Teppiche 46, 348
Esfahan 229
Kashan 204
Mashhad 431
Mesr 242
Qom 193
Shiraz 287
Tabriz 348
Textilien 47
Thaddäus, Apostel 362
Thermalquellen 340
Timuriden 111
Tochal 163
Todesstrafe 72
Toiletten 84
Tollwut 561
Torbat-e Heydariyeh 434
Torbat-e Jam 433
Tourismus 131
Trampen 80
Transiranische Eisenbahn 403
Transport 77
Transsexualität 69
Trekking 76
Alamut-Tal 317
Damavand 412
Sabalan 344
Shir Kuh 269
Tang-e Reghez 302
Trinken 48
Trinkgeld 61
Tschador 63, 101
Tschahar Mahal und Bakhtiari, Provinz 243
Tschalus-Straße 72, 409
Turang Tepe 443
Türkise 45, 426
Turkmenen 438, 443
Turkmenistan 42, 437, 438
Turkmensahra 444
Tus 437

U

Übernachtung 83
Umayyaden 107
Umweltschutz 52
Unfälle 79
Untash-Napirisha 505
Unterkünfte 83
Uraman Takht 377
Uraman-Tal 376
USA 121, 128, 154

V

Valasht-See 409
Varzaneh 233
Vegetarier 25, 49
Verhaltenstipps 86
Verkehr 77
Autos 77
Pannen 79
Regeln 78
Sicherheit 72
Versicherungen 88
Verständigung 25, 550, 554
Visa 88
Visumsverlängerung 90, 179
Vögel 96, 365, 413, 445, 539
Volksgruppen 98
Vorwahlen 77
VPN 66
Vulkane 93

W

Wächterrat 127
Währung 59
Wandern, *siehe auch* Trekking 76
Wassermühlen 237
Wassersport 543
Websites
  Reiseinfos 65
  Reisemedizin 63
  Sprachkurse 554
Wechselkurse 60
West-Aserbaidschan, Provinz 360
Windmühlen 433, 434, 479
Windtürme 238, 254, 270, 271
Wirtschaft 130
WLAN 66
Wüsten 28, 94, 270
  Lut 462,
  Kavir 237
  Küstenwüste 483

X

Xerxes I. 105, 289

Y

Yalda 54
Yardangs 94, 462
Yasuj 297
Yazd 250
  Ab Anbar-e Rostam-e Giv 257
  Abwasseranlage 259
  Atash-e Behram 258
  Bagh-e Dowlatabad 259
  Bazar 255
  Dakhma 258
  Geschichte 250
  Imamzadeh Jafar 255
  Maqbare-ye Davazdah Imam 255
  Masjed-e Jameh 251
  Mazari-ye Hena 258
  Muzeh-ye Markar 257
  Seyyed Rokn ad-Din 253
  Übernachtung 259
  Windtürme 254
  Zurkhaneh 255
Yazd, Provinz 248
Yazdi, Mesbah 125

Z

Zabol 477
Zagros-Gebirge 243
Zahedan 472
Zand-Dynastie 114, 274
Zanjan 321
Zanjan, Provinz 318
Zarathustra 256, 271, 478
Zardgah 461
Zarivar-See 376
Zar-Ritual 532
Zavareh 209
Zayandeh-ye Rud 233
Zeit 90
Zeitungen 68
Zendan-e Soleyman 370
Zentrales Hochland 94
Zikkurat 505
Zoll 91
Zoroastrismus 26, 90, 134, 250, 256, 257, 265, 268, 271, 452, 478
Zurkhaneh 34, 230, 255, 287
Zweiter Weltkrieg 117
Zwölfer-Schia 132

ANHANG

Danksagung

Priska Seisenbacher und Andreas Schörghuber

Besonderer Dank gilt **Mehdi Hortamani**, ✆ 0049-176-5670 6901, ✉ mahdihortamani@yahoo.com. Lebt Mehdi, ehemals Student und Tourguide in Iran, auch mittlerweile in Deutschland, so trägt er seine Heimat doch stets im Herzen und hat keine Mühen gescheut, für das vorliegende Buch Zug- und Busverbindungen für die Kapitel über die Landesmitte, den Süden, Südosten und Nordosten zu recherchieren. Darüber hinaus sind wir ihm vor allem für die Mitarbeit beim Kapitel über die Landesmitte dankbar, für das er etliche Gespräche mit Souvenirshops, Gästehäusern, Tourguides und Co. geführt und somit viele offene Fragen beantwortet hat. Mehdi hatte zu jeder Tages- und Nachtzeit ein offenes Ohr für unsere Anliegen.

Peyman ✉ Mrpersepolis1@gmail.com, ein in Shiraz lebender Tourguide, hat etliche offene Fragen zum Kapitel Landesmitte beantwortet und vor allem zur Provinz Fars wertvolle Informationen beigetragen. Wir danken ihm von Herzen für seine schier endlose Hilfsbereitschaft und seine Expertise, die er nur zu gerne mit Reisenden teilt.

Ein großes Dankeschön geht an **Mina Naeemi**, ✉ Iranandlutwithus@gmail.com, „Queen of the Desert", Tourguide, Lexikon und Notfalldienst. Mina lebt in Kerman und hat mit ihrer langjährigen Erfahrung als Guide, gerade auch für Offroad-Touren durch die Wüste Lut, erheblich zum Gelingen des Kapitels über den Südosten beigetragen. Ein Hoch auf ihre Abenteuerlust, Hilfsbereitschaft und Expertise!

Unsere liebgewonnene Freundin **Tara Tabande** hat seit einigen Jahren einen festen Platz in unseren Herzen und uns bei der Recherche zu den Restaurants, Cafés und Unterkünften in Esfahan maßgeblich unterstützt. Zusätzlich stand sie immer für Fragen zur Landesmitte zur Verfügung und hatte für egal welches Anliegen stets ein offenes Ohr und ein weites Herz.

Wir danken **Zahra Modarresi** und **Sasan Djalali** herzlich für ihre tatkräftige Unterstützung beim Sprachführer und der Transkription diverser Straßennamen. Auch sie haben keine Mühen gescheut, um uns zu helfen und das Buch weiterzuentwickeln.

Christina Elischar stand uns bei den Ausführungen zur landestypischen Küche zur Seite – vielen Dank dafür!

Rochssare Neromand-Soma gilt unser Dank für ihren Beitrag über Couchsurfing und Trampen in Iran.

Für viel Verständnis und eine sehr gute Zusammenarbeit möchten wir dem Team von Bintang, allen voran **Jan Düker** sowie unserer Lektorin **Jessika Zollickhofer** und unserer Layouterin **Anja Linda Dicke** ausdrücklich danken.

Zuletzt möchten wir uns bei all den nicht namentlich genannten Iranerinnen und Iranern bedanken, die uns auf all unseren Reisen Einlass in ein Land voller Herzlichkeit gewährt haben und Fremde stets so behandelt haben, als wären sie Freunde, denen man selbstverständlich zur Seite steht.

Tobias Danz

Für ihren unermüdlichen Einsatz, ihre Recherchen vor Ort, ihre unzähligen Übersetzungen und ihr verzweigtes Netzwerk möchte ich mich bei meiner Frau Samira bedanken. Ein herzlicher Dank geht auch an alle Freunde, die uns auf unseren Reisen durch das Land begleitet haben, allen voran Mahsa, Elmira und natürlich Ali mit seinem unfassbaren Wissen über Iran, sowie an alle Teheraner mit ihren Insidertipps, besonders Ava, Sajad und Arash. Außerdem vielen Dank an alle, die mich 2015 das erste Mal in diesem wundervollen Land empfangen haben, das mich seitdem nicht mehr losgelassen hat, dazu gehören Ava, Ebi, Farshad, Jamshid und viele mehr.

Bildnachweis

Umschlag

Titelfoto Priska Seisenbacher; Meydan-e Ganj Ali Khan in Kerman
Umschlagklappe vorn Andreas Schörghuber; Berge im Nordwesten des Landes
Umschlagklappe hinten Tobias Danz; Weberei in Khuzestan

Highlights

S. 8 Tobias Danz
S. 9 Priska Seisenbacher (2)
S. 10 Priska Seisenbacher (oben), Andreas Schörghuber (unten)
S. 11 Priska Seisenbacher (2)
S. 12/13 Priska Seisenbacher (oben)
S. 12 Priska Seisenbacher (unten)
S. 13 Priska Seisenbacher (unten)
S. 14 Priska Seisenbacher (2)
S. 15 Tobias Danz (2)
S. 16 Priska Seisenbacher (2)
S. 17 Priska Seisenbacher
S. 18 laif/Dietmar Denger (oben), Priska Seisenbacher (unten)
S. 19 Priska Seisenbacher (2)
S. 20/21 Priska Seisenbacher (oben)
S. 20 Andreas Schörghuber (unten)
S. 21 Tobias Danz (unten)
S. 22 Andreas Schörghuber

Regionalteil

Tobias Danz S. 40, 49, 58, 129, 143 (oben), 147, 152, 157, 175, 305 (2), 313, 320, 341, 348, 357, 367, 372, 379, 392, 399, 483, 492, 507, 514, 521, 574
Samira Khadem Hoseiny Veyjoyeh S. 24 (rechts)
Raheleh Khorrami S. 302
laif/SZ Photo/Jochen Eckel S. 143 (unten)
Mauritius Images/imageBROKER S. 165
Andreas Schörghuber S. 24 (links), 28, 215, 280, 422, 435, 446, 493 (oben)
Priska Seisenbacher S. 2, 35, 67, 78, 85, 92, 97, 100, 103, 105, 107, 108, 113, 121, 136, 142, 170, 186, 187 (2), 196, 207, 218, 227, 234, 240, 251, 258, 270, 285, 293, 304, 330, 406, 407 (2), 415, 447 (2), 453, 461, 470, 493 (unten), 532, 541

Mitarbeiterin dieser Auflage

© TOBIAS DANZ

Samira Khadem Hoseiny Veyjoyeh
Mit einem Abschluss in Traditioneller Handwerkskunst von der Sooreh-Universität in Teheran und mit ihrer jahrelangen Erfahrung als Kunstprojektmanagerin ist Samira weit über die Grenzen Teherans vernetzt. Ihre unzähligen Kontakte in der Hauptstadt und im ganzen Land, ihre Recherchen zu Sehenswürdigkeiten, Kunst und Kultur und ihre akribische Übersetzungsarbeit haben maßgeblich dazu beigetragen, die Kapitel *Der Westen* und *Teheran* zu gestalten.

Impressum

Iran
Stefan Loose Travel Handbücher
1. Auflage **2020**

Die in diesem Buch enthaltenen Angaben wurden von den Autoren nach bestem Wissen erstellt und vom Lektorat im Verlag mit großer Sorgfalt auf ihre Richtigkeit überprüft. Trotzdem sind, wie der Verlag nach dem Produkthaftungsrecht betonen muss, inhaltliche und sachliche Fehler nicht vollständig auszuschließen.
Deshalb erfolgen alle Angaben ohne Garantie des Verlags oder der Autoren. Der Verlag und die Autoren übernehmen keinerlei Verantwortung und Haftung für inhaltliche und sachliche Fehler.
Alle Landkarten und Stadtpläne in diesem Buch sind von den Autoren erstellt worden und werden ständig überarbeitet.

ANHANG

Gesamtredaktion und -herstellung
Bintang Buchservice GmbH
Zossener Str. 55/2, 10961 Berlin
www.bintang-berlin.de
Redaktion: Jan Düker
Lektorat: Jessika Zollickhofer
Satz und Bildredaktion: Anja Linda Dicke
Karten: Katharina Grimm, Klaus Schindler
Reiseatlas: DuMont Reisekartografie, Fürstenfeldbruck

Printed in Poland

Kartenverzeichnis

Reiserouten 33

Touren
Alamut-Tal 317
Damavand 412
Dorud bis Andimeshk 400
Geopark Qeshm 544
Sabalan-Gebirge 344
Shir Kuh 269
Tang-e Reghez 302
Wüste Lut 464

Regionalteil
Ahvaz 517
Alamut-Tal 314/315
Ardabil 338
Ardabil, Provinz 335
Bam 469
Bandar Abbas 529
Birjand 486
Bisotun 383
Bushehr und Hormozgan, Provinzen 526
Esfahan
Übersicht 210
Zentrum und Jolfa 212/213
Esfahan, Provinz 195
Fars, Provinz 273
Gilan, Provinz 325
Golestan, Provinz 439
Gorgan 440
Hamadan 389
Hamadan, Provinz 386
Kashan 199
Kerman 454
Kerman, Provinz 450
Kermanshah 380
Khorramabad 397
Khuzestan, Provinz 496
Kurdistan, Provinz 373
Landesmitte 188
Lorestan, Provinz 394
Mashhad 428
Mazandaran, Provinz 411
Naqsh-e Rostam 292
Nordosten 408
Orumiyeh 368
Ost-Aserbaidschan, Provinz 347
Persepolis 290
Qazvin 308
Qeshm 536
City 537
Qom 191
Rasht 326
Razavi- und Nord-Khorasan, Provinzen 425
Sanandaj 374
Semnan 418
Semnan, Provinz 417
Shiraz 276/277
Shush und Susa 501
Shushtar 508
Sistan und Balutschistan, Provinz 473
Süd-Khorasan, Provinz 485
Süden 494
Südosten 449
Tabas und Umgebung 489
Tabriz 351
Takht-e Soleyman 371
Teheran und Umgebung 144
Metroplan 180
Norden 158/159
Zentrum und Süden 150/151
West-Aserbaidschan, Provinz 360
Westen 307
Yazd 252
Yazd, Provinz 249
Zanjan, Provinz 319

1 : 2.000.000

1 cm = 20 km

0 10 20 30 40 50 km

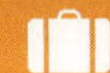

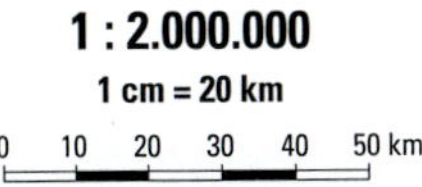

ASERBAIDSCHAN
578 / 579
Kaspisches
Meer
TURKMENISTAN
Ardabil
580 / 581
Tabriz
rumiyeh
Rasht
582 / 583
584 / 585
Sari
Sharud
Mashhad
Teheran
586 / 587
Qom
588 / 589
590 / 591
Kermanshah
Khorramabad
Birjand
AFGHANISTAN
Esfahan
Yazd
594 / 595
596 / 597
Ahvaz
IRAK
Kerman
Shiraz
Sirjan
Zahedan
PAKIS-
592 / 593
Bushehr
Persischer
SAUDI-ARABIEN
598 / 599
Bandar-e Abbas
Bandar-e Lengeh
TAN
Golf
600 / 601
602 / 603
KATAR
Golf von Oman
VEREINIGTE
ARABISCHE
EMIRATE
OMAN

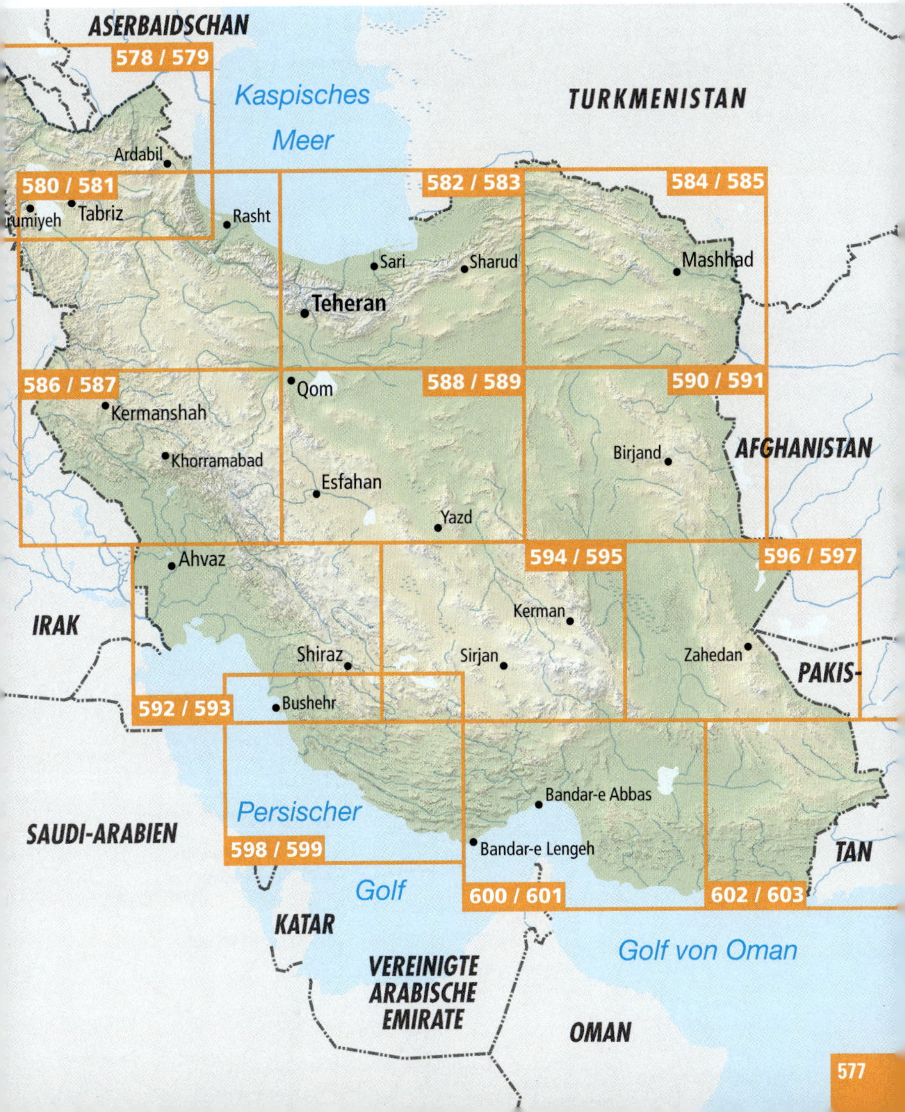

Tabriz, Ardabil, Rasht, Orumiyeh

S. 580

S. 581
S. 581

S. 578
S. 578

Jame Mosque
Bandar Golmankhankeh
Shir Amin
3710 m
Ali Khalaj
Jeghir
Orumiyeh
Segonabad
Kheri
Rahmanlu
Ajabshir
Javan Qal'eh
Aghajari Airport
Geleh Deh
Siyah Chaman
Torkaman
Balanaj
Rashakan
Lake Urmia National Park
Alqu
Maragheh observatory
Hashtrud
Sowma'eh
Maragheh
Zahhak Castle
Disaj
Sangar
Dizaj
Bonab
Sahand Airport
Karaju
Vafadar
Rud-e Qaranqu
Agh Bolag
Shirin
Borj-e Bala
Oshnaviyeh
Heydarabad
Fesanduz
Malek-Kandi
Tuq
Kiz Bridge
Khalkhaneh
Zenehver
Tepe Hasanlu
Tappeh
Mohammad Yar Rash
Qareh Aqaj
Kelashin Stele
Nagadeh
Miyandoab
Jaldiyan
Gog-Tapeh
Kashavar
Owzan-e Pa'in
Arzeh Khowran
Pasveh
Khaneh Airport
Mahabad
Qarinjeh
Chowqati
Piranshahr
Hoseyn Mameli
Zarrineh Rud
Pari
Yengejeh
Beytas
Ghar-e Sahulan
Dash Band
Mahmud Jiq
Soghanlu
Beyram
Kani Tumar
Shahin Dez
Mahneshan
Badin-abad
Kuh-e Baradar-e Shar
Takht-e Soleyman
3285 m
Ganehdar
Afan
Zendan-e Soleyman
Takht-e-Soleyman
Hasanabad
Gol Tappeh
Bukan
Simine Rud
Yek Shaba
Qaharabad
Sanjud
Berenjeh
Choplu
Kapaz
Dandi
Baste
Mir-abad
Sartekeh
Pahlwan
Takab
Vargel
Selamat
Qal'eh Dizeh
Ziwiyeh
Karaftu Cave
Sabil
Rud-e Zab-e Kucek
Sardasht
Berisu
Namshir
Saqqez
Saheb
Karimabad
Baba Ali
Mirdeh
Mirga
Sonnateh
Jonyan
Jalfar-abad
Shalmash Falls
Alot
Transhah
Hasan Salaran
Zarrineh
Qareh-Bolag
Baneh
Kalakan
Mawat
Armadeh
Surin
Sar Sul
Suteh
Nanor
Divanderreh
Uzan Qoli
Muqaq
Mokobah
Chuwarta
Nesareh-ye 'Olya
Cham-e Qezel
IRAQ
Mishyav
Qazi Qushchi
Bijar
Aleh Kabud
Gankewa
Qamchiyan
Zagheh
Najaf-abad
Taynal
Surge
Baba Geldi
Qizlijah
Panjwin
Khav
Chenareh
Gezmel-e Sofla
KORDESTAN
As Suleymaniyah
Int. Airport
Bagelabad
Lake Zarivar
Marivan
Hoseyn-abad
Salmatab
Hazap Mard
Kaolo
Sheykh
'Arbat
Saiyid Sadiq
Qara Dagh
Khosrowabad
Dezli
Tizhtizh
Nanaleh
Qara Dagh
Darbandi Khan Reservoir
Khurmal
Sarvabad
Sanandaj
Uraman Takht
Gorgabad
Dar-Us-Sara
Tepe Garus
Darbandi Khan
Hajij
Hasanabad
Hashamiz
Salvatabad
Sanandaj Airport
Dehgolan
Nowsud
Ab-e Siravan
Halabja
Bolban-abad
Sulphur springs
Markheyl
Paveh
Palangan
Qorveh
Sheykh Saleh
Bayenghan
Kuh-e Sahu
Faqih Soleyman
Manshur al Kan
Maidan
Guerdakaneh
Ab-e Zimkan
Bawa Nur
Khosrowabad
Ali Khan
Azgaleh
Kahriz
Emam Abbas
Javanrud
Kamyaran
Gol Sefid
Shirvaneh
Songor
Sarab-e Sohab
Balesht
Mirabad
Ravansar
Khwoshqurah
Sasanian Palace
Baba Yadegar
Hasanabad
Beranjan
Razin
Kuh-e Nakhochav

S. 586

1 cm = 20 km
1 : 2.000.000
0
25
50
75 km
S. 579
S. 582
S. 587
581
Hashtpar
Asalem
Nav
Zaker
Kivi
Khalkhal
Firuzabad
Visadar Waterfall
Yeleh Qarshow
Rud-e Qezel Ouzan
Heshajin
Kolur (Shahrud)
Nemhel
Aq Kand
Kuhha-ye Tales
Shafarud
Kapur Chal
Punel
Rezvan Shahr
Bandar Anzali
Anzali Lagoon
Ghazian
Amir Bekandeh
Bojagh National Park
Bandar Kiya Shahr
Kenar Darya
Khomam
Lasht-e Nesha
Masal
Gurab
Pir-t Buzar
Sowma'eh Sara
Rasht Airport
Rasht
Khoshkebijar
Astaneh
Fuman
Marjaqal
Kuchesfahan
Lahijan
Chamkhaleh
Masuleh
Siyahkal
Langarud
Rud Sar
Gaskari Mahalleh
Shaft
Jir Deh
Saravan
Sefid Rud
Amlash
Rahimabad
Kala Chay
Vajargah
Qasemabad
Chab
Jazvan
Sarcham
Meshkin
Sorkhabad
Qahab
Armaghan-Khaneh
Darram
Rudkhan Castle
Siyah Mazgi
Churzaq
Abbar
Nik Pay
Vanistar
Rostamabad
GILAN
Deylaman
Dash
Javaher-Deh
Churti
Tutkabon
Yengejeh
Zanjan Airport
Zanjan
Gilvan
Rudbar
Marlik
Sorkeh Dizaj
Semiran
Manjil
Sefid Rud Reservoir
Jamalabad
Jirandeh
Kelishom
Dizajabad
Kuh-e Sendan Dag
Sirdan
Lowshan
ZANJAN
Ramin
Mahin
Zokabar
Shah Rud
Lambsar Castle
Hir
Chayerlu
Kuhselar
Kheyrabad
Bu'in
Bahramabad
Ovan Lake
Zarinabad
Qareh Bolagh
Molla'ali
Mo'allem Kalayeh
Alam
Saidabad-e-'Olya
Soltaniyeh
Mausoleum of Oljaitu
Haji-Keshlaq
Bola-Maji
Molla Hassan Kashi Mausoleum
Amidabad
Ab Torsh
Kuhin
Aqa Baba
Ghazo Khan
Haleb
Yengi Kand
Khomarak
Sa'in Qal'eh
Dashkasan
Hidaj
Nikuyeh
Qazvin
Zavara
Hesar Khervan
Gonbad
Mazidabad
Khorram-Darreh
Chasnavand
Qazvin Airport
Qeydar
Do Tappeh
Abhar
Shenat
Soltanabad
Kavandej
Sharifabad
Kamalabad
Khak Ali
Takestan
QAZVIN
Abyek
Ahmadabad-e Mosaddeq
Qeshlaq
Dowlatabad
Ziyaabad
Nahavand
Khar Rud Airport
Qazvin-Azadi Airport
Tomb of Ostad Elahi
Garmab
Sazin
Kharraqan towers
Katal Khor Cave
Pir-Taj
Sha'ban
Mahdiabad
Shal
Ebrahimabad
Najmabad
Zarrinabad
Ab Garm
Danesfahan
Sagzabad
Bu'in
Eshtahard
Rud-e Shur
Arsanj
Al Bolagh
Rostamabad
Qarangu Darreh
Soltan-Bolagh
Avaj
Kolenjin
Shirin Su
Gav Savar
Damaq
Hejib
Qohord
Mahniyan
Keytu
Ioahlu
Razan
Karafs
Dusaj
Khoshk Rud
Zaviyeh
Ali Sadr
Ali Sadr Cave
Obveh
Aqa Bolagh
Razeqan
Parandak
Elbaran
Suzan
Ma'muniyeh
Gol Tappeh
Kabud Ahang
Subashi
Hamadan Air Base
Row'an
Nowbaran
Do Sar
Kushab Bala
Lak
Kurijan
Tajarak
Dokhan
Gharq-abad
Saveh
Zaraq
Famenin
Saleh-abad
Lalejin
Latga
Baher
Jeyhunabad
Rudkhaneh-ye Mazdaqan
Taraz Nahid
Kushk-e N
Anjilava
Bad
HAMADAN
Juraqan
Yalabad
Hamadan Int. Airport
Zagha
Marjan
Qahavand
Qara Chai
Hamadan
Ganjname
Morad Bolaghi
Mausoleum of Esther and Mordechai
Mausoleum of Abu Ali Sina
Alvand
Vafs
Khonajin
Jaftan
Chowgan
Fork
Gonband
Pass 2297 m

Caspian Sea
(Darya-ye Khazar)
Ramsar
Ramsar Int. Airport
Tonekabon
Chalus
Noshahr Airport
Now Shahr
Nur
Mahmudabad
Babolsar
Babol
Amol
Qa'em Shahr
MAZANDARAN
ALBORZ
Alamut Fortress
Ovan Lake
Kandovan Pass 2863 m
Dizin
Shemshak
Tochal
Lar National Park
Lar Dam
Kuh-e Damavand 5671 m
Damavand
Firuzkuh
KARAJ
Payam Airport
Mehrabad Int. Airport
Borj-e Azadi (Tower of Freedom)
Golestan Palace
TEHRAN (TEHERAN)
Grand Bazaar
Rey
Behesht-e Zahra (cemetery)
Firouzabad Airport
Imam Khomeini Int. Airport
Khojir National Park
Sorkh-e Hesar National Park
TEHRAN
Varamin
Garmsar
Garmsar Airport
Caravanserai Kenargird
Caravanserai Deir-e Gachin
Caravanserai Qasr-e Bahram
Kushk-e Nosrat Airport
Daryacheh-ye Hows Soltan
QOM
Ab Pari Waterfall
Sangan Waterfall
Amir-Kabir Reservoir
Tangeh Washi
Saidabad
Eyvanakey
Pishva
Javadabad
Hasanabad
Robat-e Karim
Shahriyar
Eslam Shahr
Kahrizak
Palasht
Parchin
Fasham
Hashtgerd
Abyek
Qazvin-Azadi Airport
Rudkhaneh-ye Nur
Rudkhaneh-ye Shur
Imamzeh Hashem Pass
S. 581
S. 588

TURKMENISTAN
GOLESTAN
SEMNAN
Khar Turan
National Park
Gorgan
Gonbad-e Qabus
Damghan
Sharud
Behshahr
Bandar Torkaman
Aliabad
Kordkuy
Gomishan
Qizyl Atrek
Incheh Borun
Aq Qal'eh
Kalaleh
Minu Dasht
Azad Shahr
Ramiyan
Bastam
Mayamey
Mehdi Shahr
Kavir-e Haj Ali Qoli
Kuh-e Darestan
Kuh-e Shotor
Alma Gol Lake
Sadd-e Eskandar (Dam of Alexander)
Gonbad-e Qabus (Funerary Tower)
Gonbad-e Qabus Airport
Kalaleh Airport
Gorgan Airport
Shahroud Airport
Semnan Airport
Semnan New Airport
Miankaleh Wildlife Refuge
Khalij-e Gorgan
Bagh-e-Abas Abad (Persian Garden)
Radkan Tower
Shirabad Waterfall
Kaboud-val
Bayazid Bastami-Mausoleum
Cheshmeh Ali
Tarikhaneh Mosque
Tepe Hissar
Gerdkuh Castle
Saddarvazeh (Hecatompylos)
Darvazeh-ye Arg (Town Gate)
Kiasar National Park
S. 584
S. 589

Golestan National Park
NORTH KHORASAN
Kuh-e Aladag
Kuh-e Joghatay
Bojnurd
Shirvan
Esfarayen
Jajarm
Sabzevar
Bardeskan
Khalilabad
Joghatay
Safiabad
Miandasht Wildlife Refuge
Caravanserai Miyandasht
Sabzevar Airport
Bojnurd Airport
Qoreh-ye Seyah Chow
Kavir-e Namak
S. 583
S. 590

TURKMENISTAN
Artyk
Pobeda
Dargana
Nowkhadan
Lotfabad
Dargaz
Tedzhen
Hatam Qal'eh
Kaakhkah
Hauz-Han
Tandooreh National Park
Chapeshlu
Dushak
Hauz-Hanskoy Vodokhranilishche
Kapkan
Allahyan
Yadak
Firan
Hasanabad
Tedzhenstroj
Kachanlu
Kakh-e Khorshid
Kalat-e Naderi (Kabud Gondab)
Mianah
Qanbarabad
Qal'eh Now
Chaachah
Akhchadepe
Shoqlabad
Mareshk
Qarah Tikan
Radkan
Seyyedabad
Chanar Gharbal
Kardeh
Khangiran
Yaz-Tappeh
Chahchaheh
Mausoleum Sheikh Loqman Baba
Sarakhs
Serakhs
Chanaran
Gujki
Sarakhs Airport
Fath-abad
Mausoleum of Ferdowsi
Amirabad
Mil-e Akhanjan
Tabadkan
Gonbadli
Bish Now
Golmakan
Tus
Farmad
Shurlukh
Dowlat-abad
Shandiz
Caravanserai Robat-e Sharaf
Abardeh
Qorqi
Zoshk
Torqabeh
Kanavis
Sangar
Kang
Shrine of Emam Reza
Grand Mosque of Gohar Shahr
Mayamey
Kuh-e Binalud 3211 m
MASHHAD
Toroq
Mozduran
Mashhad Int. Airport
Kharv
Kashaf Rud
Jim-abad
Abravan
Baqbaqu
Darrud
Qadamgah
Shurak Maleki
Har Rud
Eshqabad
Sharifabad
Sangbast
Mausoleum of Arslan Jasib
Fakhr-e Davud
Emam Taqi
Na'tu
Deraz Ab
Eslam Qal'eh
Homa'i
Gush Laghar
Tedzen
Marus
Robat-e Sefid
Fariman
Salehabad
Golbu
Bani Tak
Janatabad
Asadabad
Abdabad
Kadkan
Robat Sang
RAZAWI-KHORASAN
Kuh-e Sorkh 3019 m
Cheshmeh Gol
Petrow
Nasir-abad
Hesar
Bayl'
Torbat-e Jam
Safiabad
Ja'far-abad
Qal'eh Hammam
Torbat-e Heydariyeh
Soltanabad
Hemmatabad
Malekabad
Shad Mehr
Shahr Now
Kuh-e Bakharz
Feyzabad
Mahneh
Roshtkhar
Kariz
Jannatabad
Taybad
Harirud
Chamanabad
Salamey
Poshteh
Eslam Qal'eh
Jannatabad
Jangal
Karat
M37
224
22
44
2
97
95
36
91
99

S. 591

Qasr-e Shirin
Sasanian Palace
Ancient Reliefs
S. 580
Sar-e Pol-e Zahab
Khosrovi
Khanqin
Tangeb
Nesar
Kerend
Gilan-e Gharb
Kaseh Garan
Naft-e Shah
Sumar
Makatu
Mandali
Du Saikh
Salman Faraj
Tursaq
Chehel Zari
Mashiqeh
Rudkhaneh-ye Gangir
Chaman Bowli
Chavar
Ilam
Ilam Airport
Chesmeh Kabud
Kalak
Salehabad
Kanjan Cham
Golgol
Amirabad
Kanjam Cham
Pir Mohammed
Zarbatiyah
Badrah
Mehran
Jassan
Shaikh Ahmad
Hawr as Suwaiqia
Shaikh Abid
Sabat
Al Kut
Shaikh Sa'ad
Dijlah (Tigris)
Arab Abdullah
'Ali al Gharbi
Abid Ali
Hawr-as Sadiyah
Shaikh Juwi
Al Gharib
Kut al Hayy
Abdullah-al-Yasin
Qal'at Sukkar
Adab
Savij-al-Qadima
Hamid Amin
Khalid
Al 'Amarah
Ar Rifa'i
Kahla
Halfayah
Qal'at Salih
IRAQ
Bani Rikab
KERMANSHAH
Kermanshah
Ghavareh
Shah-Godar
Kuzaran
Gakiye
Varmenjeh
Sarableh
Taq-e-Bostan (reliefs and caves)
Kuh-e Paraw
Taq-e 3415 m
Bostan
Yavari
Qazanchi
Dinavar
Karkasar
Jeyhun-abad
Behistun Inscription
Bisotun
Sahneh
Kanga
Kuh-e Nakhoduay
3271 m
Shahid Ashrafi Esfahani Airport
Shirvan
Mahidasht
Khoshrowabad
Aliabad
Eslamabad Gharb
Zalan
Essaqwand Rock Tombs
Ganj Dareh
Harsin
Govaver
Chani-e Ravand
Kolkol
Mileh Sar
Homeyl
Maskareh
Eyvan
Sarableh
Shah Bodagh
Kahareh
Chesmeh Mahi
Piyaz-abad
Deyali
Sarneh
Lumar
Kuhdasht
Shikaft-e Gulgul
Dum Surkh
Qal'eh-Darreh
Lalur
Ab-e Seymareh
Abher-e Bala
Koshkeh
Chaqabel
Meymeh
Abbasabad
ILAM
Kuh-e Kabir
Darreh Shahr
Mehregan Kadeh
Malavi
Pol-e Dokhtar
Sarab-e Jahangir
Afrine
Paleh
Rudkhaneh-ye Changule
Fasil
Nasiriyan
Abdanan
Abdanan Airport
Jelowguir
Sayyid
Meymeh
Dehloran
Murmuri
Hoseyn
Musiyan
Kuwait
Manzeliyah
Eyn Khush
Dasht-e Abbas
Cham Hendi
Kut-e Gap
Shaikh Faris
Fakkeh
Dobrij
Hawr Limr Sawan
Bostan
Rafi
Lowliyeh
Hasanabad
Nurab

S. 581
S. 588
S. 592
MARKAZI
LORESTAN
Kuh-ha-ye Zag
CAHAR MA
Mausoleum of Abu Ali Sina
Alvand
Kuh-e Alvand
3580 m
Alvand Protected Area
Gonband
Valashjerd
Serkan
Tuysarkan
Tasbandi
Kord Khord
Chowgan
Komeyjan
Salmabad
Fork
Tafresh
Gazeran
Nurabad
Qom Int. Airport
Tarlab
Dastjerd
Ashtiyan
Salafchegan
Farmahin
Dizabad
Seyyed-Shahab
Hoseynabad
Jokar
Nanaj
Tepe Nushejan
Kukan
Firuzabad
Khondab
Saruq
Ahangaran
Rahjerd
Salehabad
Estuh
Rudkhaneh-ye Malayer
Malayer
Avar Zaman
Samen
Nahavand
Jowsan
Jurab
Qara Chai
Javarsian
Davudabad
Neyzar
Hajiabad
Qal'eh
Rud-e Qom
Arak Airport
Ebrahimabad
Zanganeh
Arak
Senijan
Shahveh
Do Dehak
Khurheh
Chal N
Barkhordar
Oshtorinan
Tureh
Robat-e Mil
Varin
Abgarm
Kuh-e Garin
3630 m
Vanna'i
Alashtar
Borujerd
Jahanabad
Zalyan
Ezna
Shazand
Astaneh
Anjedan
Gili
Mahallat
Delijan
Nimvar
Hasanabad
Varcheh
Hendudar
Hastijan
Robat
Chaghalvandi
Shahabiyeh
Rud-e Anarbar
Yafteh
Chalan Chulan
Shahkubeh
Khomeyn
Ma'mun
Khorramabad
Khorramabad Int. Airport
Chariveh Shah Pass
2194 m
Dorud
Varzaneh
Qal'eh-ye-Falak ol-Aflak (Fort)
Zagheh
Zarnan
Azna
Konjedjan
Masur
Imamabad
Qarun
Rud-e Dez
Aligudarz
Golpayegan
Gougad
Saravand
Sadd-e Golpayegan
Bisheh
Bisheh Waterfall
Oshtoran Kuh
4050 m
Vist
Vaneshan
Nowzhiyan
Qal'eh-ye Chameshk
Chaman Soltan
Sepidasht
Shulehabad
Dor
Khonsar
Istgah-e Keshvar
Choqa Gorg
Nowghan
Golestan Kuh Protected Area
Bu'in
Miyan Dasht
Qarun
Damaneh
Afus
Taleh Sang
Shevi Waterfall
Daran
Darreh Qeyad
Fereydun Shahr
Mazu
Toveh
Kazrimi
Dez Reservoir
Dez Dam
Pamanar
Sadd-e Dez
Qal'eh Sorkh
Komitak
Chadegan
Zayandehrud Reservoir
Bardshah
Sar-e Agha Seyed
Kuh-e Karbosh
4294 m
Qal'eh Qotb
Andimeshk
Sardasht
Dezful Airport
Dezful
Ice Cave
Sheik Ali Khan Waterfall
Bar Deh
Gulganak
Chelgerd
Cheshmeh Dimeh
Qal'eh-e Amanullah
Academy of Gondishapur
Kuhanak
Lali
Baba Achmad
How Shut
Gatvand
Rud-e Karun
Sureshjan
Pahvand
Iveh
Shahrekord Int. Airport
Farsan
Haft Tepe
Haft Tappeh
Chogha Zanbil
Pirgah
Sadd-e Valerian
Qal'eh-ye Zaras
Masjed Soleyman Reservoir
Do Ab
Mavarz
Dashtak
Junegan
Historical Hydraulic System
Shushtar
Duran
Chogha-Zanbil/Dur-Untash
Shahid Asiyaee Airport
Ella North Airport
Darkhazineh
Masjed-e Soleyman
Shalamzar
Ardal
Rud-e Karun
Guriyeh
Arab Hasan
Ab Ganji
Eshkaft-e Salman
Mazra'eh
Shoaybiye
Izeh
Deylam
Amirabad
Qal'eh Sahar
Band-e Qir
Haddam
Naft-e Sefid
Dehdez
Sar Khun

S. 582
S. 587
S. 593

S. 583
Koneh' Omar
Barandaz-e Sar Namak
Mohammadabad-e Kuzeh Gaz
Arusan
Farahzad
Mesr
Jandaq
Rig-e Jenn
Rashid Kuh
Farrokhi
Khur
Chah Malek
Chah-e Mirza
Allahabad
Ashtiyan
Chupanan
Ma'dan-e Nahlak
Ashin
Chah Kharbozeh
Ganneh
Mahrjan
Abgarm
Iraj
Shah Kuh
Kuh-e Darreh Anjir
Bayaziyeh
Anarak
S. 590
Hajiabad-e Zarrin
Robat-e Posht-e Badam
Ishtgah-e Na'in
Kuh-e Sorh
Zarrin
Now Gonbad
Kavir-e Seyah Kuh
Saghand
Chah-e Now
Mehdiabad
Robat-e Riz Ab
Kavir-e Saghand
Aqda
Ahmad Abad
Ardakan
Chak Chak Temple
Hamaneh
Shahr-e Now
Kharanaq
Sav
Arjenan
Chak Chak
Narin Qal'eh
Meybod
Kuh-e Ghosseh Khovran
Hasanabad
Nadushan
Ashkezar
Kavir-e Dar Anjir
Hasanabad
Sadrabad
Zarch
Bagh-e Dolat-Abad (Persian Garden)
Yazd-Shahid Ayatollah Sadooghi Airport
Yazd
Water Museum
Park
Hasanabad
Khezrabad
Kuh-e Bonkahar 3366 m
Nasrabad
Taft
S. 594
Chah Kavr
Fahraj

S. 584
S. 589
S. 595
Ma'dan-e Qal'eh
Chah-e Mosafer
Zabihabad
Bejestan
Albokhazen
Jazin Nugh
Ferdows Hot Spring
Ferdows Hole-in-the-Rock
Polond Desert
Eshqabad
Deh Now Bam
Kal'eh Shur
Pir Hajat
Pashneh Daran
Hojjatabad
Asfak
Shir Geshk
Deh Mohammad
Halvan
Kal-e Jeni
Boshruiyeh
Kheyrabad
Azmighan
Robat Gur
Jowkhah
Tabas Airport
Kal-Sardar
Eresk
Robat-e Khoshab
Ja'farabad
Bagh-e Now
Kharvan
Tabas
Bagh-e Golshan
Dareyn
Robat-e Gondab
Kalmard
Godar-e Kalmard 1366 m
Koreyt
Esfahak
Robat Khan
Deyhuk
Kalateh
Bazak
Kuh-e Murqum 2845 m
Marghub
Kavir-e Morghum
Parvareh
Arababad
Zanugan
Ab-e Garm va Sard
Kavir-e Lut
YAZD
Kuh-e Nayband 2992 m
Nayband
Zardgah
Aliabad
Chehel Payeh
Behabad
Park
Darband
Deh Jamal

S. 585
Rud (Khaf)
Khargerd
Nashtifan
Windmills
Sangan
Bagh Bakhshi
Emrani
Bimuraq
Qasemabad
Hasan-abad
Bayasabad
Musa-abad
AFGHANISTAN
Gonabad
Bidokht
Gisur
The Persian Qanat (Irrigation System)
Kowl-e Namaksar
Rud-e Shur
Mozhnabad
Bonyabad
Kakhak
Kohi Chahi Mazar
Dashti Atis
Makarem
Khezri
Garmab
Chah Pajab
Gerimenj
Sarayan
Esfashad
Daqq-e Bala
Qa'en
Esfedan
Bamrud
Shahrakht
Hajiabad
Bastaq
Dustabad
Rud-e Afin
Yazdan
Qal'eh
Afin
Kalateh Kabudeh
Qumerijan
Khoshg
Ahangaran
Daqq-e Patagan
Gerdkoh
Afriz
Rum
Chah Taleb
Daqq-e Mohammad-abad
Paymorgh
Sedeh
Sar Ab
Kuh-e Mirza 'Arab
2886 m
Musaviyeh
Khang
Dorokhsh
Naqenj
Mansurabad
Gazik
Tahanayi Naybasta
Dirn
Pasuj
Burang
Rud-e Shur
Avaz
Tuti
Rahneshk
Asadabad
Birjand Int. Airport
Asiyab
Kalateh-ye Gavoj
Birjand
Furg
Tabas-e Masina
Khur
Bagh-e Akbariyeh (Persian Garden)
Darmiyan
Mirza Rafi Khan Castle
Siyujan
Dastgerd
Fedeshk
Khusf
Zulesk
Kuh-e Baran
Mud
Gol
Ratuk
Khush Ab
Sar Bisheh
Chestak
Mazhan
Giv
Nalinow
Parang
Keneft
Homand
Mokhtaran
Barmenj
Dastgerd
Doroh
Ebrahimi
Mahrud
Bid
Qa'emabad
Sahlabad
Chah Sagak
Samadabad
Fsmia 'Ilabad
Barag
Basiran
SOUTH KHORASAN
Kudakan
Rameh
Shusf
Bichand
Hoseynabad
Qa'leh Zari
Rud-e Nakhl
Chah Chuchu
Chahar Farsakh
Asadabad
Bisheh
Kuh-e Shah
2729 m
S. 596
Nehbandan
Khushareh
Qasem-abad
Nehbandan Citadel
Khunik-e Pa'in
Rezg
Howz
Taba

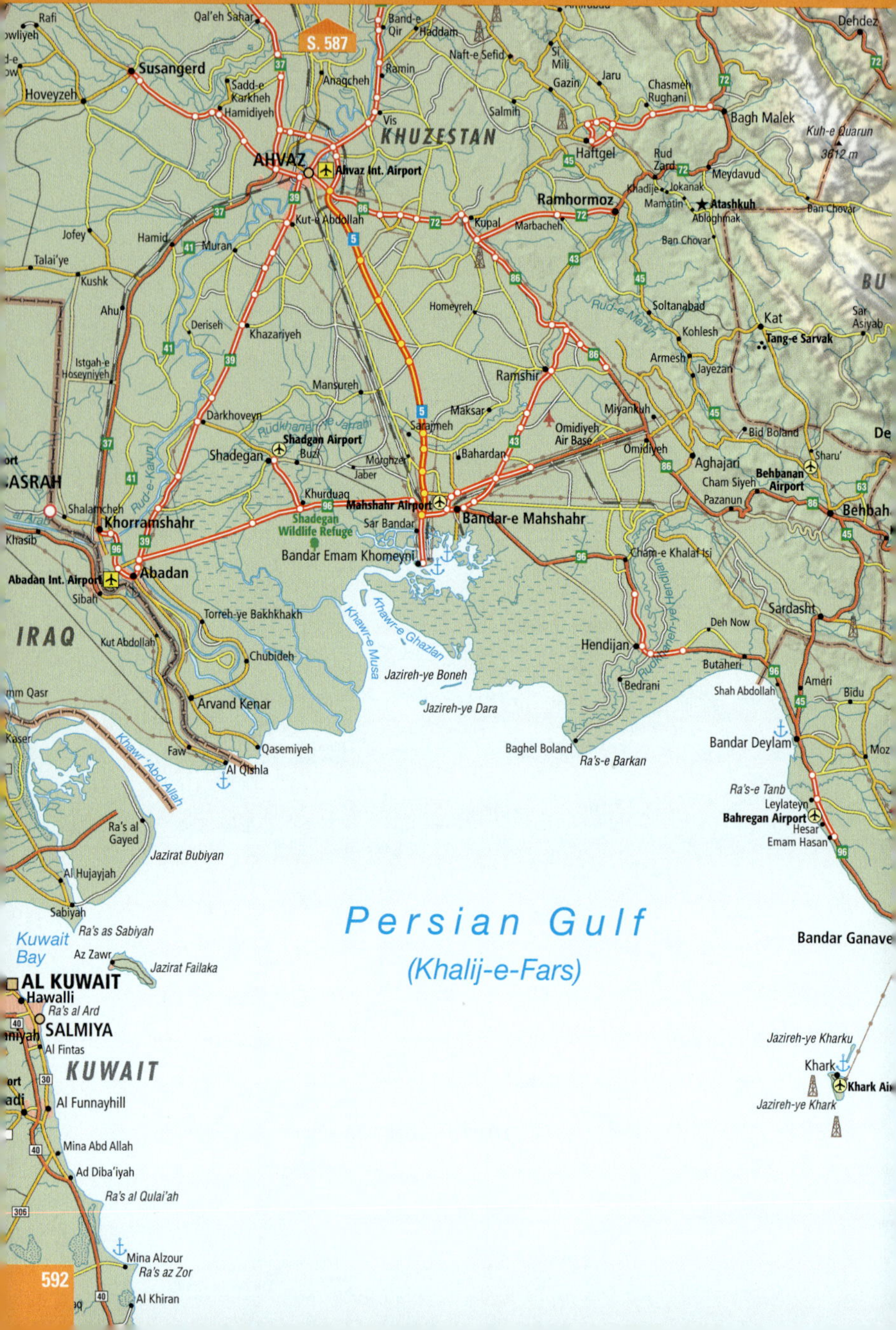
S. 587
KHUZESTAN
AHVAZ
Ahvaz Int. Airport
Susangerd
Hoveyzeh
Rafi
Qal'eh Sahar
Sadd-e Karkheh
Hamidiyeh
Anaqcheh
Band-e Qir
Haddam
Naft-e Sefid
Ramin
Vis
Si Mili
Gazin
Jaru
Salmih
Chasmeh Rughani
Bagh Malek
Dehdez
Kuh-e Quarun
3612 m
Haftgel
Rud Zard
Meydavud
Khadije
Jokanak
Mamatin
Atashkuh
Abloghmak
Ban Chovar
Ramhormoz
Marbacheh
Kupal
Kut-e Abdollah
Jofey
Hamid
Muran
Talai'ye
Kushk
Ahu
Deriseh
Khazariyeh
Istgah-e Hoseyniyeh
Homeyreh
Rud-e-Marun
Soltanabad
Kohlesh
Kat
Tang-e Sarvak
Sar Asiyab
Armesh
Jayezan
Ramshir
Mansureh
Maksar
Darkhoveyn
Rudkhaneh-ye Jarrahi
Sarajmeh
Omidiyeh Air Base
Miyankuh
Omidiyeh
Bid Boland
Sharu'
Shadgan Airport
Shadegan
Buzi
Morghzer
Jaber
Bahardan
Aghajari
Cham Siyeh
Pazanun
Behbahan Airport
Behbahan
BASRAH
Shalamcheh
Rud-e-Karun
Khorramshahr
Khurduaq
Mahshahr Airport
Bandar-e Mahshahr
Shadegan Wildlife Refuge
Sar Bandar
Bandar Emam Khomeyni
Cham-e Khalaf Isi
Rudkhaneh-ye Hendijan
Khasib
Abadan Int. Airport
Abadan
Sibah
Sardasht
Deh Now
IRAQ
Torreh-ye Bakhkhakh
Khawr-e Musa
Khawr-e Ghazlan
Kut Abdollah
Chubideh
Hendijan
Butaheri
Ameri
Bidu
Jazireh-ye Boneh
Bedrani
Shah Abdollah
Umm Qasr
Arvand Kenar
Jazireh-ye Dara
Bandar Deylam
Faw
Qasemiyeh
Baghel Boland
Ra's-e Barkan
Moz
Al Qishla
Khawr 'Abd Allah
Ra's-e Tanb
Leylateyn
Bahregan Airport
Hesar
Emam Hasan
Ra's al Gayed
Jazirat Bubiyan
Al Hujayjah
Sabiyah
Persian Gulf
(Khalij-e-Fars)
Ra's as Sabiyah
Kuwait Bay
Az Zawr
Jazirat Failaka
Bandar Ganave
AL KUWAIT
Hawalli
Ra's al Ard
SALMIYA
Al Fintas
KUWAIT
Jazireh-ye Kharku
Khark
Khark Air
Jazireh-ye Khark
Al Funnayhill
Mina Abd Allah
Ad Diba'iyah
Ra's al Qulai'ah
Mina Alzour
Ra's az Zor
Al Khiran

O-BAKHTIYARI
Lordegan
Semirom Waterfall
Kuh-e Aljuq
3746 m
Semirom
Izadkhast Castle
Caravansary
Mahmudshah
Shurjestan
Abadeh
Eghlid Airport
Surmaq
Eqlid
Kuh-e Dihar
4403 m
Dena Protected Area
KUHGILUYE
Talgard (Charam)
Yasuj Airport
Yasuj
Ali Abad
Sedeh
Aspas
Hasanabad
Moshkan
Margoon Waterfalls
Tang-e Bostanak
Do Gonbadan (Gachsaran)
Gachsaran Airport
Basht
Relief of Kurangun
Masiri Faliyan
Ardakan
Nurabad
Babamonir
Naqsh-e Rustam
Istakhr
Naqsh-e Rajab
Persepolis
Marvdasht
Bishapur
Kazerun
Zargan Airport
Bamou National Park
Bagh-e Eram (Persian Garden)
Masjed-e-Vakil
Karim Khan-Citadel
SHIRAZ
Shahid Dastgheyb Int. Airport
Arjan and Parishan Protected Area
Daryacheh-ye Parishan
Daryacheh-ye Maharlu
Konar Takhteh
Sa'dabad
Bardak Siah Palace
Borazjan
Bushehr
Bushehr Airport
Ahram
Qaleh-ye Dokhtar
Firuzabad
Kuh-e Sefidar
3188 m
BUSHER
S. 588
S. 594
S. 598

Kuh-e Bonkahar
3366 m
S. 589
Nasrabad
Taft
Mohammad abad
Fahraj
Chah Kavr
Bafq
Aliabad
Shir Kuh
4055 m
Tezerjan
Saryazd Fortress
Bagh-e Pahlavanpur (Persian Garden)
Mehriz
Manshad
Cheshmeh-ye Anjir
Kafeh-ye Taqestan
Dehshir
Nir
Khadu'iyeh
Ernan
Tang Chenar
Zeyn-od-Din
Caravanserai Zeyn-od-Din (Zein-o-Din)
Bahadoran
Kermanshah
Bricked ice storage
Abarkuh
Sarv-e Abarkuh (Cypress of Abarqu)
Fraghe
Mehrabad
Kavir-e Abarkuh
Esfandabad
Shemsh
Anar
Dehaj
Moshkan
Safa Shahir
Khorrami
Bard-e Shiraz
Sangpor
Jian
Bavanat
Ala'-ed-Din
Kuh-e Madvar
3592 m
Jowzam
Marvast
Bazm
Mazayen
Tutak
Hararbarjan
Didegan
Qaderabad
Tangeh Bolaghi
Pasargadae
Kord-e Shul
Bagn-e Seyah
S. 593
Kuh-e Masahim
3472 m
Shahr-e Babak
Sivand
Sa'adat Shakr
Seydan
Istakhr
Ahrak
Takht-e Jamshid (Persepolis)
Persepolis
Korreh
Manzelabad
Harat
Arsanjan
Mobarakeh
Tashk
Abadeh Tashk
Khobriz
Shurab
Kalleh Parideh
Daryacheh-ye Tashk
Jahanabad
Chakh Sorkh
Shahriyari
Bakhtegan National Park
Mohammadabad
Quri
Kherameh
FARS
Moshgan
Shuru
Kheyrabad
Beshneh
Deh Chah
Mausoleum of Shah Yusuf Sarvestani
Daryacheh-ye Bakhtegan
Qal'eh Bahman
Hasanabad
Sarvestan
Sarvestan Airport
Sasanian Palace
Runiz
Sun
Neyriz
Qatruyeh
3185 m
Sadeqabad
Estahban
Horgan
Akbarabad
Bab Anar
Fasa
Shesh Deh
Dindarloo
Darb Qal'eh
Vazireh
Karadeh
Khanakahdah
Reghez Canyon
Tadavan
Nasrabad
Fasa Airport
Nowbandegan
Hasan Abad
S. 599
Morvarid
Darabgerd
Darab
Darab Airport
Zahedan

S. 590
Dasht-e Lut
Kuhbanan
Kuh-e Banan 3658 m
Ravar
Zarand
Rafsanjan
Rafsanjan Airport
Rageh Canyon
Kerman
Fathabad Garden
Ayatollah Hashemi Rafsanjani Int. Airport
Kalouts (Shadad)
Shadad
Mahan
Mausoleum of Shah Nematollah Vali
Bagh-e Shahzadeh ("Garden of the Prince")
Kuh-e Sekhonj 3993 m
Golbaf
Bardsir
KERMAN
Rayen
Arg-e Rayen
Rayen Waterfall
Kuh-e Hazar 4500 m
Kuh-e Lalehzar 4402 m
Sirjan
Sirjan Airport
Bagh-e Sanghi
Baft
Rabor
Darmazar
Jiroft Airport
Tepe Konar
Khabr National Park
S. 596
S. 600
Rud-e Lalezar
Halil Rud
Sadd-e Halil Rud
Rudkhaneh-ye Shur
Gandom Beriyan
Anar

S. 591
Khoshk Rud
Kuh-e Estand
2488 m
Deh Salm
Chah Rui
Bala Zard
Kucheh
Shoor
Shafiabad
Hemmatabad
Aliabad
Anduhjerd
Chesmeh Malek
Shuru
Dahneh
Nosratabad
S. 595
Golbaf
Chah Barish
Gorg
Kahurak
Mazarak
Shahrokhabad
Tahrud
Abareq
Sarvestan
Darzin
Arg-e Bam
Kork
Allahabad
Bam
Bam Airport
Baravat
Qal'eh-ye Chasmeh
Shur Gaz
Mil-e Naderi
Deh Bakri
Darijan
Narmashir
Fahraj
Mohammadabad
Qotbabad
Vakilabad
Azizabad
Sharikabad
Raziabad
Borj
Asadabad
Mirabad
Tarz
Bager-abad
Deh Reza
Jiroft
Rigan
Ne'matabad
Hojjat-abad
S. 602
Rud-e Shur Gaz
Rudkhaneh-ye Bam
Kuh-e Jebal
Lut
Selseleh-ye Pir

Chah-e Khorma
Tabasin
Bandan
Daryacheh-ye Sistan
Borj-e Migol
Kang
Chakanshur
Zaranj Airport
Zaranj
Dust Mohammad Khan
Zabol Airport
Berang
Adimi
Bonjar
Zabol
Daryacheh-ye Hamun
Khomak
Sayyadan-e Sofla
Kuh-e Khajeh
Zehak
Sefid Abeh
Mohammadabad
Kuhak
Navabkhan-e Sabz Gazi
Dahan-e Gholaman
Rudkhaneh-ye Ali Abad
Hamoon Wildlife Refuge
Lutak
Haji Feyz
Dasht-e Kabutaran
Daryacheh-ye Hamun
Qal'eh-ye Fath
Dasht-e Jahanum
AFGHANISTAN
Shahr-e Sukhteh (Burnt City)
Mirabad
Chesmeh Shur
Tasuki
Girdi
Chahar Borjak
Bandare Wasate
Kharabeh-ye Taraqu (Ruins of Tarakuh)
Rud-e Helmand
Rodbar
Sistan
Hormak
Qardaruk
Robat Thana
Tal Siyah
Gowd-e Zirreh
Maki Chan
Zahedan
Zahedan Airport
Sefidak
Chesmeh-ye an Mohammad
Kirtaka
Kacheh Kuh
Gur Band
Kacharud
Kalatah-ye Razzaqzadeh
Saindak
Amir Chah
Dumak
Kalateh-ye Siyah
Humai
Mashki Chah
Juzzak
PAKISTAN
Mir Javeh
N-40
Junabad
Ladiz
Koh-i-Dalil
Tozghi
Nok Kundi Airport
Anjareh
Rig Malek
Talkh Ab
Tahlab
Dasht-i Tahlab
Mirabad
Sangan
Kuh-e Taftan 3941 m
Tamandan
Qal'eh-ye Bid
Eskelabad
Lolokadan
Nokabad
Dejang-e Bala
Ziruki
Hoseynabad
Khash
Dasht-e
S. 603

Kazerun
Dasht-e Arzhan
(Persian Garden)
Masjed-e-Vakil
Bardej
Karim Khan-Citadel
Arjan and Parishan Protected Area
SHIRAZ
Shahid Dastgheyb Int. Airport
Pol-e Fasa
Dude
S. 593
Bandar Rig
Deh-e Kohneh
Darrahi Air Base
Sa'daabad
Darvahi
Bardak Siah Palace
Konar Takhteh
Dalaki
Daryacheh-ye Parishan
Rudkhaneh-ye Dalaki
Mohammadi
Mokaberi
Borazjan
Baladeh
Jereh
Farakeh
Rud-e Helle
Khoshab
Tang-Eram
Akbarabad
Kuhenjan
Kavar
Ahmadi Air Base
Ahmadi
Samal
Now Jein
Jazireh-ye 'Abbasak
Bushehr
Bushehr Airport
Bahmani
Bahdargah
Ra's-e Halile
Choghadak
Kalmeh
Ahram
Bowvakan
Kuh-e Sefidar
3188 m
Qaleh-ye Dokhtar
Farrashband
Deh Now
Bushgan
Bedeh
Ardashir Khure
Firuzabad
Meymand
Ja Dasht
BUSHER
Delvar
Khormuj
Kuh-e Siyah
2009 m
Rud-e Dasht-e Palang
Kushk Sa
Gahi
Bonju
Razmabad
Dehram
Hadakan
Rud-e Mand
Shanbeh
Kaki
Darvishi
Jashk Salt Mountain
Kuh-e Namak
Rudkhaneh-ye Dozgah
Lavar
Kab Kan
Baghan
Konari
Mokhdan
Bordkhun
Abdan
Valayat
Riz
Kurdeh
Gamosht
Kur Boland
Rud-e Shur
Ra's-e Khan
Zeydan
Dorahak
Jazireh-ye Jabrin
Dayer-Nakhiloo National Park
Chah Pahn
Dayyer
Kangan
Jam
Jam Airport
Rud-e 'Ala Marv Dasht
Tonbak
Akhtar
Siraf
Galeh Dar
Fal
Bandar Taheri
Mohr
Asaluyeh
Persian Gulf Airport
Haleh
Nayband National Park
Khushk Nar
Persian Gulf
(Khalij-e-Fars)

1 cm = 12 km
1 : 2.000.000
0 25 50 75 km
Bakhtegan National Park
FARS
Kherameh
Mausoleum of Shah Yusuf Sarvestani
Daryacheh-ye Bakhtegan
Moshgan
Qal'eh Bahman
Hasanabad
Deh Chah
Quri
Shuru
Beshneh
Kheyrabad
Kavir-e Namak-e Sirjan
Sasanian Palace
Sadeqabad
3185 m
Runiz
Sun
Estahban
Neyriz
Qatruyeh
Horgan
Bab Anar
Akbarabad
Fasa
Khanakahdah
Shesh Deh
Dindarloo
Darb Qal'eh
Vazireh
Reghez Canyon
Nasrabad
Tadavan
Fasa Airport
Nowbandegan
Hasan Abad
Morvarid
Darabgerd
Darab
Darab Airport
Zahedan
Hoseynabad
Qotbabad
Dowlatabad
Nasravan
Deh Kheir
Jahrom Airport
Rudkhaneh-ye Shur
Manian
Tol Rigi
Fathabad
Jahrom
Rostaq
Dabiran
Pol-va-Tunel-e Furk
Gis
Mobarakabad
Hajiabad
Rudkhaneh-ye 'Aks-e Rosta
Chah Zebar
Shahr-e Pir
Furk (Doborji)
Juyom
Mansurabad
Gelkuyeh
Harm
Seyfabad
Kariyan
Tashku
Kahnuyeh
Bonaruyeh
Beriz
Kureh
Shah Geib
Bikhuyeh
Baghan
Khonj
Bigherd
Dehkuyeh
Haftvan
Kahneh Aliabad
Mahlakeh
Evaz
Gerash
Lar
Larestan Int. Airport
Chahar Berkeh
Khalili
Eyni
Fadagh
Rud-e Shur
Tamru
Didehbeh
Hormud
Hormud-e Bagh
Kuh-e Hormoz
2814 m
Asham
Beyram
Anveh
Lamerd Airport
Tang Dalan
Ahmadabad
Kuh-e Gavbast
2992 m
Rud-e Mehran
Deh Hong
Todruyeh
Lamard
Tol-e Khandaq
Baqalat
Bastak Air Base
Roknabad
Eshkanan
Bastak
Dashtjerd
Kuh-e Puhal-e Kha
Beh Deh
Herang
Mehran
The Historic Bath of Siba
Boz Dam
Lemazan
Podol
Bandar Moqam
Rudkhaneh-ye Mehran
Dezhgan
Bandar Nahilu
Rostaq
Rostami
Lavan Airport
Dehriz
Lavan
Armak
Jazireh-ye Lavan
Shidvar Wildlife Refuge
Bandar Charak
Mehragan
Berkeh-ye Sofleyn
Hendorabi
Chiru
Gerzeh
Chah Mosallam
Shurehzar-e Mehrakan
Bandar Hamiran
Basaidu
Jazireh-ye Hendorabi
Harireh
Kish
Bandar Moghuyeh
Bandar-e Lengeh Airport
Bandar-e Kong
Bandar-e Lengeh
Kish Int. Airport
Jazireh-ye Kish
Safeyn
Greek Ship
Ocean Water Park
Bostanu
Ra's-e Shenas
S. 594
S. 600

Bandar Abbas, Qeshm, Minab

S. 595

Aliabad
Tepe Yahya
Ashin
Rostaq
Ebrahimabad
Shahmaran
Orzu'iyeh
Sorkhan
Pol-va-Tunel-e Furk
Gis
Dar Agah
Hajiabad
Mardu'iyeh
Dowlatabad
Aliabad Pa'in
Furk (Doborji)
Hur
Gahkom
Shamil
Faryab
Tashku'iyeh
Nesa
Rahimabad
Ab-e Shur
Sa'databad
Golashkerd
Sargas-e Bala
Seraj
Bikhuyeh
Bekhan
Kuh-e Bakhun
3280 m
Ziyarat
Qal'eh Dezh
Ziyarat Ali
Tall-e Gerdu
Ghotb Abad
Seyahu
Bajgan
Fin
S. 599
Rud-e Shur
Khorgu
Rezvan
Sarzeh
Chahestan
Shamil
Faryab
Genu
Dehbarez (Rudan)
Lavar
Genu Protected Area
Kuh-e Hormoz
2814 m
Nikan
Qal'eh Qaziye Bala
Chah Shirin
Kheyrabad
Bika
Tang Dalan
HORMOZGAN
Tazeyan
Isin
Hasan Langi
Gur Band
Berentin
Ahmadabad
Deh Now
Kashar-e Bala
Anguran
Shaqu
Kulaqan
Rudkhaneh-ye Hasan Langi
Jaghin
Bandar Abbas Int. Airport
Minab
Kahurestan
Jamal Ahmad
Bandar Abbas
Sar Rig
Tiyab
Dar Gud
Havadarya Airport
Hormoz
Khun Sorkh
Bostanu
Kolahi
al-e Khamir
Jazireh-ye Hormoz
Portuguese fort
Pahel
Bandar-e Dargaham
Qeshm
Kariyan
Bandar-e Pohl
Laft Port
Qeshm South Airport
Kargan
Dezhgan
Bandar Khamir
Laft
Khourbas Cave
Larak
Huran
Pey Posht
Ramkan
Jazireh-ye Larak
Hara Protected Area
Kuhestak
Gevarzin
Jazireh-ye Qeshm
Qeshm Int. Airport
Suza
Berkeh-ye Sofleyn
Guran
Shib Deraz
Ziyarat Kalleh
Bandar Hamiran
Jazireh-ye Hengam
Basaidu
Namakdan Salt Cave
Hengam-e Qadim
Strait of Hormoz
(Tang-e Hormoz)
Sirik (Biyaban)
Kani
Kong
Lengeh
Jazirat-as-Salama
Gaz
Ra's-e-Musandam
Jazirat Musandam
Jazirat-al-Ghanam
Kumzar
Tonb
Jazireh-ye Tonb-e-Bozorg
Tunb Airport
Ra's Shaykh Mas'ud
Al Khasab
Kuchek
Kargushki
Khasab Airport
Gulf
OMAN
Ash Sha'm
Fars)
Ru'us-al-Jibal
Ghalilah
2499 m
Khor-al Khuwair
Limah
Miski
Abu Musa
Rams
Kuh Mobarak
Abu Musa Airport
Al Saqr Field Airport
Ras al-Khaima
Ras Al Khaimah Int. Airport
Jazirat al-Hamra
Al Jazeirah Airport
Digdagga
Dibba Airport
Gulf of Oman
Dibba
Al-Rul
Umm al-Qaiwain
U.A.E.
Dhadnah
(Darya-ye Oman)

Kahnuj
Hojjatabad
Dosari
Abdollahbad
Bahador-abad
Mish Padam
Halil Rud
Bizhanabad
Shahabad
Ziyarat-e Mir Meqdad
Zeh Kalat
'Aliabad
Panj Angosht
Garnow
Dulab
S. 596
Kuh-e Giran Rig
2548 m
Masjed-e Abolfazl
Kuh-e Bazm
3490 m
Sheykabad
Hudiyan
Jahyad
Magasar
Eshak
Sorkh Qal'eh
Surakabad
Hamum-e-Jazmuriyan
Berovahi
Dalgan
Golmuri
Chah Shur
Rud-e Bampur
Qab'eh Ganj
Zar
Chah Zardar
Shak Ishaq
Chegerd
Kahran Te How
Kam Sefid
Hur
Darak
Maskutan
S. 602
Kuh-ha-ye Bashakerd
Remeshk
Kuh-e Kuhran
2261 m
Ab Anbar
Mokhtarabad
Birkh-e Kahnu
Fannuj
Dar Pahn
Angohran
Davari
Joghdan
Tutan
Robrandan
Bent
Moraki
Dastgerd
Chah'ai
Sederkan
Kheyrabad
Bareshk
Baruna
Chahan
Kuran Dap
Gun Kuh
1896 m
Kachi
Jagin-e Bala
Hengam
Yekdar
Gabrik
Poj
Gombaki
Jask-e Kohneh
Khalij-e-Jask
Sadich
Gati
Joholu
Poshti
Darak
Jask
Jask Airport
Vanak
Ra's-e-Meidani
Kereti
Abkuhi
Darak Beach
Kalat

S. 596
S. 601
Kuh-e Giran Rig
2548 m
Masjed-e Abolfazl
Kuh-e Bazman
3490 m
SISTAN-O-BALUCHESTAN
Hamum-e-Chah Gheyb
Karevendar
Bazman
Rudkhaneh-ye Damin
Garnow
Kalat
Sheykabad
Hudiyan
Espidez
Jahyad
Magasan
Eshak
Hamum-e-Jazmuriyan
Berovahi
Dalgan
Golmuri
Chah Shur
Rud-e Bampur
Iranshahr Airport
Abtar
Nokju
Bampur
Iran Shahr
Sa'idabad
Qasemabad
Kahran Te How
Shak Ishaq
Chegerd
Kahi
Hur
Espakeh
Maskutan
Remeshk
Ab Anbar
Mokhtarabad
Chanf
Pip
Varkat
Kuh-e Nokhoch
2093 m
Tang Sorkheh
Fannuj
Moheban
Owrang
Hichan
Tutan
Robrandan
Kheyrabad
Qasr-e Qand
Moraki
Bent
Dastgerd
Chah'ai
Sabu
Nikshahr
Bareshk
Kheyrabad
Kuh-e Bagr
Baruna
Niku Jahan
Chahan
Kuran Dap
Ramezan Kalak
Kachi
Hengam
Hatrom
Muman
Poj
Gombaki
Kahir
Sadich
Gati
Joholu
Park
Poshti
Konarak Airport
Vanak
Darak
Kereti
Darak Beach
Bir
Konarak
Tis
Abkuhi
Kalat
Tang
Gurdim
Ra's-e-Pozm
Chabahar
Gulf of Oman

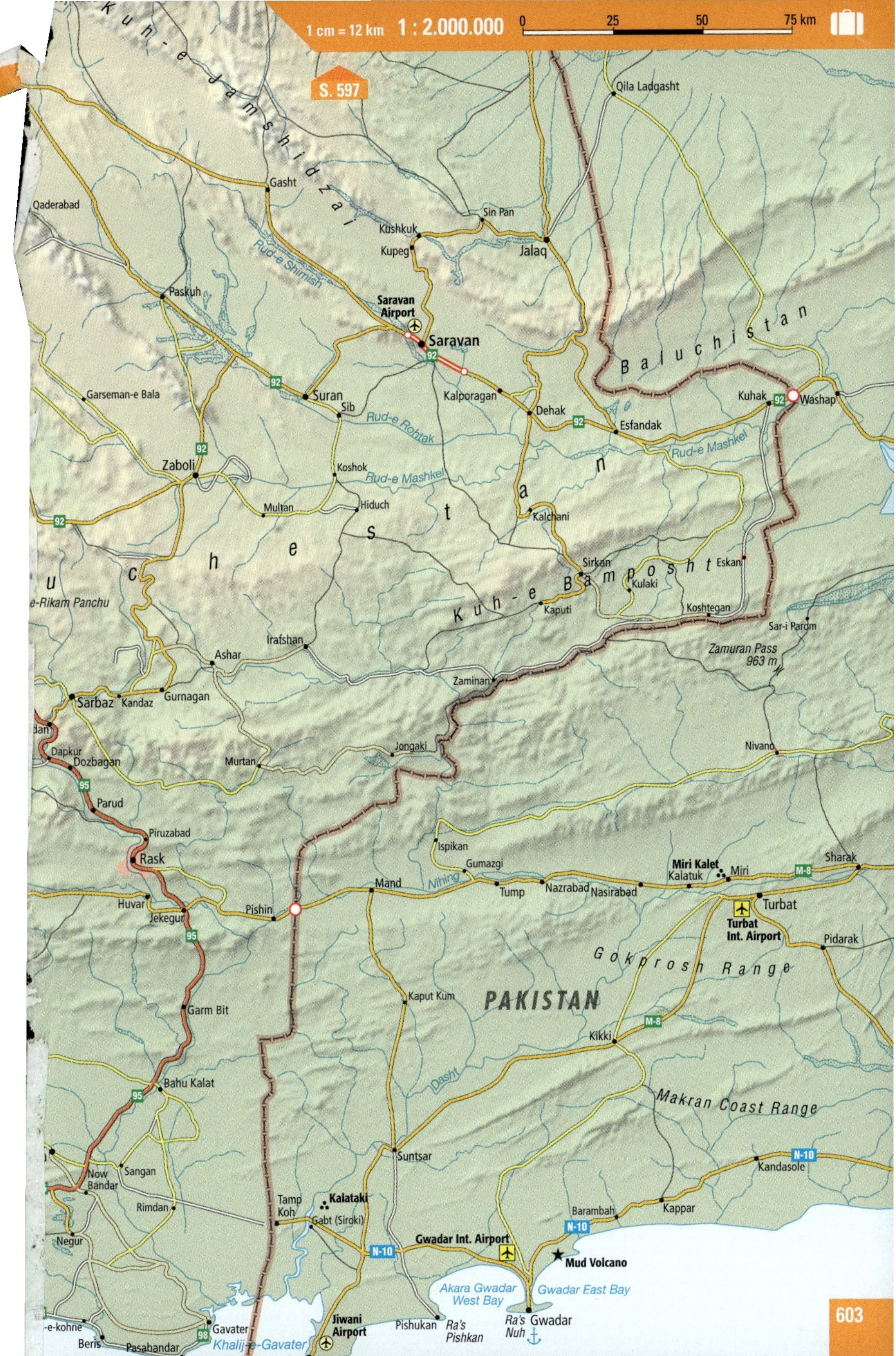
S. 597
Kuh-e Jamshidzai
Qila Ladgasht
Gasht
Qaderabad
Sin Pan
Kushkuk
Kupeg
Jalaq
Rud-e Shimish
Paskuh
Saravan Airport
Saravan
Baluchistan
Garseman-e Bala
Suran
Sib
Kalporagan
Dehak
Kuhak
Washap
Esfandak
Rud-e Rohtak
Rud-e Mashkel
Zaboli
Koshok
Multan
Hiduch
Kalchani
Sirkan
Eskan
Kulaki
Kuh-e Bamposht
Kaputi
Koshtegan
e-Rikam Panchu
Sar-i Pardm
Zamuran Pass 963 m
Irafshan
Ashar
Zaminan
Sarbaz
Kandaz
Gurnagan
Dapkur
Dozbagan
Jongaki
Murtan
Nivano
Parud
Piruzabad
Rask
Ispikan
Gumazgi
Nihing
Miri Kalet
Kalatuk
Miri
Sharak
Mand
Tump
Nazrabad
Nasirabad
Huvar
Jekegur
Pishin
Turbat
Turbat Int. Airport
Pidarak
Gokprosh Range
Kaput Kum
PAKISTAN
Garm Bit
Kikki
Dasht
Bahu Kalat
Makran Coast Range
Suntsar
Now Bandar
Sangan
Kandasole
Rimdan
Tamp Koh
Kalataki
Gabt (Sirqki)
Barambah
Kappar
Negur
Gwadar Int. Airport
Mud Volcano
Akara Gwadar West Bay
Gwadar East Bay
Jiwani Airport
Pishukan
Ra's Pishkan
Ra's Nuh
Gwadar
Gavater
Beris
Pasabandar
Khalij-e-Gavater
92
95
98
M-8
N-10

Legende

1 : 2.000.000

1 cm = 20 km

0 10 20 30 40 50 km

- Autobahn mit Anschlussstelle
- Schnellstraße mit Anschlussstelle
- Fernstraße
- Hauptstraße
- Nebenstraße
- Straße, nicht befestigt
- Piste; Track
- Straße in Bau; Straße in Planung
- Straße für Kfz gesperrt
- Tunnel
- Eisenbahn
- Fähre, Schiffsverbindung
- Staatsgrenze mit Grenzübergang
- Provinzgrenze
- Pipeline
- Nationalpark, Naturpark
- Sperrgebiet

- Hafen, Ankerplatz
- Internationaler Flughafen
- Regionaler Flughafen, Flugplatz
- Fort, Festung; Ruine
- Sehenswürdigkeit; Museum
- Moschee; Heiligengrab
- Christliches Kloster; christliche Kirche
- Bergbau; archäologische Stätte
- Wasserfall; Höhle
- Berggipfel; Pass, Joch
- Oase; Heiße Quelle
- Badestrand; Skigebiet
- Schiffswrack; Tauchen
- Information; Krankenhaus
- Busbahnhof
- Polizei; Post
- S. 595 Seitenverweis